LA SCIENCE
PARFAITE
DES NOTAIRES.
TOME SECOND.

LA SCIENCE PARFAITE DES NOTAIRES, OU LE PARFAIT NOTAIRE:

CONTENANT

LES ORDONNANCES, ARRESTS & Réglemens rendus touchant la fonction des Notaires, tant Royaux, qu'Apostoliques.

Avec les Stiles, Formules & Instructions pour dresser toutes sortes d'Actes, suivant l'usage des Provinces de Droit Ecrit, & de celles du Pays Coûtumier, tant en Matiere Civile que Béneficiale.

NOUVELLE EDITION.

Revûë, corrigée & augmentée sur celle de feu Mᵉ CLAUDE-JOSEPH DE FERRIERE, Doyen des Docteurs-Regens de la Faculté des Droits de Paris, & ancien Avocat au Parlement.

Par le Sieur F. B. DE VISME.

TOME SECOND.

A PARIS, AU PALAIS,
Chez SAUGRAIN, pere, Libraire, Grand'Salle, à la Providence.

M. DCC. LII.
AVEC PRIVILEGE DU ROY.

LA SCIENCE PARFAITE DES NOTAIRES.

DANS le dessein de donner des Instructions concernant les devoirs & les fonctions des Notaires, nous avons d'abord dans le premier Livre, parlé généralement de tout ce qui concerne leur ministere.

Dans le second, nous avons traité des Actes en général.

Nous avons dans le troisiéme, parlé des Contrats qui se forment par la tradition des choses.

Dans le quatriéme, nous avons traité du Mariage & des Conventions qui se font entre futurs conjoints.

Le Livre cinquiéme comprend ce qui concerne le Contrat de vente, & les Actes qui ont rapport à ce Contrat.

Le sixiéme est du Louage, de la Societé & de la Procuration.

Le septiéme est des Donations & du Don mutuel.

Voilà les matieres qui sont traitées dans le premier Volume de cet Ouvrage.

Nous commençons ce second Volume, par traiter des autres Contrats & Actes, qui sont du ressort des Notaires : Ainsi nous parlerons dans le huitiéme Livre, des Transports, Cessions & Abandonnemens de biens.

Le neuviéme sera des différentes espéces de Conventions particulieres, comme sont les Devis & Marchez, les Conventions pour Apprentissage, les Actes de comparution, Certificats, Déclarations, & autres Actes semblables.

Le dixiéme sera des Arrêtez de Comptes, des Payemens, Quittances & Décharges.

Nous traiterons dans le Livre onziéme, des Actes de derniere volonté.

Dans le douziéme, il sera parlé des Inventaires & des Partages.

Le treiziéme sera des Actes qui concernent la Tutelle.

Les Actes qui se font à l'occasion des Procès, ou en conséquence, feront la matiere du quatorziéme Livre.

Le quinziéme renfermera les Actes qui concernent les Fiefs, les Droits Seigneuriaux & Féodaux.

Dans le seiziéme, on expliquera les Formalitez qu'il faut observer pour mettre un Acte en forme exécutoire.

Le dix-septiéme & dernier Livre traitera des Bénéfices & des Actes qui les concernent.

LIVRE HUITIÉME.

Des Transports, Cessions & Abandonnemens de Biens.

LEs transports, cessions & abandonnemens de biens, sont des Actes dont l'usage est assez ordinaire, quoiqu'ils ne soient pas mis par le Droit Romain au nombre des Contrats nommez. Nous en parlerons dans ce Livre, & de tout ce qui les concerne.

CHAPITRE PREMIER.

Des Transports.

TRANSPORT, est une cession de droits ou actions, créances, ou d'autres choses semblables. Celui qui le fait est appellé cédant ; & celui au profit duquel il est fait, est appellé cessionnaire.

Celui auquel un transport est fait de quelques droits, n'en est pas présumé le maître, que le transport n'ait été signifié au débiteur ; ensorte que les créanciers du cédant peuvent, jusqu'à la signification & copie baillée du transport, faire saisir la dette ou les droits cedez entre les mains du débiteur ; auquel cas ils seroient préferez au cessionnaire ; mais la signification du transport avec copie laissée au débiteur, rend le cessionnaire proprietaire de la dette cedée, & fait qu'il est préferé à tous créanciers du cédant posterieurement saisissans. D'où il s'ensuit que le cédant conserve toujours l'action directe envers son débiteur, & qu'il peut l'exercer contre lui jusqu'à la signification du transport. C'est ce que dit la Coutume de Paris en l'article 108. *Qu'un simple transport ne saisit point, qu'il faut signifier le transport à la Partie, & en bailler copie auparavant que d'executer.*

Il n'y a point de différence entre le transport & la délégation ; il faut que l'un & l'autre soit signifié, à la requête du cessionnaire ou du délégué, au débiteur.

La délégation se fait lorsque je donne mon débiteur à mon créancier, pour être par lui payé de ce que je lui dois. Par exemple, je dois cent écus à Titius, & Caïus me doit pareille somme : pour être quitte de cette dette, je délégue Caïus à Titius ; ainsi je me décharge de l'obligation que Titius avoit contre moi, & cette délégation est une espéce de transport. Si le transport ou la délégation se fait du consentement & en présence de mon débiteur, alors mon créancier est saisi, sans qu'il soit besoin de le signifier à Caïus ; ensorte que dès-lors mes créanciers ne peuvent plus saisir ce qui m'étoit dû par Caïus.

On peut vendre & transporter toutes sortes de dettes & actions, même les dettes & droits litigieux, pourvû que telle cession ne soit point faite à personne prohibée.

L'Ordonnance de Charles V. de l'an 1396, article 5, défend de faire cessions ou transports de dettes à des personnes privilegiées ou puissantes, par donation, vendition ou autrement, ni à aucuns des Officiers du Roi. Celle de François I. de l'an 1535, chapitre 12, défend les donations, ventes & autres traitez, être faits aux Juges & Officiers, en quelque lieu que ce soit, des biens étant en Procès pardevant eux, & en leur Cour & Jurisdiction, où ils auront quelque pouvoir, puissance & autorité par leurs Offices, soit par eux médiatement ou immédiatement, par personnes interposées, directement ou indirectement, les déclarant nulles & de nulle valeur & effet, & ordonnant que ceux qui feront telles cessions & transports, seront privez de leurs droits & actions, & aussi ceux qui les recevront.

Il est défendu à tous Juges, Avocats & Procureurs du Roi, d'accepter directement ou indirectement aucun transport ou cession des Procès & droits litigieux ès Cours, Siéges & Ressorts où ils sont Officiers. Semblables défenses sont faites aux Avocats, Procureurs & Solliciteurs de Procès, pour le regard des Causes & Procès dont ils sont chargez.

Ainsi les Officiers, Avocats, Procureurs & Solliciteurs de Procès, ne peuvent point prendre cession de droits litigieux, pour lesquels les actions sont intentées pardevant eux, ou par eux. Voyez les Ordonnances de Charles V, article 5, de l'an

1396 ; de François I, au mois d'Octobre 1535, chapitre 12 ; de Charles IX, aux Etats d'Orleans, article 54 ; & de Louis XIII, de l'an 1629, article 4.

Ces Ordonnances défendent donc de faire cession & transport de droits contestez à personne puissante, soit par donation, vente ou autrement ; mais l'exception du litige n'est recevable qu'au cas qu'il apparoisse que la cession a été faite dans la seule vûe de molester le Défendeur.

Entre les personnes privilegiées & puissantes, sont compris ceux qui ont leurs Causes commises pardevant certains Juges, comme les Ecoliers pardevant les Conservateurs des Privileges royaux, & ceux qui ont leur *Committimus* aux Requêtes, ausquels la cession & transport est inutile à l'effet de se servir de leurs Privileges, si ce n'est au desir de la nouvelle Ordonnance de 1669, au titre des *Committimus*, où il est porté article 21, que les Privilegiez ne peuvent user du droit de *Committimus*, ès Causes & Procès où ils seront Parties principales ou intervenantes, en vertu des transports à eux faits, si ce n'est pour dettes véritables, & par Actes passez pardevant Notaires, & signifiez trois ans avant l'action intentée : desquels transports les Privilegiez sont tenus de donner copie avec l'assignation, & même en affirmer la vérité en Jugement, en cas de déclinatoire, & s'ils en sont requis, à peine de cinq cens livres d'amende contre ceux qui abusent de leurs Privileges.

L'article 22 de la même Ordonnance est une exception qui permet les cessions & transports qui sont faits par contrat de mariage, partage ou donation bien & dûement insinuée, à l'égard desquels les Privilegiez peuvent user de leurs Privileges quand bon leur semble.

Les Ecoliers ne peuvent aussi user de leur Privilege, en vertu des cessions & transports qui leur sont faits, ou des saisies & arrêts faits à leur requête, si ce n'est en la forme & maniere ordonnée en l'article 21 du même titre pour les *Committimus* ci-dessus rapporté.

On peut ceder & transporter à un autre les droits d'une succession échue, mais non pas d'une succession à échoir ; desorte que telle cession de succession non échue seroit inutile & sans effet pour l'une & l'autre des Parties, parce que telle convention est contre les bonnes mœurs, & par conséquent n'est point obligatoire.

Celui qui cede une succession échue, ne cede que les droits successifs, & ne transfere pas en la personne du cessionnaire la proprieté de chaque chose héréditaire, parce qu'il n'a pas cedé & vendu chaque partie de la succession comme proprietaire d'icelle, mais comme héritier & représentant la personne du défunt.

On cede & transporte les dettes des débiteurs sans leur consentement, soit que les dettes soient dûes purement, à tems ou sous condition; auquel cas le cédant n'est pas obligé de garantir le débiteur solvable, mais il suffit qu'il justifie qu'il est son débiteur, & qu'il lui doit la dette cedée & transportée, & qu'elle n'a point été acquittée, & qu'on ne peut point opposer compensation.

Les cessions & transports sont nuls & de nul effet, quoique signifiez, lorsqu'ils sont faits en fraude des créanciers, suivant l'article 4 du titre des Faillites & Banqueroutes de l'Edit du Commerce du mois de Mars 1673.

L'Edit du Roi Henri IV. du mois de Mai 1609, annulle tous transports, cessions, donations, ventes & aliénations faites par un débiteur à ses enfans & héritiers présomptifs, ou ses amis; voulant que s'il appert que les transports, cessions, donations & ventes soient faites & acceptées en fraude des créanciers, les cessionnaires, donataires & acquereurs soient punis comme complices des fraudes & banqueroutes.

Par le Réglement fait pour la Ville de Lyon le 2 Juin 1667, article 13, il est porté que toutes cessions & transports sur effets des faillites seront nuls, s'ils ne sont faits dix jours au moins auparavant la faillite publiquement connue.

Les transports sont encore nuls, lorsqu'ils sont faits par des débiteurs, depuis la condamnation obtenue contre eux par leurs créanciers, ou peu de tems auparavant, parce qu'ils sont censez être faits en fraude, pour éluder la Justice, & empêcher l'execution du Jugement rendu contre eux.

La question s'est présentée, sçavoir si le tuteur pouvoit prendre cession & transport des obligations dûes par le mineur; & si en ce cas il devoit être déchu des sommes portées par icelles? Il a été jugé que non, en l'espéce d'un ayeul, tuteur de ses petits-enfans; mais que les mineurs n'étoient tenus que de le rembourser des sommes qu'il avoit véritablement payées.

La cession & transport se fait, tant des rentes que des obligations, & autres droits dûs & prétendus ; ce qui se doit entendre, tant des rentes sur l'Hôtel de Ville, que de celles dûes par des Particuliers ; avec cette difference néanmoins, que la simple signification du transport d'une rente dûe par un Particulier, transmet la proprieté d'icelle en la personne du cessionnaire ; mais que la signification du transport d'une rente sur l'Hôtel de Ville se fait aux Payeurs ; ensuite de quoi l'immatriculation dans leurs Registres transmet la proprieté d'icelle ; mais pour purger les hypotéques, il faut prendre encore des Lettres de ratification.

Il n'est pas nécessaire que le transport soit passé pardevant Notaires ; il suffit pour être valable qu'il soit signifié, & du jour de la signification il saisit le cessionnaire, la Coutume de Paris ne requerant point que le transport soit passé pardevant Notaires, & n'y ayant aucune raison qui y oblige ; mais s'il est sous seing-privé, il faut le faire controller, l'Huissier ne le pouvant signifier sans cela.

Mais quand les transports sont faits pardevant Notaires, celui qui en passe l'acte en retient ordinairement minute, principalement lorsque la garantie est stipulée, à cause des rétrocessions qui peuvent arriver.

Cependant il n'est point nécessaire de garder minute du transport, sur tout quand le prix est payé comptant ; & en cas de rétrocession, on la fait ensuite du transport, aussi sans minute, & on la fait signifier au débiteur.

Si dans l'acte d'un transport il est porté qu'il a été fait moyennant une somme plus modique que la dette, le débiteur s'en peut liberer, en payant au cessionnaire pareille somme qu'il aura déboursé ; ce qui fait que dans la plupart des transports on stipule pour pareille somme donnée par l'acceptant, & reçue par le cédant, quoiqu'il y ait eu modification, soit sur le principal, ou sur les interêts & frais, principalement pour ceux qui se font sans garantie.

CHAPITRE II.

De la Garantie à laquelle est obligé celui qui cede une dette ou une rente.

Il faut voir présentement à quelle garantie est obligé le cédant d'une dette contenue en une cédule ou obligation, ou d'une rente ; sur quoi il faut remarquer que la garantie convient aux contrats de ventes, échanges & transports de rente des dettes ou autres droits, & quelquefois aux ventes d'héritages. Pour connoître de quelle garantie un cédant peut être tenu, il faut sçavoir qu'il y a deux sortes de garanties, l'une de droit, l'autre de fait.

La garantie de droit ou la garantie naturelle, qui regarde la proprieté de la chose ; elle comprend que la chose cédée, vendue ou transportée est dûe, qu'elle appartient au cédant, qu'il n'en a disposé au profit de personne, & que le cessionnaire n'y sera point troublé par son fait ; mais elle ne comprend pas davantage.

Ainsi quand le débiteur seroit insolvable, même dès-lors du transport, il n'importe, le cessionnaire n'auroit aucun recours contre le cédant, parce qu'il est à présumer que le cessionnaire s'est contenté de la dette telle qu'elle étoit, en ayant pris & accepté la cession sans autre clause.

Pour que le cédant ne puisse être inquieté, il suffit que la dette soit dûe, & que le cédant ait ignoré l'insolvabilité du débiteur ; car lorsqu'il connoît manifestement que son débiteur est insolvable, il ne lui est pas permis de tirer de l'argent d'une dette qu'il sçait être inexigible par le désordre des affaires de son débiteur.

Celui qui a livré une chose à titre de vente ou autre équipolent, est donc toujours tenu de la garantie de droit en cas d'éviction, quand bien même il n'en seroit point fait mention au contrat ; & au cas que la chose vendue ou cedée n'appartienne pas au vendeur ou cédant, l'acquereur a toujours son recours contre lui.

De ce que nous venons de dire, il s'ensuit que la promesse de de cette garantie ne produit aucun effet, excepté au cas d'une donation ; car le donataire étant évincé, ne peut exercer son recours pour répeter & exiger le prix de la chose donnée qu'en vertu de cette clause, par la raison que le donateur est toujours censé n'avoir donné que le droit qu'il avoit en la chose. D'ailleurs, quand le donataire est évincé, son patrimoine n'en est pas diminué pour cela, puisqu'il n'a rien donné pour la chose qu'il ne tenoit que de la pure liberalité du donateur.

Quelques-uns prétendent néanmoins que la clause de garantie de droit n'est pas entierement inutile dans les cessions & transports ; parce qu'étant apposée au contrat, elle donne hypotéque au cessionnaire contre le cédant ou le vendeur pour ses dommages & interêts du jour du contrat, & que sans icelle il ne l'auroit que du jour de la condamnation. Certainement à l'égard de la restitution du prix, l'hypotéque est du jour du contrat, quoiqu'il n'y ait point eu de garantie ; mais pour les dommages & interêts, plusieurs ont estimé que sans la clause de garantie, l'hypotéque n'est que du jour qu'ils sont adjugez ; d'autres cependant tiennent que l'hypotéque remonte aussi au jour du contrat, comme étant fondé sur icelui.

La garantie de fait est celle qui regarde la bonté & la qualité de la chose venduc, & dont le vendeur n'est tenu qu'en conséquence d'une convention expresse, à moins qu'il ne s'agisse de défauts ou vices dont le vendeur est tenu par quelques dispositions particulieres de droit.

La raison est, que l'acheteur doit s'informer de la bonté & des qualitez de la chose qu'il achete, si ce n'est des vices de la garantie desquels le vendeur est tenu de droit, ou si la marchandise n'est pas de la qualité qu'elle doit être, suivant les Statuts & Réglemens de chaque Corps de métier.

Il y a encore des clauses qui ajoutent à la garantie de droit.

La premiere est *la promesse de garantir de tous troubles & empêchemens.* Cette clause emporte non-seulement la garantie de droit, mais aussi celle de fait ; c'est-à-dire, que la dette est bonne & exigible quant au présent. Ainsi en vertu de cette clause le cédant est tenu de l'insolvabilité du débiteur arrivée avant la vente ou cession de la dette, mais non pas celle qui arrive après.

La raison est, que garantir une dette, c'est la déclarer bonne & valable au tems qu'elle est cédée ; c'est garantir tant des empêchemens de droit que de fait, & par conséquent de l'empêchement qui provient de l'insolvabilité du débiteur au tems du contrat, mais non pas garantir de l'insolvabilité qui peut survenir dans un tems à venir. Ainsi l'insolvabilité qui survient après le transport, tombe sur le cessionnaire qui est le propriétaire de la dette qui lui a été cedée ; ce qui est conforme à la maxime de droit, qui dit que *unaquaque res perit domino.*

La seconde clause est *la promesse de fournir & faire valoir la chose cédée.* En vertu de cette clause, le cédant est tenu tant de l'insolvabilité du débiteur au tems du contrat, que de celle qui survient après ; parce qu'au moyen de cette clause le cédant se rend caution ou fidéjusseur de la chose cédée, & s'en constitue débiteur subsidiaire indéfiniment.

Il n'y a pas lieu d'entendre seulement cette clause de l'insolvabilité présente, parce que promettre, fournir & faire valoir une chose, dénotent un tems futur ; celui qui s'en charge garantit que la dette est bonne, & s'oblige de payer au défaut du débiteur, en cas qu'il soit insolvable, non-seulement au tems du contrat, mais encore pour l'avenir.

Ainsi au cas que le cessionnaire ne pût être payé par le débiteur, il se peut adresser au cédant en quelque tems que ce soit, après néanmoins discussion faite du débiteur. Ce que nous venons de dire de cette garantie, se doit entendre d'une rente, & non pas d'une simple dette exigible au tems du transport ; parce que si dans ce dernier cas le débiteur étoit solvable lors du transport, on imputeroit à la négligence du cessionnaire de n'en avoir pas d'abord exigé le payement ; au lieu qu'il ne dépend pas du créancier d'exiger le remboursement d'une rente : ainsi au cas que le débiteur de la rente devienne dans la suite des tems insolvable, le cédant en est tenu, après que le cessionnaire aura discuté les biens du débiteur.

A la clause de fournir & faire valoir, on ajoute ordinairement ces mots aux transports de rentes, *tant en principal qu'arrérages, tant & si longuement que la rente aura cours.* Sur quoi il faut observer que ces termes font clairement connoître quelle a été l'intention des Parties, puisque ces arrérages dont il est ici parlé, ne se peuvent entendre que de ceux qui sont à échoir, à compter du jour de la jouissance accordée, & non de ceux qui sont échus, lesquels ne sont compris en la cession.

La clause de *garantir & faire bonne une rente*, emporte même effet que celle de *fournir & faire valoir.* Arrêt du 29 Janvier 1604, rapporté par M. Bouguier, lettre G. nombre 1.

Au reste, la discussion n'a point lieu en transport de dette contenue dans une cédule ou obligation, avec promesse de fournir & faire valoir, lorsqu'un tel transport est fait entre Marchands pour fait de marchandises ; c'est-à-dire, quand un Marchand auquel par cédule & pour cause de marchandises étoit dû une somme, fait cession & transport d'icelle à un autre Marchand, pour demeurer quitte de pareille somme, avec promesse de fournir & faire valoir ; en ce cas la discussion n'est pas nécessaire ; ensorte que faute par le débiteur de payer, après l'assignation à lui donnée, le cessionnaire peut faire ajourner le cédant, à ce qu'il soit tenu de reprendre la cédule, & de payer la somme y contenue. Ainsi ces mots, *fournir & faire valoir* entre Marchands, contiennent promesse de payer, si le débiteur ne paye pas après sommation à lui faite, comme il a été jugé par Arrêt du 28 Avril 1592.

La troisiéme clause est la promesse *de fournir & faire valoir, même payer après un simple commandement fait au débiteur sans discussion.* Cette clause décharge le cessionnaire de la discussion du débiteur, à laquelle il seroit obligé, s'il n'y avoit que la clause *de fournir & faire valoir.* Et en vertu de la précedente clause, si le cessionnaire n'est pas payé, il peut de plein droit s'adresser au cédant, sans être tenu de discuter le débiteur, ni faire autre diligence qu'un simple commandement.

Il faut observer que ces termes, *sans discussion*, ne sont pas absolument nécessaires pour en décharger le cessionnaire, & que sans ces mots, *sans discussion*, la clause *de payer, après un simple commandement fait au débiteur*, est suffisante pour décharger le cessionnaire de la discussion ; mais ce qui abonde ne vicie pas.

Il y a des cas qui font cesser la garantie de fournir & faire valoir. 1°. Par le fait du cessionnaire, quand il a volontairement déchargé quelques hypotéques, ou qu'il a par négligence laissé prescrire les hypotéques par decret, sans s'y opposer. 2°. Quand il les a laissé prescrire ; car quoique les garanties soient perpetuelles, on ne peut plus néanmoins les intenter quand on a laissé prescrire les hypotéques ou la dette, dont on nous avoit fait transport avec garantie de fournir & faire valoir.

On demande si une dette ou une rente étant vendue & transportée sur un Prince ou sur le Roi, avec la clause *de fournir & faire valoir*, l'Acquereur seroit tenu à la discussion?

Loyseau dit qu'à l'égard des Princes cela est sans difficulté, parce qu'ils peuvent être discutez, & que le cessionnaire de la rente a pû & dû en prévoir la difficulté, lorsqu'il a accepté la cession qui lui a été faite; mais qu'à l'égard du Roi, il n'en est pas de même, parce que *promettre, fournir & faire valoir*, c'est promettre que le débiteur est solvable, & que la dette est exigible.

Il est vrai que la dette est solvable, mais elle n'est pas exigible quand il ne veut pas payer: d'où il s'ensuit que cette clause donne recours contre le cédant, quand le Roi ne veut pas payer; autrement cette clause, *fournir & faire valoir*, & celle de *payer soi-même*, seroient inutiles, si elles n'avoient lieu qu'après discussion, parce que la discussion ne s'en peut jamais faire.

Cependant pour plus grande sûreté, & pour obvier à une contestation qui n'est pas sans difficulté, il faut exprimer ainsi cette clause: *Fournir & faire valoir nonobstant le fait du Prince, cas d'hostilitez, & généralement tous cas fortuits & inopinez, exprimez & non exprimez.*

La troisiéme clause est celle par laquelle on se soumet de payer soi-même, après un simple commandement fait au débiteur, & cette clause exclut la discussion, selon quelques-uns; desorte qu'après un simple commandement fait au débiteur de la rente, & faute par lui de payer, le cessionnaire de la rente peut s'adresser directement au cédant.

D'autres estiment au contraire qu'il y a lieu à la discussion; ce qui a été ainsi jugé par Arrêt du 9 Avril 1602, d'autant que cette promesse de payer soi-même n'induit qu'une fidéjussion ou obligation subsidiaire; de maniere que pour éviter toute contestation au cas de cette derniere clause, on mettra ces mots ou autres semblables: *Sans que ledit soit tenu faire aucun commandement ni autre diligence qu'une simple & seule signification des Présentes contre le débiteur de la rente; mais il pourra après chacun terme s'adresser directement contre ledit vendeur & cédant.*

Que si la clause est en ces termes: *Payer soi-même trois mois après chacun terme, ou après un simple commandement fait au débiteur, ou après une simple perquisition & exécution de meubles;* & si elle est en d'autres semblables ou differens, elle doit être exécutée conformément aux termes] dans lesquels elle est conçue.

Dans les cessions & transports de rentes sur l'Hôtel de Ville, on met ordinairement l'une de ces clauses : *De garantir généralement de tous troubles & empêchemens.* L'autre : *De fournir & faire valoir tant en sort principal, arrérages, que rachat.* Et la troisiéme : *De fournir & faire valoir nonobstant le fait du Prince ; & à faute de payement, de payer soi-même, & continuer la rente.*

La seconde & la troisiéme obligent le cédant à payer les arrérages, & continuer la rente ; mais pour plus grande sureté du cessionnaire, la clause doit être en ces termes : *Promet fournir & faire valoir tant en sort principal qu'arrérages, nonobstant le fait du Prince & autres cas fortuits.* Ou, *a promis payer & continuer la rente par lui transportée, après un simple commandement fait au Payeur des rentes de la Ville de Paris.* Ou bien, *a été convenu que si l'acquereur étoit ci-après troublé dans la jouissance, perception & continuation de la rente en quelque maniere que ce soit ; en ce cas le vendeur & cédant sera tenu en son propre & privé nom de fournir & faire valoir à l'acquereur, ses hoirs & ayans cause, la rente vendue & cédée aux quatre quartiers de l'an à Paris accoutumez, généralement sur tous & chacuns ses biens, meubles & immeubles présens & à venir.*

CHAPITRE III.

De l'effet de la Cession & Transport.

L'Effet de la cession est de transferer en la personne du cessionnaire les mêmes droits & actions qui appartiennent au cédant, & par le moyen d'icelle, le cessionnaire les peut exercer contre le débiteur : & si la cession est d'une obligation solidaire contre plusieurs débiteurs solidairement obligez, les droits même du créancier passent en la personne du cessionnaire, contre les autres créanciers du débiteur postérieur au cédant.

Ainsi le cessionnaire entre dans tous les droits du cédant, & n'en peut pas avoir d'autres ; il acquiert la chose cédée avec toutes les charges ; desorte que si c'est un contrat de constitution, les arrérages courent au profit du cessionnaire, comme ils faisoient au profit du cédant ; les créanciers du cédant ont leur hypotéque sur la rente cédée, tant qu'il n'y a ni decret ni prescription ; & si dans le transport il entre des arrérages de rente, ou des interêts d'une obligation, le cessionnaire ne peut pas demander les interêts des arrérages, ni des interêts cédez, parce qu'il tient tout son droit du cédant, & qu'il représente sa personne.

On demande si la cession étant faite d'une obligation solidaire à un des coobligez solidairement, le cessionnaire peut poursuivre solidairement celui qu'il veut de ses coobligez, en vertu de la cession qui lui a été faite de l'obligation ou de la rente à laquelle il étoit solidairement obligé ? Par les anciens Arrêts il a été jugé au profit du cessionnaire ; mais par les derniers il a été jugé au contraire.

C'est une question, si un créancier est tenu faire cession de ses droits & actions, *post solutionem*, à celui qui l'a remboursé ? Pour la résolution de la question proposée, il faut établir deux régles.

I. Quand plusieurs sont obligez par un même genre d'obligation, comme sont des tuteurs, des coobligez & autres semblables ; l'un d'eux ayant remboursé toute la somme dûe, ne peut pas prendre cession des droits du créancier après le payement, à moins qu'il ne s'en soit réservé la faculté par une clause expresse apposée dans la quittance, suivant la disposition du Droit Romain.

II. Quand plusieurs sont obligez solidairement à payer, ou faire une même chose par divers genres d'obligation, ou que n'y étant pas obligez par une obligation principale, l'un d'eux a payé sans cession, il la peut demander au créancier. Ainsi un tuteur, qui pour n'avoir pas poursuivi le débiteur du pupille, a été cause qu'il est devenu insolvable, est tenu d'en indemniser le pupille ; & supposé qu'après avoir payé, ce débiteur rentre dans une meilleure fortune, le tuteur peut obliger le pupille de lui faire cession de ses actions contre ce débiteur.

Voyez cette question plus amplement traitée sur l'article 108 de la Coutume de Paris.

Il n'y a plus de difficulté en cas d'un fidéjusseur qui rembourse le créancier ; sçavoir s'il décharge ses cofidéjusseurs *ipso jure*, sans avoir aucun recours contre eux ; ensorte qu'il ne puisse pas demander au créancier la cession d'actions quelque tems après avoir payé, afin de les poursuivre pour leur part & portion.

Cette question doit être décidée selon cette distinction; sçavoir, que quand le fidéjusseur a payé *suo nomine*, il peut prendre cession des actions du créancier; mais s'il a payé au nom du débiteur, en ce cas le débiteur est déchargé *ipso jure*, parce que c'est comme si le débiteur avoit payé lui-même; ainsi le créancier ne peut plus ceder ses droits & actions, ni contre le principal débiteur, ni contre les cofidéjusseurs, d'autant qu'il n'a plus d'action contre eux, étant libres & déchargez de plein droit; comme si par les quittances il est porté, *que tel a payé pour un tel principal obligé, au moyen de quoi ledit principal obligé demeure quitte & déchargé de la somme qui a été payée pour & en son nom par tel, &c.* Il en est de même, si le fidéjusseur a prêté de l'argent au débiteur pour rembourser le créancier, sans stipuler la subrogation.

Lorsque le payement d'une dette est fait par un étranger, au nom & pour l'acquit du débiteur, sans prendre cession des droits du créancier, il ne la peut plus demander, par la raison que la dette est éteinte au moyen du payement; ainsi le créancier n'a plus ni droits ni actions qu'il puisse céder.

CHAPITRE IV.

De la Subrogation.

APrès avoir parlé de la cession, il faut passer à la subrogation, par laquelle on est subrogé aux droits d'un créancier. Il y en a de deux espéces; sçavoir la subrogation conventionnelle, & la subrogation légale.

La subrogation conventionnelle est un contrat, par lequel le créancier transfere sa créance avec toutes ses hypotéques au profit d'une tierce personne, sans la participation du débiteur, & cette subrogation est appellée cession, laquelle doit être faite sur le champ, c'est-à-dire au tems que se fait le payement; car le payement étant une fois fait, la dette principale étant éteinte, il ne reste plus d'hypotéque, qui n'est qu'un accessoire à la dette principale, & par conséquent il ne reste plus rien à céder. Ainsi on ne peut empêcher l'extinction de l'hypotéque que par la cession faite avant le payement de la dette principale ; autrement si cette cession survenoit après, elle seroit inutile, comme étant faite de chose qui n'existoit plus.

La subrogation légale est celle qui se fait par la loi en faveur de celui qui paye un créancier, par la seule convention faite avec le débiteur, & par la déclaration que fait le débiteur dans la quittance du remboursement, que c'est des deniers d'un tel qu'il fait ce remboursement.

Cette subrogation est proprement ce qu'on appelle *subrogation*, & n'est pas appellée cession, quoique la cession soit appellée subrogation. La raison est, que le débiteur qui consent que la substitution soit faite des droits du créancier anterieur en la personne d'un nouveau créancier, ne peut pas céder les droits que son créancier a contre lui ; mais il en peut consentir la subrogation, laquelle se fait par l'autorité de la loi. Au reste, pour que cette subrogation ait lieu, il faut que le payement de la dette ou le rachat de la rente soit fait incessamment, sans quoi il n'y auroit point de subrogation, comme nous dirons ci-après.

Il y a donc cette différence essentielle entre la cession & la subrogation, que la cession se fait du consentement du créancier, parce que c'est une véritable vente qui ne se peut faire que du consentement des Parties ; mais la subrogation ne requiert point le consentement du créancier ; c'est le seul ouvrage de la loi, en conséquence du nouvel emprunt fait par le débiteur, de l'emploi qu'il en fait en l'acquit de la dette, & la déclaration qu'il fait dans la quittance de remboursement, que c'est des deniers provenans de ce nouvel emprunt, qu'il fait ce remboursement. Ce qui a été fort sagement établi.

La raison est, que si pour la subrogation le consentement du créancier étoit requis, elle deviendroit inutile, par le refus que feroit le créancier en recevant son dû, de subroger en son lieu & place celui qui auroit fourni ses deniers pour le rembourser au nom de son débiteur.

D'ailleurs le débiteur est, pour ainsi dire, le créateur de l'hypotéque qu'il a constituée à l'ancien créancier ; & comme il ne la lui a pas donnée pour toujours, mais seulement tant que la dette qui est le fondement & la cause subsistera, le débiteur

débiteur est le maître de lui ôter cette hypotéque pour la donner à un étranger ; & cette hypotéque que le débiteur donne ainsi au nouveau créancier, est la même que l'ancien avoit avant qu'il fût payé.

La Loi première, au Code *tit. de his qui in priorum creditorum locum succedunt*, porte que ceux qui prêtent leurs deniers à quelqu'un pour payer quelque créancier, ne succedent pas toujours à ces hypotéques, & que cela n'a lieu que lorsque celui qui prête ses deniers, les donne à condition qu'il succedera à l'ancien créancier, & qu'il aura la même hypotéque.

Il est aisé de voir par la décision de cette Loi, que pour succeder aux hypotéques d'un créancier, son consentement n'est point nécessaire, puisque cette Loi n'en fait pas mention, non plus que les autres Loix qui parlent de cette subrogation, comme la Loi *Aristo.* 3, *ff. quæ res pignori*, &c.

L'Edit du Roi Henri IV. de l'année 1609, a autorisé cette subrogation faite par le débiteur, sans la participation du créancier, conformément aux Loix Romaines. Ce grand Prince qui donnoit tous ses soins au soulagement de son peuple, ayant réduit les rentes du denier douze au denier seize, & voulant faciliter aux débiteurs les moyens de trouver de l'argent pour rembourser leurs anciens créanciers, fit cet Edit qui porte, *que ceux qui fourniront leurs deniers aux débiteurs de rentes constituées au denier douze, avec stipulation expresse de succeder aux hypotéques des créanciers, qui seront acquittez de leurs deniers, & desquels iceux deniers se trouveront employez à l'acquit desdites rentes & arrérages d'icelles, par déclaration qui sera faite par leurs débiteurs de l'acquit & rachat, seront & demeureront subrogez aux droits, hypotéques, noms, raisons & actions desdits anciens créanciers, sans autre cession ni transport d'iceux.*

Cet Edit est conforme à la disposition du Droit Romain ; il ajoute seulement que lors du payement fait à l'ancien créancier, il faut que le débiteur déclare de qui procedent les deniers.

En conséquence de cet Edit, il a été rendu au Parlement de Paris un Arrêt en forme de Réglement le six de Juillet mil six cent quatre-vingt-dix, qui porte, *que pour succeder aux actions, droits, hypotéques & privileges d'un ancien créancier, sur qui les biens de ceux qui sont obligez à la dette, ou de leurs cautions,*

& pour avoir droit de les exercer, ainsi & en la maniere que lesdits créanciers l'auroient pû faire, il suffit que les deniers du nouveau créancier soient fournis à l'un des débiteurs, avec stipulation faite par acte passé pardevant Notaires, qui précede le payement, ou qui soit de même date, que le débiteur employera lesdits deniers au payement de l'ancien créancier; que celui qui les prête sera subrogé aux droits dudit ancien créancier, & que dans la quittance ou dans l'acte qui tiendra lieu, lesquels seront aussi passez pardevant Notaires, il soit fait mention que le remboursement a été fait des deniers fournis à cet effet par le nouveau créancier, sans qu'il soit besoin que la subrogation soit consentie par l'ancien créancier, ni par les autres débiteurs & cautions, ou qu'elle soit ordonnée par Justice.

Cet Arrêt n'ajoute rien de nouveau ni à la disposition du Droit Romain, ni à l'Edit de 1609, pour ce qui regarde la subrogation qui se fait par le débiteur aux droits & hypotéques de l'ancien créancier sans sa participation, si ce n'est par rapport à la forme, en ce qu'il ordonne que les Actes soient passez pardevant Notaires; ce qui paroît nécessaire pour empêcher les fraudes qui pourroient se faire par des antidates.

Mais cet Arrêt a fait une grande nouveauté, en ce qu'il ordonne que le créancier subrogé suivant la forme prescrite par icelui, succede à tous les droits, priviléges & hypotéques de l'ancien créancier, non-seulement sur les biens du débiteur qui subroge, mais encore sur les biens de tous ceux qui sont obligez à la dette, ou de leurs cautions, sans qu'il soit besoin du consentement de la caution, ou des coobligez.

La décision de cet Arrêt est peu conforme aux principes du Droit Romain, qui permettent au débiteur de rendre par son fait la condition de ses coobligez ou de ses cautions plus mauvaise: or c'est la rendre plus mauvaise que de lui donner sans son consentement un créancier qui peut être plus dur & plus fâcheux que n'étoit l'ancien.

De plus, le débiteur qui a reçu l'argent, peut bien subroger contre lui, parce qu'il est le maître de l'hypotéque qu'il a créée sur ses biens; mais n'étant pas le maître des hypotéques que ses coobligez ou que ses fidéjusseurs ont créées ou constituées sur leurs biens, il ne paroît pas raisonnable qu'il puisse disposer de ces hypotéques, & les donner à un nouveau créancier ; c'est pourquoi il paroît qu'il ne peut accorder la subrogation que contre lui seul, & non pas contre eux.

Ce fut sur ces raisons que le Parlement de Rouen observe sur ce fait une Jurisprudence contraire, qu'il a introduite par un Arrêté du 6 Avril 1666, dans l'article 132. *Que l'obligation du plege est éteinte, quand la dette est éteinte par le principal obligé ; lequel peut néanmoins subroger celui qui a baillé les deniers pour acquitter la dette, à l'hypotéque sur ses biens seulement, & non sur ceux du plege.*

Lorsque c'est l'ancien créancier remboursé qui consent la subrogation par cession & transport de ses droits, il ne peut y avoir de difficulté que le nouveau créancier ne puisse exercer tous les droits appartenans à l'ancien sur le débiteur, & sur ses coobligez ou cautions, parce qu'il entre au lieu & place de cet ancien créancier, qui lui a cedé les droits qui lui appartenoient, & dont il a pû disposer à sa volonté ; mais il ne paroît pas être des régles que le créancier subrogé par le débiteur succede à tous les droits, priviléges & hypotéques de l'ancien créancier, non-seulement sur les biens du débiteur qui subroge, mais encore sur les biens de tous ceux qui sont obligez à la dette ou de leurs cautions, sans leur consentement. Quoi qu'il en soit, cela a été ainsi décidé par le susdit Arrêt de reglement du Parlement de Paris du 6 Juillet 1690, qui a force de Loi dans tous les lieux de son ressort.

On demande si avant l'Edit de 1609, la subrogation faite par le débiteur sans la participation du créancier étoit en usage. Il est certain qu'elle a eu lieu avant cet Edit, comme il paroît par un Arrêt du 28 Juin 1592, par lequel il fut ordonné que Giraudon seroit payé avant Raguin, quoique Giraudon fût postérieur en date, sans avoir égard à ce que Raguin disoit, que la premiere rente étant rachetée, étoit par conséquent éteinte, & qu'ainsi on ne pouvoit avoir le droit d'un créancier, ni être subrogé à son lieu & place, droits & hypotéques, sans avoir cession de ses droits & actions. La clause du contrat portoit ces mots : *Déclarant ledit de Combet ladite somme de, &c. être pour convertir au rachat de pareille rente qu'il a ci-devant constituée à   au moyen de quoi il consent que ledit Giraudon acheteur soit subrogé aux mêmes droits & hypotéques qu'étoit ledit, &c. sur les biens dudit constituant ;*

qui sera tenu lui bailler copie dudit rachat pour sa sureté dedans demain.

Mais quoiqu'on ait toujours parmi nous tenu pour maxime que le consentement des créanciers n'étoit pas nécessaire pour la subrogation ; néanmoins avant cet Edit de 1609, on avoit de la peine à trouver des personnes qui voulussent prêter de l'argent pour rembourser les premiers créanciers par une simple stipulation de subrogation faite avec le débiteur sans cession du créancier, parce que l'hypotéque étoit souvent contestée par des créanciers postérieurs ; ainsi on appréhendoit d'en courir le risque.

Depuis cet Edit, il n'y a pas de difficulté qu'on succede aux droits & hypotéques d'un créancier sans cession de lui, en vertu de la subrogation faite par le débiteur à celui qui paye pour lui ; mais pour que cette subrogation de l'ancienne hypotéque se fasse, trois conditions sont aujourd'hui requises.

La premiere est, que le nouveau créancier en prêtant ses deniers, stipule par le contrat que c'est pour employer en l'acquit de telle dette du débiteur, ou que le débiteur s'oblige d'employer les deniers par lui reçus à un tel acquit.

La deuxiéme, que ce nouveau créancier stipule aussi qu'il demeurera subrogé aux droits & hypotéques du créancier remboursé, sans quoi il n'y a point de subrogation ; ce qui est si vrai, que la subrogation demandée par le débiteur au premier créancier, seroit inutile au second qui ne l'auroit pas expressément stipulée en prêtant ses deniers.

La troisiéme est, qu'il apparoisse par l'acte ou quittance de remboursement, que c'est des deniers du nouveau créancier que l'ancien a été payé.

C'est la raison pour laquelle il faut que le payement de la dette ou le rachat de la rente soit fait incessamment, ou que les deniers ayent été déposez jusqu'à remploi, quoique cela ne soit pas porté par l'Edit : autrement il n'y auroit point de subrogation, parce que les deniers seroient présumez avoir été employez par le débiteur à toute autre chose : ainsi le nouveau créancier n'auroit hypotéque que du jour qu'il auroit prêté ses deniers ; auquel cas il seroit en droit de contraindre son débiteur à le rembourser, faute de lui avoir fait l'emploi dans le tems.

Suivant ce que nous venons de dire, la déclaration que le débiteur est obligé de faire, que le payement & remboursement est fait des deniers de celui qui a stipulé la subrogation, doit être faite & inserée dans le corps de la quittance du créancier, & il ne suffit pas qu'elle soit faite par un acte séparé, comme il est porté par l'Arrêt de la Cour en forme de réglement rapporté ci-dessus, en date du 6 Juillet 1690; cela même avoit auparavant été expressément enjoint par un Arrêt de réglement du 31 Août 1676, par lequel il a été fait défenses aux Notaires de recevoir des Particuliers des déclarations & subrogations d'emprunts de deniers, sinon par les actes qui contiennent les acquits & rachats des dettes qui en seront faits, sur peine de nullité.

La raison est, que si les Notaires pouvoient mettre cette déclaration après quelques années, il leur seroit loisible de supposer qu'un créancier auroit prêté ses deniers aux débiteurs, pour l'acquit d'une dette ancienne, quoique cela ne fût pas véritable; ce qui étoit d'autant plus facile anciennement, que l'usage étoit de ne point inserer ces sortes de déclarations dans les quittances, mais de les mettre au bas seulement, après la signature du créancier, par un supplément d'acte qui commençoit ainsi: *Et à l'instant, &c.*

Aujourd'hui si le débiteur omettoit de faire cette déclaration dans la quittance, elle ne pourroit être utilement faite après; c'est-à-dire, qu'elle ne produiroit aucun effet pour celui des deniers duquel le remboursement auroit été fait, quoique par le contrat fait à son profit, il eût stipulé du débiteur d'être par lui subrogé aux droits de son créancier, & quoique ce débiteur l'eût promis.

Comme pour acquerir la subrogation il faut nécessairement justifier que le remboursement a été véritablement fait des deniers de celui qui a été subrogé aux droits de l'ancien créancier, ce remboursement doit être fait sur le champ, c'est-à-dire le même jour que les deniers ont été prêtez pour cet effet, ou un ou deux jours après, ou que les deniers soient deposez jusqu'à l'actuel remboursement. Ordinairement on stipule que le payement se fera dans trois mois au plus tard.

L'effet de la subrogation est de faire succeder aux droits & hypotéques de l'ancien créancier, celui des deniers duquel le remboursement est fait avec les conditions expliquées ci-dessus.

Mais on demande si la subrogation est réputée faite au préjudice des droits du créancier, qui n'est payé que d'une partie de sa dette ; comme quand le créancier ne reçoit que la moitié ou autre partie de son dû, ou du principal de sa rente, & que par la quittance il est déclaré par le débiteur, que celui des deniers duquel ce remboursement est fait, seroit subrogé aux droits du créancier qui le reçoit ; ce second créancier peut-il en vertu de la subrogation exercer les droits du premier créancier, au préjudice même de ce premier pour ce qui est dû ; ou si tous les deux viennent par concurrence ?

Il est certain que le créancier qui a été remboursé d'une partie de son dû, doit être préferé pour le reste de sa dette à celui des deniers duquel il a reçu le remboursement d'une partie de ce qui lui étoit dû ; comme il a été jugé par Arrêt du 4 Juin 1604.

Plusieurs tiennent même que ce premier créancier devroit être préferé au second, quand bien même il auroit consenti la subrogation dans la quittance de remboursement, ou qu'il auroit lui-même fait la cession de ses droits & hypotéques, sans protestation que c'est sans préjudicier à ses droits pour le restant de son dû.

La raison est, que personne n'est présumé subroger à ses droits contre soi-même & à son préjudice, comme dit M. Godefroy sur la Loi 3, *ff. qui potiores.* Et cela se juge ainsi au Parlement de Toulouse, suivant les Arrêts rapportez par M. Catelan, tome 2, liv. 6, chap. 4.

Cependant le plus sûr est, pour le premier créancier, de faire dans le même acte ses protestations, *que la subrogation sera sans préjudicier à ses droits & hypotéques, & sans concurrence avec lui.*

C'est une clause qui est de conséquence, & que l'on ne doit point omettre pour ôter tout lieu de contestation, empêcher que le nouveau créancier puisse objecter à l'ancien, que faute par lui de s'être expliqué là-dessus, il paroît avoir renoncé à ses droits & hypotéques ; & que si ç'eût été son intention de ne pas consentir à la subrogation, il l'auroit déclaré par des protestations qu'il auroit faites au contraire.

Suivant ce que nous venons de dire, le vendeur d'un Office ou autre immeuble, ou le créancier qui reçoit son remboursement en differens tems & de differentes personnes, conserve toujours ses hypotéques & privileges à l'exclusion des créanciers, qui ont prêté leurs deniers, nonobstant la subrogation par lui consentie, quand il a déclaré expressément que c'étoit sans concurrence avec lui, comme nous venons de le dire.

Mais on demande si dans ce cas le dernier créancier qui aura prêté ses deniers pour payer ce qui restoit dû au vendeur, & qui sera par lui subrogé en tous ses droits & privileges, sera préferé aux premiers créanciers, qui avoient précédemment prêté leurs deniers avec subrogation consentie par ledit vendeur?

Il faut dire que dans cette espéce le dernier créancier, quoique subrogé en tous les droits & priviléges du vendeur, n'acquiert aucun droit de préférence sur les autres, & ne vient que par concurrence avec eux, ce qui est très-équitable.

La raison est, que tous ces créanciers sont dans le même cas, & tirent tous également leur droit de la même cause, c'est-à-dire de la subrogation au lieu & place du vendeur. A l'égard de ce privilége & de cette préférence que s'étoit réservé le vendeur sur les créanciers qui précédemment au dernier avoient prêté leurs deniers, il faut dire que cette préférence lui étoit personnelle, & que par conséquent elle cesse entierement par le moyen du payement de ce qui lui reste dû; au moyen de quoi il ne lui reste aucune action qu'il puisse exercer de son chef.

Il faudroit dire le contraire, si dans l'espéce proposée le vendeur ou le créancier cédoit ce qui lui reste du privilégié; car en ce cas le cessionnaire étant subrogé en tous ses droits, pourroit exercer la préférence qu'il se seroit réservée sur les créanciers, qui précédemment sa cession auroient prêté leurs deniers, qu'il auroit reçus en l'acquit du débiteur.

Pour que la subrogation ait lieu dans le contrat de constitution fait au profit du second créancier qui a stipulé l'emploi, après ces mots: *Rachetable à toujours, en rendant & payant en une fois & en un seul payement la somme de, &c. moyennant laquelle ladite rente de, &c. a été constituée:* On met les mots qui suivent ou autres semblables. *Déclarant ledit constituant qu'il a emprunté ladite somme de, &c. pour employer au rachat de pareille rente de, &c. qu'il a ci-devant constituée au profit de* tel; *lequel rachat il promet faire dans demain* ou *dans trois jours; & par la quittance qu'il retirera, déclarer que ladite somme qu'il payera est la même que celle ci-dessus empruntée. Partant ledit a consenti que ledit sieur acquereur soit mis & subrogé aux mêmes droits & hypotéques qu'avoit ledit sur les biens dudit sieur constituant, & sur les héritages qui étoient hypotéquez à la premiere rente, lesquels ledit vendeur a obligez tant spécialement, comme ils sont ci-dessus déclarez, que généralement audit acheteur. Et promet ledit sieur constituant de fournir audit sieur acquereur, pour le soutien de ladite subrogation, copie de ladite quittance de rachat avec les piéces qui lui seront remises.*

On trouvera au Livre 10 de cet Ouvrage, des Formules de Quittances avec subrogation.

Au reste, il y a des cas où il n'est pas nécessaire de cession ni de subrogation expresse ; & où l'on est subrogé de plein droit, *tacito juris intellectu.*

Le premier est, quand un créancier postérieur paye un créancier antérieur à lui, il est subrogé de plein droit à ses hypotéques, suivant la Loi 1. *cod. qui potiores.* Un créancier n'est pas véritablement obligé de vendre sa dette à un étranger, ni de le subroger en ses droits, lorsqu'il en reçoit le prix ; mais quand c'est un créancier postérieur qui paye un créancier antérieur à lui, il n'est pas consideré comme un étranger à cet égard ; & attendu l'interêt qu'il a à la conservation des biens de son débiteur, les Loix Romaines lui donnent *jus offerendi*, à l'effet d'entrer dans les droits & hypotéques du créancier antérieur qu'il rembourse, sans qu'il soit besoin pour cela de la cession expresse de ce créancier antérieur ; & il peut le contraindre de recevoir son remboursement, à cause de la qualité de créancier qu'il a lui-même. Il en est de même du coobligé, lequel peut obliger le créancier commun de recevoir son remboursement, à cause de sa qualité de débiteur ; d'autant que tout débiteur a la faculté de se liberer, si ce n'est dans les cas exceptez, comme au cas du débiteur d'une rente fonciere non rachetable, & autres. Le créancier peut aussi être contraint de céder ses actions à celui des coobligez qui le rembourse ; & quand même le coobligé n'auroit point stipulé la cession des actions du créancier à qui il auroit fait le remboursement, cette cession seroit, suivant l'avis de la plupart des Docteurs, suppléée par le moyen d'une convention tacite. Cependant il est toujours bon de stipuler la cession, pour éviter tout procès.

Le deuxiéme est, lorsqu'on acquiert un héritage à la charge que les deniers seront employez à l'acquit des dettes du vendeur, ou que l'acheteur paye lui-même les créanciers du prix de la vente, pour lors il est subrogé de plein droit aux hypotéques

hypotéques des créanciers qu'il a remboursez, sans qu'il soit besoin de cession ni de subrogation. *L.* 1, *ff. qui potiores. L.* 3, *cod. de his qui in prior. creditor. loc. succed.* La raison est, que l'acquereur acquittant les dettes de son vendeur du prix de la vente, il y a convention tacite entre le débiteur qui vend & l'acheteur, pour que l'acheteur soit subrogé aux droits des créanciers qu'il rembourse. Néanmoins pour plus grande sureté, on a coutume de stipuler la subrogation en payant par l'acquereur les créanciers de son vendeur, quoiqu'elle soit acquise de plein droit sans convention, parce que l'Edit de 1609 ne s'entend qu'au cas du prêt fait au débiteur pour rembourser ses créanciers.

Le troisiéme est, quand les deniers de la femme du débiteur ont été employez à payer les anciens créanciers de son mari, elle est subrogée de droit à leurs priviléges & hypotéques, parce qu'elle est en quelque maniere considerée comme un créancier qui paye les créanciers antérieurs, ainsi que le tient Duperier, livre 3, question 3. Cependant l'Auteur du Traité des Subrogations, chapitre 12, nombre 42, distingue entre les dettes & les rentes: à l'égard du rachat des rentes, il demeure d'accord que la stipulation n'est pas nécessaire; mais à l'égard des dettes, il prétend que la stipulation est requise, & que sans elle il n'y a point de subrogation.

Le quatriéme est, si un héritier bénéficiaire paye de ses deniers les dettes de la succession, il entre de plein droit au lieu & place des créanciers qu'il a payez. Il en faut dire de même du Curateur à une succession vacante, qui en paye les dettes de ses deniers, quoiqu'il n'y ait ni cession, ni subrogation.

Le cinquiéme est, lorsque l'héritier grevé de substitution paye les dettes du défunt de ses propres deniers, il a le même privilége, *quia solvit invitus.* Il faut dire par la même raison, que la caution qui paye forcément la dette du principal débiteur, entre de plein droit dans les hypotéques du créancier. La même chose a lieu, lorsque par Ordonnance du Juge il est ordonné qu'un Particulier payera pour & en l'acquit du débiteur; en ce cas la subrogation a lieu *ex potestate juris* au profit de celui qui a fait un tel remboursement.

CHAPITRE V.

Formules de Transports.

Transport avec garantie, d'une somme dûe par Obligation.

FUt présent Louis demeurant lequel a cédé & transporté, & promet garantir, fournir & faire valoir à Joseph demeurant à ce présent & acceptant, la somme de dûe audit Louis par Jean suivant l'Obligation qu'il lui en a passée pardevant le à l'effet de quoi ledit Louis a présentement délivré audit Joseph le Brevet de ladite Obligation, le met & subroge en tous ses droits & hypotéques, pour par lui recevoir ladite somme de que ledit Louis reconnoît avoir reçue dudit Joseph, qui la lui a payée & réellement délivrée en louis d'argent & monnoye ayant cours, présens les Notaires soussignez, dont, &c. quittant, &c. Et pour l'exécution, &c.

Clause d'acceptation de Transport, qui se met quand celui sur qui l'on transporte est présent.

A ce faire étoit présent ledit Jean demeurant lequel a accepté ledit Transport, & se le tient pour bien & dûement signifié, promet & s'oblige de payer ladite somme de audit Joseph, dans les tems portez en ladite Obligation. Et pour l'exécution, &c.

Transport plus libellé, aussi avec garantie.

FUt présent Charles, &c. Marchand demeurant à, &c. lequel a cédé & transporté, & promet garantir, fournir & faire valoir à Pierre, &c. demeurant, &c. à ce présent & acceptant, la somme de trois cens cinquante livres à lui dûe par Michel, &c. Marchand à Paris, par Obligation passée, &c. pour les causes y portées, comme aussi céde & transporte avec pareille garantie que dessus, les intérêts de ladite somme de, &c. frais & dépens, le tout adjugé audit cédant par Sentence du &c. à l'effet de quoi ledit cédant a mis ès mains dudit cessionnaire ladite Obligation & Sentence étant en parchemin, avec les piéces & procédures faites pour avoir payement de ladite somme principale & intérêts, dont il le fait porteur, l'a mis & subrogé en son lieu & place, droits, noms, raisons & actions, pour par ledit cessionnaire faire & disposer, &c. Ce transport fait moyennant & pour demeurer quitte par ledit cédant envers ledit cessionnaire de pareille somme de trois cens cinquante livres, qu'il lui doit pour marchandise vendue & livrée par ledit cessionnaire, portée par ses promesses à lui présentement rendues comme nulles, au moyen des présentes, & bon payement pour les intérêts & dépens que ledit cédant reconnoît avoir reçu dudit cessionnaire, dont il est content, &c. *Election & domicile à cause de la garantie.*

Transport avec garantie, de plusieurs sommes.

FUt présent R. Roy demeurant lequel a cédé & transporté, & promet garantir, fournir & faire valoir, même payer, faute y auroit de payement de quelques-unes des sommes ci-après déclarées par les débiteurs d'icelles, après un simple commandement, sans aucunes poursuites, discussion ni diligence, si bon ne semble à Jean de Troye demeurant à ce présent & acceptant, la somme de six cens quarante livres; sçavoir cent quarante livres dûes audit cédant par G. Dumont & Marie sa femme, par leur Obligation solidaire qu'ils ont passée au profit dudit Roy, devant le deux cens livres, aussi à lui dûes par M. le F. veuve de N. Fanfille pour les causes portées en son Obligation passée, tant en son nom, que comme mere & tutrice de ses enfans mineurs, pardevant le trois cens livres dûes audit Roy par Louis aussi pour les causes portées en l'Obligation par lui passée à son profit pardevant le à l'effet de quoi ledit cédant a présentement délivré & mis ès mains dudit cessionnaire les Brevets originaux desdites Obligations, le met & subroge en tous ses droits, noms, raisons, actions & hypotéques, pour par lui recevoir lesdites sommes, & en faire & disposer comme de chose à lui appartenante. Ce Transport fait moyennant pareille somme de six cens quarante livres, que ledit cédant confesse avoir reçue dudit cessionnaire, qui la lui a payée, comptée & délivrée en louis d'argent & monnoye ayant cours, présens lesdits Notaires, dont quittant, &c. Et pour l'exécution, &c.

Autre Transport avec garantie.

FUt présent Jean Canus, Maître Serrurier à Paris, y demeurant lequel a cédé & transporté, & promet garantir, fournir, &c. à Maître Jacques Foucault, demeurant à ce présent & acceptant, la somme de cent livres, à prendre en celle de quinze cens livres dûe audit cédant, pour ouvrages de Serrurerie par lui faits pour Madame B. en une maison sise à Paris rue appartenante à ladite Dame, où elle est demeurante, & suivant les Mémoires arrêtez par ladite Dame à ladite somme qu'il a représentez, & lui a à l'instant rendus après avoir été par ledit cédant certifiés véritables, & à sa réquisition paraphez desdits Notaires soussignez: desquels Mémoires le cédant promet aider ledit Foucault toutes fois & quantes il l'en requerra, à peine, &c. le met & subroge en son lieu & place, droits, noms, raisons, actions & priviléges, pour par lui recevoir ladite somme de cent livres, ou autrement en faire & disposer comme de chose à lui appartenante. Ce Transport fait moyennant & pour demeurer quitte par ledit Canus envers ledit Foucault de pareille somme de cent livres qu'il lui doit, suivant deux Obligations qu'il lui a passées pardevant le & sans toutefois que l'acceptation du présent Transport puisse empêcher ledit sieur cessionnaire de se pourvoir sur les autres biens dudit cédant, faute y auroit de payement de ladite somme sus-cédée, ni préjudicier à ses droits, actions & hypotéques à lui acquis par lesdites Obligations, qu'il entend pour cet effet demeurer en leur force & vertu, les Grosses en parchemin desquelles il promet rendre audit cédant aussi-tôt qu'il aura été payé de ladite somme de cent livres, & par ces mêmes présentes icelui sieur Foucault a déchargé ledit Canus de la somme de trente livres, à déduire sur celle de soixante livres, qu'il lui doit par son billet sous seing privé du laquelle déduction ledit sieur Foucault fait audit Canus pour tous les ouvrages de Serrurerie par lui faits en la maison dudit sieur Foucault sus-déclarée. Et pour l'exécution, &c.

Quittance portant Transport à un débiteur contre son coobligé.

EN présence des Notaires soussignez, Nicolas, &c. ayant droit par transport de Claude, &c. par Acte passé devant Notaires, le jour a reconnu & confessé avoir reçu de Charles, &c. à ce présent, qui lui a présentement payé, compté, nombré & délivré réellement, présens les Notaires soussignez, la somme de, &c. en quoi ledit Charles s'étoit solidairement obligé avec Jacques envers ledit Claude, pour les clauses portées en leur Obligation passée devant Notaires, le jour de laquelle somme ledit Nicolas s'est contenté, & en quitte ledit Charles & tous autres; auquel en ce faisant ledit Nicolas a présentement remis & délivré ladite Obligation, Sentence & procedure qui s'en est ensuivie, ensemble ledit Transport, pour en vertu desdites piéces se pourvoir contre ledit Jacques son coobligé, & autres qu'il appartiendra, tant pour le recouvrement de la moitié de ladite somme principale, que pour lesdits intérêts, frais & dépens; & en tant que besoin est ou seroit, il lui fait par ces présentes toutes cessions & transports nécessaires, sans toutefois aucune garantie, restitution de deniers, ni recours quelconques, sinon de ses faits & promesses seulement, le subrogeant en tous ses droits, noms, raisons, actions & hypotéques, même des saisies-arrêts faites sur ledit Jacques, coobligé dudit Charles, faute de payement de ladite somme principale, intérêts, frais & dépens, pour par ledit Charles en faire & disposer ainsi que bon lui semblera, &c.

Transport d'une somme contenue en un Billet, avec garan pour demeurer quitte de loyers.

FUt présent lequel a cédé & transporté, & promet garantir, fournir & faire valoir, même payer, &c. à Jean demeurant à ce présent & acceptant, la somme de cent cinquante livres, à prendre & faisant partie de celle de deux cens livres, contenue au Billet du sieur Louis daté du pour les causes y portées, pour par ledit cessionnaire le recevoir, ou autrement en faire & disposer comme il avisera, à l'effet de quoi ledit cédant lui a présentement délivré ledit

Billet, après avoir été de lui paraphé, & à sa réquisition des Notaires soussignez, dont il le fait porteur, & le met & subroge en ses droits. Ce transport fait pour demeurer par ledit cédant quitte envers ledit cessionnaire de tous les loyers jusqu'à ce jour, & qui échéront ci-après jusqu'à concurrence de pareille somme de cent cinquante livres, d'une piéce de terre que ledit cédant tient à loyer dudit cessionnaire. Et pour l'exécution, &c.

NOTA. Il faut que le Billet soit controllé.

Obligation portant Transport avec garantie.

FUt présent Charles, &c. Marchand demeurant à, &c. lequel reconnoît devoir à Jacques, &c. Marchand, Bourgeois de, &c. à ce présent & acceptant, la somme de cinq cens livres, pour vente de marchandise fournie par ledit Jacques audit Charles, dont il lui avoit fait deux promesses, présentement rendues comme nulles moyennant ces présentes, laquelle somme il promet payer d'hui en deux mois préfix. Et pour accélerer le payement de ladite somme, ledit Charles a cédé & transporté audit Jacques, à ce présent & acceptant, pareille somme de cinq cens livres à lui dûe; sçavoir trois cens livres par Gervais, &c. par promesse du jour, &c. & deux cens livres à lui aussi dûes par Jean, &c. par autre promesse du jour, &c. pour les causes mentionnées esdites promesses, lesquelles dûement controllées le par ledit Charles a présentement remises ès mains dudit Jacques acceptant, le mettant & subrogeant en son lieu & place, droits, noms, raisons & actions, pour en faire & disposer à sa volonté, & recevoir le payement desdites deux sommes, sans néanmoins que ledit Transport & consentement ci-dessus puisse empêcher ledit sieur Jacques de se pourvoir sur les autres biens dudit Charles, après le terme ci-dessus expiré, ni que ledit Jacques soit tenu de veiller à la sûreté desdites deux sommes, ni faire aucune poursuite, sinon une simple signification des présentes, si bon lui semble. Et à cet effet ledit Charles a retenu copies collationnées par les Notaires soussignez, desdites deux promesses, promettant ledit Jacques l'aider des Originaux, en cas de besoin: car ainsi a été accordé, &c. Et pour l'exécution des présentes, ledit Charles a élu son domicile, &c.

Rétrocession au dos d'un Transport.

Ledit Charles nommé de l'autre part, rétrocéde par ces présentes purement & simplement, sans garantie que de ses faits & promesses, audit Jacques, aussi sus-nommé, à ce présent & acceptant, la somme de cinq cens livres, que ledit Jacques lui avoit transportée avec toute garantie, même de rendre & payer après un simple commandement, à prendre sur Claude, ainsi qu'il est porté audit Transport, pour les causes y contenues. Ce faisant, ledit Charles a remis & subrogé ledit Jacques en son premier lieu, droits, noms, raisons & actions, & lui a remis ès mains l'Obligation dudit Claude mentionnée par ledit Transport, pour en faire & disposer par ledit Jacques à sa volonté, & comme de chose à lui appartenante;

cette Rétrocession faite moyennant pareille somme de cinq cens livres; que ledit Charles reconnoît avoir reçue dudit Jacques cejourd'hui, dont, &c. au moyen de quoi les Parties sont en tel & semblable état qu'elles étoient avant ledit Transport, jurant & affirmant ledit Charles n'avoir reçu aucune chose sur icelui. Promettant, &c.

Rétrocession pure & simple d'un Transport.

FUt présent Denis, &c. lequel a rétrocédé par ces présentes, sans garantie que de ses faits, à Jacques, &c. à ce présent & acceptant, la somme de cinq cens livres, que ledit Jacques lui avoit cédée par Transport passé devant, &c. à prendre sur Vincent, &c. suivant sa promesse mentionnée audit Transport; & outre rétrocéde, comme dessus, audit Jacques, ce acceptant, tous les intérêts de ladite somme de cinq cens liv. frais & dépens, le tout adjugé audit Denis par Sentence de, &c. ensemble les frais & mises d'exécution, &c. A ces fins ledit Denis a présentement rendu audit Jacques ladite promesse dudit Vincent, le transport dudit Jacques, au bas duquel est la signification d'icelui faite audit Vincent, & ladite Sentence, le tout ci-dessus daté, l'a mis & subrogé en son lieu & place, droits, noms, raisons & actions, & aux droits dudit Denis, pour en disposer à sa volonté. Cette rétrocession & transport faits, tant moyennant pareille somme de cinq cens livres de principal, que bon payement & satisfaction desdits intérêts, frais & dépens; le tout que ledit Denis reconnoît lui avoir été rendu & payé par ledit Jacques, &c. dont il est content, & en quitte ledit Jacques & tous autres. Promettant, &c.

Autre Rétrocession à cause de l'insolvabilité du débiteur.

FUt présent Charles, &c. lequel a dit que Jacques, &c. lui ayant ci-devant fait transport, avec promesse de garantir, fournir & faire valoir, de la somme de cinq cens livres dûe par Claude, &c. & sa femme, portée par obligation passée au profit dudit Jacques devant, &c. moyennant & pour demeurer quitte envers ledit Charles de pareille somme qu'il lui devoit par promesse, ainsi qu'il est plus au long porté par ledit Transport passé, &c. ledit Charles auroit obtenu Sentence de condamnation de ladite somme, & fait exécuter les meubles dudit Claude & sa femme, à laquelle exécution & transport d'iceux seroient survenus plusieurs créanciers opposans, sur quoi seroit intervenu Sentence de, &c. par laquelle auroit été ordonné que lesdits meubles seroient vendus, & les deniers en provenans délivrez à Pierre, &c. après avoir par ledit Charles fait saisir réellement une maison sise à Paris rue, &c. appartenante audit Claude de son propre, & sur les criées & decrets seroient intervenus plusieurs opposans qui absorboient la valeur de ladite maison: & ledit Claude ayant interjetté appel desdites saisies & criées, & enfin ladite maison ayant été decretée & adjugée à Jean, &c. pour la somme de laquelle n'auroit pas été suffisante à beaucoup près pour payer lesdits créanciers & les frais de Justice, & n'avoient lesdits Claude & sa femme autres biens; desorte que lesdits créanciers auroient été obligez, sur l'espérance que lesdits Claude & sa femme se remettroient en leur trafic, de leur remettre la moitié de leurs dettes, & de leur donner délai de cinq ans pour payer l'autre, toutes poursuites & discussions faites des biens dudit Claude & sa femme ; & comme il n'y avoit espérance d'être par eux ledit Charles payé du transport à lui fait par Jacques, icelui Charles auroit été obligé de recourir contre ledit Jacques, qu'il auroit sommé de lui rendre & payer ladite somme de cinq cens livres, intérêts d'icelle, frais & dépens par lui faits à la poursuite de ladite discussion, dommages & intérêts. Sur quoi les Parties ont fait & accordé ce qui suit : sçavoir, que ledit Charles a rétrocedé & transporté par ces présentes audit Jacques, ce acceptant, sans aucune garantie, restitution de deniers, ni recours, ladite somme de cinq cens livres de principal, intérêts d'icelle, frais & dépens, dommages & intérêts à recouvrer contre lesdits Claude & sa femme : à remis & subrogé ledit Jacques en son premier lieu & droits qu'il avoit avant ledit transport, même au lieu & place dudit Charles, ausdits intérêts, frais & dépens, dommages & intérêts à lui dûs & adjugez par lesdites Sentences sus-datées & mentionnées : & à cette fin a rendu & mis ès mains dudit Jacques présentement ladite obligation, transport d'icelle par lui fait audit Charles, Sentences obtenues contre lesdits Claude & sa femme, le tout sus-mentionné, avec toutes les piéces & procédures qu'il avoit concernant ce que dessus, pour en recouvrer le payement, s'il peut, à ses risques, périls & fortunes, frais & dépens contre lesdits Claude & sa femme, & autres qu'il appartiendra, excepté contre ledit Charles, & autrement en faire & disposer par ledit Jacques comme il avisera, le tout moyennant la somme de cinq cens livres payable, &c.

Transport sans garantie.

FUt présent Pierre demeurant lequel céde & transporte par ces présentes, sans néanmoins aucune garantie, restitutions de deniers, ni recours quelconque, en quelque sorte & maniere que ce soit & puisse être, à Denis à ce présent & acceptant, à ses risques, périls & fortunes, la somme de six cens livres contenue en l'obligation faite à son profit par Julien le le brevet original de laquelle il a présentement délivré & mis ès mains dudit Denis, dont il le fait porteur, &c. le met & subroge en tous ses droits & hypotéques, sans garantie, comme dit est, pour par lui recevoir ladite somme, & en faire & disposer comme de chose à lui appartenante. Ce transport fait moyennant pareille somme de six cens livres que ledit Pierre confesse avoir reçue dudit Denis, qui la lui a présentement payée, comptée & délivrée en louis d'argent & monnoye ayant cours, en présence des Notaires soussignez, &c. dont, &c. quittant, &c. Et pour l'exécution, &c.

Autre Transport sans garantie.

FUt présent Charles, &c. lequel a cédé & transporté par ces présentes, sans aucune garantie ni recours, sinon de ses faits & promesses, qui sont que la somme ci-après déclarée lui est légitimement dûe, & qu'il n'en a disposé aucunement ; ainsi qu'il l'a présentement affirmé à Claude, &c. à ce présent & acceptant, à ses risques, périls & fortunes, la somme de cinq cens livres dûe audit cédant par Jacques, &c. par sa promesse en date du jour, &c. & pour laquelle somme ledit Jacques a été condamné envers ledit Charles, ensemble aux intérêts & dépens, par Sentence de Messieurs les Juge & Consuls de Paris, du jour, &c. comme aussi céde & transporte sans garantie, comme dessus, lesdits intérêts & dépens portez & adjugez par ladite Sentence, laquelle Sentence & promesse ledit cédant a mis ès mains dudit acceptant, dont il le fait porteur, l'a mis & subrogé en son lieu & place, droits, noms, raisons & actions, pour du tout disposer comme bon lui semblera, sans aucuns recours. Ce transport fait moyennant pareille somme de cinq cens livres de principal, bon payement & satisfaction pour les intérêts, frais & dépens, le tout que ledit cédant reconnoît avoir reçu dudit acceptant, dont, &c.

Transport sans garantie d'une somme restante à payer d'une plus grande, par une Exécutrice testamentaire, accepté par le cessionnaire à ses risques, périls & fortunes.

Fut présente Dame M. de B. de Pien, veuve de Messire N. Monne, demeurante au nom & comme Exécutrice du testament & ordonnance de derniere volonté de défunte M. de B. de Pien, Comtesse de Remir, reçu par & Notaires, le & des deux codiciles étant ensuite, laquelle audit nom céde & transporte, sans aucune garantie, restitution de deniers, ni recours, sinon de ses faits & promesses seulement, qui sont que la somme ci-après est légitimement dûe, & qu'elle n'en a disposé en faveur de personne, à Maître Jouenne, à ce présent & acceptant, à ses risques, périls & fortunes, la somme de deux mille livres, restant à payer par Monsieur le Marquis de Bord & Mademoiselle sa sœur, de celle de quatre mille cent livres, à laquelle se sont trouvez monter les arrérages courus depuis le huit Septembre 1715, jusqu'au jour du décès de ladite Dame Comtesse de Remir, de la rente de quinze cens livres à elle dûe par haut & puissant Seigneur Messire R. de M. Marquis de Bord, par contrat passé devant le vingt-cinq Juin mil sept cent duquel titre nouvel a été passé par défunt Messire R. de M. Marquis de Bord, pere desdits Seigneur & Demoiselle de Bord, devant le pour par ledit Jouenne recevoir ladite somme sus-cédée, ou autrement en faire & disposer comme de chose à lui appartenante, au moyen de quoi ladite Dame cédante audit nom a mis & subrogé ledit sieur cessionnaire en tous ses droits & actions, & le subroge en son lieu & place, sans aucune autre garantie que dessus. Ce transport fait moyennant pareille somme de 2000 livres, que ladite Dame Monne confesse avoir reçue dudit Jouenne, qui lui a icelle somme présentement payée, comptée & délivrée en louis d'argent & monnoye ayant cours présens, & dont, &c. quittant, &c. Fait, &c.

Transport

Transport sous seing privé.

JE céde & transporte, sans aucune garantie, à Maître Louis la somme de deux mille livres, contenue en l'obligation faite à mon profit par J. Richard, tant en son nom, que comme se faisant fort de Louise sa femme, passée devant le que je lui ai présentement délivrée, pour par ledit sieur Louis recevoir ladite somme, & en disposer comme de chose à lui appartenante, à l'effet de quoi je le subroge en mes droits & hypotéques, sans garantie, comme dit est. Ce transport fait moyennant pareille somme de deux mille livres, que je reconnois avoir reçue dudit sieur Louis, dont je me contente & le quitte. Fait à Paris le, &c.

Reconnoissance pardevant Notaires du Transport, ci-devant mise au pied d'icelui, qu'il faut transcrire sur papier timbré auparavant, & l'avoir fait controller.

AUjourd'hui est comparu devant les Notaires soussignez, J. de B. demeurant lequel reconnoît avoir écrit & signé le transport ci-dessus, qu'il a dit contenir vérité, & consent qu'il sorte son plein & entier effet; ce que ledit sieur Louis y nommé, à ce présent, demeurant a accepté. Promettant, &c. obligeant, &c. renonçant, &c. Fait & passé à, &c.

Transport par un Particulier d'un vingtiéme d'intérêt à lui appartenant dans une Société, ce acceptant pour l'acquéreur d'icelui vingtiéme, un autre Particulier, comme son Procureur.

FUt présent P. Chastes, intéressé en la Compagnie du demeurant lequel reconnoît avoir cédé & transporté, avec garantie de ses faits & promesses, au sieur N. Simon, aussi intéressé en ladite Compagnie, demeurant à Lyon, absent, J. de Bord demeurant fondé de sa Procuration passée devant Notaires audit Lyon, le spéciale à l'effet ci-après, controllée, & dont l'original certifié véritable par ledit sieur de Bord, paraphé de lui, & à sa requisition des Notaires soussignez, est demeuré annexé à la présente minute, ledit sieur de Bord à ce présent & acceptant pour ledit sieur Simon, ses hoirs, &c. un vingtiéme d'intérêt des six appartenans audit sieur Chastes, dans les vingt dont la Compagnie dudit & commerce se trouve composée, avec les dix mille livres de fonds capital mis par ledit sieur Chastes dans ladite Compagnie & commerce, au sujet dudit vingtiéme d'intérêt, ensemble les intérêts, droits de présence, profits & revenus, tant dudit intérêt, que desdits dix mille livres de fonds capital, à compter du dont ledit sieur Chastes s'oblige de donner compte audit Simon, suivant ceux qui seront arrêtez entr'eux & les autres intéressez en ladite Compagnie, au sujet de leurdit commerce, & lui remettre les produits de la propriété dudit vingtiéme en fonds capital vendu, à mesure qu'il les recevra du Caissier de ladite Compagnie, par laquelle il s'oblige de faire approuver la présente vente, & faire déroger ladite Compagnie, en tant que besoin seroit, au droit de retenue qu'elle a prétendu s'y réserver par un des articles de la Société, dudit capital, sur les ventes qui pourroient être faites par les intéressez, même faire consentir ladite Compagnie, à la fin du terme courant de ladite Société, que le vingtiéme ci-dessus vendu soit joint & uni aux cinq vingtiémes pour lesquels ledit Simon est intéressé en ladite propriété dudit à peine, &c. le mettant à cet effet en tous ses droits, noms, raisons & actions, & le subroge en son lieu & place avec pareille garantie que dessus, pour par lui en jouir, faire & disposer comme il avisera, & de chose à lui appartenante; cette vente faite par ledit sieur Chastes, aux susdites conditions, & outre moyennant la somme de vingt mille livres, que ledit sieur de Bord a des deniers à lui envoyez par ledit sieur Simon, présentement payée, comptée & délivrée audit sieur Chastes, en présence desdits Notaires soussignez, en louis d'argent, & dont il est content & en quitte ledit sieur Simon; promettant ledit sieur Chastes lui faire valoir le susdit vingtiéme de propriété & commerce de ladite Compagnie, & fonds capital de dix mille livres; & pour l'exécution des présentes, ledit sieur Chastes a élû son domicile en sadite demeure; auquel lieu nonobstant, promettant, renonçant. Fait & passé, &c.

Transport de Droits successifs, sans garantie.

Fut présent Maître Jacques lequel céde & transporte, sans aucune garantie, restitution de deniers, ni recours quelconques, à Louis à ce présent & acceptant, acquéreur pour lui, ses hoirs, &c. tous & tels droits successifs mobiliers & immobiliers, fruits & revenus d'iceux, noms, raisons, actions, rescindans & rescisoires, & autres qui peuvent appartenir audit sieur Jacques dans les successions de *tel* & *telle* ses pere & mere, à quelques sommes qu'ils puissent monter, & en quelques lieux que le tout se trouve situé, sans aucune exception ni réserve, pour par ledit sieur Louis, sesdits hoirs, &c. en jouir & disposer ainsi que bon leur semblera, & comme de chose à eux appartenante; à l'effet de quoi ledit Jacques subroge ledit sieur Louis en son lieu & place, droits, noms, raisons, actions, priviléges & hypotéques; ce transport fait à la charge par ledit acquéreur d'acquitter ledit sieur vendeur de toutes les dettes desdites successions, sans aucune excepter ni réserver, ensorte que ledit sieur vendeur n'en soit aucunement recherché ni inquieté, & outre moyennant la somme de que ledit sieur vendeur confesse avoir reçue dudit acquéreur, dont, &c. quittant, &c. transportant, &c. dessaisissant, voulant, &c. Procureur le porteur, donnant, &c. pouvoir, consentant que ledit sieur acquéreur retire les titres & papiers de ceux qui s'en trouveront saisis. Et pour l'exécution, &c.

Ces termes de *rescindans & rescisoires*, qui s'employent dans ces sortes de transports de droits successifs, sont mis à toutes fins, pour donner au cessionnaire ou à l'acquéreur tout ce qu'on a dans la chose cédée ou vendue. La vraie signification est que le rescindant est la forme, & le rescisoire le fond.

Autre Transport de Droits successifs, avec garantie.

FUt présent Roger demeurant lequel céde & transporte, & promet garantir de tous troubles & empêchemens concernant ses faits & promesses seulement, à Didier à ce présent & acceptant, acquéreur pour lui, ses hoirs, &c. tous les droits mobiliers & immobiliers, fruits & revenus d'iceux, qui appartiennent audit cédant dans la succession de défunt son pere, en quelque maniere que ce soit, pour par ledit sieur acceptant, sesdits hoirs, &c. jouir, faire & disposer desdits droits ci-dessus cédez, comme de chose lui appartenante; & à cet effet ledit sieur cédant transporte audit sieur cessionnaire tous droits de propriété, noms, raisons, actions, rescindans & rescisoires, & le subroge en son lieu & place; ce transport fait à la charge par ledit acquéreur d'acquitter ledit cédant de la part & portion dont il pourroit être tenu des dettes & charges de ladite succession, si aucune y a, & outre moyennant la somme de deux cens livres, à laquelle les Parties sont convenues; laquelle somme ledit acceptant s'oblige de payer audit cédant, lorsqu'il payera la dot de sa fille qu'il est sur le point de marier, lors duquel payement sera fait mention que ce sont des deniers du présent transport, & auquel payement lesdits droits demeurent par privilége spécial affectez & hypotequez, & outre ledit acceptant y oblige tous ses biens meubles & immeubles présens & à venir, sans qu'une obligation déroge à l'autre. Promettant ledit Roger faire ratifier ces présentes par Louise Sainfray sa femme, toutefois & quantes qu'il en sera requis, pour faire laquelle ratification en son absence il l'autorise dès-à-présent; élisant les parties leurs domiciles, &c.

Transport de Droits successifs, sans garantie, par un frere & sa sœur à leur frere; accepté par lui à ses risques, périls & fortunes, portant réserve & clauses particulieres.

FUrent présens G. Destigny & F. Destigny sa sœur, fille majeure, demeurans à étant de présent à Paris, logez rue lesquels ont par ces présentes cédé & transporté, sans aucune garantie, restitution de deniers, ni recours quelconques, à N. Destigny leur frere, demeurant à ce présent & acceptant à ses risques, périls & fortunes, tous & chacun les droits successifs mobiliers & immobiliers, fruits & revenus d'iceux, rescindans & rescisoires, noms, raisons & actions qui pourroient appartenir ausdits cédans, & toutes les prétentions qu'ils pourroient avoir dans la succession de défunt leur ayeul maternel, tant au moyen de la substitution par lui faite en faveur desdites Parties ses petits enfans, à l'exception néanmoins, & sans aucunement préjudicier au partage passé entr'elles de partie de leurs biens pardevant le & sont cependant compris en ces présentes les trois rentes demeurées en commun par ledit partage, comme aussi soixante livres de rente en deux parties, étant de ladite substitution, & encore tous les autres droits & créances que lesdits cédans peuvent avoir & exercer sur la succession de défunte Denise Berson leur mere: Plus, cédent audit cessionnaire, ce acceptant, sans aucune garantie, comme dessus, les parts & portions qu'ils peuvent prétendre sur les biens immeubles de défunt N. Bretigny leur pere, à cause du douaire coûtumier par lui constitué par son contrat de mariage avec ladite défunte Berson, passé devant le sans autres réserves que celles ci-dessus; pour par ledit cessionnaire poursuivre le recouvrement des choses ci-dessus cédées, ou autrement en faire & disposer comme de chose à lui appartenante, à l'effet de quoi lesdits cédans l'ont subrogé, sans garantie, comme dessus, en leur lieu & place, droits, noms, raisons, actions, priviléges & hypotéques, même pour rentrer en possession des héritages & rentes sujettes ausdits droits sus-cédés, & faire toutes les choses nécessaires, tant pour revenir contre le Contrat par lequel ladite Simonne Destigny est obligée ausdites soixante livres de rente, qu'autrement, en quelque sorte & maniere que ce soit, & ainsi que ledit cessionnaire avisera bon être, sans par lesdits cédans être aucunement garants des événemens. Ce transport fait moyennant bon payement & satisfaction reçu par lesdits cédans dudit sieur cessionnaire, dont ils se tiennent contens, & l'en quittent. Car ainsi, &c.

Transport de droits successifs, fait par un héritier bénéficiaire.

FUt présent Jean Lebrun, héritier par bénéfice d'inventaire de Jean Lebrun son oncle, suivant les Lettres par lui obtenues le lequel a par ces présentes cédé & transporté à Jean Dubois, demeurant à à ce présent & acceptant pour lui, ses hoirs & ayans cause, tous & chacun les droits successifs mobiliers & immobiliers, fruits & revenus d'iceux, qui lui peuvent appartenir en ladite qualité, à quelque somme qu'ils puissent monter, pour en jouir & disposer par ledit sieur Dubois, sesdits hoirs & ayans cause, en pleine propriété, comme de chose à lui appartenante; à l'effet de quoi ledit sieur Lebrun lui a cédé & transporté tous droits de propriété, raisons & actions, rescindans & rescisoires; le subroge en son lieu & place, & lui a présentement délivré lesd. Lettres de bénéfice d'inventaire. Ce transport fait à la charge par ledit Dubois d'acquitter, garantir & indemniser ledit sieur Lebrun de toutes dettes passives de ladite succession, & faire ensorte qu'il n'en soit inquiété ni recherché, & en outre moyennant la somme de, &c. *comme dessus.*

Transport d'arrérages de rente sur la Ville.

FUt présent P. Buguenu demeurant à Surenne, lequel a cédé & transporté, & promet garantir, fournir & faire valoir à Jean Putinot demeurant à ce présent & acceptant, la somme de deux cens livres, à recevoir de Monsieur Payeur des rentes de l'Hôtel de cette Ville, pour les six premiers mois de la présente année, de 400 liv. de rente sur les Aydes & Gabelles, constituée au profit dudit Buguenu, par Contrat passé devant le à l'effet de quoi ledit Buguenu a présentement délivré & mis ès mains dudit Putinot, ainsi qu'il le reconnoît, sa quittance pour lesdits six mois, dont il le fait porteur, & le subroge en ses droits, pour par lui disposer desdites deux cens livres, comme de chose à lui appartenante. Ce Transport fait moyennant pareille somme de deux cens livres, que ledit Buguenu confesse avoir reçu dudit Putinot, dont, &c. quittance, &c. Fait & passé, &c.

Transport de rente sur Particulier, sans garantie.

FUt présent Charles, &c. lequel a transporté dès maintenant & à toujours, sans garantie, restitution de deniers, ni recours quelconques, sinon de ses faits & promesses seulement, à Jacques, &c. demeurant à, &c. à ce présent & acceptant pour lui, ses hoirs & ayans cause, quatre cens livres de rente annuelle & perpétuelle, rachetable, de la somme de huit mille livres constituée au profit dudit Charles, par Claude, par Contrat passé devant avec les arrérages qui en sont dûs depuis le jour jusqu'à ce jour, ensemble ceux qui échoiront à l'avenir, la grosse duquel Contrat ledit Charles a présentement délivré audit Jacques, de laquelle il le fait porteur, le met & subroge, sans autre garantie que dessus, en son lieu & place, droits, &c. Ce Transport fait moyennant, &c.

Autre Transport de rente sur Particulier, avec garantie.

FUt présente Dame M. S. veuve de Messire O. T. sieur de Lisle, demeurante laquelle céde & transporte, & promet garantir de tous troubles & empêchemens quelconques, à F. Chevalier demeurant à ce présent & acceptant, acquéreur pour lui, ses hoirs, &c. cent livres de rente au principal de deux mille livres, constituée audit défunt sieur de Lisle, par J. de la Croix, Maître des Comptes, par Contrat passé devant le duquel le principal a été employé par quittance passée devant & son Confrere, Notaires à le au remboursement fait à Dame M. L. veuve de M. C. de la Croix, sieur de Fresnoy, de cent livres de rente restant dûs de deux cens livres aussi de rente constituée par ledit sieur de la Croix à son profit, pour raison de quoi elle est créanciere privilégiée sur ledit Office de Maître des Comptes, & concurremment en hypotéque & privilége avec les autres créanciers dénommez au contrat passé entre ledit sieur de la Croix & ses créanciers, devant Notaires, le Et outre, ladite Dame de Lisle céde & transporte, avec même garantie que dessus, les arrérages dûs & échus de ladite rente depuis le jusqu'à ce jour, & lui a présentement délivré la grosse dudit Contrat de constitution, avec expédition en parchemin dud. Contrat fait entre ledit sieur de la Croix & ses créanciers, le met & subroge en ses droits, hypotéques & priviléges, pour par lui jouir & disposer de ladite rente en principal & arrérages, comme de chose à lui appartenante. Ce Transport fait moyennant & pour demeurer quitte par ladite veuve de Lisle & succession dudit sieur son mari, envers ledit sieur Chevalier, de la somme de deux mille cinq cens livres, à quoi monte le principal & arrérages de ladite rente, sur & en déduction de ce qui lui peut être dû par ledit défunt sieur de Lisle & Dame sa veuve, transportant, dessaisissant, &c. voulant, &c. Procureur le porteur, &c. donnant pouvoir, &c. Et pour l'exécution des présentes, &c.

Transport de rente sur Particulier, avec garantie, par un mari & sa femme mineure, qui promettent solidairement fournir & faire valoir la rente, la payer & continuer faute de payement à l'échéance de chaque année, avec promesse de la part du mari de faire ratifier sa femme quand elle sera majeure.

FUrent présens le sieur F. Lecomte, & Damoiselle Claude Bonnement sa femme, qu'il autorise à l'effet des présentes, demeurans lesquels ont cédé & transporté dès maintenant & à toujours, & promettent solidairement, sans division, &c. garantir de tous troubles & empêchemens, fournir & faire valoir en principal & arrérages, même lesdits arrérages payer & continuer annuellement, faute y auroit de payement par le débiteur ci-après nommé, de la rente ci-après déclarée, un mois après chacune année échue, & une simple sommation faite à personne ou domicile, sans aucunes autres poursuites, si bon ne semble à Maître François Gueray, demeurant à ce présent, acquéreur pour lui, ses hoirs & ayans cause, quarante livres de rente au principal de huit cens livres, constituée par Damoiselle M. Allye, lors fille majeure, à présent veuve du sieur Rouil, au profit du sieur P. Bonnement & à Damoiselle M. L. sa femme, pour les causes portées au Contrat passé devant le laquelle rente appartient présentement ausdits Lecomte & sa femme, comme ayant été par elle apportée par leur Contrat de mariage passé devant le la grosse duquel Contrat de constitution avec extrait dudit Contrat de mariage, lesdits Lecomte & sa femme ont présentement délivré audit sieur acquéreur, dont ils le font porteur & le subrogent en leurs droits, hypotéques & priviléges, pour par lui jouir de ladite rente en principal & arrérages, à commencer du premier du présent mois, & en disposer comme de chose à lui appartenante; ce Transport fait moyennant pareille somme de huit cens livres pour le principal de ladite rente, & pour lesdits arrérages, bon payement & satisfaction, le tout que lesdits Lecomte & sa femme confessent avoir reçu dudit acquéreur, qui leur a été comptée, nombrée & délivrée en louis d'argent & monnoye, &c. dont, &c. quittant, &c. transportant, &c. dessaisissant, &c. voulant, &c. Procureur le porteur, &c. donnant pouvoir, &c. Et attendu que ladite Marie Bonnement est encore mineure, ledit sieur son mari s'oblige de lui faire ratifier, & la faire d'abondant obliger solidairement avec lui, à l'entiere exécution du présent Transport, si-tôt qu'elle aura atteint l'âge de majorité, qui sera dans, &c. & en fournir acte en bonne forme audit sieur acquéreur, huitaine après, à peine, &c. Et pour l'exécution, &c.

Transport de rente sur Particulier, sans garantie, moyennant une somme, dont on ne paye qu'une partie, & le surplus on le promet payer dans le tems convenu.

FUt présent C. de Pont lequel céde & transporte dès maintenant & à toujours, sans aucune garantie, restitution de deniers, ni recours, sinon de ses faits & promesses seulement, au sieur L. de Pont, demeurant à ce présent & acceptant, acquéreur pour lui, ses hoirs, &c. onze livres un sol onze deniers de rente au principal de deux cens vingt-une livres un sol huit deniers, dûe audit cédant par la succession & héritiers de Mademoiselle de Guise, pour sa part d'une plus grande rente constituée au profit dudit sieur cédant & de ses cohéritiers par ladite Damoiselle de Guise, par Contrat passé devant Notaires, le copie collationnée duquel ledit cédant promet fournir incessamment audit sieur acquéreur, & le subroge en ses droits, noms, raisons, actions, priviléges & hypotéques, pour par ledit acquéreur, lesdits hoirs, &c. jouir de ladite rente, à commencer de ce jourd'hui, & en disposer comme de chose leur appartenante; ce transport fait moyennant pareille somme de deux cens vingt-une livres un sol huit deniers, en déduction de laquelle ledit sieur cédant confesse avoir reçu dudit acquéreur, qui lui a présentement & à la vûe desdits Notaires, baillé, &c. celle de cent cinquante livres, dont, &c. quittant, &c. transportant, &c. dessaisissant, &c. voulant, &c. Procureur le porteur, &c. donnant pouvoir, &c. & pour les soixante-onze livres un sol huit deniers restant, ledit sieur L. de Pont s'oblige de les payer audit sieur C. de Pont, en sa maison, ou au porteur, &c. d'hui en trois mois, à peine, &c. au payement de laquelle somme lesdites onze livres un sol onze deniers demeurent spécialement & par privilége affectez & hypotéquez; & outre ledit sieur L. de Pont y oblige & hypotéque tous ses biens meubles, &c. sans qu'une obligation déroge à l'autre, élisant les Parties, &c.

Acceptation de Transport par le débiteur.

FUt présent A. demeurant lequel, après que lecture lui a été faite par l'un des Notaires soussignez, l'autre présent, du transport passé ce jourd'hui devant lesdits Notaires par B. au profit de N. de la somme de huit cens livres, & des interêts qui de cedit jour courront & écheront, le tout dû & à prendre tant sur ledit A. que sur C. solidairement obligez, ainsi qu'il est énoncé audit transport, a volontairement ratifié, confirmé & approuvé ledit transport, l'accepte & le tient pour à lui bien & dûement signifié; en conséquence promet & s'oblige solidairement avec ledit C. sans division ni discussion, payer ladite somme de huit cens livres, & les interêts qui courront de cedit jour sur le pied du denier vingt jusqu'à parfait payement audit sieur N. ou au porteur, en sa maison de cette Ville de Paris, à sa volonté & premiere réquisition, à peine, &c. & ce nonobstant toutes saisies & arrêts qui pourroient arriver, attendu que c'est à sa priere & pour lui faire plaisir, que ledit sieur N. a accepté ledit transport, & payé la valeur d'icelui audit sieur B. qui vouloit en poursuivre le payement à l'encontre desdits A. & C. solidairement obligez, sans que la présente acceptation & nouvelle obligation dudit A. puisse nuire ni préjudicier audit sieur N. ni audit contrat & actes énoncez audit transport, qui demeureront en leur force & vertu sans aucune novation, élection de domicile, &c.

Acceptation de Transport de rente sur Particulier, ensuite de la minute d'icelui.

Et le   sont comparus devant lesdits Notaires soussignez, lesdits Sieur & Demoiselle   nommez au transport ci-devant, demeurans   lesquels, après que lecture leur en a été faite par l'un desdits Notaires soussignez, l'autre présent, qu'ils ont dit bien sçavoir & entendre, l'ont accepté, le tiennent pour bien & dûement à eux signifié, & consentent qu'il soit exécuté selon sa forme & teneur; & en conséquence s'obligent solidairement, sans division, &c. de payer & continuer les deux cens liv. de rente y énoncées, au sieur cessionnaire nommé audit transport, conformément au contrat de constitution y daté, sans aucune novation d'hypotéque. Et pour l'exécution, &c.

Transport d'augmentation de gages par un homme & sa femme.

FUrent présens Messire P. le M.   & Dame M. C. de L. son épouse, qu'il autorise à l'effet des présentes, demeurans   lesquels cédent & transportent, & promettent solidairement, sans division, &c. garantir de tous troubles & empêchemens, excepté des faits du Prince seulement, à H. F. B.   demeurant   à ce présent & acceptant, acquéreur pour lui, ses hoirs, &c. deux cens soixante-dix livres treize sols quatre deniers, desquels on paye annuellement & effectivement deux cens trois livres, pour trois quartiers d'augmentation de gages au denier dix-huit, au principal de trois mille six cens cinquante livres, contenues dans la quittance de M. B.   Trésorier des Revenus casuels du Roi, du   controllée le   à prendre & faisant partie de six cens mille livres d'augmentation de gages créées héréditaires par Edit du mois de   pour trois quartiers de huit cens mille livres; lesdites augmentations de gages appartenantes ausdits Sieur & Dame cédans, au moyen du transport qui en a été fait audit sieur le M. par le sieur Lucas, par Contrat passé devant   le   sur lequel ledit sieur le M. a obtenu Lettres de ratification en Chancellerie le   les originaux desquelles Quittances de Finance & Contrat de vente attachez sous le contre-scel desdites Lettres, lesdits Sieur & Dame le M. ont présentement mis ès mains dudit sieur B. dont ils le font porteur, &c. *Le reste de même qu'aux précédens transports, avec clause que l'Acquéreur obtiendra Lettres de ratification, & que s'il s'y trouve des oppositions, les Vendeurs en fourniront main-levée.*

Transport

Transport de droits successifs à la veuve de celui de la succession duquel il s'agit.

FUrent présens Cancienne Martinot, veuve de Mathias Renard, Sacristain de la Paroisse de S. Germain de Dourdan, y demeurant ordinairement, étant ce jour à Paris logée chez la veuve Martinot ci-après nommée.

François Martinot, Vigneron de la Forêt-le-Roy proche Dourdan, étant aussi ce jour à Paris logé chez ladite veuve Martinot.

Charles Martinot, aussi Vigneron dudit lieu de la Forêt-le-Roy, y demeurant, étant aussi ce jour à Paris logé chez ladite veuve Martinot.

Et Michel Bonnot, Tailleur d'habits, demeurant à Richarville près Dourdan, étant aussi ce jour à Paris logé chez ladite veuve Martinot, tant en son nom, que comme procureur de Françoise Martinot sa femme, fondé de sa procuration spéciale à l'effet des présentes, par laquelle il l'a autorisée, passée devant Notaire Royal à Dourdan, en présence de témoins, l'original de laquelle controllé audit lieu, est demeuré ci-joint, après avoir été certifié véritable & paraphé par ledit Bonnot en présence des Notaires soussignez.

Lesdits Cancienne Martinot, François Martinot, Charles Martinot, & Françoise Martinot freres & sœurs, seuls héritiers chacun pour un quart de Jean-Baptiste Martinot, Maître Boulanger à Paris, leur frere.

Lesquels ont par ces présentes cédé & transporté, sans aucune garantie que de leurs faits & promesses, à Marie Bonnart, veuve dudit Jean-Baptiste Martinot, demeurante à Paris, rue & Paroisse S. Severin, à ce présente & acceptante, acquéreure pour elle, ses hoirs & ayans cause, tous les effets de la succession dudit défunt sieur Martinot leur frere, contenus en l'inventaire d'iceux fait après son décès par l'un des Notaires soussignez, & son Confrere, le & jours suivans, consistant en meubles, marchandises & vaisselle d'argent compris audit inventaire; plus, en cinquante-une livres dix-sept sols six deniers de rente sur les Aydes & Gabelles, au principal de deux cens soixante-quinze livres, constituée par Contrat passé devant & son Confrere, Notaires à Paris, le à Guillaume-Simon Savalon, Maître Boulanger, & Charlotte le Louche sa femme, qui l'ont depuis transporté audit défunt sieur Martinot; plus, en quelques dettes actives dûes par divers Particuliers, ainsi qu'il a été déclaré audit inventaire; & généralement tous les droits desdits héritiers dans la succession dudit Martinot, à l'exception de la somme de deux cens livres dûe à ladite succession par le sieur Fourmet, suivant son billet inventorié sous la cotte six de l'inventaire fait après le décès de Jeanne-Michelle Perdoux, premiere femme dudit sieur Jean-Baptiste Martinot, par M[e]. & son Confrere Notaires à Paris, le le contenu auquel billet les héritiers se reservent.

Pour par ladite veuve Martinot & ses ayans cause jouir, faire & disposer de tous lesdits effets, toucher & recevoir toutes lesdites dettes actives, & disposer de ladite partie de rente sur les Aydes & Gabelles, tant en principal qu'arrérages échus ou à échoir à leur volonté, & comme de chose appartenante à ladite veuve Martinot, au moyen des présentes; à l'effet de quoi lesdits héritiers la mettent & subrogent sans garantie en tous leurs droits, lui transportent tous droits de propriété.

Ce transport fait à la charge par ladite veuve Martinot de payer & acquitter, ainsi qu'elle s'y oblige, toutes les dettes de ladite succession, & d'en garantir & indemniser lesdits héritiers, ensorte qu'ils ne soient à cette occasion aucunement inquiétez ni recherchez.

Plus, pour demeurer quitte par lesdits héritiers envers ladite veuve Martinot, & la remplir de sa dot, de son douaire, de son préciput, & de la donation de deux mille livres faite à son profit par ledit défunt sieur Martinot son mari, le tout résultant de son Contrat de mariage passé devant & son Confrere, Notaires à Paris, le insinué le ensemble du deuil que lesdits héritiers étoient obligez de lui fournir, au moyen de quoi ladite veuve Martinot quitte & décharge lesdits héritiers de toutes choses à ce sujet; mais aussi à condition qu'après le décès de ladite veuve, sa succession ne sera point tenue de rendre ausdits héritiers le douaire de six cens livres, qui lui a été constitué par son Contrat de mariage sus-daté.

Et enfin ledit transport est fait moyennant la somme de six cens cinquante livres, en déduction de laquelle ladite veuve Martinot a présentement payé ausdits héritiers Martinot celle de deux cens livres, dont quitte: à l'égard des quatre cens cinquante livres restant, elle promet & s'oblige de les payer ausdits héritiers ès mains de ladite veuve Renard, ainsi que le consentent les autres, en deux payemens égaux, le premier dans quatre mois de ce jour, & le second cinq mois après, à peine de tous dépens, dommages & interêts, à quoi les effets présentement cédez demeurent spécialement affectez, & outre elle y affecte tous ses biens, sans qu'une obligation déroge à l'autre.

Si aux Lettres de ratification que ladite veuve obtiendra pour raison de ladite partie de rente, il se trouve des oppositions procédantes du fait personnel desdits héritiers, ils feront tenus & s'obligent d'en fournir main-levée aussi-tôt la dénonciation qui leur en aura été faite en leur domicile ci-après élu, à peine de tous dépens, dommages & interêts.

Déclarent lesdites Parties, que dans les biens de ladite succession présentement cédez, il n'y a aucuns immeubles en fonds de terre sujets au droit de centiéme denier.

Reconnoissent lesdits héritiers, que ladite veuve Martinot leur a remis ledit billet dudit Fourmet, excepté du présent transport, & consentent qu'elle conserve tous les autres titres & piéces dont elle a été chargée par la clôture dudit inventaire.

Et pour l'exécution des présentes & dépendances, ladite veuve Jeanne Martinot a élu son domicile en sa demeure susdite, & lesdits héritiers ont élu le leur en l'Etude dudit l'un des Notaires soussignez; auxquels lieux promettant, obligeant, renonçant, &c.

Transport & délaissement des héritages & rentes promises en faveur de mariage.

FUrent présens Jacques, &c. & Catherine, &c. sa femme, qu'il autorise à l'effet des Présentes, demeurans, &c. lesquels pour satisfaire au Contrat de mariage de Charles & Marie leur fille, passé devant les Notaires soussignez, le jour ont cédé & transporté dès maintenant & à toujours, & promettent solidairement, sans division, &c. garantir de tous troubles, &c. fournir & faire valoir, en principal & arrérages, les rentes ci-après déclarées, même lesdits arrérages payer & continuer, faute de payement par les débiteurs, de quartier en quartier, après un simple commandement, sans autres poursuites, discussion ni diligence, si bon ne semble ausdits Charles & Marie, sa fiancée, qu'il autorise en tant que faire le peut, à ce présens & acceptans pour eux, leurs hoirs & ayans cause, pour sortir nature de propre, au desir dudit Contrat de mariage, à ladite Marie & aux siens de son côté & ligne; c'est à sçavoir la maison où pend pour Enseigne sise rue échue à ladite Catherine par les successions de ses pere & mere: Plus, trois cens livres de rente rachetable de six mille livres, constituée au profit desdits Nicolas & Catherine, par Jacques & Françoise sa femme solidairement, pour les causes portées au Contrat passé, &c. pour de ladite maison & rente jouir, faire & disposer par lesdits futurs époux, leurs hoirs ou ayans cause, dès ce jourd'hui, comme bon leur semblera, & de chose à eux appartenante; à l'effet de quoi lesdits Nicolas & Catherine ont dès-à-présent subrogé lesdits futurs époux en leur lieu & place, droits de propriété, privilèges, noms, raisons & actions; & leur ont présentement délivré la grosse en parchemin dudit Contrat de constitution, avec *telles & telles Piéces*, concernant la propriété de ladite maison de de toutes lesquelles Piéces lesdits futurs époux en quittent & déchargent lesdits Sieur & Demoiselle pere & mere de ladite future épouse, desquels ils seront tenus d'en aider en cas de besoin, transportant, dessaisissant, &c. voulant, &c. Procureur le porteur, &c. donnant pouvoir, &c. consentant lesdites Parties, que des Présentes mention sommaire soit faite par tous Notaires requis sur la minute & l'expédition dudit Contrat de mariage. Promettant, &c.

Lorsque les titres de la maison donnée sont communs avec d'autres maisons & héritages retenus par les pere & mere, ils les retiennent aussi, à la charge d'en aider leurs enfans, en cas de besoin; & la clause qui en fait mention se peut mettre ainsi qu'il suit:

Les titres de proprieté de laquelle maison sont restez ès mains desdits sieur & damoiselle, &c. pere & mere, attendu qu'ils leur sont communs pour la maison attenant à eux appartenante, aussi échue à ladite damoiselle

Catherine par lesdites successions de ses pere & mere ; à la charge toutefois d'en aider lesdits sieur & damoiselle futurs époux, en cas de besoin, sous récépissé.

Transport en forme de Donation.

FUt présent Louis, &c. demeurant, &c. lequel désirant reconnoître les soins particuliers que prend journellement Denis de la Tuillerie son neveu en toutes ses affaires, lui a transporté par ces présentes, avec toute garantie, même en cas d'insolvabilité de la part du débiteur de la rente ci-après, s'oblige fournir & faire valoir, même payer le principal & arrérages, ce acceptant ledit de la Tuillerie à ce présent, demeurant pour lui sa vie durant seulement, deux cens cinquante livres de rente au principal de cinq mille livres, constituée au profit dudit sieur Louis par défunt Guillaume le Roy, par Contrat passé devant, &c. laquelle rente est à présent dûe par le nommé Louis le Roy son fils & seul héritier, qui en ladite qualité a passé titre nouvel de ladite rente au profit dudit sieur Louis, devant pour d'icelle rente & arrérages jouir par ledit acceptant en usufruit sa vie durant ; à l'effet de quoi ledit sieur Louis l'a subrogé en tous ses droits, actions, privileges & hypotéques, & lui a mis ès mains les grosses desdits contrat & titre nouvel. Ce transport fait pour les raisons ci-dessus exprimées, & pour autres considérations particulieres dudit sieur Cédant, & parce que telle est sa volonté, dessaisissant, &c. transportant, &c. Et pour faire, si besoin est, insinuer ces Présentes, &c.

Transport de rentes au profit de Créanciers, pour demeurer quitte par le Débiteur envers eux, avec partage entre lesdits Créanciers.

FUrent présens Maître Nicolas de Laulne, & damoiselle Catherine Rollin son épouse, &c. d'une part ; & Maîtres, &c. créanciers desdits sieur & damoiselle de Laulne, d'autre part ; lesquelles Parties désirant sortir d'affaire à l'amiable, & empêcher qu'il ne se fasse aucunes poursuites ni frais inutiles au sujet de ce qui est dû ausdits sieurs créanciers, & même lesdits sieur & damoiselle de Laulne cherchant les moyens de se libérer dès-à-présent, leur auroient offert de leur donner en payement des rentes sur l'Hôtel de cette Ville, lesquelles offres lesdits sieurs créanciers, pour faciliter les affaires desdits sieur & damoiselle de Laulne, auroient bien voulu accepter, & en conséquence sont convenus de ce qui suit : Sçavoir, que lesdits sieur & damoiselle de Laulne ont volontairement cédé & transporté, & promettent solidairement l'un pour l'autre, chacun d'eux seul pour le tout, sans division ni discussion, à quoi ils renoncent, garantir de tous troubles & empêchemens, excepté des faits du Prince, ausdits sieurs créanciers comparans, ce acceptant, acquéreurs pour eux, leurs hoirs & ayans cause, les rentes ci-après ; sçavoir, deux mille cinq cens livres de rente, en cinq parties réunies.

La premiere de huit cens livres de rente, &c.

Plus, deux cens livres de rente, &c.

Pour desdites rentes jouir & disposer par lesdits sieurs créanciers, pour les parts & portions qui en reviennent à chacun, suivant qu'il sera réglé & partagé entr'eux, à commencer ladite jouissance de *tel jour*, &c.

Et pour procéder audit partage, lesdits sieurs créanciers sont demeurez d'accord de ce qui ensuit, &c.

Reconnoissant lesdits sieurs créanciers, que lesdits sieur & damoiselle de Laulne leur ont délivré les contrats, titres, &c. (*Ici se doit mettre le partage des rentes fait entre les créanciers.*) Et au moyen des Présentes, lesdits sieurs créanciers comparans se contentent, quittent & déchargent lesdits sieur & damoiselle de Laulne des sommes ci-devant énoncées.

Clause portant que pour sûreté des créanciers, les piéces justificatives de leur créance demeureront entre leurs mains, jusqu'à ce que le decret des rentes à eux données en payement, soit fait & délivré sans oppositions.

Et pour plus grande sûreté & exécution des Présentes, tant jusqu'à l'obtention des Lettres de Ratification ci-après stipulées, que pour raison des douaires & substitutions qui pourroient être sur lesdites rentes présentement cédées, dont lesdits sieur & damoiselle de Laulne demeureront toujours garants solidairement comme dessus, les grosses des Contrats, Obligations, Sentences & autres piéces justificatives desdites créances demeureront ès mains desdits sieurs créanciers en leurs droits, privilèges & hypotéques, pour exercer par iceux sieurs créanciers leurs actions, poursuites & contraintes, même les condamnations par eux obtenues contre lesdits sieur & damoiselle de Laulne; & en cas d'éviction desdites rentes, ou que lesdits sieurs créanciers fussent troublez en la possession & jouissance d'icelles, de même qu'ils auroient pû & pourroient encore faire, cessant ces Présentes; après quoi ne serviront plus lesdites piéces & Contrats que pour hypotéque seulement aux fins de la garantie desdits douaires & substitutions, si aucunes y avoit sur lesdites rentes; ce faisant, lesdits sieurs créanciers consentent que sur leursdits Contrats, Obligations, Sentences & autres piéces concernant leur dû, il soit fait mention en leur absence du contenu en ces Présentes par les Notaires sur ce requis.

Clause portant decret volontaire des rentes transportées.

Et pour purger les hypotéques qui pourroient être sur lesdites rentes, & en conserver la possession libre ausdits sieurs créanciers, a été convenu qu'ils les feront decreter sur eux & à leurs frais, par un seul decret au Châtelet de Paris, lequel decret sera poursuivi par   Procureur audit Châtelet, nommé à cette fin, & s'en rendront adjudicataires moyennant & aux conditions du présent Contrat, sans aucune augmentation ni diminution d'icelui; à la charge que si audit decret & procédures qui seront faites, il intervenoit des oppositions & empêchemens de la part desdits sieur & damoiselle de Laulne & de leurs auteurs, ils seront tenus, comme ils promettent solidairement, de les faire lever, & en fournir les main-levées nécessaires ausdits sieurs créanciers, ou à leur Procureur ci-après nommé, quinze jours après la dénonciation qui en sera faite à iceux sieur & damoiselle de Laulne au domicile par eux ci-dessus élû; après lequel tems expiré, sera passé outre audit decret, aux risques, périls & fortunes, dépens, dommages & intérêts desdits sieur & damoiselle de Laulne; & si au sujet desdites oppositions & empêchemens, il convenoit consigner le prix desdites rentes en tout ou partie, ils seront tenus de faire ladite consignation à leurs frais & dépens, & du tout en acquitter lesdits sieurs créanciers, sans que lesdits sieurs créanciers soient tenus de plus grands frais que ceux d'un decret volontaire, dont lesdits sieur & damoiselle de Laulne promettent solidairement les acquitter & indemniser, comme aussi des surencheres qui pourroient être faites desdites rentes, au pardessus du prix convenu par le présent Contrat, lequel ne servira avec ledit decret que d'un seul & même titre d'acquisition; & seront tenus lesdits sieurs créanciers de leur part, rendre icelui decret fait & parfait au plus tard dans huit mois prochains, s'il n'est retardé de la part desdits sieur & damoiselle de Laulne; à toutes lesquelles choses ils s'obligent réciproquement, à peine de tous dépens, dommages & intérêts.

Intervention de Caution.

A ce faire est intervenu Jacques de Laulne, &c. fils desdits sieur & damoiselle de Laulne, majeur de vingt-cinq ans, ainsi que lui & eux l'ont affirmé, demeurant, &c. lequel après lecture à lui faite de ce que dessus par l'un des Notaires soussignez, l'autre présent, qu'il a dit bien sçavoir & entendre, l'a volontairement ratifié, même pour plus grande sureté de la garantie des Présentes, s'oblige solidairement, sans division ni discussion, aux renonciations requises, & décharge les rentes en question des droits & priviléges qui lui seroient acquis dessus pour raison du douaire, & promet faire consentir la même décharge par ledit sieur de Laulne, en faveur de ladite damoiselle son épouse, ses pere & mere, ou telle part & portion qu'il pourroit prétendre en icelui sur lesdites rentes ci-dessus cédées; & promet, ainsi que lesdits sieur & damoiselle de Laulne ses pere & mere solidairement, de faire faire pour icelles, renonciation par rapport audit douaire par Jacqueline de Laulne, fille desdits sieur & damoiselle de Laulne, aussi-tôt qu'elle aura atteint l'âge de majorité, qui sera dans, &c. à peine de tous dépens, dommages & intérêts. Car ainsi a été accordé entre lesdites Parties, lesquelles pour l'exécution des Présentes, &c.

Transport des profits de Fiefs & de Retrait féodal.

FUt présent M^e. Claude, &c. Seigneur du Fief & Seigneurie de la Grange, &c. lequel a cédé & transporté à M^e. Jean, &c. à ce présent & acceptant, les droits de Quints, Requints & autres profits féodaux qui seront dûs audit sieur Claude, à cause de la vente & adjudication par decret qui se poursuit au Bailliage de de la Terre & Seigneurie du Fief de Grand-pré & ses appartenances, sise audit Bailliage, saisie & mise en criées sur les héritiers de Jacques, &c. relevant ladite Terre & dépendances dudit sieur Claude, à cause de sadite Terre & Seigneurie de la Grange,

Ensemble céde & transporte ledit sieur Claude audit Jean, ce acceptant, le droit de retenue de la Terre & Seigneurie de Grand-pré, par puissance de Fief, pour cette fois seulement, consentant qu'il fasse ledit retrait sous le nom dudit sieur Claude, qui à cet effet lui fournira sa Procuration aussi-tôt lad. vente faite, soit par decret, ou volontairement. Pour desdits droits dûs & acquis audit Sieur Claude, jouir & les percevoir par ledit Sieur Jean, à quelque somme qu'ils puissent monter, ainsi que pourroit faire ledit Sieur Claude, qui dès-à-présent subroge en son lieu & place ledit Sieur Jean ; même en cas qu'il s'en rende adjudicataire ou acquéreur, il en demeurera quitte & déchargé envers ledit Sieur Claude. Cette cession faite moyennant la somme de, &c. *comme dessus.*

Transport ou cession de don d'un droit d'Aubaine, en forme de Transaction.

FUrent présens Charles, &c. Donataire de Sa Majesté de la succession de défunt Veroni, originaire de Milan, acquise à Sadite Majesté par droit d'Aubaine, d'une part ; & Claude, &c. Procureur de Damoiselle Marie, &c. veuve dudit Veroni, d'autre part : Disant qu'ils étoient en procès pardevant Nosseigneurs de Parlement, sur l'appel du Sénéchal de Lyon, pour raison de ladite succession dudit Veroni, que ledit Charles soutenoit être tombée en droit d'Aubaine, & comme telle avoit été adjugée à Sa Majesté par Sentence de Messieurs du Trésor, étant ledit Sieur Veroni décédé sans hoirs, de laquelle succession ledit Charles a eu le don de Sadite Majesté, vérifié en la Chambre des Comptes ; au préjudice de quoi soutenoit que le Sénéchal de Lyon n'avoit pû adjuger ladite succession à ladite Damoiselle Marie veuve dudit défunt : Que c'étoit une entreprise contre les droits du Roi, à l'avantage des Etrangers non naturalisez : Que le droit d'Aubaine étoit un droit de Souveraineté appartenant au Roi seul ; & pour conclusion, que ledit défunt ayant même bien prévû, que venant à décéder sans hoirs, sa succession tomberoit audit droit d'Aubaine, il s'étoit fait naturaliser ; mais que par ses Lettres de naturalité le Roi s'étoit retenu le droit de réversion, en cas qu'il n'eût des héritiers Regnicoles ; pour raison desquels faits ledit Charles entendoit faire corriger ladite Sentence. Et de la part de ladite Damoiselle Marie étoit dit, que ladite Sentence dont étoit appel, étoit juridique, parce qu'encore que ledit Veroni fût Milanois, & qu'il fût venu s'habituer à Lyon sous la foi publique des priviléges des Foires, & autres accordez aux Etrangers qui résident & demeurent audit Lyon, par lesquels les Loix de France ont voulu qu'en cas qu'ils décédassent sans hoirs procréez de leurs corps & Regnicoles, néanmoins que leurs successions fussent recueillies par leurs héritiers, quoiqu'étrangers, &c. Quant à ladite Damoiselle Marie, elle étoit originaire de Lyon, & que par la disposition du Droit écrit, elle est héritiere de son mari, à l'exclusion du Fisc, & ne sert d'alléguer la Sentence du Trésor, qui n'a pû altérer ni innover lesdits Priviléges ; aussi qu'elle a été donnée sans légitime contradicteur. D'ailleurs, que lesdites Lettres de naturalité obtenues par ledit Veroni ne peuvent nuire, parce que sans icelles sa succession n'eût laissé d'être déférée à ses plus proches, soutenant par ces moyens & autres, que ladite Sentence dudit Sénéchal de Lyon, de laquelle est appel, devoit être confirmée; sur quoi les Parties étoient prêtes d'entrer en procès, dont l'événement est incertain : à quoi désirant obvier & à frais, par l'avis de chacun leur conseil, sont demeurez d'accord de ce qui suit : Sçavoir, que ledit Charles a cédé & transporté, sans autre garantie ni recours, sinon de ses faits & promesses, à ladite Damoiselle Marie, ce acceptant ledit Claude, &c. & les Notaires soussignez stipulans pour elle, tous & chacuns les droits, noms, raisons & actions qui peuvent appartenir audit Charles en ladite succession dudit Veroni, tant mobiliaire qu'immobiliaire, à quelque somme qu'ils puissent monter, & en quelques lieux qu'ils soient situez, sans aucune réserve, & en vertu dudit don à lui fait par le Roi, comme appartenant à Sa Majesté par droit d'Aubaine, & subroge ladite Damoiselle Marie en son lieu & place, droits, noms, raisons & actions, pour en jouir & disposer comme elle avisera & de chose lui appartenante. Et sans déroger à ladite succession, ledit Charles s'est désisté dudit procès intenté pardevant le Sénéchal de Lyon, dévolu par appel en ladite Cour de Parlement, consentant qu'il soit passé Arrêt d'acquiescement à ladite Sentence, au profit de ladite Damoiselle; & à cette fin ledit Charles a présentement passé sa Procuration pardevant les Notaires soussignez pour consentir ledit Arrêt d'acquiescement, consentant que ladite Damoiselle Marie retire ledit procès, sacs & procédures où se trouveront les Lettres dudit don, & les Arrêts de vérification d'icelui, par lui obtenues de ladite succession, & autres piéces concernant ledit don. Cette cession faite moyennant la somme de   que ladite Damoiselle promet & s'oblige payer audit Charles en sa demeure, ou au porteur, &c. un mois après ledit Arrêt, à peine de tous dépens, dommages & intérêts; ce faisant, ledit Charles demeurera quitte & déchargé de tous les dépens de l'instance principale, ensemble de la cause d'appel, qui seront adjugez par ledit Arrêt, & de toutes autres choses mentionnées audit procès; & au surplus lesdites Parties se sont respectivement désistées de tous lesdits procès & différends, dépens, dommages & intérêts de part & d'autre. Car ainsi, &c.

Transport d'un droit de Desherence, sans garantie.

FUt présent Messire Charles, &c. Seigneur de la Terre & Seigneurie des Landes, &c. lequel a cédé & transporté, sans aucune garantie, restitution de deniers, ni recours, sinon de ses faits & promesses seulement, qui sont qu'il n'a cédé les droits ci-après déclarez à personne, à Maître Thomas, &c. à ce présent & acceptant à ses risques, périls & fortunes, acquéreur pour lui, ses hoirs & ayans cause, tout & tel droit qu'audit Seigneur Vendeur peut appartenir par droit de deshérence, faute d'hoirs, en la Terre de Longchamp, & autres biens étant de la succession de Jacques, &c. Seigneur de ladite Terre, pour raison de quoi il y a instance actuellement pendante en la Cour de Parlement entre ledit Sieur Cédant & ledit Sieur Cessionnaire, comme ayant don de Sa Majesté du droit qu'il prétendoit en ladite Terre & succession, & les Sieurs Pierre & Jean prétendus héritiers dudit Sieur Jacques; desquels droits ledit Sieur Cessionnaire

naire a dit sçavoir la consistance, & s'en tient content, ausquels droits ledit Seigneur Charles l'a subrogé en son lieu & place, sans aucune garantie, comme dit est. Cette cession faite moyennant la somme de, &c.

Transport de Bail à loyer.

FUt présent David, demeurant, &c. lequel a cédé & transporté par ces Présentes, & promet garantir & faire jouir à Guillaume, demeurant à, &c. à ce présent & acceptant pour lui, le droit du Bail fait audit David par Pierre, &c. devant, &c. de la maison où ledit Cédant est demeurant, énoncée audit Bail, que ledit Acceptant Preneur a dit bien connoître pour l'avoir vûe & visitée, dont il est content, pour en jouir, à commencer du jour de Noël prochain, pour trois ans ensuivans, qui est le même tems restant à expirer dudit Bail. Ce Transport fait moyennant & à la charge par ledit Guillaume de payer audit Cédant, par chacune desdites trois années, aux quatre termes accoutumez, en sa maison à Paris, ou au Porteur, &c. la somme de seize cens livres de loyer, pour laquelle ladite maison & lieux lui a été louée par ledit Bail, dont le premier payement échoira, &c. & continuer, &c. & d'accomplir toutes les charges, clauses & conditions dudit Bail, duquel lui a été présentement fait lecture, dont il est pareillement content: comme aussi sera tenu ledit Preneur à ses dépens, de délivrer audit Cédant autant des Présentes en forme exécutoire, à sa premiere demande, le tout sans diminution dudit loyer. Car ainsi, &c. Promettant, &c.

Observations sur les Cessions & Transports des Rentes sur l'Hôtel de Ville.

Les actes qui concernent les cessions & transports des rentes sur la Ville, se font de la même maniere que les transports des autres rentes; il y a seulement quelques remarques à faire.

Avant l'Edit pour la conservation des hypotéques des rentes sur l'Hôtel de Ville, vérifié le 23 Mars 1673, ces rentes étoient saisies réellement & mises en criées, suivant l'Article 347 de la Coutume de Paris. C'est pourquoi on ajoutoit à la fin des transports de ces rentes, cette clause en ces termes: *Et pour purger les hypotéques qui pourroient être sur ladite rente, a été accordé entre les Parties, qu'il sera loisible audit acquéreur de la faire decreter sur lui à ses frais & diligences d'hui en six mois, en telle Jurisdiction de cette Ville de Paris que bon lui semblera, & icelle enchérir, &c.* comme dans un Contrat de vente de Maison.

Mais par cet Edit, & par la Déclaration du Roi regîstrée en Parlement le dixiéme Juillet de la même année, il est porté, *que les Rentes constituées sur les Domaines, Tailles, Aides,*

Gabelles, Entrées, Cinq grosses Fermes, Décimes, Clergé, Dons gratuits, & autres biens & revenus de la Couronne, peuvent être saisies réellement, vendues & adjugées sur les Propriétaires, à la requête de leurs créanciers, en la maniere accoutumée, pour être le prix qui en provient distribué entre les créanciers, suivant l'ordre de leurs hypotéques: Que ceux qui forment leurs oppositions, ou leurs Procureurs ou Huissiers, sont tenus d'en signer les Actes sur le Registre du Greffier. Et par le moyen des Lettres de ratification obtenues suivant ledit Edit, lesdites rentes sont & demeurent purgées de tous droits & hypotéques, de quelque nature & qualité qu'elles puissent être, sinon de celle des Opposans, sans néanmoins que les Propriétaires desdites rentes, qui les possédent à titre d'héritiers purs & simples, soient tenus de prendre des Lettres de confirmation de proprieté desdites rentes, pour être payez du courant des arrérages d'icelles par les Receveurs & Payeurs.

Par autre Déclaration du 4 Novembre 1680, registrée en la Chambre des Comptes le 21 Novembre ensuivant, il est porté que les Lettres de ratification ne purgent point les hypotéques du Roi sur les rentes des Comptables, quoiqu'il n'y ait point d'opposition formée de la part de Sa Majesté: Voulant que ceux qui acquierent des rentes d'un Comptable, soient tenus d'en signifier le Contrat d'acquisition aux Procureurs Généraux des Chambres des Comptes, dans le ressort desquelles les rentes sont situées, & de retirer leur consentement par écrit sur l'original du Contrat, sur lequel les Lettres de ratification seront expédiées en la grande Chancellerie, & enregistrées dans les Chambres des Comptes, après avoir été communiquées aux Procureurs Généraux, ausquels il est défendu par ladite Déclaration de donner leur consentement, sinon au cas que les Comptables alors, ou leurs auteurs ne soient point redevables, & ayent rendu, apuré & fait passer leur compte à la correction, à peine d'en répondre en leur propre & privé nom; déclarant les rentes acquises des Comptables, ratifiées & enregistrées en la maniere portée par cette Déclaration, n'être plus sujettes aux priviléges & hypotéques prétendues par le Roi, quelque maniement qu'il soit fait depuis des deniers du Roi, par les Comptables qui ont disposé de leurs rentes.

Tranſport de Rente ſur les Aides & Gabelles.

FUt préſent Charles, &c. demeurant à, &c. lequel a cédé & tranſporté, promet garantir de tous troubles & empêchemens, excepté des faits du Prince ſeulement, à Jacques, &c. à ce préſent & acceptant, acquéreur pour lui, ſes hoirs & ayans cauſe, cent livres de rente au principal au denier quarante, de la ſomme de quatre mille livres conſtituées à ſon profit ſur les Aides & Gabelles, par Contrat paſſé devant Notaire, le la groſſe duquel Contrat ledit Charles a mis ès mains dudit Jacques, dont il le fait porteur, le ſubrogeant en tous ſes droits, noms, raiſons, actions & hypotéques, pour par ledit ſieur acquéreur, ſeſd. hoirs & ayans cauſe, jouir, faire & diſpoſer de ladite rente en principal & arrérages, comme bon leur ſemblera, & de choſe leur appartenante, à commencer ladite jouiſſance du premier Ce Tranſport fait moyennant la ſomme de quatre mille livres, principal de ladite rente au denier quarante, que ledit Jacques s'oblige de payer audit Charles auſſi-tôt l'obtention des Lettres de ratification ci-après mentionnées, à peine, &c. auquel payement ladite rente demeure ſpécialement obligée & hypotéquée, & en outre ledit ſieur Jacques y oblige tous ſes autres biens préſens & à venir, une obligation ne dérogeant à l'autre; & pour purger les hypotéques qui pourroient être ſur ladite rente, a été convenu que ledit Jacques obtiendra à ſes frais ſur le préſent Contrat, au plus tard dans Lettres de ratification; & s'il y a ou intervient oppoſitions procédantes du fait dudit Charles ou de ſes auteurs, ledit Charles promet & s'oblige de les faire lever à ſes frais & dépens, & en fournir main-levées auſſi-tôt la dénonciation qui lui en ſera faite à perſonne ou domicile ci-après élû, à peine de tous dépens, dommages & interêts, & de réſolution du préſent Contrat, ſi bon ſemble audit acquéreur. Tranſportant, &c. deſſaiſiſſant, &c. Et pour l'exécution des Préſentes, &c.

Autre Tranſport de Rente ſur les Aides & Gabelles.

FUt préſent Louis, &c. lequel a cédé & tranſporté, & promet garantir de tous troubles, excepté des faits du Roi, à Jacques, &c. à ce préſent & acceptant, acquéreur pour lui, ſes hoirs & ayans cauſe, deux mille livres de rente au principal de quatre-vingt mille livres, à quoi par Acte paſſé devant Notaire à Paris, & ſon Confrere, le regiſtré au Bureau de l'Hôtel de Ville de Paris, le ont été réduites du denier vingt-cinq au denier quarante, trois mille deux cens livres de rente au même principal de quatre-vingt mille livres, conſtituées ſur les Aides & Gabelles de France, par Meſſieurs les Prevôt des Marchands & Echevins de cette Ville, au profit du ſieur Benjamin, par Contrat paſſé devant Me Notaire à Paris & ſon Confrere, le ratifié par Lettres de la Grande Chancellerie du ſignées Marchaut, & ſcellées ſans oppoſition; pour par ledit ſieur Jacques acquéreur & ſes ayans cauſe, jouir, faire & diſpoſer deſdites deux mille livres de rente en principal & arrérages à leur volonté, & comme de chose leur appartenante, au moyen des Présentes, à commencer la jouissance du premier Janvier dernier. A l'effet de quoi ledit Sieur Louis a subrogé ledit Jacques & ses ayans cause en tous ses droits & actions, lui a transporté tous ses droits de propriété qu'il a sur ladite partie de rente, tant en principal qu'arrérages, de laquelle il se désaisit à son profit & de ses ayans cause, & lui a délivré présentement la grosse dudit Contrat de constitution, l'expédition dudit Acte de réduction, celle dudit Transport fait par ledit Sieur Benjamin, & l'original en parchemin desdites Lettres de ratification.

Ce Transport fait moyennant pareille somme de quatre-vingt mille livres pour ledit principal; à l'égard des arrérages, moyennant bon payement; le tout que ledit sieur Louis reconnoît avoir reçu dudit sieur acquéreur, dont il est content & le quitte.

Et si au sceau des Lettres de ratification que ledit acquéreur obtiendra incessamment à ses frais sur le présent Transport, il se trouve des oppositions procédantes du fait dudit Sieur Louis, il promet & s'oblige de les faire cesser, & d'en fournir main-levée audit Sieur acquéreur huitaine après la dénonciation qui en aura été faite audit Sieur Louis, au domicile qu'il élit pour cet effet en sa demeure susdite; auquel lieu, &c.

Déclaration du Transport ci-dessus au profit d'un tiers.

AUjourd'hui est comparu devant les Notaires à Paris soussignez, Sieur Jacques, &c. lequel a déclaré & reconnoît qu'il n'a aucun droit dans le principal ni dans les arrérages de deux mille livres de rente sur les Aides & Gabelles, au principal de quatre-vingt mille livres, dont lui a été fait Transport par le Sieur Louis, &c. par Acte passé devant les Notaires soussignez ce jourd'hui. Mais que ladite partie de rente en principal & arrérages appartient au Sieur des deniers duquel ledit Sieur Comparant a payé le prix dudit Transport, qu'il n'a accepté qu'à la réquisition dudit Sieur & pour lui faire plaisir: c'est pourquoi ledit Comparant fait audit sieur la présente déclaration, même en tant que besoin seroit, toute cession & transport sans garantie desdites deux mille livres de rente en principal & arrérages, pour par ledit Sieur & ses ayans cause en jouir & disposer à leur volonté, à condition que ledit Sieur Comparant sera indemnisé de toutes suites & événemens au sujet dudit Transport & des Présentes. Promettant, obligeant, renonçant, &c.

CHAPITRE VI.

Des Cessions & Abandonnemens de biens ; des Sauf-conduits & Attermoyemens ; des Unions des Créanciers & Contrats de direction.

CE Chapitre est une suite des précédens, puisqu'il traite des Transports, Cessions & Abandonnemens de biens, qui se font lorsque les débiteurs cédent, quittent & abandonnent leurs biens à leurs créanciers pour avoir liberté de leurs personnes, ou pour faire vendre leurs biens à l'amiable, s'acquitter de leurs dettes, & empêcher que leurs biens ne soient consommez en frais, ou pour en tirer quelque pension viagere leur vie durant.

Il y a deux sortes d'abandonnemens ou cession de biens ; sçavoir la volontaire & la forcée.

La cession volontaire est celle qui se fait du consentement du débiteur & des créanciers, ou de la plus grande partie d'iceux, pour éviter les frais de Justice ; sur quoi il faut remarquer que le débiteur fait quelquefois un abandonnement général de tous ses biens à tous ses créanciers, & quelquefois aussi il ne fait qu'un abandonnement de quelques biens à tous ses créanciers, ou à quelques-uns d'eux.

La cession forcée est celle qui se fait en Justice & par Ordonnance du Juge, nonobstant l'opposition des créanciers ; ce qui a lieu lorsqu'un Négociant ou autre Particulier détenu prisonnier pour dettes, requiert faire cession & abandonnement de ses biens à ses créanciers, pour n'être pas réduit à passer toute sa vie dans une prison.

Il y a une différence considérable entre les cessions volontaires & les forcées, en ce qu'en fait de cessions volontaires les débiteurs demeurent quittes envers leurs créanciers, sans que les créanciers puissent avoir aucun recours sur les biens que les débiteurs pourroient acquérir depuis ; ce qui n'est pas de même dans les cessions forcées. La raison de la différence est que dans les cessions forcées les créanciers sont contraints d'accepter l'abandonnement, au lieu que les cessions volontaires se font de leur consentement ; au moyen de quoi les débiteurs demeurent quittes envers leurs créanciers ; & s'ils acquierent quelques biens dans la suite, les créanciers qui ont consenti à l'abandonnement fait précédemment par le débiteur, ne peuvent plus se pourvoir contre ceux qui font cession, & qui doivent indiquer tous leurs biens à leurs créanciers sans aucune réserve ; car s'ils en cachoient frauduleusement une partie, ils seroient indignes de ce bénéfice, d'autant qu'ils ne satisferoient pas à la volonté & au désir de la Loi, qui requiert que la cession se fasse de tous biens généralement quelconques.

Les formalités qui doivent être observées par les Négocians qui veulent être reçus à faire cession & abandonnement de biens, sont marquées dans l'Article 1 du Titre 10 de l'Ordonnance du Commerce de l'année 1673, qui porte que, *Outre les formalitez ordinairement observées pour recevoir au bénéfice de cession de biens, les Négocians & Marchands en gros & en détail, & les Banquiers, les Impetrans seront tenus de comparoir en personne à l'Audience de la Jurisdiction Consulaire, s'il y en a ; sinon en l'Assemblée de l'Hôtel commun des Villes, pour y déclarer leurs noms, surnoms, qualité & demeure, & qu'ils ont été reçus à faire cession de biens : Et sera leur déclaration lûe & publiée par le Greffier, & insérée dans un Tableau public.*

Cet Article se doit entendre tant des cessions volontaires, que des forcées ; car outre que l'Ordonnance n'en fait aucune distinction, il y a lieu de croire que les cessions volontaires soient connues du Public, aussi-bien que les cessions forcées, puisqu'elles operent la même chose ; & il n'y a en cela aucune différence entre ces deux sortes de cessions : mais cet Article ne concerne que les Marchands, les Négocians & Banquiers ; car il est d'une très-grande conséquence pour le Public, que ces sortes de personnes, qui sont dans un commerce continuel d'argent, n'abusent pas du crédit qu'elles avoient auparavant leur déroute.

Les Etrangers ou Aubains ne sont pas recevables à faire cession ou abandonnement de biens, suivant l'Article 2 du même Titre, à moins qu'ils n'ayent obtenu des Lettres de naturalité. Un François n'est pas recevable au bénéfice de cession contre un Etranger, d'autant que l'exclusion de ce bénéfice en ce cas est une assurance réciproque pour entretenir le commerce avec les Etrangers.

Les Fermiers qui tiennent une ferme à argent & pour moisson de grains, ne sont point reçus au bénéfice de cession, non plus que leurs femmes & cautions solidairement obligées avec eux.

On ne seroit pas reçu à faire cession de biens. I. Pour deniers royaux. II. Pour consignations. Ainsi ceux qui ont des deniers consignez entre leurs mains par Ordonnance de Justice, ne sont point reçus à faire cession de biens, parce que ce seroit contre la foi publique, à laquelle on ne doit jamais manquer. III. Pour dépôts forcez. IV. Pour bled vendu en plein Marché.

Autrefois la cession de biens n'avoit point lieu pour louage de maison; ensorte que le Cessionnaire pouvoit être poursuivi par corps par le Propriétaire pour le reste de ses loyers après la vente de ses meubles, & cela en vertu de l'Ordonnance de Moulins, Article 48; & le débiteur ne s'en pouvoit pas décharger par la cession, il falloit payer ou tenir prison, la cause des loyers étant favorable.

Mais la contrainte par corps ayant été abrogée par l'Ordonnance de 1667, Article 1 du Titre 34, en matiere purement civile, il faut dire que la cession a lieu à présent pour les loyers de maisons, l'effet de la cession étant de décharger celui qui y a été reçu de la contrainte par corps.

On demande si la cession a lieu pour gîte & géolage, & pour alimens fournis par le Géolier?

Pour ce qui est du gîte & géolage, on est reçu à cession; mais quant aux alimens fournis par le Géolier, on n'y est pas reçu, par la raison que les alimens sont privilégiez.

La cession des biens étant une grace accordée aux débiteurs qui sont tombés par malheur dans le désordre & dans l'impuissance de satisfaire à leurs créanciers, il s'ensuit que ceux qui ont contracté des dettes dans le dessein de faire cession, en sont indignes, d'autant qu'il seroit injuste qu'on trouvât du profit dans sa fraude; c'est pour cette raison que la cession n'a jamais été permise par les Ordonnances aux Banqueroutiers, & à ceux qui par fraude ou par malice ont trompé leurs créanciers; au contraire il est enjoint de proceder contr'eux extraordinairement.

La cession qui se fait par un débiteur de tous ses biens à ses créanciers, emporte une espéce d'infamie, & diminue la réputation de ceux qui la font: d'où il s'ensuit qu'il y a de certaines personnes qu'on ne peut pas contraindre à faire cession ; ainsi les peres n'y peuvent pas être contraints par leurs enfans, le mari par la femme, le donataire, &c.

On ne peut pas renoncer au bénéfice de cession, de même qu'on ne peut pas valablement renoncer aux Lettres de Répi.

C'est une question de sçavoir s'il y a lieu à la cession, quand le débiteur a obtenu des Lettres de Répi? Tronçon, sur l'Article 111 de la Coutume de Paris, est d'avis que non, & dit avoir été ainsi jugé par Arrêt du 8 Février 1611. Mais depuis que les contraintes par corps sont abrogées, il n'y a pas de raison qui empêche celui qui a obtenu des Lettres de Répi, d'être reçu au bénéfice de cession ; de même qu'à présent le débiteur est recevable à ce bénéfice envers son fidéjusseur qui a payé pour lui ; ce qui faisoit auparavant de la difficulté.

Dans les faillites ou banqueroutes, les créanciers quelquefois composent avec leur débiteur à une certaine somme, & les déchargent du reste, en payant ce à quoi ils se sont accordés.

Ces accommodemens ont lieu, principalement quand il apparoît aux créanciers de la bonne foi de leur débiteur, & des malheurs qui lui sont arrivez, quoiqu'assez souvent ils soient frauduleux de la part du débiteur ; mais quoiqu'il en soit, les créanciers trouvent plus d'avantage à s'accommoder avec leur débiteur, en lui faisant remise d'une partie de leur dû, & en le déchargeant de ce qu'il peut avoir de reste à chacun d'eux, après la distribution de ses effets, qu'en les faisant vendre par autorité de Justice, dont les frais absorbent ordinairement une grande partie.

Il y a encore d'autres accommodemens qui se font entre un Particulier & ses créanciers, sçavoir le sauf-conduit & l'atermoyement.

Sauf-conduit est une assurance qu'on donne par écrit à quelqu'un pour la sureté de sa personne pour aller & venir en liberté ; ce qui se fait ordinairement quand des créanciers, qui ont la contrainte par corps contre leur débiteur, lui accordent par Contrat un espace de tems pour régler ses affaires, pendant lequel ils consentent que la contrainte par corps soit sursise, sans déroger aux droits qu'ils peuvent exercer sur ses biens.

Les Juges donnent aussi quelquefois des sauf-conduits à des délinquans, ou à des prisonniers, pour agir en leurs affaires ;

ce qui ne se fait qu'avec connoissance de cause, & pour quelque juste raison.

Attermoyement signifie terme ou délai accordé à un débiteur pour payer ses créanciers; il se fait par Contrat passé à l'amiable entre le débiteur & ses créanciers. Ce Contrat qui est appellé Attermoyement, contient pour l'ordinaire quelque remise, outre les délais de payer. Il y a aussi des Lettres que le Roi accorde aux débiteurs qui ont fait faillites non frauduleuses, par lesquelles le Roi leur accorde quelques délais pour payer leurs créanciers; & ces Lettres sont appellées Lettres de Répi.

Les compositions que font des créanciers avec leur débiteur, pour être valables, doivent être faites par une assemblée des créanciers du débiteur dont la faillite est ouverte; elles se font à la pluralité des voix, & s'exécutent par provision, nonobstant oppositions ou appellations, suivant l'Ordonnance du Commerce, au Titre des Faillites, Article 5.

La raison pour laquelle ces sortes de compositions doivent être faites en l'assemblée des créanciers, c'est parce qu'il ne seroit pas raisonnable que ces accommodemens valussent à l'égard des uns, & n'eussent pas leur effet pour les autres: il faut qu'ils soient communs; autrement ceux qui n'y auroient pas été appellez en pourroient prétendre cause d'ignorance, & par conséquent ne seroient pas obligez de les tenir.

L'Article suivant du même Titre porte, que *les voix des créanciers prévalent & l'emportent, non par le nombre des personnes, mais eu égard à ce qui leur est dû.* Ce qui est très-juste, d'autant que ceux à qui il est plus dû, ont plus d'interêt à la conservation du débiteur commun.

L'Article 7 du même Titre porte, qu'*en cas d'opposition ou de refus de signer les délibérations par les créanciers, elles soient homologuées en Justice, & exécutées comme s'ils avoient signé.* Néanmoins leurs oppositions seroient recevables, s'ils faisoient voir de l'intelligence entre les créanciers qui auroient fait l'accommodement, & le débiteur; ou s'ils justifioient que le débiteur auroit diverti quelques-uns de ses effets; auquel cas il ne seroit pas recevable au bénéfice de cession, suivant l'Article 10 & autres du même Titre.

On demande si ces délibérations peuvent préjudicier aux privilèges sur les meubles, ou aux privilèges & hypotèques sur les immeubles que pourroient avoir quelques-uns des créanciers?

Il faut dire que non, suivant l'Article 8. du même Titre de la même Ordonnance.

En conséquence du Contrât d'Abandonnement fait entre le débiteur & ses créanciers, on procéde à la vente des biens abandonnez par le débiteur; ce qui se fait par un Contrat de Direction, & autres Actes qui se font en conséquence.

Ainsi un Contrat de Direction est une assemblée de créanciers, pour éviter les frais de Justice qui se font en la discussion des biens d'un débiteur. On établit d'abord des Directeurs pour faire les diligences & les poursuites nécessaires; après quoi on fait dans les assemblées suivantes les ventes des biens qui sont en direction, & ensuite on fait la distribution du prix à l'amiable entre les créanciers.

Il arrive quelquefois que par l'opiniâtreté d'un débiteur ou de quelques créanciers, des biens sont saisis réellement, quoiqu'il fût de l'interêt de tous qu'on en fît la vente à l'amiable, & sans passer par toutes les formalitez de Justice qui se montent à de grands frais; ce qui empêche que plusieurs des créanciers ne soient payez, qui cependant l'auroient pû être, si l'on avoit amiablement procedé à la vente desdits biens: c'est ce qui fait que souvent des créanciers, pour veiller à la conservation des biens de leur débiteur, & empêcher qu'ils ne se consomment en frais, font un Contrat d'Union, par lequel ils nomment des Syndics pour proceder à l'amiable à la vente des biens de leur débiteur, quoique saisis réellement; pour empêcher le cours de la procedure judiciaire, font homologuer ledit Contrat d'Union, tant avec le débiteur que les créanciers qui ne veulent pas y consentir volontairement.

On entend donc par Contrat d'Union un Contrat qui se fait entre les créanciers d'un homme obéré de dettes, par lequel ils conviennent tous de s'unir pour agir de concert à l'effet de parvenir au recouvrement de leur dû, & empêcher que les biens de leur débiteur ne se consomment en frais par la multiplicité & contrariété des procedures. Par ce même Contrat lesdits Créanciers nomment des Directeurs, ausquels ils donnent pouvoir de faire tout ce qui pourra être de leur interêt commun, & consentent que tout ce qui sera fait par ces Directeurs, vaille comme s'il étoit fait par tous les créanciers du débiteur.

L'usage des Directions dégénere ordinairement en abus, & ne produit au débiteur & à ses créanciers d'autre fruit que de payer le Palais de la valeur de tout le bien, ou de la plus grande partie. Il y auroit trois choses à faire pour abreger. La premiere, que le Contrat contienne l'ordre des créanciers, dont les deux tiers des créances font la loi au tiers des autres. La seconde, que les créanciers prissent du bien en payement par une estimation à l'amiable. La troisiéme, que chaque créancier fît une remise suivant l'équité de la Loi *Rhodia de jactu*, afin que le débiteur & les derniers créanciers trouvassent leur consolation, & que le Palais perdît le triste droit qu'il a de tout manger; car le premier créancier qui ne risque rien, fait présent à son Procureur de la fortune de tous les autres. Le Directeur habile, quoique quelquefois dernier créancier, est le premier payé; & l'Agent de la Direction est privilégié pour vivre aux dépens de tous.

L'homologation de ces sortes de Contrats ne se peut poursuivre à Paris pardevant les Juges & Consuls, comme il a été jugé par Arrêt du Parlement rendu le 27 Mars 1702, qui a décidé que pour raison de l'homologation d'un Contrat d'Attermoyement, les Parties ne pouvoient pas proceder pardevant les Juges & Consuls, mais étoient tenues de se pourvoir au Châtelet.

Après avoir expliqué ces principes, nous allons donner des Formules d'Abandonnemens de biens, de Sauf-conduits & d'Attermoyemens, de Contrats d'Union de Créanciers, & de Contrats de Direction.

Abandonnement d'héritages pour demeurer quitte par le Cédant de ce qu'il doit au Cessionnaire.

FUt présent Antoine demeurant lequel pour demeurer quitte envers Sieur Jean son frere, de la somme de cinq cens livres contenue en l'Obligation dudit Sieur envers ledit Sieur son frere, passée devant & son Confrere, Notaires à Paris, le a par ces présentes cédé, quitté, transporté & délaissé, & promet garantir, &c. audit Sieur Jean demeurant à ce présent & acceptant, acquéreur pour lui, ses hoirs & ayans cause, tous & chacuns les héritages situez à provenans de la succession de défunt Joseph leur oncle, sans aucune réserve, dont ledit Sieur acquéreur a dit avoir une parfaite connoissance, les ayant vûs & visitez, & en est content; pour de tous lesdits biens jouir, faire & disposer par ledit Sieur Jean ses hoirs ou ayans cause, comme de chose à eux appartenante, à commencer de cejourd'hui, à la charge des cens & droits seigneuriaux pour l'avenir seulement, si aucuns sont dûs, francs & quittes néanmoins des arrérages d'iceux jusqu'à ce jour ; transportant, désaisissant, &c. voulant, &c. Procureur le porteur, &c. donnant pouvoir, &c. Au moyen de quoi lesdites Parties se quittent réciproquement de toutes choses généralement quelconques de tout le passé jusqu'à ce jour, se réservant néanmoins ledit Jean pour plus de sureté de la garantie du présent abandonnement, l'hypotéque résultante de ladite Obligation, à laquelle n'est pour ce dérogé ni préjudicié ; & ont lesdites Parties consenti que des présentes mention soit faite en leur absence par les Notaires premiers requis, sur la minute & expédition de ladite Obligation. Et pour l'exécution des présentes, lesdites Parties ont élû leurs domiciles en leurs demeures susdites ; ausquels lieux promettant, &c. Fait & passé, &c.

Abandonnement fait par une femme non commune en biens avec son mari, de lui autorisée par Acte annexé à la minute, à la charge d'une rente payable partie au profit de celle qui abandonne, & partie en son acquit, & pour demeurer par elle quitte d'une somme qu'elle doit à la personne à laquelle on paye, avec quelques autres clauses.

FUt présente Dame Françoise de Lusignan, épouse non commune en biens, & autorisée par son Contrat de mariage de Messire C. de P. Chevalier Seigneur de B. & de lui d'abondant autorisée à l'effet des présentes, par Acte passé devant dont l'original signé & paraphé de ladite Dame de B. & des Notaires soussignez, à sa réquisition, est demeuré ci-annexé pour y avoir recours, demeurante à Paris, rue laquelle a par ces présentes abandonné & délaissé dès maintenant & à toujours à Messire de L. Leau & à Demoiselle de L. Lusignan son épouse, mere de ladite Dame de B. demeurans à ce présens & acceptans, acquéreurs pour eux, leurs hoirs & ayans cause, tous & chacuns les biens, héritages, fiefs & revenus à elle appartenans, enclavez dans la Terre de Lusignan, qui appartient ausdits Seigneur & Dame de Leau, sise ainsi que le tout se poursuit & comporte, sans en rien excepter ni réserver en façon quelconque, pour par lesdits Seigneur & Dame de Leau, leurs hoirs ou ayans cause, en jouir, faire & disposer comme de chose à eux appartenante, à commencer la jouissance de leur transportant à cet effet tous droits de propriété, désaisissant, &c. voulant, &c. Procureur le porteur, &c. donnant pouvoir, &c. se réservant néanmoins ladite Dame de B. les revenus qui lui sont dûs desdits biens jusqu'à *tel* jour. Cet abandonnement fait à la charge de tous les droits, redevances & charges dûs par lesdits biens & héritages, & des arrérages qui en peuvent être dûs : Et outre à la charge par lesdits Seigneur & Dame de Leau, ainsi qu'ils s'obligent solidairement sous les renonciations requises, de payer par chacun an de six en six mois en cette Ville de Paris, à compter de ce jour, la somme de trois cens livres ; sçavoir, cent livres à ladite Dame de B. & deux cens livres au Sieur Joamus & Dame A. L. son épouse, pour pareille rente à eux dûe par comme légataires universels de, &c. desquelles deux cens livres de rente ladite

Dame de B. leur fait en tant que besoin seroit toute cession & transport nécessaire, pour par eux les recevoir annuellement par préférence ausdites cent livres de rente, à condition expresse toutefois que lesdits Sieur & Damoiselle ne pourront pendant son vivant lui empêcher la perception desdites cent livres de rente que lesdits Sieur & Dame de Leau lui payeront, ni l'inquiéter pour raison de ladite rente de deux cens livres par elle constituée, & dont les arrérages leur doivent être payez par lesdits Seigneur & Dame de Leau, ainsi qu'il est ci-devant dit, & ce tant en principal qu'arrérages, se réservant lesdits Sieur & Damoiselle à se pourvoir après son décès sur les biens qu'elle délaissera, ainsi qu'ils aviseront, même en cas qu'elle vendît ses biens, ils pourront s'opposer & faire leurs diligences pour la conservation de leur dû seulement, & pour leur plus grande sureté demeureront conservez dans tous leurs droits & hypotéques, même par privilége, sur les biens & héritages ci-dessus abandonnez, qui y demeurent affectez & hypotéquez par privilége spécial, ainsi que ladite rente de cent livres. Et outre lesdits Seigneur & Dame de Leau y obligeront solidairement tous & chacuns leurs biens meubles & immeubles présens & avenir, une Obligation ne dérogeant à l'autre; & pour demeurer par ladite Dame de B. quitte envers lesdits Sieur & Damoiselle de tous les arrérages qu'elle leur doit desdites deux cens livres de rente, elle leur céde & transporte avec toute garantie la somme de mille livres, à recevoir desdits Seigneur & Dame de Leau sur les revenus qu'ils lui doivent desdits héritages & biens qu'ils s'obligent sous ladite solidité payer ausdits Sieur & Damoiselle en cette Ville de Paris, ou au porteur, dans trois mois prochains, à peine, &c. & sans que pour raison du payement de ladite somme de mille livres lesdits Sieur & Damoiselle puissent avoir aucun recours contre ladite Dame de B. ni l'inquiéter pendant sa vie, en cas qu'elle ne leur soit pas payée par lesdits Seigneur & Dame de Leau, sauf ausdits Sieur & Damoiselle leur recours sur les biens de ladite Dame de B. après son décès; s'obligeant ladite Dame de B. de faire ratifier ces présentes par lesdits Sieur & Damoiselle & en fournir Acte en bonne forme ausdits Seigneur & Dame dans six mois prochains, à peine, &c.

Abandonnement de plusieurs parties de maison & rentes fait par un Curateur à une succession vacante, au profit de la veuve du défunt, en déduction de ses conventions matrimoniales.

FUt présent N. Carpentier Curateur créé par Sentence du Châtelet de Paris du insinuée le à la succession vacante de défunt Antoine Humé demeurant à Paris, rue lequel pour demeurer d'autant quitte envers C. de Lespine, veuve dudit Sieur Humé, des sommes à elle adjugées en conséquence de la Sentence de séparation dudit Châtelet du pour le payement desquelles elle lui a fait faire un commandement par Exploit du & ensuite fait saisir réellement le tiers par indivis d'une maison sise à avec quatre parties de rente, l'une de, &c. l'autre, &c. mentionnée audit Exploit, ledit Carpentier audit nom a volontairement abandonné, cédé & transporté, & promis audit nom garantir de tous troubles à ladite veuve Humé, demeurante à Paris, rue à ce présente & acceptante pour elle, ses hoirs & ayans cause, ledit tiers par indivis de ladite maison & dépendances, sans aucune réserve, & le total desdites quatre parties de rente, montant en principaux à la somme de ensemble les arrérages qui en sont dûs & échûs; sçavoir, &c. revenant lesdites sommes particulieres à celle de trois mille neuf cens quarante-deux livres, de laquelle la succession vacante dudit Humé demeure d'autant quitte envers ladite Damoiselle sa veuve, sur celle de six mille livres qui lui est dûe en principaux & intérêts, tant en conséquence de son Contrat de mariage que de ladite Sentence, pour par elle jouir de ladite maison & desdites rentes, & en faire & disposer comme de chose à elle appartenante, à commencer la jouissance du & à la charge des cens & redevances dûes par ladite maison, & des arrérages qui en sont dûs. Transportant, &c. désaisissant, &c. voulant, &c. Procureur le porteur, &c. donnant pouvoir &c. & par ces mêmes présentes ledit Carpentier audit nom consent que ladite veuve Humé retire des mains de qui il appartiendra les titres & piéces concernant la propriété de ladite maison, outre ceux qu'elle a en ses mains, sans préjudice à ladite Damoiselle veuve du surplus de son dû en principal & intérêts, & de se pourvoir pour raison de ce à l'encontre & sur les autres biens de ladite succession ainsi qu'elle avisera, pour raison de quoi elle demeure conservée en tous ses droits, hypotéques & priviléges, sans aucunement y déroger ni innover; lesquels droits & hypotéques résultans dudit Contrat de mariage & de ladite Sentence de séparation, ladite veuve Humé se réserve aussi pour plus de sureté de la garantie du présent délaissement. Car ainsi, &c.

Abandonnement de biens fait par un Particulier, tant en son nom, que comme se faisant fort de sa femme, pour sureté d'une somme par eux dûe à celui au profit duquel icelui abandonnement est fait à la charge de Reméré.

Fut présent Pierre Her demeurant tant en son nom, que comme se faisant & portant fort de M. Minguet sa femme, par laquelle il promet faire ratifier ces présentes incessamment; ce faisant, la faire obliger conjointement & solidairement avec lui, sous les renonciations requises au contenu en icelles, pour faire laquelle ratification il l'autorise dès à présent, sans qu'il soit besoin d'autre autorisation plus spéciale, lequel pour sureté à Jean Petit à ce présent, demeurant de la somme de deux mille quatre cens soixante-dix-neuf livres six sols de principal à lui dûe par lesdits Her & sa femme; sçavoir, quatre cens onze livres par Obligation du deux cens soixante-dix livres par autre Obligation du a par ces présentes audit nom abandonné sous la faculté de Reméré ci-après stipulée, promet esdits noms & en chacun d'iceux solidairement, sans division, &c. garantir de tous troubles & empêchemens généralement quelconques audit Sieur Petit, à ce présent & acceptant, acquéreur pour lui, ses hoirs & ayans cause, toutes & chacunes les maisons, lieux, terres, vignes & héritages appartenans ausdits Her & sa femme, consistans; sçavoir, en une maison & lieux sis tenant d'un côté, &c.

Plus, le tiers d'une autre maison sise du propre dudit Her, de la succession de défunt Jean Her son pere.

Plus, &c. *Il faut énoncer la propriété.*

Desquelles maisons, vignes & terres ledit Her esdits noms promet fournir audit Petit dans plus ample déclaration par tenans & aboutissans, étant lesdites maisons & héritages en la censive de & vers eux chargez de de cens & fonds de terre, pour toutes & sans autres charges, dettes, hypotéques, ni redevances quelconques, franches & quittes des arrérages desdits cens & droits seigneuriaux, du passé jusqu'à ce jour, pour du tout jouir & disposer par ledit Sieur Petit, ses hoirs & ayans cause, comme de chose lui appartenante, à commencer de ce jourd'hui, à la charge par lui de tenir compte audit Her & sa femme des revenus desdites choses ci-dessus abandonnées, sur les interêts échus & à échoir de ladite somme de deux mille quatre cens soixante-dix-neuf-livres six sols: & pour faciliter le payement de ladite somme principale, a été convenu qu'il seroit loisible ausdits Sieur & Dame Her pendant six années, à commencer de ce jourd'hui, de rentrer en possession desdits biens & héritages, en avertissant auparavant. Et si dans ledit tems lesdits Sieur & Dame Her n'ont point exercé ledit Réméré, ils seront déchus de la faculté d'icelui, & demeurera ledit Petit en possession & propriété incommutable desdits biens par lui présentement acquis, ainsi que ledit Her le consent dès à présent audit nom. Transportant, &c. dessaisissant, &c. voulant, &c. Procureur le porteur, &c. donnant pouvoir, &c. Et outre ledit Her audit nom abandonne audit Petit, ce acceptant, comme dit est, vingt livres de rente au principal de quatre cens livres constituées audit Pierre Her par & sa femme, par Contrat passé devant le la grosse duquel il lui a présentement mis entre les mains, & demeure ledit Sieur Petit conservé en tous ses droits & hypotéques, sans aucunement y déroger ni innover. Et pour l'exécution, &c.

Ratification du Contrat d'Abandonnement ci-dessus.

Et le est comparue devant les Notaires à Paris soussignez, ladite M. Minguet, femme de Pierre Her, nommé au Contrat ci-dessus & des autres parts, dudit Sieur son mari autorisée par icelui à l'effet des présentes, demeurant laquelle après que lecture lui a été faite par l'un desd. Notaires, l'autre présent, dudit Contrat, qu'elle a dit avoir bien entendu, l'a volontairement ratifié, confirmé & approuvé, consent qu'il sorte son plein & entier effet, & soit exécuté en tout son contenu selon sa forme & teneur, sous les promesses & stipulations y portées; ce faisant, s'oblige solidairement avec sondit mari, sous ladite solidité, elle seule pour le tout, sans division, &c. au payement de ladite somme de deux mille quatre cens soixante-dix-neuf livres six sols, à la garantie des maisons & héritages mentionnez audit Contrat. Ce fait en la présence dudit Sieur

Petit, demeurant lequel a eu ce que dessus pour agréable, & consent que lesdits Sieur & Dame ne lui payent pendant les six années dudit Réméré aucun interêt desdits deux mille quatre cens soixante-dix-neuf livres six sols; à la charge par lesdits Sieur & Dame Her de lui payer par chacun an, ainsi qu'ils s'y obligent, sous ladite solidité, la somme de deux cens livres sur le principal, à commencer au & le restant en fin desdites six années expirées, à la volonté dudit Petit; lequel, faute de payement de ladite somme de deux cens livres par chacune desdites six années dudit Réméré, demeurera de plein droit conservé dans tous ses droits, hypotéques & priviléges, pour les exercer ainsi qu'il est porté audit Contrat, sans au surplus aucunement y déroger ni innover. Promettant, &c. obligeant, &c. *Réitération du domicile.*

Abandonnement par le mari & la femme, au profit d'un Particulier, de la jouissance, sa vie durant, d'une maison, à la charge de l'entretenir de menues réparations, & d'une somme, dont l'acceptant a payé partie, & promet payer l'autre aux ouvriers qui ont travaillé à ladite maison.

FUrent présens Louis & Marie sa femme, qu'il autorise, &c. lesquels abandonnent & délaissent, & promettent solidairement, sans division, &c. garantir de tous troubles & empêchemens à Jean Dujour, à ce présent & acceptant, la jouissance sa vie durant, d'une maison & dépendances, sise à sans aucune réserve, & à eux appartenante, au moyen de l'acquisition qu'ils en ont faite de par Contrat passé pardevant le & qu'ils ont fait decreter sur eux par Sentence du desquels Contrat & Sentence lesdits Sieur & Dame ont présentement fourni copies collationnées audit Sieur acquéreur, étant ladite maison & dépendances en la censive, &c. pour par ledit Dujour jouir de l'usufruit sa vie durant de ladite maison & dépendances, à commencer de cejourd'hui jusqu'à son décès, ces présentes faites à la charge de payer les cens & rentes dont ladite maison peut être tenue aux Seigneurs & autres à qui ils seront dûs pour l'avenir seulement. Plus, d'entretenir ladite maison & dépendances en bon état de toutes réparations viageres, grosses & menues, & outre moyennant la somme de six mille livres, en déduction de laquelle lesdits Louis & sa femme reconnoissent que ledit Dujour a payé en leur acquit aux nommez Pierre & Lucas Charpentier celle de trois mille livres, pour les causes portées en la quittance qu'ils lui en ont donnée, portant subrogation à leur profit, passée pardevant le Et à l'égard des trois mille livres restantes, lesdits Louis & sa femme consentent que ledit Dujour les paye aux nommez pour reste & parfait payement des ouvrages qu'ils se sont obligés de faire faire en ladite maison & dépendances, mentionnez au devis & marché qu'ils en ont faits avec lesdits Louis & sa femme, passé devant le & ce aux termes y portez, à quoi ladite maison & dépendances demeurent par privilége spécial affectées, obligées & hypotéquées; & outre ledit Dujour y oblige tous ses autres biens meubles & immeubles présens

préſens & à venir, une obligation ne dérogeant à l'autre, duquel payement de trois mille livres ledit Dujour ſera tenu de retirer quittance, & ſe fera ſubroger, ainſi que leſdits Louis & ſa femme y conſentent, au lieu, place, droits, hypotéques & priviléges deſdits ouvriers. Et a été expreſſément convenu entre les Parties, que ledit Dujour pourra, ſi bon lui ſemble, faire faire à ſes frais & dépens telles augmentations & ajuſtemens qu'il déſirera en ladite maiſon & dépendances, leſquels après ſon décès appartiendront à Jean Dujour ſon frere, auquel elles ſeront payées par leſdits Louis & ſa femme, ou à leurs hoirs, avant que de pouvoir rentrer dans la jouiſſance des biens ci-deſſus mentionnez; le tout ſuivant les quittances qu'il en retirera. Car ainſi, &c.

Etat des Créanciers d'un Particulier pour parvenir à la vente de ſes biens à l'amiable.

ETat des créanciers privilégiez & hypotéquaires de la ſucceſſion de François Enipſel & d'Antoinette Teroi ſa femme, à préſent ſa veuve, pour parvenir à faire à l'amiable & ſans frais l'ordre & diſtribution du prix de deux maiſons ſiſes à ci-devant ſéparées par un mur, à l'alignement du puits, qui étoit mitoyen auſdites maiſons, à préſent réunies en une, jardin enſuite ſéparé par une haie, appartenant à la ſucceſſion dudit Enipſel; ſçavoir, une comme l'ayant acquiſe à titre d'échange du Sieur B. par Contrat paſſé devant l'autre ſiſe appartenante à ladite ſucceſſion, au moyen de la donation qui en a été faite audit Enipſel par

Créanciers privilégiez ſur ladite maiſon de l'Image S. François.

Premierement, Philippe Seynemurted, créancier de cent cinquante livres de rente conſtituée à ſon profit par par Contrat paſſé devant le moyennant la ſomme de trois mille livres, employée au deſir d'icelui au payement de pareille ſomme qui étoit dûe par à Léonard Enipſel ſon fils, pour ſes droits ſucceſſifs & paternels, & être égalé à ſes freres & ſœurs, & entr'autres audit Sieur Enipſel, qui avoit reçu de ſadite mere pareils trois mille livres, par quittance paſſée devant M. & ſon Confrere, Notaires, le Février 1667, leſdits trois mille livres provenus de ladite Conſtitution, payez audit Léonard Enipſel, par quittance paſſée devant les mêmes Notaires, le portant ſubrogation au profit dudit Sieur de Seynemurted.

Au payement de laquelle rente leſdits Sieur Enipſel & ſa femme ſe ſont ſolidairement obligez par la donation que ladite a faite audit Sieur Enipſel de la ſuſdite maiſon de l'Image S. François, par ledit Contrat du Décembre 1687, entr'autres choſes à la charge de ladite rente, ci 3000 liv.

Plus, ſix mois & demi d'arrérages depuis le premier Janvier 1691, juſqu'au dernier Juin 1697, montant à neuf cens ſoixante-quinze livres, déduction faite des payemens faits tant audit Sieur de Seynemurted qu'au Sieur Jean Enipſel, ci 975 livres.

Clement Yocel ayant droit par transport des Dames Religieuses de créancier de cent vingt-cinq livres de rentes à elles constituées par lesdits François Enipsel & sa femme, par Contrat passé devant D. & M. Notaires, le 7 Avril 1682, moyennant deux mille cinq cens livres, dont en a été employé, conformément audit Contrat, seize cens livres au payement des ouvrages de maçonnerie, charpenterie & autres faits en ladite maison, suivant le devis & marché fait par lesdits Enipsel avec Gilles Laisné, Maître Maçon à Paris, le 21 Décembre 1681, reconnu par Acte ensuite passé devant D. & M. Notaires, ledit jour 7 Avril 1682, avec subrogation en faveur desdites Dames Religieuses; au moyen de quoi elles sont créancieres privilégiées sur ladite maison de l'Image saint François, sur le pied desdits seize cens livres de principal, ci 1600 liv.

Et pour quatre ans neuf mois huit jours d'arrérages, à raison de quatre-vingt livres par an, échûs au dernier Juin 1697, la somme de quatre cens dix-huit livres, ci 418 liv.

Total des créanciers privilégiez en principal & arrérages jusqu'au dernier Juin 1697, la somme de cinq mille neuf cens quatre-vingt-treize livres, ci 5993 livres.

Contribution par forme de Ventilation entre lesdits Sieurs Seynemurted & Yocel.

Et comme le prix de ladite maison de l'Image saint François, que lesdits créanciers avec ladite Dame veuve Enipsel ont évalué à trois mille deux cens livres ne sera pas suffisant à beaucoup près pour payer lesdits créanciers privilégiez sur icelle, qui montent en principaux & arrérages ci-dessus liquidez à cinq mille neuf cens quatre-vingt-treize livres, il conviendroit faire une contribution & ventilation entre lesdits Sieurs Seynemurted, créanciers sur les fonds & jardins, & sur les anciens bâtimens, & ledit Yocel subrogé aux droits desdites Dames Religieuses, créancieres sur les nouveaux bâtimens; mais pour éviter à contestations & à frais, lesdits Seynemurted & Yocel sont convenus de ce qui suit; c'est à sçavoir, que desdits trois mille deux cens livres ledit Sieur Seynemurted en touchera deux cens livres, à la charge qu'il acquittera lesdites Dames Religieuses & ledit Yocel des dépens faits aux Requêtes du Palais, au Procès appointé au rapport de Monsieur de M. Conseiller, & ladite Teroi, ès noms, mille livres, & ce concurremment entre eux; au moyen de quoi il restera dû aux créanciers privilégiez en principaux & arrérages, jusqu'audit jour dernier Juin 1697, deux mille sept cens quatre-vingt-treize livres; sçavoir audit Seynemurted dix-neuf cens soixante-seize livres, & audit Yocel dix-huit cens livres, sans comprendre leurs créances hypotéquaires, dont sera ci-après parlé.

Créances à prendre sur la maison acquise de Yansnares par échange.

Le prix de cette maison doit être distribué suivant l'hypotéque entre les créanciers qui ont ladite Teroi veuve Enipsel pour obligée, & la représente, & doivent être colloquez du jour de son Contrat de mariage du

27 Juillet 1688, jusqu'à concurrence de ladite somme de trois mille livres, que ledit Enipsel a reçue en déduction de la dot de ladite Teroi, suivant sa quittance du étant ensuite dudit Contrat de mariage, & entre lesdits créanciers, suivant l'ordre de leur hypotéque.

Sçavoir ledit Sieur Seynemurted du 5 Avril 1675, de la somme de mille livres, pour le principal de cinquante livres de rente contenue en la promesse solidaire desdits Sieur Enipsel & sa femme, à son profit, en forme de constitution dudit jour, reconnu par acte étant ensuite, du même jour, passé devant Notaires, ci 1000 livres.

Arrérages depuis le premier Janvier 1691, jusqu'au dernier Juin 1697, qui sont six ans & demi, trois cens vingt-cinq livres, ci 325 livres.

Louis Pro, ayant droit par transport de Me Jean Seguy, créancier hypotéquaire, du 8 Juillet 1676, de deux cens vingt livres de rente constituée par ledit feu Enipsel & ladite Teroi sa veuve solidairement, au profit dudit Seguy, au principal de quatre mille deux cens livres, par Contrat passé pardevant M. Notaire ledit jour 8 Juillet 1676, recevra la somme de trois cens liv. restant de celle de seize cens liv. à laquelle lesdits créanciers ont avec ladite veuve Enipsel évalué le prix de ladite maison acquise de Yansnares à titre d'échange, lesdits trois cens livres à déduire sur lesdits quatre mille deux cens livres de principal, moyennant quoi il déchargera purement & simplement lesdites maisons des hypotéques & droits qu'il avoit & pouvoit avoir pour le surplus de son principal & arrérages qui lui sont dûs, frais & dépens, & sauf à se pourvoir pour ledit surplus contre les autres coobligez & sur leurs biens; tellement que ledit Yocel, qui n'est créancier hypotéquaire que dudit jour 7 Avril 1682, pour les huit cens livres restans en principal & arrérages de ladite créance privilégiée, plus neuf cens livres de principal dont il n'y a point d'emploi, faisant le surplus desdits deux mille cinq cens livres, plus desdits cent vingt-cinq livres de rente, & pour les arrérages à proportion, ne peut rien espérer sur ladite maison acquise de Yansnares, quand même elle vaudroit le double, qui seroit consommé jusqu'à concurrence de la dot par les créanciers dudit Sieur Pro, du 8 Juillet 1676. Ensuite desquels trois mille livres pour la dot, s'il y avoit du fonds, le douaire résultant du même Contrat de mariage, seroit prélevé au profit des enfans ausquels il est propre. Mais comme il ne se trouve de fonds que pour lesdits seize cens livres, faisant environ la moitié de la dot, il n'a rien à espérer au-dessus de ce qui vient d'être délégué pour lesdits créanciers, encore moins pour le douaire postérieur à ladite dot.

Contrat passé entre les Créanciers, en conséquence de l'Etat ci-dessus.

FUrent présens A. Teroi, veuve & commune en biens de François Enipsel, Marchand, tant en son nom, que comme tutrice de David & Elisabeth Enipsel, enfans mineurs dudit défunt & d'elle, héritiers dudit défunt Sieur leur pere, demeurante d'une part; Philippe Seynemurted, Clement Yocel, ès qualitez portées en l'état ci-devant, & Alexandre Thy, tuteur des enfans mineurs de défunt Jean Thy, & Anne Enipsel sa femme, tous créanciers dudit François Enipsel & de sadite veuve, & de leurs enfans, de toutes les sommes principales qui sont mentionnées & spécifiées par le bref état qui en a été fait par ledit Enipsel, demeuré ci-joint, après l'avoir par ledit Enipsel paraphé & certifié véritable en présence des Notaires soussignez, suivant les actes passez devant les 16 Mars 1687 & 2 Juin 1688, d'autre part: Disant lesdites Parties, sçavoir ladite veuve Enipsel, que le malheur des tems & les pertes considérables que son mari & elle ont faites depuis plusieurs années dans leur négoce, la mettent hors d'état de pouvoir payer leursdits créanciers en entier; qu'il ne lui reste pour tous biens, & à sesdits enfans, que lesdites deux maisons; (*il faut les énoncer*) & que si la vente & discussion s'en fait en Justice, la plus grande partie du prix seroit consommé en frais; ensorte que les créances anciennes & privilégiées ne seroient pas payées; & que si les créanciers ont la bonté de réduire leurs créances tant hypotéquaires que privilégiées, à la somme de quatre mille huit cens livres, dont il y aura pour l'ancienne maison acquise de Yansnares seize cens livres, & pour ladite maison de l'Image saint François, donnée par ledit Bert ausdits Sieurs Enipsel, trois mille deux cens livres qui seront payées suivant l'état & distribution ci-joint, & la décharger & sesdits enfans du surplus en principal & arrérages; par ce moyen lesdits créanciers s'assureront leurs créances jusqu'à concurrence desdits quatre mille huit cens livres, conformément audit état; & jusqu'à l'actuel payement ils se réserveront le total de leursdites créances, pour s'en prévaloir contre les autres créanciers, si aucuns il y avoit qui prétendissent quelque chose sur lesdites maisons & autres biens de ladite Teroi & ses enfans. A toutes lesquelles raisons & exposez lesdits créanciers étant entrez, & après avoir murement réfléchi entr'eux, ont par ces présentes consenti qu'en payant par eux ou autre à leur décharge la somme de quatre mille huit cens livres, suivant qu'il est porté audit Etat, & les intérêts ou arrérages de ladite somme à raison du denier vingt, à compter du premier Juillet dernier, ils soient & demeurent subrogez sans garantie en leur lieu & place dans le total desdites créances, & soient déchargez, ainsi que lesdits créanciers promettent lors les décharger, tant du payement desdites quatre mille huit cens livres, que de ce qu'il leur sera dû en outre en principal & arrérages lors échûs & à échoir, jusqu'au payement actuel desdites quatre mille huit cens livres, intérêts & arrérages qui en écheront, lesdits créanciers demeurent conservez en tous leurs droits, actions, priviléges & hypotéques, sans y déroger ni préjudicier, pour les exercer & faire valoir, ainsi que leursdites créances en entier, principaux, accessoires échûs & à échoir, laquelle peine ne pourra être réputée comminatoire, mais de rigueur. Pourquoi tous les titres & piéces desdits créanciers demeurent en leurs mains en leur force & vertu à cet égard.

En outre consentent lesdits créanciers en faveur desdits mineurs, qu'en payant par ladite Teroi, ou autre, à la décharge desdits mineurs, les arrérages ou intérêts au denier vingt de six en six mois, ils ne pourront être contraints au payement desdites quatre mille huit cens livres, dont l'intérêt diminuera à proportion que le principal sera acquitté, & en payant par ladite Teroi lesdits intérêts ou arrérages exactement de six mois en six mois, elle ne pourra être dépossedée de la jouissance desdites maisons &

jardin, à la charge par elle, ainsi qu'elle s'y oblige, d'entretenir le tout de menues réparations, pour le rendre & délaisser en bon état au jour de son décès, & de payer & acquitter les charges de Ville & Police, que lesdites maisons appartiendront ausdits mineurs, en payant, comme dit est, lesdites quatre mille huit cens livres, intérêts & arrérages qui s'en trouveront dûs, ausquels en tant que besoin seroit, ladite Teroi en fera délaissement, pour & à cause du douaire préfix de la somme de dix-huit cens livres une fois payée, stipulé par ledit Contrat de mariage dudit défunt Enipsel leur pere, qui leur est propre, en renonçant à la succession de leurdit pere, au payement desquelles quatre mille huit cens livres en principal & arrérages, & des intérêts qui en écheront, lesdites maisons, jardin & dépendances demeureront par privilége affectez, obligez & hypotéquez, au moyen de ce que dessus les créanciers donnent main-levée pure & simple de toutes les saisies réelles & mobiliaires faites à leur requête, ou aucuns d'eux, sur lesdites maisons & jardin, en décharge M^e. François F. Commissaire général établi aux Saisies réelles, & tous autres, le tout pour ce qui est échû jusqu'au dernier Juin 1697, & au moyen des présentes, l'instance indécise aux Requêtes du Palais, au rapport de entre lesdits Seynemurted & Yocel, lesdits Pro, ladite Teroi & autres, demeure éteinte & assoupie, sans dépens entr'eux, à la réserve de ceux faits par ledit Sieur Pro en qualité de poursuivant, dont il sera remboursé par ladite Teroi, ou sur les loyers provenans du Bail judiciaire desdites maisons. Car ainsi, &c. Et pour l'exécution des présentes, &c.

Vente faite par des Directeurs & Créanciers à un Particulier aussi Créancier, conjointement avec eux, d'un Comté, Terre & Seigneurie, avec leurs dépendances, en conséquence de l'abandonnement fait ausdits Créanciers.

FUrent présens Gaspard l'Escalopier demeurant Messire Jean-Pierre de Montchal, Seigneur de Noyon, demeurant & Messire André Chauffourneau demeurant au nom & comme Procureur de Messire Nicolas Puchot, Ecuyer, Seigneur de la Pommeraye de Messire Nicolas le Seigneur & de Pierre Duval fondé de leur procuration spéciale à l'effet des présentes, passée pardevant & Notaires à le étant ensuite du projet desdites présentes, demeuré ci-annexé, après avoir été dudit Sieur Chauffourneau certifié véritable, signé & paraphé en présence des Notaires soussignez, lesdits Sieurs susnommez créanciers, même lesdits Sieurs l'Escalopier, Desalleurs, Seigneur & Duval, Directeurs des droits des autres créanciers de Messire François Comte de Rouville: Disant lesdits Directeurs, qu'en exécution de l'Arrêt du Parlement du portant homologation du Contrat d'abandonnement fait par ledit Seigneur Comte de Rouville à ses créanciers, pardevant & Notaires, le & d'autres Arrêts rendus en conséquence entre tous les créanciers, qui ont déclaré le premier Arrêt commun avec eux, & encore pour l'exécution d'un autre Arrêt du Parlement du 23 Avril, qui a jugé toutes les contestations survenues en l'ordre fait des biens abandonnez par ledit Sieur Comte de Rouville, & de l'acte de contribution fait entre Madame la Marquise de Pierrefite, lesdits Sieurs de Montchal, Berrier & Desalleurs susnommez, créanciers dudit Sieur Comte de Rouville, de l'hypotéque du 24 Septembre 1609, absorbant le prix des biens restans de ladite direction, passé devant le pour parvenir à l'adjudication & vente au plus offrant & dernier enchérisseur du Comté, Terre & Seigneurie de Clinchamps, & des Terres du Bouchet, Saint-Cyr, la Jalaise, faisant partie des biens abandonnez par ledit Sieur Comte de Rouville: lesdits Sieurs Directeurs ont fait faire par trois diverses fois les publications nécessaires sur les lieux où les biens sont situez, aux Prônes des Paroisses & portes d'Eglises Paroissiales d'iceux, & fait mettre des affiches aux endroits publics, ensemble les significations à tous les créanciers intéressez, ou à leurs Procureurs; comme aussi ont fait faire les publications en cette Ville, aux Prônes des Paroisses de & icelles fait afficher aux portes du Palais, du Châtelet, & aux carrefours, portes & places publiques de cette Ville, ainsi que Mᵉ M. Procureur de lad. direction, l'a déclaré ès Assemblées desd. sieurs Directeurs & Créanciers des comme il est mentionné dans le cahier desdites Délibérations; sçavoir par Mᵉ C. Procureur en Parlement, à la somme de quatre-vingt-sept mille livres; & attendu que dans les premieres affiches il auroit été compris comme dépendant dudit Clinchamps, le lieu de la Lardiere, de cinquante livres de revenu, qui ne s'est trouvé, il auroit porté ladite enchere à quatre-vingt-six mille livres; & comme il ne s'est trouvé autre personne qui en ait voulu encherir à plus haut prix, il auroit requis que l'adjudication pure & simple lui fût faite de ladite Terre & biens, pour ladite somme de quatre-vingt-six mille cinq cens livres, aux charges portées par la premiere affiche & enchere, sinon demande d'être déchargé de son enchere; lesquels Sieurs Directeurs ne trouvant plus d'autres enchérisseurs, auroient adjugé audit M. purement & simplement ledit Comté, Terre & Seigneurie de Clinchamps & dépendances, & autres biens, ledit jour, pour ladite somme de quatre-vingt-six mille cinq cens livres, aux charges & conditions portées par les affiches & par l'enchere du de laquelle adjudication ledit Sieur M. auroit passé déclaration au profit de Messire Pierre Puchot, Chevalier, Seigneur Desalleurs, par acte étant ensuite de ladite adjudication du au profit duquel il s'agit d'en faire la vente; c'est pourquoi lesdits Sieurs Créanciers & Directeurs, esdits noms, ont par ces présentes vendu, cédé, quitté, transporté & délaissé dès maintenant & à toujours, & promettent audit nom garantir de tous troubles & empêchemens généralement quelconques, sans qu'ils puissent être tenus d'aucune garantie en leurs privez noms, pour quelque cause que ce puisse être, audit Messire Desalleurs, absent, ce acceptant, acquéreur pour lui, ses hoirs, &c. par Jean Hué, Ecuyer, Seigneur de Querauville, demeurant, &c. à ce présent, acquéreur, au nom & comme Procureur fondé de sa procuration spéciale passée devant le déposée pour minute à Notaires le le Comté, Terre & Seigneurie de Clinchamps, située au Perche, en la Paroisse de Chamilly, consistante en haute, moyenne & basse Justice, fiefs, rentes, vassaux & arriere-vassaux, droits seigneuriaux, patronages, domaines, terres & métairies en dépendantes, & autres, consistant ladite Terre & Comté de Clinchamps en un vieux Château, basse-cour, enceinte & circuit d'icelui clos de murs, & doubles fossez pleins d'eau, la place & pâtis étant devant ledit Château, en laquelle il y a Chapelle, halle & auditoire, avec un jardin étant au bas de ladite Chapelle, corps de logis dans ledit jardin, pour l'habitation des Chapelains de ladite Chapelle, & du Précepteur, pour y tenir les écoles, avec les enclos & fossez dudit Château, le tout contenant cinq arpens ou environ, droits de Guet audit Château sur les hommes & vassaux d'icelui, bois taillis & futaie, nommez la Forêt de Clinchamps, moulins & pressoirs bannaux, droit de colombier à voliere, garennes, foires & marchez, droits de corvée, contrainte des mouvans, droit d'amende, forfaiture, confiscation, étangs, droit de Justice, Tabellionage, Notariat, Seigneurie, terres labourables, prez, vignes, pâturages, cens & rentes, tant en deniers, grains, pains, chapons, poulets, poules, œufs, cire & autres, en conformité des aveux rendus au Roi, avec la Seigneurie de Chamilly, Dorigny-le-Butin & Dané, & présentation des Cures de Saint Cyr & Daphné: Plus, la Terre & Seigneurie du Bouchet, Saint Cyr, la Jalaise, & généralement tout ce qui dépend du Comté, sans aucune réserve, ainsi que le tout se poursuit & comporte, ainsi que lesdits Sieurs Directeurs en ont joui ou dû jouir, avec moitié des semences sur chacun lieu, que les Sous-Fermiers des terres, chacun à leur égard, sont obligez de laisser en sortant, excepté ceux desdits lieux de la Jalaise & du Bouchet, où lesdits Fermiers n'ont rien trouvé en entrant. Sont compris en la présente vente les bestiaux, si aucuns y a, appartenans à ladite Direction sur lesdits lieux ou aucuns d'iceux, ensemble le droit que lesdits Sieurs Créanciers Directeurs ont & peuvent avoir pour rentrer dans la dîme de Saint Cyr, soit contre ceux qui la possédent, ou le Sieur Marquis de Fougeraye, qui l'avoit acquise avec autres héritages dudit Sieur Comte de Rouville, sans au surplus aucune garantie de la part desdits Sieurs Directeurs, soit pour plus ou moins desdits lieux & terres, soit pour lesdites semences & bestiaux, ou pour les fiefs, droits seigneuriaux & dîme, ne vendant les Sieurs Directeurs lesdites terres & biens, que comme ils ont été abandonnez ausdits Sieurs Créanciers, par ledit Contrat en conséquence duquel ils ont droit d'en disposer, & ainsi qu'ils en ont joui ou dû jouir, & que le tout appartenoit audit sieur Comte de Rouville, & sans que ledit acquéreur puisse prétendre que dans la dépendance dudit Comté soit compris le lieu de la Lardiere, quoiqu'employé dans les premieres affiches, ayant été supprimé dans les dernieres, comme ne s'étant point trouvé, & le prix des encheres diminué à ce sujet, ainsi qu'il est ci-dessus énoncé; lesquels biens ledit Sieur Hué a dit que le Sieur Desalleurs a pris parfaite connoissance. Ladite Terre & Seigneurie mouvante & relevante du Roi, à cause de son Comté du Grand-Perche, Château ou Cochâtellenie de Bellesme, à une seule foi & hommage, achat, cheval de service, & autres devoirs des Fiefs, quand le cas y échet, selon la Coutume du Grand-Perche, le tout conformément aux aveux qui ont été rendus à Sa Majesté, à la charge de soixante-dix-

deniers de rente prétendue par le Sieur des Essarts, & d'une autre rente de six livres deux sols six deniers en argent, & de quatre boisseaux de blé dûs au Sieur Prieur de Chesne-Gallon, à prendre lesdites rentes sur ledit Comté annuellement au jour qu'elles sont dûes, francs & quittes des arrérages du passé, jusqu'au jour de & sauf audit Sieur acquéreur de s'en défendre ainsi qu'il avisera bon être; & encore à la charge des autres rentes foncieres, droits, devoirs seigneuriaux & féodaux, tels qu'ils sont dûs, tant au Roi qu'autres Seigneurs dont partie desdits biens peuvent relever, dont ledit Sieur acquéreur demeurera chargé sans diminution du prix ci-après, à l'exception toutefois des autres rentes seigneuriales, si aucunes étoient sur lesdites terres, dont lesdits Sieurs Créanciers & Directeurs acquitteront ledit acquéreur; pour par lui, sesdits hoirs, &c. jouir, faire & disposer de ladite Terre & Seigneurie de Clinchamps, terres ci-dessus vendues, & dépendances en pleine propriété, comme de chose à lui appartenante, à commencer du jour de réservant lesdits Sieurs Créanciers & Directeurs, audit nom, tant à leur profit que des autres Créanciers dudit Sieur Comte de Rouville, tout ce qui peut être & sera ci-après dû des revenus & fermages desdits biens de tout le passé jusqu'audit jour de Cette vente faite à la charge des droits seigneuriaux & féodaux, charges & redevances foncieres & seigneuriales, dont lesdites terres sont chargées. Plus, desdits six livres deux sols six deniers & quatre boisseaux de blé de rente prétendus par lesdits Sieurs des Essarts & Prieur de Chesne-Gallon; & sauf audit Sieur Desalleurs à s'en défendre, comme dit est. Plus, à la charge des frais ordinaires de l'adjudication desdits biens, & de ceux faits pour y parvenir; & outre moyennant la somme de quatre-vingt-six mille cinq cens livres, sur laquelle ledit Sieur Desalleurs retiendra par ses mains celle de quatre mille trois cens vingt-cinq livres pour les droits de consignation, au sujet de ladite adjudication, à raison d'un sol pour livre, & en acquittera lesdits Sieurs Créanciers sous-nommez, en cas qu'elle ne soit pas dûe; laquelle somme de quatre mille trois cens vingt-cinq livres déduite sur celle de quatre-vingt-six mille cinq cens livres, ne restera plus dudit prix que celle de quatre-vingt-deux mille cent soixante-quinze livres; laquelle somme, au desir dudit Arrêt d'ordre & de ladite adjudication, appartient & doit être payée, ainsi que lesdits Sieurs Créanciers & Directeurs la déléguent d'abondant par ces mêmes présentes, à haute & puissante Dame Marie de Neuville, veuve de Messire de Pierrefite, audit Sieur de Montchal, à Messire Berrier, représentant Messire L. Berrier, Messire Nicolas Puchot, Messire L. Puchot de la Pommeraye, & audit Sieur Chevalier Desalleurs, acquéreur; lesdits Sieurs Puchot, héritiers représentans Messire C. Puchot leur pere, tous par concurrence comme Créanciers dudit Comte de Rouville, de la même hypotéque dudit jour 24 Juillet 1609, chacun pour les sommes pour lesquelles ils ont été colloquez par ledit Arrêt d'ordre, & suivant la contribution faite entre lesdits Créanciers par acte du passé pardevant par laquelle contribution il se trouve qu'il appartient; sçavoir à ladite Dame Marquise de Pierrefite, vingt-deux mille deux cens cinquante-huit livres neuf sols un denier; audit Sieur de Montchal, vingt-huit mille trois cens quatre-

tre-vingt-dix-huit livres dix-neuf sols onze deniers; audit Sieur Simon Berrier, sept mille sept cens trente-cinq livres un sol trois deniers; & auſdits Sieurs Puchot, la ſomme de vingt-trois mille sept cens quatre-vingt-trois livres sept sols six deniers. Et attendu que par le compte fait entre leſdits Sieurs de Montchal & de la Pommeraye, tant en ſon nom que comme s'étant fait fort deſd. ſieurs ſes freres, des ſommes que chacun deſdits créanciers de la même hypotéque ont reçues en ladite direction, & qu'ils doivent rapporter pour être contribuées entre leſdits créanciers hypotéquaires, arrêtées par acte paſſé pardevant ledit le
il ſe trouve que ladite Dame de Pierrefite doit rapporter deſdites ſommes par elles reçues, celle de deux cens quatre-vingt-ſix livres ſix ſols quatre deniers; & leſdits Sieurs Puchot, celle de cent ſoixante-cinq livres dix-ſept ſols un denier, & que ledit Sieur de Montchal a reçu de moins qu'il ne lui eſt dû, celle de mille une livres quatorze ſols huit deniers; il ſera déduit auſdits Dame de Pierrefite & Sieurs Puchot, ſur les ſommes qui leur reviennent dans le prix de ladite vente ci-deſſus liquidée, leſdites ſommes de deux cens quatre-vingt-ſix livres ſix ſols quatre deniers, & cent ſoixante-cinq livres dix-ſept ſols un denier, faiſant enſemble celle de quatre cens quatre livres treize ſols cinq deniers, qui ſera augmentée à la contribution dudit Sieur de Montchal, à déduire ſur leſdits mille une livres quatorze ſols huit deniers, au moyen de quoi ledit Sieur de Montchal touchera & recevra ſur le prix de la préſente vente la ſomme de vingt-huit mille huit cens trois livres quinze ſols quatre deniers; ladite Dame de Pierrefite, celle de vingt-deux mille dix-neuf livres treize ſols; leſdits Sieurs Puchot, celle de vingt-deux mille ſix cens ſeize livres douze ſols cinq deniers; & leſdits Sieurs Berrier, la ſuſdite ſomme de ſept mille ſept cens trente-cinq livres un ſol trois deniers; auſquels chacun pour ladite ſomme leſdits Sieurs Comparans font par ces préſentes toute délégation dudit prix, & en conſéquence ledit Sieur Deſalleurs ſera tenu, ainſi que ledit Sieur Hué audit nom l'y oblige, payer à ladite Dame Marquiſe de Pierrefite, Sieurs Berrier & de Montchal; ſçavoir, à ladite Dame Marquiſe de Pierrefite, ladite ſomme de vingt-deux mille dix-neuf livres dix-ſept ſols; audit Sieur Berrier, celle de ſept mille ſept cens trente-cinq livres un ſol trois deniers; & audit Sieur de Montchal, celle de vingt-huit mille huit cens trois livres quinze ſols quatre deniers, le tout dans cette Ville de Paris, ou au porteur, &c. en trois payemens égaux, dont le premier ſe fera au jour de le ſecond à pareil jour & le troiſiéme & dernier un an après, qui ſera pareil jour & cependant leur payer les interêts ſuivant l'Ordonnance. Comme auſſi ledit Sieur Hué audit nom oblige ledit Sieur Deſalleurs de payer dans leſdits termes, en deniers ou Contrats qu'il garantira, auſd. Sieurs Nicolas & Louis Puchot ſes freres, chacun les parts & portions qui leur reviennent dans ladite ſomme de vingt-trois mille ſix cens ſeize livres douze ſols cinq deniers, déduction faite de la part dudit Sieur Deſalleurs acquéreur, qui demeurera confuſe en ſa perſonne, avec les interêts deſdites parts à raiſon du denier vingt; lequel interêt, tant à l'égard de ladite Dame de Pierrefite, Sieurs de Montchal & Berrier, que deſdits Sieurs Puchot, ne commencera à courir que dudit

jour de   attendu que ledit Sieur Desalleurs ne jouira des fruits de ladite Terre que dudit jour, & diminuera ledit interêt à proportion des payemens qui seront faits, au payement desquelles sommes principales & interêts dans ledit tems, & entretenement des clauses & conditions du présent Contrat, ladite Terre & Seigneurie de Clinchamps, appartenances & dépendances d'icelle, demeurent par privilége affectez, obligez & hypotéquez : Et outre ledit Sieur Hué audit nom, & en vertu de ladite procuration, oblige tous & chacun les biens meubles & immeubles présens & à venir dudit Sieur Desalleurs, sans qu'une obligation déroge à l'autre; sous lesquelles conditions lesdits Sieurs Directeurs audit nom ont transporté audit Sieur Desalleurs tous droits de propriété qu'ils ont en ladite Terre & Seigneurie de Clinchamps & autres biens sus-vendus, & leurs dépendances, & l'ont subrogé en tous droits, noms, raisons & actions, tant rescindans que rescisoires, pour demander aux Fermiers & à toutes autres personnes qu'il appartiendra les interêts de dégradations, abbatis de bois, & autres dommages qui ont pû être faits sur lesdites Terres, le tout sans garantie de la part desdits Sieurs Créanciers & Directeurs. Voulant, &c. Procureur le porteur, &c. donnant pouvoir, &c. Et en conséquence lesdits Sieurs Créanciers ont fait délivrer par ledit Sieur M.   audit Sieur Hué, qui reconnoît qu'ils lui ont été mis ès mains, pour ledit acquéreur, tous les Titres, Contrats & piéces concernant ladite Terre & Seigneurie, qui se sont trouvez dans l'armoire où sont les papiers de ladite direction, en la maison dudit Sieur M.   dont il décharge lesdits Sieurs Directeurs, sans que faute d'autres Titres ledit Sieur acquéreur puisse exercer aucun recours, ni avoir aucune action contr'eux, déclarant à leur égard qu'ils n'en retiennent aucuns; consentant que ledit Sieur acquéreur retire, soit des Fermiers de ladite Terre, leurs héritiers ou autres personnes, ceux qui peuvent être en leurs mains. Et pour purger les dettes & hypotéques qui pourroient être sur ladite Terre & Seigneurie de Clinchamps & dépendances, ledit sieur acquéreur pourra les faire saisir & decreter sur lui, si bon lui semble, à ses frais, quand & en telle Jurisdiction qu'il avisera, & s'en rendra adjudicataire pour tel & si haut prix qu'il jugera à propos, sans que cela augmente ni diminue celui ci-dessus. Et si audit decret intervient quelques oppositions procedantes du fait dudit Sieur Comte de Rouville ou de ses auteurs, lesdits Sieurs Créanciers & Directeurs promettent & s'obligent de les faire lever & cesser, & d'en apporter main-levée audit Sieur Desalleurs un mois après qu'elles leur auront été dénoncées au domicile ci-après élu, ensemble acquitter ledit Sieur acquéreur de toutes consignations, droits d'icelles, & de tous frais extraordinaires de criées, ensorte qu'il ne soit tenu que des frais ordinaires d'un decret volontaire, à peine, &c. Et ne servira ledit decret avec le présent Contrat, que d'un seul & même titre d'acquisition; & pour faire insinuer ledit présent Contrat, les Parties ont constitué leur Procureur & porteur d'icelles, lui en donnant pouvoir. Et pour l'exécution des présentes, &c.

Délaissement de biens par un Débiteur à ses Créanciers.

PArdevant, &c. furent présens, Antoine Aubain, demeurant rue Paroisse d'une part.

Et Messire Alexandre le Févre, Chevalier, Conseiller du Roi en ses Conseils, &c. demeurant Paroisse Me Louis Prost, Avocat en la Cour, demeurant Paroisse Me Pierre-Jean-Joseph, Avocat au Parlement, demeurant rue & Paroisse Saint André-des-Arcs; Me Jean Rivier, Commis du grand Comptant du Trésor Royal, demeurant Paroisse Pierre-Bernard Prin, Maître Peintre, demeurant rue Paroisse Messire Jean Lejau, Chevalier, Seigneur de & autres lieux, demeurant rue Paroisse S. Sulpice; Robert Creté, Maçon, demeurant Anne Royer, fille majeure, usant & jouissant de ses biens & droits, demeurante à Paris rue du Mouton, Paroisse S. Jean en Greve; Sieur Jean Laymont, Mercier à Paris, y demeurant Paroisse *Tous les autres Créanciers avec leurs noms, qualitez, demeures & Paroisses*; tous Créanciers dudit Antoine Aubain, d'autre part.

Lesquels ont dit; sçavoir ledit Antoine Aubain, qu'il représente ausdits Sieurs & Damoiselles ses Créanciers, que quelque soin & attention qu'il ait toujours eu dans la régie & administration, tant des biens qui lui sont venus des successions des Sieur & Dame ses pere & mere, que de ceux échus par le décès de la Damoiselle sa sœur, les dettes dont ils étoient chargez, les grosses réparations qu'il a été obligé d'y faire faire, les pertes & non-valeurs qu'il a souffert dans les revenus desdits biens, engagemens & emprunts qu'il a été forcé de faire par rapport à ce, les poursuites qui lui ont été faites par quelques-uns de ses créanciers, la dureté des tems, la difficulté des affaires survenues depuis, & les autres inconvéniens malheureux qui accompagnent toujours & sont inséparables en pareil cas, lui ôtent le flateur espoir, non-seulement de gagner le dessus, mais même de pouvoir mettre un niveau entre ses revenus & ses charges annuelles; cette triste situation lui fait prendre le parti de déclarer son état ausdits Sieurs & Damoiselles ses créanciers, & de leur proposer de leur faire un abandon général de tous ses biens meubles & immeubles, pour les vendre par eux en leur direction, contribuer le prix des meubles, & se payer par ordre d'hypotéque sur le prix des immeubles. Quelque dure que soit cette résolution, il la prend volontiers pour convaincre ses créanciers de sa bonne foi, & du desir sincere qu'il a de leur assurer & avancer leurs payemens, aimant mieux se dépouiller & s'exécuter lui-même, pour prévenir & éviter les frais des poursuites en Justice.

Et à l'égard des Sieurs & Damoiselles créanciers, que cette maniere d'agir dudit Antoine Aubain, les confirment dans l'idée qu'ils ont toujours eu de sa bonne foi & de sa droiture, dont ils n'ont jamais douté; qu'ils sont parfaitement instruits de l'œconomie & de la sage conduite qu'il a eu dans ses affaires; que le dérangement qui y est à présent ne vient que des malheurs des tems, & qu'ils sont prêts d'accepter les propositions & offres qu'il leur fait comme avantageuses.

En conséquence ledit Sieur Aubain, & lesdits Sieurs & Damoiselles ses créanciers sont convenus de ce qui suit ; c'est à sçavoir :

Que ledit Sieur Aubain a par ces présentes cédé, quitté, abandonné & délaissé dès maintenant & à toujours, & promis garantir de tous troubles, dons, douaires, dettes, hypotéques & évictions, substitutions, aliénations, & autres empêchemens généralement quelconques ausdits Sieurs & Damoiselles ses créanciers.

Premierement, une maison, jardin & clos, situez à le tout contenant vingt arpens ; deux arpens ou environ de vignes, trois granges affermées à la veuve Josse cent livres par an. Plus, une ferme & dépendances sises audit consistante en soixante arpens ou environ de terres labourables, dont dix-huit sont fermés de murs, un arpent de vigne enfermé dans le clos de la maison, & autres appartenances & dépendances de ladite ferme, le tout affermé présentement à François Ledur moyennant mille livres par an, y compris sept arpens de clos dépendans de ladite maison.

Plus, la totalité d'une maison sise à Paris rue du Mouton, près la Greve, tenant d'une part à d'autre au Sieur par derriere à & par devant sur ladite rue, consistante en deux corps de logis, l'un sur le derriere, & l'autre sur le devant, cour entre-deux, & autres appartenances & dépendances, louée à différens Particuliers.

Plus, la totalité d'une maison sise à Paris rue Jean-de-l'Espine, proche la Greve, tenant d'une part à d'autre à par derriere à & par devant sur ladite rue, consistante en une boutique, chambres au-dessus, grenier, cour, caves, & autres appartenances & dépendances, louée au nommé Roussel sept cens dix livres par an.

Plus, la totalité d'une maison sise à Paris rue Jean-Saint-Denis, tenant d'une part à d'autre à par derriere à & par devant sur ladite rue, consistante en un corps de logis sur le devant, composé de boutique, chambres, cabinets, grenier, cave, cour, dans laquelle il y a une écurie, louée au nommé de Seine, Aubergiste, huit cens livres par an.

Le tout ainsi qu'il se poursuit & comporte, sans en rien excepter ni retenir, appartenant audit Sieur Aubain, comme lui étant échus par les successions des Sieur & Dame ses pere & mere, & de la Damoiselle sa sœur.

Ledit Sieur Aubain a promis de délivrer ausdits créanciers incessamment tous les titres de propriété qu'il a desdits immeubles, dont sera fait un bref état, au pied duquel il sera donné une décharge audit Aubain, lequel déclare qu'il n'en a ni retient aucuns.

Ledit Sieur Aubain transporte à sesdits créanciers, pour le transmettre aux acquéreurs desdits biens, tous droits de propriété, noms, raisons & actions, rescindans & rescisoires, dont il se désaisit au profit desdits acquéreurs & de leurs ayans cause, voulant qu'ils en soient saisis par qui & ainsi qu'il appartiendra : constituant son Procureur le porteur ; donnant pouvoir, à la charge des cens & droits seigneuriaux qui peuvent être dûs par lesdits biens fonds, & de deux cens trente livres de rente viagere dûe à Dame Elizabeth Aubain, sœur dudit Sieur Aubain, Religieuse au Couvent des Dames Religieuses Ursulines de Saint Denis, à prendre par privilége sur ladite maison rue Jean-Saint-Denis, déclarant qu'il n'y a aucune autre charge ni redevance sur lesdits biens.

Pour être lesdits biens fonds vendus par lesdits créanciers, en leur Direction qui sera ci-après formée, à l'amiable & sans frais, après trois publications & remises de quinzaine en quinzaine, au plus offrant & dernier enchérisseur, à l'effet de quoi seront apposées affiches aux lieux & endroits nécessaires, lesquelles ventes seront faites en la présence & du consentement dudit Sieur Aubain, dûement appellé par écrit au domicile par lui ci-après élu, & le prix desdites ventes distribué le plutôt que faire se pourra, après lesdites ventes, ausdits créanciers selon leur hypotéque, dont sera fait un ordre ainsi qu'il sera dit ci-après.

En attendant lesdites ventes, & à commencer du premier Avril dernier, les fermages & loyers desdites fermes, maisons & héritages appartiendront ausdits créanciers; & néanmoins ceux qui auront des délégations ou transports sur iceux, toucheront les fermages & loyers échus jusqu'audit jour, conformément & aux termes de leurs délégations, ainsi que le consentent tous les autres créanciers. Comme aussi ledit Sieur Aubain abandonne à sesdits créanciers tous ses biens meubles contenus en l'état qu'il en a fait faire, & qu'il a représenté, qui est demeuré annexé à ces présentes, après avoir été signé & paraphé par ledit Sieur Aubain, en présence des Notaires soussignez, pour être vendus incessamment à la requête & diligence des Directeurs desdits créanciers qui seront ci-après nommez, à l'effet de quoi il promet de les remettre en la possession de l'Agent de la Direction, & le prix qui en proviendra sera remis par ledit Agent entre les mains de Me G.   l'un des Notaires soussignez, pour en être aussi-tôt fait la contribution entre lesdits créanciers à raison du sol pour livre de leursdites créances, en principaux, interêts & frais.

Déclare & affirme ledit Sieur Aubain, qu'il n'a point d'autres biens présentement que les immeubles ci-dessus mentionnez, & que les meubles compris audit état; & au cas que lesdits créanciers lui en découvrent d'autres, il consent qu'ils s'en mettent en possession, & qu'ils demeurent compris dans le présent Abandonnement général, pour par eux les vendre comme ceux ci-dessus spécifiez.

Déclare & affirme en outre ledit Sieur Aubain, qu'il n'a point d'autres créanciers que ceux nommez en l'état qu'il a fait, & qu'il a représenté, & qui est pareillement demeuré annexé à ces Présentes, après qu'il l'a signé & paraphé en présence des Notaires soussignez, dans lequel il n'a pû comprendre que les principaux des sommes qu'il leur doit, & non les arrérages des rentes ou interêts des sommes qui en produisent, ne le sçachant point au juste.

Ledit Sieur Aubain requérant sesdits créanciers de vouloir bien lui accorder une somme par année sur les revenus desdits biens immeubles jusqu'à la vente du dernier d'iceux, pour l'aider à subsister dans une Communauté où il est dans le dessein de se retirer.

Lesdits Sieurs & Damoiselles créanciers ont accepté le présent Abandonnement ausdites conditions, & sous celles qui seront ci-après convenues, sans déroger ni innover par aucun d'eux aux priviléges & hypotéques qui leur sont acquis, sans approuver les créances les uns des autres, ni que leur présence & signature au présent Contrat, ni la ratification de ceux qui sont à présent absens, ou l'homologation qui en sera faite avec eux, ou avec les refusans de le signer, ou l'énoncé du montant des créances portées dans ledit état, puissent leur donner plus ou moindre droit que celui qu'ils ont, suivant les titres en bonne forme qu'ils rapporteront, pourquoi ils font leurs protestations, reserves & défenses respectives les uns contre les autres.

Lesdits Sieurs & Damoiselles créanciers pour établir une Direction de leurs droits, déclarent qu'ils s'unissent par ces Présentes pour ne faire qu'un seul & même corps de créanciers.

Pour Directeurs de leurs droits, ils nomment lesdits Sieurs le Févre, Prost, & Lejau; lesquels ont dit qu'ils acceptent lesdites charges, à condition expresse & non autrement, qu'ils ne seront aucunement garants, qu'ils ne feront aucunes autres poursuites que celles qu'ils jugeront à propos, & qu'ils n'en seront pas responsables, & que ce qui sera arrêté par trois d'entr'eux dans leurs assemblées, aura force & vaudra de même que si tous l'avoient arrêté & signé, ainsi que le consentent tous lesdits créanciers, & à cet effet leur donnent tout pouvoir nécessaire.

Lesdits créanciers nomment pour Notaire de leurdite Direction ledit Me G. l'un des Notaires soussignez, lequel tiendra les cahiers des délibérations, & en la maison duquel lesdits Directeurs s'assembleront le Samedi trois heures de relevée de chacune semaine, pour y déliberer des affaires de la Direction, ausquelles assemblées chaque créancier pourra se trouver, si bon lui semble.

Comme aussi lesdits créanciers nomment pour occuper dans les actions, instances & procès que ladite Direction pourra avoir; sçavoir pour celles du Châtelet, Me C. Procureur audit Châtelet, & pour celles du Parlement, Me Florent de V. Procureur audit Parlement.

Et pour Agent de la Direction, aux appointemens de deux cens livres par an, la personne de Mr Pierre G. demeurant rue de l'Hirondelle, Paroisse saint André des Arcs, lequel agira sous les ordres desdits Sieurs Directeurs, fera la recette de tous les revenus de la Direction, en donnera les quittances, & à mesure de sa recette, en remettra les deniers audit Me G. Notaire, pour être distribuez en la maniere ordinaire.

Et aussi ledit Sieur de G. en qualité d'Agent, retirera dudit Sieur Aubain les meubles par lui abandonnez contenus dans ledit Etat, dont il donnera sa reconnoissance & décharge audit Sieur Aubain, & en demeurera chargé jusqu'à la vente qui en sera faite le plutôt qu'il se pourra, à la requête desdits Sieurs Directeurs, & le prix distribué ensuite entre lesdits créanciers, à raison du sol pour livre de leurs créances en principaux, intérêts & frais.

Il sera fait le plutôt qu'il se pourra l'ordre desdits créanciers, qui sera arrêté à l'amiable en ladite Direction, & chaque créancier sera tenu dans un mois du jour de l'homologation du présent Contrat de justifier des originaux de ses titres ausdits Sieurs Directeurs, & d'en fournir des copies collationnées en bonne forme entre les mains dudit Me G. Notaire, pour être colloquez suivant l'ordre de leur hypotéque; & faute par eux d'y satisfaire un mois après la sommation qui leur en sera faite, ledit ordre sera fait, clos & arrêté pour ceux qui auront fourni des copies de leurs titres, & les prix des ventes à eux distribuez, & les négligens ou refusans seront rejettez, non compris & déchus de tout droit sans autre formalité.

Les ventes desdits immeubles seront faites, comme il est dit ci-devant, en ladite Direction, après trois publications, de quinzaine en quinzaine, au plus offrant & dernier enchérisseur, & seront mises affiches aux lieux & endroits nécessaires, & pour les prix payez & distribuez aux créanciers venans en ordre, ou qui auront produit, soit par les acquéreurs desdits biens, ou par ceux qui en seront chargez.

Lesdits créanciers consentent que ceux d'entre eux qui ont des délégations & transports pardevant Notaires, bien & dûement acceptez ou signifiez, sur les revenus desdits immeubles, touchent ceux échus jusqu'audit jour premier Avril dernier, soit par préférence ou par contribution entre eux suivant leur droit.

Au moyen des présentes & pour faciliter & produire leur effet & exécution, lesdits créanciers donnent par ces présentes main-levées pures & simples de toutes les saisies, oppositions, exécution de meubles, & autres effets, & généralement de tous empêchemens quelconques qui ont été & se trouveront faits à leur requête sur ledit Sieur Aubain, consentant qu'ils demeurent nuls comme non faits, bien entendu toutefois que la présente main-levée ne pourra préjudicier ni être opposée comme déchéance à ceux desdits créanciers qui auront droit, en conséquence du consentement ci-dessus donné, de toucher en vertu de leurs délégations & transports les revenus desdits immeubles échus jusqu'audit jour premier Avril dernier, pourquoi seulement les significations desdits transports & délégations tiendront en leur force & vertu entre les mains des débiteurs desdits revenus jusqu'au payement entier.

Et sur la requisition faite par ledit Sieur Aubain, de lui accorder une somme par an pour sa subsistance, jusqu'à la vente du dernier desdits immeubles, lesdits créanciers ont déclaré qu'ils trouvent cette demande juste, & qu'ils lui accordent & consentent qu'il lui soit payé par chacun an, & par avance, de quartier en quartier également, à compter dudit jour premier Avril dernier, la somme de huit cens livres, sur les revenus desdits biens immeubles, franchement & quittement, sans aucune diminution, pour quelque cause que ce soit, jusqu'au jour de la jouissance qui sera donnée à l'acquéreur du dernier desdits immeubles par l'adjudication qui lui en sera faite: & néanmoins au cas que le dernier desdits immeubles produisît moins que lesdits huit cens livres par an, ledit Sr Aubain se contentera du produit dudit dernier immeuble à vendre, déduction faite des charges & réparations, même de ladite rente viagere de deux cens trente livres par an, à prendre sur ladite maison rue Jean saint Denis, au cas que ladite maison soit le dernier desdits immeubles à vendre: le payement de laquelle somme sera fait par ledit Me G. audit Sieur Aubain sur ses simples quittances; quoi faisant il en demeurera valablement déchargé, & ladite somme lui sera passée en dépense sans difficulté. Ledit Sieur Aubain agrée la forme de direction ci-dessus établie entre ses créanciers, & les conditions sur lesquelles elle est réglée, & promet, dans le compte qui ſera rendu en fin d'icelle, d'allouer comme frais de direction tous les frais & faux frais qui y ſeront employez, ſur la ſeule affirmation deſdits Sieurs Directeurs, ou les rendans compte ; ce qui ſera pareillement conſenti & alloué par ceux deſdits intéreſſez audit compte non venus en ordre utile & non payez.

Pour ſureté de la garantie de l'abandonnement général ci-deſſus fait, tous leſdits créanciers demeurent conſervez en tous leurs droits, priviléges & hypotéques, ſans aucunement y déroger ni innover ; & ceux deſdits créanciers qui ne ſeront pas colloquez utilement, & par conſéquent n'auront pas été payez, pourront en fin de ladite direction, pour le payement de leurs créances, ou de ce qui leur en reſtera dû en principaux intérêts, frais & dépens, s'adreſſer & ſe pourvoir ſur les biens que ledit Sieur Aubain pourra avoir dans la ſuite ; deſorte que ledit Sieur Aubain ne pourra pendant ladite direction, vendre ni diſpoſer en aucune maniere des biens qui pourront lui avenir durant le cours d'icelle.

Et pour faire homologuer ces préſentes où beſoin ſera, avec les refuſans de les ſigner ou ratifier, les Parties donnent tout pouvoir à l'un ou à l'autre de leurſdits Procureurs ci-devant nommez, ſelon la Juriſdiction où ladite homologation ſera portée.

Car ainſi a été convenu entre leſdites Parties, leſquelles pour l'exécution des préſentes ont élû leurs domiciles irrévocables ; ſçavoir ledit Sieur Aubain en la maiſon de Me   Procureur en Parlement, ſiſe rue   Paroiſſe   & leſdits créanciers pour & au nom de leurdite direction en la maiſon dudit Me Florent de V.   Procureur en Parlement & de ladite direction, ſiſe à Paris rue du Plâtre, Paroiſſe ſaint Severin, auſquels lieux promettant, &c. obligeant, &c. renonçant, &c. Fait & paſſé à Paris en l'Etude dudit Me G.   Notaire, pour leſdits Sieurs de la Faluere, Gin, Bretonnier, Rivier, de Chamberjot, Prin, Robert Creté, Anne Royer, Laymond, Mignot, Mereſſe, Berault ; & pour leſdits Sieurs   en leurs demeures ci-devant déclarées ; & ont ſigné, excepté leſd. Robert Creté, Auſours, Froment, Louvet & Nero, qui ont déclaré ne ſçavoir écrire ni ſigner, de ce interpellez.

Etat des meubles & effets qu'Antoine Aubain céde à ſes créanciers, qui ſe trouvent dans ſa maiſon de campagne, à lui appartenans.

Dans la Cuiſine. Une table de Cuiſine avec ſes deux bancs, trois chaiſes de paille, une paire de chenets avec pelle & pincettes, deux landiers de fer pour la broche, un tourne-broche avec ſa broche, quatre flambeaux de cuivre, un bas d'armoire de bois de chêne, &c.

Dans la petite Salle. Un bas d'armoire de bois de chêne, ſervant de buffet, quatre chaiſes couvertes d'une ſerge rouge, deux chaiſes de paille, une paire de chenets d'acier.

Dans la grande Salle. Une paire de chenets d'acier, une tenture de tapiſſerie de Bergame, cinq fauteuils à dos bas, & huit chaiſes de même.

Dans l'Office & paſſage. Une table, quelque vaiſſelle de fayance, comme ſucrier, huilier, quelques aſſiettes, une aiguiere, & pluſieurs pots à confitures, un vieux bas d'armoire de bois blanc, un coffre de bois blanc de ſapin.

Dans

Dans la grande Chambre au-dessus de la Salle près la Chapelle. Une paire de grands chenets de cuivre jaune, un lit de bois de chêne à colonnes, garni d'une paillasse, un matelas de laine avec son traversin, garni de quatre rideaux, pentes, & bonnes graces de taffetas blanc, avec l'impérial de même, une couverture de lainc jaune, un miroir d'environ deux, &c.

Dans la Gallerie de la Chapelle. Une table & un parement d'Autel, deux marche-pieds, une mauvaise tapisserie d'environ deux aulnes de Point d'Hongrie, un grand coffre fort, dans lequel il y a

Dans la petite chambre sur le jardin & la rue. Un lit de bois de chêne, garni d'une paillasse, matelas, lit de plume, traversin, couverture, & d'une housse verte, une tapisserie.

Seconde petite Chambre sur le petit jardin. Un lit de bois de noyer, garni d'une housse verte, une paillasse, un matelas, une mauvaise tapisserie de cuir doré.

Dans le petit Cabinet d'entre les deux petites Chambres. Un petit lit de camp garni d'une paillasse, un lit de plume & un matelas, deux chaises couvertes d'une housse de taffetas blanc, une table de bois de chêne.

Dans le Cellier, une grande cuve avec un fouloir.

Dans le Jardin. Quatre à cinq grands bancs de jardin, un pressoir garni de chables, & autres choses.

Signé & paraphé suivant le Contrat d'abandonnement passé devant les Notaires soussignez, cejourd'hui

Etat des dettes passives, qui sera annexé à la minute du Contrat d'abandonnement qu'Antoine Aubain fait de ses biens à ses Créanciers.

DETTES HYPOTEQUAIRES.

Noms des Créanciers.	*Principaux.*
A M. le Fevre,	50000 liv.
A Antoine de Lorme,	6000 liv.
A M. Prost l'aîné,	1200 liv.
A M. le Curé de Jonquerre,	1300 liv.
A M. de la Periere,	3000 liv.
A M. Prost le jeune,	2100 liv.
A Claude Chevalier, Charron,	2200 liv.

DETTES MOBILIAIRES.

Créanciers.	*Sommes dûes.*
Au Plâtrier de Villejuif,	400 liv.
Au Receveur de Villejuif,	72 liv.
A la Chandeliere de Villejuif,	24 liv.
Au Maçon de Rongis, environ	75 liv.
Au Thuillier de Fresne,	35 liv.

Au Charron de Chilly, ...	100 liv.
A un autre Charron à la Rue, . . .	132 liv.
Au Vitrier de Sceaux, ...	75 liv.
Au Bourrelier de Villejuif, . . .	194 liv.
Au Maréchal de la Rue, . . .	120 liv.
Au Meunier de Lahy, ...	49 liv.
A M. le Curé pour Dixmes, . . .	120 liv.
A deux Maçons de Paris, environ . . .	400 liv.
A Louvet, Marchand d'Arbres, . . .	34 liv.
A un Bourrelier de Paris, . . .	28 liv.
A un Cordonnier, ...	46 liv.
A Madame Andry, Epiciere, . . .	280 liv.
A M. Laymond, Marchand, ...	193 liv.
Au Sieur Hubaud, Marchand au Palais, . .	23 liv.
Au Sieur Riquet, ...	20 liv.
A Madame Berault, Couturiere, . . .	120 liv.
Au Sieur Creté, Chirurgien, environ . .	120 liv.
A Madame Lafosse, ...	101 liv.
A M. Riviere, ...	173 liv.
A M. Lejau, ...	80 liv.

Signé & paraphé suivant le Contrat d'Abandonnement passé devant les Notaires à Paris soussignez, cejourd'hui *tel jour.*

Abandonnement général de biens, fait par un Prisonnier à ses Créanciers.

FUt présent A. demeurant à   détenu prisonnier ès prisons de   mis entre les deux guichets d'icelle, comme lieu de liberté, pour faire & passer ces présentes; lequel pour témoigner à ses créanciers ci-après nommez le desir pressant qu'il a de les vouloir satisfaire en tout ou partie de leur dû, autant qu'il lui est possible quant à présent, ce qu'il n'a pû faire jusqu'à ce jour, attendu le mauvais état de ses affaires; & afin de faciliter sa sortie desdites prisons, pour donner ordre à ses affaires, & tâcher de se procurer le moyen de se libérer, a volontairement abandonné par ces présentes, purement & simplement *à tels & tels* ses créanciers, tous & chacuns ses biens, meubles & immeubles, pour desdits biens en faire & disposer par lesdits Sieurs créanciers comme ils aviseront, sans aucune exception ni réserve au moyen des présentes, si mieux n'aiment toutefois lesdits Sieurs créanciers accorder audit Sieur, Sauf-conduit pour   Et pour faire signifier ces présentes ausdits Sieurs créanciers, ledit Sieur A. a fait & constitué son Procureur général & spécial le porteur desdites présentes, lui en donnant pouvoir; & pour l'exécution desdites présentes, il fait élection de domicile en la maison de   auquel lieu, &c. Fait & passé à Paris entre lesdits deux guichets desdites prisons du   l'an mil sept cent   le   Et a signé.

Sauf-conduit.

FUrent présens, &c. tous créanciers d'Etienne, lesquels pour donner moyen audit Sieur Etienne d'agir en ses affaires & appurement de ses comptes, & se mettre en état de les satisfaire, lui ont par ces présentes accordé Sauf-conduit jusques (*marquer pour combien de tems*) pendant lequel tems consentent qu'il soit sursis à toutes contraintes par corps seulement, se réservant lesdits créanciers à se pourvoir sur les biens dudit Sieur Etienne, soit par saisie ou autrement, ainsi & comme ils aviseront bon être, pour, si faire se peut, avoir payement de leur dû; à la charge par ledit Sieur Etienne, pour ce présent demeurant de rendre compte ausdits Sieurs ses créanciers, de mois en mois, des diligences qu'il aura faites pour mettre ses affaires en état, & après ledit tems expiré, ceux qui se trouveront avoir des contraintes par corps contre lui, les pourront exercer, si bon leur semble, le tout sans au surplus déroger ni innover par lesdits Sieurs créanciers à leurs droits, actions, priviléges & hypotéques, qui demeurent en leur force & vertu.

Et si quelques-uns des créanciers dudit Sieur Etienne faisoient refus d'accorder ledit Sauf-conduit, sera le présent homologué avec eux, attendu que les comparans l'ont consenti pour le bien commun; & pour parvenir à ladite homologation, lesdits Sieurs créanciers ont fait & constitué leur Procureur général & spécial Me Procureur au Châtelet, auquel ils donnent pouvoir de faire toutes poursuites nécessaires à cet effet. Promettant, &c.

Prorogation d'un Sauf-conduit.

Et le, &c. jour, &c. sont comparus, &c. tous créanciers dudit Sieur Etienne, lesquels sur ce qu'il leur a représenté que le tems porté par le Sauf-conduit ci-devant ne se trouve suffisant pour l'appurement desdits comptes, & mettre toutes ses affaires en état; & sur la priere qu'il leur a faite de vouloir encore le lui continuer pour y satisfaire entierement, ont par ces présentes prorogé ledit Sauf-conduit en faveur dudit Sieur Etienne pour aux charges & conditions portées par ledit acte de Sauf-conduit; consentant pareillement que l'homologation en soit poursuivie où il sera besoin. Promettant, &c.

Autre Sauf-conduit & accommodement avec les Créanciers, portant délai.

FUrent présens tous créanciers de B. & sa femme, à ce présens & acceptans, lesquels sur la priere & réquisition qui leur a été faite par ledit B. de lui donner moyen d'agir en ses affaires, & se mettre en état de les satisfaire, en lui donnant des termes considérables, lesdits Sieurs créanciers ont volontairement accordé par ces présentes, terme & délai pour l'entier & actuel payement de leur dû, tant en principaux qu'accessoires, de six années de ce jourd'hui, pour leur être ce qui se trouvera dû, payé par ledit B. & sa femme en six termes & payemens égaux d'année en année, dont la premiere desdites six années échéra d'hui en un an, & ainsi continuer d'année en année consécutivement, pendant lequel tems lesdits créanciers ont sursis à toutes poursuites & contraintes qu'ils sont en droit d'exercer contre ledit B. & sa femme, lesquels promettent faire leur possible, afin que leursdits créanciers puissent être payez du total de leur dû à la fin desdites six années, dans les termes & de la maniere ci-dessus : & s'ils ne satisfaisoient pas ponctuellement lesdits termes, quinze jours après l'échéance de chacun d'iceux, ils pourront faire mettre les piéces justificatives de leur créance à exécution, & se pourvoir sur leurs biens comme ils aviseront bon être, même pourront ceux qui auront des contraintes par corps les exercer, si bon leur semble, d'autant que sans ces conditions expresses le présent acte n'auroit été passé, & sans au surplus déroger ni innover par lesdits créanciers à leurs droits, noms, raisons, actions, priviléges & hypotéques, &c.

Quand tous les Créanciers ne signent pas, cet Acte est sujet à l'homologation, & il en faut faire mention, comme il est dans le Sauf-conduit ci-dessus.

Attermoyement.

FUrent présens Sieur François Marchand, Bourgeois de Paris, demeurant rue Paroisse de présent détenu prisonnier ès Prisons de mis entre les deux guichets d'icelles, comme en lieu de liberté pour passer ces présentes, d'une part : Et tous créanciers dudit François, d'autre part ; lesquels ont dit, sçavoir ledit François, qu'il a toujours fait son négoce de Marchandises avec honneur, & toujours satisfait ceux ausquels il avoit à faire ; mais que les pertes considérables qu'il a faites, attendu que les bois qu'il a achetez ne se sont trouvez de la qualité requise pour les ouvrages qu'il a entrepris, l'ont empêché de continuer, ce qui l'oblige d'avoir recours à sesdits créanciers, pour leur faire connoître que ce n'est point par défaut de ses soins : que s'ils vouloient lui accorder un délai, il se rétabliroit & les satisferoit de ce qu'il leur doit à chacun d'eux en principal, interêts, frais & dépens ; & si au contraire ils le retiennent en prison, ils courroient risque de perdre leur dû, offrant de faire obliger avec lui Genevieve sa femme au payement des sommes qu'il leur doit, à condition de surseoir toutes poursuites & contraintes par corps, & de lui donner main-levée de son emprisonnement & des saisies & exécutions faites de ses biens meubles ès mains de ses débiteurs. Lesdits créanciers ayant conferé entr'eux, & consideré que si ledit François restoit long-tems esdites prisons, il pourroit perdre son crédit, pourquoi ils courroient risque de perdre leur dû ; & voulant marquer l'affection qu'ils ont pour son rétablissement, ils ont accordé terme & délai de quatre années pour leur payer ce qu'il leur doit en principal & interêts, en quatre payemens d'année en année, dont la premiere échéra un an après l'homologation du présent Contrat avec les créanciers refusans de le signer ; & en ce faisant, ont sursis à toutes poursuites & contraintes par corps, & donné pleine & entiere main-levée tant de l'emprisonnement dudit François, & des recommandations faites de sa personne, que des saisies & exécutions faites de ses meubles, saisies & arrêts, consentent qu'elles demeurent nulles, que les gardiens & débiteurs payent & vuident leurs mains, quoi faisant déchargez, le tout sans novation d'hypotéque ; ce qui a été accepté par ledit François, qui a remercié lesdits créanciers, & en ce faisant, a promis & s'est obligé avec ladite Genevieve sa femme, pour ce présente & intervenante, que ledit François autorise, solidairement l'un pour l'autre, chacun d'eux seul pour le tout, sans division, discussion ni fidéjussion, à quoi ils renoncent, de leur payer en leurs maisons à Paris, ou au porteur, &c. les sommes principales, intérêts & dépens, en quatre payemens égaux, dont le premier se fera, &c. le second une année après, & ainsi continuer jusqu'en fin du payement ; & faute du premier, second ou autre subséquent payement, consentent lesdits François & sa femme être solidairement contraints pour le tout, & pour consentir l'homologation du présent Contrat devant tous Juges qu'il appartiendra, les Parties ont fait & constitué leur Procureur, sçavoir lesdits François & sa femme, Maître & lesdits Sieurs créanciers Maître tous deux Procureurs au leur donnant à cet effet tout pouvoir nécessaire, & ont élû leurs domiciles ès maisons de leursdits Procureurs, sçavoir ledit Maître en la rue & ledit Maître en la rue ausquels lieux, &c. Nonobstant, &c. Promettant, &c. Obligeant, &c. chacun en droit soi, &c. renonçant, &c. Fait & passé, &c.

Attermoyement de six années.

Furent présens Claude demeurant d'une part, & tous créanciers dudit Claude, d'autre part : Disant lesdites Parties ; sçavoir ledit Claude, qu'ayant été obligé de faire quelque dépense pour son établissement, dont les commencemens sont toujours difficiles, principalement dans le tems où nous sommes : qu'enfin n'ayant jusqu'à présent pû faire son négoce, de maniere qu'il ait pû soutenir les dépenses nécessaires, il se trouve poursuivi par aucuns de ses créanciers, pour le payement des sommes qu'il leur doit, montant à celle de suivant l'état qu'il en a fait, & n'ayant à présent aucuns deniers pour les satisfaire, il se trouve hors d'état de pouvoir agir dans son négoce ; ce qui ne peut produire que la perte entiere de ce qu'il doit ausdits créanciers ; mais que cependant ayant bonne intention de les payer entierement de leur dû, il se trouve obligé après avoir examiné ses affaires, de leur demander six années pour les satisfaire, sans quoi il ne se peut dispenser d'abandonner le tout. Ce que lesdits créanciers ayant consideré, lui ont volontairement accordé terme de six années, pour le payement de leur dû, pour lequel ledit Claude s'oblige de leur payer un sixiéme de leur dû par chacune année, dont la premiere commencera à courir du jour de l'homologation du présent Contrat ; & à l'égard des intérêts & frais qui se trouveront dûs jusqu'à cejourd'hui, ledit Claude s'oblige de les payer, lors du dernier payement desdites six années, consentant faute par lui de satisfaire au premier ou autre subséquent payement, d'être contraint pour le tout, ainsi que lesdits créanciers auroient pû faire avant ces présentes, dont il demeurera déchû, sans que cette peine puisse être réputée comminatoire, mais de rigueur; pour raison de quoi ils demeurent conservez dans tous leurs droits, noms, raisons, actions, hypotéques & priviléges, sans aucune novation: promettant ledit Claude de faire obliger solidairement avec lui M. sa femme, aussi-tôt qu'elle aura atteint l'âge de majorité, au payement de leur dû; pourquoi il l'a dès à présent autorisée, soit qu'elle le fasse en sa présence ou absence. Et pour faire homologuer le présent Contrat, les Parties constituent leur Procureur le porteur, &c. donnant pouvoir, &c. Car ainsi, &c.

Attermoyement & remise de sept huitiémes, avec les intérêts, frais & dépens.

FUrent présens tous créanciers de Damoiselle Marguerite Maîtresse lesquels sur ce qui leur a été représenté par ladite Damoiselle à ce présente, que depuis six mois ou environ qu'elle est détenue ès prisons de elle a cherché tous les moyens convenables pour satisfaire lesdits Sieurs créanciers; mais que le mauvais état de ses affaires, les grandes pertes qu'elle a souffertes, & sa longue captivité, l'ont mise hors d'état de le pouvoir faire; cependant une personne pleine de bonté pour elle, ayant offert le huitiéme de toutes les sommes principales qu'elle doit à ses créanciers, pour les payer, & pouvoir par ce moyen se procurer la liberté, elle offroit ausdits Sieurs créanciers de leur payer le huitiéme de leurs sommes principales, en lui faisant par eux remise des sept autres huitiémes, ensemble de tous les intérêts, frais & dépens; sur quoi lesdits Sieurs créanciers ayant réfléchi, & trouvé qu'il leur est avantageux d'accepter les propositions de ladite Damoiselle ils sont, à sa priere & requisition, convenus de ce qui suit: C'est à sçavoir, que lesdits créanciers ont par ces présentes remis à ladite Damoiselle les sept huitiémes des sommes principales qu'elle leur doit, ensemble la totalité des intérêts, frais & dépens, dont ils la quittent & déchargent purement & simplement; au moyen de quoi ladite Damoiselle Marguerite s'oblige par ces présentes envers lesdits Sieurs créanciers de leur payer en leurs demeures à Paris, ou au porteur, &c. ledit huitiéme des sommes principales qu'elle leur doit, incontinent après l'homologation du présent Contrat, avec tous ses autres créanciers, & en leur faisant lesdits payemens, lesdits Sieurs créanciers seront tenus, ainsi qu'ils promettent & s'obligent, de consentir la liberté de ladite Marguerite hors desdites prisons, & que toutes les poursuites faites à l'encontre d'elle, tant ordinaires qu'extraordinaires, soient & demeurent nulles, comme non faites ni avenues, & jusqu'au payement actuel du susdit huitiéme, demeurent conservez dans tous leurs droits, actions & hypotéques, sans aucunement y déroger ni innover; & pour faire homologuer ces présentes avec les créanciers refusans en toutes Jurisdictions, aux frais & diligences de ladite Damoiselle entre lesdites Parties, conſtituent leur Procureur le porteur, &c. auquel ils en donnent pouvoir. Promettant, &c.

Aſſemblée de Créanciers pour la nomination d'un Syndic & Directeur, en la place d'un qui eſt décédé.

FUrent préſens tous créanciers de la ſucceſſion de défunte Damoiſelle Marguerite T. décédée veuve de François B. aſſemblez en la maiſon de Mᵉ Charles L. Procureur en Parlement, & de la Direction deſdits créanciers, ſuivant la ſommation faite par du leſquels ont dit qu'attendu le décès arrivé de M. d'A. qui étoit Directeur, & la néceſſité qu'il y a d'en élire un autre en ſa place, pour ſoutenir & défendre les droits & actions deſdits Sieurs créanciers, tant en demandant que défendant, même pour faire rendre compte, demander la communication de tous les Contrats & Piéces, reprendre les inſtances au lieu & place dudit défunt, & faire pour le bien de ladite Direction & deſdits Sieurs créanciers toutes choſes néceſſaires, leſdits Sieurs comparans, après avoir conféré entre eux à pluſieurs & diverſes fois ſur ladite nomination, ont nommé par ces préſentes la perſonne du Sieur T. Syndic & Directeur, au lieu & place dudit défunt Sieur d'A. auquel ils donnent pouvoir de diriger les affaires de ladite Direction, tant en demandant que défendant, paſſer tous Contrats, accords & conventions en la préſence dudit Sieur A. ſeulement; ce qui vaudroit comme ſi tous leſdits créanciers y avoient ſigné, & même recevoir les ſommes des deniers qui pourront provenir des biens de ladite Direction, & en donner quittances & décharges, & à l'effet de reprendre tous procès & inſtances, & les pourſuivre juſqu'à Sentence & Arrêt définitifs; & pour faire toutes pourſuites & diligences néceſſaires, leſdits Sieurs comparans conſtituent ledit Mᵉ Charles L. Procureur au Parlement & de ladite Direction, auquel ils en donnent pouvoir, même faire tout ce qu'au cas appartiendra, plaider, &c. oppoſer, &c. appeller, &c. élire domicile, & ſera tenu aſſemblée de quinzaine en quinzaine tous les Jeudis à trois heures de relevée chez ledit Mᵉ L. pour délibérer ſur les affaires de ladite Direction; & vaudront leſdites délibérations ſignées dudit Sieur T. & de l'un de Meſſieurs les créanciers qui ſe trouvera, comme ſi tous y avoient ſigné: le regiſtre deſquelles délibérations ſera tenu par Mᵉ l'un des Notaires ſouſſignez, qui demeurera Notaire de ladite Direction. Fait & paſſé en la maiſon dudit Sieur L. l'an, &c.

Contrat d'abandonnement fait par un Débiteur à ſes Créanciers, portant liberté de ſa perſonne, & remiſe des intérêts.

FUt préſent Pierre, &c. débiteur, d'une part, & tous ſes créanciers qui ſe trouveront avoir ſigné, d'autre, ſans que ladite qualité de créancier puiſſe nuire ni préjudicier aux uns à l'encontre des autres; lequel Pierre leur auroit remontré que depuis tant d'années ſes meubles & marchandiſes ont été ſaiſis, & la plupart vendus par Juſtice, dont les deniers en provenans ont été mis ès mains du Sieur Commissaire sans que depuis on ait pû en faire la distribution aux légitimes créanciers par l'opiniâtreté & les chicanes d'aucuns d'eux, & entr'autres Nicolas, &c. qui par ses détours prétend en cette qualité poursuivre la vente de ses effets, lesquels seroient plus que suffisans pour le payement des légitimes créanciers, dont les dettes ne montent pas à ce qu'il y a déja de deniers effectifs, & que d'ailleurs ledit débiteur a d'autres biens, consistans en, &c. lesquels biens il est prêt & offre abandonner ausdits Sieurs créanciers, jusqu'à la concurrence de ce qu'il leur peut devoir en principal, pourvû qu'ils lui veulent bien remettre les intérêts desdites sommes principales, & les frais par eux faits, & le décharger des contraintes par corps qui peuvent être acquises & prononcées contre lui, & à prononcer, & lui donner quelque modique pension pour sa subsistance, offrant de sa part toutes les sollicitations nécessaires, & donner les éclaircissemens qu'il pourra pour poursuivre se prétendans créanciers, ausquels il ne doit point les sommes qui sont par eux demandées; lesquelles propositions ayant été considerées par lesdits Sieurs créanciers qui ont conferé ensemble, & demeuré d'accord qu'il n'y a que ledit Nicolas, créancier, lequel jusqu'à présent a empêché que les deniers effectifs n'ayent été distribuez, affectant de les consommer en frais, lesquels ils pourroient éviter s'ils étoient tous bien unis, tant pour le recouvrement desdits effets, que pour la distribution des deniers provenans de la vente qui a déja été faite de la plus grande partie desdites marchandises saisies sur ledit débiteur, en examinant à l'amiable les privileges de quelques-uns, & rendant les marchandises qui sont encore en nature, à ceux qui les ont vendues & qui les revendiquent, sans en porter les contestations en Justice; & en acceptant les propositions dudit débiteur, a été accordé ce qui ensuit: C'est à sçavoir, que ledit Pierre, débiteur, a par ces présentes cédé & abandonné ausdits Sieurs créanciers, à ce présens & acceptans, tant pour eux que pour, &c. généralement tous & chacuns les autres biens qui lui peuvent appartenir ci-devant spécifiez, consentant que le recouvrement & poursuites nécessaires soient faites à la requête desdits Sieurs créanciers ou des Syndics qu'ils nommeront, lesquels pourront intervenir, ou reprendre les instances qui sont déja commencées, contre les particuliers qui ont demandé des sommes qui ne leur sont pas légitimement dûes; moyennant quoi, & pour donner lieu audit débiteur d'aider lesdits créanciers, ils l'ont par ces présentes déchargé de toutes obligations & contraintes par corps contre lui prononcées, & qu'ils pouvoient faire prononcer, & lui ont aussi remis tous & chacuns les intérêts des sommes principales qui leur sont dûes, tous les frais & dépens qu'ils pourroient avoir faits jusqu'à ce jour, pour en avoir payement, à condition que les créanciers étant entierement payez de leurs principaux, & des frais qui seront faits ci-après à la requête des Directeurs desdits créanciers, lesquels seront aussi pris par privilége sur les plus clairs biens, ledit débiteur rentrera dans la possession de ceux qui pourront rester, desquels iceux créanciers seront tenus de lui faire rétrocession, & pendant la poursuite & le recouvrement des effets, qu'il sera donné une pension ou provision audit débiteur, telle qu'il plaira ausdits Sieurs créanciers après l'homologation du présent Contrat, & pour parve-

nir

nir à ladite homologation pardevant, &c. examiner & régler les privilé-ges desdits créanciers, faire la distribution à l'amiable entr'eux des deniers qui proviendront desdites marchandises, & le recouvrement & les poursuites nécessaires pour les choses dont a été ci-devant parlé, ont lesdits Sieurs créanciers nommé pour Syndics & Directeurs lesquels avec les autres créanciers qui voudront se trouver aux assemblées, s'assembleront les dans la maison de pour conférer & délibérer sur leurs affaires communes, consentant que ce qui sera réglé par lesdits Sieurs Directeurs, ou par deux d'iceux avec deux autres créanciers, soit exécuté; & en cas de contestation entr'eux, lesdits Directeurs & autres créanciers consentent d'en passer par l'avis de Avocats, qui sera exécuté, comme Arrêt de Cour Souveraine, sans en appeller, à peine de contre chacun des contrevenans, laquelle somme sera déduite & précomptée sur les premiers deniers que lesdits contrevenans pourroient toucher venant en ordre de contribution, & sera le Contrat homologué, &c. & ont lesdits créanciers nommé pour Procureur, &c. en la maison duquel ils ont élû domicile pour recevoir & passer les Actes de ladite direction.

Quand il y a des saisies réelles, on spécifie dans l'Acte d'abandonnement qu'on donne pouvoir aux Directeurs de faire diligence pour obtenir main-levée, surséance ou subrogation de la saisie réelle faite à la requête des autres créanciers.

Fin d'un arrêté d'Ordre.

Le présent Ordre fait & arrêté par Messieurs Créanciers & Directeurs des droits des autres créanciers de en exécution & suivant le pouvoir porté par leur Contrat d'union ou direction du après avoir eu communication des titres & papiers justificatifs de la créance, hypotéque & privilége de chacun desdits créanciers, & diverses conférences sur ce sujet, a été arrêté en l'assemblée desdits créanciers, tenue en la maison dudit Sieur & reçu par les Notaires soussignez, pour être exécuté selon sa forme & teneur, à la charge de rapporter par chacun desdits créanciers, les deniers qu'il recevra en vertu d'icelui, s'il est ainsi ordonné, & affirmeront par leurs quittances, que les sommes pour lesquelles ils ont été employez par le présent ordre, leur sont légitimement dûes, tant en principal qu'arrérages, & n'avoir rien reçu sur icelles, & qu'ils ne prêtent leurs noms directement ni indirectement aux Parties saisies. Promettant, &c. obligeant, &c. renonçant, &c. Fait, &c. en la maison dudit Sieur le, &c.

Union de Créanciers.

Furent présens, &c. tous créanciers de la succession de défunt haut & puissant Seigneur lesquels considerant que ledit Seigneur a laissé plusieurs créanciers, dont l'interêt le plus considérable est d'éviter la multiplicité des frais qui se feroient s'ils agissoient chacun en leur particulier pour le recouvrement de leur dû, ont résolu & arrêté de s'unir, comme en effet ils s'unissent ensemble par ces présentes, pour le recouvrement de toutes les sommes qui sont dûes ausdits Sieurs comparans par ladite succession, en principaux, interêts, frais & dépens, & pour poursuivre ledit recouvrement au nom d'eux tous, ils ont nommé & élû pour leurs Syndics les personnes desdits Sieurs Gaultier & le Blanc, aussi créanciers, ausquels ils donnent pouvoir & puissance de faire toutes les poursuites, discussions & diligences nécessaires pour le recouvrement, assister à la vente qui sera faite des meubles dudit Seigneur se rendre lesdits Sieurs Syndics adjudicataires de tels desdits meubles qu'ils aviseront bon être, pour le prix qu'ils jugeront à propos, à la charge qu'ils ne pourront revendre ceux qui leur seront adjugez que par l'avis de tous lesdits Sieurs créanciers assemblez pour cet effet, intenter & défendre à toutes demandes & actions, faire toutes saisies, oppositions ou autres empêchemens, recevoir toutes les sommes qui proviendront des biens dudit Seigneur pour quelque cause que ce puisse être, en donner quittance & décharge, à condition que les deniers qui seront reçus, seront à l'instant mis dans un coffre à deux serrures, dont une clef sera gardée par lesdits Sieurs Syndics, & l'autre par le Sieur X. Intendant dudit défunt, qui pour cet effet sera présent ausdits payemens, lequel coffre demeurera en la chambre dudit X. donner toutes main-levées, délais & consentemens, choisir tels Officiers qu'ils jugeront à propos pour parvenir & accomplir ledit recouvrement, constituer tous Procureurs, plaider & opposer, &c. appeller & élire domicile, & généralement faire par lesdits Sieurs Syndics tout ce qu'ils jugeront nécessaire pour le bien & l'avantage de tous lesdits créanciers, & de chacun d'eux, promettant lesdits Sieurs comparans de remettre incessamment ès mains desdits Sieurs Syndics copies collationnées des titres de leurs créances, & de les rembourser de tous frais & avances qu'ils pourront faire pour raison de ce : Et a été convenu que lesdits Sieurs Syndics s'assembleront de quinzaine en quinzaine, le trois heures de relevée, en la maison dudit Sieur X. pour délibérer des affaires de ladite succession, en laquelle assemblée lesdits Sieurs créanciers se trouveront, si bon leur semble, pour être présens aux délibérations qui s'y prendront; tout ce que dessus accepté par lesdits Sieurs Syndics. Et pour, si besoin est, faire homologuer ces présentes avec qui il appartiendra, lesdits Sieurs comparans ont constitué leur Procureur le porteur d'icelles, &c. Promettant, &c.

Acte de nomination de Directeurs.

Furent présens tous créanciers de Messire Jacques Chevalier Seigneur de S. lesquels considérant les affaires dudit Sieur de S. les différentes poursuites qui se font pour raison de la Terre de S. ont estimé à propos de s'unir ensemble, afin que se trouvant unis, ils puissent se concilier & aviser à ce qu'ils auront à faire pour le bien commun desdits créanciers, éviter la multiplicité & contrarieté des procedures, & arrêter le payement de leur dû par les voies qu'ils aviseront les plus à propos, & pour cet effet sont demeurez d'accord de ce qui suit; c'est à sçavoir, que lesdits Sieurs comparans nomment pour Directeurs des affaires qui concernent & pourront concerner l'interêt commun de tous les légitimes créanciers dudit Sieur de S. les personnes de & ausquels lesdits Sieurs comparans donnent pouvoir d'intenter en ladite qualité toutes actions, demandes, oppositions & appellations que besoin sera, & les oppositions qui seront formées au nom desdits Sieurs Directeurs, vaudront tant pour eux & pour les autres créanciers nommez au présent Contrat, que pour ceux qui l'auront ratifié, & avec lesquels il aura été déclaré commun, & pour le succès des affaires communes desdits créanciers, délibérer & arrêter ce qu'il conviendra faire; lesdits Sieurs Directeurs & créanciers s'assembleront tous les Samedis de chaque semaine, quatre heures de relevée, en la maison de & sera tenu registre de ce qui sera fait & arrêté, & ce qui sera résolu & délibéré, signé de trois Directeurs, vaudra & sera exécuté comme s'il avoit été signé par tous lesdits créanciers, sans que lesdits Sieurs Directeurs soient tenus ni garants en leurs noms, sous quelque prétexte que ce puisse être, de tout ce qui sera par eux fait en ladite direction, avec la faculté de s'en départir quand bon leur semblera; auquel cas en sera nommé d'autres en leur place dans lesdites assemblées : car ainsi a été accordé entre lesdites Parties. Et pour faire les poursuites nécessaires suivant les résultats qui seront arrêtez esdites assemblées, & faire homologuer le présent Contrat en lesdits Sieurs Directeurs & créanciers ont nommé & constitué pour leur Procureur Me Procureur auquel ils en donnent pouvoir. Promettant, &c.

Pour le commencement d'un registre ou cahier de délibérations de Créanciers, on met :

Résultats & délibérations qui seront arrêtés dans les assemblées de Messieurs les Créanciers de qui seront tenues en l'Etude de suivant & pour satisfaire au Contrat de direction passé devant , le homologué par Arrêt du Parlement du par lequel Contrat Maître & ont été nommez pour Directeurs, & ledit Notaire, pour recevoir les actes & délibérations de la Direction.

DU jour de heures de relevée, en l'assemblée desdits Sieurs créanciers, tenue en la maison de Notaire, où étoient lesdits Sieurs & créanciers dudit

Sur ce qui a été représenté par aucuns des créanciers, qu'il seroit nécessaire que pour accélerer le payement de partie des sommes dûes ausdits Sieurs créanciers, il fût procédé à la vente de quelques-unes des Terres, pour les deniers en provenans être employez aux nécessitez de la direction, & principalement aux frais qu'il a convenu faire pour parvenir à icelle direction; sur quoi la Compagnie a délibéré d'un commun accord, qu'il sera par ledit Procureur, fait les publications &

appositions d'affiches pour la vente des Terres de en la maniere accoutumée, aux charges & conditions qui seront expliquées dans l'affiche & significations faites aux Procureurs des créanciers, avec délibération, que les assemblées continueront tous les trois heures de relevée, afin qu'ils ayent à s'y trouver, si bon leur semble. Fait & arrêté, &c.

Encheres.

Du jour, en l'assemblée tenue par Messieurs & Dames créanciers de, &c. en la maison de Procureur, ainsi qu'il est accoutumé, sur les publications & appositions d'affiches ci-devant faites pour la vente de *telles choses*, il a été procédé à l'enchere d'icelles, de la maniere & ainsi qu'il suit.

Est comparu le Sieur A. lequel a enchéri lesdites choses à la somme de par B. à la somme de par C. à la somme de & par ledit A. à la somme de Et d'autant que ledit A. s'est trouvé le plus haut & dernier enchérisseur, l'adjudication définitive a été faite audit A. &c. pour ladite somme de francs deniers, à ladite direction, & aux charges, &c.

Remise.

Attendu qu'il ne s'est trouvé autres enchérisseurs, la Compagnie a remis l'adjudication à quinzaine, pendant laquelle seront faites nouvelles publications d'affiches par tout où besoin sera. Fait en l'assemblée, &c.

Adjudication sauf quinzaine.

Et ne s'étant trouvé d'autres enchérisseurs, & ledit A. ayant requis que l'adjudication lui en fût présentement faite, sinon qu'il demandoit à être déchargé de ses encheres, la Compagnie a adjugé, sauf quinzaine, sans autre remise, audit Sieur A. ladite maison, *ou autres choses suivant l'affiche*, aux charges & conditions devant déclarées, à la somme de ce qui sera publié & affiché de nouveau, & aussi signifié aux créanciers; & qu'il sera procédé à l'adjudication pure, simple & définitive, à la quinzaine en l'assemblée desdits créanciers, & ont lesdits comparans signé, &c.

Adjudication définitive.

Et le jour, &c. est comparu Me N. lequel a enchéri à la somme de payables en deniers comptans, après le decret volontaire, pour lequel l'acquéreur aura tems, & a signé; & par P. enchéri à la somme de

Et après plusieurs publications sur lesdites encheres, & qu'il ne s'est trouvé personne qui ait voulu enchérir lesdites choses à plus haut prix, l'adjudication pure, simple & définitive desdites choses a été faite audit A. moyennant la somme de francs deniers ausdits Sieurs créanciers; & outre aux charges & redevances déclarées, & sous les conditions portées par l'enchere dudit Sieur A. qui seront au long exprimées par ledit Contrat de vente, qui sera passé par lesdits Sieurs Directeurs, en conséquence de la présente adjudication faite en la présence & du consentement de & ont signé, &c.

Tiercement.

Aujourd'hui est comparu devant les Notaires soussignez Sieur Jean à l'effet d'enchérir & tiercer sur les dernieres encheres faites en conséquence des publications & appositions d'affiches ci-devant faites pour la vente de la Terre, Fief & Seigneurie de sur quoi il a requis les Notaires soussignez de lui faire lecture de la délibération du jour d'hier, portant la derniere enchere faite par A. de la somme de vingt mille livres, dont l'adjudication lui en auroit été faite en ladite assemblée définitivement, aux charges & conditions portées en ladite délibération, de laquelle ledit comparant a dit avoir connoissance, & en conséquence a sur la derniere enchere ci-dessus enchéri ladite Terre & Seigneurie de à la somme de trente mille livres, aux mêmes charges, clauses & conditions portées par ladite adjudication définitive, de laquelle, & du tiercement ci-dessus, il a requis & demandé le présent acte, afin d'être signifié dans les vingt-quatre heures à Messieurs les Directeurs ou autres qu'il appartiendra; ce qui lui a été octroyé. A Paris ce, &c.

Vente dans une direction, en vertu d'adjudication.

FUrent présens, &c. créanciers, &c. lesquels pour satisfaire & exécuter la délibération du portant adjudication pure & simple faite en l'assemblée desdits Sieurs Directeurs & Créanciers, tenue en l'Etude de pour & au profit du Sieur A. ci-après nommé, comme plus offrant & dernier enchérisseur, ont par ces présentes vendu, & promettent au nom de ladite direction, garantir de tous troubles & évictions, &c. à A. à ce présent & acceptant, acquéreur pour lui, ses hoirs & ayans cause, une maison, &c. appartenante, &c. pour en jouir, &c. cette vente faite moyennant la somme de que ledit Sieur A. a baillée & payée, &c. *Comme aux Contrats de vente.*

Contrat de distribution de prix entre les Créanciers.

FUrent présens, &c. créanciers, &c. lesquels en exécution des clauses portées au Contrat de vente fait à A. d'une maison appartenante à ladite direction, passé devant *tel* & *tel* Notaires, par laquelle il est porté que ledit A. payera comptant sur le prix de sadite acquisition la somme de vingt mille livres, sont convenus de ce qui suit: c'est à sçavoir, que sur ladite somme de vingt mille livres, il en sera payé à celle de huit mille livres, & le surplus montant à douze mille livres, sera partagé en six portions entre les créanciers, qui est pour chacun deux mille livres, laquelle somme leur sera payée sur & tant moins des sommes pour lesquelles chacun d'eux sera colloqué dans l'ordre qui sera fait des biens dudit le tout à leur caution juratoire, & à la charge de faire les soumissions par les quittances qu'ils en donneront, de rapporter, si par l'événement il étoit nécessaire, le tout sans que le présent acte puisse préjudicier aux droits, hypotéques & priviléges qu'ils ont & peuvent avoir respectivement sur les biens dudit & les uns à l'encontre des autres, dans lesquels ils demeureront conservez. Promettant, &c.

Et le jour est comparu ledit C. lequel suivant & en exécution du susdit acte, a reconnu que de ladite somme de vingt mille livres mentionnée audit acte, il en a reçu dudit A. & par ses mains la somme de deux mille livres, dont il promet tenir compte sur ce qui lui est dû, conformément audit acte, laquelle somme il a reçue à sa caution juratoire, se soumettant de rapporter ladite somme de deux mille livres par lui présentement reçue, en cas que par l'événement il soit ainsi ordonné, faisant à cet effet les soumissions en tel cas requises & accoutumées, pour ne subsister ladite caution juratoire que jusqu'à ce que l'ordre desdits créanciers dudit défunt ait été fait & homologué, sans préjudice au surplus audit C. de ses dûs, droits, actions, hypotéques & priviléges, ainsi qu'il est expliqué audit acte, dans lesquels il demeurera conservé. Promettant, &c.

Contrat d'ordre.

FUrent présens Messire René Choppin, Seigneur d'Arnouville & autres lieux, demeurant Louis Chauvelin, Ecuyer, Sieur du Colombier, tant en son nom, comme ayant droit par déclaration de défunt Guy Chauvelin, Ecuyer, Conseiller du Roi, Controlleur Général des Trésoriers de la Maison de Sa Majesté, passée pardevant que comme héritier en partie dudit défunt Sieur Chauvelin son frere, & se faisant & portant fort de Dame Catherine Chauvelin, veuve de Pierre Mauger, Sieur des Granges, Pierre Chauvelin, Ecuyer, Sieur de Richemont, ses freres & sœur, & de Jacques Chauvelin, Sieur de Beauregard, son neveu, demeurant Maître Matthieu de la Barre, Prêtre, Chapelain de Etienne Champion, Maître Rôtisseur à Paris, y demeurant Marguerite Coppeau Dubois, veuve Alexandre Rallé, dit Bataille, vivant Officier de Monsieur le Duc d'Orléans, demeurante Anne Chapponel, veuve de Gilles Langlois, demeurante au nom & comme ayant droit par déclaration d'Anne Jolly, fille majeure usante & jouissante de ses droits, par acte passé pardevant tous lesdits Sieurs & Dames sus-nommez créanciers avec Julien Courvasier, Claude de Saussai, Marchands de vins, Claude de Fleurs, Secretaire du Roi, Claude Bouvier, Maréchal, demeurant Marguerite Coppeau, veuve Alexandre Rallé, dit Bataille, Jacques Legendre, Marchand, Bourgeois de Paris, en son nom, & comme ayant droit par déclaration de Maître Philippe de Turmenie, Bourgeois de Paris, subrogé aux droits de René Guilloreau, Maître d'Hôtel du Sieur de Varise, Pierre Ondet, Bourgeois de Paris, Maître René Maheu, Notaire à la suite de la Cour, Damoiselle Jeanne Hacquin, veuve Nicolas d'Offeron, Bourgeois de Paris, Maître François de Lantage, Conseiller & Secretaire du Roi, ayant droit par transport de Maître Etienne Garnier, Greffier des Decrets des Requêtes du Palais, Jean Bellanger, Brasseur de bierre à Paris, René Raoul, Sieur du Buisson, Philippe Rouy, Marchand Plâtrier, Denis Doucet, Marchand de Vins à Paris, Honoré de la Roque, Ecuyer, & Damoiselle Geneviéve Barbiette sa femme, Isaac Lamy, Damoiselle Geneviéve Maheu, fille majeure, usante & jouissante de ses biens & droits, François Pivot, Bourgeois de Paris, & Adjudicataire du bail judiciaire de la maison ci-après déclarée, Nicolas Jollivet de Conflans-Sainte-Honorine, Maître Pierre Monnerot, Secretaire du Roi, Marie de Souflemontier, veuve de Claude Devin, Gabriel Cellesion, dit du Fresne, Felix Varin, Bourgeois de Paris, Médard Pinet, aussi Bourgeois de Paris, Messire François de Seve, Sieur d'Aubeville, Maître François Gerbault, Procureur à Montargis, Maître Pierre Muloté, Procureur en Parlement, Jean de Saxe, & Claude Saubois sa femme, les héritiers Jacques Fretteau, ledit Legendre étant aux droits dudit Guilloreau, Sieur du Verger, François Briere, Maître Chandelier à Paris, & Elisabeth Champroux sa femme, & encore ladite Elisabeth Champroux au nom & comme créanciere dudit Briere, d'une part; & Charles Carpentier, Bourgeois de Paris, y demeurant sur le Pont au Change, en la maison où pend pour enseigne Paroisse Saint Barthelemy, Curateur créé par Justice, pour l'absence desdits Briere & sadite femme, par acte donné audit Châtelet de Paris, reçu par Berthelot, Greffier de la Chambre Civile, le 17 Janvier Disant, que pour les causes, & ainsi qu'il est porté au Contrat passé entre lesdits créanciers, ledit curateur d'une part, le Sieur Jacques Legendre, Marchand, Bourgeois de Paris, & Geneviéve Chazel sa femme, d'autre, devant D. & G. Notaires au Châtelet de Paris, le 8 Février & autres jours suivans de ladite année, ils auroient consenti & accordé que lesdits Legendre & sadite femme demeurassent propriétaires incommutables d'une maison sise à Paris rue Saint Honoré, vis-à-vis le Palais Royal, où pend pour enseigne l'Image Saint François, par eux acquise desdits Briere & sa femme, en l'état qu'elle se poursuivoit & comportoit lors, tant en conséquence du susdit Contrat, que de celui fait avec lesdits Briere & sa femme devant G. & M. Notaires au Châtelet, le 22 Décembre pour par lesdits Legendre & sa femme, leurs hoirs & ayans cause, en jouir & disposer comme bon leur semblera, à commencer du premier Janvier lors dernier, à la charge des cens & droits seigneuriaux, & outre moyennant la somme de trente mille livres, sur laquelle lesdits Legendre & sa femme, du consentement desdits curateur & créanciers, auroient lors dudit Contrat, ainsi qu'il y est porté, mis ès mains dudit G. Notaire, la somme de dix mille livres en espéce de louis d'argent, dont ils en seroient demeurez quittes & déchargez; & sur les vingt mille livres restans auroit été stipulé que lesdits Legendre & sa femme retiendroient la somme de trois mille livres, pour le principal de cent cinquante livres de rente dûs à Jean de Saxe, Sieur de la Mothe, & Damoiselle Jeanne Saubois sa femme, fille & héritiere de défunt Jacques Saubois, vivant Ecuyer, Sieur de Saint Martin, & Damoiselle Madeleine Chaillou, jadis sa femme, ses pere & mere, pour reste du prix de la vente que ladite Damoiselle Madeleine Chaillou ès noms qu'elle a procédé, a fait auidits

Briere & sa femme de ladite maison, avec les arrérages de ladite somme. Et à l'égard des dix-sept mille livres restant, lesdits Sieur & Dame Legendre les ont encore, au desir dudit Contrat, déposé ès mains de G. Notaire, avec la somme de neuf cens trois livres deux sols six deniers, pour tous & chacuns les interêts au denier vingt desdits dix-sept mille livres échus depuis le premier Janvier jusqu'au 24 Janvier le tout après que ledit Contrat a été homologué par Arrêt de Nosseigneurs de la Cour de Parlement du 4 Mars & que ledit Legendre s'est, conformément audit Contrat, rendu adjudicataire de ladite maison, par Decret fait aux Requêtes du Palais le 10 Janvier comme le contient la quittance desdits dix-sept mille livres & interêts, passée pardevant & Notaires audit Châtelet, le 24 Janvier étant ensuite de la minute dudit Contrat, revenant lesdites sommes de dix mille livres d'une part, dix-sept mille livres d'autre, & neuf cens trois livres deux sols six deniers encore d'autre, à la somme de vingt-sept mille neuf cens trois livres deux sols six deniers : de laquelle somme, attendu le décès dudit G. pour satisfaire à l'Arrêt de ladite Cour du 13 Juillet obtenu par ledit Carpentier audit nom, lesdits Sieurs Choppin, Chauvelin, de la Barre, Bellanger, veuve Rallé, dit Bataille, veuve Langlois, Ondet & Consorts, créanciers desdits Briere & sa femme, signifié à de T. l'un des Notaires soussignez, par D. Huissier de ladite Cour, le 27 dudit mois de Juillet dernier, icelle signification demeurée annexée à la présente minute pour y avoir recours, si besoin est, Dame Marie de Paris, veuve dudit Sieur G. en auroit fourni, compté, délivré & mis ès mains dudit de T. par forme de dépôt, la somme de vingt-sept mille deux cens quatre-vingt-quinze livres douze sols six deniers, faisant avec cinq cens sept livres dix sols d'une part, payez par ledit G. à Maître C. Procureur en Parlement, & desdits Sieurs créanciers, sur & tant moins de ses frais, salaires & vacations faits & à faire, & deniers par lui déboursez à la poursuite de l'homologation dudit Contrat dudit jour huit Février sçavoir, deux cens sept livres dix sols par quittance donnée en présence desdits Sieurs Choppin, Chauvelin & Legendre le 27 Janvier dernier, & trois cens livres, en exécution de l'Arrêt de ladite Cour du premier Juin audit an, par quittance passée pardevant de Saint V. & le S. le 4 Juin aussi dernier, & cent livres d'autre, accordez & laissez à ladite veuve G. par lesdits Sieurs créanciers, ainsi que ledit Sieur C. en auroit convenu avec elle, tant pour la garde desdits deniers, que pour plusieurs vacations employées par ledit défunt pour le profit commun desdits créanciers, & autres frais faits par ladite veuve pour se décharger dudit dépôt ; le tout selon que le contient la quittance & acte dudit dépôt passé pardevant lesdits de Saint V. & le S. Notaires, ledit jour 27 Juillet dernier. Ladite somme de vingt-sept mille deux cens quatre-vingt-quinze livres deux sols dix deniers déposée, comme dit est, ès mains dudit de T. en ayant été par lui payé, comme lesdits Carpentier & créanciers le reconnoissent, à ladite Damoiselle Jeanne-Claude Saubois, autorisée par Justice au refus de Jean de Saxe, Sieur de la Mothe, son mari, en exécution de l'Arrêt de ladite Cour du 8 Août dernier, rendu entr'elle esdits noms, d'une part ; ledit Charles

Charles Carpentier, & les créanciers desdits Briere & sa femme, lesdits Legendre & sa femme, d'autre part; la somme de cinq cens livres, pour les causes portées audit Arrêt, suivant la quittance passée pardevant D. & ledit de T. l'un desdits Notaires, le 11 Août dernier, & à Claude Fretteau, Louise-Jeanne Fretteau, frere & sœur, émancipez d'âge, procedans sous l'autorité de Philbert Morin, Sieur de la Touche, leur curateur aux causes, & audit Sieur Morin, au nom & comme tuteur de Louis-Charles Fretteau, mineur; lesdits Fretteau freres & sœur, enfans & seuls héritiers chacun pour un tiers de défunt Jacques Fretteau, Maître d'Hôtel de M. le Duc de Chevreuse, de la somme de treize cens quatre livres treize sols; sçavoir, mille livres pour le remboursement de cinquante livres de rente constituée par lesdits Briere & sa femme; Etienne Champroux & Elisabeth Quatremain sa femme solidairement, au profit dudit défunt Fretteau, par Contrat passé devant R. & O. Notaires audit Châtelet de Paris, le 20 Juillet & trois cens quatre livres treize sols, tant pour cinq années onze mois quatorze jours d'arrérages desdites cinquante livres de rente échus au 6 Juillet dernier, liquidez par le susdit Arrêt du 21 du présent mois, que pour ceux échus depuis jusqu'au 24 Juillet sans préjudice à eux des frais, dépens & mises d'exécution adjugez par lesdits Arrêts, pour raison desquels lesdits Sieur & Damoiselle Fretteau & Sieur Morin esdits noms se seroient reservez leurs droits, hypotéques & privilèges, noms, raisons & actions, sur les deniers restans ès mains dudit de T. revenantes lesdites sommes de cinq cens livres d'une part, & treize cens quatre livres treize sols d'autre, à la somme de dix-huit cens quatre livres treize sols, laquelle déduite sur lesdits vingt-sept mille deux cens quatre-vingt-quinze livres douze sols six deniers, ne restoit plus ès mains dudit de T. que celle de vingt-cinq mille quatre cens quatre-vingt-dix livres neuf sols six deniers, de laquelle en a été fait entre lesdits Carpentier audit nom & Sieurs créanciers, pardevant lesdits Notaires soussignez, au desir dudit Contrat, l'ordre à l'amiable qui ensuit.

Premierement, sera ledit Sieur C. Procureur dudit curateur & desdits Sieurs & Dames créanciers, payé de la somme de sept cens vingt-quatre livres dix sols, pour reste de tous les frais, salaires, vacations par lui faits, & deniers déboursez jusqu'à ce jour, à la poursuite de l'homologation du susdit Contrat dudit jour 8 Février & autres instances pour le profit commun desdits créanciers, par leur ordre, outre & pardessus les sommes de deux cens sept livres dix sols d'une part, & trois cens livres d'autre, par lui reçues dudit feu G. Notaire, pour les causes contenues ès quittances ci-devant énoncées, & suivant le Mémoire par lui présenté & arrêté par Maître C. le jeune, Procureur en Parlement, & Procureur d'Etienne Champroux, & autres créanciers convenus à cette fin.

Plus, sera mis ès mains dudit Sieur C. la somme de deux cens livres, tant pour les frais de l'homologation du présent ordre, & en exécution d'icelui, qu'autres instances qui restent à juger, même pour subvenir aux frais que ledit de T. a fait & pourra ci-après faire contre lesdits créanciers & autres, si aucuns interviennent, à la charge par lui de justifier ci-après de l'emploi, suivant le Mémoire qui en sera par lui arrêté comme dessus.

Plus, sera Maître Pierre M. Procureur en la Cour, qui a occupé ci-devant, tant pour ledit Briere, sous son nom, que sous celui de du Theil, à l'encontre de Jacques Campion & Consorts, pour avoir payement d'une somme de quatre mille tant de livres, payé de la somme de quatre-vingt-dix livres, à laquelle ont été arbitrez tous lesdits frais mentionnez en son Mémoire, & pour toutes choses quelconques qu'il pourroit prétendre contre lesdits curateurs & créanciers, à la charge par lui de rendre toutes les piéces portées en sondit Mémoire.

Plus, retiendra ledit de T. la somme de trois cens livres, à quoi a été convenu avec lui, & dont il s'est contenté pour ses salaires & plusieurs vacations employées à dresser le présent ordre, minute & expédition d'icelui, non compris les frais des quittances qui seront ci-après faites.

Plus, est alloué audit de T. ladite somme de cinq cens livres par lui payée à ladite Claude-Jeanne Saubois, ainsi qu'il est dit ci-devant.

Est pareillement alloué audit de T. ladite somme de treize cens quatre livres treize sols par lui payée ausdits Fretteau & Morin esdits noms, suivant qu'il est ci-devant dit.

Plus, seront lesdits Fretteau & Morin esdits noms, payez de la somme à laquelle se trouveront monter les frais, dépens & mises d'exécution adjugez ausdits Fretteau & Morin par les Arrêts mentionnez en la quittance du payement à lui fait par ledit de T. pardevant les Notaires soussignez, le vingt-quatre Août dernier.

Plus, sera Guillaume Pyvot, ci-devant Fermier judiciaire de ladite maison rue Saint Honoré, payé de la somme de cent cinquante livres, à laquelle ont été arbitrez les dommages & interêts par lui soufferts, frais & dépens faits en conséquence dudit bail & de la non-jouissance d'icelui, au sujet de la vente de ladite maison faite audit Legendre & sa femme, en rendant par ledit Pyvot l'expédition dudit bail.

Créanciers privilégiez sur le fonds de ladite maison & bâtimens, & nouvelle construction d'icelle.

Plus, sera payé par privilége & préférence Messire François de Seve, Ecuyer, Sieur d'Aubeville, Conseiller-Secretaire du Roi, de la somme de quatre mille livres, pour le principal de deux cens livres de rente au denier vingt, constituez au profit dudit Sieur de Seve par lesdits Briere & sa femme, lesdits Etienne Champroux & Elisabeth Quatremain sa femme, par Contrat passé pardevant R. & le C. Notaires, le 26 Février en rapportant par ledit Sieur de Seve les quittances de l'emploi & de subrogation mentionnées audit Contrat, & de trois cens quatre livres trois sols quatre deniers, pour les arrérages de ladite rente échus du 26 Février jusqu'à cejourd'hui.

Plus, ledit Sieur Chauvelin, aussi par privilége & préférence, de la somme de quatre mille cinquante livres, pour le principal de deux cens vingt-cinq livres de rente à lui constituez par lesdits Briere & sa femme,

& ledit Champroux, par Contrat passé pardevant N. & D. le 17 Juillet en rapportant & justifiant aussi par lui les quittances d'emploi & subrogation mentionnées audit Contrat, & de la somme de huit cens vingt-six livres quinze sols, pour tous les arrérages de ladite rente restans à lui dûs & échus du passé jusqu'à cedit jour.

Item, ledit Sieur Choppin sera aussi payé par privilége & préférence de la somme de six mille livres, pour le principal de trois cens trente-trois livres six sols huit deniers de rente constituez à son profit par lesdits Briere & sa femme, par Contrat passé devant de T. l'un des Notaires soussignez, le 23 Mars en rapportant aussi par lui les quittances d'emploi & subrogation, & de la somme d'onze cens vingt-six livres dix sols, pour les arrérages restans dûs de ladite rente du passé jusqu'à cedit jour.

Plus, sera ledit Gerbault payé par préférence, comme ayant droit par déclaration de François Guilliers, passée pardevant de B. & P. Notaires, le 8 Juillet de la somme de huit cens dix livres, portée par l'Obligation desdits Briere & sa femme, au profit dudit Guilliers, pardevant lesdits Notaires le même jour; & encore ledit Gerbault en son nom, sera payé de deux cens cinquante livres, portez par autre Obligation passée pardevant lesdits Notaires ledit jour 8 Juillet par lesdits Briere & sa femme, au profit dudit Gerbault, lesquelles sommes montent ensemble à celle de mille soixante livres qui ont été employées au payement des ouvriers qui ont travaillé en ladite maison, suivant & au desir desdites Obligations.

Créanciers hypotéquaires.

Sera ladite Elisabeth Champroux, femme dudit Briere, & créanciere de lui, pour ses conventions matrimoniales du jour de son Contrat de mariage, en date du 27 Mars passé devant Notaires au Châtelet de Paris, payée de la somme de deux mille livres pour sa dot, & de la somme de sept cens livres de douaire préfix, sans retour, à elle accordée par son Contrat de mariage, sauf aux créanciers de ladite Elisabeth Champroux de venir dudit jour 27 Mars en sous-ordre suivant leurs hypotéques sur la présente collocation, l'instance des Lettres de rescision obtenues par ladite Champroux préalablement jugée, & sauf aussi aux créanciers hypotéquaires à se pourvoir contre ladite Champroux pour sa faillite & banqueroute.

Plus, sera ledit Etienne Champroux, créancier desdits Briere & sa femme, en vertu de l'indemnité qu'ils lui ont solidairement passée pardevant R. & le C. le 26 Février payé de la somme de quatre cens livres, par lui payée audit Sieur de Seve, tant en son acquit & décharge, que desdits Briere & sa femme, pour arrérages de ladite rente dûs audit Sieur de Seve, suivant les quittances de V. Huissier, porteur des contraintes dudit Sieur de Seve.

Plus, sera ledit Sieur Courvasier payé de la somme de mille livres, à lui dûe par lesdits Briere & sa femme, par Obligation qu'ils lui ont passée pardevant V. & M. Notaires audit Châtelet, le 18 Novembre

Plus, sera ledit Courvasier payé de la somme de cinq cens livres, à lui dûe par lesdits Briere & sa femme, par autre Obligation passée pardevant B. & M. Notaires, le 16 Mai

Plus, sera ledit Sieur du Saussay payé de la somme de neuf cens cinquante livres, contenue en l'Obligation que lesdits Briere & sa femme lui ont fait pardevant G. & D. Notaires audit Châtelet, le 21 Février

Plus, de la somme de cinq livres, pour les frais de la Grosse de ladite Obligation, suivant le reçu étant au bas.

Plus, sera ladite Marguerite Coppeau, veuve dudit Rallé, dit Bataille, payée de la somme de six cens livres, portée par l'Obligation desdits Briere & sa femme, faite au profit de ladite veuve Rallé, pardevant C. & B. Notaires au Châtelet de Paris, le 22 Juin

Plus, sera ladite veuve Rallé payée de la somme de cent trente-trois livres huit sols huit deniers, pour les intérêts desdits six cens livres, échûs depuis le 20 Août jusqu'à cejourd'hui, adjugez par Sentence du Châtelet de Paris du 31 Août dernier.

Plus, sera ledit Sieur de Fleurs payé de la somme de cinq cens livres, à lui dûe par lesdits Briere & sa femme, par Obligation passée pardevant M. & P. Notaires audit Châtelet, le 20 Novembre

Marguerite Dubois, veuve dudit Alexandre Rallé, vivant Gendarme de la Reine, sera payé de la somme de quatre cens livres, à elle dûe par lesdits Briere & sa femme, par Obligation passée pardevant M. & V. le 4 Mai & de la somme de quatre-vingt-sept livres treize sols quatre deniers, pour les intérêts d'icelle, du 24 Septembre jusqu'à cejourd'hui, adjugez par Sentence dudit Châtelet du 31 Août

Plus, sera ledit Sieur de Fleurs payé de la somme de six-vingt livres, portée par l'Obligation à lui faite par lesdits Briere & sa femme, pardevant M. & P. Notaires audit Châtelet, le 24 Mai

Plus, ledit Legendre, comme ayant droit par déclaration de Philippe de Turmenie, Bourgeois de Paris, passée pardevant G. & M. Notaires audit Châtelet, le 24 Décembre de la somme de cinq cens quarante livres, contenue en l'Obligation passée par lesdits Briere & sa femme, au profit de René Guilloreau, Maître d'Hôtel de Monsieur de Varize, passée devant P. & B. Notaires audit Châtelet, le 9 Août ladite somme de cinq cens quarante livres dix sols, par ledit de Turmenie, payée en l'acquit desdits Briere & sa femme audit Guilloreau, suivant la quittance passée devant lesdits G. & M. Notaires audit Châtelet, le 24 Décembre audit an par laquelle quittance ledit de Turmenie s'est reservé son recours de ladite somme de huit cens dix-neuf livres huit sols, contre lesdits Briere & sa femme, à l'effet de quoi ledit Guilloreau auroit subrogé ledit de Turmenie en son lieu & place, droits & hypotéques.

Plus, sera ledit Pierre Ondet payé de la somme de deux cens quatre-vingt livres, contenue en l'Obligation à lui faite par lesdits Briere & sa femme, le 13 Août pardevant S. & D. Notaires audit Châtelet; & de la somme de cinquante-sept livres dix-huit sols, pour les interêts de ladite somme, à compter dudit jour 22 Novembre.

adjugée par Sentence du Châtelet du 7 Novembre jusqu'à ce jour.

Sera encore ledit Ondet payé de la somme de six cens livres, contenue en l'Obligation à lui faite par lesdits Briere & sa femme, pardevant P. & S. Notaires audit Châtelet, le 3 Septembre & des interêts d'icelle somme montans à cent vingt-deux livres quatre sols cinq deniers, échus depuis le 2 Janvier jusqu'à cejourd'hui, adjugée par ladite Sentence.

Plus, sera Anne Chapponel, veuve de feu Gilles Langlois, Maître Tailleur d'habits à Paris, payée de la somme de cinquante livres, contenue en l'Obligation que lesdits Briere & sa femme ont solidairement passée à Anne Jolly, fille majeure, pardevant P. & B. Notaires audit Châtelet, le 20 Octobre laquelle Jolly avoit passé déclaration ledit jour au profit de ladite Chapponel, par Acte passé pardevant G. & R. Notaires audit Châtelet; & de la somme de cent trente-six livres dix-huit sols dix deniers, pour les interêts de ladite somme, échus depuis le 17 Juin qu'ils ont été demandez & adjugez par Sentence du Châtelet de Paris du 31 Août dernier, jusqu'à ce jour.

Plus, sera ledit Mᵉ René Maheu, comme étant subrogé au lieu de Jacques Flociel de Chevreuil, Sieur de Renneville, par quittance passée pardevant C. & D. Notaires, le 29 Décembre lequel Sieur de Chevreuil étoit subrogé au lieu d'Anne Bailleul, femme séparée quant aux biens d'avec Pierre Chevaucheur, par Exploit du 13 Décembre fait par D. Huissier, payé de la somme de cinq cens trente livres, portée par Obligation faite par lesdits Briere & sa femme, le 10 Novembre au profit de ladite Anne Bailleul, devant de Saint J. & C. Notaires au Châtelet.

Plus, sera ledit Maheu, comme étant aux droits dudit Flociel de Chevreuil, par la susdite quittance, lequel de Chevreuil étoit subrogé au lieu du Sieur Pelletier, Bourgeois de Paris, par Exploit de D. Huissier, du 20 Octobre en forme d'offre ou quittance faite par ledit Pelletier, qui avoit droit par déclaration de Jacques le Bel, Sieur de Senneville, par écrit sous seing privé du 15 Janvier & par lui reconnu par Acte passé pardevant D. & ledit de Saint J. Notaires au Châtelet, le 17 Mai payé de la somme d'onze cens livres, contenue en l'Obligation faite par lesdits Briere & sa femme audit Sieur de Senneville, le 2 Décembre devant lesdits de Saint J. & C. Notaires audit Châtelet.

Plus, sera ledit Sieur de la Barre payé de la somme de douze cens livres, pour le principal de soixante-six livres treize sols quatre deniers de rente, constituée audit de la Barre par lesdits Briere & sa femme, par Contrat passé devant D. & P. Notaires audit Châtelet, le 6 Décembre & de la somme de cent trente-neuf livres douze sols six deniers, pour les arrérages restans dûs depuis le dernier Juin jusqu'à cejourd'hui.

Plus, sera ledit Maheu, étant esdits droits desdits de Chevreuil, Pelletier & le Bel, payé de la somme de deux mille livres, contenue en l'Obligation faite au profit dudit le Bel, par lesdits Briere & sa femme, le 28 Décembre pardevant lesdits de Saint J. & C. Notaires

Plus, fera ledit Sieur de Fleurs payé de la somme de deux cens livres, portée par l'Obligation desdits Briere & sa femme, passée pardevant M. & P. Notaires audit Châtelet, le 9 Août ensemble de la somme de vingt sols pour les frais de la grosse de ladite Obligation.

Plus, sera ledit Ondet payé de la somme de soixante-dix livres, faisant avec le contenu esdites deux Obligations, pour lesquelles ledit Ondet a été colloqué ci-devant, la somme de neuf cens cinquante livres, contenue en une autre Obligation desdits Briere & sa femme, passée pardevant de B. & S. Notaires audit Châtelet, le 14 Septembre & de la somme d'onze livres treize sols quatre deniers, pour les interêts de ladite somme qui en sont dûs depuis le 30 Septembre jusqu'à ce jour.

Plus, sera ledit Maheu, comme étant aux droits desdits Flociel & Anne Bailleul, femme dudit Chevaucheur, par la susdite quittance, payé de la somme de cent cinquante livres, contenue en la susdite Obligation faite au profit de ladite Anne Bailleul par lesdits Briere & sa femme, le 12 Juillet devant C. & D. Notaires audit Châtelet.

Plus, sera ledit Maheu, comme subrogé aux droits dudit Flociel de Chevreuil, par la quittance ci-devant énoncée, payé de la somme de cinq cens livres, faisant avec les deux mille livres d'une part, & onze cens livres d'autre, pour lesquelles ledit Maheu a été ci-devant colloqué, la somme de trois mille six cens livres, dont lesdits Briere & sa femme ont passé Obligation audit de Chevreuil, pardevant ledit M. Notaire suivant la Cour, présens témoins, le 19 Octobre

Sera encore ledit Maheu, comme étant aux droits dudit Flociel de Chevreuil, par ladite quittance, payé de la somme de trois cens vingt livres, faisant avec lesdits cinq cens trente livres d'une part, & cent cinquante livres d'autre, pour lesquelles il est ci-devant colloqué, la somme de mille livres, contenue en l'Obligation passée au profit dudit Flociel de Chevreuil par lesdits Briere & sa femme, pardevant C. & D. Notaires audit Châtelet, le 13 Décembre

Plus, sera ladite Demoiselle Hacquin, veuve Dosseron, payée de la somme de neuf cens livres à elle dûe par lesdits Briere & sa femme, par Obligation qu'ils ont passée à son profit devant G. & C. le 20 Décembre

Seront lesdits Legendre & sa femme payez de la somme de trois mille deux cens vingt livres, par eux payée ausdits Briere & sa femme, par le Contrat de vente susdaté, qu'iceux Briere & sa femme leur ont fait, de la susdite maison rue Saint Honoré.

Plus, sera ledit Sieur de Lantage, comme ayant droit par transport de Me Etienne Garnier, Greffier des Requêtes du Palais, passé pardevant C. & son Confrere, Notaires, le 15 Janvier payé de la somme de cent quarante-sept livres, restant de celle de trois cens quinze livres, contenue en l'Obligation passée par lesdits Briere & sa femme, pardevant lesdits G. & C. Notaires, le 25 Janvier au profit dudit Sieur Garnier; ensemble de la somme de six livres dix-sept sols six deniers, pour les intérêts qui en sont dûs depuis le 17 Janvier qu'ils ont été demandez, jusqu'à ce jour.

Plus, sera ladite Damoiselle Geneviéve Maheu payée de la somme de deux cens cinquante livres, à elle dûe par lesdits Briere & sa femme, par Obligation par eux solidairement passée à son profit devant G. & D. Notaires, le dernier

Plus, sera ledit Bellanger payé de la somme de cinquante-deux livres, à quoi ledit Briere s'est trouvé envers lui redevable, pour les causes contenues en plusieurs Sentences des Juges & Consuls de cette Ville, dont la premiere est du 27 Avril & la derniere du 22 Novembre suivant; ensemble des interêts d'icelle, adjugez par lesdites Sentences, qui se trouveront dûs depuis le 27 d'Avril jusqu'à ce jour.

Plus, sera ledit Raoul payé de la somme de deux cens livres, en quoi ledit Briere est condamné envers lui par Sentence desdits Juges & Consuls du 18 Mai ensemble de la somme de quatorze livres huit sols un denier, pour les interêts d'icelle qui se trouvent dûs & échus depuis le 14 desdits mois & an qu'ils ont été demandez jusqu'à ce jour, & de quarante-cinq sols d'une part, & autres quarante-cinq sols d'autre, aussi adjugez par la susdite Sentence.

Comme aussi sera ledit Raoul payé de la somme à laquelle se trouvera monter la valeur de six cens livres pesant de chandelle, que ledit Briere est pareillement condamné lui payer par autre Sentence desdits Juges & Consuls dudit jour 18 Juin

Plus, sera ledit Legendre, comme ayant droit de déclaration de Philippe de Turmenie, Bourgeois de Paris, ci-devant énoncée, comme étant aux droits de Pierre Guilloreau, Sieur du Verger, payé de la somme de cent cinquante livres, pour les causes portées ès Sentences de provision & définitive rendues au Châtelet de Paris les 9 Juillet & 10 Septembre au profit dudit Guilloreau, à l'encontre dudit Briere; ensemble de la somme de cent quatre-vingt livres, à laquelle se sont trouvez monter les frais & dépens adjugez par lesdites Sentences, suivant la déclaration de dépens arrêtée par Maître G. Procureur desdits Briere & sa femme; & outre la somme de seize livres dix sols, à laquelle se sont trouvez monter les interêts de ladite somme échus & adjugez par ladite Sentence du 10 Septembre jusqu'à ce jour.

Plus, sera ledit Rouy payé de la somme de cinq cens livres, contenue en l'Obligation à lui faite par lesdits Briere & sa femme, devant O. & P. Notaires audit Châtelet, le 20 Juillet

Plus, sera ledit Maheu, comme ayant droit par rétrocession d'Antoine Clausier, Marchand, Bourgeois de Paris, par Acte passé devant F. & D. Notaires audit Châtelet, le 1 Janvier payé de la somme de trois cens douze livres de principal, portée en la promesse dudit Briere, faite au profit dudit Maheu le 20 Avril & en quoi lesdits Briere & Maheu ont été condamnez par Sentence des Juges & Consuls de cette Ville, du 9 Décembre ensemble de la somme de quatre livres pour les dépens adjugez par la susdite Sentence, & de vingt-neuf livres treize sols quatre deniers pour les interêts depuis ledit jour 9 Décembre jusqu'à ce jour.

Plus, sera ledit Doucet, Marchand de Vins à Paris, payé de la somme de cent cinquante livres, à lui dûe par promesse passée à son profit par ledit Briere le 4 Août

Plus, sera ledit Lamy, Valet-de-pied de la Reine, payé de la somme à laquelle se trouveront monter les frais qui lui peuvent être dûs pour raison des frais de saisies & arrêts faites en ses mains.

Plus, lesdits de la Roque & sa femme seront pareillement payez de la somme à laquelle se trouveront monter les frais des saisies & arrêts faites en leurs mains.

Et en faisant le payement des sommes ci-dessus jusqu'à concurrence desdits deniers restans, ledit de T. dépositaire demeurera bien & valablement quitte & déchargé envers lesdits créanciers comparans & curateur. Et seront toutes les piéces des créanciers mises ès mains dudit de T. qui s'en chargera, & demeureront attachées aux minutes des quittances des payemens qui seront faits à chacun desdits créanciers, lesquels seront tenus d'affirmer que les sommes pour lesquelles ils seront colloquez, leur sont légitimement dûes. Lesdits Carpentier audit nom, & Sieurs créanciers comparans, sont demeurez d'accord que ledit ordre soit homologué au Parlement, pour le faire déclarer commun avec les autres créanciers non comparans, si aucuns y a qui soient refusans de le signer; & à cette fin ont fait & constitué leur Procureur général & spécial Maître Procureur en Parlement, auquel ils donnent pouvoir de faire les poursuites nécessaires jusqu'à Arrêt définitif contre lesdits créanciers refusans de ratifier & signer ces Présentes, dont les frais seront préalablement pris sur lesdits deniers, pour ensuite être chacun desdits Sieurs créanciers payez suivant le susdit ordre de leurs priviléges & hypotéques, sur ladite somme de vingt-cinq mille quatre cens quatre-vingt-quinze livres douze sols six deniers, restante ès mains dudit de T. & ensuite par hypotéque sur les autres biens desdits Briere & sa femme; pour parvenir à la distribution de laquelle dite somme de vingt-cinq mille quatre cens quatre-vingt-quinze livres douze sols six deniers restant, comme dit est, lesdits Sieurs créanciers comparans ont donné main-levée de toutes saisies réelles, & autres oppositions & arrêts qui se trouveront avoir été faits à leur requête, tant ès mains dudit feu G. & dudit de T. qu'autres, même des oppositions au sceau de l'Office dudit G. si aucunes ont été faites, consentant qu'elles soient & demeurent nulles & rayées de tous Registres, comme non faites & avenues, & que ladite somme de vingt-cinq mille quatre cens quatre-vingt-quinze livres douze sols six deniers soit payée ausdits créanciers jusqu'à concurrence d'icelle, suivant le susdit ordre; qu'en ce faisant, ledit de T. la succession dudit feu G. lesdits Legendre & sa femme, en soient & demeurent valablement déchargez, comme lesdits créanciers chacun à leur égard les en quittent & déchargent. Seront encore tenus les créanciers de ladite Elisabeth Champroux, femme dudit Briere, non privilégiée sur le fonds & bâtimens de ladite maison, de donner bonne & suffisante caution & certificateur d'icelle, reçue avec lesdits Carpentier, ladite Briere, lesdits Legendre & sa femme, de rapporter ce qu'ils toucheront, s'il est ainsi ordonné ci-après. Et quant ausdits créanciers privilégiez, ils toucheront à leur caution juratoire, sans néanmoins que le présent ordre, contrat de vente & adjudication faite par lesdits Carpentier & créanciers ausdits Legendre & sa femme, puissent nuire ni préjudicier aux Obligations solidaires qu'ils ont contre

contre les autres coobligez desdits biens à sadite femme, dénommez aux Contrat de constitution, Obligations, & autrement, qu'ils ont pardevers eux, ausquels ils n'entendent innover ni préjudicier, ni à leurs hypotéques sur les autres biens desdits Briere & sa femme, s'il s'en trouve; reconnoissant lesdits créanciers comparans, que ledit de T. leur a rendu les piéces & titres de leurs créances, dont ils quittent & déchargent ledit de T. & tous autres. Promettant, &c. Fait & passé, &c.

On ne peut donner aucunes instructions pour dresser ces sortes de Contrats d'ordre, attendu qu'il faudroit expliquer tous les priviléges différens de chaque créancier, ce qui seroit hors de notre sujet: mais comme à la passation de ces sortes d'Actes les créanciers y sont présens, & disputent leur intérêt; celui qui passe un Acte de cette nature, n'a qu'à prendre garde de ne rien mettre que suivant l'intention des Contractans, & dont ils ne soient tous convenus, sans favoriser l'un plus que l'autre; outre que le Lecteur pourra voir par le Contrat ci-dessus (où on a laissé les qualitez d'un chacun des créanciers, & la nature de leur créance) l'ordre qu'on doit tenir dans ces sortes de distributions.

Contrat de Direction.

FUrent présens, &c. tous Créanciers de défunt Messire Louis, &c. & de Dame Marguerite de, &c. son épouse, même séparément de ladite Dame pendant sa viduité: Et encore de Messire Henry Albert, &c. soit de son chef, ou comme seul & unique héritier de sesdits pere & mere, sans que les qualitez susdites puissent nuire ni préjudicier ausdits Sieurs & Dames Créanciers, lesquels ne pouvant être payez des principaux & intérêts de leurs dettes mobiliaires, ni des arrérages de leurs rentes, & ayant connu le mauvais ordre qui se tient dans les affaires dudit Sieur la dissipation qui se fait de ses biens, & le grand nombre de ses dettes, ils ont fait tous leurs efforts pour tâcher que ledit Sieur consentît avec eux de faire vendre ses biens amiablement, jusqu'à concurrence de ce qui leur est dû, & d'empêcher par ce moyen qu'une partie de ses biens ne se consomme en frais inutiles; & quoiqu'ils ayent plusieurs fois conferé avec ledit Sieur ils n'ont pû le faire entrer dans ses véritables interêts, ce qui a donné lieu à plusieurs conférences que lesdits Sieurs & Dames créanciers ont tenues entr'eux, pour trouver les moyens les plus prompts & les plus faciles pour être payez de ce qui leur est dû, dans lesquelles conférences ils sont convenus de ce qui suit.

C'est à sçavoir, que tous lesdits Sieurs & Dames créanciers ont nommé & choisi par ces présentes, pour Directeurs, Messieurs le Marquis de Villeroy, Nicolaï, Premier Président en la Chambre des Comptes, d'Ormesson, Dorieu, Turquant, le Févre d'Eaubonne, Dacqueville, Sevin, Briçonnet, & lesdits Sieurs Briant, le Doubre & Regnault, qu'ils ont prié de vouloir bien prendre le soin & la conduite de toutes les affaires de ladite Direction, pour l'interêt commun de tous lesdits Sieurs & Dames créanciers, & faire généralement tout ce qui sera jugé nécessaire pour procurer le payement de leurs dûs.

Lesquels Sieurs ci-dessus dénommez pour ce présens, excepté ledit Seigneur Marquis de Villeroy qui est dans son Gouvernement du Lyonnois, ont accepté ladite nomination ; à l'égard dudit Seigneur Marquis de Villeroy, lui sera incessamment donné avis de ladite nomination, sans néanmoins que lesd. Srs Directeurs puissent être tenus en leur propre & privé nom, de tout ce qui pourroit être par eux fait en ladite qualité, à condition qu'ils pourront, toutes les fois qu'ils voudront, se départir de ladite Direction, en faisant leur déclaration ès assemblées, dont sera fait mention sur le Registre, afin qu'il en soit nommé d'autres en leur lieu & place, sans lesquelles conditions lesdits Sieurs Directeurs n'auroient accepté ladite nomination.

A la diligence desquels Sieurs Directeurs, seront obtenus tous Arrêts nécessaires aux fins de l'homologation du présent Contrat, & toutes les procedures se feront sous leurs noms, tant contre ledit Sieur Henry que contre les créanciers refusans, pour intervenir à tous procès & instances où ledit Sieur leur débiteur aura interêt, pour intenter d'autres instances nouvelles, pour faire procéder par voie de saisies réelles sur les fonds, Terres, Duchez, Marquisats, Comtez, Baronnies & Seigneuries dudit Sieur par voie d'opposition à celles qui se trouveront faites, pour demander & obtenir la subrogation à la poursuite commencée des criées des biens dudit Sieur sur les saisies réelles qui se trouveront faites, en remboursant les frais qui auront été légitimement faits, pour faire ensorte que les criées desdites Terres se fassent sous une seule & même poursuite, afin d'en éviter les grands frais par la multiplicité des saisies réelles, & de faire avec plus de facilité les Decrets & ventes forcées desdites Terres, Duchez & Seigneuries dudit Sieur & encore pour faire saisir & arrêter tous les effets mobiliers & sommes de deniers dûes audit Sieur fermages, fruits & revenus de ses Terres, échus & à échoir, pour faire compter les Fermiers, les obliger à vuider leurs mains de ce qu'ils doivent & devront ci-après, renouveller les anciens Baux, & en faire de nouveaux, & pour faire régir & administrer les Terres qui ne se pourront affermer, afin que toutes les poursuites & procedures se fassent en une même Jurisdiction ; lesdits Sieurs créanciers, en vertu de l'Arrêt du Conseil du vingt Octobre dernier, obtenu sous le nom dudit Sieur procéderont sur toutes lesdites saisies & instances, & pour l'homologation des présentes, en la troisiéme Chambre des Enquêtes du Parlement de Paris, à la Jurisdiction de laquelle lesdits Sieurs & Dames créanciers se soumettent volontairement, sans qu'ils puissent ci-après évoquer de ladite troisiéme Chambre des Enquêtes, sous quelque prétexte & pour quelque cause que ce soit, même sous prétexte de parentez ou d'alliances qui est à présent, ou pourroit se rencontrer ci-après, d'aucuns de Messieurs les Présidens & Conseillers de ladite Chambre, même au Parlement; renonçant lesdits Sieurs & Dames créanciers à cette fin à toutes autres Jurisdictions, même à celle du Parlement de Bretagne ; toutes lesquelles poursuites & diligences ci-dessus, & toutes autres qui seront jugées nécessaires à faire par lesdits Sieurs Directeurs, seront faites sous leurs noms pour tous lesdits Sieurs & Dames créanciers, sans que lesdits Sieurs Directeurs puissent être responsables desdites poursuites, sous quelque prétexte que ce soit ; & à l'égard des autres poursuites, procedures & diligences qui seront à faire pour la conservation des droits & prétentions desdits Sieurs & Dames créanciers, elles seront réputées faites du jour que lesdits Sieurs & Dames créanciers auront signé le présent Contrat, sans qu'après qu'ils l'auront signé, on leur puisse imputer ni alléguer contr'eux aucune négligence ni défaut de procedures.

Et si au lieu de criées & ventes forcées desdits biens, Duchez, Terres & Seigneuries dudit Sieur lesdits Sieurs Directeurs trouvent la voie & le moyen de vendre, adjuger & échanger lesdits biens, Duchez & Seigneuries à l'amiable par ventes ou échanges volontaires, lesdites ventes, adjudications & échanges seront faites par lesdits Sieurs Directeurs, après les affiches mises sur les lieux, & trois publications faites ès Prônes de la Paroisse du principal manoir de chacune Terre, & au plus prochain Siége Royal, même en six des principales Paroisses de cette Ville, par trois Dimanches consécutifs, & les encheres seront reçues en l'Etude de l'un desdits Notaires soussignez, & sur icelles sera procédé à l'adjudication, vente & échange desdits biens par lesdits Sieurs Directeurs au plus offrant & dernier enchérisseur, ès assemblées qui seront à cet effet tenues en la maison de mondit Sieur Nicolaï ; les deniers qui proviendront de la vente & adjudication desdits biens, Terres & Seigneuries, seront distribuez ausdits Sieurs & Dames créanciers, suivant l'ordre qui en sera fait à l'amiable entr'eux par lesdits Sieurs Directeurs, suivant leurs hypotéques, priviléges & préférence, sur les originaux des Contrats, Obligations & autres piéces justificatives de leurs créances ; & à cette fin lesdits Sieurs & Dames créanciers représenteront dans deux mois pour tout délai, pardevant lesdits Sieurs Directeurs, lesdits originaux, avec une copie collationnée, & la déclaration signée de chacun d'eux, de ce qui leur sera dû d'arrérages ou interêts, pour être lesdites copies collationnées visées par lesdits Sieurs Directeurs sur lesdits originaux qui seront à l'instant rendus ; & à faute de représenter lesdits originaux après deux sommations, les négligens ou refusans ne seront compris audit ordre, sans qu'il soit besoin d'aucune autre formalité ni procedure sur ce sujet ; & à l'égard des effets mobiliers, qui sont à présent & seront ci-après exigibles, & des frais & revenus desdites Terres & Seigneuries, échûs & qui écheront jusqu'à la vente actuelle desdits biens, si lesdits Sieurs Directeurs trouvent le moyen d'en faire le recouvrement à l'amiable, ils feront recevoir lesdits effets mobiliers, fruits, fermages & revenus des immeubles par celui qui sera ci-après nommé, & sur ses quittances, pour être les deniers en provenans employez au payement des arrérages & interêts courans des dettes légitimes desdits Sieurs & Dames créanciers, selon l'ordre de leurs hypotéques ou priorité de saisies, ainsi qu'il appartiendra, lesquels arrérages ou interêts courans se compteront du jour & fête de Saint Jean-Baptiste dernier ; & quant aux autres arrérages ou interêts anciens qui peuvent être dûs aufdits Sieurs & Dames créanciers, ils en feront payez avec leurs principaux.

Et si pendant la présente Direction il se rencontre des difficultez, prétentions & differends entre lesdits Sieurs & Dames créanciers, pour raison de leurs dettes, hypotéques, privilèges & préférence d'icelles, même entre tous lesdits Sieurs & Dames créanciers, lesdites difficultez, prétentions & differends feront décidez & terminez par l'avis de Messieurs le N. & Maîtres des Requêtes, quand même ils se trouveroient parens d'aucuns desdits Sieurs & Dames créanciers; ils pourront choisir un tiers, s'ils ne se peuvent accorder, sans qu'ils ayent besoin de la participation & consentement desdits Sieurs Créanciers & Directeurs; lesquels Sieurs le N. & D. lesdits Sieurs & Dames créanciers nomment à cet effet, & promettent chacun à leur égard acquiescer à ce qui sera par eux réglé & décidé comme à un Arrêt de Cour Souveraine, à peine de la somme de quatre mille livres applicable à l'Hôpital Général, sans que cette clause puisse être réputée comminatoire, ni que les contrevenans puissent se pourvoir contre ce qui aura été jugé, qu'après ladite peine actuellement payée, & sans espérance de répétition; & néanmoins en cas qu'aucuns desdits Sieurs & Dames créanciers fissent difficulté de se soumettre au Jugement desdits Sieurs Arbitres, ou fussent appellans des Jugemens par eux rendus, ledit Arrêt du Conseil du vingt Octobre dernier sera exécuté à leur égard selon sa forme & teneur, & conformément à icelui, ils seront tenus de procéder sur toutes leurs demandes & prétentions, en ladite Troisiéme Chambre des Enquêtes, sans en pouvoir évoquer, comme il est expliqué ci-dessus: Et pour faire la recette de tous les deniers qui proviendront desdits effets mobiliers, & de tous lesdits revenus échus & à échoir, même de la vente desdites Terres, Domaines & autres biens immeubles, & généralement de tous les biens & actions dudit Sieur débiteur, pour en faire l'emploi, ainsi qu'il sera arrêté & ordonné par lesdits Sieurs Directeurs, ensemble pour agir & solliciter les affaires de ladite Direction, lesdits Sieurs & Dames créanciers ont par ces présentes prié lesdits Sieurs Directeurs de nommer telle personne qu'ils jugeront à propos en ladite Direction, auquel en conséquence ils ont donné & donnent pouvoir de recevoir tous lesdits deniers, & en donner quittances valables aux Débiteurs, sans qu'il ait besoin d'autre procuration plus spéciale que celle portée par le présent Contrat; & pour plus grande sureté des deniers qui proviendront desd. revenus & de la vente des Terres & effets, lesdits deniers, à mesure qu'ils se recevront, seront mis, de l'avis desd. Sieurs Directeurs, en un coffre fort, en la maison de celui d'entr'eux dont ils conviendront, lequel Sieur, Agent de la Direction, qui sera ainsi nommé, ne pourra faire aucunes poursuites, diligences, contraintes ni exécutions contre les Fermiers & Débiteurs, ni faire aucuns payemens sans ordre par écrit desdits Sieurs Directeurs, signé d'eux ou de trois d'entr'eux, pardevant lesquels il sera tenu de rendre compte de trois en trois mois, même toutes les fois que lesdits Sieurs Directeurs voudront; & pourront lesdits Sieurs Directeurs changer & révoquer celui qui sera par eux préposé, & en nommer un autre en son lieu & place.

Les frais, salaires, vacations, taxes, dépens, ports, voitures, remises, & généralement toutes les dépenses qui seront ordonnées par lesdits Sieurs Directeurs, seront payées par préférence sur les deniers qui seront reçus, suivant l'état qui en sera arrêté par lesdits Sieurs Directeurs.

Et si en conséquence du présent Contrat, lesdits Sieurs Directeurs se trouvent obligez de faire des poursuites & procédures pour faire subsister les saisies faites sur les biens dudit Sieur
iceux Sieurs & Dames créanciers consentent que toutes lesdites saisies, tant réelles que simples, & les oppositions qui se trouveront faites, soient toutes réduites en une seule & même procedure, sous le nom & à la requête desdits Sieurs Directeurs, ès personnes desquels toutes lesdites saisies & oppositions subsisteront; & en cas que lesdits Sieurs Directeurs trouvent lieu de se servir de la voie amiable, & faire les ventes ou échanges volontaires desdits biens, ou de partie d'iceux, pour les faciliter, pourront lesdits Sieurs Directeurs, quand ils le jugeront à propos, donner main-levée pure & simple desdites saisies réelles, Arrêts, exécutions, & consentir que toutes demeurent nulles; pourquoi faire lesdits Sieurs & Dames créanciers donnent par ces Présentes tout consentement & pouvoir nécessaires ausdits Sieurs Directeurs, à condition toutefois que ceux qui auront fait faire lesdites saisies, seront remboursez par préférence des frais d'icelles.

Lesdits Sieurs Directeurs s'assembleront tous les Jeudis de chaque semaine en l'Hôtel de mondit Sieur Nicolaï, rue où tous les créanciers pourront se trouver, s'il leur plaît, & ce qui sera délibéré par ceux qui seront présens, sera exécuté, & aura la même force que si tous lesdits Sieurs & Dames créanciers y avoient assisté, pourvû toutefois que quatre desdits Sieurs Directeurs y ayent signé; & sera tenu Registre de toutes les délibérations qui seront prises dans lesdites assemblées, lesquelles seront signées par ceux qui y auront assisté: Et pour tenir ledit Registre, lesdits Sieurs & Dames créanciers ont nommé ledit
l'un desdits Notaires soussignez.

Et lorsqu'il se fera quelque affaire importante, pour laquelle lesdits Sieurs Directeurs jugeront à propos d'assembler tous les créanciers à jours extraordinaires, ils les feront avertir par billets particuliers, qui marqueront le sujet & la nécessité de l'assemblée, afin que tous les créanciers s'y puissent trouver. Le présent Contrat ne pourra nuire ni préjudicier ausdits Sieurs & Dames créanciers, ni à leurs droits, priviléges & hypotéques, & aux prétentions qu'ils peuvent avoir, tant contre ledit Sieur débiteur, que les uns à l'encontre des autres, même contre leurs garants & autres solidairement obligez ou condamnez à leurs dettes, en tous lesquels droits, noms, raisons & actions, ils demeureront conservez.

L'homologation du présent Contrat sera poursuivie en la Troisiéme Chambre des Enquêtes du Parlement de Paris, à la diligence desdits Sieurs Directeurs, tant contre ledit Sieur débiteur, que contre les créanciers qui refuseront de le signer; & pour être ledit Contrat exécuté selon sa forme & teneur par les créanciers qui l'auront signé & le signeront, & pour voir dire qu'il sera déclaré commun avec les refusans, & pour les faire assigner, consentir, requérir & poursuivre ladite homologation, & pour occuper dans les affaires de ladite Direction, lesdits Sieurs Directeurs ont nommé pour leur Procureur Maître   Procureur en la Cour, lequel néanmoins lesdits Sieurs Directeurs pourront révoquer quand ils jugeront à propos, lesdits Sieurs & Dames créanciers leur donnant à cette fin pouvoir d'en nommer un autre en son lieu & place. Et pour l'exécution du présent Contrat, &c. Fait & passé, &c.

LIVRE NEUVIÉME.

Des différentes espéces de Conventions & autres Actes qui se font pardevant Notaires.

NOUS avons dit ci-devant que le Droit Romain appelle Contrats sans nom, les Actes par lesquels on promet de faire quelque chose pour un autre, à la charge qu'il s'obligera pareillement à faire ou à donner quelque chose réciproquement.

Tels sont les Marchez qui se font pour fournir des marchandises, ou pour contribuer de son travail ou de son industrie, lesquels participent en quelque maniere de la vente & du louage.

Telles sont aussi les conventions pour apprentissages, & autres Actes dont nous traiterons dans ce lieu.

On demande, si s'étant obligé précisément à faire quelque chose, & ne le faisant pas, on en est quitte pour payer des dommages & interêts à la Partie envers laquelle on s'est engagé? Cette question est du nombre de celles qui ont partagé les anciens Glossateurs, Martin Bulgare & Azan; chacun a eu ses partisans: mais notre usage est pour le sentiment de Bulgare, qui veut que celui qui a promis, ne pouvant satisfaire à la chose promise, en soit quitte en dédommageant. Aussi la Loi *Si quis ab aliquo, ff. de re judicata*, est précise: *Si quis promisit prohiberi, ne aliquod damnum stipulator patiatur, idque non faciat, quia non facit quod promisit in pecuniam numerandam condemnendum.* Aussi Dumoulin dans son Labyrinthe, nomb. 316, M. Cujas & plusieurs autres sont de ce sentiment, suivi par tous les Tribunaux.

Comme les conventions qui se font entre Particuliers pour leurs différentes affaires, sont différentes suivant la volonté des Parties, on ne peut pas donner d'instructions certaines sur ce qu'il faut y observer, outre que ce sont des Actes faciles dont la lecture des Formules suffira. Je dirai seulement en passant, qu'un Notaire ne doit y apposer aucune clause, que ce ne soit suivant l'intention des Parties, & qu'il ne leur en fasse comprendre la force.

Outre les conventions qui ne sont point Contrats nommez, & qui n'avoient point de nom propre & particulier chez les Romains, nous avons d'autres Actes qui ne sont point conventions, & qui néanmoins se font par des Notaires, dont nous parlerons dans ce Livre.

Tels sont les Actes de comparutions, les Certificats, Déclarations & autres Actes semblables, dont un Notaire ne doit pas ignorer la forme, puisqu'il est tous les jours requis de les faire.

CHAPITRE PREMIER.

Des Conventions particulieres.

DANS le nombre des Conventions qui n'avoient point chez les Romains de nom propre & particulier, il y en a à qui notre usage n'a appliqué aucun nom, dont nous allons traiter dans ce Chapitre, sous le titre général de *Conventions particulieres.* Il y en a d'autres au contraire qui parmi nous ne laissent pas d'avoir un nom qui leur est propre, comme sont les Marchez, les Brevets d'Apprentissage, &c. dont il sera parlé dans les Chapitres suivans.

Convention pour l'exercice d'une Charge d'Archer.

FUt présent Jacques, &c. Archer, Sergent sous Monsieur le Lieutenant Criminel de Robe-courte, demeurant, &c. lequel sous le bon plaisir dudit Sieur Lieutenant, a consenti par ces présentes, à Claude, &c. demeurant, &c. à ce présent & acceptant, de faire pour lui en son lieu & place, & tant qu'il lui plaira, le service auquel il est obligé en sadite Charge d'Archer, à commencer au premier prochain, & en conséquence obéir & exécuter les ordres & commandemens dudit Sieur

Lieutenant Criminel de Robe-courte, de telle ſorte que ledit Jacques n'en reçoive aucunes plaintes ni reproches. Cette convention, promeſſe & accord faits moyennant la ſomme de deux cens livres, que ledit Jacques s'oblige payer audit Claude par chaque année, ou au porteur pour lui, aux quatre quartiers de l'an, dont le premier échera, &c. & ainſi continuer de quartier en quartier, tant que ledit exercice durera: au moyen de quoi ledit Jacques recevra à ſon profit tous les gages & profits attribuez audit Office. Car ainſi, &c.

Séparation volontaire entre un mari & une femme, par laquelle le mari ſe charge des enfans, & promet payer à ſa femme une ſomme par année, ſans déroger à leur Contrat de mariage.

FUrent préſens Antoine & Marie ſa femme, qu'il autoriſe à l'effet des préſentes, demeurans, &c. leſquels en attendant que Dieu leur faſſe la grace de rétablir la concorde & la paix dans leurs cœurs, ainſi qu'ils ont fait la premiere année qu'il lui a plû de les unir enſemble, pour éviter les frais & les chagrins de l'inſtance en ſéparation de corps & d'habitation, qu'ils prétendoient former l'un à l'encontre de l'autre, ſont convenus & demeurez d'accord de ce qui ſuit. C'eſt à ſçavoir, que ledit Antoine a par ces préſentes conſenti & accordé que ladite Marie ſa femme aille demeurer en tel endroit de cette Ville que bon lui ſemblera, & qu'elle prenne pour habitation tel logement qu'elle deſirera. Au moyen de quoi ledit Antoine ſe charge de Louis & Jacques leurs enfans, deſquels il promet avoir ſoin comme un bon pere, & de les faire inſtruire en la Religion Catholique, Apoſtolique & Romaine, même de leur faire apprendre métier dans le tems qu'il conviendra; de les faire repréſenter à leur mere toutes fois & quantes qu'elle ſouhaitera. Et pour ſubvenir aux néceſſitez, nourritures & entretiens de ladite Marie, ledit Sieur Antoine s'oblige de lui payer par chacun an, en cette Ville de Paris, ou au porteur, & par avance, de mois en mois, la ſomme de dont les premiers mois qui écheront au ſeront par lui inceſſamment, ainſi qu'il s'y oblige, payez d'avance, & ainſi continuer tant qu'ils demeureront ſéparez l'un de l'autre.

Sans au ſurplus déroger ni préjudicier à leur Contrat de mariage, qui demeure toujours en ſa force & vertu. Et pour l'exécution, &c.

Convention pour nourriture & logement.

FUt préſent Jacques, &c. demeurant, &c. lequel promet par ces préſentes à Claude, &c. demeurant, &c. à ce préſent & acceptant, de le nourrir honnêtement, & lui fournir chaque jour pour ſes alimens de bouche, pain, vin & viande ſuffiſamment; ſçavoir, à déjeûner, &c. le linge de table néceſſaire, & draps pour le lit, à commencer, &c. le tout moyennant la ſomme de ſix cens livres par an, que ledit Claude s'oblige payer par avance audit Jacques en quatre payemens égaux, de quartier en quartier, dont le premier commencera au auquel ledit Claude

Claude doit entrer en la maison dudit Jacques; reconnoissant ledit Jacques avoir reçu dudit Claude la somme de cent cinquante livres, pour le premier quartier qui échéra au & ainsi continuer par avance ausdits quatre quartiers, à la charge que ledit Claude se rendra en la maison dudit Jacques aux heures ordinaires pour prendre ses repas, & se retirera aussi à heure raisonnable. Bien entendu que la présente Convention ne durera que tant qu'il plaira ausdites Parties; ensorte qu'il leur sera permis respectivement de s'en désister quand bon leur semblera, en s'avertissant l'un l'autre quinze jours auparavant, sans que l'un, pour raison dudit désistement, puisse prétendre aucuns dépens, dommages ni interêts à l'encontre de l'autre, même pourront lesdites Parties se départir de ladite Convention, l'une sans le consentement de l'autre, après le premier quartier échu, soit au commencement d'un autre quartier, au milieu, ou en quelqu'autre tems que ce soit dudit quartier, en avertissant, comme dit est, quinze jours auparavant, & payant ce qui se trouvera dû pour raison de ladite pension & logement, sans que ledit Claude en ce cas soit obligé de payer tout le quartier entier, quoique ce soit lui qui se déporte de ladite présente Convention. Car ainsi, &c.

Traité & Convention sur le recouvrement d'une dette.

FUt présente Dame Anne laquelle attendu qu'elle n'a aucune connoissance des biens & effets de la succession de défunt Me Louis Guerin, sur lesquels ladite Dame puisse se pourvoir pour se faire payer de la somme de douze mille livres restante de plus grande somme, interêts & dépens qui en peuvent rester dûs par Obligation passée, &c. & que Me Macé s'offre de lui découvrir quelques-uns desdits effets restans, & même de prendre le soin d'en poursuivre le recouvrement sous le nom de ladite Dame, tant dudit principal, interêts que dépens; ladite Dame lui donne & transporte par ces présentes, sans néanmoins aucune garantie que de ses faits & promesses seulement, le quart de tout ce qui en pourra revenir, tant dudit principal, interêts que dépens, lequel quart ledit Sieur Macé demeurant, &c. à ce présent & acceptant, touchera au fur & à mesure que ladite Dame recevra les trois autres quarts; les frais qui seront nécessaires pour parvenir audit recouvrement, seront par ladite Dame avancez au fur & à mesure qu'il en conviendra faire: Et pour commencer lesdites poursuites, elle a présentement délivré audit Sieur copie collationnée de ladite Obligation dudit jour des Sentences des adjudicatives des interêts & dépens, & promet icelle Dame aider des originaux & autres piéces nécessaires quand besoin sera. Fait & passé, &c. *Election de domicile, &c.*

Autre Convention pour le recouvrement d'une dette.

FUrent présens Jacques, &c. d'une part, & Claude, &c. d'autre part; lesquels sont convenus de ce qui suit: c'est à sçavoir, que Jacques étant créancier de Messire Nicolas, &c. de la somme de dix mille livres pour marchandises à lui fournies pour sa maison & par son ordre, dont ledit Sieur Nicolas lui a passé Obligation pardevant, &c. de laquelle dite somme ledit Jacques n'a pû jusqu'à présent avoir payement; ledit Claude se seroit offert de faire le recouvrement de ladite somme de dix mille livres, & pour cet effet faire toutes poursuites & contraintes nécessaires à l'encontre dudit Sieur Nicolas, qui lui auroit accordé & remis par ces présentes la moitié de ce qu'il recevra de ladite somme, lui en fait toute cession & transport nécessaires, sans aucune garantie, restitution de deniers ni recours quelconques, pour être ladite dette partagée par moitié au fur & à mesure que le recouvrement s'en fera; & sont lesdites Parties convenues que s'il arrivoit qu'on ne pût rien toucher de ladite dette, ledit Claude ne pourra prétendre aucune répétition des frais qu'il auroit faits à ce sujet, desquels ledit Claude en quitte & décharge dès-à-présent ledit Jacques, sans quoi le présent accord n'auroit été fait. Car ainsi, &c.

Dans la Convention par laquelle un Créancier de quelque somme difficile à recouvrer, donne à quelqu'un partie de la dette au cas de recouvrement, on y appose cette clause: *A la charge de faire toutes poursuites raisonnables & nécessaires, sans répétition des frais & dépens faits pour parvenir audit recouvrement, au cas qu'il ne se puisse faire*; ce qui se met ou se retranche suivant l'intention des Parties.

Par les Ordonnances rapportées ci-dessus au Chapitre des choses qui se peuvent transporter, les Juges & Officiers, Avocats, Procureurs & Solliciteurs de Procès, ne peuvent point prendre cession des droits litigieux, pour lesquels les actions sont intentées pardevant eux, ou par eux. Mais cette prohibition n'auroit pas lieu par rapport à un Particulier qui feroit l'office d'ami. Il faut dire aussi que cette Convention est permise entre Cohéritiers. Voyez Bouchel, *verbo*, *Quota-litis*, & le Dictionnaire des Arrêts, *ibidem*; & M. Louet, Lettre L. Sommaires 2 & 4.

Par Arrêt du 6 Mars 1607, un Transport fait gratuitement par le Chapitre d'Abbeville à un nommé Duval, habitant de la même Ville, des arrérages d'une rente, à la charge qu'il solliciteroit certains Procès pendans en la Cour, & en rapporteroit Arrêt dans certain tems à ses dépens, fut confirmé: ce qui étoit principalement fondé sur ce que Duval n'étoit que Solliciteur ordinaire, & qu'ainsi cette Convention n'étoit qu'une espéce de Mandat.

Convention contenant Transport de Bail d'une Maison, Intervention de Caution, & Vente d'Ustenciles de Pâtissier.

FUt présent Philippe Thevenin, Maître Pâtissier à Paris, y demeurant rue Paroisse lequel a par ces présentes cédé & promis faire jouir à Jacques Martin, aussi Maître Pâtissier, demeurant à ce présent & acceptant, le droit du Bail fait audit Thevenin par la veuve de Nicolas de la Cau, aussi Maître Pâtissier à Paris, à laquelle ledit Bail auroit été fait par Damoiselle Jeanne Lamy, fille majeure, d'une maison sise en cette Ville rue suivant l'Acte passé double entr'elles devant Notaires à Paris, le étant en marge dudit Bail pour trois années qui restent à en expirer, à commencer du jour de Saint Jean-Baptiste dernier; ce transport fait moyennant huit cens livres de loyer pour & par chacune desdites trois années, que ledit Martin s'oblige payer audit Sieur Thevenin aux quatre termes de l'an accoutumez, ainsi qu'il est porté audit Bail, que ledit Martin s'oblige d'entretenir & exécuter avec toutes les charges, clauses & conditions portées en icelui, qu'il a dit bien connoître, pour en avoir pris connoissance sur une expédition en papier à lui présentement délivrée, & du tout en acquitter ledit Sieur Thevenin.

A ce faire est intervenu Pierre Courtois, aussi Maître Pâtissier à Paris, demeurant lequel s'est par ces présentes rendu caution dudit Martin son neveu, envers ledit Thevenin, & s'est obligé solidairement avec lui sans division, discussion ni fidéjussion, à quoi il renonce, au payement desdits loyers, charges, clauses & conditions du susdit Bail, comme principal preneur.

Et par ces mêmes présentes, ledit Sieur Thevenin a vendu & promis garantir de toutes revendications audit Martin, ce acceptant, tous les ustenciles dudit Métier de Pâtissier, étant dans la boutique de ladite maison, contenus au Mémoire que ledit Sieur Thevenin a présentement délivré audit Sieur Martin, pour en jouir comme lui appartenans; lesquels ustenciles ledit Martin reconnoît avoir en sa possession, dont il est content, & en quitte ledit Thevenin. Cette vente faite moyennant quatre cens livres que ledit Sieur Thevenin confesse avoir reçu dudit Sieur Martin, qui lui a payé en louis d'or, &c. dont il est content & l'en quitte. Et pour l'exécution, &c.

Convention entre la veuve d'un Charron pour les Outils & pour la Boutique de son défunt mari.

FUrent présens M. B. veuve de Jean Maître Charron, demeurante tant en son nom que comme Tutrice de leurs enfans, d'une part; & Pierre Maître Charron à Paris, demeurant d'autre part; lesquelles Parties sont convenues de ce qui suit: c'est à sçavoir, que ladite veuve Jean a par ces présentes abandonné audit Pierre sa boutique & toutes ses pratiques, ensemble toutes les marchandises & outils qui sont chez elle en la maison où elle demeure, dont Joseph est propriétaire, & par lequel elle promet faire incessamment passer bail audit Pierre de ladite maison, aux mêmes clauses & pour pareille somme de qu'elle le tient, lequel prix ledit Pierre & Louis & Catherine sa femme s'obligeront solidairement avec lui de payer & d'exécuter lesdites charges & conditions, & à cet effet interviendront dans le bail qui lui sera passé pour années, à commencer du pendant la premiere année duquel ladite veuve Jean & sa famille occuperont la chambre & le cabinet qu'ils tiennent présentement, sans en payer aucune chose, afin de faciliter audit Pierre la conservation des pratiques chez lesquelles elle le menera, & fera son possible pour les lui conserver; moyennant lequel présent abandonnement, & la promesse que fait ladite veuve de ne point travailler pendant quatre années consécutives dudit métier de Charron, ledit Pierre s'oblige de lui payer au premier jour du mois prochain, la somme de quatre cens livres, & le prix à quoi seront estimées lesdites marchandises & outils appartenans à ladite veuve Jean, qui sont dans sa maison, suivant l'estimation qui en sera faite par R. aussi Maître Charron, demeurant nommé par ledit Pierre A ce faire sont intervenus lesdits Louis & Catherine sa femme, qu'il autorise à l'effet des présentes, demeurans lesquels se sont volontairement obligez avec ledit Pierre solidairement, tant au payement desdites quatre cens livres de Pot-de-vin, qu'à celle à quoi seront estimées lesdites marchandises & outils, dans lequel Pot-de-vin sont compris (*telle chose*) que ladite veuve Jean abandonne aussi audit Pierre. Car ainsi a été convenu, &c.

Convention entre deux Particuliers, portant consentement pour toucher le principal d'une rente qui leur appartient chacun par moitié, & main-levées respectives des saisies & arrêts qu'ils ont faits l'un sur l'autre, avec reserve de leurs droits, & encore ledit consentement portant réserve par un des Particuliers de ce qui lui est dû à cause d'un debet de compte.

FUrent présens Messire S. D. de la Tour demeurant à Paris, rue d'une part; & Messire Nicolas D. T. de la Tour d'autre part; lesquelles Parties, pour éviter à frais & accélérer le payement de la somme de quarante-trois mille cinq cens livres, principal de deux mille cent soixante-quinze livres de rente, chacun par moitié, qui leur sont dûs par M. Depreau, qui est sur le point de la rembourser, ensemble des arrérages qui leur en peuvent appartenir, ont par ces présentes volontairement consenti & accordé respectivement que chacun d'eux touche & reçoive sa moitié dans ledit principal & arrérages, chacun en particulier de ce qui leur en est dû, soit par leurs mains ou de ceux qui auront leurs droits, se donnant réciproquement main-levées des saisies, arrêts & oppositions qu'ils pourroient avoir fait faire, tant ès mains dudit Sieur Depreau, qu'autres, consentant qu'elles demeurent nulles, le tout sans par lesdites Parties préjudicier à leurs droits, actions respectives à l'encontre l'une de l'autre, dans tous lesquels ils entendent demeurer entierement conservez, sans aucune novation ni dérogation, & aussi sans préjudice au Sieur M. D. T. de la Tour, de la somme de quinze mille neuf cens sept livres de debet particulier porté par le chapitre de recette particuliere du compte à eux rendu par défunt M. de la Tour leur oncle commun, & des intérêts de ladite somme échus depuis le jour de la clôture dudit compte, laquelle somme il prétend devoir toucher par préférence sur les effets les plus exigibles de ladite succession, même de se pourvoir pour sondit payement ainsi qu'il avisera bon être, les défenses dudit Sieur de T. de la Tour au contraire. Promettant, &c. obligeant, &c. chacun, &c.

Accord entre un Créancier & un Débiteur, d'en passer par l'avis de deux Marchands, touchant l'estimation de certaines Marchandises.

FUrent présens Guillaume Jamot, Marchand, &c. demeurant, &c. & Claude Guibert sa femme, qu'il autorise à l'effet des présentes, demeurant lesquels reconnoissent que le Sieur Pierre Gaillard, Marchand de, &c. demeurant, &c. à ce présent & acceptant, leur a fourni des marchandises : pour raison de quoi lesdits Jamot & sa femme promettent rendre compte à l'amiable audit Gaillard, par un bref état, pardevant deux Marchands, dont les Parties conviendront à cet effet dans un mois; s'obligeant dès à présent solidairement l'un pour l'autre, sans division ni discussion, d'en payer la juste valeur, se soumettant à ce qui sera arrêté par lesdits Marchands touchant ledit compte, sans autre formalité de Justice, à peine de, &c. contre les contrevenans. Et pour l'accomplissement des présentes, lesdits Jamot & sa femme ont affecté & hypotéqué une maison sise, &c. que lesdits Jamot & sa femme ont affirmé leur appartenir & être franche & quitte, &c. & généralement tous & chacuns leurs autres biens, une obligation ne dérogeant à l'autre. Et pour l'exécution des présentes, &c.

Conventions d'un Garçon Perruquier.

FUt présent Alexis Garçon Barbier-Perruquier, demeurant, &c. lequel s'est obligé envers le Sieur Jean-Gabriel Barbier-Perruquier, demeurant, &c. à ce présent, de faire toutes les Perruques que ledit Sieur lui donnera à faire, à raison de quatre livres pour chacune Perruque, & de faire les Barbes de la Boutique; & sur le produit desdites Barbes, ledit Alexis en prendra le quart franc & quitte, pendant trois années, à commencer du jour & fête de Saint Remy prochain, pendant lequel tems ledit Gabriel s'oblige de lui fournir des Perruques à faire préférablement à tous autres : Et en cas que l'un d'eux veuille se départir du présent marché auparavant l'expiration d'icelui, il sera tenu de payer à l'autre, par forme de dommages & interêts, la somme de cent cinquante livres, sans que la présente clause puisse être réputée comminatoire, parce que sans icelle ils n'auroient passé ces présentes; consentant ledit Gabriel, qu'au bout desdites trois années, ledit Alexis se retire pour travailler où bon lui semblera. Car ainsi, &c.

CHAPITRE II.

Des Devis & Marchez.

DEVIS, eſt une déclaration en détail que donne un Maçon, un Charpentier, ou autre Ouvrier, qui contient la qualité, l'ordre & la diſpoſition de quelque ouvrage, des matériaux qu'il y convient fournir, de leur prix, de leur quantité, & de tous les frais qu'il faut faire pour les mettre en état.

C'eſt ſur les Devis que les Ouvriers font leurs marchez avec les Bourgeois qui les employent; ainſi quand on eſtime les ouvrages, il faut examiner s'ils ſont conformes au Devis ſur lequel on a fait le marché.

Marché, eſt une convention par écrit, entre un Entrepreneur ou un Ouvrier, & celui qui fait bâtir, ou qui veut faire faire quelque ouvrage de Charpenterie, Menuiſerie, ou autre, conformément au Devis qui en a été fait.

On fait marché à *la Toiſe*, c'eſt-à-dire, à payer certain prix par toiſe. On fait auſſi quelquefois marché *la Clef à la main*, c'eſt-à-dire, que l'Entrepreneur s'oblige fournir tout ce qui eſt néceſſaire pour la conſtruction d'une maiſon, ce qu'on appelle un Marché *en tâche & en bloc*. On appelle Marché au rabais celui qui ſe fait pour les ouvrages publics; ce Marché ſe doit faire en public & par adjudication à celui qui offre de faire l'ouvrage à plus bas prix.

Outre les Marchez qui ſe font en conſéquence de Devis, & qui ſont à proprement parler, des Marchez d'ouvrages & de choſes qui ſont néceſſaires pour leur conſtruction ou perfection;

Il y a encore d'autres conventions qu'on appelle Marchez, qui ſont des traitez par leſquels un Marchand promet fournir à un Particulier, pendant un certain nombre d'années, une certaine quantité de marchandiſes, moyennant le prix convenu entr'eux.

Tous les Devis & Marchez en vertu deſquels un Créancier prétend avoir un privilége contre les autres, doivent être paſſez pardevant Notaires, leſquels ſont tenus d'en garder minutes.

Les ouvrages doivent y être déclarez en détail, & le prix de la toise & des bois, & ce pour la fureté de ceux qui prêtent leurs deniers pour employer au payement des ouvrages.

Lors du payement des ouvrages, les quittances doivent porter déclaration & subrogation au profit de ceux qui prêtent leurs deniers, dont doit être aussi gardé minute par les Notaires qui les reçoivent. Plus, mention & décharge doit être faite des payemens, avec déclaration & subrogation, tant sur les minutes que sur les expéditions des Devis & Marchez.

Il est positivement défendu aux Propriétaires ou autres qui font bâtir, & aux Ouvriers, de donner aucunes contre-lettres pour diminuer ou changer le prix des clauses & conditions des Devis & Marchez qu'ils feront, sur peine de punition corporelle, & de tous dépens, dommages & interêts des Parties.

Il est aussi défendu aux Notaires de passer ou recevoir aucuns Actes & contre-lettres qui dérogent à ce qui est contenu dans les Marchez & Devis, à peine de nullité, & de répondre en leur propre & privé nom de tous dépens, dommages & interêts des Parties, ainsi qu'il est porté par l'Arrêt rendu en forme de Réglement le 31 Juillet 1690. Voyez le Journal des Audiences, Tome 5, Livre 6, Chapitre 19.

Marché de Maçonnerie pour le bâtiment d'une Maison.

On doit faire d'abord le Devis, dans lequel on doit énoncer l'ouvrage, & il doit être ainsi intitulé :

Devis des ouvrages de Maçonnerie, qu'il convient faire pour la construction d'une Maison appartenante, &c. sise à Paris, rue, &c.

PRemierement, convient abattre & démolir le vieux mur, &c.
En second lieu, &c.

Au bas duquel Devis, qui doit être sur papier timbré de Notaire, on met l'Acte de cette sorte :

Fut présent Jean, &c. Maître Maçon à Paris, y demeurant, &c. lequel reconnoît avoir fait marché, & promet à Jacques, &c. à ce présent & acceptant, de faire & parfaire bien & dûement, au dire d'Ouvriers & gens à ce connoissans, tous & chacuns les ouvrages de Maçonnerie mentionnez au Devis d'iceux ci-devant écrit, pour la construction de la Maison y énoncée, sise rue, &c. appartenante, &c. & pour ce faire, fournir par ledit Jean, de pierre de taille, moilon, plâtras, chaux, ſables, plâtres, pierres, Ouvriers, échaffaudages & autres choſes requiſes & néceſſaires, faire mener les gravois & terres aux champs, & rendre place nette. Pourra ledit Jean ſe ſervir des vieilles démolitions, & les appliquer aux endroits convenables; leſquels ouvrages ſeront faits ſuivant & conformément au plan & deſſein qui en a été fait & préſentement ſigné & paraphé par les Parties & les Notaires ſouſſignez, & à l'inſtant mis ès mains dudit Jean, qui ſera par lui repréſenté pour vérifier leſdits ouvrages toutes fois & quantes que ledit Jacques l'en requerra, à commencer à travailler auſdits ouvrages dès Lundi prochain jour du préſent mois, & continuer avec nombre d'Ouvriers ſuffiſans, ſans diſcontinuation, & rendre le tout fait & parfait, bien & dûement, comme dit eſt. Ce marché fait moyennant la ſomme de ſix mille livres pour tous leſdits ouvrages; ſur laquelle ſomme ledit Jacques a payé & avancé préſentement audit Jean, qui a reçu de lui en la préſence des Notaires ſouſſignez, la ſomme de deux mille livres en louis d'or, &c. dont ledit Jean eſt content, & en quitte ledit Jacques & tous autres; & le ſurplus montant à la ſomme de quatre mille livres, ledit Jacques promet & s'oblige le bailler audit Jean, ou au porteur, &c. au fur & à meſure qu'il travaillera auſdits ouvrages, & le parfait payement lorſque leſdits ouvrages ſeront faits & parfaits bien & dûement, au dire d'Ouvriers & gens à ce connoiſſans, comme dit eſt, &c.

Lorſque le Marché ſe fait à la toiſe, on met:

Ce Marché fait moyennant & à raiſon de pour chacune toiſe deſdits ouvrages, qui ſeront toiſez & meſurez ſelon la Coûtume de Paris, par gens experts, dont les Parties conviendront: le prix à quoi monteront leſquels ouvrages, ledit Jacques promet & s'oblige payer audit Jean, ou au porteur; ſçavoir, mille livres, lorſque le premier étage ſera élevé; autres mille livres, lorſque, &c. & le reſte & parfait payement, lorſque tous les ouvrages ſeront faits & parfaits, bien & dûement, au dire d'Ouvriers & gens à ce connoiſſans, comme dit eſt. Car ainſi a été convenu, &c.

Marché de Charpenterie.

Devis des ouvrages de Charpenterie qu'il convient faire de neuf, pour la conſtruction d'une Maiſon, &c.

PRemierement, ſera faite la Charpenterie d'un Pan, &c.

Item, &c.

Fut préſent Nicolas, &c. Maître Charpentier à Paris, y demeurant, &c. lequel reconnoît avoir fait marché, & promet par ces préſentes, à Jacques, &c. à ce préſent & acceptant, de faire & parfaire, bien & dûement, au dire d'Ouvriers & gens à ce connoiſſans, tous les ouvrages de Charpenterie mentionnez & déclarez au Devis ci-devant, en feuillets de papier celui-ci compris, qui ont été paraphez ſur chacun d'iceux par

par les Parties & Notaires soussignez, pour la construction de la maison & lieux mentionnez, sis, &c. appartenant audit, &c. suivant le dessein qui en a été fait par ledit Nicolas, aussi présentement paraphé *ne varietur* par lesdites Parties & Notaires soussignez, & à l'instant mis ès mains dudit Nicolas, pour commencer à travailler ausdits ouvrages, si-tôt que les murs seront élevez à hauteur, & continuer avec nombre d'Ouvriers suffisans, sans discontinuer, jusqu'à ce que lesdits ouvrages soient faits & parfaits, bien & dûement, comme dit est, & suivant ledit dessein, sans que les Maçons attendent après lesdits ouvrages ; & pour cet effet fournir par ledit Nicolas, de bon bois, sain, sec, loyal & marchand, de grosseur & longueur portées au Devis, peines d'Ouvriers, & autres choses nécessaires. Ce marché fait moyennant & à raison de la somme de pour chacun cent dudit bois, qui sera compté suivant la coutume & l'usage de Paris; le prix à quoi montera ledit bois, ledit Jacques promet & s'oblige payer audit Nicolas, ou au porteur, au fur & à mesure qu'il travaillera ausdits ouvrages, & le parfait payement lorsque lesdits ouvrages seront faits & parfaits, bien & dûement, comme dit est. Car ainsi, &c.

Marché d'un bâtiment d'une Maison, la clef à la main.

Devis des ouvrages de Maçonnerie, Charpenterie, Couverture, Menuiserie, Serrurerie, Vitrerie, & autres ouvrages qu'il convient faire pour la construction entiere d'une Maison, &c. sise, &c.

PRemierement, convient faire, &c.

Fut présent Paul, &c. Maître Maçon à Paris, &c. lequel reconnoît avoir fait marché, & promet par ces présentes à Claude, &c. Bourgeois de Paris, demeurant à ce présent & acceptant, de faire & parfaire bien & dûement, au dire d'Experts & gens à ce connoissans, tous & chacuns les ouvrages de Maçonnerie, Charpenterie, Couverture, Menuiserie, Serrurerie, Vitrerie, Pavé, & autres qu'il convient faire pour le bâtiment & construction entiere & parfaite d'une maison sise, &c. appartenante audit Claude, suivant le dessein qui en a été dressé par ledit Paul, présentement paraphé *ne varietur* par les Parties & les Notaires soussignez, & à l'instant mis ès mains dudit Paul, qui sera par lui représenté pour visiter les ouvrages toutes fois & quantes qu'il plaira audit Claude, à commencer à travailler ausdits ouvrages dès le, &c. continuer avec nombre d'Ouvriers suffisans, sans interruption, & rendre le tout fait & parfait dans le, &c. & livrer les clefs à la main dudit Claude ; de sorte que ladite maison & lieux soient prêts & préparez à occuper & y demeurer dans ledit jour, &c. à peine de tous dépens, dommages & interêts. Ce marché fait moyennant la somme de vingt mille livres pour tous lesdits ouvrages sans aucune division d'iceux, l'un portant l'autre : sur laquelle somme de vingt mille livres ledit Paul reconnoît avoir reçu dudit Claude celle de six mille livres, présentement comptée & délivrée, &c. dont ledit Paul est content, & en quitte ledit Claude & tous autres, &

promet l'en acquitter, ensemble des autres sommes qu'il recevra de lui, envers les Ouvriers qui travailleront & fourniront de leur vacation en ladite Maison, & le surplus montant à la somme de quatorze mille livres, ledit Claude promet & s'oblige les payer audit Paul, ou au porteur, au fur & à mesure que l'on travaillera en ladite Maison, & le parfait payement lorsque lesdits ouvrages seront faits bien & dûement au dire d'Ouvriers & gens à ce connoissans, les clefs à la main, comme dit est. Car ainsi, &c.

Marché particulier du Maçon avec le Charpentier, à mettre au pied de celui ci-dessus.

Et le est comparu Jacques, &c. Maître Charpentier à Paris, &c. lequel promet par ces présentes à Paul, &c. Maître Maçon à Paris, y demeurant, &c. à ce présent & acceptant, de faire & parfaire bien & dûement, comme il appartient, au dire d'Ouvriers & gens à ce connoissans, tous & chacuns les ouvrages de Charpenterie contenus séparément par le Devis ci-devant, en une Maison, &c. appartenante à Claude, suivant le dessein, &c. & pour faire & fournir par ledit Jacques, de bon bois, sain, sec, net, loyal & marchand, de grosseur & longueur portées audit Devis, peines d'Ouvriers, & choses nécessaires concernant la Charpenterie; préparera & tiendra prêt son bois pour mettre & poser en œuvre, & le livrer audit Paul aussi-tôt qu'il lui demandera. Ce marché fait moyennant la somme de sur quoi ledit Jacques confesse, &c. le surplus montant à la somme de ledit Paul promet, &c.

Marché avec un Plâtrier qui s'oblige de fournir le moilon & plâtre pour la construction d'un bâtiment.

FUt présent Jean Fremy, Plâtrier, demeurant lequel promet fournir au Sieur C. Lestimé, demeurant à ce présent & acceptant, tout le moilon & plâtre dont il aura besoin pour la construction du bâtiment qu'il va faire faire à, &c. auquel lieu il sera tenu de le faire charier à ses frais & dépens toutes fois & quantes que ledit Sieur Lestimé l'en requerra, à peine, &c. Ce marché fait moyennant six livres pour chaque muid de plâtre, & seize livres pour chaque toise de moilon; lequel prix ledit Sieur Lestimé promet & s'oblige de payer audit Sieur Fremy, au fur & à mesure qu'il fera lesdites fournitures, lesquelles il garantit de gelée, & que le tout sera bon, loyal & marchand, à commencer le , & continuer à faire lesdites fournitures suivant l'ordre dudit Sieur Lestimé. Et pour l'exécution, &c.

Marché entre une Veuve tutrice de ses enfans, & un Plâtrier & sa femme, pour tirer du plâtre d'une carriere, & y faire des fours.

FUrent présens Damoiselle veuve de C. Amyot, demeurante tant en son nom que comme tutrice de leurs enfans mineurs, d'une part, & Guillaume Capel, Plâtrier, & sa femme, qu'il autorise à l'effet des présentes, demeurans d'autre part; lesquelles Parties reconnoissent avoir fait le marché qui suit: c'est à sçavoir, que ladite Damoiselle Amyot esdits noms, & en chacun d'iceux solidairement, sans division ni discussion, s'oblige par ces présentes envers ledit Capel & sa femme, de leur fournir & faire livrer, en tant que faire se pourra, & non autrement, à ses frais & dépens, toute la pierre qui leur conviendra pour faire les fours de plâtre pour leur commerce, & ce en la carriere de ladite Damoiselle Amyot, appellée la carriere de la Voute, sise au bas de Montmartre; lesquels fours lesdits Capel & sa femme de leur part seront tenus, ainsi qu'ils s'y obligent aussi solidairement, sans division, &c. de faire construire à leurs frais & dépens, & d'y cuire toute la pierre que ladite Damoiselle veuve Amyot pourra leur faire fournir & livrer en sa susdite carriere, sans qu'ils puissent cuire en aucuns fours, ni faire travailler ailleurs qu'en ladite carriere, tant que ladite Damoiselle Amyot pourra leur fournir de pierre: Et seront tenus en outre lesdits Capel & sa femme, ainsi qu'ils s'y obligent solidairement comme dessus, si-tôt la premiere cuisson desdits fours, qui commencera dans trois semaines de ce jourd'hui, de faire travailler sans discontinuation, & d'employer au moins par chaque jour deux voitures & une bande de six bidets, pour voiturer la marchandise qui proviendra de ladite carriere. Est convenu entre les Parties, que ladite Damoiselle veuve Amyot pourra, quand bon lui semblera, résoudre le présent marché, même fournir & livrer pendant icelui de la pierre à telles autres personnes qu'il lui plaira, sans que lesdits Capel & sa femme l'en puissent empêcher, ni pour raison de ce prétendre à l'encontre d'elle aucune diminution du prix ci-après, dépens, dommages & interêts. Ce marché fait aux charges, clauses & conditions ci-dessus, & outre moyennant le prix & somme de vingt livres pour la pierre de chaque four qui sera à neuf siéges & quatre gueules à l'ordinaire, suivant les Us & Coutumes dudit Montmartre; laquelle somme lesdits Capel & sa femme promettent & s'obligent sous ladite solidité, payer à ladite Damoiselle veuve Amyot, en sa maison à Paris, ou au porteur, &c. comme pour fait de marchandise dont ils font commerce, au fur & à mesure que ladite pierre leur sera livrée, ou du moins toutes les quinzaines, dont le premier payement échéra quinze jours après le commencement de ladite premiere cuisson, & ainsi continuer jusqu'en fin dudit marché, aussi à peine de tous dépens, dommages & interêts, & de résolution des présentes, si bon semble à ladite Damoiselle veuve Amyot, qui rentrera purement & simplement dans sadite carriere, faute d'exécution de la part desdits Capel & sa femme, sans qu'ils puissent prétendre aucun dédommagement; laquelle clause, non plus que les autres ci-dessus, ne pourront être réputées comminatoires, mais de rigueur, sans lesquelles ces présentes n'auroient été faites: reconnoissant ladite Damoiselle veuve Amyot, que lesdits Capel & sa femme lui ont mis ès mains par forme de nantissement la somme de trois cens livres, qu'elle promet leur déduire sur les derniers fours qui leur seront par elle fournis. Car ainsi, &c. promettant, &c. obligeant, &c. chacun en droit soi lesdits Capel & sa femme, & ladite Damoiselle veuve Amyot esdits noms. Renonçant, &c. Fait & passé, &c.

Marché mis ensuite d'un Devis fait entre un Marguillier d'une Paroisse, nommé à cet effet par les autres, & un Maçon qui s'oblige de faire les ouvrages y mentionnez.

FUrent présens le Sieur F. Courtois, demeurant l'un des Marguilliers de l'Œuvre & Fabrique de la Paroisse de à Paris, & par eux nommé par délibération du pour passer ce qui suit, d'une part; & le Sieur G. Joubert, Maître Maçon à Paris, demeurant d'autre part; lesquelles Parties ont fait le marché qui ensuit: C'est à sçavoir, que ledit Sieur Joubert s'est par ces présentes obligé envers lesdits Sieurs Marguilliers, ce acceptans par ledit Sieur Courtois, de faire faire tous les ouvrages de Maçonnerie, Charpenterie, Menuiserie, Serrurerie & pavé de grès, conformément au Devis ci-devant, & de fournir de matériaux, pierre de taille, libage, moilon, plâtre, équipages, échaffaudages, bois de charpente, menuiserie & pavé de grès, payer les journées & façons d'Ouvriers, & du tout acquitter lesdits Sieurs Marguilliers, rendre place nette, & fournir de toutes autres choses généralement quelconques, & rendre incessamment lesdits ouvrages faits & parfaits, de même qu'ils sont énoncez audit Devis, à peine, &c. après la perfection desquels ledit Sieur Courtois audit nom, promet & s'oblige de les payer ou faire payer audit Sieur Joubert, suivant le toisé & l'estimation qui en sera fait par le Sieur Goujon, Architecte Juré-Expert, Bourgeois de Paris; le tout conformément à ladite délibération, de laquelle il a dit avoir pris communication. Car ainsi, &c.

Marché par un Charpentier pour le rétablissement d'un Moulin.

FUt présent Louis Maître Charpentier, demeurant lequel s'est obligé envers Jean à ce présent & acceptant, de relever le Moulin appartenant audit Jean sis à de six pieds de haut au pardessus de ce qu'il est à présent, & faire fournir une salle de pareille longueur que celle qui y étoit; pour faire lesquels ouvrages ledit Louis fournira tous les équipages, étaies, cordages, échaffauds, & généralement tous les autres ustenciles nécessaires pour la construction & réédification dudit Moulin, même de le regarnir de quelques planches, si besoin est, ensorte qu'il soit en bon état de moulant, tournant & travaillant, faisant de grains farine, à commencer à y travailler du jour de & continuer sans discontinuation, afin de rendre lesdits ouvrages faits & parfaits bien & dûement, comme il appartient, sous bonne visite de gens à ce connoissans, au jour de prochain, à peine, &c. Ce marché fait moyennant la somme de sur laquelle ledit Louis confesse avoir ci-devant reçu dudit Jean Plus, lui a présentement payé comptant en louis d'argent, &c. & le surplus ledit Sieur Jean promet & s'oblige de le payer audit Jean incontinent après la perfection desdits ouvrages, & qu'ils auront été reçus & visitez. Car ainsi, &c. Promettant, &c. Obligeant, &c. respectivement, &c. chacun en droit soi, &c.

Reconnoissance mise au pied d'un Devis & Marché, portant quittance générale, déclaration & subrogation.

AUjourd'hui sont comparus devant les Notaires soussignez, M. Louis demeurant d'une part, & Denis Maître Menuisier d'autre part; lesquelles Parties reconnoissent avoir écrit *ou* fait écrire, & ensuite avoir signé de leurs signatures ordinaires le Devis & Marché fait entr'eux le pour raison des ouvrages de Menuiserie y mentionnez, à faire en une maison que ledit Sieur Louis a fait construire à neuf rue du Temple, un double duquel Devis & Marché est demeuré ici annexé, pour y avoir recours, après avoir été paraphé par eux, & à leurs requisitions par lesdits Notaires soussignez: Et après que lesdits ouvrages ont été entierement faits, toisez, examinez, prisez & estimez par gens experts à ce connoissans, dont lesdits Sieurs Louis & Denis sont convenus, ils se sont trouvez monter à la somme de sept mille cent livres, que ledit Sieur Denis confesse avoir reçue dudit Sieur Louis, tant ci-devant que cejourd'hui, dont il est content & le quitte de toutes choses jusqu'à ce jour, déclarant ledit Louis que ladite somme fait partie de celle de huit mille livres, qu'il a solidairement avec sa femme empruntée; sçavoir, quatre mille livres de Madeleine par Contrat du vingt-deux Avril & les autres quatre mille livres de Jean par Contrat du vingt-quatre Décembre au desir desquels deux Contrats ledit Louis fait la présente déclaration, afin que lesdits Jean & Madeleine ayent privilége sur ladite maison rue du Temple, pour leur plus grande sûreté, & soient subrogez aux hypotéques & priviléges dudit Sieur Denis, ce qu'il a consenti & consent, sans néanmoins aucune garantie, reconnoissant ledit Denis que ledit Sieur Louis lui a rendu les reçus particuliers qu'il lui avoit donnez. Promettant, &c.

Marché pour la vüidange d'une fosse à Privé.

FUt présent François, &c. Maître Vuidangeur à Paris, &c. lequel a promis à Jean, &c. Bourgeois de Paris, propriétaire d'une maison, &c. à ce présent & acceptant, de vuider & nettoyer jusqu'à vif-fond, la fosse à privé de ladite maison dudit Jean, ci-dessus déclarée, à commencer à y travailler la nuit d'entre le Lundi & Mardi prochain, avec nombre d'ouvriers suffisans, & continuer de nuit en nuit consécutivement, jusqu'à ce que ladite vuidange soit entierement faite; & pour ce faire fournir par ledit François de toutes choses nécessaires, peines d'ouvriers, & faire mener la matiere fécale aux champs à ses frais & dépens. Ce marché fait moyennant la somme de pour chacune toise de ladite vuidange, qui sera toisée suivant la coutume & usage de la Ville de Paris; sur quoi ledit François reconnoît avoir reçu dudit Jean la somme de & quant au reste, ledit Jean s'oblige le payer audit François à l'instant que ladite fosse sera vuide, curée & bien nette. Car ainsi, &c.

Marché pour façons & entretiens de Vignes.

FUt présent, &c. Vigneron demeurant à, &c. lequel a fait marché, & promet au Sieur Claude, &c. à ce présent & acceptant, de labourer, fumer, cultiver, provigner, échalasser, & faire toutes les façons nécessaires en tems & saisons convenables pendant deux années, commençant le, &c. à quatre arpens de vignes sises au terroir de, &c. que ledit Jacques a dit bien sçavoir & connoître pour les avoir ci-devant labourées, & promet icelles vignes entretenir bien & dûement, comme si c'étoient les siennes. Et à cet effet promet ledit Claude lui fournir sur les lieux le fumier & les échalas en telle quantité qu'il sera nécessaire, & ledit Jacques fournira le reste qu'il conviendra de ses peines. Ce marché fait moyennant la somme de par chaque arpent de vignes, que ledit Sieur Claude promet payer audit Jacques par chacun an, au fur & à mesure qu'il façonnera ses vignes. Car ainsi, &c.

Marché de voiture de bois.

FUt présent, &c. Voiturier, demeurant, &c. lequel promet à Claude, &c. demeurant à, &c. à ce présent & acceptant, de mener, conduire & voiturer depuis jusqu'à la quantité de cent cinquante cordes de bois audit Claude appartenant, qui sont à présent sur ledit lieu de, &c. & commencer de faire ladite voiture dès Lundi prochain avec sa charette, ses trois chevaux & harnois, & ainsi continuer jusqu'à ce que ledit bois soit arrivé & voituré audit lieu de, &c. Ce marché fait moyennant & à raison de par corde dudit bois, que ledit Claude promet payer audit Entrepreneur, au fur & à mesure qu'il fera ladite voiture dudit bois, & le dernier payement incontinent après que tout ledit bois sera arrivé audit lieu de, &c. Car ainsi, &c.

Marché de peaux de veau, mouton & brebis.

FUt présent François, &c. Boucher, demeurant lequel a reconnu avoir vendu, & promet fournir à Antoine, &c. Megissier, demeurant à, &c. à ce présent & acceptant, toutes les peaux de veau, mouton, brebis & agneaux qui proviendront de son abbatis durant la présente année à commencer du jour de Pâques prochain, finissant au premier jour de Carême ensuivant, lesquelles peaux ledit Antoine sera tenu d'aller prendre & faire enlever en l'échaudoir ou abbatis dudit François par chaque semaine; pour raison de laquelle livraison sera faite une taille, dont ledit François aura la souche, & ledit Antoine l'échantillon, de laquelle taille la croix vaudra dix, la demie cinq, & la hoche une peau. Seront tenues lesdites Parties de compter sur ladite taille de mois en mois. Ce marché fait à raison de pour chacun cent desdites peaux l'une portant l'autre, à compter cent quatre pour cent, & vingt-six pour quarteron, lequel prix ledit Antoine promet payer audit François, &c. en sa maison à Paris, de six mois en six mois. Car ainsi, &c.

A l'égard des Marchez de peaux de bœufs & de vaches, l'on met : *Ce marché fait moyennant & à raison de pour chacun cent pesant desdites peaux*, & le reste comme dessus.

Marché de vente de bois.

FUt présent Honoré, &c. Marchand de bois, demeurant à, &c. lequel reconnoît avoir vendu & promet fournir à ses dépens sur le Port de, &c. à Paris, dans trois mois prochains, à Hilaire, &c. aussi Marchand de bois, demeurant à Paris, rue, &c. à ce présent & acceptant, la quantité de mille cordes de bois de chêne & de chêneaux, le tout bon, loyal & marchand, la corde de huit pieds de large & quatre de haut, bâton sur mesure, franc & quitte de tous droits de péages & passages, moyennant le prix & somme de pour chaque corde dudit bois, lequel sera cordé & visité si-tôt qu'il sera arrivé à Paris audit Port, en la présence dudit Hilaire; sur lequel prix ledit Honoré, &c. confesse avoir reçu comptant dudit Hilaire, &c. la somme de cinq cens livres, dont, &c. quittant, &c. & le surplus dudit prix ledit acquéreur promet le payer audit vendeur en cette Ville de Paris, si-tôt que tout ledit bois sera arrivé audit Port, cordé & reçu, comme dit est. Car ainsi, &c. *élection de domicile, &c.*

Quand le compte & la visite du bois se fait sur le lieu de la coupe, on met :

Et le surplus dudit prix, ledit acheteur promet le payer audit vendeur, sitôt qu'il lui aura livré ladite marchandise de bois audit Port de, &c. à Paris, laquelle marchandise ledit acheteur sera tenu de visiter, & d'en compter la quantité de cordes sur le lieu de la coupe dudit bois, même de le voir charger dans les bateaux, & pour la garde dudit bois, y mettre des personnes aux dépens dudit acheteur, jusqu'à ce qu'il soit livré audit Port. Que si par ledit compte qui sera fait de la vente dudit bois en détail, le nombre desdites cordes ne s'y trouve, ledit acheteur n'en pourra rien répéter contre ledit vendeur, mais bien contre ceux qu'icelui acheteur aura commis pour y prendre garde, tant dedans que dehors lesdits bateaux, &c.

Marché d'un Rôtisseur pour la fourniture d'une Maison.

FUt présent Barthelemy, &c. Maître Rôtisseur à Paris, demeurant rue &c. lequel promet à très-Haut, très-Puissant & très-Excellent Prince Monseigneur Henry, &c. à ce présent & acceptant, de lui fournir & livrer durant deux ans prochains, à commencer au premier jour de Janvier prochain, tant pour sa bouche que pour sa Maison & suite de son Hôtel à Paris & à la campagne, aux armées où son Altesse sera employée pour le service du Roi, dedans & dehors le Royaume, toutes & chacunes les viandes, gibiers & volailles nécessaires, telles qu'elles sont contenues au Mémoire ci-devant en feuillets de papier, le présent compris, pour & moyennant les prix portez par ledit Mémoire, que son Altesse promet payer ou faire payer par son Trésorier audit Barthelemy, ou au porteur, &c. de mois en mois sur les extraits de ladite fourniture, laquelle sera écrite sur le livre dudit Barthelemy par le Maître d'Hôtel ou Controlleur de la Maison de Sadite Altesse, à mesure de ladite livraison, sans que durant ledit tems les Parties puissent demander ni prétendre plus haut ni moindre prix que celui arrêté par ledit Mémoire. Pour faire lesquelles fournitures pendant que Sadite Altesse sera à la campagne & aux armées, comme dit est, ledit Barthelemy sera tenu de suivre Sadite Altesse en tout lieu, & de mener avec lui un ou deux hommes pour lui aider en son emploi, lesquels seront nourris avec ledit Barthelemy aux dépens de Sadite Altesse, comme ses autres Officiers du commun : & leur sera encore fourni aux dépens de Sadite Altesse les chevaux nécessaires pour les porter, & même pour porter lesdites viandes, gibier & volaille, si besoin est, avec des couvertures de charge aux livrées & armes de Sadite Altesse, sans que pendant tout le tems que ledit Barthelemy sera à la suite de Sadite Altesse, il puisse prétendre pour lui ni pour ses serviteurs aucuns gages ni appointemens de Sadite Altesse. Et si ledit Barthelemy étoit défaillant de faire ladite fourniture par chaque jour en tout lieu, comme dit est, Sadite Altesse le pourra faire prendre ailleurs par ses Officiers, pour le compte & aux frais dudit Barthelemy. Car ainsi, &c.

Les Marchez pour le pain & le vin se font de la même maniere ; c'est pourquoi il est inutile d'en rapporter les formules.

Marché de foin.

FUt présent François, &c. Laboureur, demeurant à, &c. lequel reconnoît avoir vendu & promis fournir & livrer à Henry, en sa maison à Paris, rue à ce présent & acceptant, au fur & à mesure qu'il en aura besoin (*ou bien* dans tel tems) la quantité de huit milliers de bottes de foin, bon, loyal & marchand, chaque botte liée à trois liens, & du poids de quinze livres, pour en faire par ledit Henri ce que bon lui semblera. Ce marché fait à raison de deux cens livres pour chaque millier desdites bottes de foin ; sur lequel prix ledit François confesse avoir reçu dudit Sieur Henri, qui lui a payé, présens les Notaires soussignez, &c. la somme de dont quittant, &c. & le surplus ledit Henri promet le payer audit François, ou au porteur, au fur & à mesure de ladite livraison, & le dernier payement aussi-tôt que ledit foin lui sera entierement livré. Car ainsi, &c. *élection de domicile, &c.*

CHAPITRE

CHAPITRE III.

Des Brevets d'Apprentiſſage.

BREVET d'Apprentiſſage, eſt un acte par lequel un Particulier s'oblige à demeurer chez un Maître pendant un certain tems, pour apprendre un Négoce, Art ou Métier, moyennant une certaine ſomme.

On tient, 1°. Que l'Apprenti qui ſeroit empêché par maladie ou infirmité de continuer ſon Apprentiſſage, pourroit faire réſoudre ſon Obligation. 2°. Qu'un Apprenti qui embraſſe la vie religieuſe, eſt déchargé de l'Obligation qu'il auroit contractée avec ſon Maître pour ſon Apprentiſſage.

L'Apprenti s'oblige par ſon Brevet d'Apprentiſſage de ſervir fidelement ſon Maître, & lui obéir en toutes choſes raiſonnables.

Autrefois on obligeoit un Apprenti par corps; mais depuis l'Ordonnance de 1667, on n'admet plus cette contrainte; on ſtipule ſeulement que l'Apprenti ſera déchu de la Maîtriſe, & à payer, en cas qu'il quitte avant ſon tems d'Apprentiſſage fini, la ſomme promiſe; contre laquelle obligation un mineur n'eſt point reſtituable. *Voyez Boniface, Tome I, Livre 4, tit. 8, chap.*

Le Maître s'oblige envers l'Apprenti de lui montrer ſon Négoce, Art ou Métier: ſur quoi il faut remarquer,

I. Qu'aux Brevets des Apprentis Orfévres, Sculpteurs, Peintres, Enlumineurs, Imprimeurs, Chirurgiens, Apoticaires, &c. il faut dire, *que le Maître promet de montrer ſon Art*; au lieu qu'aux autres l'on dit, *ſon Métier ou Négoce.*

II. Qu'aux Brevets des Apprentis Marchands, il faut dire, que le Maître promet *de montrer ſon Commerce & Marchandiſe dont il ſe mêle & entremet en icelle.*

La plupart des Brevets d'Apprentiſſage ſe font en la préſence d'un ou de deux Jurez, & à la fin on met: *Car ainſi a été accordé entre les Parties, en la préſence de Nicolas, &c. auſſi Maître, & à préſent Juré dudit Métier, pour ce comparant, demeurant, &c. lequel audit nom de Juré a eu le préſent Brevet pour agréable.*

Et lorſque l'on paye aux Jurez les droits dûs à la Communauté pour le droit d'Apprentiſſage, on en fait mention à la fin de l'Acte après la ſuſdite clauſe, & on met : *Reconnoiſſans leſdits Jurez avoir été payez de la ſomme de pour les droits dûs à ladite Communauté.*

On peut auſſi mettre la comparution des Jurez pour l'approbation du Brevet, par un Acte au pied d'icelui.

Il y a des Communautez dont les Statuts veulent que les Brevets d'Apprentiſſage ſe faſſent non-ſeulement en la préſence des Jurez, mais encore dans le Bureau de la Communauté ; ce qu'il faut ſpécifier dans l'Acte.

Enfin il y a beaucoup de Brevets où le conſentement des Maîtres & Gardes n'eſt point requis ; mais au lieu de cela, les Brevets des Apprentis doivent être inſcrits & enregiſtrez dans le Livre de la Communauté, conformément à leurs Réglemens.

Les Tailleurs ne prennent point d'Apprentis s'ils ne ſont de *main-neuve*, c'eſt-à dire qui n'ont encore rien appris du Métier ; c'eſt pourquoi on met : *L'avoir mis en Apprentiſſage*, *comme Apprenti de main-neuve*, ou *le certifiant de main-neuve.*

Au reſte il faut remarquer, qu'outre les Brevets d'Apprentiſſage, on paſſe encore quelquefois un Acte, par lequel on ſe met en qualité d'Alloué chez un Maître pendant un certain tems pour apprendre.

Alloué eſt celui qui ſe met chez un Maître pour apprendre à gagner ſa vie ſeulement, ſans acquerir la franchiſe, ni pouvoir aſpirer à devenir Maître. On appelle Compagnon celui qui après avoir achevé ſon tems d'Apprentiſſage, demeure chez un Maître à ſon ſervice, & travaille chez lui, à tant par jour, ou par mois, ou à ſes piéces, ſuivant l'ouvrage qu'il fait, ſelon les conventions faites avec le Maître.

Il nous reſte à remarquer ici, par rapport aux Brevets d'Apprentiſſage du Métier d'Orfévre, qu'ils ne peuvent être paſſez au-deſſous de l'âge de dix ans, & au-deſſus de ſeize, & qu'ils doivent être de huit années, & de plus enregiſtrez aux Bureaux des Maiſons communes dans les Villes où il y a Jurande, & aux Greffes de la Monnoie du Reſſort.

Brevet d'Apprentiſſage paſſé par les pere & mere de l'Apprenti, avec la ratification des Jurez.

FUrent préſens Léonard Rocher, Manœuvre, & Jacqueline Berton ſa femme, qu'il autoriſe à l'effet des préſentes, demeurans lesquels pour faire le profit & avantage de Jean-Claude Rocher leur fils, âgé de quinze ans, qu'ils certifient fidéle, l'ont pour ce préſent & de ſon conſentement, mis en apprentiſſage dès cejourd'hui juſques & pour cinq années entieres & conſécutives avec Thomas Laurent, Maître Vitrier à Paris, y demeurant rue à ce préſent, qui a pris & retenu ledit Jean-Claude Rocher fils pour ſon Apprenti, auquel durant ledit tems il promet enſeigner ſon Métier de Vitrier, & tout ce dont il ſe mêle en icelui, le nourrir, loger, coucher & traiter humainement; & leſdits Rocher & ſa femme l'entretiendront d'habits, chauſſures & autres vêtemens ſelon ſon état, & le blanchiront : Et de ſa part ledit Apprenti a promis d'apprendre de ſon mieux tout ce qui lui ſera montré par ſondit Maître, lui obéir en tout ce qu'il lui commandera de licite & honnête, faire ſon profit, éviter ſon dommage, & l'en avertir, s'il vient à ſa connoiſſance, ſans pouvoir s'abſenter ni aller ſervir & demeurer ailleurs pendant leſdites cinq années; auquel cas d'abſence ſeſdits pere & mere ont promis de le chercher & faire chercher par la Ville & Banlieue de Paris, pour après l'avoir trouvé, ſi faire ſe peut, le ramener audit Laurent, pour parachever le tems qui pourroit lors reſter à expirer des préſentes, qui ſont faites moyennant la ſomme de quatre-vingt livres, que ledit Laurent a reconnu avoir reçue d'eux, dont quittant, &c.

Ce fait en la préſence de Charles Dor, demeurant à Paris à l'un des Pavillons du Collége des Quatre-Nations, Paroiſſe Saint Sulpice, & François Gaillard, demeurant rue des Blancs-Manteaux, Paroiſſe Saint Paul, tous deux Maîtres Vitriers à Paris, de préſent Jurez en Charge & Comptables de la Communauté deſdits Maîtres Vitriers, leſquels ont eu le préſent Brevet pour agréable, comme conforme aux Statuts de leur Communauté, & ont reconnu avoir reçu dudit Laurent la ſomme de quinze livres pour les droits dûs à ladite Communauté pour raiſon du préſent Brevet, dont, &c. quittant, &c. Car ainſi a été accordé. Promettant, &c. Obligeant, &c. Renonçant, &c. Fait & paſſé à Paris, &c.

Brevet d'Apprentiſſage par une mere, de ſon fils.

FUt préſente Jeanne Cornet, veuve de Jean Couturier, Vigneron à Bougival, près Marly, y demeurante ordinairement, étant de préſent à Paris, logée rue . laquelle pour faire le profit & avantage de François Couturier ſon fils, âgé de dix-neuf ans ou environ, qu'elle certifie fidele, a reconnu l'avoir mis de cejourd'hui en apprentiſſage juſques & pour quatre années entieres & conſécutives avec Jean le Fevre, Maître Charron à Paris, y demeurant rue à ce préſent & acceptant, qui a pris & retenu ledit Couturier pour ſon

Apprenti, auquel il promet & s'oblige de montrer ſondit Métier de Charron, & tout ce dont il ſe mêle en icelui, le nourrir, loger, coucher & le traiter doucement & humainement, comme il appartient, & lui donner une pinte de vin par jour : Et ledit Apprenti à ce préſent, a promis de ſa part, d'apprendre de ſon mieux tout ce qui lui ſera montré & enſeigné par ſondit Maître, lui obéir en tout ce qu'il lui commandera de licite & honnête, le ſervir fidelement & diligemment, éviter ſon dommage, & l'en avertir, s'il vient à ſa connoiſſance, ſans s'abſenter ni aller travailler ailleurs pendant ledit tems ; auquel cas d'abſence ladite veuve Couturier ſa mere promet de le chercher ou faire chercher par la Ville & Banlieue de Paris, pour, s'il peut être trouvé, le ramener chez ſondit Maître, pour parachever le tems qui pourroit reſter lors à expirer des préſentes, qui ſont faites moyennant la ſomme de deux cens livres, que ladite veuve Couturier promet & s'oblige de payer audit le Fevre, en ſa demeure à Paris, ou au porteur, &c. en deux payemens égaux de cent livres chacun, dont le premier échera & ſe fera au, &c. & le ſecond à l'expiration deſdites quatre années, à peine, &c. Et pour l'exécution des préſentes, &c. *Election de domicile, &c.*

Ratification d'un Brevet d'Apprentiſſage par les Jurez, lorſqu'ils n'ont pas été préſens à la paſſation dudit Brevet.

Et le ſont comparus pardevant les Notaires au Châtelet de Paris ſouſſignez, Pierre Pagneſt, demeurant rue Jean Duval, demeurant rue & Edme Gallet, demeurant rue tous Maîtres Charrons à Paris, & Jurez de préſent en Charge de la Communauté deſdits Maîtres Charrons de cette Ville ; leſquels après avoir pris communication, & que lecture leur a été faite par l'un des Notaires ſouſſignez, l'autre préſent, du Brevet d'Apprentiſſage ci-deſſus & de l'autre part, qu'ils ont dit bien entendre, ont déclaré qu'ils le ratifient, confirment & approuvent, comme étant conforme aux Statuts de leur Communauté. Fait & paſſé, &c.

Quittance d'un Brevet d'Apprentiſſage.

Ledit Guillaume nommé au Brevet d'Apprentiſſage de l'autre part, reconnoît que ledit Jacques ſon Apprenti, auſſi y nommé, l'a bien & fidelement ſervi pendant les trois années portées audit Brevet ; comme auſſi lui a payé la ſomme convenue par icelui, dont il eſt content, & en quitte ſondit Apprenti, conſentant qu'il aille ſervir & travailler où bon lui ſemblera, comme Compagnon dudit Métier. Fait & paſſé, &c.

Apprentiſſage d'un Garçon qui s'oblige lui-même.

FUt préſent Jacques, &c. âgé de, &c. natif de, &c. fils de défunt, &c. vivant, &c. demeurant, &c. lequel pour faire ſon profit & apprendre à gagner ſa vie, reconnoît s'être mis en apprentiſſage du premier du préſent mois de auquel jour il eſt entré au ſervice de ſon Maître ci-après nommé, pour trois ans consécutifs & accomplis, avec Pierre, &c. Maître Cordonnier à Paris, y demeurant rue, &c. à ce présent & acceptant, qui l'a pris & retenu pour son Apprenti, auquel pendant ledit tems il promet montrer & enseigner, autant qu'il sera en son pouvoir, ledit Métier de Cordonnier, & tout ce dont il se mêle, & lui fournir, &c. *comme dessus.*

Autre par un émancipé d'âge, assisté de son Curateur.

FUt présent Etienne Drio, demeurant émancipé d'âge, procédant sous l'autorité de P. Co, son Curateur, demeurant à ce présent, lequel s'est mis en apprentissage de pour années avec Jean le M. demeurant à ce présent, qui l'a pris & retenu pour son Apprenti, auquel pendant ledit tems il promet montrer, &c. & ledit Apprenti s'entretiendra selon son état; promettant ledit Drio apprendre ledit Métier, &c. sans pouvoir s'absenter pendant ledit tems; & en cas d'absence, consent ledit Apprenti d'être pris & appréhendé au corps, pour être ramené audit le M. pour parachever le tems qui pourra lors rester à expirer des présentes, qui sont faites moyennant la somme de quatre cens livres, sur laquelle ledit le M. confesse avoir reçu par les mains de François ci-devant Tuteur dudit émancipé, demeurant à ce présent, celle de deux cens livres, dont, &c. quittant, &c. Et quant aux deux cens livres restans, ledit Drio & son Curateur promettent les payer audit le M. d'hui en à peine, &c. Et outre ledit François a présentement mis ès mains dudit Co, ainsi qu'il le reconnoît, la somme de cent livres, pour employer tant à habiller ledit Apprenti, qu'autres ses besoins & nécessitez; lesquelles deux sommes ont été payées par ledit Sieur François en conséquence de l'avis des parens dudit Drio, homologué par Sentence du Châtelet de Paris du étant au Registre de Greffier, & desquelles sommes ledit Drio, sous l'autorité dudit Co, son Curateur, promet tenir compte audit François, conformément audit avis de parens. Car ainsi, &c.

Ratification d'un Brevet d'Apprentissage par la mere de l'Apprenti.

AUjourd'hui est comparue pardevant les Notaires soussignez, Anne Lelarge, veuve de François Fatou, Marchand, demeurante laquelle après avoir pris communication, & que lecture lui a été présentement faite par l'un des Notaires soussignez, l'autre présent, du Brevet d'Apprentissage de Louis Fatou, fils mineur dudit défunt son mari & d'elle, avec Sieur Pierre Bennomond, Chirurgien de S. A. R. Monseigneur le Duc passé devant & son Confrere, Notaires à Paris, pour deux années, à compter du 26 Juillet jour dudit Brevet, par lequel Charles-David Lelarge, Bourgeois de Paris, oncle dudit Apprenti, s'est obligé, tant en son nom que se faisant fort de ladite comparante, envers ledit Sieur Bennomond, au payement de la somme de trois cens livres stipulées payables dans les tems y portez, a déclaré qu'elle le ratifie, confirme & approuve en tout ſon contenu, conſent qu'il ſoit exécuté ſelon ſa forme & teneur; ce faiſant, s'oblige ſolidairement avec ledit Sieur Lelarge, ſous les renonciations requiſes envers ledit Sieur Bennomond, au payement de ladite ſomme de trois cens livres dans les tems y énoncez, même de pourvoir aux vêtemens de ſon fils, promettant auſſi acquitter, garantir & indemniſer ledit Sieur Lelarge ſon frere, des obligations qu'il a contractées par ledit Brevet, & faire en ſorte qu'il n'en ſoit inquiété ni recherché, à peine, &c. ſans que la préſente promeſſe d'indemnité puiſſe nuire ni préjudicier audit Bennomond, éliſant leur domicile à Paris chez ledit Sieur Lelarge ſon frere, auquel lieu nonobſtant, &c. promettant, &c. obligeant, &c. Fait & paſſé, &c.

Apprentiſſage d'un Domeſtique par ſon Maître, pour récompenſe, avec intervention de caution, pour repréſenter l'Obligé en cas d'abſence.

FUt préſent M. Louis demeurant lequel pour récompenſer les ſervices à lui rendus par Jacques ſon laquais, à ce préſent & de ſon conſentement, l'a mis en apprentiſſage pour années, &c. fait moyennant la ſomme de neuf cens livres; ſçavoir, quatre cens livres, à laquelle il eſt convenu pour ledit apprentiſſage, & cinq cens livres pour les entretiens dudit Apprenti pendant leſdites années, ſur laquelle ſomme de neuf cens livres, ledit Sieur Louis a préſentement payé audit Maître, qui de lui confeſſe avoir reçu celle de quatre cens livres, dont, &c. quittant, &c. Et à l'égard des cinq cens livres reſtantes, &c. de laquelle ſomme ledit Sieur Louis fait préſent audit Jacques. A ce faire étoit préſent Jean Dumont lequel s'eſt obligé envers ledit de repréſenter ledit Apprenti, en cas d'abſence pendant leſdites années, & de le faire chercher par la Ville & Banlieue, &c.

Remiſe d'une année d'Apprentiſſage.

FUt préſent Charles Maître Cordonnier à Paris, demeurant lequel en conſidération de ce que Jacques de préſent obligé avec lui par Brevet d'Apprentiſſage paſſé pardevant Notaires à Paris, le ſçait travailler audit Métier, & du ſervice qu'il eſpere en recevoir la derniere année des trois portées audit Brevet, commençant le & finiſſant à pareil jour, a par ces préſentes reconnu lui avoir remis ladite derniere année, ſans néanmoins qu'il puiſſe aller ſervir chez d'autres Maîtres qu'après ladite derniere année expirée; pour laquelle derniere année remiſe, ledit Charles promet payer audit Jacques ſon Apprenti, la ſomme de cent livres, pour s'entretenir honnêtement, au fur & à meſure qu'il en aura affaire pendant ladite année, outre ſes nourritures qui lui ſeront fournies par ſondit Maître, qui le traitera humainement, ainſi qu'il y eſt obligé par ledit Brevet, & ſans au ſurplus déroger à icelui,

Quelquefois en remettant une année d'Apprentiſſage, on ſe ſert de cette clauſe.

Pendant laquelle derniere année ci-deſſus remiſe, ledit Charles ſon Maître promet de le payer de ſon ouvrage & travail qu'il lui donnera à faire, au prix & ainſi que les Compagnons dudit Métier ont accoutumé d'être payez, moyennant quoi ledit Jacques Apprenti ſe nourrira & entretiendra à ſes dépens de ce qu'il gagnera, & ſondit Maître lui fournira de lit ſeulement en ſa maiſon. Promettant, &c.

Autre remiſe d'une année d'Apprentiſſage.

AUjourd'hui eſt comparu Louis Dumont, Maître demeurant lequel en conſéquence des bons ſervices qu'il eſpere recevoir de ſon Apprenti pendant les premieres années des portées par le Brevet d'Apprentiſſage paſſé cejourd'hui devant les Notaires ſouſſignez, lui a par ces préſentes remis la derniere deſdites années, pendant laquelle ledit Apprenti pourra aller travailler où bon lui ſemblera, ſi mieux il n'aime reſter chez ledit Dumont, qui en ce cas le payera comme Compagnon dudit Métier; ce qui a été accepté par ledit Apprenti, qui le remercie. Promettant ledit Dumont de lui quittancer ſondit Brevet à la fin deſdites années, & ſans au ſurplus déroger audit Brevet. Promettant, &c. obligeant, &c. Fait & paſſé, &c.

Remiſe d'un Brevet d'Apprentiſſage par le Maître entre les mains des Jurez.

AUjourd'hui eſt comparu Charles Maître lequel en la préſence & du conſentement de Louis ſon Apprenti, a remis entre les mains des Jurez en Charge dudit Métier, comparans par à ce préſent, l'original en parchemin du Brevet d'Apprentiſſage dudit Louis paſſé pardevant le pour par eux lui faire continuer ſondit Brevet par tel autre Maître qu'ils aviſeront, s'en déſiſtant en faveur de celui qui prendra ledit Apprenti.

En cet endroit, ſi le Maître doit rendre de l'argent, il faut mettre ce qui ſuit.

Et de la ſomme de que ledit Charles a reçue dudit Louis par le ſuſdit Brevet, il lui en a préſentement remis, ainſi qu'il le reconnoît, celle de le ſurplus lui étant demeuré pour l'indemniſer des nourritures & logemens par lui fournis audit Apprenti. Promettant, &c.

Tranſport par les Jurez, en vertu de la remiſe ci-devant, mis au pied d'icelui, à un autre Maître.

Et le ſont comparus tous Maîtres & Jurez en Charge de la Communauté, leſquels en conſéquence de la remiſe à eux ci-devant faite du Brevet d'Apprentiſſage y énoncé, ont par ces préſentes cédé & tranſporté à Jean auſſi Maître demeurant à ce préſent & acceptant, le droit dudit Brevet, pour par lui apprendre ſondit Métier audit Louis, & ce pendant les années mois reſtans à expirer, duquel Brevet ledit Jean a dit avoir pris communication; ce faiſant, s'eſt obligé de montrer ſondit Métier audit Louis, le nourrir, loger, coucher, & d'exécuter les autres clauſes & conditions y portées, de même que ledit Charles y étoit obligé; ce fait en la préſence dudit Louis, qui a promis obéir audit Jean, à préſent ſon Maître, ainſi qu'il étoit obligé par ledit Brevet envers ledit Charles; en faveur de quoi il eſt convenu à la ſomme de moitié de laquelle ledit Jean confeſſe avoir reçue dudit Louis, dont, &c. quittant, &c. Et quant à l'autre moitié, ledit Louis promet la payer audit Jean dans à peine, &c. Reconnoiſſant ledit Jean avoir entre ſes mains l'original en parchemin dudit Brevet, dont il décharge leſdits Jurez. Car ainſi, &c.

Tranſport d'Apprentiſſage par un Maître à un autre, en préſence des Jurez.

FUt préſent Jacques Maître demeurant lequel en préſence de auſſi Maîtres & Jurez en Charge de leur Communauté, demeurans, ſçavoir ledit rue & ledit rue a cédé & tranſporté à Julien auſſi Maître, demeurant à ce préſent & acceptant, le droit que ledit Jacques a au Brevet d'Apprentiſſage de Joſeph ſon Apprenti, paſſé pardevant le pour par ledit Julien lui montrer & enſeigner ledit Métier de pendant les années mois reſtans à expirer dudit Brevet, duquel lui a été fait lecture par l'un des Notaires ſouſſignez, l'autre préſent, qu'il a dit bien ſçavoir & entendre; le tout ainſi que ledit Jacques y eſt obligé par icelui, & aux charges y portées, que ledit Julien promet d'exécuter; au moyen de quoi ledit Jacques lui fait ceſſion & tranſport, ſans garantie, des cent livres reſtantes à lui payer. Ce fait en la préſence dudit Joſeph, qui a eu ce que deſſus pour agréable, & promet d'y ſatisfaire, ainſi qu'il eſt obligé par ledit Brevet envers ledit Jacques. Car ainſi, &c.

Autre tranſport du Brevet de l'Apprenti à un autre Maître.

FUt préſent Charles, &c. Maître Cordonnier, &c. lequel céde & tranſporte par ces préſentes à Michel, &c. auſſi Maître Cordonnier, demeurant, &c. à ce préſent & acceptant, le Brevet d'Apprentiſſage de Claude, &c. Apprenti & obligé avec ledit Charles, paſſé pardevant *tels* Notaires le duquel reſte à expirer deux années, à compter de cejourd'hui, à la charge de ſatisfaire par ledit Michel à toutes les charges, clauſes & conditions portées audit Brevet; ce qu'il a promis faire, après qu'il a dit le bien ſçavoir, pour en avoir eu communication; lequel Brevet étant en parchemin, ledit Charles a préſentement mis ès mains dudit Michel, qu'il a ſubrogé en ſon lieu & place. Ce

Ce fait en la présence & du consentement de pere dudit Apprenti, à ce présent, demeurant lequel Apprenti à promis servir ledit Michel, à présent son Maître, & s'est soumis aux charges & conditions portées audit Brevet : comme aussi ledit pere a certifié ledit Apprenti son fils de toute fidélité ; & en cas d'absence, &c. *comme dessus.*

Lorsqu'il arrive quelque differend entre le Maître & l'Apprenti, pour mauvais traitement ou autre cause, la plainte se fait pardevant Monsieur le Procureur du Roi au Châtelet, en la présence des Jurez du Métier, qui transportent eux-mêmes le Brevet à un autre Maître, suivant l'avis de Monsieur le Procureur du Roi.

Transport d'un Brevet d'Apprentissage, fait en conséquence d'un avis de Monsieur le Procureur du Roi du Châtelet.

FUrent présens Claude, &c. & Jean, &c. Maîtres Cordonniers à Paris, à présent Jurez dudit Métier, demeurans, &c. lesquels suivant le jugement & avis de Monsieur le Procureur du Roi au Châtelet de Paris, cejourd'hui donné sur les differends mûs entre Pierre, &c. aussi Maître de ladite vacation, &c. & Charles son Apprenti, reconnoissent avoir cédé & transporté par ces présentes à Paul, &c. pareillement Maître, &c. à ce présent & acceptant, le Brevet d'Apprentissage dudit Pierre, passé pardevant Notaires, le pour quatre années, dont il en reste deux à expirer, à compter de cejourd'hui, à la charge de satisfaire par ledit Paul à tout le contenu audit Brevet, ainsi que ledit Pierre étoit obligé par icelui ; duquel lecture lui a été présentement faite par l'un des Notaires soussignez, l'autre présent, sur une expédition en parchemin présentement mise ès mains dudit Paul, &c. Au moyen de quoi ledit Pierre a présentement rendu & payé audit Paul la somme de cent livres, faisant partie de trois cens livres portées par ledit Brevet, laquelle somme de cent livres lesdits Jurez ont estimé devoir être ainsi rendue, eu égard au tems que ledit Apprenti a servi ledit Pierre, dont ledit Paul s'est tenu content, &c.

Désistement d'un Brevet d'Apprentissage ensuite de la minute.

Et le sont comparus lesdits Jean d'une part ; Louis & Jacques son fils, Apprenti dudit Jean, d'autre part : lesquelles Parties se sont par ces présentes désistées du Brevet ci-devant, consentant respectivement qu'il demeure nul de cejourd'hui, sans aucuns déboursez de part ni d'autre, se quittant réciproquement de toutes choses, renonçant ledit Apprenti audit Métier. Car ainsi, &c.

Déſiſtement d'un Brevet d'Apprentiſſage fait ſéparément dudit Brevet.

FUrent préſens Julien Maître demeurant d'une part ; Lucas & Joſeph ſon fils, Apprenti dudit Julien, d'autre part ; leſquelles Parties ſe ſont déſiſtées reſpectivement du Brevet d'Apprentiſſage dudit Joſeph, fait avec ledit Julien, pardevant le conſentant qu'il ſoit nul, &c. *Le reſte comme ci-deſſus.*

Convention entre un Maître à danſer & un Particulier, en forme d'Apprentiſſage.

FUrent préſens P. Olivier, Maître de Danſe & Joueur d'Inſtrumens à Paris, y demeurant d'une part ; & Pierre Flé, demeurant d'autre part ; leſquelles Parties ſont convenues de ce qui ſuit : C'eſt à ſçavoir, que ledit Olivier s'eſt obligé envers ledit Flé de lui montrer & enſeigner l'art de Danſe, & à jouer des Inſtrumens dont il ſçait jouer ; & ce pendant années, à compter de cejourd'hui, trois fois châque ſemaine, en telle maiſon que ledit Flé puiſſe ci-après demeurer à Paris, où ledit Olivier ſera tenu de l'aller trouver à heure commode, & faire enſorte par ledit Olivier que ledit Flé ſoit en état d'être reçu à danſer & jouer des Inſtrumens à la fin deſdites années, s'obligeant même ledit Olivier de le faire agréer par les Jurez. En conſidération de quoi ledit Flé promet de payer audit Olivier la ſomme de, &c.

Brevet d'Apprentiſſage de Tailleur.

FUt préſent Sieur Louis-Alexandre Cornet, Bourgeois de Paris, & Damoiſelle Suzanne Carron ſa femme, qu'il autoriſe, demeurans à Paris, Place Maubert, Paroiſſe Saint Etienne-du-Mont, leſquels pour faire le profit & avantage de Nicolas Cornet leur fils, âgé de dix-ſept ans, qu'ils certifient fidele & de main-neuve, ont reconnu l'avoir mis en apprentiſſage pour quatre années entieres & conſécutives, à commencer de cejourd'hui, avec Sieur Etienne Chalot, Maître Tailleur d'habits à Paris, y demeurant rue Saint Honoré, Paroiſſe Saint Germain de l'Auxerrois, à ce préſent, qui a pris & retenu ledit Cornet fils pour ſon Apprenti, auquel il promet montrer & enſeigner ſon Métier de Tailleur, & tout ce dont il ſe mêle en icelui, le nourrir, loger, coucher, chauffer, éclairer, blanchir ſon gros & menu linge, & ſeſdits pere & mere l'entretiendront d'habits convenables à ſon état.

A ce faire eſt intervenu ledit Apprenti, demeurant à préſent avec ledit Sieur ſon Maître, lequel a promis apprendre de ſon mieux ledit Métier de Tailleur, & tout ce qui lui ſera montré & enſeigné par ledit Sieur ſon Maître, lui obéir avec reſpect & docilité en tout ce qu'il lui commandera de licite & honnête, faire ſon profit, éviter ſa perte, l'avertir du tort qui pourroit lui être fait, s'il vient à sa connoissance, sans s'absenter ni aller travailler ailleurs; auquel cas sesdits pere & mere s'obligent de le chercher & faire chercher, pour, s'il peut être trouvé, être ramené chez ledit Sieur son Maître, achever le tems qui resteroit à expirer des présentes, qui sont faites moyennant le prix & somme de deux cens livres, en déduction de laquelle ledit Sieur Chalot reconnoît avoir reçu desdits Sieur & Damoiselle Cornet celle de cent livres, dont il est content, & les en quitte & décharge; & pour les cent livres restantes, lesdits Sieur & Dame Cornet promettent & s'obligent solidairement les payer audit Sieur Chalot en sa demeure à Paris, ou au porteur, dans deux ans de ce jour, à peine, &c. élisant pour l'exécution des présentes, leur domicile en leur demeure susdite, auquel lieu nonobstant, promettant, obligeant solidairement, renonçant. Fait & passé, &c.

Ratification par les Jurez, ensuite dudit Brevet.

Et le sont comparus tous Maîtres Tailleurs d'habits à Paris, & Jurez en charge de leur Communauté, lesquels après avoir pris communication & entendu la lecture du Brevet ci-dessus, ont déclaré qu'ils le ratifient, confirment & approuvent, comme étant conforme aux Statuts & Réglemens de leur Communauté, reconnoissans avoir été payés de leurs droits, dont acte. Fait & passé, &c.

Alloué d'Imprimeur.

FUt présent Louis C. Manouvrier, demeurant à Paris, rue de la Harpe, Paroisse Saint Benoît, lequel pour faire le profit & avantage de Louis-André C. son fils, âgé de quinze ans ou environ, qu'il certifie fidele, a reconnu l'avoir mis en qualité d'Alloué pour quatre années entieres & consécutives, à commencer de cejourd'hui, avec Sieur Pierre-André L. Imprimeur-Libraire à Paris, y demeurant rue Saint Jacques, susdite Paroisse, à ce présent, qui a pris & retenu ledit C. fils pour sondit Alloué, auquel il promet montrer & enseigner l'ouvrage manuel de l'Imprimerie, & tout ce dont il se mêle en icelui, le nourrir, loger, coucher, chauffer, éclairer, blanchir son gros & menu linge, & sondit pere l'entretiendra d'habits convenables à son état.

A ce faire est intervenu ledit C. fils, demeurant à présent avec ledit Sieur L. lequel a promis apprendre de son mieux tout ce qui lui sera montré & enseigné par ledit Sieur son Maître, lui obéir avec respect & docilité en tout ce qu'il lui commandera de licite & honnête, faire son profit, éviter sa perte, l'avertir du tort qui pourroit lui être fait venant à sa connoissance, sans pouvoir s'absenter ni aller travailler ailleurs, sous les peines portées par l'Article 25 des Réglemens de la Communauté des Imprimeurs-Libraires de cette Ville, qui sont de rester le double du tems porté en ces présentes, qui sont faites sans aucuns deniers déboursez de part ni d'autre.

Ne pourra ledit Alloué parvenir à la Maîtrise, en vertu des présentes, conformément aux Réglemens de ladite Communauté. Promettant, obligeant, &c.

Alloué avec un Marchand Orfévre.

FUt présent Sieur Jean Chalumeau, demeurant rue lequel pour faire le profit & avantage de Charles-Matthieu Chalumeau son fils, âgé de quinze ans ou environ, qu'il certifie fidéle, l'a pour ce présent & de son consentement mis & obligé en qualité d'Alloué, de cejourd'hui jusques & pour trois années consécutives, avec Pierre de Lorme, Marchand Orfévre à Paris, y demeurant à ce présent, & acceptant ledit Chalumeau fils pour son Alloué, auquel durant ledit tems il a promis de montrer & enseigner sa Profession d'Orfévre, & tout ce dont il se mêle & entremet en icelle, sans lui en rien cacher, le nourrir, loger, chauffer & traiter doucement, comme il appartient, & ledit Sieur son pere l'entretiendra d'habits, linge & autres vêtemens honnêtes selon son état, & lui fera blanchir son gros & menu linge. Promettant ledit Alloué apprendre du mieux qu'il lui sera possible tout ce qui lui sera enseigné par ledit Sieur de Lorme, lui obéir en tout ce qu'il lui commandera, faire son profit, éviter son dommage, l'en avertir s'il vient à sa connoissance, sans pouvoir s'absenter de chez lui, ni aller travailler ailleurs pendant ledit tems; auquel cas d'absence ledit Sieur Chalumeau pere promet faire chercher son fils par tout où il appartiendra, pour le ramener chez ledit Sieur de Lorme, & parachever le tems qui restera lors à expirer des présentes, qui sont faites moyennant la somme de deux cens livres, en déduction de laquelle ledit Sieur de Lorme reconnoît que ledit Sieur Chalumeau pere lui a présentement payé, &c. & quant aux restant, ledit Chalumeau pere promet & s'oblige de les payer audit Sieur de Lorme en sa demeure à Paris, ou au porteur, dans deux ans prochains, à peine, &c. Et pour l'exécution, &c.

Autre Alloué.

FUt présent Charles Compagnon Couvreur de maisons, natif de âgé de fils de défunt & de ses pere & mere, demeurant lequel pour se perfectionner dans ledit Métier de Couvreur, s'est volontairement mis en qualité d'Alloué de cejourd'hui pour deux années, avec Jean Maître Couvreur de maisons, demeurant à ce présent, qui l'a pris & retenu pour son Alloué, & auquel pendant ledit tems il promet enseigner son Métier, & tout ce dont il se mêle & entremet en icelui, sans lui en rien cacher, pour le perfectionner, le nourrir, loger, chauffer & le traiter humainement comme il appartient, à la charge que ledit Charles s'entretiendra de vêtemens, & se fera blanchir à ses dépens; promettant apprendre du mieux qu'il lui sera possible tout ce qui lui sera montré par ledit Jean lui obéir en tout ce qu'il lui commandera de licite & honnête, faire son profit, éviter son dommage, &c. *comme dessus.*

Intervention de Caution ensuite du précédent Alloué.

A ce faire étoit présent Louis Martin, demeurant lequel s'est rendu Caution envers ledit Jean pour ledit Charles, & promet, en cas qu'il fasse quelque tort, perte ou dommage, de le réparer, si-tôt le cas arrivé, même en cas d'absence pendant lesdites deux années, de le chercher par la Ville & Banlieue de Paris, pour, s'il peut être trouvé, l'amener chez ledit Sieur Jean, pour parachever le tems qui restera lors à expirer du présent Alloué; & s'il ne le vouloit parachever, ledit Louis promet de payer audit Jean, la somme de cent livres, dont il fait son propre fait & dette, à quoi il oblige tous ses biens présens & à venir. Car ainsi, &c. *Election de domicile comme dessus.*

CHAPITRE IV.

Des Protêts de Lettres de Change.

PROTEST, est un Acte de sommation fait par un Notaire ou Huissier à un Banquier ou Marchand, d'accepter une Lettre de Change tirée sur lui par un Correspondant; ou bien quand le tems est échu, & que celui qui l'a acceptée est refusant de la payer, le Protêt est une sommation faite par un Notaire ou un Huissier à un Banquier ou Marchand de l'acquitter.

Cet Acte contient encore une déclaration faite par celui qui est le porteur de la Lettre de Change, qu'à faute par celui sur qui elle est tirée de l'accepter, ou de la payer, on renvoyera la Lettre de Change, & qu'on lui fera payer les changes & rechanges, & tous les dommages & interêts.

De la définition que nous venons de donner du terme de *Protêt*, il s'ensuit qu'il y en a de deux sortes; l'un faute d'acceptation, & l'autre faute de payement à l'échéance des Lettres, quand elles ont été acceptées, ou qu'elles sont tirées à jour nommé, à une ou deux usances, ou en payement, ou à vûe.

Les Protêts faute d'accepter, doivent être faits dans le même tems que l'on présente la Lettre, & que celui sur qui elle est tirée refuse de l'accepter, soit pour le tems, ou pour les sommes portées par les Lettres, ou par défaut de Lettres d'Avis ou de Provision.

Les Protêts faute de payer toutes sortes de Lettres de Change tirées à jour nommé, à usance ou double usance, doivent être faits dans les dix jours de faveur, à compter du lendemain de l'échéance des Lettres.

Les Protêts se peuvent faire par les Notaires ou par les Huissiers; néanmoins ces Actes ne se font pas ordinairement à Paris par les Notaires; il semble même que ces sortes de sommations sont plus du ministere des Huissiers: quoi qu'il en soit, nous en allons donner ici deux formules; l'une du Protêt qui se fait faute d'acceptation d'une Lettre de Change, & l'autre du Protêt qui se fait faute de payement.

Protêt de Lettre de Change, faute d'acceptation.

AUjourd'hui, en la compagnie & avec les Notaires, &c. le Sieur Louis, &c. Marchand, Bourgeois de Paris, demeurant rue, &c. s'est transporté au domicile du Sieur Etienne, &c. Marchand Banquier, demeurant rue, &c. où étant & parlant à sa personne, &c. ledit Sieur Louis lui a montré & présenté la Lettre de Change, dont la teneur ensuit: (*Faut transcrire la Lettre de Change en cet endroit, avec tous les ordres qui y sont.*) Ce faisant, ledit Sieur Louis, &c. a sommé & interpellé par ces présentes ledit Sieur Etienne, parlant comme dit est, d'accepter présentement ladite Lettre de Change, pour la payer & acquitter au tems y porté: Autrement & à faute de ce faire, ledit Sieur Louis a protesté & proteste du change & rechange de ladite somme de mille livres, même de renvoyer ladite Lettre de Change, & de prendre au susdit tems à change & rechange en tel lieu & place qu'il avisera, pareille somme de mille livres, aux risques, périls & fortunes, frais, dépens, dommages & interêts dudit Sieur Etienne, ainsi qu'il appartiendra, & en outre de tout ce qu'il peut & doit protester en cette partie. Lequel Sieur Etienne a fait réponse qu'il doit seulement de reste audit Sieur André, tireur de la susdite Lettre de Change, la somme de quatre cens livres, laquelle il est prêt & offre de payer à deux jours de vûe, suivant ladite Lettre de Change, & non plus, n'ayant autre fonds en ses mains audit Sieur André appartenant, pour laquelle somme de quatre cens livres il est prêt & offre d'accepter ladite Lettre de Change; & au surplus fait protestations contraires à celles dudit Sieur Louis, à ce qu'elles ne lui puissent nuire ni préjudicier: ce que ledit Sieur Louis a pris pour refus, a retiré ladite Lettre de Change, & persisté en sesdites sommations & protestations, & de tout ce que dessus requis acte ausdits Notaires, qui lui ont octroyé le présent, pour lui servir ce que de raison. Ce fut ainsi fait, requis & octroyé en la maison & domicile dudit Sieur Etienne, &c.

Autre Protêt, quand le tems est échu pour le payement d'une Lettre de Change.

Faut commencer comme ci-dessus, & puis dire: Ce faisant, ledit Sieur

Louis, &c. a par ces présentes sommé & interpellé ledit Sieur Etienne, &c. parlant comme dessus, de lui payer présentement ladite somme de mille livres, attendu que le tems porté par ladite Lettre de Change est expiré, offrant moyennant ce de la lui rendre présentement quittancée & endossée, comme il appartient; autrement & à faute de ce faire, ledit Sieur Louis, &c. a derechef protesté & proteste par ces présentes du change & rechange de ladite somme de mille livres, même de renvoyer ladite Lettre de Change, & de prendre pareille somme de mille livres en tel lieu & place qu'il avisera à change & rechange, &c. *comme ci-dessus.*

Quelquefois un Marchand sur qui on tire une Lettre de Change, ne se trouve pas en état de la payer: alors si le Porteur de la Lettre veut donner du tems, & pour la sureté de sa dette accepter une Caution, on en fait un Acte avec cautionnement, lequel se dresse de la même maniere que les cautionnemens des Obligations, dont on a ci-devant rapporté des formules.

Il est bon de remarquer ici que les Obligations, Billets, Cédules, Cautionnemens, & autres Actes obligatoires, causez pour Lettres de Change, emportent contrainte par corps.

A l'égard des Lettres de Change, suivant l'Ordonnance du mois de Mars 1673, Titre V, il y a plusieurs choses à observer.

I. Elles doivent contenir les noms de ceux ausquels elles doivent être payées, le tems du payement, le nom de celui qui a fourni la valeur, & si la valeur a été fournie en deniers, marchandises ou autres effets.

II. S'il y a des signatures en blanc au dos des Lettres de Change, elles ne doivent servir que d'endossement, & non d'ordre, à moins que l'ordre ne soit rempli & daté, & qu'il ne contienne le nom de celui qui a payé la valeur en argent, marchandises ou autrement.

III. Les Lettres de Change, dont l'endossement est bien rempli, avec la date & le nom de celui qui a fourni la valeur, appartiennent à celui du nom duquel l'ordre est rempli, sans qu'il soit besoin de transport ni de signification.

IV. Si l'endossement n'est pas en forme, & qu'il soit sans date ni nom, mais seulement le nom ou signature en blanc, la Lettre de Change est réputée appartenir à celui qui l'a endossée, & peut être saisie par ses créanciers, & comme telle compensée par ses redevables.

Les ordres doivent être bien de suite, sans antidate, à peine de faux & de nullité.

Il y a de quatre sortes de Lettres de Change pour le terme du payement. Premierement, à tant de jours de vûe ; & alors le tems ne court que du jour qu'elle a été acceptée. Par exemple, une Lettre à huit jours de vûe, acceptée le troisiéme Juillet, n'est exigible que le douze du même mois.

Secondement, à jour nommé ; & alors une Lettre payable au 25 Avril, par exemple, ne peut être exigible que le lendemain. On n'est point tenu de faire accepter cette sorte de Lettre de Change, parce que le tems court toujours pour l'échéance, sans acceptation ; mais il est de l'avantage du Porteur qu'elle soit acceptée, pour avoir deux débiteurs au lieu d'un ; sçavoir, celui qui a tiré la Lettre de Change, & celui qui l'a acceptée.

Troisiémement, une Lettre de Change est à usance, deux, trois, quatre usances, &c. Ce mot, *usance*, est trente jours en France, & non pas un mois, comme quelques personnes ont prétendu. A l'égard des Lettres tirées des Pays étrangers, les usances se comptent suivant l'usage du lieu où la Lettre est tirée.

Quatriémement, les Lettres de Change à vûe, qui doivent être payées par ceux sur qui elles sont tirées à l'instant qu'elles leur sont présentées.

Suivant les Articles 4 & 6 du Titre V de l'Ordonnance pour le Commerce, les Porteurs de Lettres de Change qui auront été acceptées, ou dont le payement échet à jour certain, sont tenus, faute de payement, de les faire protester dans dix jours après celui de l'échéance, dans lesquels dix jours sont compris ceux de l'échéance & du Protêt, des Dimanches & Fêtes même solemnelles ; ainsi on peut faire le Protêt quelque jour que ce soit.

Ces dix jours sont nommez jours de faveur, parce que les Lettres sont exigibles le lendemain de l'échéance, & que les Porteurs les peuvent faire protester, si bon leur semble, sans attendre les dix jours ; mais c'est un usage introduit volontairement dans le commerce, pour donner le tems aux tireurs de faire tenir provision à leurs correspondans, & à l'accepteur ou payeur de fournir sa somme.

Cette faveur de dix jours n'est pas générale par tout. Il y a des Villes où il n'y a que trois jours, d'autres où il n'y en a qu'un ; & pour cela il faut suivre l'usage de la Ville où la Lettre est payable.

Voyez

Voyez, au sujet des Lettres de Change, l'Ordonnance de 1673 pour le Commerce, Titre V.

L'Article 8 de ce Titre porte en termes exprès, que les Protêts ne pourront être faits que par deux Notaires, ou un Notaire & deux témoins, ou par un Huissier ou Sergent avec deux Records, lesquels Protêts doivent contenir le nom & domicile des Témoins ou Records.

L'Article 9 dit que dans l'Acte de Protêt, les Lettres de Change seront transcrites avec les ordres & les réponses, s'il y en a, & la copie du tout signée sera laissée à la Partie, à peine de faux & de dommages & interêts.

Toutes les Lettres de Change doivent être acceptées par écrit purement & simplement; toutes autres acceptations sous condition passent pour refus, & les Lettres peuvent être valablement protestées. Titre V, Article 2 de la même Ordonnance.

Le Protêt des Lettres de Change est de rigueur, & ne peut être supplée par aucun autre Acte, ainsi qu'il est porté par l'Article 10 de la même Ordonnance, parce que les formalitez prescrites par le Droit, par la Coutume ou l'Ordonnance, doivent être observées à la lettre, & ne sont point sous-entendues ni suppléées par équipolence ou par conséquence.

Voyez le Parfait Négociant de Monsieur Savary, où toutes les difficultez concernant les Lettres de Change sont traitées fort exactement.

CHAPITRE V.

Des Cautionnemens.

CAUTIONNEMENT, est l'Acte par lequel un Particulier se porte caution pour un autre.

Suivant la disposition du Droit Romain, les Fidéjusseurs, c'est-à-dire ceux qui se portoient cautions pour d'autres, ne pouvoient le faire que par stipulation; mais cette maniere de s'obliger par solemnité de paroles n'étant point en usage dans ce Royaume, les Fidéjusseurs s'obligent de même que les principaux débiteurs, & suivant le stile ordinaire des Notaires; après que le principal débiteur s'est obligé, il est déclaré dans l'Acte, *que pour plus grande sureté du payement de, &c. est survenu* tel, *&c. lequel s'est volontairement rendu & constitué caution, &c.* comme on peut voir dans l'Acte qui est ci-dessus, Tome I. On peut aussi par un Acte séparé de l'Obligation principale, se constituer caution, & ce suivant les formules que nous en donnerons dans ce Chapitre, après avoir donné quelques principes qui concernent les Obligations des Fidéjusseurs ou Cautions.

Les Fidéjusseurs ou Cautions peuvent intervenir dans toutes sortes d'Obligations, même dans les Obligations naturelles; en sorte que les Fidéjusseurs sont obligez civilement, quoique la principale Obligation ne fût que naturelle. Ainsi le Fidéjusseur de celui qui n'a pû valablement s'obliger, peut être poursuivi à cause de sa fidéjussion. Bouvot, Tome II. *verbo*, *Fidéjussion*, question 40, rapporte un Arrêt du Parlement de Dijon, du 27 Avril 1573, qui a jugé que le Fidéjusseur qui avoit cautionné une femme obligée sans l'autorisation de son mari, ne laissoit pas d'être valablement obligée envers le créancier. Néanmoins les Notaires ne doivent point recevoir en Pays coutumier d'Obligations de femmes en puissance de leurs maris, si elles n'en sont autorisées: Et même si cette question se présentoit, peut-être qu'elle ne seroit pas sans difficulté, & que la Cour pourroit bien décharger le Fidéjusseur, à moins qu'il n'y eût des causes légitimes & des circonstances particulieres pour lesquelles l'Obligation seroit contractée.

Par l'ancien Droit Romain, le créancier pouvoit s'adresser directement à la Caution, & lui faire payer le total de la dette, sans être obligé à faire aucunes poursuites contre le principal débiteur: & s'il y avoit plusieurs cautions, elles étoient toutes obligées solidairement. Mais l'Empereur Adrien leur accorda d'abord le bénéfice de division, par lequel elles pouvoient contraindre le créancier, lorsqu'il y avoit plusieurs cautions, à diviser son action entr'elles, & à ne les poursuivre que pour leur part & portion, pourvû qu'elles fussent toutes solvables dans le tems que la division étoit demandée. Dans la suite Justinien leur accorda le bénéfice d'ordre & de discussion, qui étoit de ne pouvoir être poursuivies qu'après que le créancier auroit fait vendre les biens du principal débiteur, sans en pouvoir être payé.

Mais aujourd'hui ces deux bénéfices sont très-inutiles aux cautions, parce que les créanciers ne manquent jamais de les y faire renoncer ; & même ces renonciations sont aujourd'hui de stile ordinaire.

Cependant cette renonciation est d'une très-grande conséquence ; & il seroit à propos que les Notaires qui reçoivent un Acte où il intervient des cautions, n'apposassent point une pareille renonciation trop légérement, & sans en faire connoître l'effet à ceux qui pourroient l'ignorer.

La caution ne peut pas être obligée à plus que le principal débiteur, parce que l'Obligation de la caution n'est que l'accessoire & l'assurance de l'Obligation principale : c'est pourquoi si le principal obligé ne doit que mille francs, le Fidéjusseur n'en pourra pas devoir davantage ; si le principal débiteur n'est obligé que sous condition, la caution ne pourra pas être obligée purement & simplement, mais seulement sous la même condition.

Mais l'Obligation de la caution peut être plus ferme & plus étroite que celle du principal débiteur ; ainsi l'Obligation de la caution subsiste, quoique celle du principal obligé soit éteinte par la restitution en entier : pareillement la caution peut hypotéquer ses biens pour la sûreté de la dette, quoique le principal obligé ne soit débiteur qu'en vertu d'une Obligation passée sous seing privé.

Comme l'Obligation de la caution n'est qu'accessoire de la principale, cette Obligation accessoire cesse dès le moment que l'Obligation du principal débiteur est éteinte par le payement effectif, novation ou autrement. Ce qui est si vrai, que quand un débiteur, dans le désordre de ses affaires, traite avec ses créanciers qui lui font des remises, ses cautions sont déchargées jusqu'à concurrence de ces remises.

Le Fidéjusseur qui n'a cautionné que pour la somme principale, ne doit ni les interêts, ni les dépens. La raison est, que le Fidéjusseur n'est tenu que de ce pour raison de quoi il s'est obligé, & non pour plus. Ainsi le créancier doit s'imputer de n'avoir pas compris dans l'Obligation du Fidéjusseur les interêts de la somme ; car si elle y étoit comprise, & que le Fidéjusseur s'y fût obligé, il n'y a point de doute qu'il n'en fût tenu.

Le Fidéjusseur n'est pas obligé de plaider pour l'exécution de son cautionnement pardevant un autre Juge que celui de son domicile.

Guy Pape, question 117, remarque trois cas, dans lesquels

le Fidéjusseur peut agir contre le principal obligé pour se faire décharger de son cautionnement. Le premier est, quand le débiteur est trop long-tems sans payer ; sur quoi il faut remarquer que ce tems est arbitraire & dépend des circonstances. Le deuxiéme est, quand le débiteur dissipe son bien, & qu'il donne lieu de craindre qu'il ne devienne insolvable. Le troisiéme est, lorsque le Fidéjusseur est poursuivi pour le payement.

Quand plusieurs Fidéjusseurs interviennent pour une même Obligation, ils ne sont pas tous obligez solidairement chacun pour le tout ; ils ne sont tenus que pour leur part & portion de la dette du principal débiteur, à moins que par une clause expresse ils ne soient obligez solidairement. Le terme *solidaire* ou *solidairement* doit être dans l'Acte ; ensorte qu'il ne peut être suppléé par aucun autre, comme nous avons dit ci-dessus, Tome I.

Il y a des cautions judiciaires qui s'obligent en Justice, lorsqu'il est ordonné qu'un homme recevra quelque somme, en donnant caution : Sur quoi il faut remarquer, que si le Jugement porte seulement en donnant caution, il suffit d'en présenter une, & la Partie adverse n'est pas en droit d'examiner autrement ses facultez. Mais s'il est dit : *En donnant bonne & suffisante caution*, il faut alors que la caution soit solvable, & qu'elle posséde des immeubles dans le Ressort de la Jurisdiction où le Jugement qui a ordonné la caution a été prononcé.

Les cautions judiciaires ne jouissent point des bénéfices de division & de discussion, & sont même sujettes à la contrainte par corps pour le payement des sommes pour lesquelles elles ont cautionné.

Les cautions judiciaires sont souvent accompagnées de certificateurs, qui sont ainsi nommez, parce qu'ils certifient que la caution est solvable ; mais il faut en ce cas discuter la caution avant que de s'adresser au certificateur, qui ne s'est engagé qu'en cas d'insolvabilité de la caution. Au reste, le Fidéjusseur qui a payé la dette de celui pour lequel il avoit répondu, a contre lui son recours pour s'en faire rembourser.

Voyez ce que M. de Ferriere a dit des Fidéjusseurs dans sa Traduction des Institutes, sur le Titre XXI du troisiéme Livre, où il a amplement traité tout ce qui regarde les obligations des cautions.

Répondant ou Caution d'un Domestique.

FUt présent Claude, &c. Maître Menuisier à Paris, &c. lequel a répondu à Maître Jacques, &c. Avocat au Parlement, de la fidélité de Jean, &c. âgé de, &c. natif de fils de cejourd'hui entré au service dudit Maître Jacques, pour le servir en qualité de Domestique & Laquais, promettant ledit Claude, en cas que ledit Jean fasse aucun tort audit Maître Jacques, pendant le tems qu'il sera à son service, de l'en indemniser incontinent le cas arrivé, même le représenter. Et a élû son domicile irrévocable en cette Ville de Paris, en la maison où il est demeurant, sus-déclarée; auquel lieu, &c.

Cautionnement d'une somme dûe, ou pas dûe, suivant l'événement.

AUjourd'hui est comparu pardevant, &c. François, &c. Bourgeois de Paris, demeurant rue Paroisse lequel s'est par ces présentes volontairement constitué caution & répondant de Maître Claude Sausset, Avocat en Parlement, envers Monseigneur Ministre d'Etat; ce faisant, promet & s'oblige solidairement avec ledit Sieur Sausset, sans division, discussion ni fidéjussion, à quoi il renonce, au payement de quatre mille livres, que l'on demande audit Sieur Sausset, pour en cas que dans le dixiéme Novembre prochain, jour auquel expire le tems accordé audit Sieur Sausset par mondit Seigneur il n'ait pû s'en faire décharger, & qu'au contraire mondit Seigneur décide que ledit Sieur Sausset en soit débiteur & redevable en tout ou partie, dont ledit Sieur Comparant fait audit cas son propre fait & dette, comme seul & principal débiteur, à quoi il oblige, affecte & hypotéque tous ses biens meubles & immeubles présens & à venir, & au payement de laquelle somme ledit Sieur Comparant consent être contraint de la même maniere que le pourroit être ledit Sieur Sausset, & comme pour les propres deniers & affaires de Sa Majesté. Et pour l'exécution, &c.

Autre Cautionnement.

AUjourd'hui est comparue pardevant les Notaires soussignez, Marguerite Broquet, veuve de demeurante laquelle s'est volontairement rendue caution de Jean-Baptiste de la Marche son fils, envers le Sieur Receveur du Domaine de pour raison de la recette & maniement que ledit Sieur de la Marche fera pour ledit Sieur en qualité de son Commis, promettant ladite veuve de la Marche de faire compter sondit fils de ladite recette toutes fois & quantes que ledit Sieur le désirera, même de compter pour lui, & payer ce dont il se pourroit trouver reliquataire par ledit compte, faisant ladite veuve son propre fait & dette du tout, comme principale débitrice: A ce faire est intervenu Jacques Couvert, Marchand à Paris, demeurant lequel s'est volontairement & solidairement avec ladite veuve de la Marche, lui seul pour le tout, sans division ni discussion, à quoi il renonce, obligé envers ledit Sieur & pour raison de ladite recette, promettant pareillement de compter pour ledit de la Marche de sadite recette & dépense toutes fois & quantes, & de payer tout ce qu'il pourroit devoir pour raison de ce; faisant aussi son propre fait & dette de ce que dessus, comme principal débiteur; consentant lesdits veuve de la Marche & Couvert d'y être contraints comme pour les deniers & affaires de Sa Majesté. Ce qui a été accepté par ledit de la Marche fils, demeurant à ce présent. Et pour l'exécution, &c.

Cautionnement pour deniers royaux jusqu'à une certaine somme, par une veuve pour son fils.

Fut présente Damoiselle veuve de Louis Dujour, demeurante laquelle s'est volontairement rendue caution envers Messieurs les Interessez ès jusqu'à la somme de deux mille livres seulement, pour raison des maniemens & autres fonctions de Commis aux Aydes, que Louis Dujour son fils pourra faire en l'Election de pour lesdits Sieurs Interessez, pendant leur Bail: à quoi elle oblige & hypotéque tous & chacuns ses biens meubles & immeubles présens & à venir. Et pour l'exécution, &c.

Cautionnement pour deniers royaux.

Fut présent C. M. Lallier, demeurant lequel s'est par ces présentes volontairement rendu caution pour François de Ricq envers Monsieur de l'un des Traitans des Offices de Receveurs des Fermes, au sujet du maniement que ledit de Ricq fera des deniers du Roi dans la Commission de Receveur des Traites à Saint Germain, à lui accordée par les Sieurs Traitans des Offices de Receveurs des Fermes. Et par le compte que ledit de Ricq rendra dudit maniement, s'il se trouve reliquataire de quelques sommes, promet & s'oblige ledit Sieur Lallier de les remplacer, faisant dudit reliquat son propre fait & dette, comme principal débiteur, & consent d'y être contraint comme pour deniers royaux, à quoi il oblige & hypotéque tous & chacuns ses biens meubles & immeubles présens & à venir. Et pour l'exécution, &c.

Cautionnement pour deniers royaux jusqu'à une certaine somme.

Aujourd'hui est comparue devant les Notaires soussignez, N. B. veuve de M. Fremin, laquelle s'est par ces présentes volontairement rendue caution jusqu'à concurrence de la somme de quinze cens livres seulement pour Louis Morlet son gendre, envers Messieurs les Interessez en la Généralité de Caen, à cause du maniement qu'il fera des deniers du Roi dans l'Emploi qu'ils lui doivent accorder audit Caen, pour la recette des Droits d'Aydes & autres y joints, & duquel maniement & recette ladite veuve Fremin fait son propre fait & dette jusqu'à concurrence desdits quinze cens livres, comme dit est, envers lesdits Sieurs Interessez; à quoi elle oblige, &c. *comme dessus.*

Autre Cautionnement solidaire pour deniers royaux.

AUjourd'hui sont comparus A. Dupuis & M. V. sa femme, de lui autorisée, demeurans lesquels se sont par ces présentes volontairement rendus & constituez cautions pour N. Dupuis leur fils envers M. de la T. Conseiller du Roi, Trésorier Général de l'Extraordinaire des Guerres, au sujet du maniement que ledit Dupuis fils doit faire des deniers du Roi, pour payer les Troupes de Sa Majesté dans la Ville de pendant l'année prochaine & duquel maniement que fera ledit Dupuis fils, lesdits Sieur & Damoiselle ses pere & mere font leur propre fait & dette pendant ladite année prochaine seulement, à quoi ils s'obligent solidairement sans division, &c. comme pour deniers royaux, envers ledit Sieur de la T. & de la même maniere qu'il y pourroit être contraint & poursuivi; élisant, &c.

Cautionnement fait par plusieurs personnes, chacun séparément, jusqu'à concurrence d'une somme envers un Particulier, pour raison de la soumission par lui faite pour celui qu'ils cautionnent.

AUjourd'hui sont comparus Joachim demeurant & Alexandre demeurant lesquels se sont rendus cautions, chacun séparément; sçavoir, ledit Joachim jusqu'à concurrence de la somme de trois mille livres, & ledit Alexandre jusqu'à concurrence de quinze cens livres, pour le sieur François R. Commis aux Aydes de Compiegne, envers M. Nicolas C. Sieur de V. demeurant à ce présent & acceptant, de la soumission & cautionnement qu'il a fait pour ledit R. de la régie & recette générale de tous les Droits d'Aydes & autres y joints, Octrois, Jauge & Courtage dudit Compiegne, par Acte de cejourd'hui, étant sur le Registre des Délibérations des Sieurs Intéressez ausdits Aydes; de la régie & recette que fera ledit R. lesdits Joachim & Alexandre font leur propre fait & dette envers ledit Sieur C. chacun séparément; sçavoir, ledit Joachim jusqu'à la somme de trois mille livres, & ledit Alexandre aussi jusqu'à concurrence de quinze cens livres, à quoi ils s'obligent envers ledit Sieur C. comme pour deniers royaux, & de la même maniere que ledit Sieur R. y pourroit être poursuivi; élisant leurs domiciles, &c.

Nantissement par un Particulier, pour un autre, de la Grosse d'un Contrat de constitution qu'il met ès mains d'une personne, pour raison de la soumission & cautionnement par elle fait.

FUt présent Simon Carré, demeurant lequel pour sûreté à C. Sieur de V. Intéressé aux Fermes du Roi, demeurant à ce présent & acceptant, de la soumission & cautionnement qu'il a fait pour François R. Commis aux Aydes de Compiegne, pour la recette & régie générale des Droits d'Aydes & autres y joints de l'Election dudit Compiegne, par Acte de cejourd'hui fait sur les Registres de Messieurs les Intéressez audit Compiegne, ledit Sieur Carré a présentement mis ès mains du Sieur de V. la Grosse du Contrat de constitution fait à son profit par P. Descheon & sa femme, de cinquante-cinq livres de rente, au principal de onze cens livres, à prendre spécialement sur une maison sise par Contrat passé pardevant le du principal de laquelle rente ledit Carré fait cession & transport audit de V. sans garantie, & déclare ledit principal franc & quitte de toutes dettes & hypotéques, le tout pour sûreté dudit cautionnement fait par lui pour ledit Sieur R. & après qu'il aura rendu compte de ladite régie, recette & maniement, & qu'il n'en devra aucune chose, ses comptes appurez; en ce cas ledit Sieur de V. remettra entre les mains dudit Sieur Carré le présent Acte & Grosse dudit Contrat, dont les arrérages seront reçus par lui, auquel à cet effet ledit de V. l'aidera de ladite Grosse, s'il en a besoin, sous son récepissé. Et si ledit R. se trouvoit redevable par le compte, ledit Sieur de V. pourra, si bon lui semble, se pourvoir tant sur ledit principal que sur les arrérages, & recevoir le tout à son profit, en déduction & jusqu'à concurrence du reliquat dudit Sieur R. & sans néanmoins que le présent Acte & les stipulations y portées puissent empêcher ledit Sieur de V. de se pourvoir & exercer les contraintes qui pourroient être décernées, tant à l'encontre dudit Sieur R. & sa femme, & sur leurs biens, que contre les Sieurs l'Escart & Lehaud, pour les sommes dont ils sont cautions envers lui pour ledit Sieur R. ainsi qu'il avisera bon être; lesquelles contraintes il ne pourra exercer contre ledit Sieur Carré, ni sur ses autres biens; élisant leur domicile, &c.

Cautionnement pour le prix d'une Adjudication.

AUjourd'hui est comparu Nicolas demeurant lequel s'est par ces présentes rendu caution envers le sieur René Amet, pour Pierre Gour, demeurant à ce présent, de la somme de sept mille deux cens livres, à laquelle monte l'adjudication faite en la Maîtrise particuliere des Eaux & Forêts de à Etienne par Monsieur le Grand-Maître des Eaux & Forêts de le de arpens de haute futaie de ladite Forêt de à raison de l'arpent, pour l'ordinaire de l'année prochaine amplement désignée par ladite adjudication, laquelle a été renvoyée audit Gour, comme pénultiéme enchérisseur en ladite adjudication, par Acte fait à la requête de Monsieur le Procureur du Roi en ladite Maîtrise, signée le par faute d'avoir par ledit Etienne donné & fait recevoir caution & certificateur, suivant qu'il y étoit obligé; laquelle somme de sept mille deux cens livres que ledit Gour veut bien payer pour ladite adjudication, & celle de trois cens soixante livres pour le sol pour livre, faisant lesdites deux sommes ensemble celle de sept mille cinq cens soixante livres, ledit Sieur Nicolas promet & s'oblige en son propre & privé nom, solidairement avec ledit Sieur Gour, sans division, &c. payer audit Sieur Amet en sa demeure à Paris, ou au porteur, &c. dans les tems portez en ladite adjudication, & d'entretenir & exécuter toutes les charges & conditions y mentionnées, dont du tout il fait son propre fait & dette, comme principal débiteur,

débiteur, & consent d'être contraint au payement de ladite somme, comme pour les propres deniers & affaires de Sa Majesté; faisant ledit Nicolas à ce sujet les soumissions requises & nécessaires ès mains des Notaires soussignez; & pour faire pareilles soumissions au Greffe des Eaux & Forêts de Dreux, & par tout où besoin sera, ledit Sieur Nicolas a fait & constitué son Procureur le porteur, &c. auquel il en donne tout pouvoir nécessaire, & d'en requérir acte pour être délivré audit Sieur Amet, lequel pour ce présent demeurant a accepté le présent cautionnement, à la charge par ledit Sieur Nicolas de lui fournir un certificateur toutes fois & quantes qu'il en sera requis. Et pour l'exécution, &c.

Ratification par une femme d'une indemnité donnée par son mari du cautionnement fait pour lui, mise au pied de copie de ladite indemnité.

Et le est comparue devant les Notaires soussignez, Damoiselle Anne Pertat, femme dudit Sieur Roullet, nommé en l'indemnité ci-devant, & de lui autorisée pour passer ce qui suit, demeurante ordinairement audit Compiegne, de présent à Paris, logée rue laquelle après que lecture lui a été faite par l'un desdits Notaires, l'autre présent, dudit Acte d'indemnité passé par sondit mari, comme se faisant fort d'elle, à Monsieur C. y nommé, qu'elle a dit bien sçavoir & entendre, l'a volontairement ratifié & approuvé, consent qu'il sorte son plein & entier effet, s'obligeant solidairement avec sondit mari, sous les renonciations requises à l'entiere exécution dudit Acte, approuvant l'élection de domicile y portée, tant pour l'exécution d'icelui, que des présentes. Promettant, &c.

Indemnité d'un Cautionnement.

AUjourd'hui est comparu devant les Notaires soussignez, A. Dumont, demeurant lequel promet par ces présentes acquitter, garantir & indemniser L. Dumont & M. Dumurier ses pere & mere, du cautionnement qu'ils ont fait pour lui envers Monsieur au sujet du maniement des deniers du Roi, que ledit A. Dumont doit faire dans la Commission à lui accordée par ledit Sieur comme il est dit audit Acte de cautionnement passé pardevant les Notaires soussignez cejourd'hui, dont n'est resté minute, & faire ensorte que lesdits Sieur & Damoiselle ses pere & mere n'en soient aucunement recherchez ni inquiétez, à peine, &c. n'ayant lesdits Dumont & sa femme fait ledit cautionnement qu'à la priere & pour faire plaisir à leurdit fils, qui pour l'exécution, &c.

Autre Indemnité de Caution.

AUjourd'hui est comparu devant les Notaires soussignez, F. de Licq, demeurant lequel promet par ces présentes acquitter & indemniser le Sieur R. de Lallier du cautionnement qu'il a fait pour lui envers M. de T. l'un des Traitans des Offices de Receveurs des Fermes, au sujet du maniement que ledit Sieur Comparant doit faire des deniers du Roi, dans la Commission de Receveur des Traites de Saint Germain, à lui accordée par la Compagnie des Sieurs Traitans desdits Offices de Receveurs des Fermes, ainsi qu'il est énoncé audit Acte de cautionnement passé devant les Notaires soussignez ce jourd'hui, dont n'est resté minute, & faire ensorte que ledit Sieur de Lallier n'en soit aucunement recherché ni inquiété, à peine de tous dépens, dommages & interêts, attendu qu'il n'a fait ledit cautionnement qu'à la priere & pour faire plaisir audit Sieur de Licq. Ce qui a été accepté par ledit Sieur de Lallier, demeurant à ce présent; élisant ledit Sieur de Licq son domicile, &c.

CHAPITRE VI.

Des Actes d'Autorisation.

Autorisation, est le consentement qu'un tuteur donne à son pupille quand le pupille passe quelque Acte; & cette autorisation, pour être valable, doit être donnée dans le même tems que l'Acte est passé. Voyez ce que nous dirons ci-après de la tutelle, & ce que M. de Ferriere a dit dans sa Traduction des Institutes, sur le Titre 21 du premier Livre.

Autorisation se dit aussi du consentement que le mari donne à sa femme en Pays coutumier, pour faire valider quelque Acte qui l'oblige, ou qui concerne l'aliénation de ses biens. Cette autorisation doit être expresse, & elle est absolument nécessaire; autrement il y a nullité, tant à l'égard de la femme, que de ses héritiers & du mari.

L'autorisation est tellement nécessaire pour l'obligation de la femme, que quand le mari auroit signé comme présent au Contrat, & quand même il y auroit consenti, s'il n'est pas dit en termes exprès, *qu'il a autorisé sa femme*, l'obligation ne peut pas subsister.

Voyez ci-dessus Tome I. page 117.

Si le mari refuse son autorisation à sa femme dans un cas où elle en auroit besoin, elle peut se faire autoriser par Justice avec connoissance de cause.

L'autorisation du mari est encore nécessaire à la femme, pour ester en Jugement, quand il s'agit de ses propres. Sur quoi il faut remarquer, que lorsqu'un mari a autorisé sa femme pour la poursuite de ses droits, si elle est condamnée aux dépens, c'est au mari à les payer : C'est pourquoi on en voit peu aujourd'hui qui veuillent autoriser leurs femmes pour plaider, soit en demandant, soit en défendant ; ils les font presque toujours autoriser en Justice à leur refus.

Autorisation donnée par un mari à sa femme, à l'effet de lui passer Procuration pour vendre des Héritages à elle appartenans.

AUjourd'hui est comparu devant les Notaires soussignez, Louis Richard, lequel autorise par ces présentes Marie Soisson sa femme, pour lui passer Procuration à l'effet de vendre à telles personnes & pour tel prix, charges, clauses & conditions qu'il avisera bon être, la part & portion à elle appartenante en une maison sise à comme héritiere pour un cinquiéme de C. Soisson son pere, recevoir ce qui lui reviendra dudit prix, & en donner toutes quittances & décharges valables, & consentir que sur ledit prix il en soit distrait la somme de dont elle peut être tenue pour sa part du remboursement du sort principal & arrérages échus de la rente de léguées à l'Œuvre & Fabrique de la Paroisse de par défunte M. sa mere, affectée sur ladite maison, & à cet effet de passer par ledit Richard son mari tous Contrats de vente & quittance de remboursement, & autres Actes que besoin sera, portant pouvoir de la faire ratifier toutes fois & quantes qu'elle en sera requise, sous l'obligation & hypotéque de tous ses biens, & renonciations ordinaires & accoutumées, &c.

Autorisation passée par un mari à sa femme, à l'effet de ratifier par elle un Contrat de vente par lui fait, même donner quittance, & passer Contrat de vente d'une rente appartenante à sa femme.

FUt présent Messire Marquis d'Hennebaut, demeurant, lequel autorise Dame son épouse, tant à l'effet de ratifier le Contrat de vente fait par ledit Sieur d'Hennebaut, tant en son nom, que comme se faisant fort d'elle, à Monsieur d'une maison, clos, jardin, terres & héritages sis en la présence & du consentement de Sieur de Bourguignon, comme tuteur des enfans mineurs de lui & de défunte son épouse, comme il est dit au Contrat de ladite vente, passé pardevant le duquel ladite Dame a ci-devant pris lecture & communication ; consentir qu'il sorte son plein & entier effet, & s'obliger solidairement avec ledit Sieur son époux à la garantie desdites maisons, héritages, prix, charges, clauses & conditions portées audit Contrat ; comme aussi pour donner pouvoir à icelui Sieur son époux, tant de recevoir le prix de ladite vente en principal & interêts, & d'en donner quittance & décharge, que pour vendre, céder & transporter par lui & en leurs noms solidairement les prétentions qu'ils peuvent avoir, comme ladite Dame héritiere pour moitié de son pere, en la rente de dûe par les héritiers & succession de Jean & sa femme, à prendre sur les biens & héritages situez à à eux appartenans, & à telles personnes, pour tel prix, charges, clauses & conditions que ledit Sieur d'Hennebaut avisera bon être, & d'en passer par lui les Contrats & Actes nécessaires. Promettant, &c.

Un pere donne aussi quelquefois une autorisation à son fils, pour lui passer une Procuration, à l'effet de faire quelque Acte concernant les droits du fils.

CHAPITRE VII.

Des Ratifications.

RATIFICATION, est un Acte par lequel on donne un consentement & approbation à un Acte ou Contrat passé auparavant, à l'effet de lui donner par ce consentement subséquent plus de force & de vigueur. Ainsi quand nous ratifions, étant parvenus en majorité, un Contrat que nous avons passé étant encore mineur, nous renonçons au bénéfice de restitution.

Pareillement, on nous doit faire ratifier un Acte fait en notre nom pendant notre absence, afin de le rendre obligatoire contre nous; car quand on n'a traité qu'avec un autre, en vertu d'une Procuration, ou parce que celui avec qui on a contracté, s'est fait fort de la personne absente, au nom de laquelle on a contracté, il faut en faire faire la ratification par la personne intéressée.

Si la ratification d'un Contrat est promise, l'on ne peut rien prétendre en vertu de ce Contrat, jusqu'à ce qu'il ait été ratifié, d'autant que jusqu'à la ratification il est censé imparfait.

Si un Acte est nul de lui-même, la ratification ne peut pas le rétablir; c'est le vrai sens de la Loi *De regulis juris quod ab initio vitiosum est tractu temporis convalescere non potest*; comme un Testament nul par le défaut de formalitez, qui seroit ratifié, seroit toujours nul, aussi-bien que la ratification. Me Charles Dumoulin, sur le §. 5, n. 71 de l'ancienne Coutume, nous apprend un moyen pour ratifier l'Acte nul, par une bonne ratification qui se fait *in forma speciali & dispositiva, quando narrato tenore confirmati approbatio recognoſcitur & approbatur à poteſtatem habente.* Voilà une maniere ſolide qui apprend le moyen de rétablir efficacement une faute commiſe dans un Acte qui étoit nul, & qui faiſoit un préjudice certain.

Ratification.

AUjourd'hui eſt comparue pardevant, &c. Marie Marſilly, femme d'Antoine de lui pour ce préſent autoriſée, demeurant laquelle, après que lecture lui a été faite par l'un des Notaires ſouſſignez, l'autre préſent, du Contrat de vente, &c. le contenu duquel ladite Marſilly a dit bien ſçavoir, l'a volontairement ratifié, confirmé & approuvé, conſent qu'il ſorte ſon effet en tout ſon contenu; ce faiſant, s'oblige ſolidairement avec ledit l'un pour l'autre, &c. Et pour l'exécution des préſentes, &c.

Ratification d'un Tranſport, au pied d'icelui.

Et le eſt comparu pardevant les Notaires ſouſſignez Jacques Charpentier, Marchand de demeurant lequel, après avoir pris communication, & que lecture lui a été faite par l'un des Notaires ſouſſignez, l'autre préſent, du tranſport ci-devant écrit, qu'il a dit bien ſçavoir & entendre, a déclaré qu'il le ratifie, confirme & approuve en tout ſon contenu, voulant qu'il ſorte ſon plein & entier effet ſelon ſa forme & teneur. Promettant, &c.

Ratification d'un Contrat de vente, miſe au pied d'icelui.

Et le eſt comparu ledit Seigneur Comte de Lomont, nommé au Contrat de vente ci-devant, lequel après que lecture lui a été faite par l'un des Notaires ſouſſignez, l'autre préſent, du ſuſdit Contrat, qu'il a dit bien ſçavoir & entendre, l'a volontairement ratifié, confirmé & approuvé, conſent qu'il ſorte ſon plein & entier effet, reconnoiſſant que ledit Sieur Lemulier, au déſir dudit Contrat, a employé par quittance paſſée devant & ſon Confrere, Notaires, le la ſomme de treize mille huit cens livres au payement y énoncé; déclarant ledit Sieur Comte de Lomont, que la Groſſe dudit Contrat de conſtitution eſt ès mains du Sieur D. Sauvon, créancier dudit Seigneur Comte de Lomont. Ce fait en la préſence dudit Sieur Gagnery, auſſi nommé audit Contrat, lequel pour ledit Seigneur d'Eſtampes audit nom, reconnoît que ledit Sieur Lemulier audit nom lui a fourni une expédition de ladite quittance, portant ſubrogation au profit deſdits mineurs, dont il le décharge. Promettant, &c.

Autre ratification d'un Contrat de vente.

AUjourd'hui eſt comparue, &c. Damoiſelle Louiſe laquelle, après avoir pris communication à loiſir, & que par M. l'un des Notaires ſouſſignez, en préſence de ſon Confrere, lecture lui a été présentement faite d'un Contrat de vente fait par Jeanne sa sœur, au Sieur Claude de quelques arpens de terre y énoncez, moyennant la somme de portée en icelui, passé devant l'a volontairement ratifié, confirmé & approuvé, & veut qu'il sorte son plein & entier effet, approuvant l'élection de domicile y portée, tant pour l'exécution d'icelui que des présentes. Promettant, &c.

Ratification par une femme d'une vente & quittance étant ensuite d'icelle, faite par un Particulier comme Procureur d'elle & de son mari.

AUjourd'hui est comparue, &c. Anne femme de B. de lui autorisée par la Procuration annexée à la minute du Contrat de vente ci-après daté & mentionné, demeurante laquelle, après que lecture lui a été faite par l'un des Notaires soussignez, l'autre présent, tant d'un Contrat de vente fait par le Sieur Louis au nom & comme Procureur dudit Sieur B. son mari & d'elle, au Sieur Toussaint, de vingt arpens de terre, &c. & ce moyennant la somme de deux mille livres, payable aux termes mentionnez audit Contrat passé pardevant le que de la quittance étant ensuite dudit Contrat, de ladite somme de deux mille livres, le tout qu'elle a dit bien sçavoir & entendre, les a volontairement ratifié, confirmé & approuvé, veut qu'ils sortent leur effet, & qu'ils soient exécutez selon leur forme & teneur, s'obligeant solidairement avec sondit mari, sans division, &c. à la garantie desdites terres vendues, & à l'entretenement dudit Contrat, & approuve le payement fait de ladite somme audit Sieur Louis, ensemble l'élection de domicile y portée, tant pour l'exécution d'icelui, que des Présentes. Promettant, &c. obligeant, &c. solidairement, &c. renonçant, &c.

Ratification mise au pied d'une Société par plusieurs Particuliers & leurs femmes, qui donnent pouvoir d'agir, & même d'emprunter au nom de la Société.

AUjourd'hui sont comparus devant les Notaires à Paris soussignez, Louis & Marie sa femme, qu'il autorise à l'effet des présentes, demeurans & Jacques & Louise sa femme, aussi de lui autorisée à l'effet desdites présentes, demeurans lesquels reconnoissent & confessent; sçavoir, ledit Louis avoir écrit & signé, & ladite Damoiselle Marie, Sieur & Damoiselle Jacques avoir signé l'acte de Société fait entre lesdites Parties, contenant trois rolles écrits *recto* & *verso*, non comprise la présente page, paraphé desdites Parties au bas de chacune page; laquelle Société lesdits Sieurs & Damoiselles comparans consentent qu'elle soit exécutée en tout son contenu, à quoi ils s'obligent respectivement les uns envers les autres solidairement, sans division, discussion ni fidéjussion, à quoi ils renoncent, & par ces mêmes présentes, lesdites Damoiselles Marie & Louise donnent pouvoir ausdits Sieurs leurs maris d'agir pour elles, comme ils pourroient faire pour eux en ladite Société, contracter toutes obligations, & emprunter en nom collectif toutes les sommes dont ils auront besoin pour continuer ladite Société, & ce par Promesses, Obligations, Lettres de change, Billets au Porteur, ou autrement en quelque maniere que ce puisse être, y obliger lesdites Damoiselles Marie & Louise solidairement, comme si elles y étoient présentes. Reconnoissant ledit Louis & sa femme, que ledit Jacques & sa femme ont avancé de leurs deniers dans ladite Société la somme de faisant partie de celle de qu'il s'est obligé de fournir, ainsi qu'il est mentionné en ladite Société, dont il demeure déchargé. Et pour l'exécution, &c.

Ratification que fait une femme d'un Acte passé par son mari, tant en son nom, que comme s'étant fait fort d'elle.

AUjourd'hui est comparue pardevant les Notaires à Paris soussignez, Damoiselle Marie épouse de M. Jacques P. Procureur, &c. de lui pour ce présent autorisée à l'effet des présentes, demeurante laquelle après avoir pris communication, & que lecture lui a été faite par l'un des Notaires soussignez, l'autre présent, d'une obligation de la somme de mille livres passée pardevant l'un des Notaires soussignez, & son Confrere, sans minute, le premier Septembre par ledit Sieur P. tant en son nom, que comme s'étant fait fort de ladite Damoiselle P. son épouse, au profit du Sieur Nicolas R. Avocat au Parlement, laquelle obligation elle a dit bien sçavoir & entendre, l'a volontairement approuvée, confirmée & ratifiée pour être exécutée en tout son contenu selon sa forme & teneur, sous les promesses, solidité, déclarations & affectations y portées, approuvant l'élection de domicile faite par icelle. Promettant, &c. Obligeant, &c. Renonçant, &c. Fait & passé, &c.

Ratification d'un Contrat passé en minorité.

AUjourd'hui est comparu, &c. Pierre de Bracq, demeurant présent majeur de vingt-cinq ans, ainsi qu'il a dit & affirmé, lequel après avoir pris communication, & que présentement lecture lui a été faite par l'un des Notaires soussignez, l'autre présent, d'un Contrat de vente par lui fait devant & son Confrere, Notaires à Paris, le en conséquence & suivant l'avis de ses parens & amis, homologué par Sentence du en la présence de Madame sa mere, veuve de Messire de Bracq, sa curatrice, à Damoiselle Saunier, &c. de cent onze livres deux sols six deniers d'augmentations de gages, au principal de deux mille livres, faisant partie de livres créées par Edit du mois de suivant la quittance de Finance de pareille somme de deux mille livres, délivrée par Monsieur Garde du Trésor Royal, le enregistrée au Controlle général des Finances le suivant, lequel Contrat de vente fait à ladite Damoiselle Saunier, ledit Sieur de Bracq a dit bien sçavoir & entendre, l'a volontairement ratifié & approuvé, & consent qu'il soit exécuté en tout son contenu selon sa forme & teneur, sous les clauses & conditions y contenues; & pour l'exécution des présentes, il a élû son domicile en sa demeure susdite; auquel lieu, &c.

CHAPITRE VIII.

Des Contre-Lettres.

LES Contre-Lettres sont des pactions ou conventions secrettes faites contre un Contrat, dérogeantes à icelui, ou aux clauses qui y sont portées. Comme si Pierre constitue une rente au profit de Jean, & que par un Acte séparé, Jean reconnoisse que la rente ne lui est point dûe, & que ce n'a été que pour lui faire plaisir que Pierre lui a constitué la rente.

Il y a donc une très-grande différence entre la Contre-Lettre & la déclaration au profit d'un tiers, dont il sera parlé dans un des Chapitres suivans de ce Livre. La Contre-Lettre détruit le Contrat ou l'Acte, & fait connoître qu'il n'est pas sérieux ; mais la déclaration ne détruit pas l'Acte sur lequel elle est faite ; elle fait seulement connoître que le droit de la propriété dudit Acte appartient à la tierce personne qui est dénommée dans la déclaration, & au profit de qui elle est faite.

Toutes Contre-Lettres contraires aux Actes & Contrats que l'on passe, sont de soi odieuses, & devroient être nulles, n'ayant qu'un dessein de fraude & de dissimulation, & étant contraires à la bonne foi, qui veut que quand on a promis quelque chose, on n'agisse pas au contraire : néanmoins la foi respective qui doit être gardée entre ceux qui ont passé des Contre-Lettres, a fait que l'on n'a pû s'empêcher de les faire valider entr'eux.

Il faut excepter les Contre-Lettres contre les Contrats de Mariage, parce que les Contrats de Mariage étant des Actes importans & publics qui donnent la loi aux familles, ils ont mérité toute autre considération. C'est pourquoi toutes Contre-Lettres contre Contrats de Mariage, faites hors la présence des parens qui ont assisté au Contrat de Mariage, soit devant ou après, sont absolument nulles. L'Article 258 de la nouvelle Coutume de Paris en dispose expressément ; on l'observoit aussi dans l'ancienne, sans disposition, & cela est général en toutes Coutumes, quoiqu'elles n'en parlent pas.

Il n'en est pas de même, si les Contre-Lettres sont faites en la présence des mêmes parens qui ont assisté au Contrat de

Mariage,

Mariage, ou qu'elles servent seulement à expliquer quelque chose de douteux dans le Contrat de Mariage, sans en altérer la substance. *Jugé par Arrêt du* 15 *Mars* 1618.

Il y a eu quelques autres cas où les Contre-Lettres ont été déclarées nulles.

Par Arrêt du mois de Décembre 1633, la Cour déclara nulle une Contre-Lettre contre un Contrat de constitution passé par un neveu à sa tante. La tante avoit transporté ce Contrat, & l'avoit donné en payement d'une Charge dont elle avoit traité pour son fils. Le neveu fut condamné à payer & continuer la rente au cessionnaire, quoique par la Contre-Lettre la tante eût déclaré que son neveu ne lui devoit rien, & que ce n'avoit été que pour lui faire plaisir qu'il avoit passé le Contrat de constitution.

Par autre Arrêt du 13 Décembre 1632, une Contre-Lettre a été déclarée nulle, en la cause des créanciers de Roussel, décédé insolvable, revêtu d'une Charge de Receveur des Tailles de Saint-Quentin. Les provisions dudit Office ayant été trouvées dans ses papiers avec sa réception, il a été jugé qu'il en devoit être réputé le seul propriétaire, nonobstant une Contre-Lettre qu'il avoit faite à sa mere, où il reconnoissoit qu'il n'en étoit que simple commissionnaire sous elle, à qui l'Office appartenoit.

Elles ne sont pas aussi valables à l'égard du Roi, comme quand les Comptables font entr'eux des conventions qui dérogent à leur traité.

En effet, les Contre-Lettres ne doivent avoir effet, sinon entre ceux qui y ont signé, & non au préjudice d'un tiers qui a contracté avant ou depuis la Contre-Lettre.

C'est par ces raisons que le Parlement de Paris, par Arrêt de 1686, cassa une convention particuliere faite entre l'acquéreur d'une Charge de Procureur, & la veuve & les héritiers du défunt titulaire; & ordonna que la somme comprise dans le Contrat de vente seroit seulement payée, & non pas celle dont les Parties étoient convenues par un Acte séparé.

Enfin tous les Actes particuliers qui détruisent les Actes qui sont passez en public, sont toujours suspects & regardez peu favorablement, comme contraires à la bonne foi, & ne tendant qu'à causer des Procès.

Contre-Lettre d'une Obligation qui n'a été faite que pour parvenir à un decret volontaire.

AUjourd'hui eſt comparu, &c. Antoine Rochette, demeurant lequel a par ces préſentes reconnu n'avoir & ne prétendre aucune choſe en la ſomme de portée en l'obligation paſſée ce jourd'hui à ſon profit pardevant par Pierre Picot, ſolidairement avec Damoiſelle Renée Duval ſon épouſe, cauſée pour prêt de pareille ſomme, & qu'il n'a accepté ladite obligation que pour faire plaiſir auſdits Sieur & Damoiſelle Picot, & faciliter le decret volontaire qu'ils entendent faire faire ſur eux d'une maiſon qu'ils ont acquiſe de C'eſt pourquoi ledit Sieur Rochette quitte & décharge dès-à-préſent ledit Picot de la ſomme de portée en ladite obligation, & promet lui en donner d'abondant quittance toutes fois & quantes; conſentant même qu'en vertu des préſentes leſdits Sieur & Damoiſelle Picot faſſent décharger le brevet, groſſe & expédition de ladite obligation, quand bon leur ſemblera, par tous Notaires requis en ſon abſence. Ce qui a été accepté par leſdits Sieur & Damoiſelle Picot, elle de lui autoriſée, demeurans à ce préſens, qui reconnoiſſent avoir entre leurs mains la groſſe de ladite obligation, & promettent ſolidairement l'un pour l'autre, ſous les renonciations requiſes, d'acquitter, garantir & indemniſer ledit Sieur Rochette de tout événement à ce ſujet. Promettant, obligeant, renonçant, &c.

Contre-Lettre d'un Tranſport.

AUjourd'hui eſt comparu pardevant, &c. Damoiſelle B. laquelle a déclaré ne prétendre aucune choſe en la ſomme de que T. lui a cédée & tranſportée par acte paſſé, &c. à prendre ſur M. & que l'acceptation qu'elle en a faite n'a été que pour faire plaiſir & prêter ſon nom audit Sieur T. pour pourſuivre ſous ſon nom le payement de ladite ſomme, la vérité étant qu'elle ne lui en a pas payé le prix; c'eſt pourquoi elle lui en a fait, en tant que beſoin ſeroit, toute rétroceſſion, ſans aucune garantie, conſentant qu'il jouiſſe & diſpoſe du contenu en icelui, & faſſe à ce ſujet toutes pourſuites ſous ſon nom. Ce qui a été ainſi accepté par ledit T. à ce préſent, demeurant qui a reconnu avoir entre ſes mains le brevet original dudit Tranſport, avec tous les titres & piéces, qui paroiſſent avoir été délivrez par icelui à ladite Damoiſelle B. qui en demeurera déchargée, & promet l'acquitter, garantir & indemniſer de tout événement. Promettant, obligeant, renonçant. Fait & paſſé, &c.

Autre Contre-Lettre de Tranſport.

AUjourd'hui eſt comparu devant les Notaires ſouſſignez, le Sieur Jean de Roſtang, demeurant lequel a reconnu, que quoique Noël Lucas lui ait par acte paſſé pardevant cejourd'hui, dont n'eſt reſté minute, fait tranſport de la ſomme de cent livres, à prendre & recevoir des Sieurs Louventure, Lomontoir, & autres nommez audit tranſport, pour les causes y énoncées, moyennant pareille somme de cent livres, que ledit Lucas auroit reconnu avoir reçu de lui; néanmoins la vérité est qu'il ne lui en a payé aucune chose, n'ayant fait que prêter son nom audit Lucas en l'acceptation dudit transport à sa priere, & pour lui faire plaisir, consentant qu'il jouisse, fasse & dispose desdits cent livres, ainsi qu'il auroit pû faire avant ledit transport, lui en faisant par ces présentes toute rétrocession sans garantie; consentant aussi que ledit Sieur Lucas fasse sous son nom toutes les poursuites qu'il conviendra, pour faire le recouvrement desdits cent livres, de l'événement desquelles ledit Lucas à ce présent, demeurant sera tenu d'acquitter, garantir & indemniser ledit de Rostang, & faire en sorte qu'il n'en soit aucunement recherché ni inquiété, à peine, &c. Reconnoissant avoir en ses mains l'original dudit transport, & les piéces y énoncées. Et pour l'exécution, &c.

Contre-Lettre d'un Transport de rente sur la Ville.

FUt présent A. demeurant lequel a reconnu qu'encore que par le transport par lui fait au Sieur L. de cent livres de rente sur les Aydes & Gabelles de France, passé devant, &c. il soit porté que ledit Sieur L. lui a payé la somme de pour le prix de ladite rente; néanmoins la vérité est qu'il ne lui payera que la somme de pour le véritable prix de ladite rente, aussi-tôt l'obtention des Lettres de ratification sans opposition, le surplus étant pour la remise convenue en faveur de ladite rente, de laquelle il n'aura la jouissance que du premier Janvier prochain, quoiqu'elle soit portée par ledit transport du Promettant & obligeant, &c.

Contre-Lettre d'un Contrat d'attermoyement, par laquelle le débiteur & sa femme s'obligent solidairement de payer ce qu'ils doivent à un de leurs créanciers dans un certain tems, quoiqu'il ait signé sur leur Contrat d'attermoyement, & que par icelui leur soit accordé un plus long terme.

AUjourd'hui est comparu devant les Notaires à Paris soussignez; Claude Dumont, demeurant lequel a reconnu & confessé, que par bonne volonté le Sieur Jacques Dujour, son créancier de la somme de deux mille livres contenue en son billet, au payement de laquelle, ensemble aux interêts & dépens, il a été condamné par Sentence du envers ledit Sieur Dujour, demeurant à ce présent & acceptant, a bien voulu à sa priere & réquisition, pour lui faire plaisir & lui faciliter le moyen de finir ses affaires, présentement signer & accepter le Contrat d'attermoyement, que ledit Dumont a fait avec aucuns de ses créanciers, qui lui ont accordé huit années pour les payer de leur dû, ainsi qu'il est porté audit Contrat passé pardevant ce jourd'hui; & comme il n'entend point s'en servir à l'égard dudit Sieur Dujour, il promet & s'oblige solidairement avec J. L. sa femme, à ce présente, qu'il autorise à l'effet des présentes, sans division, &c. envers ledit Sieur Dujour, de lui payer en sa maison à Paris, ou au porteur, &c. ladite somme de deux mille livres d'aujourd'hui en un an, à peine, &c. sans lequel présent Acte ledit Sieur Dujour n'auroit signé ledit Contrat, duquel ledit Dumont consent la nullité à son égard seulement: lequel Sieur Dujour demeure conservé en tous ses droits, noms, raisons, actions & hypotéques à lui acquis par ladite Sentence, qui demeure en sa force & vertu, pour la mettre à exécution selon & ainsi qu'il avisera bon être, faute par lesdits Dumont & sa femme du payement de ladite somme de deux mille livres, interêts, frais & dépens dans ledit tems, & dans laquelle Sentence il n'entend aucunement déroger ni innover; à quoi lesdits Dumont & sa femme se soumettent solidairement, comme dit est, & ont élû leurs domiciles, &c.

CHAPITRE IX.

Des Protestations.

PROTESTATION, est une déclaration qu'on fait par quelque Acte, pour détruire & empêcher l'effet d'un Acte ou Contrat, Action, Procedure ou Jugement, pour raison de fraude, oppression ou violence, dans la vûe de conserver ses droits dans leur entier, & de ne souffrir aucun préjudice par l'Acte contre lequel on fait la Protestation, & contre lequel on déclare être dans la résolution de se pourvoir contre en tems & lieu.

Par exemple, si un débiteur qui devroit plusieurs années d'arrérages de rente, étoit obligé d'en passer un Contrat de constitution au profit de son créancier, comme si véritablement c'étoit une somme de deniers qu'il lui auroit prêtée, il pourroit protester que cette constitution n'auroit été faite que par force, & pour empêcher les contraintes de son créancier. Il y a plusieurs autres cas où les Protestations peuvent avoir lieu, comme si un fils de famille se trouvoit obligé par ses pere & mere à entrer dans un Couvent pour y prendre l'Habit & y faire Profession, & que pour éviter leurs mauvais traitemens il se déterminoit à leur obéir, il pourroit faire ses Protestations à l'effet de pouvoir reclamer un jour contre ses Vœux.

Les Protestations se font quelquefois pardevant Notaires, par un Acte par lequel on proteste de nullité de quelqu'autre Acte que l'on a déja passé, ou que l'on est sur le point de pasſer. Mais les Proteſtations ſecrettes qui ſe font chez les Notaires, ne produiſent d'elles-mêmes aucun effet ; & c'eſt une régle certaine, que celui qui proteſte, ne fait pour ainſi dire rien, ſur-tout quand l'action eſt contraire à la Proteſtation ; car pour lors il eſt évident qu'une telle Proteſtation eſt détruite par le fait qui y eſt contraire.

La Proteſtation ſecrette eſt donc un Acte qui ne produit rien de lui-même ; il ſert tout au plus de conjecture, qui peut à la vérité contribuer quelquefois à prouver le dol, la crainte & la lézion, quand cette conjecture eſt ſoutenue de circonſtances ſuffiſantes. Mais la Proteſtation, telle qu'elle ſoit, eſt très-peu de choſe par elle-même ; & en bonne juſtice on y a très-peu d'égard, ſi l'on ne rapporte d'ailleurs quelques preuves du contenu en la Proteſtation par des témoignages évidens, ou de fortes préſomptions.

Ainſi c'eſt en vain que les chicaneurs, pour donner atteinte aux Actes qu'ils paſſent, font des Proteſtations pour revenir contre dans la ſuite ; il faut de fortes raiſons pour donner atteinte à un Contrat qui eſt valablement fait entre des perſonnes capables de contracter.

Au ſurplus, pour qu'une Proteſtation qu'on fait contre un Acte puiſſe avoir quelque effet, il faut qu'elle ſoit faite un peu avant l'Acte, & réitérée un peu après ; ce qui ſe fait d'ordinaire dans les vingt-quatre heures. Mais le plus ſûr eſt de former ſa plainte ſur le champ, au lieu de faire des proteſtations, qui ne produiſent le plus ſouvent aucun effet.

Quoiqu'il ne ſoit pas toujours fort utile de faire des Proteſtations pardevant Notaires, cependant il ſe rencontre des cas où on en peut faire qui ayent leur effet. C'eſt pourquoi il n'eſt pas hors de propos de dire ici quelque choſe touchant la maniere de les dreſſer.

Comme cet Acte n'eſt point de ſtile, & qu'il dépend abſolument des circonſtances de l'affaire dont il s'agit, il ſuffira de remarquer qu'il faut d'abord mettre la comparution de celui qui proteſte ; enſuite il faut exprimer le motif pour lequel il proteſte, la choſe contre laquelle il proteſte ; enſuite de quoi on met à la fin : *Proteſtant de nullité de   & de tout ce qui pourroit être fait en conſéquence, & de tout ce que peut & doit ledit comparant proteſter en pareil cas, pour lui ſervir en tems & lieu ce que de raiſon, dont & de quoi il a requis le préſent Acte à lui octryé.*

Bien des gens même, non contens de la Protestation antérieure par eux faite à l'Acte ou à la chose contre laquelle ils ont protesté par avance, réiterent d'abondant leurs dires & Protestations, ce qui est nécessaire, comme nous venons de le dire; dont & de quoi ils demandent acte aux Notaires. Sur quoi il faut remarquer, que si depuis la premiere Protestation qui a été faite par avance, il est arrivé quelque nouvelle circonstance qui puisse aggraver le fait, on la doit énoncer dans la Protestation qui est réitérée depuis l'Acte ou la chose dont est question.

Comme l'Acte de Protestation dépend uniquement des circonstances, il est impossible d'en donner des modéles qui puissent convenir à toutes sortes d'affaires. Ainsi nous nous contenterons de rapporter sur ce sujet la formule suivante, sur laquelle il sera facile d'en dresser d'autres, en suivant à peu près le stile qu'on y a observé.

Protestation contre & avant la passation d'une Obligation.

AUjourd'hui est comparu pardevant les Notaires au Châtelet de Paris soussignez, Louis Campion, demeurant à, &c. lequel a dit & déclaré, que pour éviter le dépérissement & la consommation de son bien, il est forcé & contraint de passer conjointement avec Jeanne Loupel sa femme, une obligation de quinze cens livres, au profit de Maître Louis, & de supposer ladite obligation pour argent prêté, quoique la vérité soit que ledit Louis ne leur fournira aucuns deniers, mais seulement sera faite pour demeurer quitte par ladite Jeanne de quelques deniers que ledit Louis lui a prêté par obligation, pour avoir main-levée de la saisie réelle que ledit Louis a fait faire de, &c. icelui comparant avec ladite Jeanne Loupel sa femme, sont contraints, comme dit est, de faire la susdite obligation au profit dudit Louis. C'est pourquoi ledit comparant, tant pour lui que pour sadite femme, a par ces présentes protesté que ladite obligation qui sera par eux ainsi faite au profit dudit Louis, ne leur pourra nuire ni préjudicier, & de se pourvoir contre icelle par les voies de droit, pour s'en faire relever & restituer en tems & lieu, comme ayant ledit Louis surpris ladite Jeanne Loupel, pour lui passer ladite obligation, & de tout ce que dessus a requis acte aux Notaires soussignez, qui lui ont octroyé le présent pour lui servir & valoir ce que de raison. Fait & passé, &c.

Voyez ci-après au Chapitre 23, la formule d'un Acte de *Protestation contre des Vœux.*

CHAPITRE X.

Des Comparutions.

COMPARUTION, eſt une préſentation qui ſe fait en Juſtice, ou en l'Etude du Notaire, en conſéquence d'un exploit donné par l'une des Parties, à l'effet de procéder conformément aux fins & concluſions priſes par ledit exploit, ſauf à la Partie aſſignée de fournir ſes dires & raiſons contraires.

Ainſi les Actes de Comparutions qui ſe font chez les Notaires, ſont des eſpéces de procès-verbaux qui contiennent les prétentions des Parties, & leurs Comparutions, ou qui font mention de l'abſence de celle qui fait défaut.

La minute d'un tel Acte reſte chez le Notaire qui l'a paſſé, & qui en délivre des expéditions à toutes les Parties, quand elles le requierent, ou à la Partie qui eſt la plus diligente, & qui a intérêt d'avancer; laquelle, en cas de conteſtation, la fait ſignifier à l'autre Partie, & lui donne aſſignation pour voir être ordonné par le Juge ce que de raiſon.

On fait chez les Notaires des Comparutions pour différentes cauſes; mais il faut toujours qu'elles ſoient précédées d'aſſignation donnée à la Partie adverſe.

Les cauſes les plus ordinaires pour leſquelles ſe font ces ſortes de Comparutions, ſont pour des payemens ou rembourſemens, pour la délivrance d'une ſeconde groſſe, ou pour compulſer la minute de quelqu'Acte.

Acte de Comparution & dépôt d'argent.

AUjourd'hui deux heures de relevée, en l'Etude de l'un des Notaires ſouſſignez, ſont comparus Sieur Hubert Lymouel, Bourgeois de Paris, & Damoiſelle Anne Morel ſa femme, qu'il autoriſe à l'effet des préſentes, demeurans, &c. leſquels font la préſente comparution pour ſatisfaire à la ſommation faite à leur requête, par exploit du controllé le à Maître Jean Hainault Huiſſier, à l'effet de ſe trouver cedit jour, lieu & heure, pour recevoir deſdits Sieur & Damoiſelle Comparans la ſomme de quinze cens livres, qu'ils lui doivent de reſte de celle de pour meubles qu'il leur a vendus, ſuivant le Contrat de vente paſſé pardevant le & pour leur donner quittance de ladite somme, en leur rapportant toutefois main-levée des saisies sur lui faites entre leurs mains, l'une à la requête de & l'autre à la requête de lesquelles saisies lesdits Sieur & Damoiselle Comparans ont fait dénoncer audit Sieur Hainault; & attendu qu'il est cinq heures sonnées, sans que ledit Sieur Hainault soit comparu, ni personne de sa part, lesdits Sieur & Damoiselle Lymouel ont requis acte de leur comparution, qui leur a été octroyé pour leur servir en tems & lieu, après toutefois qu'ils ont déposé ès mains de Me. l'un desdits Notaires soussignez, ladite somme de quinze cens livres, sçavoir quatre cens livres (*désigner les espéces*) protestant lesdits Sieur & Damoiselle Comparans, que faute par ledit Sieur Hainault d'être comparu, & attendu ledit dépôt, ils ne seront tenus d'aucune diminution d'espéces, s'il en arrive, & en outre de répéter contre lui toutes pertes, dépens, dommages & interêts, même le coût des présentes. Fait & passé, &c.

L'usage d'aujourd'hui est, que pour faire cesser des arrérages ou des intérêts, ou ne pas perdre sur la diminution des espéces, il faut réaliser les offres en Justice; c'est-à-dire, faire porter son argent à l'Audience, & demander au Juge, Partie présente ou dûement appellée, acte des offres actuelles & réelles; & qu'en cas de refus par le Créancier de recevoir l'argent aux conditions portées par les offres, il soit permis de consigner aux risques, périls & fortunes de qui il appartiendra. Sur quoi il faut remarquer que les offres réelles faites en Justice, ont un effet rétroactif au jour des offres réelles suivies de dépôt des deniers chez un Notaire; ce qui n'auroit pas lieu, s'il n'y avoit pas eu de dessaisissement de deniers de la part du Débiteur.

Comparution pour un remboursement fait par un Particulier qui l'offre à deniers découverts, & qui les remporte, attendu que son Créancier ne comparoît point.

AUjourd'hui jour du mois de sur les heures de relevée, est comparu devant les Notaires soussignez, en l'Etude de l'un d'iceux, Maître Pierre demeurant lequel a dit & déclaré qu'il a fait assigner Maître Claude à comparoir à cedit jour & heure en ladite Etude, pour recevoir le remboursement de deux cens livres de rente, au principal de quatre mille livres qu'il lui doit, avec les arrérages qui en sont dûs & échûs jusqu'à cedit jour, & qu'il lui a constitué par Contrat passé pardevant le à l'effet de quoi ledit Sieur Comparant a présentement montré & exhibé à deniers découverts ausdits Notaires, en louis d'argent & monnoie ayant cours, la somme de sçavoir ladite somme de quatre mille livres pour ledit principal, & pour lesdits arrérages échûs de tout le passé

jusqu'à

jusqu'à cedit jour ; laquelle somme de il est prêt & offre de payer audit Sieur Claude en lui donnant quittance & décharge valable. Et après avoir attendu en ladite Etude depuis ladite heure de jusqu'à celle de sonnées, & que ledit Claude n'est venu ni comparu, ni Procureur pour lui, ledit Sieur Comparant a repris ladite somme de & l'a remportée, protestant de toutes pertes, dépens, dommages & intérêts à l'encontre dudit Sieur Claude & de se pourvoir ainsi qu'il avisera bon être, dont & de quoi il a requis & demandé Acte ausdits Notaires soussignez, qui lui ont octroyé le présent, pour lui servir & valoir ce que de raison, en ladite Etude de lesdits jour & an, & a signé.

Comparution en l'Etude d'un Notaire en conséquence d'une Assignation, & réponse sur icelle.

AUjourd'hui est comparu devant les Notaires à Paris soussignez, en l'Etude de M. l'un d'iceux, Simon Monnet, Huissier, demeurant, &c. lequel, suivant & pour satisfaire à l'assignation qui lui a été donnée à la requête de N. Moreau, par exploit de à comparoir cejourd'hui deux heures de relevée en l'Etude de l'un des Notaires soussignez, pour recevoir la somme de sept cens quatre-vingt-dix livres contenue au billet du Sieur Touchard, du fait au profit dudit Moreau, qui en a passé son ordre au dos au Sieur Gilbert, duquel billet ledit Comparant est porteur, & dit avoir charge & pouvoir ; & après avoir attendu depuis ladite heure de deux de relevée jusqu'à celle de trois sonnées, & que ledit Sieur Moreau n'y seroit comparu, ni Procureur pour lui, il a requis acte de sa comparution, & de ce qu'il est prêt de recevoir ladite somme de sept cens quatre-vingt-dix livres, portée par ledit billet, ensemble la somme de treize livres quinze sols pour l'obtention de la Sentence rendue par les Sieurs Juge & Consuls de cette Ville de Paris, le qui condamne lesdits Touchard & Moreau au payement tant desdites sept cens quatre-vingt-dix livres portées audit billet, qu'ausdits treize livres quinze sols de dépens ; déclarant qu'en lui payant lesdites sommes, il est prêt & offre de rendre ledit billet quittancé dudit Sieur Moreau, ensemble l'original de ladite Sentence & piéces en résultantes ; protestant que faute de satisfaire à ce que dessus, il continuera ses poursuites, dont a été expédié le présent Acte à Paris en l'Etude de, &c.

Réponse faite en conséquence de l'Acte ci-dessus, mise au pied de la Minute d'icelui, par celui à la requête de qui l'assignation avoit été donnée.

Et le même jour heures de relevée, est survenu en ladite Etude dudit ledit Sieur Moreau, nommé en l'Acte ci-devant & des autres parts, demeurant lequel a persévéré aux offres qu'il a faites par l'assignation qu'il a fait donner audit Sieur Gilbert, & non au Sieur Monnet, Huissier, en lui rendant par ledit Sieur Gilbert le billet y mentionné bien & dûement quittancé, déclarant qu'à l'égard des prétendus frais de Sentence, dont il eſt parlé audit acte de l'autre part, ledit Sieur Moreau ne croit pas qu'il y ait de Sentence rendue contre lui, & conſéquemment point de frais; & que quand même il y en auroit, il n'en ſeroit pas tenu, attendu que par l'exploit d'aſſignation qui lui a été donné à la requête dudit Gilbert, le l'Huiſſier ne marque point en quelle Juriſdiction il l'a donnée; lui déclare en outre, que demain à neuf heures du matin, il ſe tranſportera derechef en ladite Etude pour faire ledit payement, comme il étoit prêt de le faire, ayant à cet effet apporté deniers ſuffiſans en eſpéces de louis d'argent & monnoie par lui montrées auſdits Notaires, & qu'il a retiré à l'inſtant, pour n'avoir pû préſentement faire ledit payement, attendu l'abſence dudit Gilbert non comparant, quoiqu'aſſigné, & auquel ſeul, ou au porteur de ſon ordre & pouvoir ſpécial, il prétend payer & non à autre; c'eſt pourquoi au moyen dudit défaut de comparution, proteſte de répéter contre lui toutes pertes, dépens, dommages & intérêts, dont & de quoi ledit Comparant a requis & demandé Acte auſdits Notaires, &c.

Autre Comparution faite le lendemain en conſéquence de la Réponſe, & par celui qui l'a faite.

Et le lendemain neuf heures du matin, eſt comparu en l'Etude dudit l'un deſdits Notaires ſouſſignez, ledit Sieur Moreau, ſuivant l'aſſignation donnée à cedit jour & heure, & y a apporté les mêmes deniers, pour faire le même payement audit Gilbert, qui ne ſeroit comparu, après l'avoir attendu depuis ladite heure de neuf jusqu'à dix ſonnées; au moyen de quoi ledit Moreau a requis Acte auſdits Notaires de ſa comparution & défaut contre ledit Gilbert, ce qu'ils lui ont octroyé en l'Etude dudit l'un d'iceux, & a repris ſes deniers, avec offres de comparoir à toutes ſignifications qui lui pourroient être données, ceſdits jour & an déclarez, & a ſigné.

Comparution pour la délivrance d'une ſeconde Groſſe.

AUjourd'hui heures du matin, eſt comparu en l'Etude de l'un des Notaires ſouſſignez, le Sieur Louis lequel a dit qu'il a fait aſſigner le Sieur Jacques par exploit de Huiſſier du étant enſuite de la Requête & Ordonnance ci-après énoncées, à comparoir cedit jour, lieu & heure, à l'effet d'être préſent à la délivrance d'une ſeconde Groſſe du Contrat de conſtitution énoncé en la Requête par lui préſentée à cette fin à Monſieur le Lieutenant Civil, au bas de laquelle eſt l'Ordonnance dudit Sieur Lieutenant Civil; & après avoir attendu en ladite Etude depuis ladite heure de juſqu'à celle de ſonnées de & que ledit Jacques n'eſt venu ni comparu, ni perſonne pour lui, & qu'il n'a formé aucun empêchement à la délivrance de ladite ſeconde Groſſe, ledit Sieur Comparant a requis leſdits Notaires de la lui délivrer, conformément à ladite Ordonnance étant au bas de ladite Requête, laquelle eſt demeurée annexée à ces présentes, pour y avoir recours, & être transcrite en fin de ladite seconde Grosse; ce qui lui a été octroyé en ladite Etude de Maître lesdits jour & an, & a signé.

Comparution en l'Etude d'un Notaire pour compulser.

AUjourd'hui deux heures de relevée, est comparu pardevant, &c. en l'Etude de l'un d'iceux, Maître Louis Procureur en la Cour, & de Lucas demeurant lequel a dit, qu'en conséquence de l'Arrêt du Parlement rendu au rapport de M. Conseiller en icelle, le entre ledit Lucas, Joseph & Simon, il auroit fait assigner lesdits Joseph & Simon aux domiciles de Maîtres Jérôme & Joachim leurs Procureurs, par Exploits de Huissier à du controllez le à comparoir cedit jour, lieu & heure, à l'effet d'être présens au compulsoire & collation que ledit Me Lucas veut faire des piéces dont il entend se servir dans l'Instance qu'il a pendante au Parlement, au rapport dudit Sieur contre lesdits Joseph & Simon; & après avoir attendu depuis ladite heure de deux jusqu'à celle de quatre sonnées, & que lesdits Joseph & Simon ne sont comparus, ni Procureur pour eux, ledit Louis audit nom a requis défaut contre eux, & pour le profit d'icelui, qu'il lui soit donné Acte de sa comparution, & de ce qu'il a présentement procédé avec ledit Huissier, demeurant à ce présent, au compulsoire & collation desdites piéces dont ledit Lucas entend se servir dans le procès qu'il a contre lesdits Joseph & Simon, comme dit est, dont & de quoi il a requis & demandé Acte ausdits Notaires, qui lui ont octroyé le présent en l'Etude dudit l'un desdits Notaires soussignez, lesdits jour & an, & a signé.

CHAPITRE XI.

Des Certificats, ou Actes de notoriété.

CERTIFICAT, est un témoignage par écrit que l'on rend de quelque chose. On fait des Certificats pardevant Notaires de différentes sortes, à l'effet de servir en cas de besoin.

Les Certificats qui se donnent le plus ordinairement, sont qu'un garçon n'a jamais été marié, qu'un homme est actuellement vivant, ou bien qu'un homme est décédé, & qu'il est mort d'un tel tems, dans un tel lieu, &c. On appelle quelquefois ces sortes de Certificats, Actes de notoriété.

Certificat qu'un homme est garçon, & n'a jamais été marié.

AUjourd'hui est comparu Louis demeurant lequel a certifié à Denis que Henri est garçon, & n'a jamais été marié, & qu'ainsi le cinquiéme qui lui appartient en la moitié d'une maison sise à Paris, rue dont ledit Sieur Denis s'est rendu adjudicataire cejourd'hui, n'est chargé d'aucun douaire, soit préfix ou coutumier, sur la sureté duquel présent Certificat ledit Sieur Denis, demeurant à ce présent, déclare qu'il a fait l'acquisition de la moitié de ladite maison, sans lequel Certificat il ne l'auroit point fait; s'obligeant ledit Louis, en cas qu'il se trouvât le contraire de ce qu'il certifie ci-dessus, de rembourser audit Sieur Denis la somme de sept mille deux cens livres, à quoi monte le cinquiéme dudit Sieur Henri en ladite moitié de maison, dont il fait sa propre affaire, à quoi il oblige tous ses biens présens & à venir. Et pour l'exécution, &c.

Clause portant Certificat qu'un homme est garçon, pour insérer en fin de la minute du Contrat qu'il vient de passer.

CE fait en la présence de demeurant lequel certifie que ledit Sieur Vendeur est garçon, & par conséquent que la maison *ou* la rente ci-dessus vendue n'est point chargée de douaire; & au cas qu'il se trouvât que ledit Sieur Vendeur fût marié avant la passation du présent Contrat, d'indemniser, & de payer audit Sieur Acquéreur ladite somme de pour le principal de la présente vente, &c.

On fait faire aussi quelquefois une simple déclaration sans caution par celui qui transporte une rente ou vend quelque héritage, qu'il est garçon, ou bien qu'il est veuf, & que la rente qu'il transporte, ou l'effet qu'il vend a été par lui acquis pendant son veuvage; ce qu'il affirme véritable, & consent que s'il se trouve le contraire, il soit contraint d'accepter la rétrocession de ladite rente, ou de reprendre l'héritage par lui vendu, & de rembourser le prix qu'il en a reçu, & indemniser l'Acquéreur.

Certificat de mort.

AUjourd'hui sont comparus devant les Notaires soussignez, *tel & tel*, lesquels ont certifié à tous qu'il appartiendra, qu'ils ont parfaite connoissance que Pierre Bret est décédé le & qu'au jour de son décès il n'a laissé que deux enfans de son mariage avec Geneviéve Perier sa femme, sçavoir Antoinette-Nicole Bret, femme de Geoffroi Palmy, âgée de & Nicolas Bret; que ladite Geneviéve Perrier est décédée sept ans après ledit défunt Bret, & que ledit Nicolas Bret est décédé garçon le ensorte que ladite Antoinette-Nicole Bret est restée seule fille de Pierre Bret : ce que lesdits comparans ont juré & affirmé en leurs consciences être véritable. A ce faire étoient présens lesdits Geoffroi Palmy, & ladite Antoinette-Nicole Bret sa femme, de lui autorisée, demeurans à Paris, lesquels pour plus grande justification de ce que dessus, ont représenté les piéces qui suivent.

La premiere est l'Extrait Baptistaire d'Antoinette-Nicole Bret, délivré par le justifiant qu'elle a été baptisée le La seconde est l'Extrait Mortuaire dudit Pierre Bret, délivré par justifiant qu'il est décédé le Et la troisiéme est l'Extrait Mortuaire dudit Nicolas Bret, fils dudit Pierre Bret, délivré par le Sieur Greffier, Garde & Conservateur des Registres des Baptêmes, Mariages & Sépultures du Diocèse de Paris, le justifiant qu'il a été inhumé en l'Eglise de lesquelles trois piéces ci-dessus énoncées sont demeurées annexées à la présente minute, après avoir été paraphées par lesdits Palmy & sa femme, & à leur réquisition desdits Notaires, dont & de ce que dessus les Parties comparantes ont requis & demandé acte ausdits Notaires, pour servir & valoir à ladite Antoinette-Nicole Bret ce que de raison, à elle octroyé en l'Etude, &c.

Autre Certificat de mort.

AUjourd'hui sont comparus devant les Notaires à Paris soussignez, Anne demeurante & Philippe demeurant lesquels sur la requisition & sommation verbales qui leur ont été présentement faites par George demeurant ont volontairement certifié & attesté à tous qu'il appartiendra, que Jacques est décédé au mois de Juin dernier de *telle maladie*, & qu'il a été inhumé en *tel Cimetiére* ou *Eglise*, dont & de ce que dessus ledit George a requis Acte ausdits Notaires, qui lui ont octroyé le présent, pour lui servir & valoir ce que de raison. Fait & passé, &c.

Autre Certificat de mort.

AUjourd'hui sont comparus devant les Notaires à Paris soussignez, Louis Dumet, demeurant & Jean-Louis demeurant lesquels ont certifié à tous qu'il appartiendra, que Pierre François, fils de Thomas François, est décédé à le & a laissé pour ses seuls héritiers Armand François, Dame Marie François, veuve de Claude Dujour, Dame Anne François, épouse de Jean Delle, & Damoiselle Madeleine François ses frere & sœurs, & qu'il n'a point été fait d'Inventaire après sa mort ; comme aussi lesdits Comparans certifient que long-tems auparavant le décès dudit Sieur François, ledit Dujour étoit décédé, dont & de quoi ils ont requis & demandé Acte ausdits Notaires, qui leur ont octroyé le présent, pour servir & valoir ce que de raison, en l'Etude de l'un d'iceux, &c.

Certificat de visite d'un Cheval par un Maréchal.

AUjourd'hui est comparu devant les Notaires à Paris soussignez, Louis Maître Maréchal, demeurant lequel a dit & déclaré, qu'en conséquence du serment par lui prêté devant Monsieur le Lieutenant Civil, le il a fait le même jour la visite d'un Cheval appartenant à Loueur de chevaux, âgé de sous poil ayant crin, queue & oreilles, lequel il auroit trouvé boiteux d'un effort de jambe de derriere hors du montoir, son mal répondant dans la hanche, & ne lui auroit trouvé d'autre maladie, ce que ledit comparant a affirmé véritable, dont & de quoi il a requis & demandé Acte ausdits Notaires, qui lui ont octroyé le présent, pour servir & valoir ce que de raison à qui il appartiendra, en l'Etude de l'un d'iceux, &c.

CHAPITRE XII.

Des Déclarations.

CE terme a plusieurs significations différentes; il se prend quelquefois pour un Acte, par lequel on déclare quelque chose pour constater de certains faits sur lesquels il pourroit survenir des contestations; comme quand une personne fait une déclaration des meubles qui lui appartiennent, pour éviter les contestations qui pourroient survenir à ce sujet.

Ordinairement on entend par la Déclaration, un Acte par lequel celui au nom & au profit duquel est passée une Obligation ou un autre Contrat, déclare qu'il n'y prétend aucune chose, d'autant que quoique l'Acte ait été fait en son nom & à son profit, la vérité est qu'il n'y a aucun droit, & que la chose appartient à *un tel*, au profit duquel il fait ladite Déclaration.

La Déclaration faite au profit d'une tierce personne, est bien différente de la Contre-Lettre, comme nous avons dit ci-dessus au Chapitre VIII, où il est parlé des Contre-Lettres.

Déclaration faite par une Veuve, de plusieurs meubles qui lui appartiennent, pour éviter contestations entre ses enfans après son décès.

AUjourd'hui est comparue devant les Notaires soussignez, M. Danserelle, veuve de R. Dolu, demeurante laquelle pour la décharge de sa conscience, & éviter ci-après aux contestations qui pourroient naître entre ses enfans, a dit & déclaré que par bonté & charité

Mademoiselle Palot la loge en ladite rue depuis pour y demeurer tant qu'il lui plaira, & non en qualité de sa domestique, & que lorsqu'elle y est entrée, elle y a apporté seulement les meubles qui suivent; sçavoir, un lit, &c. dont & de laquelle présente déclaration ladite veuve Dolu a requis & demandé Acte ausdits Notaires soussignez, pour lui servir & valoir ce que de raison, en l'Etude de l'un desdits Notaires, le, &c.

Déclaration par une personne, comme dans une rente constituée à son profit, il en appartient partie à celui au profit de qui cette Déclaration est passée.

AUjourd'hui est comparu devant les Notaires soussignez, Messire R. de Monpon, lequel reconnoît que dans la constitution de dix-sept cens livres de rente faite à son profit par Dame A. de la Chartre, épouse de Messire Louis de Crevant, tant en son nom que comme Procuratrice dudit Seigneur son mari, moyennant trente-quatre mille livres, par Contrat passé pardevant les Notaires soussignez cejourd'hui, il en appartient à Madame M. de Monpon, veuve de Messire Hector de Martreau, demeurante à ce présente & acceptante, cinq cens livres de rente, pour avoir fourni de ses deniers la somme de dix mille livres pour entrer en ladite constitution, au moyen de quoi ledit Sieur de Monpon consent & accorde que ladite Dame Martreau jouisse, fasse & dispose desdits cinq cens livres de rente, tant en principal qu'arrérages, comme de chose à elle appartenante, lui en faisant toute cession & transport, sans garantie; reconnoissant ledit Sieur de Monpon avoir en ses mains la grosse dudit Contrat, dont il promet aider ladite Dame Martreau toutes fois & quantes qu'elle en aura besoin. Promettant, &c.

Autre.

AUjourd'hui est comparue devant, &c. Damoiselle C. Conard, demeurante laquelle a reconnu que dans le principal & arrérages de deux cens livres de rente au denier quarante, à elle constituée sur les Aydes & Gabelles par Messieurs les Prevôt des Marchands & Echevins de cette Ville de Paris, par Contrat passé pardevant les Notaires soussignez cejourd'hui, il en appartient à Damoiselle Marguerite B. veuve de M. le V. de Laval, demeurante à ce présente & acceptante, cent livres de rente, pour avoir fourni de ses deniers la somme de quatre mille livres, au moyen de quoi ladite Damoiselle Conard promet & s'oblige payer à ladite Dame de Laval lesdits cent livres par chacun an, de six mois en six mois, au fur & à mesure qu'elle recevra les arrérages desdits deux cens livres de rente, & desquels cent livres de rente ladite Damoiselle Conard, en tant que besoin est ou seroit, en fait toute cession & transport, sans garantie; reconnoissant avoir en ses mains la grosse du Contrat de constitution desdits deux cens livres de rente, dont elle promet aider ladite Dame de Laval toutes fois & quantes qu'elle l'en requerra. Promettant, &c.

Déclaration faite par un Particulier, qu'il ne prétend rien en une rente constituée à son profit.

AUjourd'hui est comparu devant les Notaires soussignez, G. Arnoult, demeurant lequel déclare & reconnoît qu'il ne prétend rien en la rente de cent cinquante livres au principal de trois mille livres, constituée à son profit par M. Soyet & G. de B. sa femme solidairement, par Contrat passé devant les Notaires soussignez cejourd'hui, & que ladite rente en principal & arrérages appartient à Messire T. Bonneau, à ce présent & acceptant, demeurant pour avoir fourni de ses deniers ladite somme de trois mille livres, & auquel il n'a fait que prêter son nom en l'acceptation dudit Contrat, consentant qu'il jouisse, fasse & dispose de ladite rente, tant en principal qu'arrérages, comme de chose lui appartenante, lui en faisant toute cession & transport, sans garantie; reconnoissant ledit Sieur Bonneau avoir en ses mains la grosse dudit Contrat. Promettant, &c.

Déclaration d'une somme contenue en un transport, au profit d'un Particulier.

AUjourd'hui est comparu devant les Notaires soussignez, J. Castaing, demeurant lequel déclare qu'il ne prétend aucune chose en la somme de quatre mille neuf cens livres contenue au transport fait à son profit par Jean passé pardevant les Notaires soussignez cejourd'hui, dont n'est resté minute, à prendre & recevoir de y nommé, & que ladite somme appartient à J. Massé, demeurant à ce présent & acceptant, qu'il l'a fournie de ses deniers, auquel il n'a fait que prêter son nom en l'acceptation dudit transport, lui en faisant toute cession & transport, sans garantie, consentant qu'il en jouisse, fasse & dispose ainsi qu'il avisera; reconnoissant ledit J. Massé avoir en ses mains l'original dudit transport. Fait & passé, &c.

Déclaration d'une rente sur la Ville, portant transport.

AUjourd'hui est comparu, &c. Maître Etienne Aubert, Bourgeois de demeurant lequel déclare que les deux cens livres de rente au principal de cinq mille livres constituées sur les Aydes & Gabelles de France, le qui lui ont été cédez par B. par Acte passé, &c. sont & appartiennent à L. absent, ce acceptant pour lui par lesdits Notaires soussignez autant que faire le peuvent, auquel Sieur L. ledit Sieur Aubert n'a fait que prêter son nom, ledit Sieur L. lui ayant envoyé les deniers nécessaires pour faire ladite acquisition; & consent que ledit Sieur L. ses hoirs & ayans cause, jouissent, fassent & disposent desdits deux cens livres de rente en principal & arrérages, comme de chose leur appartenante, en vertu de la présente Déclaration qu'il fait sans aucune garantie, même consent qu'il soit obtenu en son nom des Lettres de ratification sur ledit Contrat, conformément à icelui, sans qu'elles lui donnent aucun droit en ladite rente. Promettant, &c. obligeant, &c.

CHAPITRE

CHAPITRE XIII.

Des Reconnoiſſances d'Ecritures privées.

RECONNOISSANCE de Promeſſe ou autre Ecrit ſous ſeing privé, eſt un Acte par lequel on reconnoît & confeſſe avoir écrit ou fait écrire & ſigné de ſa main propre une telle promeſſe, qu'on affirme contenir vérité, & qu'on promet entretenir & exécuter ſelon ſa forme & teneur.

Les reconnoiſſances d'écritures privées ſe font judiciairement & extrajudiciairement.

Elles ſe font judiciairement, quand le Porteur d'une Promeſſe ou autre Ecriture privée, aſſigne celui qui l'a ſignée, à comparoir pardevant le Juge compétent, pour reconnoître ou dénier ſon ſeing; à l'effet, en cas de dénégation, d'être procédé à la vérification par Experts, en la maniere accoutumée.

Elles peuvent être faites extrajudiciairement, quand celui qui a ſigné un Acte ſous ſeing privé, conſent en donner une reconnoiſſance pardevant Notaires.

L'une & l'autre de ces deux reconnoiſſances d'Ecritures privées, operent le même effet; c'eſt-à-dire, qu'un tel Acte commence à être exécutoire, & emporte hypotéque ſur tous les biens du Débiteur, du jour de la reconnoiſſance.

Voici de quelle maniere une telle reconnoiſſance ſe fait pardevant Notaire. Il faut d'abord écrire la promeſſe ou autre convention faite ſous ſignature privée ſur papier timbré, & controllée; & enſuite la reconnoiſſance que l'on met ordinairement au pied dudit Ecrit, pour éviter ſurpriſe; ou bien on dépoſe cette Ecriture privée chez un Notaire, à l'effet de la joindre à la minute de la reconnoiſſance: en ce dernier cas, il n'eſt pas néceſſaire que l'Ecrit ſoit ſur papier timbré, mais il faut qu'il ſoit controllé.

Reconnoiſſance de Promeſſe ou autre Ecrit ſous ſeing privé.

AUjourd'hui eſt comparu pardevant les Notaires ſouſſignez, Maître Pierre, &c. demeurant à, &c. lequel a reconnu avoir écrit & ſigné de ſa ſignature ordinaire dont il a coutume de ſe ſervir dans ſes affaires, la Promeſſe (*ou autre ſorte d'Ecriture ou convention*) portée ci-deſſus, controllée le par qu'il a dit & affirmé contenir vérité; promet l'entretenir & exécuter en tout ſon contenu ſelon ſa forme & teneur, ſans y contrevenir en façon quelconque, directement ou indirectement, à peine de tous dépens, dommages & intérêts. Promettant, obligeant, &c. *Election de domicile.* Fait & paſſé, &c.

Quand les Ecritures privées portent promeſſe de payer ou fournir quelque choſe, il faut mettre aux Actes de reconnoiſſance d'icelles l'élection du domicile du débiteur, comme aux Obligations, ainſi qu'il a été dit ci-devant, en traitant des Obligations, &c.

Si le reconnoiſſant n'avoit écrit le corps de la promeſſe ou convention, en ce cas il faut mettre ce qui enſuit.

A reconnu avoir fait écrire & avoir ſigné de ſa main la promeſſe ci-deſſus, & *le reſte comme deſſus.*

Pareillement quand deux ou pluſieurs perſonnes ont fait un Ecrit ſous ſeing privé, que l'un d'eux a écrit le corps, & que tous enſemble le reconnoiſſent, il faut mettre :

Leſquels ont reconnu & confeſſé avoir ſigné de leurs ſignatures ordinaires dont ils ont coutume de ſe ſervir dans leurs affaires, la promeſſe ou convention ci-deſſus écrite, qu'ils ont dit & affirmé contenir vérité, même ledit avoir écrit le corps d'icelle promeſſe, laquelle ils s'obligent entretenir & exécuter réciproquement ſelon ſa forme & teneur : *le reſte comme ci-deſſus, &c.*

CHAPITRE XIV.

Des Dépôts de Piéces.

APPORT ou dépôt de Piéces, eſt un Acte par lequel on déclare qu'on a apporté au Greffe ou chez un Notaire telles Piéces pour y être dépoſées.

Ces ſortes de dépôts ſe font quelquefois par autorité de Juſtice, ou ſont quelquefois volontaires.

Les dépôts de Piéces peuvent être ordonnez par Juſtice en pluſieurs occaſions. Par exemple, quand un Particulier eſt nanti d'un original ou d'une minute qui concerne d'autres perſonnes. De même s'il ſe trouve dans une ſucceſſion des titres, & que les cohéritiers ne conviennent pas entr'eux qui en demeurera dépositaire; dans ce cas le Juge ordonne que ces Piéces seront déposées entre les mains d'un Notaire, pour en délivrer des expéditions aux Parties intéressées.

Les dépôts de Piéces se font aussi dans plusieurs autres cas. Un Particulier est porteur d'une Procuration qui concerne plusieurs affaires; il a intérêt de la déposer chez un Notaire, pour en tirer autant d'expéditions qu'il pourra en avoir besoin.

Une personne s'est fait fort pour un absent, & par l'Acte il a promis & s'est obligé de le faire ratifier; cet absent fait ensuite sa ratification pardevant les Notaires de sa demeure, & envoye l'Acte de ratification : en ce cas, pour la décharge de celui qui a stipulé pour l'absent, & pour l'exécution de l'Acte, on doit faire annexer cet Acte de ratification à la minute de l'Obligation.

Une fille majeure a fait promesse sous signature privée de payer une somme: son créancier apprend qu'elle est sur le point de se marier; il ne veut pas d'abord faire paroître son titre de créance: il se peut faire d'ailleurs que les délais n'en soient pas expirez; cependant il appréhende que par la suite le mari de sa débitrice ne dise que c'est un billet antidaté, & qui ayant été fait *constante matrimonio* par sa femme, sans être de lui autorisée, est nul. Le créancier, pour éviter cet inconvénient, dépose son billet chez un Notaire, après l'avoir fait controller. Cet Acte de dépôt ne fait pas que la promesse emporte hypotéque; en quoi il differe de la reconnoissance dont il est parlé dans le Chapitre précédent: mais l'Acte de dépôt assure la date de la promesse du jour que le dépôt a été fait; ce qui peut être de conséquence, comme dans le cas ci-dessus proposé, & dans une infinité d'autres.

Cet Acte de dépôt doit contenir le nom, la qualité & la demeure de celui qui fait le dépôt, la description des Piéces déposées; de plus il y doit être fait mention qu'elles ont été paraphées, tant par le Déposant que par les Notaires.

Quelquefois l'Acte de dépôt se met au bas de l'Acte que l'on dépose, quand il est du timbre de la Généralité où se fait le dépôt; sans quoi, on fait un Acte de dépôt séparé.

Si le dépôt se fait d'un Acte public, & que l'on puisse y mettre l'Acte d'apport, il faudra mettre cet Acte d'apport

Z ij

au pied, & faire ſigner celui qui en fera l'apport, au cas qu'il ſçache ſigner; & s'il ne ſçait pas ſigner, le Notaire en fera mention, & fera ſigner un de ſes Confreres, ou deux témoins à l'ordinaire.

Si l'on dépoſe un Acte ſous ſignature privée, le Notaire en dreſſera un Acte d'apport ſéparé de l'Acte que l'on lui dépoſe, & paraphera *ne varietur* l'Acte qui lui eſt donné en dépôt. Il ſignera & fera ſigner l'Acte d'apport par celui qui le dépoſe, & auſſi l'Acte qui fait mention dudit apport, qui ſe met ſur ou au bas de l'Acte dépoſé. Si celui qui fait le dépôt ne ſçait point ſigner, on mettra qu'il l'a certifié véritable, & qu'il eſt ſigné & paraphé des Notaires ſeulement, attendu que celui qui a dépoſé l'Acte ne ſçait point ſigner.

Les Notaires peuvent recevoir des dépôts de toutes ſortes d'Actes, ſoit qu'ils ſoient publics, ſoit qu'ils ſoient faits ſous ſeing privé, pourvû qu'ils ne contiennent rien qui ſoit contraire aux bonnes mœurs & aux Ordonnances Royaux. Mais il faut remarquer que l'uſage des Notaires de Paris eſt de ne point recevoir le dépôt d'un Acte ſigné par un de leurs Confreres actuellement en charge. Ainſi il le faut dépoſer chez le Notaire qui l'a paſſé; & s'il n'eſt plus en place, il le faut dépoſer chez celui qui l'a ſigné en ſecond. Pour ce qui eſt des Actes faits ſous ſeing privé, les Notaires n'en peuvent faire le dépôt qu'ils n'ayent été auparavant controllez, ainſi qu'il a été dit ci-deſſus.

Au pied de la Piéce que l'on dépoſe on met : *Certifié véritable, ſigné & paraphé au deſir de l'Acte de dépôt paſſé devant les Notaires ſouſſignez cejourd'hui.*

Acte de Dépôt ſur la Piéce même.

Dépoſé pour minute à   l'un des Notaires ſouſſignez, par Claude   demeurant   à ce préſent, qui l'a certifié véritable, pour lui en être délivré toutes expéditions néceſſaires, & à qui il appartiendra, dont Acte. Fait & paſſé à Paris en l'Etude de   l'an   le   & a ſigné: Ou s'il ne ſçait point ſigner, on en fait mention à l'ordinaire.

Pour ce qui eſt de l'expédition que l'on délivre des Actes de dépôt, l'on met à la fin, ſigné *tel* & *tel* Notaires, en l'original des préſentes demeuré audit   Notaire.

Dépôt de Piéces.

AUjourd'hui est comparu devant les Notaires à Paris soussignez, Pierre du Bois, demeurant à lequel a déposé pour minute à l'un des Notaires soussignez, un Ecrit portant, &c. (*Il faut détailler le contenu dudit Ecrit*) fait entre signé écrit en papier *ou* parchemin, daté du controllé à Paris par cejourd'hui, pour être mis au rang de ses minutes, à l'effet de lui en être délivré, & à qui il appartiendra, toutes expéditions nécessaires ; ce qui lui a été octroyé après qu'il l'a eu certifié véritable, signé & paraphé en présence des Notaires soussignez, dont Acte. Fait & passé, &c.

Apport d'une Procuration.

AUjourd'hui est comparu devant les Notaires à Paris soussignez, Jean Dumont, lequel a apporté pour minute à Maître l'un des Notaires soussignez, l'original d'une Procuration à lui passée par Joseph demeurant à pardevant Notaires audit lieu, présens témoins, le controllée & légalisée, & a requis Maître l'un desdits Notaires, de la mettre au rang de ses minutes de cejourd'hui, pour lui en délivrer des expéditions ; ce qu'il lui a octoyé, après qu'il a certifié véritable ladite Procuration en présence desdits Notaires soussignez, &c.

Apport d'un Testament reçu par des Notaires étrangers, mis ensuite du Brevet original d'icelui.

AUjourd'hui est comparu devant les Notaires à Paris soussignez, Maître Nicolas demeurant lequel a déposé pour minute à Maître l'un des Notaires soussignez, le Testament & ordonnance de derniere volonté de Maître Jean Maneffier, décédé le jour d'hier, contenant deux rolles entierement écrits, signé de Jean Martin & Ponthieu. (*Il faut détailler les ratures, les paraphes & les premiers & derniers mots de chaque page.*) Et a requis ledit Maître S. de mettre ledit Testament au rang de ses minutes, pour en délivrer des expéditions à qui il appartiendra ; ce qui lui a été octroyé après que ledit Sieur Comparant l'a eu signé & paraphé en présence des Notaires soussignez, dont Acte. Fait & passé, &c.

Autre Acte d'apport d'un Testament.

AUjourd'hui est comparu devant les Notaires soussignez, Louis demeurant lequel a apporté pour minute à l'un des Notaires soussignez, deux feuillets de papier, sur le premier desquels feuillets *recto* & *verso*, & *recto* du second feuillet, est écrit : Testament de Jean qui est décédé le jour d'hier sur les deux heures de relevée, & lequel Testament ledit Sieur Comparant déclare lui avoir été mis ès mains par ledit défunt Sieur Jean, peu de tems avant son décès, signé en fin daté du commençant par ces mots, sur le *recto* dudit premier feuillet, *Testament. Au nom du Pere, & du Fils, & du Saint-Esprit:* Le *verso* dudit feuillet commençant aussi par ces mots, *de la Paroisse S. Louis:* Le *recto* du second feuillet commençant par ces mots, *tant dans mes Terres que dans mes autres biens;* finissant par ces autres mots: *Fait à Paris ce Nicolas Damien.* Le surplus desdits feuillets en papier est en blanc, à l'exception du *verso* du quatriéme feuillet, sur lequel sont écrits ces mots: *C'est ici mon testament & l'état de mes affaires.* Et a ledit Sieur requis ledit Maître Notaire, de le mettre au rang de ses minutes, pour lui en délivrer des expéditions, & à qui il appartiendra; ce qui lui a été octroyé après qu'il l'a signé & paraphé en présence desdits Notaires soussignez, & qu'il a été observé qu'audit *recto* du premier feuillet écrit, la pénultiéme & l'antépénultiéme lignes sont rayées, à l'exception de ces mots, *étant sorti de céans*, qui paroissent être écrits d'une encre plus blanche que le reste dudit Testament; qu'au *verso* dudit premier feuillet il y a deux mots bâtonnez; & qu'à la troisiéme ligne du *recto* dudit second feuillet, il y a le mot *lesdits* rayé; dont Acte. Fait & passé, &c.

Apport d'une Ratification mise au pied de la minute de l'Acte ratifié.

Et le est comparu devant les Notaires soussignez, ledit Sieur nommé en l'Acte de l'autre part, lequel a apporté à Maître l'un des Notaires soussignez, la ratification dudit Acte faite par ledit Sieur son frere, par Acte passé pardevant Notaires à présens témoins, le controllée & scellée, & a requis ledit Maître de l'annexer à ces présentes; ce qu'il lui a octroyé, après que ledit Sieur Comparant a signé & paraphé ladite ratification avec lesdits Notaires soussignez, dont Acte, &c.

Reconnoissance & Dépôt d'un Partage fait sous seing privé.

FUrent présens, &c. Paul du Jardin, demeurant à & Catherine du Jardin, fille majeure usante & jouissante de ses biens & droits, demeurante héritiers de Paul du Jardin & Louise Brulé leurs pere & mere, lesquels reconnoissent avoir fait écrire & signé de leurs signatures ordinaires le partage ci-dessus & des autres parts écrit, qu'ils promettent respectivement entretenir en tout son contenu selon sa forme & teneur, à peine de tous dépens, dommages & interêts, & ont déposé icelui pour minute audit l'un des Notaires soussignez, pour leur en délivrer, & à qui il appartiendra, les grosses & expéditions nécessaires; & pour l'exécution des présentes & dépendances, lesdites Parties ont élû leurs domiciles, &c.

Reconnoiſſance d'une promeſſe faite de paſſer Contrat de conſtitution que l'on dépoſe.

AUjourd'hui eſt comparu pardevant les Notaires ſouſſignez, Pierre demeurant lequel a reconnu avoir écrit & ſigné de ſa ſignature ordinaire le billet de la ſomme de par lui fait le au profit de Jacques portant promeſſe de paſſer Contrat de conſtitution de livres de rente, & cependant en payer l'interêt ſur le pied de l'Ordonnance, ſuivant qu'il eſt porté audit billet, contenant les autres clauſes & conditions y exprimées; lequel ledit Pierre a dit contenir vérité, & a promis l'entretenir & exécuter ſelon ſa forme & teneur; à quoi il a obligé, affecté & hypotéqué une maiſon à lui appartenante, ſiſe à & généralement tous ſes autres biens meubles & immeubles préſens & à venir, ſans qu'une obligation déroge à l'autre; ce qui a été accepté par ledit Sieur Jacques demeurant à ce préſent, qui a exhibé l'original dudit billet, lequel eſt demeuré ci-joint, après que les Parties l'ont ſigné & paraphé en préſence des Notaires ſouſſignez, ledit billet préalablement controllé. Et pour l'exécution des préſentes & dépendances, ledit Sieur Pierre a élû ſon domicile en ſa demeure ſuſdite; auquel lieu promettant, obligeant, renonçant. Fait & paſſé, &c.

Au pied du billet on met, *ſigné & paraphé au deſir de l'Acte de Reconnoiſſance & de Dépôt paſſé devant les Notaires ſouſſignez, cejourd'hui* après quoi les Parties & les Notaires ſignent.

Pour ce qui eſt des Actes d'apport des Sentences arbitrales, il en eſt traité ci-après au Chapitre des Compromis.

CHAPITRE XV.

Des Extraits d'Actes qui s'expédient & ſe délivrent par les Notaires.

EXTRAIT, eſt un abregé d'une piéce, lequel en contient quelques clauſes eſſentielles, pour ſervir à prouver quelque choſe qui en réſulte.

Comme il arrive ſouvent qu'un Acte contient pluſieurs clauſes différentes qui peuvent intéreſſer différentes perſonnes, pour lors on n'eſt pas obligé de lever copie entiere de l'Acte, mais il ſuffit d'en avoir un Extrait. Par exemple, ſi un homme a fait pluſieurs legs dans ſon Teſtament, chaque légataire ne-

leve qu'un Extrait du Testament, lequel Extrait ne contient que ce qui regarde le legs qui lui est fait.

Pareillement, quand il s'agit de justifier que par Contrat de Mariage les conjoints sont communs en biens, on fait un Extrait du Contrat de Mariage, qui contient seulement la clause qui concerne la communauté.

Il en est de même de tout autre Acte. Ainsi quand un cohéritier a fait partage des biens meubles d'un défunt avec ses cohéritiers, s'il en vend quelqu'un, il n'est pas obligé de délivrer à l'acheteur l'Acte de partage en son entier; mais il lui en délivre seulement un Extrait, par lequel il appert que l'héritage qu'il vend lui est échu dans son lot, & lui appartient en conséquence du partage fait entre lui & ses cohéritiers.

Tout Extrait doit contenir, 1°. Le nom & la qualité de l'Acte dont il est tiré. 2°. La date dudit Acte, & le nom du Notaire qui en a la minute. 3°. Il est essentiel dans les Extraits d'Actes d'établir la qualité de ceux qui ont passé l'Acte.

Dans les Extraits de vente, transport, donation, & autres portant délaissement de quelque immeuble, il ne faut pas manquer de dire quand doit commencer la jouissance de la chose délaissée, parce que souvent elle n'est pas abandonnée à l'acquéreur pour en jouir du jour du Contrat.

Les Extraits se font de deux manieres; l'une & l'autre sont également bonnes. Premierement, on peut transcrire la clause en question tout au long. En second lieu, on n'en peut prendre que la substance. Par exemple, à l'égard du Contrat de Mariage, lorsqu'il s'agit d'établir la clause de communauté, on dit :

Du Contrat de Mariage de Pierre avec Jeanne, passé pardevant qui en a la minute, & son Confrere, Notaires à Paris, le a été extrait ce qui suit.

Les futurs époux seront communs en tous biens meubles, & conquêts immeubles, suivant la Coutume de Paris, au desir de laquelle leur communauté sera régie & gouvernée, encore qu'ils fassent ci-après leurs demeures ou des acquisitions en Pays de Coutume & Loix contraires, ausquels ils ont dès-à-présent dérogé & renoncé.

Ou bien on peut faire l'Extrait en la maniere qui suit.

Par le Contrat de mariage de *tel* & *telle*, passé pardevant, &c. appert avoir été stipulé que les futurs époux seroient communs en biens, suivant la Coutume de Paris.

Tous

Tous les Extraits se font de l'une de ces deux manieres, soit pour ce qui regarde les Contrats de Mariage, vente, licitation, transaction ou autres.

Quand on a besoin d'un Acte qui est ensuite d'un autre qui est long, & dont on n'a pas besoin, on délivre seulement ce second, en mettant en tête de l'expédition ces mots : *Ensuite* (ou *En marge*) *d'une transaction passée pardevant qui en a la minute, & son Confrere, Notaires à Paris, le entre Nicolas & Pierre est l'Acte dont la teneur suit* : Et ensuite l'on commence l'expédition, qui se finit ainsi : *Et ont signé la minute des Présentes, étant ensuite* (ou *en marge*) *de ladite transaction, le tout demeuré audit Notaire.*

Il est essentiel dans les Extraits d'établir les qualitez de ceux qui ont passé l'Acte dont on délivre l'Extrait ; ainsi dans un Extrait de partage il faut énoncer pour quelle part & portion chacun des cohéritiers d'un défunt est héritier, comme il est énoncé dans l'Extrait de partage qui suit.

Extrait de Partage.

PAr le partage des biens & effets demeurez après le décès de, &c. passé pardevant, &c.

Entre Pierre, Jean, Jacques & Antoine, enfans & héritiers, chacun pour un quart, dudit Lucas leur pere, décédé Trésorier de Monsieur appert le second lot être échu audit Jacques, & lui être advenu entr'autres choses cent cinquante livres de rente constituée sur les Aydes & Gabelles de France, au profit dudit Lucas, par Contrat passé devant qui en a la minute, & son Confrere, Notaires à Paris, le à commencer la jouissance desdits cent cinquante livres de rente, du premier Janvier 17

Extrait d'un intitulé d'Inventaire fait après le décès d'une personne, pour justifier les qualitez prises par ses héritiers.

L'Inventaire des biens & effets demeurez après le décès de Claude a été fait par & son Confrere, Notaires au Châtelet de Paris, le & jours suivans, (*s'il y a eu plusieurs vacations*) à la requête de Marie, tant en son nom, à cause de la communauté de biens qui a été entr'elle & ledit défunt son mari, qu'elle s'est réservée d'accepter ou y renoncer comme elle aviseroit bon être, que comme tutrice de Nicolas, enfant mineur dudit défunt & d'elle : Et aussi à la requête d'Eustache, majeur, aussi fils desdits, &c. Et encore en la présence de Daniel, subrogé tuteur dudit Nicolas ; ausquelles charges de tutrice & de subrogé tuteur dudit mineur lesdites veuve Claude & Daniel ont été élus par avis de ses parens & amis, homologué par Sentence du Châtelet de Paris, du étant au Registre de Greffier de la Chambre Civile, ensuite de laquelle est l'Acte d'acceptation qu'ils ont fait desdites charges; lesdits Eustache & Nicolas habiles à se dire & porter héritiers, chacun pour moitié, dudit défunt Claude leur pere.

Autre Extrait d'intitulé d'Inventaire.

L'Inventaire des biens & effets délaissez par le Sieur Germain Lappre, Intendant des Maison & affaires de Monsieur le Marquis de a été fait par, &c. Notaires à Paris, le 7 Mars à la requête de Maître Nicolas Procureur en Parlement, au nom & comme exécuteur du Testament & Ordonnance de derniere volonté dudit défunt Germain Lappre, reçu par ledit & son Confrere, Notaires à Paris, le & en la présence de Maître Avocat en Parlement, Conseiller du Roi, Substitut de Monsieur le Procureur de Sa Majesté au Châtelet de Paris, appellé pour l'absence des présomptifs héritiers dudit Germain Lappre, ou autres prétendans droits en sa succession.

Ce que dessus a été extrait & collationné par les Conseillers du Roi, Notaires au Châtelet de Paris soussignez, sur l'expédition en papier dudit Inventaire, représentée, & à l'instant rendue ce deux Novembre 17

Extrait de Partage.

Par le partage des biens & effets demeurez après le décès de défunte Damoiselle Marie Denis, veuve de Pierre Ganot, passé devant & Notaires à Paris, le quatorze Novembre 17

Entre Maître Nicolas Denis, Avocat en Parlement, tant en son nom, en qualité d'exécuteur testamentaire de ladite défunte Damoiselle veuve Ganot, sa tante, que comme étant aux droits de Maître Louis Denis son pere, héritier pour moitié de ladite défunte sa sœur, & créancier de sa succession, d'une part.

Et Damoiselle Marie Denis, fille majeure, héritiere pour l'autre moitié de ladite Damoiselle Ganot, aussi sa tante, d'autre part.

Appert le premier lot être échu & appartenir à ladite Damoiselle Denis, & dans icelui être compris une maison sise à Paris, rue S. Hyacinthe, entre les Portes S. Michel & S. Jacques, estimée par le rapport audit partage, huit mille cinq cens livres.

Extrait & collationné par les Conseillers du Roi, Notaires au Châtelet de Paris soussignez, sur l'expédition en papier dudit partage, insinué au Greffe des Insinuations du Châtelet de Paris; ce fait, à l'instant rendu ce, &c.

Extrait d'un Registre d'une Fabrique, pour justifier la nomination de Marguilliers.

D'un Registre (*ou* d'un Livre) relié & couvert en parchemin, contenant les délibérations de Messieurs les Curé & Marguilliers de l'Eglise Paroiſſiale de Saint Sulpice, dont la premiere eſt du quatriéme Janvier 17 a été de la délibération du 25 Décembre 17 extrait ce qui ſuit.

Monſieur A. fera en la prochaine année la fonction de premier Marguillier, & Monſieur N. de Marguillier comptable; à l'effet de quoi nous leur en donnons tout pouvoir.

Un Extrait ſe fait également ſur la minute, ou ſur une expédition de l'Acte; & dans la clôture de l'Extrait, il en faut faire mention, comme il ſuit.

Ce que deſſus a été extrait & collationné par les Notaires à Paris ſouſſignez, ſur la minute dudit étant en la poſſeſſion dudit l'un des Notaires ſouſſignez à Paris, &c.

Lorſque l'Extrait ſe fait ſur une expédition préſentée par une des Parties, la clôture ſe fait ainſi.

Ce que deſſus a été extrait & collationné par les Notaires à Paris ſouſſignez, ſur une expédition en papier (*ou* en parchemin) repréſentée & à l'inſtant rendue à Paris, &c.

Dans cette clôture d'Extrait, on répéte ces mots : *Repréſentée & rendue à Paris ce* afin que le Notaire qui a tiré l'Extrait ſur une expédition, ne demeure point chargé de cette même expédition.

LIVRE DIXIÉME.

Des Arrêtez de Compte, des Payemens, Quittances & Décharges.

NOus avons ci-dessus parlé des Actes, par lesquels on contracte obligation; nous allons expliquer dans ce Livre les Actes qui se font pour les fixer & régler, comme sont les Arrêtez de Compte; ou pour les éteindre, comme sont les Quittances & les Décharges.

CHAPITRE PREMIER.

Des Arrêtez de Compte.

PAR Arrêté de Compte, on entend un Acte, qui après l'examen fait de ce qui peut être dû par un Particulier à un autre, déduction des payemens faits, fixe à quelle somme se monte l'obligation dont le débiteur est réliquataire envers son créancier.

Compte par un Particulier, tant en son nom, que comme Tuteur de ses enfans, de plusieurs années d'arrérages de rente, portant obligation & titre nouvel.

FUrent présens Lucas tant en son nom, que comme pere & tuteur de G. & N. enfans mineurs de lui & de défunte Jacqueline de Lille sa femme, d'une part; & Catherine Jeanne, veuve de Louis Dumouton, demeurante d'autre part: Lesquelles Parties reconnoissent avoir cejourd'hui compté à l'amiable des arrérages des parties de rentes constituées par ledit Sieur Lucas & ladite défunte sa femme; la premiere, de cent dix livres au principal de deux mille deux cens livres par Contrat passé pardevant le . la seconde, de deux cens livres au principal de quatre mille livres, par autre Contrat passé pardevant ie & la troisiéme, de cent cinquante livres au principal de trois mille livres, contenue en la promesse portant constitution par lesdits Sieur & Dame Lucas, du controllée à Paris le par lequel compte lesdits arrérages se sont trouvez dûs; sçavoir, de la premiere desdites trois parties de rente, depuis le jusqu'au qui sont années, montantes à huit cens quatre-vingt livres; plus, de la seconde desdites rentes, il en sera dû au prochain années depuis ledit jour jour de la création d'icelle, montantes à huit cens livres; & de la troisiéme desdites rentes, il en sera dû au du présent mois années mois, montantes à trois cens trente-sept livres dix sols; toutes lesdites sommes revenantes ensemble à celle de deux mille dix-sept livres dix sols, que ledit Lucas esdits noms & en chacun d'iceux, a solidairement, sans division, &c. promis de payer à ladite veuve Dumouton en sa demeure à Paris, ou au porteur, &c. dans & de lui payer & continuer lesdites trois parties de rente par chacun an, conformément aux susdits Contrats de constitution, sans par elle déroger ni innover aux hypotéques à elle acquis par iceux, lesquels elle s'est expressément réservé, & à cet effet ses Contrats sont demeurez en ses mains en leur force & vertu. Et pour l'exécution, &c.

Compte portant transport & quittance générale.

FUrent présens Messire L. M. Chevalier, Seigneur de Champlard, demeurant d'une part; & le Sieur P. Tranchart, demeurant d'autre part; lesquels reconnoissent avoir cejourd'hui compté ensemble de toutes les fournitures & façons que ledit Tranchart a faites pour ledit Sieur de Champlard, à sa maison, de tout le passé jusqu'à cejourd'hui, & des payemens qui lui ont été faits, & par ledit compte, toutes déductions faites, ledit Sieur de Champlard s'est trouvé redevable envers ledit Tranchart de la somme de trois mille six cens livres, en déduction de laquelle ledit Seigneur de Champlard céde & transporte la somme de deux mille quatre cens livres, à prendre & recevoir du Sieur Gloguet, son Fermier des Greffes de Ponteaudemer, sur le prix de sa Ferme; sçavoir, six cens livres au jour de Saint Jean-Baptiste 17 six cens livres au jour de Noël suivant, six cens livres au jour de Saint Jean-Baptiste 17 & six cens livres au jour de Noël de ladite année; & à l'effet de recevoir lesdits deux mille quatre cens livres, ledit Seigneur de Champlard met & subroge ledit Tranchart en son lieu & place, droits & hypotéques. Plus, ledit Seigneur de Champlard céde & transporte audit Tranchart la somme de six cens livres à recevoir audit jour de S. Jean-Baptiste 17 d'un ou plusieurs Fermiers de ses Terres; pourquoi il lui délivrera dans un mois des mandemens acceptez desdits Fermiers, le mettant aussi à cet effet en son lieu & place, droits & hypotéques; & quant aux six cens livres, faisant le surplus desdits trois mille six cens livres, ledit Sieur de Champlard promet & s'oblige de les payer audit Tranchart, ou au porteur, dans le courant de la présente année, à peine, &c. & moyennant lesquels transport & promesses ci-dessus, tous Mémoires & écrits concernant lesdits ouvrages & fournitures faits jusqu'à ce jour par ledit Tranchart, demeurent nuls : Lequel Sieur Tranchart quitte ledit Sieur Champlard de toutes choses généralement quelconques, en quelque sorte & maniere que ce soit & puisse être. Et pour l'exécution, &c.

CHAPITRE II.

Des Payemens, & de leurs imputations.

PAYEMENT, est la prestation réelle & actuelle de la chose dûe, faite par le débiteur, ou par une autre personne, au créancier.

De cette définition il s'ensuit premierement, que le payement ne se fait que par la prestation de la chose dûe ; car donner une chose en payement & pour s'acquitter d'une autre qui seroit dûe, ce n'est pas un véritable payement, & il ne se peut faire que du consentement du créancier. Ainsi celui à qui il est dû une certaine quantité de blé, ne peut pas être contraint de recevoir en payement une certaine quantité de vin, quoiqu'elle montât à la juste valeur de ce qui lui seroit dû en blé.

La deuxiéme conséquence qu'on peut tirer de la définition ci-dessus, est qu'il n'importe pas que ce soit le débiteur qui paye ; l'obligation est toujours éteinte par le payement, quoiqu'il soit fait par un autre que celui qui est débiteur, & même quoique le payement eût été fait malgré lui ; car quoiqu'ordinairement on ne puisse pas faire du bien à quelqu'un malgré lui, néanmoins on peut payer pour un débiteur à son insçû, & même contre sa volonté ; ensorte que par ce moyen il est liberé envers son créancier.

La raison est, que le bénéfice de libération ne dépend pas tant de la volonté du débiteur, que de celle de son créancier avec lequel celui qui a payé a eu affaire, & non avec le débiteur, d'autant qu'il est au pouvoir du créancier de vendre, céder & transporter à qui il veut la dette de son débiteur, sans son consentement. Mais on ne peut pas contraindre un créancier de recevoir le payement de ce qui lui est dû par un autre.

Lorsque le créancier est payé par le débiteur, ou par tout autre au nom du débiteur, non-seulement la dette du débiteur est éteinte, mais aussi celle des fidéjusseurs ou cautions, s'il y en avoit.

La troisiéme conséquence qu'on peut tirer de cette définition, est qu'il faut que le payement soit fait au créancier, ou à celui qu'il a préposé pour recevoir pour lui, ou enfin à quelqu'autre; ensorte toutefois que le payement aille à la décharge du créancier. Ainsi lorsque le créancier de mon créancier a fait saisir entre mes mains ce que je dois, & a fait ordonner que je vuiderai les deniers que je dois entre ses mains, sur & tant moins, & jusqu'à concurrence de ce qui lui est dû; alors le payement que je fais en l'acquit de mon créancier est valable, pourvû que le Jugement qui l'ordonne ait été rendu avec lui.

Touchant le créancier, il faut bien prendre garde s'il a la faculté de recevoir ce qui lui est dû : car s'il est mineur, furieux ou imbécille, le payement qui lui seroit fait n'étoindroit pas la dette; il faut pour cela qu'il soit fait à son tuteur ou curateur.

Pareillement en Pays coutumier, le payement d'une chose dûe à une femme ne peut lui être fait, à moins qu'elle ne soit autorisée de son mari.

Comme il est juste que le débiteur payant la chose qu'il doit, ait sa décharge; s'il arrive que le créancier ne soit pas en état de donner quittance valable, le débiteur peut faire ordonner en Justice, que la somme qu'il doit sera consignée, & cette consignation a tous les effets du payement.

Quand on doit une somme à quelqu'un par une seule obligation, on ne peut pas le contraindre à recevoir malgré lui une partie de la dette, il faut payer la somme entiere : cependant s'il est dû à un créancier par un même débiteur plusieurs sommes par diverses obligations, le débiteur peut payer une des obligations, sans payer les autres; & le créancier n'est pas en droit de prétendre recevoir le payement de toutes les obligations.

Il est même au pouvoir du débiteur d'imputer le payement qu'il fait sur celle des diverses obligations que bon lui semble; & s'il ne le fait pas, le créancier peut par la quittance qu'il donne, déclarer sur quelle des diverses obligations de son débiteur, il prétend que l'imputation de la somme qui lui est payée se fasse.

Mais si un créancier a donné des quittances à compte, on demande sur laquelle obligation l'imputation se doit faire?

Quand un créancier de diverses sommes a eu la facilité de recevoir de tems en tems quelques payemens à compte, sans exprimer dans la quittance sur quelle obligation les payemens ont été faits; la régle est de les imputer toujours sur la dette la plus pressante & la plus dure.

De cette maxime il s'ensuit, que si le débiteur est obligé par corps, en vertu d'une des obligations, & qu'il ne soit pas obligé par corps en vertu des autres, les payemens faits à compte seront imputez sur l'obligation qui emporte la contrainte par corps.

Par la même raison, si le débiteur a donné des cautions pour la sureté d'une de ses obligations, & qu'il n'en ait point donné pour les autres, on ira à la décharge des obligations, pour raison desquelles le débiteur a donné des cautions.

Il faut dire aussi que si l'une des obligations porte interêt, & les autres non, on fera l'imputation des payemens faits à compte, sur l'obligation qui porte interêt.

Enfin, si toutes les obligations sont semblables, & qu'il n'y en ait pas de plus pressante & de plus dure l'une que l'autre, on acquittera la plus ancienne.

Que si le débiteur n'est tenu envers son créancier que d'une seule obligation, dont il est échu plusieurs années d'intérêts ou d'arrérages; on demande comment se doit faire l'imputation des payemens, quand un débiteur paye une somme à son créancier, en déduction de ce qu'il lui doit; sçavoir, si l'imputation se doit faire sur le principal ou sur les arrérages ou interêts.

Il est certain que quand la quittance porte nommément sur quoi le payement est fait, on la doit suivre sans difficulté: c'est pourquoi il est toujours bon d'exprimer dans la quittance, en déduction de quoi le payement fait par le débiteur doit être entendu, afin d'ôter lieu aux contestations qui peuvent naître à ce sujet.

Mais quand les payemens sont faits indistinctement, sans exprimer sur quoi se doit faire l'imputation des payemens, dont le créancier a donné quittance sans l'exprimer; on tient que

que dans les Provinces régies par le Droit Ecrit, l'imputation se fait d'abord sur les interêts, conformément à la disposition du Droit Romain.

A l'égard des Provinces régies par le Droit Coutumier, il faut distinguer entre les obligations qui produisent des interêts de leur nature, & celles qui n'en produisent que *ex officio Judicis.*

Quand il s'agit d'une obligation qui produit des interêts de sa nature, si le créancier a reçu diverses sommes sur & tant moins de ce qui lui est dû, ces sommes sont imputées sur les interêts, avant que d'être imputées sur le principal; comme quand il s'agit de sommes dûes pour prix d'héritages, pour portions héréditaires, retours de partage, dots ou douaires, & autres semblables.

La raison est, que ce sont dettes où les interêts sont naturellement dûs, sans que le créancier soit tenu d'en faire la demande en Justice, & que ces interêts tiennent lieu de fruits.

Il faut dire aussi par la même raison, que dans les rentes on fait l'imputation d'abord sur les arrérages, & ensuite sur le principal, par la raison que les arrérages sont des fruits & revenus qui proviennent de la chose, & non pas *ex officio Judicis.*

Mais à l'égard des sommes de deniers dûes par cédules ou obligations, dont les interêts ne sont dûs, & ne courent que par la demande judiciaire qui en est faite, suivie de condamnation; la régle est d'imputer ce qui est payé par le débiteur, premierement sur le principal, & ensuite sur les interêts, lorsqu'il n'est pas exprimé dans la quittance sur quoi l'imputation s'en doit faire.

La raison est, que ces interêts ne tiennent pas lieu de fruits, & ne proviennent point *ex natura rei*, *sed ex officio Judicis.* Ainsi dans ce cas, lorsqu'il n'y a rien d'exprimé dans la quittance sur quoi l'imputation se fait, on doit suivre la régle ordinaire, qui veut qu'on aille toujours à la décharge du débiteur, & qu'on fasse l'imputation sur la dette la plus pressante & la plus dure. *Ainsi jugé par Arrêt du* 8 *Juillet* 1649, *rapporté par* du Fresne, *Liv.* 5, *Chap.* 39.

CHAPITRE III.

Des Quittances.

QUITTANCE, eſt un Acte par lequel le Créancier reconnoît qu'il a été payé par ſon Débiteur, ou par quelqu'autre en l'acquit de ſon Débiteur, de ce qui lui étoit dû, en conſéquence de quoi il l'en tient quitte.

Ainſi cet Acte ſert à juſtifier le payement d'une ſomme à laquelle un Débiteur étoit obligé envers ſon Créancier. Mais il faut bien prendre garde, quand on donne Quittance, d'expliquer nettement ſes réſerves, s'il eſt à propos d'en faire, afin d'empêcher qu'elle ne ſerve contre nous comme fin de non-recevoir dans la pourſuite d'autres droits & actions que nous pourrions avoir contre notre Débiteur. Par exemple, celui qui a reçu purement & ſimplement la part d'un coobligé, ſans faire aucunes réſerves, ne peut enſuite lui demander la part de l'autre coobligé.

Quand une Quittance eſt faite en conſéquence d'une obligation ou Contrat dont il y a minute, il eſt à propos de la faire ou en marge ou enſuite de la minute ; & ſi la Quittance eſt faite chez un autre Notaire que celui qui a paſſé l'obligation, il convient pour la décharge du Débiteur, de faire décharger cette minute, en faiſant faire mention de cette Quittance ſur la minute par le Notaire qui l'a paſſée ; mais il faut qu'il y ait minute de cette Quittance.

Quoiqu'une obligation ſans cauſe, & qui ne contiendroit pas la raiſon pour laquelle elle ſeroit faite, fût nulle ; néanmoins il n'en ſeroit pas de même d'une Quittance, car elle ne ſeroit pas nulle, quoiqu'elle ne contînt aucune clauſe, & la ſeule déclaration du Créancier qu'il quitte ſon Débiteur de la ſomme qu'il lui doit, opére la libération. *Voyez ce que nous avons dit ci-deſſus au Chapitre précédent.*

Comme il y a pluſieurs eſpéces d'obligations, il s'enſuit qu'il y a auſſi pluſieurs ſortes de Quittances, que nous rapporterons les unes après les autres, & dont nous allons donner des Formules.

Quittance d'Officier.

SIeur Jean, &c. Chantre de la Musique de la Chapelle du Roi, demeurant, &c. reconnoît avoir reçu de, &c. Conseiller du Roi, Trésorier des menus plaisirs de Sa Majesté, la somme de, &c. pour un quartier échu le de ses gages, en ladite qualité de Chantre ordinaire de la Chapelle de Musique du Roi, à raison de, &c. par chacun an, à lui ordonnée; de laquelle somme il quitte & décharge ledit Sieur Fait & passé, &c.

Quittance pour les Gages des Gardes du Corps du Roi.

NIcolas, &c. l'un des Gardes du Corps de Sa Majesté, dans la Compagnie de Monsieur, &c. Capitaine des Gardes, a confessé avoir reçu de, &c. Conseiller du Roi, Trésorier & Payeur desdits Gardes, la somme de, &c. à lui ordonnée à cause de sadite Charge, pour ses gages ornaires, Droit de Guet & autre Homme de Hoqueton durant le quartier de, &c. dont quittance, &c.

Quand la Quittance est donnée pour avoir servi pour & au lieu d'un autre, il faut mettre:

Pour avoir servi près de la personne de Sa Majesté, durant le quartier de de la présente année, au lieu & place de aussi l'un desdits Gardes, dont & de laquelle somme de, &c.

Quittance des Appointemens d'un Officier d'Armée.

EN présence des Notaires soussignez, Pierre, &c. a confessé avoir reçu de, &c. Conseiller du Roi, & Trésorier Général de, &c. la somme de, &c. à lui ordonnée pour son état & appointement durant les mois de, &c. de la présente année, à raison de pour chacun Soldat, & de pour chacun par mois, esquels susdits mois, montre & revûe auroit été faite de ladite Compagnie, le tout suivant qu'il est déclaré par l'Ordonnance de Sa Majesté, du audit an. *Signé* LOUIS: *Et plus bas*, LE T. dont quittance, &c.

Quittance d'une rente perpétuelle sur la Ville.

SIeur Louis B. Bourgeois de Paris, a reconnu avoir reçu de M. la somme de pour l'année entiere mil *ou* pour les six mois de l'année mil à cause de livres de rente perpétuelle constituée sur les Aydes & Gabelles le dont quittance. Fait & passé à Paris en l'Etude de & a déclaré ne sçavoir écrire ni signer, de ce interpellé.

Quittance d'une rente sur l'ancien Clergé.

SIeur Jacques J. Marchand Mercier à Paris, a reconnu avoir reçu de M. la ſomme de livres pour l'année entiere mil à cauſe de pareille ſomme, à quoi ont été ſucceſſivement réduits livres de rente perpétuelle ſur l'ancien Clergé de France, le dont quittance. Fait & paſſé à Paris ès Etudes, le & a déclaré ne pouvoir écrire ni ſigner, à cauſe de la paralyſie qu'il a ſur la main droite, de ce enquis.

NOTA. Il n'eſt pas néceſſaire de faire les quittances de rentes perpétuelles ſur les Aydes & Gabelles, ou ſur le Clergé, qui ſe payent à l'Hôtel de Ville, pardevant Notaires, quand le rentier ſçait ſigner : cela n'eſt néceſſaire que pour les viageres.

Quittance de rente viagere ſur la Ville.

SIeur François-Benoît D. Bourgeois de Paris, y demeurant rue Paroiſſe S. que les Notaires ſouſſignez certifient vivant, a reconnu avoir reçu de M. la ſomme de livres pour les ſix mois de la préſente année, à cauſe de livres de rente viagere, à quoi ont été réduits livres auſſi de rente viagere aſſignée ſur les revenus du Roi, par Contrat du dont quittance. Fait & paſſé à Paris en l'Etude de & a ſigné.

NOTA. Obſervez que quand c'eſt le rentier d'une rente viagere qui donne lui-même ſa quittance, il faut que ce ſoit devant le même Notaire qui a paſſé le Contrat, ou ſon ſucceſſeur ; mais ſi c'eſt un fondé de procuration, il peut paſſer ſa quittance chez quel Notaire il veut.

Il y a d'autres quittances de rentes viageres appellées Tontines, dont on ne donnera point ici de modéle, attendu que les Notaires en ont chez eux d'imprimées, qu'il n'y a qu'à remplir.

Quittance de rente viagere ſur la Ville, quand il y a eu un remplacement de pluſieurs années dans l'état du Roi.

EN préſence des Notaires à Paris ſouſſignez, Noël N. Bourgeois de Paris, y demeurant Place Paroiſſe Sainte au nom & comme Procureur du Sieur René B. Marchand à lequel eſt vivant, ſuivant le Certificat ci-joint, a reconnu avoir reçu de M. la ſomme de livres, ſçavoir livres pour les années mil & ſuivantes, juſques & compris mil pour remplacement dans l'état du Roi de mil & livres pour ladite année mil à cauſe de pareille somme de rente viagere, à quoi ont été réduits livres de même rente constituée sur les Tailles *ou* revenus du Roi, le dont quittance. Fait & passé à Paris ès Etudes, le mil & a signé.

Quand l'Acte de réduction de la rente a été registré au Greffe de l'Hôtel de Ville, il en faut faire mention de cette maniere: *A quoi par Acte registré au Greffe de l'Hôtel de Ville le ont été réduits livres, &c.*

Au dos du Certificat de vie, écrire ce qui suit.

Certifié véritable, signé & paraphé au desir de la quittance de rente viagere passée sans minute pardevant les Notaires soussignez, cejourd'hui mil sept cent cinquante. *Faire signer le fondé de procuration.*

Quittance de rente sur les Tailles, qui se paye par les Receveurs généraux des Finances.

JE soussigné *un tel, de telle qualité*, reconnois avoir reçu de M. la somme de livres, dont aux termes de l'Arrêt du Conseil du 19 Novembre 1726, il est fait fonds dans l'état du Roi de la recette générale des Finances de la Généralité de Paris pour l'année mil à cause de livres de rente au denier cinquante, constituée sur les Tailles de la Généralité de Paris, par quittance de finance du enregistrée au Controlle général des Finances le dont quittance. Fait à Paris le

Quittance d'une rente sur les Domaines du Roi.

JE soussigné Prêtre, Chapelain de reconnois avoir reçu de M. la somme de livres, attribuée à ladite Chapelle de pour fiefs & aumônes de l'année mil suivant le fonds fait dans l'état du Roi des Domaines de la Généralité de Paris, arrêté au Conseil pour ladite année au chapitre du Domaine de dont quittance. Fait à Paris le

Et au dos on écrit.

Je soussigné dénommé en la quittance de l'autre part, certifie à Nosseigneurs de la Chambre des Comptes, que j'ai acquitté le Service Divin dû pour raison de la partie mentionnée en ladite quittance pendant l'année mil En foi de quoi j'ai signé. A Paris le

NOTA. Il y a des rentes sur des Etats & Communautez, dont les quittances sont imprimées & fournies par les Payeurs & Caissiers, ensorte qu'il n'y a qu'à remplir les noms, sommes & dates.

Quittance donnée au Garde du Trésor Royal, d'une somme contenue en une Ordonnance.

Louis confesse avoir reçu de M. Conseiller du Roi en ses Conseils, Garde de son Trésor Royal, la somme de ordonnée par Sa Majesté être payée audit Louis, pour *telle chose*, de laquelle somme de ledit Louis se tient content, en quitte Sa Majesté, ledit Sieur & tous autres. Fait, &c.

Autre au même effet par un Particulier, comme Procureur.

En présence, &c. Jean-André au nom & comme Procureur de Jacques de Neuval, fondé de sa Procuration spéciale à l'effet des Présentes, passée pardevant le controllée & scellée, l'Original de laquelle, paraphé dudit Sieur André, & à sa requisition des Notaires soussignez, sera fourni au Sieur ci-après-nommé ; a ledit Sieur André audit nom confessé avoir reçu de M. Conseiller du Roi en ses Conseils, Garde de son Trésor Royal, en l'acquit de Sa Majesté, la somme de deux mille livres, ordonnée par le Roi être payée audit de Neuval, pour dont quittance, &c. Fait & passé, &c.

Quittance pour arrérages de Rente sur Particulier.

En présence des Notaires soussignez, Maître Nicolas, &c. a confessé avoir reçu de Pierre, &c. la somme de cinquante livres, pour une demi-année d'arrérages, échue le dernier jour de Décembre dernier, de cent livres de rente qu'il lui doit par chacun an, & qui lui ont été constituées solidairement par ledit Pierre & Marie sa femme, par Contrat passé pardevant, &c. le jour, &c. dont, &c. quittant, &c. Fait & passé ès Etudes des Notaires soussignez le, &c.

Quittance par un Domestique à compte de ses gages.

En présence, &c. Louis étant au service de Monsieur Lomet, demeurant reconnoît avoir reçu dudit Sieur Lomet, à compte de ses gages, la somme de dont d'autant quittant, &c. Fait & passé, &c.

Quittance générale par un Domestique.

En présence, &c. Jean sortant du service de Monsieur Briolet, demeurant reconnoît que ledit Sieur Briolet l'a entierement payé de tous les gages qu'il lui devoit de tout le passé jusqu'à cejourd'hui, dont il se contente, le quitte, & de toutes choses généralement quelconques. Fait & passé, &c.

Autre Quittance générale de Domestique.

EN présence, &c. Jacques, &c. Domestique de Maître Claude, &c. sorti cejourd'hui de sa maison & de son service, a confessé avoir reçu dudit Sieur Claude son Maître la somme de trente-cinq livres, restant à lui payer de tous les gages & salaires que ledit Sieur Claude son Maître lui devoit, pour l'avoir servi pendant l'espace de trois années, à raison de soixante livres par an, dont ledit Jacques quitte & décharge ledit Sieur son Maître, tant de ladite somme de trente-cinq livres, que de toute autre chose généralement quelconques. Dont, &c. quittant, &c.

Autre aussi générale.

EN présence, &c. Marie, &c. Servante, &c. confesse que le Sieur, &c. son Maître l'a entierement payée & satisfaite de tous ses gages, salaires & services qu'elle a gagnez au logis dudit Sieur, en le servant fidelement pendant le tems qu'elle y a demeuré jusqu'à cejourd'hui, dont, &c. quittant, &c. & reconnoît aussi ladite Marie avoir transporté son coffre & ses hardes de la maison dudit Sieur. Fait & passé, &c.

Quittance pour recevoir du Receveur des Domaines & Bois de la Généralité de Paris, en conséquence de l'Ordonnance de Messieurs du Grand Conseil, pour du Pain fourni aux Prisonniers du Fort-l'Evêque.

EN présence des Notaires soussignez, M. C. veuve de M. Boucy, Boulanger à Paris, demeurante a reconnu & confessé avoir reçu de Messire René A. Conseiller du Roi, Receveur Général des Domaines & Bois de la Généralité de Paris, la somme de cent quatorze livres cinq sols, ordonnée être payée à ladite veuve Boucy, par Messieurs du Grand Conseil, suivant leur Ordonnance du étant ensuite de l'arrêté fait par Monsieur H. Procureur Général du Roi audit Grand Conseil, ledit jour, du Mémoire du Pain par elle fourni & livré aux Prisonniers des Prisons Royales du Fort-l'Evêque de cette Ville, de l'autorité du Conseil, depuis le jusqu'au ladite somme à prendre dans le fonds laissé pour le Pain desdits Prisonniers; de laquelle somme, &c.

Quittance de loyers d'une Maison.

JAcques, &c. demeurant, &c. a confessé avoir reçu comptant de Pierre, &c. la somme de cent cinquante livres, pour un terme échu au jour de Noël dernier, d'une maison & lieux en dépendans, sise à Paris rue, &c. que ledit Pierre tient à loyer de lui, à raison de six cens livres par chacun an, dont, &c. quittant, &c. Fait & passé, &c.

Quittance par un Ouvrier, en déduction d'Ouvrages par lui faits en une Maison.

EN présence des Notaires soussignez, Jacques Maître Maçon à Paris, demeurant a reconnu & confessé avoir reçu de Jean la somme de deux cens livres, en déduction des Ouvrages de Maçonnerie par lui faits en une maison sise rue appartenante audit Jean de laquelle somme, &c.

Quittance pour Ouvrages contenus en un Mémoire.

EN présence des Notaires, &c. Louis a reconnu & confessé avoir reçu de Joseph la somme de trois cens livres, pour les Ouvrages de contenus au Mémoire d'iceux, paraphé dudit Louis, & à sa requisition des Notaires soussignez, & qui ont été faits en une maison sise appartenante audit Joseph; de laquelle somme, &c.

Quittance d'un Maçon.

JAcques, &c. Maître Maçon à Paris, y demeurant, &c. a confessé avoir reçu de Jean, &c. la somme de trois cens livres, restante à payer de celle de huit cens livres, pour les Ouvrages de Maçonnerie que ledit Jacques a faits en la maison où ledit Sieur est demeurant & à lui appartenante, sise rue suivant le marché fait entr'eux, dont quittance. Fait & passé, &c.

Quittance d'Ouvrages de Charpenterie.

NIcolas, &c. Maître Charpentier à demeurant, &c. a confessé avoir reçu de Barthelemy, &c. la somme de trois cens livres, sur & tant moins des Ouvrages de Charpenterie par lui faits & à faire, qu'il est obligé de faire & fournir pour ledit Barthelemy, en une maison qu'il a fait bâtir & construire à neuf rue, &c. suivant le marché fait entr'eux, dont, &c. quittant, &c. Fait & passé, &c.

NOTA. Que les Quittances pour les autres Artisans qui travaillent aux maisons, comme Menuisiers, Serruriers, Vitriers, Plombiers, Paveurs, & autres, se doivent faire, même les générales, conformément aux projets ou formulaires de celles des Maçons & Charpentiers ci-dessus; à la réserve que l'on ne doit pas mettre la garantie des Ouvrages, comme l'on fait à celle des Maçons, qui seuls demeurent garants de leurs Bâtimens, ainsi qu'il est usité à Paris, laquelle garantie usitée dure dix ans entiers pour les gros murs.

Quittance par un Ouvrier, d'une somme restante à lui dûe pour Ouvrages faits en une Maison, pour raison de laquelle il avoit fait faire des poursuites, lesquelles il consent demeurer nulles.

EN présence des Notaires, &c. C. Paittard a confessé avoir reçu de M. Martin la somme de cent cinquante livres, pour reste & parfait payement des ouvrages de par lui faits en une maison appartenante audit Sieur Martin, sise dont quittant; au moyen duquel présent payement toutes les poursuites & procedures faites par ledit Paittard demeurent nulles, sans aucuns dépens, & promet les remettre incessamment ès mains dudit Sieur Martin, &c.

Quittance par un Particulier, comme ayant droit par transport d'un autre Particulier, d'une somme à compte d'une autre plus grande, ladite quittance portant réserve & main-levée.

EN présence des Notaires, &c. L. Trafond ayant droit par transport de M. Boil, femme séparée de biens du Sieur Monnel, passé pardevant, &c. dont il y a minute, a audit nom confessé avoir reçu de Laurent Bidault & Jeanne Godefroy sa femme, qu'il autorise, &c. à ce présens, qui lui ont payé présentement à la vûe desdits Notaires, &c. la somme de mille vingt livres, à compte de celle de deux mille livres restante à payer de trois mille livres, cédée audit Trafond par ledit transport, à prendre sur lesdits Bidault & sa femme pour les causes y portées; de laquelle somme de mille vingt livres ledit Trafond se tient content, en quitte lesdits Bidault, sa femme & tous autres, sans préjudice audit Trafond de ses dûs, droits, noms, raisons & actions, ni aux hypotéques & privilèges à lui acquis, dans lesquels il entend demeurer entierement conservé, sans novation, même dans l'assignation qu'il a fait donner ausdits Bidault & sa femme, en condamnation du principal & interêts; & au moyen, tant dudit transport que du présent payement & autres ci-devant faits, ledit Sieur Trafond fait & donne pleine & entiere main-levée des saisies, &c.

Quittance par un Particulier, comme ayant droit par transport d'un autre Particulier, d'une somme principale à déduire sur trois obligations de plus grande somme, passées au profit de celui qui a fait ledit transport.

EN présence des Notaires soussignez, Jean-Baptiste demeurant ayant droit par transport de Robert par Acte passé pardevant, &c. le dont il y a minute, signifié par Huissier, le cinq a reconnu que le Sieur M. Marot, Marchand de bois, demeurant ordinairement à étant de présent à Paris, logé rue à ce présent, lui a, en déduction de la somme de vingt-huit mille livres, prix de la vente à lui faite par les héritiers de Maître Louis Guibert, des bois de la Terre de par Contrat passé pardevant, &c. le & suivant l'Arrêt rendu au rapport de Monsieur Conseiller en la Cour, le portant condamnation contre lesdits héritiers de défunt le Sieur de Bussy, envers les créanciers de sa succession, du principal & arrérages de la rente dûe par ledit Sieur Guibert aux créanciers de défunt Monsieur & Madame de Roque, audit Sieur Robert, & autres créanciers desdits Sieur & Dame de Roque, par Contrat passé pardevant & encore suivant l'Acte de délégation desdits Sieurs & Dames héritiers ausdits Sieurs & Dames créanciers, sur le prix desdits bois, passé devant le présentement payé, compté & réellement délivré à la décharge desdits Sieurs héritiers, & en déduction dudit prix, en louis d'argent, &c. la somme de dix mille quatre-vingt-huit livres; sçavoir, sept cens quatre-vingt livres de principal, pour laquelle ledit Sieur Robert est délégué, à prendre dans la somme de vingt-deux mille quatre-vingt livres, dûe par ledit défunt Sieur Guibert, produisant onze cens quatre livres de rente, pour demeurer quitte envers ledit Sieur Robert de pareille somme de sept cens quatre-vingt livres à déduire sur celle de onze cens livres de principal, contenue en trois obligations de défunt Maître Claude-François Guibert avant son mariage, dont deux, chacune de cent livres, du & la troisiéme de neuf cens livres, du ainsi qu'il est mentionné au délaissement fait entre ledit Sieur Robert, M. son frere, & autres créanciers desdits Sieur & Dame de Roque, & autres, pardevant le homologué par Arrêt du Parlement du laquelle somme de onze cens livres fait partie de deux mille quatre-vingt livres dont ledit Sieur de Roque s'est trouvé débiteur envers ledit Sieur Robert par Sentence du & deux cens quatre-vingt-dix-huit livres pour les interêts de ladite somme de sept cens quatre-vingt livres, à raison de trente-neuf livres par an, échus depuis le jusqu'à cejourd'hui, & dix livres pour frais; lesdites sommes principales, interêts, frais & dépens, revenantes à ladite premiere de quatre-vingt-huit livres, de laquelle ledit Sieur Jean-Baptiste se tient content, en quitte ledit Sieur Marot, lesdits Sieurs héritiers & succession dudit Guibert, celle dudit Sieur de Roque, & tous autres, & lui a rendu la grosse dudit Contrat du ladite Sentence du Châtelet, un Pareatis obtenu sur icelle, extrait dudit Contrat de délaissement du avec l'expédition dudit transport; & quant aux trois obligations étant en Brevets, elles sont demeurées annexées à la présente minute, pour y avoir recours. Et pour l'exécution, &c.

Quittance donnée par une veuve à un Huissier, pour reste du prix de la vente par lui faite de meubles de la communauté d'entr'elle & son mari.

En présence, &c. N. veuve de F. Dufour, demeurante a reconnu que le Sieur F. L. Huissier-Priseur au Châtelet de Paris, lui a mis ès mains la somme de cent trente-cinq livres, restante en ses mains de celle de deux cens soixante livres, provenant de la vente qu'il a faite des meubles & ustenciles de ménage mentionnez en l'Inventaire des biens dudit défunt Dufour, fait par R. le la grosse duquel

Inventaire; ensuite de laquelle est la quittance dudit R. Notaire, de la somme de des deniers de ladite vente, il a présentement remis ès mains de ladite veuve Dufour, & promet lui fournir la grosse de son procès-verbal incessamment; de laquelle somme de deux cens soixante livres, toutes déductions faites de ce que ledit Sieur L. a payé des deniers de ladite vente, dont il a fourni les quittances à ladite Demoiselle Dufour, ainsi qu'elle le reconnoît, elle se tient contente, en quitte & décharge ledit Sieur L. & de toutes choses généralement quelconques. Fait & passé, &c.

Quittance ensuite d'un Contrat de vente d'Office, d'une somme payée en déduction du prix, ladite quittance portant réserve.

ET le sont comparus devant les Notaires soussignez, lesdits Sieurs le Camus pere & fils, nommez au Contrat ci-devant, lesquels reconnoissent avoir reçu de ladite Dame Carpet mere, à ce présente, & de ses deniers, qu'elle leur a payé, compté, nombré & réellement délivré à la vûe des Notaires soussignez, la somme de dix mille livres, qu'elle & Monsieur son fils se sont obligez de payer ausdits Sieurs le Camus, après l'obtention des Lettres de provision obtenues par ledit Sieur Carpet, de l'Office de Conseiller au vendu par le susdit Contrat, sur & tant moins du prix de ladite vente; de laquelle somme de dix mille livres & interêts échus depuis, lesdits Sieurs le Camus se tiennent contens, en quittent ladite Dame Carpet, sans préjudice du surplus dudit prix en principal & arrérages, pour raison de quoi lesdits Sieurs le Camus demeurent conservez en leurs droits, hypotéques & priviléges à eux acquis par le susdit Contrat, sans aucunement y déroger ni innover. Promettant, &c.

Quittance par un Particulier, comme ayant droit par transport d'une somme principale, interêts d'icelle, frais & dépens adjugez par Sentence, ladite somme reçue à plusieurs fois; portant ladite quittance, que celles-ci devant données ne vaudront qu'un même acquit.

EN présence des Notaires, &c. Louis reconnoît avoir été payé & satisfait à plusieurs & diverses fois, tant ci-devant, que cejourd'hui, par Jean demeurant à ce présent & acceptant, de la somme de quarante mille livres de principal, contenue en l'obligation faite par ledit Jean au profit de Dame A. Devil, passée pardevant le transportée audit Sieur Louis par ladite Dame Devil, par Acte passé pardevant le signifié ledit jour par Huissier-Priseur, au payement de laquelle somme & interêts ledit Jean a été condamné envers ledit Louis par Sentence du signifiée par le Et outre reconnoît ledit Sieur Louis avoir été payé & satisfait par ledit Jean de tous les interêts de ladite somme principale, ensemble des frais & dépens, dont & de tout il quitte & décharge ledit Sieur Jean & tous autres, & lui a présentement rendu les Brevets originaux desdites obligations & transports, avec la grosse de ladite Sentence, comme nuls;

consentant que sur toutes lesdites Piéces il soit fait mention sommaire, &c. pour le tout ne servir, avec les quittances particulieres ci-devant données du principal & interêts, tant par ledit Sieur Louis, qu'autres ayant pouvoir de lui, que d'un seul & même acquit. Fait & passé, &c.

Quittance de Consignation donnée par un Particulier, en exécution d'une Sentence d'ordre & d'un Procès-verbal d'affirmation faite par celui qui reçoit.

EN présence des Notaires à Paris soussignez, Maître Laurent Ray, lequel en exécution de la Sentence d'ordre rendue aux Requêtes du Palais, au rapport de Monsieur de M. le vingt Février de la présente année 17 entre Messire Louis-Denis Chevalier, Marquis de Rubant, subrogé à la poursuite des criées, vente & adjudication par decret de plusieurs maisons & héritages saisis réellement sur Jacques Bou, Ecuyer, Sieur de Pons, au lieu & place de Maître Destouches, Procureur en la Cour, ayant acquis l'Office & Pratique de Maître Benoît Noyel, ci-devant Procureur, étant en ses droits; lequel Maître Noyel étoit subrogé à ladite poursuite au lieu & place de François Hom de Bou: Et aussi entre ledit Sieur Hom & ledit Sieur Ray, & autres créanciers dudit Bou; & en conséquence du Procès-verbal d'affirmation faite par ledit Sieur Ray, pardevant ledit Sieur de M. au desir de ladite Sentence d'ordre, le huit Avril dernier; du procès-verbal de réception de caution de Maître Edme présenté par ledit Sieur Ray, en date du vingt Mai aussi dernier, & de l'Acte de soumission faite au Greffe par ledit Sieur Ray, le vingt-un dudit mois de Mai: A reconnu & confessé avoir reçu de Conseiller-Secretaire, &c. Receveur des Consignations desdites Requêtes du Palais, qui lui a payé & délivré en louis d'argent & monnoie ayant cours, la somme de restante de celle de huit mille quatre cens livres, consignée en ses mains le cinq Juillet dernier, par Messire Nicolas-Auguste de Harlay, pour le prix de l'adjudication à lui faite le vingt-sept Juin de ladite année 17 d'une maison & lieux sis rue Saint Pierre, derriere les Minimes, faisant partie de celles saisies sur ledit Sieur Bou; sur laquelle somme de huit mille quatre cens livres, après quelques petites collocations privilégiées, mentionnées en ladite Sentence d'ordre, & frais de Decret, ledit Sieur Hom est colloqué comme créancier privilégié, tant pour le principal de six mille cent cinquante livres, employée à la consignation que ledit Sieur Bou a faite ès mains du Receveur des Consignations des Requêtes de l'Hôtel, pour le prix de l'adjudication faite audit Sieur Bou de ladite maison, par Sentence desdites Requêtes de l'Hôtel, du treize Mai 16 ainsi qu'il paroît par la quittance dudit Receveur des Consignations, contenant déclaration & subrogation au profit dudit Sieur Hom; ladite somme de six mille cent cinquante livres ainsi employée, faisant partie de six mille sept cens cinquante livres, principal du Contrat de constitution passé par ledit Sieur Bou audit Sieur Hom, pardevant G. & C. Notaires à Paris, ledit jour quatre Juin 16 avec déclaration que de ladite somme il en seroit employé lesdits six mille cent cinquante livres au payement de ladite consignation ; que ledit Sieur Hom créancier de plusieurs années d'arrérages de la rente de sept cens trente-sept livres dix sols constituez à son profit par ledit Sieur Bou, pour ladite somme de six mille sept cens cinquante livres ; & sur lesquelles collocations dudit Sieur Hom privilégié sur ladite maison, ledit Sieur Ray est colloqué en sous-ordre, tant pour la somme de cinq mille livres, faisant le principal de deux cens cinquante livres, constituées par ledit Sieur Bou, sous la caution solidaire dudit Sieur Hom, par Contrat passé pardevant ledit jour vingt Janvier 16 au profit de Pierre Bachel de Bour, qui en auroit fait transport audit Ray, par Acte du douze Avril de ladite année 16 passé devant, &c. que pour la somme de douze cens soixante-dix livres seize sols pour cinq années un mois d'arrérages desdits deux cens livres ; & pour la somme de deux cens soixante-seize livres sept sols pour frais & dépens : le tout que ledit Sieur Ray a affirmé pardevant ledit Sieur de M. lui être bien & légitimement dû, de laquelle somme de ainsi payée audit Ray en déduction de son dû, il se tient content, en quitte ledit Sieur Receveur des Consignations, & promet l'en acquitter envers & contre tous, même la rapporter, s'il étoit ci-après ordonné, à peine, &c. & consent d'y être poursuivi par les mêmes voies qu'il y pourroit être contraint : & lui a rendu & mis ès mains vingt-deux Piéces. La premiere est la grosse dudit Contrat de constitution. La deuxiéme est la copie collationnée de la quittance de Maître Robert S. ci-devant Receveur des Consignations, portant emploi de six mille cent cinquante livres, faisant partie de six mille sept cens cinquante livres, faisant le principal desdites trois cens trente-sept livres dix sols de rente constituée au profit dudit Sieur Hom, portant déclaration à fin de privilége sur ladite maison rue Saint Pierre. La troisiéme est l'original de l'opposition formée par ledit Sieur Hom, aux prix, vente & adjudication par decret des biens saisis sur ledit Bou, du vingt Août 17 La quatriéme est l'Ordonnance de Monsieur de M. pour affirmer par ledit Sieur Hom sur ladite Sentence d'ordre du sept Mai dernier. La cinquiéme est le Procès-verbal de ladite affirmation faite par ledit Sieur Hom pardevant ledit Sieur de M. le huit Mai. La sixiéme est la grosse dudit Contrat de constitution, passé sous le cautionnement solidaire dudit Hom, au profit dudit Sieur Bou, ledit jour vingt Janvier 16 La septiéme est l'expédition en papier de l'indemnité passée ledit jour par ledit Bou audit Hom, pour raison de ladite rente. La huitiéme est une quittance passée par le Sieur Guillery audit Bou le vingt-cinq Janvier 16 de la somme de deux mille deux cens sept livres qu'il lui devoit, avec déclaration & subrogation au profit dudit Sieur Bou. Les neuf, dix, onze & douze sont l'obligation, Sentence & exploits mentionnez en ladite quittance. La treiziéme est l'expédition en papier du transport fait par ledit Sieur Bou audit Sieur Ray, de ladite rente de deux cens cinquante livres, dudit jour rapportée pour minute audit *un tel* Notaire, le en fin duquel est la signification d'icelui. Les quatorze, quinze, seize & dix-sept, sont quatre oppositions formées par ledit Sieur Ray ausdites criées & adjudications. La dix-huitiéme est le Procès-verbal d'affirmation faite pardevant ledit Sieur de M. ledit jour. La dix-neuviéme est l'Ordonnance du Sieur de M. pour assigner en réception de caution dudit Sieur Ray, du La vingtiéme est l'assignation donnée aux Parties, pour voir recevoir ladite caution. La vingt-uniéme est le Procès-verbal de ladite réception de caution. La vingt-deuxiéme est l'Acte de soumission faite au Greffe par ladite caution. Et la vingt-troisiéme & derniere est une Sentence desdites Requêtes du Palais, du qui fait main-levée des saisies & empêchemens faits ès mains dudit Sieur Receveur des Consignations, tant par que par desquels Contrats & Piéces ledit Sieur Receveur des Consignations sera tenu d'aider lesdits Sieurs Ray & Hom., pour raison de ce qui leur reste dû de leurs collocations portées en ladite Sentence & Procès-verbaux d'affirmation ; sans préjudice à eux de leursdites collocations, & au Sieur Ray du surplus de son dû, tant en principal qu'arrérages, frais & dépens, pour raison de quoi il entend demeurer entierement conservé dans tous ses droits, hypotéques & priviléges, tant sur les biens dudit Bou, que sur les collocations dudit Sieur Hom, & sur ses autres biens ; & à cet effet sesdits Contrats & Piéces sont demeurez en leur entiere force & vertu : consentant ledit Sieur Ray, que de la Présente il soit fait mention sur toutes lesdites Piéces par tous Notaires requis, sans que sa présence y soit nécessaire, étant demeuré ès mains dudit Sieur Receveur des Consignations la somme de quatre cens livres pour les causes de la saisie dudit contre laquelle ledit Sieur Ray réserve de se pourvoir, tant en vertu de ladite Sentence dudit jour que d'une autre rendue depuis sur l'opposition formée par ledit à l'exécution d'icelle. Promettant, &c.

Quittance donnée par le Commissaire aux Saisies Réelles, d'une somme à compte du prix d'un Bail judiciaire, portant déclaration par celui qui paye, & subrogation par ledit Commissaire.

En présence, &c. Claude F. commis par la Cour à l'exercice de la Charge de Commissaire & Controlleur général aux Saisies Réelles, demeurant, &c. établi au régime & gouvernement des biens saisis réellement sur Louis de Montbrun, à la requête de Jacques S. sis en Bourgogne, a audit nom confessé avoir reçu de Maître Pierre Bernard, caution du dernier bail judiciaire desdits biens, adjugé à demeurant à Paris, à ce présent, qui lui a payé la somme de trois mille livres à compte du prix dudit dernier bail judiciaire ; de laquelle somme de trois mille livres ledit Sieur F. se tient content, en quitte ledit Sieur Bernard & tous autres ; déclarant ledit Sieur Bernard que ladite somme de trois mille livres ci-dessus payée est la même qu'il a empruntée, comme Procureur desdits Sieur & Dame de Montbrun, de Denis Legrand, Bourgeois de Paris, par obligation passée devant le dont n'est point resté de minute, au desir de laquelle il fait la présente déclaration, afin que ledit Legrand soit & demeure subrogé au lieu & place, droits, actions & contraintes dudit Sieur F. jusqu'à concurrence de ladite somme de trois mille livres ; laquelle subrogation ledit Sieur F. à la réquisition dudit Sieur Bernard, a consenti, sans néanmoins aucune garantie, restitution de deniers, ni recours quelconque, préférence ni concurrence avec ledit F. pour ce qui lui sera dû par la suite dudit bail judiciaire, & exécution des charges, clauses & conditions d'icelui. Promettant, &c.

Quittance de remboursement de rente sur la Ville, mise ensuite du Contrat.

ET le est comparu devant les Notaires à Paris soussignez, ledit Sieur Joseph B. nommé au Contrat ci-devant, lequel a confessé avoir reçu de M. G. Conseiller du Roi en ses Conseils, Garde de son Trésor Royal, qui lui a payé comptant en l'acquit de Sa Majesté, la somme de deux mille livres, pour le remboursement desdites cent livres de rente constituée par ledit Contrat; de laquelle somme de deux mille livres ledit Sieur Joseph B. se tient content, en quitte Sa Majesté, ledit Sieur G. & tous autres, & lui a présentement rendu la grosse dudit Contrat, comme nulle, sur laquelle est autant de la présente quittance, signée dudit Joseph B. & desdits Notaires, après que des Présentes a été fait mention sur la quittance de finance annexée à la présente minute. Promettant, &c.

Quittance de remboursement d'une somme ordonnée être payée par un Etat de liquidation, par un Particulier fondé de Procuration.

EN présence, &c. Maître Simon au nom & comme Procureur de Maître Jacques Noël, Conseiller du Roi, Receveur des Tailles de l'Election de fondé de sa Procuration spéciale à l'effet des présentes, passée pardevant le dont l'original, &c. a confessé avoir reçu de Messire P. G. Conseiller, &c. qui lui a, en l'acquit de Sa Majesté, payé la somme de cinq mille huit cens trois livres deux sols, sçavoir cinq mille six cens seize livres pour le remboursement de pareille somme payée par ledit Sieur Noël, pour jouir de quatre cens trente-deux livres, à quoi monte la part & portion de quatorze mille trois cens quarante-trois livres treize sols de nouvelles taxations héréditaires attribuées par Edit du mois de Novembre 1691 aux Receveurs généraux des Finances, & Receveurs particuliers des Tailles de la Généralité de à raison de trois deniers pour livre, suivant la quittance de finance, signée Trésorier des Revenus casuels de Sa Majesté, du controllée le & cent quatre-vingt-sept livres deux sols pour les interêts; le tout conformément à l'état de liquidation, & le remboursement arrêté au Conseil le dont quittant; & a rendu audit Sieur Garde du Trésor du Roi, l'original de ladite quittance de finance, ensemble l'extrait dudit état de liquidation, signé en fin *Du Jardin*; après que sur lesdites piéces, du consentement dudit Sieur Simon audit nom, a été fait mention sommaire par les Notaires soussignez, du présent payement, &c.

Quittance avec subrogation.

En présence, &c. Jacques, &c. Maître Maçon, demeurant rue Paroisse a confessé avoir reçu de Sieur Nicolas Bourgeois de Paris, y demeurant, à ce présent, qui lui a payé, compté, nombré, & réellement délivré en la présence desdits Notaires soussignez, en louis d'or, &c. la somme de six mille livres restant de celle de douze mille livres, à laquelle se sont trouvez monter tous les ouvrages de Maçonnerie, Charpenterie, Menuiserie, &c. que ledit Jacques a fait & fait faire pour ledit Sieur Nicolas, en une maison qu'il a fait construire à neuf en cette Ville de Paris, rue, &c. conformément au plan, devis & marché fait entr'eux pardevant, &c. ainsi qu'il est porté par le toisé fait par , &c. Maîtres Maçons à Paris, dont les Parties sont convenues pour cet effet, reçu par Maître Greffier de l'Ecritoire, le jour, &c. que ledit Jacques a mis présentement ès mains dudit Sieur Nicolas; de laquelle somme de six mille livres ledit Jacques est content, & en quitte ledit Nicolas & tous autres, & même promet de le faire tenir quitte & déchargé de tous lesdits ouvrages envers les Ouvriers qui ont travaillé audit Bâtiment, & tous autres qu'il appartiendra. Comme aussi ledit Sieur Nicolas, &c. reconnoît que lesdits ouvrages de Maçonnerie, Charpenterie, Couverture & autres, sont bien &, dûement faits, au desir dudit devis & marché, dont il en quitte & décharge pareillement ledit Jacques & tous autres. Ce faisant, lesdites Parties se quittent & déchargent réciproquement l'une l'autre de toutes choses généralement quelconques jusqu'à ce jour: bien entendu que ledit Jacques demeurera garant desdits Bâtimens envers ledit Sieur Nicolas, aux Us & Coutumes de cette Ville. Consentent que du contenu en ces présentes soit fait mention par tous Notaires requis, sur lesdits marché & toisé, qui ne leur servira avec ces présentes & les quittances particulieres du payement du surplus dudit prix desdits ouvrages, que d'une seule & même chose.

Déclarant ledit Sieur Nicolas, &c. que ladite somme de six mille livres ci-dessus payée, est la même qu'il a conjointement avec Marie sa femme, empruntée à constitution de rente de François, &c. Bourgeois de Paris, par Contrat passé, &c. au desir duquel il fait la présente déclaration, afin que ledit Sieur François soit & demeure subrogé au lieu & place, droits, priviléges & hypotéques dudit Jacques, qui a volontairement consenti ladite subrogation sans aucune garantie, restitution de deniers, ni recours quelconque. Promettant, &c. Fait & passé, &c.

Autre Quittance aussi avec subrogation.

En présence, &c. Jacques le Vigneur, Bourgeois de demeurant rue a confessé avoir reçu de Jean Garnot, Officier, demeurant à ce présent, qui lui a payé, compté, nombré, & réellement délivré à la vûe des Notaires soussignez, en louis d'or, &c. la somme de dix-neuf cens livres, pour le remboursement de quatre-vingt-quinze livres de rente constituée au profit dudit Sieur le Vigneur, par ledit Garnot &

& sa femme, par Contrat passé pardevant Notaires, le dont quittant; reconnoissant ledit le Vigneur avoir été payé des arrérages échus du passé jusqu'à ce jour, ensemble des frais & dépens faits par lui, pour avoir payement desdits arrérages, en quoi ils ont été condamnez par Sentence du dernier, dont aussi quittant, &c. déclarant ledit Garnot, que dans la somme de dix-neuf cens livres présentement payée, il y en a celle de sept cens livres qu'il a empruntée par constitution de rente de par Contrat passé devant & son Confrere, Notaires au Châtelet de Paris, le au désir duquel il fait la présente déclaration, afin que ledit P. soit & demeure subrogé jusqu'à dûe concurrence au lieu & place, privilèges & hypotéques dudit le Vigneur, qui consent ladite subrogation jusqu'à concurrence, sans toutefois aucune garantie, & mention être faite sur la minute & grosse dudit Contrat du payement de ladite somme de dix-neuf cens livres par tous Notaires requis, sans que sa présence y soit nécessaire. Promettant, &c. obligeant, &c. renonçant, &c. Fait & passé, &c.

Mention à mettre en marge de la minute d'un Contrat remboursé.

Les livres de rente constituées par le Contrat ci-endroit, ont été remboursées par quittance passée devant Notaire au Châtelet de Paris, le dont la minute est vers ledit *un tel*, portant pouvoir de faire la présente mention.

Autre que l'on met en marge de la grosse d'un Contrat de constitution, en vertu d'une quittance de rachat.

Les livres de rente constituées par le Contrat ci-endroit, ont été remboursées, & les arrérages qui en étoient dûs, payez par quittance passée cejourd'hui devant les Notaires soussignez, dont l'un desdits Notaires, a la minute, en vertu de laquelle la présente mention a été faite, autant de laquelle a été mise sur la minute dudit Contrat.

Quittance de consignation.

EN présence, &c. Gervais Touchard a reconnu, que des deniers consignez ès mains de Me Jacques L. Receveur des Consignations des Requêtes du Palais, par Marie Martin, veuve de sur le prix principal & interêts de l'adjudication à elle faite sur Messire d'Espinoy, de la Terre & Seigneurie de Prie, dont l'ordre a été fait ausdites Requêtes du Palais, par Sentence du ledit Sieur L. lui a payé, & de lui confesse avoir reçu la somme de faisant partie de celle de dûe audit Sieur Touchard par, &c. de laquelle somme de ledit Sieur Touchard se contente, en quitte & décharge ledit Sieur L. & tous autres, & promet de l'en acquitter envers & contre tous, même de rapporter icelle, s'il étoit ci-après ordonné par Justice, à peine de tous, &c. & d'y être contraint par les mêmes voies que ledit Sieur L. y pourroit être tenu, sans préjudice audit Sieur Touchard du surplus de ses dûs, droits, actions, priviléges & hypotéques, tant en principaux, qu'intérêts, frais & dépens; pourquoi il se pourvoira contre qui & ainsi qu'il avisera bon être, autre toutefois que contre ledit Sieur L. auquel ledit Sieur Touchard a délivré extrait dudit expédition en papier dudit Acte de copie collationnée de & après que sur lesdites piéces, grosse en parchemin dudit a été fait mention par les Notaires soussignez du présent payement; consentant qu'il en soit fait pareille en son absence sur toutes autres piéces qu'il appartiendra par tous Notaires requis: & pour l'exécution des présentes, ledit Sieur Touchard a élû domicile, &c.

Quittance du payement d'une dot.

EN présence, &c. Claude, &c. & Marie, &c. sa fiancée, qu'il autorise, demeurans à, &c. ont confessé avoir reçu de Jacques, &c. & Anne sa femme, à ce présens, la somme de vingt-deux mille livres, sçavoir vingt mille livres en louis d'or, &c. en présence desdits Notaires, & deux mille livres en un trousseau, le tout que lesdits Jacques & Anne auroient promis leur payer & fournir pour la dot de ladite Marie leur fille, par leur Contrat de mariage passé pardevant, &c. de laquelle somme de, &c. lesdits futurs époux sont contens, en quittent & remercient lesdits Jacques & sa femme, & tous autres; & consentent que dudit payement mention sommaire soit faite par tous Notaires requis sur la minute & expéditions dudit Contrat de mariage. Promettant, &c.

Il faut remarquer ici que l'Ordonnance de 1629, art. 130, porte que toute quittance de dot sera passée pardevant Notaire, à peine de nullité pour le regard des Créanciers seulement; ce qui paroît très-juste.

Quittance par un mari d'un legs fait à sa femme.

EN présence, &c. Arnaud, &c. demeurant au nom & comme Procureur de Marie sa femme, de lui autorisée par sa procuration spéciale à l'effet des présentes, passée pardevant Notaires, le jour de a ledit Sieur Arnaud audit nom, confessé avoir reçu de Maître Paul au nom & comme Exécuteur du Testament & ordonnance de derniere volonté de défunt Charles, &c. la somme de quatre cens livres, leguée par ledit Sieur Charles, &c. à ladite Marie sa niéce, par son Testament olographe du déposé à Notaire, suivant le Procès-verbal d'ouverture d'icelui, fait par M. le Lieutenant Civil en son Hôtel le de laquelle somme de quatre cens livres ledit Arnaud est content: Quittant, &c.

Acte de délivrance d'un legs.

FUt présente Damoiselle M. Mont, épouse séparée de biens de Philippe de la Font, de lui néanmoins pour ce présent autorisée à l'effet des Présentes, demeurante seule & unique héritiere de Damoiselle B.

Chevalier, fille majeure, laquelle a consenti & consent par ces Présentes la délivrance du legs par elle fait à l'Œuvre & Fabrique de la Paroisse de de cinquante livres de rente au principal de deux mille livres, à prendre en deux cens livres aussi de rente sur les Aydes & Gabelles, constituées par Messieurs les Prevôt des Marchands & Echevins de cette Ville de Paris, au profit de Damoiselle M. Dubois, par Contrat passé pardevant C. & son Confrere, Notaires, le desquelles cinquante livres de rente ladite Damoiselle Dubois a passé déclaration à ladite Damoiselle Chevalier sous seing privé le huit Août précédent, controllée le par laquelle est demeurée annexée à la minute d'une décharge donnée par lesdits Sieurs Marguilliers à la Damoiselle veuve Petit, Exécutrice du Testament olographe de ladite Damoiselle Chevalier, du dix Novembre audit an, par lequel elle a legué lesdites cinquante livres de rente à ladite Œuvre; ladite décharge passée devant R. & son Confrere, Notaires, le vingt Août 17 & que lesdits Sieurs Marguilliers se fassent immatriculer, si bon leur semble, pour les recevoir, à commencer du premier Octobre 17 ou les reçoivent des mains de ladite Damoiselle Dubois, ainsi qu'ils aviseront; à la charge par eux de les payer annuellement de six en six mois à Sœur M. L. Amedie, Religieuse aux Ursulines de Mantes, sa vie durant seulement, conformément audit Testament, suivant lequel la propriété desdites cinquante livres de rente appartient à ladite Œuvre, & les arrérages, à commencer du jour du décès de ladite Religieuse. Ce qui a été accepté par le Sieur François C. Marguillier en charge de ladite Œuvre, à ce présent. Promettant, &c.

Consentement à la délivrance d'un legs fait aux enfans nez & à naître d'un Particulier, l'usufruit réservé au pere.

AUjourd'hui est comparu devant les Notaires soussignez, Anne Mignot, veuve de François Guillet, demeurante au nom & comme Procuratrice de Maître Louis Denis, fondée de sa procuration spéciale à l'effet des Présentes, passée devant & son Confrere, Notaires à Paris, le l'original de laquelle est demeuré ci-joint pour y avoir recours, seul héritier bénéficiaire de défunte Damoiselle Marie-Anne Denis sa sœur, qui a substitué par son Testament le fonds & propriété des biens dont sa succession se trouveroit composée, aux enfans dudit Sieur Louis Denis son frere, nez & à naître; a par ces Présentes, audit nom, consenti la délivrance ausdits enfans nez & à naître, du fonds & propriété de tous lesdits biens, l'usufruit réservé au profit dudit Denis sa vie durant, consentant qu'ils en jouissent, fassent & disposent, comme ils ont droit de faire par ledit Testament, sans par ladite veuve Guillet audit nom approuver ledit Testament, par rapport aux dispositions que ledit Denis entend contester, ausquelles le présent Acte ne pourra tirer à conséquence pour qui que ce soit. Ce qui a été accepté pour lesdits enfans nez & à naître, par Nicolas Dujour, au nom & comme Tuteur desdits enfans mineurs, demeurant à Paris, pour ce présent. Promettant, &c.

Consentement à la délivrance d'un legs universel par un Curateur créé à une succession vacante.

AUjourd'hui est comparu pardevant François Carpentier, demeurant Curateur créé par Sentence du Châtelet de Paris du quatre du présent mois, insinuée le six du même mois, à la succession de Noël Bret, vacante au moyen des renonciations qui y ont été faites par Damoiselle Marie Bret sa sœur, veuve de qui s'est tenu au legs universel à elle fait par ledit défunt son frere, par son Testament ci-après énoncé, suivant l'Acte de ladite renonciation passé pardevant le aussi insinué audit Châtelet le & d'Antoinette Nicole Bret, femme de Geoffroy de Palmy, restée seule fille de défunt Pierre Bret, frere consanguin dudit Noël Bret, ainsi qu'il est justifié par l'Acte de notoriété passé devant le & comme il est mentionné par l'Acte de renonciation fait par lesdits de Palmy & sa femme à la succession dudit Sieur Noël Bret, oncle de ladite Antoinette Nicole Bret, par lequel ils se sont tenus au legs particulier fait par ledit Testament, ledit Acte reçu aussi par lesdits Notaires, le aussi insinué le lesquels Damoiselle veuve de & les enfans dudit Pierre Bret étoient seuls habiles à se dire héritiers dudit défunt Sieur Noël Bret, ainsi qu'il est justifié par l'intitulé de l'inventaire fait après son décès par ledit & son Confrere, Notaires, le & jours suivans. Lequel Sieur Carpentier audit nom, pour faire cesser la contestation qui étoit entre lui, en ladite qualité, & ladite Damoiselle veuve de aux fins de l'assignation qu'elle lui a fait donner le par exploit de Huissier à pour avoir délivrance du legs universel à elle fait par ledit défunt Sieur Noël Bret, après avoir pris communication dudit Testament reçu par Notaires, le de l'inventaire fait après son décès; a ledit Carpentier audit nom, déclaré qu'il n'a aucuns moyens d'empêcher l'exécution dudit Testament; & en acquiesçant à la demande à lui faite par ladite veuve de a consenti l'exécution dudit Testament. Ce faisant, a en tant que besoin seroit, fait délivrance aux Particuliers y nommez, & à ladite veuve de du legs universel à eux & à elle fait par ledit Testament, pour par ladite veuve de jouir, faire & disposer dudit legs universel, comme de chose lui appartenante, à la charge par elle d'acquitter les autres legs & charges de ladite succession dont le legs universel peut être tenu. Ce qui a été accepté par ladite Damoiselle veuve de à ce présente, demeurante dont & de ce que dessus lesdites Parties ont demandé Acte ausdits Notaires, &c.

CHAPITRE IV.

Des Décharges.

DECHARGE est un Acte par lequel on se désiste des prétentions qu'on pouvoit avoir contre quelqu'un ; ou par lequel on déclare que celui qui étoit chargé de Contrats, Titres, Papiers, ou autres choses, les a rendus.

Décharge donnée par un Particulier d'une solidité, pour éviter le remboursement d'une rente à lui offert.

AUjourd'hui est comparu devant les Notaires à Paris soussignez, Jacques Blan, demeurant lequel a dit que par Contrat passé pardevant le vingt Avril il lui a été solidairement constitué par le Sieur Pierre de la Motte, Trésorier des Gendarmes, & de Catherine Sacre son épouse, à présent défunte, cinq cens livres de rente au principal de dix mille livres, qui ont été employées par le même Contrat au remboursement de pareilles cinq cens livres de rente dûes par lesdits Sieur & Dame de la Motte, sous ladite solidité, au profit de Pierre Rossignol, par Contrat passé pardevant le pour raison de quoi ledit Sieur Rossignol avoit privilége sur ledit Office de Trésorier, au moyen de l'emploi qui avoit été fait de ses deniers, pour partie du prix d'icelui; lequel privilége, droits, actions & hypotéques ont passé en la personne dudit Sieur Blan, en conséquence de la subrogation consentie en sa faveur par ladite quittance de remboursement portée par le Contrat dudit jour vingt Avril . Et voulant ledit Sieur Blan éviter le remboursement qui lui est offert par ledit Sieur de la Motte desdites cinq cens livres de rente, a par ces Présentes volontairement quitté & déchargé la succession de ladite Dame de la Motte, de l'obligation solidaire par elle contractée avec ledit Sieur son mari, par ledit Contrat dudit jour, consent que ladite obligation solidaire de ladite Dame demeure nulle; se réservant ledit Sieur Blan ses droits, noms, raisons, actions, priviléges & hypotéques résultans desdits Contrats, & des subrogations consenties en sa faveur par iceux, à l'encontre & sur les biens dudit Sieur de la Motte, dans lesquels n'est au surplus aucunement dérogé ni innové : Consent que du contenu en ces Présentes il soit fait mention sommaire sur la minute, grosse & expédition dudit Contrat, & autres Actes qu'il appartiendra, par tous Notaires requis, sans que sa présence y soit nécessaire ; ce qui ne servira que d'un acquit. Promettant, &c.

Mention en marge de la minute d'un Contrat, en conformité de l'Acte ci-dessus.

Ledit Sieur Blan nommé au Contrat ci-endroit, a déchargé la succession de ladite Dame, de l'obligation solidaire qu'elle avoit contractée envers lui, pour les causes énoncées en l'Acte passé devant & son Confrere, Notaires à Paris, le au desir duquel cette mention a été faite cejourd'hui *tel jour.*

Décharge de Contrats & Piéces ensuite d'un Etat, avec ratification par celui qui donne ladite décharge, des Actes qui ont été faits avant sa majorité.

EN présence des Notaires à Paris soussignez, M. Chasseau, demeurant à présent majeur de plus de vingt-cinq ans, ainsi qu'il a dit & affirmé, lequel reconnoît que Maître Devos, demeurant à ce présent, lui a présentement délivré & mis ès mains les Contrats, Piéces & procedures mentionnez en l'état ci-devant & de l'autre part, dont il le décharge & tous autres, ratifiant & approuvant par ces Présentes les Actes par lui ci-devant passez en minorité, même la quittance qu'il a donnée, tant audit Sieur Devos, qu'au Sieur son frere, le de la somme de quinze cens livres qu'ils lui devoient, laquelle quittance il consent avoir son effet selon sa forme & teneur. Promettant, &c.

Décharge de Piéces données à un Procureur.

EN la présence des Notaires au Châtelet de Paris soussignez, Sieur Louis demeurant lequel reconnoît que Me B. Procureur en la Cour, lui a cejourd'hui rendu toutes & chacunes les piéces, poursuites & procedures du procès que ledit Comparant avoit au Parlement contre N. dont il le décharge. Fait & passé, &c,

Décharge donnée par un pere, comme Tuteur de son fils mineur, héritier de son ayeule maternelle, à un Exécuteur testamentaire, des meubles, argent comptant, papiers & autres choses, dont ledit Exécuteur avoit eu la garde.

EN présence des Notaires à Paris soussignez, Sieur Jean Dumont, demeurant au nom & comme Tuteur de Joseph Dumont son fils mineur, de lui & de défunte M. sa femme, ses pere & mere, lequel audit nom reconnoît que Josse Dufour, Exécuteur du Testament & ordonnance de derniere volonté de défunte Jeanne Coton, veuve de ayeule dudit mineur, reçu par Notaire, le lui a délivré & mis ès mains les meubles demeurez en sa possession après le décès de ladite Coton, contenus en l'Inventaire fait par Notaire, le & jours suivans, à la reserve toutefois de le tout mentionné audit

Inventaire, lesquels ont été vendus pour acquitter les frais funeraires, Convoi, Service & Enterrement de ladite défunte Coton & autres; comme aussi lui a mis ès mains tous les deniers comptans faisant la somme de ainsi qu'il est pareillement mentionné audit Inventaire. Et à l'égard des Contrats & Titres inventoriez audit Inventaire, ledit Sieur Tuteur reconnoît les avoir, ainsi que le reste desdits meubles, dont il est content, en quitte & décharge ledit Sieur Exécuteur & tous autres, & de toutes choses généralement quelconques; ensorte que toutes déductions & compensations faites, reste desdits deniers comptans, & du prix desdits immeubles montant ensemble à la somme de celle de que ledit Sieur Exécuteur a, du consentement dudit Sieur Dumont audit nom, retenu par ses mains, en déduction de celle de que ladite défunte Coton lui a léguée par sondit Testament, dont d'autant quittance. Reconnoissant en outre ledit Sieur Tuteur, que ledit Exécuteur lui a encore mis ès mains toutes les quittances & piéces justificatives des payemens par lui faits. Promettant, &c.

Décharge donnée par des enfans à leur pere, de ce qu'ils pouvoient prétendre en la succession de leur mere, contens de ce qu'ils ont eu en mariage.

EN présence, &c. Sieur Jean Joly & Catherine Dubois sa femme, qu'il autorise à l'effet des Présentes, demeurant ladite Dubois fille de François Dubois & de Marguerite Go, au jour de son décès femme en secondes noces de Matthieu Plé, & Simon Graille & Marguerite Plé sa femme, de lui autorisée, demeurant & Marguerite Plé, fille dudit défunt Plé & de ladite défunte Marguerite Go ses pere & mere; lesquels ont dit & déclaré, qu'après le décès de ladite Marguerite Go, ils ont connoissance qu'il n'est resté autres effets existans que ceux qui suivent; sçavoir, &c. desquels ledit Plé n'a point fait faire d'Inventaire, attendu leur peu de valeur, & lesquels auroient été absorbez par les frais d'icelui; au moyen de quoi lesdits Joly, Graille & leurs femmes quittent & déchargent par ces Présentes ledit Sieur Plé, à ce présent, demeurant de toutes demandes & prétentions qu'ils pourroient avoir en la succession de ladite Go sa femme, & promettent ne l'en rechercher ni inquiéter en façon quelconque, se tenant contens de ce qu'ils ont eu en mariage. Promettant, &c.

Décharge mise au pied d'un compte rendu par un Tuteur à son Pupille.

AUjourd'hui sont comparus, &c. Louis ci-devant Tuteur du Sieur ci-après nommé, d'une part, & Jean fils de à présent majeur, d'autre part; lesquels ont reconnu & confessé avoir ce jourd'hui vû, examiné & calculé le compte ci-devant & des autres parts écrit, le présent compris, de la tutelle que ledit Sieur Louis a eu dudit Sieur Jean, & ce tant en recette que dépense; & aussi avoir vû & examiné les articles d'icelle recette & dépense, dont & de tout ils demeurent d'accord, & promettent respectivement l'entretenir & exécuter selon sa forme & teneur ; & les piéces justificatives d'icelui, ledit Louis les a présentement mises ès mains dudit Jean, ainsi qu'il le reconnoît, & lesquelles ne serviront avec ces présentes que d'une seule & même chose.

Décharge ensuite d'un accord entre un pere & son fils, qui reconnoît que son pere lui a payé la somme dont il étoit demeuré redevable envers lui, & le décharge de ce qu'il pouvoit prétendre en la succession de sa mere.

Et le est comparu devant les Notaires à Paris soussignez, Jean, &c. nommé en l'Acte ci-devant, lequel confesse que des deniers provenans du prix de la vente faite d'un Bureau marqueté d'écaille tortue, qui avoit été laissé ès mains du Sieur Jean de Lecaille, ainsi qu'il est énoncé audit Acte, il lui en a été présentement payé par ledit Denis son pere, à ce présent, aussi y nommé, la somme de dont il lui étoit demeuré redevable ; de laquelle somme ledit Jean est content, en quitte & décharge sondit pere, & de toutes choses généralement quelconques, même de tout ce qu'il pourroit avoir & prétendre en la succession de ladite défunte sa mere, en quelque sorte & maniere que ce soit & puisse être ; & quant au surplus du prix de ladite vente, ledit Denis reconnoît l'avoir en ses mains : au moyen de quoi ledit de Lecaille demeure déchargé dudit Bureau & du prix d'icelui. Promettant, &c.

LIVRE ONZIÉME.

Des Actes de derniere volonté.

APRE'S avoir parlé des Actes qui se font entre-vifs, c'est-à-dire, des Contrats & autres dispositions semblables, nous allons traiter ici des Actes de derniere volonté, sçavoir des Testamens & des Codiciles.

CHAPITRE PREMIER.

Des Testamens, & des solemnitez requises pour leur validité.

LE Testament est un Acte solemnel de notre propre volonté, portant déclaration de ce que nous voulons être exécuté après notre mort.

Comme le Testament ne peut valider qu'après la mort du Testateur, & qu'il peut être révoqué jusqu'au dernier moment de la vie ; rien ne peut obliger ceux qui ont reçu un Testament, d'en donner connoissance ou communication pendant la vie du Testateur, d'autant plus qu'il est souvent d'une conséquence infinie de tenir un tel Acte secret.

Aussi par Arrêt du Parlement de Provence du 14 Février 1664, rapporté par Boniface, Tome I, Livre 1, Titre 20, nombre 11, il a été jugé que les Notaires ne peuvent être contraints de donner des Extraits, ni même aucune connoissance des Testamens par eux reçus pendant la vie des Testateurs, sans leur consentement.

Pour qu'un Testament soit valable, il faut 1°. Qu'il soit dans les formes prescrites par la Loi ou la Coutume. 2°. Que celui qui le fait ait la capacité de tester.

Nous avons en France deux sortes de Testamens; le Testament solemnel, & le Testament olographe.

Le Testament solemnel est celui fait pardevant Notaires, ou pardevant le Curé ou Vicaire de la Paroisse du Testateur, selon la forme requise par la Coutume.

Le Testament olographe est celui qui est entierement écrit de la main du Testateur; il ne requiert aucunes solemnitez; il suffit qu'il soit écrit & signé de la main du Testateur, comme nous dirons dans le Chapitre suivant.

Le Droit Romain a prescrit diverses solemnitez aux Testamens, qui consistent particulierement au nombre & capacité des témoins, lesquelles se pratiquent encore dans les Provinces de la France qui se régissent par le Droit écrit; & elles doivent y être observées à la lettre, à peine de nullité.

Nos Coutumes ont aussi établi diverses solemnitez aux Testamens, tant pour la qualité de ceux qui les instrumentent, nombre & qualité des témoins, que pour les termes dans lesquels ils doivent être conçus; ce qui se doit observer avec la derniere exactitude.

Comme les Testamens sont des Actes qui dépouillent assez souvent les véritables héritiers d'un défunt de son hoirie, & qu'il se trouve par ce moyen odieux dans une famille; c'est pourquoi la Coutume a prescrit à la rigueur l'étendue de ces sortes de dispositions, par les articles 292, 296 & 298; & aussi la forme de les faire, par les articles 289, 290 & 291; par qui & pour qui elles peuvent être faites, par l'article 292; à quel âge, par l'article 293.

Il faut remarquer, que l'équipolence ou équivalence d'Acte n'a point lieu en Testament, parce que les Coutumes sont de Droit étroit, & doivent être accomplies en leur forme prescrite, sur-tout dans les Testamens qui sont de Droit public. Ce n'est pas la seule volonté du Testateur qui rend le Testament valable, c'est la solemnité qui lui donne sa force & sa valeur.

Les Coutumes disent: *Pour réputer un Testament solemnel, il faut, &c.* Quintilien dit: *Que le Testament est un Acte qui doit absolument être revêtu des formalitez prescrites, par lequel une personne ordonne ce qu'elle veut qui soit exécuté après sa mort.* De maniere que la solemnité, qui consiste en la forme & en l'expression des mots solemnels & des formules prescrites par la Loi, est de rigueur & de Droit public, ausquels les Particuliers ne peuvent déroger; ce qui a été jugé par une infinité d'Arrêts.

Pithou, dans son Commentaire sur la Coutume de Troyes, en rapporte un du 21 Avril 1581, par lequel un Testament signé du Testateur, écrit de la main de son serviteur, fut déclaré défectueux & non légitime. Autre pareil Arrêt en Janvier 1586, rapporté par Monsieur de Montholon. Autre du 22 Février 1618, par lequel un Testament écrit d'une main étrangere, signé du Testateur, enfin paraphé au bas de chaque article, reconnu pardevant Notaires, & confirmé depuis par un Codicile écrit & signé de sa main, fut cassé, & jugé que le Codicile n'avoit pû confirmer un Testament nul par lui-même.

Il y a une infinité d'Arrêts rendus dans toutes sortes de Coutumes, où il a toujours été jugé que les formalitez & les termes prescrits dans les Testamens étoient de rigueur absolue, & qu'on ne devoit y admettre aucune équivalence.

En matiere de Testament, pour ce qui concerne la solemnité & la forme de l'Acte, il faut observer la Coutume du lieu où il s'est passé, quand bien même ce ne seroit pas le domicile permanent du Testateur, & que l'exécution du Testament se dût faire en d'autres lieux où ces solemnitez ne s'observent pas.

Mais pour ce qui regarde la substance de la disposition, & l'effet des legs, il faut suivre la Coutume du domicile du Testateur; & pour ce qui est des biens donnez, soit meubles ou immeubles, il faut suivre les Coutumes des lieux où ils sont assis.

C'est la distinction de tous les Docteurs, & ce qui a été jugé par divers Arrêts, notamment par celui dont voici l'espéce. Jean Buisson, originaire de Lyon, demeurant à Paris depuis treize ans, ayant quantité de meubles & acquêts en la Coutume de Paris, & des propres en Lyonnois, fait son Testament à Paris, par lequel il institue Jean Thevenon son héritier universel en tous ses biens.

On disoit; ou le Testament doit se régler par la Coutume de Paris, où il a été fait; ou par le Droit du Lyonnois, qui est le Droit écrit. Si par le Droit écrit le Testament doit être nul, parce que les formalitez prescrites par le Droit Romain n'y ont pas été gardées, il n'y peut passer que pour un Codicile qui ne peut porter une telle institution d'héritier. Si c'est par la Coutume de Paris, l'institution d'héritier n'y peut valoir que pour les biens y situez, & non point pour ceux du Lyonnois, ou en tout cas pour le quint des propres du Lyonnois ſeulement ; la Coutume de Paris ne permettant pas de diſpoſer de plus. Sur ce Arrêt du 7 Septembre 1615, par lequel l'inſtitution d'héritier fût confirmée pour tous les biens, tant du Lyonnois que de Paris.

Ainſi c'eſt une maxime certaine, qu'un Teſtament fait au lieu du domicile du Teſtateur, ſuivant les formes de cette Coutume locale, vaut pour toutes les Coutumes ; & s'il contient une inſtitution d'héritier univerſel, l'inſtitué peut prendre en chaque Pays tous les biens dont chaque Coutume permet au Teſtateur de diſpoſer.

Les ſolemnitez du Teſtament regardent ceux qui les reçoivent, ceux qui y ſervent de témoins, les termes, circonſtances & formalitez qui y ſont requiſes. Les ſolemnitez requiſes par le Droit Romain doivent être obſervées en Pays de Droit écrit, pour rendre valable un Teſtament authentique ; & en Pays coutumier, pour rendre un Teſtament ſolemnel valable, il faut que les ſolemnitez de la Coutume du lieu où le Teſtament eſt paſſé ſoient obſervées ; & ces ſolemnitez ſont différentes ſuivant les différentes Coutumes. La nôtre explique celles qu'elle requiert en l'article 289, dont nous allons rapporter les termes.

Nous obſerverons auparavant, qu'il faut aux ſolemnitez qui ſont requiſes ou par le Droit Romain, ou par nos Coutumes, ajouter deux autres ſolemnitez qui ſont requiſes abſolument parmi nous pour rendre valable un Teſtament, ſoit en Pays de Droit écrit, ſoit en Pays coutumier, ſuivant l'Ordonnance de Blois, article 167. La premiere, que dans le Teſtament il ſoit déclaré le lieu où il a été paſſé. La deuxiéme, qu'il y ſoit fait mention de la date de l'année, du mois & du jour, & ſi c'eſt avant ou après midi.

Il eſt vrai que cette Ordonnance ne marque pas en termes formels, que la date de l'année, du mois & du jour ſoit néceſſaire ; mais il y a lieu de dire qu'elle le fait entendre tacitement ; car puiſqu'elle veut qu'il ſoit fait mention du tems qui précéde ou qui ſuit l'heure de midi, elle ſuppoſe que le jour & la date du mois & de l'année ſoient déclarez, d'autant plus que c'eſt un moyen d'empêcher les ſuppoſitions & les fraudes qui ſe découvrent aſſez ſouvent par les jours auſquels on prétend que les Actes ont été faits.

L'article 289 de la Coutume de Paris dit : *Que pour réputer un Teſtament ſolemnel, il eſt néceſſaire qu'il ſoit écrit & ſigné du*

Testateur, ou qu'il soit passé pardevant le Curé de la Paroisse du Testateur, ou son Vicaire & un Notaire; & alors il faut qu'il soit aussi signé dudit Curé ou Vicaire, ou trois témoins; ou d'un Notaire & deux témoins idoines, suffisans, mâles, & âgez de vingt ans accomplis, & non légataires; & qu'il ait été dicté & nommé par le Testateur ausdits Notaires, Curé ou Vicaire, & depuis à lui relû en la présence d'iceux Notaires, Curé ou Vicaire & témoins; & qu'il soit fait mention audit Testament qu'il a été ainsi dicté, nommé & relû, & qu'il soit signé par ledit Testateur & par les témoins, ou que mention soit faite de la cause pour laquelle ils n'ont pû signer.

Les Testamens doivent être écrits par lettres ordinaires & entieres, & non par chiffres, ou autres caracteres; desorte que si les legs & les sommes dont le Testateur auroit disposé dans son Testament étoient marquez par chiffres, le Testament seroit nul.

La signature des Notaires & des témoins doit être faite du vivant du Testateur, autrement le Testament seroit nul. Ainsi jugé par Arrêt de la Grand-Chambre le premier Juin 1676. Dans le fait, Maître Drujon, après avoir fait une donation entre-vifs à l'Hôpital Général, fit un Testament au mois de Mai 1674, à neuf heures du soir, en présence de deux Notaires & de Maître Filhault, neveu du Testateur, qui étoit resté par l'ordre de son oncle.

Le Testament étant entierement écrit, & les Notaires écrivant la déclaration du Testateur, qu'il n'avoit pû signer, &c. le neveu s'appercevant que son oncle rendoit les derniers soupirs, il souleva sa tête & la laissa aller sur le chevet; & voyant qu'il étoit mort, il s'écria qu'il n'y avoit point de Testament, parce que le Testateur étoit décédé dans le tems que les Notaires alloient écrire sa déclaration, qu'il n'avoit pû signer; & que d'ailleurs le Testament n'étoit pas absolument achevé ni parfait, d'autant qu'il n'étoit pas signé des Notaires.

Par le susdit Arrêt le Testament fut déclaré nul, sur les conclusions de Monsieur l'Avocat Général de Lamoignon, quoiqu'il fût fait au profit de l'Hôtel-Dieu, de l'Hôpital des Incurables & des quatre Mendians, & quoique le Testateur eût acquis les biens qu'il laissoit d'une pension Ecclésiastique, & d'une Prébende à Saint Benoît; car quoique, quant à la disposition du Testateur, ce Testament fût achevé & parfait, néanmoins l'Acte qui contenoit cette disposition étoit imparfait, ce qui en causoit la nullité.

La clause, *dicté, nommé & relû*, devoit nécessairement être inserée dans les Testamens qui se faisoient dans l'étendue de la Coutume de Paris, suivant le susdit article 289 de ladite Coutume. Ainsi, comme les dispositions de la Coutume sont de Droit étroit, & qu'on ne juge jamais par équipolence des choses qui y sont contenues, pour y être absolument observées, comme étant solemnitez requises, il falloit que ces termes, *dicté, nommé & relû*, fussent mis en forme. Mais l'Ordonnance concernant les Testamens, du mois d'Août 1735, article 23, a abrogé ces termes, *dicté, nommé, lû & relû sans suggestion*, ou autres requis par les Coutumes ou Statuts.

De ce que nous venons de dire, il s'ensuit que les Testamens faits par signes des Testateurs, & sur les interrogations des Notaires, sont absolument nuls. Il faut dire aussi, que si un homme présentoit aux Notaires ou au Curé de sa Paroisse un papier sur lequel son Testament seroit écrit par une main étrangere, ce Testament ne seroit pas valable, parce que le Testateur n'auroit pas satisfait au desir de la Coutume, qui veut que le Testament soit dicté & nommé par le Testateur au Notaire, ou autre personne publique qui reçoit le Testament.

Par l'usage des Pays de Droit écrit, les Testamens se font en présence de sept témoins mâles & puberes, conformément au Droit Romain. Ils doivent contenir l'institution d'héritier; ce qui n'est pas nécessaire dans les Pays coutumiers: Et suivant l'article 299 de la Coutume de Paris, *l'institution d'héritier n'a lieu*; c'est-à-dire, qu'elle n'est point requise & nécessaire pour la validité d'un Testament; mais la disposition ne laisse pas de valoir jusqu'à la quantité des biens dont le Testateur peut valablement disposer par la Coutume.

Le Droit Romain requiert une autre solemnité pour les Testamens; sçavoir, que le Testateur & les témoins y apposent leurs cachets pour les fermer, desorte qu'on ne les puisse point ouvrir sans les rompre, & sans qu'il y paroisse. Cette formalité s'observe dans les Pays de Droit écrit; néanmoins l'omission ne causeroit pas la nullité absolue du Testament.

Un Notaire qui fait un Testament, doit sur-tout suivre la Coutume du lieu où il instrumente; puisque suivant ce que nous avons dit ci-dessus, les Testamens se réglent par la Coutume du lieu où ils sont passez, pour ce qui regarde les solemnitez requises; mais quant à la disposition, il faut suivre les Coutumes des lieux où les biens sont situez.

Si la Coutume dans laquelle un Testament seroit fait, ne prescrivoit point la forme & les solemnitez du Testament, il faudroit suivre la disposition canonique, au Chapitre *Cùm esset ext. de testament.* par laquelle le Testament est valable, quand il est fait pardevant le Curé du Testateur, & deux témoins.

Il faut remarquer, que le Notaire Royal ou subalterne qui instrumente le Testament, ne le peut recevoir que dans son ressort; & de plus, si le Notaire est subalterne, il faut que le Testateur soit domicilié dans son ressort, le tout à peine de nullité. Jusques-là que dans la Coutume de Poitou, où le Testament signé & dicté par le Testateur en présence de deux témoins, est valable, un homme avoit fait son Testament pardevant deux Notaires subalternes, hors leur territoire.

On disoit, que quand ces Notaires ne vaudroient pas pour Notaires, ils vaudroient du moins pour témoins : mais il fut répondu, que le Testateur n'avoit pas voulu tester devant deux témoins, mais devant deux Notaires, dont l'incapacité annulloit l'Acte; & sur cela Arrêt du 28 Avril 1679; un autre dans la même Coutume, du 22 Mars 1580.

Le Droit de Tabellionage est domanial, & appartient au Seigneur Haut-Justicier, qui le peut vendre & bailler à ferme à quelques personnes que ce soit, & qui peut commettre dans l'étendue de sa Jurisdiction.

Mais ces Commis doivent prêter serment en Justice avant que d'exercer, à peine de nullité; & l'ayant prêté, les Testamens qu'ils instrumentent sont valables, encore que la Coutume ne fasse mention que des Notaires, & qu'ils ne soient que commis. Jugé en la Coutume de Chartres, par Arrêt du 14 Octobre 1593. Pareil Arrêt en celle de Lorris, du 30 Décembre 1604.

Quoiqu'il y ait quelque défaut en la personne du Notaire, soit pour l'âge, soit pour n'avoir pas fait de serment à Justice; néanmoins s'il est en possession d'instrumenter depuis longtems, & qu'il fasse publiquement pour personne capable, les Testamens par lui reçus sont valables, *quia error communis facit jus.* Il y en a plusieurs Arrêts. Mais un Notaire ne peut pas recevoir un Testament dans lequel un legs seroit fait en sa faveur, ou en faveur d'un de ses proches.

L'Ordonnance de Blois du mois de Mai 1579, en l'article 63, ne permet aux Curez & Vicaires de recevoir de Teſtamens, qu'à condition qu'ils ne contiendront point de legs faits en leur faveur, ou en faveur de leurs parens. D'où il faut néceſſairement conclure qu'un Notaire ne peut pas recevoir un Teſtament dans lequel un de ſes parens ſe trouve légataire. Et quoique l'Ordonnance ne parle que des Curez ou Vicaires, elle doit être étendue aux Notaires ; parce que le motif d'empêcher par ce moyen les ſuggeſtions, influe également ſur les Notaires, de même que ſur les Curez & ſur les Vicaires : autrement ce ſeroit leur faire injure, que de les ſoupçonner d'être plus intéreſſez ou partials que les Notaires.

De plus, il y a un Arrêt de réglement du 22 Mai 1550, rapporté par Papon, *Liv.* 4, *tit.* 3, *n.* 14, par lequel il a été défendu aux Notaires de prendre pour compagnon le pere avec le fils, le frere avec le frere, l'oncle avec le neveu, & le beau-pere avec le gendre ; & cela, dit l'Arrêt, pour obvier aux fraudes qui ne ſe peuvent vérifier entre perſonnes ſi proches.

A plus forte raiſon, un Notaire ne peut pas recevoir un Teſtament, où il ſe trouveroit quelque diſpoſition faite en faveur de lui ou de ſes parens : cela même a été jugé en termes exprès par Arrêt du 12 Août 1607, rapporté par le Let ſur l'article 378 de la Coutume de Poitou. Cet Arrêt défend aux Notaires de recevoir les Teſtamens, où leur pere, mere, freres, gendres, oncles, neveux & couſins germains ſont légataires.

Mais on demande ſi dans la Coutume de Senlis, qui ne permet aux Curez de recevoir des Teſtamens, que dans les cas où il n'y a point de Notaires réſidans dans le lieu, un Teſtament peut être reçu par le Curé de la Paroiſſe, quoiqu'il y ait un Notaire réſidant actuellement dans le lieu, lorſque le Notaire eſt parent d'un légataire ?

Il faut dire, que quand la Coutume ne permet aux Curez de recevoir des Teſtamens, que dans le cas où il n'y a point de Notaire réſidant dans le lieu ; cependant lorſque le Notaire eſt proche parent d'un légataire, le Teſtateur peut appeller le Curé de la Paroiſſe pour recevoir ſon Teſtament ; parce que quand il n'y a dans un lieu qu'un Notaire, qui ne peut pas recevoir un Teſtament, par rapport aux diſpoſitions que veut faire le Teſtateur, c'eſt comme s'il n'y avoit point de Notaire réſidant dans le lieu. Ainſi cette circonſtance fait que l'on l'on regarde ce cas particulier comme un cas de nécessité, qui n'est point sujet à la regle générale.

Il y a eu autrefois de la difficulté à décider si un Testament passé pardevant deux Notaires Apostoliques étoit valable. Par Arrêt du mois de Novembre 1530, en la Coutume de Chartres, jugé qu'il étoit valable. Néanmoins les Testamens ne sont point de Jurisdiction Ecclésiastique, & nos Coutumes ne se pourroient entendre des Notaires Ecclésiastiques, qui n'ont aucun pouvoir en ces matieres, qui sont entierement séculieres & temporelles.

Dumoulin sur la Coutume de Paris, tient que le Testament reçu par deux Notaires Apostoliques, soit de personnes Laïques, soit Ecclésiastiques, n'est pas valable, parce qu'ils n'ont point de pouvoir compétent, quoique la Coutume permette de le faire devant le Curé & son Vicaire, & deux témoins; mais elle ne fait aucune mention des Notaires Ecclésiastiques.

De plus, les Ordonnances de 1535 & 1536 défendent à tous Notaires Ecclésiastiques de recevoir aucuns Contrats entre gens Laïques, pour chose temporelle & profane, à peine de nullité.

La raison est, que les Officiers Ecclésiastiques n'ont aucun pouvoir ni jurisdiction sur le temporel des Sujets du Roi: outre qu'en France l'on tient pour maxime, que toutes causes concernant les Testamens & la validité ou exécution d'iceux, sont de la Jurisdiction du Juge Laïc, & non du Juge d'Eglise, quand même la Coutume du lieu seroit au contraire. C'est ce qui a été jugé par plusieurs Arrêts rapportez par M. Louet, *lettre N. sommaire* 466, & notamment par un Arrêt rendu en la Coutume de Meaux le Mardi 7 Juillet 1556, Monsieur le Président de Saint André séant, par lequel la Cour dit qu'il avoit été mal & abusivement procédé & jugé par l'Official de Meaux, qui avoit ordonné que les Parties procéderoient pardevant lui.

Par Edit de création des Notaires Apostoliques du mois de Décembre 1691, article 8, on leur a donné pouvoir de recevoir des Testamens des gens d'Eglise; comme aussi de recevoir dans leur Etude des Testamens qui y seront déposez par les Curez ou Vicaires qui les auront reçus, & d'en délivrer des expéditions aux Parties.

Voyez ci-après ce qui est dit des Notaires Apostoliques, où cet Edit est rapporté tout au long.

Le 7 Septembre 1701 est intervenu un Réglement de la Cour contre les Notaires & autres personnes publiques, qui reçoivent des Testamens, qu'il est à propos de mettre en ce lieu suivant sa forme & teneur.

SUR ce qui a été remontré à la Cour par le Procureur Général du Roi, qu'encore que par plusieurs Arrêts, & principalement par ceux des 18 Novembre 1662 & 10 Juillet 1668, il ait été enjoint à tous Curez, Vicaires, Notaires & autres personnes publiques, qui reçoivent des Testamens & Actes dans lesquels il est fait des legs, aumônes, donations, fondations & dispositions au profit des Hôpitaux, Eglises, Communautez, Prisonniers & personnes qui sont dans la nécessité, de lui en donner connoissance aussi-tôt après que lesdites dispositions auront lieu, & de lui délivrer copie en bonne forme desdits Actes, afin de prendre soin de faire mettre à exécution la volonté des Testateurs.

Cependant un Réglement si utile est presque tombé en oubli; ensorte qu'il est à craindre que l'on ne s'accoutume à négliger l'exécution des dernieres & pieuses volontez des Testateurs, & à priver le Public du secours & de l'utilité que l'on peut attendre, si la Cour ne juge à propos d'y pourvoir en renouvellant l'exécution des anciens Réglemens. Lui retiré, la matiere mise en délibération:

LA COUR a ordonné & ordonne que lesdits Arrêts des 18 Novembre 1662 & 10 Janvier 1668, seront exécutez selon leur forme & teneur: ce faisant, enjoint à tous Curez, Vicaires, Notaires & autres personnes publiques, qui recevront des Testamens & autres Actes contenant des legs, aumônes ou dispositions au profit des Hôpitaux, Eglises, Communautez, Prisonniers & personnes qui sont dans la nécessité, d'en donner avis au Procureur Général du Roi, aussi-tôt que lesdits Testamens ou autres Actes auront lieu & seront venus à leur connoissance, & de lui mettre ès mains des extraits en bonne forme desdits Testamens & dispositions, pour faire ensuite les poursuites nécessaires, à peine de répondre en leurs noms des dépens, dommages & interêts.

Ordonne en outre que les héritiers, exécuteurs testamentaires, & tous autres qui auront connoissance desdits Testamens & dispositions de derniere volonté faites sous seing privé, en feront déclaration dans huitaine, à peine d'être condamnez en leurs noms au payement du quadruple envers les Pauvres, & être procédé contr'eux pour les recelez selon la rigueur des Ordonnances; & contre lesdits Notaires & autres personnes publiques, de trois cens livres d'amende, dont sera délivré exécutoire en vertu du présent Arrêt, sans qu'il en soit besoin d'autres, applicables, le tiers au profit de l'Hôtel-Dieu, le tiers aux pauvres Prisonniers, & le tiers à l'Hôpital Général: Que le présent Arrêt sera signifié aux Syndics des Notaires du Châtelet, & publié à son de trompe ès carrefours & lieux accoutumez de cette Ville & Fauxbourgs de Paris, à ce qu'aucun n'en prétende cause d'ignorance, lequel sera exécuté par toutes les Villes & lieux du ressort; à cette fin copies collationnées seront envoyées dans tous les Bailliages & Sénéchaussées, pour y être, à la diligence des Substituts du Procureur Général du Roi, lû, publié, registré & exécuté: Et ce faisant, les Curez, Vicaires, Notaires & autres personnes qui recevront des Testamens où il y aura des legs pieux, tenus d'en avertir lesdits Substituts dans pareil tems, sous les mêmes peines.

Touchant les Testamens qui sont reçus par des Curez ou des Vicaires, il faut observer que par Edit du mois de Mai 1575, il est ordonné que tous Curez & Vicaires qui auront reçu & passé des Testamens ou Codiciles, ayent dans huitaine après le décès des Testateurs, à les porter & mettre ès mains des Notaires & Gardenotes, chacun en son ressort, sur peine d'amende arbitraire.

Voyez touchant les Testamens ce que M. de Ferriere a dit dans sa Traduction des Institutes de Justinien, sur le titre 10 & suivans du second Livre. Voyez aussi son Commentaire sur l'article 289 de la Coutume de Paris.

CHAPITRE II.

Du Testament olographe, du Testament nuncupatif, & du Testament militaire.

LE Testament olographe est celui qui est écrit de la main du Testateur, sans aucunes solemnitez ; il faut qu'il soit écrit & signé de la main du Testateur : sur quoi il faut remarquer que pour plus grande sureté, le Testateur passe quelquefois Acte pardevant Notaire, au dos de son Testament, portant reconnoissance d'icelui ; ce qui est valable.

Ce Testament, comme nous venons de dire, est exempt de toutes les formalitez ou solemnitez requises dans les Testamens solemnels ; mais il faut qu'il soit tout écrit & signé de la main du Testateur, sans qu'il y ait un seul mot à redire.

Il est valable dans toute la France coutumiere, sans même qu'il soit daté, ni qu'il soit fait mention dedans du lieu où il est passé. Il est même admis expressément par la plûpart des Coutumes. C'est le Testament le plus parfait & le plus exempt de suspicion qu'un homme puisse faire.

En la Coutume d'Angoulême, qui ne parle point du Testament olographe, mais qui veut que tout Testament, pour être valable, soit écrit & signé par le Testateur, en présence de deux témoins, ou passé pardevant Notaires ; il a été jugé par Arrêt du 30 Avril 1625, que le Testament olographe sans aucune formalité y étoit bon.

Jugé de même en la Coutume d'Auvergne ; pareillement en la Coutume de Poitou, qui veut qu'il soit fait mention que le Testament a été dicté & nommé par le Testateur, sans aucune suggestion, a été jugé en 1602 que cette formalité ne s'entendoit des Testamens olographes.

Il n'en est pas de même en Pays de Droit écrit ; les Testamens olographes y sont nuls ; & dans les Provinces où le Droit Romain est en usage, il n'y a que deux sortes de Testamens qui soient valables.

I. Quand le Testateur fait son Testament publiquement, en présence de témoins, lesquels doivent être au nombre de sept au moins, ainsi que j'ai dit; qu'il leur donne connoissance de ce qui y est contenu, étant écrit devant eux, & qu'il publie & leur déclare que c'est sa derniere volonté.

II. Quand le Testateur fait son Testament secretement & hors la présence des témoins, & que son Testament étant fait & écrit de la main du Testateur ou autre, il mande les sept témoins, y compris le Notaire ou Tabellion, plie la feuille de papier sur laquelle est le Testament, en leur présence, la cachette, la fait suscrire au dos aux sept témoins, leur disant & déclarant que c'est son Testament.

Il faut en l'une & l'autre maniere, que le Testament soit signé du Testateur, & que s'il ne sçait pas signer, il y ait un huitiéme témoin qui souscrive.

Au sujet des Testamens appellez mystiques, voyez les articles 9, 10, 11 & 12 de la nouvelle Ordonnance du mois d'Août 1735.

Il y a une autre espéce de Testament dans les Pays de Droit écrit, sçavoir le *Testament nuncupatif*, qui se fait lorsque le Testateur déclare de vive voix tout haut sa volonté, & nomme tout haut son héritier en présence de sept témoins, y compris le Notaire ou Tabellion, & fait ensuite rédiger par écrit cette disposition, laquelle est valable, quoique le Testateur & les témoins n'ayent point signé, & qu'ils n'ayent point apposé leurs cachets. Si le Testateur est aveugle, il faut un huitiéme témoin.

Il y a encore les Testamens militaires faits à l'armée par les personnes qui y sont, dont le privilége est fort favorable; il suffit qu'ils soient faits, & que le Testateur soit décédé dans l'expédition militaire, pourvû que la volonté du Testateur soit constante & bien prouvée, encore bien qu'il n'y ait eu aucunes des formalitez prescrites par la Loi ou les Coutumes; ce qui s'observe inviolablement dans le Pays de Droit écrit.

Dans la France coutumiere, nonobstant la rigueur de nos Coutumes sur la matiere des Testamens, & quoiqu'il n'y ait aucunes Ordonnances ni Coutumes qui admettent expressément les Testamens militaires; néanmoins ils y sont rendus valables par leur privilége, quoiqu'ils manquent des formalitez prescrites. *Voyez sur cela M. le Bret, liv. 3, décision 4. Voyez aussi les Arrêts rapportez dans M. Louet sur la même matiere.*

On a excepté de ce privilége les Testamens de ceux qui portent les armes contre le service du Roi, ou qui vont dans une guerre étrangere contre ses défenses.

Ce privilége militaire déroge seulement aux solemnitez, & non aux dispositions des Coutumes, pour la prohibition ou restriction des legs, ausquelles toutes personnes sont sujettes.

Il faut remarquer, que depuis l'Ordonnance de Moulins, qui exclut la preuve par témoins, au-dessus de cent livres, le Testament militaire fait par un Soldat, quoiqu'en faction, non écrit, n'a point de lieu; & la preuve par témoins n'en peut être reçue, attendu cette Ordonnance: desorte que le privilége du Testament militaire est réduit à ce point, que quand le Testament est rédigé par écrit, de quelque maniere qu'il soit fait, il ne laisse pas de valoir, pourvû que la preuve de la volonté du Soldat décédé dans l'expédition militaire soit certaine & constante par écrit, quoique ce Testament soit destitué des formalitez requises par les Coutumes.

Quoique dans les Provinces de Droit écrit, les Testamens nuncupatifs ayent lieu, non-seulement pour les militaires, mais aussi pour tous les autres, il ne s'ensuit pas qu'ils doivent avoir lieu dans la France coutumiere; au contraire, s'ils ne sont rédigez par écrit, ils ne sont point reçus parmi nous: ce qui se doit entendre tant pour les militaires que pour les autres, attendu la susdite Ordonnance qui doit être observée à la lettre.

A l'égard des Testamens faits en tems de peste, par ceux qui en sont atteints, on a demandé s'ils étoient exempts de formalitez, à cause de la difficulté de les observer.

Quelques Docteurs, & entr'autres Dumoulin, ont prétendu qu'en tems de peste, toutes les solemnitez n'étoient pas requises pour la validité d'un Testament; mais ils se sont trompez: la plus grande partie des Docteurs, tant anciens que modernes, sont d'un sentiment contraire; & en effet la solemnité des Testamens, qui est de Droit public, est de beaucoup plus grande considération, que l'entretenement de la volonté d'un Particulier, & on doit imputer à sa négligence d'avoir differé à faire son Testament dans l'extrémité du péril: ce qui a été jugé par plusieurs Arrêts, tant en Pays de Droit écrit que coutumier.

Voyez ce qui est dit sur les Testamens militaires, & faits en tems de peste, par les articles 27 & suivans compris 36, de l'Ordonnance du mois d'Août 1735.

Touchant le Testament olographe, & touchant le Testament nuncupatif, voyez ce que M. de Ferriere a dit dans sa Traduction des Institutes de Justinien, sur le titre 10 du second Livre; & touchant le Testament militaire, voyez ce qu'il en a dit sur le titre 11 du même Livre.

CHAPITRE III.

De la faculté de tester, requise dans la personne du Testateur, pour la validité d'un Testament.

OUTRE les formalitez prescrites pour la validité d'un Testament, il faut la capacité du Testateur, qui consiste en trois points. 1°. Qu'il soit sain d'entendement. 2°. Qu'il soit d'âge suffisant. 3°. Qu'il soit libre de lui-même, & point en pouvoir d'autrui.

I. La premiere capacité s'entend assez d'elle-même.

II. A l'égard de la seconde, qui est la suffisance d'âge, il faut remarquer que la plûpart des Coutumes fixent l'âge pour tester, les unes à dix-huit ans, les autres à vingt, & les autres en pleine majorité; ce qui se doit observer régulierement.

Mais on demande, quel doit être réputé l'âge suffisant, dans les Coutumes qui n'en parlent point? Les Arrêts ont jugé qu'il falloit suivre le Droit Romain, où la liberté de tester est à quatorze ans complets, & l'âge de puberté à dix-huit. A l'égard de la Coutume de Paris, elle permet à celui qui a vingt ans accomplis, de pouvoir tester, soit qu'il soit émancipé, ou non.

III. La troisiéme capacité requise à un Testateur, est qu'il soit libre de lui-même, & non en pouvoir d'autrui: ce qui ne se doit point entendre être en la puissance d'un Tuteur, puisqu'avant la majorité complette on peut tester, soit que le Testateur soit émancipé, ou non, comme le marque formellement la Coutume de Paris.

Cela ne s'entend point aussi qu'une femme mariée ne peut tester sans l'autorisation de son mari, puisque le Testament est un Acte où l'autorisation d'un mari n'est nullement nécessaire. Ainsi la prohibition faite à la femme de contracter sans l'autorité de son mari, ne l'empêche pas de disposer par

Testament ou Codicile de ses biens à personnes capables.

Mais ces termes, que le Testateur soit libre de lui-même, & point en pouvoir d'autrui, signifient que les Religieux & Religieuses ne peuvent aucunement tester ni donner ; cela veut aussi dire, qu'en Pays de Droit écrit les enfans, fils ou filles qui sont en la puissance de leur pere, & non émancipez, ne peuvent aucunement tester, quelque âge qu'ils ayent.

On a demandé si en Pays de Droit écrit, le mariage émancipe les fils & les filles, & leur donne faculté de tester.

La maxime du Droit Romain est contraire ; & suivant ce Droit, le mariage n'annulle ni ne diminue la puissance paternelle sur les enfans ; mais néanmoins en France, dans le Pays de Droit écrit, on a reçu la maxime du Droit coutumier, qui est que le mariage émancipe, & que les enfans étant veufs ou mariez, peuvent tester du vivant du pere sans son consentement.

On peut dire encore, que ceux qui sont morts civilement n'ont pas la faculté de tester, tels que sont les condamnez à mort, ou ceux qui sont condamnez au bannissement perpétuel, ou aux galeres à perpétuité.

Touchant la faculté de tester, voyez ce que M. de Ferriere a dit dans sa Traduction des Institutes, sur le titre 12 du second Livre.

CHAPITRE IV.

Des Institutions d'héritiers.

Les Testamens, en Pays de Droit écrit, contiennent les institutions d'héritier, les substitutions tant directes que fideicommissaires, les legs & les fideicommis. Dans les Pays coutumiers, ils contiennent les legs & les fideicommis ; c'est pourquoi il est à propos d'expliquer briévement ce qui regarde ces matieres.

L'institution d'héritier est le principal fondement du Testament en Pays de Droit écrit ; desorte qu'il n'y a point de Testament sans institution d'héritier. L'institution d'héritier est un moyen universel d'acquérir, qui se fait dans un Testament, quand un Testateur déclare quelqu'un son héritier.

L'institution

L'institution d'héritier se fait au premier ou au second degré : celle qui se fait au premier degré, est proprement appellée institution ; & celle qui se fait au second, ou dans un autre degré, est appellée substitution.

Un Testateur peut instituer un ou plusieurs héritiers ; & quoiqu'il en ait institué plusieurs, néanmoins s'il n'y en a qu'un qui appréhende la succession, elle lui appartiendra toute entiere par droit d'accroissement, parce que l'héritier est subrogé à tous les droits que le Testateur avoit au tems de sa mort ; de sorte que si le Testateur n'avoit institué qu'un héritier d'une partie de ses biens ; toutes les autres parties lui appartiendroient par droit d'accroissement, & elles ne passeroient pas à l'héritier légitime.

L'institution se peut faire purement ou sans condition ; mais elle ne se peut pas faire pour un certain tems, ni à commencer dans un certain tems, parce que le Testateur décéderoit *testat* pour un tems, & *intestat* pour un autre tems ; ce qui répugne à la qualité d'héritier.

Il faut que l'héritier institué soit capable de l'être dans trois tems ; sçavoir, au tems que le Testament est fait, au tems de la mort du Testateur, & au tems qu'il appréhende la succession.

L'institution se fait souvent sous cette condition, que l'héritier institué sera tenu de porter le nom & les armes du Testateur.

La substitution est une institution d'héritier, faite au second ou autre degré ; & c'est proprement une subrogation d'une personne à une autre, dont il sera parlé ci-après dans un Chapitre séparé.

Il faut ici observer que les institutions d'héritier se peuvent faire sous des conditions, lesquelles quoiqu'impossibles, ne rendent pas nulle l'institution.

Les conditions se divisent en casuelles, potestatives & mixtes.

La condition casuelle est celle dont l'événement dépend du hazard.

La condition potestative est celle qui est en la puissance de l'héritier institué ; comme si le Testateur institue Titius, au cas qu'il monte au Capitole.

La condition mixte est celle qui dépend en partie du hazard, & en partie de la volonté de l'héritier institué ; comme si Titius est institué, au cas qu'il monte au Capitole pendant le Consulat de Caïus.

Les enfans qui sont héritiers *ab intestat* du Testateur, ne peuvent être instituez que sous une condition potestative; desorte que s'ils étoient instituez sous une condition dont l'événement ne dépendroit pas de leur volonté, le Testament seroit nul dès son commencement.

M. de Ferriere a traité amplement ce qui regarde l'institution d'héritier dans sa Traduction des Institutes de Justinien, sur le titre quatorze du second Livre; c'est pourquoi j'y renvoye le Lecteur.

CHAPITRE V.

Des Legs & Fideicommis.

APRE'S avoir parlé des Institutions, il faut parler des Legs & des Fideicommis particuliers.

Le Legs est une espéce de donation de quelque chose faite dans un Testament, dont la délivrance doit être faite par l'héritier après la mort du Testateur; comme si le Testateur dit: *Je donne & légue à Titius la Terre de*

Le Fideicommis particulier est la même chose, mais il se fait par le ministere de quelqu'un; comme si le Testateur dit: *Je prie mon héritier de donner après ma mort la Terre de à Titius.* Quant à l'effet, c'est la même chose que le Legs. Le Légataire peut aussi être chargé d'un Fideicommis particulier; comme si le Testateur dit: *Je donne & légue à Titius la Terre de & je le prie de donner cent pistoles après ma mort à Caïus.*

Les Fideicommis sont contre les Loix; c'est-à-dire, quand le Testateur a fait un Legs à quelqu'un, avec convention secrette que c'est pour le remettre à une personne prohibée, & à laquelle le Testateur ne pouvoit pas léguer; alors quand les héritiers ont ce soupçon, ils peuvent obliger le Légataire d'affirmer s'il entend appliquer le Legs à son profit personnel, & s'il ne l'a pas accepté pour le rendre à quelqu'un de convention: ils peuvent recourir aux preuves, suivant Menochius dans son Traité des Présomptions, liv. 3. Voyez aussi le Journal du Palais, tome 8, page 348, sur les Fideicommis tacites.

Touchant les Legs, il faut prendre garde à ceux à qui ils sont faits, & aux choses qui sont léguées.

Quant à ceux à qui les Legs sont faits, il faut observer qu'ils ne peuvent être laissez à des personnes incertaines, à moins qu'on ne puisse connoître la volonté du Testateur ; comme si un Legs est fait à des Communautez approuvées, ou aux Pauvres d'une Ville ou d'une Paroisse ; autrement ils seroient nuls.

Un Testateur peut léguer à son Avocat ou à son Procureur, suivant les Arrêts rendus dans ce Parlement ; mais le Parlement de Toulouse en juge autrement.

On peut léguer à un Curé, ou à une personne de probité, quoique Laïque, une somme d'argent, pour être employée selon l'ordre & la priere qui lui auroit été faite par le Testateur ; & tel legs est valable, sans que le dépositaire d'une telle volonté puisse être obligé de déclarer à quoi se doit faire l'emploi de la somme léguée.

Il y a plusieurs personnes qui ne peuvent point recevoir de Legs.

I. Les Etrangers.

II. Les témoins testamentaires, ainsi qu'il a été dit ci-dessus.

III. Ceux qui reçoivent le Testament, comme le Notaire, le Curé ou le Vicaire ; néanmoins un Legs fait à l'Eglise, dont celui qui reçoit un Testament est Curé, est valable.

IV. Les Tuteurs ou Curateurs ne peuvent aussi rien recevoir des Testamens faits par les mineurs, dont ils ont gouverné ou gouvernent actuellement les biens, à moins que les Tuteurs ou les Curateurs n'ayent rendu leurs comptes, suivant les Ordonnances de François I, de l'an 1539, art. 131 ; & de Henri II, de l'an 1549, art. 2.

Les enfans des Tuteurs ou Curateurs sont compris dans la même exclusion, & ne peuvent pareillement rien recevoir des mineurs, comme il est porté expressément par l'art. 276 de la Coutume de Paris, qui dans ce cas est un Droit général pour toute la France.

V. Les Médecins, Chirurgiens & Apoticaires ne peuvent point recevoir de Legs qui leur sont faits par les malades dont ils ont soin.

Toutefois ceux qui ont les susdites qualitez, peuvent recevoir en deux cas. Le premier est, lorsque le Légataire est un de ses ascendans, suivant l'art. 276. Le deuxiéme est, lorsque le Légataire est capable de succéder *ab intestat* à celui qui fait son Testament en sa faveur.

VI. L'art. 131 de l'Ordonnance de l'an 1539, qui défend

de donner à ses Tuteurs, Curateurs, Pédagogues ou Administrateurs, a été étendu aux Couvents & Monasteres, dont un des Religieux a été le Confesseur ou le Directeur du Testateur, parce qu'on ne peut pas douter qu'un Confesseur ou Directeur ne puisse facilement préoccuper l'esprit de son Pénitent.

C'est par cette raison, que la Cour a jugé les donations testamentaires faites à tels Couvents, nulles & de nul effet. L'Ordonnance de Blois, art. 28, défend aussi aux Religieux & Religieuses pendant leur Noviciat, de faire aucunes dispositions au profit des Monasteres où ils sont Novices.

VII. Les femmes adulteres ne peuvent rien recevoir de leurs corrupteurs.

VIII. Les bâtards issus d'une conjonction incestueuse ou adulterine, sont incapables de donations entre-vifs ou testamentaires, faites par leurs pere & mere; ensorte même que les enfans légitimes de ces bâtards ne peuvent rien recevoir de leur ayeul ou ayeule. Mais quant aux bâtards non adulterins ni incestueux, ils peuvent recevoir des donations, soit entre-vifs ou testamentaires, pourvû qu'elles ne soient pas universelles.

A l'égard des bâtards adulterins ou incestueux, & des enfans de ceux qui sont dans les Ordres sacrés, la Cour les a déclaré incapables de recevoir de leurs pere & mere, ayeul ou ayeule, & d'autres ascendans.

Elle a aussi déclaré leurs enfans, quoique légitimes, incapables de donations entre-vifs ou testamentaires, si ce n'est par forme d'alimens, parce que les alimens sont dûs à ces bâtards *ex æquitate Canonica*; desorte que la propriété des choses qui leur sont données est reservée aux héritiers du Testateur, à moins que le Legs qui seroit fait en propriété ne fût modique & de peu de valeur.

IX. Les Confrairies illicites & Communautez qui n'ont point été autorisées par le Roi, par Lettres Patentes vérifiées en Parlement, ne sont point capables des dispositions entre-vifs ou testamentaires qui seroient faites à leur profit.

Les Capucins & autres Religieux de l'Ordre de Saint François, ne sont point capables de Legs ou d'autres dispositions faites en leur faveur, consistantes en argent, parce qu'ils n'en possédent point, si ce n'est pour être employées à rebâtir ou augmenter leur Monastere, ou pour célébrer des Messes hautes ou basses de *Requiem*.

X. Celui qui est mort civilement est incapable de Legs,

comme ceux qui sont condamnez aux Galeres perpétuelles, ou au bannissement perpétuel hors le Royaume. Ils peuvent néanmoins recevoir un Legs par forme d'alimens; de même on peut léguer une pension viagere modique à un Religieux mendiant.

On ne peut pas léguer aux Jésuites après leurs Vœux simples, comme il est porté par l'Edit de leur rétablissement en l'année 1603; desorte que les Legs qui leur seroient faits, seroient nuls, quoique par après ils fussent congédiés de leur Compagnie.

XI. Les conjoints par mariage ne peuvent disposer en faveur l'un de l'autre par Testament ou derniere volonté, suivant l'art. 282 de la Coutume de Paris; desorte même que tel Legs fait à l'un des conjoints avant le mariage, devient nul par le mariage subséquent, & ne peut être rendu valable par le consentement de l'héritier du Testateur.

Par le Droit écrit, les donations testamentaires entre conjoints par mariage sont valables, d'autant qu'elles n'ont effet qu'après la dissolution du mariage, & qu'elles sont révocables à la volonté du donataire jusqu'à sa mort. Nous avons plusieurs Coutumes qui permettent de semblables donations.

Notre Coutume ne défend pas seulement aux conjoints par mariage de s'avantager l'un l'autre directement par Testament ou derniere volonté, c'est-à-dire, en laissant nommément à l'autre des conjoints; mais aussi indirectement, par personnes interposées, sous le nom d'autrui, par des Contre-Lettres ou autrement: ce qui se doit entendre, soit qu'il y ait des enfans issus du mariage, ou non; mais celui des conjoints qui n'a point d'enfans, peut donner aux enfans de l'autre d'un premier lit.

L'article 77 de la nouvelle Ordonnance abroge les Testamens ou Codiciles mutuels.

En une Coutume qui défend l'avantage entre conjoints par mariage, un Legs fait par le mari au frere de la femme, a été jugé valable. Il a même été jugé dans notre Coutume par Arrêt du 18 Mars 1652, qu'une femme n'ayant point d'enfans, avoit pû léguer au frere de son mari tous ses meubles, acquêts & conquêts immeubles, & le quint de ses propres, & que tel Legs n'étoit pas un avantage fait au mari. Il a été jugé par autre Arrêt du 27 Février 1647, qu'un mari avoit pû léguer à la mere de sa femme, quoique sa mere fût décédée après la mort du Testateur, & que sa fille, femme du Testateur, eût recueilli la succession de sa mere.

XII. Les héritiers d'un défunt, en qualité d'héritiers, ne peuvent recevoir les Legs qui leur seroient faits par son Testament, parce que par la Coutume de Paris, article 300, aucun ne peut être héritier & légataire d'un défunt ensemble: ce qui s'entend tant de l'héritier en ligne directe, que de l'héritier en ligne collatérale; & cela est conforme à la plus grande partie des Coutumes, mais contraire à la disposition du Droit Romain.

Pour ce qui est des choses dont on peut disposer par Legs, il faut observer que par la Coutume de Paris, celui qui a l'âge requis pour tester, peut léguer tous ses biens meubles, conquêts & acquêts immeubles à personnes capables, & la cinquiéme partie de ses propres, au cas qu'il n'ait point d'enfans; parce que la Coutume veut que le Testateur leur laisse à chacun leur légitime, qui est la moitié de telle part & portion en laquelle chacun d'eux auroit succédé *ab intestat* au Testateur; desorte qu'on ne peut pas disposer de plus du quint des propres, au préjudice des collateraux, quoique ce soit pour des causes pieuses.

Toutes les Coutumes ont des dispositions particulieres sur ce sujet, & ont restraint la faculté de disposer par Testament, les unes plus, les autres moins; ce qui s'exécute à la rigueur: & au cas que le Testateur ait légué plus que ce qui lui est permis de ses propres, les héritiers des propres peuvent retenir & distraire ce que la Coutume leur réserve des propres, & abandonner tous les autres biens aux Légataires.

Le mari, quoique maître des biens de la communauté, meubles ou immeubles, ne peut disposer que de sa moitié, & ne peut préjudicier à celle qui appartient à sa femme, au cas qu'après le trépas du mari la femme accepte la communauté: mais si le mari par son Testament avoit disposé de tous les biens de la communauté, telle disposition seroit valable, & l'héritier du mari ne pourroit pas la faire restraindre à la moitié, comme il a été jugé par Arrêt du 19 Avril 1609.

Par la disposition du Droit écrit, un Testateur ne peut pas léguer plus des trois quarts de ses biens; & au cas que les Legs excédent cette portion, l'héritier testamentaire a droit de retenir la quatriéme partie des biens du Testateur; ce qu'on appelle la quarte falcidie, dont néanmoins le Testateur peut défendre la distraction.

On peut faire des Legs pour chaque année ou pour chaque mois ; on peut léguer l'usage, l'usufruit & l'habitation ; on peut aussi léguer des servitudes ; un mari peut léguer la dot à sa femme dans le Pays de Droit écrit ; on peut léguer toutes sortes de choses, soit meubles & immeubles, soit en genre ou en espéce ; on peut léguer des alimens ou pensions viageres ; on peut aussi léguer à son débiteur la décharge du payement de ce qu'il doit ; on peut léguer *pœnæ nomine*, comme si un Testateur dit : *Si mon héritier ne donne pas sa fille en mariage à Titius dans un an après ma mort, il donnera mille écus à Titius.*

Toutes ces espéces de legs ont des particularitez qu'il seroit trop long d'expliquer en ce lieu ; elles sont traitées dans la Jurisprudence du Digeste, où le Lecteur qui souhaitera s'en instruire, pourra avoir recours.

Il faut encore observer que souvent les Testateurs dans les Pays coutumiers, font des Légataires universels, ausquels ils laissent tout ce qui leur est permis de disposer par la Coutume des lieux de leurs domiciles, & où leurs immeubles sont situez, tant acquêts que propres ; desorte qu'un Legs universel dans la Coutume de Paris, comprend tacitement tous les meubles, acquêts & conquêts immeubles, & le quint des propres.

Touchant les Legs, voyez ce que M. de Ferriere en a dit dans sa Traduction des Institutes sur le titre 20 & suivans ; & pour ce qui regarde les Fideicommis, il en a amplement traité sur les tit. 23 & 24 du même Livre, où je renvoye le Lecteur.

CHAPITRE VI.

Des Codiciles.

Les Codiciles sont les suites & comme l'accomplissement des Testamens ; néanmoins ceux qui se font dans les Pays de Droit écrit, ne requierent point les solemnitez requises pour les Testamens.

Dans les Pays de Droit écrit, les Codiciles se font avant ou après les Testamens, ou ils se font *ab intestat.* Quand ils sont faits avant le Testament, ils ne laissent pas de valoir, pourvû qu'il n'y soit point dérogé par un Testament qui seroit fait après ; que s'ils sont faits après, ils en sont les suites & comme la clause.

Les Codiciles ne requierent aucunes solemnitez ; il suffit qu'ils soient faits d'une même suite & dans un même tems, & en présence de cinq témoins idoines & suffisans, sans qu'il soit nécessaire de les prier spécialement & expressément pour être témoins.

Il n'est pas aussi nécessaire que les témoins signent les Codiciles, ni qu'ils y apposent leurs cachets.

On peut faire des legs & des fideicommis particuliers ou universels dans les Codiciles ; mais on n'y peut pas donner sa succession directement ; & on ne peut aussi l'ôter, soit directement ou indirectement, à ceux qui sont instituez dans le tems, comme en apposant une condition à l'héritier institué dans le Testament, laquelle rendroit nulle l'institution, au cas qu'elle n'arrivât pas.

Un Testateur peut toutefois nommer un héritier dans son Codicile, au cas qu'il eût déclaré dans son Testament, qu'il instituoit pour son héritier celui qu'il nommeroit dans un Codicile qu'il feroit dans quelque tems.

Un Testament imparfait peut valoir comme Codicile, au cas que le Testateur ait apposé la clause codicilaire en ces termes, ou autres équivalens : *Voulant & entendant ledit Testateur, que si son présent Testament ne peut valoir comme Testament, par quelque défaut de solemnité ou autrement, que sa présente disposition vaille comme Codicile.*

Cette clause ne se supplée point ; elle fait, étant omise, qu'un Testament défectueux est nul, quoiqu'il soit fait avec assez de solemnitez pour valoir comme Codicile.

On peut laisser plusieurs Codiciles, lesquels obtiennent leur effet, s'ils ne sont révoquez les uns par les autres ; mais on ne peut laisser plusieurs Testamens.

Quoique les Testamens qui se font suivant le Droit coutumier, ne soient proprement que des Codiciles, eu égard au Droit écrit, parce qu'ils ne contiennent point d'institution d'héritier, toutefois nous distinguons le Testament d'avec les Codiciles, par la maniere dont le Testateur a eu dessein de disposer de ses biens.

S'il a voulu changer de volonté, en faisant un second Testament pour révoquer le premier, ou s'il a seulement eu intention de faire des Codiciles pour interpréter, augmenter ou

diminuer

diminuer les dispositions faites par son Testament : au premier cas, le premier Testament est révoqué : au second, le premier est confirmé par une disposition que nous appellons Codicile.

Touchant les Codiciles, voyez ce que M. de Ferriere en a dit dans sa Traduction des Institutes sur le dernier titre du second Livre.

CHAPITRE VII.

De la révocation des Testamens.

LE Testament étant une disposition de derniere volonté, & par conséquent révocable en tout tems pendant la vie du Testateur, un Testament postérieur annulle de plein droit le premier.

Un Testament solemnel se peut même révoquer en Pays coutumier par un simple Acte reçu par deux Notaires, ou un Notaire & deux témoins, sans être revêtu d'aucune forme testamentaire : cependant, par la disposition du Droit écrit, un Testament solemnel ne se peut révoquer que par un autre solemnel ; & tout autre Acte n'est point suffisant pour opérer la révocation d'un Testament. Mais un premier Testament révoqué par un postérieur, reprend sa forme, si le postérieur se trouve rayé. Voyez M. Bouguier, lettre T, nombre 1.

Quand un Testateur craint qu'il ne soit obligé par quelques considérations de faire dans la suite un autre Testament que celui qu'il veut faire, il peut y apposer la clause dérogatoire, déclarant qu'il ne veut & n'entend que l'on ait aucun égard à un second Testament qu'il feroit, s'il n'y étoit fait mention de la clause dérogatoire telle qu'il lui plaît apposer, comme celle-ci : *Domine, ne in furore tuo arguas me, neque in ira tua corripias me.*

Plusieurs Auteurs ont prétendu que ces sortes de clauses ne doivent point être reçues, ni avoir leur effet ; que c'étoit une invention des Docteurs d'Italie inconnue dans le Droit, & contraire aux maximes ; que c'étoit une contrainte à la volonté de l'homme, & une violence à la régle générale, qui porte que tout Testament ou donation à cause de mort doit être révocable ; enfin, que c'est un piége pour surprendre les femmes & autres personnes simples, ausquelles on ôte par ce moyen la liberté de révoquer un premier Testament, en leur faisant mettre des clauses dérogatoires, dont ils ne se pourroient souvenir.

Mais d'autre part, on a consideré que c'est le seul remede de se mettre à couvert des suggestions & des surprises. C'est pourquoi la clause dérogatoire a été favorablement reçue par tous les Parlemens de France, sous les limitations suivantes.

I. Quand le Testateur révoque les Testamens précédens, & fait mention qu'en iceux il y a une clause dérogatoire, nonobstant qu'il ne l'exprime pas mot à mot, pour ne s'en souvenir pas à cause du long tems ; ce qui opere une suffisante révocation.

II. Quand le premier Testament contenant la clause dérogatoire est en faveur d'un étranger, & que le dernier qui ne fait point mention de la clause est au profit des enfans : en ce cas, le dernier ne laisse pas de valoir, & ce en faveur des enfans ; ce qui doit aussi avoir lieu pour les Legs pieux, dit Brodeau.

III. On peut ajouter une troisiéme limitation pour les Testamens militaires, & dire qu'un dernier Testament étant militaire, & ne faisant point mention de la clause dérogatoire mise dans un premier Testament, ne laisseroit pas de le révoquer & d'annuller le premier.

Cette clause dérogatoire n'est que pour les Testamens, & non pour les Donations entre-vifs ; & c'est une maxime certaine reçue de tous les Docteurs, qu'une Donation entre-vifs annulle & révoque de plein droit un Testament précédent, quoique ce Testament contienne une clause dérogatoire, dont il n'est fait aucune mention dans la Donation.

Au reste, ce que nous venons de dire est très-certain, qu'une dérogation générale, sans répéter mot à mot spécifiquement les termes de la clause dérogatoire, suffit pour la détruire. L'Arrêt rendu au rapport de M. le Boindre, dans le Testament de Mignot, en est un témoignage, puisqu'un Testament mutuel postérieur, sans avoir répété la clause que la mere avoit mise dans un premier Testament fait quatre ans auparavant, par la suggestion de son fils aîné, fut confirmé contre ce même fils au profit de sa sœur, femme du Sieur Alexandre.

La raison est, que si la clause dérogatoire a été inventée pour conserver aux Testateurs la liberté de persévérer dans leurs Testamens, nonobstant les importunitez de ceux qui se pourroient trouver auprès d'eux dans le tems qu'ils ſeroient près de la mort, elle pourroit auſſi les empêcher de faire valoir leur derniere volonté, d'autant que ceux qui ſuggerent les Teſtamens, font écrire aux Teſtateurs des clauſes extraordinaires, afin qu'ils ne s'en ſouviennent plus dans la ſuite, quand ils voudroient en faire un autre.

Cependant ſi la clauſe eſt facile à retenir, & que le Teſtament qui la renferme ſoit fait depuis peu de tems, un Teſtament poſtérieur ne peut valider, s'il n'eſt expreſſément dérogé au premier qui contient la clauſe dérogatoire, & ſi les termes de cette clauſe n'y ſont répétez mot à mot.

Enfin, la déciſion de cette queſtion dépend des circonſtances; & les derniers Teſtamens attaquez, pour ne pas contenir une répétition des termes des clauſes dérogatoires appoſées dans le premier Teſtament, ſont ordinairement attaquez de ſuggeſtion; ainſi la moindre préſomption de ſuggeſtion jointe au défaut de répétition de la clauſe dérogatoire, en cauſe la nullité, ſur-tout quand les poſtérieurs ont été faits en faveur d'étrangers, & le précédent en faveur des héritiers préſomptifs, & particulierement en faveur des enfans. L'uſage des clauſes dérogatoires a été abrogé par l'article 76 de l'Ordonnance du mois d'Août 1735.

M. de Ferriere a amplement traité ce qui regarde la révocation des Teſtamens dans ſa Traduction des Inſtitutes, ſur le titre dix-ſept du ſecond livre; c'eſt pourquoi j'y renvoye le Lecteur.

CHAPITRE VIII.

Formules de Teſtamens & autres Actes de derniere volonté.

Teſtament d'une femme mariée, paſſé en l'Etude d'un Notaire.

FUt préſente M. R. épouſe de P. le Fevre, demeurante étant en bonne ſanté de corps & d'eſprit, mémoire & jugement, ainſi qu'il eſt apparu aux Notaires ſouſſignez, étant même venue exprès à l'effet des Préſentes en l'Etude de B. l'un d'eux, où ſon Confrere a été mandé, laquelle dans la vûe de la mort, craignant d'en être prévenue, ſans avoir diſpoſé de ſes dernieres volontez, a fait, dicté & nommé ſon Teſtament auſdits Notaires ſouſſignez en la maniere qui ſuit.

Premierement, comme Chrétienne, Catholique, Apoſtolique & Romaine, a recommandé ſon ame à Dieu, ſuppliant très-humblement ſa divine Majeſté de lui faire miſéricorde, de lui pardonner ſes péchez, & la recevoir en ſon ſaint Paradis avec les Bienheureux, par les mérites de la Paſſion de Notre-Seigneur Jeſus-Chriſt, & l'interceſſion de la très-Sainte Vierge, & de tous les Saints & Saintes du Paradis.

Ordonne ſes dettes être payées, & torts, ſi aucuns ſe trouvent, réparez par ſon Exécuteur teſtamentaire ci-après nommé, auquel elle s'en rapporte entierement pour ſa ſépulture, frais funeraires & aumônes.

Donne & légue, &c.

Et quant au ſurplus de tous ſes biens qu'elle délaiſſera au jour de ſon décès, le préſent Teſtament accompli, elle les donne & légue à Louiſe qu'elle fait & inſtitue ſa Légataire univerſelle, pour en diſpoſer par elle comme de choſe lui appartenante.

Et pour exécuter & accomplir le préſent Teſtament, ladite Teſtatrice a nommé & élû la perſonne de entre les mains duquel elle ſe déſaiſit de tous ſes biens, ſuivant la Coutume, révoquant tous autres Teſtamens & Codiciles qu'elle peut avoir ci-devant faits; voulant que le préſent ait lieu & ſoit exécuté comme étant ſon intention & ordonnance de derniere volonté. Ce fut ainſi fait, dicté & nommé par ladite Teſtatrice auſdits Notaires, & y a perſiſté en ladite Etude dudit B. le, &c.

Codicile par lequel celui qui le fait reconnoît ſon Teſtament pardevant Notaires.

FUt préſent L. Marié, demeurant giſant au lit malade de corps, en une chambre au troiſiéme étage, dépendante d'une maiſon appartenante à dont eſt principal locataire, toutefois ſain d'eſprit, mémoire & entendement, ainſi qu'il eſt apparu aux Notaires ſouſſignez, par ſes paroles, geſtes & maintien; lequel a dicté & nommé auſdits Notaires ſouſſignez, par forme de Codicile, ce qui ſuit. C'eſt à ſçavoir, qu'il veut & entend que ſon Teſtament olographe, qu'il dit avoir fait il y a quelque tems, & qui ſe trouvera dans ſes papiers, ſoit exécuté ſelon ſa forme & teneur, comme étant ſon intention & ordonnance de derniere volonté; & en ajoutant à icelui, a dit & déclaré qu'il donne & légue à Damoiſelle C. Leclerc ſa couſine, les cinquante écus qui lui ſont dûs par Louis ſuivant ſon billet du lequel il dit avoir mis ès mains de ladite Damoiſelle Leclerc, à laquelle il donne & remet auſſi tout ce qu'elle lui peut devoir, ſoit par promeſſe ou autrement, en quelque ſorte & maniere que ce ſoit & puiſſe être, ſans aucune exception ni réſerve; voulant & entendant que tous billets & promeſſes qui pourront ſe trouver d'elle lui ſoient rendus comme nuls; nommant d'abondant la perſonne de A. nommée en ſon Teſtament olographe, pour l'exécution d'icelui & du préſent Codicile. Ce fut ainſi fait, dicté & nommé par ledit Codicilian aux Notaires ſouſſignez, &c.

Teſtament fait par une Veuve.

FUt préſente Olive Simard, veuve du Sieur Sébaſtien de préſent malade de corps en l'Hôpital des Dames Religieuſes Hoſpitalieres de la Place Royale, ſaine néanmoins d'eſprit, mémoire & entendement, comme il eſt apparu aux Notaires ſouſſignez, par ſes paroles & actions; laquelle deſirant diſpoſer de ſa derniere volonté, a fait, dicté & nommé ſon Teſtament en la maniere qui ſuit.

Premierement, comme Chrétienne, Catholique, Apoſtolique & Romaine, a recommandé ſon ame à Dieu, ſuppliant ſa divine Majeſté de lui faire miſéricorde, & la recevoir en ſa gloire éternelle par ſa bonté infinie, & par les mérites de la Mort & Paſſion de Notre-Seigneur Jeſus-Chriſt, invoquant l'interceſſion de la très-ſainte Vierge, & de tous les Saints & Saintes du Paradis.

Veut & ordonne ſes dettes être payées, & torts réparez, ſi aucuns ſe trouvent.

Veut être inhumée en l'Egliſe, &c.

Donne & légue, &c.

Et quant au ſurplus de tous ſes biens, de quelque nature qu'ils ſoient & puiſſent être, elle veut & entend qu'ils ſoient partagez également entre ſes quatre enfans, leur recommandant la paix, amitié & union entr'eux, & qu'ils ne ſe faſſent aucun procès.

Et pour exécuter le préſent Teſtament, elle nomme la perſonne de François ſon fils aîné, entre les mains duquel elle ſe déſaiſit de tous ſes biens, ſuivant la Coutume, révoquant tous autres Teſtamens & Codiciles qu'elle pourroit avoir ci-devant faits au préjudice du préſent Teſtament, auquel ſeul elle s'arrête, comme étant ſa derniere volonté. Ce fut ainſi fait, dicté & nommé auſdits Notaires par ladite Teſtatrice, qui y a perſiſté en la Salle dudit Hôpital où elle eſt alitée, l'an le ſur l'heure de avant *ou* après midi, & a ſigné.

Teſtament fait par une fille majeure, portant clauſe de rappel à ſa ſucceſſion de deux de ſes neveux.

FUt préſente Suzanne Pallos, fille majeure, demeurante étant au lit malade de corps, ſaine néanmoins d'eſprit, mémoire & entendement, comme il eſt apparu aux Notaires ſouſſignez; laquelle dans la vûe de la mort, craignant d'en être prévenue ſans avoir diſpoſé de ſes dernieres volontez, a fait & dicté auſdits Notaires ſon Teſtament, ainſi qu'il enſuit.

Premierement, a recommandé ſon ame à Dieu, ſuppliant très-humblement ſa divine Majeſté de lui faire miſéricorde, de lui pardonner ſes fautes, &c.

Veut & ordonne ſes dettes être payées, & torts réparez, ſi aucuns ſe trouvent.

Déclare ladite Teſtatrice qu'elle appelle à ſa ſucceſſion Maître René des Bor, & Damoiſelle Elizabeth des Bor, ſes petits neveu & niéce, voulant qu'ils partagent entr'eux également tous les biens qu'elle délaissera, comme défunt Monsieur leur pere auroit pû faire, s'il étoit vivant.

Donne & légue, &c.

Et pour exécuter & accomplir le présent Testament, ladite Testatrice a nommé & choisi la personne de Maître Louis qu'elle prie d'en prendre la peine, & d'agréer un diamant de cinquante louis, dont elle lui fait don & legs en considération des peines qu'il aura en ladite exécution, soumettant l'audition du compte qu'il en rendra en la Prevôté de Paris, révoquant tous les autres Testamens & Codiciles qu'elle pourroit avoir ci-devant faits avant le présent, auquel seul elle s'arrête, comme étant sa derniere volonté. Ce fut ainsi fait, dicté & nommé par ladite Dame Testatrice ausdits Notaires soussignez, & y a persisté en ladite chambre le, &c.

Codicile mis ensuite du Testament ci-dessus.

Et le sur les sept heures de relevée, au mandement de ladite Damoiselle Suzanne Pallos, les Notaires à Paris soussignez se sont transportez en la maison où elle est demeurante, désignée en son Testament ci-devant, où étant, ils l'auroient trouvée au lit malade de corps, en la chambre aussi désignée audit Testament, toutefois saine d'esprit, mémoire & entendement, ainsi qu'il est apparu ausdits Notaires, par ses paroles, gestes & maintien; laquelle a requis lesdits Notaires de lui faire lecture du susdit Testament; ce qui ayant été fait par G. en présence de son Confrere à ladite Damoiselle, en ajoutant audit Testament qu'elle a dit avoir bien entendu, dicté & nommé ausdits Notaires, par forme de Codicile, ce qui suit.

Donne à, &c.

Nommant d'abondant la personne du Sieur Louis pour l'exécution dudit Testament & du présent Codicile. Ce fût ainsi fait, dicté & nommé par ladite Damoiselle ausdits Notaires en la susdite chambre, lesdits jour, an & heure; & a signé.

Codicile portant réduction de Legs.

Et le a midi, est comparu en l'Etude de l'un des Notaires soussignez, ladite Dame de laquelle, après lecture à elle faite par l'un des Notaires soussignez, l'autre présent, de son Testament & Codicile ci-devant écrits, a dit & déclaré par forme de Codicile, qu'elle réduit le legs de mille livres en argent qu'elle a fait à ladite Geneviéve à cinq cens livres une fois payées, dont elle a requis acte ausdits Notaires soussignez lesdits jour & an; & a signé.

Formule de Testament.

FUt présente demeurante saine d'esprit, de mémoire & jugement, comme il est apparu aux Notaires soussignez, par ses paroles, gestes & maintien, allant & venant par la Ville à ses affaires, s'étant même exprès transportée à l'effet des présentes en l'Etude de, &c. l'un desdits Notaires, où son Confrere pour ce mandé est venu, laquelle a fait le présent Testament, qu'elle a dicté & nommé ausdits Notaires soussignez, ainsi qu'il ensuit.

Premierement, comme Chrétienne, Catholique, Apostolique & Romaine, elle a recommandé son ame à Dieu, le suppliant par les mérites de la Passion de Notre-Seigneur Jesus-Christ, de lui faire miséricorde, & lui pardonner ses péchez & offenses, implorant aussi le secours de la très-Sainte Vierge, & tous les Saints & Saintes du Paradis d'intercéder pour elle auprès de sa divine Majesté.

Déclare ladite Testatrice qu'elle s'en rapporte pour son enterrement, service & prieres, à la discrétion & prudence de l'Exécuteur du présent Testament ci-après nommé, & ordonne être dit, &c.

Donne & legue ladite Testatrice, &c.

Et pour exécuter le présent Testament, ladite a nommé & choisi le Sieur le priant d'en vouloir bien prendre la peine, se dessaisissant en ses mains de tous ses biens, suivant la Coutume.

Révoque ladite Testatrice tous autres Testamens & Codiciles qu'elle pourroit avoir faits avant celui-ci, auquel seul elle s'arrête, comme étant son intention & derniere volonté.

Ce fut ainsi fait, dicté & nommé par ladite Damoiselle Testatrice ausdits Notaires soussignez en l'Etude dudit Notaire, le & a signé.

Autre Testament.

FUt présent Jacques, &c. demeurant à Paris rue, &c. gisant au lit malade de corps dans ladite maison, en une chambre au premier étage sur ladite rue, sain d'esprit, mémoire & entendement, ainsi qu'il est apparu aux Notaires soussignez, lequel considérant qu'il n'y a rien de si certain que la mort, ni de si incertain que son heure, craignant d'en être prévenu, sans avoir disposé du peu de bien qu'il a plû à Dieu lui donner, a fait, dicté & nommé ausdits Notaires soussignez son présent Testament & ordonnance de derniere volonté, en la maniere qui ensuit.

Premierement, comme Chrétien & Catholique, a recommandé son ame à Dieu le Créateur, Pere, Fils & Saint-Esprit, suppliant sa divine bonté, par le mérite de la Passion de Notre-Seigneur Jesus-Christ, & par l'intercession de la glorieuse Vierge Marie, de saint son Patron, & de tous les Saints & Saintes de la Cour céleste, la placer au Royaume des Cieux au nombre des Bienheureux.

Veut & entend ledit Testateur que ses dettes soient payées, & torts par lui faits, si aucuns se trouvent, réparez par l'Exécuteur testamentaire ci-après nommé.

Désire & ordonne que son corps soit inhumé en l'Eglise de sa Paroisse, à l'endroit où ses pere & mere ont été enterrez.

Désire qu'il soit aumôné le jour de l'enterrement de son corps, aux pauvres de ladite Paroisse, la somme de, &c.

Donne & legue, &c.

Et à l'égard de tous les autres biens, tant meubles qu'immeubles, qui se trouveront appartenir audit Testateur au jour de son décès, acquêts, conquêts & quint de ſes propres, en quelques lieux qu'ils ſoient ſituez, ſans en rien réſerver, ledit Teſtateur les donne & legue à Jean, &c. ſon bon ami, pour l'affection & la bonne amitié qu'il lui porte, afin qu'il ſe ſouvienne de lui en ſes prieres.

Et pour exécuter le préſent Teſtament, ledit Teſtateur a nommé Claude, &c. ſon bon ami, qu'il prie d'en prendre la peine, & de lui rendre ce dernier témoignage d'amitié, ès mains duquel s'eſt deſſaiſi de tous ſes biens, ſuivant la Coutume, révoquant tous autres Teſtamens & Codiciles qu'il pourroit avoir faits avant celui-ci, auquel ſeul il s'arrête, comme étant ſa derniere volonté.

Ce fut ainſi fait, dicté & nommé par ledit Sieur Teſtateur auſdits Notaires ſouſſignez, en ladite chambre au premier étage ayant vûe ſur ladite rue, où il eſt alité, l'an   & a ſigné.

Formule de Codicile enſuite du Teſtament ci-deſſus.

Et le   jour du mois   au mandement dudit Jacques, leſdits Notaires ſe ſont tranſportez en la chambre dudit Sieur, &c. ſus déclarée, où étant, après lecture à lui faite de mot après autre de ſon Teſtament ci-deſſus & des autres parts, par l'un deſdits Notaires, l'autre préſent, ledit Sieur Jacques leur a dicté & nommé par forme de Codicile ce qui enſuit.

Premierement, a déclaré qu'il révoque le Legs de   qu'il a fait à Claude, &c. voulant que ledit Legs ſoit & demeure nul & comme non fait.

Item, donne & legue à   la ſomme de, &c.

Et quant au ſurplus dudit Teſtament, ledit Teſtateur veut & entend qu'il ſoit exécuté, & le préſent Codicile, ſelon leur forme & teneur. Ce fut ainſi fait, dicté & nommé, &c.

Formule de Teſtament en Pays de Droit écrit.

PArdevant, &c. tel, &c. A ces cauſes, & pour n'être prévenu de mort avant que d'avoir penſé au ſalut de ſon ame, & diſpoſé des biens qu'il a plû à Dieu lui départir en ce monde, a fait le préſent Teſtament & ordonnance de derniere volonté, ainſi qu'il s'enſuit.

Premierement, après avoir invoqué le ſaint Nom de Dieu, de la glorieuſe & ſacrée Vierge Marie, & de tous les Saints & Saintes du Paradis, & avoir fait le ſigne de la Croix, ſuppliant très-humblement Dieu ſon Créateur, que par le mérite de ſon Fils unique Jeſus-Chriſt notre Sauveur & Rédempteur, il lui plaiſe recevoir ſon ame quand elle ſortira de ſon corps, & la mettre au Royaume des Cieux avec les Elus & les Bienheureux, juſqu'au jour de la Réſurrection générale, ſous l'eſpérance de laquelle il a élû la ſépulture de ſon corps en l'Egliſe de, &c. dans la Chapelle & tombeau de ſes prédéceſſeurs; & quant à la pompe de ſes funérailles, aumônes, lumiéres, enterrement & bout-de-l'an, ledit Teſtateur l'a laiſſée à la volonté & diſcrétion de ſon héritier ci-après nommé, lequel il prie d'en faire ſon devoir, & au jour de l'enterrement de ſon

corps

corps & bout-de-l'an, de faire célébrer à chacun desdits jours Messes, &c.

Donne & légue par droit d'institution & légat à Marie sa fille, épouse de outre sa constitution dotale, la somme de payable par sondit héritier universel ci-après nommé, en trois années consécutives; le premier payement, qui sera de commençant au premier jour du mois de après le décès dudit Testateur, & ainsi continuer à payer à semblable jour pareille somme de laquelle somme de ledit Testateur a donné à ladite Damoiselle sa fille pour tous les droits, noms, raisons & actions, parts, portion, succession, légitime & autres quelconques, que ladite Damoiselle pourroit avoir droit de prétendre en sa succession, la faisant & instituant son héritiere particuliere en ladite somme de

Donne & légue par droit d'institution & légat à Claude son second fils légitime, tous & chacuns les biens, fonds & héritages, vignes, moulins, garennes, bois & autres droits quelconques qu'il a en la Terre & Seigneurie de aussi pour tous droits qu'il pourroit prétendre en sa succession, le faisant à cet effet son héritier particulier.

Donne & légue par droit d'institution & légat à Catherine sa fille, la somme de laquelle veut & entend lui être payée en deux termes; le premier, &c.

Et quant au résidu de tous & chacuns ses autres biens, meubles, immeubles, droits, noms, raisons, actions, présens & à venir, que ledit Testateur n'a donné ni légué, ledit Testateur a nommé & institué son héritier universel Jean son fils aîné & les siens, à la charge de payer ses dettes & les legs qu'il a faits, exécuter son présent Testament, le tout sans procès; & au cas que sondit héritier vienne à décéder sans enfans procréez de lui en légitime mariage, audit cas lui a ledit Testateur substitué & substitue ledit Claude son second fils; & où ledit Claude décéderoit aussi sans enfans légitimes, ledit Testateur a substitué en tous sesdits biens ladite Damoiselle Marie sa fille & les siens, sans que les susnommez puissent faire distraction d'aucune quarte: Disant ledit Testateur être sa plus expresse & derniere volonté; révoquant & annullant tous autres Testamens, Codiciles, donations à cause de mort, & toutes autres dispositions de derniere volonté qu'il pourroit avoir fait ci-devant; voulant le présent son Testament valoir par forme de Testament nuncupatif; & s'il ne peut valoir par cette maniere, qu'il vaille par forme de Codicile, donation à cause de mort, & par toute autre meilleure forme que Testament peut & doit valoir & subsister de droit; priant & requérant ledit Testateur les témoins ci-après nommez, vouloir porter témoignage de la vérité de son présent Testament nuncupatif & ordonnance de derniere volonté; & moi Notaire Royal susdit & soussigné, d'en faire un ou plusieurs instrumens au profit de qui il appartiendra. Fait & passé, &c. le jour avant midi, &c. présens Maître Jacques Avocat, &c. tous Bourgeois de ladite Ville, témoins qui ont signé avec ledit Testateur.

CHAPITRE IX.

Des Subſtitutions.

Le mot *Subſtitution* emporte avec lui la ſignification de ce qu'il veut dire; c'eſt une inſtitution d'héritier, faite au ſecond ou autre degré; ou pour parler plus proprement, une ſubrogation ou ſubſtitution d'une perſonne à une autre, pour recueillir & profiter d'une diſpoſition.

Il y en a de deux ſortes, la Subſtitution directe & la Subſtitution oblique ou fideicommiſſaire.

La Subſtitution directe ſe fait en termes directs, qui regardent directement celui en faveur duquel la Subſtitution eſt faite, & par laquelle le Subſtitué prend directement de la main du Teſtateur la diſpoſition qui eſt faite à ſon profit, quoiqu'il ſoit ſubrogé à un autre qui lui étoit préféré par le Teſtateur. Comme ſi le Teſtateur dit: *J'inſtitue Titius mon héritier; & ſi Titius n'eſt pas mon héritier, Mævius ſoit mon héritier.* En ce cas, ſi Titius n'eſt pas héritier du Teſtateur, ou parce qu'il auroit renoncé à ſa ſucceſſion, ou parce qu'il ne le voudroit ou ne pourroit pas l'être, cette ſucceſſion appartiendroit directement & immédiatement à Mævius, comme ſi le Teſtateur n'avoit inſtitué que lui.

Il y a trois ſortes de Subſtitutions directes; la vulgaire, la pupillaire & l'exemplaire.

La Subſtitution vulgaire eſt celle qui ſe fait en cas que l'héritier inſtitué audit degré ne recueille point la ſucceſſion, ſoit par prédécès, ſoit par répudiation. Elle ſe fait en ces termes: *J'inſtitue Pierre mon héritier; & en cas qu'il ne ſoit pas mon héritier, je lui ſubſtitue Jacques.* En ce cas, ſi Pierre n'eſt pas héritier du Teſtateur, la Subſtitution a lieu, & Jacques ſuccéde à l'excluſion des héritiers de Pierre.

La pupillaire eſt celle par laquelle un homme en faiſant ſon Teſtament fait auſſi celui de ſon fils mineur, en cas qu'il décéde avant quatorze ans, qui eſt l'âge de teſter, de peur que ce fils mineur ne meure *ab inteſtat*, ou ſans avoir teſté. Elle eſt appellée pupillaire, parce qu'elle ſe fait à un pupille.

Pluſieurs conditions ſont requiſes pour que cette Subſtitution ait lieu. La premiere, qu'elle ſoit faite à celui qui n'eſt pas encore en puberté ; deſorte qu'elle s'éteint par la puberté de celui à qui elle eſt faite.

La deuxiéme, que celui à qui elle eſt faite ſoit en la puiſſance du Teſtateur, en telle ſorte que par ſa mort le pupille ne rentre pas dans la puiſſance de ſon pere. Ainſi l'ayeul paternel ne peut pas ſubſtituer à ſon petit-fils, quoiqu'il l'ait en ſa puiſſance, au cas que par ſa mort il retombe en la puiſſance de ſon pere ; parce que celui en la puiſſance duquel il retomberoit, auroit droit de lui ſubſtituer, ſans avoir égard à la ſubſtitution qui auroit été déja faite ; & d'autant que la mere & les aſcendans par elle n'ont pas leurs deſcendans dans leur puiſſance, il s'enſuit qu'ils ne leur peuvent ſubſtituer pupillairement.

La troiſiéme, que le Teſtateur faſſe un Teſtament avec les ſolemnitez requiſes, deſorte qu'il puiſſe ſubſiſter, & qu'il inſtitue un héritier ; car la Subſtitution pupillaire, qui tient lieu de Teſtament au fils, n'eſt qu'une ſuite & une dépendance de celui fait par le Teſtateur pour lui & les ſiens.

La quatriéme, que le fils ſoit inſtitué par le Teſtateur ; car autrement le Teſtament du pere ſeroit caſſé par ſa prétérition, & par conſéquent le Teſtament du fils ne pourroit avoir lieu.

La cinquiéme, qu'il y ait un héritier inſtitué dans le Teſtament du pere qui ſe porte héritier ; autrement le Teſtament ſeroit infirmé par deſtitution.

La Subſtitution pupillaire ſe fait, comme nous venons de dire, au cas que le pupille décéde avant ſa puberté, en ces termes : *Titius mon fils ſoit mon héritier ; & s'il décéde avant ſa puberté, Seius ſoit mon héritier.* C'eſt pourquoi, ſoit que le pupille ait recueilli la ſucceſſion de ſon pere, ou qu'il ne l'ait pas recueillie, le Subſtitué ſuccéde au pupille en vertu de cette Subſtitution, pourvû toutefois que le pupille décéde avant l'âge de puberté.

La Subſtitution exemplaire, ainſi appellée, parce qu'elle a été introduite à l'exemple de la pupillaire, eſt celle par laquelle un homme en faiſant ſon Teſtament, le fait auſſi à ſon fils pubere qui eſt en démence, en cas qu'il vienne à décéder ſans avoir recouvré la faculté de ſon eſprit. Elle s'éteint pour jamais par la ceſſation de la démence, & ſe régit par les mêmes régles que la pupillaire.

Toutes ces Subſtitutions, vulgaire, pupillaire & exemplaire, ſont appellées directes, parce que les biens s'y tranſmettent directement de la perſonne du Teſtateur en celle du Subſtitué ;

c'est pourquoi elles sont toutes casuelles, momentanées & sans suite.

L'Ordonnance de Moulins, qui régle les degrez de Substitution, n'a point de lieu pour toutes les Substitutions directes. On en peut faire tant qu'on veut, parce qu'il n'y en a jamais qu'un qui réussit ou qui recueille la succession. La publication des Substitutions requises par la même Ordonnance, n'y est point aussi nécessaire, parce que le Substitué est aussi institué. Jugé par Arrêt du 22 Décembre 1612.

Les Substitutions obliques, autrement appellées fideicommissaires, sont celles par lesquelles un Testateur institue un héritier, ou pour mieux dire, donne ou légue, à la charge de restituer le tout ou partie dans un tems, ou après le décès de l'Institué; c'est-à-dire, pour user de nos termes, à la charge de Substitution au profit d'un autre après lui, soit que le Substitué soit né ou à naître; & ce sont les seules Substitutions qui soient en usage en Pays coutumier.

Dans ces sortes de Substitutions, les biens ne se transferent pas directement de la personne du Testateur en celle des Substituez, mais obliquement en passant par les mains de l'Institué; c'est pourquoi elles sont appellées obliques & fideicommissaires.

Néanmoins si l'Institué se trouvoit mort avant le décès du Testateur, la Substitution ne devient pas pour cela caduque, elle va directement au Substitué, parce que tout Substitué est institué; & la Substitution oblique comprend en soi la directe; ce qui n'est pas respectif.

De ces Substitutions, il y en a de différentes sortes.

I. Les unes universelles & générales de tous biens; les autres particulieres & de certaines choses.

II. Il y en a de réciproques, où les Instituez & les Substituez sont substituez les uns aux autres; d'autres qui n'ont point de réciprocité.

III. Il y en a de simples, où il n'y a qu'un Substitué; d'autres graduelles, où il y a plusieurs Substituez de degré en degré.

On demande quand le pere & les enfans sont instituez ou substituez ensemble, de quelle maniere cela doit être réglé?

C'est une maxime générale, que cette clause se régle par l'ordre naturel des successions; le pere succéde le premier, & les enfans succédent à leur pere: on suit toujours l'ordre de la Nature & de la Loi, qui défere la succession d'abord au pere, &

ensuite aux enfans. Il n'y a qu'à voir Décius dans son conseil 384, & Peregrinus dans l'article 17 *de Fideicommissis*, *num.* 9, ce qu'il étend même au n. 10 à une institution faite, non pas à un pere & à des enfans, mais à un frere & à ses enfans, & où il fait voir que Bartolle & plusieurs autres Auteurs sont de son sentiment, & il combat les Docteurs qui sont d'avis contraire.

Le Droit Romain permet de faire des degrés de Substitution jusqu'à l'infini ; & ces substitutions étoient appellées graduelles perpétuelles. Mais par l'Ordonnance d'Orléans, article 59, les Substitutions fideicommissaires, graduelles, contractuelles ou testamentaires ont été réduites à deux degrez, l'institution non comprise ; ainsi il est défendu d'en faire davantage.

Comme cette Ordonnance ne parloit que pour l'avenir, & non pour les Substitutions faites auparavant, par l'Ordonnance de Moulins, article 57, les Substitutions faites auparavant l'Ordonnance d'Orleans, furent réduites au quatriéme degré, l'institution non comprise ; d'où quelques-uns ont prétendu qu'à présent il étoit permis de faire des Substitutions jusqu'au quatriéme degré.

Mais cette maxime n'est pas certaine ; cette derniere Ordonnance n'étant que pour le passé, bien loin de déroger à celle d'Orleans, elle paroît la confirmer.

Voyez les articles 30 & 31 de l'Ordonnance du mois d'Août 1747, titre premier.

Quoi qu'il en soit, il est certain qu'en la personne du possesseur qui se trouve au dernier degré limité, la Substitution s'évanouit ; qu'ainsi il a la liberté & la pleine & entiere disposition des biens.

Il reste toujours une difficulté sur l'interprétation de ces Ordonnances, sçavoir si les degrez se comptent par personnes ou par générations ? C'est sur quoi il y a différens sentimens.

Charondas sur le Code Henri, rapporte des Arrêts, par lesquels il dit avoir été jugé que les degrez de Substitution se comptent par personnes, & non par générations. Exemple : Un Testateur qui a trois enfans, institue l'aîné son héritier, lui substitue le second, substitue au second le troisiéme, au troisiéme substitue son neveu fils de son frere, au neveu le fils du neveu, & au fils du neveu ses enfans à l'infini. Ce seroit autant de degrez de Substitution, quoique l'Institué & les deux premiers Substituez soient en pareil degré.

Néanmoins il y a des Arrêts qui ont jugé que l'on compte les degrez par générations ſeulement, & que tous les Subſtituez qui ſont en pareil degré n'en font qu'un. Voyez M. Leprêtre, *Centurie II. chap.* 17.

Quoi qu'il en ſoit, quand il y a pluſieurs degrez de perſonnes dans la Subſtitution, au-delà de ce que permet l'Ordonnance, elle ne ſe termine pas toujours dans le ſecond ou quatriéme degré de perſonnes; il faut que les degrez permis par l'Ordonnance ſoient remplis effectivement, & la Subſtitution exécutée; deſorte que ſi elle ſe trouve caduque dans les premiers par le prédécès, ils n'y ſont point comptez, d'autant qu'ils n'y ſont jamais venus. Ceux des degrez ſuivans y viennent en leur place.

La raiſon eſt, que la Subſtitution vulgaire ſe trouve toujours dans la fidéicommiſſaire; & l'effet de cette derniere n'eſt pas ſeulement, que le Subſtitué ſuccéde après celui qui eſt inſtitué ou ſubſtitué devant lui; mais elle porte auſſi toujours cette condition ou diſpoſition tacite, que ſi le premier Inſtitué ou Subſtitué manque, le Subſtitué d'après viendra en ſa place.

En matiere de Subſtitution, on adjuge les biens ſubſtituez au plus proche, non du Teſtateur qui a ſubſtitué, mais du dernier décédé, dit Brodeau ſur Louet, *lettre P. nombre* 28. Voyez auſſi les articles 32, 33, 34, 35, 36, 37 & 38 du premier titre de la nouvelle Ordonnance du mois d'Août 1747.

La Subſtitution graduelle emporte prohibition abſolue d'aliéner ni d'engager aucuns des biens ſubſtituez, tandis qu'il y a des degrez ſuivans qui ſont appellez à l'eſpérance de cette Subſtitution, au préjudice deſquels le poſſeſſeur ne peut pas même tranſmettre à ſes héritiers, ni à ſes propres enfans; & lorſque l'ouverture de la Subſtitution arrive, les Subſtituez prennent les biens, ſans aucune charge des dettes des précédens Inſtituez ou Subſtituez, comme s'ils les prenoient de la main du Teſtateur, & font révoquer, ſi le cas y échet, les aliénations qui auroient été faites.

L'Inſtitué ou Subſtitué grevé & qui a recueilli, eſt en attendant le cas de la reſtitution, regardé comme propriétaire; on peut diriger contre lui toutes les actions forcées & néceſſaires; on peut même faire en ſes mains le rembourſement des rentes conſtituées; les ventes ou autres aliénations qu'il peut faire ne ſont pas nulles de droit. Il eſt néanmoins quelque chose de plus qu'un usufruitier ; en ce que si les degrez de la Substitution qui devroient venir après lui manquent, ou parce que les personnes appellées décédent avant l'ouverture, ou parce qu'elles ne laissent point d'enfans ; ce dernier possesseur est propriétaire des biens, les possede en toute liberté, a la faculté de les transmettre à ses héritiers par l'ordre légitime de succession, & en peut disposer tant entre-vifs que par Testament.

Bien plus, quand ceux qui étoient appellez à la Substitution sont décédez avant l'ouverture, & auroient laissé des enfans vivans lors de cette ouverture ; néanmoins ils n'y viennent point ni de leur chef, ni par représentation, parce que les dons & les legs ne s'étendent jamais qu'aux personnes dénommées, & parce qu'on ne peut pas transmettre une succession qu'on n'a pas possédée, non plus que l'espérance d'un fidéicommis dont on n'a pas été en possession.

Dans le Droit Romain, tout héritier institué, ou tout légataire, quoiqu'étranger, qui est chargé de Substitution, doit avoir un quart pour lui des biens ausquels il est institué ou fait légataire, quart qui lui doit appartenir franc & quitte en pleine propriété, ensorte que lors de l'ouverture, lui ou ses héritiers ne sont obligez de restituer que les trois quarts. Cette quarte en la personne des héritiers, est appellée trébellianique ; & en la personne des légataires chargez de Substitution, elle est appellée falcidie.

Le Testateur a la liberté d'empêcher la distraction de cette quatrième partie ; mais pour cela il faut qu'il la prohibe expressément, & en termes formels.

Par le même Droit, la légitime appartient aux enfans, & les Loix ne permettent pas qu'on la leur puisse ôter en quelque façon que ce soit, étant un devoir de nature ; c'est pourquoi, quand il y a d'autres qu'eux instituez héritiers, ou quand ils sont instituez, mais chargez de Substitution, ils ont distraction de cette légitime sur les biens substituez : c'est pourquoi on dit que *gravari non possunt in legitima* ; & comme c'est en qualité d'enfans qu'ils prennent cette légitime, & que de plus, en qualité d'héritiers instituez, ils ne doivent pas moins avoir de droit que des étrangers pour prendre la trébelliane ou falcidie : de-là est venu, que quand des enfans sont instituez & chargez de Substitution, on leur accorde double distraction. La premiere, de la légitime, qui est la moitié ou le tiers de ce qu'ils auroient eu *ab intestat*, suivant les distinctions de Droit. La seconde, de la trébellianique, qui est le quart du surplus de tous les biens, après la distraction de la légitime, qui se fait toujours la premiere.

Le Testateur ne peut prohiber la distraction de la légitime ; & ne peut en aucune maniere y nuire.

Les distractions de légitime, quarte trébelliane & falcidie, ne se font que par le premier institué sur le premier substitué, & non dans les degrez suivans de la Substitution. Voilà quel est l'usage des Pays de Droit écrit.

Quant aux Pays coutumiers, nous ne reconnoissons point de quarte trébelliane ni falcidie. La seule distraction de la légitime y a lieu pour les enfans & descendans du Testateur ou Donateur seulement, lesquels la font quand il leur a donné ou légué ses biens à la charge de Substitution, devant avoir leur légitime franche & sans aucune charge ; cela est observé, soit que les Substituez soient étrangers ou collatéraux au Testateur, soit qu'ils soient ses enfans & descendans des instituez: dans l'un & l'autre cas, la distraction de la légitime qui appartient à l'enfant à qui l'on substitue, doit être faite & lui être laissée franche & quitte de toute charge.

Un pere peut néanmoins substituer à ses petits-enfans tous ses biens, meubles & immeubles, sans aucune exception ni réserve de la légitime de son fils, lorsque la mauvaise conduite de ce fils donne lieu de craindre qu'il ne dissipe tout le bien qui lui pourroit échoir. Et dans ce cas il faut, pour que cette Substitution vaille en son entier, sans charge de légitime, que le Testateur en marque la cause, & exprime qu'il l'a ainsi faite, *par la crainte de la dissipation de son fils*.

Il faut de plus qu'en substituant à ses petits-enfans tous ses biens, meubles & immeubles sans aucune exception, il donne à son fils auquel il fait la substitution, l'usufruit de la portion entiere qui lui auroit appartenue, au cas que le pere n'eût point fait ladite substitution.

S'il y avoit néanmoins des créanciers du fils qui demandassent la distraction de sa légitime pour être payez dessus, il seroit naturel de la leur accorder.

On demande par quel Acte la Substitution peut être faite?

Par le Droit Romain, on ne pouvoit faire des donations universelles entre-vifs, ni d'institutions d'héritiers par Contrats entre-vifs, & ils étoient absolument nuls. Il falloit les faire par Testament,

Testament ; de la même façon, les Substitutions ne pouvoient aussi être faites par Contrats entre-vifs, mais seulement par Testament.

Mais en France, on a premierement reçu les donations universelles entre-vifs, & les institutions d'héritier contractuelles dans les Contrats de mariage ; & enfin l'usage a prévalu, que par toutes sortes de Contrats on peut faire des donations universelles entre-vifs. Et de la même façon, il est certain que les Substitutions, soit universelles, soit particulieres, peuvent être faites par Contrats de mariage ou autres dispositions entre-vifs, encore bien que les personnes au profit desquelles elles sont faites, ne soient pas nées capables d'accepter. Si c'est par un Contrat de mariage, il est dispensé d'acceptation, ainsi qu'il a été dit ci-dessus en traitant des donations : si c'est par un autre Contrat, l'acceptation de l'Institué suffit pour tous les Substituez.

Il est aisé de prouver que les Substitutions contractuelles, ou par Contrat entre-vifs, sont reçues en France. I°. Par les Ordonnances d'Orleans & de Moulins qui en parlent.

II°. Par les Arrêts qui ont admis les institutions d'héritier contractuelles, & les donations universelles entre-vifs : ce qui emporte conséquence infaillible pour les Substitutions.

III°. Par les Arrêts des Parlemens qui ont admis expressément les Substitutions contractuelles.

L'Ordonnance d'Orleans, article 59, porte, que toutes Substitutions seront publiées ; mais elle ne contenoit point de cause irritante ; c'est pourquoi fut faite celle de Moulins, article 59, qui porte, que dorénavant toutes dispositions entre-vifs & de derniere volonté, contenant Substitutions, seront publiées en Jugement, à jour de Plaidoirie, & enregistrez aux Greffes Royaux les plus prochains des lieux des demeures de ceux qui les auront faites, & où les choses substituées sont assises ; & ce dans six mois, à compter, quant aux testamentaires, du jour du décès de ceux qui les auront faites ; & pour le regard des autres, du jour qu'elles auront été passées ; autrement elles seront nulles, & n'auront aucun effet.

Cette publication est requise, outre l'insinuation, pour les Substitutions entre-vifs, l'une n'ayant point dérogé à l'autre.

Si cette Ordonnance s'observoit à la rigueur, elle causeroit une injustice manifeste, en faisant souffrir aux Substituez, qui ignorent leur droit, & qui bien souvent ne sont pas nez lorfque la Substitution est faite, la peine de la négligence de l'Institué, au pouvoir duquel il seroit de ne point faire la publication, & par-là se libérer de la Substitution, & acquérir la propriété à ses héritiers, de ne point faire la publication. C'est pourquoi il faut distinguer, quant à la nécessité de cette publication, à l'égard de l'Institué & de ses héritiers, d'avec les créanciers & tiers-acquéreurs de l'Institué & des premiers Substituez.

Les Arrêts ont jugé que le défaut de la publication ne peut être opposé aux Substituez de la part de l'Institué ni de ses héritiers, pour empêcher l'effet de la Substitution; parce que c'étoit l'Institué qui étoit tenu de la faire publier, & qu'il ne doit pas profiter de son dol ou de sa négligence, non plus que ses héritiers, qui sont tenus de ses faits.

Cette maxime est sans difficulté à l'égard des Substituez non nez, lorsque la Substitution a été faite; mais elle doit aussi s'étendre à toutes sortes de Substituez, quoique nez & majeurs lors de la Substitution, parce qu'ils peuvent ignorer leur droit, & la Substitution qui n'est pas en leur puissance au tems de l'Institué. Ainsi le défaut de publication ne peut être objecté, ni par l'héritier du Donateur, ni par l'Institué & ses héritiers, ni par les premiers Substituez & leurs héritiers contre les derniers Substituez.

Il n'en est pas de même des créanciers & acquéreurs de bonne foi des Instituez ou premiers Substituez: l'Ordonnance quant à la nécessité de la publication, est de rigueur à leur égard; la raison est que c'est pour eux qu'elle a été expressément faite; ils sont dans la bonne foi, n'ayant pû sçavoir la Substitution, à cause de l'omission de cette solemnité publique; c'est pourquoi nulle difficulté qu'ils peuvent valablement en objecter le défaut, & prétendre d'être payez sur les biens substituez qui leur sont affectez & hypotéquez, la Substitution qui n'a pas été publiée demeurant nulle par rapport à eux.

Il est vrai que la même raison combat pour les Substituez contre les créanciers, & qu'on peut dire en leur faveur que le manque de l'Institué n'a pû leur préjudicier, d'autant plus qu'un Institué n'aura garde de faire la publication, pour se conserver par ce moyen la liberté de l'aliénation des biens substituez; mais cette raison est bonne pour fonder un recours de garantie contre les Instituez, & ceux qui ont négligé la formalité de l'Ordonnance; mais elle ne peut être opposée à des créanciers qui ont une bonne foi toute entiere, & deux Ordonnances pour eux, qui ne doivent pas demeurer illusoires.

Si par l'insolvabilité des Instituez la volonté du Testateur demeure caduque, c'est sa faute de n'y avoir pas mieux pourvû, en faisant faire la publication de son vivant, ou la confiant à la diligence d'un fidele Exécuteur testamentaire.

Cette décision favorable aux créanciers est sans difficulté contre les Substituez nez & majeurs lors de la Substitution. Mais à l'égard des Substituez mineurs & non nez lorsque la Substitution a été faite, il y a plus de difficulté, parce que dans ceux-là il n'y a pas seulement excuse d'ignorance, mais même impossibilité d'avoir fait la publication : mais ces raisons ne sçauroient encore l'emporter sur la bonne foi des créanciers, & la disposition textuelle des Ordonnances faites pour eux, parce que les mineurs ne sont pas moins tenus de l'exécution des Ordonnances, que les autres.

Cette question étoit autrefois très-difficile, & les Arrêts ont souvent varié suivant les diverses circonstances. Mais la Déclaration du Roi suivante a fait cesser le doute, & a fixé la Jurisprudence à ce sujet.

LOUIS, &c. Salut. *Quoique la nécessité de la publication des Substitutions ait été ordonnée expressément par l'Article IV de l'Edit du mois de Mai 1553, par l'Article LVII de l'Ordonnance de Moulins du mois de Février 1566, & par une Déclaration donnée en conséquence le dixiéme Juillet de la même année, & que nous ayons marqué par notre Déclaration du dix-septiéme Novembre 1690 la maniere dont Nous voulons que ces Ordonnances fussent exécutées, soit pour le tems dans lequel les Substitutions doivent être publiées, soit pour les personnes ausquelles le défaut de publication pouvoit être opposé : Nous avons appris néanmoins qu'on ne fait pas de difficulté dans quelques-uns de nos Parlemens de donner aux Substitutions tout leur effet contre les créanciers & les tiers-détenteurs, nonobstant qu'elles n'ayent pas été publiées, & que l'Ordonnance de Moulins y ait été registrée ; ce qui oblige plusieurs créanciers à se pourvoir en cassation en notre Conseil contre ces Arrêts rendus dans ces Compagnies, sur le fondement d'un usage aussi abusif. Nous avons appris en même tems, que sous prétexte que l'Ordonnance de Moulins ne marque pas à la diligence de qui les publications doivent être faites, & qu'elle prononce indistinctement la nullité des Substitutions qui n'auront pas été publiées, il se forme de fréquentes contestations dans plusieurs de nos Cours, pour sçavoir ceux qui sont chargez de faire publier les Substitutions, & si les héritiers, soit* ab intestat, *soit Instituez, & les Donataires & Légataires, peuvent opposer aux Substituez le défaut de publication, ou s'il n'y a que les créanciers & les tiers-détenteurs qui puissent s'en prévaloir. Nous avons aussi été informez, que l'usage qui s'est introduit dans la plûpart des Siéges, de mettre les publications des Substitutions sur de simples feuilles volantes, cause de grands inconvéniens, soit par la facilité que l'on trouve par-là à les changer, soit parce que ces feuilles peuvent s'égarer aisément, Nous avons résolu de remédier à cet abus, & de prévenir autant qu'il est en Nous toutes contestations sur l'exécution des Edits & Déclarations donnez jusqu'à présent concernant la publication & l'enregistrement desdites Substitutions.*

A CES CAUSES, *& autres à ce nous mouvans, de notre certaine science, pleine puissance & autorité royale, Nous avons par ces Présentes signées de notre main, dit, déclaré & ordonné, disons, déclarons & ordonnons, voulons & Nous plaît, que toutes les Substitutions faites par Actes entre-vifs ou par Testament, soient publiées en Jugement, l'Audience tenant, tant en la Justice Royale du domicile de celui qui les aura faites, qu'en celles de la situation des biens substituez, & que lesdites publications & Substitutions soient enregistrées en même tems au Greffe desdites Justices Royales, à la diligence des héritiers, soit instituez, soit* ab intestat, *Donataires ou Légataires universels ou même particuliers, lorsque leurs donations ou leurs legs seront chargez de Substitutions; & en cas de minorité, à la diligence de leurs Tuteurs ou Curateurs, qui demeureront responsables du défaut desdites publications & d'enregistrement, à peine de nullité, tant des Substitutions qui ont été précédemment faites, que de celles qui seront faites à l'avenir. Voulons que lesdites publications & enregistremens soient faits dans les six mois, à compter du jour des Actes, si les Substitutions sont faites par des dispositions entre-vifs, & du jour du décès des Testateurs, si elles sont faites par des dispositions à cause de mort. Ordonnons que lesdites Substitutions & publications soient registrées dans un Registre destiné à cet effet, qui sera paraphé à chaque page par le principal Juge des Siéges Royaux où les Substitutions doivent être publiées. Voulons que les Substitutions qui sont faites ou qui le seront à l'avenir, qui n'auront pas été publiées ni enregistrées dans ledit tems de six mois, ne puissent être opposées aux Créanciers, ni aux Tiers-Acquéreurs, & que celles qui auront été publiées & enregistrées après les six mois, ne puissent leur être opposées que du jour desdites publications & enregistremens: Ce que Nous voulons avoir lieu à l'égard des Mineurs, sans qu'ils puissent prétendre être relevez de ce défaut de publication & d'enregistrement, même en cas d'insolvabilité de leurs Tuteurs. Ne pourra le défaut de publication & d'enregistrement être opposé en aucun cas aux Substituez par les héritiers instituez ou* ab intestat, *Donataires ou Légataires universels ou particuliers, ni par leurs successeurs, à l'égard desquels les Substitutions auront leur effet, comme si elles avoient été publiées & enregistrées: & seront lesdites publications & enregistremens faits sans préjudice de l'insinuation desdites Substitutions, ordonnée par notre Edit du mois de Décembre 1703, qui sera exécuté selon sa forme & teneur. N'entendons néanmoins que sur le fondement ou défaut de publication ou d'enregistrement, l'on puisse donner atteinte aux Substitutions qui ont été ou qui seront faites jusqu'au jour de l'enregistrement des Présentes dans le Ressort des Parlemens & Cours Supérieures, où l'Ordonnance de Moulins, ni les Edits & Déclarations qui ont ordonné la publication des Substitutions, n'ont pas été registrez jusqu'à présent, & où il n'y a aucune autre Loi qui y établisse la nécessité de la publication des Substitutions: Voulons seulement que notre présente Déclaration soit exécutée pour les Substitutions qui y seront faites à l'avenir, du jour qu'elle y aura été registrée. Si donnons en mandement, &c.* DONNÉ *à Versailles le dix-huitiéme de Janvier, l'an de grace mil sept cent douze, & de notre Regne le soixante-neuviéme.* Signé LOUIS; & plus bas, *Par le Roi,* PHELYPEAUX.

Registré en Parlement le sixiéme Février mil sept cent douze.

La question s'est présentée plusieurs fois, sçavoir si on pouvoit constituer dot & douaire sur les biens substituez ?

Les Arrêts l'ont ainsi jugé, mais avec de grandes distinctions. Ils ont fait différence entre les Substitutions en ligne directe, & celles qui se font en collatérale.

A l'égard des Substitutions en ligne directe, il a été jugé que le douaire & la restitution de la dot pouvoient être demandez sur les biens substituez au premier degré, & non pas dans les degrez suivans ; & encore dans ce premier degré ne l'ont-ils donné qu'aux cas où il n'y avoit point d'autres biens libres sur lesquels on pût recourir.

Mais quant aux Substitutions en ligne collatérale, il a été jugé que la dot ni le douaire ne pouvoient être demandez sur les biens substituez ni dans le premier degré, ni dans les autres, ni subsidiairement, ni autrement, en quelque maniere que ce soit, ce qui est conforme aux principes & aux maximes du Droit.

Voyez, touchant les Substitutions, ce que M. de Ferriere en a dit dans sa Traduction des Institutes sur les titres quinze & seize du second Livre.

Monsieur Ricard a fait un Traité particulier des Substitutions, où toutes ces difficultez sont traitées, tant par rapport au Droit Romain, qu'au Droit coutumier. Le Lecteur peut le consulter, ainsi que la nouvelle Ordonnance concernant les Substitutions, du mois d'Août 1747, s'il souhaite s'instruire à fond sur cette matiere.

Substitution faite par pere & mere pour cause de dissipation.

AUjourd'hui sont comparus devant les Notaires à Paris soussignez, Charles & Elisabeth sa femme, qu'il a autorisée, &c. lesquels se trouvant obligez par prévoyance paternelle & maternelle, de conserver aux enfans de Martin leur fils, les biens qui lui pourroient revenir en leur succession, afin d'en empêcher la consommation, ayant jusqu'à présent fait un usage peu convenable de ceux qu'ils lui ont donné pour son établissement ; & sa conduite les ayant obligés, pour éviter des contraintes par corps qui auroient été décernées contre lui, à payer beaucoup de dettes qu'il a faites sans causes utiles, dans l'espérance qu'il se comporteroit mieux à l'avenir, il continue de faire des dettes, par la facilité qu'il a de trouver de l'argent à emprunter à usure, en signant plusieurs Lettres de Change, pour avoir le payement desquelles ils ont appris qu'il est actuellement poursuivi aux Consuls, quoiqu'il ne soit d'aucun commerce, & que lesdits Sieur & Dame ses pere & mere lui ont donné des biens convenables à ſon état, & procuré un mariage raiſonnable ; ont par ces Préſentes déclaré qu'ils ſubſtituent la part & portion qui pourra appartenir audit Martin leur fils, après leur décès, dans les biens qu'ils délaiſſeront, à ſes enfans qui le ſurvivront, nez de lui en légitime mariage, auſquels ladite part & portion demeurera propre, & aux leurs de leur côté & ligne paternelle, à condition de payer par les Subſtituez, ſi fait n'a été, lors de l'ouverture de la Subſtitution, au Sieur Nicolas oncle dudit Martin les arrérages de deux cens livres de rente, au principal de quatre mille livres, qu'il lui a conſtituées par Contrat paſſé pardevant le & a, &c. attendu que leſdits Sieur & Dame pere & mere dudit Martin ſçavent que les rentes ci-deſſus leur ſont bien & légitimement dûes ; les principaux deſquelles rentes, montant à joints avec les avantages qu'ils lui ont faits, & ce que ledit leur devra lors de l'ouverture de ladite Subſtitution, ſerviront à remplir ſa légitime : réſervant néanmoins leſdits Sieur & Dame en faveur dudit Martin leur fils, ſa vie durant, l'uſufruit des biens qui lui reviendront pour ſa part & portion, après leur décès, dans leur ſucceſſion, dont le fonds eſt ſubſtitué, pour ſervir à ſes alimens & entretiens, ſans pouvoir être ſaiſis par ſes créanciers : & après le décès deſdits Sieur & Dame le mobilier qui ſe trouvera dû à leurs ſucceſſions, revenant audit Martin leur fils, ſera employé au rachat deſdites rentes ; & ſera fait aſſemblée & avis de Parens, & élu un Tuteur auſdits Subſtituez (autre toutefois que le Sieur leur pere) avec lequel Tuteur ſera fait partage définitif des biens deſdits Sieur & Dame contre lequel partage leſdits Subſtituez ne pourront revenir, ſous quelque prétexte que ce ſoit ; cette Subſtitution n'étant faite que ſous ces conditions, ne voulant pas qu'elle puiſſe en quelque maniere que ce ſoit, nuire ni préjudicier aucunement à Marie-Nicole leur fille, épouſe de Maître ni à leurs enfans, en cas qu'elle décédât avant eux. Leſdits Sieurs Comparans, pour plus de facilité de ladite Subſtitution, déſirant qu'on abandonne pour leſdits biens ſubſtituez, ceux qui ſe trouveront le moins ſujets au changement, comme la maiſon qu'ils poſſedent, ou autre, ſi aucunes ils acquierent, des rentes ſur les Aydes & Gabelles, & autres immeubles ; leſquels biens ſeront aſſignez pour faire le fonds de ladite Subſtitution, & juſqu'à concurrence de ce qui ſeroit revenu audit Martin leur fils, pour ſa part & portion héréditaire, les égalemens & rapports, tant des ſommes à lui prêtées & données, que celles payées à ſes créanciers, & en ſon acquit, préalablement faits conformément à la Coutume ; les enfans dudit Martin ne pourront diſpoſer deſdits biens à eux ſubſtituez, ni aucun d'eux engager ſa part & portion, qu'ils n'ayent atteint l'âge de vingt-cinq ans, à moins que ce ne fût pour leur établiſſement, & par l'avis de leurs plus proches parens. Et ſi ledit Martin décédoit ſans enfans, leſdits biens ſubſtituez paſſeront au même titre de Subſtitution à ladite Marie-Nicole leur fille, & en cas de prédécès, à ſes enfans ; laquelle Damoiſelle ou ſes enfans poſſéderont librement leſdits biens, inſtituant ladite Damoiſelle Marie-Nicole ou en cas de prédécès, ſes enfans leurs légataires, le cas arrivant. Et dès-à-préſent leſdits & ſa femme inſtituent ladite Damoiſelle leur fille, leur légataire universelle dans sa portion héréditaire, & en tout ce qu'elle aura droit de prendre dans les biens des successions desdits Sieur & Dame lequel legs universel est pareillement fait en faveur de ses enfans, audit cas du décès d'icelle avant lesdits Sieur & Dame ses pere & mere; déclarant lesdits Sieur & sa femme, qu'ils n'entendent point que lesdits biens substituez puissent être affectez ni hypotéquez aux dot & douaire des femmes que ledit Martin pourroit épouser dans la suite, afin de conserver l'effet de ladite Substitution en son entier en faveur de ceux qui y sont appellez, & que ladite Substitution ne puisse être par eux révoquée, à moins que par la révocation le présent Acte n'y soit précisément rappellé, ayant établi cette précaution pendant qu'ils sont en bonne santé, pour éviter toute surprise. Fait, &c.

Substitution faite par un pere seul à son fils pour cause de dissipation.

FUt présent Jacques, &c. lequel pour conserver les biens de sa famille, attendu le mauvais ménage & la mauvaise conduite de Pierre son fils, & la dissipation qu'il a faite de ses biens, voulant pourvoir à l'avantage des enfans dudit Pierre son fils, a ordonné par ces Présentes que ledit Pierre ne puisse disposer, vendre, aliéner ni engager en quelque sorte que ce soit aucune chose de ses biens, tant meubles qu'immeubles, qu'il délaissera au jour de son décès, qui devroient appartenir audit Pierre pour sa part héréditaire en sa succession, & qu'il se contente de jouir du revenu de sadite part & portion héréditaire; & à cette fin entend que ses meubles soient vendus, & les deniers en provenans employez en héritages ou rentes pour ladite portion, pour jouir desdits revenus pendant sa vie, & lui subvenir à ses nourritures & entretenemens: & quant au fonds & propriété desdits biens, tant meubles qu'immeubles, pour ladite portion, de quelque nature, qualité & condition qu'ils soient, ledit Sieur Comparant les donne & légue ausdits enfans & petits-enfans dudit Pierre, nez & à naître en légitime mariage, pour en jouir, faire & disposer par eux, leurs hoirs & ayans cause en pleine propriété, & comme de chose à eux appartenante, & après le décès toutefois dudit Pierre leur pere, auquel en ladite propriété il a substitué par le présent Testament lesdits enfans légitimes; & en cas que ledit Pierre vînt à décéder sans aucuns enfans nez & procréez en loyal mariage, entend ledit Sieur Comparant que la propriété de ladite part & portion de ses biens propres, meubles & immeubles, demeure & appartienne à François & Guillaume ses autres enfans, & leurs hoirs & ayans cause, chacun pour moitié, pour jouir lesdits François & Guillaume, ou les enfans & descendans d'eux, chacun de la moitié de ladite portion en pleine propriété, & comme de chose à eux appartenante, & ausquels & chacun d'eux ledit Sieur Comparant fait lesdits dons & legs, les substituant par ces Présentes audit Pierre, audit cas qu'il n'eût aucuns enfans légitimes lors de sondit décès. Et pour plus grande sûreté & validité de la présente Substitution, ledit Sieur Comparant consent qu'elle soit publiée, insinuée & enregistrée en tous Greffes, Audiences & Jurisdictions qu'il appartiendra; pourquoi faire il a constitué son Procureur le porteur d'icelle. Fait & passé, &c.

Il faut remarquer, I°. Qu'on ne peut ſubſtituer des biens meubles ; mais une perſonne qui ſçait qu'une partie de ſa ſucceſſion conſiſte en meubles, ordonne que les meubles ſeront vendus, & les deniers en provenans employez en achat d'héritages ou de rentes, leſquels ſeront ſubſtituez aux enfans ou petits-enfans, ſelon la volonté du Teſtateur.

II°. Que la Subſtitution n'eſt pas toujours cauſée pour diſſipation ou mauvais ménage. Dans la plupart des familles qualifiées, il y a des Terres conſidérables ſubſtituées de mâles en mâles, ou d'aînez en aînez ; ce qui ſe fait pour empêcher la diviſion, & conſerver à celui qui eſt le chef de la famille de quoi en ſoutenir le nom avec honneur & avec éclat. Mais ſuivant la nouvelle Ordonnance du mois d'Août 1747, les Subſtitutions ne s'étendent plus au-delà de deux degrez entre le donataire.

III°. Qu'une Subſtitution, pour être valable, doit être publiée & enregiſtrée non-ſeulement en la Juſtice du lieu où les biens ſubſtituez ſont ſituez, mais encore dans celle du domicile des Parties, afin que tels biens ne puiſſent être vendus ni engagez au préjudice de la Subſtitution, ainſi que j'ai dit ci-deſſus.

IV°. Qu'il n'eſt pas néceſſaire de mettre les cauſes d'une Subſtitution, & qu'il ſuffit de mettre dans l'Acte, *lequel pour bonnes & juſtes conſidérations qu'il n'a pas jugé à propos d'expliquer ici, a ſubſtitué, &c.* au lieu que pour exhéréder il faut en déduire les cauſes, comme il ſera dit au Chapitre ſuivant.

Acte contenant reſtitution de fidéicommis, & nouvelle donation avec Subſtitution.

PArdevant les Conſeillers du Roi, Notaires à Paris ſouſſignez, furent préſens très-haut & très-puiſſant Seigneur Monſeigneur Paul-Jules de Mazarin de Ruzé, Duc de Mazarin, de la Meilleraye & de Mayenne, Pair de France, Prince de Château-Porcien, Marquis de Chilly & de Lonjumeau, Comte de Marles, la Fere-Rozoy, Belle-Fort, Lerette, Chaune, Baron de Maſſy, Haut-Partenay, Saint-Menan & Likrich, Seigneur d'Iſſenghien & d'Elle, Gouverneur pour le Roi des Villes & Citadelles de Port-Louis, Hennebon & Quimperlay en Bretagne, demeurant à Paris en ſon Hôtel rue neuve des Petits-Champs, Paroiſſe Saint Roch, d'une part :

Et très-haut & très-puiſſant Seigneur Monſeigneur Guy-Paul-Jules de Mazarin, Duc de la Meilleraye, fils dudit Seigneur Duc de Mazarin, demeurant à l'Hôtel dudit Seigneur ſon pere, ci-devant déſigné, d'autre part :

part : Lesquels ont dit que par le Contrat de mariage de défunt très-haut & très-puissant Seigneur Monseigneur Armand-Charles Duc de Mazarin, Pair de France, pere dudit Seigneur Duc de Mazarin comparant, & ayeul dudit Seigneur Duc de la Meilleraye, passé devant Maître le Foin & son Confrere, Notaires à Paris, le vingt-huit & dernier Février 1661, feu Monseigneur le Cardinal Mazarin a fait une Substitution de plusieurs Terres & biens en faveur des mâles descendans dudit mariage, laquelle il a confirmée & augmentée par ses Testament & Codicile reçus par ledit le Foin Notaire, les six & sept Mars suivant.

Que ledit Seigneur Duc de Mazarin, comme premier appellé à cette Substitution, jouit actuellement des biens qui y sont compris, lesquels devroient passer après lui audit Seigneur Duc de la Meilleraye son fils, qui, suivant les Ordonnances, auroit droit de les posséder librement ; que cependant par le Contrat de mariage dudit Seigneur Duc de la Meilleraye, passé pardevant Maîtres de Beauvais & Foucault, Notaires à Paris, les vingt-six & vingt-sept Avril 1716, ledit Seigneur Duc de Mazarin a restitué audit Seigneur Duc de la Meilleraye son fils, par anticipation, le fidéicommis fait en sa faveur par lesdits Contrat de mariage & Testament des dernier Février & six Mars 1661, pour ce qui regarde le Duché-Pairie de Mazarin & ses dépendances seulement, pour ne jouir que d'une partie des revenus du vivant dudit Seigneur son pere, qui a promis en outre de lui conserver le Duché de la Meilleraye, & l'a encore marié comme son fils aîné & principal héritier, le tout aux charges, clauses & conditions portées audit Contrat de mariage ; & ce même Contrat de mariage contient une clause par laquelle, en considération de la restitution faite audit Seigneur Duc de la Meilleraye, par anticipation dudit fidéicommis, en ce qui concerne le Duché de Mazarin & ses dépendances, & de la promesse de lui conserver le Duché de la Meilleraye & ses dépendances, ledit Seigneur Duc de la Meilleraye, qui n'étoit alors âgé que de quatorze ans, du consentement & de la volonté dudit Seigneur Duc de Mazarin son pere, & pour accomplir la volonté dudit défunt Seigneur Cardinal de Mazarin, a renouvellé la Substitution ordonnée par son Eminence.

Mais l'examen que ledit Seigneur Duc de la Meilleraye depuis sa majorité a fait faire de son Contrat de mariage par son Conseil, avec lequel il est entré dans la discussion de l'état présent des affaires de sa Maison, lui ayant fait connoître qu'il n'étoit point obligé d'entretenir la clause inserée dans son Contrat de mariage, portant renouvellement de la Substitution faite par ledit défunt Seigneur Cardinal de Mazarin ; que quand même il inclineroit à ne point donner atteinte à cette clause, sa situation & l'engagement qu'il a pris avec les créanciers dudit Seigneur son pere, ne permettoient pas qu'il la laissât subsister dans son entier, il auroit de concert avec ledit Seigneur Duc de Mazarin son pere, cherché les moyens de remplir autant qu'il est possible les vûes dudit Seigneur Cardinal de Mazarin, d'autant plus conformes à celles desdits Seigneurs Duc de Mazarin & de la Meilleraye, que le principal objet de leurs voeux est de conserver dans leur Maison des titres de dignité capables d'en soutenir le lustre & la splendeur : ces sentimens joints à l'affection singuliere que ledit Seigneur Duc de Mazarin a pour ledit Seigneur Duc de la Meilleraye son fils, lui ont fait prendre la résolution non-seulement de lui remettre dès-à-présent tout le surplus du fidéicommis fait en sa faveur, tant par le Contrat de mariage dudit Seigneur son ayeul, que par le Testament dudit Seigneur Cardinal de Mazarin, mais encore de lui faire une donation universelle de tous ses biens à des conditions qu'il lui a proposées ; & ces conditions ayant été acceptées par ledit Seigneur Duc de la Meilleraye, qui de son côté s'est déterminé de consentir au renouvellement de ladite Substitution pour les trois Duchez de Mazarin, de la Meilleraye & de Mayenne seulement, il a été pour raison de ce que dessus fait & passé ce qui suit.

C'est à sçavoir, que ledit Seigneur Duc de Mazarin a volontairement donné & donne par donation entre-vifs pure & simple, & dans la meilleure forme que donation puisse valoir, premierement les Terres & Seigneuries de Chilly, Lonjumeau & Massy, leurs appartenances & dépendances, ainsi qu'elles appartiennent audit Seigneur Duc de Mazarin, tant à cause de la Substitution faite par feu M. le Maréchal d'Effiat, que de la succession de feu M. le Marquis d'Effiat, & de la Transaction faite avec Madame de Chabenais, sans en rien excepter ni réserver, sinon la Ferme appellée les Bannieres, vendue par ledit Seigneur Duc de Mazarin à M. Nicolas Bertin, Maître des Requêtes honoraire, par Contrat du 13 Septembre 1722. Plus, le grand & petit Hôtel de Mazarin, attenant l'un l'autre, situez à Paris rue neuve des Petits-Champs, Jardin, Cour, Basse-cour, & lieux en dépendans, ainsi qu'ils se poursuivent & comportent, & dans l'état qu'ils sont présentement, avec les glaces, tableaux & autres ornemens en dépendans, sans en rien excepter ni réserver. Plus, le Duché de la Meilleraye, ses appartenances, dépendances & annexes, de trente-trois mille livres de revenu ou environ, ainsi qu'il se poursuit & comporte, chargé par le Contrat de mariage dudit Seigneur Duc de la Meilleraye du remplissement de six cens mille livres de meubles vendus par ledit Seigneur Duc de Mazarin, dépendans de la Substitution faite par ledit défunt Seigneur Cardinal de Mazarin. Plus, les devoirs du Port-Louis, affermez présentement treize mille cinq cens livres. Plus, la Terre de Château-Porcien, ses appartenances & dépendances, située près Mazarin, affermée présentement deux mille cent livres. Plus, la moitié appartenante audit Seigneur Duc de Mazarin, des droits de Controlle des Greffes de Riom. Plus, le Fief de Lauberpin, ses appartenances & dépendances, situé près Gannar. Plus, le tiers appartenant audit Seigneur Duc de Mazarin, consistant en dix-neuf cens livres douze sols six deniers, à quoi du denier vingt-cinq ont été réduites au denier quarante les trois parties de rentes montantes ensemble à trois mille quarante-une livres, constituées au profit de haut & puissant Seigneur Messire Antoine Ruzé, Marquis d'Effiat, sur les Aydes & Gabelles, dont deux de mille livres de rente au principal de vingt-cinq mille livres chacune, l'autre de mille quarante-une livres, au principal de vingt-six mille vingt-cinq livres, par Contrats passez devant Maîtres Renard & Chevre, Notaires à Paris, le 11 Janvier 1714.

Plus, le tiers appartenant audit Seigneur Duc de Mazarin en la rente sur les Etats de la Province de Bretagne, dont le principal est de la somme de quarante-deux mille livres, constituée le 7 Juillet 1681 au profit de

Meſſire Jean Ruzé, Abbé d'Effiat, devant Maîtres Delaballe & Parque, Notaires à Paris.

Plus, le tiers appartenant audit Seigneur Duc de Mazarin en la rente de trois mille cent livres, au principal de ſoixante-deux mille livres, conſtituée au profit dudit Seigneur Abbé d'Effiat par Dame Marie-Anne Bertrand de la Banniere, veuve de Meſſire de Dreux, Chevalier, Comte de Nancré, par Contrat paſſé devant Maîtres Taboué & Meſſin, Notaires à Paris, le 23 Décembre 1692.

Plus, tout & tel droit que ledit Seigneur Duc de Mazarin a en une rente de quatorze cens cinquante-huit livres trois ſols deux deniers, au principal de vingt-ſix mille deux cens quarante-ſept livres, conſtituée au profit de feu Monſieur le Maréchal Duc de la Meilleraye, Grand-Maître de l'Artillerie de France, par Meſſire George de Bermondet, Comte d'Ouratour, & Dame Françoiſe Garnier ſon épouſe, par Contrat paſſé devant Maîtres Maheu & Goguyer, Notaires à Paris, le 27 Juillet 1651, dont a été paſſé Titre nouvel par Dame Madeleine de Bermondet, veuve de Monſieur le Comte de Buſſet, & Dame Marie-Anne de Bermondet, épouſe de Monſieur le Marquis de Manardau, paſſé devant ledit Meſſin le 23 Mai 1694, au profit dudit feu Seigneur Abbé d'Effiat, lequel par Acte enſuite du 5 Juillet audit an, a déclaré qu'il en appartenoit moitié à Monſeigneur le Duc de Mazarin. Plus, tout & tel droit que ledit Seigneur Duc de Mazarin a & peut avoir ſur l'Office de Grand Baillif de Chagueneau.

Plus, les meubles & vaiſſelle d'argent appartenans audit Seigneur Duc de Mazarin, étant audit Hôtel de Paris, dans les Châteaux de Chilly, Mazarin & de la Meilleraye; ceux de Paris & de Chilly contenus dans les états qui en ont été faits, au nombre de deux, paraphez des Parties & des Notaires ſouſſignez, & demeurez joints à la minute des Préſentes; à l'égard de ceux de Mazarin & de la Meilleraye, ils ſeront inceſſamment conſtatez par des états qui en ſeront faits, & qui ſeront auſſi joints à la minute des Préſentes. Plus, tous les droits, actions & créances que ledit Seigneur Duc de Mazarin peut avoir à exercer ſur les biens de ladite Subſtitution faite par ledit défunt Seigneur Cardinal de Mazarin, tant en principaux qu'acceſſoires, & notamment ſur ledit Duché de Mazarin, à cauſe des dettes privilégiées ſur icelui qui ont été acquittées. Plus, tous les droits, actions & prétentions que ledit Seigneur Duc de Mazarin a & peut avoir ſur la ſucceſſion de feu Monſieur le Duc de Mantoue, & ſur celle de Madame la Ducheſſe de Nemours, pour raiſon de quoi il y a procès pendant au Parlement.

Plus, tout ce qui eſt dû audit Seigneur Duc de Mazarin des revenus, tant fixes que caſuels, des Terres & biens ci-devant énoncez, de ceux dont il jouit à titre de Subſtitution, échus du paſſé juſqu'à préſent, & généralement tous les autres biens meubles & immeubles, droits, noms, raiſons & actions, tant immobiliaires que mobiliaires, qui appartiennent & peuvent appartenir audit Seigneur Duc de Mazarin, & qu'il eſt en droit d'exercer, qui faute d'être exprimées nommément & détaillées par le préſent Contrat, ne ſe trouveroient pas compris dans la donation ci-deſſus, ni dans celle qui ſera faite ci-après: pour deſdits biens donnez jouir, faire & diſpoſer par ledit Seigneur Duc de la Meilleraye & ſes ayans cauſe, comme de choſe leur appartenante.

Cette donation faite à la charge des droits & devoirs ſeigneuriaux & féodaux, leurs redevances & autres charges réelles dont leſdits biens ſont chargez. Plus, ſous la réſerve faite par ledit Seigneur Duc de Mazarin de ſon logement, tant pour lui & pour Madame la Ducheſſe de Mazarin ſon épouſe, que pour leurs domeſtiques, chevaux & équipages, dans ledit Hôtel de Paris, pendant la vie dudit Seigneur Duc de Mazarin, tels qu'ils en jouiſſent préſentement, & de l'uſage auſſi pendant ſa vie des meubles & vaiſſelle d'argent étant dans ledit Hôtel, contenus en l'un des états annexez à la minute du préſent Contrat; enſemble de pouvoir, quand bon lui ſemblera, auſſi pendant ſa vie, aller & habiter dans les Châteaux des Terres ci-devant énoncées, & de la jouiſſance des jardins & meubles, tant qu'il ſera dans leſdits Châteaux, leſquels uſages & jouiſſances réſervez par ledit Seigneur Duc de Mazarin, il reconnoît tenir dudit Seigneur Duc de la Meilleraye ſon fils à titre de précaire. Plus, à la charge que ledit Seigneur Duc de Mazarin demeurera quitte envers ledit Seigneur Duc de la Meilleraye ſon fils, des actions & créances qu'il peut avoir à exercer contre ledit Seigneur ſon pere, comme appellé à la Subſtitution faite par ledit Seigneur Cardinal de Mazarin, ſauf audit Seigneur Duc de la Meilleraye à exercer ſeſdites actions & créances ſur leſdits biens donnez, pour s'en aſſurer la propriété. Plus, à la charge par ledit Seigneur Duc de la Meilleraye, de payer en l'acquit & décharge dudit Seigneur Duc de Mazarin ſon pere, toutes ſes dettes paſſives ci-après mentionnées, conſiſtantes premierement en celles antérieures au premier Janvier 1725, des ſommes exigibles, dont la liquidation ſe fait actuellement pardevant Meſſieurs les Commiſſaires nommez par le Roi par l'Arrêt du Conſeil d'Etat du 17 Mars 1725, ſur l'état dépoſé au Greffe de la Commiſſion, & ſur les Requêtes préſentées au Bureau par les créanciers, dont ledit Seigneur Duc de la Meilleraye a dit avoir connoiſſance; deuxiémement, aux rentes perpétuelles & viageres, auſſi antérieures au premier Janvier 1725, compris dans un état paraphé deſdits Seigneurs Ducs de Mazarin & de la Meilleraye & des Notaires ſouſſignez, & demeuré joint à la minute des Préſentes; troiſiémement, aux dettes que ledit Seigneur Duc de Mazarin a contractées depuis ledit jour premier Janvier 1725, compoſées tant des ſommes exigibles que des rentes perpétuelles & viageres, deſquelles dettes poſtérieures audit jour premier Janvier 1725, a été fait un autre état paraphé deſdits Seigneurs Ducs de Mazarin & de la Meilleraye & des Notaires ſouſſignez, & demeuré joint à la minute des Préſentes: à l'occaſion duquel dernier état eſt obſervé qu'il y a quelques rentes viageres qui y ont été employées, quoiqu'antérieures au premier Janvier 1725, attendu que les Brevets par leſquels elles avoient été créées par ledit Seigneur Duc de Mazarin, ont été déclarez de nul effet par Jugement de Meſſieurs les Commiſſaires du Conſeil; que ces rentes ne ſubſiſtent plus que par les nouveaux titres que ledit Seigneur Duc de Mazarin a donné d'aucunes depuis leſdits Jugemens, & parce qu'il a fait comprendre les autres dans ledit état, pour en charger ledit Seigneur ſon fils; de toutes leſquelles dettes ledit Seigneur Duc de la Meilleraye ſera tenu d'acquitter ledit Seigneur Duc de Mazarin, tant en principaux qu'acceſſoires, enſorte qu'il n'en ſoit inquiété, à peine, &c. ſans néanmoins qu'il ſoit obligé de rembourſer les capitaux des rentes, mais ſeulement d'en payer & continuer les arrérages, ainſi que ceux des penſions viageres, tant pour ce qui en eſt dû du paſſé, que pour ce qui en échéra à l'avenir ; ſans auſſi que leſdits états, non plus que ces Préſentes, puiſſent attribuer aux créanciers y dénommez plus de droit qu'ils n'en ont & peuvent avoir par leurs titres, toutes voies de droit contr'eux demeurant reſervées audit Seigneur Duc de la Meilleraye, lequel en payant leſdits créanciers, demeurera ſubrogé dans tous leurs droits, privilèges & hypotéques, pour ſureté de la garantie de la préſente donation.

Ledit Seigneur Duc de Mazarin, en ajoutant au Contrat de mariage dudit Seigneur Duc de la Meilleraye ſon fils, ci-devant énoncé & daté des 26 & 27 Avril 1716, par lequel il lui a reſtitué par anticipation le fidéicommis fait en ſa faveur par le Contrat de mariage dudit défunt Seigneur Armand-Charles Duc de Mazarin ſon ayeul, le 24 Février 1660, & les Teſtament & Codicile dudit Seigneur Cardinal de Mazarin, des 6 & 7 Mars ſuivant, pour ce qui regarde le Duché-Pairie de Mazarin & ſes dépendances ſeulement, a encore par ces Préſentes remis & reſtitué auſſi par anticipation audit Seigneur Duc de la Meilleraye tout le ſurplus dudit fidéicommis, dont il ſe démet en ſa faveur, lui faiſant même en tant que beſoin eſt ou ſeroit, donation entre-vifs & irrévocable du droit de l'uſufruit & jouiſſance appartenans audit Seigneur Duc de Mazarin des Terres & biens compris dans ladite Subſtitution faite par ledit Seigneur Cardinal de Mazarin, & ſujet à icelle, & de tous autres droits qu'il a & peut avoir ſur & à cauſe deſdits biens, ſans aucuns excepter ni retenir ; ce que ledit Seigneur Duc de la Meilleraye a auſſi accepté, pour du tout jouir, faire & diſpoſer par ledit Seigneur Duc de la Meilleraye à ſa volonté, de cejourd'hui en avant, ſous la réſerve faite par ledit Seigneur Duc de Mazarin de quatre-vingt-dix mille livres de rente viagere, dont ſoixante mille livres de penſion viagere pour ledit Seigneur Duc de Mazarin pendant ſa vie, & trente mille livres pour Madame la Ducheſſe de Mazarin auſſi pendant ſa vie ; leſquelles penſions viageres qui ont commencé à courir du premier Mars de la préſente année 1729, ledit Seigneur Duc de la Meilleraye promet & s'oblige de payer auſdits Seigneur & Dame Duc & Ducheſſe de Mazarin ſes pere & mere, en cette Ville de Paris, ou au porteur, franchement de toutes charges ; ſçavoir, celles dudit Seigneur Duc de Mazarin en douze payemens égaux, de mois en mois, dont les premiers pour les mois de Mars, Avril, Mai & Juin ſe feront inceſſamment, & enſuite continuer de mois en mois à l'échéance d'iceux, non compris dans ladite penſion de ſoixante mille livres par chacun an, le Gouvernement de Port-Louis, Hennebon & Quimperlay, dont ledit Seigneur Duc de Mazarin pourra jouir, faire & diſpoſer, ainſi qu'il aviſera bon être ; s'obligeant ledit Seigneur Duc de la Meilleraye, de faire ceſſer tous les obſtacles qui pourroient s'oppoſer à la libre jouiſſance des revenus dudit Gouvernement. A l'égard de la penſion de ladite Dame Ducheſſe de Mazarin, elle ſe payera aux quatre quartiers ordinaires ſur les quittances de ladite Dame ſeule, pour la validité deſquelles ledit Seigneur Duc de Mazarin l'autoriſe irrévocablement & pour toujours, dont le premier payement ſe fera pour quatre mois, échus au dernier Juin dernier inceſſamment, & enſuite continuer de quartier juſqu'au décès de ladite Dame Ducheſſe de Mazarin, duquel jour ſadite penſion de trente mille livres demeurera éteinte. Quant à celle dudit Seigneur Duc de Mazarin, elle s'éteindra auſſi au jour de ſon décès : mais ledit Seigneur Duc de la Meilleraye ſera obligé de payer la ſomme de ſix mille livres par chacune des dix années qui ſuivront le décès dudit Seigneur Duc de Mazarin, à ceux en faveur de qui il ſe trouvera en avoir diſpoſé par Teſtament ou autrement, ce qui fera en tout la ſomme de ſoixante mille livres ; & pour ce qui eſt de la penſion de trente mille livres que ledit Seigneur Duc de Mazarin devoit audit Seigneur Duc de la Meilleraye ſon fils, ſuivant ſon Contrat de mariage, ledit Seigneur Duc de Mazarin en eſt déchargé par ces Préſentes, ladite penſion demeurant pour l'avenir confuſe en la perſonne dudit Seigneur Duc de la Meilleraye : à la charge toutefois par ledit Seigneur Duc de la Meilleraye, de ſatisfaire Madame la Ducheſſe de la Meilleraye, ainſi que les créanciers perſonnels dudit Seigneur Duc de la Meilleraye, de ce qu'ils doivent toucher chacun à leur égard de ladite penſion de trente mille livres, ſuivant les conventions faites entr'eux à ce ſujet, ce qui ne regardera plus ledit Seigneur Duc de Mazarin. Demeurera en outre ledit Seigneur Duc de la Meilleraye chargé pour l'avenir de toutes les charges annuelles, réelles & foncieres, dont leſdits biens compris en ladite Subſtitution ſont tenus : au payement deſquelles penſions viageres, & exécutions & accompliſſemens de toutes les charges & conditions auſquelles ledit Seigneur Duc de la Meilleraye eſt obligé par ces Préſentes, les biens à lui donnez, remis & délaiſſez par le préſent Contrat, demeurent affectez par privilége juſqu'à dûe concurrence ; & outre ledit Seigneur Duc de la Meilleraye y affecte, oblige & hypotéque tous ſes autres biens meubles & immeubles préſens & à venir, une obligation ne dérogeant à l'autre ; même pour plus de ſûreté du payement exact de la penſion dudit Seigneur Duc de Mazarin & de celle de ladite Dame Ducheſſe de Mazarin, après que la régie qui ſubſiſte actuellement des biens ci-deſſus donnez & délaiſſez ſera ceſſée, il leur en ſera donné des délégations ſur tels des revenus deſdits biens qu'ils voudront choiſir, avec toute garantie, & ſous la condition que les deniers ſeront remis & payez en cette Ville de Paris, en l'Hôtel deſdits Seigneur & Dame, exempts de tous droits de ports & autres.

Sans que leſdites obligations engagent leſdits Seigneur & Dame Duc & Ducheſſe de Mazarin à aucunes pourſuites, diſcuſſions ni diligences contre ceux ſur leſquels elles ſeront faites, & les empêchent de ſe pourvoir, ainſi qu'ils aviſeront bon être, contre & ſur tous les biens dudit Seigneur Duc de la Meilleraye ; & à défaut de payement deſdites penſions deſdits Seigneur Duc & Dame Ducheſſe de Mazarin, pour ce qui en échera ci-après, ſçavoir celle dudit Seigneur Duc de Mazarin pendant trois mois, & celle de ladite Dame de Mazarin pendant ſix mois, les donations, délaiſſemens & remiſes faites par le préſent Contrat audit Seigneur Duc de la Meilleraye, demeureront nuls & révoquez de plein droit, ainſi que ledit Seigneur Duc de la Meilleraye le consent, sans que cette clause puisse être réputée comminatoire, mais de rigueur, comme étant une condition expresse du présent Contrat, sans laquelle ledit Seigneur Duc de Mazarin ne l'auroit fait ni consenti.

Et sous ces conditions, ledit Seigneur Duc de Mazarin s'est volontairement dessaisi, démis & dévêtu en faveur dudit Seigneur Duc de la Meilleraye son fils, de tous les biens & choses à lui ci-dessus données, remises & délaissées, lui transportant tout droit de propriété & autres droits, noms, raisons, actions, rescindans & rescisoires, qu'il a & peut avoir sur & à cause de ce, voulant qu'il en soit saisi & mis en possession par qui & ainsi qu'il appartiendra, constituant à cet effet son Procureur le porteur donnant pouvoir; ce faisant, a promis de remettre incessamment audit Seigneur Duc de la Meilleraye tous les titres & piéces qui concernent lesdits biens & choses données & délaissées; & s'il s'en trouve entre les mains de qui que ce soit, il consent que ledit Seigneur Duc de la Meilleraye les retire, & que ceux qui les lui remettront en soient & demeurent bien & valablement déchargez.

Ce fait en la présence de très-haute & très-puissante Dame Madame Charlotte-Felice-Armande Durfort, épouse dudit Seigneur Duc de Mazarin, de lui autorisée, demeurante en son Hôtel, susdite rue neuve des Petits-Champs, laquelle a eu ces Présentes pour agréable; à condition toutefois qu'au cas qu'elle survive ledit Seigneur Duc de Mazarin, elle aura le choix d'exercer tous ses droits tels qu'ils lui sont acquis par son Contrat de mariage & celui dudit Seigneur Duc de la Meilleraye son fils, à quoi ces Présentes ne pourront préjudicier; ou de se tenir à ladite pension viagere de trente mille livres par an, laquelle, si elle l'accepte, lui tiendra lieu & servira de payement de toutes ses reprises, douaires & autres conventions matrimoniales, à l'exception de son préciput de quinze mille livres qu'elle prendra au pardessus, & aussi à l'exception de la somme de cinquante mille livres qui sera payée aux personnes au profit de qui elle se réserve d'en disposer, laquelle option ladite Dame Duchesse de Mazarin sera obligée de faire dans six mois du jour du décès dudit Seigneur Duc de Mazarin, sinon elle demeurera référée audit Seigneur Duc de la Meilleraye son fils.

Et par ces mêmes Présentes, ledit Seigneur Duc de la Meilleraye desirant par les motifs ci-devant exprimez, & aussi par condition expresse des donations à lui ci-dessus faites par ledit Seigneur Duc de Mazarin son pere, pourvoir à ce que les Duchez de Mazarin, de la Meilleraye & de Mayenne soient conservez dans leur Maison, a déclaré que quoiqu'il puisse s'abstenir entierement d'entretenir le renouvellement porté par son Contrat de mariage, de la Substitution faite par feu son Eminence Monseigneur le Cardinal Mazarin, comme cette clause contenant une aliénation qu'on n'a pû lui faire faire à l'âge de quatorze ans, cependant il veut bien que ledit renouvellement subsiste & ait lieu en ce qui concerne ledit Duché de Mazarin, y compris le Château-Porcien & lesdits Duchez de la Meilleraye & de Mayenne, leurs appartenances & dépendances seulement, pour être ladite Substitution recueillie 1°. par les mains des enfans mâles qui naîtront dudit Seigneur Duc de la Meilleraye, & des descendans mâles deſdits enfans mâles, par repréſentations perpétuelles & infinies de mâles en mâles & d'aîné en aîné; & à défaut de mâles deſcendans dudit Seigneur Duc de la Meilleraye, ladite Subſtitution appartiendra à la fille aînée deſcendue de mâles & femelles, l'ordre de primogéniture toujours gardé, tant entre les mâles qu'entre les filles; & à défaut de filles deſcendues de mâles, la Subſtitution appartiendra à la fille aînée dudit Seigneur Duc de la Meilleraye, & aux deſcendans mâles ou femelles de ladite fille aînée, en gardant toujours l'ordre de primogéniture comme deſſus, à la charge qu'en chacun degré de l'un ou l'autre deſdits cas, l'aînée de chacune fille ſera appellée à ladite Subſtitution, & ſera tenue de joindre à ſon nom & à ſes armes le nom & les armes de Mazarin; & à défaut d'enfans de ladite fille aînée ou de ſes deſcendans, ladite Subſtitution appartiendra à la deuxiéme, troiſiéme ou autre fille ſucceſſivement, & à leurs deſcendans, en préférant toujours l'aînée aux puînées, les mâles aux filles, tant qu'il y aura des deſcendans deſdites filles; & à défaut de la poſtérité dudit Seigneur Duc de la Meilleraye, leſdits trois Duchez de Mazarin, la Meilleraye & de Mayenne, leurs appartenances & dépendances, y compris Château-Porcien, appartiendront par le même droit de Subſtitution à Madame la Marquiſe de Neelle ſa ſœur, & après elle ou en ſon lieu à ſes enfans ou deſcendans, auſſi par repréſentation perpétuelle ou infinie dans le même ordre, ou aux mêmes conditions ci-devant établies pour la deſcendance dudit Seigneur Duc de la Meilleraye, ſans que ladite Subſtitution puiſſe s'étendre & avoir lieu au-delà de ceux qui y ſont ci-deſſus appellés, auſquels ledit Seigneur Duc de la Meilleraye entend qu'elle demeure limitée; & en cas de refus ou contravention de ſatisfaire à ladite condition pour le nom & les armes de Mazarin, les refuſans ou contrevenans ſeront déchus de plein droit de ladite Subſtitution, laquelle paſſera au ſuivant & ſes deſcendans, ſuivant l'ordre ci-deſſus, & aux mêmes charges & conditions en tous leſdits cas. Ladite Subſtitution ne pourra être recueillie par aucun Eccléſiaſtique ou en état d'entrer dans l'Ordre de Malthe, ſi ce n'eſt que dans l'an de l'ouverture de ladite Subſtitution, il quitte effectivement l'Etat Eccléſiaſtique ou la Croix de Malthe; & ſi quelqu'un des appellés à ladite Subſtitution après l'avoir recueillie, embraſſoit l'Etat Eccléſiaſtique ou entroit dans l'Ordre de Malthe, il demeurera dès-lors déchû & privé de ladite Subſtitution, laquelle paſſera au profit de celui qui le ſuivra immédiatement, ſuivant l'ordre de la création ci-deſſus.

Ne ſeront compris en ladite Subſtitution les bois de haute futaie étant ſur leſdits trois Duchez, leſquels bois de haute futaie demeureront réſervez audit Seigneur Duc de la Meilleraye, qui pourra les faire couper & les vendre, ou autrement en diſpoſer à ſa volonté. Aura auſſi ledit Seigneur Duc de la Meilleraye, & il ſe réſerve expreſſément, moyennant ce que deſſus, la libre & entiere diſpoſition de tous les autres biens généralement quelconques, qui étoient compris dans ladite Subſtitution faite par ledit Seigneur Cardinal Mazarin, ou ſujets à icelle. Et tout ce que deſſus a été expreſſément conſenti par ledit Seigneur Duc de Mazarin, conſentant les Parties que le préſent Contrat ſoit inſinué & publié par tout où beſoin ſera, & que les Actes néceſſaires en ſoient expédiez.

Et pour l'exécution des Préſentes, elles ont élû leur domicile audit Hôtel

Hôtel de Mazarin, auquel lieu promettant, obligeant chacun à son égard. Fait & passé à Paris, à l'égard desdits Seigneurs Ducs de Mazarin & de la Meilleraye, en la maison de Mᵉ Julien de Prunay, Avocat au Parlement; & à l'égard de ladite Dame Duchesse de Mazarin, en son appartement audit Hôtel de Mazarin, l'an mil sept cens vingt-neuf, le huit Juillet après midi, & ont signé la minute des Présentes, demeurée en la garde & possession de Jourdain, l'un desdits Notaires à Paris soussignez. Averti de l'insinuation.

Donation entre-vifs, avec Substitution graduelle & perpétuelle à l'infini.

PArdevant Nous Jacques Faudoire & Claude Monnerat, Conseillers du Roi, Notaires au Châtelet de Paris, soussignez: Furent présens très-haut & très-puissant Seigneur Monseigneur Louis Marquis de Mailly, de Neelle, Montcavrel, à présent Mailly en Boulonnois, Baron d'Emery, Flavy & d'Angoursan, Vicomte de Mouchy, Seigneur de Maurup, Pargny, de Bauhin & de Beaurevoir par engagement, de Remangies, Onvilliers & de Monthulin, de Montchelles, des Petites Tournelles & de Balagny, & d'autres Terres & Seigneuries; & très-haute & très-puissante Dame Madame Jeanne de Mouchy son épouse, qu'il autorise à l'effet des Présentes, demeurans à Paris en leur Hôtel rue de Beaune, au bout du Pont Royal, Paroisse Saint Sulpice: Lesquels ont reconnu & confessé avoir par ces Présentes donné & donnent par donation entre-vifs & irrévocable, en la meilleure forme que faire se peut, à la charge des substitutions & réserves, clauses, charges & conditions ci-après exprimées, à très-haut & très-puissant Seigneur Monseigneur Louis de Mailly, Chevalier, Marquis de Neelle, Prince de Lisle-sous-Montreal, Baron de la Mothe-Saint-Jean & de Semur, Seigneur du Cosson, du Tour de Lassaux, Saint Imoges & autres Terres & Seigneuries, leur petit-fils mineur, né le 27 Février 1689, fils de défunt très-haut & très-puissant Seigneur Monseigneur Louis de Mailly, Chevalier, Marquis de Neelle, fils aîné desdits Seigneur & Dame donateurs, Maréchal des Camps & Armées du Roi, tué au siége de Philisbourg à la fin de l'année 1688, & de très-haute & très-puissante Dame Madame Marie de Coligny son épouse. Ce accepté pour ledit Seigneur Marquis de Neelle mineur, aux charges des substitutions, réserves d'usufruit, clauses & conditions ci-après, par Mᵉ Louis de Longuemort, Avocat au Parlement, demeurant à Paris rue de Verneuil, Paroisse Saint Sulpice, à ce présent, au nom & comme Tuteur dudit Seigneur Marquis de Neelle mineur, & des autres Seigneurs & Damoiselles appellez aux Substitutions faites par le présent Contrat, suivant l'avis de leurs Altesses Sérénissimes Monseigneur le Prince, Monseigneur le Duc, Monseigneur le Prince de Conti, Monseigneur le Duc du Maine, de Messeigneurs les Princes de la Maison de Lorraine en France, de Messeigneurs les Ducs de Bouillon, de Montmorency, Luxembourg, Châtillon, de la Rochefoucault, de la Tremoille, de Foix, de Bethune, de Saint Simon, de la Feuillade, de Duras, de Choiseul, de Humieres, de Boufflers, de Messeigneurs les Princes de Rohan & d'Ilenghien, & autres Seigneurs parens paternels & maternels dudit Seigneur Marquis de Neelle, de Mademoiſelle de Neelle ſa ſœur, & des enfans de feu Monſeigneur le Comte de Mailly ci-après nommé, homologué par Sentence du Châtelet du 3 Avril dernier, expédiée par Tauxier Greffier, dont l'original eſt demeuré annexé à ces Préſentes, pour y avoir recours, & être tranſcrit en fin des expéditions qui en ſeront délivrées.

Premierement, la Terre, Marquiſat, Ville fermée & Château de Neelle, ſituée dans les Bailliages de Saint Quentin, Peronne, Roye, Noyon & Chaulny; la Terre & Baronnie d'Emery & Flavy, ſituée au Bailliage de Chaulny.

La Vicomté, Terre & Seigneurie de Mouchy-la-Gaſche, & les autres Fiefs annexez & réunis à icelle.

Un autre Fief, Terre & Seigneurie de Mouchy avec celui de la Mairie, ſituez dans l'étendue du Bailliage de Peronne.

La Terre & Marquiſat de Montcavrel, à préſent ſous le nom de Mailly en Boulonnois, ſituée dans la Sénéchauſſée de Boulonnois, y compris la Baronnie d'Angourſan.

Les Terres & Seigneuries de Bauhin & de Beaurevoir, ſituées au Bailliage de Saint Quentin, poſſédées par engagement par leſdits Seigneur & Dame donateurs, avec les finances qui ſe trouveront payées au jour du décès du dernier mourant deſdits Seigneur & Dame donateurs, tant par eux que par leurs auteurs.

L'Hôtel de Mailly, ſitué en cette Ville de Paris, rue de Beaune, près le Pont-Royal, vis-à-vis les Thuilleries, où demeurent leſdits Seigneur & Dame donateurs.

Plus, toutes les appartenances, dépendances & annexes, tant dudit Hôtel de Mailly, que deſdites Terres & Seigneuries ci-deſſus données, ainſi que le tout appartient auſdits Seigneur & Dame donateurs, même les acquiſitions & augmentations qu'ils y ont faites juſqu'à ce jour, qu'ils y pourront faire ci-après, & qui ſe trouveront faites au jour de leur décès, & joignant ledit Hôtel, & auſſi au-dedans & aux environs deſdites Terres, qui y demeureront unies & annexées, & compris en la préſente donation, en faiſant toutefois déclaration par leſdits Seigneur & Dame donateurs par les Contrats des acquiſitions qu'ils pourront faire ci-après, que leur intention eſt qu'icelles acquiſitions ſoient unies & annexées auſdites Maiſon, Hôtel & Terres, & non autrement.

Enſemble ſont compris en la préſente donation tous les meubles & vaiſſelle d'argent, étant de préſent tant dans ledit Hôtel de Mailly que dans le Château de Neelle, deſquels meubles & vaiſſelle d'argent il ſera inceſſamment fait un Inventaire, certifié deſdits Seigneur & Dame donateurs, & enſuite annexé à ces Préſentes, & ceux qui ſe trouveront aux jours de leur décès dans les nouveaux Bâtimens que leſdits Seigneur & Dame donateurs font & feront faire & continuer au Château de Neelle & audit Hôtel de Mailly de cette Ville de Paris.

Tous leſdits biens ci-deſſus donnez appartenans auſdits Seigneur & Dame donateurs d'acquiſitions par eux faites.

Plus, la Terre & Seigneurie des Petites Tournelles du Mouchel, ſes appartenances & dépendances, & ainſi qu'elle appartient audit Seigneur

Marquis de Mailly de son propre, située dans la Coutume de Montdidier.

De tous lesquels biens ci-dessus donnez lesdits Seigneur & Dame donateurs se réservent à chacun d'eux l'usufruit leur vie durant & du survivant d'eux, ensemble la réception des foi & hommages des Vassaux, les reliefs & saisines, le droit de nommer & pourvoir aux Bénéfices & Offices, les droits honorifiques, profits de Fiefs, lods, ventes, entrées & issues & autres droits & revenus casuels; à la charge par eux de payer annuellement les charges réelles & féodales qui sont à prendre sur lesdites Terres & Seigneuries, & sans que ladite réserve puisse préjudicier à la désaisine que lesdits Seigneur & Dame donateurs font par ces Présentes de la propriété des choses ci-dessus données en faveur & au profit dudit Seigneur donataire, au desir des Coutumes dans lesquelles lesdites Terres données se trouvent situées.

Même lesdits Seigneur & Dame donateurs ont par ces Présentes donné audit Seigneur Marquis de Neelle, ou à celui qui recueillera les biens ci-dessus au jour du décès du dernier mourant desdits Seigneur & Dame donateurs, en conséquence des substitutions ci-après, ce accepté pour eux par ledit Sieur de Longuemort audit nom, tous les revenus desdites Terres & Seigneuries, profits de Fiefs, droits seigneuriaux & féodaux qui se trouveront dûs à cause desdits biens ci-dessus donnez au jour du décès du survivant desdits Seigneur & Dame donateurs, pour en faire le recouvrement par ledit Seigneur Marquis de Neelle, ou par celui en faveur de qui la substitution se trouvera ouverte au jour du décès du dernier mourant desdits Seigneur & Dame donateurs, & en faire & disposer ainsi qu'il avisera.

Et parce que lesdits Seigneur & Dame donateurs desirent conserver à perpétuité à leurs descendans mâles & à ceux de leur nom & de leur Maison & Armes les biens ci-dessus donnez, ils veulent & entendent, sous le bon plaisir du Roi notre Sire, que tous lesdits biens donnez demeurent substituez aux conditions de la donation ci-dessus, comme ils les substituent par ces Présentes graduellement aux enfans mâles qui naîtront en légitime mariage dudit Seigneur Marquis de Neelle donataire, & à leurs descendans mâles issus de mâles à perpétuité, l'aîné & celui de la branche aînée toujours préféré aux cadets de ligne en ligne; & que ceux qui recueilleront les biens ci-dessus donnez en vertu de la présente substitution, ne puissent quitter le nom & les Armes de Mailly en vûe d'une autre substitution & sous quelque prétexte que ce soit; & s'ils les quittent, que lesdits biens soient dévolus à ceux ou à celles qui seront appellez après eux à ladite substitution, ce qui aura lieu dans tous les cas ci-dessus & ci-après exprimez.

Comme aussi que dans tous les cas ci-dessus & ci-après exprimez, ladite substitution ne puisse être recueillie ni conservée par ceux qui se trouveront engagez dans les Ordres sacrez, ou dans quelques Ordres Religieux ou Militaires, & qui auront fait profession, sans toutefois qu'ils soient tenus de restituer les jouissances qu'ils auront perçues avant leur engagement.

Veulent & entendent lesdits Seigneur & Dame donateurs, que ceux qui sont appellez à la présente Substitution, soient saisis des biens substituez aussi-tôt que le cas de la Substitution sera avenu, sans qu'ils soient obligez d'en faire demande en Justice; comme aussi que lesdits biens passent du premier Substitué aux autres Substituez, sans aucune distraction, soit pour cause de légitime, dot ou autrement, & sans aussi qu'ils puissent être chargez de dot, douaire & conventions matrimoniales des femmes, des donataires & substituez, le tout dans tous les degrez de la présente Substitution, sauf à elles & à leurs parens & Tuteurs à veiller à l'emploi & sureté de leurs deniers & de leurs conventions, ainsi qu'ils aviseront. Pourront toutefois les revenus desdits biens seulement être chargez de douaires viagers, chacun desquels ne pourra excéder la somme de dix mille livres par an, qui ne passera pas aux enfans, & demeurera éteint par le décès de la veuve douairiere; & pour assurer le payement desdits douaires, & empêcher que les arrérages ne s'en accumulent, veulent & entendent lesdits Seigneur & Dame donateurs, au cas qu'il n'y eût été pourvû par les Contrats de mariage, que du jour de l'ouverture desdits douaires, le payement en soit délégué sur les plus solvables Fermiers ou Receveurs desdits biens, & que les arrérages en soient payez aux veuves par préférence ausdits donataires & substituez & à leurs créanciers, nonobstant toutes Lettres d'Etat, saisies & empêchemens procédans des faits desdits donataires & substituez, ou de leurs créanciers; au moyen de quoi lesdites veuves, leurs héritiers & ayans cause ne pourront se pourvoir sur les autres revenus desdits biens, si elles n'ont fait, à mesure que les termes desdits douaires échéront, les diligences nécessaires pour être payées, lesquelles diligences ne pourront servir que pour se pourvoir sur les autres revenus, lesdits Seigneur & Dame donateurs déclarant que leur volonté est, qu'en aucun cas les arrérages desdits douaires ne puissent charger ni affecter les fonds desdits biens donnez & substituez, nonobstant toutes coutumes & conventions contraires, ausquelles lesdits Seigneur & Dame donateurs entendent qu'il soit dérogé.

Et au cas que la ligne masculine dudit Seigneur Marquis de Neelle donataire vienne à manquer, lesdits biens donnez appartiendront aux enfans mâles de défunt très-haut & très-puissant Seigneur Monseigneur Louis Comte de Mailly, fils puîné desdits Seigneur & Dame donateurs, & graduellement à leurs enfans & descendans mâles issus de mâles; l'aîné desdits enfans mâles, & ses enfans & descendans mâles issus de mâles, préféré aux cadets; & aussi aux mêmes préférences des aînez mâles dans chaque ligne, charges, réserves, conditions, prohibitions & droits ci-devant exprimez.

Et s'il arrive que lesdites deux branches masculines viennent à manquer, lesdits biens donnez & substituez appartiendront aux filles dudit Seigneur Marquis de Neelle donataire graduellement, & à leurs enfans mâles, descendans mâles issus de mâles aussi graduellement & à perpétuité, l'aînée & ses enfans & descendans mâles issus de mâles préférée aux cadettes, & aussi aux mêmes préférences en faveur des aînez de ligne en ligne, charges, réserves, prohibitions & conditions ci-devant; & outre sous la condition expresse que la présente Substitution n'aura lieu à l'égard desdites filles, ni de leurs descendans appellez après elles, ni d'aucunes des autres filles qui seront ci-après appellées en divers cas à la présente

Subſtitution, ni pareillement de leurs deſcendans, ſinon au cas ſeulement qu'elles ſe trouvent mariées à un de leurs parens du nom & Armes de Mailly, ou qu'elles y ayent été mariées & en ayent eu des enfans, ou qu'elles épouſent un de leurs parens dudit nom & Armes; ce qu'elles feront dans deux ans du jour que la Subſtitution aura été ouverte à leur profit, ſi elles ſont majeures de vingt-cinq ans; & ſi elles ſont mineures, dans deux ans du jour de leur majorité, pendant lequel tems elles jouiront deſdits biens; & après ledit tems, ſi elles n'ont point ſatisfait à ladite condition, leſdits biens appartiendront à celle des filles qui ſe trouvera appellée après elle à ladite Subſtitution, aux conditions ci-deſſus & autres ci-devant exprimées, ſans toutefois qu'elle puiſſe prétendre les fruits & revenus du paſſé, qui demeureront incommutablement au profit de celles qui auront joui deſdits biens pendant le tems qui leur eſt preſcrit pour épouſer un de leurſdits parens; & ne pourront venir à ladite Subſtitution les enfans mâles deſdites filles, autres que ceux qui ſeront iſſus de mariage fait avec un de leurs parens deſdits nom & Armes.

Tous les cas ſuſdits venant à défaillir, leſdits Seigneur & Dame donateurs veulent que tous leſdits biens appartiennent à très-haute & très-puiſſante Demoiſelle Mademoiſelle Charlotte de Mailly, ſœur dudit Seigneur Marquis de Neelle donataire, & graduellement à ſes enfans mâles & deſcendans mâles iſſus de mâles à perpétuité, auſſi aux mêmes préférences des aînez, charges, réſerves, conditions, prohibitions & droits ci-devant.

Et ſi ladite Demoiſelle & ſes enfans mâles & deſcendans mâles iſſus de mâles, appellez aux termes ci-deſſus viennent à manquer, leſdits biens appartiendront aux filles de ladite Demoiſelle de Mailly graduellement, & à leurs enfans mâles & deſcendans mâles iſſus de mâles, l'aînée & ſes enfans mâles & deſcendans mâles préférée aux cadettes, & auſſi aux mêmes préférences en faveur des aînez, charges, réſerves, conditions, prohibitions & droits ci-devant.

Et ſi la branche de ladite Demoiſelle Charlotte de Mailly vient à manquer, leſdits Seigneur & Dame Donateurs veulent & entendent que leſdits biens donnez & ſubſtituez appartiennent aux filles dudit feu Seigneur Comte de Mailly graduellement, & à leurs enfans mâles & deſcendans mâles iſſus de mâles auſſi graduellement, aux mêmes préférences, charges, conditions, prohibitions, réſerves & droits ci-deſſus exprimez, pour le regard des filles dudit Seigneur Marquis de Neelle Donataire, & de leurs enfans & deſcendans, ce qui aura lieu de ligne en ligne & à toujours.

Et ſi les branches des filles dudit feu Seigneur Comte de Mailly viennent à défaillir, leſdits Seigneur & Dame Donateurs veulent & entendent que leſdits biens donnez & ſubſtituez appartiennent aux filles de l'aîné des enfans mâles dudit Seigneur Comte de Mailly & deſcendans mâles deſdites filles, & après aux filles du ſecond fils dudit Seigneur Comte de Mailly & deſcendans mâles deſdites filles, & enſuite aux filles du troiſiéme fils dudit Seigneur Comte de Mailly, & aux deſcendans mâles deſdites filles graduellement & à perpétuité de ligne en ligne, aux mêmes préférences en faveur de l'aînée de chaque ligne, charges, clauſes, conditions, prohibitions & droits ci-devant exprimez, & de la même maniere qu'il eſt dit à l'égard des filles dudit Seigneur Marquis de Neelle Donataire; & de leurs enfans & deſcendans.

Et ſi tous ceux & celles qui ſont appellez à ladite Subſtitution viennent à défaillir, ou refuſent d'exécuter les charges & conditions ci-deſſus impoſées, veulent & entendent leſdits Seigneur & Dame Donateurs que leſdits biens appartiennent aux plus proches mâles du nom & armes de Mailly, & graduellement à leurs enfans & deſcendans mâles iſſus de mâle le plus proche, & ſes enfans & deſcendans mâles toujours préferez aux autres; le tout aux mêmes préférences d'aîné, charges, conditions, prohibitions, & droits ci-deſſus, pourvû qu'il ſoit capable de recueillir la préſente Subſtitution, & que lui ni ſes auteurs n'ayent point été exhérédez par leſdits Seigneur & Dame Donateurs.

En cas de rachat des Domaines de Bauhin & de Beaurevoir, les deniers en ſeront remployez en achat d'autres Terres nobles, le plus proche que faire ſe pourra des Marquiſats de Neelle ou de Mailly, ou dans l'étendue de leurs mouvances, leſquelles demeureront unies à celui deſdits Marquiſats dans l'étendue duquel leſdites acquiſitions ſeront faites, ſinon à celui dont elles ſeront plus proches, & demeureront compriſes dans les Subſtitutions ci-deſſus exprimées comme en faiſant partie.

Et d'autant que leſdits Seigneur & Dame Donateurs ont été obligez de faire des emprunts conſidérables à conſtitution de rente pour l'acquiſition de partie deſdits biens donnez & ſubſtituez, veulent & entendent leſdits Seigneur & Dame Donateurs, que ledit Seigneur Donataire & ceux qui ſeront appellez après lui à la préſente Subſtitution, ſoient tenus de payer juſqu'à concurrence de quatre cens mille livres de principaux de rentes conſtituées par leſdits Seigneur & Dame Donateurs, & les arrérages deſdites quatre cens mille livres qui écheront à compter du jour du décès du dernier mourant d'eux, réſervant de pourvoir à l'acquittement du ſurplus de leurs dettes ſur leurs autres biens non compris en la préſente Donation; & pour faciliter le payement deſdites quatre cens mille livres & arrérages, que tous les revenus des Terre & Marquiſat de Neelle, Baronnie d'Emery & Flavy, Vicomté, Terres, Fiefs, Seigneurie, Mairie de Mouchy-la-Gaſche, leurs appartenances, dépendances & annexes, Terres & Seigneuries de Bauhin & de Beaurevoir, enſemble tous les fruits & profits de Fiefs, droits ſeigneuriaux & féodaux deſdites Terres qui écheront par chacune année après le décès du dernier mourant deſdits Seigneur & Dame Donateurs, ſoient employez au payement deſdites quatre cens mille livres de principaux & deſdits arrérages; au moyen de quoi ledit Seigneur Donataire, & ceux qui viendront après lui à la préſente Subſtitution, auront ſeulement la jouiſſance du ſurplus deſdits biens juſqu'à l'entier acquittement deſdites quatre cens mille livres de principaux & des arrérages; & néanmoins à meſure qu'il ſera rembourſé des principaux deſdites quatre cens mille livres, ils jouiront d'autant du revenu ſur leſdits fruits & revenus deſtinez à l'acquittement deſdites quatre cens mille livres, que leſdits principaux produiſoient annuellement d'arrérages ou intérêts par chacun an.

Et pour l'exécution de tout ce que deſſus, veulent & conſentent leſdits Seigneur & Dame Donateurs que tous leſdits revenus ſoient mis entre les mains d'une perſonne ſolvable en cette Ville de Paris, qui ſera nommée par très-haut & très-illuſtre Monſeigneur Victor-Auguſtin de Mailly, Evêque de Lavaur, & Monſeigneur François de Mailly, Archevêque d'Arles, Primat & Prince, enfans deſdits Seigneur & Dame Donateurs, ou par l'un d'eux en cas de décès de l'autre, pour être les revenus des biens deſtinez à l'acquittement deſdites quatre cens mille livres employez par chacune année à payer les charges réelles deſdites Terres, les arrérages des rentes deſdites quatre cens mille livres, & le ſurplus à acquitter les principaux deſdites quatre cens mille livres.

Sera tenu le Prépoſé de rendre compte de ſon maniement d'année en année auſdits Seigneurs Evêque de Lavaur & Archevêque d'Arles, ou à l'un d'eux en l'abſence ou au défaut de l'autre; & ſeront les quittances des payemens qu'il rapportera, enſemble les titres de créances acquittées, miſes en dépôt en un lieu ſûr qui ſera indiqué par leſdits Seigneurs Evêque de Lavaur & Archevêque d'Arles, auſquels leſdits Seigneur & Dame Donateurs donnent tout pouvoir de veiller à l'emploi deſdits fruits & revenus, & à l'entiere exécution des préſentes Donation & Subſtitution; & après leur décès, veulent & entendent que chacun d'iceux qui ſont appellez à la préſente Subſtitution, puiſſent veiller à l'exécution de toutes les clauſes ci-deſſus pour l'acquittement des dettes, s'il en reſte encore à payer, & faire en Juſtice à cet effet toutes pourſuites néceſſaires, & qu'ils ſoient rembourſez de leurs frais par préférence ſur les deniers deſtinez audit acquittement.

La préſente Donation & Subſtitution ainſi faite par leſdits Seigneur & Dame Donateurs, pour l'amitié qu'ils portent audit Seigneur Marquis de Neelle leur petit-fils premier Donataire, & autres leurs petits-enfans ci-deſſus appellez, & à leurs deſcendans, pour la continuation des droits des aînez de leur famille, & pour conſerver leſdits biens donnez & ſubſtituez à leur poſtérité dans l'ordre & la maniere qu'il eſt ci-devant dit, & parce qu'ainſi leur plaît & eſt leur volonté.

Et ſous toutes leſdites charges & conditions leſdits Seigneur & Dame Donateurs ont tranſporté au profit deſdits Seigneurs Donataires, & deſcendans ſubſtituez, & à chacun d'eux, & de ceux qui ſont appellez & recueilleront ladite Subſtitution, tous droits de propriété, noms, raiſons & actions, reſcindans & reſciſoires qu'ils ont eſdits biens donnez & ſubſtituez, s'en déſaiſiſſant à leur profit pour s'en faire ſaiſir & mettre en poſſeſſion ainſi qu'il appartiendra.

Reconnoiſſant leſdits Seigneur & Dame Donateurs avoir en leurs mains les titres & piéces concernant la propriété deſdites Terres & biens ci-deſſus donnez, à cauſe dudit uſufruit par eux réſervé à titre de précaire, conſentant qu'après leur décès leſdits titres & piéces ſoient mis ès mains de celui qui devra jouir de la préſente Donation & Subſtitution, ou pour lui en celles de qui il appartiendra, même ſi beſoin eſt, leſdits Seigneur & Dame Donateurs promettent l'en aider toutefois & quantes, en attendant ladite délivrance, & pour faire publier, inſinuer & enregiſtrer ces Préſentes en toutes Juriſdictions & par tout où beſoin ſera, même pour ſe dévêtir & déſaiſir par leſdits Seigneur & Dame Donateurs des biens ci-deſſus donnez & ſubſtituez, ès mains du Roi & des Seigneurs dont leſdites

Terres & Seigneuries sont mouvantes, & en consentir les investitures & saisines au profit dudit Seigneur Donataire & Substituez, & en requérir l'investiture & saisine, & en prendre possession actuelle par mise de fait ou autrement, suivant les Coutumes des lieux où lesdits biens sont situez; lesdits Seigneur & Dame Donateurs & ledit Sieur de Longuemort audit nom, font & constituent leurs Procureurs généraux & spéciaux les Porteurs desdites Présentes, leur donnant pouvoir de faire pour raison de ce tout ce qui sera nécessaire, & d'en requérir tous Actes, & dès-à-présent se sont lesdits Seigneur & Dame Donateurs désaisis & dévêtus au profit dudit Seigneur Donataire de tous lesdits biens donnez par l'octroi & tradition desdites Présentes.

Et pour l'exécution des Présentes & dépendances, lesdits Seigneur & Dame Donateurs ont élû leur domicile irrévocable en leur Hôtel en cette Ville devant déclaré, auquel lieu nonobstant, promettant, obligeant, renonçant. Fait & passé à Paris en l'Etude de Monnerat, l'un des Notaires soussignez, l'an mil sept cens, le vingt-cinquiéme jour de Juillet avant midi, & ont signé. Ainsi signé, de Mailly, J. de Mouchy, de Longuemort, Faudoire & Monnerat Notaires.

NOTA. Aux termes de l'Ordonnance d'Orléans, la Substitution ci-dessus, quoique stipulée graduelle & perpétuelle, ne devoit avoir lieu que jusqu'au second degré; mais par Lettres Patentes du Roi du mois de Décembre 1701, enregistrées au Parlement les 4 & 5 Janvier 1702, elle a été confirmée pour avoir son entiere exécution.

L'article 30 du premier titre de l'Ordonnance du mois d'Août 1747, confirme l'article 59 de ladite Ordonnance d'Orléans.

Levée de Substitution.

AUjourd'hui est comparue pardevant, &c. Jeanne Bailleul, veuve de Jacques Ricard, Maître Pâtissier, demeurante, &c. laquelle à son égard a par ces Présentes levé purement & simplement la Substitution par elle faite conjointement avec ledit défunt son mari, aux enfans lors nez & à naître en légitime mariage de Marie Ricard leur fille, femme de Thomas le Juge, Maître Couvreur de maisons à Paris, de tous les biens qui par leur décès se trouveroient appartenir à ladite Marie Ricard leur fille unique, suivant l'Acte passé devant & son Confrere, Notaires à Paris, le consentant que ladite femme le Juge jouisse, fasse & dispose librement & comme bon lui semblera, des biens qui par le décès de ladite veuve Ricard se trouveront lui appartenir, de même que si ladite Substitution n'avoit point été faite; voulant & entendant qu'elle demeure nulle, & consentant que des Présentes, mentions soient faites en son absence par les Notaires premiers requis, sur les minute & expédition dudit Acte de Substitution. Promettant, obligeant, renonçant. Fait & passé, &c.

Autre

Autre levée de Substitution.

AUjourd'hui sont comparus pardevant Nicolas B. & M. sa femme, qu'il autorise à l'effet des Présentes, demeurans, &c. lesquels ont dit que par Acte passé devant Notaires, le pour les causes & raisons y portées, ils auroient substitué aux enfans de Jacques B. leur fils aîné, la part qu'il pourroit prétendre en leurs successions futures, dont il jouiroit seulement en usufruit, & la propriété appartenir à sesdits enfans, & s'il venoit à décéder sans enfans, aux plus proches de ses parens lors à lui succéder; & ayant consideré depuis la passation dudit Acte, que ladite Substitution ôteroit entierement à leur fils aîné tous les moyens, soit de s'établir & de se pourvoir par mariage, même de subsister & se maintenir selon sa naissance; désirant prévenir les contestations qui pourroient naître après leur décès, & donner l'entiere liberté à leurdit fils aîné de jouir & disposer de sa portion héréditaire dans les biens qu'ils lui laisseront après leur décès, déclarent par ces Présentes qu'ils révoquent conjointement ladite Substitution, qu'ils la levent, & entendent que ledit Acte & son contenu, ensemble les publications faites d'icelui au Châtelet de Paris, les soient & demeurent nuls & sans effet, & que nonobstant ledit Acte, ledit fils aîné ait l'entiere liberté de disposer & jouir des biens qui lui écheront par leur décès, tant en meubles qu'immeubles, & revenus quelconques, dont & de ce que dessus ils ont requis Acte à eux octroyé par lesdits Notaires soussignez. Fait & passé, &c.

Nota. Que la Substitution étant une disposition à cause de mort, elle peut être levée & annullée, augmentée ou diminuée par la volonté de celui qui la fait, & elle ne prend sa perfection que par le décès de ceux qui ont substitué.

CHAPITRE X.

De l'Exhérédation.

L'Exhérédation est une disposition par laquelle on exclut de sa succession, ou de portion d'icelle, celui à qui elle est dûe, & à qui elle appartient par la Loi ou la Coutume.

Par les Loix Romaines, l'exhérédation ne peut être faite que par testament, parce que l'on ne peut instituer un ou plusieurs héritiers que par testament, & que l'ordre des successions ne peut être changé, augmenté ou diminué que par testament.

Il n'y a proprement que les enfans qui puissent être exhérédez, parce qu'il n'y a qu'eux ausquels de plein droit la succession de leur pere appartient; ensorte que l'exhérédation ne se dit pas des collatéraux.

Selon notre Jurisprudence, les enfans peuvent être exhérédez par toutes sortes d'actes, testamens ou autres, ainsi elle n'est sujette à aucune formalité ; mais il faut que ce soit pour juste cause, comme pour s'être mariez sans le consentement de leurs pere & mere, les avoir maltraitez & battus, ou autres causes légitimes qu'il faut énoncer dans l'acte, à peine de nullité.

Les enfans peuvent être réduits à leur légitime sans exhérédation & sans cause que la seule volonté de leurs pere & mere ; mais s'il n'y a juste cause, ils ne peuvent être exhérédez ou privez entierement de la succession : on peut aussi, en cas de désordre & de malversation, substituer au profit des petits enfans, ainsi qu'il a été dit ci-dessus en parlant des Substitutions.

La légitime est, ainsi que nous venons de dire, ce qui est dû aux enfans par le droit naturel dans les biens de leurs pere & mere ou autres ascendans. La légitime, suivant la Coutume de Paris, article 298, est la moitié de telle part & portion que chacun enfant eût eu en la succession de ses pere & mere, ayeul ou ayeule, ou autres ascendans, s'ils n'avoient pas disposé de leurs biens à leur préjudice.

Pour revenir à l'Exhérédation, suivant le Droit des Pays coutumiers, elle peut avoir lieu en ligne collatérale ; elle doit aussi contenir de justes causes, sans lesquelles on ne peut priver les collatéraux des biens qui doivent leur appartenir par la disposition des Coutumes.

Comme suivant ce que nous avons dit ci-dessus, l'Exhérédation peut être faite par toutes sortes d'Actes, & n'est sujette à aucunes formalitez : de même aussi l'Acte qui leve l'Exhérédation peut aussi être fait de la même maniere.

Voyez, touchant les Exhérédations, ce que M. de Ferriere en a dit dans sa Traduction des Institutes, sur le titre 13 du second Livre.

Exhérédation.

AUjourd'hui sont comparus devant les Notaires à Paris soussignez, Louis Gillet, Maître Chandelier à Paris, & Jeanne Pigré sa femme, y demeurans, &c. lesquels ont déclaré que François Gillet leur fils aîné, après avoir été par eux élevé & entretenu avec tous les soins possibles, auroit nonobstant toutes les dépenses qu'ils ont faites pour son éducation & pour son avancement, quitté le métier de
& se seroit porté à un tel mépris envers eux, qu'il auroit à leur insçu & sans leur consentement, contracté mariage au mois de Septembre dernier, n'étant pour lors âgé que de vingt-huit ans, avec une personne qui leur

est entierement inconnue. Pour raison de quoi lesdits Gillet & sa femme se servant dans une injure aussi sensible du pouvoir que les Loix & les Ordonnances du Royaume leur donnent, & que la nature même semble leur donner, exhérédent ledit François Gillet leur fils, & le privent de tout le droit, part & portion qu'il pourroit prétendre dans leurs biens & successions, à quelque titre & qualité que ce puisse être, dont ils ont requis Acte, pour lequel faire insinuer & enregistrer, ils ont fait & constitué Procureur le porteur; donnant pouvoir, promettant, &c.

Substitution portant Exhérédation.

AUjourd'hui est comparu pardevant Nicolas B. demeurant lequel avec regret a déclaré que la mauvaise conduite qu'il voit journellement de Jacques B. son fils, pour l'éducation duquel il a apporté tous ses soins & remontrances possibles, afin de pouvoir l'élever & mettre dans quelque emploi honnête; ce que sondit fils a négligé, pour son peu de respect, mépris & grand libertinage, s'étant abandonné à toutes sortes de débauches, fréquentations deshonnêtes & mauvaises compagnies, qui l'ont engagé dans des emprunts & dépenses exorbitantes, lui fait appréhender & préjuger dès-à-présent une dissipation des biens qu'il pourra laisser à sondit fils; à quoi voulant remédier & prévenir la consommation desdits biens, & pour autres causes & motifs particuliers qui ne lui sont que trop connus, & qu'il juge à propos de taire, a par ces Présentes, lesquelles il veut tenir lieu & valoir pour Testament à cause de mort, substitué & substitue aux enfans à naître dudit Jacques B. en légitime mariage, contracté & célébré en présence & du consentement dudit Sieur Comparant & de M. sa femme, ou du survivant d'eux, & s'ils étoient décédez, en la présence de quatre des plus proches de leurs parens paternels & maternels, la part & portion héréditaire, mobiliere & immobiliere, qui pourroit échoir audit Jacques B. par le décès dudit Sieur Comparant des biens de sa succession, & jouira seulement de l'usufruit de ladite portion héréditaire sa vie durant, pour sa subsistance, sans qu'il puisse être saisi par aucun de ses créanciers, ni que sondit fils puisse engager ni disposer de la propriété de ladite portion: même attendu que ledit Sieur Comparant a été averti & croit que sondit fils s'est marié à son insçu, ou qu'il pourroit se marier sans son consentement & celui de sadite femme, ou parens, comme il est dit ci-dessus, ledit Sieur Comparant usant du pouvoir & autorité que les Loix, Ordonnances & Arrêts donnent aux peres & meres sur leurs enfans, entend que si cela est ou arrive, ledit Jacques B. soit exclus & exhérédé, comme dès-à-présent en l'un ou l'autre desdits cas il l'exclut & exhérédé, ensemble sa postérité, de sa succession, tant en propriété que revenus, qui accroîtra au profit de ses autres enfans; dont & de ce que dessus il a requis Acte ausdits Notaires, à lui octroyé le présent, pour être après son décès lû, publié & registré où besoin sera, & sortir son effet selon sa forme & teneur. Ce fut fait & arrêté, &c.

CHAPITRE XI.

Du Rappel à une Succeſſion.

LE Rappel à une ſucceſſion eſt une eſpéce d'ordonnance de derniere volonté, par laquelle une perſonne rappelle à ſa ſucceſſion celui qui n'auroit pas droit d'y venir autrement, parce qu'il ſeroit plus éloigné en degré que ſes autres parens collatéraux ; & le Teſtateur déclare qu'il veut & entend qu'il ſuccéde au lieu & place de ſon pere, ou autre, avec ſes autres héritiers légitimes qui lui ſuccéderont après ſon décès.

Il eſt de la diſpoſition du Teſtateur de faire ſuccéder ceux qu'il rappelle à ſa ſucceſſion, par ſouche, comme repréſentans leur défunt pere ou autres, ou par tête, ſelon ſa volonté.

M. Ricard a fait un Traité particulier du Rappel à ſucceſſion, qui a été mis dans la derniere Edition de ſes Ouvrages ; le Lecteur pourra y avoir recours. M. de Ferriere en a auſſi parlé aſſez au long dans ſon Introduction à la Pratique, *verbo* Rappel.

L'Acte de Rappel à ſucceſſion ſe fait quelquefois par Teſtament, quelquefois auſſi par un Acte ſéparé & exprès.

Pour bien entendre ceci, il faut ſçavoir qu'il y a deux ſortes de Rappel ; celui qui ſe fait dans les termes du Droit, *intra terminos Juris* ; & celui qui ſe fait hors les termes du Droit, *extra terminos Juris*.

Le Rappel qui ſe fait *intra terminos Juris*, eſt celui par lequel on rappelle à ſa ſucceſſion des deſcendans ou des collatéraux qui y peuvent venir ſuivant la diſpoſition du Droit Civil, c'eſt-à-dire des Loix Romaines, & qui eſt néceſſaire dans certaines Coutumes où la repréſentation n'a pas lieu en ligne collatérale.

Tel eſt le Rappel que l'oncle ou la tante fait de ſes neveux & niéces, à l'effet de lui ſuccéder conjointement avec ſes freres & ſœurs : c'eſt la diſpoſition expreſſe du troiſiéme chapitre de la Novelle 118 de Juſtinien. Ainſi ce Rappel eſt fait *intra terminos Juris* : en voici la Formule.

Acte de Rappel fait intra terminos Juris.

FUt préſente Jeanne   fille majeure, laquelle inſtruite que par la diſpoſition de la Coutume de   où elle fait ſon domicile, & où ſes biens ſont ſituez, les neveux ne ſuccédent point à leurs oncles & tantes décédez, avec les freres & ſœurs deſdits décédez ; par l'effet de laquelle disposition les enfans de défunt Louis, frere de ladite Comparante, seroient privez de la part qui auroit appartenu audit Louis dans la succession d'icelle Comparante, a par ces Présentes déclaré qu'elle rappelle à sa future succession les enfans dudit Louis son frere décédé, pour tous ensemble y représenter ledit Louis, & prendre dans les biens d'icelle succession future telle part & portion qui auroit appartenu à sondit frere Louis, s'il l'eût survécu. Dont Acte requis & octroyé, &c.

A plus forte raison, le Rappel qui se fait des petits-enfans d'un fils prédécédé, est fait *intra terminos Juris* dans la Coutume du Boulonnois, qui donne tout aux enfans du premier degré, à l'exclusion des descendans qui sont dans un degré plus éloigné.

On tient que les Coutumes qui n'admettent point la représentation dans les cas où elle est établie par le Droit Romain (surtout en ligne descendante) sont très-odieuses; & que c'est pour les adoucir, autant qu'il est possible, que l'on a parmi nous introduit le Rappel.

Aussi ce Rappel qui se fait *intra terminos Juris*, est très-favorable, parce qu'il produit un retour au Droit commun, c'est-à-dire à la disposition du Droit Civil, qui est en cela observé presque par toute la France, à l'exception de quelques Coutumes qui n'admettent pas la représentation.

La faveur que l'on a donnée au Rappel qui se fait dans les termes du Droit, est si grande, qu'il peut être fait par un simple Acte qui n'est assujetti à aucunes formalitez.

On donne aussi à ce Rappel toute son étendue; c'est-à-dire, que celui qui est rappellé succéde de la même maniere que si la Coutume avoit admis la représentation, jusques-là que s'il est fils de l'aîné, il succéde au droit d'aînesse. Louet & son Commentateur, Lettre R, chap. 9.

Le Rappel qui se fait *extra terminos Juris*, hors les termes du Droit, est celui par lequel on rappelle à sa succession des collatéraux qui n'y pouvoient pas venir suivant la disposition du Droit Civil, comme si le Rappel se faisoit d'un arriere-neveu.

Il est certain que ce Rappel est fait hors les termes du Droit; d'autant que par la disposition du Droit Civil, la représentation n'a point lieu en ligne collatérale que dans le cas exprimé dans le troisiéme chapitre de la Novelle 118 de Justinien, qui introduit un Droit nouveau & spécial, & qui par conséquent ne reçoit point d'extension.

Le Rappel qui est fait *extra terminos Juris*, est moins favorable que celui qui est fait *intra terminos Juris*; c'est pourquoi celui qui est fait hors les termes du Droit, n'est pas tant un véritable Rappel à une succession, qu'un Legs, & par conséquent une disposition de derniere volonté : d'où il s'ensuit,

1°. Que les propres n'y sont pas compris, qu'autant que la Coutume permet d'en disposer par Testament.

2°. Que ce Rappel ne se peut faire que par un Acte qui soit revêtu de toutes les formalitez requises pour les dispositions testamentaires; desorte qu'une simple déclaration faite pardevant Notaires ne suffiroit pas pour cela.

Ainsi quand on rappelle à sa succession un petit neveu, ou un cousin germain, pour succéder avec le neveu ou avec l'oncle, l'Acte de Rappel doit être muni des formalitez requises pour les dispositions testamentaires; & ce Rappel ne pouvant être valable que par forme de Legs, celui qui a été rappellé ne peut avoir part que dans les biens dont le défunt a eu la faculté de disposer par disposition testamentaire.

Quand le Rappel se fait *extra terminos Juris*, le Rappellé ne peut donc prendre que la portion dont la Coutume permet la disposition par Testament, c'est-à-dire dans la Coutume de Paris, le quint des propres, & il seroit obligé de laisser les quatre quints aux véritables héritiers du défunt, à qui ils doivent appartenir.

Au surplus, le Rappel *extra terminos Juris* ne peut jamais être fait par Acte entre-vifs, comme nous l'avons dit ci-dessus, si ce n'est par Contrat de mariage, parce qu'il n'y a point de dessaisissement; & quand ce Rappel se fait par Contrat de mariage, il est sujet à acceptation & à insinuation.

Acte de Rappel fait extra terminos Juris.

Fut présente Marie fille majeure, demeurante saine d'esprit & de corps, venue à l'effet ci-après en l'Etude de l'un des Notaires soussignez, où son Confrere, pour ce mandé, s'est transporté, laquelle a dicté & nommé ausdits Notaires soussignez, qu'elle rappelle à sa future succession Nicolas son petit neveu, fils de Jean son neveu, pour partager avec ses autres héritiers ladite succession, & y prendre telle part & portion qui auroit appartenu audit Jacques, neveu de ladite Comparante, s'il l'eût survécu. Déclarant ladite Marie qu'elle entend que la présente disposition ait lieu, nonobstant tout Testament qu'elle peut avoir fait ou fera ci-après, & que le présent Rappel ne pourra être compris sous la révocation générale des dispositions testamentaires antérieures à celle contenant ladite révocation, & ne pourra être censé révoqué que par un Acte de révocation expresse. Ce fut ainsi dicté & nommé ausdits Notaires en ladite Etude, &c.

LIVRE DOUZIÉME.

Des Inventaires & des Partages.

NOUS avons parlé dans le Livre précédent des Testamens, Codiciles & autres Actes de derniere volonté ; il y a plusieurs Actes qui se font en conséquence, comme sont les Inventaires, Renonciations & Partages, dont il sera parlé dans ce Livre.

CHAPITRE PREMIER.

Des Inventaires.

INVENTAIRE, est une description des biens d'un défunt, délaissez après sa mort, laquelle se fait solemnellement & par des Officiers de Justice, pour maintenir les droits de tous ceux qui peuvent y avoir intérêt, comme des créanciers, des héritiers, légataires & autres ; & cet Inventaire doit être fait à la réquisition des Parties : ainsi aucuns Officiers ni Juges ne peuvent s'immiscer à faire Inventaire sans en être requis, quand bien même l'intérêt des mineurs parût exiger qu'on fasse Inventaire des biens & effets délaissez par le défunt. *Le Grand sur la Coutume de Troyes*, *art.* 107, *glos.* 1, *nombre* 6.

Cet Inventaire doit être fait aux dépens communs de la succession, & doit le survivant des conjoints payer la moitié des frais. *Le Grand* à l'endroit cité ci-dessus, dit que l'on peut procéder au scellé & à la confection d'Inventaires, nonobstant oppositions ou appellations quelconques.

Il est de conséquence pour les héritiers, ou pour le survivant des conjoints, de faire Inventaire dans les formes le plutôt que faire se peut. 1°. Pour justifier de leur bonne foi, & empêcher que dans la suite on ne puisse les accuser d'avoir recelé & détourné les biens d'une succession. 2°. Pour faire cesser la communauté, s'il y en a eu entre le défunt & le survivant. 3°. Pour voir l'état d'une succession, l'accepter ou y renoncer, suivant ce que l'on juge à propos.

Quand le défunt a fait un Testament, & nommé un Exécuteur testamentaire, c'est à sa requête que l'Inventaire doit être fait. Si le défunt étoit marié, l'Inventaire doit être fait à la requête du survivant ; & s'il ne l'étoit pas, il doit être fait à la requête des héritiers présomptifs.

L'Exécuteur testamentaire, après avoir fait l'Inventaire, doit procéder à la vente des biens meubles, afin ; suivant la Coutume, de pouvoir dans l'an exécuter le Testament du défunt.

Les présomptifs héritiers doivent faire Inventaire avant que d'accepter ou de renoncer à la succession du défunt, & ne doivent prendre autre qualité que d'*héritiers présomptifs*, ou d'*habiles à se dire & porter héritiers* du défunt ; & après l'Inventaire fait, ils peuvent prendre la qualité qu'ils trouvent à propos, renoncer à la succession, ou l'accepter purement & simplement, ou sous bénéfice d'inventaire ; car autrement s'ils ne faisoient point Inventaire, & qu'ils s'immisçassent dans la succession, ou qu'ils appréhendassent quelques biens d'icelle, ils seroient réputez héritiers purs & simples, & par ce moyen ils seroient obligez de satisfaire à toutes les dettes de la succession, à quelques sommes qu'elles puissent monter.

Néanmoins si la succession étoit avantageuse, & qu'il n'y eût aucun sujet d'en craindre de mauvaises suites, tous les héritiers étant majeurs, ils peuvent entr'eux faire & disposer des biens sans Inventaire préalable, ou le faire tel qu'ils veulent.

Quand la femme survit son mari, elle doit faire faire Inventaire dans le tems de l'Ordonnance ; & si elle ne l'a pas fait, & qu'elle se soit mise en possession des biens de la communauté, elle est réputée commune, comme ayant tacitement accepté la communauté ; ainsi que l'héritier qui ne fait point d'Inventaire, & qui dispose des biens de la succession en qualité de maître, fait acte d'héritier, & s'oblige personnellement aux dettes de la succession. Aussi la femme en ne faisant pas Inventaire, & ne renonçant pas par un Acte au Greffe de la Justice du lieu de son domicile, ou pardevant Notaires, & prenant les biens de la communauté, est commune, & par ce moyen sujette aux dettes de la communauté. Sur quoi il faut observer que quand

la

la veuve a fait Inventaire, elle n'eſt tenue des dettes de la communauté auſquelles elle n'a pas parlé, que juſqu'à concurrence de ce qu'elle en amende, comme il eſt porté en l'article 228; mais quand elle n'a point fait d'Inventaire, & qu'elle s'eſt miſe en poſſeſſion des biens de la communauté, elle eſt tenue indéfiniment des dettes de la communauté. La raiſon eſt, que l'indéfinité des droits eſt la cauſe qui oblige de payer indéfiniment les dettes: ainſi l'unique moyen de faire ceſſer l'indéfinité de l'obligation, eſt de fixer la quantité des droits par un Inventaire, ou par un partage équipollent à Inventaire; autrement le profit eſt réputé indéfini. Ainſi comme on ne peut pas par des conventions particulieres changer les régles publiques de la vérité ou de la foi des hommes, on ne peut pas faire par une clauſe inſerée dans un contrat de mariage, que le profit de la communauté dont il n'y a point d'Inventaire, ne ſoit réputé indéfini pour la veuve ou ſes héritiers qui y prennent part, ſans qu'il y ait Inventaire des biens de ladite communauté.

Que ſi le mari n'avoit laiſſé aucuns biens, la femme pour ſe mettre à couvert des dettes, doit prendre acte de notoriété pardevant Notaires, que ſon mari n'a délaiſſé aucuns biens; & à cet effet les Notaires doivent ſe tranſporter dans la maiſon du défunt, & donner acte à la veuve de ce que les domeſtiques & voiſins ont déclaré qu'ils n'ont aucune connoiſſance que le défunt ait délaiſſé aucuns biens meubles ou immeubles.

Le Tuteur des mineurs, quand leur pere n'a laiſſé aucuns biens meubles, doit auſſi déclarer & affirmer par ſerment, qu'il ne ſçait aucuns biens délaiſſez par leur pere, tous les voiſins ſçachant qu'il n'en a point laiſſé, & partant qu'il renonce pour eux à la ſucceſſion; ce qui doit être affirmé par ceux qui aſſiſtent à la nomination du Tuteur, & cette renonciation doit être homologuée en Juſtice.

La femme ſurvivant, en faiſant faire loyal Inventaire des biens délaiſſez après le décès de ſon mari, & renonçant à la communauté, n'eſt pas tenue des dettes de la communauté; mais elles ſe doivent payer par les héritiers du mari, s'il y en a qui ayent appréhendé ſa ſucceſſion, ou ſur les biens délaiſſez après ſon trépas: & en ce faiſant, la veuve a action contre les biens de ſon mari, comme créanciere, pour ſe faire reſtituer ſes repriſes & conventions matrimoniales.

L'Ordonnance de 1667, titre 7, donne à l'héritier trois mois depuis l'ouverture de la succession pour faire l'Inventaire, & quarante jours après l'Inventaire achevé, pour délibérer s'il se portera héritier pur & simple, ou autrement ; & si l'Inventaire a été fait avant les trois mois, le délai de quarante jours commence du jour qu'il a été parachevé.

La veuve a pareillement trois mois pour faire l'Inventaire, & quarante jours après qu'il est achevé, pour délibérer si elle acceptera la communauté. Néanmoins le Juge peut pour quelque juste empêchement proroger le tems pour faire Inventaire, lequel n'est pas réputé fait & parfait avant la derniere vacation employée à la confection d'icelui ; & le délai de quarante jours pour accepter ou renoncer, ne court que du jour de l'entiere perfection.

L'Ordonnance ne parle point s'il est nécessaire de faire clore l'Inventaire ; la Coutume de Paris n'en fait point aussi de mention ; c'est pourquoi la femme seroit déchargée des dettes mobiliaires, quoiqu'elle ne l'eût fait clore qu'après ledit tems. Il en faut dire de même de l'héritier ; néanmoins il est mieux de le faire clore.

Quand il y a des enfans issus du mariage, lors du décès de l'un des conjoints, le survivant a intérêt de faire Inventaire, pour empêcher la continuation de communauté entre lui & ses enfans, ainsi que nous avons déja dit ; & pour cet effet il doit le faire clore dans trois mois après qu'il a été fait ; autrement la communauté seroit continuée, si bon sembloit aux enfans : & pour le faire dans les formes requises par la Coutume, il faut que le survivant se fasse nommer à la tutelle, & fasse nommer un subrogé Tuteur, avec lequel l'Inventaire puisse être fait légitimement. Voyez ce qui a été dit ci-devant touchant la continuation de la communauté, & le Commentaire de M. de Ferriere sur la Coutume de Paris, article 240 & suivans.

Pour la perfection de l'Inventaire, il est nécessaire :

I. Qu'il soit fait par personnes publiques & ayant droit de le faire, & signé à la fin de chaque vacation par les Parties comparantes, par l'Huissier qui a fait la prisée des meubles, & par les Notaires ou autres qui l'ont fait.

Le droit de faire des Inventaires appartient aux Notaires, excepté en quelques lieux, où il est réservé aux Commissaires & Officiers du Siége ; mais à Paris il n'appartient qu'aux

Notaires. Voyez au commencement de ce Livre les Réglemens sur ce sujet.

Il a été jugé dans la Coutume de Paris, qu'un Inventaire doit être signé par deux Notaires, sur peine de nullité & de continuation de communauté, parce que cet acte est de rigueur, & doit être passé dans les formes prescrites ; ainsi il ne suffit pas qu'il soit passé pardevant un seul Notaire. Voyez le fameux Arrêt de Treton, huitiéme tome du Journal du Palais.

Cependant il seroit valable, passé pardevant un Notaire & des témoins ; mais hors Paris, & dans les lieux où il est d'usage que les témoins suppléent le Notaire qui signe en second.

II. La seconde formalité requise pour la confection de l'Inventaire, est qu'en le faisant, la prisée des meubles soit faite ; autrement l'Inventaire ne seroit pas valable. Le Grand, *sur la Coutume de Troyes, art.* 107, *glose* 2, *nomb.* 10.

III. La troisiéme est, que les Inventaires soient écrits par Officiers de Justice qui ont droit de les faire, ou par leur Clerc, & qu'ils soient signez desdits Officiers & des Parties, ou bien qu'il soit fait mention qu'elles ne sçavent pas signer. Ainsi à Paris, suivant un Arrêt du Parlement du 6 Avril 1632, il faut que les Inventaires soient écrits de la main d'un des Notaires, ou de son Clerc, & non pas des Parties, quoique Notaires. Cet Arrêt ordonne que toutes les cottes soient mises de la main du Notaire sur les minutes de l'Inventaire, & soient paraphées par l'un desdits Notaires ; & que lorsque la Pratique d'un Notaire décédé est délivrée à un autre Notaire, toutes les minutes lui doivent être délivrées en présence de deux Notaires par la veuve ou héritiers, & vérifiées sur le Répertoire du défunt, & chaque page dudit Répertoire paraphée par les Notaires & Parties, & les blancs qui se trouveront remplis de traits de plume ; & s'il se trouve quelques minutes non comprises audit Répertoire, elles y doivent être ajoutées de la main d'un des Notaires, & mention doit être faite des personnes par qui elles auront été représentées ; défenses au Clerc du Greffe, commis à la clôture desdits Inventaires, d'en recevoir les actes, & d'en faire mention sur les minutes, si elles ne sont signées des Notaires & des Parties, ou fait mention qu'elles ne sçavent signer, ou sur les grosses qu'elles ne soient signées des Notaires ; & enjoint de faire mention de la clôture tant au haut de la premiere page qu'à la fin de l'Inventaire, &

tant au haut de la premiere page qu'à la fin de l'Inventaire, & d'en charger le Registre de l'Audience, à peine de tous dépens, dommages & intérêts des Parties. Le présent Arrêt lû, &c.

La signature des Parties à l'instant de la confection d'un Inventaire est si nécessaire, qu'il a été jugé que l'Inventaire fait par le pere avant son second mariage pardevant un Notaire seulement, qui n'avoit été signé par les Parties qu'après la clôture, étant sans date de jour & de mois, étoit nul, & n'empêchoit la continuation de la communauté. *Voyez* M. Leprêtre, *centurie* 2, *chapitre* 18.

IV. La quatriéme formalité requise pour la perfection de l'Inventaire, est qu'il soit clos en Justice dans trois mois du jour qu'il a été fait & parfait, quoiqu'il ait été fait peu de jours après le décès. Dans les Coutumes qui n'en parlent point, la clôture n'est pas absolument nécessaire : Je la conseillerois néanmoins toujours pour éviter toute difficulté.

Cette clôture se fait au Greffe, & contient une affirmation des pere ou mere, que l'Inventaire est fidéle, & qu'il n'a rien recelé ; & le Greffier de la Jurisdiction met au bas de l'Inventaire, sur la minute du Notaire, ou sur l'expédition qu'on lui présente : *Tenu pour clos, le jour, &c.*

V. Il faut que l'Inventaire soit fait avec un légitime contradicteur, c'est-à-dire avec le Tuteur ou Curateur des mineurs, ou leur subrogé Tuteur, si le survivant gére leur tutelle. Ce contradicteur ne doit point être suspect de fraude, sur peine de nullité ; ce qui dépend des circonstances qui prouvent la fraude & l'intelligence du Tuteur avec le survivant. Voyez sur cela le Commentaire de M. de Ferriere sur l'article 240 de la Coutume de Paris.

Il faut remarquer qu'un Inventaire de biens de mineurs, fait avec toute autre personne pour contradicteur, que leur Tuteur, Curateur, ou subrogé Tuteur, seroit absolument nul ; il ne seroit pas même valable, s'il étoit fait avec le Procureur du Roi, ou Fiscal, ou autre personne publique pour contradicteur.

La raison est, que c'est une formalité requise par les Coutumes, laquelle doit être accomplie, ainsi qu'elle est prescrite ; & même dans les Coutumes qui n'en parlent point, on doit suivre la même chose, attendu que le Tuteur, Curateur, ou subrogé Tuteur, est la personne donnée par l'autorité de la Loi, pour la défense de la personne & des biens des mineurs.

VI. La sixiéme & derniere formalité de l'Inventaire, est qu'il soit fidéle & non frauduleux, sur peine de nullité. C'est le sentiment de tous les Jurisconsultes, & ce qui a été décidé par une infinité d'Arrêts, dont plusieurs ont jugé la nullité, pour avoir été fait en la présence d'un subrogé Tuteur suspect de fraude & d'intelligence avec le survivant; & avec raison, il ne suffit pas de faire Inventaire, il faut qu'il soit fidéle. Voyez le Commentaire de M. de Ferriere sur la Coutume de Paris, art. 228.

Quand les Créanciers appréhendent qu'on ne détourne des biens de la succession, ils peuvent faire apposer le scellé sur les effets de la succession de leur débiteur, dès qu'il est mort, pour leur sûreté; & pour cet effet il faut présenter Requête au Juge, à ce qu'il permette de faire apposer le scellé. Quelquefois la veuve & les héritiers font aussi apposer le scellé, crainte de soustraction, ou quand il y a des mineurs ou des absens.

Le Juge, sur la Requête, permet de faire apposer le scellé, & à cette fin commet un Commissaire. Dans les Jurisdictions où cette fonction appartient aux Lieutenans Généraux, Prevôts & Baillifs, ils se transportent eux-mêmes dans la maison, pour apposer le scellé, à la requisition d'une Partie intéressée.

On ne peut faire lever le scellé, que les intéressez & opposans aux scellez ne soient appellez; & pour cet effet il faut présenter Requête aux Juges, par l'ordonnance desquels le scellé a été apposé, tendante à la levée du scellé; & en cas d'absence de quelques-uns des intéressez, la levée du scellé & l'Inventaire doivent être faits en la présence du Procureur du Roi, ou d'un de ses Substituts.

Suivant la Déclaration du Roi du 27 Mai 1690, enregistrée au Parlement le premier Juillet, & publiée au Châtelet le 5 dudit mois, il est défendu à tous Commissaires, Notaires & Huissiers de procéder à aucune levée de scellez, confections d'Inventaires & ventes de meubles, sinon en la présence de tous les héritiers & autres parties intéressées, ou en cas d'absence de l'un d'eux, en la présence d'un des Substituts du Procureur de Sa Majesté au Châtelet, & sans qu'il soit permis à un des héritiers ou autres d'y assister pour un des cohéritiers absent, se faisant fort de lui, à moins qu'il ne rapporte une procuration spéciale à cet effet, & *postérieure au décès*, le tout à peine de nullité.

Par Arrêt du Parlement en forme de Réglement du 18 Juillet 1733, il est ordonné que les scellez ne pourront être levez, & les Inventaires commencez, soit dans la Ville de Paris, soit dans les Bailliages & Sénéchaussées du ressort du Parlement, que trois jours francs après les enterremens faits publiquement des corps des défunts, à peine de nullité des procès-verbaux de levée de scellez & confection d'Inventaires, d'interdiction & de 100 livres d'amende contre les Commissaires, Notaires & Procureurs qui y assisteront, à moins que pour des causes urgentes & nécessaires justifiées au Juge, & dont il sera fait mention dans son ordonnance, il en soit autrement ordonné.

Quand il survient des contestations entre les Parties en procédant à l'Inventaire, le Commissaire en doit faire mention dans son Procès-verbal; & si elles se trouvent de conséquence telles que le Commissaire ne les puisse pas juger, il les renvoye pardevers le Juge. Mais les Notaires n'écrivent rien de ces contestations dans les Inventaires; en finissant la vacation, ils déclarent seulement dans leur acte, que sur les contestations mûes entre les Parties en procédant à l'Inventaire, le Commissaire les a renvoyées pardevant le Juge.

Inventaire fait à la requête d'une veuve.

L'An le jour de huit heures du matin, à la requête de Marie, &c. veuve de Paul, &c. demeurante rue, &c. tant en son nom, à cause de la communauté de biens qui a été entre ledit défunt son mari & elle, sauf à elle à l'accepter ou à y renoncer ainsi qu'elle avisera par conseil, que comme Tutrice & ayant la Garde Noble *ou* la Garde Bourgeoise de Paul, &c. âgé d'onze ans ou environ, enfant mineur dudit défunt & d'elle, & en la présence de Jacques, &c. oncle paternel & subrogé Tuteur dudit mineur, ladite veuve & ledit Jacques élûs esdites charges de l'avis des parens dudit mineur, homologué par Sentence du, &c. ensuite de laquelle est l'acte de l'acceptation qu'ils ont fait desdites charges, étant au Registre de Greffier, le jour ledit mineur habile à se porter héritier dudit défunt son pere; à la conservation des biens & droits desdites Parties esdits noms, & de tous autres qu'il appartiendra, par les Notaires, &c. soussignez, a été fait Inventaire & description de tous les biens, meubles, ustenciles de ménage, habits, linges, hardes, titres, papiers, enseignemens & autres effets demeurez après le décès dudit Paul, &c. & qui étoient communs entre lui & sadite veuve au jour de son décès, trouvez en la maison où ladite veuve est demeurante, en laquelle ledit défunt est décédé le jour, &c. montrez & enseignez ausdits Notaires par ladite veuve Paul & par Catherine, &c. servante dudit défunt; après serment par elles prêté ausdits Notaires de montrer & enseigner tous lesdits biens, sans en cacher ni détourner aucune chose, aux peines en tel cas introduites, qui leur ont été exprimées par lesdits Notaires, iceux biens meubles prisez & estimez par Jacques, &c. Huissier-Priseur & Vendeur de biens meubles en cette Ville, qui les a prisez & estimez en sa conscience, eu égard au tems présent, ainsi qu'il suit, & ont signé. *Les Parties doivent toutes signer en cet endroit.*

Dans la cave :

Premierement, s'est trouvé trois demi-muids de vin pleins, du crû ; &c. prisé à raison de soixante livres le muid, revenant ensemble à la somme de

Item, environ deux voyes de bois, prisées, &c.

Dans la cuisine, une paire de chenets, &c.

Et après avoir vaqué jusqu'à midi, le contenu en la présente vacation est resté en la garde & possession de ladite veuve, qui s'en est chargée du consentement dudit subrogé Tuteur, & la vacation a été remise à ce jourd'hui deux heures de relevée, & ont signé. *On signe de même à la fin de toutes les vacations.*

Dudit jour deux heures de relevée, en continuant par lesdits Notaires la confection du présent Inventaire, à la requête & présence que dessus, a été fait & inventorié ce qui ensuit.

Dans une salle en bas, a été trouvé une paire de chenets à pommes de cuivre jaune, garnis de leur feu, prisez, &c.

Item, &c.

Dans une chambre au premier étage, ayant vûe sur la rue, a été trouvé ce qui ensuit, &c.

Ensuivent les habits.

Ensuit le linge.

Ensuit la vaisselle d'argent.

Ensuit l'or & l'argent monnoyé.

Ensuivent les marchandises trouvées dans la boutique du défunt.

Ensuivent les titres, papiers & enseignemens.

Premierement, l'expédition en parchemin du Contrat de mariage d'entre ledit défunt, &c. & Marie sa veuve, passé pardevant, &c. aux clauses & conditions y contenues, ensuite duquel est une quittance passée devant lesdits Notaires le inventorié UN

Item, l'expédition aussi en parchemin du don mutuel passé entre ledit défunt & ladite Marie, à présent sa veuve, pardevant, &c. le jour, &c. au dos duquel est l'acte d'insinuation faite d'icelui au Greffe des Insinuations du Châtelet, &c. le jour, &c. inventorié DEUX

Item, la grosse en parchemin d'un Contrat de constitution de deux cens cinquante livres de rente rachetable, &c. passé, &c. au profit dudit défunt, par tel, &c. inventorié TROIS

En inventoriant lequel Contrat de constitution, ladite veuve a déclaré que les arrérages de ladite rente sont dûs depuis jusqu'à présent ; & a signé.

Aux endroits où l'on fait des déclarations, il faut faire signer ceux qui déclarent quelque chose.

Il faut ensuite inventorier tous les autres titres & papiers de la même maniere, & les cotter par nombre.

Après quoi la veuve doit déclarer toutes les dettes actives; & après toutes les dettes passives.

Les choses inventoriées sont laissées à la garde du survivant qui fait faire l'Inventaire ; ce qui se déclare en ces termes :

Après avoir vaqué depuis ladite heure de jusqu'à celle de le contenu ci-dessus inventorié en la présente vacation (s'il n'y en a qu'une) *car s'il y en a plusieurs on dit :* le contenu au présent Inventaire a été laissé en ladite maison, en la garde & possession de ladite veuve, du consentement dudit subrogé Tuteur, laquelle s'en est volontairement chargée, & a promis le tout représenter quand & à qui il appartiendra ; & ont signé.

Quand il y a des meubles & effets dans une autre maison, la veuve le doit déclarer, afin que les Notaires s'y transportent pour les inventorier, & la déclaration se fait ainsi :

Le contenu ci-dessus inventorié a été laissé en ladite maison, en la garde de ladite veuve, & l'assignation remise à demain huit heures du matin, pour continuer le présent Inventaire des meubles, marchandises & effets étant en la maison de la rue, &c. & ont signé.

Dudit jour, &c. huit heures du matin, lesdits Notaires soussignez s'étant transportez avec lesdites Parties, à la requête & présence que dessus, en ladite maison, rue, &c. a été procédé par lesdits Notaires à l'Inventaire desdites marchandises, meubles & effets de ladite communauté trouvez en ladite maison, représentez par ladite veuve ; & lesdites marchandises, meubles & effets prisez par ledit, &c. comme il ensuit.

Premierement, dans la cave deux muids, &c. *Le reste des effets comme dessus.*

Touchant la confection & la validité des Inventaires, voyez tout le septiéme titre de l'Ordonnance de 1667, & les articles 237 & 241 de la Coutume de Paris.

La veuve doit faire faire bon & loyal Inventaire avant que d'accepter ou de faire sa renonciation, selon l'article 237 de la Coutume ; & si elle avoit soustrait ou recelé des biens de la communauté, elle doit être privée de la part qui lui appartient aux biens par elle soustraits ; ainsi jugé par plusieurs Arrêts.

Après le trépas de l'un des conjoints, les biens de leur communauté se partagent par moitié entre le survivant & les héritiers du défunt, selon le 229e article de la Coutume, & sur la part des héritiers du défunt se prennent les frais funeraires, dons & legs testamentaires par lui faits ; desorte que le survivant n'en paye rien sur sa part ; & cela est ainsi par l'usage commun, parce que ce ne sont point charges de communauté, mais dettes

dettes qui ne commencent & qui n'ont leur date que du moment du décès du défunt. Voyez les articles 296 & 298 de la Coutume de Paris.

Si dans un Inventaire il y avoit beaucoup de titres à inventorier qui ne fussent pas de grande conséquence, il en faudroit faire un mémoire selon leurs dates, & faire mention en substance de ce qu'ils servent, & des Notaires qui les ont passez, & inventorier ledit mémoire audit Inventaire, pour éviter à frais & à prolixité de discours.

Si le défunt ou défunte n'avoient aucuns héritiers, ou que les héritiers fussent si éloignez qu'ils ne pussent avoir des nouvelles promptement des décès des défunts, & que leurs absences fussent cause du retardement de l'Inventaire, on peut & doit, pour les absens, appeller un des Substituts de Monsieur le Procureur du Roi au Châtelet de Paris, & l'intitulé se fait en cette forme.

Inventaire où l'on appelle un Substitut du Procureur du Roi, pour l'absence des héritiers du défunt.

L'An le jour de huit heures du matin, à la requête de Marguerite, &c. veuve de, &c. en son nom, à cause de la communauté de biens qui a été entre ledit défunt & elle : Et en la présence de Me Avocat en Parlement, l'un des Substituts de Monsieur le Procureur du Roi au Châtelet de Paris, appellé par ladite veuve pour l'absence des présomptifs héritiers dudit défunt, si aucuns se trouvent, pour la conservation des droits de ladite veuve & de qui il appartiendra, (*& suivre le reste comme aux autres jusqu'à la fin, & puis mettre cette clause;*) après que ladite veuve a protesté que le présent Inventaire, ni la présence dudit Sieur Substitut, ne lui pourront nuire ni préjudicier au don mutuel contracté entre ledit défunt & elle, insinué au Greffe des Insinuations dudit Châtelet, qui sera ci-après inventorié ; & prendre & accepter ou renoncer à ladite communauté, si elle le juge à propos, & se tenir à son douaire & conventions matrimoniales résultans de son Contrat de mariage : Protestant en outre de tout ce qui pourroit être à son préjudice ; & ont signé.

Intitulé d'Inventaire fait à la requête d'une Veuve.

L'An, &c. à la requête de, &c. tant en son nom, à cause de la communauté de biens qui a été entre ledit défunt & elle, qu'elle se réserve d'accepter ou y renoncer, si bon lui semble, ainsi qu'elle avisera ci-après par conseil, & en la présence de Maître Avocat en Parlement, Substitut de Monsieur le Procureur de Sa Majesté, stipulant pour l'absence de présomptif héritier dudit défunt par représentation de défunt son pere, qui étoit fils dudit défunt, & de tous autres qu'il appartiendra

& pourront prétendre droit en ladite ſucceſſion; & encore en la préſence de P. au nom & comme Tuteur de A. enfans mineurs de lui & de défunte, &c. jadis ſa femme, fille dudit défunt; de *tel* & de *telle* ſa femme, qu'il autoriſe à l'effet des Préſentes, leſdits mineur & ladite femme, petits-enfans & filles dudit défunt, auſſi habiles à ſe dire & porter héritiers dudit défunt, chacun pour pour la conſervation des droits deſdites Parties, & de tous autres qu'il appartiendra, a été par les Notaires à Paris ſouſſignez, fait Inventaire & deſcription des biens meubles, titres, papiers & autres effets demeurez après le décès dudit défunt arrivé le jour, &c. trouvez ès lieux ci-après déclarez & mis en évidence par ladite veuve, après ſerment par elle fait ès mains deſdits Notaires, de tout montrer & indiquer, ſans aucun receller ni cacher, ſous les peines de droit en tel cas requiſes & accoutumées, à elle données à entendre par l'un deſdits Notaires, l'autre préſent; iceux biens meubles priſez & eſtimez par, &c.

Autre, lorſque le ſcellé a été appoſé.

L'An, &c. à la requête de Marie, &c. en la préſence de ſubrogé Tuteur de, &c. à la conſervation des biens & droits deſdites Parties eſdits noms, & de tous autres qu'il appartiendra, a été par les Notaires, &c. fait bon & fidele Inventaire & deſcription exacte de tous & chacuns les biens meubles, &c. demeurez après le décès dudit défunt, & qui étoient communs entre lui & ſadite veuve, trouvez & étant en la maiſon, &c. le tout après que les ſcellez qui ont été mis & appoſez ſur leſdits biens par Commiſſaire-Enquêteur & Examinateur au Châtelet de Paris, ont été par lui reconnus, levez & ôtez, en vertu de l'Ordonnance de Monſieur le Lieutenant Civil, miſe ſur la Requête à lui préſentée à cet effet le jour, &c. demeurée jointe à la minute du procès-verbal dudit Sieur Commiſſaire; leſdits biens meubles priſez & eſtimez par, &c.

Autre intitulé d'Inventaire.

L'An le *tel* jour, huit heures du matin, à la requête de haute & puiſſante Dame, &c. veuve de très-haut & très-puiſſant Seigneur, &c. à cauſe de la communauté de biens qui a été entre ledit défunt Seigneur ſon époux & elle, ſauf à y renoncer, ſi bon lui ſemble, ainſi qu'elle aviſera ci-après par conſeil; & ayant la Garde Royale de Sa Majeſté pour les biens de Normandie, & ſauf auſſi à ladite Dame de prendre & accepter, ſi bon lui ſemble, la Garde Noble dans les autres Coutumes où ſont ſituez les biens dudit défunt Seigneur Marquis, &c. & de l'enfant mineur non encore nommé d'icelui défunt Seigneur & d'elle, demeurante, &c.

Comme auſſi à la requête de très-haut & très-puiſſant Seigneur, Meſſire &c. (*l'on met les degrez de parenté, ſi l'on veut*) Tuteur honoraire dudit mineur, demeurant, &c. Et encore à la requête de, &c. Tuteur onéraire d'icelui mineur, demeurant, &c. Et en la préſence de très-haut & très-puiſſant Seigneur, &c. (*mettre les degrez*) ſubrogé Tuteur dudit mineur, & Tuteur pour défendre aux actions que ladite Dame, &c. pourra avoir contre icelui mineur, & ledit mineur contre ladite Dame, &c. ſa mere, demeurant, &c. lesdits Seigneur, &c. & Sieur, &c. élûs ès susdites charges de l'avis de Messieurs les parens dudit mineur, homologué par Sentence dudit Châtelet, le lesquelles charges ils ont acceptées par acte ensuite étant aux registres de Maître Greffier de la Chambre Civile, ledit mineur non encore nommé, seul & unique héritier dudit Seigneur son pere, à la conservation des droits dudit mineur, & de tous autres qu'il appartiendra, a été par les Conseillers du Roi Notaires au Châtelet de Paris soussignez, fait fidele Inventaire & description exacte de tous & chacuns les biens meubles & ustenciles d'Hôtel, vaisselle d'argent, bijoux, deniers comptans, titres, papiers & autres enseignemens dépendans de la succession dudit défunt Seigneur & trouvez après son décès dans les endroits ci-après dénommez, dépendans d'une maison appartenante à où ladite Dame est demeurante, montrez & enseignez, tant par ladite Dame, que par après serment par chacun d'eux fait séparément devant lesdits Notaires soussignez en la maniere accoutumée, de tous lesdits biens & effets de ladite succession, représenter & enseigner pour être compris au présent Inventaire, sur les peines à ce introduites, qui leur ont été données à entendre par l'un desdits Notaires soussignez, l'autre présent: iceux biens meubles prisez & estimez par A. Huissier-Priseur-Vendeur de biens meubles audit Châtelet, demeurant rue qui a promis faire ladite prisée en sa conscience, selon le cours du tems, ainsi qu'il ensuit; le tout aux protestations respectives faites par lesdites Parties, que les qualitez ci-dessus énoncées ne pourront être tirées à conséquence les uns contre les autres, ni leur préjudicier en quelque sorte & maniere que ce soit; & ont signé.

Quand il y a des Châteaux ou Maisons à la campagne, les Notaires de Paris s'y transportent, & en inventorient les meubles & tous les ustenciles de la même maniere que dans les Formules ci-dessus.

Inventaire fait par le mari survivant.

L'An, &c. à la requête de A. tant en son nom, à cause de la communauté de biens qui a été entre lui & Damoiselle que comme Tuteur de enfans mineurs dudit Sieur A. & de ladite défunte Damoiselle son épouse, élû de l'avis des parens & amis desdits mineurs, homologué par Sentence expédiée par Greffier, le jour en la présence de subrogé Tuteur, élû par ladite Sentence ausdits mineurs, lesquelles charges de Tuteur & de subrogé Tuteur lesdits Sieurs A. & ont acceptées par Acte étant ensuite de ladite Sentence, iceux mineurs habiles à se dire héritiers chacun pour de ladite défunte Damoiselle leur mere, à la conservation des droits des Parties, & autres qu'il appartiendra, par les Notaires soussignez, va être fait fidele Inventaire & description exacte de tous & chacuns les biens meubles, linges, ustenciles de ménage, titres, papiers & autres choses demeurées après le décès de ladite Damoiselle arrivé le jour de trouvez

& étant en une maiſon où ladite Damoiſelle *une telle* eſt décédée, ſuſdite rue repréſentez par ledit Sieur A. après ſerment fait par lui ès mains deſdits Notaires de n'en omettre aucuns, & qu'il n'en a été rien diverti, ſous les peines de droit à lui expliquées par leſdits Notaires, leſdits biens meubles & choſes ſujettes à eſtimation priſées par, &c.

Quand on fait l'Inventaire d'un fonds de Librairie, la priſée en doit être faite par deux Libraires, & doit être attachée à la minute de l'Inventaire des autres effets faite par le Notaire, lequel doit faire mention de la ſomme à quoi ſe monte ladite priſée par un ſeul article, ſuivant les Arrêts & Réglemens, ainſi qu'il eſt dit ci-après.

Enſuite de quoi ledit Sieur A. a requis l'un des Notaires ſouſſignez, d'annexer à la minute des Préſentes la priſée faite par leſdits Sieurs Marchands Libraires à Paris, convenus par les Parties, du fonds de Librairie; au bas de laquelle priſée eſt le certificat deſdits qu'ils y ont procédé en leur conſcience, & que ladite priſée monte à la ſomme de laquelle priſée a été jointe à ladite minute après avoir été ſignée & paraphée deſdits Sieurs & deſdits Notaires.

Ce fait, le contenu audit Inventaire & leſdits Livres énoncez en ladite priſée, ſont, du conſentement dudit Sieur ſubrogé Tuteur, demeurez en la poſſeſſion dudit A. eſdites qualitez, lequel s'en eſt chargé, & promis le tout repréſenter & en tenir compte quand & à qui il appartiendra, & ont ſigné la minute du préſent Inventaire demeurée audit Notaire.

Addition d'Inventaire.

Et le *tel* jour eſt comparu pardevant les Notaires ſouſſignez, P. nommé en l'Inventaire de l'autre part, lequel a dit & déclaré de bonne foi, que lors dudit Inventaire il a omis de déclarer qu'il eſt dû par lui & par la ſucceſſion de ladite défunte ſa femme, & par moitié, les ſommes qui enſuivent, dont & de ce que deſſus il a requis & demandé le préſent acte auſdits Notaires ſouſſignez, à lui octroyé. A Paris, ès Etudes, les jour & an que deſſus.

Lorſqu'une veuve ſe remarie, on ſtipule ordinairement qu'elle fera un récollement du contenu en l'Inventaire qu'elle a fait faire des biens délaiſſez par ſon premier mari; & l'intitulé ſe fait en ces termes:

Récollement des biens & effets d'une Veuve qui ſe remarie.

Bref état & récollement des biens & effets de Dame Madeleine, &c. veuve de Meſſire Paul, &c. fait en la préſence de Meſſire Jacques, &c. ſur l'Inventaire fait après le décès dudit défunt Sieur Paul, &c. par Notaires, &c. en exécution de l'une des clauſes du Contrat de mariage fait entre ledit Sieur Jacques, &c. & ladite Dame Madeleine, &c. passé pardevant *tels* Notaires, &c.

Si le second mari d'une veuve qui a fait un récollement de ses effets, pour satisfaire à son second Contrat de mariage, vient à décéder, la veuve, au lieu de faire l'Inventaire, peut faire un second récollement, qu'on peut intituler :

BRef état, &c. fait, &c. sur le récollement fait en la présence de Jacques son second mari, par Notaire, &c. le jour, &c. lequel récollement a été fait pour satisfaire au Contrat de mariage d'entre ledit feu Sieur son second mari & elle, sur l'Inventaire fait à la requête de ladite veuve, après le décès de son premier mari, par Notaire, &c. le jour

Premierement, se sont trouvez en nature pour les meubles, une tapisserie mentionnée en l'Inventaire, &c.

Item, &c.

S'est trouvé en *deficit* une armoire inventoriée audit Inventaire, &c.

Il faut ainsi suivre tous les effets actifs mentionnez en l'Inventaire, & marquer ceux qui se trouvent en nature, ou en *deficit*.

Il faut ensuite que la veuve déclare les dettes par elle contractées depuis l'Inventaire, ce qui se fait en ces termes :

Déclare ladite Dame *une telle* qu'elle s'est obligée pour la somme de par Obligation passée par, &c.

Le récollement des papiers se fait ensuite, & on les inventorie selon leur ordre, en la maniere suivante.

Ensuivent les papiers.

Premierement, la grosse en papier de l'Inventaire fait après le décès de Messire Paul, &c. à la requête de ladite veuve, ainsi qu'il est énoncé en l'intitulé, des biens meubles, titres & papiers qui se feroient trouvez appartenans à la succession dudit défunt, &c. fait par Notaire, &c. le jour, &c. suivant lequel Inventaire a été procédé au récollement de tous les titres & papiers contenus au susdit Inventaire, en ce qui s'est trouvé en la possession de ladite veuve ; par lequel récollement tous lesdits titres & papiers inventoriez audit Inventaire, se sont trouvez entierement en nature.

Lorsqu'une veuve fait ce récollement pour satisfaire à son Contrat de mariage, & qu'il se fait en présence de son second mari, on charge le mari du contenu dans l'Inventaire, & au récollement d'icelui ; ce qui se stipule en ces termes :

Desquels papiers, conformément audit Inventaire, ledit Jacques s'est d'abondant chargé par ces Présentes.

Lorsqu'il se trouve des papiers qui manquent, on en rend raison par une déclaration qui se fait de la maniere suivante, ou autre équivalente.

Sur lequel Inventaire a été procédé au récollement des titres & papiers qui ont été représentez par ladite & qu'elle a fait apporter exprès à ce sujet.

Par lequel récollement toutes les choses contenues audit Inventaire, se sont trouvées en nature, excepté les titres des cottes qui suivent.

Premierement, les titres concernant une maison sise appartenante à la communauté d'entr'elle & son défunt mari, lesquelles piéces auroient été inventoriées sous la cotte deux dudit Inventaire, ladite Dame a déclaré n'avoir en ses mains lesdites piéces, attendu qu'elle a depuis le décès de son mari échangé ladite maison contre, &c. par contrat passé par Notaires, le, &c. au lieu & place desquels titres elle a représenté ausdits Notaires le contrat d'échange & autres piéces qui lui ont été mises entre les mains, concernant la propriété de, &c. & a requis lesdits Notaires de les inserer & inventorier dans le présent récollement.

Item, s'est trouvé manquer les titres & contrats inventoriez sous la quatriéme cotte dudit Inventaire, concernant une rente constituée au profit dudit défunt son mari, par contrat passé le pardevant Notaire, &c. laquelle rente ladite Dame déclare avoir été remboursée le & au lieu & place ladite veuve a représenté aux Notaires soussignez un autre contrat de rente constituée à son profit, le, &c. de pareille somme provenante de ce remboursement; laquelle constitution a été faite pour emploi de ladite somme, ainsi qu'il en a été fait mention dans ledit contrat, & a requis ladite veuve que ledit contrat fût inventorié au présent récollement.

Item, s'est trouvé manquer une obligation de la somme de sept cens livres, passée pardevant Notaire, le inventoriée audit Inventaire, sous la cotte huit, laquelle ladite veuve a déclaré avoir mis entre les mains de M. Procureur, qu'elle auroit chargé de s'opposer pour elle au decret qui se poursuit sur A. débiteur de ladite obligation, à la requête de, &c.

Au reste, le récollement des biens d'une veuve qui se remarie, sert à faire connoître l'augmentation ou la diminution survenue aux effets mobiliers qui se sont trouvez lors de l'Inventaire; & faute de ce récollement, le second mari pourroit être présumé chargé de tout le contenu en l'Inventaire, quoiqu'il y eût des effets perdus & dissipez, si on ne prouvoit pas par un récollement sincere la vérité de cette diminution survenue lors du second mariage.

Déclaration lorsqu'il y a trop peu d'effets pour faire Inventaire.

AUjourd'hui est comparu lequel a déclaré que le décès de sa femme étant arrivé le dernier, il n'auroit fait procéder à aucun Inventaire de biens, attendu que le peu de meubles & effets qu'ils avoient ne le méritoient pas, & que d'ailleurs ils se trouvoient consommez par les loyers, & par ce qui étoit dû pour frais de maladie de ladite laquelle déclaration il fait & affirme véritable, pour équipoller Inventaire en cas de besoin, dont il a requis le présent acte pour lui servir & valoir ainsi que de raison. Ce fut fait, &c.

Et le sont comparus lesquels ont dit, que la déclaration ci-dessus faite par ledit est véritable, en conséquence de quoi ils ont par ces Présentes renoncé à la succession de ladite leur sœur, se désistant de pouvoir jamais former aucune action ni demande audit au sujet de ladite succession, d'autant plus qu'il est de leur connoissance, que ladite défunte ne lui a apporté aucune chose en mariage, & qu'il n'y a point eu de contrat fait entr'eux; affirmant à leur égard qu'ils n'ont pris ni appréhendé aucune chose de ladite succession de leurdite sœur; dont acte. Fait & passé, &c.

Autre déclaration tenant lieu d'Inventaire.

AUjourd'hui pardevant les Notaires, &c. est comparue veuve de C. laquelle a déclaré & affirmé, qu'après le décès dudit défunt C. son mari, arrivé au mois de elle est demeurée chargée de deux enfans, sçavoir de âgé de de âgé de & fort oberée; & qu'au sujet de la dépense que ladite Comparante a été dans la nécessité de faire pendant la maladie & infirmité du défunt, qui a commencé au mois de, &c. ainsi que pour la propre subsistance d'elle Comparante & de leursdits enfans; qu'outre cela ledit défunt ayant prêté les deniers qu'il auroit pû avoir à Damoiselle B. cela l'a réduit à poursuivre contre ladite Damoiselle B. pour être payé de, &c. Que depuis icelui défunt l'avoit encore fait obliger avec lui en quelques dettes & affaires, pour raison desquelles son peu de revenu & celui de ladite Comparante ayant été saisi, elle se seroit trouvée obligée d'emprunter pour sa subsistance, & de vendre quelques meubles pour lui aider à vivre, élever leurs susdits enfans, & en cet état elle auroit demeuré chez le Sieur, &c. Que ne pouvant plus subsister, le peu de revenu de son bien étant toujours saisi comme il l'est encore, elle auroit été dans la nécessité de vendre le reste des meubles qu'elle avoit, & de ce qui en seroit provenu elle en auroit payé plusieurs petites dettes faites au sujet de leur subsistance, ne s'étant réservé que leurs vêtemens & quelques linges à leur usage, étant présentement obligée de défendre & soutenir les procès qui lui sont survenus, & particulierement ceux qu'elle a encore contre, &c. elle subsiste en cette Ville par le secours & assistance d'un parent, qui l'a retirée chez lui & ses enfans; auquel parent les pensions de ladite Comparante & de sesdits enfans sont dûs depuis ladite année jusqu'à présent, à raison de trois cens livres par an, sans ce qu'elle lui doit d'ailleurs d'argent qu'il lui a prêté: Et d'autant que lors du décès dudit Sieur C. son mari, ses affaires étoient dans l'état ci-dessus expliqué, elle n'a eu aucun lieu de faire Inventaire, parce qu'il y avoit des meubles qui étoient de peu de conséquence; que bien loin qu'il fût dû aucune chose à leur communauté, au contraire ladite communauté étoit fort obérée; ladite Comparante ayant depuis le décès dudit défunt son mari acquitté beaucoup de petites sommes, notamment celle de dûe à la somme de dûe à, &c. A l'égard des titres & piéces concernant la succession de défunt son mari, elle a déclaré qu'ils consistoient, comme encore présentement, ès piéces concernant la dette de ladite B. qui sont ès mains de M. Procureur, chargé de poursuivre ledit procès contre ladite B. laquelle déclaration ladite Damoiselle Comparante a faite en sa conscience pour faire connoître l'état des affaires de la succession dudit défunt son mari, & de la communauté qui étoit entr'eux, & aussi en tant que besoin est, pour tenir lieu d'Inventaire, dont elle a requis acte aux Notaires soussignez.

Intitulé d'Inventaire fait à la requête d'un Particulier, comme Exécuteur d'un Testament.

L'An le heures de relevée, à la requête de Maître P. Demais (*sa qualité*) demeurant au nom & comme Exécuteur du Testament olographe & ordonnance de derniere volonté de défunte Angélique Coche, du déposé pour minute à R. l'un desdits Notaires soussignez, cejourd'hui en la présence de Benigne de Neuf, Sieur de Premy, demeurant pere & tuteur naturel de ses enfans & de défunte Dame M. Coche son épouse, dont aucuns sont légataires particuliers de ladite Angélique Coche leur grande-tante; & encore en la présence de Damoiselle Radegonde de Neuf de Premy, fille dudit Sieur de Premy, Comparante, & de ladite défunte Dame J. Coche son épouse, demeurante émancipée d'âge par Lettres obtenues en Chancellerie le enterinées par Sentence dudit Châtelet, le ladite Damoiselle de Premy, légataire universelle de ladite défunte Angélique Coche sa grande-tante, assistée de Maître Thimothée demeurant son curateur aux causes; & encore en la présence de Maître Antoine Conseiller du Roi, Substitut de Monsieur le Procureur de Sa Majesté au Châtelet, pour l'absence des présomptifs héritiers, & autres prétendans droit en ladite succession, à la conservation des droits desdites Parties & autres qu'il appartiendra; va être par les Conseillers du Roi, Notaires à Paris soussignez, fait Inventaire & description de tous les biens meubles, titres, papiers & effets délaissez par ladite Damoiselle Angelique Coche, trouvez & étant dans les chambres & lieux qu'elle occupoit en la maison de Madame Fouet, rue où elle est décédée le montrez & enseignez tant par Louise gardienne des scellez, que par Jeanne servante de ladite défunte, après serment par chacune d'elles séparément fait ès mains desdits Notaires, de n'en avoir détourné, ni vû détourner, & n'en receler aucuns, sous les peines de droit en tel cas introduites, qui leur ont été données à entendre par lesdits Notaires; lesdits biens meubles,

bles, & autres choſes ſujettes à priſée, eſtimez par Jean M. Huiſſier-Priſeur-Vendeur de biens meubles audit Châtelet, aux ſommes de deniers, ainſi qu'il ſuit, après que les ſcellez apposez ſur leſdits biens par M. J. L. G. Conſeiller du Roi, Commiſſaire audit Châtelet, ont été par lui reconnus ſains & entiers, & enſuite levez de la permiſſion de Monſieur le Lieutenant Civil, étant enſuite de la Requête à lui à cet effet préſentée, demeurée jointe à la minute du Procès-verbal dudit Sieur Commiſſaire, aux proteſtations faites par les Parties, que les qualitez qu'elles ont priſes ne leur pourront nuire ni préjudicier, ni à leurs droits & actions; & auſſi aux proteſtations faites par ledit Sieur Subſtitut, que ledit Teſtament ne pourra auſſi nuire ni préjudicier aux abſens, & ſans approbation d'icelui, défenſes au contraire par les autres Parties; & ont ſigné.

Dans la cave :

Premierement, &c.

Dans la Cuiſine :

Item, &c.

Intitulé d'Inventaire à la requête d'une veuve, tant en ſon nom, que comme tutrice de ſes enfans & de défunt ſon mari, avec lequel elle étoit non commune en biens, en la préſence du ſubrogé Tuteur.

L'An à la requête de Dame F. Carré, veuve de Maître Joſeph Bru, qui étoit non commune en biens avec lui par leur Contrat de mariage, paſſé pardevant le demeurante tant en ſon nom, à cauſe de ſes repriſes, dot & conventions matrimoniales à elle accordées par icelui, que comme mere & tutrice des Sieurs & Damoiſelles *tels & tels* ſes enfans mineurs, & dudit défunt ſon mari, habiles à ſe dire & porter héritiers chacun pour un dudit défunt Sieur Bru leur pere, en la préſence de Maître R. Bru, demeurant oncle paternel & ſubrogé Tuteur deſdits Sieurs & Damoiſelles mineurs ſes neveux & niéces, élûs eſdites charges par l'avis des Sieurs parens & amis deſdits mineurs, homologué par Sentence dudit Châtelet, inſcrite au regiſtre de Greffier, le leſquelles charges ils ont acceptées par acte enſuite à la conſervation des droits deſdites Parties & autres qu'il appartiendra : A été par les Conſeillers du Roi, Notaires, &c. *comme aux précédens.*

Intitulé d'Inventaire fait à plusieurs fois, à cauſe des conteſtations ſurvenues entre les Parties.

L'An le huit heures du matin, à la requête de Charles le Gagny, demeurant frere & habile à ſe dire & porter héritier de défunt Pierre le Gagny, Maître Louis R. Notaire au Châtelet de Paris, s'eſt tranſporté en la maiſon où eſt décédé ledit défunt Pierre le Gagny, ſiſe rue à l'effet de procéder avec ſon Confrere à l'Inventaire & deſcription des biens & effets, titres & papiers par lui délaiſſez, où étant, il eſt ſurvenu des conteſtations entre les Parties intéreſſées audit Inventaire, qui auroient donné lieu à un referé en l'Hôtel de

M. le Lieutenant Civil, comme il eſt porté au Procès-verbal de M. G. Commiſſaire audit Châtelet de Paris ; leſquelles conteſtations auroient duré juſqu'à midi ſonné, ce qui auroit empêché de procéder audit Inventaire, & à quoi il auroit été differé juſqu'à ce qu'il ait été ſtatué ſur leſdites conteſtations ; & a ſigné.

Nota. Qu'il faut après l'intitulé faire ſigner les Parties ſur la minute, & laiſſer de la place ſur la groſſe pour ſigner les Notaires.

Et le lendemain dudit mois, deux heures de relevée, ſuivant l'Ordonnance rendue par Monſieur le Lieutenant Civil, le jour d'hier, ſur ledit référé, porté au Procès-verbal dudit Sieur Commiſſaire G. & à la requête dudit Sieur Charles le Gagny, en ladite qualité d'habile à ſe dire & porter héritier dudit défunt Pierre le Gagny ſon frere, & en la préſence de Maître Claude G. Procureur audit Châtelet, fondé de procuration ſpéciale à l'effet des Préſentes du Sieur Jacques le Gendre, Tuteur de Marie-Catherine le Gendre mineure, fille de lui & de défunte Marie le Gagny ſa femme en premieres noces ; ladite mineure auſſi habile à ſe dire & porter héritiere dudit défunt Pierre le Gagny ſon oncle : ladite procuration paſſée pardevant le dont l'original eſt demeuré annexé à la préſente minute, pour y avoir recours ; & encore en la préſence du Sieur François Maugin, demeurant au nom & comme tuteur des enfans mineurs de défunt Charles Maugin ſon frere, & de C. M. le Gagny ſa femme, leſdits mineurs auſſi habiles à ſe dire & porter héritiers dudit défunt Pierre le Gagny leur oncle.

Comme auſſi en la préſence du Sieur A. Lempereur & de Anne le Gagny ſa femme, de lui autoriſée à l'effet des Préſentes, demeurant habile à ſe dire & porter héritiere ou légataire particuliere dudit défunt Pierre le Gagny : & encore leſdits Sieur & Damoiſelle Lempereur, exécuteurs conjointement du Teſtament dudit défunt Pierre le Gagny, reçu par le & encore ſtipulant pour Charles & Antoine Lempereur leurs enfans, légataires univerſels dudit défunt Sieur Pierre le Gagny leur oncle, ſuivant ledit Teſtament.

A été fait fidele Inventaire & exacte deſcription par Maître Jean G. & Louis R. Notaires à Paris ſouſſignez, des biens, meubles, effets, titres & papiers délaiſſez par ledit défunt Sieur Pierre le Gagny, trouvez ès lieux ci-après, par lui occupez en la maiſon où il eſt décédé le montrez & enſeignez par, &c. Après que les Scellez appoſez ſur leſdits biens par ledit Maître G. Commiſſaire, ont été par lui reconnus ſains & entiers, & enſuite levez & ôtez, de la permiſſion de Monſieur le Lieutenant Civil, étant enſuite de la Requête à lui à cette fin préſentée, demeurée jointe à la minute du Procès-verbal dudit Sieur Commiſſaire, aux proteſtations que font leſdites Parties eſdits noms, que les qualitez ci-deſſus priſes ne leur pourront nuire ni préjudicier, ſe réſervant à en prendre telles autres qu'ils aviſeront, & ſans préjudicier reſpectivement à tous leurs droits, noms, raiſons & actions, même par ledit Sieur le Gagny, Sieur G. audit nom, & Maugin audit nom, approuver en aucune maniere le Teſtament dudit défunt Sieur Pierre le Gagny, ni que les qualitez priſes par leſdits Lempereur & ſa femme d'exécuteurs dudit prétendu Teſtament, non plus que ledit Teſtament, même celles priſes par leſdits mineurs de prétendus légataires univerſels, ne pourront auſſi nuire ni préjudicier; & de ſe pourvoir contre & ainſi qu'ils aviſeront bon être, même pour raiſon des recelez & divertiſſemens qui pourroient avoir été faits, les défenſes contraires deſdits Sieur & Damoiſelle Lempereur eſdits noms; & ont ſigné.

Clôture d'une vacation, par laquelle une des Parties comparantes en l'Inventaire, conſtitue Procureur pour agir en ſa place.

Ce fait, après avoir vaqué juſqu'à midi ſonné, tout ce qui a été inventorié en la préſente vacation, a été laiſſé en la garde & poſſeſſion dudit Sieur le Gagny, & l'aſſignation continuée à demain deux heures de relevée; & ont ſigné. Et par ces Préſentes ledit Maugin audit nom donne pouvoir à Maître Laurent d'aſſiſter à la confection du préſent Inventaire pour lui, d'y faire toutes réquiſitions & proteſtations, & tout ce qu'il jugera à propos.

Continuation d'Inventaire.

Dudit jour deux heures de relevée, ſuivant ladite aſſignation, a été par leſdits Notaires, en préſence deſdites Parties eſdits noms & qualitez, procédé à la continuation dudit Inventaire, comme il enſuit:

Item, &c.

Autre clôture de vacation, lorſque l'on a commencé à examiner des papiers.

Ce fait, après avoir vaqué juſqu'à midi ſonné, tant à l'inventorié des meubles, qu'à examiner & mettre des papiers à part, & qui ont été mis ſous les ſcellez, tout ce qui a été inventorié en la préſente vacation, a été laiſſé en la poſſeſſion dudit le Gagny, enſemble leſdits ſcellez, qui s'en eſt chargé, du conſentement deſdites Parties, & l'aſſignation continuée à demain du préſent mois; & ont ſigné.

Continuation d'Inventaire, où la maniere dont il faut inventorier les vaiſſelles d'étain, d'argent & papiers, eſt marquée.

Dudit jour, huit heures du matin, ſuivant ladite aſſignation, a été par leſdits Notaires, en préſence deſdites Parties, procédé à la confection dudit Inventaire, ainſi qu'il enſuit:

Item, une tenture de tapiſſerie Auvergne, contenant vingt aunes de tour, ſur deux & demi de haut, priſée cinq cens livres, ci 500 liv.

Enſuit la vaiſſelle d'étain.

Item, s'eſt trouvé en pots, plats & aſſiettes d'étain fin, la quantité de livres peſant, priſée à raiſon de quinze ſols la livre, revenant audit prix à la ſomme de

Ensuit la vaisselle d'argent.

Premierement, &c.
pesant le tout ensemble marcs onces gros, prisé à sa juste valeur, & sans crûe, la somme de le marc, revenant ladite quantité audit prix à la somme de

Ensuivent les papiers.

Premierement, l'expédition en parchemin du Contrat de mariage d'entre ledit défunt & sadite veuve, passé devant & son Confrere, Notaires à Paris, le par lequel il paroît qu'il n'y a point eu de communauté de biens entr'eux, & que ladite Dame veuve a apporté en dot la somme de soixante-quinze mille livres; qu'il lui a été accordé pour son douaire quinze cens livres de rente; qu'elle a la jouissance, sa vie durant, d'une maison sise à Paris, rue & que ledit défunt lui a fait don de la somme de cinq mille livres, à prendre, suivant la prisée de l'Inventaire, & sans crûe, ou en deniers comptans, ainsi qu'il est plus au long porté audit Contrat inventorié UN

Item, la grosse en parchemin d'un Contrat de constitution passé devant & son Confrere, Notaires à Paris, le par Messieurs les Prevôt des Marchands & Echevins de la Ville de Paris, par lequel ils ont constitué audit défunt cinq cens livres de rente au denier vingt, moyennant sur les Aydes & Gabelles, inventorié DEUX

Item, &c.

Fin de vacation d'Inventaire, portant que la vaisselle d'argent & bijoux ont été prisez par l'Huissier, en présence & de l'avis d'un Marchand Orfévre-Jouaillier.

Ce fait, après avoir vaqué jusqu'à midi sonné, les meubles, linges, vaisselle d'argent & de vermeil doré, bagues, montres, jettons d'argent & argent monnoyé, inventoriez en la présente vacation, ont été laissez en la possession dudit Sieur du consentement des autres Parties, & l'assignation continuée à cejourd'hui deux heures de relevée, la prisée de laquelle vaisselle d'argent, vermeil doré, bagues & montres, a été faite par ledit Huissier, en présence & de l'avis de Joseph Marchand Orfévre-Jouaillier à Paris, demeurant pour ce présent. Et à l'égard des papiers inventoriez en la présente vacation, ils ont été remis sous lesdits scellez, & iceux laissez en la possession dudit Sieur & ont signé avec ledit Sieur Joseph.

Continuation d'Inventaire, avec la maniere dont il faut se servir, lorsqu'il y a un récollement à faire sur un autre Inventaire.

Dudit jour, &c.

Inventorié d'un Inventaire sur lequel on fait un récollement.

Item, l'expédition de l'Inventaire fait après le décès de défunt à la requête de ès noms, en la présence dudit Sieur aussi ès noms, par l'un des Notaires soussignez, le & autres jours suivans, inventorié TROIS

Récollement des papiers sur ledit Inventaire.

Après l'Inventorié duquel Inventaire a été, à la requête des Parties, procédé au récollement des titres & papiers inventoriez en icelui, ainsi qu'il ensuit :

Premierement, les papiers inventoriez sous les cottes 1, 2, 3, 4, 5, jusques & compris la vingtiéme, se sont trouvez en nature.

L'obligation inventoriée sous la vingt-uniéme cotte ne s'est point trouvée.

Les Contrats & piéces des cottes 22 & 23 se sont aussi trouvez en nature, à l'exception de trois piéces de la cotte 23.

Le billet fait par de au profit dudit défunt inventorié sous la cotte 24, ne s'est point trouvé.

A l'égard des promesses du Sieur l'une de & l'autre de faisant partie des cinq piéces inventoriées sous la cotte 25, se sont trouvées en *deficit*.

Et quant aux Contrats, titres & papiers inventoriez sous les cottes 26, 27 & les suivantes jusques & compris la quarante-huitiéme & derniere cotte dudit Inventaire, se sont trouvez en nature.

Clôture après le récollement.

Ce fait, après avoir vaqué jusqu'à midi sonné, tous les titres & papiers, tant dudit récollement, que ceux inventoriez & à inventorier, ont été remis sous lesdits scellez, & l'assignation continuée à ce jourd'hui deux heures de relevée ; & ont signé.

Comparution faite par un Particulier qui représente des papiers pour inventorier.

Et en procédant audit Inventaire est intervenu Joseph demeurant lequel a représenté les piéces qui ensuivent, qu'il a dit lui avoir été mises ès mains par ledit défunt pour être inventoriées au présent Inventaire, ainsi qu'il ensuit :

Item, cinq piéces attachées ensemble, la premiere desquelles est, &c. inventoriées l'une comme l'autre, DEUX

Comme aussi ledit Joseph a représenté l'expédition du Testament dudit défunt reçu par Notaires, le inventorié TROIS

Lesquelles piéces inventoriées sous les cottes 2 & 3 ont été rendues audit Joseph après l'Inventorié d'icelles, dont il s'est chargé ; & a signé.

Proteſtations faites contre l'Inventorié dudit Teſtament.

Après l'Inventorié deſquelles piéces & Teſtament repréſentées par ledit Joſeph leſdits B. & I. eſdits noms ont proteſté qu'icelui Teſtament ne leur pourra nuire ni préjudicier ; & a encore en outre ledit Sieur G. proteſté que le rapport & inventorié des autres piéces ne lui pourra nuire ni préjudicier, & empêcher de continuer les pourſuites qu'il fait pour informer, tant à cauſe des recelez qu'il prétend avoir été faits par leſdits N. & ſa femme, que du prétendu Teſtament ci-devant inventorié, enſemble du Teſtament par elle brûlé Samedi dernier, & par leſdits A. & ſa femme, défenſes contraires à celles ci-deſſus ; & ont ſigné.

Lorſque les Notaires vont à la campagne pour inventorier les effets qui y ſont, on verbaliſe ainſi.

Et le après midi, ſuivant l'aſſignation verbale priſe entre les Parties à la derniere vacation & à leurs réquiſitions, les Notaires ſouſſignez ſe ſont avec elles eſdits noms & qualitez qu'elles procédent, tranſportez de cette Ville de Paris au Village de proche en la maiſon de défunt Sieur accompagnez dudit Sieur Commiſſaire & dudit Huiſſier, pour travailler demain à la levée & reconnoiſſance des ſcellez apposez en ladite maiſon, & à l'Inventaire & deſcription des meubles, uſtenciles & autres choſes y étant, & aux proteſtations portées au procès-verbal dudit Sieur Commiſſaire, reſpectivement faites par leſdites Parties, en laquelle maiſon ils ſont arrivez ſur les ſix heures du ſoir ; & ont ſigné.

Continuation d'Inventaire à la campagne.

Et le du matin, a été par leſdits Notaires, à la requête deſdites Parties eſdits noms & qualitez, & ſur leurs proteſtations reſpectives, à la conſervation de leurs droits & actions & de qui il appartiendra, fait Inventaire & deſcription des biens meubles & autres choſes trouvées & étant en la maiſon dudit & lieux en dépendans, montrez & enſeignez par demeurant audit lieu de gardien des ſcellez appoſez ſur iceux, après ſerment par lui fait ès mains deſdits Notaires de les montrer & repréſenter tous, & n'en receler aucuns, ſous les peines de droit en tel cas introduites, qui lui ont été données à entendre, leſdits biens meubles & uſtenciles priſez & eſtimez par ledit G. Huiſſier, aux ſommes de deniers, ainſi qu'il enſuit, après que les ſcellez appoſez par ledit Commiſſaire ont été par lui reconnus & levez, réitérant leſdites Parties leurs proteſtations reſpectives ; & ont ſigné.

Nota. La clôture de vacation de même qu'à Paris.

Clôture finale de l'Inventorié à la campagne.

Ce fait, après avoir vaqué juſqu'à quatre heures ſonnées, & qu'il ne s'eſt plus rien trouvé à inventorier, tous les meubles & autres effets trouvez en la maiſon dudit inventoriez ci-deſſus, ſont demeurez, du conſentement des Parties, en la poſſeſſion dudit qui s'en eſt volontairement chargé, & promis les repréſenter comme dépoſitaire toutes fois & quantes & à qui il appartiendra, & l'aſſignation continuée à Vendredi du préſent mois, deux heures de relevée, pour le récollement à Paris des papiers inventoriez au préſent Inventaire; & ont ſigné.

Nota. La continuation à Paris, au retour de la campagne, ſe met à l'ordinaire.

Clôture finale à Paris, portant que pluſieurs Particuliers ſe ſont chargez de papiers, au deſir d'une Ordonnance du Lieutenant Civil.

Et le à midi, ſuivant ladite aſſignation, a été par leſdits Notaires, en préſence deſdites Parties, procédé au récollement des papiers inventoriez au préſent Inventaire; après lequel récollement, ſuivant l'Ordonnance de M. le Lieutenant Civil, du a été fait délivrance des papiers & ont été pris; ſçavoir par ledit M. la liaſſe contenant quarante-neuf piéces inventoriées ſous les cottes 81, par ledit M. B. un des deux comptes inventoriez ſous la cotte 70, & toutes les piéces inventoriées ſous les cottes 75, 83, 84 & 85; & quant aux autres piéces inventoriées ſous toutesl es autres cottes dudit Inventaire, elles ont été délivrées à M. J. T. Procureur, dont & de toutes leſquelles piéces leſdits Sieurs M. M. B. & J. T. ſe ſont chargez, conformément à ladite Ordonnance ci-devant datée. Et à l'égard des deniers comptans, montans à deux mille trois cens quatre-vingt-cinq livres quatorze ſols, mentionnez audit Inventaire, ils ſont demeurez ès mains de Maître Commiſſaire, qui s'en eſt chargé au deſir de ladite Ordonnance. Et quant aux meubles, linges, vaiſſelle & jettons d'argent, & autres uſtenciles, ſont demeurez en la poſſeſſion dudit Huiſſier-Priſeur, pour en faire la vente, & les deniers en provenans mis ès mains dudit Sieur ainſi qu'il eſt porté par ladite Ordonnance dudit Sieur Lieutenant Civil; & ont ſigné.

Clôture finale pure & ſimple.

Ce fait, après avoir vaqué juſqu'à ſix heures ſonnées, & qu'il ne s'eſt plus rien trouvé à inventorier au préſent Inventaire, tous les meubles, uſtenciles, vaiſſelle d'argent, bagues, montres, argent monnoyé, titres & papiers contenus au préſent Inventaire, ont été, du conſentement deſdites Parties eſdits noms & qualitez, laiſſez en la poſſeſſion dudit Sieur qui s'en eſt volontairement chargé, pour les repréſenter toutes fois & quantes & à qui il appartiendra; & ont ſigné.

Intitulé d'Inventaire fait à la requête du Procureur du Roi du Bureau des Finances de la Chambre du Domaine, en conséquence d'une Sentence rendue en icelle, en présence d'un Trésorier de France, des biens délaissez par un Particulier décédé sans qu'il paroisse aucuns héritiers.

L'An à la requête de Maître Louis Conseiller du Roi, son Procureur au Bureau des Finances en la Chambre du Domaine au Palais à Paris, demeurant en conséquence de la Sentence rendue en ladite Chambre du Domaine le qui adjuge les meubles & immeubles qui ont appartenu à Martin à Sa Majesté, comme lui étant échus à titre d'aubaine, deshérence, bâtardise & autrement, & à la conservation des droits du Roi & de tous autres qu'il appartiendra : A été en la présence de Maître Jacques Conseiller du Roi, Trésorier général de France au Bureau des Finances à Paris, demeurant Commissaire en cette partie, procédé par les Conseillers du Roi, Notaires à Paris soussignez, à l'Inventaire & description des biens meubles, effets, titres & papiers, &c. tous lesquels effets ont été représentez par gardien des scellez ci-après mentionnez, après serment par lui fait ès mains dudit Maître Trésorier de France, Commissaire en cette partie, de tout montrer & représenter, sous les peines, &c. Et ont été les meubles prisez par Huissier-Commissaire-Priseur au Châtelet, ainsi qu'il ensuit : le tout après que les scellez apposez sur lesdits effets par M. ont été par lui reconnus, &c.

Nota. Dans l'Intitulé ci-dessus, le serment se fait entre les mains du Trésorier de France, Commissaire député, & non entre les mains du Notaire.

De même, si à l'occasion de quelque bris de scellé, ou autre difficulté, M. le Lieutenant Civil, ou autre Juge supérieur, se trouvoit dans la maison lors de l'Intitulé de l'Inventaire, & qu'il y fût venu à cet effet, le serment se feroit aussi entre ses mains.

Par la Déclaration du Roi du 27 Avril 1694, registrée au Parlement le 27 Mai, il est attribué huit livres aux Notaires par chaque vacation d'Inventaire, le double quand c'est en campagne, & dix sols par rolle de grosse, en ce non compris le papier de la minute & de la grosse.

CHAPITRE

CHAPITRE II.

Des Renonciations à une succession, ou à la communauté.

IL a été dit ci-dessus que la femme & les héritiers ont trois mois pour faire faire Inventaire, & quarante jours après la confection pour délibérer : c'est pourquoi après ce tems, les héritiers présomptifs sont tenus d'accepter la qualité, ou d'y renoncer ; de même que la femme doit accepter dans ce tems, ou renoncer à la communauté. Pour accepter, il ne faut aucun Acte, il ne faut que se mettre en possession des biens du défunt & les gérer ; même ceux qui ne renoncent pas à une succession par un Acte exprès, sont réputez l'accepter.

Les Actes de renonciation à une succession, ou à la communauté, sont sujets à insinuation.

Les Notaires ne doivent point délivrer aux Parties ces sortes d'Actes, sans en garder minute. Aussi par Arrêt du Parlement du 14 Février 1701, il est enjoint aux Notaires qui recevront des Actes d'acceptation ou de renonciation à une succession ou communauté, d'en garder des minutes, sans les laisser en Brevets aux Parties, à peine de nullité desdits Actes.

Quand un héritier appréhende qu'une succession ne lui soit plus onéreuse que profitable, & qu'après l'avoir acceptée il ne soit obligé de payer les dettes dont il n'a pas de connoissance, & qui pourroient se monter plus haut que la succession ; alors il obtient des Lettres d'héritier par bénéfice d'Inventaire, & n'est tenu des dettes que jusqu'à la concurrence de l'Inventaire & de ce qu'il a reçu.

Ces Lettres s'obtiennent en Chancellerie, & doivent être entérinées par le Juge. Voyez le Stile du Châtelet, Edition de 1746, page 64.

Renonciation à une succession collatérale, qui s'appelle plus proprement Acte d'Abstention.

AUjourd'hui est comparu pardevant Claude demeurant rue Paroisse lequel déclare par ces Présentes qu'il renonce à la succession de Maître Jean son cousin germain, pour lui être ladite succession plus onéreuse que profitable, jurant & affirmant ledit Sieur Comparant, devant les Notaires soussignez, n'avoir pris ni appréhendé aucuns biens & effets de la succession dudit feu Sieur son cousin, ni s'être immiscé en icelle en façon quelconque : & pour faire insinuer ces Présentes au Greffe des Insinuations du Châtelet de Paris, & par-tout ailleurs où besoin sera, & les faire signifier à qui il appartiendra, ledit Sieur Comparant a fait & constitué son Procureur le porteur, &c. auquel il en donne pouvoir ; dont acte, &c. Promettant, &c. obligeant, &c. renonçant, &c. Fait & passé, &c.

Autre Renonciation particuliere.

AUjourd'hui sont comparus, &c. lesquels après avoir pris communication, tant de l'Inventaire fait par Notaires, le jour à la requête de ladite veuve de B. en son nom, à cause de la communauté de biens qui a été entr'eux, en la présence desdits Sieurs comme habiles à se dire & porter héritiers dudit défunt B. que du procès-verbal de vente faite des meubles & marchandises d'icelui défunt, par Huissier-Priseur, du ensemble du Contrat de mariage d'entre ledit défunt & ladite sa veuve, inventorié audit Inventaire sous la premiere cotte, comme aussi de la renonciation par elle faite à la communauté dudit défunt son mari, par acte de cejourd'hui, & après avoir reconnu que lesdits biens ne sont pas suffisans, à beaucoup près, pour remplir les conventions & reprises de ladite veuve, qui absorbe tous lesdits biens, & se trouve par ce moyen créanciere pour le surplus de la succession dudit défunt son mari, ont lesdits renoncé par ces Présentes à la succession dudit défunt B. pour leur être plus onéreuse que profitable, reconnoissant ladite veuve que lesdits susnommez ne se sont aucunement immiscez en ladite succession, & n'en ont pris ni appréhendé aucuns biens, & en conséquence de la présente renonciation, lesdits Comparans consentent par ces Présentes, en tant que besoin seroit, que ledit Huissier, fasse la délivrance de ce qui lui reste entre les mains des deniers provenans du prix de ladite vente, en celles de ladite veuve B. quoi faisant, il en demeurera bien & valablement déchargé, ainsi que lesdits l'en quittent & déchargent à leur égard, même consentent en tant que faire le peuvent, que tous les autres biens dudit défunt, tels qu'ils puissent être, demeurent & appartiennent à ladite veuve, en payement de ses conventions & reprises, & qu'elle en fasse & dispose comme bon lui semblera. Et pour faire insinuer & signifier ces Présentes à qui il appartiendra, lesdits Comparans ont fait & constitué leur Procureur le porteur des Présentes, lui donnant pouvoir de ce faire, dont ils ont requis acte aux Notaires soussignez, qui le leur ont octroyé. Fait & passé, &c.

Renonciation pure & simple faite par un enfant à la succession de son pere.

AUjourd'hui est comparu devant les Notaires soussignez, Jean-Maximilien demeurant lequel a renoncé & renonce par ces Présentes à la succession de Joseph-Maximilien son pere, pour lui être plus onéreuse que profitable, affirmant n'avoir pris aucuns effets d'icelle succeſſion, & ne s'y être aucunement immiſcé en façon quelconque; & pour faire inſinuer la préſente renonciation, ledit Comparant fait & conſtitue ſon Procureur le porteur des Préſentes, auquel il en donne pouvoir, dont & de quoi il a requis & demandé Acte auſdits Notaires, qui lui ont octroyé le préſent en l'Etude de, &c.

Renonciation par un Particulier à la ſucceſſion de ſa mere, avec réſerve par lui de ce qu'il peut prétendre pour ſa part du douaire de ſadite mere.

AUjourd'hui, &c. Joſeph Dumont, &c. lequel renonce à la ſucceſſion de Deniſe ſa mere, décedée femme du Sieur Louis Dumont, pour lui être ladite ſucceſſion plus onéreuſe que profitable; déclarant ledit Sieur Comparant ne s'être aucunement immiſcé, & n'avoir pris ni appréhendé aucuns biens & effets d'icelle ſucceſſion, ſans toutefois que la préſente renonciation puiſſe nuire ni préjudicier aux droits, noms, raiſons & actions dudit Comparant, pour la répétition de ſa part afférente dans le douaire de ſadite défunte mere, à elle conſtitué par ſon Contrat de mariage, paſſé pardevant le & pour faire inſinuer & ſignifier, &c.

Renonciation par un Particulier, tant à la ſucceſſion de ſon pere, qu'aux diſpoſitions teſtamentaires par lui faites à ſon profit.

AUjourd'hui eſt comparu devant les Notaires ſouſſignez, Louis Gilbert, demeurant lequel a par ces Préſentes renoncé & renonce tant à la ſucceſſion de ſon pere, qu'aux diſpoſitions teſtamentaires, qualifiées avoir été faites au profit dudit Sieur Comparant, par ledit feu Sieur ſon pere, par ſon Teſtament, pour lui être le tout plus onéreux que profitable; déclarant icelui Sieur Comparant n'avoir pris ni détourné aucuns effets de ladite ſucceſſion, & ne s'être aucunement immiſcé en icelle, ſe tenant à la portion du douaire qui lui appartient, & conſtitué par le Contrat de feue Catherine de la Ville ſa mere, décédée femme dudit Sieur pour raiſon de laquelle, & des droits, actions & hypotéques dudit Sieur Comparant, il ſe réſerve & conſerve tous les droits & privilèges qui lui ſont acquis, ſans aucunement y déroger ni innover; & pour faire inſinuer & ſignifier ces Préſentes, &c.

Renonciation faite par une veuve à la communauté d'entr'elle & ſon mari, au pied de l'Inventaire.

Et le eſt comparue devant les Notaires ſouſſignez, ladite Dame veuve dudit Sieur Comte de Mail, demeurante laquelle a renoncé & renonce par ces Préſentes à la communauté de biens qui a été entr'elle & ledit défunt Sieur ſon époux, jurant & affirmant en ſon ame & conſcience devant leſdits Notaires n'en avoir pris ni appréhendé aucuns biens, & ne s'y être immiſcé en façon quelconque, ſe tenant à ſes dot, douaire, préciput & autres conventions à elle accordées par ſon Contrat de mariage, dont & de ce que deſſus elle a requis & demandé

Acte ausdits Notaires soussignez, pour lui servir & valoir ce que de raison. Fait & passé, &c.

Autre Renonciation faite par une veuve à la communauté par un Acte particulier.

AUjourd'hui est comparue pardevant les Notaires à Paris soussignez, Dame Marie veuve de Louis, &c. laquelle a par ces Présentes renoncé à la communauté de biens qui a été entr'elle & ledit défunt Sieur son époux, pour lui être plus onéreuse que profitable, jurant & affirmant n'en avoir pris ni appréhendé aucuns biens, & sans préjudice à elle de ses créances sur la succession dudit Sieur son époux, pour ses dot, douaire, préciput, reprises & autres conventions matrimoniales, dont Acte, pour lequel faire insinuer où besoin sera, & signifier à qui il appartiendra, ladite Dame Comparante constitue son Procureur le porteur. Donnant pouvoir, promettant, obligeant, renonçant, &c. Fait & passé, &c.

CHAPITRE III.

Des Partages.

LORSQUE la veuve d'un défunt accepte la communauté, ou que les héritiers acceptent la succession du défunt, il faut procéder au partage des biens de la communauté. Pour cet effet il faut que la veuve rapporte au partage toutes les sommes ausquelles se monte le prix de la vente des meubles, & celles trouvées après le décès du défunt, & portées dans l'Inventaire; celles provenant des rentes & loyers des maisons qu'elle a reçues depuis le jour du décès de son mari, jusqu'au jour du partage.

Ensuite il faut que la veuve reprenne les sommes qu'elle a payées pour sa nourriture & celle de ses enfans, depuis le décès de son mari, jusqu'au jour de la clôture de l'Inventaire; & les sommes qu'elle a payées en l'acquit de la communauté, avec les frais par elle payez pour la confection de l'Inventaire & procès-verbal de la vente des meubles.

De plus, elle doit reprendre le prix de ses propres alienez & son préciput, le tout sur les biens de la communauté, parce que ce sont des dettes de la communauté. Les enfans doivent aussi reprendre le prix des propres du pere qui auroient été aliénez.

Ce fait, les reprises étant supputées & déduites sur les sommes que la veuve a entre ses mains, ce qui reste doit être partagé entr'elle & ses enfans, ensorte qu'elle en ait la moitié, & ses enfans l'autre. Mais sur la moitié appartenante aux enfans, la veuve doit prendre les frais funéraires, lesquels ne sont pas dettes de la communauté, mais se payent par les héritiers du défunt, avec son douaire, quand il est préfix & constitué en une somme une fois payée, laquelle se doit prendre sur la part des enfans ou héritiers; mais quand il consiste dans une pension viagere, chacun des enfans y est obligé pour sa part & portion, & tous les biens immeubles de la succession du défunt y sont affectez & hypotéquez.

La déduction faite sur la part des enfans des frais funéraires & du douaire au susdit cas, ce qui reste doit être donné aux enfans & partagé entr'eux; ensorte que s'ils sont trois, & qu'il leur reste trois mille livres, toute déduction faite, il doit être par la mere payé à chacun d'eux la somme de mille livres.

Quand il y a des dettes actives & des obligations douteuses ou difficiles à recouvrer, quelquefois on en fait le partage, mais ordinairement on en fait mention dans le partage, & on convient qu'elles se poursuivront à frais communs. Quand on les partage, quelquefois c'est avec garantie, & quelquefois sans garantie, aux périls & fortunes de ceux dans le lot desquels elles sont échues.

Quand la femme a emmeubli une partie d'un héritage pour une certaine somme, & que l'héritage se trouve en substance, elle doit rapporter la somme.

Quant aux immeubles de la communauté, pour en faire le partage, au cas que les Parties en veuillent jouir chacun séparément & par divis, il faut qu'elles conviennent d'Experts pour en faire l'estimation; & après la prisée faite & approuvée par les Parties, il faut faire deux lots, chacun de la moitié des immeubles de la communauté; & parce qu'il n'est pas facile de faire des lots si justes & si égaux que l'un ne vaille plus que les autres, celui qui se trouve plus fort, doit être chargé d'une soulte, à proportion de la somme dont il excéde l'autre.

Il en est de même du partage des biens entre cohéritiers; cet Acte se fait ou par sort ou par convention, & l'un & l'autre après estimation faite comme nous venons de dire; le droit veut que l'aîné fasse le partage, & que le cadet choisisse.

A l'égard du partage qui se fait par sort, les lots étant faits & trouvez égaux par les Parties, elles les font tirer au sort:

pour cet effet, on appelle un petit garçon passant dans la rue, dans le chapeau duquel on met deux billets de papier d'égale grandeur, & roulez l'un comme l'autre; dans l'un est écrit, *Premier lot*, & dans l'autre, *Second lot*; & ce petit garçon les ayant brouillez & remuez, en donne un à la veuve, & l'autre aux enfans.

S'il n'y avoit qu'une terre ou une maison dont le partage ne se pût faire commodément, il n'y auroit point de partage; mais il faudroit venir à licitation, & faire vendre la terre ou maison au plus offrant & dernier enchérisseur, pour être le prix provenant de la vente, partagé en deux parties égales entre la veuve & les enfans.

Par le partage, les Parties sont obligées à la garantie des lots les uns des autres, & ordinairement on en fait mention; mais si cette clause étoit omise, elle seroit suppléée, parce qu'elle est de la nature du partage, pour empêcher l'inégalité qui se rencontreroit autrement, à moins que les Parties ne fussent convenues du contraire, pourvû que ce fût sans dol ni fraude de l'une d'icelles.

La nature du partage est donc, que l'égalité soit gardée entre les Parties, & que l'une ne souffre aucun dommage, parce que son lot seroit de moindre valeur que celui des autres: c'est pour cette raison que, quoique les Parties soient en majorité, & qu'elles ayent consenti au partage & approuvé leurs lots, s'il se trouvoit de la lézion dans un lot, celui auquel il seroit échu, pourroit poursuivre son dédommagement contre les autres, au cas que cette lézion fût du tiers au quart; c'est-à-dire, que la lézion doit être du douziéme de la valeur du lot.

Par exemple, je suis héritier d'un défunt, & j'ai deux cohéritiers, chacun pour un tiers: le partage étant fait, je crois que je suis lezé, & que les choses qui sont tombées dans mon lot ne valent pas le tiers de la succession; en ce cas je peux demander au Prince des Lettres de Rescision, pour revenir contre ce partage, & poursuivre mes cohéritiers, pour procéder à un nouveau partage, & faire ordonner en conséquence, que nouvelle prisée & estimation sera faite des biens immeubles de la succession.

Il est au choix des autres cohéritiers de procéder à un nouveau partage, ou de donner à celui qui se plaint de la lézion, le supplément de la valeur de sa portion: néanmoins si la lézion étoit si considérable, qu'elle ne se pût pas facilement réparer que par un nouveau partage, le Juge doit l'ordonner.

Que si les Parties ont entr'elles transigé sur la lézion, il n'y a plus lieu de se pourvoir contre la Transaction, quoique la lézion se trouvât encore très-considérable, à moins que la Transaction n'eût été passée par dol d'une des Parties, parce que le dol ou la fraude d'une des Parties donne lieu à la rescision de la Transaction.

Le tiers au quart, qui est le cas dans lequel on peut former plainte pour la lézion, est un douziéme, en ce que le tiers du quart est le douziéme. Par exemple, si la valeur de ma portion est de douze mille livres, le quart de cette somme est de trois mille livres, & le tiers de trois est un, desorte que c'est le douziéme qui monte à mille livres. Si la lézion étoit jugée moindre que le douziéme, suivant le rapport de la nouvelle prisée des Experts nommez par les Parties, ou par le Juge d'office, il n'y auroit pas lieu au dédommagement, & le demandeur seroit condamné aux dépens.

Que si un des cohéritiers étoit absent hors du Royaume depuis plusieurs années, cette absence n'empêcheroit pas que le partage ne se fît ; mais étant de retour, il obligeroit ses cohéritiers de procéder à un nouveau partage, s'il n'étoit pas content de celui qui auroit été fait.

Quand il survient des différends dans les partages, ils se doivent terminer par l'avis des parens & par arbitrages, suivant l'Ordonnance du Roi François II. de l'an 1560, article 3, qui porte qu'en matiere de partages & divisions de biens, les Parties nommeront des parens, amis ou voisins, pour par leurs avis terminer leurs différends.

Quand les enfans sont mineurs, ordinairement les pere ou mere, après avoir fait inventaire, & l'avoir fait clore dans le tems de la Coutume, pour empêcher la continuation de la communauté, demeurent en possession de tous les biens de la communauté, sans procéder au partage, pour leur rendre compte des biens de la communauté, & de l'administration de leur tutelle, avenant leur majorité ou leur émancipation. Il arrive aussi quelquefois, que quoique tous les enfans soient mineurs, ou une partie, le survivant veut se libérer & leur rendre compte de la communauté, & ensuite procéder au partage entre toutes les Parties intéressées ; alors il faut faire élire aux mineurs un Tuteur *ad hoc*, & après le partage fait, les faire émanciper s'ils sont en âge de l'être pour jouir de leur revenu. Il ſera parlé du compte de tutelle dans le Chapitre II. du Livre XIII.

Le partage étant fait entre la mere & les enfans, des biens communs délaiſſez après le décès de leur pere, les enfans doivent faire entr'eux une autre ſous-diviſion ou partage des biens qui ſont tombez dans leur lot, à moins qu'ils n'aiment mieux les poſſéder en commun & par indivis.

On ne peut oppoſer à la demande en partage que la licitation, quand le partage ne peut être fait commodément, & que les Experts l'ont obſervé par leur rapport; & les cohéritiers peuvent même, après trente ans de poſſeſſion en commun, demander la diviſion des biens, & qu'il ſoit procédé à un partage.

La Nature qui veut que ceux qui ſont égaux par leur naiſſance ſoient égalez par les biens, a pourtant une exception bien juſte, que Coquille loue dans tous ſes ouvrages; c'eſt que les peres & meres puiſſent faire du bien à ceux de leurs enfans qui ont bien mérité d'eux, & qu'ils ne laiſſent que la légitime à ceux qui n'ont pas ſçu leur plaire. En effet, dans les Pays de Droit écrit, chaque enfant pour mériter l'inſtitution d'héritier, fait exactement ſon devoir. Il n'y a qu'une nature de biens; on ne ſçait ce que c'eſt que les diſtinctions de propres, ni ces ſtipulations de communautez; auſſi on ne voit ni procès en ſéparations, ni en partages. La loi du Teſtament où l'on peut inſtituer ſa femme ou tout autre héritier, fait le repos des familles.

Touchant le partage des biens des communautez continuées ou non, voyez le Traité des Contrats de mariage, Chapitre X.

CHAPITRE IV.

Du rapport auquel ſont obligez les enfans qui ont reçu quelque avantage de leurs pere & mere, lorſqu'ils viennent à leur ſucceſſion.

Touchant le Partage, il faut obſerver que les héritiers en ligne directe ſont obligez d'y rapporter tous les avantages qu'ils ont reçus de celui de la ſucceſſion duquel il s'agit, d'autant que nos Coutumes ne permettent point aux peres & meres d'avantager leurs enfans venant à leurs ſucceſſions

l'un

l'un plus que l'autre, afin qu'en conservant l'égalité entre les enfans, il n'y ait aucune occasion de différend entr'eux. *Pere & mere ne peuvent par donation entre-vifs, par testament & ordonnance de derniere volonté, ou autrement, en quelque maniere que ce soit, avantager leurs enfans venans à leurs successions, l'un plus que l'autre*, dit l'article 305 de la Coutume de Paris ; desorte que si ceux qui ont été avantagez veulent appréhender la succession de leurs pere ou mere, ils doivent faire le rapport de l'avantage qu'ils ont reçu, comme il est dit dans l'article 302 de la même Coutume, lequel fait une exception de l'avantage que la Coutume fait aux aînez dans les biens possédez noblement, lequel ne procéde pas de la disposition des pere & mere, mais du bénéfice de la Coutume, & lequel par conséquent n'est point sujet au rapport.

L'article 304 porte, que les enfans venans à la succession de pere ou de mere, doivent rapporter ce qui leur a été donné, pour avec les autres biens de la succession être mis en partage entr'eux, ou moins prendre des biens de ladite succession.

Ainsi notre Coutume ne souffre point qu'entre les enfans qui viennent à la succession de leurs pere ou mere, un soit plus avantagé que les autres ; ce qui se doit entendre de tous les avantages, de quelque maniere que ce soit, c'est-à-dire par donation entre-vifs, par acte de derniere volonté, par acquisition faite par le pere de ses deniers, au nom d'un de ses enfans, par l'acquit de ses dettes, ou autrement.

Toutes les Coutumes sont presque en cela conformes à la nôtre, excepté quelques-unes.

Celle de Reims permet les prélégats, les préciputs ou avantages. Celle de Saint-Quentin excepte les donations entre-vifs, hors & sans rapport. Celle d'Amiens ne veut point de rapport entre les enfans qui sont mariez ; desorte que chacun d'eux retient les avantages qu'il a reçus entre-vifs de celui de la succession duquel il s'agit, & il n'est pas obligé d'en faire le rapport.

Par la Coutume de la Marche, article 212, les pere & mere peuvent disposer du tiers de leurs biens au profit de l'un de leurs enfans, ledit tiers chargé néanmoins de toutes les dettes, obséques, funérailles & legs testamentaires ; desorte que le donataire en jouit par préciput & avantage par-dessus ses freres & sœurs, sans être obligé à rapport, quoiqu'il vienne à la succession du donateur.

La Coutume de Bourbonnois, article 308, permet aux ascendans d'avantager leurs descendans par donation faite en faveur de mariage, sans être tenu de les rapporter avec les donataires ou autres leurs cohéritiers.

Par la Coutume de Chaulny, article 19, les enfans ne sont obligez à rapporter les meubles qui leur ont été donnez par Contrat de mariage, s'il n'a été convenu au contraire par icelui. Dumoulin sur cet article, en parlant de cette Coutume: *Stulta & iniqua consuetudo respectu lineæ directæ, & certè indiget recognitione & correctione.*

La Coutume de Nivernois, chapitre 27, articles 10 & 11, permet aux peres, faisant donation à leurs enfans, d'en défendre le rapport; ce qui s'entend, pourvû que telle disposition ne porte préjudice aux autres enfans en leur légitime.

Dans les Coutumes qui admettent les prélégats ou préciputs, ce qui est légué à un des enfans par pere & mere est sujet à rapport, s'il vient à leurs successions, au cas que celui qui a fait les legs n'ait point déclaré qu'il le déchargeoit du rapport de l'avantage qu'il lui faisoit. La raison est, que *in odiosis* on ne fait point d'extension aux cas non exprimez.

On demande à la succession de qui se fait le rapport des avantages qui ont été faits aux enfans par leurs pere & mere conjointement?

Il faut distinguer, ou les avantages que les enfans ont reçus de leurs pere & mere ont été pris sur leurs biens communs, ou des propres du pere ou de la mere: s'ils ont été pris sur la communauté, le donataire est tenu d'en faire le rapport, moitié sur la succession de son pere, & moitié à celle de sa mere.

Chopin, sur la Coutume d'Anjou, livre 3, titre 3, touchant le rapport de la dot, nombre 2, dit: » Que dans les Coutumes de France, la dot promise, baillée & payée par les pere » & mere, se doit rapporter sur les successions desdits pere & » mere par moitié, parce que c'est une charge commune aux » pere & mere de doter leurs enfans, comme il a été jugé par » plusieurs Arrêts.

Cette regle souffre une exception, qui est lorsqu'après la mort du pere ou de la mere, le survivant marie sa fille, & lui donne quelque somme de deniers en dot, tant pour la succession du premier décédé déja échue, que sur les biens de celui qui dote; en ce cas (la clause portant la constitution de dot sur sa succession échue & sur celle qui est à échoir) la somme promise est imputée entierement sur celle qui est déja échue, si elle est suffisante, sinon le surplus est imputé sur la succession à échoir, comme il a été jugé par Arrêt du 23 Février 1646, rapporté par M. Leprêtre.

Mais si le fils a été avantagé par ses pere & mere d'un propre paternel ou maternel, en ce cas il est obligé de le rapporter tout entier en la succession de celui auquel étoit le propre, à condition que renonçant à la succession de l'autre, son pere ou sa mere & ses cohéritiers lui bailleront pour sa légitime en ladite succession jusqu'à la valeur dudit propre.

La raison est, qu'on peut doter *de re alienâ*, & qu'ainsi les cohéritiers sont tenus de l'éviction de la chose donnée en dot ; c'est l'opinion de Dumoulin sur la Coutume de Nivernois, chapitre 27, article 10. C'est la disposition de la Coutume de Melun, en l'article 274, qui veut qu'une fille étant avantagée d'un héritage propre de son pere ou de sa mere, le rapporte entierement en la succession de celui auquel il étoit propre.

Il semble qu'elle n'y est pas obligée, parce que cette fille n'a pas été dotée par sa mere, mais par son pere, lequel n'ayant pas déclaré qu'il dotoit sa fille des biens de la succession de sa mere, est présumé l'avoir dotée *ex propriâ substantiâ*, & avoir voulu s'acquitter de son devoir, & lui avoir fait une donation en avancement ou par anticipation de sa future succession, ou au moins de ce qu'il lui pourroit devoir des fruits & interêts des biens de sa mere. Cependant l'opinion contraire paroît plus probable ; car quoique le devoir de pere soit de doter sa fille, néanmoins on doit présumer que dans l'espéce proposée, il a entendu se libérer avant que d'être libéral ; & qu'ainsi la dot qu'il a constituée à sa fille, étoit pour s'acquitter envers elle de ce qu'il lui devoit en qualité d'héritier de sa mere.

On demande en troisiéme lieu, si une fille mariée est obligée de rapporter à la succession de ses pere & mere ce qui a été prêté à son mari.

Il faut dire que non, comme il a été jugé par Arrêt du septiéme Juillet 1587 ; car en tel cas le mari est réputé étranger, & ce qui lui a été prêté le rend seul obligé à la dette, & sa femme n'en est pas tenue ni obligée ; ce qu'il faut entendre, soit que la femme soit majeure ou mineure. Toutefois si la femme étoit obligée à la somme prêtée à son mari, pour lors elle seroit tenue de la rapporter à la succession de ses pere &

mere, comme il a été jugé par Arrêt du 23 Décembre 1574, remarqué par M. Louet.

On demande en quatriéme lieu, si la fille mariée par ses pere & mere en minorité, est tenue de rapporter sa dot en leurs successions, quoiqu'elle ait été consommée par le mari.

On répond pour l'affirmative, comme il a été jugé par les Arrêts. La raison est, que la fille, quoique mineure, sort de la puissance paternelle par le mariage, & devient capable d'intenter toutes actions sans le consentement de ses pere & mere, pour la répétition de ses deniers dotaux, en se faisant autoriser par Justice; & partant elle doit faire rapport de sa dot, quoique dissipée par la mauvaise conduite de son mari, & elle n'est pas recevable à rapporter une action qui seroit inutile à la succession.

On demande en cinquiéme lieu, si une fille mariée par ses pere & mere des deniers de la communauté en Pays coutumier, ayant renoncé à la succession de son pere, qui a survécu sa femme, & par ce moyen renoncé à la communauté, est tenue de rapporter à la succession maternelle la moitié de ses deniers dotaux, comme ayant été autrefois des biens maternels; ou si tous les deniers sont réputez des biens paternels, en vertu de la renonciation à la communauté?

L'Arrêt du dernier Avril 1605, rapporté par M. Louet, lettre R. nombre 5, a jugé que nonobstant la renonciation à la communauté, la fille devoit rapporter à la succession de sa mere la moitié de ce qui lui avoit été donné en dot par ses pere & mere.

La raison est, que c'est une charge commune en Pays coutumier aux pere & mere de doter leurs filles; ainsi la dot par eux donnée à leur fille se doit rapporter à la succession de l'un & de l'autre par moitié.

Brodeau sur M. Louet, au même lieu, remarque un Arrêt semblable, donné en la Troisiéme Chambre des Enquêtes le neuviéme Août 1613.

Par cette raison il s'ensuit, que quand les pere & mere mariant leur fille lui constituent solidairement une rente pour dot, la femme renonçant à la communauté après le décès de son mari, ne peut en vertu de telle renonciation poursuivre les héritiers de son mari pour son indemnité que pour la moitié de cette rente, & non pour le tout, quoique par son Contrat de mariage elle eût stipulé que renonçant à la communauté, elle reprendroit franchement & quittement de toutes dettes ce qu'elle auroit apporté, &c. comme il a été jugé par plusieurs Arrêts.

La raison est, que c'est une dette commune dûe naturellement par les pere & mere à leurs enfans.

Non-seulement le fils venant à la succession de son pere ou de sa mere, est obligé de rapporter les avantages qu'il a reçus d'eux, mais aussi ceux qui ont été faits à ses enfans, suivant l'article 306 de la Coutume de Paris, en ces termes: *Pareillement ce qui a été donné aux enfans de ceux qui sont héritiers & venans à la succession de leurs pere & mere, ou autres ascendans, est sujet à rapport, ou à moins prendre, comme dessus.*

La Coutume de Blois, conformément à la nôtre, en l'article 168, titre des Donations, dit: *Que le don fait à l'un des enfans de l'héritier présomptif du donateur, est réputé être fait aux héritiers médiats; tellement que ce qui a été donné par l'ayeul ou l'ayeule aux enfans de ceux qui sont héritiers sans distinction, doit être rapporté en commun par le pere ou la mere à leurs cohéritiers, si ce n'est que le donataire s'abstînt de la succession.* Ensorte que celui qui n'a reçu aucun avantage de la part de son pere, est obligé de rapporter ce qui a été donné à ses enfans, quoiqu'ils ne viennent point à la succession de leur ayeul, parce qu'ils sont censez & réputez une même personne avec lui, & que le don est présumé lui avoir été fait, ayant véritablement été fait à sa considération.

Il faut excepter les donations rémunératoires faites par l'ayeul à ses petits-enfans, au rapport desquelles le fils venant à sa succession n'est pas obligé, comme il a été jugé par les Arrêts, parce que ces sortes de donations ne sont pas de pures libéralitez, mais des récompenses de services, qui doivent néanmoins être bien prouvez & justifiez.

Le mot *enfans*, dont l'article 304 de notre Coutume se sert, s'entend des fils & petits-fils: ainsi les petits-fils ne sont pas moins obligez de rapporter à la succession de leurs ayeuls ce qu'ils en ont reçu, soit devant ou après la mort de leurs pere & mere, parce que ce qui leur a été donné est présumé leur avoir été donné en contemplation des pere & mere; ils sont même obligez au rapport de ce qui a été donné à leurs pere & mere, suivant l'article 308, en ces termes: *L'enfant ayant survécu ses pere & mere, & venant à la succession de son ayeul ou ayeule survivans lesdits pere & mere, encore qu'il renonce à la suc-*

cession de sesdits pere & mere, est néanmoins tenu de rapporter à la succession de sesdits ayeul ou ayeule, ou moins prendre.

La Cour par plusieurs Arrêts a même condamné les petits-fils à rapporter en la succession de leur ayeul ce qui avoit été prêté à leur pere, quoiqu'ils eussent renoncé à sa succession. La raison est, que tout ce que le pere prête à son fils, est présumé lui être donné en diminution & en avancement de ses droits successifs.

Cette question souffroit quelque difficulté, en ce qu'il semble que ce qui est prêté ne soit pas réputé être donné en avancement d'hoirie, puisque le pere le prête à son fils comme à un étranger, espérant qu'il le lui rendra; ainsi il semble que pour le recouvrement de cette dette il faille s'adresser à la succession du pere, & non pas l'imputer sur la portion du petit-fils en la succession de l'ayeul.

Néanmoins la Cour l'a jugée au contraire, parce que ce seroit un moyen de détruire l'égalité que nos Coutumes veulent être observée inviolablement entre les héritiers en ligne directe, parce que le pere d'intelligence avec le fils qu'il voudroit avantager, ne lui redemanderoit jamais ce qu'il lui auroit prêté.

Les petits-fils, par la même raison, sont obligez de rapporter à la succession de leur ayeul ce que l'ayeul a payé pour acquitter les dettes de leur pere, comme il a été jugé par les Arrêts.

Par cet article 308, le petit-fils venant à la succession de son ayeul, n'est pas déchargé du rapport de ce qui a été donné à son pere par son ayeul, quoiqu'il renonce à la succession de son pere.

La raison est, que le petit-fils vient par représentation de son pere à la succession; ainsi il auroit été obligé au même rapport auquel le pere auroit été obligé.

Il en faut dire de même si le petit-fils est deshérité par son pere; car en ce cas il n'est pas moins obligé au rapport en la succession de l'ayeul, que s'il avoit été héritier de son pere, comme il a été jugé par les Arrêts.

On demande si de plusieurs petits-fils nez d'un même pere, les uns venans à la succession de leur ayeul, les autres y renonçant, ceux qui appréhendent la succession, sont obligez de rapporter les avantages que les autres freres renonçans ont reçus de leur ayeul.

On répond qu'ils sont obligez au rapport. La raison est,

que ces avantages ont été faits en contemplation de leur pere commun qu'ils représentent, comme il a été jugé par les Arrêts.

Le petit-fils peut bien être donataire de son ayeul, & héritier de son pere qui auroit survêcu l'ayeul, sans être obligé à rapport, quand le pere n'est point héritier ; car autrement le petit-fils seroit obligé de rapporter le don de l'ayeul en la succession de son pere, comme il a été jugé par les Arrêts.

La raison est, que les rapports des choses données ne se font qu'aux successions de ceux qui ont fait des donations, & non point à la succession des autres personnes ; & partant le petit-fils ne venant point à la succession de son ayeul, mais à celle de son pere dont il n'a rien reçu, n'est pas obligé à rapporter l'avantage qu'il a reçu de son ayeul, n'étant pas héritier & donataire en la même succession.

Ce qui a été dit du rapport en ligne directe, se doit entendre tant des héritiers simples que des bénéficiaires, lesquels sont obligez au rapport des avantages qu'ils ont reçus de celui à la succession duquel ils viennent, soit qu'ils se rencontrent avec d'autres héritiers bénéficiaires, ou avec des héritiers purs & simples.

La raison est, que se porter héritier par bénéfice d'inventaire, c'est véritablement venir à la succession. Or notre Coutume dit expressément, que ceux qui veulent venir à la succession d'un défunt en ligne directe, sont obligez à rapporter les avantages qu'ils en ont reçus, & elle ne distingue point entre les héritiers purs & simples & les héritiers bénéficiaires, comme il a été jugé par les Arrêts.

Des articles ci-dessus de notre Coutume il s'ensuit, que les enfans qui ne sont que légataires de leur pere, ne sont point obligez à rapporter les avantages que chacun d'eux en a reçus, parce qu'en effet ils ne viennent pas à la succession de leur pere, quand ils se tiennent seulement au legs qui leur a été fait.

Des mêmes articles il s'ensuit encore, que les pere & mere, ayeul & ayeule, & autres ascendans étant héritiers, ne sont tenus à rapporter, non plus que les héritiers collatéraux en la succession de leurs descendans, ce qu'ils en ont pû recevoir de leur vivant, d'autant que ces articles ne parlent simplement que des enfans ; ce qui est une tacite exclusion des autres héritiers & des collatéraux.

Il s'ensuit en troisiéme lieu, que les enfans qui renoncent, ne sont pas obligez de rapporter les avantages qu'ils ont reçus de celui à la succession duquel ils renoncent ; les articles 303, 304 & suivans, n'obligeant à rapport que ceux qui sont donataires, & qui viennent à la succession de leur donateur.

L'article 307 le dit expressément en ces termes: *Néanmoins, où celui auquel on auroit donné, se voudroit tenir à son don : faire le peut, en s'abstenant de l'hérédité, la légitime réservée aux autres enfans.* Desorte qu'en ce cas l'héritier présomptif renonçant, il n'est tenu d'aucunes dettes ; & même il peut demander à ceux qui ont accepté la succession, celles qui lui sont dûes en son nom.

Par cet article, les avantages reçus par les enfans de leurs pere & mere, ne peuvent préjudicier à la légitime des autres, nonobstant la disposition contraire des pere & mere, soit entre-vifs, ou par derniere volonté.

Ainsi par l'Arrêt du troisiéme Décembre 1622, rapporté par Dufresne, il a été jugé que la fille qui avoit renoncé à la succession de ses pere & mere, à cause de leurs créanciers qui avoient fait vendre par Decret tous leurs biens, pouvoit obliger ses freres & sœurs mariez du vivant même de ses pere & mere, qui se tenoient aux avantages qu'ils en avoient reçus, de rapporter les sommes qui leur avoient été données par leurs Contrats de mariage, jusqu'à la concurrence de sa légitime, conformément aux articles 298 & 307 de notre Coutume.

Les héritiers en ligne collatérale ne sont point obligez à rapporter ce qui leur a été donné par celui auquel ils succedent, excepté dans la Coutume de Bretagne, en laquelle tous héritiers venans à la succession d'un défunt, tant en ligne directe que collatérale, sont obligez à rapport.

Il seroit trop long d'expliquer toutes les difficultez qui se peuvent présenter au sujet des successions. Le Lecteur peut consulter sur cette matiere le Traité des Successions de Monsieur le Brun.

Chaque Coutume a ses usages & ses régles, qui se suivent, & dont le Notaire qui fait un Acte de Partage doit s'instruire, pour ne rien faire contre le droit des Parties qui contractent devant lui.

CHAPITRE

CHAPITRE V.

Formules de Partages.

Partage entre un pere & ses enfans, héritiers de leur mere.

FUrent préſens André Comin, &c. en ſon nom, à cauſe de la communauté de biens qui a été entre lui & défunte Marie Lem ſon épouſe.

Jacques Comin, &c. majeur de vingt-cinq ans paſſez, André Comin, &c. auſſi majeur de vingt-cinq ans paſſez, Jeremie Burge, &c. & Dame Marie-Jeanne Comin ſon épouſe, qu'il autoriſe à l'effet des Préſentes, Jacques Cotté & Jeanne Comin ſa femme, qu'il autoriſe auſſi à l'effet des Préſentes, Adrien Comin, Pierre Comin & Henri Comin, tous trois mineurs, émancipez d'âge par Lettres obtenues en Chancellerie le, &c. procédant ſous l'autorité dudit Sieur Cotté leur Curateur aux cauſes & actions; leſdites Lettres entérinées par Sentence du Châtelet du, &c. & encore ledit Sieur Cotté, en qualité de leur Tuteur nommé à l'effet des Préſentes par ladite Sentence d'homologation d'avis de parens dudit jour, étant au Regiſtre de, &c. leſquelles charges ledit Sieur Cotté a accepté par acte enſuite de ladite Sentence.

Leſdits Sieurs Jacques Comin, André Comin, Marie-Jeanne Comin, épouſe dudit Sieur Burge, Jeanne Comin, épouſe dudit Sieur Cotté, Adrien Comin, Pierre Comin & Henri Comin, ſeuls enfans dudit Sieur André Comin & de ladite feue Dame Marie Lem, & ſeuls héritiers chacun pour un ſeptiéme de leurdite mere; leſquelles Parties ont dit que dans le deſſein qu'ils ont de jouir diviſément des biens de la communauté d'entre ledit Sieur Comin pere & ladite feue Dame ſon épouſe, & de ceux de la ſucceſſion de ladite Dame, ils ont du tout fait faire inventaire à leur requête par, &c. de tout le contenu auquel ledit Sieur Comin pere eſt demeuré chargé.

Que pour diſſoudre ladite communauté, ledit inventaire a été clos en Juſtice par, &c. le, &c. en telle ſorte qu'ils ſont préſentement en état de proceder à l'amiable au partage & diviſion des biens deſdites communauté & ſucceſſion; & pour y parvenir, ils en ont fait dreſſer la maſſe en la forme qui ſuit; en laquelle maſſe ſeront compriſes les dots qui ont été données auſdites Dames Burge & Cotté, lorſqu'elles ont été pourvûes par mariage, & ce qui a été donné audit Jacques Comin ſur ſes droits maternels, dont ils feront rapport à ladite ſucceſſion.

Maſſe.

Premiérement, entreront en la préſente maſſe tous les meubles meublans, linges & uſtenſiles inventoriez audit inventaire en la maiſon de Paris, pour la ſomme de . . . 20000 livres.

La vaisselle d'argent contenue audit inventaire, pour la somme de cinquante mille livres, ci 50000 liv.

Plus, entrera en ladite masse la Terre & Seigneurie de avec toutes ses appartenances & dépendances, tant en fief que roture, acquise par ledit défunt Sieur Comin de par Contrat passé devant, &c. inventorié sous la cotte pour la somme de mille livres, à laquelle lesdites Parties ont fixé la valeur de ladite Terre, ci 1000 liv.

Plus, sept cens cinquante livres de rente au principal de quinze mille livres constituées audit défunt Sieur Comin, par par Contrat passé pardevant inventorié sous la cotte ci 15000 liv.

Plus, deux années échues d'arrérages de ladite rente montant à quinze cens livres, ci 1500 liv.

Plus, les billets au porteur & lettres de change inventoriez audit inventaire, entreront en la présente masse pour la somme de huit mille cinq cens livres, ci 8500 liv.

Plus, lesdits Sieur Burge & Damoiselle Marie-Jeanne Comin son épouse, qui ont été mariez du vivant de ladite Dame Comin, font rapport à la présente masse de la somme de quatre-vingt mille livres qu'ils ont reçue en dot en faveur & par le Contrat de leur mariage passé devant & quittance ensuite; sçavoir vingt mille livres en principaux de rente, & quarante mille livres en argent comptant, & vingt mille livres en ci 80000 liv.

Plus, lesdits Sieur Cotté & Dame Jeanne Comin son épouse, qui ont été mariez depuis le décès de ladite Dame leur mere, & ont reçu pareille somme de quatre-vingt mille livres en faveur & par leur Contrat de mariage passé devant le & quittance ensuite passée font rapport de ladite somme de quatre-vingt mille livres, ci 80000 liv.

Plus, ledit Sieur Jacques Comin fils aîné a reçu dudit Sieur son pere sur la succession de ladite defunte Dame sa mere, pareille somme de quatre-vingt mille livres en suivant la quittance que ledit Sieur Comin fils en a donnée audit Sieur son pere devant le ci 80000 liv.

Total de la présente masse montant à la somme de trois cens quatre-vingt-dix mille livres, ci 390000 liv.

Sur laquelle somme il convient diminuer les dettes communes desdites communauté & succession, pour diverses dépenses dont est fait mention en détail dans l'addition dudit inventaire, montantes à la somme de dix mille livres, ci 10000 liv.

Laquelle déduite sur celle de trois cens quatre-vingt-dix mille livres à quoi se monte ladite masse, elle se trouve réduite à celle de trois cens quatre-vingt mille livres, ci 380000 liv.

Sur laquelle derniere somme sont encore à déduire les effets & sommes suivantes, pour demeurer en commun entre les Parties, & être partagez à mesure des recouvremens qui s'en feront; sçavoir moitié pour ledit Sieur Comin, & l'autre moitié pour sesdits enfans par septiéme; sçavoir,

Total des effets laissez en commun, quatre-vingt mille livres, ci 80000 liv.

Lesdites quatre-vingt mille livres déduites sur ladite somme de trois cens quatre-vingt mille livres, ladite masse se trouve réduite à la somme de trois cens mille livres; sur laquelle somme sont à prélever les propres, tant dudit Sieur Comin pere que de ladite feue Dame son épouse, ceux dudit Sieur Comin montans à quarante mille livres, & ceux de ladite Dame Comin à cent vingt mille livres ; ces deux sommes jointes ensemble montent à celle de cent soixante mille livres, ci 160000 liv.

Partant, ladite masse se trouve finalement réduite à cent quarante mille livres, qu'il convient diviser par moitié, montante celle dudit Sieur Comin à soixante-dix mille livres, ci 70000 liv.

Et celle desdits Sieurs ses enfans à pareille somme, ci 70000 liv.

A laquelle somme de soixante-dix mille livres revenant audit Sieur Comin pere, joignant ses propres qui se montent à quarante mille livres, ces deux sommes font ensemble celle de cent dix mille liv. ci 110000 liv.

A ladite somme de soixante-dix mille livres revenant aux enfans dudit Sieur Comin, joignant celle de cent vingt mille livres qui leur revient des propres de ladite Dame leur mere, ces deux sommes font ensemble celle de cent quatre-vingt-dix mille livres, ci 190000 liv.

Mais le Sieur Comin pere ayant à prendre sur les Terres de situées en Normandie, un droit de viduité, qui est une jouissance desdites Terres, il a bien voulu les porter en la masse du présent partage, & se contenter pour son droit d'une somme de quarante mille liv. ci 40000 liv.

Plus, dix mille livres pour le legs fait par ladite feue Dame Comin de à chacun des Sieurs ses fils, dont ledit Sieur Comin veut bien se charger, ci 10000 liv.

Ces deux sommes ensemble font celle de cinquante mille liv. ci 50000 liv.

A déduire sur lesdites cent soixante mille livres revenantes ausdits enfans ; partant il leur reste de net celle de cent quarante mille livres, ci 140000 liv.

Laquelle somme de cent quarante mille livres divisée en sept portions pour chacun desdits enfans, produit pour chaque portion la somme de 20000 liv.

Et audit Sieur Comin pere revient la somme de tant pour le remploi de ses propres que pour droit de communauté, ci

Ladite somme de quarante mille livres pour le droit de viduité, ci 40000 liv.

Et lesdites dix mille livres de legs, ci 10000 liv.

Ces trois sommes font ensemble celle de

Pour fournir laquelle somme de audit Sieur Comin pere, il aura & lui appartiendra à toujours en toute propriété, & lesdits Sieurs ses enfans lui ont par ces Présentes délaissé à titre de partage,

Premierement, ladite Terre & Seigneurie de située à avec ses appartenances & dépendances, tant en fief que roture, dont est fait état au article de ladite masse, pour la somme de

Total des effets délaissez audit Sieur Comin pere.

Pour fournir audit Sieur Jacques Comin fils aîné la somme de vingt mille livres qui lui revient pour son septiéme dans lesdites communauté & succession, il aura & lui appartiendra en toute propriété, & lui a été délaissé à titre de partage,

Premierement,

En principal de rente dont il a ci-dessus fait rapport à ladite masse.
ci
&c.

Total, &c.

(ainsi des autres)

Desquelles divisions & également ci-dessus faits, toutes les Parties se sont trouvées contentes, pour jouir & disposer de ce qui leur a été délaissé en toute propriété, à commencer du sous condition que les biens & effets délaissez ausdites Parties demeureront garants les uns des autres, suivant qu'il est usité en fait de partage ; & se sont lesdites Parties respectivement transporté tous droits de propriété qu'ils avoient sur lesdits biens & effets, s'en dessaisissans réciproquement, voulant pour Procureur le porteur, donnant pouvoir, &c. se sont lesdites Parties fait réciproquement délivrance des titres, Contrats & papiers concernant les biens avenus à chacune d'elles. A l'égard de la grosse du Contrat de constitution sur sur laquelle grosse est mention faite par Notaire, du remboursement de partie de ladite rente, attendu que toutes les Parties y ont intérêt, elle est pour leur sureté commune demeurée ci-jointe, à l'effet d'y avoir recours.

Quant aux effets délaissez en commun par ledit partage, montans à la somme de pour être partagez entre lesdites Parties, moitié pour ledit Sieur Comin pere, & l'autre moitié par septiéme entre lesdits Sieurs ses enfans, à mesure des recouvremens qui s'en feront, il a été convenu que lesdits recouvremens se feroient au nom & à la diligence dudit Sieur Cotté, à qui à cet effet ledit Sieur Comin pere a remis lesdits effets, sans cependant qu'il soit tenu à aucune garantie, dont il demeurera chargé jusqu'à la répartition qui en sera faite à mesure desdits recouvremens. En conséquence, ladite s'est obligée envers desdites livres de soulte dont elle est ci-dessus chargée envers chacun pour sa part & portion susdite, lequel payement il pourra faire à sa volonté, les avertissant néanmoins deux mois auparavant ; & jusqu'audit payement, leur en payera l'intérêt de six mois en six mois à compter du à raison du denier vingt, & ne pourra ledit payement être fait qu'en espéces d'or ou d'argent, & non autrement, nonobstant tous Edits, Déclarations & Arrêts qui pourroient intervenir, au bénéfice desquels il renonce, lesdites stipulations d'avertir dudit payement deux mois auparavant de payer ledit intérêt au denier vingt, & de ne pouvoir faire ledit payement qu'en espéces d'or & d'argent, étant de convention expresse, qui est entré en considération dans l'estimation qui a été faite de ladite maison délaissée, conditions sans lesquelles ladite estimation auroit été portée plus haut, & le partage n'auroit été ainsi fait, s'obligeant ledit Sieur d'y satisfaire ponctuellement, à peine de tous dépens, dommages & intérêts, même à défaut de l'entiere exécution desdites conditions pour quelque événement que ce puisse être, lesdites Parties conviennent que lesdits pourront, si bon leur semble, prendre part en ladite maison proportionnément à la soulte dûe à chacun d'eux, & l'estimation ci-dessus faite de ladite maison, de même que si elle n'avoit point été délaissée en totalité, lesdites livres étant particulierement assignées sur ladite maison, laquelle & les autres biens avenus audit demeurant obligez par privilége à la garantir, fournir & faire valoir en principal & intérêts, bonne & bien payable, comme dessus est dit ; & outre y oblige, affecte & hypoteque tous ses biens meubles & immeubles, sans qu'une obligation déroge à l'autre.

Autre partage fait entre la veuve & les enfans d'un défunt.

FUrent présens Damoiselle Marie, &c. veuve & commune en biens de Guillaume le Noir, demeurante, &c. d'une part ; & Jacques Marchand, Bourgeois de Paris, & Marguerite le Noir sa femme, qu'il autorise à l'effet des Présentes, demeurant, &c. Nicolas le Noir, demeurant, &c. & Claude le Noir, émancipé d'âge, demeurant, &c. procédant sous l'autorité & assisté de son curateur aux causes & actions, & encore tuteur à l'effet qui suit, élû esdites qualitez de l'avis des parens & amis dudit mineur, homologué par Sentence du lesquelles charges il a acceptées par acte étant ensuite de ladite Sentence, lesdits Marguerite, Nicolas & Claude le Noir, enfans & héritiers chacun pour un tiers dudit Guillaume le Noir leur pere, d'autre part ; lesquels ont dit, que ledit défunt Guillaume le Noir auroit laissé entr'autres biens de la communauté d'entre lui & ladite Marie, les meubles, marchandises, or & argent, contenus en l'inventaire fait après le décès dudit Guillaume le Noir, à la requête desdites Parties, le, &c. & la somme de six mille livres, ameublie audit défunt des biens propres de ladite Marie par leur Contrat de mariage, inventorié audit Inventaire sous la cotte premiere. Plus, en maisons, terres, héritages, rentes & dettes actives, dont les titres & papiers sont inventoriez audit inventaire ; lesquels meubles & marchandises ont été vendus par procès-verbal de Huissier, daté au commencement du n'ayant eu ladite Marie le dessein de continuer le trafic & négoce dudit défunt son mari, montant ladite vente à la somme de trente-trois mille six cens livres, y compris le contenu en *tels* articles dudit procès-verbal que ladite veuve auroit pris & retenu sur & tant moins de son préciput. Et pour procéder avec ordre & sans confusion audit partage qui lui a été demandé par ses enfans des biens de ladite communauté d'entr'elle & ledit défunt leur pere, ladite veuve y rapporte,

Premierement, ladite somme de six mille livres ameublies, ci 6000 liv.

Item, la somme entiere de trente-trois mille six cens livres, ci 33600 liv.

Plus, la somme de onze mille deux cens livres, que ladite veuve a déclaré avoir reçue depuis le décès dudit défunt, jusqu'au jour des locataires des maisons appartenantes à ladite communauté, dont elle leur a fourni un Mémoire des noms & surnoms & des sommes payées par chacun desdits locataires en particulier, ci 11200 liv.

De plus, rapporte ladite veuve en ladite communauté la somme de quatre mille livres, qui s'est trouvée en argent comptant dans le cabinet dudit défunt, qu'elle a prise en la présence & du consentement desdits enfans après le décès dudit défunt leur pere, appartenant à ladite communauté, ci 4000 liv.

Revenant toutes lesdites sommes ensemble à celle de cinquante-quatre mille huit cens livres, ci 54800 liv.

Sur laquelle ſomme de cinquante-quatre mille huit cens livres, leſdits enfans doivent préalablement tenir compte à ladite veuve leur mere, des ſommes qu'elle a dépenſées & payées pour & à la décharge de la communauté, en procédant à la confection dudit inventaire, & depuis la clôture d'icelui ; ſçavoir,

Premierement, la ſomme de treize cens livres pour la nourriture d'elle & de ſeſdits enfans depuis le jour du décès, &c. ci 1300 liv.

Item, payé à B. la ſomme de cinq cens livres à lui dûe par obligation dudit défunt, paſſée, &c. ci 500 liv.

Item, à N. la ſomme de quatre cens livres, ci 400 liv.

Item, pour les frais dudit inventaire & procès-verbal de la vente, la ſomme de ſeize cens livres, ci 1600 liv.

Item, la ſomme de quinze mille livres que ladite veuve doit reprendre pour une maiſon à elle appartenante, &c. aliénée pendant le mariage, par Contrat, &c. ci 15000 liv.

Plus, la ſomme de douze cens livres pour ſon préciput, ci 1200 liv.

Quand il y a quelque ſomme de deniers ſtipulez propres à la veuve par le Contrat de mariage, il faut en faire mention en ce lieu, pour la déduire avec le préciput ſur la ſomme dont elle eſt chargée, & dont elle fait le rapport à la communauté.

Tous leſquels payemens & repriſes ſe montent enſemble à la ſomme de vingt mille livres, ci 20000 liv.

De laquelle ſomme leſdits Sieurs & Damoiſelles conſentent qu'il ſoit fait déduction ſur celle de cinquante-quatre mille huit cens livres, à laquelle ſe ſont trouvez monter les effets mobiliers de ladite communauté. Au moyen de quoi il ne reſte plus entre les mains de ladite veuve que celle de trente-quatre mille huit cens livres à partager entr'elle & ſeſdits enfans, de laquelle il lui en appartient pour ſa part en ladite communauté, moitié montant à dix-ſept mille quatre cens livres, & l'autre moitié de pareille ſomme auſdits enfans.

Sur laquelle ſomme de dix-ſept mille quatre cens livres revenante auſdits enfans, ladite veuve leur mere a droit de prendre celle de deux mille deux cens livres pour les frais funéraires & enterrement dudit défunt leur pere, qu'elle a payée, ci 2200 liv.

Item, pour ſon douaire préfix une fois payé, la ſomme de quatre mille livres, ci 4000 liv.

Cette déduction faite deſdites deux ſommes de deux mille deux cens livres d'une part, & de quatre mille livres d'autre, ne reſte plus à payer auſdits enfans, de la part & portion à eux afferente en ladite ſomme de cinquante-quatre mille huit cens livres ci-deſſus mentionnée, que la ſomme de onze mille deux cens livres, dont il a été préſentement payé par ladite veuve audit celle de pour ſon tiers en ladite ſomme, à pareille ſomme auſſi pour ſon tiers, dont ils ſont contens & l'en quittent & déchargent : Et quant au ſurplus, montant à pareille ſomme de revenant audit Claude le Noir mineur, aussi pour son tiers, ladite Damoiselle sa mere promet & s'oblige lui en faire raison lorsqu'elle lui rendra compte de la tutelle qu'elle a eue de sa personne & biens, & la lui payer avec l'interêt à raison du denier vingt, à peine, &c. Comme aussi ladite veuve, au moyen desdites déductions, a pareillement quitté & déchargé sesdits enfans desdits frais funéraires & enterrement, ensemble de son préciput & de son douaire préfix, & de toutes les sommes de deniers qu'elle a payées à la décharge de ladite communauté.

Quant aux immeubles de ladite communauté, lesdites Parties désirant en jouir séparément, pour parvenir au partage d'iceux, ils ont fait priser & estimer par gens experts & à ce connoissans, les maisons, terres & héritages étant de ladite communauté, par Maçons, &c. qu'ils ont nommez & dont ils sont convenus à cet effet, lesquels ont dressé & rédigé leurs rapports, prisées & estimation, qu'ils ont communiqué ausdites Parties, & ayant été trouvez justes & raisonnables, elles ont fait deux lots desdites maisons, terres & héritages autant justes & égaux que faire se peut.

Premier Lot.

Le premier lot aura & lui appartiendra dès-à-présent & à toujours, une maison sise à Paris, &c. estimée par lesdits Experts à la somme de, &c. aux charges des cens & droits seigneuriaux accoutumez envers Seigneur censier de ladite maison, dont les trois titres sont inventoriez audit inventaire sous la cotte *trois.*

Item, la ferme & héritage de, &c. située, &c. prisée, &c.

Item, huit mille livres de rente rachetable de, &c. à prendre sur & sa femme, par Contrat passé, &c. inventorié sous la cotte *neuf.*

Item, &c.

La somme totale de ce premier lot se montant à quatre-vingt-sept mille livres, partant plus fort de dix mille livres que le second lot, en conséquence de quoi il fera soulte au second lot de la somme de cinq mille livres.

Second Lot.

Le second lot aura, &c. aussi dès-à-présent & à toujours, une maison &c. pour la somme de, &c. prisée & estimée, &c.

Item, &c.

Item, la somme de cinq mille livres, dont le premier lot fait soulte au présent lot, ci 5000 liv.

Somme totale de ce second lot, quatre-vingt-deux mille livres.

Desquels lots lesdites Parties se contentent, étant justes & égaux, ainsi consentent qu'ils soient jettez au sort; & pour cet effet elles ont appellé Pierre, jeune garçon à elles inconnu passant dans la rue, &c. dans le chapeau duquel lesdites Parties ayant mis deux billets de papier d'égale grandeur, & roulez l'un comme l'autre, dans l'un desquels étoit écrit, *premier lot*, & dans l'autre, *second lot*; ledit Pierre après les avoir long-tems brouillez & remuez dans son chapeau, du consentement des Parties & en leur présence, en a tiré un qu'il a donné à ladite veuve, & l'autre ausdits enfans; par l'ouverture desdits billets, s'est trouvé que le premier d'iceux est échu ausdits enfans, & le second à ladite veuve leur mere.

Desquels lots lesdites Parties comparantes se tiennent contentes & satisfaites; pour desdits biens jouir respectivement par eux, leurs hoirs & ayans cause à toujours, à commencer la jouissance du jour, &c. aux charges des cens & rentes foncieres que lesdits héritages peuvent devoir aux Seigneurs à qui ils sont dûs, ainsi qu'ils sont détaillez dans les titres & contrats d'acquisition inventoriez audit inventaire; ce faisant, ladite veuve a confessé avoir reçu de Marguerite & Nicolas le Noir la somme de deux mille trois cens trente-trois livres six sols huit deniers, pour les deux tiers dont ils sont tenus de ladite somme de cinq mille livres de soulte, de laquelle le premier lot appartenant ausdits enfans est chargé envers ledit lot échu à ladite veuve leur mere, dont elle est contente & les en quitte; & quant à l'autre tiers, ladite veuve le portera en dépense au compte qu'elle rendra audit mineur dont elle a eu la tutelle.

Se sont lesdites Parties transporté réciproquement tous droits de propriété, fonds, noms, raisons & actions qu'elles pourroient prétendre sur lesdits biens partagez, dont elles se sont réciproquement dessaisies & dévêtues l'une au profit de l'autre, & consentent à ce qu'ils demeurent garants les uns des autres entre tous les copartageans, suivant la Coutume, comme il est d'usage en fait de partage; reconnoissant lesdites Parties, chacune à leur égard, avoir entre leurs mains les titres & piéces justificatives de la propriété des choses qui leur sont échues par le présent partage, dont elles se quittent respectivement, & promettent s'en aider les unes aux autres en cas de recours de ladite garantie.

Il faut ajouter la clause suivante, lorsque le douaire de la veuve consiste en une rente ou pension viagere.

Sans préjudice à ladite veuve de six cens livres de rente & pension viagere, que ledit défunt son mari lui a accordée pour son douaire préfix par sondit Contrat de mariage, à prendre sur tous ses biens; lequel douaire lesdits enfans ont promis & s'obligent par ces Présentes solidairement, sans division, discussion, ni fidéjussion, à quoi ils renoncent, de payer par chacun an à ladite veuve leur mere, en sa maison à Paris, ou au porteur, sa vie durant, aux quatre quartiers accoutumez également, dont le premier échéra au jour, &c. & ainsi continuer de quartier en quartier par chacun an, durant la vie de ladite veuve leur mere, à prendre spécialement sur ladite maison & sur ladite rente à eux échues par ledit premier lot, & généralement sur tous les autres biens meubles & immeubles présens & à venir desdits, &c. qui en sont aussi dès-à-présent chargez, affectez, obligez & hypotéquez, une obligation ne dérogeant à l'autre, & sans par ladite veuve déroger à son hypotéque & privilége du jour de son Contrat de mariage. Car ainsi, &c.

Sous-division du lot échu aux enfans.

En conséquence du présent partage, lesdits Jacques Marchand, & Marguerite

Marguerite le Noir sa femme, de lui autorisée, en leurs noms, Nicolas le Noir & Claude le Noir mineur, procédant sous l'autorité de de lui assisté comme son curateur & tuteur *ad hoc*, désirant partager entr'eux ledit premier lot à eux échu, pour jouir chacun de sa portion, & avant que de procéder audit partage, s'égaler l'un à l'autre, comme il est requis, aux biens délaissez par ledit défunt leur pere, ont fait les rapports & partages qui suivent.

C'est à sçavoir, que lesdits Marchand & sa femme ont reconnu avoir reçu dudit défunt Guillaume le Noir & de ladite Marie, en faveur de mariage & avancement d'hoirie, la somme de vingt mille livres, comme il paroît par leur Contrat de mariage & quittance en date, &c. de laquelle somme de vingt mille livres ils doivent rapporter la moitié à la masse de ladite succession dudit Guillaume le Noir, ou moins prendre, montant ladite moitié à la somme de dix mille livres. Comme aussi ledit Nicolas le Noir a reconnu avoir reçu dudit défunt Guillaume le Noir son pere & de ladite veuve sa femme, en avancement d'hoirie, pour faire trafic & se mettre en boutique, la somme de huit mille livres, par acte passé, &c. de laquelle somme il doit rapporter à la masse de ladite succession la moitié montant à quatre mille livres. A l'égard des interêts dûs desdites sommes rapportées depuis le jour du décès dudit Sieur le Noir jusqu'au jour de les Parties reconnoissent s'être fait à cette occasion toute raison. Et quant audit Claude le Noir mineur, il n'a encore rien touché ni reçu en avancement de ladite succession dudit défunt son pere ; desorte que pour être lesdites Parties égales l'une à l'autre en la succession dudit défunt leur pere, lesdits Nicolas & Claude le Noir doivent prendre sur icelle, avant que lesdits Marchand & sa femme y puissent rien prendre, sçavoir ledit Nicolas la somme de six mille livres, & ledit Claude le Noir celle de dix mille livres. C'est pourquoi a été entre les Parties procédé au partage & subdivision dudit second lot, ainsi qu'il suit : Sçavoir, qu'ausdits Jacques Marchand & Marguerite le Noir sera, demeurera & appartiendra à toujours la maison sise rue, &c. estimée par lesdits Experts à la somme de vingt mille livres, faisant avec celle de dix mille livres qu'ils doivent rapporter, la somme de trente mille livres : Audit Nicolas le Noir appartiendra à toujours la maison sise, &c. prisée la somme de vingt-cinq mille livres, faisant avec celle de quatre mille livres qu'il est tenu de rapporter, celle de vingt-neuf mille livres : Et audit Claude le Noir la maison sise, &c. estimée vingt-deux mille livres, avec cinq cens livres de rente rachetable au denier vingt, la somme de dix mille livres à prendre sur, &c. le tout revenant à celle de trente-deux mille livres. Lesdites sommes ci-dessus, tant de prisées desdites maisons & héritages, que lesdites rentes & rapports, montent ensemble à celle de quatre-vingt-onze mille livres, qui est pour chacun des copartageans trente mille trois cens trente-trois livres six sols huit deniers. Par conséquent le lot dudit Claude le Noir étant plus fort que les deux autres de la somme de seize cens soixante-six livres douze sols quatre deniers, il doit soulte audit Marchand & sa femme de la somme de trois cens trente-trois livres six sols huit deniers ; & audit Nicolas le Noir de celle de treize cens trente-trois livres cinq sols huit deniers, lesquelles seront payables dans, &c. & cependant on payera l'interêt au denier vingt du jour, &c. Les Parties ainsi égalées ont trouvé agréable le présent partage, & lesdits Jacques Marchand & sa femme, & ledit Nicolas le Noir demeurent quittes & déchargez desdits rapports & interêts d'iceux.

Desdites maisons, héritages & rentes ci-dessus, jouiront ceux à qui elles sont échues, & en pourront eux, leurs hoirs & ayans cause, respectivement à toujours, faire & disposer comme de chose à eux appartenante, à commencer ladite jouissance dudit jour, &c. aux charges des cens & rentes foncieres; & demeureront lesdits lots ci-dessus obligez & hypotéquez à la garantie les uns des autres, transportant tous droits, &c. reconnoissant lesdits Marchand & sa femme, Nicolas & Claude le Noir, avoir chacun en leur possession les titres & papiers concernant les héritages & choses à eux ci-dessus délaissées; dont, &c. Promettant, &c.

Quand les enfans sont chargez envers leur mere d'une rente viagere pour son douaire, ils s'en doivent charger chacun pour telle part & portion dont ils sont héritiers, & il en doit être fait mention dans leur partage ou sous-division en ces termes:

Pour desdites choses ainsi partagées, jouir séparément, leurs hoirs & ayans cause, ainsi que bon leur semblera, au moyen des Présentes, de cejourd'hui à toujours, à la charge de la susdite garantie, & même de payer à ladite veuve leur mere le susdit douaire, chacun pour un tiers, qui est par chacun an, &c.

Quand il y a des propres appartenans au défunt pere des copartageans, & que le douaire de la mere est douaire coutumier, ordinairement dans le partage on n'y comprend pas les maisons & héritages dont la veuve jouit pour son douaire, & on les laisse non partagez, pour appartenir en commun & par indivis, à cause de la jouissance, & il en faut faire mention dans le partage.

Auquel partage les Parties n'ont compris la maison délaissée à ladite Marie leur mere pour son douaire coutumier, à elle constitué par ledit défunt Guillaume le Noir, pere commun des Parties, par sondit Contrat, &c.

Autre Partage de successions de pere & mere par leurs enfans.

FUrent présens Maître Claude, tant en son nom, que comme Tuteur de Jacques son frere mineur; Damoiselle Marie, femme autorisée par Maître Nicolas, &c. son mari, à l'effet des Présentes; & Damoiselle Anne, &c. fille majeure, demeurans; sçavoir, &c. tous enfans & héritiers chacun pour un quart par bénéfice d'Inventaire de Paul & Damoiselle Nicole leurs pere & mere: Disant que par les décès de leursdits pere & mere, il leur appartient plusieurs héritages & rentes, sur lesquels, pour égaler lesdits Jacques & Damoiselle Anne, il convient prendre avant le partage la somme de douze mille livres, pour chacun desdits Jacques & Anne, qui est pareille somme que lesdits Claude & Damoiselle Marie ont reçue desdits défunts leurs pere & mere en mariage & en avancement d'hoirie, &

du surplus en faire partage entr'eux tous. Pour à quoi parvenir, & suivant l'avis des parens dudit mineur, homologué par Sentence du jour, &c. lesdites Parties ont accordé à l'amiable & de bonne foi, les égalemens & partages qui suivent: Sçavoir, que lesdits Jacques & Damoiselle Anne prendront pour leur égalemeut chacun moitié de douze cens livres de rente, constituées audit défunt leur pere, par Pierre, &c. par Contrat passé pardevant, &c. ladite rente rachetable au denier vingt de la somme de vingt-quatre mille livres: au moyen de quoi lesdits Jacques & Damoiselle Anne demeureront égalez ausdits Claude & Damoiselle Marie, à commencer à en percevoir les arrérages, &c. à toujours. Et quant aux intérêts desdites sommes de douze mille livres, que chacun desdits Jacques & Anne ont reçues en mariage & avancement d'hoirie desdits défunts leurs pere & mere, & qu'ils doivent rapporter depuis les jours de leurs décès, compensation en a été faite à quelque somme prise par lesdits Jacques & Anne, & aux nourritures & entretenemens à eux fournis depuis lesdits décès. Comme aussi les Parties ont reconnu avoir fait partage des meubles & des sommes contenus en l'Inventaire fait après le décès desdits défunts leurs pere & mere, & de celles provenues de la vente qui en a été faite, montant le tout à la somme de huit mille livres, ledit Claude en a pris celle de quatre mille livres, tant pour lui que comme Tuteur dudit Jacques, & lesdites Marie & Anne en ont pris chacune celle de deux mille livres, dont les Parties sont contentes: desorte qu'il ne reste plus à partager entr'elles que les héritages substituez à leur profit par leurs ayeuls, dont lesdits pere & mere n'ont eu que la jouissance leur vie durant, qui sont la maison sise, &c. & deux maisons, fermes & héritages sis à, &c. & quelques rentes: Et désirant faire ledit partage, ils ont fait voir, visiter, priser & estimer lesdites maisons & héritages par Experts & gens à ce connoissans, qui en ont fait leurs rapports, signez & certifiez, datez des jours, &c. En conséquence desquels & des Sentences sur ce rendues, lesdites Parties ont fait & accordé ledit partage, & fait quatre lots les plus justes & égaux qu'il leur a été possible, selon & ainsi qu'il suit.

Le premier lot aura & lui appartiendra la moitié de la maison sise à Paris, rue, &c. consistant en deux corps de logis, cour, puits en icelle, tenant d'une part, &c. estimé le total par lesdits Experts à la somme de trente-deux mille livres, qui est pour ladite moitié la somme de seize mille livres, ci 16000 liv.

Le second lot aura & lui appartiendra l'autre moitié de ladite maison, pour pareille somme de seize mille livres, ci 16000 liv.

Le troisiéme lot aura & lui appartiendra la maison sise, &c. tenant d'une part, &c. consistant en plusieurs bâtimens, cour & jardin, &c. estimé le tout ensemble par lesdits Experts à la somme de quinze mille livres, ci 15000 liv.

Le quatriéme lot aura & lui appartiendra la maison sise, &c. tenant d'une part, &c. consistant en un corps de logis, grange, étable, pressoir, &c. contenant ensemble quatre arpens ou environ, huit arpens de vignes en plusieurs piéces, vingt arpens de terres labourables, & cinq arpens de prez; le tout assis au, &c. & estimé par lesdits Experts la somme de douze mille livres, ci 12000 liv.

Item, aura ledit quatriéme lot cinquante livres de rente de bail d'héritages dûs par Pierre, &c. Vigneron audit lieu, rachetable de la somme de mille livres, ci 1000 liv.

Item, aura cinquante livres de rente, &c.

Item, &c.

Somme totale dudit quatriéme lot, montant à la somme de quinze mille huit cens livres, ci 15800 liv.

Somme totale desdits quatre lots, montant à celle de soixante-deux mille huit cens livres ; ensorte que pour égaler lesdits quatre lots, il doit être payé de soulte & de retour au troisiéme lot sept cens livres ; sçavoir, par les premier & second lots, la somme de six cens livres, & par le quatriéme cent livres.

Ensuite ont été faits quatre billets de papier égaux, & mis, &c. *Comme aux précédens.* Desquels lots les Parties se sont contentées, comme étant justes & égaux : Au moyen de quoi ledit Claude a présentement payé à ladite Damoiselle Anne la somme de de soulte & retour dudit partage, &c. comme aussi ladite Marie, &c. Pour desdits lots échus jouir par les Parties, & en faire & disposer par elles, leurs hoirs & ayans cause, à leur volonté, comme de choses à eux appartenantes, à commencer ladite jouissance, &c. aux charges des cens, droits seigneuriaux & rentes foncieres que les héritages peuvent devoir envers les Seigneurs d'où ils relevent, que les Parties n'ont pû à présent déclarer au vrai, de ce requises suivant l'Ordonnance. Et quant aux loyers desdits héritages & arrérages desdites rentes échus auparavant, seront partagez entr'eux également à mesure qu'ils se recevront, & ont donné pouvoir audit Claude de les recevoir, en donnant quittance valable, & contraindre les débiteurs, si besoin est.

Comme aussi demeureront en commun les rentes & sommes dûes par, &c. & en sera poursuivi le recouvrement & payement à frais communs. Et moyennant le présent partage, lesdites Parties ont cedé & transferé respectivement l'une à l'autre tous droits de propriété, &c.

Clause pour le payement des dettes.

A été convenu que lesdits copartageans contribueront chacun pour leur quart également au payement des dettes dûes par les successions de leursdits pere & mere : comme aussi qu'ils soutiendront les procès qu'ils ont contre, &c. pour raison de, &c.

Accord sur l'éviction d'une rente tombée dans le lot d'un copartageant.

FUrent présens Claude, Jacques, Jean & Pierre, &c. tous héritiers de Claude, &c. Disans, que par partage fait entr'eux d'une part ; & Marie, &c. veuve dudit Claude, des biens de la communauté qui a été entr'eux, il seroit échu ausdits héritiers, entr'autres effets, cent livres de rente constituées audit défunt Claude, par Paul, &c. & autres cent livres de rente constituées aussi audit défunt, &c. comme il paroît par ledit partage passé devant, &c. le par sous-division faite entre lesdits héritiers devant lesdits Notaires, seroient lesdites deux rentes dûes par lesdits, &c. échues dans le lot dudit Pierre; desquelles rentes il n'auroit pû jouir ni recevoir aucuns arrérages, quelque diligence qu'il ait faite aux poursuites & saisies des héritages vendus sur les débiteurs ni sur les autres biens, à cause des dettes antérieures & privilégiées, comme il l'a justifié à ses cohéritiers susnommez; & qu'à l'égard desdits Claude, Jacques & Jean, ils ont toujours joui paisiblement, & ont été payez de rentes tombées dans leurs lots, sans aucune éviction des choses qui leur sont échues par ledit partage. Et comme lesdits lots sont garants les uns des autres, ledit Pierre a fait assigner lesdits, &c. ses cohéritiers pardevant pour porter la perte desdites deux rentes & des arrérages d'icelles, chacun pour leur quart, & passer titre nouvel & reconnoissance de ladite rente, si mieux n'aiment leur donner autres rentes de la succession dudit défunt Claude leur pere. Et voyant lesdits Claude, Jacques & Jean qu'ils n'ont aucuns moyens valables pour se défendre contre la demande dudit Pierre, pour éviter à procès, ont fait l'accord qui suit: Sçavoir, qu'à l'égard desdits Claude & Jacques, pour demeurer quittes chacun pour leur quart desdites deux rentes, ils ont cédé & transporté dès-à-présent & à toujours audit Pierre, à ce présent & acceptant, acquéreur pour lui, ses hoirs & ayans cause, cinquante livres de rente, &c. dont ils sont tenus, laquelle demeurera garante des lots desdits partages: Et outre ont lesdits Claude & Jacques payé audit Pierre la somme de, &c. pour les arrérages de leursdits quarts, depuis le jour desdits partages jusqu'au jour de, &c. dont, &c. quittant, &c. Et ledit Jean, pour demeurer aussi quitte de son quart desdites deux rentes évincées, il a présentement compté & délivré en présence desdits Notaires, en louis d'or, &c. audit Pierre la somme de, &c. sçavoir pour principal dudit quart desdites deux rentes, & le surplus pour les arrérages échus depuis le jour desdits partages jusqu'à cejourd'hui, dont aussi quittant, &c. Demeureront néanmoins lesdites rentes & sommes sus-cédées garantes des lots desdits partages, moyennant quoi ledit Pierre a remis à la masse de la succession dudit défunt Claude lesdites deux rentes dûes par lesdits, &c. desquelles, s'il s'en peut recouvrer quelque chose, sera partagé entre les Parties; & sont les Contrats desdites deux rentes demeurez ès mains dudit Pierre, sans néanmoins qu'il puisse être tenu de veiller & faire diligence plus que lesdits, &c. ses cohéritiers, ausquels il promet de les en aider toutes fois & quantes qu'il en sera par eux ou l'un d'eux requis; sauf ausdites Parties leur recours & répétition pour la moitié desdites deux rentes évincées & arrérages d'icelles contre les héritiers de ladite Marie à présent défunte, laquelle moitié étant reçue en tout ou partie, sera partagée entre lesdites Parties; & aux fins dudit recouvrement, elles ont consenti qu'il en soit fait telles poursuites qu'il appartiendra à frais communs. Fait & passé, &c.

Quand le survivant des pere & mere ne veut pas faire partage des biens de la communauté, les enfans peuvent le faire assigner pour y être contraint; & en ce cas le Juge ordonne que le compte des biens sera rendu, & le partage d'iceux fait pardevant lui, ou pardevant un Conseiller commis, ou pardevant un Commissaire-Enquêteur & Examinateur ; mais quelquefois avant que de procéder par Justice, les enfans bien conseillez appréhendant que le survivant de leurs pere ou mere irrité de telles poursuites, ne dispose de ses biens à leur préjudice, lui font des supplications, & les réiterent, de vouloir consentir & leur accorder le partage desdits biens, comme en l'Acte suivant.

Supplication pour accorder le partage.

AUjourd'hui en la compagnie des Notaires soussignez, &c. Claude, &c. & Dame Catherine le Févre sa femme, qu'il autorise à l'effet des Présentes, & Nicolas & Jean le Févre freres & sœur, &c. se sont transportez en la maison de Dame Marguerite, &c. veuve de feu Charles le Févre, &c. laquelle, parlant à sa personne, ils ont humblement suppliée de vouloir faire & consentir le partage des biens communs d'entre ledit défunt Charles le Févre son mari & elle, délivrer les titres & papiers concernant les propres dudit défunt, & d'y procéder par la voie la plus amiable & honnête, pour traiter leurs affaires avec toute douceur, comme ç'a toujours été l'intention des Supplians ; lui déclarant que pour l'honneur & le respect qu'ils lui doivent, ils désirent que les choses se passent sans procès ; & pour cet effet ils ont supplié & requis leur mere de nommer présentement jusqu'au nombre de trois de leurs parens & amis de cette Ville, pour être par leur avis procédé ausdits partages, si mieux n'aime nommer tels Conseillers, Avocats ou autres à son choix, comme les Supplians offrent faire présentement de leur part, consentant que ce qui sera par eux fait & décidé ait force de chose jugée, sous telles soumissions & peines que ladite Dame leur mere avisera.

Il faut écrire la réponse.

A quoi ladite Dame veuve le Févre a fait réponse, &c.

Ce fut fait en la maison de ladite Dame, & lui a été laissé copie du présent Acte, signé desdits Notaires, le, &c.

Partage entre un pere & son fils, des biens de la communauté, portant quittance & décharge.

FUrent présens Paul Beauvais, demeurant d'une part ; & Jean-Paul Beauvais son fils, demeurant d'autre part ; lesquels ont dit, qu'après le décès de Claude femme dudit Beauvais pere, & mere dudit Jean-Paul Beauvais, il auroit été fait Inventaire des biens de leur communauté par le lors duquel ledit Beauvais fils étoit mineur, & est à présent âgé de vingt-cinq ans & plus : & désirant les Parties régler d'affaire amiablement & sans frais, sont demeurées d'accord de ce qui suit ; c'est à sçavoir, que ledit Beauvais fils ratifie & approuve ledit Inventaire : reconnoissant lesdits Comparans avoir respectivement partagé entr'eux tous les meubles & marchandises contenus audit Inventaire, dont ils se tiennent contens, & se quittent l'un l'autre de toutes choses généralement quelconques, de tout le passé jusqu'à ce jour, sans aucune réserve. Car ainsi a été fait, &c.

Partage de communauté entre une veuve & ses enfans.

FUrent présens Damoiselle Catherine Hou, veuve du Sieur Jean Gau, demeurante d'une part ; Messire Pierre Gau, Messire Jean-Louis Gau, demeurant Messire Cajétan Galle & Catherine Gau sa femme, de lui autorisée à l'effet des Présentes, demeurant lesdits Sieurs Pierre, Jean-Louis & Catherine Gau, freres & sœur, enfans & seuls héritiers dudit défunt Sieur Jean Gau leur pere, d'autre part : Disant, qu'après le décès dudit défunt Sieur Gau, ladite Damoiselle sa femme auroit été élûe tutrice à sesdits enfans lors mineurs au nombre de cinq, depuis lequel tems il y en a eu deux qui ont fait profession religieuse ; que le deux Mars 17 ladite veuve auroit, tant en son nom, à cause de la communauté d'entre ledit défunt son mari & elle, que comme tutrice desdits Pierre, Jean-Louis & Damoiselle Catherine Gau ses enfans, en la présence de Charles Tou, leur cousin paternel & subrogé tuteur, fait faire Inventaire des biens de ladite communauté par Notaire, le dix-sept dudit mois & jours suivans, & a depuis géré la tutelle à l'égard desdits Pierre & Catherine jusqu'au dixiéme Novembre 17 ausquels lors émancipez & procédans sous l'autorité de Jean Hou, leur oncle & curateur, elle leur a rendu compte en présence & assistez dudit Sieur Hou de la gestion & administration qu'elle a eu de leur personne & biens arrêtez sous leurs seings privez le 20 Novembre 17 reconnu par Acte étant ensuite, passé double devant le par lequel compte ledit Pierre Gau est demeuré réliquataire à ladite Damoiselle sa mere de la somme de deux cens quatre-vingt-sept livres huit sols neuf deniers, qu'il lui a payée ; & ladite Damoiselle veuve Gau est demeurée réliquataire à ladite Damoiselle sa fille de la somme de mille quarante-une livres six sols neuf deniers, qu'elle lui a payée suivant ledit compte ; & à l'égard dudit Sieur Jean-Louis, elle a géré la tutelle de sa personne & biens jusqu'au 12 Septembre 17 auquel tems étant émancipé en présence dudit Sieur Hou son curateur, elle a aussi rendu compte sous leurs seings privez, par lequel ladite Damoiselle veuve est demeurée redevable envers lui de la somme de onze cens cinquante-huit livres douze sols, qu'elle lui a depuis payée, ainsi qu'il le reconnoît, dont il se contente & l'en quitte, au moyen desquels comptes tout le mobilier se trouve consommé, le préciput de ladite Damoiselle veuve Gau & tout ce qu'elle pouvoit prétendre entierement payé, ensorte qu'il ne reste plus à partager entre les Parties que les immeubles ci-après déclarez. Et désirant lesdites Parties jouir séparément des maisons & rentes de ladite communauté, en a été fait la masse qui suit, dans laquelle ne sera comprise la maison rue Grenier-Saint-Lazare, dont la totalité avoit été acquise par ledit défunt Gau & Jeanne Genty sa femme, auparavant veuve du Sieur Denis, par Contrat passé par le moyennant dix-huit mille livres, dont le total auroit été payé avant le mariage dudit défunt Sieur Gau avec ladite Damoiselle veuve Catherine Hou à présent sa veuve, suivant les quittances inventoriées avec ledit Contrat sous la troisiéme cotte dudit Inventaire; desorte qu'au jour du mariage dudit Sieur Gau & de ladite Damoiselle sa veuve, moitié de ladite maison appartenoit audit Sieur Gau de son acquêt, qui est un propre en la personne de sesdits enfans de son côté; & l'autre moitié auroit été acquise pendant ladite communauté dudit défunt Sieur Gau & de sadite veuve, par Sentence de licitation du 20 Février 17 entre le Sieur Pehos & Damoiselle Catherine Genty sa femme, elle seule héritiere de ladite défunte Jeanne Genty sa mere, dans laquelle moitié ladite Damoiselle veuve Gau a la moitié; ensorte que ladite maison en total appartient présentement, sçavoir un quart à icelle Damoiselle Catherine Hou, à cause de sadite communauté, & ausdits trois enfans dudit défunt Sieur Gau & d'elle chacun un quart, tant du chef de leur pere, qu'à cause de ladite communauté; laquelle masse desdits biens consiste, sçavoir en une maison rue des Gravilliers, consistante, &c. estimée à l'amiable entre les Parties à la somme de six mille livres, ci 6000 liv.

Plus, en une autre maison même rue des Gravilliers, consistante, &c. estimée cinq mille livres, ci 5000 liv.

Les titres desquelles deux maisons sont inventoriez audit Inventaire sous la cotte 4.

Plus, en cent soixante-six livres treize sols quatre deniers de rente, au principal de trois mille six cens soixante livres, constituée à la Demoiselle veuve Gau, tant en son nom que comme tutrice de leursdits enfans, par le Sieur Lambert, par Contrat passé devant le inventorié avec les piéces résultantes de l'emploi porté audit Contrat sous la cotte 5 dudit Inventaire, ci 3660 liv.

Plus, en deux cens livres de rente en deux parties, aux principaux de quatre mille livres, constituées audit défunt Sieur Gau par Antoine Dumas & sa femme solidairement par deux Contrats passez devant les lesdits Contrats & piéces résultantes de l'emploi porté en iceux inventoriez audit Inventaire sous la cotte 17, ci 4000 liv.

Plus, en cent cinquante livres de rente restantes de deux cens livres de rente dûes par Damoiselle M. Roussin, veuve de Jean Anguille, tant en son nom que comme tutrice de leurs enfans, pour & au lieu de la veuve Poitevin, ainsi qu'il est porté au titre nouvel passé à ladite Dame Gau en son nom & comme tutrice de sesdits enfans, devant le de laquelle rente est fait mention dans ledit Inventaire, laquelle avoit été constituée par ledit Poitevin & leur mere audit défunt Sieur Gau, par Contrat du passé devant suivant la déclaration de ladite veuve Gau étant ensuite de la cotte 24 dudit Inventaire, lesdites cent cinquante livres au principal de trois mille livres, ci 3000 liv.

Plus, en deux cens livres de rente constituée à ladite veuve, par la communauté des Jurez-Jaugeurs de vins, moyennant quatre mille livres, par Contrat passé pardevant le lequel Contrat avec les piéces justificatives de l'emploi y porté, sont inventoriées sous la cotte 18 dudit Inventaire; & lesquelles quatre mille livres ladite veuve Gau auroit déclaré

déclaré provenir, sçavoir trois mille livres du rachat à elle fait de cent cinquante livres de rente par le Sieur Roland, qu'il avoit constituées audit défunt Sieur Gau, & mille livres à elle remboursées par le Sieur Rousselin sur les quatre mille livres de principal qu'il doit, & dont il est fait mention en l'article précédent, ci 4000 liv.

Plus, en deux cens livres de rente sur les Aydes & Gabelles, en principal de quatre mille livres, constituée audit défunt Sieur Gau, par Contrat passé devant le inventorié sous la cotte 6 dudit inventaire, ci 4000 liv.

Plus, en quatre cens livres de rente sur les Aydes, &c. ci 8000 liv.

Laquelle rente ladite Damoiselle veuve Gau a donné à ladite Dame de Galle, par son Contrat de mariage passé pardevant le & que lesdits Sieur & Damoiselle Galle rapportent au présent partage.

Plus, en trois cens livres de rente sur les Aydes, &c. ci 6000 liv.

Plus, en deux cens livres de rente. Idem, &c. ci 4000 liv.

Plus, en deux cens livres. Idem, &c. ci 4000 liv.

Plus, en cent soixante-seize livres de rente. Idem, &c. 3520 liv.

Plus, en trois cens livres. Idem, &c. 6000 liv.

Plus, en deux cens cinquante livres de rente. Idem, &c. 5000 liv.

Plus, en quatre cens livres au denier dix-huit. Idem, &c. 7200 liv.

Plus, en cent quarante-neuf livres de rente sur l'ancien Clergé, en deux parties ; la premiere de soixante-quatorze livres constituée le & la seconde de soixante-quinze livres constituée le vendue audit défunt Sieur Gau par J. J. Nean sa femme, par Contrat passé, &c. les cinq cens livres de rente sur les entrées mentionnées audit Contrat inventorié sous la cotte 15, ayant été remboursées audit défunt Sieur Gau, lesdites cent quarante-neuf livres de rente estimées entre lesdites Parties à la somme de treize cens quarante-une livres sur le pied du denier neuf, ci 1341 liv.

Toute la masse desdits biens à partager se monte à la somme de soixante-quatorze mille sept cens vingt-une livres, dont moitié montant à trente-sept mille trois cens soixante livres dix sols, appartient à ladite veuve Gau, & l'autre montant à pareille somme à sesdits enfans.

Pour parvenir audit partage, a été fait deux lots les plus justes qu'il a été possible, au premier desquels appartiendra pour toujours : Sçavoir,

La maison rue des Gravilliers, où demeure le Sieur pour la somme de six mille livres, à laquelle elle est estimée, ci 6000 liv.

Plus, la rente de cent soixante-six livres treize sols quatre deniers par le Sieur Lambert & sa femme, au principal de trois mille six cens soixante livres, ci 3660 liv.

Plus, en deux cens livres de rente en deux parties, dûe par le Sieur Dumas, en principal de quatre mille livres, ci 4000 liv.

Plus, en deux cens livres de rente, au principal de quatre mille livres sur les Aydes & Gabelles, constituée le ci 4000 liv.

Plus, la rente de trois cens livres. Idem, &c. 6000 liv.

Plus, autre deux cens livres de rente. Idem, &c. 4000 liv.

Plus, pareilles deux cens livres de rente. Idem, &c. 4000 liv.

Plus, deux cens cinquante livres de rente. Idem, &c. 5000 liv.

Plus, les ſoixante-quatorze livres de rente ſur le Clergé, pour la ſomme de ſix cens ſoixante-ſix livres, ſur le pied du denier neuf qu'elle a été eſtimée, ci 666 liv.

Total *du premier lot*, 37326 liv.

Et au ſecond lot appartiendra à toujours ce qui ſuit : Sçavoir,

L'autre maiſon rue des Gravilliers, eſtimée cinq mille liv. ci 5000 liv.

Plus, cent cinquante livres de rente, en principal de trois mille livres reſtant dûes par la Damoiſelle Arguieres, au lieu des Sieur Poitevin & leur mere, ci 3000 liv.

Plus, ſoixante-quinze livres de rente ſur le Clergé, conſtituées le pour la ſomme de ſix cens ſoixante-quinze livres à quoi elles montent, ſur le pied du denier neuf qu'elles ont été évaluées, ci 675 liv.

Plus, quatre cens livres de rente, au principal de huit mille livres ſur les Aydes & Gabelles, conſtituée le rapportée par leſdits Sieur & Damoiſelle de Galle, ci 8000 liv.

Plus, trois cens livres de rente, au principal de ſix mille livres ſur leſdites Aydes & Gabelles, conſtituée le ci 6000 liv.

Plus, en deux cens livres. Idem, &c. 4000 liv.

Plus, leſdites cent ſoixante-ſeize livres de rente. Idem, &c. 3500 liv.

Plus, les quatre cens livres de rente au denier dix-huit, au principal de ſept mille deux cens livres, conſtituées le ci 7200 liv.

Total *du contenu au ſecond lot*, 37395 liv.

Le ſecond lot étant plus fort que le premier, doit rapporter la ſomme de trente-quatre livres dix ſols. Deſquels lots ainſi faits, les Parties ſe tiennent contentes, pour les avoir examinez ; & pour parvenir au ſort d'iceux, a été fait deux billets égaux, qui ont été roulez & mis du conſentement deſdites Parties dans le chapeau d'Antoine Armand, jeune garçon paſſant par la rue, par eux appellé, lequel après les avoir remuez dans ſon chapeau, en a donné un à ladite Damoiſelle veuve Gau, qui s'eſt trouvé le premier, & l'autre auſdits Sieur & Damoiſelle ſes enfans, qui s'eſt trouvé le ſecond ; deſquels lots les Parties ſont contentes, pour par chacune d'elles jouir des biens à elle échus, comme de choſes à elles appartenantes, à commencer, ſçavoir deſdites maiſons, du des rentes ſur Particuliers, du & de celles ſur l'Hôtel de Ville, du demeurans leſdits lots garants les uns des autres.

Les dettes dûes par Laurent Rombeuf, le Sieur le Clerc & ſa femme, & Monſieur de Montmorency, ſont demeurées en commun, tant en principal qu'interêts, dont le recouvrement ſe fera à frais communs, ſans que leſdites Parties de part ni d'autre ſoient aucunement garantes deſdites dettes qui ſont fort douteuſes.

Et comme leſdits Sieurs Pierre & Jean-Louis Gau & Sieur & Dame de Galle deſirent auſſi jouir ſéparément dudit ſecond lot à eux échu, a été du contenu en icelui diſtrait ladite maiſon rue des Gravilliers, qui demeurera en commun entre leſdits Sieurs Gau & leſdits Sieur & Dame de Fonds leur beau-frere & ſœur ; & du ſurplus en a été fait trois lots, montans chacun à dix mille ſept cens quatre-vingt-dix-huit livres ſix ſols huit deniers ; au premier deſquels lots appartiendra : Sçavoir,

La rente de trois cens livres ſur les Aydes & Gabelles, au principal de six mille livres, constituée le ci 6000 liv.

Plus, en deux cens livres de rente dûe par au principal de quatre mille livres, ci 4000 liv.

Plus, les soixante-quinze livres de rente sur le Clergé, constituées le estimées six cens soixante-quinze livres, ci 675 liv.

Et cent vingt-trois livres six sols huit deniers, que le troisiéme lot lui fera de soulte: revenant les choses contenues audit premier lot à pareille somme de dix mille sept cens quatre-vingt-quinze livres sept sols huit deniers.

Au second lot appartiendra aussi pour toujours: Sçavoir, les quatre cens livres de rente sur les Aydes & Gabelles au denier dix-huit, au principal de sept mille deux cens livres, constituées le ci 7200 liv.

Plus, en cent soixante-quinze livres de rente, au principal de trois mille cinq cens vingt livres sur les Aydes & Gabelles, constituées le ci 3520 liv.

Plus, ledit troisiéme lot lui fera soulte de soixante-dix-huit livres six sols huit deniers, qui feront avec les principaux desdites deux parties de rente, pareille somme de dix mille sept cens quatre-vingt-dix-huit livres sept sols huit deniers.

Et audit troisiéme lot appartiendra pour toujours; sçavoir, les quatre cens livres de rente, au principal de huit mille livres sur les Aydes & Gabelles, constituées le rapportées par lesdits Sieur & Dame de Fonds, ci 8000 liv.

Plus, cent cinquante livres de rente, au principal de trois mille livres dûes par ladite veuve Anguille, au lieu desdits Sieur Poitevin, &c. ci 3000 liv.

Et pour parvenir au sort desdits trois lots, a été fait trois billets égaux, dans l'un desquels a été écrit *premier lot*, dans l'autre *second lot*, & dans l'autre *troisiéme lot;* lesquels ayant été roulez, ont été mis dans le chapeau dudit Antoine Armand, qui les ayant remuez, en a donné un au Sieur Pierre Gau, sur lequel s'est trouvé écrit *premier lot;* un autre audit Sieur Jean-Louis Gau, sur lequel s'est trouvé écrit *second lot;* & l'autre ausdits Sieur & Dame de Fonds, sur lequel s'est trouvé écrit *troisiéme lot;* desquels lots ils se tiennent respectivement contens, pour par eux jouir chacun en particulier du contenu en iceux, & de ladite maison qui leur est échues ès lots ci-devant exprimez, en faire & disposer comme de chose leur appartenante; lesdits lots demeurans garants les uns des autres. Reconnoissant ladite Dame Gau, que lesdits Sieurs & Damoiselle ses enfans lui ont remboursé la somme de trente-quatre livres dix sols pour soulte du premier lot à elle échu, dont elle les quitte.

Et aussi reconnoissent lesdits Pierre & Jean-Louis Gau, que lesdits Sieur & Dame de Fonds leur ont payé & remboursé les soultes dont ils sont tenus; sçavoir, audit Sieur Pierre Gau cent vingt-trois livres six sols huit deniers, & aussi audit Sieur Jean-Louis Gau soixante-dix-huit livres six sols huit deniers, dont aussi ils se tiennent contens, & les en quittent & déchargent.

Et à l'égard des titres & papiers concernant ladite maison rue Grenier-Saint-Lazare, ils sont demeurez ès mains de ladite Damoiselle veuve Gau, ainsi que ceux concernant les biens à elle échus par le présent partage, avec ceux concernant les dettes douteuses laissées en commun, dont lesdites Parties ne sont point garantes, ensemble la grosse dudit Inventaire & double de compte, dont elle aidera ses enfans, s'ils en ont besoin : Et quant aux Contrats & titres concernant les biens & effets échus à chacun desdits Sieurs Gau & Dame Galle, ils reconnoissent chacun les avoir entre les mains en ce qui les regarde ; ceux concernant ladite maison qui leur est échue, & qui demeurent en commun, inventoriez sous la cotte 4, étant aussi restez ès mains de ladite veuve Gau, pour leur en aider quand ils l'en requerront : sur tous lesquels titres & piéces lesdites Parties consentent mention sommaire des Présentes être faite en leur absence par tous Notaires requis.

Et sous lesdites conditions les Parties se transportent respectivement tous droits de propriété qu'ils ont & peuvent avoir sur lesdites choses ci-dessus partagées, dont ils se désaisissent réciproquement, voulant qu'elles en soient saisies par qui il appartiendra, constituant, &c. s'obligeant lesdits Sieurs Gau & Sieur & Dame Galle de payer à ladite Damoiselle Gau en sa maison à Paris, ou au porteur, &c. par chacun an, chacun par tiers cent cinquante livres pour son douaire, sans préjudice des arrérages qui en sont dûs. Car ainsi, &c.

Il faut remarquer que quand il y a des mineurs, & qu'on procéde à un partage avec eux pardevant Notaires, il leur faut un tuteur *ad hoc* ; ce partage est appellé partage provisionnel, parce que pour peu qu'ils soient lésez, ils sont en droit de se pourvoir en Justice, pour demander qu'il soit procédé à un nouveau partage.

Autre Partage de communauté entre une veuve & son fils, dans le cas de continuation de communauté.

Furent présens Dame Louise veuve de Messire Jacques, &c. Conseiller du Roi, &c. en son nom, à cause de la communauté de biens qui a été entre ledit Sieur son mari & elle, continuée entre ladite Dame veuve & ses enfans mineurs, comme il va être remarqué, laquelle communauté ladite Dame a acceptée, d'une part. Et Maître Simon, &c. au nom & comme tuteur à l'effet des Présentes de Maître Jacques fils mineur dudit défunt Sieur & de ladite Dame sa veuve, émancipé d'âge par Lettres obtenues en Chancellerie le vingt-huit Juin dernier, scellées, insinuées & entérinées par Sentence du Châtelet de Paris du 9 Juillet présent mois, homologative de l'avis des parens & amis dudit émancipé, laquelle Sentence contient aussi la nomination dudit Sieur Simon à ladite charge de tuteur, qu'il a acceptée par Acte ensuite de ladite Sentence du 9 dudit présent mois, au Registre de Maître Greffier ; ledit Sieur émancipé resté seul héritier dudit Sieur son pere, tant de son chef, qu'au moyen du décès de Damoiselle Marie sa sœur, arrivé en minorité depuis celui dudit Sieur son pere, & pendant ladite continuation de communauté ; au moyen de quoi il y a eû accroiſſement de la part de la ſœur décédée au profit dudit Sieur ſon frere ſurvivant, aux termes de l'article 243 de la Coutume de Paris, d'autre part.

Diſans que ledit Sieur Jacques étant décédé en cette Ville le quatre Mars l'inventaire des effets de ſa ſucceſſion & de la communauté d'entre lui & ladite Dame ſa veuve a été fait par D. l'aîné, l'un des Notaires ſouſſignez, & ſon Confrere, le 29 dudit mois de Mars & jours ſuivans, à la requête de ladite Dame veuve de tant en ſon nom à cauſe de ladite communauté, qu'au nom & comme tutrice dudit Sieur Jacques, &c. & de ladite Demoiſelle Marie, &c. leurs enfans mineurs, habiles à ſe dire héritiers chacun pour moitié dudit Sieur leur pere, & en la préſence de Maître ſubrogé tuteur deſdits deux mineurs ; par la derniere vacation duquel inventaire ladite Dame a été chargée de tous les effets contenus en icelui : que la Bibliothéque dudit Sieur faiſant partie deſdits effets, a été enſuite vendue par G. Huiſſier-Priſeur, ſuivant ſon Procès-verbal du & jours ſuivans, par la clôture duquel ladite Dame a donné quittance audit G. de la ſomme de deux mille cinq cens quatre-vingt-dix livres un ſol dix deniers, à laquelle, déduction faite des frais, a monté le prix de ladite Bibliothéque.

Que le ſuſdit Inventaire n'ayant point été clos en Juſtice, ladite communauté n'a point ceſſé, mais a continué entre ladite Dame veuve de & ſes deux enfans mineurs.

Que ladite Damoiſelle Marie, &c. l'une deſdits mineurs, étant décédée pendant ladite continuation de communauté, le ladite Dame ſa mere a été privée de ſa ſucceſſion mobiliaire, qui ne conſiſtoit que dans la portion de ladite Damoiſelle dans ladite communauté, laquelle, comme il a été ci-deſſus remarqué, a accru au profit dudit Sieur ſon frere ſurvivant, avec qui ladite communauté a encore continué.

Que ladite Dame de ayant déſiré liquider avec ledit Sieur ſon fils leurs droits reſpectifs, & partager les effets de ladite communauté qu'il falloit préalablement diſſoudre, il a été procédé le douze dudit préſent mois de Juillet par ledit D. l'aîné Notaire & ſon Confrere, à la requête de ladite Dame veuve & dudit Sieur Simon audit nom de tuteur, & en la préſence dudit Sieur émancipé, enſuite dudit Inventaire du vingt-neuf Mars 17 tant au récollement des effets, titres & papiers contenus audit Inventaire, qu'à l'inventorié des effets acquis depuis par ladite Dame de & qui compoſent ladite continuation de communauté ; leſquelles acquiſitions proviennent tant des deniers comptans inventoriez audit inventaire, & qui ne ſe ſont plus trouvez lors du récollement, & du prix de la vente de ladite Bibliothéque, que des épargnes faites par ladite Dame ſur ſes revenus pendant ladite continuation de communauté.

Leſdits Inventaire & addition étant enſuite, ont été clos en Juſtice le dix-ſept du préſent mois de Juillet, au moyen de quoi ladite communauté a ceſſé.

Et pour parvenir auſdites liquidation & partage, leſdites Parties ont pris communication,

1°. Du Contrat de mariage deſdits Sieur & Dame de paſſé

devant Maître D. l'aîné, Notaire à Paris, & son Confrere, le 3 Mai 17 dont l'expédition est inventoriée sous la cotte *un* dudit Inventaire; par lequel Contrat a été stipulé communauté de biens suivant la Coutume de Paris, dans laquelle communauté il a été dit que les Livres, Armoires, Tablettes & Bibliothéque dudit Sieur de n'entreroient point, mais resteroient réservez audit Sieur de pour lui en particulier, & pour être par lui repris en tout tems en l'état & quantité qu'ils se trouveroient au jour que ladite reprise auroit lieu, sans que ladite Dame lors future épouse pût pour ce prétendre d'ailleurs aucune récompense. (Or cette clause étant une stipulation de propre qui a été restrainte à la personne dudit Sieur de ne doit point être étendue au-delà, au moyen de quoi le prix de ladite Bibliothéque vendue, comme dit est, doit entrer dans ladite communauté.) Par le même Contrat la Dame veuve, &c. mere de ladite Dame de promit de lui donner en dot la somme de trente mille livres, sçavoir deux mille livres en deniers comptans, six mille livres en un Contrat de trois cens livres de rente au denier vingt sur les Aydes & Gabelles, & vingt-deux mille livres en la moitié au total & par indivis d'une maison rue du Roule: En exécution duquel Contrat ladite Dame par Acte passé devant ledit Maître D. l'aîné & son Confrere, le vingt dudit mois de Mai 17 a payé ausdits Sieur & Dame de ladite somme de deux mille livres, & leur a délaissé ladite rente sur les Aydes & Gabelles au principal de six mille livres, & ladite moitié de maison pour ladite somme de vingt-deux mille livres. De laquelle dot il a été convenu qu'il entreroit en ladite communauté la somme de dix mille livres; pour quoi l'immobilier seroit ameubli jusqu'à dûe concurrence, & que le surplus demeureroit propre à ladite Dame de & aux siens de son côté & ligne. Ladite Dame de a été douée de huit cens livres de rente de douaire préfix; & le préciput a été fixé au profit du survivant, en meubles de la communauté, pour la prisée de l'inventaire & sans crue, ou en deniers comptans, à la somme de trois mille livres.

Et 2°. de deux Actes passez ensuite l'un de l'autre devant Maître M. l'aîné, Notaire à Paris, & son Confrere, les deux Octobre & quinze Décembre 17 contenant partage entre ladite Dame de & ses freres & sœurs, neveux & niéces, des biens des successions de défunts Sieur & Damoiselle pere & mere de ladite Dame de & encore des successions de ses freres, sœurs & neveux décédez ou Religieux. Par ce partage il n'a été fait qu'une masse des effets de toutes lesdites successions, pour être divisée également entre les partageans, qui ayant chacun fait rapport à ladite masse des effets qui leur avoient été donnez en avancement d'hoirie, ladite Dame de a en conséquence rapporté les trois mille livres qu'elle avoit reçues en dot par le susdit Contrat de mariage; sçavoir, deux cens livres en deniers comptans, un Contrat de cent cinquante livres de rente sur les Aydes & Gabelles au principal de six mille livres, qui représentoit celui qui lui avoit été donné par ledit Contrat de mariage, & ladite moitié de maison rue du Roulle encore en nature. Et division faite de ladite masse, il s'est trouvé que la portion de ladite Dame de montoit à la somme de soixante-un mille six cens dix-sept livres huit deniers, pour lui fournir laquelle somme lui a été abandonné à titre de partage quarante-trois livres deux sols six deniers de rente au principal de dix-sept cens vingt-cinq livres à prendre en plus grande rente constituée sur les Aydes & Gabelles, & de laquelle la jouissance est suspendue jusqu'après le décès du Sieur ainsi qu'il est expliqué audit Partage; une maison rue du Roule, où est pour enseigne pour la somme de cinquante-sept mille six cens livres; les deux mille livres de deniers comptans, dont ladite Dame avoit fait rapport; cinquante-quatre livres quinze sols dix deniers en meubles & vaisselle d'argent, adjugez à ladite Dame, ou retenus par elle, suivant le procès-verbal de vente des meubles de ladite Dame sa mere, lesquels elle déclare être encore en nature; soixante-quinze livres de rente sur les Aydes & Gabelles au principal de trois mille livres, à prendre dans le Contrat de six mille livres dont ladite Dame avoit fait rapport; & quatre cens quatre-vingt-sept livres quatre sols dix deniers en deniers comptans, dont lui a été fait soulte par ledit Partage: toutes lesdites sommes & effets échus à ladite Dame de montant ensemble à la somme de soixante-quatre mille huit cens soixante-sept livres huit deniers, excédant par conséquent la portion qui revenoit à ladite Dame, de la somme de trois mille deux cens cinquante livres, pour lesquelles ladite Dame de a par ledit Partage constitué cent trente livres de rente sur le pied du denier vingt-cinq, par forme de soulte & retour au Sieur son frere, auquel elle a depuis remboursé ladite somme de trois mille deux cens cinquante livres, suivant la quittance passée ensuite dudit Partage devant ledit Maître M. l'aîné Notaire, le 14 Juillet 17

Tous les effets échus par ledit partage à ladite Dame de sont encore en nature, à l'exception des deux mille livres en deniers comptans qu'elle avoit rapporté, & qui ont rentré dans ladite communauté; ainsi elle n'aura aucune reprise à exercer sur ladite communauté, à laquelle elle devra au contraire récompense, tant pour ce qui reste à ameublir des dix mille livres qui ont dû de sa part entrer en communauté suivant ledit Contrat de mariage, que pour raison de ladite somme de trois mille deux cens cinquante livres dont elle a tiré partie de ladite communauté pendant la continuation d'icelle, pour acquitter la soulte dont elle étoit chargée envers ledit Sieur son frere. Ledit Sieur fils n'a de son côté aucune reprise à exercer sur ladite communauté, n'ayant été aliéné aucuns des propres dudit Sieur son pere, qui consistoient en héritages & rentes situez à ou ès environs, qui sont encore en nature.

A l'égard de la tutelle que ladite Dame de a géré de la personne & des biens dudit Sieur son fils, elle n'aura aucun compte à rendre à ce sujet, puisqu'au moyen de ladite continuation de communauté, qui est avantageuse audit Sieur fils, les revenus de ses biens sont entrez dans ladite communauté, dans laquelle ont été prises les sommes nécessaires pour ses pensions, entretien & éducation.

Par la même raison ladite Dame de ne se fera point payer par ledit Sieur son fils des arrérages de son douaire échus depuis le décès dudit Sieur son mari, pendant ladite continuation de communauté, en laquelle lesdits arrérages ont dû aussi être confondus.

Il ne s'agit donc plus que de composer la masse des effets de ladite communauté & continuation d'icelle ; ce qui a été fait comme il suit, en dépouillant ledit Inventaire & l'addition qui est ensuite.

MASSE.

Article premier.

Les meubles compris audit Inventaire, & qui se sont tous trouvez en nature lors dudit récollement, montent, suivant la prisée dudit Inventaire, à la somme de quatre mille sept cens trente livres huit sols ; sur quoi prélevant par délibation le préciput de ladite Dame de fixé par ledit Contrat de mariage à la somme de trois mille livres, il ne restera que la somme de dix-sept cens trente livres huit sols, à laquelle joignant celle de quatre cens trente-deux livres douze sols pour la crue de ladite derniere somme, ces deux sommes font ensemble celle de deux mille cent soixante-trois livres, ci 2163 liv.

Article II.

La vaisselle d'argent comprise en cinq articles dudit Inventaire, & trouvée aussi en nature lors dudit récollement, monte à la somme de trois mille six cens trente-huit livres trois sols un denier, ci 3638 liv. 3 sols 1 den.

Article III.

Sous la cotte premiere dudit Inventaire, &c. *On fait le dépouillement des cottes dudit Inventaire & de l'acte d'addition.*

Article XLIV.

Ladite Dame de doit fournir à ladite présente masse la somme de 8000 livres, pour faire avec les deux mille livres de deniers comptans qui lui furent donnez par ladite Dame sa mere lors de son mariage, la somme de dix mille livres, qu'il a été stipulé par ledit Contrat de mariage devoir entrer en ladite communauté de la part de ladite Dame de pourquoi ses immeubles seroient ameublis jusqu'à dûe concurrence, ci 8000 liv.

Article XLV.

Il a été ci-devant observé, en parlant dudit Partage inventorié cotte 20, que ladite Dame de avoit été chargée par icelui envers le Sieur son frere d'une soulte de trois mille deux cens cinquante livres qu'elle a depuis acquittée, sur quoi il faut encore remarquer que par le même partage dans le nombre des effets échus à ladite Dame, a été comprise une somme de quatre cens quatre-vingt-sept livres quatre sols dix deniers de deniers comptans, dont lui a été fait soulte par l'un des copartageans, laquelle somme a servi en partie au remboursement de ladite somme de trois mille deux cens cinquante livres ; au moyen de quoi ladite Dame de de n'a réellement tiré de ladite communauté pendant la continuation d'icelle, pour rembourser ladite soulte, que la somme de deux mille sept cens soixante-deux livres quinze sols deux deniers, dont ladite Dame de doit récompense à ladite communauté, & qu'elle rapportera par conséquent à la présente masse, ci 2762 liv. 15 s. 2 den.

Article XLVI & dernier.

Sous la cotte 21 & derniere ont été inventoriées les quittances des frais funéraires dudit Sieur de & de l'annuel célébré à son intention, dont il ne sera ici fait état que pour décharge, sauf à être ci-après tenu compte par ledit Sieur de fils à ladite Dame sa mere de la moitié desdits frais funéraires, ausquels ladite Dame ne doit point contribuer, ci décharge.

Le total de ladite masse monte à la somme de cent soixante-dix-neuf mille trois cens six livres cinq sols sept deniers, ci 179306 liv. 5 s. 7 den.

Dont la moitié pour chacun desdits Dame de & Sieur son fils monte à la somme de quatre-vingt-neuf mille six cens cinquante-deux livres dix-neuf sols trois deniers; sur la moitié revenante audit Sieur fils, il convient déduire & prélever, pour être jointe à la moitié de ladite Dame sa mere, 1°. la somme de deux cens soixante-douze livres trois sols neuf deniers, faisant moitié de celle de cinq cens quarante-quatre livres sept sols six deniers tirée de ladite communauté, pour le payement des frais funéraires dudit feu Sieur suivant les quittances inventoriées sous la cotte 21 & derniere; & 2°. celle de quatre cens livres pour moitié de celle de huit cens livres à laquelle a été arbitré le deuil de ladite Dame de pareillement prise dans ladite communauté, lesquels frais funéraires & deuil doivent être payez entierement par ledit Sieur de fils: ces deux sommes font ensemble celle de six cens soixante-douze livres trois sols neuf deniers, qui déduite de la part dudit Sieur de & ajoutée à celle de ladite Dame sa mere, il résulte que la part de ladite Dame de montera à la somme de quatre-vingt-dix mille trois cens vingt-cinq livres quatre sols, & celle dudit Sieur de réduite à la somme de quatre-vingt-huit mille neuf cens quatre-vingt livres quinze sols six deniers.

Pour fournir à ladite Dame de ladite somme de quatre-vingt-dix mille trois cens vingt-cinq livres quatre sols, elle aura & lui appartiendra, & ledit Sieur Simon audit nom de tuteur lui délaisse & abandonne à titre de liquidation & partage,

1°. Les meubles employez dans l'article premier de la masse, & dont la prisée, y compris la crue, monte à la somme de ci

2°. &c.

Total des effets délaissez à ladite Dame de 90261 liv. 15 s. 1 d.

Partant trop foible de soixante-trois livres sept sols onze deniers, dont sera fait soulte à ladite Dame par ledit Sieur son fils.

Et pour fournir audit Sieur de fils ladite somme de quatre-vingt-huit mille neuf cens quatre-vingt livres quinze sols six deniers, il aura & lui appartiendra, & ladite Dame sa mere lui délaisse & abandonne aux susdits titres,

1°. &c.

Total des effets délaissez audit Sieur de fils, 89044 l. 3 s. 6 d.

Excédant par conséquent ce qui doit lui revenir de la somme de soixante-trois livres huit sols dont il fera soulte à ladite Dame sa mere.

Pour par lesdits Dame de & Sieur son fils, leurs hoirs & ayans cause, jouir, faire & disposer chacun à leur égard en toute propriété des effets à chacun d'eux ci-dessus délaissez & abandonnez, comme de chose leur appartenante au moyen des Présentes, à commencer ladite jouissance du premier Juillet présent mois, à l'effet de quoi ladite Dame de & ledit Sieur audit nom se transportent respectivement tous droits de propriété sous la garantie ordinaire en cas de partage.

Jouiront aussi, à compter du même jour premier Juillet, des propres repris en nature pour chacun desdits Dame de & Sieur son fils.

Il ne reste plus qu'à pourvoir au payement du douaire de ladite Dame de fixé, comme il a été ci-dessus remarqué, à huit cens livres par an, pour lui procurer lequel payement ledit Sieur Simon audit nom de tuteur, a par ces Présentes délégué avec garantie à ladite Dame de ce acceptant, les arrérages échus depuis ledit jour premier Juillet présent mois, & qui écheront à l'avenir.

1°. Des quatre cens livres de rente dûes par ladite Dame

2°. Des trois cens livres de rente dûes par lesdits Sieur & Dame, &c.

Et 3°. des cent livres de rente dûes par ladite Dame, &c.

Lesquelles trois parties de rentes font partie des effets qui viennent d'être délaissez audit Sieur fils, pour par ladite Dame de toucher & recevoir lesdits arrérages, ou autrement en disposer à sa volonté, sans néanmois que ladite délégation & l'acceptation qu'elle en fait puisse l'empêcher de se pourvoir sur les autres biens dudit Sieur son fils, étant convenu que si aucune desdites parties de rente étoit remboursée, ledit Sieur sera tenu de faire à ladite Dame sa mere une nouvelle délégation qui lui convienne, ensorte que le payement des arrérages dudit douaire ne puisse en aucune façon être retranché ni retardé.

A ce faire est intervenu ledit Sieur demeurant avec ladite Dame sa mere, lequel a, en tant que besoin seroit, agréé & approuvé les présentes liquidations, partage & délégation, consentant qu'ils sortent leur plein & entier effet : ce faisant, a reconnu que ladite Dame sa mere lui a remis les grosses des cinq Contrats sur les Aydes & Gabelles à lui ci-dessus échus, & qui sont les piéces 1, 2, 6, 7 & 8 de la cotte 3 dudit Inventaire ; plus, la grosse dudit Contrat de rente viagere sur la tête dudit Sieur fils, qui est la deuxiéme piéce de la cotte 4, & la grosse du Contrat de 150 livres de rente dûe par Madame inventoriée dans l'addition, cotte 17, desquelles piéces ledit Sieur de décharge ladite Dame sa mere, qui conserve en sa possession les grosses desdits trois Contrats, dont les arrérages lui sont déléguez, desquelles elle promet aider ledit Sieur son fils en cas de besoin, même les lui remettre si les remboursemens étoient offerts ; comme aussi promet l'aider tant de l'expédition desdits inventaire & addition qui est ensuite, que des autres piéces qui y sont inventoriées, autres que les titres des biens échus à ladite Dame, qu'elle conserve définitivement & comme lui appartenans; reconnoît ladite Dame de que ledit Sieur son fils lui a payé les soixante-trois livres huit sols de soulte dont il étoit chargé envers elle, de laquelle elle le quitte & décharge.

Car ainsi le tout a été convenu, &c.

CHAPITRE VI.

De la Licitation.

LICITATION, est un Acte par lequel des terres ou maisons, ou autres biens immeubles qui sont communs entre plusieurs, sont vendus par Licitation.

Cette vente a lieu quand les terres ou maisons, ou autres biens immeubles qui sont communs entre plusieurs, ne se peuvent facilement partager; pour lors les copropriétaires qui ne veulent plus posséder la chose par indivis, procédent à une Licitation volontaire; ou bien après l'avoir fait visiter par des Experts & gens à ce connoissans, au cas qu'ils trouvent que la chose ne peut être partagée, le Juge, sur le rapport des Experts, en ordonne la vente par Licitation.

Ainsi liciter, c'est exposer en vente un immeuble appartenant à plusieurs, & possédé par indivis, pour être adjugé au plus offrant & dernier enchérisseur, & le prix en provenant distribué entre ceux qui en sont les copropriétaires, à proportion de la part & portion que chacun d'eux avoit dans la propriété de la chose ainsi vendue.

Quand les Licitations se font volontairement, c'est-à-dire pardevant Notaires, elles se font suivant les Formules suivantes.

Licitation volontaire entre des Cohéritiers.

FUrent présens Nicolas Dumont, Bourgeois de Paris, y demeurant, &c. Pierre Dubois & Jeanne Dumont sa femme, qu'il autorise à l'effet des Présentes, demeurant, &c. Jean Chevalier & Elisabeth Dumont sa femme, qu'il autorise pareillement à l'effet des Présentes, demeurans lesdits Nicolas, Jeanne & Elisabeth Dumont frere & sœurs, seuls enfans & héritiers de Louis Dumont & de Jeanne Purlot sa femme. Disant les Parties, que lors du partage fait entr'elles des biens de défunts leurs pere & mere devant

Notaires à Paris, le elles seroient lors convenues entr'elles qu'une maison sise en cette Ville, rue n'ayant pû se partager aisément, leur appartiendroit en commun & à chacune d'elles pour un tiers, pour en jouir par elles par indivis, comme il est énoncé audit partage, depuis lequel les Parties en ont joui en commun & ont partagé entr'elles, ainsi qu'elles le reconnoissent, les loyers qui en sont provenus, à la réserve de ce qui en a été employé aux réparations qu'il a convenu faire à ladite maison, dont elles se quittent respectivement jusqu'à ce jour : Et comme il est survenu entr'elles quelques contestations au sujet des réparations, & que par la suite elles pourroient être obligées d'en faire faire d'autres, lesdites Parties seroient convenues, pour éviter les différends qui pourroient naître entr'elles à ce sujet, sur la proposition qui leur auroit été faite par lesdits Dubois & sa femme, de la liciter à l'amiable entr'eux, & de procéder à ladite Licitation de la susdite maison, consistante, &c. tenant d'une part à d'autre à par derriere & par devant sur ladite rue étant en la censive de Sa Majesté, & chargée vers son Domaine de *tels* cens & droits seigneuriaux, sans autres charges, dettes, ni redevances quelconques, franche & quitte desdits cens & droits seigneuriaux du passé jusqu'à ce jour ; à la charge par l'Adjudicataire ou les Adjudicataires de payer lesdits cens & droits seigneuriaux pour l'avenir, comme aussi de payer les deux tiers du prix de ladite adjudication aux autres, l'autre tiers demeurant confondu en sa personne, ou en leur personne, si c'est lesdits Dubois & sa femme, ou lesdits Chevalier & sa femme qui en demeurent Adjudicataires, & aux autres charges dont ils conviendroient. Et ce fait, ledit Nicolas Dumont, lesdits Dubois & sa femme, & lesdits Chevalier & sa femme s'étant assemblez en l'Etude de l'un des Notaires soussignez, pour procéder à ladite Licitation & adjudication au plus offrant & dernier enchérisseur, ledit Dumont en auroit offert & l'auroit mise à prix à la somme de dix mille livres.

Par lesdits Dubois & sa femme, elle auroit été enchérie à la somme de dix mille cinq cens livres.

Par lesdits Chevalier & sa femme, à la somme d'onze mille cent livres.

Et par lesdits Dubois & sa femme à onze mille trois cens livres. Et lesdits Dumont, Chevalier & sa femme, n'ayant point voulu enchérir au-delà, lesdits Nicolas Dumont, Jean Chevalier, Elisabeth Dumont sa femme, de lui, comme dit est, autorisée à l'effet des Présentes, ont vendu & adjugé, cédé & quitté par forme de Licitation, & promettent chacun à leur égard, lesdits Chevalier & sa femme solidairement, sous les renonciations requises, garantir de tous droits, dons, douaires, dettes, hypotéques & autres empêchemens généralement quelconques, ausdits Pierre Dubois & Jeanne Dumont sa femme, ce acceptant, acquéreurs audit titre pour eux, leurs hoirs & ayans cause, la susdite maison sise rue dont la consistance est ci-dessus déclarée, sans aucune réserve, laquelle auroit été acquise par lesdits défunts Louis Dumont & Jeanne Purlot sa femme, de Jacques Dumoulin, Juré Mouleur de Bois aux Ports & Places de cette Ville, & de Marguerite Jollivet sa femme, par Contrat passé devant Notaires à Paris, le jour de pour en jouir & diſpoſer par leſdits Dubois & ſa femme, leurs hoirs & ayans cauſe, comme de choſe leur appartenante, à commencer la jouiſſance de ce jour, à la charge par eux d'entretenir le bail fait de ladite maiſon à Nicolas & ſa femme, pour le tems qui en reſte à expirer, ou en cas de dépoſſeſſion, d'acquitter ledit Nicolas Dumont & leſdits Chevalier & ſa femme de tout ce qui pourroit être prétendu contr'eux au cas de dépoſſeſſion, à peine de tous dépens, dommages & interêts. Cette vente & Licitation faite à la charge deſdits cens & droits ſeigneuriaux pour l'avenir ſeulement, & outre moyennant ledit prix & ſomme de onze mille trois cens livres, ſur laquelle déduiſant celle de trois mille ſept cens ſoixante-ſix livres treize ſols quatre deniers, à laquelle monte le tiers de ladite ſomme qui revient à ladite Jeanne Dumont de ſon chef, pour ſon tiers en ladite maiſon, reſte celle de ſept mille cinq cens trente-trois livres ſix ſols huit deniers, en déduction de laquelle ledit Dumont reconnoît avoir reçu deſdits Dubois & ſa femme, qui lui ont préſentement compté & délivré en louis d'argent bons, à la vûe deſdits Notaires ſouſſignez, la ſomme de trois mille ſept cens ſoixante-ſix livres treize ſols quatre deniers, pour le payement & acquit de ſa part & portion du prix de ladite adjudication & vente de ladite maiſon, dont quittance. Quant aux trois mille ſept cens ſoixante-ſix livres treize ſols quatre deniers reſtans à remettre auſdits Chevalier & ſa femme, pour le tiers de ladite Eliſabeth Dumont, ledit Dubois & ſa femme ſe ſont obligez ſolidairement l'un pour l'autre, chacun d'eux ſeul pour le tout, ſans diviſion, diſcuſſion, ni fidéjuſſion, à quoi ils renoncent, les payer auſdits Chevalier & ſa femme en leur demeure en cette Ville, ou au porteur, ſçavoir deux mille livres dans un an d'hui prochain, & les dix-ſept cens ſoixante-ſix livres treize ſols quatre deniers dans deux années, à compter du premier Octobre prochain, & juſqu'à l'actuel payement leur en payer les interêts à raiſon de l'Ordonnance, leſquels diminueront à proportion des payemens qui ſeront faits ſur le principal; auquel payement dudit principal & interêts, la maiſon eſt & demeure obligée & hypotéquée par privilége, & outre leſdits Dubois & ſa femme y obligent ſolidairement tous leurs autres biens meubles & immeubles préſens & à venir, une obligation ne dérogeant à l'autre; reconnoiſſant leſdits Dubois & ſa femme que ledit Dumont, qui avoit été chargé des titres de ladite maiſon, les leur a préſentement remis, dont ils le déchargent; tranſportant, &c. deſſaiſiſſant, &c. voulant, &c. Procureur, &c. le porteur, &c. donnant pouvoir, &c. & pour l'exécution des Préſentes, &c.

Autre Licitation entre trois Cohéritiers, propriétaires chacun pour un tiers d'une maiſon demeurée commune entr'eux lors du partage des biens de leurs pere & mere.

FUrent préſens Etienne Langlois, demeurant François Langlois, & Dame Marie Langlois, épouſe ſéparée de Maître Jean Dumont, demeurans tous propriétaires conjointement pour un tiers d'une maiſon ſiſe à Paris, rue en conſéquence du partage des biens de défunt Joseph Langlois & Jeanne Louis leurs pere & mere, passé pardevant Notaires, le lesquels desirant éviter les contestations qui arrivent souvent entre copropriétaires, soit pour le choix des locataires, ou pour les réparations, ladite maison ne pouvant se diviser entr'eux, ont résolu d'en faire la Licitation à l'amiable : Et attendu que c'est ledit Sieur Etienne Langlois qui a bien voulu la porter à la somme de vingt mille livres, qui est le prix du partage, & que ses cohéritiers copropriétaires ne l'ont encherie au-delà, ils sont convenus que ladite maison demeurera & appartiendra audit Sieur Etienne Langlois à titre de Licitation, sous les mêmes garanties portées audit partage, à la charge des cens, à compter du duquel jour il entrera en jouissance de ladite maison, moyennant ladite somme de vingt mille livres : plus, qu'il retiendra deux mille livres, principal de cent livres de rente viagere dûe à Dame Louise Langlois, Religieuse au Couvent de dont le fonds est reversible après son décès aux enfans desdits Sieur & Dame Langlois, de laquelle rente ledit Sieur Etienne Langlois acquittera les arrérages, à compter du & ainsi continuer jusqu'au décès de ladite Dame, conformément au Contrat de création de ladite rente, & faire enforte que ledit Sieur Etienne Langlois & ladite veuve Dumont n'en soient inquiétez, à peine, &c. & lesquelles deux mille livres déduites, il ne reste plus que dix-huit mille livres, dont le tiers montant à six mille livres, revenant audit Sieur Etienne Langlois, demeure confondu en sa personne; & à l'égard du tiers dudit Sieur François Langlois, montant à pareille somme, il reconnoît l'avoir ci-devant reçu dudit Sieur Etienne Langlois, dont il le décharge.

Et sur les six mille livres revenantes à ladite Dumont, ledit Sieur Etienne Langlois en retient la somme de trois mille livres qu'elle lui doit, suivant le compte arrêté entr'eux cejourd'hui, dont elle le décharge ; & pour le surplus montant à trois mille livres qui reviennent à ladite Dame Dumont, ledit Sieur Langlois lui en a par ces Présentes constitué cent cinquante livres de rente, qu'il s'oblige de lui payer de six mois en six mois, à commencer de ce jour jusqu'au rachat qu'il en pourra faire quand bon lui semblera, en payant pareille somme de trois mille livres avec les arrérages lors dûs, frais & loyaux coûts. Et quant aux deux mille livres retenues par ledit Sieur Etienne Langlois pour les causes ci-dessus, il promet d'en payer ausdits François & Marie Langlois celle de six cens trente-trois livres six sols huit deniers, chacun pour leur tiers qui leur appartient ausdites deux mille livres après le décès de ladite Louise Langlois, le surplus demeurant confondu en la personne dudit Etienne Langlois pour l'autre tiers, à quoi ladite maison demeure par privilége spécial affectée & hypotéquée ; & outre y oblige tous ses autres biens, sans qu'une obligation déroge à l'autre. Reconnoissant ledit Etienne Langlois avoir en ses mains les titres justificatifs de la propriété de ladite maison. Et pour l'exécution, &c.

Autre Licitation.

FUrent préſens Nicolas Humée, demeurant Nicolas Hamy, demeurant Romain Hamy, demeurant Claude Ballet & Marie-Marthe Hamy ſon épouſe, Jean de Pa & Damoiſelle Marthe Hamy ſa femme, demeurans leſdits Nicolas & Romain Hamy, Sieurs & Damoiſelles Ballet & de Pa, de leurs maris autoriſées à l'effet qui ſuit, tant en leurs noms, que comme ſe faiſant forts d'Antoine Hamy leur frere & beau-frere; par lequel ils s'obligent ſolidairement, &c. ſans diviſion, &c. de faire ratifier ces Préſentes, & en fournir acte en bonne forme, tant audit Sieur Hamy, qu'au Sieur ci-après nommé, ſi-tôt qu'il ſera majeur, à peine, &c. Antoine Poullet, Damoiſelle Marie-Marthe Humée ſa femme qu'il autoriſe à l'effet deſdites Préſentes, Maître Joſeph Deſaint, Damoiſelle Agnès-Catherine Humée, auſſi de lui autoriſée, demeurant, &c. ledit Sieur Humée & leſdites Damoiſelles Poullet & Deſaint freres & ſœurs, héritiers chacun pour un quart de Martin Humée & Marie Doullet leurs pere & mere; leſdits Sieurs Nicolas, Romain, Antoine Hamy, & leſdites Damoiſelles Ballet & de Pa, auſſi freres & ſœurs, ſeuls enfans reſtans de défunt Antoine Hamy & de Marthe Humée leurs pere & mere, par repréſentation de leurdite mere, ſeuls héritiers pour l'autre quart deſdits défunts Martin Humée & Marie Doullet leurs ayeuls maternels, au moyen tant de la Profeſſion faite en Religion par Antoine Hamy leur frere en l'Ordre des Prémontrez, que du décès de Damoiſelle Françoiſe Hamy leur ſœur.

Diſans leſdits Sieurs & Dames Comparans eſdits noms & qualitez, que par le partage fait des biens délaiſſez par ledit défunt Sieur Humée & Marie Doullet leurs pere, mere & ayeuls, entre leſdits Sieur & Damoiſelle Poullet, ledit défunt Sieur Hamy, comme Tuteur deſdits Sieur & Damoiſelle ſes enfans ſuſnommez en préſence deſdits Sieur & Damoiſelle Ballet, ledit Sieur Nicolas Humée & ladite Damoiſelle Agnès-Catherine Humée émancipez d'âge, aſſiſtez de Maître Pierre leur Curateur aux cauſes, fait quintuple entr'eux ſous leurs ſeings privez le reconnu par acte étant enſuite paſſé devant le dont n'eſt point reſté de minute, il eſt reſté en commun entr'eux deux maiſons, l'une ſiſe aux Halles, conſiſtant en, &c. ainſi que le tout ſe pourſuit & ſe comporte, tenant d'une part à d'autre à par derriere à & pardevant à & l'autre ſiſe rue du Temple, conſiſtant en, &c.

Leſquelles deux maiſons ne pouvant être partagées, ledit Sieur Humée auroit par exploit de Huiſſier, le fait aſſigner leſdits Sieurs & Damoiſelles Poullet & Deſaint, leſdits Sieurs Hamy, & leſdits Sieurs & Damoiſelles de Pa & Ballet, pour voir dire, qu'attendu que leſdites deux maiſons ne peuvent ſe partager, qu'elles ſeroient vendues par Licitation à l'Audience du Parc Civil du Châtelet de Paris, en la maniere accoutumée; depuis laquelle aſſignation ils ſe ſont aſſemblez différentes fois, pour regler de quelle maniere cette Licitation ſe pourroit faire pour le bien & utilité commune, & éviter à frais; & ſeroient convenus que celui ou ceux qui se trouveroient en vouloir donner le plus, en demeureroient adjudicataires par forme de partage & de Licitation à l'amiable ; dans lesquelles assemblées tenues d'abord en la maison dudit Maître Nicolas Humée, sise dite rue & depuis en l'Etude de l'un des Notaires soussignez, rue Et après plusieurs conférences, & avoir fait visiter lesdites maisons par Experts & gens à ce connoissans, lesdites deux maisons ont été encheries entr'eux à diverses sommes, par le moyen desquelles encheres ledit Sieur Humée a mis ladite maison de la Halle à la somme de douze mille cinq cens livres, aux charges & conditions ci-après exprimées; & ledit Sieur Desaint celle rue du Temple, à la somme de neuf mille cinq cens livres, à la charge des cens dont elle est chargée: Et parce qu'aucun desdits Comparans n'a encheri à plus haut prix, il fut arrêté entr'eux qu'elles seroient délaissées ausdits Sieurs Humée & Desaint, comme plus offrans & derniers encherisseurs, à titre de partage & de Licitation, pour lesdites sommes, & aux charges & conditions ci-après mentionnées ; en conséquence de quoi lesdits Nicolas & Romain Hamy, Sieurs & Damoiselles Ballet & de Pa, & lesdits Sieur & Damoiselle Poullet, même ledit Sieur Humée, Sieur & Damoiselle Desaint, chacun pour leurs parts & portions, ont délaissé par ces Présentes à titre de Licitation & partage, dès maintenant & à toujours, promettent & s'obligent chacun pour leurs parts & portions, & lesdits Sieurs Nicolas & Romain Hamy, Sieurs & Damoiselles Ballet & de Pa esdits noms, garantir de tous troubles & empêchemens généralement quelconques, tels qu'ils sont entre copartageans, sçavoir lesdits Sieur & Damoiselle Desaint avec lesdits Sieur & Damoiselle Poullet, Sieurs Hamy & Consorts, audit Sieur Humée, ce acceptant pour lui, ses hoirs & ayans cause, les trois quarts à eux appartenans en ladite maison sise à la Halle, &c. & ledit Sieur Humée avec iceux Sieur & Damoiselle Poullet, Sieurs Nicolas & Romain Hamy, Sieurs & Damoiselles Ballet & de Pa esdits noms, ainsi qu'il est ci-dessus dit, ausdits Sieur & Damoiselle Desaint, aussi ce acceptant pour eux, leurs hoirs, &c. les trois quarts appartenans ausdits Sieur & Damoiselle Poullet, Sieurs Hamy & Consorts, en ladite maison rue du Temple, sans par aucune des Parties en rien retenir ni réserver de leursdites parts & portions en quelque sorte & maniere que ce soit: étant lesdites maisons en la censive des Seigneurs & Dames dont elles sont mouvantes ; sçavoir, celle de la Halle, en la censive de Sa Majesté, & chargée de tel cens qu'elle peut devoir, que les Parties n'ont pû dire ni déclarer, de ce enquises par lesdits Notaires, pour satisfaire à l'Ordonnance ; & ladite maison rue du Temple, en la censive des Religieux de Saint Martin des Champs, & chargée, &c. quittes des arrérages desdits cens du passé jusqu'à ce jour : Lesquelles deux maisons restantes, comme dit est, à partager entre lesdites Parties des biens délaissez par lesdits Martin Humée & Marie Doullet leurs pere, mere & ayeuls, ausquels elles appartenoient ; sçavoir, celle située à la Halle, au moyen de l'adjudication qui en a été faite audit défunt Sieur Humée, par Sentence de Licitation faite entre lui, ladite Marie Doullet sa femme, le Sieur & autres, le après laquelle adjudication ladite maison a été decretée sur ledit Martin Humée,

Humée, & à lui adjugée par autre Sentence de Decret du Châtelet, du & ladite maison rue du Temple, au moyen de l'acquisition faite par ledit défunt Sieur Martin Humée, de, &c.

Pour desdites deux maisons jouir, faire & disposer par lesdits Sieur Nicolas Humée, & Sieur & Damoiselle Desaint, chacun à leur égard, comme plus offrans & derniers enchérisseurs, leurs hoirs & ayans cause, en tous droits de propriété, par forme de Licitation & partage, à commencer du à condition par chacun d'eux d'entretenir les Baux nouvellement faits desdites maisons. Cette Licitation & Partage faits à la charge des cens que lesdites maisons peuvent devoir pour l'avenir seulement; & outre moyennant la somme de vingt-deux mille livres pour la totalité desdites deux maisons; sçavoir, douze mille cinq cens livres pour celle sise à la Halle, délaissée audit Sieur Humée, & neuf mille cinq cens livres pour celle rue du Temple; ausquelles sommes chacune desdites deux maisons, circonstances & dépendances, ont été encheries & mises à prix par lesdits Sieur Nicolas Humée, & Sieur & Damoiselle Desaint, de laquelle somme il en restera celle de deux mille livres, par égale portion, entre les mains desdits Sieur Humée & Sieur & Damoiselle Desaint, c'est-à-dire mille livres à chacun, pour la sûreté de la pension viagere dûe audit Sieur Pierre Humée sa vie durant, pour être ladite pension (à commencer dudit jour) payée par lesdits Sieur Humée & Sieur & Damoiselle Desaint, chacun par moitié, audit Sieur Pierre Humée sa vie durant, après le décès duquel lesdits Sieur Humée & Sieur & Damoiselle Desaint retiendront chacun par leurs mains la somme de cinq cens livres pour leur quart chacun, de celledite de deux mille livres: Et à l'égard des cinq cens livres qui restent dûes par chacun desdits Sieur Humée, Sieur & Damoiselle Desaint, ils seront par eux payez; sçavoir, les cinq cens livres restant ès mains dudit Sieur Humée, ausdits Sieurs Nicolas-Romain & Antoine Hamy, Sieurs & Damoiselles Ballet & de Pa, par égale portion, pour leur quart desdites deux mille livres; & les cinq cens livres dûes par lesdits Sieur & Damoiselle Desaint, seront par eux payées ausdits Sieur & Dame Poullet, aussi pour leur part desdites deux mille livres, avec l'intérêt suivant l'Ordonnance, à compter du jour du décès dudit Sieur Pierre Humée, demeurantes lesdites Parties jusqu'à ce conservées en leurs droits & privilèges. Et au moyen de la retention desdites deux mille livres, il ne reste plus à présent à partager entre les Parties, que la somme de onze mille cinq cens livres d'une part, dûe par ledit Humée, & huit mille cinq cens livres dûes par lesdits Sieur & Damoiselle Desaint, faisant lesdites deux sommes ensemble celle de vingt mille livres, qui est pour chacun quart cinq mille livres; sur lesquelles onze mille cinq cens livres dûes par ledit Sieur Humée, déduit cinq mille livres qui demeurent confondues en sa personne pour son quart, ne reste plus par lui dû que six mille cinq cens livres, sur lesquelles il promet & s'oblige de payer, sçavoir quinze cens livres ausdits Sieur & Damoiselle Poullet dans trois ans de ce jourd'hui, mille livres audit Sieur Nicolas Hamy au premier Novembre prochain, pareilles mille livres ausdits Sieur & Damoiselle Ballet d'hui en un an prochain, le tout avec les interêts qui écheront desdites sommes à compter dudit jour. Et pour les trois mille livres restantes, revenant partie ausdits Sieurs Romain & Antoine Hamy, & Sieur & Damoiselle de Pa, ledit Sieur Humée leur en a par ces Présentes créé & constitué à chacun d'eux cinquante livres de rente qu'il promet de leur payer, à compter dudit jour en leur demeure à Paris, ou au porteur, d'année en année, jusqu'au rachat qu'il en pourra faire, en leur payant à chacun d'eux la somme de mille livres, avec les arrérages qui en seront lors dûs, frais & loyaux coûts, jusqu'auquel remboursement ladite rente tiendra lieu de propre maternel ausdits Sieurs Romain & Antoine Hamy, Sieur & Damoiselle de Pa, pour les parts & portions qui leur appartenoient dans lesdites maisons ; & au payement tant desdites sommes ci-dessus, qu'au principal & arrérages desdites cent cinquante livres de rente, ladite maison dont les trois quarts sont ci-dessus délaissez audit Sieur Humée, demeure par privilége & préférence spéciale affectée, obligée & hypotéquée, & outre ledit Sieur Humée y oblige tous ses autres biens, &c.

Et à l'égard des huit mille cinq cens livres dûes par lesdits Sieur & Damoiselle Desaint, il est déduit cinq mille livres aussi pour leur quart, qui demeure pareillement confondu en leur personne ; au moyen de quoi ils ne doivent plus du prix des trois quarts de ladite maison à eux ci-dessus délaissée, que la somme de trois mille cinq cens livres, laquelle somme ils promettent & s'obligent solidairement, &c. de payer ausdits Sieur & Damoiselle Poullet dans le dernier Décembre prochain, avec les interêts à raison de l'Ordonnance, à compter dudit jour premier Janvier dernier jusqu'audit payement, à quoi la susdite maison ci-devant énoncée demeure par privilége spécial affectée, obligée & hypotéquée, & outre lesdits Sieur & Damoiselle Desaint y obligent & hypotéquent solidairement comme dit est, tous leurs autres biens meubles & immeubles présens & à venir, sans qu'une obligation déroge à l'autre.

A ce faire étoit présente Damoiselle M. A. Cousin, épouse dudit Sieur Humée, de lui autorisée à l'effet des Présentes, laquelle a eu ce que dessus pour agréable ; autant que besoin est ou seroit, a déchargé ladite maison rue du Temple de l'hypotéque qu'elle pouvoit avoir pour ses dot, douaire & conventions sur le quart, & s'oblige solidairement &c. avec ledit Sieur son mari, à la garantie dudit quart avec lesdits Sieur & Damoiselle Desaint.

Et attendu que lesdits Sieur Humée & Sieur & Damoiselle Desaint ne feront faire aucun Decret desdites maisons, dont leur est délaissé à chacun les trois quarts d'icelle, si bon ne leur semble, a été convenu & accordé que pour leur plus grande sureté lesdits Sieur Nicolas Hamy & Sieur & Damoiselle Poullet seront tenus, ainsi qu'ils s'y obligent, de faire emploi des sommes qui leur seront payées, sçavoir ledit Sieur Hamy entre les mains du créancier qui a privilége primitif sur son Etat & Office de Procureur, & lesdits Sieur & Damoiselle Poullet au rachat de partie de la rente qu'ils doivent à Dame Marie B. veuve de M. Gué, pour reste du prix de l'acquisition qu'ils ont faite de la maison où ils demeurent, faisant l'encoignure des rues & par les quittances qu'ils retireront, faire mention que les deniers procéderont desdits Sieur Humée & Sieur & Damoiselle Desaint, afin que chacun demeure subrogé au lieu & place, droits, hypotéques & priviléges des créanciers; & pour cet effet promettent chacun à leur égard leur fournir les quittances d'emploi contenant lesdites déclarations & subrogations, avec les piéces nécessaires pour le soutien d'icelle.

Et aux conditions ci-dessus, lesdites Parties se transportent réciproquement de part & d'autre, chacun à leur égard, tous les droits de propriété qu'elles pouvoient avoir sur lesdites deux maisons ci-devant énoncées, pour les parts & portions qui leur appartiennent, dont elles se dessaisissent respectivement, consentant lesdites Parties aussi chacune à leur égard, de part & d'autre chacune en droit soi, que lesdits Sieur Humée & Sieur & Damoiselle Desaint soient saisis & mis en possession des trois quarts de maison à eux ci-dessus délaissez, constituant à cette fin leur Procureur le porteur, &c. donnant pouvoir, &c.

Et a ledit Sieur Poullet présentement délivré & mis ès mains dudit Sieur Humée les piéces qui suivent; sçavoir, la Sentence de Licitation ci-devant mentionnée, concernant la propriété de ladite maison proche la Halle, avec les autres titres & piéces inventoriées sous les cottes 5, 6, 7 & 8 de l'Inventaire fait après le décès de la mere commune desdites Parties, &c.

Il faut en cet endroit énoncer tous les titres.

Comme aussi ledit Sieur Poullet a présentement délivré ausdits Sieur & Damoiselle Desaint le Contrat d'acquisition, &c.

Continuer ainsi l'énonciation des piéces tout au long.

Ce fait en la présence dudit Sieur Antoine Hamy, émancipé d'âge, procédant sous l'autorité dudit Sieur Nicolas son curateur, demeurant, &c.

Car ainsi, &c. Promettant, &c.

LIVRE TREIZIÉME.

Des Actes qui concernent la Tutelle, des Avis de parens, & des Comptes de Tutelles.

Les hommes avant un certain âge n'étant pas capables de se conduire eux-mêmes, on a jugé à propos de leur donner des Tuteurs qui eussent soin de leur personne & de leur bien. Or comme il y a plusieurs Actes qui sont particuliers à cette matiere, nous en traiterons séparément en ce Livre.

Le Gardien est aussi une espéce de Tuteur, qui a l'administration des meubles du mineur, & qui profite des fruits des immeubles: c'est pourquoi nous allons parler de la Garde; après quoi nous expliquerons les principes qui concernent la Tutelle & la Curatelle.

CHAPITRE PREMIER.

De la Garde-Noble, ou Bourgeoise.

La Garde, Baillie ou Mainbournie, est une faculté accordée par la plûpart des Coutumes aux peres, meres & autres parens, de jouir de la totalité ou de partie des biens des mineurs, & de profiter des fruits, sans en rendre compte.

Le droit de Garde que nos Coutumes ont attribué aux parens sur leurs enfans mineurs, est une espéce d'administration & de gouvernement; elle participe quelque chose de la tutelle, en ce que le Gardien a le gouvernement des personnes des mineurs, & l'administration des biens qui tombent en garde. Aussi dans plusieurs Coutumes, la garde se prend pour tutelle, & Gardiens pour Tuteurs. Dans d'autres, bail & garde, Baillistres & Gardiens, sont la même chose.

Ceux ausquels ce droit appartient, sont les pere & mere Nobles ou Bourgeois, & les ayeul & ayeule Nobles.

Il y a des Coutumes qui accordent cet avantage aux collatéraux: par d'autres il est restreint aux peres & meres; quelques-unes au pere seulement, en quoi on suit la Coutume du domicile des mineurs.

Ainsi la Garde est différente suivant les différentes Coutumes, qui néanmoins se réduisent presque toutes à la Coutume de Paris, avec très-peu de différence, excepté celle de Normandie & celle d'Amiens.

La Garde a lieu entre Roturiers dans quelques Coutumes; d'autres ne la donnent qu'aux Nobles.

Pour celle de Paris, article 265, elle dit: *Il est loisible aux peres & meres, ayeuls ou ayeules Nobles demeurans en la Ville de Paris, ou dehors, d'accepter la Garde-Noble de leurs enfans, après le décès de l'un d'eux.* Et l'article 266 dit: *Pareillement est permis aux peres & meres Bourgeois de Paris, de prendre & accepter la Garde-Bourgeoise après le décès de l'un d'eux.*

Il y a long-tems que la Garde-Bourgeoise est introduite; mais elle n'a été bien établie que depuis les Lettres Patentes de Charles VI du 5 Août 1390, qui confirment ce privilége accordé aux Bourgeois par Charles V le 9 Août 1371. Sur quoi il faut remarquer que la Garde-Bourgeoise n'est donnée qu'aux Bourgeois de la Ville & Fauxbourgs de Paris, & non pas à ceux des autres Villes qui sont gouvernées par la Coutume de Paris.

La Garde-Bourgeoise n'est déférée qu'au pere & à la mere, & non pas à l'ayeul ni à l'ayeule; ce qui est une des différences qu'il y a entre la Garde-Noble & la Garde-Bourgeoise.

Quant à la Garde-Noble, elle est déférée au pere ou à la mere, & à leur défaut à l'ayeul ou ayeule; l'ayeul est préféré à l'ayeule. Voyez les articles 265 & 268 de la Coutume de Paris. Et s'il y a deux ayeuls, le paternel est préféré au maternel.

C'est une maxime certaine, que les mineurs ne tombent point deux fois en garde. Ainsi quand la Garde-Noble est finie par la mort ou par le second mariage du pere ou de la mere, l'ayeul ou l'ayeule ne la peut reprendre. Mais si le survivant des pere & mere ne demande la garde, l'ayeul ou l'ayeule demeurant dans l'étendue de la Coutume, la peut demander.

Cette Garde-Noble ou Bourgeoise se doit accepter en personne en Jugement, ainsi qu'il est porté en l'article 269 de la Coutume de Paris; c'est-à-dire, qu'elle se doit accepter publiquement à jour de plaids ordinaire, devant le Juge Royal & non autre, où la Garde a été ouverte; & il ne suffiroit pas d'aller au Greffe y faire sa déclaration qu'on accepte la Garde, si ce n'est en Coutumes qui le permettent; l'acceptation doit être publique, afin qu'elle soit connue aux parens des mineurs, & aux créanciers, si aucuns y avoit.

La forme ordinaire de demander la Garde dans la Coutume de Paris, est de se faire assister d'un Procureur; & d'aller devant le Juge à l'Audience, demander Acte de ce qu'on accepte la Garde.

Dans la Coutume de Paris, la Garde-Noble ne finit qu'à vingt ans pour les mâles, & à quinze pour les filles; & la Bourgeoise est terminée à quatorze ans pour les mâles, & à douze pour les filles.

Il seroit trop long de rapporter ici les différences des Coutumes qui ont toutes quelques dispositions particulieres, hors en ce point où elles conviennent toutes, que le Gardien tant Noble que Bourgeois a cet avantage de faire les fruits siens; c'est-à-dire, de jouir de tous les revenus des mineurs dont il a accepté la Garde, à la charge d'acquitter les dettes mobiliaires du défunt, entre lesquelles sont compris les frais funéraires.

Le Gardien après l'acceptation de la Garde, doit faire Inventaire; doit aussi le Gardien Bourgeois donner caution, dont le Gardien Noble est déchargé.

Suivant la Coutume de Paris, le Gardien a l'administration des meubles du mineur, & les doit rendre après la Garde finie; il profite des fruits des immeubles, sans être obligé d'en rendre aucun compte. Sur quoi il faut remarquer, que meubles en fait de Garde, comprend tous les effets mobiliaires, de quelque nature qu'ils soient, cédules, obligations & autres.

Il faut observer que la Garde finit par les secondes noces du Gardien; comme aussi par le mariage des mineurs, contracté du consentement du survivant, parce qu'il est présumé leur avoir remis la jouissance de leurs biens.

Dans la Coutume de Paris, outre le Gardien, le mineur doit avoir un Tuteur pour agir dans toutes les affaires des mineurs, qui ne regardent ni les meubles ni les fruits des immeubles; mais le Gardien peut être élû Tuteur, comme nous l'allons expliquer.

Dans toutes les Coutumes, ceux qui ont la faculté d'accepter la Garde, ont aussi la liberté de la refuser ; & c'est la refuser que de se faire élire Tuteur, sans protester que c'est sans préjudice de la Garde ; au lieu que pour être Gardien, on ne renonce point à la tutelle.

Ces deux qualitez ne sont pas incompatibles ; mais celui qui s'est fait élire Tuteur, ne peut plus demander la Garde, à moins qu'il n'ait protesté que l'acceptation qu'il a fait de la Tutelle, ne lui nuira point pour la Garde qu'il entend demander.

Cette charge consiste, comme nous avons dit, à payer les dettes mobiliaires du défunt, à payer les arrérages des rentes, à nourrir, entretenir, élever & faire instruire les mineurs selon leur qualité, entretenir les héritages & réparations viageres ; & après la Garde finie, rendre les biens en bon état.

Mais le Gardien profite des fruits des immeubles, sans être obligé d'en rendre aucun compte : ce qui s'entend néanmoins des biens que le mineur avoit lorsque la Garde a été ouverte ; car s'il échet des successions collatérales au mineur durant la Garde, le Gardien n'en jouit pas, & n'en a pas même l'administration, à moins qu'il ne soit aussi Tuteur.

On donne aux Gardiens en quelques Provinces, outre l'usufruit de tout le bien, l'usage des meubles ; même en quelques endroits la propriété des meubles.

Dans les Coutumes où le Gardien a l'usufruit des meubles, il rend après la Garde finie les meubles qui se trouvent en nature, sinon leur estimation portée par l'Inventaire, & ne peut être contraint de rendre l'estimation de ceux qui sont existans.

La raison est, qu'il en a l'usufruit & la jouissance ; ainsi il les rend en l'état qu'ils sont : de même qu'un donataire mutuel n'est obligé de rendre les meubles sujets au don mutuel, qu'en l'état qu'ils se trouvent après son décès. Voyez le Commentaire de M. de Ferriere sur l'article 298 de la Coutume de Paris.

Comme la Garde est déferée par la Coutume, la disposition de l'homme n'y peut donner atteinte : c'est pourquoi le mari par son Testament ou autre Acte, n'en peut pas priver sa femme, ni la femme son mari.

Le Gardien ne peut vendre ni aliéner le bien des mineurs, ni poursuivre ou défendre leurs droits en Justice ; il faut que ce soit le Tuteur ou Curateur qui agisse : ensorte que si les pupilles ont un Gardien & un Tuteur, ce sera le Tuteur qui aura l'administration des affaires, & contre lequel on pourra procéder valablement. D'où vient que si les deux qualitez sont réunies en la même personne, que par exemple le pere soit Gardien & Tuteur, c'est en conséquence de cette derniere qualité qu'on doit procéder.

Il y a en Normandie & en quelques autres Provinces deux autres sortes de Gardes, la Garde-Noble Royale, & la Garde-Noble Seigneuriale.

La premiere échet pour raison du Fief Noble tenu immédiatement du Roi, dont le Roi, ou celui qui en a le don, fait les fruits siens; elle finit à vingt-un ans. La Garde-Noble Seigneuriale échet pour raison de Fiefs Nobles mouvans des Seigneurs; ils prennent les fruits pendant la Garde qui finit à vingt ans. Les charges de l'une & l'autre sont d'entretenir les Fiefs tombez en Garde en bon état, nourrir & entretenir les mineurs selon leur état, âge, facultez & famille.

Il y a eu au sujet des Gardes-Nobles & Bourgeoises une très-grande quantité de questions agitées selon les occurrences, & décidées par les Arrêts des Cours Souveraines. Elles sont rapportées dans un Traité qu'en a fait Monsieur de Renusson, à la suite du Traité du Douaire; j'y renvoye le Lecteur qui souhaitera s'instruire plus à fond de cette matiere. Nous avons aussi dans la Coutume de Paris un titre de Garde-Noble & Bourgeoise, sur lequel M. de Ferriere a amplement expliqué toutes les questions qui viennent à ce sujet.

CHAPITRE II.

De la Tutelle.

LA tutelle est l'autorité que la Loi donne aux Tuteurs, pour défendre ceux qui par la foiblesse de leur âge sont appellez pupilles, & ne peuvent pas se défendre eux-mêmes, ni prendre le soin de leurs affaires.

Ainsi les Tuteurs sont donnez aux pupilles, principalement pour régir leurs personnes, & par une suite nécessaire administrer leurs biens & leurs affaires; & comme le Tuteur est donné à la personne & aux biens, il est de son devoir de ménager les interêts des pupilles, & d'avoir soin qu'ils qu'ils soient nourris, élevez & instruits selon leur qualité, & à proportion de leurs facultez.

La tutelle est une charge virile, à laquelle par conséquent les femmes ne peuvent être admises. Il n'y a que la mere & l'ayeule qui peuvent être Tutrices de leurs enfans; mais quoiqu'on ne puisse nommer sans cause d'autre Tuteur à leurs enfans, quand elles veulent être Tutrices, néanmoins elles ne peuvent pas être contraintes d'accepter cette tutelle.

La raison est, que la tutelle n'est accordée à la mere ou à l'ayeule, que par une grace particuliere, à laquelle par conséquent elles peuvent renoncer, sans qu'elles soient obligées de déclarer les causes pour lesquelles elles s'excusent de la tutelle à laquelle elles auroient été nommées.

Dans les Provinces de Droit écrit, il y a trois espéces de tutelle; sçavoir la testamentaire, la légitime, & la dative.

La tutelle testamentaire est celle qui est déferée à quelqu'un dans un testament, par celui qui a des enfans impuberes dans sa puissance. Comme le droit de donner des Tuteurs par testament dérive de la puissance paternelle, il n'y a que le pere & l'ayeul paternel qui puissent donner des Tuteurs à leurs enfans, au cas qu'ils les ayent dans leur puissance. Ainsi la mere n'a pas le droit de donner des Tuteurs à ses enfans; cependant si elle leur en avoit donné, & qu'elle les eût institué ses héritiers, ce Tuteur seroit confirmé par le Magistrat.

Par le Droit Romain, l'ayeul paternel qui avoit ses petits-enfans dans sa puissance, leur pouvoit donner des Tuteurs, pourvû que par la mort de cet ayeul ces petits-enfans ne dussent pas retomber dans la puissance de leur pere. Mais à présent dans le Pays de Droit écrit, le mariage des enfans les émancipe, les enfans ne peuvent plus être dans la puissance de leur ayeul; ainsi il ne peut plus leur donner de Tuteur.

La tutelle légitime est celle qui est déferée au plus proche parent des enfans, au défaut de la tutelle testamentaire; mais la mere des pupilles est préferée à tout autre parent, quand elle veut bien accepter la tutelle, pourvû qu'elle ne se remarie pas. Et comme cette tutelle de la mere est une espéce de tutelle légitime, dans les Provinces de Droit écrit le Tuteur testamentaire lui est préféré.

La tutelle dative est celle qui au défaut de la tutelle testamentaire & de la tutelle légitime, est déferée par le Magistrat. Sur quoi il faut remarquer que c'est le Juge du domicile des pupilles qui leur doit donner un Tuteur ; & il ne peut déferer la tutelle dative qu'à ceux qui sont demeurans dans le lieu où les biens des pupilles sont situez.

Dans la France coutumiere, les tutelles sont datives ; car les tutelles testamentaires & légitimes n'y sont point reçues, si ce n'est en quelques Coutumes, dont il faut suivre la disposition ; mais dans les autres on n'y admet que la tutelle dative, laquelle se défere par le Juge du lieu. Cette tutelle néanmoins est dans l'effet légitime & dative ensemble, d'autant que le Juge, sur l'avis des parens, doit nommer le plus proche qui se trouve capable d'y être appellé.

Dans le Pays coutumier, la tutelle des peres & meres est dative comme les autres ; car pour qu'un pere soit Tuteur de ses enfans après la mort de sa femme, il faut qu'il soit nommé par les plus proches parens de ses enfans, & que cette nomination soit confirmée par le Juge.

Pareillement la mere, après le décès de son mari, ne peut être Tutrice de ses enfans que par avis de parens. Il est vrai que comme la Loi fait les peres & meres administrateurs légitimes de leurs enfans, on ne leur peut pas ôter la tutelle, à moins qu'on ne justifie de grandes malversations.

Le pere survivant ne peut refuser la tutelle de ses enfans, sans cause légitime ; mais la mere survivant ne l'accepte si elle ne veut, ainsi qu'il est dit ci-devant.

Pour procéder dans les régles à l'élection d'un Tuteur, voici ce qui se pratique ordinairement dans les Villes de Province. Il faut, quand un des conjoints par mariage est décédé laissant des enfans mineurs, que le survivant présente Requête au Juge, tendante à ce qu'il lui soit permis de faire assigner les plus proches parens de ses enfans du côté paternel & maternel, pour procéder à la nomination d'un Tuteur & d'un subrogé Tuteur, & il faut les faire assigner au nombre de sept ; & s'il ne s'en trouve pas, il faut faire assigner des amis ou des voisins.

Mais à Paris, l'usage est de passer une Procuration, le nom du Procureur en blanc, pour l'élection d'une tutelle ; le Procureur la porte au Greffier de la Chambre Civile, qui dresse la Sentence d'homologation.

La raison pour laquelle la tutelle ne se défere par le Juge que sur un avis de parens, est qu'il ne peut pas sçavoir qui d'entre les parens est le plus proche & le plus capable d'être appellé à la tutelle ; c'est pourquoi le Juge nomme ou confirme celui que le plus grand nombre des parens a élû, sauf à lui contester sa nomination, ou s'en excuser, s'il le peut.

Si les pupilles sont sans secours, c'est au Procureur du Roi de faire la convocation de l'assemblée d'amis ou de voisins, pour procéder à l'élection d'un Tuteur, parce que les pupilles & les mineurs sont sous la protection du Roi.

Les plus proches parens & alliez doivent être appellez à l'assemblée qui se doit faire pour l'élection d'un Tuteur, pourvû qu'ils soient résidans au lieu où les mineurs ont leur domicile. Sur quoi il faut remarquer que les parens ne sont pas responsables de l'insolvabilité du Tuteur qu'ils ont élû, si ce n'est dans les Coutumes qui le portent expressément, comme celle de Normandie.

Ceux qui sont appellez aux élections des Tuteurs, y peuvent donner leurs suffrages en personne, ou par Procureur fondé de procuration spéciale, contenant le nom & la qualité de celui qu'ils nomment pour Tuteur.

Les parens qui ont des causes légitimes pour s'excuser de la tutelle ou curatelle, ne laissent pas d'avoir voix déliberative pour l'élection, à cause de l'intérêt qu'ils doivent prendre pour les pupilles.

L'avis de parens, amis ou voisins, se reçoit ordinairement pardevant Notaires, & se dresse en la maniere que nous dirons ci-après.

Sur cet avis de parens que l'on met entre les mains du Greffier, le Juge rend l'Acte de tutelle, par lequel il ordonne que *tel* sera Tuteur, & *tel* subrogé Tuteur des enfans mineurs; & s'ils sont présens, on leur fait accepter sur l'heure les charges de Tuteur & de subrogé Tuteur.

Que s'ils refusoient, on leur feroit donner assignation pardevant le même Juge, pour se voir condamner à accepter les charges qui leur sont déferées, les obligeant cependant de faire les diligences nécessaires pour l'administration des biens des mineurs; car le Tuteur nommé est toujours obligé d'administrer par provision, pendant les poursuites qu'il fait pour se faire décharger: ainsi, quoique par l'événement ses excuses fussent jugées valables, on ne laisseroit pas, en le déchargeant de la tutelle, de le condamner aux dommages & interêts, pour avoir laissé le pupille sans défense. C'est la disposition expresse de l'Ordonnance de Louis XII de 1480, article 8.

L'Acte de tutelle contient quelquefois la maniere dont on

fera porter les mineurs héritiers de leur pere ou mere. En effet, s'il se trouve que la succession soit oberée, & qu'il soit à propos que les mineurs l'acceptent sous bénéfice d'Inventaire, les parens, par le même avis, déclarent qu'ils jugent à propos que les mineurs se doivent porter héritiers sous bénéfice d'Inventaire; ce qui étant, le Juge, dans l'Acte de tutelle, ordonne que *tel* nommé Tuteur, pourra obtenir Lettres de bénéfice d'Inventaire, pour par lesdits mineurs se dire & porter héritiers bénéficiaires de, &c. & en poursuivre l'entérinement, suivant l'avis des parens.

Quoique les tutelles soient datives, comme nous avons dit, néanmoins le plus proche, soit parent ou allié, doit être élû, parce que l'émolument de la succession du pupille le regarde; c'est pourquoi le parent plus éloigné élû peut se pourvoir contre la nomination, si les plus proches sont capables de gérer la tutelle, & n'ont point de cause légitime pour s'en excuser.

Mais le plus proche parent ne seroit pas écouté, s'il demandoit la tutelle pour exclure celui qui auroit été nommé, supposé qu'il se trouvât capable de la gérer, à moins qu'il ne justifiât être de l'interêt du pupille qu'il fût son Tuteur préférablement à l'autre.

Le survivant des pere & mere ne peut empêcher qu'il ne soit procédé à la nomination d'un Tuteur conjointement avec lui, quoiqu'il semble que nos Coutumes ayent pourvû à l'interêt des enfans mineurs, par la continuation de communauté. C'est pourquoi hors Paris, le Juge fait procéder à l'élection d'un Tuteur, & oblige le pere élû Tuteur à faire inventaire pour l'interêt de ses enfans; & l'usage contraire est un abus.

Qui n'est appellé à l'assemblée de parens pour procéder à l'Acte de tutelle, ne peut être élû Tuteur, parce qu'il peut prétendre nullité de l'assemblée où il n'a pas été appellé.

A l'égard de ceux qui ne peuvent être nommez Tuteurs, il y a des gens qui sont incapables d'être Tuteurs, comme les Moines, les femmes, les mineurs, les prodigues, les furieux & les infâmes; il y en a d'autres qui s'en peuvent faire exemter, quoiqu'ils n'en soient pas incapables, comme sont ceux dont nous parlerons ci-après.

Quoiqu'on ne puisse sans cause légitime nommer à des enfans mineurs un autre Tuteur que le survivant des pere & mere; néanmoins, quand il est lui-même encore mineur, il ne peut avoir la tutelle de ses enfans ; ainsi il faut en ce cas que le Juge en nomme un autre par avis de parens, & qu'il exprime que ce Tuteur ne le sera que jusqu'à ce que le survivant des pere ou mere ait accompli sa vingt-cinquiéme année ; par ce moyen le survivant prend la tutelle de ses enfans, dès qu'il est parvenu à sa majorité, sans qu'il soit besoin d'une seconde nomination.

Mais si un autre Tuteur étoit donné, parce que le survivant des pere & mere seroit mineur, qu'il n'en fût point fait mention par la nomination faite par le Juge, il faudroit procéder à la nomination du survivant à la tutelle de ses enfans, par un nouvel avis de parens.

La raison est, que les peres & meres ne sont point appellez de plein droit à la tutelle de leurs enfans par la disposition de nos Coutumes, mais il faut que ce soit par l'autorité du Juge qu'elle leur soit donnée.

La qualité de Gardien n'est pas incompatible avec celle de Tuteur, comme nous avons dit ci-dessus ; mais il faut accepter la garde avant que d'accepter la tutelle ; car celui qui s'est fait élire Tuteur ne peut plus demander la garde, à moins qu'il n'ait protesté en acceptant la tutelle, que l'acceptation qu'il en a faite ne lui nuira point pour la garde qu'il entend demander.

On demande si celui qui est débiteur ou créancier du mineur, peut lui être élû Tuteur ?

Il ne le peut suivant l'Autentique *Minoris*, *cod. qui de tutor.* Mais cette disposition du Droit Romain n'est pas observée en France : le débiteur ou le créancier d'un mineur peut lui être élû Tuteur. Ainsi quand le Tuteur prétend être créancier du mineur, il faut avant que d'accepter la tutelle & de faire inventaire, qu'il déclare ce qu'il prétend lui être dû ; autrement il pourroit être au hazard de perdre sa dette, par la présomption qu'il pourroit y avoir qu'il auroit soustrait les quittances.

On ne donne des Tuteurs qu'aux pupilles, suivant la disposition du Droit Romain ; mais dans la France coutumiere, on en donne aussi quelquefois aux enfans émancipez, comme quand il s'agit de faire un partage ou une licitation : en ce cas on donne un Tuteur à ceux qui sont émancipez, à l'effet seulement du partage, afin qu'il soit fait avec un légitime contradicteur ; ce qui n'empêche pas qu'ils ne puissent se pourvoir contre le partage, lorsqu'ils sont devenus majeurs, en cas qu'ils se trouvent lésez par icelui.

On en donne aussi quelquefois aux enfans mineurs qui ont encore pere & mere, quand ils ont des droits à contester & défendre contre leurs pere & mere; comme quand leur ayeul leur a fait quelque legs contesté par leurs pere & mere.

L'usage est, lorsqu'un pere ou une mere décéde, laissant des enfans mineurs, de leur donner un Tuteur & un subrogé Tuteur. Ce Tuteur subrogé est toujours donné conjointement avec le Tuteur gérant. Il n'a été introduit en France que pour être présent à la confection de l'inventaire, & pour veiller qu'il soit fait fidélement, & qu'il ne soit rien soustrait des biens du défunt. D'où il s'ensuit,

I. Qu'un subrogé Tuteur n'est point tenu de l'administration du Tuteur gérant, ni du reliquat de compte, comme il a été jugé par les Arrêts rapportez par Monsieur Louet, lettre T, chapitre 13.

II. Que le Tuteur subrogé seroit inutilement donné par l'acte de tutelle pour les actions de partage & de reddition de compte, puisqu'il n'a point d'autre fonction que de veiller à l'inventaire. Mais les comptes se rendent ordinairement aux mineurs pardevant le Juge de leur domicile, après qu'ils sont parvenus à leur majorité, ou avec un Tuteur ou Curateur, s'ils sont mineurs ou émancipez.

Le pouvoir de donner des Tuteurs & des Curateurs appartient aux hauts & moyens Justiciers, & non pas aux bas Justiciers; & lesdits hauts & moyens Justiciers peuvent, suivant les Ordonnances, faire apposer le scellé & faire inventaire des biens des mineurs, & leur pourvoir de Tuteurs ou de Curateurs.

La tutelle est déferée par le Juge du domicile des enfans; celle des Nobles par les Juges Royaux qui ressortissent sans moyen aux Parlemens; celle des Roturiers par les autres Juges, soit Juges des Seigneurs ou Juges Royaux, qui ne ressortissent pas aux Parlemens.

Ainsi la tutelle des Nobles ne se donne que par les Baillifs & Sénéchaux, à l'exclusion de tous autres Juges; celle des Roturiers par les Prevôts Royaux & par les Juges subalternes, chacun dans son ressort; par les moyens Justiciers ordinairement, & par les hauts Justiciers en quelques Coutumes, à l'exclusion des moyens Justiciers.

Celui qui est nommé Tuteur, peut être contraint d'accepter la tutelle par saisie & exécution de ses meubles, & même le

Juge peut l'y obliger par emprisonnement de sa personne.

La raison est, que la tutelle est une charge publique autorisée par la Loi ; ainsi il n'y a personne qui ne puisse être contraint de l'accepter, à moins que ce ne soit pour des causes justes & légitimes ; & quand celui qui est élû Tuteur n'accepte pas la tutelle, les parens doivent lever la Sentence de nomination, & le faire assigner pardevant le Juge qui l'a nommé, pour se voir contraint d'accepter.

Il y a néanmoins des causes pour lesquelles on se peut excuser de la tutelle ou de la curatelle.

I. Si celui qui est nommé Tuteur a cinq enfans vivans, soit qu'ils soient mariez ou non.

II. S'il est déja chargé de tutelle.

III. S'il est mineur de vingt-cinq ans, ou âgé de plus de soixante-dix.

IV. S'il est malade de maladie incurable, & qui le rende incapable d'agir ; ce qui auroit même lieu pour une tutelle déja commencée ; c'est-à-dire qu'un Tuteur peut se faire décharger d'une tutelle dont il a commencé l'administration, s'il lui survient quelque grande infirmité.

V. Si la tutelle est de grande importance, & qu'il ne sçache lire ni écrire.

VI. S'il est absent pour le service public.

VII. S'il est Prêtre ou Bénéficier, attaché au service de l'Eglise.

VIII. S'il est pourvû de quelque Office qui ait le privilége d'exempter de tutelle, comme sont les Charges de Judicature dans les Cours Souveraines, ou la Régence dans une Université fameuse. Sur quoi il faut remarquer, que quand on est exempt en général des charges publiques, on ne l'est pas pour cela de la tutelle.

IX. S'il a eu des inimitiez capitales avec le pere des mineurs, ausquels il a été élû Tuteur ou Curateur.

X. S'il est en procès avec son pupille, touchant une succession, ou pour des affaires de conséquence.

Il faut observer, touchant ce que nous venons de dire, que quoiqu'il soit nécessaire qu'un Tuteur sçache lire & écrire, si d'ailleurs il est honnête homme, & assez solvable pour répondre du bien des mineurs, & que la tutelle ne soit pas fort importante ni fort difficile, on ne laisse pas de l'élire sans ces qualitez.

Pareillement on élit quelquefois pour Tuteur un homme ; quoiqu'il ait eu quelque différend, même un procès contre le pere des pupilles, pourvû qu'on connoisse qu'il n'a aucun ressentiment, & qu'il est assez homme d'honneur pour ne pas exercer sa vengeance.

Celui qui a excuse valable pour se faire décharger de la tutelle, peut proposer ses excuses devant le Juge par lequel il a été nommé Tuteur ; mais si ce Juge n'y a point d'égard, il peut interjetter appel de la Sentence.

Pendant les poursuites que fait le Tuteur nommé pour se faire décharger de la tutelle, il est toujours tenu d'administrer, à peine de tous dépens, dommages & interêts ; ce qui auroit lieu même, quoique la Sentence de nomination de tutelle eût été donnée par défaut : & quoique dans la suite il fût déchargé de la tutelle, néanmoins il seroit tenu des dommages & interêts des pupilles, faute d'avoir administré. La raison est, que l'interêt des mineurs veut que leurs affaires ne soient pas abandonnées, & qu'en ce cas l'appel ne suspende pas l'exécution de la Sentence de nomination de la tutelle.

Dans les Institutes de Justinien, il est traité des tutelles, depuis le titre 13 du premier Livre jusqu'à la fin de ce Livre. Le Lecteur peut voir dans la Traduction de M. de Ferriere ce qu'il dit sur ces titres des Institutes.

CHAPITRE III.

Du devoir & de la fonction du Tuteur.

IL y a plusieurs choses qui concernent le devoir & la fonction du Tuteur. Premierement, il doit pardevant le Juge prêter serment d'administrer avec soin & fidélité les biens des pupilles, & de gérer leurs affaires en bon pere de famille.

Il est même obligé par la disposition du Droit Romain de donner caution : mais cela ne s'observe pas dans la France coutumiere, si ce n'est en quelques Coutumes qui le requierent expressément.

En second lieu, il doit faire inventaire fidele & exact des biens des pupilles, & le faire clore dans trois mois, à moins qu'il n'y eût quelque raison pour laquelle il n'auroit pû être fait dans ce tems ; autrement il seroit condamné aux dommagesinterêts des mineurs; & s'il n'avoit point fait d'inventaire, il feroit condamné envers les pupilles en une somme d'argent, selon qu'ils justifieroient par témoins ou autrement, de la valeur des effets mobiliers laissez par le décès de leurs pere & mere.

Si l'on justifioit des divertissemens, des latitations & soustractions, le Juge ayant bien examiné toutes les circonstances, doit soutenir l'interêt des mineurs contre le Tuteur, lequel doit être présumé avoir pris plus qu'il n'est justifié, parce que ces sortes de preuves sont difficiles.

Cela souffre néanmoins une exception en la personne du survivant des pere & mere, lequel n'est point obligé de faire inventaire, s'il ne veut; auquel cas il y a continuation de communauté entre lui & ses enfans mineurs, si bon leur semble, comme il est porté par l'article 240 & les suivans de la Coutume de Paris.

Mais on demande qui doit faire l'inventaire, si le Tuteur nommé refuse d'accepter la tutelle? En ce cas, le Juge doit, à la requête des parens, ou du Procureur du Roi ou Fiscal, avancer l'inventaire pour l'interêt des pupilles, que le Tuteur entrant par après en charge pourra recoller.

En troisiéme lieu, le Tuteur doit faire vendre les meubles appartenans au pupille en la maniere accoutumée; ensuite il doit payer les dettes, & s'il y a des deniers restans, il en doit faire emploi; & à faute de le faire, il seroit obligé de payer les interêts des sommes qui seroient restées entre ses mains, comme s'il les avoit reçus.

En quatriéme lieu, le Tuteur est tenu de fournir au pupille toutes les choses qui sont nécessaires pour son entretien, suivant son état & ses facultez, & d'avoir soin de lui donner une éducation telle qu'il lui convient. Mais toutes ces choses se doivent prendre sur les revenus; car le Tuteur n'est pas obligé de nourrir de son bien ses pupilles.

En cinquiéme lieu, le Tuteur doit faire au nom du pupille, & en qualité de Tuteur, tout ce qui se peut faire pour l'interêt de celui dont il gere la tutelle, comme poursuivre les débiteurs du pupille, maintenir les droits qui lui appartiennent, le défendre contre les actions qui sont intentées contre lui, au cas qu'elles soient mal fondées.

Ainsi le Tuteur est tenu de faire des diligences pour le recouvrement des effets de la succession, à peine d'en répondre;

& pour ne pas engager mal-à-propos les pupilles dans de mauvaises contestations, ni consommer le bien en frais, il ne doit intenter aucune action que par conseil, même par un avis de parens, si l'affaire paroît importante.

De ce que le Tuteur, comme nous venons de le dire, est obligé de veiller à la conservation des biens & des droits de son pupille, il s'ensuit que s'il ne s'est point opposé à un decret, il est responsable de la perte qu'en souffre son mineur.

En sixiéme lieu, le Tuteur doit faire profiter les deniers provenans des rentes & revenus qui lui ont été payez ; autrement il en seroit responsable. Ce n'est pas à dire que le Tuteur soit obligé de le faire dès qu'il a reçu des deniers pour son pupille ; mais il le doit faire quand les interêts ou revenus payez font une somme considérable.

Ainsi l'interêt de l'interêt est dû au pupille par le Tuteur. Par exemple, un Tuteur laisse des deniers oisifs ; on le condamne d'en payer les interêts, dont on fait de trois ans en trois ans un total avec le principal, dont le Tuteur doit les interêts. Arrêt du 31 Juillet 1611, rapporté par M. Leprêtre, chapitre 32, centurie 1.

On demande si le Tuteur peut vendre les immeubles de son pupille ? Il faut dire qu'il ne les peut vendre sans cause légitime, comme quand les deniers provenans de la vente des meubles ne suffisent pas pour payer ses dettes. Mais outre qu'il faut que cette vente soit faite pour cause légitime, il y a encore plusieurs formalitez qui doivent être observées dans la vente des immeubles d'un pupille ou d'un mineur. Il faut que cette vente soit faite par avis de parens, & avec l'ordonnance du Juge, par laquelle il soit permis de faire l'aliénation. Cette ordonnance ne peut être rendue sans connoissance de cause, & à moins qu'il n'apparoisse une très-grande nécessité de faire l'aliénation.

A l'égard du Juge duquel il faut avoir l'ordonnance pour la vente des immeubles d'un pupille, il faut l'avoir du Juge du domicile du pupille, quoique les biens que l'on veut aliéner soient situez hors l'étendue de sa Jurisdiction, parce que c'est à lui à connoître de toutes les actions & de tous les droits qui se peuvent exercer pour raison de l'administration de la tutelle qu'il a déférée.

Outre l'avis des parens & l'ordonnance du Juge, il faut que la vente des immeubles appartenans à un mineur soit publiée,

& qu'il y ait des affiches mises en l'Auditoire pour la rendre publique, & après être la chose vendue au plus offrant & dernier enchérisseur. Mais pour la sureté de l'acquéreur, la vente doit être faite par decret & avec les solemnitez des criées suivies d'adjudication.

En effet, pour la vente des immeubles des mineurs, soit qu'elle soit forcée, soit qu'elle soit volontaire, & faite par avis & délibération du Tuteur & des parens, il faut un decret en bonne forme, & outre cela qu'il paroisse que la vente est avantageuse aux mineurs; autrement ils peuvent revenir contre l'acquéreur, & rentrer dans l'héritage, si l'emploi n'a pas tourné à leur profit.

Mais on demande s'il en est de même du remboursement d'une rente dûe à des mineurs, & si pour la décharge du débiteur il est nécessaire que le remboursement soit fait en conséquence d'un avis de parens, & d'une ordonnance du Juge?

Par Arrêt du 31 Mars 1708, rendu en la Troisiéme Chambre des Enquêtes, confirmatif d'une Sentence du Châtelet du premier Septembre 1705, il a été jugé que le débiteur d'une rente dûe à des mineurs est valablement déchargé par le remboursement qu'il fait au Tuteur, quoiqu'il n'y ait point eu d'avis de parens, & qu'ainsi le mineur devenu majeur ne pouvoit inquiéter son débiteur qui s'étoit ainsi libéré, pas même sous prétexte de l'insolvabilité de son Tuteur.

La raison est, qu'un Tuteur est valablement autorisé par l'Acte de tutelle pour toucher le remboursement des sorts principaux des rentes dûes à ses mineurs, & que d'ailleurs la faveur de la libération fait qu'un débiteur est toujours en droit de se libérer. Voyez ce que M. de Ferriere a dit dans sa Traduction des Institutes sur le paragraphe dernier du titre huitiéme du second Livre.

Il nous reste quelques observations à faire.

La premiere est, que par la Loi *si in emptione* 34, *§. ult. de contrah. empt.* il n'est pas permis au Tuteur d'acheter le bien de son pupille; & le Jurisconsulte étend même la force de cette Loi aux Curateurs, aux Procureurs, & à toutes les personnes qui font les affaires de ceux dont on vend les biens. Cependant par la Loi *Cum ipse Tutor*, au Code sous le même titre, la vente qui se fait publiquement & de bonne foi au Tuteur, des biens du pupille, n'est pas défendue.

Ces deux Loix bien conciliées se trouvent entierement

conformes à notre usage, puisqu'un Tuteur peut se faire adjuger un immeuble saisi réellement sur son mineur ; parce que les criées d'un immeuble & l'adjudication qui s'en fait publiquement effacent tous les soupçons qu'on pourroit avoir contre un Tuteur qui se rend adjudicataire. Arrêt du 12 Janvier 1610, rapporté par Tronçon sur l'art. 359 de la Coutume de Paris.

Mais un Tuteur ne peut pas acquérir par une vente ou traité fait sans l'autorité de Justice, un immeuble qui appartient à son mineur.

Il ne peut pas non plus prendre un transport de la dette de son mineur, à peine d'être déchu de ses prétentions ; ce qui néanmoins ne s'observe pas toujours à la rigueur, & dépend beaucoup des circonstances.

Pour sçavoir si un Tuteur peut prendre un transport de la dette de son mineur, il y a cette différence à faire, que s'il n'y a aucun soupçon de fraude ou d'avarice contre le Tuteur, on ne s'arrête point à l'Authentique *si Minoris*, selon laquelle il doit être privé de sa créance, au contraire elle est jugée légitime ; au lieu que s'il y a quelque apparence qu'il ait voulu profiter sur ses mineurs, la présomption de fraude est contre lui, & il court risque d'être déchu de toutes ses prétentions.

Pour éviter toutes sortes de difficultez, un Tuteur qui veut prendre un transport des sommes dûes par ses mineurs, le doit faire agréer par les parens, par un avis bien & dûement homologué en Justice, & alors on ne peut pas le soupçonner de fraude ; au contraire, il est évident qu'il ne s'est chargé de la dette que pour empêcher les persécutions d'un mauvais créancier.

La deuxiéme observation est, que parmi nous le Tuteur fait les affaires de son pupille, sans la participation & l'intervention de la personne du pupille : car quoique par la disposition du Droit Romain, la principale fonction des Tuteurs soit de donner leur autorité aux Actes que leurs pupilles passent ; néanmoins l'usage de toute la France est, que les Tuteurs ne donnent point leur autorité aux Actes qui se font par les pupilles ; ce sont les Tuteurs eux-mêmes qui font les affaires des pupilles, en qualité de leurs Tuteurs, & les pupilles n'y paroissent point : comme si c'est un bail, il est passé entre le Tuteur, en qualité d'administrateur des biens de ses pupilles, & le preneur.

Pareillement si le Tuteur fait donner assignation à un débiteur des pupilles, elle est donnée à sa requête, comme Tuteur des mineurs, ainsi des autres affaires des pupilles.

Lorsque l'Acte est passé par une mere qui est commune & Tutrice de ses enfans, il est dit dans l'Acte : *Entre telle, tant en qualité de commune, que comme tutrice de, &c.*

Par ce que nous venons de dire, il paroît que parmi nous c'est le Tuteur qui agit pour son pupille, & non pas le pupille autorisé de son Tuteur : en quoi le Tuteur differe du Curateur ; car le Tuteur agit toujours pour son pupille, & le Curateur est présent à l'Acte qui est passé par le mineur, & il lui donne seulement son consentement : ainsi on dit dans l'Acte, *qu'un tel mineur qui le passe est assisté de tel son Curateur, qui lui donne son consentement.*

La troisiéme observation est, que si le Tuteur est obligé d'avoir procès contre ses pupilles, afin qu'il ne demeure pas sans défense, il est de son devoir de convoquer une assemblée de parens, pour aviser aux moyens de pourvoir à leur sûreté ; ensorte que si l'affaire n'est pas de grande conséquence, & qu'il y ait apparence qu'elle se puisse aisément terminer, on crée un Curateur pour les autoriser pendant le Procès seulement ; & s'il y a lieu de craindre que l'affaire ait de longues suites, les parens peuvent destituer le Tuteur pour en élire un autre, & le Juge ne manque jamais de confirmer leur avis.

La quatriéme observation est, que les Tuteurs & les enfans des Tuteurs ne peuvent recevoir aucunes libéralitez des mineurs. Voyez ci-dessus ce que nous avons dit en traitant des Donations.

CHAPITRE IV.

Comment finit la Tutelle.

SUIVANT les principes du Droit Romain, la tutelle finit par deux manieres, par rapport à la personne du pupille. Premierement, par la puberté du pupille, parce que pour lors il commence d'avoir un Curateur, & il cesse d'être en tutelle ; suivant la disposition du Droit Romain, la puberté est reglée dans les mâles à quatorze ans accomplis, & dans les filles à douze ans accomplis. En second lieu, par la mort du pupille.

A l'égard du Tuteur, la tutelle finit par trois manieres. La premiere est la mort naturelle ou civile du Tuteur ; auquel cas les parens du pupille doivent procéder à la nomination d'un autre Tuteur.

La deuxiéme est la cause légitime pour laquelle le Tuteur auroit été excusé.

La troisiéme est quand le Tuteur nommé est dépouillé de sa fonction, ou parce qu'il seroit suspect de fraude, ou qu'effectivement il auroit frauduleusement ou négligemment administré.

Il y a encore une autre cause pour laquelle la tutelle finit ; sçavoir, par les secondes noces de la mere. C'est la disposition du Droit Ecrit, & l'usage de la France coutumiere.

La raison est, que les femmes qui se remarient, se dépouillent de l'affection que les meres doivent avoir pour leurs enfans, & qu'il n'y a rien qu'elles ne fassent à leur préjudice, pour l'interêt de leurs seconds maris.

Quoique cette raison pût aussi avoir lieu en la personne des peres qui se remarient ; néanmoins comme il n'y a point tant de foiblesse dans les hommes que dans les femmes, les Loix Romaines que nous suivons en ce cas, n'ont pas cru qu'il fallût dépouiller un pere de la tutelle de ses enfans, en conséquence des secondes noces qu'il auroit contractées.

Par le Droit coutumier, la tutelle ne finit pas par la puberté des enfans ; elle ne finit que par leur émancipation, laquelle se fait à dix-huit ou vingt ans par Lettres Royaux entérinées pardevant le Juge du domicile de celui qui est en tutelle par l'avis de ses parens, assemblez pour cet effet pardevant le Juge, lesquels déclarent que celui dont il s'agit est capable d'administrer ses biens.

Nous avons quelques Coutumes par lesquelles la tutelle finit par la puberté, c'est-à-dire à quatorze ans accomplis pour les mâles, & à douze accomplis pour les filles ; comme celles de Nivernois, Montargis, & quelques autres, dans lesquelles, lorsque les pupilles ont atteint l'âge de puberté, on leur donne un Curateur jusqu'à leur majorité.

Il n'y a que les Rois qui soient majeurs & hors de tutelle & curatelle à quatorze ans ; les autres personnes ne sont majeurs & jouissans pleinement de leurs droits qu'à vingt-cinq ans, si ce n'est dans quelques Coutumes où la majorité commence à vingt ans, comme celle de Normandie.

De l'administration de la tutelle il naît deux actions, sçavoir la directe & la contraire.

L'action de tutelle directe est donnée au pupille contre le Tuteur, pour l'obliger de rendre compte de son administration, lorsque la tutelle est finie. Le Tuteur par cette action est responsable de la perte & du dommage qu'il auroit causé au pupille, par dol, par sa lourde faute, & même par sa faute légere.

L'action de tutelle contraire est celle qui est accordée au Tuteur, pour répéter contre son pupille les impenses par lui utilement faites pour ses affaires. Sur quoi il faut remarquer ici :

I. Que les pupilles ont hypotéque sur tous les biens du Tuteur, du jour qu'il a administré. Le Tuteur au contraire n'a hypotéque pour les avances qu'il a faites, que du jour de la demande suivie d'une Sentence de condamnation rendue après la clôture du compte. La raison de la différence est, que le bien des pupilles est entre les mains du Tuteur, comme un dépôt nécessaire, & que ce qu'il avance sans y être obligé, est un prêt volontaire.

II. Le Tuteur doit rendre compte de sa gestion à ses pupilles, si-tôt que son administration est finie ; & l'action qu'ils ont contre lui pour l'y contraindre, dure trente ans du jour de leur majorité.

III. Le Tuteur est obligé de rendre son compte pardevant le Juge de la tutelle, c'est-à-dire pardevant celui qui a donné le Tuteur, sur l'avis de parens, & cela nonobstant tout privilége.

IV. Les Tuteurs & Curateurs peuvent être contraints par corps pour les sommes par eux dûes à cause de leur administration, lorsqu'il y a Sentence, Jugement ou Arrêt définitif, & que la somme est liquide & certaine ; & ne sont pour telle dette recevables au bénéfice de cession. Mais au contraire, s'il est dû par le mineur au Tuteur ou Curateur, en ce cas il n'y a pas lieu à la contrainte par corps.

V. Quoique le compte soit clos & arrêté, le Tuteur est toujours réputé comptable, jusqu'à ce qu'il ait fait pourvoir de Curateur le pupille qui auroit obtenu Lettres d'émancipation, & remis les papiers nonobstant toutes les transactions qu'ils auroient pû passer ensemble. Mais suivant la Jurisprudence, le mineur doit se pourvoir dans les dix ans de sa majorité, contre les transactions qu'il auroit passées avec son Tuteur, sans qu'au préalable il y eût eu de compte présenté, débattu & arrêté : en quoi l'ancienne Jurisprudence n'est plus suivie, en ce qu'elle donnoit au mineur, pour se pourvoir contre ces sortes de transactions, trente ans, à compter du jour de leur majorité.

VI. Le compte de tutelle étant examiné, clos & arrêté par l'Oyant à l'amiable, les Parties font pardevant Notaire l'Acte de reconnoissance de l'arrêté & clôture d'icelui, portant décharge des piéces justificatives du compte, & quelquefois quittance du payement du reliquat d'icelui.

VII. Si le Tuteur ne payoit pas comptant le reliquat du compte, en ce cas il faut déclarer que le Tuteur s'oblige de payer la somme dont il est reliquataire dans un certain tems, & cependant payer les interêts à raison de l'Ordonnance.

CHAPITRE V.

Des Curateurs.

CURATEUR, est celui qui est préposé à l'administration des biens d'une personne qui ne peut les régir & administrer, soit qu'il en soit empêché par maladie de corps ou d'esprit, soit qu'il ne puisse s'en acquitter pleinement à cause de la fragilité de son âge.

On donne des Curateurs aux mineurs au-dessous de vingt-cinq ans, quand ils sont parvenus à leur puberté ; & pour lors le Tuteur quitte sa fonction, & on élit un Curateur en sa place, ensorte que celui qui a été Tuteur ne peut pas être contraint d'être son Curateur.

Cela est fondé sur la Loi *Curator* 20, au Code *de excusat. Tutor*, & sur le paragraphe *qui tutelam* 20, aux Institutes sous le même titre. M. Cujas au second Livre de ses Réponses, Auzomne sur la même Loi *Curator*, & beaucoup d'autres suivent cette opinion, & la confirment de quelques Arrêts rendus en Pays de Droit écrit.

Mais en Pays coutumier on en use autrement ; & dans la plupart de nos Coutumes la tutelle ne finit que par l'émancipation des mineurs, laquelle se fait ordinairement à quinze ou dix-huit ans.

De plus, en Pays coutumier ceux qui ont fait la fonction de Tuteurs, font ordinairement celle de Curateurs après l'émancipation des mineurs : & si les parens estiment qu'il est de l'interêt des mineurs que celui qui a administré la tutelle soit Cu-

rateur,

rateur, il ne peut s'en excuser sur sa premiere charge. *Les Tuteurs testamentaires, légitimes ou datifs decretez par Justice, ladite tutelle finie, la puberté finie desdits mineurs, sont & demeurent Curateurs d'iceux mineurs, jusqu'en l'âge de vingt-cinq ans parfaits.* Coutume de Nivernois, article 8, chapitre 29.

Les parens ont néanmoins la liberté de confirmer le Tuteur, & de le continuer Curateur. Mais s'ils trouvent à redire à sa conduite, ils en peuvent nommer un autre ; ce qui arrive très-rarement, à cause que comme ceux qui ont géré la tutelle ont une parfaite connoissance des affaires des pupilles, il seroit dangereux de charger une autre personne de la curatelle.

Au reste, en Pays coutumier, les Curateurs sont nommez par le Juge sur un avis de parens, qui se fait pour l'entérinement des Lettres d'émancipation ; & ils nomment ordinairement celui qui a été Tuteur pour être Curateur. Sur quoi il faut remarquer qu'on ne peut ôter au pere ou à la mere la curatelle de leurs enfans, s'il n'y a de fortes raisons pour cela. Cependant si le mineur entend après son émancipation faire rendre compte à son Tuteur, il ne le faut pas nommer pour son Curateur.

Voici comment on donne des Curateurs à des mineurs qui ont obtenu des Lettres d'émancipation, à l'effet de jouir de leurs rentes & de leurs revenus. Le mineur qui a obtenu des Lettres d'émancipation, doit en vertu d'icelles faire assigner ses plus proches parens, tant paternels que maternels, pour sur leur avis faire entériner ses Lettres, & nommer un Curateur.

Si les parens consentent l'émancipation, le Juge par sa Sentence entérine les Lettres que le mineur a obtenues, & par leur avis ils nomment un d'entr'eux pour Curateur au mineur, & la Sentence d'entérinement des Lettres d'émancipation contient la nomination du Curateur ; & si le Curateur nommé accepte la curatelle, ce même Acte fait mention qu'il l'a volontairement acceptée.

Si le Curateur nommé refusoit cette charge, il faudroit lui donner assignation pour se voir condamner à l'accepter. Mais si les parens du mineur n'étoient pas d'avis de l'émancipation, le mineur seroit débouté de l'entérinement de ses Lettres, parce que dans le Pays coutumier l'émancipation ne se fait que sur l'avis des parens du mineur.

Si les parens sont partagez là-dessus, ensorte que quelques-uns consentent à l'entérinement, & d'autres s'y opposent, le Juge, après avoir entendu les Parties, doit là-dessus ordonner ce que de raison.

L'autorité des Curateurs ne s'étend que sur les biens des mineurs qui sont en curatelle, en quoi principalement les Curateurs different des Tuteurs. De plus, c'est le Tuteur qui agit en toutes choses pour son pupille, au lieu qu'un Curateur ne fait que donner son consentement à l'Acte que passe son mineur.

Ainsi quand le mineur passe quelque Acte, il le passe en son nom, & il faut seulement qu'il soit autorisé de son Curateur; c'est-à-dire que le Curateur doit être présent à l'Acte lorsqu'il se passe, & qu'il assiste son mineur pour la passation dudit Acte, & lui donne en termes exprès son consentement, & signe.

Comme l'émancipation donne au mineur le pouvoir de s'obliger sans le consentement de son Curateur, il peut passer sans lui les Actes qui n'emportent point aliénation de ses biens, comme s'il s'agit de baux à ferme ou à loyer, donner des quittances de ses rentes & revenus: mais il ne peut aliéner ses biens sans le consentement exprès d'un Tuteur; il ne peut pas même recevoir le rachat d'une rente sans son consentement; mais il peut ester en Jugement pour raison de choses qui ne tendent pas à l'aliénation de ses biens, assisté de son Curateur seulement.

Quand c'est une action de cette nature qui doit être intentée par un mineur, il faut qu'elle le soit à la requête du mineur & du Curateur en cette qualité.

Lorsqu'on veut poursuivre un mineur en Jugement pour chose de conséquence qui emporte aliénation de ses biens, il faut le faire assigner lui & son Curateur, afin qu'ils interviennent tous deux en Jugement.

Mais s'il arrivoit que le mineur n'eût point de Curateur, il faudroit demander au Juge qu'il lui nommât un Curateur d'office *ad causas*, pour rendre valable le Jugement qui interviendra, & pour ce le Juge nomme ordinairement un Procureur de la Jurisdiction.

Enfin quand le mineur veut contracter mariage, il ne le peut faire sans le consentement de son Curateur, & sans l'avis de ses plus proches parens.

On ne donne pas seulement des Curateurs aux mineurs; on en donne aussi quelquefois aux majeurs de vingt-cinq ans, quand ils ſont incapables d'adminiſtrer leurs biens, comme s'ils ſont furieux, inſenſez, imbéciles ou prodigues. Les Curateurs qui ſe donnent à ces ſortes de perſonnes, ont l'entiere adminiſtration de leurs biens & de leurs affaires, & ſont aſſimilez à la qualité de Tuteur.

Il faut ſeulement remarquer ici, que les prodigues ne ſont réputez tels que quand ils le ſont déclarez par le Juge, & qu'il leur a été pourvû d'un Curateur; & tous les Actes qui auroient été faits par un prodigue avant ſon interdiction, ſeroient valables.

Il n'en ſeroit pas de même à l'égard d'un inſenſé ou d'un furieux qui ſeroit notoirement connu pour tel, car il eſt interdit de plein droit; & ceux qui auroient interêt, comme des préſomptifs héritiers, ſeroient recevables à demander de faire preuve de la notoriété publique.

Pour que l'interdiction des prodigues ſoit rendue publique, & que perſonne ne contracte avec eux, il a été ordonné par pluſieurs Arrêts de la Cour, que toutes les Sentences d'interdiction ſeroient publiées en l'Audience, & aux Marchez & Carrefours à ſon de trompe & cri public, & que le nom de l'interdit ſeroit écrit dans un tableau, qui ſeroit mis aux Etudes des Notaires.

On donne encore des Curateurs aux poſthumes, aux biens déguerpis, aux ſucceſſions abandonnées, & dans pluſieurs autres cas que nous ne rapporterons pas ici, attendu que cela ne regarde pas le miniſtere des Notaires.

Touchant les Curateurs, voyez ce que M. de Ferriere en a dit dans ſa Traduction des Inſtitutes de Juſtinien ſur le titre 23 du premier Livre.

CHAPITRE VI.

Formules d'Actes concernant les Tutelles.

POUR parvenir à la nomination d'un Tuteur, on préſente Requête au Juge, afin qu'il permette d'aſſembler les parens pour élire au mineur un Tuteur & un ſubrogé Tuteur; & cette Requête doit être préſentée par un des proches parens du mineur, ou par le Procureur du Roi ou du Seigneur.

En conſéquence de cette Requête répondue par le Juge, on aſſigne les parens tant du côté paternel que du côté maternel, qui doivent au moins être au nombre de sept ; & au défaut de parens on prend des voisins ou amis.

Sur cette assignation, les parens qui comparoissent chez le Juge, prêtent d'abord serment de nommer celui qu'ils jugeront le plus capable & le plus propre de gérer la tutelle : ensuite ils nomment un Tuteur, que le Juge approuve, & en conséquence homologue leur avis, portant nomination du Tuteur.

Les parens peuvent néanmoins sans se transporter chez le Juge signer des procurations pardevant Notaires, contenant leur avis sur la nomination d'un Tuteur, & en poursuivre ensuite l'homologation par un Procureur ; & c'est ce qui se pratique ordinairement aujourd'hui. C'est pourquoi nous allons donner ici plusieurs Formules d'avis de parens pour la nomination d'un Tuteur & d'un subrogé Tuteur.

Avis de Parens, à l'effet d'élire un Tuteur & un subrogé Tuteur à des mineurs.

FUrent présens les parens & amis de Louise Pasquier, âgée de Louis-Charles Pasquier, âgé de & Charles Pasquier, âgé de enfans mineurs de défunt Louis Pasquier, Bourgeois de Paris, & de Marguerite sa femme, à présent sa veuve, comparans par ladite veuve mere, demeurante (*il faut sept tant parens qu'amis, mettre le degré de parenté,*) lesquels ont fait & constitué leur Procureur général & spécial Maître Procureur au Châtelet, auquel ils donnent pouvoir de pour eux & en leurs noms comparoir en l'Hôtel & pardevant Monsieur le Lieutenant Civil, & là dire & déclarer, sçavoir à l'égard de ladite veuve Pasquier, qu'elle se rapporte ausdits parens & amis & à Justice, pour la nomination d'un Tuteur ou Tutrice ausdits mineurs ses enfans, & qu'elle leur nomme pour subrogé Tuteur le Sieur qui à son égard se rapporte aussi ausdits parens & amis & à Justice, pour la nomination d'un subrogé Tuteur, & leur nomme pour Tutrice ladite veuve leur mere ; & pour tous les autres parens & amis susnommez, qu'ils nomment pour Tutrice à iceux mineurs ladite veuve leur mere, pour régir & gouverner leurs personnes & biens, & pour subrogé Tuteur ledit ne connoissant personne plus capable d'exercer lesdites charges, faire le serment en tel cas requis & accoutumé ; & généralement, &c. promettant, &c. obligeant, &c.

Il faut, quand il n'y a point de parens des mineurs sur les lieux, faire une procuration que l'on fait signer par des amis ; & l'on met au lieu de parens ces mots : *tous amis à défaut de parens en cette Ville.* Pour plus de régularité, il est mieux que les parens qui ne sont pas en cette Ville envoyent leur procuration, par laquelle ils nomment chacun le même Tuteur.

Autre Avis de Parens pour être envoyé au dehors.

FUt présent demeurant lequel a fait & constitué son Procureur général & spécial auquel il donne pouvoir & puissance pour lui & en son nom, comme oncle paternel *ou* maternel, *ou autre degré de parenté* des mineurs ci-après nommez, de comparoir devant Monsieur le Lieutenant Particulier de Monsieur le Bailly d'Orleans en la Châtellenie Royale de Boiscommun, ou tel autre Juge qu'il appartiendra, & là conjointement avec les autres parens au nombre requis par la Coutume, consentir au nom dudit Sieur Constituant, que Dame Marie veuve du Sieur Guillaume B. Seigneur de soit & demeure Tutrice de Louis âgé de ou environ, & de François B. âgé de enfans de ladite Dame Marie & dudit feu Sieur son mari, jusqu'à ce qu'ils ayent atteint l'âge d'être mis en leurs droits, & requerir Acte de ce qu'il nomme pour subrogé Tuteur ausdits enfans mineurs, la personne de M. pour les actions seulement que ladite veuve B. pourroit avoir à diriger contre sesdits enfans mineurs, soit pour l'exécution de son Contrat de mariage ou autrement; comme aussi pour assister à l'inventaire des meubles & effets délaissez par ledit défunt B. de la communauté d'entre lui & ladite Dame sa veuve, clôture & homologation dudit inventaire; ensemble pour la vente des meubles & effets, & généralement pour tout ce qui peut concerner les droits & interêts de ladite Dame veuve B. contre sesdits enfans. Promettant, &c. obligeant, &c.

Quand les pupilles sont de qualité, on leur donne deux sortes de Tuteurs; sçavoir un Tuteur honoraire, & un Tuteur onéraire.

Les Tuteurs honoraires sont nommez pour veiller à la conduite & à l'éducation du pupille, & prendre garde que le Tuteur onéraire ne fasse quelque chose qui puisse être préjudiciable à celui dont il est Tuteur; & on donne pour Tuteur honoraire quelque personne de qualité, parent ou ami du pupille.

Les Tuteurs onéraires sont ceux qui font véritablement la fonction de Tuteurs, & qui administrent les biens des pupilles. On les appelle onéraires à cause qu'ils ont la charge de toutes les affaires de ceux dont ils sont Tuteurs. C'est ordinairement un homme qui sçait les affaires, à qui on donne des appointemens.

Avis de Parens pour la nomination d'un Tuteur honoraire & d'un Tuteur onéraire.

FUrent présens les parens & amis de Damoiselle Marie mere de C. fils mineur de défunt A. & de ladite Damoiselle Marie sa femme à présent sa veuve, comparans par, &c. lesquels ont constitué B. ausquels ils donnent pouvoir de comparoître en l'Hôtel & pardevant Monsieur le Lieutenant Civil du Châtelet, en l'assemblée qui y doit être convoquée des parens & amis dudit mineur, & là dire & déclarer qu'ils sont d'avis que ladite Damoiselle mere soit élûe Tutrice honoraire dudit mineur, pour gerer & administrer sa personne & biens; & attendu la minorité de ladite Damoiselle, il seroit nommé pour ladite tutelle honoraire, conjointement avec elle, jusqu'à ce qu'elle ait atteint l'âge de majorité seulement, qui sera dans *tel tems*, la personne de L. oncle maternel dudit mineur.

Et pour Tuteur onéraire audit mineur, la personne de D. & pour subrogé Tuteur, qu'il lui soit élû la personne de E. les estimant très-capables desdites charges; & lequel D. Tuteur onéraire rendra compte de la gestion & administration de ladite tutelle à ladite Damoiselle en ladite qualité de Tutrice honoraire par chacune année; quoi faisant, il demeurera déchargé; & pour les appointemens qu'il convient donner audit Sieur D. lesdits parens sont d'avis qu'ils soient fixez à la somme de mille livres, que ladite Damoiselle lui payera par an sur les revenus des biens dudit mineur, pour les peines & soins qu'il prendra au gouvernement de ladite personne & biens dudit mineur, & de ses affaires.

Avis à l'effet d'accepter par une fille émancipée d'âge, conjointement avec son Curateur, un remboursement de la moitié d'une rente à elle appartenante, porter les deniers au Trésor Royal; & pour continuer un bail, ou en passer un nouveau d'une maison à elle appartenante.

FUrent présens les parens & amis de Damoiselle M. Vachon, fille de défunt M. Louis Vachon, Ecuyer, & Dame Charlote Lecourt, ses pere & mere, seule héritiere de Dame Nicole Dufossé, décédée veuve de M. Jacques Vachon, ladite Damoiselle Vachon émancipée d'âge, procédant sous l'autorité de Nicolas son Curateur, demeurant pour ce présent; lesdits Sieurs parens & amis comparans par, &c. lesquels ont fait & constitué leur Procureur Maître Procureur au Châtelet, auquel ils donnent pouvoir de comparoir pour eux pardevant Monsieur le Lieutenant Civil, en l'assemblée des parens & amis de ladite mineure, & là dire & déclarer, qu'après avoir eu communication d'un Contrat de constitution de deux cens livres de rente, rachetable de la somme de quatre mille livres en deux payemens, passé par Maître Philippe & Anne sa femme, pardevant Notaires, le au profit d'André-Paul duquel ledit Sieur Jacques Vachon avoit droit par déclaration passée pardevant ledit jour, de laquelle rente ladite Damoiselle est propriétaire au moyen de la Sentence qui lui a adjugée, rendue audit Châtelet le & les offres faites par ladite Regnault à ladite Damoiselle Vachon, par Exploit du vingt Juillet dernier, de lui payer & rembourser deux mille livres pour moitié du rachat de ladite rente; ils sont d'avis que ladite somme de deux mille livres offerte pour ledit rachat, soit reçue par ladite Damoiselle & ledit Nicolas, qui en donneront conjointement quittance ; laquelle somme de deux mille livres sera mise ès mains dudit Sieur Nicolas pour être incontinent après par lui employée en rente sur l'Hôtel de cette Ville, à constitution au profit de ladite Damoiselle émancipée : Et outre sur ce que ledit Sieur Nicolas leur a fait sçavoir que le Sieur G. principal locataire d'une maison appartenante à ladite Damoiselle Vachon, sise rue à raison de cinq cens livres, demande à l'expiration dudit bail la continuation d'icelui, ou un nouveau bail pour neuf années au même prix, à condition de contribuer pour moitié à la dépense qu'il convient faire pour quelque accommodement qu'il desire faire à ladite maison, qui peuvent aller environ à la somme de dire que lesdits Comparans sont d'avis que ladite Damoiselle Vachon & ledit Sieur Nicolas son Curateur passent un nouveau bail audit Sieur G. pour neuf années, par lequel ils consentiront qu'il fasse faire les accommodemens par lui proposez, dont sera fait un état, auquel ladite Damoiselle Vachon contribuera jusqu'à la somme de à condition aussi que lesdits accommodemens à la fin dudit bail seront & demeureront à ladite maison. Promettant, &c. obligeant, &c. Fait & passé, &c.

Avis de Parens, à l'effet de renoncer par un Tuteur pour son Pupille à la succession de son pere.

FUrent présens les parens & amis d'Etienne Pelleteau, fils mineur de défunts André Pelleteau & d'Elizabeth Loret, ses pere & mere, comparans par, &c. lesquels, sur ce qui leur a été représenté par François Huquet, demeurant Tuteur dudit mineur, à ce présent, qu'ayant pris communication de l'inventaire fait après le décès d'Elizabeth Loret, & du recollement qui a été fait des biens contenus audit inventaire dudit Pelleteau, à la requête d'icelui Huquet, il a reconnu que la succession dudit défunt Pelleteau étoit chargée de dettes, & qu'elle seroit plus onéreuse que profitable audit mineur, en se portant héritier de sondit pere ; qu'ainsi il seroit plus avantageux pour lui de renoncer à ladite succession, & de se tenir aux dot, douaire & conventions de sadite défunte mere, pourquoi ledit Tuteur requeroit l'avis des parens & amis desdits mineurs. Sur quoi lesdits parens & amis, après avoir pris communication dudit inventaire & recollement fait depuis, après le décès dudit défunt Pelleteau, & avoir mûrement déliberé entr'eux, ont dit & déclaré qu'ils sont d'avis que ledit Huquet Tuteur renonce pour ledit Pelleteau mineur, à la succession de sondit pere, comme lui étant plus onéreuse que profitable, & qu'il se tienne aux dons, dot, douaire & conventions accordées à ladite Loret sa mere, par le Contrat de mariage d'entr'elle & ledit défunt Sieur Pelleteau : Et pour donner pareil avis en Justice, & faire le serment en tel cas requis, lesdits Comparans constituent leur Procureur Maître Procureur au Châtelet, auquel ils en donnent pouvoir, & de faire toutes choses à ce requises & nécessaires. Promettant, &c. obligeant, &c. Fait & passé, &c.

Autre Avis de Parens pour l'émancipation d'un mineur.

FUrent préſens les parens & amis de Marie-Jeanne Formel mineure, âgée de ſeize ans ou environ, fille de défunt Charles Formel, & de Françoiſe de la Laure ſa femme, ſes pere & mere, héritiere en partie dudit défunt Sieur ſon pere, comparans par, &c. leſquels ont fait & conſtitué leur Procureur général & ſpécial Maître Procureur au Châtelet de Paris, auquel ils ont donné pouvoir de pour eux & en leurs noms comparoir pardevant Monſieur le Lieutenant Civil, & là dire & déclarer pour eux, qu'ils ſont d'avis que les Lettres d'émancipation qu'elle a obtenues en la Chancellerie du Palais à Paris le vingt-deux Janvier dernier, ſignées ſur le repli par le Roi ſcellées & inſinuées le ſoient entérinées ſelon leur forme & teneur, & en conſéquence qu'elle jouiſſe de ſes biens meubles & du revenu de ſes immeubles, & que ſoit nommé ſon Curateur à ſes cauſes & actions; qu'ils ſont auſſi d'avis que ledit Sieur Curateur ci-deſſus nommé ſoit auſſi élû Tuteur à ladite mineure, à l'effet ſeulement d'aſſiſter à l'audition & examen du compte que ledit Sieur Jean-Simon Formel ſon frere veut lui rendre & à ſes autres freres & ſœurs, de la tutelle & adminiſtration qu'il a eu de leurs perſonnes & biens, au lieu & place de ladite Damoiſelle Françoiſe de la Laure leur mere; & après ledit compte rendu, clos & arrêté, procéder avec les autres freres & ſœurs de ladite mineure, au partage & diviſion des biens & effets procédans de la ſucceſſion dudit feu Sieur Formel leur pere, & de ceux qui leur ont été depuis adjugez, comme créanciers de ladite Damoiſelle leur mere, en payement des ſommes à eux dûes en principaux, interêts & frais; faire les demandes & requiſitions, & paſſer les conſentemens qu'il conviendra, & à cet effet paſſer & ſigner tous Actes, donner toutes quittances & décharges néceſſaires, & ſi beſoin eſt, plaider, oppoſer, ſubſtituer qui bon lui ſemblera, & généralement, &c. Fait & paſſé, &c.

Avis de Parens, à l'effet de faire enfermer un enfant.

FUrent préſens les parens & amis de Vincent Barthelemi, fils mineur de défunt Maître Vincent Barthelemi & de Damoiſelle M. ſon épouſe, à préſent ſa veuve, Tutrice dudit mineur, âgé de ou environ, comparans par, &c. leſquels ont donné pouvoir à Maître Procureur au Châtelet, de pour eux & en leurs noms comparoir devant M. le Lieutenant Civil, à l'aſſemblée convoquée des parens & amis dudit Barthelemi, par ladite Damoiſelle ſa mere Tutrice, à l'effet de délibérer ſur ce qu'il convient faire pour empêcher, ſi faire ſe peut, la diſſipation & mauvaiſe conduite dudit mineur; dire & déclarer qu'ils ſont d'avis, qu'attendu qu'il manque de reſpect pour ladite Dame ſa mere, ſa diſſipation & mauvaiſe conduite, dont leſdits Conſtituans ont parfaite connoiſſance, ledit Barthelemi ſoit mis en Maiſon de correction, ſoit en celle de ſaint Lazare de cette Ville, ou telle autre que ladite Damoiſelle ſa mere trouvera à propos, pour y demeurer pendant ſix mois, ou plus long-tems, ſi ladite Damoiſelle

moiselle sa mere le juge nécessaire, pour y recevoir la correction, & faire ensorte d'opérer le changement de conduite dudit Sieur son fils; & que pour cet effet il soit donné à ladite Damoiselle Barthelemi tout le pouvoir nécessaire, & de payer les pensions dont elle conviendra; prêter par ledit Sieur Procureur constitué le serment en la maniere accoutumée pour lesdits Constituans, & affirmer pour eux, comme ils ont présentement fait devant les Notaires soussignez, qu'ils donnent leurs avis en leurs ames & consciences. Promettant, obligeant, &c. Fait & passé, &c.

Avis de Parens, à l'effet de pouvoir par une veuve constituer dot & pension à un de ses enfans, pour faire Profession dans un Couvent.

FUrent présens les parens & amis de Damoiselle F. C. de Saint-Blimont, fille mineure de défunt Messire Antoine de Saint-Blimont & de Dame C. C. L. T. de Breteuil, à présent sa veuve, ses pere & mere, ladite Damoiselle mineure de présent Novice au Couvent des Dames Abbesse & Religieuses de   lesdits Sieurs parens & amis comparans par, &c. lesquels sur ce qui leur auroit été représenté par ladite Dame de Saint-Blimont, que ladite Damoiselle sa fille s'étant mise dans ledit Couvent dans la vûe d'y faire Profession, & que persévérant dans sa résolution, elle étoit sur le point d'y faire ses voeux pour y vivre selon les régles dudit Couvent; que pour cet effet elle auroit résolu de donner audit Couvent la somme de quatre mille livres pour la dot de ladite Damoiselle sa fille, & outre de lui constituer cent livres de pension viagere, laquelle pension de cent livres sera payée à ladite Damoiselle, & la suivra par-tout & en tous lieux où elle pourroit aller ci-après demeurer; mais que n'ayant point rendu compte à ladite Damoiselle sa fille, ni à ses autres enfans, des biens de la communauté d'entr'elle & ledit défunt Sieur de Saint-Blimont leur pere, elle ne pourroit payer ladite somme de quatre mille livres pour ladite Damoiselle sa fille, ni constituer ladite pension viagere, que du consentement & avis desdits Sieurs ses parens & amis; pourquoi elle requéroit lesdits Sieurs Comparans de donner leur avis sur ce que dessus. Sur quoi lesdits Sieurs Comparans ayant déliberé entr'eux, ont dit & déclaré qu'ils sont d'avis que ladite Dame de Saint-Blimont paye pour la dot de ladite Damoiselle sa fille au Couvent desdites Dames Abbesse & Religieuses de   la somme de quatre mille livres, & ce qui se trouvera nécessaire pour les frais de Vêture & Profession de ladite Damoiselle sa fille audit Couvent; & outre qu'elle lui constitue cent livres de pension viagere, laquelle somme suivra ladite Damoiselle en quelque Couvent qu'elle aille ci-après demeurer; lesquelles sommes ci-dessus seront données à ladite Damoiselle de Saint-Blimont par ladite Dame sa mere pour les droits successifs, mobiliers & immobiliers de ladite Damoiselle en la succession dudit Sieur son pere, & que ladite Dame soit autorisée à passer & signer à cet effet les Contrats & Actes nécessaires. Et pour donner pareil avis en Justice, lesdits Sieurs Comparans ont fait & constitué leur Procureur Maître   Procureur au Châtelet, auquel ils donnent pouvoir de pour eux & en leurs noms comparoir en l'assemblée des Sieurs parens & amis de ladite Damoiselle mineure, qui sera convoquée à cet effet pardevant Monsieur le Lieutenant Civil, pour conjointement avec eux en requérir acte, & consentir ce que dessus, prêter le serment en tel cas requis & accoutumé, & généralement, &c. Promettant, &c. obligeant, &c.

Avis au sujet du remboursement que l'on veut faire à une mineure.

FUrent présens tous parens & amis aux degrez ci-dessus expliquez de Damoiselle R. D. N. de Premilly, fille émancipée d'âge, procédant sous l'autorité de A. T. Leclerc son Curateur, légataire universelle de défunte Damoiselle Angelique Cochepin sa grande-tante; lesquels Sieurs Comparans, sur ce qui leur a été représenté par ladite Damoiselle de Premilly, que Messire Pierre de Maissac, &c. offre rembourser la somme de deux mille livres, principal de cent livres de rente par lui constituée à ladite défunte Damoiselle Cochepin par Contrat du & payer les arrérages de ladite rente en lui donnant bonne & valable décharge, avec protestation de consigner pour sa décharge: Sur quoi ladite Damoiselle de Premilly ayant pris conseil, & desirant éviter tous inconvéniens & donner entiere décharge audit Sieur de Maissac, elle auroit avec sondit Conseil résolu de demander pardevant M. le Lieutenant Civil, que ledit Sieur Leclerc son Curateur demeureroit & seroit élû son Tuteur, à l'effet de recevoir seulement dudit Sieur de Maissac le susdit remboursement, avec condition que les deniers en provenans demeureroient ès mains de Maître R. l'un des Notaires soussignez, pour être par lui portez au Trésor Royal, & en acquérir une rente sur les Aydes & Gabelles, au denier au profit de ladite Damoiselle de Premilly, non-seulement pour son avantage, mais encore pour la plus grande sureté & décharge dudit Sieur de Maissac; sur quoi elle requéroit l'avis desdits Sieurs parens comparans, lesquels, après avoir délibéré entr'eux, ont dit & déclaré qu'ils sont d'avis que ledit Sieur Leclerc soit élû Tuteur à ladite Damoiselle de Premilly, à l'effet d'assister & être présent audit remboursement, & que les deniers en provenans soient laissez ès mains dudit Maître R. Notaire, pour être par lui portez au Trésor Royal, & en acquérir *tant* de rente sur les Aydes & Gabelles au denier au profit de ladite Damoiselle de Premilly, pour son avantage & la sureté dudit Sieur de Maissac; duquel emploi sera fait mention dans la quittance de finance & Contrat de constitution qui sera passé en conséquence: Et pour donner pareil avis en Justice, lesdits Sieurs Comparans constituent leur Procureur Maître Procureur audit Châtelet, auquel ils en donnent pouvoir, & d'en requérir Acte. Et généralement faire tout ce qu'au cas appartiendra. Promettant, &c. obligeant, &c.

Avis de Parens contenant délibération pour le remploi de deniers de mineurs.

FUrent présens, &c. tous parens des enfans mineurs de défunt & de Dame à présent sa veuve; lesquels sur ce qui a été représenté par ladite Dame veuve, Tutrice & ayant la Garde bourgeoise desdits enfans mineurs, qu'il lui a été fait le remboursement de cinq cens livres de rente qui lui étoient dûes par, &c. & qui procédent de la communauté des biens d'entre ledit défunt Sieur, &c. & elle; qu'elle a encore d'autres deniers, dont du tout doit être fait emploi; qu'il se présente à cette fin le Sieur A. qui a besoin d'une somme de neuf mille tant de livres, pour employer en acquisition de rente sur l'Hôtel de cette Ville, de laquelle somme il offre en passer Contrat de constitution à ladite Dame esdits noms, & lui fournir l'emploi susdit. Sur quoi ladite Dame desiroit avoir l'avis desdits Sieurs parens, attendu l'interêt desdits mineurs; & d'autant qu'elle leur a aussi représenté que la plus grande partie du bien & effets de ladite communauté, & même les propres dudit défunt Sieur, &c. sont en rente & dettes actives, qui font que ladite Dame veuve & Tutrice peut être tous les jours exposée à de nouveaux emplois, & que si elle étoit obligée lors de chacun d'en obtenir des avis de parens, outre les frais que cela causeroit, on pourroit par la longueur perdre des occasions favorables pour lesdits remplois; pourquoi elle desiroit qu'il y fût pourvû, suivant que lesdits Sieurs parens le jugeront à propos; & ayant de tout conferé entr'eux & avisé les moyens plus convenables, ont fait & constitué leur Procureur B. Procureur au Châtelet de Paris, auquel ils ont donné pouvoir de comparoir pardevant Monsieur le Lieutenant Civil audit Châtelet, & là dire & déclarer qu'ils sont d'avis, premierement, que ladite Dame, &c. esdits noms, donne à constitution au Sieur A. ladite somme de neuf mille livres, & telle autre somme dont il aura besoin, en fournissant l'emploi en acquisition de rente sur ledit Hôtel de Ville: & à l'égard des rentes & deniers qu'elle a & pourra avoir ci-après à remplacer, elle en fera l'emploi en constitution de rentes, acquisition d'héritages ou autrement, ainsi qu'elle jugera le plus à propos, par les avis & conseils seulement dudit Sieur C. oncle paternel & subrogé Tuteur desdits mineurs, & de N. lesquels assisteront & seront présens ausdits remplois pour y donner leur avis, sans qu'ils puissent en aucun cas être responsables de l'emploi, non plus que ladite Dame veuve. *Le reste comme aux Actes ci-dessus.*

Avis de Parens pour élire un mari Tuteur de sa femme mineure, à l'effet de partager les biens d'une succession qui lui est en partie échue.

FUrent présens les parens & amis de Dame Louise le Gendre, épouse encore mineure de F. du Cheron, Conseiller du Roi, &c. ladite Dame héritiere pour un sixiéme de défunte Dame Catherine Gervais sa mere, au jour de son décès veuve de Benigne le Gendre, Ecuyer, &c. comparans par, &c. lesquels ont fait & constitué leur Procureur général & spécial Me Procureur au Châtelet, auquel ils donnent pouvoir de pour eux & en leurs noms comparoître en l'assemblée qui se doit faire devant M. le Lieutenant Civil au Châtelet, des Sieurs parens & amis de ladite Dame mineure, pour donner leur avis sur l'élection qui lui convient faire d'un Tuteur, à l'effet de procéder pour elle avec qui il appartiendra à la liquidation de ses droits en la succession de ladite défunte Dame sa mere, & au partage des biens d'icelle succession; & là dire & déclarer qu'ils sont d'avis que ledit du

Cheron soit élû, comme ils le nomment, Tuteur de ladite Dame son épouse, à l'effet desdites liquidations & partage ; à quoi en ladite qualité il procédera avec qui, de la maniere & ainsi qu'il appartiendra, acceptera le lot qui échéra à ladite Dame son épouse, recevra ou payera soulte, fera & acceptera tous délaissemens, donnera tous consentemens nécessaires, retirera tous titres & piéces, donnera toutes décharges, & si besoin est, formera toutes demandes, & se pourvoira par les voies & ainsi que de droit, le tout ainsi qu'il jugera le plus à propos pour le bien & l'avantage de ladite Dame ; passera & signera tous Actes, & fera pour raison de ce que dessus & dépendances tout ce qui sera nécessaire ; lequel Sieur du Cheron ci-présent se rapporte sur ladite nomination à Justice, faire par ledit Sieur Procureur constitué le serment en tel cas requis & accoutumé, & généralement promettant, obligeant, &c. Fait & passé, &c.

Avis de Parens pour l'élection d'un Tuteur à une femme mineure, à l'effet d'arrêter le compte d'un Exécuteur testamentaire, transiger & composer.

FUrent présens, &c. tous parens & amis de Dame Anne Colout, mineure, épouse de Messire Henri-Louis-Charles Martel, Chevalier, Marquis de Renac, & Légataire universelle de défunt Messire Claude Richard, Chevalier, Seigneur de la Barouillere, Conseiller du Roi, & Doyen de Messieurs du Grand Conseil; lesquels, sur ce qui leur a été représenté que ledit défunt Sieur de la Barouillere ayant par son testament reçu par Notaire, le après plusieurs legs y mentionnez, légué le surplus de tous ses biens, tant meubles qu'immeubles, à ladite Dame Marquise de Martel sa petite niéce, & nommé pour Exécuteur de son testament Me Philippe E. Avocat au Parlement, lequel en cette qualité étant demeuré saisi & en possession de tous les titres, papiers & effets de la succession dudit défunt Sieur de la Barouillere, par la fin de l'Inventaire qui en a été fait si-tôt après le décès dudit Sieur de la Barouillere, il étoit présentement nécessaire de retirer dudit Sieur E. dont l'exécution étoit finie, tous les titres & papiers qu'il pouvoit avoir concernant les biens & effets dudit défunt Sieur de la Barouillere ; arrêter son compte d'exécution testamentaire, & du tout lui donner bonne & valable décharge ; convenir & transiger avec les héritiers des propres maternels dudit Sieur de la Barouillere, n'y ayant aucuns propres paternels ; vendre la Charge de Conseiller au Grand Conseil dont étoit pourvû ledit Sieur de la Barouillere ; payer les créanciers de ladite succession, pourquoi il falloit nommer un Tuteur à ladite Dame Marquise de Martel : ont lesdits Sieurs Comparans fait & constitué leur Procureur la personne de Me Procureur au Châtelet, auquel ils donnent pouvoir de pour eux & en leurs noms comparoître pardevant Monsieur le Lieutenant Civil en l'assemblée qui se doit faire des parens & amis de ladite Dame, & là dire & déclarer pour eux qu'ils sont d'avis, même qu'ils nomment & élisent pour Tuteur de ladite Dame, le Sieur Marquis de Martel son mari, à l'effet d'arrêter le compte d'exécution testamentaire ; retirer tous les titres, piéces & effets concernant la succession dudit défunt Sieur de la Barouillere ;

transiger & composer avec les héritiers des propres maternels dudit défunt, leur délaisser & abandonner les effets dont ils conviendront, ou bien les payer en deniers comptans, & du tout donner & retirer bonnes & valables décharges ; comme aussi vendre la Charge de Conseiller au Grand Conseil dont étoit pourvû ledit feu Sieur de la Barouillere, moyennant le prix & aux clauses & conditions qui seront trouvées les plus avantageuses pour ladite Dame ; employer le prix au payement des créanciers, si aucuns sont privilégiez sur ladite Charge, ou autres créanciers de ladite succession ; & aux fins ci-dessus, faire pour lesdits Sieurs Constituans tout ce qu'il appartiendra, & les sermens en tel cas requis & accoutumez. Promettant, &c. obligeant, &c.

Procuration portant avis de Parens, à l'effet d'élire un Tuteur à une fille mineure, pour consentir à son mariage, & à la vente de ses immeubles, pour faciliter son établissement.

FUrent présens les parens & amis de Jeanne Danglebert, fille de défunt Jean Danglebert, & de Jeanne Masson, jadis sa femme, à présent celle du Sieur Antoine Pannetier, Marchand Bourgeois de Paris : Sçavoir lesquels ont fait & constitué leur Procureur général & spécial Me Procureur au Châtelet de Paris, auquel ils donnent pouvoir & puissance de pour eux & en leurs noms comparoir audit Châtelet pardevant Monsieur le Lieutenant Civil, pour donner leur avis sur ce qui est à faire au sujet du mariage proposé entre André Pannetier, Marchand Bourgeois de Paris, & ladite Jeanne Danglebert, & là dire & déclarer pour lesdits Constituans, qu'ils sont d'avis dudit mariage ; & attendu que ladite Danglebert ne posséde à présent aucuns biens mobiliers, & que ses biens ne consistent qu'en une somme de à laquelle ont été liquidez & fixez les biens & droits successifs à elle échus par le décès dudit Sieur Danglebert son pere, laquelle somme est immobiliaire, comme étant à prendre sur une maison & chantier provenans de la succession dudit défunt Danglebert ; & comme lesdits Pannetier & sa femme, beau-pere & mere de ladite Danglebert, veulent bien lui donner en argent comptant ladite somme de pour faciliter ledit mariage & établissement de ladite Danglebert, attendu sa minorité, & vû la nature de ladite somme, ils ne veulent point avancer leurs deniers, sans avoir leurs suretez & décharges valables par un avis de parens de ladite Danglebert : tous lesdits Constituans sont encore d'avis que lesdits Pannetier & sa femme payent en argent comptant ladite somme de lors & en faveur de son mariage avec ledit André Pannetier, moyennant quoi ils deviendront en son lieu & place propriétaires ou créanciers de la somme de qui est à prendre, comme dit est, par ladite Danglebert sur les maisons & héritages étant de la succession de sondit pere, de laquelle somme il sera fait toute cession & transport nécessaires, sans garantie ausdits Pannetier & sa femme, pour par eux en faire & disposer comme de chose à eux appartenante ; & à l'égard des revenus que ladite somme a produits & produira jusqu'au jour dudit mariage, ils demeureront compensez avec les nourritures, logemens & entretiens que lesdits Pannetier & sa femme ont fourni & fourniront jusqu'audit jour à ladite Danglebert : & d'autant qu'elle est actuellement mineure, & qu'elle ne peut par elle-même faire la cession & transport de ladite somme de   ausdits Pannetier son beau-pere & sa mere, & qu'à cet effet il lui convient élire un Tuteur, lesdits Constituans donnent pouvoir audit Procureur de déclarer pardevant mondit Sieur le Lieutenant Civil, sçavoir ledit Henault qu'il s'en rapporte à Justice, & les autres qu'ils nomment & élisent ledit Henault à ladite charge de Tuteur de ladite Danglebert, afin de faire pour elle ladite cession & transport ausdits Pannetier & sa femme ; à l'effet de quoi il interviendra & sera présent au Contrat de mariage desdits Pannetier & Damoiselle Danglebert ; par lequel, au moyen de la promesse que lesdits Antoine Pannetier & Jeanne Masson sa femme feront à ladite Damoiselle Danglebert, de lui payer en deniers comptans la veille de ses épousailles ladite somme de   il fera cession & transport sans garantie ausdits Pannetier & sa femme de ladite somme de   que ladite Damoiselle Danglebert doit prendre sur les biens de la succession de sondit pere, pour tous ses droits en ladite succession ; & consentira ledit Henault audit nom, que ladite somme de   qui sera promise par lesdits Pannetier & sa femme à ladite Damoiselle Danglebert, soit par eux payée à sondit futur époux & à elle la veille de leurs épousailles sur leur seule & simple quittance, & qu'ils en soient valablement déchargez ; faire pour lesdits Constituans le serment en tel cas requis & accoutumé, demander l'homologation du présent avis. Et généralement, &c. Promettant, &c. obligeant, &c.

Il faut remarquer que quand on veut vendre les biens d'un mineur, l'usage est, que quoiqu'il ait un Tuteur, il faut lui en créer un spécialement, que l'on nomme Tuteur *ad hoc*.

CHAPITRE VII.

Des comptes de Tutelle, d'exécution testamentaire, de communauté & autres.

CEUX qui ont administré les biens d'autrui, comme les Tuteurs, Procureurs, Curateurs, Fermiers judiciaires, Sequestres, Gardiens, Héritiers par bénéfice d'inventaire, ceux qui ont appréhendé des biens communs, ou qui les ont manié, & autres administrateurs, sont tenus de rendre compte dès que leur gestion est finie. Ainsi un compte est le dénombrement qu'on rend à l'amiable ou en Justice, des biens dont on a eu le maniment, à l'effet de rendre par le Comptable ou par l'Oyant, ce qui lui doit revenir, toute déduction faite.

Il y a plusieurs sortes de comptes ; les plus ordinaires sont les comptes de tutelle, ceux qui se rendent par les Exécuteurs testamentaires, & les comptes de communauté.

On peut ajouter les comptes de société, les comptes de fruits, ceux de régie, & les comptes qu'on appelle de clerc à maître; mais nous parlerons principalement ici des comptes de tutelle, de ceux qui se rendent par les Exécuteurs testamentaires, & des comptes de communauté, comme étant ceux dont la connoissance regarde plus particulierement la fonction des Notaires.

Le compte de tutelle est celui qui se rend de l'administration des biens du mineur, dont on a été chargé par l'acte de tutelle.

Le compte de communauté est celui qui se rend de l'administration des biens communs par le survivant des conjoints: sur quoi il faut remarquer que le compte de communauté se trouve très-souvent confondu avec celui de tutelle.

Le compte d'exécution de testament est le compte de l'administration des biens d'un défunt, dont on s'est chargé par l'acceptation que l'on a faite de l'exécution testamentaire.

Ces trois sortes de comptes ont beaucoup de rapport les uns aux autres, quant à leurs opérations; aussi doivent-ils après leur intitulé être distribuez sous trois chapitres généraux, ou plutôt sous trois titres de différente dénomination, qui sont le chapitre de la recette, celui de la dépense, & celui de la reprise.

Par intitulé, on entend ce qui précéde ces trois chapitres, & ce qui dénote la qualité du compte qui est rendu, les noms & qualitez du Rendant & de l'Oyant ou des Oyants; à quoi on ajoute un petit préambule servant de préface, qui instruit quand & comment a commencé l'administration de celui qui rend le compte, & depuis quand elle est finie, & enfin la raison & le motif qui obligent de rendre compte.

Le chapitre de recette (qui fait la premiere partie d'un compte) comprend tout ce qu'on a reçu ou dû recevoir par rapport à la gestion qu'on a faite. Par exemple, dans le chapitre de recette du compte de tutelle, le Tuteur doit énoncer par articles tout ce qu'il a pû ou dû recevoir en sa qualité de Tuteur, suivant le contenu en l'inventaire fait après le décès des pere & mere du mineur, ou du prédécédé desdits pere & mere.

On ne laisse pas de mettre dans ce chapitre beaucoup d'articles que le Tuteur n'a pas reçus, qu'il passe en compte, ainsi qu'ils sont portez sur l'inventaire; mais par après, tout ce qu'il n'a pas reçu, & qui a été porté dans le chapitre de recette; se déduit dans le chapitre de reprise.

Ainsi dans les comptes, la reprise fait partie de la dépense, en tant qu'elle est composée de deniers dont on s'est chargé en recette, & que l'on n'a pas véritablement reçus; car suivant l'usage universellement reçu, le Comptable se charge en recette totalement de tous les biens & effets dont il a été chargé, soit qu'il les ait reçus, ou non.

C'est aussi ce qui fait que le chapitre de recette se doit diviser en deux parties, dont la premiere est la recette effective; la seconde, au contraire, est la recette à charge de reprise.

La premiere partie de la recette, qui est la recette effective, a ses subdivisions pour observer un bon ordre; sçavoir en deniers provenans des immeubles, comme arrérages de rente, loyers de maisons, fermages, &c. & ensuite on met en recette ce qui est provenu des meubles, obligations, billets & autres dettes actives, ce qui compose plusieurs chapitres.

La deuxiéme partie de la recette est, comme nous avons dit, celle qui se fait à la charge de reprise, c'est-à-dire des dettes qui sont dûes, mais qui n'ont pas été véritablement reçues; & cette seconde partie de recette souffre de pareilles subdivisions que la premiere.

Le chapitre de dépense (qui fait la seconde partie d'un compte) comprend toutes les sommes qui ont été véritablement payées par le Rendant compte pour l'Oyant, & pour ses affaires.

La dépense effective a pareilles subdivisions que la recette; car on met en premier lieu les achats d'immeubles, ce qu'on a employé en réparations, prix de baux, arrérages de rentes, loyers de maisons, & ensuite les deniers qu'on a employez pour le payement des dettes actives & personnelles acquittées: sur quoi il faut observer que celui qui rend compte, doit justifier par bonnes & valables quittances de tous les payemens qu'il a faits, & qu'il demande lui être allouez.

Le chapitre de reprise (qui est la troisiéme & derniere partie d'un compte) doit contenir les deniers dont le Comptable s'est chargé, & qu'il a couché en ligne de compte au chapitre de recette, comme s'il en avoit été payé, & dont néanmoins il n'a rien reçu, à cause de l'insolvabilité des débiteurs, ou autres raisons.

Ainsi

Ainsi pour faire passer & allouer en dépense la reprise, le Comptable doit justifier, que non-seulement il n'a pas reçu les deniers dont il s'est chargé en recette, à la charge de reprise; mais il doit encore justifier qu'il n'a pû ni dû le recevoir, par la justification qu'il fait de l'insolvabilité des débiteurs, par poursuites & diligences faites en tems & lieu, étant tenu de le faire avec exactitude.

Chacun de ces trois chapitres généraux, de recette, de dépense & de reprise, doit comprendre autant de chapitres particuliers, qu'il y a de différentes natures de biens & effets qui composent le compte qui se présente à dresser; ce qui doit s'observer avec d'autant plus de régularité, que cet ordre fait éviter les erreurs, omissions, faux & doubles emplois, tant en recette, que dépense & reprise.

Après que la recette & la dépense, y compris la reprise, ont été approuvées par les apostilles en marge à chaque article du compte, tant en recette, que dépense & reprise, on en fait le résultat ou état final, qui est la balance, en confrontant la recette à la dépense.

Si la recette est plus forte que la dépense, le Comptable doit: si la dépense excede la recette, il lui est dû.

La fin du compte, dans laquelle on examine & arrête le débet de l'Oyant ou du Rendant compte, s'appelle la clôture ou finito du compte. Sur quoi il faut remarquer, qu'il ne suffit pas qu'un compte soit clos & arrêté, pour empêcher que celui qui a administré les biens d'autrui, ne soit toujours réputé comptable; mais il faut qu'il ait entierement payé le reliquat, & qu'il en ait quittance & décharge valable, aussi-bien que des titres & papiers. C'est ce que dit l'Ordonnance de 1667, titre de la reddition des comptes, article 1.

S'il y a des erreurs dans un compte, soit omissions au chapitre de recette, ou de fausses reprises, ou faux emplois, les Parties en peuvent faire leurs demandes, ou interjetter appel de la clôture du compte, & plaider ensuite leurs prétendus griefs à l'Audience, comme il est porté en l'article 21 de l'Ordonnance de 1667, titre de la reddition des comptes.

Pour ce qui est de la procédure qui s'observe pour les demandes en reddition de compte, lorsque les Parties ne veulent pas qu'il soit rendu à l'amiable, il faut voir la susdite Ordonnance au titre cité ci-dessus. Nous ferons seulement ici deux observations.

I°. Les Parties peuvent, étant majeures, compter pardevant des Arbitres ou à l'amiable, encore que celui qui doit rendre compte ait été commis par ordonnance du Juge ; ainsi qu'il est porté en l'art. 22 de ce même titre de l'Ordonnance de 1667.

II°. Les assignations pour rendre compte se doivent donner pardevant le Juge qui a commis & préposé le Comptable : ainsi un Tuteur doit être assigné pour rendre compte pardevant le Juge qui lui a déféré la tutelle ; mais si le Comptable n'a pas reçu son administration par autorité du Juge, comme au fait d'une société & du maniment des biens communs entre plusieurs, le Comptable doit être assigné pardevant le Juge de son domicile, suivant l'article 2 du même titre.

On fait ordinairement deux expéditions d'un compte ; sçavoir l'une pour le Comptable, & l'autre pour l'Oyant.

A l'égard de la quittance de compte qui se donne par l'Oyant après que les Parties sont d'accord, il faut remarquer qu'on la met presque toujours au bas du compte ; mais si on veut, elle se donne par un acte séparé : il faut toujours pour la sureté du Rendant, qu'il en reste une minute.

Si deux Tuteurs ont rendu compte, étant tous deux solvables au tems du compte fini & arrêté, le mineur ne se peut attaquer à l'un d'eux, à cause de l'insolvabilité de l'autre. Voyez Mornac sur la Loi 3, *Cod. de probationib.*

Après avoir donné les principes généraux concernant les comptes, nous allons en rapporter des formules. Nous commencerons par les comptes de tutelle : sur quoi il faut sçavoir qu'un Tuteur est obligé de rendre compte sitôt que sa charge est finie, & cela nonobstant toute transaction qu'il auroit pû passer au contraire avec son mineur ; car un mineur peut se faire restituer contre une transaction faite avec son Tuteur touchant l'administration de sa tutelle, s'il n'y a preuve évidente qu'il a vû & examiné les piéces justificatives du compte : ce qui a lieu non-seulement quand la transaction a été passée, mais encore quoiqu'il l'ait faite étant devenu majeur.

La raison est, que le mineur est toujours réputé mineur à l'égard de son Tuteur jusqu'à ce qu'il lui ait rendu compte, à cause qu'il y a lieu de présumer du dol en la personne du Tuteur, lequel étant saisi de toutes les piéces, & sçachant à quoi se monte la recette & la dépense, ne peut pas ignorer ce dont il est reliquataire envers son mineur ; ce que le mineur ne peut pas sçavoir. Ainsi jugé par Arrêt du 27 Novembre 1685.

Quand les Tuteurs sont poursuivis en Justice pour rendre compte, ils le rendent pardevant les Commissaires du Châtelet, ou pardevant les Juges des lieux. Voyez ce qui est dit à ce sujet dans le Praticien, titre des redditions de compte; & dans le Stile du Châtelet, Titre XII, Edition de 1746.

Celui qui veut recevoir son compte de tutelle pardevant Notaires, ce qui est absolument indifférent, fait donner assignation à son Tuteur, pour comparoir pardevant les Notaires convenus; & à la premiere sommation ou assignation, le Tuteur présente & affirme son compte. Si le Tuteur sur l'assignation à lui donnée, ne se présente point, le Notaire délivre à celui qui a fait donner assignation, un Acte de comparution qui se dresse en la maniere suivante.

Acte de comparution d'un Tuteur, pour rendre compte de sa gestion.

AUjourd'hui, &c. heures, &c. est comparu, &c. lequel a dit faire ladite comparution suivant & pour satisfaire à l'assignation qu'il a fait cejourd'hui donner à heure présente, pour lui être rendu compte par B. de l'administration & gestion qu'il a eu de sa personne & biens jusqu'à l'âge de sa majorité; a requis lesdits Notaires lui délivrer Acte de ce qu'il a attendu jusqu'à sept heures sonnées, sans que ledit Sieur B. ni personne pour lui soit comparu, dont lui a été octroyé Acte de sa comparution, lesdits jour & heure que dessus, &c.

Lorsque le Tuteur convient de rendre compte à son mineur de l'administration de ses biens, il doit tenir son compte tout dressé, pour le présenter & le faire convenir des articles y contenus; & ordinairement ces sortes de comptes contiennent, ainsi que nous avons dit ci-dessus, trois chapitres; le premier de recette, le second de dépense, & le troisiéme de reprise, & se dressent suivant la formule ci-après.

Compte de Tutelle.

Si le compte ne se rend pas à l'amiable, c'est devant un Commissaire; & comme alors ce n'est plus du ressort du Notaire, nous renvoyons au Stile de proceder au Châtelet, livre premier, titre 12, page 79 de l'édition de 1746.

Si au contraire le compte se rend à l'amiable, on observe la formule suivante, dont l'intitulé se met ainsi:

COmpte que rend le Sieur Tuteur de Geneviéve Legrand, pardevant Notaires, des biens délaissez par Charles Legrand, pere de ladite Geneviéve Legrand, dont ledit Sieur Tuteur a été chargé par avis de parens, homologué le & dont il a eu l'administration depuis le tems du décès dudit Charles Legrand, jusqu'à présent.

Pour l'intelligence du présent compte, observe le Rendant que, &c.

Premier chapitre de recette, tant à cause de l'exécution testamentaire, que des meubles, ustenciles d'Hôtel & argent monnoyé & non monnoyé, titres & papiers contenus en l'Inventaire fait après le décès dudit feu Charles Legrand, pere de l'Oyante.

Premierement, représente le Rendant que par ledit testament ledit Sieur Charles Legrand ayant par le septiéme article déclaré que le transport à lui fait par Nicolas Legrand son frere sur Jean Marcel, n'avoit été accepté que pour faire plaisir audit Nicolas Legrand son frere, & qu'il vouloit que toutes les piéces lui fussent rendues en remboursant les Exploits : le Rendant, au desir dudit article, les auroit fait rendre audit Nicolas Legrand, par Procureur au Châtelet, chez qui lesdits papiers se seroient trouvez ; & en ce faisant, icelui Rendant a reçu dudit Nicolas Legrand la somme de quarante sols pour lesdits Exploits, comme il appert par l'Acte du de laquelle somme sera fait recette, ci 2 liv.

Item, tous les meubles, linges, ustenciles d'Hôtel & autres choses contenues audit Inventaire fait par Notaires, le & jours suivans ; ledit Rendant a fait vendre ce qui est contenu ès articles, &c. & se sont trouvez monter à la somme de seize cens quarante-neuf livres onze sols, sur laquelle l'Huissier qui a fait la vente a retenu par ses mains la somme de trente livres pour ses frais & vacations ; & le surplus de ladite somme de seize cens quarante-neuf livres onze sols, montant à seize cens dix-neuf livres onze sols, a été remis au Rendant, qui en fait recette, ci 1619 liv. 11 s.

A l'égard d'un demi-muid de vin clairet en vuidange, inventorié au premier article dudit Inventaire, il a été consommé en procédant à la confection d'icelui, comme appert par le procès-verbal de Huissier-Priseur, qui a fait la prisée desdits meubles ; c'est pourquoi ledit article sera ici tiré pour Mémoire à la décharge du Rendant, ci *Mémoire.*

Item, la somme de qui a été trouvée dans le Cabinet dudit défunt Charles Legrand, mentionnée audit Inventaire, &c.

Item, *tant* de marcs de vaisselle d'argent, &c.

Il faut faire ainsi des autres articles des meubles & ustenciles contenus en l'Inventaire ; & à la fin du chapitre, il faut mettre la somme à laquelle il se monte.

Somme totale du présent chapitre.

Deuxiéme chapitre de recette, à cause des titres & papiers inventoriez audit Inventaire.

Premierement, les vingt-neuf piéces inventoriées sous la premiere cotte dudit Inventaire, qui sont les Lettres de provision expédiées au nom de Charles Cousin, de l'Office de le jour avec les quittances de finance & autres piéces mentionnées audit article, le Rendant les a mises ès mains dudit Charles Cousin, frere uterin de ladite Geneviéve Legrand, auquel il a vendu ledit Office par l'avis des parens mentionné au susdit Acte de tutelle homologué le moyennant la somme de quinze mille livres, de laquelle le Rendant fera recette, à la charge de la dépense qu'il a faite de la même somme de quinze mille livres, ainsi qu'elle sera couchée ci-après; laquelle vente se justifie par le Contrat qui en a été fait le ci-représenté, ci 15000 liv.

II. Le billet du Sieur A. inventorié sous la cotte deuxiéme dudit Inventaire, le Rendant l'a remis ès mains dudit Sieur A. qui lui en a payé la somme de deux mille livres y contenue; de laquelle somme le Rendant fait recette, ci 2000 liv.

III. La cotte troisiéme ne gît point en recette, parce que ce sont des originaux de Contrats de constitution, l'un de trois cens livres de rente, &c. en fin duquel est la recette faite de ladite rente; l'autre de deux cens livres aussi de rente, &c. en fin duquel est pareillement le remboursement, & sera l'article tiré pour Mémoire à la décharge du Rendant, ci *Mémoire.*

Item, un billet de trois cens livres, &c. mentionné, &c.

Somme totale du présent chapitre.

Troisiéme chapitre de recette, à cause des titres & papiers retirez par le Rendant de Maître B. Procureur en la Cour, qui avoit occupé pour ledit défunt Charles Legrand, pere de l'Oyante, en une Instance pendante en la cinquiéme des Enquêtes, pour être reçu Opposant à l'adjudication, &c. lesquelles piéces sont contenues en l'état des piéces remises audit Rendant par ledit B. Procureur; au bas duquel est la décharge à lui donnée desdites piéces, le jour

I. Le premier article ne gît en recette, parce que ce sont deux sacs de procedures, &c. & sera l'article tiré pour Mémoire à la décharge du Rendant, ci *Mémoire.*

II. Le second article dudit état est un Contrat de constitution passé pardevant Notaires, en vertu duquel ledit défunt avoit fait former opposition, &c.

III. Item, une taxe de dépens, &c.

Somme totale du présent chapitre.

Quatriéme chapitre de recette à charge de reprise, à cause des promesses, obligations & autres effets non inventoriez, & qui se sont trouvez en papiers de nulle valeur en la maison dudit défunt, après examen particulier fait desdits papiers.

Premierement, a été trouvé une obligation passée pardevant de la somme de cinq cens livres, de laquelle somme le Rendant n'a pû tirer payement, à cause, &c. néanmoins pour tenir ordre de compte, à la charge de reprise, icelui Rendant se chargera de ladite somme de cinq cens livres, ci 500 liv.

Item, fait recette à la charge de reprise, &c.

Somme totale du présent chapitre.

Cinquiéme chapitre de recette, à cause des loyers de maison & arrérages de rentes appartenantes à ladite succession.

Premierement, fait le Rendant recette de la somme de trois cens livres par lui reçue de pour le terme échu à Pâques dernier de la maison où pend pour Enseigne, &c. par lui occupée, ci 300 liv.

Item, fait recette de la somme de, &c.

Somme totale du présent chapitre.

Après avoir dressé tous les chapitres de recette, comme on a vû ci-dessus, on fait une récapitulation de ce à quoi ils se montent tous en général; & ensuite on passe au chapitre de dépense, qui se divise pareillement en plusieurs chapitres, dans lesquels on met les frais funéraires, les frais faits pour l'entretien de l'Oyante pendant sa minorité, & les autres frais faits suivant les occasions qui se sont présentées en la maniere qui suit.

Premier chapitre de dépense sur la recette ci-devant faite, à cause de l'exécution testamentaire du Rendant.

Premierement, fait dépense de la somme de douze livres par lui payée pour la minute, expédition & vacations des deux Notaires qui ont reçu ledit Testament, ainsi qu'il paroît par le reçu étant au bas d'icelui, ci 12 liv.

Item, &c.

Deuxiéme chapitre de dépense, à cause des frais funéraires & habits de deuil, ensemble de la maladie du défunt.

Premierement, fait dépense de la somme de, &c.

Troisiéme chapitre de dépense, à cause des frais du scellé, inventaire & vente des meubles dudit défunt.

Premierement, représente le Rendant, que pour agir & faire sa charge de Tuteur, il a été obligé de lever l'Acte d'assemblée de parens de ladite mineure, en date du & pour ce payé comme il paroît par le reçu au bas d'icelle, tant du Greffier du Châtelet, que dudit Me Procureur du Rendant, de laquelle somme il est fait dépense, ci

Plus, a payé pour la signature d'icelui la somme de, &c.

Quatriéme chapitre, à cause de la dépense de bouche faite par ledit défunt pendant son vivant, & des gages de sa Servante.

Premierement, le Rendant représente que le défunt ayant depuis le jour jusqu'à son décès, pris du pain en la maison de Jacques; ledit Jacques en aura fait demande audit Rendant, qui lui a payé la somme de à quoi monte ledit pain, ainsi qu'il se justifie par le Livre Journal dudit défunt, & par la quittance dudit Jacques, passée pardevant Notaires, ci

Item, fait dépense de la somme de, &c.

Cinquiéme chapitre de dépense, à cause des réparations faites, tant en la maison de Charles Legrand, où étoit demeurant ledit défunt en sortant d'icelle, que des loyers de ladite maison.

Premierement, fait dépense de la somme de payée à Maçon, pour avoir fait les menues réparations qui étoient à faire, &c. ci

Item, fait dépense de la somme de payée à un Serrurier, qui a raccommodé les clefs de la maison, &c.

Sixiéme chapitre de dépense, à cause des pensions, nourritures & entretenemens de ladite mineure.

Premierement, &c.

Septiéme chapitre des payemens faits, à cause du rachat des rentes, arrérages d'icelles dûs par la succession dudit défunt.

Premierement, &c.

Huitiéme chapitre de dépense faite tant pour les frais de partage qu'autrement, concernant les procès & affaires de ladite mineure.

Premierement, &c.

Lorsque tous les chapitres de dépense sont achevez, on passe au chapitre de reprise, dans lequel le Rendant met en reprise les articles qu'il a passez au chapitre de recette, quoiqu'il ne les ait pas reçus, & il se dresse comme il ensuit.

Chapitre de reprise, à cause des deniers comptez dans les chapitres de recette ci-dessus, & non reçus par le Rendant.

Sur le deuxiéme chapitre de recette du présent compte.

Premierement, dit le Rendant que par le onziéme article du deuxiéme chapitre de recette du présent compte, il a fait recette d'une somme de quatre cens quarante livres contenue en une Sentence du Châtelet, rendue au profit dudit défunt contre B. dénommé en l'article ; & néanmoins le Rendant n'a pû recevoir aucune chose sur ladite somme qui est à recevoir sur ledit B. pour les raisons mentionnées audit article ; pourquoi ladite somme sera portée en reprise, ci 440 liv.

En second lieu, ledit Rendant représente que par le treiziéme article dudit deuxiéme chapitre de recette du présent compte, il a fait recette d'une somme de cinq cens soixante livres contenue en deux obligations faites au profit dudit défunt par Jérôme, &c. ainsi qu'il est énoncé audit article ; néanmoins la vérité est que ledit Rendant n'a reçu dudit Jérôme que la somme de trente-quatre livres huit sols d'une part, & vingt livres huit sols d'autre, comme il paroît par les deux endossemens mis par ledit Rendant sur la premiere desdites obligations ; pourquoi sera reprise sur ledit article de la somme de cinq cens cinq livres quatre sols, qui reste encore dûe par ledit Jérôme, ci 505 liv. 4 s.

Sur le troisiéme chapitre de recette du présent compte.

Premierement, &c.

On va de suite à tous les chapitres de recette, & on fait mention de ceux où il y a sujet de reprise, afin de la déduire.

Après les trois chapitres ci-dessus, on en fait encore un quatriéme, qu'on intitule :

Chapitre de dépense commune du présent compte.

Dans ce chapitre on met tous les frais qu'il a fallu faire par le Rendant ; sçavoir tout ce qu'il a payé à son Procureur, pour les assignations données à l'Oyant, pour les vacations du Commissaire à l'apposition & levée de scellez, & autres ; comme tout ce qu'il a donné pour les droits du Notaire, pour la minute & les grosses du compte, &c.

Ensuite il faut faire le montant des trois calculs du compte distinctement les uns après les autres, & énoncer à quoi se monte les sommes contenues dans les chapitres de recette & de reprise, & celles du chapitre de dépense, & mettre après la somme en laquelle excéde la recette ou la dépense, de laquelle somme le Rendant ou l'Oyant compte sont redevables.

Après

Après que le compte de tutelle a été rendu, examiné, contredit, s'il y a lieu, clos & arrêté par l'Oyant, & que les Parties sont demeurées d'accord des apostilles & débats, le Rendant compte & l'Oyant doivent en passer Acte pardevant Notaire.

Cet Acte porte reconnoissance de l'arrêté & clôture du compte, & quittance générale, au moyen de laquelle le Tuteur est déchargé de son administration; mais on ne la donne qu'au cas qu'il ne soit rien dû par le Rendant, ou qu'il fasse un actuel payement du reliquat de compte. Ce même Acte contient aussi décharge des titres & piéces justificatives, que le Rendant compte doit remettre entre les mains de l'Oyant.

Si le Tuteur ne paye pas actuellement la somme dont il est demeuré reliquataire, la reconnoissance de l'arrêté & clôture du compte doit contenir reserve de ce qui reste dû à l'Oyant, avec stipulation d'interêts jusqu'à l'actuel payement.

Par exemple, si le reliquat monte à douze mille livres, on met à la fin de la quittance de reddition de compte : *Par le calcul duquel compte, ledit A. ci-devant Tuteur, s'est trouvé reliquataire envers ledit G. de la somme de douze mille livres, laquelle somme il promet payer audit G. ou au porteur des Présentes, d'hui en prochain, avec l'interêt à raison de l'Ordonnance, & auquel Oyant ledit Rendant a présentement délivré tous les papiers & titres, &c.*

Reddition de compte, & arrêté au bas d'icelui.

AUjourd'hui sont comparus, &c. Marie Livet, veuve de Jean Matissier, demeurant d'une part, & Sebastien Matissier, fils & héritier dudit défunt Matissier, d'autre part; lesquels reconnoissent & confessent, sçavoir ladite Marie Livet, avoir présenté & affirmé véritable le compte ci-devant, & ledit Sebastien Matissier avoir examiné ledit compte, tant en recette que dépense & reprise, par le calcul duquel compte ladite Marie Livet s'est trouvée reliquataire envers ledit Sebastien Matissier son fils, de la somme de qu'elle promet & s'oblige bailler & payer, &c. Reconnoissant ladite Marie Livet, que les piéces justificatives dudit compte sont demeurées entre ses mains, dont elle promet aider ledit Matissier toutes fois & quantes: élisant son domicile, &c.

Quittance d'un compte de Tutelle.

EN présence des Notaires, &c. sont comparus Paul, &c. majeur de vingt-cinq ans accomplis dès le jour de, &c. demeurant à Paris, rue, &c. d'une part; & Jacques, &c. demeurant, &c. ci-devant Tuteur dudit Paul, &c. d'autre; lesquels ont reconnu & confessé avoir fait & accordé entr'eux ce qui ensuit : C'est, à sçavoir que ledit Paul, &c. étant parvenu à l'âge de majorité, il a requis ledit Jacques son Tuteur de lui rendre compte à l'amiable, sans frais ni procès, de la gestion & administration qu'il a eue de sa personne & biens pendant le tems de sa minorité, à compter du jour qu'il a été élû son Tuteur, suivant l'avis de ses parens & amis, jusqu'à jour de sa majorité : à quoi ledit Jacques voulant satisfaire de sa part, a fait dresser ledit compte, ainsi qu'il est ci-dessus écrit en dix feuillets de papier, le présent compris, icelui présenté dès le audit Paul, &c. qui l'a vû & examiné avec son Conseil, débatu & apostillé, ainsi qu'il a dit : Par lequel compte le Rendant s'est trouvé reliquataire envers l'Oyant de la somme de que ledit Rendant lui a présentement payée, &c. dont ledit Oyant s'est contenté, & en quitte ledit Rendant & tous autres ; auquel Oyant, en ce faisant, ledit Rendant a aussi présentement rendu & délivré tous & chacuns les titres, lettres, papiers, quittances & procédures énoncez en l'Inventaire fait après le décès de, &c. pere dudit, &c. ensemble la grosse dudit Inventaire, & autres piéces justificatives du contenu audit compte, dont ledit Paul en a aussi quitté & déchargé ledit Jacques & tous autres. Fait & passé, &c.

Compte rendu par une Exécutrice testamentaire, en fin duquel est un Acte portant reconnoissance d'avoir vû & examiné le compte, avec quittance.

COmpte que rend Dame Magdelaine de B. veuve de M. Nicolas Monné, de l'exécution testamentaire de défunte Dame Marie de B. à laquelle elle a été nommée par le Testament de ladite Dame de B. reçu par Notaires, le ensuite duquel sont deux Codiciles.

A haut & puissant Seigneur Messire Louis D. Chevalier Marquis de & Dame Olimpe de B. son épouse, à haut & puissant Seigneur Henri de C. & à Dame Marie-Rosalie de B. son épouse, lesdites Dames mineures & héritieres bénéficiaires de ladite Dame de B.

Est auparavant à observer :

Premierement, qu'après le décès de ladite Dame de B. scellé auroit été apposé sur ses biens & effets par Commissaire au Châtelet, le & ensuite a été fait inventaire desdits biens par Notaires, le & jours suivans ; desquels biens ladite Dame Monné est demeurée en possession par ledit Inventaire, & auroit fait procéder à la vente des meubles, linge, vaisselle & ustenciles par Huissier-Priseur audit Châtelet, dont le prix se trouve monter à la somme de quatre mille deux cens quatre-vingt-onze livres seize sols, suivant son Procès-verbal du non compris en ladite vente la vaisselle d'argent, montant à deux mille neuf cens quatre-vingt-douze livres cinq sols, les chevaux & carrosses, qui avec la crue montent à la somme de mille livres, lesquels chevaux & carrosses ont été retenus & pris par Monsieur le Comte de C. & de ladite vaisselle d'argent en a été pris par ladite Dame de V. jusqu'à la somme de deux mille cinq cens livres.

Et depuis le 14 Décembre Sentence est intervenue au Châtelet de Paris, entre lesdits Sieurs & Dames de V. & de C. & autres héritiers & intéressez en la succession de ladite défunte Dame de B. qui a ordonné l'exécution desdits Testament & Codicile, & la délivrance des legs y portez; en conséquence de laquelle Sentence ladite Dame Monné, par Acte du a fait délivrance audit Seigneur de C. Tuteur naturel de Mesdemoiselles ses filles, légataires d'une rente de quinze cens livres, au principal de trente mille livres, suivant les Contrats & titres concernant la propriété d'icelle, inventoriez audit Inventaire sous la cotte B.

Plus, a fait délivrance à M. des Contrats concernant vingt mille livres à lui léguées en rente sur l'Hôtel de cette Ville, par Acte du inventoriez sous la cotte 3 dudit Inventaire.

Plus, a fait aussi délivrance à M. le Comte de du Contrat de mille livres de rente sur la Ville, à lui légué par ladite Dame de B. inventorié sous la cotte premiere dudit Inventaire.

Desorte que ladite Dame Monné ne reste plus chargée que des autres Contrats & piéces inventoriées audit Inventaire; & pour rendre compte ausdits Sieurs & Dames susnommez de ladite exécution testamentaire, ladite Dame Monné a fait & dressé son compte ainsi qu'il suit.

RECETTE.

Premierement, de la somme de quatre mille deux cens quatre-vingt-onze livres seize sols, provenant de la vente desdits meubles & ustenciles, suivant ledit Procès verbal de vente dudit jour ci 4291 liv. 16 s.

Plus, de la somme de quatre cens quatre-vingt-douze livres deux sols, restante en ses mains de ladite vaisselle d'argent contenue audit inventaire, montant à deux mille neuf cens quatre-vingt-douze livres deux sols, le surplus montant à deux mille cinq cens livres, ayant été par elle mis ès mains de ladite Dame V. ci 492 liv. 2. s.

N'a fait aucune recette des carrosses & chevaux, montant à mille livres, inventoriez audit inventaire, ledit Seigneur de C. les ayant en sa possession; partant, ci *Neant.*

Plus, fait recette de la somme de deux cens une livres six deniers de deniers comptans mentionnez audit inventaire, ci 201 liv. 6. d.

Plus, la somme de cent cinquante-trois livres deux sols six deniers, à quoi monte l'étui de vermeil doré, inventorié en l'article 121 dudit Inventaire, ci 153 liv. 2 s. 6. d.

Plus, de la somme de vingt-une livres dix-sept sols, à quoi ont été prisez une petite écritoire & un petit étui d'argent mentionnez aux articles 120 & 121 dudit inventaire, ci 21 liv. 17 s.

Plus, de la somme de deux cens livres reçue de Madame Bonnet, pour augmentations faites par ladite défunte Dame de B. en la maison où elle est décédée, rue & que ladite Dame Bonnet a prise à loyer, ci 200 liv.

Plus, de la somme de cinq cens livres reçue de Madame de H. pour une année de la rente qu'elle doit, échue au jour du décès de madite Dame de B. qui a légué le principal de ladite rente à Monsieur de R. ci 500 liv.

Plus, de la somme de trois mille cent quatre-vingt-cinq livres, reçue par ladite Dame Monné, de M. de Bordage, sur la somme de quatre mille huit cens livres, dont il étoit débiteur envers la succession de ladite Dame B. pour arrérages qui restoient dûs jusqu'au jour de son décès, de la rente de quinze cens livres dûe par ledit Sieur de Bordage, dont le principal a été légué à Mesdemoiselles de C. ainsi qu'il est ci-devant dit, ci 3185 liv.

Et à l'égard du surplus desdites quatre mille huit cens livres, montant à quinze cens soixante-une livres, il en a été payé par ledit Sieur de Bordage, en la présence & du consentement de ladite Dame Monné, la somme de huit cens livres à Monsieur de Guerchy, par quittance passée pardevant le

Plus, ladite Dame Monné a délégué le restant, montant à huit cens seize livres, à Monsieur le Comte de C. pour son remboursement de pareille somme qui lui revenoit des Fermages de la Terre de Lanoy, ainsi qu'il sera ci-après dit.

Plus, de la somme de deux mille cinq cens quatre-vingt livres, reçue pour les six derniers mois de l'année & les premiers six mois de des rentes sur l'Hôtel de Ville de Paris, de la succession de ladite Dame de B. ci 2580 liv.

Plus, la somme de deux cens livres, qui est une restitution à elle rapportée confidemment, dont elle n'a point donné de quittance, ci 200 liv.

N'est fait aucune recette de la somme de deux mille quinze livres, qui s'est trouvée dûe par le nommé Gruyn, Receveur de la Terre de Lanoy, parce qu'ils ont été par lui payez à Monsieur Louis Ray, pour son payement de pareille somme à lui cedée; sçavoir mille livres par Monsieur François de R. pareilles mille livres par Madame Laneau, veuve de légataires de ladite défunte Dame de B. avec quinze livres pour frais, comme il est porté en la quittance que ledit Sieur Ray en a passée audit Sieur Gruyn, en la présence de ladite Dame Monné, pardevant le tirée pour Mémoire seulement, ci *Mémoire.*

Mais comme desdites deux mille quinze livres, il en appartenoit audit Seigneur de C. huit cens quinze livres pour la part qu'il avoit dans lesdits Fermages de la Terre de Lanoy, depuis le jour du décès de ladite Dame de B. ladite Dame Monné lui a fait délégation & mandement de pareille somme à recevoir dudit Sieur de Bordage, comme il est ci-devant dit. Et aussi ladite Dame Monné ne fait aucune recette desdites deux mille livres léguées; sçavoir mille livres audit Sieur de R. & mille livres à ladite Dame Marie Laneau, & par eux cedées audit Sieur Ray, qui les a reçues dudit Gruyn.

TOTAL *de la recette*, onze mille huit cens vingt-quatre livres dix-huit sols, ci 11824 liv. 18 s.

DEPENSE.

Premierement, attendu que ladite Dame Monné fait recette entierement de la somme de deux mille cinq cens quatre-vingt livres des arrérages desdites rentes de l'Hôtel de Ville de Paris, pour les six derniers mois & six premiers mois icelle Dame fait dépense des sommes payées à Monsieur de Guerchy, & autres ci-après nommez, pour arrérages qui leur appartenoient depuis le décès de ladite Dame de B. jusqu'au dernier

Juin de l'année   sçavoir de la somme de huit cens quinze livres à Monsieur de Guerchy, pour arrérages à lui dûs depuis le décès de ladite Dame de B, jusqu'audit jour dernier Juin, à cause de la rente de mille livres à lui léguée sur l'Hôtel de Ville par ladite Dame de B. suivant sa quittance du   ci   815 liv.

Plus, pareille somme payée à Madame Laneau, pour mêmes causes, suivant sa quittance du   ci   815 liv.

Plus, de la somme de cinquante livres payée à Madame   Religieuse à Senlis, pour une année de pareille somme de rente viagere à elle léguée par ladite Dame, suivant sa quittance du   ci   50 liv.

Plus, de la somme de quarante livres payée à Madame   pour même cause, suivant sa quittance du   ci   40 liv.

Plus, de la somme de trois cens trente livres au Sieur de V. Juré-Crieur, pour les salaires & tentures, suivant sa quittance représentée, ci   330 liv.

Plus, de la somme de cent quarante livres payée au Sieur C. Marchand Epicier, pour le luminaire, suivant sa quittance représentée, ci   140 liv.

Plus, de la somme de cent trente-quatre livres dix sols payée à Maître   Notaire, pour les vacations & grosses de l'inventaire fait après le décès de ladite Dame de B. suivant sa quittance représentée, ci   134 liv. 10 s.

Plus, de la somme de deux cens trente livres payée à M^e^   Commissaire, pour lui & Messieurs les Substitut & Procureurs qui ont assisté à la levée des scellez apposez par ledit Commissaire, suivant sa quittance représentée, ci   230 liv.

Plus, de la somme de quatre-vingt-seize livres payée à M^e^   Substitut, pour ses vacations pendant ladite vente des meubles, suivant sa quittance représentée, ci   96 liv.

Plus, de la somme de cent seize livres quinze sols payée à M^e^   Procureur au Châtelet, pour frais & vacations, suivant sa quittance représentée, ci   116 liv. 15 s.

Plus, de la somme de cent onze livres dix sols payée audit G. Huissier, pour ses frais & vacations, suivant son procès-verbal, & quittance étant ensuite, ci   111 liv. 10 s.

Plus, de la somme de deux cens livres payée à Louise Dubois, pour le legs à elle fait par ladite Dame de B. par son testament, ci   200 liv.

Plus, &c.

Plus, &c.

Total de ladite dépense, treize mille cent quarante-deux livres deux sols, & la recette ne monte qu'à onze mille huit cens vingt-quatre livres dix-huit sols; partant la dépense excede la recette de la somme de treize cens dix-sept livres quatre sols, qui est dûe à ladite Dame Rendante.

Finir ici le compte.

Quittance respective du Compte ci-devant, mise ensuite d'icelui.

Lesdits Sieur & Dame de V. & lesdits Sieur & Dame de C. lesdites Dames desdits Sieurs leurs époux autorisées à l'effet des Présentes d'une part, ès noms & qualitez qu'ils procédent, & ladite Dame Monné esdits noms qu'elle procéde d'autre part, ont reconnu & confessé avoir examiné à loisir le compte d'exécution testamentaire ci-devant, & des autres parts, tant en recette que dépense, & avoir trouvé le calcul bon ; que ladite dépense s'est trouvée monter à treize mille cent quarante-deux livres deux sols, & la recette à onze mille huit cens vingt-quatre livres dix-huit sols ; & qu'ainsi la dépense excede la recette de la somme de treize cens dix-sept livres quatorze sols, que ladite Dame Monné confesse avoir reçue desdits Sieurs & Dames de V. & de C. dont elle est contente & les en quitte, & leur a rendu les titres & piéces justificatives dudit compte, ensemble les Contrats & titres qui lui restoient entre les mains de ceux dont elle étoit chargée par l'inventaire des biens de ladite défunte Dame de B. dont ils la déchargent, & de toutes choses généralement quelconques. Promettant, &c.

Compte de Communauté rendu par un pere à sa fille émancipée.

Compte que rend le Sieur Paupil, &c.

A Damoiselle Marie-Opportune Paupil, émancipée d'âge par Lettres de Chancellerie du entérinées par Sentence du Châtelet, du expédiée par Greffier en la Chambre Civile ; ladite Damoiselle Paupil, fille dudit Sieur Paupil & de défunte Marie Lejeune sa femme, seule héritiere de ladite Damoiselle sa mere.

Et à Julienne Lemaître, veuve de Jean Lejeune, ayeule maternelle, & Curatrice aux causes & actions de ladite Marie-Opportune Paupil, & sa Tutrice élûe à l'effet de l'audition du présent compte, par la Sentence d'entérinement, par laquelle elle a accepté lesdites charges ; ladite Sentence portant que le présent compte sera arrêté à l'amiable & sans frais par ledit Sieur Paupil, ladite Damoiselle sa fille, & ladite Julienne Lemaître ; & que les débats & contestations qui surviendront audit compte, seroient reglez & terminez par Maîtres anciens Avocats en la Cour : que s'ils étoient d'avis contraire, ils prendroient pour tiers & surarbitre qui bon leur sembleroit, sans avoir besoin du consentement des Parties.

De la communauté de biens qui a été entre ledit Sieur Paupil & ladite feue Damoiselle sa femme, & de la tutelle que ledit Sieur Paupil a eu des personne & biens de ladite Damoiselle sa fille, par acte fait au Châtelet de Paris, le expédié par Greffier, contenant l'acceptation de ladite charge par ledit Sieur Paupil.

Pour l'intelligence du présent compte, sera observé qu'il a été célébré mariage entre ledit Sieur Paupil & ladite Damoiselle Marie-Opportune Lejeune ; que les conditions dudit mariage ont été arrêtées par Contrat passé pardevant Notaires ; qu'en faveur dudit mariage, ladite Damoiselle Marie Lejeune a apporté audit Sieur Paupil la somme de payée par quittances des passées devant que de ladite dot en entreroit le tiers en communauté, & que les deux autres tiers demeureroient propres à ladite Marie Lejeune & aux siens de son côté & ligne ;

que le ſurvivant prendroit par préciput des biens meubles de ladite communauté, tels qu'il voudroit choiſir, juſqu'à la ſomme de cinq cens livres, & ſans crue, ou ladite ſomme en deniers comptans ; qu'il ſeroit permis à ladite Marie Lejeune, & aux enfans qui naîtront dudit mariage, de renoncer à ladite communauté, & de reprendre tout ce que ladite Lejeune auroit apporté audit mariage, & tout ce qui lui écheroit, tant en meubles qu'immeubles, à quelque titre que ce ſoit.

Que ledit mariage a duré juſqu'au que ladite Marie Lejeune eſt décédée, & a laiſſé ladite Marie-Opportune Paupil pour ſa ſeule héritiere, lors âgée de

Que pour diſſoudre ladite communauté, ledit Sieur Paupil auroit fait faire inventaire des effets délaiſſez au jour dudit décès par Notaires, le à ſa requête, en ſon nom, à cauſe de ladite communauté, & comme Tuteur de ladite Damoiſelle ſa fille, élû en ladite qualité par ledit Acte du ledit inventaire clos en Juſtice le

Et ſera le préſent compte compoſé de deux chapitres, l'un de recette, & l'autre de dépenſe.

Unique chapitre de recette.

Fait recette ledit Sieur Rendant de la ſomme de trois cens cinquante-quatre livres, faiſant moitié de ſept cens huit livres reſtantes de douze cens huit livres, à quoi monte la priſée des meubles, linges, &c. inventoriez audit inventaire ; le ſurplus de laquelle ſomme de douze cens huit livres, montant à cinq cens livres, ayant été retenu par ledit Sieur Rendant pour ſon préciput ſtipulé par ledit Contrat de mariage.

De la crue de ladite ſomme de trois cens cinquante-quatre livres montant à

Fait recette de la ſomme de quatorze mille livres, pour l'entrepriſe de l'Hôtel Royal des Invalides, dont il a été réglé que les interêts ſeroient comptez à ladite Demoiſelle, ſçavoir de huit mille livres du premier Janvier & ſix mille livres reſtantes du premier Janvier

TOTAL.

Unique chapitre de dépenſe.

Fait dépenſe le Rendant de la ſomme de

TOTAL.

Il convient à préſent fixer le revenu qu'a produit au profit de ladite Damoiſelle Oyante, la ſomme à laquelle monte le reliquat du préſent compte, duquel jour le revenu a commencé à courir en faveur de ladite Damoiſelle, & ſur ledit revenu déduire & défalquer annuellement les penſions, nourritures & entretenemens de ladite Damoiſelle, & les autres dépenſes faites pour ſon éducation & inſtruction, pour connoître par année combien il lui reſtoit de revenu, ſa dépenſe déduite ; & dans quel tems le reſtant de ſes revenus, ſa dépenſe déduite, pouvoit être capable de faire un fonds produiſant interêt à ladite Damoiſelle émancipée. Et ayant été obſervé que l'inventaire fait après le décès de ladite Marie Lejeune, a été clos en Juſtice le & que ledit Sieur Paupil a ſix mois de terme, à compter du jour de chaque réception de dette active qu'il a faite par la ſuite, & qu'on ne peut prétendre contre lui ſur ce pied des interêts que du par rapport aux deniers, meubles meublans inventoriez ſeulement; il a été différé au calcul deſdits interêts & deſdites penſions, juſqu'à ce que les débats qui ſe trouveront ſur le préſent compte ayent été réglez par leſdits Sieurs Avocats, en procédant auquel réglement ils arrêteront auſſi les interêts qui ſe trouveront dûs à ladite Damoiſelle émancipée, & de quel jour ils auront cours à ſon profit, & les déductions qui devront être faites ſur leſdits interêts pour ſes penſions, nourritures, entretiens, logemens, inſtructions & autres dépenſes; & ſi le reſtant deſdits revenus, la dépenſe déduite, a été capable de produire des interêts au profit de ladite Damoiſelle émancipée, & de quel jour: ſi dans le cours de ladite tutelle ledit Sieur Paupil n'aura pas pluſieurs intervalles de ſix mois, par rapport aux différens tems qu'il peut avoir eu des deniers oiſifs à ladite Damoiſelle mineure; & ſur leſquels interêts lors du calcul, ſera fait déduction de la ſomme de quarante livres débourſée par ledit Sieur Paupil pere, pour leſdites Lettres d'émancipation de ladite Damoiſelle ſa fille, & pour les frais de la Sentence d'entérinement deſdites Lettres.

Et depuis, tous les débats & conteſtations qui ſe ſont trouvez en procédant à l'examen dudit compte y énoncez, & ès Requêtes & écritures que les Parties ont données auſdits Sieurs ayant été par eux réglez en préſence deſdites Parties, & ſuivant ledit Réglement, les apoſtilles miſes en marge des articles, que les penſions & entretiens de l'Oyante ont été arbitrez par leſdits Sieurs ſur le pied ci-après expliqué, & qu'ils ont fixé à quinze cens livres les revenus de ladite Damoiſelle Oyante, qui doivent produire des interêts ſix mois après que ladite ſomme ſera complette, toute dépenſe déduite, ont été arbitrez par leſdits Sieurs ſur le pied ci-après expliqué; il a été procédé au calcul ainſi qu'il enſuit.

Par lequel calcul il s'eſt trouvé que la recette monte à la ſomme de vingt-ſix mille ſix cens dix livres ſeize ſols neuf deniers, dont il y en a dix-ſept cens cinquante-trois livres trois ſols ſix deniers, à quoi monte le prix des meubles & les deniers comptans, dont a été fait recette par les articles 1, 2, 3, 4, & 30.

Treize cens trente-trois livres ſix ſols huit deniers pour les propres fictifs, dont a été fait recette par l'article 7; neuf mille cinq cens vingt-quatre livres ſix ſols ſept deniers, pour les dettes actives qui étoient à recouvrer lors de la clôture de l'Inventaire, & dont eſt fait recette par les articles 9, 10, 11, 12 & ſuivans, juſques & compris le 31, & par l'article 29.

Et quatorze mille livres dont a été fait recette, ſuivant l'apoſtille miſe en marge de l'article 28 dudit chapitre de recette, au ſujet du Bâtiment des Invalides.

Et la dépenſe mentionnée ès articles 3, 4, 5, 6, 7, 8, 9, 10, 15, 16,

16, 17 & 18, à la somme de dix-huit cens trente-trois livres deux sols six deniers, payée incontinent après la clôture dudit inventaire, à l'exception de trois cens vingt-trois livres mentionnées en l'article 8, seront ci-après déduits sur les interêts qui se trouveront dûs à ladite Oyante.

Et lesdites trois cens vingt-trois livres distraites desdits dix-huit cens trente-trois livres deux sols six deniers, n'en restera plus que quinze cens dix livres deux sols six deniers; lesquels quinze cens dix livres deux sols six deniers déduits sur lesdits trois mille sept cens cinquante-trois livres trois sols six deniers, à quoi montent les meubles & deniers comptans, n'en restera plus que deux mille deux cens quarante-trois livres un sol; & lesdits quinze cens dix livres deux sols six deniers déduits sur lesdits vingt-six mille six cens dix livres seize sols neuf deniers, à quoi monte le total de ladite recette, n'en restera plus que vingt-cinq mille cent livres quatorze sols trois deniers, composez desdits deux cens quarante-trois livres un sol restant de meubles & de deniers comptans, desdits treize cens trente-trois livres six sols huit deniers de propres fictifs, desdits neuf mille cinq cens vingt-quatre livres six sols sept deniers de dettes actives qui étoient à recouvrer, & desdites quatorze mille livres de l'affaire des Invalides.

Desquelles sommes les interêts sont dûs à ladite Oyante, sçavoir desdits deux cens quarante-trois livres un sol, du qu'expirent les six mois de terme accordez aux Tuteurs, pour placer les deniers qui appartiennent ausdits mineurs; lesquels comptez jusqu'au reviennent à vingt-cinq livres trois sols deux deniers.

Desdits treize cens trente-trois livres six sols huit deniers de propres fictifs dudit jour jour de la clôture dudit inventaire jusqu'au montant à cent soixante-dix livres cinq sols dix deniers.

De six mille sept cens livres de principal qui produisoit interêt, & dont a été fait recette par l'article neuf dudit chapitre de recette, à compter dudit jour jusqu'au montant à huit cens soixante-une livres treize sols onze deniers; lesquelles six mille sept cens livres font partie desdits neuf mille cinq cens vingt-quatre livres six sols sept deniers de dettes actives.

Et de deux mille huit cens vingt-quatre livres six sols sept deniers, faisant le surplus desdits neuf mille cinq cens vingt-quatre livres six sols sept deniers, du qu'ils ont été réputez reçus, le tems précédent ayant été accordé audit Rendant, tant pour le recouvrement, que pour lesdits six mois qu'ont ordinairement les Tuteurs pour placer les deniers de leurs mineurs; lesquels interêts desdits deux mille huit cens vingt-quatre livres six sols sept deniers, dudit jour jusqu'au montent à deux cens quarante-sept livres deux sols sept deniers.

A l'égard des quatorze mille livres, dont a été fait recette par l'apostille mise sur ledit article 28, ils ne doivent produire des interêts, suivant ladite apostille, sçavoir huit mille livres que du & six mille livres du

Lesquelles sommes de vingt-cinq livres trois sols six deniers, cent soixante-dix livres cinq sols dix deniers, huit cens soixante-une livres treize fols onze deniers, & deux cens quarante-fept livres deux fols fept deniers pour interêts, reviennent enfemble à treize cens quatre livres fix fols deux deniers.

Sur quoi déduction faite desdits trois cens vingt-trois livres, payées le & dont a été fait dépenfe par l'article 8 dudit chapitre de dépenfe, & fix cens quarante-une livres un fol quatre deniers pour les penfions & entretiens de ladite Oyante, à compter du jufqu'au fur le pied de deux cens cinquante livres par an, n'en reftera plus que la fomme de trois cens trente-huit livres quatre fols fix deniers.

Lefquelles fommes principales, dont les interêts ont été calculez en particulier, fuivant la liquidation ci-deffus faite, reviennent enfemble à onze mille cent livres quatorze fols trois deniers, & produifent cinq cens cinquante-cinq livres huit fols d'interêt par an.

Lefquels interêts fur le pied defdits cinq cens cinquante-cinq livres huit fols par an, depuis ledit jour jufqu'au qui font deux ans trois mois, montent à la fomme de douze cens quarante-huit livres quinze fols fix deniers.

Sur laquelle fomme il convient déduire les penfions, nourritures & entretiens de ladite Oyante, pendant ledit tems de deux ans trois mois, fur le pied de deux cens cinquante livres par an, revenant à cinq cens foixante-deux livres dix fols; ainfi il ne reftera plus des interêts que la fomme de fix cens quatre-vingt-fix livres cinq fols dix deniers.

Et ajoutant à ladite fomme de onze mille cent livres quatorze fols trois deniers de principal, les huit mille livres qui doivent produire les interêts, à compter dudit jour faifant partie defdites quatorze mille livres, dont a été fait recette fur l'apoftille mife à côté dudit article 28 dudit chapitre de recette, cela compofera la fomme de dix-neuf mille cent livres quatorze fols trois deniers, dont les interêts fur le pied de neuf cens cinquante-cinq livres huit deniers par an, depuis le jufqu'à pareil jour qui eft une année, montant à huit cens cinquante livres huit deniers, fur lefquels déduction faite de la fomme de trois cens cinquante livres pour la même année de penfion, entretiens & nourritures de ladite Oyante, à raifon de trois cens cinquante livres, n'en reftera plus que fix mille cinquante-une livres huit fols, lefquels joints avec lefdits trois cens trente-huit livres quatre fols dix deniers d'interêt dûs audit jour cela compofe enfemble la fomme de treize cens vingt-neuf livres onze fols d'interêts, qui fe trouvent accumulez à ladite Oyante audit jour qui doivent produire interêt à fon profit dudit jour.

Les interêts defdits dix-neuf mille cent livres quatorze fols trois deniers de principal, du jufqu'au qui font deux ans & demi, montent à la fomme de deux mille trois cens quatre-vingt-fept livres onze fols huit deniers, fur laquelle fomme déduction faite de huit cens foixante-quinze livres pour pareils deux ans & demi de penfions, nourritures & entretiens de l'Oyante, fur le même pied de trois cens cinquante livres par an; ainfi il ne reftera plus que quinze cens douze livres onze fols huit deniers defdits interêts, qui doivent auffi produire interêt à fon profit, du

Plus, les interêts desdits dix-neuf mille cent livres quatorze sols trois deniers du jusqu'au qui sont deux ans & demi, montant à la somme de deux mille trois cens quatre-vingt-sept livres onze sols huit deniers; sur quoi déduit pareilles huit cens soixante-quinze livres, pour semblables nourritures & entretiens, il ne restera plus desdits interêts que quinze cens douze livres onze sols huit deniers, qui en doivent produire du

Plus, les interêts desdits dix-neuf mille cent livres quatorze sols trois deniers du jusqu'au qui sont un an, montant à neuf cens cinquante-cinq livres huit deniers; sur quoi étant déduit trois cens cinquante livres pour ladite année desdites nourritures & entretiens, ne restera plus que six cens cinq livres huit deniers.

Plus, les interêts desdits dix-neuf mille cent livres quatorze sols trois deniers dudit jour jusqu'au faisant deux années, montant à la somme de dix-neuf cens dix livres un sol quatre deniers; sur laquelle déduisant mille livres pour deux années desdites pensions, nourritures & entretiens, à raison de cinq cens livres pour chacune, n'en restera plus que neuf cens dix livres un sol quatre deniers, lesquels interêts avec lesdits six cens cinq livres huit deniers, à quoi montent lesdits interêts échus au lesdites deux dernieres sommes composeront ensemble celle de quinze cens quinze livres deux sols, qui doit produire interêts du

Plus, les interêts desdits dix-neuf mille cent livres quatorze sols trois deniers dudit jour jusqu'au faisant deux années & demie, montant à trois mille trois cens quarante-deux livres douze sols, sur quoi déduction faite de dix-sept cens cinquante livres pour pareil tems de pensions, nourritures & entretiens de ladite Oyante, à raison de cinq cens livres par an, ne restera plus que quinze cens quatre-vingt-douze livres douze sols, qui doivent produire interêts du

Plus, les interêts de la même somme de dix-neuf mille cent livres quatorze sols trois deniers, à compter dudit jour jusqu'au faisant deux années & demie, montant à la somme de deux mille trois cens quatre-vingt-sept livres onze sols huit deniers, sur laquelle déduction faite de douze cens cinquante livres pour pareil tems desdites pensions, nourritures & entretiens, sur le même pied de cinq cens livres par an, ne restera que treize cens soixante-dix livres onze sols huit deniers.

Et à ladite somme de dix-neuf mille cent livres quatorze sols trois deniers de principal, ajoutant encore celle de six mille livres de principal, qui doit produire des interêts dudit jour faisant le reste desdites quatorze mille livres, dont est fait recette par l'apostille mise à côté de l'article 28 du chapitre de recette, cela composera vingt-cinq mille cent livres quatorze sols de principal, qui produira douze cens cinquante-cinq livres huit deniers d'interêt par an, lesquels pour les six premiers mois de ladite année montent à six cens vingt-sept livres dix sols quatre deniers; sur quoi déduit deux cens cinquante livres pour pareil tems de nourritures & entretiens de ladite Oyante, ne restera plus que trois cens soixante-dix-sept livres onze sols quatre deniers, lesquels font avec lesdits onze cens trente-trois livres onze sols huit deniers qui restoient audit jour d'interêt desdits dix-neuf mille cent livres quatorze sols trois deniers, la somme de quinze cens quinze livres deux sols.

Et recevra ladite Oyante de son pere dudit jour le revenu de ses biens, en conséquence de ses Lettres d'émancipation du & Sentence d'entérinement du mois de

A l'égard des interêts des revenus de l'Oyante, ils se sont trouvez monter, suivant le calcul qui en a été présentement fait, à la somme de trois mille trois cens quarante-quatre livres douze sols onze deniers, dont il y en a onze cens quarante livres treize sols pour ceux desdits seize cens vingt-neuf livres onze sols du jusqu'au qui sont quatorze années.

Huit cens soixante-neuf livres quatorze sols huit deniers pour ceux desdits quinze cens douze livres onze sols huit deniers, du jusqu'à pareil jour qui sont onze ans & demi.

Six cens quatre-vingt-dix-sept livres onze sols quatre deniers pour ceux desdits quinze cens douze livres onze sols huit deniers, du jusqu'à même jour, qui sont neuf ans.

Quatre cens cinquante-quatre livres dix sols six deniers pour ceux desdits quinze cens livres deux sols, du jusqu'à pareil jour qui sont six ans.

Et cent quatre-vingt-dix-neuf livres un sol cinq deniers pour ceux desdits quinze cens quatre-vingt-quinze livres douze sols, du qui sont deux ans & demi.

Récapitulation de toutes les sommes dûes à ladite Oyante, tant en principal qu'interêts ; sçavoir vingt-cinq mille cent livres quatorze sols trois deniers, composées des sommes devant mentionnées.

Neuf mille deux cens soixante-dix-sept livres dix sols quatre deniers aussi de principal, procedant des revenus amassez, les dépenses de ladite Oyante déduites suivant la liquidation ci-dessus faite ; laquelle somme est composée desdits seize cens vingt-neuf livres onze sols, quinze cens douze livres onze sols huit deniers, quinze cens quinze livres deux sols, quinze cens quatre-vingt-douze livres douze sols, quinze cens quinze livres deux sols ; lesquelles sommes ont produit des interêts, ainsi qu'il est ci-devant déclaré.

Et trois mille trois cens quarante-quatre livres douze sols onze deniers pour interêt des interêts, des jours qu'ils sont fixez jusqu'audit jour

Somme totale 37722 liv. 17 sols 6 den.

Acte fait en conséquence du précédent Compte.

AUjourd'hui sont comparus devant les Notaires soussignez ledit Sieur Paupil, ladite veuve Lejeune, & ladite Damoiselle Paupil:

Lesquels, après que Messieurs anciens Avocats au Parlement, nommez par ledit avis de parens, ont examiné & reglé les débats & contestations du compte ci-devant & des autres parts, tant en recette que dépenſe, ſuivant les apoſtilles miſes à côté de chaque article, ſur les piéces, mémoires & écritures des Parties : & après que ledit Sieur a été entendu au ſujet de l'entrepriſe des Invalides, dont leſdites Parties eſdits noms ont par avis & en la préſence deſdits Sieurs reconnu avoir de nouveau examiné ledit compte & les piéces qui le concernent; duquel compte, tant en recette que dépenſe, elles demeurent reſpectivement d'accord : par lequel compte, ſuivant l'état fixe mis en fin d'icelui, il paroît qu'il eſt dû à ladite Damoiſelle Paupil Oyante, toute dépenſe déduite, la ſomme de trente-ſept mille ſept cens vingt-deux livres dix-ſept ſols ſix deniers de reliquat, pour raiſon de laquelle créance ladite Damoiſelle Paupil demeurera conſervée en ſes droits & hypotéques ſans aucune novation; & ont été les apoſtilles paraphées, & toutes les piéces rendues auſdites Parties. Fait & paſſé, &c.

Sur les modéles des comptes rapportez ci-deſſus, il ſera aiſé d'en dreſſer des autres ſortes, ſoit pour Charges de Ville, de Communauté, de Paroiſſe, ou autre adminiſtration & maniment de deniers; leſquels ſe dreſſent, ſe rendent & allouent de la même maniere, & la quittance s'en expédie de même que celles rapportées ci-devant, en changeant les noms, qualitez, ſommes & circonſtances du compte.

LIVRE QUATORZIÉME.

Des Actes qui se font à l'occasion des Procès, ou en conséquence.

IL y a plusieurs Actes qui se font en conséquence des Procès, ou pour y parvenir, ou pour les faire cesser, ou pour les continuer ; comme sont les Compromis, les Transactions, les Désistemens, Oppositions, Main-levées, les Actes d'Appel, les Renonciations aux Appellations interjettées, & autres semblables dont nous traiterons dans ce Livre.

CHAPITRE PREMIER.

Des Compromis.

COMPROMIS, est une convention par laquelle les Parties choisissent une ou plusieurs personnes, au jugement desquelles elles se rapportent pour décider leurs differends, & promettent d'y acquiescer, sur peine de payer par le Contrevenant aux Acquiesçans une certaine somme.

Ceux dont les Parties conviennent, sont appellez Arbitres. Quelquefois les Juges ordinaires donnent des Arbitres aux Parties pour terminer leurs differends.

Il faut ici observer une différence entre les Arbitres & Arbitrateurs, ou amiables Compositeurs ; en ce que les Arbitres sont tenus dans l'Instruction & Jugement de garder les formalitez de Justice & l'ordre de droit ; c'est pourquoi l'Ordonnance de 1667, titre 13, article 2, porte que les Arbitres seront tenus, en jugeant les différends, de condamner indéfiniment aux dépens celui qui succombera ; néanmoins le même article permet aux Parties de mettre dans les Compromis la clause portant pouvoir aux Arbitres de remettre les dépens, de les modérer & liquider. Mais les Arbitrateurs & amiables Compositeurs accordent les différends de ceux qui se sont rapportez à leur jugement sommairement, & sans s'arrêter aux régles de droit, ni aux formalitez de Justice.

Les Mineurs peuvent être Arbitres, pourvû qu'ils soient dans un âge auquel ils puissent être reçus Avocats; car il n'est pas nécessaire d'être Avocat pour être Arbitre.

Les femmes ne peuvent point être Arbitres, parce qu'il seroit absurde qu'une femme eût rendu une Sentence de laquelle il pourroit être appellé pardevant une Cour Souveraine. Les Abbez & Prieurs Conventuels, & les Moines ne peuvent point aussi être Arbitres. Celui qui a été Rapporteur d'un Procès, n'en peut être Arbitre.

Le Compromis emporte l'aliénation des biens, parce que celui qui a compromis, peut par la Sentence arbitrale qui le condamne, souffrir l'aliénation & la perte du principal dont il s'agit; & de plus, il peut être aussi condamné aux dépens.

Ceux qui ne peuvent point aliéner, ne peuvent donc pas compromettre, comme sont les pupilles, si ce n'est avec l'autorité de leurs Tuteurs: pareillement les prodigues, les furieux & les mineurs, ne peuvent point compromettre, si ce n'est avec l'autorité de leurs Curateurs; ni la femme, si elle n'est autorisée par son mari. D'où il s'ensuit aussi que le Procureur *ad lites* ne peut point compromettre pour sa Partie, qu'en vertu d'une procuration spéciale; autrement il seroit sujet à désaveu.

Les Parties ne peuvent point convenir dans le Compromis, qu'il ne leur sera pas permis d'appeller, parce qu'elles ne peuvent pas donner plus de pouvoir au Jugement des Arbitres, que celui qui leur est donné par les Ordonnances. Or par l'Ordonnance du Roi François Premier, les Jugemens des Arbitres n'ont force que de Sentence, dont il peut être interjetté appel aux Cours Souveraines.

Et quoique régulierement chacun puisse renoncer à son droit, néanmoins cela se doit entendre, pourvû que ce soit sans préjudicier aux droits d'un tiers; & si telle convention des Parties étoit valable, elle préjudicieroit aux Cours Souveraines, en ce qu'elle donneroit autant de force aux Jugemens des Arbitres qu'aux Arrêts, outre que ce seroit contrevenir à l'Ordonnance.

Il est au pouvoir des Parties d'apposer une peine dans le

Compromis contre le contrevenant, ou de n'y en appoſer aucune ; & en l'un & l'autre cas, le Jugement des Arbitres a l'autorité d'une Sentence, dont l'appel va au Parlement & en la Grand-Chambre, parce que l'appellation d'une Sentence arbitrale, quoique rendue ſur production des Parties, eſt toujours verbale.

Quand une peine eſt appoſée au Compromis, elle eſt dûe par celui qui a appellé, dès-lors qu'il a interjetté ſon appel, ſans qu'il ſoit recevable à renoncer à ſon appel, & s'en faire relever, quoique ce fût le même jour. Si pluſieurs ont appellé, la peine eſt dûe *in ſolidum* à ceux qui ont acquieſcé.

Avant que l'Appellant ait payé la peine encourue par ſon appel, toute audience lui doit être déniée.

Un mineur pour lequel le Tuteur a compromis avec une peine contre le contrevenant, n'eſt pas obligé de payer la peine, parce que celui qui ne peut pas aliéner, ne peut pas compromettre ; mais le Jugement ne laiſſeroit pas d'avoir autorité d'une Sentence dont l'appel ſeroit porté au Parlement.

On ne peut point appoſer dans un Compromis cette peine, que celui qui appellera du Jugement de l'Arbitre, perdra tous les droits qu'il peut prétendre dans le différend dont il s'agit, parce qu'elle ôteroit aux Parties la faculté d'appeller du Jugement de l'Arbitre ; ce qui ne ſe peut, ainſi qu'il a été dit ci-deſſus.

On doit dans le Compromis définir le tems dans lequel les Arbitres nommez par les Parties rendront leur Jugement. Ce tems expiré, le pouvoir eſt fini, à moins que le tems ne ſoit prorogé par les Parties, ſoit pardevant Notaires, ou ſous ſignature privée.

Le tems étant paſſé, les Parties ne ſont pas obligées de le proroger, & elles ſont remiſes dans l'état qu'elles étoient devant que d'avoir paſſé le Compromis.

Toutefois il n'eſt pas néceſſaire pour la validité d'un Compromis, que les Parties déclarent le tems dans lequel l'Arbitre ſera tenu de rendre ſa Sentence, quoiqu'il ſemble que ce ſeroit donner à l'Arbitre un pouvoir indéfini & ſans bornes, tel que le Juge a.

C'eſt auſſi pour cela qu'on n'omet pas ordinairement de limiter le tems, ſauf aux Parties à le proroger, au cas que l'Arbitre n'ait pû rendre ſa Sentence pendant le tems porté par le Compromis.

La

La raison pour laquelle le Compromis est valable, quoique le tems n'y soit pas exprimé, & que la Sentence rendue en conséquence par l'Arbitre est bonne, est qu'une Partie ne seroit pas recevable à vouloir faire déclarer nul le Jugement qui auroit été rendu par le consentement qu'il auroit prêté, & le pouvoir qu'il en auroit donné à celui qui l'auroit rendu.

Mais parce qu'il ne seroit pas juste qu'un Arbitre pût abuser de la facilité des Parties, & différer à sa volonté le Jugement du procès, pour la décision duquel il auroit été choisi, ou qu'une des Parties pût par ce moyen empêcher le Jugement d'un procès par collusion & intelligence avec l'Arbitre; il est permis en ce cas à l'une des Parties contre la volonté de l'autre, de protester de nullité du Jugement qui seroit rendu par après par l'Arbitre: desorte que le Jugement de l'Arbitre seroit valable, s'il étoit rendu avant qu'une des Parties s'y fût opposée; mais dès-lors qu'il y a opposition, l'Arbitre n'a plus de pouvoir, d'autant que son pouvoir n'étant borné par aucun tems, il est au pouvoir d'une des Parties de le détruire, sans que l'on lui puisse opposer qu'elle contrevient à son propre fait.

Mais pour couper court à ces inconvéniens, il ne faut pas manquer de prescrire un tems aux Arbitres, sauf à le proroger, d'autant mieux qu'il y en a qui prétendent qu'il faut prescrire un tems à peine de nullité, fondé sur ce que la Jurisdiction qu'on lui donne peut bien être prorogée, mais qu'elle doit être limitée.

On ne peut pas récuser l'Arbitre qu'on a choisi, comme on récuse un Juge, dit la Loi *Si quis, ff. de verbor. oblig.*

Dans le Compromis, il faut donner pouvoir aux Arbitres de prendre quelqu'un pour Surarbitre, pour décider conjointement les différends mentionnez dans le Compromis, en cas qu'ils ne s'accordassent pas ensemble; car autrement ils n'auroient pas droit d'en prendre, & le Compromis se trouveroit sans exécution.

Quelquefois on convient que si les Arbitres nommez ne s'accordent pas, ils prendront trois Surabitres; & cette clause est avantageuse pour celui qui est le mieux fondé; car il est plus facile que deux se trompent que trois.

Il faut toujours que les Surarbitres soient pris en nombre impair, comme un, ou trois, ou cinq; de peur que si les Arbitres & Surarbitres étoient en nombre pair, ils ne fussent partagez dans leurs opinions, & qu'ainsi ils ne pussent rendre aucun Jugement.

Il y a certaines causes desquelles on ne peut pas compromettre.

Premierement, des délits, si ce n'est pour les interêts civils qu'on prétend en conséquence des délits commis, ou pour les crimes qu'on poursuit civilement, comme pour le crime d'injure, ou pour l'estimation d'une chose volée, ou pour les dépens d'un procès criminel : car pour ce qui regarde l'interêt public dans les crimes, comme pour la peine qui est dûe aux criminels, & la vengeance publique, il n'est pas au pouvoir des Particuliers d'en transiger ni d'en compromettre, ou de la remettre, parce qu'elle ne dépend pas des Particuliers ; & ce n'est pas à eux à la poursuivre, mais au Procureur du Roi qui poursuit l'interêt du Roi & du Public.

En second lieu, pour des alimens futurs laissez par Testamens.

En troisiéme lieu, pour des causes de mariage, comme pour la validité des Noces, parce que ce n'est pas aux Laïcs particuliers de prendre connoissance des choses spirituelles : autrement il arriveroit souvent que les mariages seroient contractez ou dissous contre l'intention de l'Eglise & des Canons.

En quatriéme lieu, pour les Bénéfices ; autrement ce seroit donner lieu à la simonie & à la confidence.

Compromis sur Procès, pour être jugé par amiables Compositeurs.

AUjourd'hui sont comparus pardevant les Notaires soussignez, Messire Louis-Auguste de Navinaut, demeurant Paroisse d'une part ; & Messire Joseph de Navinaut, demeurant Paroisse d'autre part : lesquels, pour terminer les contestations qui sont entr'eux au sujet de la demande formée par ledit Sieur Louis-Auguste de Navinaut, aux fins des Commissions & Exploits des premier & quatorze & de l'opposition aussi formée par lui à la saisie réelle de la Terre & Seigneurie de le circonstances & dépendances, sont convenus d'en passer par l'avis & Jugement de Maîtres anciens Avocats au Parlement, qu'ils ont choisi pour Arbitres & amiables Compositeurs, ès mains desquels lesdits Sieurs Comparans seront tenus de fournir au plus tard dans un mois leurs titres, mémoires & piéces justificatives de leurs prétentions & défenses à icelles, pour être par lesdits Sieurs Arbitres fait droit sur le tout dans les trois mois suivans, leur donnant à cet effet tout pouvoir nécessaire ; & si lesdits Sieurs Arbitres se trouvent d'avis contraire, ils seront tenus de s'en rapporter à un tiers, dont ils conviendront pour Surabitre desdits différends & contestations: Promettant lesdites Parties de s'en rapporter à la décision desdits Sieurs Arbitres & Surarbitre, & d'y acquiescer comme à un Jugement de Cour Souveraine, à peine de mille livres d'amende, qui demeurera de plein droit encourue au profit de l'Acquiesçant contre le Refusant d'acquiescer, avant que de pouvoir être reçu à rien proposer contre ledit Jugement arbitral; laquelle peine ne pourra être réputée comminatoire. Et pour l'exécution des Présentes, prononciation de la Sentence arbitrale qui interviendra, &c. *Election de domicile.*

Autre Compromis.

FUrent présens, &c. lesquelles Parties, pour terminer les procès & différends qu'ils ont ensemble, au sujet de, &c. pour éviter à frais & vivre en union, sont convenus d'Arbitres pour juger & terminer leurs différends, procès & contestations, ainsi qu'il ensuit: C'est à sçavoir, que le Sieur A. a nommé pour Arbitre la personne de D. & ledit B. la personne de N. ausquels ils donnent respectivement pouvoir de juger & terminer leursdits différends sur les piéces & procédures qu'ils promettent respectivement de leur mettre ès mains dans afin que lesdits Sieurs Arbitres puissent rendre leur Jugement arbitral dans *tel* tems au plus tard; & si lesdits Arbitres ne se trouvoient de même sentiment, ou qu'ils ne pussent s'accorder entr'eux à rendre ledit Jugement dans ledit tems, ils pourront nommer tel Surarbitre qu'ils aviseront, pour rendre conjointement ledit Jugement, auquel lesdites Parties promettent respectivement acquiescer, à peine de payer par le Contrevenant à l'Acquiesçant la somme de avant que d'être reçu à interjetter appel. Et pour l'exécution des Présentes, ensemble dudit Jugement & prononciation d'icelui, &c. *Election de domicile, &c.*

Autre Compromis entre héritiers paternels & maternels, & un Légataire universel.

FUrent présens Jacques le Roux, & François le Brun, à cause de Damoiselle Marie le Roux sa femme, héritiers du côté paternel de défunt Claude le Roux, vivant demeurant, &c. & Charles N. demeurant, &c. tant pour lui, que comme se faisant fort de Damoiselle Marguerite N. sa soeur, héritiere du côté maternel dudit défunt Claude le Roux, d'une part; & Nicolas le Noir, légataire universel des meubles & acquêts immeubles dudit défunt Claude le Roux, d'autre part; disant les Parties qu'elles étoient en procès sur la demande dudit Nicolas le Noir, à ce que lesdits héritiers paternels & maternels lui accordassent la délivrance pure & simple du legs universel à lui fait par ledit défunt Claude le Roux, par son Testament & ordonnance de derniere volonté, reçu par Notaires, le jour, &c. Et sur les défenses desdits héritiers, portant suggestion & inofficiosité, demandes incidentes de remploi de propres, & autres raisons par eux alléguées & proposées contre ledit Testament; &

ſur l'entremiſe des parens & amis deſdites Parties, déſirant terminer ledit procès, & éviter les frais qui conſommeroient la plus grande partie de leurs prétentions ; icelles Parties ont convenu & accordé d'en ſortir à l'amiable par la voie d'Arbitres : & à cet effet, ont par ces Préſentes nommé Arbitres pour Juges dudit procès ; ſçavoir leſdits héritiers paternels & maternels, Maître Jean Avocat au Parlement ; & ledit Nicolas le Noir, Maître Guillaume auſſi Avocat en ladite Cour, auſquels ils ont donné plein pouvoir de juger & terminer ledit procès, circonſtances & dépendances d'icelui, ès mains deſquels icelles Parties ont promis & ſeront tenus mettre & produire leurs titres, pièces, mémoires, & tout ce dont ils voudront ſe ſervir, dans quinze jours prochains, pour dans quinzaine après rendre par leſdits Sieurs Arbitres leur Jugement arbitral, ſur ce qui ſera trouvé produit pardevers eux, ſans forcluſions ni ſignifications ou ſommations ; & s'ils ne pouvoient pas s'accorder, leſdites Parties leur ont donné pouvoir de nommer & appeller avec eux tel Avocat qu'ils voudront prendre & choiſir, au dire & Jugement deſquels Sieurs Arbitres, leſdites Parties promettent d'acquieſcer, &c.

Clauſe portant peine contre les Contrevenans.

Et en outre a été convenu entre leſdites Parties qu'elles s'obligent reſpectivement d'exécuter le Jugement qui interviendra, à peine de la ſomme de mille livres, que chacun des Contrevenans ſera tenu de payer aux Acquieſçans, avant que de pouvoir être reçu à dire, alleguer, ni produire aucune choſe contre ledit Jugement Arbitral, laquelle peine tournera en pure perte auſdits Contrevenans, ſans laquelle peine ces Préſentes n'auroient été conſenties, & ſans qu'elles puiſſent être reputées comminatoires. Et pour l'exécution des Préſentes & dépendances, leſdites Parties ont élû leur domicile, &c.

Prorogation de Compromis.

Et le jour audit an ſont comparus pardevant les Notaires ſouſſignez, leſdits d'une part, & ledit Nicolas le Noir, d'autre ; leſquelles Parties conſidérant que le tems du Compromis ci-deſſus eſt expiré, ils ont jugé à propos de le proroger & continuer, comme ils font d'un commun accord, pour quinze autres jours, à commencer du jour de l'échéance, réitérant l'élection de domicile y portée. Promettant, &c.

Acte d'apport d'une Sentence arbitrale, mis au pied d'icelle.

La Sentence arbitrale ci-devant écrite, contenant feuillets, le préſent compris, a été miſe ès mains de l'un des Notaires ſouſſignez, par ledit Sieur Arbitre y nommé, pour la garder en ſes minutes, la prononcer aux Parties auſſi y nommées, & en délivrer des expéditions à qui il appartiendra, dont acte. Fait & paſſé à Paris en l'Etude dudit Notaire, le à midi, & a ſigné.

Acte de prononciation de la même Sentence au pied de l'Acte ci-dessus.

Et le lendemain à midi, les Notaires à Paris soussignez, se sont transportez en la maison de Maître où étant, & y ayant trouvé lesdits Sieurs la Sentence arbitrale ci-devant écrite a été prononcée, & d'icelle fait lecture par l'un desdits Notaires soussignez, l'autre présent, ausdits qu'ils ont dit avoir bien entendu, dont acte, lesdits jour & an ci-dessus, & ont signé avec lesdits Notaires.

Autre Acte de prononciation de ladite Sentence arbitrale aux Parties y dénommées par les Notaires, contenant refus par l'une des Parties d'acquiescer à icelle Sentence.

Et à l'instant ledit Maître . Notaire, s'est transporté en la maison dudit Huo, sise rue dénommé en ladite Sentence, où étant & parlant à sa personne, il lui auroit en présence de son Confrere, fait lecture de la Sentence & du Jugement arbitral ci-devant & des autres parts, laquelle il a dit avoir bien entendu, & a déclaré que n'étant que Procureur de Jean & Elisabeth Fortier, nommez en ladite Sentence arbitrale, il ne pouvoit de son chef y acquiescer pour eux, qu'auparavant il ne les eût avertis du contenu; c'est pourquoi il requiert qu'il lui en soit délivré une expédition, & n'a voulu signer, de ce interpellé par lesdits Notaires soussignez.

Autre Acte étant ensuite de ladite Sentence arbitrale, portant requisition par des Parties intéressées dans icelle, au Notaire qui en est dépositaire, de leur en faire prononciation, pour y acquiescer.

Et le même jour après midi sont comparus en l'Etude de l'un des Notaires soussignez, N. Dauchy & Damoiselle C. Dauchy sa sœur; lesquels ont requis ledit Maître de leur faire lecture & prononciation du Jugement & Sentence arbitrale ci-devant & des autres parts: ce qui a été par lui fait en présence de son Confrere, laquelle lecture lesdits Sieur & Damoiselle Dauchy ont dit avoir bien entendu; ce faisant, ont déclaré avoir acquiescé & acquiescent par ces Présentes à ladite Sentence arbitrale, & promettent chacun à leur égard de l'exécuter en tout son contenu, sans préjudice à leurs autres droits & actions; & ont signé.

CHAPITRE II.

Des Transactions.

La Transaction est sans contredit le plus difficile de tous les Actes, puisqu'il y faut expliquer sans confusion & avec netteté les prétentions des Parties, & les conventions qu'ils arrêtent.

Il y en a une infinité de sortes, puisqu'il n'y a point de différend ni de procès, duquel on ne puisse transiger.

Avant d'en donner des modéles, nous traiterons en ce lieu des Transactions, & nous donnerons des regles sûres pour les bien dresser.

On définit la Transaction, une convention par laquelle ceux qui ont un différend ou un procès ensemble, ou qui appréhendent d'en avoir, terminent leurs différends ou leur procès volontairement, sous de certaines clauses dont ils conviennent respectivement.

Les Transactions se font d'ordinaire en donnant, retenant, ou promettant quelque chose par l'une des Parties à l'autre.

Mais il peut arriver quelquefois que dans une Transaction aucun des Contractans ne donne, ne promet & ne retient rien, parce qu'il se peut faire que des Parties qui ont différentes prétentions les unes contre les autres, s'en déchargent respectivement, & sans retour de part ni d'autre.

Pour bien dresser une Transaction, il faut que le Notaire soit instruit de deux choses; de ce qui concerne la matiere & la forme, & du stile suivant lequel elle doit être redigée.

La matiere d'une Transaction, & ce qui en fait l'essence, sont les conventions & clauses des Parties; & sur ce sujet il y a plusieurs maximes que le Notaire doit sçavoir.

I. On ne transige point de choses certaines & non contestées: Par exemple, d'un droit acquis qui ne reçoit point de difficulté; mais seulement à l'occasion des choses litigieuses, ou dont l'événement est incertain.

II. La Transaction doit être faite librement, volontairement & en connoissance de cause; ainsi celle qui est faite par force ou par crainte, ou par erreur de fait, & par dol personnel de l'une des Parties, est nulle.

III. Pour transiger, aussi-bien que pour contracter, il faut être maître de ses droits, & avoir la capacité d'agir; ainsi les mineurs sans l'autorité de leur Tuteur, les femmes mariées sans être autorisées de leur mari, ne peuvent transiger, ni un ami pour son ami absent; même une autorisation ou une procuration générale ne suffisent pas, si la clause spéciale de transiger n'y est exprimée: il faut une autorisation & une procuration spéciale, dans laquelle les différends sur lesquels on veut transiger, & les clauses particulieres de la Transaction, soient énoncées.

IV. Les Transactions sont tellement de droit étroit, qu'on n'y supplée rien, & qu'elles ne s'étendent point ; c'est-à-dire, qu'elles n'ont jamais lieu qu'entre ceux qui y ont parlé, & qu'elles ne sont point censées comprendre d'autres différends que ceux sur lesquels les Parties ont spécialement transigé.

Quand bien même on y auroit apposé une clause générale, par laquelle les Contractans seroient convenus que tous différends seroient & demeureroient assoupis entr'eux ; il faut néanmoins qu'il paroisse que cette clause générale n'a été mise que par forme de stile à la fin de l'Acte, & que l'intention des Parties exprimée dans le commencement de la Transaction, marque qu'elles n'ont entendu transiger que de certains différends qui y sont énoncez. A cela il faut ajouter, que si depuis la Transaction signée il échet un droit nouveau à l'un des Contractans sur la chose dont il a transigé, cette Transaction ne lui peut être opposée comme une fin de non-recevoir, parce qu'il n'est pas présumé avoir transigé d'un droit qui ne lui appartenoit pas encore, s'il ne l'a nommément exprimé dans la Transaction.

V. On ne peut transiger des choses dont on ne peut contracter, & qui ne tombent pas dans le commerce, comme les choses sacrées & autres semblables.

VI. Par cette même raison, on ne peut transiger pour la peine que mérite un crime capital, parce qu'il y va de l'interêt public, dont le Procureur Général n'est pas maître, & qu'il ne peut remettre sans prévariquer. Autre chose est de l'intérêt civil de la Partie intéressée, dont il est permis de composer.

VII. La Transaction faite par un mineur, même devenu majeur, avec son Tuteur, sur la reddition de son compte de tutelle, sans avoir pris communication par lui de l'inventaire des biens de la succession dont il s'agit, & des piéces justificatives de la recette & de la dépense qui sont entre les mains du Tuteur, est nulle, parce qu'elle est présumée extorquée par le Tuteur, & fondée sur une erreur de fait & un dol personnel ; ainsi la moindre lézion suffit pour la détruire.

VIII. En tout autre cas, la lézion ne donne point ouverture à la restitution contre une Transaction passée entre majeurs, ainsi qu'il est décidé par l'Ordonnance de Charles IX. de 1560.

IX. Quand dans une Transaction le créancier remet au débiteur l'obligation qu'il a contractée envers lui, il est présumé avoir déchargé la caution que ce débiteur lui avoit donnée, quoique cela ne soit pas stipulé ; parce que du moment que l'obligation principale est éteinte, l'obligation accessoire, qui est celle de la caution, est censée éteinte.

X. On peut stipuler dans une Transaction tout ce qu'on veut, & de la maniere qu'on veut ; ainsi on peut y comprendre plusieurs Actes différens : par exemple, on y peut faire une vente, un échange, une donation, un compte, un partage, une quittance, un acquiescement, & ainsi du reste. Il suffit qu'il n'y ait point de conventions qui blessent les bonnes mœurs, l'interêt public, ou la Religion.

XI. Pour assurer l'exécution d'une Transaction, on peut stipuler une peine contre celui qui refusera de l'exécuter ; & quoiqu'il n'y ait point de peine stipulée, la Transaction ne laisse pas d'avoir lieu, & elle a même la force & l'autorité de chose jugée à l'égard de ceux qui y ont parlé.

XII. La Transaction qui est sur plusieurs chefs de contestation, peut être nulle pour certains chefs, & ne l'être pas pour les autres : par exemple, si on a transigé sur un fait contesté à l'occasion de piéces fausses qui ont été représentées lors de la Transaction, & qui ont été reconnues fausses depuis, ce chef de la Transaction pourra ne point subsister indépendamment des autres.

XIII. Les Transactions ne peuvent subsister quand elles sont faites pour colorer une fraude & déguiser une convention illicite : par exemple, si c'est pour sauver des lods & ventes dûs à un Seigneur, ou pour faire passer à une personne prohibée un bien qu'on ne pourroit lui donner par une donation.

XIV. Celui qui transige, aussi-bien que celui qui contracte avec un autre, doit connoître celui avec lequel il transige : par exemple, si le débiteur offre une caution au créancier, & qu'il l'accepte par la Transaction, quoiqu'elle soit insolvable, il se doit imputer de n'avoir pas mieux connu ses facultez.

XV. On peut déroger dans une Transaction aux clauses ordinaires des contrats ; ainsi quoique la Transaction porte une vente, dans laquelle la garantie est de droit, on peut stipuler que le vendeur ne sera tenu d'aucune garantie, pas même de ses faits & promesses ; parce que l'acquéreur est toujours présumé y avoir consenti, à cause des autres clauses de la Transaction dont on présume qu'il tire avantage.

XIV.

XVI. Quand une clause de la Transaction est obscure, il faut l'interpréter à la décharge du débiteur, plutôt qu'au profit du créancier.

XVII. Les clauses spéciales apposées dans une Transaction, dérogent aux clauses générales, quoique les clauses générales soient mises dans la Transaction après les clauses spéciales: ainsi pour déroger à des clauses spéciales, il faut une dérogation spéciale, où la clause spéciale soit rappellée; car lorsqu'une clause est spéciale, on doit présumer que l'intention des Contractans a été qu'elle subsistât, & que si dans le fait on a ajouté des clauses générales qui semblent y déroger, ces clauses générales n'ont été mises que par forme de stile.

XVIII. S'il y a des clauses surabondantes dans une Transaction, & que l'une des deux suffise pour faire entendre l'intention des Contractans, c'est celle-là qu'il faut suivre, & l'autre ne peut lui préjudicier, parce que ce qui abonde ne doit pas vicier l'Acte.

XIX. Si d'un côté l'interprétation d'une clause suivant l'équité est favorable, & que de l'autre l'intention des Parties y paroisse opposée, l'intention des Parties doit être préférée à tout.

XX. Pour trouver le sens juste d'une Transaction embarrassée de plusieurs clauses qui semblent se contrarier, il en faut juger par la principale intention que les Parties se sont proposée en contractant.

Il reste à expliquer la forme & le stile des Transactions, c'est-à-dire la maniere d'en exprimer les clauses, ensorte que le sens en soit clair, & qu'il n'y ait point de contradiction ou d'équivoque; & sur ce sujet il y auroit plusieurs choses à observer.

Mais il faut demeurer d'accord, que quelques regles que l'on pût prescrire sur ce sujet, on ne peut suppléer l'intelligence dans le Notaire, s'il n'a pas de lui-même assez de capacité ni d'ouverture d'esprit pour bien expliquer les conventions des Parties, les mettre dans leur ordre naturel, & les lier les unes aux autres de telle sorte, qu'elles se confirment les unes les autres, au lieu de se détruire.

La premiere chose que le Notaire doit observer, est de faire expliquer aux Parties ce qui fait le sujet de la Transaction, c'est-à-dire le procès ou différend dont il s'agit entr'eux, & les prétentions respectives qu'ils ont, lesquelles prétentions se doivent exprimer tout au long au commencement de la Transaction, & sur-tout les qualitez & les titres sur lesquels ces prétentions sont fondées, même le dernier état de la procédure lors de la Transaction, s'il s'agit d'un procès déja intenté.

S'il y a plusieurs différends & plusieurs procès sur lesquels les Parties veulent transiger, il les faut exprimer séparément sans les confondre, & dans le corps de la Transaction qui comprend les conventions des Parties, les rappeller séparément, s'il se peut, afin que les clauses qui regardent une des contestations des Parties, ne puissent être appliquées à une autre; ou si la clause concerne tous les différends sur lesquels on transige, il faut que le Notaire l'exprime, afin qu'on ne puisse la restraindre à quelques-unes.

En second lieu, il faut que le Notaire évite de multiplier les termes, quoiqu'ils lui paroissent synonimes; parce que quelque rapport qu'il y ait entre deux termes, il y a toujours quelque différence dans leur signification naturelle, & c'est assez pour donner prétexte de mal expliquer le sens d'une clause à ceux qui s'imaginent qu'elle les blesse.

En troisiéme lieu, quand il appose une clause générale qui peut être contraire aux clauses particulieres de la Transaction, il ne doit pas manquer de mettre, que c'est sans préjudice à une telle clause qui aura son effet; & comme c'est par ces clauses générales que l'on termine d'ordinaire la Transaction, il doit prendre garde de ne pas détruire tout ce qu'il a fait, & tout ce que les Parties ont voulu faire par une clause postérieure & indéfinie que chacun explique à sa maniere. Ainsi quand il fait des réserves en faveur de quelques-unes des Parties, il doit exprimer nettement cette réserve, & la limiter du consentement des Parties.

L'application du Notaire à bien connoître l'intention des Parties, est ce qui est de plus essentiel. Les modéles de Transactions suivantes donneront une idée de la maniere dont elles se dressent.

Transaction entre un Particulier Tuteur de ses enfans, & un autre Particulier, pour terminer un Procès.

Furent présens J. Manet, demeurant   tant en son nom, que comme Tuteur des enfans mineurs de lui & de défunte M. Courant sa femme, héritiers d'elle d'une part; & A. Travers, demeurant

Créancier des successions de défunt Simon Lucas & P. Lalande sa femme, d'autre part. Disant lesdites Parties ; sçavoir ledit Manet, que pour se libérer du principal de soixante-six livres treize sols quatre deniers de rente, par lui solidairement constituée avec ladite défunte Courant sa femme, au profit dudit Lucas, par Contrat passé pardevant le icelui Manet esdits noms, & par Acte reçu par Notaire Royal à présens témoins, le auroit délaissé audit Travers, audit nom de Créancier des successions desdits Lucas & sa femme, & lors conjointement Tuteurs de leurs enfans, une maison sise à Espont, suivant la prisée & estimation qui en seroit faite par Experts, dont fut lors convenu ; & depuis les enfans desdits Lucas & sa femme ayant atteint l'âge de majorité, ils ont renoncé ausdites successions ; ensorte que ledit Manet ayant agi en exécution de ladite Cession, seroit intervenu deux Sentences les qui ont ordonné ladite prisée & estimation, en exécution de laquelle les Experts ayant été appellez pardevant le Prevôt de Mantes, nouvelle nomination a été faite, & par les Experts nommez, procédé à la prisée & estimation ; & s'étant trouvez de contraire avis, ledit Manet auroit demandé qu'il fût nommé un tiers d'office, ce qui auroit été contesté par ledit Travers, qui auroit déclaré ne vouloir plus ladite propriété, du moins que pour une somme modique ; même en ladite Instance sont intervenus Damoiselle Denise veuve de J. Doucet, L. Peron & Marguerite Nogeant sa femme, qui se prétendoient Créanciers desdits Lucas & sa femme, qui soutenoient pareillement que ledit Manet devoit payer & continuer ladite rente avec les arrérages dûs & échus, nonobstant ladite Cession, lesquelles demandes ledit Manet auroit dénoncées audit Travers, aux fins de les faire cesser ; de la part dudit Travers, il auroit soutenu ledit Manet mal fondé en sa prétention ; qu'au tems de ladite Cession, il n'étoit à considérer que comme Tuteur ; que sa qualité étant finie par la renonciation de ses mineurs, les choses n'étoient plus en leur entier ; qu'en qualité de Créancier il ne prétendoit prendre ladite maison en payement, mais se contentoit de ladite rente, le principal & arrérages de laquelle lui ont depuis été adjugez par Sentence du Châtelet du rendue contradictoirementavec Nicolas Carpentier, Curateur créé ausdites successions vacantes ; ensorte qu'en cet état il soutient être bien fondé à demander le payement des arrérages de ladite rente, & continuation d'icelle. Et comme toutes lesdites contestations tendroient à de grands frais, & causeroient un procès considérable, pour terminer & assoupir lequel, ensemble tous différends, ont par l'avis de leurs amis & conseils, convenu & transigé ainsi qu'il ensuit : C'est à sçavoir, qu'ils ont compté & calculé les arrérages de ladite rente, qu'ils ont trouvé monter, sçavoir trois cens trente-huit livres pour les arrérages échus jusqu'au 11 Novembre & deux cens onze livres quatre sols pour les arrérages échus depuis jusqu'à ce jour, joints à la somme de douze cens livres, pour le principal de ladite rente, montant ensemble à la somme de dix-sept cens quarante-neuf livres quatre sols : ledit Travers pour se libérer des actions dudit Manet, & par forme de dommages & interêts, a remis & quitté audit Manet, tant lesdits arrérages, que trois cens livres sur le principal de ladite rente ; ensorte que lesdits soixante-six livres treize sols quatre deniers de rente n'auront plus cours à l'avenir que pour quarante-cinq livres de rente par chacun an, rachetables de la somme de neuf cens livres; le tout sans au surplus aucune novation d'hypotéque, ni déroger à icelle: pourquoi lesdites Parties ont consenti que ledit Contrat dudit jour 24 Avril demeure en sa force & vertu pour lesdites quarante-cinq livres de rente seulement; & lesquelles quarante-cinq livres de rente, ledit Manet, tant en son nom, que comme Tuteur de sesdits enfans, par lesquels il promet faire ratifier ces Présentes au fur & à mesure que chacun d'eux aura atteint l'âge de majorité, & les faire obliger solidairement avec lui au payement, cours & continuation de ladite rente, & en fournir Acte en bonne forme audit Travers, à peine, &c. icelui Sieur Manet promet & s'oblige solidairement, sans division, &c. de payer lesdites quarante-cinq livres de rente audit Travers en sa demeure à Paris, ou au Porteur, &c. par chacun an, dont la premiere année de payement échera d'hui en un an, & ainsi continuer tant qu'elle aura cours; laquelle sera rachetable à toujours, en rendant & payant audit Travers en un, deux ou trois payemens égaux, ladite somme de trois cens livres, avec les arrérages qui en seront lors dûs & échus, frais, mises & loyaux-coûts; le tout comme il est ci-devant dit, sans aucune novation d'hypotéque de la part dudit Travers; à la garantie de laquelle en principal & arrérages ledit Manet a d'abondant obligé & hypotéqué tous ses biens meubles & immeubles présens & à venir, & ceux desdits mineurs & de ladite défunte leur mere solidairement comme dessus: Et au moyen des Présentes, ledit Travers en son nom s'oblige, en cas que ledit Manet soit inquiété par des Créanciers des successions desdits Lucas & de Lalande, & autres personnes telles qu'elles puissent être, de l'en acquitter, garantir & indemniser, à peine, &c. Et en conséquence de tout ce que dessus, lesdites Instances demeurent terminées & assoupies, comme le tout non fait ni avenu, & ladite Cession dudit jour nulle; pourra ledit Manet jouir, faire & disposer de la maison sise à Espont, de même qu'il auroit pû faire en ladite Transaction, sans préjudice des hypotéques dudit Travers. Et pour l'exécution, &c.

Transaction entre un homme veuf, & les pere & mere de la défunte sa femme, pour la reddition de la dot.

FUrent présens Pierre Pigré, Marchand de Vin, Bourgeois de Paris, y demeurant rue Paroisse d'une part; & Benoît Quillot, Maître à danser à Paris, & Madeleine Lebret sa femme, qu'il autorise à l'effet des Présentes, demeurans susdite rue & Paroisse, héritiers des acquêts & effets mobiliers de défunte Antoinette Quillot leur fille, au jour de son décès, femme dudit Sieur Pigré, d'autre part.

Lesquelles Parties ont dit que ladite Antoinette Quillot étant décédée le onze du présent mois, ils auroient jugé à propos de ne point faire faire d'inventaire en Justice pour éviter à frais; auroient seulement vû, examiné, fait voir & examiner par leurs Conseils les effets & biens qui étoient communs entre ledit Sieur Pigré & ladite défunte Antoinette Quillot, & qui appartenoient à ladite feue Quillot; & lesdites Parties voulant prévenir à tous procès, différentes contestations, & frais qui pourroient arriver

& naître pour raiſon des prétentions que leſdits Sieur & Damoiſelle Quillot ont droit & pourroient prétendre à l'encontre dudit Sieur Pigré, comme héritiers ſuſdits de leurdite fille, ſont convenus de ce qui ſuit: C'eſt à ſçavoir, que pour tous les droits, prétentions & autres choſes qu'iceux Sieur & Damoiſelle Quillot pourroient prétendre à l'encontre dudit Sieur Pigré, à cauſe de la communauté de biens qui étoit entre lui & ladite feue Quillot ſa femme, & autrement pour quelque cauſe que ce ſoit & puiſſe être, icelui Sieur Pigré a préſentement payé auſdits Sieur & Damoiſelle Quillot, ainſi qu'ils le reconnoiſſent, en louis d'argent & monnoye ayant cours, la ſomme de enſemble reconnoiſſent que ledit Sieur Pigré leur a délivré & mis ès mains l'habit de noces de ladite défunte Quillot, *& telles choſes qu'il faut ſpécifier;* le tout que leſdits Sieur & Damoiſelle Quillot reconnoiſſent avoir en leur poſſeſſion, dont ils ſont contens, en quittent & déchargent ledit Sieur Pigré, & de toutes choſes généralement quelconques juſqu'à ce jour, & ce pour toutes leurſdites prétentions à l'encontre dudit Sieur Pigré, pour raiſon de ce que deſſus; le tout que leſdits Sieur & Damoiſelle Quillot auroient donné à leurdite fille en faveur dudit mariage; au moyen de quoi, iceux Sieur & Damoiſelle Quillot ont abandonné, cédé, tranſporté, ſans aucune garantie ni reſtitution de deniers, audit Sieur Pigré, ce acceptant, les droits & prétentions qu'ils pourroient eſpérer, demander & prétendre contre lui, à cauſe de la communauté de biens qui étoit entre lui & ladite défunte Quillot, & autrement, à quelque ſomme que le tout ſe puiſſe monter, ſans exception ni réſerve, pour les recevoir, jouir, faire & diſpoſer en principaux & acceſſoires, comme de choſe lui appartenante, mettent & ſubrogent icelui Pigré ſans garantie en leurs droits, priviléges & hypotéques, reconnoiſſant iceux Quillot & ſa femme, qu'ils n'auroient point fourni & payé audit Sieur Pigré la ſomme de mille livres ès choſes expliquées par le Contrat de mariage d'entre leſdits Pigré & ſadite défunte femme, paſſé devant l'un des Notaires ſouſſignez, & ſon Confrere, le ſept Septembre mil ſept cent qu'ils s'étoient obligez de fournir à leurdite fille; conſentant les Parties que des Préſentes il en ſoit fait mention ſur ledit Contrat de mariage en leur abſence par tous Notaires requis; s'obligeant ledit Pigré d'acquitter & indemniſer leſdits Sieur & Damoiſelle Quillot de toutes les dettes dont ils pourroient être inquietez, à cauſe de ladite communauté de biens, & faire enſorte qu'ils n'en ſoient recherchez, enſemble des frais funéraires & de maladie, à peine, &c. Car ainſi, &c. éliſant les Parties pour l'exécution des Préſentes & dépendances, leurs domiciles en leurs demeures ſuſdites, auſquels lieux nonobſtant, promettant, obligeant, renonçant. Fait & paſſé, &c.

Tranſaction entre un mari & une femme, portant déſiſtement d'une Sentence de ſéparation de corps & d'habitation obtenue par la femme.

FUt préſente Marie Gand, femme d'André François, demeurant & elle demeurante de lui autoriſée pour la validité des Préſentes, laquelle a dit qu'ayant été incitée par quelques perſonnes mal intentionnées, pour le bien de son repos & de son interêt, de se séparer d'avec ledit François son mari, elle se seroit pourvûe à l'encontre de lui au Châtelet de Paris, où elle auroit demandé séparation de corps & de biens, pour les raisons qu'elle auroit alleguées en l'Instance de séparation ; sur laquelle son mari ne s'étant point défendu, ne s'imaginant pas qu'elle eût lieu de poursuivre cette Instance en toute rigueur, d'autant qu'elle étoit sans fondement, elle auroit enfin obtenu Sentence par forclusion contre sondit mari, par laquelle ladite séparation auroit été ordonnée, tant de biens que d'habitation ; mais comme depuis ce tems qu'elle a vécu séparée de sondit mari, elle a reconnu par expérience combien il lui seroit plus utile pour son repos, pour celui de son ame, & pour la conservation de ses biens, même pour l'éducation de leurs enfans, de vivre en la compagnie & en bonne intelligence avec sondit mari, que d'en être séparée, pour le bien de la paix, union, & pour l'amour conjugal qu'elle lui porte, elle a déclaré que mal-à-propos & sans fondement elle a intenté & poursuivi ladite Instance de séparation de biens & d'habitation à l'encontre de sondit mari, d'autant qu'il n'a aucun défaut dont elle puisse raisonnablement se plaindre, étant homme de paix, de bonne économie, & d'une sage conduite ; au moyen de quoi, souhaitant de vivre à l'avenir dans une parfaite union avec lui, elle s'est désistée & désiste par ces Présentes de ladite Sentence de séparation, tant de biens que d'habitation, rendue à son profit, de tout l'effet & contenu en icelle, ensemble de toutes les procédures & actes faits en conséquence généralement quelconques ; consent ladite Dame Gand, que ladite Sentence, ce qui l'a précedée, & tout ce qui s'en est ensuivi, soit & demeure nul, comme non fait & avenu ; ce faisant, qu'ils soient & demeurent en tel & semblable état qu'elle étoit avec sondit mari avant ladite séparation ; en conséquence de quoi lesdites Parties demeureront l'une avec l'autre, & se traiteront honnêtement, respectivement ainsi qu'il convient ; voulant ladite Comparante, qu'elle & sondit mari jouissent en commun de leurs biens, suivant & au desir de leur Contrat de mariage, & aux clauses y portées ; le tout nonobstant & sans avoir égard à ladite Sentence de séparation de biens & d'habitation, qui, comme dit est, demeure nulle & sans aucun effet ; & au moyen des Présentes, les Actes de désistement passez par ladite Gand pardevant Notaires, les à l'égard de ladite séparation d'entr'elle & sondit mari seulement, ne vaudront avec ces Présentes que d'un seul & même désistement ; lesquelles Présentes vaudront en outre désistement général, tant de ladite séparation d'habitation, que de celle de biens qu'elle s'étoit réservée par lesdits Actes, de laquelle elle se désiste pareillement par ces Présentes, ensemble de tout le contenu en ladite Sentence, sans aucune réserve : Reconnoissant ladite Gand, que lesdits Actes passez devant lesdits sous l'autorité de sondit mari, n'ont été par lui signez qu'à l'instante priere qu'elle lui en a faite, pour en cela satisfaire Messieurs ses parens qui l'ont ainsi desiré. Tout ce que dessus a été accepté par ledit Sieur François, sans aucune approbation ni acquiescement de ladite Sentence de séparation, contre laquelle il entendoit se pourvoir en cassation, si sadite femme en eût poursuivi l'exécution. Car ainsi, &c.

Transaction pour terminer un Procès.

FUrent présens Germain, &c. demeurant, &c. se faisant & portant fort de Nicolas, &c. par lequel il promet faire ratifier ces Présentes, & à l'entretenement d'icelles le faire obliger, & de ladite ratification en fournir acte en bonne forme au Sieur ci-après nommé, en sa maison à Paris, dans un mois prochain venant, à peine de tous dépens, dommages & interêts en son propre & privé nom, d'une part; & Noël, &c. demeurant, &c. d'autre part: Disant lesdites Parties qu'il y a procès pendant & indécis entr'elles pardevant sur la demande que ledit Nicolas faisoit audit Noël d'une somme de dix-huit cens livres qu'il prétend lui être dûe par ledit Noël, au sujet de plusieurs marchandises que ledit Nicolas lui a fournies & livrées pour son compte, ainsi qu'il offroit & étoit prêt de lui vérifier par son Livre Journal; de laquelle somme de dix-huit cens livres, & des interêts d'icelle, ledit Nicolas poursuivoit la condamnation, & concluoit à ce que ledit Noël fût tenu de lui rendre, &c. (*Il faut en cet endroit déduire les autres demandes & prétentions.*) Et par ledit Noël soutenu le contraire. (*Il faut pareillement déclarer les défenses.*) Sur lequel procès & différend, & pour le terminer à l'amiable, lesdites Parties, par l'avis & conseil de leurs amis, ont volontairement transigé & accordé en la forme & maniere qui suit: C'est à sçavoir, que lesd. Germain audit nom & Noël se sont volontairement désistez & se désistent par cesdites Présentes dudit procès & différend, & de tout ce qui s'en est ensuivi; consentent que toutes les procédures faites en icelui de part & d'autre, soient & demeurent nulles & sans effet; & en ce faisant, ledit Germain audit nom a remis & quitté audit Noël la somme de Comme aussi ledit Noël quitte & remet audit Nicolas les prétentions, &c. (*S'il y a obligation ou transport, il le faut énoncer en cet endroit.*) Et en conséquence de tout ce que dessus, lesdites Parties esdits noms se quittent réciproquement de toutes choses généralement quelconques jusqu'à ce jour. Car ainsi, &c.

Transaction faite sur un Compromis sans en attendre de Jugement.

FUrent présens Jacques le Roux, & François le Brun, à cause de Damoiselle Marie le Roux sa femme, héritiers paternels de Claude le Roux, & Charles N. tant pour lui & en son nom, que pour Marguerite N. sa sœur, héritiers du côté maternel dudit le Roux d'une part; & Nicolas le Noir, légataire universel des meubles & acquêts immeubles dudit le Roux, d'autre part, sans que ladite qualité de légataire universel, prise par ledit le Noir, puisse donner aucune atteinte à l'exécution des Présentes: disant les Parties qu'elles étoient en procès en la Cour de Parlement, sur l'appel interjetté par ledit le Noir d'une Sentence rendue par Messieurs des Requêtes du Palais du portant que délivrance seroit faite par lesdits héritiers paternels audit le Noir, du legs universel à lui fait par ledit défunt le Roux de meubles & acquêts immeubles, remboursant au préalable ausdits héritiers la somme de dix mille livres, avec les interêts à raison du denier vingt depuis le décès dudit défunt, & soutenoit être bien fondé en son appel à l'égard dudit remboursement. A quoi lesdits Sieurs héritiers paternels & maternels répondoient que ladite Sentence étoit au contraire trop favorable audit le Noir, & avoient plus sujet de se plaindre de ladite Sentence & d'en interjetter appel, d'autant qu'il étoit certain que ledit le Noir possédoit l'esprit dudit défunt le Roux, qu'il avoit porté à faire ledit Testament & legs universel, joint à l'inofficiosité & oubli de ses proches parens; qu'à l'égard du remplacement, il avoit été bien jugé, parce que le défunt avoit vendu & aliené ses biens propres, pour les remplacer en acquisition d'autres héritages, entr'autres la Ferme & Métairie de qui appartenoit audit défunt de son propre, après le décès & succession de ses pere & mere, ausquels ladite Ferme & Métairie appartenoit, comme l'ayant acquise pendant leur communauté, du prix de laquelle vente il auroit reçu la somme de dix mille livres, qu'il auroit employée en l'acquisition qu'il a faite du Fief, Terre & Seigneurie de par Contrat que ledit Nicolas le Noir entend comprendre dans son legs universel; que c'étoit un remplacement de propre aliéné, & que ledit Fief, Terre & Seigneurie de leur devoit appartenir, & leur tenir pareil lieu de propre, qu'eût fait ladite Ferme & Métairie, jusqu'à concurrence du prix d'icelle; que son legs universel n'étoit que de meubles & acquêts, non pas des propres ni du quint desdits propres. Repliqué par ledit Nicolas le Noir, que ledit Fief, Terre & Seigneurie de étoit une acquisition faite par ledit défunt de ses deniers particuliers provenans de ses revenus; qu'on ne peut pas dire que les deniers de l'acquisition dudit Fief soient provenus de la vente de ladite Ferme & Métairie, parce que ledit défunt avoit vendu ladite Ferme & Métairie plus de dix ans avant l'acquisition dudit Fief de & qu'il auroit employé le prix d'icelle Métairie à d'autres effets; & qu'on pourroit dire avec plus de raison, que le prix de ladite Métairie auroit été employé au bâtiment & augmentation que ledit défunt a fait faire en sa maison à Paris, rue parce que ledit bâtiment a été fait & payé au tems de la vente de ladite Métairie; ce qui se préjuge d'abondant par le Testament dudit défunt, par lequel il déclare que ledit bâtiment n'est point compris audit legs universel, & a entendu qu'il fût joint & incorporé à la maison, pour demeurer propre à ses héritiers; ce qui fait connoître que le prix de ladite Métairie a été employé audit bâtiment, & non pas à l'acquisition dudit Fief de faite deux ans après ledit bâtiment: que ledit défunt l'a ainsi tacitement déclaré par sondit Testament, auquel il n'a point parlé dudit Fief; ce qu'il eût fait comme dudit bâtiment, s'il n'avoit voulu & entendu que ledit Fief fût compris audit legs universel. Sur lequel différend, & pour le terminer, les Parties auroient nommé des Arbitres de part & d'autre, lesquels auroient dit qu'il y avoit lieu d'alléguer suggestion, & aussi de soutenir le remplacement du prix de ladite Ferme & Métairie sur ledit Fief, Terre & Seigneurie de du moins sur les autres biens compris audit legs universel, joint à l'inofficiosité dudit Testament. Et néanmoins pour mettre fin amiablement à tous procès & différends, lesdites Parties par l'avis desdits Arbitres, ont fait & accordé ce qui ensuit: c'est à sçavoir, que lesdits Sieurs & Dames héritiers susdits & susnommez, & ledit Nicolas le Noir, ont par ces Présentes acquiescé

&

& acquiescent à ladite Sentence des Requêtes du Palais du 17 ci-dessus mentionnée ; consentent qu'elle soit exécutée selon sa forme & teneur : Ce faisant, lesdits héritiers font par ces Présentes audit le Noir, ce acceptant, la délivrance dudit legs universel à lui fait par ledit défunt par sondit Testament en date du ci-dessus énoncé, pour dudit legs jouir, faire & disposer par lui, suivant l'intention dudit défunt, ainsi qu'il est porté audit Testament. Moyennant quoi ledit le Noir a accordé ausdits héritiers de leur payer la somme de dix mille livres, & l'interêt d'icelle, au lieu de la valeur du revenu dudit Fief, Terre & Seigneurie de depuis le décès dudit défunt, jusqu'à l'actuel payement de ladite somme de dix mille livres que ledit le Noir s'oblige payer ausdits Sieurs & Dames héritiers en leur maison à Paris, ou au porteur des Présentes ; sçavoir moitié d'hui en un an prochain, & l'autre moitié un an après, avec l'interêt à raison de l'Ordonnance, jusqu'à l'actuel payement ; auquel tant en principal qu'interêt, ledit Fief, Terre & Seigneurie de & tous les autres biens léguez audit le Noir par ledit défunt par sondit Testament, sont & demeurent par privilége & préférence spécialement affectez, obligez & hypotequez ; & d'abondant ledit le Noir y a obligé, affecté & hypotequé tous & chacuns ses autres biens meubles & immeubles, présens & à venir, sans qu'une obligation déroge à l'autre ; & en ce faisant & moyennant ce que dessus, les Parties sont hors de Cour & de Procès, sans dépens de part ni d'autre. Car ainsi, &c. *Election de domicile, &c.*

Transaction sur un recelé ou omission faite à un Inventaire.

FUrent présens Damoiselle Marie veuve de Jacques d'une part ; & Pierre & Marguerite sa femme, qu'il autorise à l'effet des Présentes, demeurans héritiere dudit défunt son frere, d'autre part : Disant les Parties, qu'à l'instant du décès dudit arrivé le inventaire auroit été fait à leur requête des biens qui s'étoient trouvez en la maison dudit défunt ; & disoient lesdits Pierre & Marguerite sa femme, que ladite Damoiselle Marie, non contente des grands avantages à elle faits par ledit défunt, tant par son Contrat de mariage, que par le don mutuel fait entr'eux, ils ont découvert depuis deux mois, que ladite Marie avoit recelé & fait emporter la nuit du décès dudit une cassette où il y avoit des obligations & autres piéces & papiers, or & argent pour plus de trois mille livres ; dont s'étant plaints pardevant Monsieur le Lieutenant Civil, ils auroient obtenu permission de faire enquête : Concluoient à ce que ladite Marie fût privée de son don mutuel, des droits de ladite communauté, & des avantages qu'elle avoit reçus dudit Jacques son mari. A quoi de la part de ladite Marie étoit dit, que la procédure & la prétention desdits Pierre & sa femme, étoient ordinaires aux héritiers de ceux qui avoient disposé de partie de leurs biens ; dénioit le recelé & soustraction mise en avant, & que c'étoit une vexation & injure qu'ils lui faisoient mal-à-propos & inconsidérément, au lieu d'avoir quelque respect & honneur pour la mémoire dudit défunt ; & que tout le prétexte de leur procédure étoit à cause d'une obligation de quatre cens livres à prendre sur Jean laquelle n'avoit point été inventoriée audit inventaire, mais qu'il n'y avoit point de sa faute ; qu'elle ne sçavoit pas toutes les affaires de son mari, lequel avoit mis cette obligation entre les mains d'un Procureur pour en poursuivre le payement ; & qu'ainsi elle ne pouvoit pas être représentée pour la comprendre audit inventaire ; demandoit réparation, dommages, interêts & dépens. Repliqué par lesdits Pierre & sa femme, qu'il y avoit eu recelé de mauvaise foi, d'autant que ladite Marie avoit reçu depuis deux mois ladite somme dudit Jean auquel elle avoit rendu ladite obligation sans quittance ni autre acte. Ce qui a été dénié par ladite Marie, & offroit de représenter ladite obligation, si-tôt qu'elle l'auroit reçue des mains de l'Huissier auquel elle l'avoit mise pour contraindre ledit Jean, & que toute l'omission qu'elle avoit faite, étoit de n'avoir pas déclaré par acte que ladite obligation s'étoit trouvée depuis ledit inventaire : & sur le surplus dudit prétendu recelé, lesdits Pierre & sa femme auroient fait faire enquête, fait ouir plusieurs témoins & voisins de la maison dudit défunt, contre lesquels ladite Marie auroit fourni des reproches très-pertinens, & sur le tout les Parties appointées. Et considérant les Parties l'aigreur conçue entr'eux, & qui se pourroit encore augmenter par la suite & jugement du procès, & désirant le terminer à l'amiable, elles ont par l'entremise de leurs parens & amis, & conseil de leurs Avocats, pour éviter plus grands frais, transigé & accordé ainsi qu'il ensuit : C'est à sçavoir, que lesdits Pierre & sa femme se sont désistez & départis par ces Présentes de toutes les procédures, demandes & conclusions par eux prises & formées contre ladite Marie ; consentant & accordant que le tout, même l'enquête, & tout ce qui s'en est ensuivi, soit & demeure nul comme non fait ni avenu ; comme aussi ladite Marie s'est désistée & departie de la réparation par elle requise, dommages & interêts : Et outre ont arrêté ce qui ensuit ; sçavoir, que ladite Marie sera tenue de faire inventorier dans l'inventaire fait à sa requête & en leur présence, des biens délaissez après le décès dudit défunt, l'obligation de la somme de quatre cens livres dûe par Jean   au profit dudit Jacques qui a été recouvrée depuis le décès dudit défunt, il y a environ deux mois, lequel inventorié lesdits Pierre & sa femme ont consenti être fait en leur absence, & outre que ladite Marie sera & demeurera garante & responsable de ladite somme de quatre cens livres, comme par ces Présentes elle s'y soumet, se rend & constitue caution & principale débitrice de ladite somme de quatre cens livres, pour lesdits Pierre & sa femme solidairement, elle seule pour le tout, sans division ni discussion, à quoi ils renoncent, pour rendre moitié de ladite somme par ses héritiers ausdits Pierre & sa femme, leurs hoirs & ayans cause, après que ledit don mutuel d'entre ledit défunt son mari & elle sera fini. Et encore ladite Marie a présentement baillé, compté & délivré ausdits Pierre & sa femme, qui ont reçu d'elle en la présence desdits Notaires soussignez, la somme de   pour par ladite Marie vivre en repos, & sortir d'affaire pour le remboursement de leurs frais & dépens du procès. Car ainsi, &c.

Transaction faite pour raison d'une adjudication à faire.

FUrent présens lesquelles Parties ont fait & accordé entr'elles les traitez & conventions qui suivent: c'est à sçavoir, que ladite Damoiselle des Hayes, tant en son nom, que du consentement dudit Sieur promet & s'oblige de se rendre adjudicataire, autant que faire se pourra, de deux maisons joignantes l'une l'autre, sises en cette Ville, &c. lesquelles deux maisons sont à adjuger en la Direction des Créanciers des Sieurs Darmonville, dont les encheres se reçoivent en l'Etude de Notaire au Châtelet & de ladite Direction; & à cet effet continuer l'enchere faite par ladite Damoiselle des Hayes desdites deux maisons, qui est de jusqu'à celle de non compris les droits de lods & ventes, frais d'adjudication & du Contrat, Decret, & autres qu'il convient faire au sujet de ladite adjudication & acquisition, à condition par lesdits Sieurs Directeurs desdits Créanciers d'accorder la jouissance desdites deux maisons pour le jour de la Fête de prochain, sans charge d'aucun bail, & à ce sujet de donner congé à ceux qui occupent présentement lesdites maisons, ensorte qu'elles soient vuides pour ledit jour prochain. Et de la part dudit Sieur le Roi, convenu qu'aussi-tôt ladite adjudication faite, il sera tenu, comme il s'oblige, de prendre pour lui & en son nom ladite petite maison; & pour cet effet en fournir à ladite Damoiselle des Hayes les deniers, tant du prix d'icelle, que de tous lesdits frais ci-dessus énoncez, à proportion dudit prix, suivant l'estimation qui en sera faite par le Sieur Architecte, à l'avis duquel ils se sont soumis par ces Présentes respectivement pour faire ladite estimation, à peine de tous dépens, dommages & interêts, sans que pour raison de ladite estimation, il soit besoin d'autre pouvoir & consentement que ces Présentes; lesquels deniers ledit Sieur le Roi payera à ladite Damoiselle des Hayes, suivant qu'elle sera obligée par ladite adjudication & Contrat qui sera passé en conséquence, à peine de tous dépens, dommages & interêts, & d'être poursuivis par les mêmes voies esquelles ladite Damoiselle des Hayes pourroit être tenue; auquel cas sera permis à ladite Damoiselle des Hayes de faire vendre ladite petite maison sur ledit Sieur le Roi à sa folle enchere, d'autant que sans cette condition expresse ladite Damoiselle des Hayes ne se rendroit adjudicataire desdites maisons; qu'aussi-tôt ladite adjudication, & dans les vingt-quatre heures, ladite Damoiselle des Hayes sera tenue de passer déclaration de ladite petite maison au profit dudit Sieur le Roi, & de lui mettre ès mains lors du susdit payement, copies collationnées des titres & papiers qui lui auront été mis ès mains concernant ladite acquisition; de l'aider des originaux en cas qu'il en ait besoin; & au cas qu'il survînt quelques difficultez ou contestations entre lesdits Damoiselle des Hayes & Sieur le Roi, soit au sujet des suretez de ladite acquisition ou autrement, en quelque sorte & maniere que ce soit, ils se soumettent par ces Présentes au jugement de Monsieur pour les régler ainsi qu'il trouvera à propos, à peine de payer par le Contrevenant la somme de cinq cens livres, sçavoir moitié à l'Hôpital Général, & l'autre à l'Acquiesçant, & de tous dépens, dommages & interêts, sans pareillement que pour raison de ce il soit besoin d'autre pouvoir & consentement que ces Présentes. Car ainsi, &c.

Transaction entre le Propriétaire qui veut rentrer dans sa Maison par privilege, & le Locataire d'icelle qui a fait des avances, & donné argent par forme de pot-de-vin, par son bail.

FUrent présens Jacques demeurant d'une part; & Charles demeurant en la maison ci-après déclarée, d'autre part: Disant les Parties, que ledit Jacques auroit fait bail audit Charles de ladite maison où il demeure sise, &c. où est pour enseigne pour six années qui ont commencé le moyennant la somme de six cens livres de loyer par chacun an, en faveur duquel ledit Charles auroit payé & avancé audit Jacques la premiere année, qui tiendroit lieu du payement de la derniere année dudit bail; & étoit obligé de payer chaque terme dudit bail; ce qu'il a fait, & a payé le terme échu au jour de & a continué de terme en terme jusqu'à présent, & entend continuer pendant les cinq premieres années; & outre a donné audit Jacques la somme de deux cens livres par forme de pot-de-vin en faveur dudit bail; en laquelle maison ledit Jacques vouloit rentrer, & auroit fait assigner ledit Charles pardevant Monsieur le Lieutenant Civil. Soutenoit ledit Charles, que ledit Jacques n'étoit pas recevable en sa demande de rentrer en sa maison. Mais, disoit ledit Jacques, qu'il étoit aussi Locataire de la maison où il demeuroit; que le Propriétaire ne lui vouloit point faire un nouveau bail, & qu'ainsi il étoit obligé de déloger; & qu'ayant une maison à lui appartenante, il avoit droit d'y rentrer, nonobstant le bail qu'il avoit fait audit Charles; que c'étoit le privilége accordé par la Coutume en faveur des Propriétaires, offrant de lui rendre l'année qu'il avoit avancée, & le pot-de-vin qu'il lui avoit donné. Repliqué par ledit Charles, & perseveré en ce qu'il a dit ci-dessus: & outre qu'il est à considérer qu'il y a douze ans qu'il demeure dans ladite maison; qu'il y avoit acquis toutes ses habitudes & connoissances; que cela lui feroit un préjudice considérable, s'il étoit obligé de sortir de ladite maison, dont il auroit fait bail sous la bonne foi dudit Jacques, espérant qu'il y demeureroit au moins pendant le tems porté par ledit bail; qu'il s'est incommodé pour donner par avance audit Jacques une année dudit bail, & ladite somme de deux cens livres par forme de pot-de-vin: ajoutoit que ledit Jacques n'avoit peut-être pas le dessein d'y venir demeurer en personne, mais de la louer à un autre. Sur lesquelles contestations Sentence seroit intervenue de Monsieur le Lieutenant Civil, le par laquelle ledit Jacques a été déclaré recevable en sa demande de rentrer en sa maison, suivant le privilége octroyé en faveur des Propriétaires des maisons. Et a été ordonné que le Locataire en jouira une année, du jour de & qu'à pareil jour il sera tenu vuider les lieux & sortir de ladite maison, & la rendre audit Jacques audit jour, en remettant par ledit Jacques audit Charles l'année qu'il lui a avancée & ledit pot de-vin, & sans dépens; de l'exécution de laquelle Sentence les Parties s'en seroient de part & d'autre rendues Appellantes en la Cour de Parlement. Pour cause d'appel dudit Jacques, il disoit qu'il recevoit grief, en ce qu'il étoit délogé, & qu'il falloit qu'il sortît de la maison où il demeure au jour de affirmoit que sa maison étoit pour le loger, & non autre: qu'il n'y avoit point d'apparence de donner un an à un Locataire pour sortir d'une maison; que c'étoit au préjudice & contre l'intention du privilége des Propriétaires des maisons; qu'il suffisoit de lui donner six mois au plus, dans lesquels même il souffriroit le délogement de trois mois. Et de la part dudit Charles, pour cause d'appel étoit dit, que ladite Sentence lui faisoit grief, en ce qu'en tout cas il ne lui étoit adjugé aucuns dommages & interêts, ce qui est contre l'usage: & avec d'autant plus de raison on lui en devoit adjuger, attendu ses avances & pot-de-vin par lui payez audit Jacques. Repliqué par ledit Jacques, que le tems d'un an à lui octroyé pour sortir, au lieu de six mois, lui tenoit lieu de dommages & indemnité; que si ledit Charles vouloit sortir & lui rendre sa maison dans six mois, il lui offroit la somme de cent cinquante livres pour son indemnité. Sur lesquelles raisons & contestations les Parties étoient sur le point d'entrer en procès: pour à quoi obvier, & éviter aux frais & dépens qui s'en pourroient suivre, lesdites Parties, par l'avis de leurs conseil & amis, ont transigé & accordé ainsi qu'il ensuit. C'est à sçavoir, que lesdites Parties se sont par ces Présentes désistées & départies des appellations par eux interjettées respectivement de ladite Sentence du promettant ne se point servir ni prévaloir de ladite Sentence; ce faisant, sont convenus que ledit Charles sortira au jour de de ladite maison où il demeure à présent, appartenante audit Jacques, & lui rendra vuide audit jour qu'il aura fait faire les menues réparations, après que ledit Jacques a affirmé que ladite maison étoit pour le loger, & non autre. Et pour l'indemnité dudit Charles, ledit Jacques lui a accordé, & dès-à-présent remis les deux termes de & outre ledit Jacques a présentement rendu & payé audit Charles, qui a reçu en la présence desdits Notaires soussignez, en louis-d'or, &c. la somme de huit cens livres, tant pour l'année avancée du loyer de ladite maison, que pour le pot-de-vin en faveur dudit bail, dont ledit Charles est content & en quitte ledit Jacques & tous autres: & au moyen de ce que dessus, ledit bail à loyer demeure nul & résolu, & les Parties hors de Cour & de procès, sans dépens, ni autres dommages & interêts de part & d'autre, &c.

Transaction au sujet du rétablissement du mur mitoyen.

FUrent présens Dame Jeanne Piramont, veuve de Paul Coursemont; Henri Bonnefont, & Damoiselle Claude Fournier sa femme, qu'il autorise à l'effet des Présentes; Georges le Roi, Ecuyer, & Damoiselle Veronique Pontoise son épouse, qu'il autorise aussi à l'effet des Présentes, demeurant à rue Paroisse de Saint lesquelles Parties desirant suivre l'avis de leurs amis & conseil qui les portent à sortir à l'amiable de tous les différends qu'ils ont les uns à l'encontre des autres, pendans pour la plus grande partie en la seconde Chambre des Requêtes du Palais, au Rapport de Monsieur de & sur plusieurs demandes respectivement faites, sur lesquelles sont intervenues plusieurs Sentences, & que visite a été faite par Experts nommez d'office, qui ont fait descente dans lesdites maisons, & rapport des lieux, & de leur sentiment touchant la plus grande partie de leurs différends, qui sont tous au sujet des maisons que lesdites Parties susnommées ont chacun en particulier en la susdite rue où ils sont demeurans; & desirant conserver le respect qu'ils ont pour leurs amis, & l'amitié qui est entr'eux, ont transigé & accordé ce qui suit: c'est à sçavoir, que lesdits Sieur & Damoiselle le Roi demeureront garants pendant deux ans seulement, à compter du jour de la perfection du mur mitoyen entr'eux & ledit Bonnefont & sa femme; & que le caveau mentionné audit Procès-verbal, qui est sous la grille desdits Sieur & Damoiselle le Roi, demeurera au logis dudit Bonnefont; & à cet effet sera tenu ledit Sieur Bonnefont de faire boucher à ses frais & dépens l'ouverture dudit caveau, qui servoit d'entrée en icelui à la maison dudit Sieur le Roi, dans huitaine: Comme aussi ledit Sieur le Roi & sa femme s'obligent solidairement sans division, &c. payer ausdits Sieur Bonnefont & sa femme en leur demeure, dans ledit tems de huitaine, cent cinquante livres, & cinquante livres à ladite Coursemont, pour les dédommager de ce qu'ils ont souffert, à cause du rétablissement de leurs planchers & reprises au mur mitoyen, faites par ledit le Roi & sa femme; comme préalablement lesdits Sieur & Damoiselle le Roi rembourseront à ladite Damoiselle Coursemont le tiers des frais qu'elle a payez pour le Procès-verbal pardevant ledit Sieur dans le susdit tems. A été aussi convenu que lesdits Bonnefont & sa femme feront démolir la jambe de pierre de taille qui porte à faux dans le mur mitoyen d'entre lesdits Bonnefont & le Roi, dans toute l'étendue que ladite jambe de pierre porte à faux; sera ladite jambe de pierre de taille refaite à pied droit de l'épaisseur du reste du mur, laquelle démolition & réfection sera faite dans quinzaine au plus tard, aux frais desdits Sieur Bonnefont & sa femme, suivant le Procès-verbal, l'alignement nécessaire préalablement pris: lesdits Sieur & Damoiselle Bonnefont seront tenus encore dans le susdit tems de retirer les vûes des fenêtres qui sont au cabinet d'aisance de ladite maison dudit Bonnefont; les réduire & retirer, au terme de la Coutume, à deux pieds distans de l'héritage dudit le Roi; & que la goutiere, chesneau & tuyau de plomb contentieux, par lesquels les eaux de la maison dudit Sieur le Roi s'écoulent & tombent dans la cour de la maison dudit Sieur Bonnefont & veuve Coursemont, demeureront en l'état qu'ils sont à présent: seront tenus lesdits Sieurs Bonnefont & le Roi payer au nommé Georget Maçon, ce que chacun d'eux lui peut devoir pour les ouvrages qu'il a faits pour chacun d'eux, & y fera, les dépens néanmoins à eux réservez, des demandes & prétentions dudit Georget; le tout sans préjudice au Sieur Bonnefont & sa femme des actions par eux intentées & à intenter contre les Maçons qui ont travaillé ausdits mur & jambe de pierre de taille, & sans préjudice aux actions respectives que lesdites Parties peuvent avoir les unes contre les autres pour autres différends non compris en ces Présentes, & le surplus de toutes les autres demandes mentionnées pour la plus grande partie dans les fins que lesdites Parties ont données, & qui sont insérées au susdit Procès-verbal, même sur les Instances portées au Parlement par appel concernant ladite goutiere; & sont lesdites Parties hors de Cour & de procès sans dépens, même de ceux adjugez, lesquels ledit Sieur le Roi a volontairement remis par ces Présentes, ni aucuns dommages & interêts entr'elles; & pour l'exécution des Présentes, les Parties ont élû leurs domiciles en leurs demeures susdites; ausquels lieux nonobstant, &c. Fait & passé, &c.

Transaction sur la validité ou invalidité de deux Testamens.

FUrent présens Claude & Jacques héritiers de Jean leur oncle, d'une part; & Charles Légataire particulier dudit défunt son cousin, d'autre part: Disant les Parties, que ledit défunt par son Testament reçu par Notaire à le auroit donné & légué audit Charles son cousin une maison & dix arpens de terre, jardin & héritages assis au Village de à lui appartenans de son acquisition, & auroit fait d'autres legs pieux ou particuliers. Après le décès dudit Jean, arrivé le jour du mois de ledit Charles auroit demandé ausdits Claude & Jacques, délivrance à son profit dudit legs desdites maison & héritages; & sur leur refus les a fait assigner à cette fin pardevant à laquelle demande lesdits Claude & Jacques auroient fourni leurs défenses, contenant que ledit Testament étoit inofficieux; que lesdites maison & héritages étoient le seul bien dudit défunt; qu'il y avoit suggestion évidente de la part dudit Charles, lequel voyant la vieillesse & foiblesse dudit Jean, ne l'abandonnoit point, & avoit entierement prévenu & gagné son esprit en sa faveur; que ledit Testament étoit nul; que les formes essentielles n'y avoient point été observées; entr'autres, que les témoins qui avoient été appellez, étoient des Religieux, lesquels étoient réputez morts au monde, & par conséquent incapables de se mêler des affaires civiles, & de servir de témoins aux Actes publics, comme sont les Testamens; qu'ils sont obligez d'observer les vœux de Religion: concluoient à ce que ledit Testament fût déclaré nul, & ledit Charles débouté de sa demande, avec dépens, dommages & interêts. Repliqué par ledit Charles, que ledit Testament avoit toutes les formes selon la Coutume du lieu; qu'il avoit été dicté & nommé par le Testateur, & à lui relû par le Notaire en la présence des témoins; ne pouvoit être argué de nullité ni de suggestion: Dénioit avoir visité ledit défunt pendant sa maladie, qu'une seule fois; mais au contraire que c'étoient lesdits Claude & Jacques, & leurs femmes, qui ne bougeoient d'avec ledit défunt leur oncle, pour l'empêcher de faire Testament: qu'ils sçavoient les bienveillances que ledit défunt portoit audit Charles, à cause des bons offices & assistances qu'il avoit reçus de lui en plusieurs occasions pendant sa vie; ne peut point dire le traitement qu'il a reçu d'eux; que le legs que ledit défunt lui a fait desdites maison & héritages, n'étoit qu'une petite partie de son bien & de son acquisition: que le surplus étoit un bien suffisant, & dont ils se doivent contenter, & ne pas contester le legs qui lui avoit été fait, & qu'ils sçavoient les bons offices qu'il avoit rendus audit défunt, même à eux, qui méritoient une plus ample & plus considérable reconnoissance. Quant aux témoins que lesdits Claude & Jacques soutenoient incapables comme morts au monde, ledit Charles dit que cela se pourroit entendre à leur égard touchant leurs personnes & biens du monde particulierement qu'ils ne possedent point; mais quant à la vérité & integrité, on n'en doit point douter; on ne doit par conséquent aucunement douter de la vérité du Testament. Que s'il est certain que le Testament soit véritable, on ne doit point s'arrêter aux formes ni à la subtilité des Praticiens, de dire que le témoignage de Religieux touchant les choses terrestres, dérogeroit à leur vœu de Religion. Il en seroit de même, avec peu de distinction, aux témoignages qu'ils portent, & sont reçus à porter aux matieres où il s'agit d'informations & actes nécessaires, pour aider au Public & à la punition des crimes, quand même la Justice pourroit être éclaircie & informée d'ailleurs que par leur moyen; & de plus, que l'un desdits Religieux étoit Vicaire du Curé, & l'autre employé à la Sacristie. Sur lesquelles contestations est intervenue Sentence dudit le par laquelle ledit Testament a été déclaré nul, dont ledit Charles se seroit porté Appellant, & son appel relevé en la Cour de Parlement; pendant lequel appel ledit Charles auroit recouvré un autre Testament précédent, fait par ledit Jean pardevant le par lequel ledit Jean auroit legué audit Charles la même maison & les héritages qui en dépendoient lors, le tout audit Village, à lui appartenant de son acquisition; à la charge de fonder en l'Eglise de dudit Village, un Obit par chacun an à pareil jour qu'il décéderoit, pendant vingt-cinq ans; & disoit ledit Charles que ledit premier Testament fortifioit & confirmoit le dernier, & témoignoit l'intention dudit défunt, & sa bienveillance envers ledit Charles, auquel il entendoit donner ladite maison & héritages, & qu'il n'avoit point changé de volonté; & par ce moyen vouloit ajouter audit premier Testament un arpent de jardin que ledit défunt avoit acquis en l'année dépendant de ladite maison, & compris audit dernier Testament, sans charge obligatoire dudit Obit. A quoi lesdits Claude & Jacques répondoient, que ni l'un ni l'autre desdits Testamens ne devoient subsister; que le dernier étoit nul, pour les raisons portées par la Sentence ci-dessus mentionnée; le premier étoit révoqué par ledit défunt, par acte étant en fin d'icelui, reçu par ledit Notaire le & que c'étoit une vexation & trouble à eux fait par ledit Charles. Repliqué par ledit Charles, que ladite révocation étoit faite par ledit Jean dudit premier Testament seul, en conséquence dudit dernier Testament qu'il entendoit subsister; ce qui étoit très-évident par la date même de ladite révocation, qui est de sept jours après ledit dernier Testament, & sans parler d'icelui, qui étoit encore une confirmation & persévérance continuelle de sa bonne volonté & intention de donner audit Charles ladite maison & dix arpens de terre Et ayant les Parties desiré terminer ledit procès à l'amiable, ils auroient nommé pour Arbitres les personnes de Maîtres Avocats en la Cour de Parlement, lesquels auroient été d'avis de la nullité dudit dernier Testament, & que le premier Testament n'avoit point été révoqué, & devoit subsister au défaut du dernier. En conséquence duquel avis & Jugement arbitral, les Parties ont transigé & accordé ce qui suit: C'est à sçavoir, que conformément à l'avis & Jugement desdits Sieurs Arbitres, ledit Charles a consenti & accordé que ledit dernier Testament soit & demeure nul: & lesdits Claude & Jacques ont aussi consenti & accordé que ledit premier Testament du ait lieu, & soit exécuté selon sa forme & teneur, nonobstant ladite révocation étant en fin d'icelui, qui n'a été faite qu'à qu'à dessein que ledit dernier Testament eût lieu & fût exécuté : ce faisant, lesdits Claude & Jacques, seuls héritiers dudit défunt Jean, ont consenti par ces mêmes Présentes, pleine & entiere délivrance audit Charles, ce acceptant, de ladite maison & héritages qui en dépendoient lors dudit premier Testament, & qui sont contenus dans icelui, pour en jouir, faire & disposer par lui, ses hoirs & ayans cause, comme de chose à lui appartenante, à commencer ladite jouissance du jour du décès dudit défunt, à la charge de la fondation dudit Obit, à laquelle ledit Charles s'oblige par ces Présentes, conformément au premier Testament. Car ainsi a été convenu & accordé entre les Parties. Promettant, &c.

Transaction pour raison d'un droit de relief ou rachat féodal d'une Terre noble.

FUrent présens Messire Pierre   Chevalier, Seigneur du Parc, &c. d'une part ; & Nicolas   Ecuyer, Seigneur du Puys, &c. d'autre part : Disant les Parties, que par le décès de Claude   vivant Ecuyer, Seigneur dudit Fief du Puys, oncle maternel dudit Nicolas, & par le partage fait de ses biens entre ses héritiers, seroit avenu & échu audit Nicolas les Fief & Seigneurie du Puys, relevant en plein fief, foi & hommage de ladite Seigneurie du Parc, à cause de laquelle mutation est dû au Seigneur du Parc, droit de relief ou rachat, qui consiste aux fruits & revenus d'une année, suivant la Coutume du lieu, & entendoit ledit Sieur du Parc prendre & lever la dépouille & les droits du Fief du Puys la présente année, offrant de rembourser le Fermier de ses labours & semences. A quoi disoit ledit Nicolas, que la demande dudit Messire Pierre n'étoit pas faisable pour plusieurs raisons ; sçavoir, que la Coutume qui a accordé ce profit de Fief au Seigneur dominant, n'a eu intention d'empêcher la libre disposition aux Vassaux de leurs Terres, & de les affermer ; que la plus grande partie dudit Fief du Puys étoit baillée à un Fermier, lequel, s'il étoit dépossédé, prétendroit de grands dommages & interêts contre lui, à cause de la fertilité de la présente année, qui le peut récompenser de la stérilité des autres précédentes : soutenoit que ledit Messire Pierre devoit se contenter de prendre la redevance dûe par le Fermier suivant le bail : que pour le regard du surplus dudit Fief, il consistoit en une piéce de terre, bois taillis, prez & étangs à poisson, étant autour de la maison dudit Fief, le tout retenu & exploité par ledit Nicolas par ses mains ; offroit laisser audit Messire Pierre la récolte de ladite Terre, prez & lieu pour la serrer : & quant à la maison, bois & étangs à poisson, lui payer le revenu d'une année, suivant l'estimation sur le pied & à proportion de la croissance dudit bois & étang, si mieux n'aimoit ledit Sieur prendre pour tout ledit surplus la somme de cinq cens livres, qui étoit plus que son droit ne pouvoit monter. Repliqué par ledit Messire Pierre, que le bail à ferme étoit fait en fraude de ses droits, sur l'intention que ledit défunt avoit de vendre son Fief ; qu'en effet il avoit désiré plusieurs fois de composer des droits de ladite vente avec ledit Messire Pierre. Soutenu au contraire par ledit Sieur Nicolas, que le bail avoit été fait de bonne foi, non suspect de fraude, fait par ledit défunt Claude, qui ne penſoit aucunement à cette mutation ; & que pour lui il n'a jamais eu connoiſſance qu'il eût eu deſſein de vendre ledit Fief ; mais qu'en tout cas ledit Seigneur Pierre ne devoit pas profiter de la fertilité de la préſente année. Sur leſquelles conteſtations ſeroit intervenue Sentence du Bailli de   par laquelle auroit été ordonné que priſée & évaluation ſeroit faite par gens à ce connoiſſans, dont les Parties conviendroient, d'une année commune ſur ſix, du revenu de tout le Fief, & la valeur d'icelle payée audit Seigneur du Parc pour ſon droit de relief, ſans dépens. En exécution de laquelle Sentence les Parties auroient convenu d'Experts de part & d'autre ; mais prévoyant nouveaux différends ſur ladite priſée & ſuite d'icelle, elles ont par l'avis de leur conſeil, afin de conſerver la paix & bonne intelligence, traité & accordé ainſi qu'il enſuit : Sçavoir, que le Sieur du Puys a remis & quitté par ces Préſentes audit Nicolas ledit droit de rachat ou relief à lui appartenant, à cauſe de la mutation ci-deſſus dudit Fief du Puys, avenu audit Sieur Nicolas par le décès & ſucceſſion dudit défunt Claude   ſon oncle, & par le partage fait avec ſes cohéritiers, tant de ce qui eſt affermé par le bail ſuſdaté, que de ce qui eſt exploité par les mains dudit Sieur Nicolas, & de tout ce qui dépend dudit Fief ; le tout moyennant la ſomme de quinze cens livres, qui eſt le prix dudit bail ; laquelle ſomme ledit Sieur Pierre recevra par les mains dudit Fermier au jour de ſaint Martin d'hiver prochain, ainſi que le conſent ledit Sieur Nicolas, qui promet lui garantir & faire valoir ; & outre la ſomme de ſept cens livres pour ce qui eſt retenu & exploité par les mains dudit Sieur Nicolas, pour le ſurplus dudit Fief ; laquelle ſomme de ſept cens livres a été préſentement payée audit Sieur Pierre, qui reconnoît l'avoir reçue, &c. & par ce moyen les Parties ſont hors de Cour & de procès, ſans dépens, dommages & interêts de part & d'autre, &c.

CHAPITRE III.

Des Accords.

ACCORD, eſt une convention entre pluſieurs perſonnes de ſe tenir réciproquement quittes. Ainſi comme la Tranſaction ne ſe fait qu'en donnant, retenant ou promettant quelque choſe par l'une des Parties à l'autre, il eſt aiſé de concevoir de-là quelle différence il y a entre Accord & Tranſaction.

Cependant Accord ſe prend quelquefois pour une convention, par laquelle les Parties ſe tiennent réciproquement quittes, moyennant une certaine ſomme que l'une donne à l'autre.

Accord pour raison de prétendus dégâts faits dans des héritages.

FUrent présens G. d'une part, & R. demeurant, &c. d'autre part; lesquels pour éviter les actions & demandes faites par ledit G. pour raison de quelques prétendus dégâts faits par ledit R. & autres en une partie d'héritage appartenant, &c. sise, &c. sont lesdites Parties demeurées d'accord de ce qui ensuit: Sçavoir, que ledit héritage demeure & appartienne audit R. suivant la prisée & estimation qui en sera faite; ensemble des dégradations qui y pouvoient avoir été faites tant par ledit R. qu'autres; & à cet effet ledit G. a nommé de sa part Pierre, & ledit R. a nommé aussi de sa part Jacques, lesquels feront à leur conscience ladite prisée & estimation, pour être par icelui R. baillé & payé comptant d'hui dans quinzaine audit G. la somme qui sera par eux arbitrée & évaluée d'hui en trois jours pour la valeur du fonds dudit héritage; au moyen duquel payement ledit R. demeurera subrogé au lieu & place dudit G. pour disposer par lui, ses hoirs & ayans cause dudit héritage; & aussi-tôt que ledit payement sera fait, ledit G. mettra ès mains dudit R. le Contrat d'acquisition qu'il a fait dudit héritage, consistant en, &c. sans préjudice audit R. de l'action qu'il prétend exercer pour raison desdites dégradations faites par autres que par lui, & sans préjudice pareillement audit G. des frais par lui faits contre ledit R. & autres pour parvenir à ce que dessus. Et faute par ledit R. de faire le susdit payement dans ladite quinzaine, lesdites Parties sont demeurées d'accord que le présent Accord demeurera nul & résolu, avec dépens, dommages & interêts de la part dudit R. Car ainsi, &c.

Quittance faite en conséquence du susdit Accord.

Et le est comparu pardevant les Notaires soussignez ledit G. lequel a reconnu & confessé avoir reçu dudit R. acquéreur, en présence desdits Notaires, en louis d'or & autre monnoye ayant cours, la somme de trois cens livres, à laquelle ledit héritage a été prisé & estimé par lesdits Pierre & Jacques, Experts nommez par le susdit Accord; de laquelle somme ledit vendeur est content & en quitte ledit Sieur R. lequel a reconnu que la grosse du Contrat d'acquisition du susdit héritage lui a été mise entre les mains par ledit G. Fait & passé, &c.

Accord au sujet d'un Procès criminel, avec intervention de caution & obligation solidaire.

FUrent présens Jacques la Chapelle, demeurant & Jeanne Dupuis sa femme, qu'il autorise à l'effet des Présentes, d'une part; & Louis Leblond, demeurant au nom & comme fondé de Procuration de J. Laforest, passée pardevant le dont l'original paraphé dudit Leblond, & à la requisition des Notaires soussignez, est demeuré annexé à la présente minute, pour y avoir recours, d'autre part: Lesquelles Parties sont demeurées d'accord de ce qui suit. C'est à sçavoir, qu'en la présence & du consentement de Joseph la Chapelle, & Marie Dumont sa femme, de lui autorisée, demeurans à Paris, rue pere & mere dudit Jacques la Chapelle, pour ce intervenans, promettent & s'obligent solidairement, sans division, discussion ni fidéjussion, à quoi ils renoncent, de payer audit Laforest, ou audit Leblond audit nom, en sa demeure à Paris, ou au Porteur, sçavoir cinquante livres au jour de Noël prochain, pareille somme au jour de Pâques suivant, & semblable somme de cinquante livres au jour de Noël aussi ensuivant, à peine, &c. même d'être contraints au payement de la somme totale, ou de ce qui en restera, faute du premier ou autre subséquent payement, nonobstant les termes ci-dessus accordez, dont ils demeureront déchus. Et icelui Leblond audit nom remet audit la Chapelle fils tous les interêts civils, réparations, frais & dépens (excepté ceux ci-après) dommages & interêts que ledit Laforest pourroit prétendre à l'encontre dudit la Chapelle fils, au sujet des excès & voies de fait par lui commis en la personne dudit Laforest, le à condition encore par lesdits la Chapelle pere & fils, & leurs femmes, de payer les frais de Chirurgien, Commissaire, & autres concernant l'Information, Decret, Sentence de provision, & exécution d'iceux, ainsi que lesdits Comparans s'y obligent solidairement; après l'entiere exécution desquelles clauses & payement de la susdite somme de deux cens livres, ledit Leblond audit nom remettra entre les mains dudit la Chapelle fils la Sentence de provision obtenue contre lui par ledit Laforest, le de la somme de quatre-vingt livres, jusqu'auquel payement & entiere exécution de ce que dessus, la susdite Sentence demeure en son entiere force & vertu, se réservant ledit Leblond audit nom de la faire mettre à exécution, faute de payement de ladite somme de deux cens livres dans les termes ci-dessus énoncez, à quoi il n'entend innover ni à tous les droits & actions dudit Laforest, faute de l'exécution du présent acte. Car ainsi, &c. Promettant, &c. Obligeant, &c. chacun en droit soi, &c. Lesdits Laforest pere & fils & leursdites femmes solidairement, comme dit est. Renonçant, &c.

Accord entre un garçon & une fille, pour raison de galanterie suivie de grossesse.

Furent présens N. Mont, demeurant d'une part; & Marie Vaquet, demeurante fille de Jean Vaquet, demeurant de lui pour ce présent assistée, d'autre part: Lesquelles Parties sont convenues & demeurées d'accord de ce qui ensuit. C'est à sçavoir, que ladite Marie Vaquet, du consentement de sondit pere, a par ces Présentes quitté & déchargé ledit Mont de toutes choses généralement quelconques qu'elle avoit droit de prétendre contre lui, pour raison du commerce qu'il auroit eu avec elle, dont elle est enceinte de quatre mois ou environ, moyennant la somme de cent soixante-quinze livres, que ladite Vaquet confesse avoir reçue dudit Mont, dont, &c. quittant, &c. à laquelle somme de cent soixante-quinze livres elle s'est bien voulu restraindre pour toutes choses généralement quelconques qu'elle pouvoit prétendre à l'encontre dudit Mont, pour raison de ce que dessus: à condition que ledit Mont ſera tenu, ainſi qu'il s'y oblige, de prendre ſoin de ladite Marie Vaquet pendant le tems de ſa groſſeſſe, lors du terme de laquelle il ſera tenu de payer les frais de ſes couches, & ne lui laiſſer manquer de rien en icelles, même de ſe charger de l'enfant qui en proviendra, comme de fait il s'en charge dès-à-préſent, pour le faire baptiſer ſur les Fonts de la Paroiſſe & le faire nourrir, élever & inſtruire en la Religion Catholique, Apoſtolique & Romaine ; comme auſſi lui faire apprendre un métier, & faire comme un pere de famille eſt tenu de faire pour ſes enfans légitimes, & le repréſenter toutefois & quantes qu'il en ſera requis par ledit Vaquet & ſadite fille ; ſans laquelle ſomme ci-devant donnée, charges, clauſes & conditions ci-devant énoncées, le Préſent n'auroit été paſſé. Et pour l'exécution duquel ledit Mont élit ſon domicile, &c.

Accord entre une mere & ſon fils, pour raiſon de l'administration qu'elle a eu de ſa perſonne & biens, & ce pour terminer leurs affaires ſans frais.

FUrent préſens Jeanne Petard, veuve en premieres noces de Jean Boyer, & en ſecondes de Jean Lefevre, demeurante d'une part ; & C. A. Boyer, fils dudit défunt & d'elle, demeurant d'autre part : Leſquelles Parties ont dit, ſçavoir ladite veuve, qu'après le décès dudit défunt J. Boyer, elle auroit fait faire Inventaire des biens de leur communauté par Notaire & ſon Confrere, le tant à ſa requête, à cauſe de ſa communauté, que comme Tutrice dudit Boyer fils, en la préſence de ſubrogé Tuteur dudit Boyer, dont la priſée des meubles a été faite par Que depuis ledit Inventaire elle auroit eu la tutelle & adminiſtration dudit Sieur ſon fils, à préſent majeur ; & que pour éviter aux frais d'un compte de tutelle & partage des biens de ladite communauté, enſemble de toutes les ſommes de deniers que ladite Jeanne Petard lui a fournies à pluſieurs & diverſes fois pour ſes beſoins & établiſſement, leſquels conſommeroient en partie les biens dudit Boyer ; ayant avec ſon conſeil pris communication dudit Inventaire à loiſir, enſemble du projet du compte que ſadite mere a fait faire, & de toutes les piéces juſtificatives de la recette & dépenſe par elle pour lui faites pendant ſadite tutelle juſqu'à cejourd'hui ; & pour terminer entre leſdites Parties à l'amiable & ſans frais leurs affaires, elles ſont convenues & demeurées d'accord de ce qui enſuit. C'eſt à ſçavoir, que ladite veuve Boyer a quitté & déchargé ledit Sieur ſon fils de tous les droits qu'elle peut avoir à l'encontre de lui, tant pour ſes dot, douaire & conventions matrimoniales, que deniers qu'elle lui a fournis, & autrement en quelque maniere que ce ſoit & puiſſe être, juſqu'à cejourd'hui, ſans aucune exception ni réſerve ; & outre cede & tranſporte, & promet garantir de ſes faits & promeſſes ſeulement audit Sieur ſon fils, ce acceptant, quarante-deux livres de rente au principal de huit cens quarante livres, conſtituée audit défunt Boyer par Bernard, par Contrat paſſé pardevant le lui ayant préſentement délivré & mis ès mains la groſſe dudit Contrat & quittance d'emploi concernant ladite rente, ainſi qu'il le reconnoît, dont elle le fait porteur, & le met & ſubroge en ſes droits, actions & hypotéques, pour par lui jouir de ladite rente en principal & arrérages, à commencer de cejourd'hui, & en faire & disposer comme de chose à lui appartenante. Et moyennant ce que dessus, ledit Boyer se tient content de tout ce qui lui pouvoit appartenir en la succession de sondit défunt pere, tant en meubles qu'immeubles, ensemble de tout ce que sadite mere peut lui être débitrice, à cause de sadite tutelle, en quelque maniere que ce soit & puisse être, sans aucune exception ni réserve; se quittant lesdites Parties respectivement de part & d'autre de toutes choses généralement quelconques, & sans que ci-après elles se puissent faire aucunes demandes l'une à l'autre, sous quelque prétexte que ce puisse être. Car ainsi, &c. Promettant, &c. Obligeant, &c. chacun en droit soi, &c. Fait & passé, &c.

Accord ou Convention entre une femme, Marchande publique, & un Particulier, par laquelle elle se restraint à une somme pour toutes les marchandises qu'elle lui a fournies.

FUrent présens M. Boulard, femme de Nicolas Potin, elle Marchande publique, demeurante d'une part; & Guillaume Moyer, demeurant d'autre part: Lesquelles Parties, pour terminer le procès qui est pendant entr'elles au Châtelet de Paris, au sujet de la demande faite par ladite Potin audit Sieur Moyer, de lui payer plusieurs marchandises qu'elle lui a fournies suivant son Mémoire & Parties de lui arrêtées; sur quoi seroit intervenu Sentence par défaut, à laquelle ledit Moyer auroit formé opposition & fourni de défenses. Sont les Parties, pour éviter à frais, convenues & demeurées d'accord de ce qui suit. C'est à sçavoir, que ladite Potin s'est bien voulu restraindre pour toutes choses généralement quelconques qu'elle pouvoit prétendre à l'encontre dudit Moyer, à la somme de cinquante livres, laquelle il promet & s'oblige de payer à ladite Potin en sa maison à Paris, ou au porteur, &c. sçavoir vingt-cinq livres dans un mois, & vingt-cinq livres un mois après; consentant, faute du premier payement, d'être contraint pour lesdites cinquante livres, nonobstant le susdit terme, dont il demeurera déchu: Promettant aussi de payer les frais dûs à Maître Procureur de ladite Potin, & faire ensorte qu'elle n'en soit aucunement recherchée; le tout à peine, &c. au moyen de quoi ledit procès demeurera nul & assoupi; & jusqu'au parfait payement desdites cinquante livres, ladite Sentence est demeurée ès mains de ladite Potin en son entiere force & vertu sans novation. Et pour l'exécution, &c.

CHAPITRE IV.

Des Désistemens.

DESISTEMENT, est la renonciation que fait un Particulier à une convention faite entre lui & un autre, ou à un droit qu'il peut avoir, ou à une poursuite, à une demande, ou à un appel interjetté d'une Sentence rendue contre lui.

En matiere criminelle, après un désistement d'accusation d'un crime qui ne mérite pas de peine afflictive, comme injure, le Procureur du Roi ne peut poursuivre, comme il a été jugé par Arrêt du 23 Avril 1678. Voyez Boniface, tome 5, livre 3, titre 12, chapitre 2. L'article 19 du titre 27 de l'Ordonnance criminelle de 1670 y est formel.

Ces sortes de désistemens en matiere criminelle sont si favorables, qu'un mineur n'est point restituable contre la remise par lui faite d'une réparation d'injures. Voyez Mornac sur la Loi *Auxilium*, *ff. de Minoribus*.

Désistement d'Assignation.

FUrent présens Pierre, &c. demeurant, &c. d'une part; & C. d'autre part; lesquels sont convenus de ce qui suit: sçavoir, que ledit Pierre s'est bien voulu désister par ces Présentes de l'assignation qu'il a fait donner pardevant audit C. pour raison de, &c. ensemble donne mainlevée de la saisie faite à sa requête de, &c. ce désistement fait moyennant la somme de que ledit C. promet payer, &c. Fait & passé, &c.

Désistement d'une Convention.

FUrent présens Messire Jacques de Malortye & Dame Marie-Anne Jubert sa femme, qu'il autorise à l'effet des Présentes, demeurans d'une part; & François Warin, Sieur des Forges, demeurant d'autre part; lesquelles Parties se sont par ces Présentes désistées de la convention passée entr'eux pardevant Notaires à Paris, le au sujet du recouvrement qui est à faire de ce qui reste dû, tant en principal qu'interêts, de la somme de deux cens mille livres par Sa Majesté, pour le recouvrement qu'elle devoit faire des maisons déclarées en ladite convention; consentant que ladite convention soit & demeure nulle & sans aucun effet; & en ce faisant, ledit Sieur a présentement remis & délivré audit Sieur Warin l'expédition en papier de ladite convention comme annullée, & toutes les piéces qui avoient été délivrées audit Sieur par icelle, dont ils le déchargent, sans aucuns dépens, &c. Consentant que dès-à-présent mention soit faite par tous Notaires sur la minute de ladite convention, pour ne servir avec les Présentes que d'une même chose; dont Acte, &c. Fait & passé, &c.

Désistement d'un Contrat de mariage.

FUrent présens d'une part, & & sa fille d'autre part; lesquelles Parties se sont volontairement désistées du Contrat de mariage d'entre ledit & ladite passé devant Notaires, le dont ils consentent la nullité comme non fait; au moyen de quoi lesdits & pourront se pourvoir par mariage avec telles personnes que bon leur semblera; se désistant en outre ledit de l'instance qu'il a intentée à l'encontre dudit & sa fille à l'Officialité de cette Ville à ce sujet par exploit de Huissier audit Châtelet, du dont il consent pareillement la nullité, & de tout ce qui s'en est ensuivi: Reconnoissant ledit avoir reçu dudit pere, la somme de pour toutes demandes, actions, prétentions, avances & déboursez qu'il auroit pû demander & prétendre pour raison de l'inexécution dudit Contrat de mariage de la part dudit & sa fille; les décharge de toutes choses généralement quelconques. Car ainsi, &c. Consentent lesdites Parties réciproquement qu'il soit fait mention du contenu en ces Présentes, par les premiers Notaires requis en leur absence, sur la minute dudit Contrat de mariage, ensemble sur toutes autres piéces qu'il appartiendra. Promettant, obligeant, renonçant. Fait & passé, &c.

Désistement de plainte en accusation de vol.

AUjourd'hui est comparu pardevant Pierre Hamelin, Marchand à Troyes, y demeurant ordinairement, étant de présent à Paris, logé lequel s'est volontairement désisté de la plainte par lui rendue pardevant le Sieur Commissaire le jour d'hier, à l'encontre du Sieur Jean Lauriere, au sujet du vol fait audit Comparant de & autres choses énoncées en ladite plainte, laquelle il consent demeurer nulle & comme non faite, pour le regard seulement dudit Sieur Lauriere, qu'il décharge de l'accusation faite contre lui par ladite plainte, & le reconnoît pour homme d'honneur & de probité, & non complice ni participant dudit vol; sans préjudice néanmoins audit Sieur Hamelin de l'effet de ladite plainte contre les autres dénommez en icelle; contre lesquels il réserve tous ses droits & actions, pour les faire valoir quand & ainsi qu'il avisera bon être. Promettant, obligeant, renonçant. Fait & passé, &c.

Autre Désistement de plainte en accusation d'injures & larcin.

AUjourd'hui sont comparues devant les Notaires à Paris soussignez, Catherine Varoquet, femme de Louis Moreau, Chantre de Notre-Dame de Bonnes-Nouvelles, de lui pour ce présent autorisée, demeurant rue

rue Beauregard, Paroisse Notre-Dame de Bonnes-Nouvelles; & Jeanne Pelerin, femme de Noël Lambotte, Cocher de place, de lui aussi pour ce présent autorisée, demeurant rue Beaubourg, Paroisse Saint Nicolas des Champs : lesquelles se sont par ces Présentes désistées & se désistent du contenu aux plaintes par elles rendues au sujet des paroles injurieuses par elles dites l'une à l'encontre de l'autre, & de toutes procédures qui s'en sont ensuivies; consentant que le tout demeure nul, sans aucuns dépens, dommages ni interêts de part ni d'autre, se reconnoissant pour femmes de bien & d'honneur, & promettant de ne plus récidiver, sous les peines au cas requises; reconnoissant ladite Catherine Varoquet que ladite femme Lambotte lui a remboursé les frais de sa plainte & procédures la concernant; ensemble lui a payé la valeur des tableaux & autres choses mentionnées en ladite plainte, qu'elle a remis à ladite femme Lambotte, qui le reconnoît. Promettant, obligeant, renonçant. Fait & passé, &c.

Désistement de plainte & réparation d'injures.

AUjourd'hui est comparu J. Vignon, Bourgeois de Paris, y demeurant, rue lequel a déclaré, que c'est sans sujet & très-mal-à-propos qu'il a injurié & dit des choses deshonnêtes contre Me A. Avocat en Parlement; reconnoissant ledit A. pour homme de bien & d'honneur, & non taché des injures par lui proférées & contenues dans la plainte & informations que ledit A. a rendue & fait faire; desquelles injures, ensemble des excès commis contre ledit A. il lui demande très-humblement pardon, & le prie de les vouloir oublier; comme aussi de vouloir se contenter de la somme de soixante livres pour les frais & dépens qu'il a faits à la poursuite de la réparation desdites injures & mauvais traitemens, promettant de n'y plus retomber, sous telle peine qu'il plaira à Justice : A ce faire étoit présent ledit Me A. demeurant lequel au moyen de ce que dessus, & à la considération des personnes de distinction qui ont sollicité pour ledit s'est par ces Présentes volontairement désisté de ladite plainte par lui rendue devant le Sieur Commissaire contre ledit Vignon, à cause desdites injures & excès; ensemble s'est désisté de l'information qu'il a fait faire en conséquence, & de tout ce qui s'en est ensuivi; consent que le tout demeure nul comme non fait, à condition par ledit Vignon de ne plus récidiver; & reconnoît avoir de lui reçu la somme de soixante livres, de laquelle il veut bien se contenter pour les frais & dépens par lui faits dans lesdites poursuites, & pour tous les dommages & interêts qu'il auroit pû prétendre, dont il le quitte & décharge. Promettant, &c. obligeant, &c.

Autre désistement de plaintes pour injures.

FUrent présens Jean Legris, Marchand, &c, & Marguerite, &c. sa femme, qu'il autorise à l'effet des Présentes, demeurans, &c. d'une part; & Louis Maurice, demeurant, &c. d'autre part : lesquels se sont par ces Présentes respectivement désistez & désistent des plaintes rendues de part & d'autre pardevant le Sieur Commissaire le pour raiſon des injures prétendues avoir été proferées par leſdites Parties les unes à l'encontre des autres, & autres cauſes portées eſdites Plaintes; conſentant leſdites Parties réciproquement, que leſdites plaintes & tout ce qui s'en eſt enſuivi ſoient & demeurent nulles comme non avenues; même ſe déſiſte ledit Maurice de l'aſſignation qu'il a fait donner en la Chambre Criminelle à Antoine, &c. conſentant auſſi qu'elle demeure nulle & ſans effet; le tout ſans aucuns dépens, frais, dommages & interêts: Promettant au ſurplus leſdits Legris & ſa femme, & ledit Maurice réciproquement, ne ſe méfaire, médire ni injurier l'un l'autre à l'avenir, ſous telles peines qu'il plaira à Juſtice arbitrer, ſe reconnoiſſans dès-à-préſent pour gens de bien & d'honneur. Promettant, &c. obligeant, &c. Fait & paſſé, &c.

Déſiſtement de plainte & procédure criminelle qui a ſuivi.

FUrent préſens Claude & Marie ſa femme, qu'il autoriſe à l'effet des Préſentes, demeurans leſquels remettent à Jean à préſent priſonnier au Châtelet de Paris, ſtipulant & acceptant par François, &c. à ce préſent & ſe faiſant fort dudit Jean, tout l'interêt civil, réparations, proviſions, frais, dépens, dommages & interêts, & autres choſes quelconques que leſdits Claude & ſa femme pourroient prétendre leur être adjugez à l'encontre dudit Jean, à cauſe des excès & voies de fait, paroles injurieuſes & ſcandaleuſes commiſes par ledit Jean contre leſdits Claude & ſa femme. Pour raiſon de quoi leſdits Claude & ſa femme auroient rendu plainte & fait informer pardevant Commiſſaire, &c. & obtenu decret de priſe de corps contre ledit Jean, en vertu duquel ledit Jean a été empriſonné eſdites Priſons, interrogé, & les témoins confrontez, & enſuite les concluſions de M. le Procureur du Roi; conſentent & accordent leſdits Claude & ſa femme, que leſdites informations, decrets de priſe de corps, pourſuites & procédures ſoient & demeurent de nul effet pour ledit Jean, & qu'icelui ſoit mis hors deſdites Priſons en conſéquence des Préſentes, qui ſont faites moyennant une déclaration que ledit Jean a fait cejourd'hui pardevant Notaires, qui a été préſentement miſe ès mains deſdits Claude & ſa femme, par laquelle en la préſence de quatre perſonnes y nommées, ledit Jean a déclaré que témérairement & comme mal aviſé, il avoit battu & excédé leſdits Claude & ſa femme, les prie de lui pardonner cette injure & de ne s'en plus ſouvenir, les reconnoiſſant pour gens d'honneur: & outre moyennant la ſomme de cent cinquante livres, pour le rembourſement de tous les frais & dépens faits par leſdits Claude & ſa femme à la pourſuite dudit procès criminel; laquelle ſomme leſdits Claude & ſa femme reconnoiſſent avoir reçue par les mains dudit François, &c. Dont, &c.

Offres & ſoumiſſion de faire réparation d'honneur.

AUjourd'hui eſt comparu devant les Notaires à Paris ſouſſignez, Jean Dumont, demeurant lequel a dit & déclaré que le dernier il ſe ſeroit emporté à une voie de fait contre Louis Dujour, qui auroit aussi-tôt rendu plainte contre lui, & auroit ensuite été renvoyé par Arrêt de la Cour pardevant Monsieur le Lieutenant Criminel, en état d'ajournement personnel; & comme la procédure étoit continuée par ledit Dujour, ledit Dumont, pour en prévenir les suites, reconnoît par ces Présentes, que c'est à tort, sans raison ni sujet qu'il a outragé ledit Dujour, & que c'est par une pure récrimination qu'il a de son chef fait informer, dont il se désiste purement & simplement; & prie ledit Dujour de lui remettre l'injure qu'il lui a faite, de lui accorder le pardon qu'il lui demande, & de se désister de ses justes poursuites & procédures, aux offres & soumission qu'il fait d'aller chez lui faire réparation d'honneur & lui demander pardon, en présence de tel nombre de parens & amis qu'il voudra: Promettant ledit Dumont de ne se trouver pendant années dans aucun lieu où sera ledit Dujour, & que s'il survient dans quelque maison où ledit Dujour se trouve, icelui Dumont se retirera aussi-tôt, & évitera avec grand soin la rencontre dudit Dujour; offrant en outre ledit Dumont lui payer tous frais, dépens qu'il aura faits, dont il sera cru à sa parole; & pour faire signifier ces Présentes, ledit Dumont constitue Procureur le porteur d'icelles. Promettant, &c.

Désistement mis ensuite de la soumission faite ci-dessus.

Aujourd'hui est comparu devant les Notaires à Paris soussignez, Paul-Etienne-Louis Dujour, demeurant lequel touché de l'état de repentir & soumission du Sieur Jean Dumont, résultans de son Acte de cejourd'hui, & voulant donner des marques du respect qu'il a pour les personnes de considération qui lui en ont parlé, ausquelles il remet tout ressentiment, se désiste par ces Présentes de sa plainte & de toutes poursuites & procédures criminelles qu'il auroit commencées le contre ledit Dumont, & de tout ce qui s'en est ensuivi: consent que le tout soit & demeure terminé & assoupi; lui remet le pardon qu'il a offert lui demander en sa maison, en présence de ses parens & amis; ensemble tous les frais & dépens, dommages & interêts qu'il auroit pû prétendre contre lui; à la charge toutefois par ledit Dumont d'exécuter ponctuellement le surplus de ce qui est porté par sa déclaration & soumission de cejourd'hui. Promettant, &c. obligeant, &c.

CHAPITRE V.

Des Oppositions.

OPPOSITION, est un Acte judiciaire, par lequel on forme opposition à quelque chose. Par exemple, on forme opposition à un mariage, pour empêcher que des personnes qui veulent se marier passent outre à la célébration du mariage: on forme aussi opposition à une vente d'une chose mobiliaire ou immobiliaire, pour empêcher qu'on ne passe outre, ou au moins qu'il n'y soit procédé qu'à la charge de la conservation de ses droits.

Il y a trois différentes sortes d'oppositions qui se font à des criées; mais comme ce n'est pas ici le lieu d'en faire l'explication, le Lecteur peut voir là-dessus l'Introduction à la Pratique, ou le Stile du Châtelet.

Ce que nous venons de dire en général des oppositions, doit suffire pour faire connoître la nature des Actes que nous rapporterons dans ce Chapitre, d'autant qu'ils regardent le ministere des Notaires, & se passent par eux, si l'on veut; car on peut aussi les former par le ministere d'un Huissier.

Opposition à un Mariage.

AUjourd'hui est comparu pardevant les Notaires à Paris soussignez, Charles lequel a par ces Présentes déclaré qu'il s'oppose à la célébration de mariage d'entre Jacques avec Marie pour les causes & moyens que ledit Charles déduira en tems & lieu, dont il a requis Acte ausdits Notaires, à lui octroyé. Et pour faire signifier ces Présentes à tous ceux qu'il appartiendra, ledit Charles a fait & constitué son Procureur le porteur d'icelles, lui en donnant tout pouvoir, &c.

Opposition à une Vente de meubles.

AUjourd'hui est comparu, &c. Charles, &c. lequel a dit & déclaré qu'il s'est par ces Présentes opposé à la vente & délivrance des biens meubles saisis sur Jacques, &c. à la requête de Claude, &c. par Exploit du jour, &c. pour les causes & moyens qu'il déduira en tems & lieu, dont Acte. Et pour faire signifier cesdites Présentes à qui il appartiendra, ledit Charles a constitué son Procureur Me Procureur au Châtelet, auquel il a donné & donne pouvoir de faire pour cet effet tout ce qui sera besoin & nécessaire, &c.

CHAPITRE VI.

Des Main-levées.

MAIN-LEVÉE, est un Acte qui détruit une saisie ou une opposition que nous avons formé à quelque chose, soit qu'il soit consenti par la Partie, soit qu'il soit prononcé en Justice.

Ainsi donner main-levée, est lever & ôter l'autorité de Justice sur la chose saisie, & en rendre à la Partie saisie la libre jouissance, telle qu'elle l'avoit avant la saisie; & en fait d'opposition, donner main-levée, est lever l'empêchement qu'on avoit formé par autorité de Justice à quelque chose, & consentir que les Parties contre qui l'opposition avoit été formée passent outre, si bon leur semble.

Main-levée de saisie & arrêt.

AUjourd'hui est comparu, &c. Charles, &c. lequel a fait & donné pleine & entiere main-levée à Claude, &c. des saisies & arrêts faites à sa requête sur ledit Claude, entre les mains des locataires de sa maison, sise rue, &c. & entre les mains de Nicolas, &c. des arrérages d'une rente de, &c. dûe audit Claude par ledit Nicolas; consentant ledit Charles que lesdites saisies & arrêts soient & demeurent nulles, & que lesdits locataires & ledit Nicolas payent & vuident leurs mains en celles dudit Claude, ou de qui il appartiendra, de ce qu'ils lui doivent; quoi faisant, ils en seront bien & valablement quittes & déchargez à son égard, comme il le consent par ces Présentes; le tout sans préjudice de son dû, tant en principal, interêts, que frais & dépens. Promettant, &c. Fait & passé à Paris ès Etudes des Notaires, &c.

Main-levée d'une saisie-réelle & opposition.

AUjourd'hui est comparu pardevant les Notaires à Paris soussignez, Charles, &c. lequel a par ces Présentes fait & donné pleine & entiere main-levée à Jacques, &c. de la saisie-réelle & établissement de Commissaire, faits à sa requête par Exploit de Jean B. Huissier, &c. d'une maison appartenante audit Jacques, sise à Paris, &c. où est pour enseigne, &c. ensemble de l'opposition aussi formée à sa requête au Greffe du Châtelet de Paris, aux criées, vente & adjudication par decret d'une autre maison sise, &c. appartenante audit Jacques, & sur lui saisie réellement à la requête de, &c. consentant que le tout soit & demeure nul, comme non fait ni avenu, & soit rayé de tous registres où lesdites saisies & oppositions auroient été enregistrées, & que M.   Commissaire & Receveur général aux Saisies-réelles, établi au régime & gouvernement desdites deux maisons & héritages, paye & vuide ses mains en celles dudit Jacques des deniers qu'il a reçus des loyers d'icelles; quoi faisant, il en demeurera bien & valablement quitte & déchargé à son égard, comme il le consent par ces Présentes, à la charge par ledit débiteur de payer tous les frais & dépens; le tout sans par ledit Charles aucunement préjudicier à ce qui peut lui être dû par ledit Jacques, tant en principal, que frais & dépens.

A ce faire sont intervenus Marie, &c. femme dudit Jacques, & de lui pour ce présent autorisée à l'effet des Présentes, demeurant, &c. Antoine, frere de ladite Marie, &c. lesquels ont reconnu qu'à leur priere ledit Charles, &c. a bien voulu donner la main-levée ci-dessus. Pourquoi lesdits Marie autorisée comme dessus, & Antoine son frere, ont promis, & se sont obligez par ces Présentes solidairement avec ledit Jacques, l'un pour l'autre, un d'eux seul pour le tout, sous les renonciations requises, de lui payer, ou au porteur des Présentes, dans un mois au plus tard, la somme de, &c. Obligeant solidairement comme dessus, &c.

Main-levée générale.

AUjourd'hui est comparu Charles, &c. lequel a fait & donné pleine & entiere main-levée à Jacques, &c. de toutes & chacunes les saisies & arrêts faites à la requête dudit Charles entre les mains de ses débiteurs, locataires & autres personnes, même des exécutions de ses meubles; consentant ledit Comparant que lesdites saisies, arrêts & exécutions soient & demeurent nuls & de nul effet, comme non faits ni avenus; & que lesdits débiteurs, locataires & gardiens payent & vuident leurs mains de tout ce qu'ils lui peuvent devoir, en celles de qui il appartiendra; quoi faisant, ils en seront & demeureront valablement déchargez, comme par ces Présentes il les décharge. Promettant, &c.

Main-levée pure & simple au sujet de deniers saisis.

AUjourd'hui est comparu devant les Notaires à Paris soussignez, Louis lequel a fait & donné main-levée pure & simple de la saisie & arrêt faite à sa requête entre les mains de Jean sur Louis consent qu'elle demeure nulle & sans effet, & que ledit Jean paye & vuide ses mains de ce qu'il peut devoir audit Louis; quoi faisant, il en sera & demeurera bien & valablement déchargé à son égard, comme il le consent par ces Présentes. Promettant, &c.

Main-levée particuliere au sujet d'une saisie réelle.

AUjourd'hui est comparu devant les Notaires à Paris soussignez, J. Dumont, demeurant lequel a fait & donné pleine & entiere main-levée des saisies & oppositions formées à sa requête sur Messire Jean entre les mains de Me M. Commissaire aux Saisies-réelles; consent qu'elles demeurent nulles, comme non faites ni avenues, & soient rayées de tous régistres où elles se trouveront registrées; quoi faisant, tous gardiens, dépositaires & autres en demeureront déchargez à son égard, comme il le consent. Promettant, &c.

Main-levée de loyers, avec réserve portant quittance de frais.

AUjourd'hui est comparu devant les Notaires soussignez, Louis lequel a fait & donné main-levée pure & simple à J. B. des saisies & arrêts qu'il a fait faire entre les mains de ses locataires & débiteurs; consent qu'elles demeurent nulles & sans effet, & que lesdits locataires & débiteurs payent & vuident leurs mains en celles du Sieur Chevalier, ou autre qu'il appartiendra; quoi faisant, ils en seront bien & valablement déchargez à ſon égard, comme il le conſent ; le tout ſans préjudice de ſes dûs, droits, actions & hypotéques, dans leſquels il entend être conſervé ſans novation ; reconnoiſſant avoir été payé de ſes frais qui lui étoient dûs, dont il eſt content, quitte & décharge ledit Promettant, &c.

Main-levée par un Tuteur avec réſerve.

AUjourd'hui eſt comparu devant les Notaires à Paris ſouſſignez, Jean au nom & comme Tuteur des enfans mineurs de défunts leurs pere & mere ; lequel en ladite qualité, & ſans préjudice des droits, actions & hypotéques deſdits mineurs, a fait & donné main-levée pure & ſimple à de toutes les ſaiſies & arrêts qui ont été formées à la requête deſdits pere & mere ſur ledit entre les mains de ſes fermiers, débiteurs & locataires ; conſent audit nom que leſdits débiteurs, fermiers & locataires payent & vuident leurs mains de tout ce qu'ils pourront devoir ; quoi faiſant, ils en ſeront & demeureront déchargez à ſon égard. Promettant, &c.

Main-levée d'une oppoſition à un ſcellé.

AUjourd'hui eſt comparue pardevant les Notaires à Paris ſouſſignez, Dame Nicole Dupré, veuve du Sieur Thomas Delorme, Bourgeois de Paris, demeurant rue & Paroiſſe S. Germain l'Auxerrois ; laquelle a par ces Préſentes fait & donné pleine & entiere main-levée de toutes les ſaiſies, arrêts, oppoſitions & empêchemens généralement quelconques, faites & formées à ſa requête ſur la ſucceſſion & héritiers de feu Me Nicolas Avonde, Prêtre du Diocèſe de Paris, ès mains de tous débiteurs & redevables quelconques ; enſemble de l'oppoſition formée à la requête de ladite Dame veuve Delorme, au ſcellé appoſé ſur les biens & effets demeurez après le décès dudit Sieur Nicolas Avonde, par le Sieur Commiſſaire R. conſent que le tout demeure non fait & rayé de tous regiſtres, & décharge tous ceux qu'il appartiendra, sans préjudice à ladite Dame Delorme de ſes dûs, droits, actions & hypotéques. Promettant, &c.

CHAPITRE VII.

Des autres Actes qui ſe font en conſéquence des Procès.

IL ſe fait pour raiſon & en conſéquence des procès, pluſieurs autres Actes que ceux que nous venons de donner. Comme il y en a de différentes ſortes, & qu'il eſt impoſſible de les prévoir tous, nous nous contenterons de rapporter en cet endroit les plus ordinaires.

Consentement donné par un mari à sa femme, pour toucher des deniers appartenans au mari.

AUjourd'hui est comparu pardevant, &c. Louis demeurant à lequel a par ces Présentes consenti que Marie son épouse, qu'il autorise à l'effet ci-après, touche & reçoive deux années de ses gages de sa Charge de échues au mois de par elle saisis entre les mains de Monsieur Trésorier de l'Extraordinaire des Guerres, comme aussi celles qui échéront & lui seront dûs à l'avenir, tant qu'il sera pourvû de ladite Charge, sans qu'il soit besoin d'autre consentement; & en payant par ledit Sieur Trésorier ou autre qu'il appartiendra à sadite épouse lesdits gages, il en demeurera bien & valablement quitte & déchargé envers ledit Comparant, ainsi qu'il le consent. Promettant, &c.

Consentement d'élargir un Prisonnier.

AUjourd'hui est comparu, &c. Charles, lequel a par ces Présentes fait & donné pleine & entiere main-levée de l'emprisonnement & écroue, ou recommandation par lui faite de la personne de ès Prisons de consent que ledit écroue soit rayé & biffé, & que ledit soit mis hors desdites Prisons; quoi faisant, le Géolier sera bien & valablement déchargé à son égard, comme il le consent. Promettant, obligeant, renonçant, &c.

NOTA. Si c'est la personne qui fait l'Acte qui l'ait fait mettre prisonnier, il faudra mettre où il a été constitué à sa requête; s'il n'a fait qu'une recommandation, on mettra où il est détenu prisonnier.

Promesse d'un Prisonnier de se réintégrer, avec intervention de Caution.

FUt présent Charles, &c. demeurant à de présent détenu ès Prisons de, &c. amené entre les deux guichets, comme lieu de liberté, pour passer ces Présentes; lequel a déclaré & reconnu qu'à sa priere & supplication, Maître Jean, &c. Commissaire, pour lui procurer son élargissement, s'est bien voulu charger de sa personne, & a promis de le réintégrer esdites Prisons toutes fois & quantes, par Acte passé au Greffe de la Cour de Parlement cejourd'hui, en conséquence de l'Arrêt de ladite Cour du jour du présent mois, rendu entre lui & Nicolas, &c. à la requête duquel il a été constitué prisonnier. Pourquoi ledit Charles a promis & s'oblige par ces Présentes envers ledit Sieur Commissaire à ce présent, de se représenter & réintégrer esdites Prisons dans huit jours prochains, ou de consigner la somme de faute de payement de laquelle il a été constitué prisonnier à la requête de ou autrement, le faire décharger de ladite garde

garde & charge de sa personne, & de l'acquitter & indemniser de toutes pertes, dépens, dommages & interêts pour raison de ce.

A ce faire sont intervenus & furent présens Damoiselle Marie, &c. femme dudit Charles, & de lui autorisée à l'effet qui ensuit, demeurante, &c. & M. Claude *un tel*, lesquels se sont volontairement rendus & constituez cautions dudit Charles, &c. envers ledit M. Jean Commissaire; & ce faisant, se sont pour & avec ledit Charles solidairement l'un pour l'autre, sous les renonciations de droit, obligez à l'exécution de toutes les clauses & stipulations énoncées en l'acte ci-dessus, dont & du tout ils font leur propre fait, dette & affaire, comme principaux obligez. Promettant, &c. *Election de domicile, &c.*

Acte de cautionnement pour délivrer un Prisonnier.

FUt présent Pierre, &c. lequel desirant satisfaire à la demande & supplication qui lui a été faite par demeurant à ce présent, de vouloir bien consentir l'élargissement de la personne de Charles hors des prisons de où il l'avoit fait constituer prisonnier, faute de payement de la somme de que ledit Charles & sa femme lui devoient par, &c. & au payement de laquelle somme de ledit Charles a été condamné & par corps par Sentence, &c. C'est pourquoi ledit Pierre a promis & s'est obligé par ces Présentes envers ledit Maître Jacques, de représenter & réintegrer ledit Charles esdites Prisons, toutes fois & quantes qu'il en sera par ledit Jacques requis, ou de lui payer, faute de faire ladite représentation trois jours après une simple sommation, ladite somme de interêts & dépens, sans aucune forme de procès; & en cas que ledit Pierre lui fît ledit payement, a été convenu entre les Parties que ledit Jacques le subrogera en son lieu pour la répétition de ladite somme contre ledit Charles & sa femme, & lui en fera transport, sans toutefois aucune garantie, restitution de deniers, ni recours quelconques, si ce n'est de ses faits & promesses seulement, & lui remettra ès mains les obligations, Sentence, piéces & procédures, &c.

Désaveu d'un emprisonnement.

AUjourd'hui est comparu pardevant les Notaires, &c. Jacques lequel a dit & déclaré qu'il n'a donné aucune charge à Claude Huissier, de faire emprisonner un nommé Charles, lequel il a constitué prisonnier ès prisons de à la requête dudit Jacques, sous prétexte de & au préjudice de ce que ledit Jacques a dit audit Claude qu'il ne se portoit point Partie contre ledit Charles: Déclare qu'il désavoue ledit emprisonnement, & en tant que besoin seroit, consent qu'il soit & demeure nul, & que ledit Charles soit élargi & mis hors desdites prisons; quoi faisant par le Geolier, il en sera bien & valablement déchargé, comme il le consent à son égard, dont & de quoi ledit Charles a requis Acte aux Notaires soussignez, pour lui servir & valoir ce que de raison, & afin de recouvrer les dommages & intérêts dudit Charles contre ledit Claude & autres qu'il appartiendra. Fait & passé, &c.

Acte d'Appel d'une Sentence.

AUjourd'hui est comparu pardevant, &c. Jacques lequel a déclaré qu'il se porte par ces Présentes Appellant d'une Sentence contre lui rendue par le au profit de Claude ensemble de tout ce qui s'en est suivi, pour les raisons, torts & griefs à lui faits par ladite Sentence, qu'il déduira en tems & lieu, dont il a requis Acte ausdits Notaires, à lui octroyé: Pour lequel faire signifier audit Claude, & à tous autres qu'il appartiendra, ledit Jacques a fait & constitué son Procureur le porteur des Présentes, auquel il en donne pouvoir. Fait & passé, &c.

Séparation volontaire d'habitation seulement entre mari & femme.

AUjourd'hui sont comparus, &c. Sieur & Damoiselle sa femme, de lui autorisée à l'effet des Présentes, demeurans à lesquels pour considérations à eux connues, qu'ils n'ont desiré exprimer, & après avoir pris avis de leurs Conseils & dans leur famille, pour le bien de la paix & le salut de chacun d'eux, sont convenus & ont accordé ensemble ce qui suit. C'est à sçavoir, que ledit Sieur a consenti que ladite Damoiselle sa femme, dont il connoît la vertu, les bonnes moeurs, & la conduite réguliere & irréprochable, se retire & aille demeurer, soit avec la Dame sa mere, soit en telle autre maison particuliere que bon lui semblera: Et en conséquence, pour satisfaire à l'obligation naturelle où est ledit Sieur en sa qualité de mari & de maître de la communauté d'entr'eux, d'administrer & fournir à ladite Damoiselle sa femme, ses logemens, nourritures & entretiens selon son état, il promet & s'oblige de payer à ladite Damoiselle sa femme en cette Ville, deux mille livres par chacun an par forme de pension ou provision alimentaire, aux quatre quartiers accoutumez également, dont le premier payement, à compter du premier échera le & ainsi continuer d'année en année par quartier, & ce en attendant & jusqu'à ce qu'il plaise à Dieu réunir leurs esprits, & rétablir l'union conjugale & indissoluble, à laquelle ils entendent bien ne pouvoir par ces Présentes donner aucune atteinte, non plus qu'à leur communauté de biens & conventions matrimoniales; & sauf à recourir à l'autorité de la Justice, pardevers laquelle ils sont informez qu'ils doivent se pourvoir; & en cas, ce qu'à Dieu ne plaise, qu'il y eût lieu ci-après à faire prononcer leur séparation de corps & de biens. Car ainsi a été convenu, &c.

Cet Acte est une espéce de Transaction. L'usage est de stipuler, quand la séparation n'est pas prononcée par le Juge, *que jusqu'à ce qu'il plaise à Dieu réunir leurs esprits, ils demeureront séparément*, & de faire homologuer la Transaction en Justice: & lorsque la séparation est prononcée, il y a lieu entre personnes de considération & de distinction, qui par les pertes & les malheurs des tems, les retranchemens & suppressions, craignent que ce qui leur reste de bien ne soit consommé par les héritiers du mari, de faire céder par le mari à sa femme du bien pour ses droits liquidez par la Sentence. Il faut que la femme, pour faire honneur à son mari, & lui conserver sa dignité, le fasse son Procureur pour recevoir tous ses revenus, à la charge par lui de lui donner une somme raisonnable par an pour son entretien & logement.

Renonciation par une femme, pour parvenir à une séparation de communauté.

AUjourd'hui est comparue Dame Marie *une telle*, épouse de Messire autorisée par Justice à la poursuite de ses droits, demeurante laquelle déclare que pour parvenir à la séparation de biens qu'elle a intentée contre ledit Sieur son mari, elle renonce par ces Présentes à la communauté de biens stipulée entr'eux par leur Contrat de mariage, se tenant aux biens & droits à elle appartenans & résultans d'icelui, pour la répétition desquels elle a formé sa demande en séparation, affirmant n'avoir pris ni appréhendé aucuns effets de ladite communauté; & pour faire insinuer & signifier ces Présentes, ladite Dame Comparante a fait & constitué son Procureur le porteur, lui en donnant pouvoir. Promettant, &c. obligeant, &c. Fait & passé, &c.

Rétablissement de communauté.

FUrent présens Louis Delisle & Catherine Morinville sa femme, qu'il autorise à l'effet des Présentes, demeurans, &c. lesquels ont dit que la difficulté & les inconvéniens des tems précédens auroient engagé ladite Damoiselle Morinville à intenter contre sondit mari une séparation de biens qui auroit été prononcée par Sentence du dont ledit Delisle auroit formé son appel au Parlement, sur lequel appel ils sont incertains qu'il soit intervenu d'Arrêt. Mais comme les raisons qui avoient lors porté ladite Damoiselle Morinville à demander ladite séparation ne subsistent plus, & que d'ailleurs ils sont dans le dessein de rétablir ladite communauté de biens d'entr'eux, lesdits Sieur & Damoiselle Delisle se sont par ces Présentes respectivement désistez, tant de ladite Sentence de séparation & appel d'icelle, que de ce qui a été fait pour y parvenir & s'en est ensuivi; consentent que le tout soit & demeure nul comme non fait ni avenu, & soit rayé de tous registres & tableaux, & en conséquence déclarent qu'ils entendent vivre & demeurer ensemble en pleine & entiere communauté de biens, tant pour le passé que pour l'avenir, de la même maniere & ainsi qu'ils ont fait jusqu'au jour que ladite instance a été intentée, & ce suivant & conformément aux clauses & conditions de leur Contrat de mariage, qui aura son exécution en tout son contenu, sans y déroger, innover, ni préjudicier en façon quelconque, dont acte; pour lequel faire insinuer, si besoin est, au Greffe des Insinuations du Châtelet de Paris ou ailleurs, & signifier à toutes personnes qu'il appartiendra, même, s'il est nécessaire, obtenir sur icelui toutes Sentences & Jugemens, les Parties constituent leur Procureur général, spécial & irrévocable au Châtelet & au Parlement, le porteur des Présentes, lui en donnant pouvoir. Promettant, obligeant chacun à son égard, renonçant. Fait & passé, &c.

Réparation d'honneur.

AUjourd'hui est comparu, &c. Louis Meunier, demeurant lequel a dit qu'il étoit assigné à la requête de garçon Rôtisseur à Paris, pardevant Monsieur le Lieutenant Criminel de cette Ville de Paris, par Exploit de Huissier, à l'effet de faire réparation d'honneur audit sur les faits mentionnez audit Exploit, que ledit a avancé avoir été dits & proférez contre son honneur par ledit Comparant; & comme il a toujours connu ledit pour personne de bien & d'honneur, & n'a point, comme ledit le soutient mal-à-propos, dit ni proféré aucune chose contre son honneur & réputation, & voulant faire cesser dès-à-présent les demandes & conclusions portées audit Exploit, a par ces Présentes déclaré qu'il reconnoît ledit pour personne de bien & d'honneur, & qu'il n'a point dit ni proféré le contraire; dont acte, &c. Fait & passé, &c.

LIVRE QUINZIÉME.

Des Actes concernant les Fiefs & les Droits Seigneuriaux & Féodaux.

COMME les Actes qui se font pour raison des Fiefs & des Droits seigneuriaux & féodaux ont des régles & des clauses particulieres, nous avons jugé à propos d'en faire un Livre séparé : c'est pourquoi nous donnerons ici les Actes qui concernent cette matiere, après avoir néanmoins donné quelques principes généraux sur la matiere des Fiefs ; afin qu'étant instruit des maximes, on soit en état d'entendre la nature de ces Actes, & plus capable de les rédiger par écrit.

Mais avant que d'expliquer la matiere des Fiefs, je crois devoir donner ici une idée de la différente nature des véritables immeubles.

Ils se divisent parmi nous en Fiefs, héritages tenus en censives, & en franc-aleu.

Fief, est un héritage tenu du Roi ou d'autre Seigneur à foi & hommage, & à la charge de quelques autres droits, comme nous dirons ci-après.

Héritage tenu en censive, est un héritage chargé de cens envers le Seigneur censier : & cet héritage est par conséquent roturier ; car les Fiefs ne peuvent être chargez de cens.

Franc-aleu, est un héritage exempt de tous droits seigneuriaux, & qui ne reconnoît aucun Seigneur ; ensorte que le propriétaire d'icelui n'est point tenu de la foi à aucun Seigneur, ni payer aucuns droits ni rentes annuelles pour marque directe, seigneuriale, ni autres droits en conséquence de son acquisition.

Voyez dans l'Introduction à la Pratique ce que M. de Ferriere a dit sous les mots de Cens, Censives & Franc-aleu.

CHAPITRE PREMIER.

Des Fiefs, & de la Foi & Hommage.

FIEF est, comme nous venons de dire, un héritage tenu du Roi ou d'autre Seigneur à foi & hommage, & à la charge de quelques autres droits.

Celui qui le posséde est appellé Vassal, & celui de qui cet héritage releve est appellé Seigneur. Ainsi le Seigneur de l'héritage s'étant réservé la propriété directe, n'a transféré au Vassal que la propriété utile, à la charge de la fidélité & de quelques droits & redevances.

Le Fief consiste donc en la pleine propriété utile & jouissance de quelque héritage, ou de quelque droit immobilier qu'il tient d'autrui, à la charge de la fidélité, & de tels droits & redevances que s'est réservé celui qui en a fait la concession.

Mais il faut remarquer qu'il n'y a proprement que la fidélité qui soit de l'essence du Fief; car pour les autres droits, ils n'en sont que l'accessoire, & l'on trouve encore des Fiefs qui n'en doivent aucuns.

On distingue les Fiefs en Fiefs dominans & Fiefs servans. Le Fief dominant est celui dont un autre releve; & le Fief servant est celui qui releve d'un autre. Ainsi un Fief peut être servant à l'égard d'un Fief, & dominant à l'égard d'un autre.

Il y a des Fiefs de dignité, comme les Duchez, Comtez, Marquisats & Principautez; & des Fiefs simples sans dignité.

Les Fiefs se divisent encore en Fiefs nobles & en Fiefs roturiers. Le Fief noble est celui qui a Justice, soit haute, moyenne ou basse, ou qui a censive ou Fief mouvant de lui, ou fossez, maison forte, & autres marques d'antiquité de noblesse. Les non nobles sont ceux qui n'ont aucune de ces qualitez & distinctions.

Il y a d'autres divisions de Fief, que M. de Ferriere a expliqué dans son Introduction à la Pratique.

La nature & la qualité du Fief oblige le propriétaire, détempteur & possesseur d'icelui, à certains devoirs & droits envers le propriétaire du dominant. Ces droits de Fiefs sont honorables, comme la foi & hommage; ou utiles, comme le droit de relief, de quint, de requint, de retrait féodal, & de commise.

La foi & hommage est le serment de fidélité que le Vassal est tenu de faire au Seigneur du Fief dont il releve; & par ce moyen il devient l'homme & le Vassal de son Seigneur. C'étoit autrefois un gage, que ceux qui donnoient leurs terres en Fief, exigeoient de leurs Vassaux pour les servir à la guerre contre leurs ennemis; mais la foi & hommage n'est aujourd'hui qu'une simple formalité & une marque d'honneur.

La foi & hommage est dûe en toutes mutations; & pour sçavoir le tems dans lequel elle doit être faite, il faut distinguer entre la mutation qui est arrivée de la part du Seigneur, & celle qui est arrivée de la part du Vassal.

Quand la mutation s'est faite de la part du Seigneur, le Vassal n'est tenu de rendre la foi & hommage que dans les quarante jours après qu'elle lui a été notifiée dans la forme prescrite par la Coutume.

Si la mutation est arrivée de la part du Vassal, celui qui entre en sa place doit rendre la foi & hommage dans les quarante jours, à compter depuis la mort du dernier Vassal, ou depuis l'aliénation de l'héritage. Il y a cependant quelques Coutumes qui obligent le Vassal de faire la foi & hommage incontinent après la mutation, lorsqu'elle est arrivée autrement que par la mort.

Suivant le Droit commun, la foi & hommage doit être faite au propriétaire du Fief dominant, ou à une personne ayant charge de lui pour la recevoir.

Mais si ce Procureur étoit de vile condition, le Vassal ne seroit pas tenu de le reconnoître, & il pourroit faire la foi & hommage comme en cas d'absence.

Il y a même des Coutumes qui portent expressément, que le porteur de procuration du Seigneur soit homme qualifié.

De ce que la foi & hommage doit être faite au propriétaire du Fief dominant, il s'ensuit qu'elle ne peut être faite à l'usufruitier. C'est pour cette raison que les hommages des terres engagées par le Roi doivent être faites au Roi, & non pas aux Engagistes.

Il est bien vrai que les Apanagistes des Fiefs relevent de leurs apanages, mais c'est à la charge de renvoyer tous les ans à la Chambre des Comptes de Paris des copies dûement signées des réceptions qui en ont été faites. Il s'ensuit aussi de ce même principe, que la foi & hommage ne peut être faite aux Officiers de la Justice du Seigneur dominant ; parce que l'hommage regarde le Fief, & non la Justice. Il y en a même plusieurs sans Justice, qui ne laissent pas d'avoir des Vassaux.

S'il y a plusieurs Seigneurs en possession du Fief dominant, la foi & hommage doit être faite à chacun d'eux : mais si la mouvance est contestée entre plusieurs Seigneurs, chacun d'eux prétendant que le Fief releve de lui, en ce cas le Vassal peut se faire recevoir par main souveraine sur une simple Requête présentée au Juge Royal, & ne faire la foi qu'après la contestation jugée, suffisant de s'avouer Vassal, sans dire de qui.

En conséquence, le Vassal conclut à ce que main-levée lui soit faite de la saisie féodale, si aucune a été faite par l'un de ceux qui se prétendent Seigneurs du Fief dominant.

S'il n'y a point de saisie féodale, le Vassal n'est pas moins en droit de se faire recevoir par main souveraine, lorsque les prétentions des Seigneurs lui ont été notifiées par quelque Acte, ou que la contestation paroît prête à se former. Pour être reçu par main souveraine, le Vassal doit consigner en Justice les droits dûs pour la mutation qui a donné lieu au combat de Fief.

La foi & hommage des Fiefs de dignité qui sont de la mouvance du Roi, doit être faite au Roi, à Monsieur le Chancelier, ou à la Chambre des Comptes ; & pour ce qui est des Fiefs qui sont sans dignité, la foi en doit être faite à la Chambre des Comptes, ou au Bureau des Trésoriers de France de leur ressort.

Les Gens d'Eglise, qui ont l'administration du temporel, peuvent recevoir la foi & hommage des mutations arrivées en leur mouvance à cause de leurs Bénéfices. Le mari qui est en communauté avec sa femme, peut aussi recevoir la foi & hommage des Vassaux de la Seigneurie à elle appartenante.

La foi & hommage doit être faite, suivant le Droit commun, par le propriétaire du Fief servant, qui doit être présent en personne, de quelque naissance que soit le Vassal.

Il y a néanmoins des cas où le Vassal peut faire la foi & hommage par procureur, sçavoir quand le Vassal est malade d'une longue maladie ; s'il est vieux & impotent, insensé ; s'il est empêché par guerre, troubles, inondations, ou à cause de l'exercice de quelque Charge publique qui demande résidence

dence actuelle. Dans ce cas le Seigneur eſt tenu de recevoir la preſtation de ſerment de fidélité par procureur, ou donner délai ou ſouffrance au Vaſſal, tant que dureront les empêchemens; laquelle ſouffrance vaut foi tant qu'elle dure.

Le procureur qui veut porter la foi & hommage pour un autre, ne le peut faire qu'en vertu d'une procuration ſpéciale, qui doit contenir les cauſes d'excuſe & l'affirmation du Vaſſal qu'elles ſont véritables. Le titre de la mutation doit y être énoncé; & en cas d'acquiſition, le Contrat doit être repréſenté.

La foi & hommage ſe fait auſſi par procureur, lorſque le Fief eſt poſſédé par des Gens de main-morte.

Les mineurs font la foi & hommage par leurs tuteurs & curateurs, à moins que le Seigneur ne leur donne délai & ſouffrance juſqu'à leur majorité féodale.

Pour la preſtation de foi & hommage, la majorité eſt eſtimée pour les mâles à vingt ans accomplis, & pour les filles à quinze ans.

Il faut auſſi que le Seigneur ait atteint cet âge pour donner ſouffrance à ſes Vaſſaux; autrement ce ſeroit à ſon tuteur ou curateur à la leur donner.

Le curateur aux biens vacans peut auſſi porter la foi & hommage au Seigneur, à la décharge de la ſucceſſion vacante.

Les créanciers du Vaſſal qui ont fait ſaiſir ſon Fief, peuvent pour & au lieu du Vaſſal, offrir au Seigneur de lui faire foi & hommage par un curateur ou commiſſaire établi à cet effet.

Ainſi le curateur ou commiſſaire établi à la requête des créanciers à un Fief ſaiſi réellement, ſoit avant ou depuis la ſaiſie féodale, peut au refus du Vaſſal, & après ſommation à lui faite, porter la foi & hommage pour prévenir la ſaiſie féodale, ou en obtenir main-levée, ſi elle a été faite, ſans préjudice au Seigneur des fruits échus depuis la ſaiſie.

Le Seigneur eſt donc tenu de recevoir à foi & hommage ce curateur ou commiſſaire, ſi mieux il n'aime donner ſouffrance au Vaſſal, ſauf à lui à s'oppoſer au decret pour la ſureté de ſes droits.

Le fils aîné faiſant foi & hommage au Seigneur féodal, acquitte ſes ſœurs, au cas qu'il la faſſe pour lui & pour elles.

Le mari fait foi & hommage pour ſa femme pendant le mariage.

Les baillistres & gardiens font la foi & hommage pour les mineurs dont ils ont la garde.

La femme douairiere peut faire la foi & hommage au nom des héritiers de son mari, après sommation à eux faite d'y satisfaire, & à leur refus ou absence; & le Seigneur est tenu en ce cas de la recevoir, sinon lui donner souffrance pendant que son douaire durera.

La foi & hommage doit être faite par le propriétaire du Fief, & non par l'usufruitier, d'autant que l'usufruitier n'est pas l'homme du Seigneur. D'où il s'ensuit que le donataire d'un Fief avec rétention d'usufruit par le donateur, est tenu de faire la foi & hommage, & payer les droits au Seigneur; & le Seigneur peut saisir le Fief, faute de foi & hommage faite par le donataire.

La raison est, que dès que la donation est parfaite, le donateur se désaisit & se démet de la propriété de la chose donnée au profit du donataire.

La femme douairiere n'est pas tenue pour son douaire de faire la foi & hommage, ni payer aucuns droits sur le Fief sur lequel elle prend son douaire, d'autant que les héritiers de son mari sont propriétaires d'icelui; mais elle peut, comme nous l'avons dit, faire la foi & hommage, si bon lui semble, pour eux, & même payer les droits dûs, sauf son recours contr'eux.

Si le Fief servant est possédé par plusieurs Vassaux, chacun d'eux doit faire la foi pour sa part, sauf au Seigneur à se pourvoir sur les portions de ceux qui n'ont pas fait leur devoir.

Le Seigneur féodal n'est point tenu de recevoir la foi & hommage de son Vassal, ni le Vassal de la porter ailleurs qu'au principal manoir où le Seigneur féodal a établi sa résidence, à moins qu'il n'y ait quelqu'autre lieu où l'on ait accoutumé d'ancienneté de faire la foi & hommage.

Suivant le Droit commun, la prestation de la foi & hommage se fait de cette maniere. I°. Le Vassal doit aller en personne au principal manoir du Fief du Seigneur dominant.

II°. Etant à l'entrée du manoir, il doit demander par trois fois à haute voix, si le Seigneur est sur le lieu; & en cas d'absence, s'il n'a pas constitué quelqu'un pour recevoir la foi & ses offres.

III°. Si le Seigneur est au manoir, ou en son absence une personne constituée de sa part, le Vassal doit entrer dans le manoir , & là , en présence du Seigneur ou de la personne par lui constituée , il doit mettre un genou en terre , étant nue tête , sans épée & sans éperons.

IV°. Le Vassal en cette posture, & ayant les mains jointes, doit dire à haute voix au Seigneur, ou à son procureur, qu'il lui porte la foi & hommage, à cause de tel Fief, dont il doit déclarer le nom, qui est mouvant de sa Seigneurie, & lui est venu à tel titre.

V°. Le Vassal doit en même tems offrir au Seigneur le relief, ou le quint, s'il est dû, & même le payer si le Seigneur le demande : autrement l'Acte de foi & hommage ne seroit pas valable.

Comme il est nécessaire que ces cinq circonstances soient constatées, le Vassal ne doit pas manquer de mener avec lui des Notaires, pour les rédiger par écrit, & lui en délivrer un Acte.

Si le Seigneur féodal refuse sans juste cause de recevoir son Vassal à foi & hommage, en ce cas le Vassal peut le faire assigner devant le Juge Royal du lieu où le Fief dominant est situé, afin d'être reçu en lui payant les droits ; & en cas de refus de les recevoir, il les consignera en Justice.

Si le Seigneur est absent, & qu'il n'ait constitué personne, ou bien s'il n'y a plus de manoir seigneurial, il doit devant la porte & principale entrée du manoir au dehors, ou bien sur la place où étoit autrefois le manoir, appeller son Seigneur par trois fois, & ensuite lui faire la foi en la maniere que dessus.

Voilà les formalitez que le Droit commun requiert pour la prestation de la foi & hommage. Il y a des Coutumes où elles ne sont pas les mêmes ; & alors quand le Fief du Vassal & le Fief dominant sont situez en différentes Coutumes, il faut pour la foi & hommage suivre la Coutume du Fief dominant.

Et pour ce qui est des droits utiles & profitables, on doit suivre la Coutume où le Fief servant est situé.

CHAPITRE II.

De l'Aveu & Dénombrement.

L'AVEU & Dénombrement, eſt une deſcription de tout ce qui eſt contenu dans le Fief, par laquelle le Vaſſal doit déclarer préciſément & en détail par articles diſtincts & ſéparez, toute la conſiſtance, les appartenances & dépendances de ſon Fief.

Ainſi le Vaſſal y doit déclarer le nom, la Paroiſſe & le lieu où eſt ſitué le Fief, ſes droits, prérogatives & prééminences; comme s'il a Juſtice, & quelle, haute, moyenne ou baſſe: ſi le Fief conſiſte en Châtellenie ou Baronnie; le prix de la ferme du Greffe, Tabellionage, s'il y en a; défauts, amendes & autres droits: enſuite le principal manoir, le domaine, la quantité & la qualité des terres, prez, vignes, bois, étangs & autres héritages qui compoſent le domaine du Fief; les confins, tenans & aboutiſſans des terres; combien elles ſont affermées, & par qui. Item, ſi le Vaſſal les fait valoir par ſes mains, à combien elles peuvent monter par chacun an; les cens, rentes & autres redevances, & à quelle ſomme elles peuvent aller, avec les noms des détenteurs des héritages ſujets à icelles.

Il doit auſſi déclarer les droits & ſervitudes qu'il a ſur d'autres héritages en conſéquence dudit Fief, les terres en roture qui en dépendent, & les arriere-fiefs, avec une déſignation particuliere pour chaque.

Enfin il doit ſpécifier à quel titre il poſſede le Fief; ſi c'eſt par ſucceſſion directe ou collatérale, par achat, donation, ou autre maniere d'acquérir.

Cet Acte eſt appellé dénombrement, parce que c'eſt une deſcription de toutes les choſes que le Vaſſal tient de ſon Seigneur, ſoit médiatement, ſoit immédiatement.

Il eſt auſſi appellé aveu, parce qu'il ſert au Vaſſal pour un aveu & une déclaration de ce qu'il reconnoît tenir de ſon Seigneur: & cet aveu étant reçu par le Seigneur, ou par lui non débattu dans le terme que la Coutume lui donne pour cela, il vaut pour Contrat & obligation réciproque entre le Seigneur & le Vaſſal.

Il n'eſt pas néceſſaire que le dénombrement ſoit préſenté

par le Vassal en personne ; il le peut faire par procureur, pourvû qu'il soit fondé de procuration spéciale ; la Coutume n'obligeant point de le présenter lui-même, vû que ce n'est pas un devoir personnel ; mais le Vassal est obligé de le présenter au Seigneur, sans en être requis.

Le Vassal ne doit point de dénombrement pour la mutation du Seigneur, à moins que le nouveau Seigneur n'eût quelque juste cause de le demander en Justice. Mais l'aveu & dénombrement est dû à toutes les mutations du Vassal.

Le dénombrement que le Vassal est tenu de donner à son Seigneur, doit être conforme aux précédens ; & en cas que le Seigneur prétende qu'il y ait des omissions, c'est à lui à l'instruire & à lui communiquer les titres qu'il a sur la mouvance du Fief, & les héritages ou droits qu'il prétend avoir été omis dans le dénombrement qui lui a été présenté.

Quoique le dénombrement doive être exact, & que s'il y a des omissions ou des erreurs, le Vassal puisse être contraint de les réformer, il ne perd point la propriété de la chose omise, pour cela seul qu'elle a été omise, si ce n'est dans quelques Coutumes qui le portent expressément. Dans toutes les autres, il faut un désaveu formel pour donner lieu à la commise.

Le dénombrement est un Acte individu qui se doit donner entier, & non par parcelles ; desorte que s'il y a plusieurs Seigneurs d'un même Fief, ils doivent donner un seul dénombrement tous ensemble au Seigneur dominant ; & il faut qu'ils le signent tous.

Mais si le Fief a été partagé, chacun doit donner séparément le dénombrement de sa portion.

Le dénombrement ne se donne qu'au propriétaire du Fief dominant, & non pas à l'usufruitier ; parce que cet Acte concerne la propriété du Fief, & non pas la jouissance.

Les aveux & dénombremens font foi entre le Seigneur & le Vassal ou leurs héritiers & ayans causes ; desorte qu'à leur égard & entre telles personnes, l'aveu & dénombrement reçu & non débattu, vaut titre ; mais il ne peut nuire à un tiers, parce que ce qui se passe entre des personnes ne peut préjudicier à d'autres ; c'est pourquoi dans les aveux & dénombremens, on met ordinairement cette clause : *Sauf le droit d'autrui & le nôtre en tout.*

L'aveu & dénombrement présenté en la maniere prescrite par la Coutume, produit encore deux autres effets.

Le premier est, que le Seigneur sommé par le Vassal, est

obligé de lui garantir tout ce qui est contenu dans le dénombrement.

Le second est, qu'il opere de plein droit main-levée de la saisie féodale, sauf au Seigneur & au Vassal à se pourvoir par action pour la réformation ou réception du dénombrement.

L'âge requis pour faire & recevoir la foi & hommage, suffit pour donner, recevoir ou blâmer le dénombrement.

L'aveu & dénombrement doit être présenté en la Justice du Seigneur, à jour & heure d'Audience; & l'original doit être laissé ès mains du Procureur du Seigneur.

S'il n'y a point de Justice, ou que ce jour-là il ne se tienne point d'Audience, le dénombrement doit être présenté au manoir principal du Fief du Seigneur; & l'original doit être laissé au Seigneur, ou à ses Officiers ou Fermiers en cas d'absence, ou au plus proche voisin, en présence de Notaires.

L'aveu & dénombrement doit être en forme probante & autentique, c'est-à-dire écrit en parchemin, & passé pardevant deux Notaires ayant pouvoir d'instrumenter au lieu où il est présenté, c'est-à-dire dans le détroit du Fief dominant. Il peut être aussi passé devant un Notaire & deux témoins de la qualité requise. Il doit être fait double, & chaque double doit être signé du Vassal, des Notaires & des témoins. Si le dénombrement n'est pas en la forme qu'il doit être, le Seigneur peut saisir.

La raison pour laquelle les dénombremens doivent être en parchemin, est parce que ce sont des Actes qui doivent être conservez pour les tems à venir, le parchemin n'étant pas si sujet à se corrompre que le papier; ce sont des titres qui doivent faire foi entre le Seigneur & le Vassal, & servir de preuve de ce qui y est contenu.

La raison pour laquelle ils doivent être passez pardevant Notaires, est qu'il faut que ces Actes, qui sont d'une très-grande conséquence, soient en forme probante & autentique, afin qu'on y ajoute foi. En effet, on ne peut pas si facilement supposer des signatures publiques, qui sont connues d'un chacun, que des signatures d'un Particulier.

Si le Vassal a plusieurs Fiefs tenus d'un même Seigneur, à cause des différentes Seigneuries, il doit donner un dénombrement séparé pour chaque Fief. Mais s'ils relevent tous d'un même Fief, le même dénombrement suffira pour tous.

L'aveu & dénombrement doit être donné par le Vassal à ses

frais & dépens, parce que c'eſt ſon titre & l'inventaire de ſon Fief. Mais ſi le Vaſſal l'a une fois donné à ſon Seigneur, & qu'il vienne à changer, le nouveau Seigneur peut exiger un nouvel aveu & dénombrement, mais c'eſt à ſes propres frais & dépens.

La Coutume de Paris enjoint au Vaſſal de donner ſon aveu & dénombrement à ſon Seigneur dans quarante jours, à compter du jour que le Vaſſal aura été reçu à foi & hommage par ſon Seigneur.

Il ne peut pas le préſenter avant que d'y avoir été reçu, parce que la preſtation de foi & hommage eſt le premier devoir de féodalité; mais dès que le Vaſſal a fait la foi & hommage, il peut incontinent, ou peu de tems après, préſenter ſon aveu, pourvû que ce ſoit dans les quarante jours, à compter du jour de ſa réception en foi & hommage: car après ce délai, le Seigneur peut ſaiſir féodalement faute de dénombrement.

Ces quarante jours ne courent pas du tems de la main ſouveraine, parce qu'il n'y a point encore de réception en foi.

Quand le Seigneur refuſe de recevoir en foi le Vaſſal, en ce cas le Vaſſal n'eſt point obligé de donner ſon aveu & dénombrement, & les quarante jours ne commencent à courir qu'après que le Seigneur l'a agréé.

Au reſte, quelques Coutumes donnent ſoixante jours au Vaſſal pour préſenter le dénombrement, & d'autres donnent un an.

La vérité du dénombrement ſe vérifie par actes, titres & inſtrumens anciens, qui ſont réciproquement communiquez entre le Seigneur & le Vaſſal; & ils ſont obligez de s'en purger par ſerment, s'ils en ſont requis; & le Vaſſal doit ſatisfaire le premier à la requête de ſon Seigneur, ſuivant l'article 44 de notre Coutume.

Le dénombrement étant donné, il ne peut être blâmé ni débattu après quarante jours, du jour que le Vaſſal aura ſommé ſon Seigneur de le blâmer ou débattre; & après ce tems il ſert de titre au Vaſſal, par l'article 10.

Le blâme conſiſte en deux points. L'un à marquer ce que le Vaſſal a mis de trop dans ſon dénombrement; par exemple, s'il y a compris la Juſtice qu'il n'a pas. L'autre à marquer ce que le Vaſſal a omis dans ſon dénombrement.

Les Seigneurs ou les Officiers de ſa Juſtice ont, comme nous avons dit, quarante jours pour examiner le dénombrement, le blâmer ou l'accepter.

Après que ce tems est écoulé, le Vassal doit aller ou envoyer au manoir principal du Fief, pour retirer le dénombrement, & sçavoir si le Seigneur en est content, & il lui doit faire sommation de le blâmer ; & faute par le Seigneur ou ses Officiers d'avoir blâmé ou reçu le dénombrement, il est tenu pour reçu de plein droit, quarante jours après cette sommation.

Si le Vassal trouve que le blâme n'est point raisonnable, il peut faire assigner le Seigneur devant son Juge, pour voir dire que le dénombrement sera reçu, & cependant main-levée.

Pour obtenir cette réception, le Vassal doit communiquer les anciens aveux & dénombremens de la teneur de son Fief, & poursuivre le Seigneur de faire le semblable de sa part.

Tant que le dénombrement n'a point été offert, le Seigneur peut saisir féodalement ; mais dès le moment que le Vassal l'a présenté en bonne forme, quoiqu'il n'ait point été reçu par le Seigneur, & même qu'il ait été blâmé, la main-levée de la saisie féodale lui est acquise purement & simplement.

CHAPITRE III.

Du Relief & du Quint.

Le Relief ou rachat, est un droit dû au Seigneur par le nouveau Vassal en certains cas : ce droit consiste au revenu d'une année, ou à une certaine somme une fois payée, offerte par le Vassal, mais au choix du Seigneur, suivant l'article 47 de la Coutume de Paris.

Ce revenu se prend sur tous les fruits du Fief, déduisant néanmoins les semences & frais de labours, & autres faits pour la récolte des fruits ; non-seulement les fruits naturels, mais encore les fruits civils ; non-seulement les fruits ordinaires, mais encore les fruits extraordinaires qui proviennent du corps & des dépendances du Fief servant.

Ainsi dans le relief, le Seigneur jouit par droit de relief de la portion du Fief alienée par le Vassal, & non inféodée ; mais il ne jouit pas des droits honorifiques, des nominations aux Bénéfices, ni des institutions aux Offices vacans durant l'année du relief. Il ne peut aussi prétendre aux fruits des augmentations faites sur le Fief depuis le dernier aveu, comme

de

de moulins, preſſoirs, forges, &c. parce que n'étant point encore inféodées, elles ne ſont point partie du Fief.

Les bois de haute futaie non réduits en coupe ordinaire, ne ſont point non plus ſujets au relief, ſinon pour la paiſſon & glandée. Néanmoins ſi le Vaſſal avoit coutume de s'en ſervir pour l'entretien de ſes forges & fourneaux, le Seigneur en pourroit uſer de même pendant ſon relief.

Le Seigneur, pour raiſon du relief, eſt tenu des charges réelles & des arrérages des rentes & charges foncieres non inféodées du Fief ſervant, & cela à proportion du tems de ſa jouiſſance. Mais il n'eſt point tenu de la taxe du ban & arriere-ban, parce que c'eſt une charge extraordinaire, qui diminueroit le relief, qui étant un droit réglé, ne ſouffre point de diminution.

Comme le Roi eſt privilégié, ſi le Seigneur eſt obligé d'acquitter ces droits, il a ſon recours contre le Vaſſal.

Enfin lorſque les nouveaux Vaſſaux ſont mineurs, & n'ont point d'autre bien que le Fief ſaiſi, ils doivent être nourris ſelon leur qualité ſur les fruits de l'année du relief.

Dans ce revenu ſont compris les fruits qui ne ſe perçoivent point par chacun an, ſuivant l'article 48, comme ſont les bois taillis, étangs, & autres ſemblables; mais ils n'y ſont compris que juſqu'à concurrence de ce qu'ils auroient valu au Seigneur pendant l'année du relief ſeulement.

L'année du relief commence du jour que les offres faites par le Vaſſal ont été acceptées, ou qu'elles ont été valablement faites par le Vaſſal, juſqu'à pareil jour l'an révolu; il ne fait qu'une ſeule cueillette d'une ſorte de fruits, par l'art. 49.

Afin que le Seigneur ne ſoit pas trompé dans le choix, lorſqu'il a choiſi le revenu d'une année du Fief mouvant de lui, le Vaſſal eſt tenu de lui communiquer ſes papiers de recette, aux dépens néanmoins du Seigneur, parce que c'eſt pour ſon utilité, par l'article 50.

Il n'eſt pas au choix du Seigneur de prendre le revenu d'une année, ou une ſomme offerte par le Vaſſal dans les cas ſuivans.

I. Lorſque le Seigneur n'a pas pris le revenu de la premiere année; car en ce cas il ne peut demander que l'eſtimation des fruits de ladite année.

II. Lorſque le Vaſſal a donné à ferme l'héritage tenu en Fief, ou partie d'icelui, ſans fraude; car en ce cas le Seigneur eſt obligé de ſe contenter de la redevance dûe par le Fermier pour ce qui eſt donné à ferme, quoique l'année tombée en rachat ſoit la derniere du bail du Fermier.

III. Lorſque le Vaſſal a donné ſon Fief à rente, & que la rente eſt inféodée; car ſi elle n'étoit pas inféodée, il pourroit prendre les gages des terres, par l'article 29. Mais aujourd'hui les baux à rente du Fief ſervant ſont prohibez.

Si le Fief conſiſte en une maiſon, le Seigneur ſe doit contenter du loyer; & ſi elle n'eſt pas louée, il doit prendre le prix du loyer, au dire de gens à ce connoiſſans, par l'article 58.

Le Seigneur choiſiſſant le revenu des terres, peut ſe ſervir des caves, greniers, granges, étables, preſſoirs & celliers qui ſont au principal manoir & baſſe-cour, pour recueillir & garder les fruits qu'il recevra pendant l'année, avec une portion du logis pour s'y loger, ſans toutefois déloger ſon Vaſſal, ſuivant le même article 58.

Le relief eſt dû dans les cas ſuivans.

I. En mutations pour Fiefs échus par ſucceſſion des aſcendans, leſquels ſe reglent par les articles 3 & 4 de la Coutume de Paris.

II. En toutes mutations: dans celles qui ſe font par vente, échanges, ou bail à rente rachetable, eſt dû le quint denier; & dans celles qui ſe font par donation ou ſucceſſion en ligne directe, n'eſt dû que la foi & hommage.

III. Les femmes doivent relief au Seigneur, pour Fiefs à elles échus par ſucceſſion en ligne directe avant ou pendant leur premier mariage, en cas qu'elles ſe marient en ſecondes ou autres noces, pour chacun deſdits mariages, excepté le premier, ou celui pendant lequel échéent leſdits Fiefs, ſuivant l'article 38.

Le droit de relief ſe paye par le propriétaire du Fief ſervant à l'uſufruitier du Fief dominant, ſuivant l'article 2.

Il faut excepter les mineurs, qui durant la garde-noble ou bourgeoiſe, quoique propriétaires, ne ſont pas obligez à le payer; mais les gardiens ſont obligez de les en acquitter, lorſqu'il eſt du chef des mineurs pour les Fiefs qui tombent en la garde, par l'article 40.

Il y a pluſieurs cas eſquels il n'eſt dû que la foi & hommage au Seigneur, qui ſont:

I. En ſucceſſion en ligne directe, par l'article 3, ce qui ſe doit entendre, ſuppoſé de même que quelques-uns des enfans renoncent à la ſucceſſion au profit des autres, par l'article 6.

II. En donation faite par le pere à ſon fils en avancement d'hoirie, par l'article 26, quoique la donation ait été faite en payement de ce qui auroit été promis par le pere au fils.

III. Par la femme à laquelle échet un Fief par ſucceſſion en ligne directe pendant le premier ou ſubſéquent mariage, par l'article 38.

IV. L'ancien Vaſſal ne doit que la bouche & les mains au nouveau Seigneur, par l'article 66.

V. En ſucceſſion des deſcendans venant aux aſcendans, par l'article 4. Il en faut dire de même de la donation du Fief faite par les deſcendans ou aſcendans.

VI. Par la femme demeurant en viduité, pour ſes héritages propres, par l'article 39.

VII. Par la femme acceptant la communauté, pour les héritages acquis par le mari pendant la communauté, par l'article 33.

VIII. Par la femme renonçant à la communauté, & recevant des héritiers de ſon mari des Fiefs acquis par lui pendant la communauté en payement de ſes repriſes & remplois, parce que tels Fiefs ſont cenſez être acquis de ces deniers; au contraire ſi elle recevoit en payement des Fiefs qui fuſſent propres à ſon mari.

IX. Pour donation des Fiefs confiſquez, faite par le Roi aux enfans de celui ſur lequel la confiſcation ſeroit faite.

Le Quint eſt la cinquiéme partie du prix d'un héritage, laquelle eſt dûe au Seigneur par l'acquéreur, en cas de vente, ou d'acte équipolent à la vente, comme quand un héritage eſt donné en payement d'une dette, ou quand il eſt donné à rente rachetable; car en ce cas, ſuivant l'eſtimation pour laquelle la rente eſt ſtipulée rachetable, le quint ſe paye ſans attendre l'amortiſſement d'icelle, par l'article 83.

Ce droit eſt pareillement dû en cas d'échange, par l'Edit de 1673, & Déclaration de 1674.

Que ſi le Fief a été vendu à la charge de le faire adjuger par decret volontaire, pour purger les hypotéques & les charges réelles, le Vaſſal n'eſt pas obligé de payer deux fois les droits de quint, quoiqu'il y ait deux actes, ou deux acquiſitions différentes, procédantes de diverſes cauſes; l'une du Contrat volontaire, & l'autre du decret; parce que le decret n'eſt que l'exécution du Contrat.

Quand il y a une conteſtation entre pluſieurs Seigneurs pour la mouvance féodale, le Vassal n'est pas obligé de payer à l'un d'eux; mais il est tenu de consigner en Justice les droits par lui dûs, pour être délivrez à celui qui emportera gain de cause.

Suivant le Droit commun, le quint & les lods & ventes doivent être payez par l'acheteur, s'il n'y a stipulation au contraire apposée au Contrat, ou que la Coutume n'en charge le vendeur.

Pour régler le droit de quint, ou celui des lods & ventes, on ne considere que le prix écrit au Contrat, soit en deniers, ou en charges réductibles à prix. Ainsi les salaires & frais des Notaires & autres loyaux-coûts non écrits au Contrat, ne font partie du prix, non plus que les frais ordinaires de criées.

Les charges faisant partie du prix écrit au Contrat sont, par exemple, une clause par laquelle l'acquereur se charge d'acquitter le vendeur d'une charge non-réelle sur l'héritage, soit de pension viagere ou autre chose; auquel cas les ventes sont dûes dès le moment du Contrat, & elles sont de la somme à quoi la charge sera estimée par Experts. Mais quand un homme vend sa terre, se réservant l'usufruit de quelque portion, il n'est point dû de droit pour cette charge, parce qu'elle est réelle.

Le droit de quint n'est pas dû dans les cas suivans.

I. Quand l'acquéreur d'un Fief a été obligé de l'abandonner pour les dettes de son vendeur, le Fief ayant été en criées par les créanciers du vendeur, & adjugé par decret à un autre: en ce cas le premier acquéreur n'est pas tenu de payer les droits seigneuriaux; & s'il les a payez, il les peut répéter contre le Seigneur ou contre l'Adjudicataire, comme étant subrogé aux droits du Seigneur, supposé que le Seigneur ne veuille pas rendre les droits qu'il a reçus, suivant l'article 79.

II. En vente sous la faculté de rémeré, le rachat se faisant dans le tems de la grace stipulé par l'Acte.

CHAPITRE IV.

De la Saisie féodale.

LE Seigneur féodal a trois principaux droits sur le Fief mouvant de lui ; sçavoir, la saisie féodale, le retrait féodal, & la commise.

La saisie féodale est un droit qu'a le Seigneur, faute d'homme, droits & devoirs non faits & non payez, de mettre en sa main le Fief mouvant de lui, & d'en faire les fruits siens jusqu'à ce que le Vassal ait satisfait.

Ce n'est donc point un droit particulier, certain & réglé ; mais un acte de propriété, franc, & qui s'étend généralement sur tout ce qui est à prendre. En un mot, c'est une réunion du Fief servant au Fief dominant, qui ne peut avoir lieu que pour les droits de Fiefs ordinaires & réglez par la Coutume ; car pour les droits extraordinaires, le Seigneur ne peut saisir féodalement. Il faut que pour raison d'iceux, il se pourvoye par action & simple saisie.

Le Seigneur peut donc saisir féodalement le Fief de son Vassal, I°. Quand le Fief est ouvert, c'est-à-dire faute d'homme ou de Vassal ; ce qui arrive par la mort naturelle ou civile de l'ancien Vassal, ou par l'aliénation qu'il fait de son Fief. Dans ces cas le Seigneur peut user de saisie féodale, pourvû qu'il se soit passé quarante jours, à compter depuis l'ouverture, soit par mort ou par aliénation du Fief.

II°. Faute d'avoir payé les droits au Seigneur ; car le Seigneur plaide toujours main garnie contre son Vassal, excepté quand le Vassal désavoue celui qui se prétend son Seigneur, ou qu'il y a contestation entre plusieurs Seigneurs touchant la mouvance féodale du Fief ; ou enfin quand le Vassal a rendu les devoirs à son Seigneur, & qu'il offre de lui payer les droits qu'il lui doit, & que le Seigneur est refusant de les recevoir.

III°. Le Seigneur peut faire saisir le Fief de son Vassal, faute par lui de lui donner aveu & dénombrement.

La saisie féodale doit être faite à la requête du Seigneur du Fief dominant propriétaire. S'ils sont plusieurs Seigneurs, chacun peut saisir pour sa part.

L'usufruitier peut aussi faire saisir féodalement, pour les

droits utiles qui lui doivent revenir, pourvû que ce soit à ses risques, périls & fortunes, & que le nom du propriétaire soit mis dans l'Exploit de saisie féodale, & qu'avant de saisir, il ait fait une sommation au propriétaire du Fief saisi : & alors le propriétaire ne peut donner main-levée d'une telle saisie, qu'en payant à l'usufruitier les droits dûs, & fruits échus.

Le Fermier qui a les droits féodaux dans son bail, peut aussi au nom du Seigneur faire saisir féodalement.

La saisie féodale doit être faite :

I. Sur le lieu du Fief, au principal manoir, s'il y en a, ou en quelque lieu apparent du Fief ; & elle doit être faite sur le fonds, & non sur les fruits.

II. Elle doit être faite par forme de Justice, c'est-à-dire par un Huissier & deux témoins, & en vertu d'une commission du Juge du Seigneur, s'il a Justice, sinon en vertu d'une commission du Juge du lieu, parce que les voies de fait n'ont point lieu en France.

III. Elle doit porter établissement de Commissaire, sur-tout quand elle est faite faute d'aveu & dénombrement, même dans les Coutumes qui n'en parlent point.

IV. Elle doit être notifiée au Vassal en la forme prescrite par la Coutume, à peine de nullité ; c'est-à-dire, qu'on doit lui en donner copie, de même que de la commission en vertu de laquelle elle est faite.

V. Elle doit être faite au principal manoir du Fief du Vassal, parlant à sa personne ou à son Fermier.

VI. Elle doit être enregistrée au Greffe de la Justice du lieu.

La saisie féodale ne dure que trois ans, lorsqu'il n'y a point d'Instance entre le Seigneur & le Vassal, pour raison de la saisie féodale ; ainsi elle doit être en ce cas renouvellée de trois ans en trois ans, autrement elle n'auroit effet que pour trois ans ; mais si pour raison de ladite saisie il y a Instance entre le Seigneur & le Vassal, la saisie dure autant que l'Instance ; & si on laisse périr l'Instance, il faut renouveller la saisie.

Il y a plusieurs priviléges qui sont particuliers à la saisie féodale. I°. L'Ordonnance qui veut que la saisie réelle soit précédée d'un commandement recordé, n'a point lieu en matiere de saisie féodale, parce que la Coutume tient lieu d'interpellation.

II°. La maxime que saisie sur saisie ne vaut, n'a point lieu en matiere de saisie féodale ; ensorte que nonobstant les criées, le Seigneur peut saisir féodalement.

III°. La saisie féodale est préférée à toutes autres saisies. Ainsi le Seigneur est préféré pour ses droits à tous autres Créanciers, quelques priviléges qu'ils ayent.

IV°. La saisie féodale est exécutée nonobstant opposition ou appellation quelconque, & il n'y a que le désaveu qui en puisse arrêter le cours.

La saisie féodale faite faute d'aveu & dénombrement, n'emporte point la perte des fruits dans la plupart de nos Coutumes ; ainsi le Commissaire établi doit en rendre compte au Vassal, après la représentation du dénombrement.

Mais la saisie féodale faite faute de foi & hommage & droits non payez, emporte la perte des fruits sur tout le Fief, tant qu'elle dure, & cela du jour que la saisie féodale est faite & notifiée. Or comme pendant la saisie, le Seigneur ne jouit pas seulement du Fief saisi, mais aussi de la directe sur les Fiefs & Censives qui en relevent, il peut y exercer tous Actes de Seigneur dominant.

Ainsi pendant la saisie, le Seigneur jouit de tous les droits féodaux, profits, fruits & revenus du Fief, sans qu'ils viennent en déduction des droits à lui dûs. Et pour cet effet il peut signifier la saisie aux Receveurs des cens, rentes, loyers & autres droits. Voyez ce que M. de Ferriere en a dit sur l'article 1 & sur l'article 61 de la Coutume de Paris, ch. 5.

CHAPITRE V.

Du Retrait féodal.

LE Retrait féodal, ou retenue féodale, ou retenue du Fief par puissance de Fief, est un droit qu'a le Seigneur féodal de retraire des mains de l'acquéreur un Fief mouvant de lui, qui a été vendu par son Vassal, pourvû que le retrait se fasse dans le tems prescrit.

Ce retrait est généralement reçu en France, non-seulement dans les Coutumes qui n'en parlent point, mais aussi dans les Pays du Droit écrit.

Il n'a lieu qu'en cas de vente, de Contrat équipolent à

vente, ou de bail à rente rachetable, mais non pas en cas d'échange ou de donation. Il n'a point aussi lieu pour vente faite de l'usufruit du Fief servant séparé du fonds.

C'est par le Seigneur dominant immédiat, soit propriétaire, soit usufruitier, que ce retrait peut être exercé. Si le Contrat de vente est d'un seul Fief mouvant d'un seul Seigneur, en ce cas le Seigneur peut exercer le retrait pour le tout.

Si ce Fief est mouvant de plusieurs Seigneurs, & que l'un des Coseigneurs veuille investir l'acquéreur, & l'autre user du retrait féodal, chacun peut exercer son droit pour sa portion. Mais quand cela arrive, & que l'un des Coseigneurs retire le tout, il n'est réputé avoir par retrait féodal que sa portion; desorte que pour les autres portions il doit faire la foi & payer les droits de ses Coseigneurs.

Si le Contrat de vente est de plusieurs Fiefs ressortissans tous d'un seul Seigneur, & vendus pour un seul & même prix, la commune opinion est que l'acquéreur peut contraindre le Seigneur de prendre ou de laisser le tout.

Mais si plusieurs Fiefs mouvans de diverses Seigneuries sont vendus, soit par un même, ou par différens Contrats, & soit pour un seul prix, ou que le prix soit ventilé pour chacun des Fiefs vendus, en ce cas chacun des Seigneurs peut retirer ce qui est mouvant de lui pour le prix porté par le Contrat, & ne peut être contraint de retirer ce qui est mouvant des autres. Enfin si la vente est faite pour un seul & même prix, chacun des Seigneurs peut retirer le Fief mouvant de lui, pour le prix de la ventilation qui en sera faite à l'amiable, ou en Justice au dire d'Experts.

Suivant le Droit commun, le Seigneur dominant immédiat qui n'est qu'usufruitier, peut exercer le retrait féodal de son chef & en son propre nom, sans le consentement du propriétaire, & sans sommation; & en conséquence il peut jouir du Fief retiré pendant le tems de son usufruit; sauf au propriétaire, après l'usufruit fini, à rentrer dans le Fief retiré, s'il le juge à propos.

Il y a des Coutumes où le retrait féodal ne peut être exercé que par les Seigneurs Châtelains; mais si le Fief dominant est situé en une Coutume qui donne le retrait féodal à tout Seigneur indistinctement, & le Fief servant en une Coutume qui ne le donne qu'aux Seigneurs Châtelains, on demande quelle Coutume il faut suivre? On tient communément qu'il faut suivre la Coutume du Fief servant.

Le

Le retrait féodal peut être exercé contre tout acquéreur; il n'y a que les parens lignagers du vendeur contre qui ce retrait ne peut être exercé.

Ce retrait doit être exercé par le Seigneur immédiat dans quarante jours, à compter du jour que l'acquéreur lui a exhibé la grosse originale du Contrat d'acquisition, & lui en a donné copie; & ce tems court contre les mineurs & les absens.

Cette exhibition peut être faite à un mineur de vingt-cinq ans, pourvû qu'il ait atteint la majorité féodale, qui est définie à vingt ans accomplis pour les mâles, & à quinze ans accomplis pour les filles, suivant l'article 32 de la Coutume de Paris.

S'il y a un usufruitier sur le Fief dominant, cette exhibition doit être faite au propriétaire & à l'usufruitier.

Lorsque l'acquéreur n'a point exhibé son Contrat, l'action du Seigneur pour le retrait féodal dure trente ans.

Le retrait féodal n'est assujetti à aucunes formalitez. Le Seigneur qui veut exercer le retrait, est seulement tenu dans les quarante jours après l'exhibition du Contrat, d'offrir à deniers découverts à l'acquéreur, ou au principal manoir du Fief vendu, le remboursement du prix du Contrat d'acquisition & des loyaux-coûts, à peine d'être déchu de son droit.

Ce remboursement doit même être fait à l'instant de la déclaration de l'acquéreur, lorsqu'il les accepte sur le champ. Mais si l'acquéreur n'accepte les offres, ou que le Seigneur soit obligé d'intenter l'action, il lui suffira de faire la consignation dans le délai prescrit par le Juge.

Le Seigneur qui a reçu à foi & hommage ou donné souffrance, reçu le quint, ou donné terme pour le payer, ou fait quelqu'autre composition, est entierement exclu du retrait féodal, parce que par-là il y a tacitement renoncé.

Le mari recevant la foi & hommage ou le quint pour sa femme, lui préjudicie à l'égard du retrait, parce que ce droit est dans la communauté; le tuteur en recevant la foi ou le quint, préjudicie à son mineur.

Mais la réception faite par le fermier, l'usufruitier ou l'engagiste, n'exclut point le propriétaire d'exercer le retrait féodal, lorsqu'il veut bien rembourser l'acquéreur, parce que ce retrait est de l'essence du Fief.

Le Seigneur est encore exclu du retrait féodal, lorsque l'acquéreur est parent du vendeur, ou qu'un parent du vendeur veut retirer le Fief par retrait lignager ; parce que le retrait lignager est préféré au retrait féodal, si ce n'est en Pays de Droit écrit où le retrait lignager est inconnu.

CHAPITRE VI.

De la Commise.

COMMISE, est la confiscation faite au profit du Seigneur féodal, pour félonie ou désaveu de la part du Vassal envers son Seigneur.

La félonie est une action violente & injurieuse du Vassal envers son Seigneur ; comme quand il met malicieusement & avec violence la main sur lui ; quand il sçait une trahison tramée contre lui, & qu'il ne la lui découvre pas ; lorsqu'il machine ou sa mort, ou sa destruction ; quand il attente à l'honneur de sa femme ou de sa fille.

Lorsque le Vassal est convaincu en Justice de félonie, son Fief est confisqué & revient au Seigneur par droit de commise.

Le désaveu est une dénégation formelle faite par le Vassal, de son Seigneur dominant, lequel nie que son Fief releve de lui, soit en s'avouant Vassal d'un autre Fief, soit en soutenant qu'il tient son Fief en franc-aleu.

Lorsque le Seigneur a fait saisir féodalement le Fief de son Vassal, qui le désavoue, il doit pendant le procès demander, mais sans préjudice du droit de commise, main-levée de la saisie féodale avec restitution de fruits. Si après le procès jugé il y a appel de la Sentence adjudicative de la commise, le Vassal appellant jouit de la main-levée sans donner caution, parce que l'appel suspend le droit. Mais comme cette main-levée n'est que provisoire, si le désaveu est jugé téméraire, le Vassal, outre la commise, doit rendre tous les fruits perçus du jour de la saisie.

Pour que le désaveu emporte commise de la propriété du Fief, il doit être fait par le Vassal véritable propriétaire, majeur de vingt-cinq ans. Quand le Fief est possédé par plusieurs, la commise ne tient que pour la part de celui qui désavoue.

Enfin si celui qui désavoue n'a que la simple jouissance du Fief, comme le Titulaire d'un Bénéfice, la commise ne dure qu'autant que la jouissance durera.

Le déſaveu n'emporte point commiſe s'il n'eſt formel, pur & ſimple, fait en jugement, & Sentence intervenue qui en donne acte.

Lorſque le déſaveu eſt pour tout le Fief, la totalité eſt acquiſe au Seigneur immédiat par la commiſe. Mais ſi le déſaveu n'eſt que pour une partie, la commiſe n'aura lieu que pour la portion déſavouée.

Le Vaſſal, qui dans le déſaveu avoue ſans fraude tenir du Roi, le Seigneur ne confiſque pas ſon Fief, quoique par l'événement la mouvance ſoit adjugée au Seigneur déſavoué, parce que cette déclaration eſt fondée ſur le Droit commun.

Le recelé fait par le Vaſſal dans ſon aveu & dénombrement, de quelques héritages ou droits, ne donne point lieu à la commiſe, ſauf au Seigneur à ſe pourvoir par ſaiſie féodale ſur la choſe omiſe.

La commiſe n'eſt point acquiſe au Seigneur de plein droit: il faut qu'il en faſſe la demande en Juſtice, & qu'il prouve qu'il eſt le véritable Seigneur, & que ſur cette demande il intervienne Sentence qui déclare le Seigneur mal déſavoué, & en conſéquence lui adjuge le Fief du Vaſſal par droit de commiſe.

L'effet de la commiſe eſt, qu'outre la reſtitution des fruits perçus par le Vaſſal depuis la ſaiſie féodale, le fonds du Fief eſt acquis au Seigneur. Mais il demeure chargé de toutes les charges & dettes conſtituées par le Vaſſal ſur ledit Fief avant le délit qui a donné lieu à la commiſe; de maniere néanmoins que le Seigneur peut demander aux créanciers du Vaſſal, qu'avant de venir contre lui, ils ſoient tenus de diſcuter préalablement les autres biens du Vaſſal.

Quand la propriété & l'uſufruit du Fief dominant ſont en différentes mains, quoique la commiſe aille au profit du propriétaire, néanmoins l'uſufruitier en doit jouir pendant le tems de ſon uſufruit.

CHAPITRE VII.

Formules d'Actes concernant les Fiefs & Droits seigneuriaux.

Acte de foi & hommage.

AUjourd'hui en la présence & en la compagnie des Notaires, &c. Michel, &c. s'est transporté au Château seigneurial de July, Paroisse, &c. appartenant à, &c. & à la principale porte & entrée dudit Château, ou étant, ayant ledit Sieur Michel frappé à la porte, est à l'instant venu Pierre, domestique dudit Sieur Alexandre; & ledit Sieur Michel ayant demandé audit Pierre si ledit Sieur Alexandre son maître étoit en son Château, ou autre personne pour lui ayant charge de recevoir les Vassaux en foi & hommage, ledit Pierre lui a dit que ledit Sieur son maître y étoit, & qu'il l'alloit avertir. Ledit Sieur Alexandre étant survenu, ledit Michel en devoir de Vassal, sans épée ni éperons, tête nue & un genou en terre, lui a dit qu'il lui faisoit foi & hommage, à cause de sa Terre & Seigneurie de, &c. relevant en plein Fief, foi & hommage dudit Sieur Alexandre; lequel Fief de appartient audit Sieur Michel, au moyen de l'acquisition qu'il en a faite de, &c. par Contrat passé devant, &c. à laquelle foi & hommage ledit Sieur Alexandre a reçu ledit Sieur Michel, &c. à la charge de fournir son aveu & dénombrement dans le tems de la Coutume; reconnoissant avoir été payé & satisfait par ledit Sieur Michel, &c. des droits qu'il lui devoit à cause de ladite acquisition, dont il le quitte & tous autres. Fait & passé à la principale porte & entrée dudit Château, &c. l'an, &c.

Cet Acte doit être signé du Seigneur & du Vassal, quand il est fait en la présence du Seigneur, & du Notaire & témoins.

Si le Seigneur avoit fait saisir le Fief faute de foi & hommage, la main-levée de la saisie se fait ainsi :

Au moyen de quoi ledit Sieur Alexandre a fait & donné pleine & entiere main-levée de la saisie féodale faite à sa requête dudit Fief de sur ledit Sieur Michel; consent qu'elle soit & demeure nulle, à commencer de cejourd'hui; dont & de ce que dessus ledit Sieur Michel a demandé Acte aux Notaires soussignez, qui lui ont octroyé le présent, pour lui servir & valoir ce que de raison. Fait & passé, &c.

Foi & hommage en l'absence du Seigneur féodal.

AUjourd'hui en la présence & compagnie des Notaires à Paris soussignez, Sieur Michel, Seigneur du Fief de demeurant à s'est transporté au Château de appartenant au Sieur Alexandre, où étant à la principale porte & entrée d'icelui, a frappé par trois diverses fois à la porte, appellé à haute & intelligible voix ledit Sieur Alexandre, sans que lui ni personne ait répondu ; nonobstant quoi s'étant mis en état & devoir de Vassal, a dit qu'il faisoit & prêtoit audit Sieur Alexandre la foi & hommage qu'il est tenu de lui faire pour la Terre de & dépendances, par lui acquise de par Contrat passé devant & son Confrere, Notaires à Paris, ladite Terre de relevant en plein Fief, foi & hommage de ladite Seigneurie de appartenante audit Sieur Alexandre ; déclarant qu'il étoit prêt & offroit de lui payer la somme de pour le quint du prix de ladite acquisition, en lui donnant quittance & décharge valable, & qu'il lui fourniroit aveu & dénombrement dans le tems prescrit par la Coutume ; dont & de ce que dessus ledit Sieur Michel a requis Acte ausdits Notaires soussignez, qui lui ont octroyé le présent pour lui servir & valoir ce que de raison. Fait & passé, comme dit est, à la principale porte & entrée dudit Château de l'an, &c. & auquel Sieur Alexandre lesdits Notaires ont laissé copie du présent Acte, parlant à

Acte de foi & hommage réitéré.

AUjourd'hui en présence & compagnie des Notaires, *comme dessus*, Claude s'est transporté pardevers Messire Charles au Château seigneurial de où étant, après que ledit Sieur Claude lui a fait apparoître de la foi & hommage qu'il lui a porté à la porte & principale entrée de son Château seigneurial dudit par Acte passé devant Notaires, le jour pour son Fief, ledit Sieur Claude s'est derechef mis en devoir de Vassal, a réitéré, fait & porté audit Seigneur acceptant, ladite foi & hommage qu'il lui doit pour sondit Fief, &c. *comme ci-dessus*.

Clause portant offres de payer le relief au choix du Seigneur.

Offrant ledit Sieur Claude de payer en deniers comptans audit Seigneur Charles, pour les droits à lui dûs pour ladite acquisition dudit Fief, Terre & Seigneurie de suivant & conformément à la Coutume, la somme de cinq cens cinquante livres, ou ce qui sera estimé au dire de prud'hommes, pour le revenu & l'exploitation dudit Fief, Terre & Seigneurie, ou la jouissance d'icelui, d'hui en un an ; comme aussi promet de fournir l'aveu & dénombrement dans le tems prescrit par la Coutume : sur quoi ledit Claude a présentement donné audit Sieur Charles, en espéces d'or & d'argent, bonnes & ayant cours, comptées, nombrées & réellement délivrées à la vûe desdits Notaires soussignez, ladite somme de cinq cens cinquante livres offerte par ledit Sieur Claude, dont il est content, & le quitte & décharge de tous les droits & profits de Fiefs qui lui peuvent être dûs pour ladite acquisition, sans préjudice de l'aveu & dénombrement qu'il doit lui fournir dans le tems de la Coutume, &c.

Foi & hommage faite hors le lieu seigneurial.

AUjourd'hui en la présence & compagnie des Notaires à Paris soussignez, Sieur Charles, Seigneur du Fief de demeurant à s'est transporté pardevers le Sieur Seigneur de en sa maison à Paris, sise rue où étant, ledit Sieur Charles a prié & requis ledit Sieur de le recevoir à la foi & hommage qu'il lui doit, à cause dudit Fief de & dépendances, & de le dispenser de se transporter sur les lieux à cet effet; ce que ledit Sieur de ayant volontairement accordé, il l'a dispensé pour cette fois seulement, & sans tirer à conséquence; au moyen de quoi ledit Sieur Charles a fait & porté audit Sieur acceptant, la foi & hommage qu'il lui doit à cause du Fief de relevant en plein Fief, foi & hommage dudit Sieur à cause de sa Terre, Fief & Seigneurie dudit, &c. lequel Fief de lui appartient, au moyen de l'acquisition qu'il en a faite de par Contrat passé pardevant promettant d'en fournir aveu & dénombrement dans le tems de la Coutume : lequel Sieur reconnoît avoir été payé des droits de quint à lui dûs pour ledit Fief, dont il est content, & en quitte & décharge ledit Sieur Fait & passé comme dessus, &c.

Autre foi & hommage faite hors le lieu seigneurial.

AUjourd'hui en la présence & compagnie des Conseillers du Roi Notaires au Châtelet de Paris soussignez, Messire Pierre Moran, Seigneur de demeurant à Paris, rue de Paroisse saint à présent Seigneur dudit Fief, Terre & Seigneurie de située s'est transporté en la maison de Monsieur Julie, Seigneur de la Terre, Fief & Seigneurie de sise rue Paroisse saint où étant & parlant à mondit Sieur Julie, l'a très-humblement supplié de vouloir lui permettre de lui faire en sadite maison la foi & hommage & serment de fidélité qu'il lui doit, & qu'il est tenu de lui faire & porter de la totalité dudit Fief & Seigneurie de ses appartenances & dépendances, à cause & pour raison de l'acquisition qu'il en a faite de Messire par Contrat passé devant & son Confrere, Notaires audit Châtelet, le quinze du mois de Janvier de l'année mil sept cens mouvante & relevante en plein Fief, foi & hommage de ladite Terre & Seigneurie de aux us & coutumes de dans laquelle est dû relief à toute mutation, & de dispenser ledit Sieur Moran pour cette fois seulement, & sans tirer à conséquence pour l'avenir, d'aller faire ladite foi & hommage à mondit Sieur Julie sur les lieux : ce qu'il a bien voulu accorder audit Sieur Moran pour cette fois seulement, & sans tirer à conséquence pour l'avenir; suivant laquelle permission, ledit Sieur Moran s'étant mis en état de Vassal, a fait & porté à mondit Sieur Julie la foi & hommage & serment de fidélité qu'il lui doit & est tenu de faire & porter, aux us & coutumes de à cause & pour raison de la totalité dudit Fief, Terre & Seigneurie de ses appartenances & dépendances à lui appartenans, comme dit est, au moyen de l'acquisition qu'il en a faite par le Contrat ci-dessus énoncé ; laquelle foi & hommage a été reçue & acceptée par mondit Sieur Julie, à la charge par ledit Sieur Moran de fournir à mondit Sieur Julie, dans le tems de la coutume, l'aveu & dénombrement de la totalité dudit Fief, Terre & Seigneurie de ses appartenances & dépendances ; reconnoissant mondit Sieur Julie avoir reçu présentement dudit Sieur Moran la somme de qui lui a été payée, comptée, nombrée & réellement délivrée à la vûe desdits Notaires soussignez, en louis d'or & d'argent ayant cours ; à laquelle somme mondit Sieur Julie a remis & quitté en faveur dudit Sieur Moran, les droits de relief & chambellage qui lui étoient dûs, pour raison de la mutation arrivée dans la totalité dudit Fief, Terre & Seigneurie de ses appartenances & dépendances, mouvante & relevante de ladite Terre, Fief & Seigneurie de par ladite acquisition qu'il en a faite ledit jour mondit Sieur Julie lui faisant don, cession & transport, en tant que besoin est ou seroit, du surplus desdits droits de relief & de chambellage pour les exercer en leur entier, s'il y échet, sans préjudice de ses autres droits & de l'autrui en tout : dont & de tout ce que dessus a été requis Acte aux Notaires soussignez, à Paris en la maison de mondit Sieur Julie, lesdits jour & an.

Autre Acte de foi & hommage.

EN la présence & compagnie des Conseillers du Roi Notaires à Paris soussignez, Messire Etienne, &c. Chevalier Seigneur de, &c. demeurant, &c. s'est transporté pardevers & en l'Hôtel de très-haut, très-puissant & très-illustre Prince, &c. ledit Hôtel sis à Paris, &c. où étant, ledit Sieur après s'être mis en devoir de Vassal, a déclaré & reconnu tenir & posséder en plein Fief, foi & hommage de mondit Seigneur Prince de les Fiefs, Terres & Seigneuries de & de le tout situé à relevant de mondit Seigneur Prince de à cause de sa Châtellenie de & appartenant audit Sieur comme faisant partie des terres qui lui ont été vendues par haut & puissant Seigneur, &c. suivant le Contrat passé devant Notaires à Paris, le promettant ledit Sieur de fournir à mondit Seigneur Prince de dans le tems prescrit par la Coutume de les aveux & dénombremens desdits Fiefs, même par déclaration des tenans & aboutissans des rotures, si aucunes y sont comprises.

A laquelle foi & hommage mondit Seigneur Prince de pour ce présent, a reçu ledit Sieur de le dispensant pour cette fois seulement, & sans tirer à conséquence, de rendre ladite foi & hommage sur les lieux ; sans préjudice à mondit Seigneur Prince de de tous ses autres droits, actions & prétentions, dont Acte requis & octroyé. A Paris en l'Hôtel de mondit Seigneur Prince de, &c. l'an, &c.

Autre foi & hommage, portant promesse de fournir aveu & dénombrement, & remise de droits féodaux, sans réserve.

AUjourd'hui en présence & compagnie des Notaires à Paris soussignez, Messire Antoine Chevalier, Seigneur de demeurant s'est transporté pardevers Messire Louis Chevalier, Seigneur de en l'Hôtel où il est demeurant rue où étant, ledit Sieur Antoine a prié & requis ledit Seigneur de le recevoir à la foi & hommage qu'il lui doit, à cause dudit Fief de & de le dispenser de se transporter sur les lieux à cet effet; ce que ledit Seigneur de ayant bien voulu lui accorder par grace & pour cette fois seulement, sans tirer à conséquence pour l'avenir, ledit Sieur Antoine s'étant mis en devoir de Vassal, a fait & porté audit Seigneur de les foi & hommage & serment de fidélité qu'il lui doit, à cause du Fief, Terre & Seigneurie de sise appartenant audit Sieur Antoine, au moyen de la vente qui lui en a été faite par Contrat passé devant & son Confrere, Notaires; ledit Fief tenu noblement en Fief & plein hommage de ladite Terre & Seigneurie, promettant de fournir un aveu & dénombrement audit Seigneur Louis dedans trois mois prochains, à peine, &c. Et a ledit Seigneur Louis remis & remet par ces Présentes audit Sieur Antoine tout ce qui lui revient pour les profits féodaux de ladite Terre, à la réserve de deux mille livres que ledit Sieur Antoine promet & s'oblige de payer incessamment au Fermier dudit Seigneur Louis; dont & de quoi lesdites Parties ont requis Acte ausdits Notaires, à elles octroyé le présent en l'Hôtel dudit, &c.

Autre foi & hommage par une fille émancipée d'âge, procédant sous l'autorité de son Curateur.

AUjourd'hui en la présence & compagnie des Notaires soussignez, Damoiselle Marie émancipée d'âge, procédant sous l'autorité & assistée de M. son curateur, fille unique & seule héritiere de demeurante à s'est transportée pardevers Dame Nicole épouse séparée de biens de Messire autorisée à la poursuite de ses droits, demeurante où étant, ladite Damoiselle Marie a prié & requis ladite Dame Nicole de la recevoir à la foi & hommage qu'elle lui doit, à cause d'un Fief sis au terroir de & de la dispenser de se transporter sur les lieux à cet effet; ce que ladite Dame Nicole ayant volontairement accordé par grace pour cette fois seulement, & sans tirer à conséquence, ladite Damoiselle Marie a fait & porté à ladite Dame Nicole ladite foi & hommage, à cause d'un Fief assis au terroir de consistant aux héritages ci-après nommez, tenu noblement, relevant de ladite Dame Nicole à cause de sa Terre de appartenante à ladite Damoiselle Marie en qualité de fille & unique héritiere dudit défunt son pere; sçavoir, vingt-deux arpens, &c. En laquelle foi & hommage ladite Damoiselle Marie

dont

dont & de quoi lesdites Parties ont requis Acte ausdits Notaires, qui ont octroyé le présent pour servir & valoir ce que de raison. Fait & passé, &c.

Procuration pour porter la foi & hommage, & demander souffrance.

FUt présent Messire Charles demeurant à lequel a fait & constitué son Procureur général & spécial le Sieur de auquel il donne pouvoir de pour lui & en son nom se transporter au lieu & devant le Château seigneurial de pardevant Messire Jacques Seigneur Châtelain du lieu, ou pardevers ses Officiers, ou autres ayant charge & pouvoir de recevoir les foi & hommages des Terres & Fiefs relevans de ladite Seigneurie de & là faire & porter au nom dudit Seigneur Constituant les foi & hommage & serment de fidélité qu'il est tenu faire & porter audit Seigneur de comme Baron & Châtelain de ladite Seigneurie de à cause du Fief & Seigneurie de relevant du Château de ladite Seigneurie, & dont ledit Sieur Constituant est propriétaire, au moyen de l'acquisition qu'il en a faite de Messire Nicolas par Contrat passé devant & garder & observer par ledit Procureur les solemnitez requises, comme feroit & desireroit faire ledit Sieur Constituant sur les lieux, s'il n'étoit empêché par la maladie de laquelle il est détenu, *ou bien*, les grandes & importantes affaires qu'il a pour Sa Majesté, qui le retiennent, & empêchent de se transporter sur ledit lieu, pour faire ladite foi & hommage à mondit Seigneur le requérir ou ses Officiers, de recevoir ladite foi & hommage pour cette fois, & sans tirer à conséquence pour l'avenir, & d'admettre & recevoir l'excuse dudit Sieur Constituant; & en cas que ledit Seigneur de fasse refus, demander souffrance & délai, jusqu'à ce qu'il se puisse transporter sur le lieu dudit Fief dominant, pour faire en personne ladite foi & hommage; s'obliger pour ledit Sieur Constituant de fournir aveu & dénombrement dudit Fief dans le tems prescrit par la Coutume du lieu dudit Fief dominant; & en cas qu'il y eût aucunes saisies, faute d'avoir rendu la foi & hommage, en requérir main-levée en payant les frais raisonnables, & faire au surplus par ledit Sieur Procureur constitué pour raison de ce que dessus, circonstances & dépendances, tout ce qu'il jugera à propos, & de tout requérir acte; par ces mêmes Présentes ledit Sieur Procureur constitué de pour lui & en son nom prendre possession réelle & actuelle dudit Fief & Seigneurie, ses appartenances & dépendances, & en requérir acte, & généralement, &c. Promettant, obligeant, &c. Fait & passé, &c.

Voyez ci-devant Chapitre I, page 470, ce que nous avons dit de la foi & hommage.

Demande ou souffrance pour mineur, agréée.

AUjourd'hui en la présence & compagnie des Notaires, &c. François, &c. demeurant à au nom & comme tuteur de Jacques, &c. âgé de quinze ans, s'est transporté pardevant Messire Claude, &c.

Seigneur de à l'Hôtel où il est demeurant, rue où étant, ledit François a déclaré audit Sieur Claude que par le décès de Claude, &c. oncle paternel dudit Jacques, lui est échu le Fief de Laval, ses appartenances & dépendances, situez dans la Paroisse de lequel est tenu & mouvant en foi & hommage dudit Sieur Claude; mais comme ledit Jacques n'a pas encore atteint l'âge requis par la Coutume, pour lui faire & porter en personne la foi & hommage & serment de fidélité qu'il est tenu faire pour raison dudit Fief de Laval, ledit Sieur François a par ces Présentes prié & requis ledit Sieur Claude d'accorder souffrance audit mineur, jusqu'à ce qu'il ait atteint l'âge requis par la Coutume, pour lui faire & porter lesdits foi & hommage & serment de fidélité, au desir de la Coutume; & cependant lui donner main-levée de la saisie féodale faite dudit Fief de Laval, faute de la foi & hommage, offrant de lui payer ses droits, frais & dépens; laquelle souffrance ledit Seigneur de, &c. a par ces Présentes accordé volontairement audit mineur jusqu'audit tems & âge; à la charge qu'aussi-tôt qu'il sera parvenu à l'âge requis par la Coutume, il portera en personne lesdits foi & hommage & serment de fidélité, & que cependant il donnera son aveu & dénombrement dans le tems de la Coutume: reconnoissant ledit Sieur Claude avoir reçu dudit Sieur François, qui lui a payé en louis d'or & d'argent comptez & délivrez à la vûe des Notaires soussignez, la somme de à laquelle lesdites Parties esdits noms ont composé ensemble, tant pour les frais féodaux qui sont dûs audit Sieur Claude au sujet de ladite mutation, que pour les fruits qui lui sont acquis en pure perte, frais de ladite saisie féodale, établissement de Commissaire, & autres quelconques; dont quittant. Au moyen de quoi ledit Sieur Claude a par ces Présentes fait & donné pleine & entiere main-levée audit Sieur François audit nom, de la saisie féodale faite à sa requête dudit Fief de Laval; consent qu'elle soit & demeure nulle & sans effet, à compter de cejourd'hui; même quitte & décharge par ces Présentes ledit mineur de tous les profits de Fief qu'il lui devoit à cause de ladite mutation dudit Fief de Laval; ensemble les frais de ladite saisie féodale & établissement de Commissaire, & autres quelconques, &c.

Aveu & dénombrement.

AUjourd'hui est comparu pardevant les Notaires, &c. Claude, &c. lequel a reconnu & déclaré être homme, sujet & vassal de haut & puissant Seigneur Messire Jacques, &c. duquel il a dit tenir noblement en plein Fief & hommage, rachat & quint denier, & à tel autre droit & devoir que peut être tenu ledit Fief, à cause de sadite Seigneurie; sçavoir le Fief du Clos, consistant, &c. auquel Fief sont dûs plusieurs honneurs, & duquel relevent plusieurs vassaux & sujets, qui doivent par chacun an rentes, tant en deniers que grains, chapons, poulets, corvées, montant en deniers à la somme de, &c. en grains, à boisseaux, mesure de, &c. pourquoi est dû audit Seigneur la foi & hommage, rachat & chambellage, quand le cas y échet, & autres droits dûs tant par ses vassaux & sujets, que par les marchands forains vendans & étalans ès jours de marchez & foires audit lieu : comme auſſi appartient audit Seigneur toute connoiſſance de Juſtice moyenne & baſſe, le reconnoiſſant pour Seigneur, lui devoir obéiſſance ainſi qu'il appartient ; & a ledit Sieur Claude proteſté & promis par ces Préſentes, qu'en cas qu'il y ait quelque choſe à employer au préſent aveu & dénombrement, de l'y mettre & ajouter ſi-tôt qu'il ſera venu à ſa connoiſſance ; comme auſſi s'il ſe trouvoit y avoir plus mis & avoué que ce dont il eſt tenu, il lui ſera loiſible de l'ôter & retrancher, ſans autrement préjudicier à ſondit Seigneur ni à lui, déclarant qu'il n'a point entre les mains les titres ; & pour préſenter & fournir le préſent aveu & dénombrement, & en prendre acte de reception, ledit Sieur Claude a fait & conſtitué ſon Procureur auquel il en donne tout pouvoir néceſſaire. Promettant, obligeant, &c. Fait & paſſé, &c.

Voyez ce que nous avons dit Chapitre II, page 476, de l'aveu & dénombrement.

Retrait féodal.

FUrent préſens Meſſire Jacques de Longueil, demeurant, &c. d'une part, & noble homme Claude de Liſle, &c. d'autre ; leſquels ont dit, ſçavoir ledit Sieur de Longueil, qu'en ſa qualité de Seigneur de il a droit de reprendre & retirer par puiſſance de Fief les héritages qui ſe vendent dans l'étendue de ſadite Seigneurie, en rembourſant à l'acquéreur le prix, frais & loyaux-coûts ; pourquoi il auroit déclaré audit Sieur de Liſle, qu'il deſiroit retenir par droit féodal une maiſon, terres & héritages ſituez & enclavez dans ladite Terre & Seigneurie, appartenans audit Sieur de Liſle, au moyen de l'acquiſition qu'il en a faite de par Contrat paſſé pardevant lequel Sieur de Liſle reconnoiſſant le bon droit dudit Sieur de Longueil, a par ces Préſentes volontairement quitté, délaiſſé & tranſporté dès maintenant & à toujours, ſans aucune garantie que de ſes faits & promeſſes ſeulement, audit Meſſire Jacques de Longueil, à ce préſent & acceptant, pour lui, ſes hoirs & ayans cauſe, pour réunir à ſadite Terre & Seigneurie de ladite maiſon, terres & héritages en dépendans ci-deſſus déclarez, ſituez dans ladite Seigneurie, que ledit Sieur de Liſle a acquis par le Contrat ſus-énoncé, ſans en rien retenir ni réſerver, aux charges y portées, pour en jouir, faire & diſpoſer par ledit Sieur de Longueil, ſes hoirs & ayans cauſe, comme de choſe à lui appartenante, au moyen des Préſentes ; à l'effet de quoi ledit Sieur de Liſle l'a mis & ſubrogé ſans autre garantie que deſſus, en ſon lieu & place, droits & actions, & lui a préſentement délivré une expédition en parchemin dudit Contrat d'acquiſition, portant quittance du payement entier du prix de ladite maiſon, terres & héritages. Plus, les anciens titres au nombre de concernant la propriété deſdites maiſon, terres & héritages, dont ledit Sieur de Longueil le décharge. Ce délaiſſement & tranſport fait pour les cauſes ſuſdites, & aux charges ci-deſſus déclarées, & outre moyennant la ſomme de cinq mille trois cens trente livres, que ledit Sieur de Liſle reconnoît avoir reçue comptant dudit Sieur de Longueil, qui lui a icelle présentement payée en espéces d'or, d'argent & monnoye ayant cours, comptées, nombrées & réellement délivrées à la vûe desdits Notaires, pour le prix principal d'icelle acquisition, & six cens trente livres pour les frais & loyaux-coûts de ladite acquisition; dont & du tout ledit Sieur de Lisle est content, quitte & décharge ledit Sieur de Longueil & tous autres. Et quant aux interêts que ledit Sieur de Lisle pouvoit demander & prétendre depuis le jour dudit Contrat d'acquisition jusqu'à présent, les Parties en ont fait compensation avec les fruits, revenus & loyers que ledit Sieur de Lisle a touchez & reçus, à cause desdites maison, terres & héritages ci-dessus déclarez & délaissez, dont les Parties se quittent pareillement l'une l'autre. Car ainsi, &c.

Il est bon de remarquer, que si plusieurs héritages situez en différens Fiefs, ont été vendus par un même Contrat & pour un même prix, un Seigneur n'étant pas obligé de les retirer tous, il lui est permis de retirer seulement ceux qui sont mouvans de lui. La raison est, que les ayant tous retirez, les autres Seigneurs pourroient exercer le retrait féodal pour les Fiefs qui releveroient d'eux; c'est pourquoi il est plus à propos qu'il ne soit pas obligé de les retirer: de plus, ce seroit un moyen pour empêcher un Seigneur qui n'auroit pas assez de bien pour retirer tous les héritages vendus, de se servir du droit qui lui appartiendroit en vertu de son Fief. Cela est sans difficulté, quoique d'autres qui ont écrit sur cette matiere ayent avancé le contraire.

Néanmoins un Seigneur peut retirer le tout, s'il le souhaite, pourvû que l'acquéreur y donne son consentement; & alors il faut faire une clause particuliere.

Ceux qui ont traité cette matiere avant moi disent, que si l'intention du Seigneur retrayant n'est pas de réunir à son Fief les héritages qu'il retire & qui en sont mouvans, il en doit faire mention dans le Contrat du retrait en ces termes: *Déclarant ledit Seigneur qu'il ne veut & n'entend réunir à sondit Fief lesdits héritages; au contraire les posséder à toujours comme terres roturieres.* Cette clause se doit mettre quand le Seigneur achete quelques terres ou héritages en roture, qui sont dépendans de sa Seigneurie, parce que sans cette déclaration, ces héritages seroient réunis à son Fief, & censez féodaux.

Réunion d'une Roture à un Fief.

FUrent présens Maître Nicolas, &c. & Damoiselle Marie, &c. sa femme, qu'il autorise à l'effet des Présentes, demeurans lesquels ont dit que par Acte passé pardevant & son Confrere, Notaires à

Paris, le insinué où besoin a été, ils ont donné par donation entre-vifs à Jacques leur fils, les Fief, Terre & Seigneurie de pour en jouir, faire & disposer par ledit Sieur leur fils, comme de chose lui appartenante, à commencer toutefois la jouissance du jour du décès du survivant desdits Sieur & Damoiselle ses pere & mere ; que par Contrat passé pardevant cejourd'hui, ledit Sieur Nicolas auroit acquis de Jean, &c. une ferme & héritages situez en la Paroisse de ladite Terre & Seigneurie, & en la censive d'icelle, dans le dessein d'en faire pareillement par lesdits Sieur & Damoiselle pere & mere donation audit Jacques leur fils, aux mêmes charges & réserves d'usufruit, pour être lesdits héritages réunis & incorporez à ladite Seigneurie. A cet effet lesdits Sieur & Damoiselle Comparans, pour la bonne amitié qu'ils ont & portent audit Jacques leur fils, demeurant à ce présent & acceptant, lui ont fait don, cession & transport entre-vifs & irrévocable, de ladite ferme & héritages, &c. tenus en la censive de ladite Terre & Seigneurie, pour d'icelle ferme & héritages augmenter le domaine de ladite Seigneurie, & iceux être joints, réunis & incorporez au corps d'icelle, inséparablement tenus, & réputez inféodez, & de même nature & qualité que ladite Terre & Seigneurie ; & ainsi en jouir & user par ledit Jacques, ses hoirs & ayans cause à toujours, comme de chose à lui appartenante ; & pour par lui en jouir du jour du décès du survivant desdits pere & mere, qui s'en sont réservez & réservent & au survivant d'eux l'usufruit leur vie durant, à titre de constitut & précaire. Cette présente donation ainsi faite à la charge de ladite réunion d'icelle roture en Fief ; & encore que pendant la vie desdits Sieur & Dame pere & mere, & du survivant d'eux, ledit Jacques ne pourra aucunement vendre, aliéner ni hypotéquer ladite Terre & Seigneurie, ferme & héritages ci-dessus déclarez, partie ni portion d'iceux, sans le consentement par écrit de sesdits pere & mere, ou dudit survivant ; & encore à condition qu'au cas que ledit Jacques prédécéde sesdits pere & mere, & qu'ils, ou l'un d'eux le survive, la présente donation sera & demeurera nulle & de nul effet, comme non avenue, & lesdits biens donnez retourneront ausdits Donateurs ou au survivant d'eux, pour en jouir & disposer comme ils eussent pû faire auparavant ladite présente donation ; & néanmoins ledit survivant jouira de la totalité d'iceux sa vie durant, sans que les héritiers du prédécédé le puissent troubler & empêcher. Et pour faire insinuer, &c.

Erection de Roture en Fief.

FUt présent très-haut & très-puissant Seigneur Monseigneur le Duc, &c. Comte de, &c. lequel Seigneur Duc, sur la priere & supplication à lui faite par M. Claude, &c. d'ériger en Fief les héritages ci-après déclarez, appartenans audit M. Claude à juste titre, situez dans l'étendue de la Justice de dépendans du Comté de appartenant audit Seigneur Duc, lequel desirant donner des preuves de l'amitié qu'il a pour lui, & lui procurer autant d'avantage qu'il lui est possible, ledit Seigneur Duc a par ces Présentes érigé & créé lesdits héritages ; sçavoir, &c. (*Il faut faire une énumération des terres contenues dans l'érection*) le tout en un seul Fief, que ledit Seigneur Duc a nommé le Fief de la Grange ;

a permis audit M. Claude & aux ſiens, de faire conſtruire une maiſon dans leſdits héritages, en tel endroit & de telle maniere qu'il jugera à propos, ou les ſiens, & faire clore & fermer de foſſez ladite maiſon & pourpris d'icelle; y faire faire pont-levis, planchettes, tours & tourelles, & autres choſes requiſes, tant pour la défenſe & garde de ladite maiſon, que pour l'ornement & la décoration d'icelle; de faire bâtir un colombier à pied, ſoit dedans ou dehors de l'enclos de ladite maiſon dudit Fief, & d'avoir une garenne fermée de murailles. De plus, ledit Seigneur Duc a attribué & accordé audit M. Claude moyenne & baſſe Juſtice ſur tous leſdits héritages, & tous droits & prérogatives, pour dudit Fief de la Grange, ſes appartenances & dépendances ci-deſſus déclarées, jouir, tenir & poſſéder noblement à l'avenir par ledit M. Claude, ſes hoirs & ayans cauſe, à toujours. Et en conſéquence de ladite érection, ledit Seigneur Duc a affranchi, quitté & déchargé à toujours leſdits héritages, terres, métairies ci-deſſus déclarez, de toutes charges & redevances cenſuelles & roturieres dont ils étoient ci-devant tenus & chargez envers ledit Seigneur Duc à cauſe dudit Comté de, &c. ſans que ci-après ledit M. Claude, ſeſdits hoirs & ayans cauſe en ſoient aucunement tenus; à la charge & réſerve néanmoins de la haute Juſtice annexée audit Comté, & de la foi & hommage que ledit M. Claude, ſes hoirs, ſucceſſeurs & ayans cauſe ſeront tenus faire & porter audit Seigneur Duc & à ſeſdits ſucceſſeurs audit Comté de, &c. quand le cas y échéra, ſelon & conformément à la Coutume du lieu; & dès-à-préſent ledit M. Claude s'étant mis en devoir de Vaſſal, a fait & porté audit Seigneur Duc, ce acceptant, la foi & hommage, & prêté le ſerment de fidélité qu'il lui doit pour ledit Fief de la Grange & dépendances; & par ces mêmes Préſentes ledit Seigneur Duc a ordonné au Bailli & autres Officiers dudit Comté de, &c. préſens & à venir, de laiſſer jouir & uſer paiſiblement ledit M. Claude, ſes hoirs & ayans cauſe du contenu ci-deſſus, & comme il eſt d'uſage à l'égard des autres Vaſſaux dudit Comté, ſans permettre ni ſouffrir qu'il y ſoit fait aucun empêchement, nonobſtant l'ancienne qualité cenſuelle & roturiere deſdits héritages, laquelle ledit Seigneur a amortie, abolie & éteinte, & ſur ce impoſe ſilence à ſon Procureur Fiſcal & Receveur audit lieu, & à tous autres ſes Officiers & ſujets. Et ledit M. Claude a promis & s'eſt obligé, tant pour lui, que pour ſes hoirs, ſucceſſeurs & ayans cauſe, entretenir & exécuter le contenu auſdites Préſentes, ſelon leur forme & teneur, &c. Promettant, obligeant, renonçant, &c. Fait & paſſé, &c.

On demande ſi le droit d'aîneſſe auroit lieu après le décès de celui en faveur duquel l'érection de la roture en Fief auroit été faite?

L'aîné ſeroit bien fondé de le prétendre: la raiſon eſt, que les biens d'un défunt ſe partagent entre ſes héritiers, ſelon leur nature & qualité telle qu'elle eſt au jour de ſon décès; & il n'importe qu'au tems de l'acquiſition, l'héritage fût tel que le droit d'aînesse n'y pût être pris, de même que quand le propriétaire d'un Fief acquiert une roture étant dans la censive de son Fief; en ce cas la roture est réunie au Fief de plein droit, & commence dès-lors à faire partie du Fief, & elle est & demeure féodale; desorte qu'arrivant à la maison de celui qui a fait réunion, tout le Fief, y compris la roture réunie, se doit partager noblement & féodalement entre ses héritiers; ce qui ne souffre point de difficulté.

Il est vrai qu'un pere ne peut pas faire d'un Fief une roture, au préjudice du droit d'aînesse appartenant à son fils aîné; parce que c'est une faveur que la Coutume accorde aux aînez, à laquelle le pere & la mere ne peuvent point préjudicier en aucune maniere, & par quelque disposition que ce soit: mais il ne faut pas dire au contraire, qu'un pere ne puisse pas augmenter les droits d'aînesse par l'érection d'une roture en Fief, du consentement du Seigneur dominant; car la raison pour laquelle le pere ne peut pas préjudicier au droit d'aînesse, ne peut pas l'empêcher de faire quelque chose pour augmenter le même droit.

Il est constant qu'un pere ne peut pas, au préjudice du droit d'aînesse, faire convertir un Fief en roture, ni déclarer par quelque disposition que ce soit, qu'il veut & entend qu'un Fief qu'il a soit partagé après sa mort également entre ses enfans. Aussi nonobstant cette déclaration, le fils aîné peut prétendre le droit d'aînesse dans le Fief, & il l'aura.

Mais quand un pere fait une acquisition d'une roture étant dans sa censive, il peut dans le Contrat déclarer qu'il veut & entend tenir & posséder cet héritage comme roturier, & selon sa qualité & nature au tems de son acquisition, empêchant expressément la réunion, laquelle se feroit autrement de plein droit, conformément à l'article 53 de la Coutume de Paris, qui porte, *Que les héritages acquis par un Seigneur de Fief en sa censive, sont réunis à son Fief & censez féodaux, si par exprès le Seigneur ne déclare qu'il veut que lesdits héritages demeurent en roture.*

De cet article il s'ensuit, que la déclaration se doit faire *incontinenti*, c'est-à-dire en faisant l'acquisition, & par le même Contrat, ou par un autre précédent; car si elle étoit faite *ex intervallo*, elle seroit inutile & sans effet, & n'empêcheroit pas l'aîné de prétendre son droit d'aînesse sur ladite roture réunie.

La raison est, que la réunion se faisant *ipso jure*, & dès le tems de l'acquisition, il n'est plus au pouvoir du pere de préjudicier au droit d'aînesse, qui est dès-lors acquis au fils aîné, au cas toutefois que le Fief & la roture acquise se trouve dans la succession du pere.

Si l'acquisition se faisoit d'une roture par succession, & que la roture tombât dans le lot de celui en la censive duquel elle seroit, il faudroit qu'il fît sa déclaration, s'il veut que cette roture conserve sa qualité de roture, & demeure dans la censive & mouvance de son Fief, pour être possédée & partagée après sa mort entre ses enfans ou autres héritiers comme telle.

Si l'acquisition étoit faite d'une roture par un mari, étant dans la censive de sa femme, en ce cas la femme pourroit faire sa déclaration après la mort de son mari, au cas que telle roture ou partie d'icelle tombât dans son lot de la communauté, qu'elle voudroit & entendroit qu'elle conservât sa roture, pour être partagée roturierement entre ses enfans, d'autant que cette déclaration se peut faire, suivant l'article 53.

Mais quant à la femme, il n'est pas nécessaire qu'elle la fasse au tems de l'acquisition ; car l'acquisition se faisant par le mari & en son nom, & le mari étant le maître d'en disposer à sa volonté, telle déclaration se trouveroit inutile. De plus, la femme étant en pouvoir de mari, on ne lui impute pas si elle n'a pas fait ce qu'elle avoit droit de faire, & ce qu'elle auroit fait autrement.

Il y a plus de difficulté, sçavoir si la femme venant à mourir avant son mari, auroit pû faire cette déclaration par testament ou autrement, & si elle vaudroit au cas que ladite roture se trouvât dans les biens de la communauté au jour de son décès?

Je ne fais point de difficulté qu'elle ne le pût faire, sans pour cet effet qu'il fût besoin de l'autorité de son mari, parce que la Coutume le permet, & que ce n'est point un Acte qui emporte l'aliénation de ses biens, ou l'obligation ou engagement d'iceux.

Déclaration pour empêcher la réunion d'une Roture au Fief.

AUjourd'hui est comparu pardevant les Notaires soussignez, Maître Nicolas, &c. lequel à l'instant du Contrat de vente passé présentement pardevant lesdits Notaires, entre lui & Jacques, &c. par lequel ledit Jacques lui a vendu une métairie, terres & héritages, &c. étant en la censive du Fief de, &c. déclare par ces Présentes, que quoiqu'au moyen de ladite acquisition, ladite métairie, terres & héritages compris dans icelle

acquisition

acquisition, soient de plein droit réunis audit Fief; néanmoins il veut & entend qu'il n'y ait aucune réunion de la métairie, terres & héritages audit Fief; & qu'au contraire ils soient & demeurent séparez, comme si ladite acquisition n'avoit point été faite, & que lesdites métairie, terres & héritages soient par lui, ses hoirs & ayans cause, possédez roturierement, & partagez entre ses enfans comme biens roturiers, sans préciput & droit d'aînesse, selon leurdite qualité de roture, & qu'ils soient & demeurent toujours en la censive dudit Fief, nonobstant ladite acquisition, & quoiqu'il n'en soit fait aucune mention dans ledit Contrat de vente, lequel ne pourra quant à ce préjudicier à l'intention & à la volonté dudit Sieur Comparant, dont il a requis Acte ausdits Notaires.

Il en est de même quand le Seigneur d'un Fief dominant fait acquisition d'un Fief mouvant de lui; en ce cas le Fief servant est réuni au Fief dominant, pour ne faire qu'un seul & même Fief.

La raison est, que ces qualitez de servant & de dominant sont éteintes dès le moment que les deux héritages appartiennent à la même personne; car on ne peut pas se devoir à soi-même la foi & hommage, ou la recevoir de soi-même, d'autant même que le Fief servant faisoit autrefois partie du Fief dominant: si ces deux Fiefs viennent à appartenir à la même personne, ils perdent ces deux qualitez.

Néanmoins il est permis à celui qui fait l'acquisition, d'empêcher cette réunion, en déclarant qu'il veut & entend que lesdits deux Fiefs conservent chacun leur qualité, l'un de dominant, & l'autre de servant, ce qui se doit faire *incontinenti*; car la déclaration étant faite *ex intervallo*, elle n'empêche pas que la réunion n'ait son effet. La déclaration se peut faire en cette maniere.

Déclaration pour empêcher la réunion du Fief & Arriere-Fief.

AUjourd'hui est comparu pardevant les Notaires soussignez, Maître Nicolas, &c. lequel à l'instant du Contrat de vente passé pardevant lesdits Notaires, entre lui & Jacques, &c. par lequel ledit Jacques lui a vendu le Fief de la Grange, &c. relevant en plein Fief de la Terre & Seigneurie de la Charbonniere, appartenant audit M. Nicolas: A déclaré par ces Présentes, que quoiqu'au moyen de ladite acquisition du Fief de la Grange, ledit Fief soit tacitement réuni audit Fief de la Charbonniere, pour ne faire ensemble qu'un seul & même Fief; néanmoins il veut & entend qu'il n'y ait aucune réunion desdits deux Fiefs; mais qu'ils soient & demeurent séparez, comme si ladite acquisition n'avoit point été faite, pour en jouir & disposer par lui, ses hoirs & ayans cause, comme d'un acquêt séparément & sans aucune confusion de l'un avec l'autre, & que ledit Fief de la Grange releve & soit mouvant en plein Fief dudit Fief de la Charbonniere, nonobstant ladite acquisition, & quoiqu'il n'en ait été fait aucune mention dans ledit Contrat de vente, lequel, quant à ce, ne pourra nuire ni préjudicier aucunement à l'intention & protestation susdite, dont ledit Sieur Nicolas a requis Acte, pour lui servir & valoir ainsi que de raison.

CHAPITRE VIII.

Du Papier Terrier.

LORSQU'UN Seigneur a acquis un Fief, & qu'il souhaite sçavoir toutes les redevances qui lui sont dûes par ses Vassaux & Censiers, il fait faire un papier terrier. Or ce papier terrier est un recueil de déclarations que les propriétaires des terres & héritages, à quelque titre que ce soit, passent au Seigneur dont relevent lesdites terres.

Ces déclarations se passent à la réquisition du Seigneur féodal ou censier, de tous les héritages, tant féodaux que roturiers qui sont dans sa mouvance, & doivent contenir tous les droits, dixmes, terrages, coutumes, corvées, rentes foncieres, seigneuriales ou non seigneuriales de tous les Vassaux & Arrieres-vassaux, & sujets censiers & tenanciers, à quelque titre que ce soit.

Pour procéder à la confection d'un papier terrier, il faut des Lettres de Chancellerie, par lesquelles le Roi ordonne, qu'après un commandement fait par le Prevôt ou autre Juge, à la requête de l'Impétrant, cri public, son de trompe, affiches, publication aux Prônes, tous Vassaux, tenanciers, censiers & autres redevables, &c. ayent à venir porter les foi & hommage, payer les droits, donner aveu & dénombrement par le menu, tenans & aboutissans nouveaux, référez aux anciens par déclarations signées d'eux, & passées par tel Notaire qu'il plaît au Seigneur de commettre.

Ces Lettres étant entérinées, le Seigneur fait faire des publications & affiches, & tous les Vassaux tels qu'ils soient, sont obligez de comparoir chez le Notaire choisi par le Seigneur, & d'y venir faire leur déclaration, qu'on écrit dans le papier terrier, dans lesquelles déclarations on énonce les titres de leurs acquisitions, aveux & dénombremens anciens.

Le papier terrier étant achevé, doit être clos en Justice, & le Juge qui a entériné les Lettres, rend un Jugement portant clôture du papier terrier.

Sur quoi il faut remarquer que le papier terrier doit être achevé dans l'an ; & au cas qu'il n'ait pû être achevé dans ce tems, il faut obtenir de nouvelles Lettres portant prolongation de tems.

Le Seigneur peut contredire les déclarations que lui font ses Vassaux, & justifier ses prétentions, s'il a des titres contraires. Il peut aussi se mettre en possession des héritages vacans, dont il ne paroît aucuns détenteurs ; & pendant trois ans les légitimes possesseurs sont reçus à rentrer dans leurs titres ; lequel tems expiré, les héritages qu'on ne réclame point sont & demeurent réunis au Fief.

Sur cette matiere, vous pouvez consulter plus au long le *Traité de la confection des Papiers terriers*, par M. Bellami, ancien Avocat au Bailliage d'Herbault, vol. *in*-4°. Paris, 1746 ; & *la Pratique universelle pour la renovation des Terriers & des Droits seigneuriaux*, par M. de Freminville, Bailly de la Palisse, & Commissaire aux Droits seigneuriaux, 2 vol. *in*-4°. Paris, 1746.

Intitulé d'un Papier Terrier.

L'An le du mois de à la requisition de Jean de la Porte, Dame Elisabeth des son épouse, qu'il autorise à l'effet des Présentes, & encore de Damoiselle Madeleine des fille majeure, demeurans ensemble rue Louis R. Conseiller du Roi, Notaire à Paris soussigné, s'est transporté au Château Seigneurial des grande & petite Fouilleuse, sise en la Paroisse de Ruelle en Parisis, où étant lesdits Seigneur & Dame de la Porte, Seigneurs, propriétaires & jouissans par indivis des Terres, Fiefs & Seigneuries desdites grande & petite Fouilleuse, lui ont présentement mis ès mains les Lettres Patentes par eux obtenues en Chancellerie le signées par le Roi, N... & scellées du grand sceau de cire jaune, & la Commission obtenue au Châtelet de Paris pour l'exécution d'icelles, le par lesquelles il est ordonné à tous les détenteurs d'héritages, & redevables des droits desdits Fiefs, passer reconnoissance & titre nouvel d'iceux ausdits Seigneur & Dame de la Porte, & Damoiselle des pardevant ledit R. nommé par ladite Commission, pour recevoir lesdites reconnoissances, & passer titre nouvel, foi, hommage, aveux & dénombremens, tant en Fiefs que roture ; & ont lesdits Seigneur & Dame de la Porte, & Damoiselle des requis ledit R. de procéder à l'exécution desdites Lettres & Commission ; & à cet effet de recevoir lesdites reconnoissances & déclarations des Vassaux, tenanciers & redevables d'héritages relevans desdits Fiefs de ladite grande & petite Fouilleuſe, & de ceux qui doivent droits ou rentes à icelle Terre : & après avoir par ledit R. annexé leſdites Lettres & Commiſſion à ces Préſentes, il a, à la requiſition deſdits Seigneur & Dame de la Porte, & Damoiſelle des procédé auſdites déclarations & reconnoiſſances ainſi qu'il enſuit, en préſence des témoins ci-après nommez, après que leſdits Seigneur & Dame de la Porte, & Damoiſelle des ont déclaré avoir fait publier aux Prônes des Paroiſſes de Ruelle & Surenne, leſdites Lettres & Commiſſion, à ce que leſdits tenanciers & redevables euſſent à y ſatisfaire, ſous les peines y portées ; & ont ſigné.

Titre nouvel & reconnoiſſance, ou déclaration de cens, par un Particulier qui le paſſe au Château de ſon Seigneur, pardevant le Notaire commis à cet effet.

Et le audit Château de Fouilleuſe, pardevant nous Louis R. Conſeiller du Roi, Notaire à Paris ſouſſigné, commis pour faire le papier terrier des grande & petite Fouilleuſe, en la préſence des témoins ci-après nommez, eſt comparu Michel Rimb, demeurant lequel a reconnu être détenteur & propriétaire de cinq quartiers de terre en une ſeule piéce, ſis au lieu dit tenant d'un côté à par haut, d'autre à d'en bas par haut par bas à leſdits cinq quartiers de terre à lui appartenans, comme les ayant pris à rente de *tel* & *telle* ſa femme, par Contrat paſſé pardevant le à la charge d'un ſol de cens pour chaque arpent, & moyennant de rente fonciere rachetable de auſquels Rimb & ſa femme leſdits cinq quartiers appartiennent tant du propre d'elle que de leurs acquêts, & font partie de deux arpens de terre ci-devant vendus à J. pere d'elle, par *un tel*, par Contrat paſſé pardevant le & leſquels cinq quartiers de terre ſont en la cenſive de ladite Seigneurie de Fouilleuſe, & chargez vers elle d'un ſol tournois par arpent, portant lods & ventes, ſaiſine, défaut & amende, quand le cas y échet, payable au Château dudit Fouilleuſe, au jour de ſaint Remy de chaque année, avec faculté auſdits Seigneur & Dame de Fouilleuſe de reprendre ledit héritage à toutes mutations au prix qu'il ſera vendu, au lieu dudit cens : lequel cens ledit Rimb promet & s'oblige de payer par chacun an audit jour de S. Remy, audit Château de Fouilleuſe, tant qu'il ſera détenteur & propriétaire deſdits héritages, partie ou portion d'iceux, ſans préjudice auſdits Seigneur & Dame de Fouilleuſe des arrérages qui leur ſont dûs dudit cens & droits ſeigneuriaux, & autres droits, dûs & actions, tant à l'encontre dudit Rimb reconnoiſſant, que de ceux qui ont poſſédé leſdits héritages avant lui ; déclarant ledit Rimb qu'il ne poſſéde aucun autre héritage relevant de la cenſive deſdits Seigneur & Dame de Fouilleuſe. Promettant, &c. obligeant, &c. renonçant, &c. Fait & paſſé audit Château de Fouilleuſe ; en préſence de témoins, qui ont ſigné avec ledit Rimb.

Autre reconnoiſſance par un Particulier, des terres à lui appartenantes, comme lui étant échues par partage.

Ledit jour en préſence des Notaires & témoins ſouſſignez, eſt comparu devant ledit R. Jacques Bon, demeurant lequel a reconnu être détenteur & propriétaire de cinquante-quatre perches de vignes en trois piéces, ſiſes au terroir de lieu dit comme à lui échus par le deuxiéme lot du partage des biens de défunte J. G. Garnier ſa mere, fait entre lui & ſes cohéritiers pardevant le la premiere piéce contenant quinze perches, faiſant moitié de trente, tenant d'un côté à d'autre à aboutiſſant par haut à & d'autre à les deux autres piéces contenant trente-neuf perches de jeunes plants; la premiere tenant d'un côté à d'autre à aboutiſſant par haut à & par bas à & la ſeconde contenant, &c. leſquelles cinquante-quatre perches ſont en la cenſive de ladite Seigneurie de Fouilleuſe, & chargées envers elle d'un ſol tournois de cens par arpent, portant lods & ventes, ſaiſine, défaut & amende, quand le cas y échet, avec faculté au Seigneur de Fouilleuſe de reprendre ledit héritage à toutes mutations pour le prix qu'il ſera vendu, au lieu de recevoir ſes lods & ventes: A ces cauſes, ledit reconnoiſſant s'oblige de payer ledit cens par chacun an audit jour de ſaint Remy, audit Château de Fouilleuſe, ſans préjudice audit Seigneur de Fouilleuſe des arrérages dûs & échus deſdits cens, droits ſeigneuriaux, autres dûs, droits & actions, ainſi qu'il eſt ci-devant dit aux précédentes reconnoiſſances. Promettant, &c. obligeant, &c. renonçant, &c. Fait & paſſé audit Château de Fouilleuſe, en préſence deſdits nommez auſdites reconnoiſſances; & ont ſigné.

Continuation dudit Terrier à Paris.

Et le eſt comparu devant les Notaires à Paris ſouſſignez, en l'Etude dudit R. l'un d'iceux, Jean Bar, lequel a reconnu & confeſſé être détenteur d'un quartier de terre, &c.

Après que la minute du terrier eſt entierement finie, l'on commence l'expédition par l'Acte de tranſport ſur les lieux, comme il enſuit.

Aujourd'hui du mois de mil ſept cens à la requiſition, &c.

Et puis après l'on tranſcrit les Lettres Patentes & Commiſſion.

Enſuit la teneur deſdites Lettres Patentes & Commiſſion.

LOuis, par la grace de Dieu, Roi de France & de Navarre: A tous ceux qui ces préſentes Lettres verront, Achilles de H. &c. ſalut. Sçavoir faiſons, que vû les Lettres du Roi, &c.

Autre intitulé de Papier Terrier.

AUjourd'hui est comparu devant les Conseillers du Roi, Notaires à Paris soussignez, Messire Jean, &c. Prieur Commendataire du Prieuré de Diocèse de Paris, de fondation royale, demeurant, &c. lequel a apporté à l'un desdits Notaires soussignez, & l'a requis de mettre au rang de ses minutes, deux piéces.

La premiere est l'original en parchemin des Lettres de terrier obtenues par ledit Sieur Prieur le signées par le Conseil collationnées, controllées & scellées; par lesquelles Lettres adressées à Nosseigneurs des Requêtes du Palais à Paris, il est ordonné à tous Vassaux, détempteurs, emphitéotes & tenanciers d'héritages chargez envers ledit Prieuré de de foi, hommages, cens, rentes, terrages, champarts & autres droits seigneuriaux, de faire les foi & hommage, bailler aveu & dénombrement, titres nouveaux & déclarations desdits droits, & des tenans & aboutissans qui y sont sujets; & à cet effet exhiber leurs titres de propriété devant tel Notaire qui seroit nommé par ledit Sieur Prieur, & commis par nosdits Seigneurs des Requêtes du Palais.

Et la seconde est la grosse aussi en parchemin d'une Sentence des Requêtes du Palais, du par laquelle lesdites Lettres de terrier ont été entérinées suivant leur forme & teneur, & ledit Me Notaire commis pour recevoir les actes desdites foi & hommages, aveux & dénombremens, titres nouvels & déclarations, & faire ledit papier terrier.

Lesquelles deux piéces sont à la réquisition dudit Sieur Prieur, demeurées ci-jointes, (après avoir été de lui paraphées en présence desdits Notaires soussignez) pour être lesdites deux piéces transcrites ès Registres des expéditions des déclarations qui seront passées par lesdits censitaires ensuite des Présentes; dont acte, &c. Fait & passé, &c.

Déclaration en conséquence.

FUt présent Jean-Baptiste, &c. lequel a déclaré & reconnu être détenteur & propriétaire d'une maison sise en cette Ville de Paris, rue, &c. consistant, &c. tenant d'un côté, &c. appartenante audit Sieur Reconnoissant, au moyen de l'acquisition qu'il en a faite de Messire, &c. par Contrat passé devant le ensaisiné le & que ladite maison est en la censive du Prieuré commandataire de S. à Paris, & vers lui chargée de quinze deniers parisis de cens par chacun an, portant lods & ventes, saisine & amendes, quand le cas y échet; & de douze livres douze sols de rente fonciere non rachetable aussi par chacun an, payable au dernier Décembre; lesquels cens & rentes ledit Sieur Reconnoissant promet & s'oblige de payer & continuer à Messire Jean, &c. Prieur commandataire dudit Prieuré, & à ses successeurs, leurs procureurs, receveurs, où au porteur, &c. tant qu'il sera propriétaire de tout ou de partie de ladite maison, en laquelle il a élû son domicile, auquel lieu promettant, obligeant, renonçant, &c. Fait & passé, &c.

On peut mettre enſuite toutes les autres déclarations. C'eſt ce qui compoſe le papier terrier.

Déclaration de cens à Monſieur le Grand-Prieur.

AUjourd'hui eſt comparu pardevant les Notaires à Paris ſouſſignez, Louis Dujour, (*Il faut mettre ici ſa qualité & ſa demeure*) lequel a déclaré qu'il eſt détenteur & propriétaire d'une maiſon ſiſe à Paris, rue conſiſtant tenant d'une part à d'autre à à lui appartenante au moyen de l'acquiſition qu'il en a faite de par Contrat paſſé pardevant le laquelle maiſon eſt en la cenſive de haut & puiſſant Seigneur Frere Grand-Prieur de France, à cauſe de ſondit Prieuré, & vers lui chargée de de cens portant lods & ventes, ſaiſine, défaut & amendes, quand le cas y échet, & ſujets à confiſcation, aubaine, bâtardiſe, deshérence, forfaiture & autres droits & devoirs ſeigneuriaux ; lequel cens ledit Dujour promet & s'oblige de payer audit Seigneur Grand-Prieur, ſon Receveur, ou au porteur, &c. par chacun an, au jour & fête de en ſa demeure à l'Hôtel Prieural du Temple, tant & ſi longuement qu'il ſera propriétaire & détenteur de ladite maiſon. Promettant, obligeant, renonçant. Fait & paſſé à Paris ès Etudes deſdits Notaires ſouſſignez, le & a ſigné.

Autre déclaration de cens.

AUjourd'hui eſt comparu pardevant les Notaires à Paris ſouſſignez, Jacques, &c. demeurant, &c. lequel a déclaré & reconnu être propriétaire d'une maiſon ſiſe rue où étoit autrefois pour enſeigne & à préſent la à lui appartenante, comme lui étant échue par le partage fait entre ledit Sieur Jacques & ſes cohéritiers en la ſucceſſion de défunte Dame au jour de ſon décès veuve de Maître D. ſes pere & mere ; ledit partage paſſé devant Notaires, le laquelle maiſon eſt chargée envers Meſſieurs les Prieur, Religieux & Couvent de de quatorze ſols pariſis de cens portant lods & ventes, ſaiſine & amende, quand le cas y échet, payables par chacun an au jour & fête de S. Remy. A ces cauſes, ledit Sieur Jacques promet & s'oblige de payer, & dorénavant continuer leſdits quatorze ſols pariſis de cens audit jour de S. Remy de chacune année auſdits Sieurs Prieur, Religieux & Couvent, leur procureur, receveur, ou au porteur, &c. dont la premiere année échéra au jour de S. Remy prochain, & ainſi continuer d'année en année, tant qu'il ſera propriétaire de ladite maiſon. Promettant, &c.

Reconnoiſſance de droits cenſuels & autres droits ſeigneuriaux.

AUjourd'hui eſt comparu pardevant les Notaires, &c. Jacques, &c. demeurant, &c. lequel a reconnu & déclaré être propriétaire de la maiſon & des héritages ci-après déſignez, ſituez au terroir de au moyen de l'acquiſition qu'il en a faite, &c. leſdites maiſon & héritages étant en la cenſive & relevans du Seigneur de la Grange, en la Paroisse de, &c. chargez envers lui des cens ci-après, portant lods & ventes, défauts, saisines & amendes, quand le cas y échet.

Premierement, une maison, consistant, &c. sise, &c. chargée de six deniers de cens.

Item, six arpens de terre labourable en une piéce, sise, &c. tenant d'un côté à, &c. d'un autre côté tirant vers, &c. chargée de six deniers de cens par chaque arpent.

Item, &c.

A ces causes, ledit Jacques promet & s'oblige de payer & dorénavant continuer audit Seigneur de   le lendemain du jour & fête de Noël de chacune année, lesdits cens au Bureau de sa recette, tant qu'il sera propriétaire & possesseur desdits héritages, ou de partie & portion d'iceux. Promettant, obligeant, renonçant. Fait & passé, &c.

Il faut ici remarquer que quand on met plusieurs reconnoissances ensuite les unes des autres, après que la premiere est finie, on commence les autres par ces mots: *Et le   est comparu, &c.*

Les Vassaux, Censitaires & Tenanciers doivent faire les déclarations à leurs frais; & il est dû au Notaire pour chaque déclaration cinq sols pour le premier article, & deux sols six deniers pour chaque autre article de la déclaration.

Il y a un Acte de notoriété de M. le Lieutenant Civil du 10 Janvier 1708 à ce sujet.

LIVRE SEIZIÉME.

Des formalitez qu'il faut observer pour mettre un Acte en forme exécutoire.

APRE'S avoir donné les formules des Actes les plus ordinaires & les plus usitez, & des instructions sur ce qu'on y doit observer, il reste à traiter de ce qu'il faut faire pour mettre ces Actes en forme exécutoire. Il y a plusieurs choses à observer; le style, le controlle, le sceau & les insinuations qui sont requises pour certains Actes, même en matieres laïques: c'est ce que nous traiterons dans ce Livre.

CHAPITRE PREMIER.

Du style des Actes qu'on met en forme exécutoire.

LE style est ce qui se met au commencement & à la fin de l'expédition d'un Acte qu'on veut mettre en forme exécutoire: sur quoi il faut remarquer, qu'on ne peut donner cette forme qu'aux Actes dont il y a minute, en le faisant grossoyer en parchemin, y mettant le style au commencement & à la fin, & le faisant sceller du sceau de la Jurisdiction. Nous avons ci-devant fait un chapitre des Actes dont les Notaires sont obligez de garder minutes; le Lecteur peut y avoir recours. Nous dirons seulement ici qu'on appelle un Acte en brevet, celui dont il n'y a point de minute; & comme suivant ce que nous venons de dire, on ne peut grossoyer une obligation, Actes obligatoires & autres lorsqu'ils sont en brevets; en ce cas néanmoins, quand on les veut faire mettre en forme exécutoire, on est indispensablement obligé de les rapporter au Notaire qui les a passez, s'il est encore Notaire, lequel doit faire mention ſur le brevet, du jour qu'on le lui rapporte pour minute; & en conſéquence ce Notaire en délivre la groſſe, qui doit être néceſſairement ſignée en ſecond par le même Notaire qui a ſigné le brevet; & ſi le Notaire qui l'a paſſé n'eſt plus Notaire, on doit le rapporter au Notaire qui l'a ſigné en ſecond, lequel en délivre & ſigne la groſſe avec le Garde des Decrets, & immatricule *Ita eſt*, des Officiers du Châtelet de Paris. Et ſi le Notaire en ſecond n'étoit plus Notaire, on peut le rapporter à tel autre Notaire que l'on juge à propos, lequel en délivre auſſi la groſſe ſeul avec *Ita eſt*, en faiſant mention dans icelle, que leſdits Notaires que l'on nomme ſont décédez ou ne ſont plus Notaires.

Touchant les minutes des Actes qui ſe paſſent pardevant Notaires, nous obſerverons que la minute d'un Acte demeure toujours au Notaire qui a reçu l'Acte, lequel ſigne la minute en premier; & il doit ſigner après les Parties au bas de l'Acte, du côté droit. Le Notaire qui ſigne en ſecond, ſigne du côté gauche, auſſi au bas de l'Acte, au-deſſous de la ſignature des Parties. La même choſe s'obſerve dans toutes les expéditions dans leſquelles le Notaire qui a reçu l'Acte, & qui en garde minute, ſigne au bas de l'expédition, du côté droit, & celui qui ſigne en ſecond, du côté gauche. Quand deux Notaires ſont un Acte enſemble, c'eſt l'ancien qui a la minute. Dans les Contrats de mariage, l'uſage eſt que le Notaire de la fille a la minute. Enfin, dans les Contrats de vente, c'eſt ordinairement celui de l'acquéreur.

Pour revenir au ſtyle que l'on met aux groſſes, on les commence par ces mots: *A tous ceux qui ces Préſentes Lettres verront.* Enſuite on met le nom & les qualitez du premier Officier de la Juſtice du lieu où il a été paſſé; parce que comme un Acte paſſé pardevant Notaires eſt un Jugement volontaire, rendu du conſentement des Parties, pour avoir ſa force, il doit porter le nom & les qualitez de celui au nom de qui la Juſtice ſe rend dans le lieu où l'Acte s'eſt paſſé. Après cela on met ces mots: *Salut. Sçavoir faiſons, que pardevant . Notaires, &c. furent préſens, &c. demeurans, &c.* Il faut après tranſcrire le reſte de l'Acte tout au long, ainſi qu'il eſt dans la minute. Et au lieu qu'il y a dans la minute à la fin: *Et pour l'exécution des Préſentes, &c. auquel lieu, &c. nonobſtant, &c. promettant, &c. obligeant, &c. renonçant, &c.* On met dans la groſſe le ſtyle qui ſuit: *Et pour l'exécution des Préſentes, les Parties, ou ledit a élû son domicile irrévocable en sa demeure à sus-déclarée,* (ou en la demeure de la personne choisie par les Parties) *auquel lieu ils consentent que tous exploits & actes de Justice qui y seront faits & donnez soient valables, nonobstant changement de demeure, promettant exécuter ces Présentes en tout leur contenu, même rendre & payer tous coûts, frais, mises, dépens, dommages & interêts, qui seroient faits & encourus, faute de ladite exécution, sous l'obligation & hypotéque de tous leurs biens meubles & immeubles présens & à venir, qu'ils ont pour ce soumis à ladite Jurisdiction, renonçant en ce faisant à toutes choses contraires à cesdites Présentes que Nous avons fait sceller par ledit Notaire, & qui furent faites & passées en son Etude,* ou *en la demeure, &c. l'an le jour & ont signé la minute des Présentes, demeurée audit l'un desdits Notaires soussignez.*

Sur le précédent modéle il faut observer, 1°. Que quand l'Acte est passé par des Notaires d'une Jurisdiction où il n'y a ni Prevôt ni Baillif, & où il n'y a qu'un Lieutenant, on ne met point le nom & la qualité du Lieutenant. On commence simplement la grosse en la maniere qui suit.

A Tous ceux qui ces présentes Lettres verront : Salut. Sçavoir faisons, que pardevant Notaires de furent présens *Et à la fin :* En témoin de ce, nousdits Notaires avons apposé le Scel Royal dudit Notariat à ces Présentes, qui furent faites & passées, &c.

Il seroit à souhaiter que les Notaires des Provinces observassent exactement de commencer les grosses qu'ils délivrent par, *A tous ceux, &c.* & qu'ils fissent mention que c'est la premiere grosse qu'ils délivrent. Car au lieu de mettre le style, ainsi que nous venons de le dire, ils ne mettent autre chose à la grosse que ce qui est dans la minute ; ainsi on ne peut distinguer si c'est une grosse, ou seconde expédition.

Il seroit bon encore qu'un Notaire marquât au bas de sa minute, à qui, & combien il a délivré d'expéditions d'un Acte.

A l'égard des Actes qui se passent à Paris, lorsque la Charge de Prevôt de Paris est vacante, comme pendant ce tems c'est Monsieur le Procureur Général qui est Garde de la Prevôté & Vicomté de Paris, le Siége vacant, alors on met :

A Tous ceux qui ces Présentes Lettres verront : *le nom & les qualitez de Monsieur le Procureur Général du Parlement*, à présent Garde de la Prevôté & Vicomté de Paris, le Siége vacant : Salut. Sçavoir faisons, &c.

Les Notaires de Paris sont Gardes-scel, & ont droit de mettre le scel à leurs Actes, qui sont exécutoires par tout le Royaume. Mais dans les autres Jurisdictions, où les Notaires ne sont pas Gardes-scel, on ne met pas ces mots: *Nous avons fait sceller ces Présentes par ledit Notaire.*

Quand les Parties ne sçavent point signer, au lieu de mettre, *& ont signé*, on met, *& ont déclaré ne sçavoir écrire ni signer, de ce interpellez suivant l'Ordonnance, ainsi qu'il est dit en la minute des Présentes demeurée audit Notaire.* Mais quand les Parties ont signé, à l'exception de quelques-unes, alors après ces mots, *& ont signé*, il faut mettre, *à l'exception de qui ont déclaré, &c.* le reste comme dessus.

Explication de plusieurs clauses qui se mettent par &c.

Comme dans la plupart des Actes on met plusieurs clauses par, &c. pour en éviter la longueur, il est bon d'en donner ici l'explication, pour en faire concevoir la force.

Dans les baux à loyer ou à ferme, on met ordinairement, *pour en jouir, &c.* ce qui doit s'entendre comme s'il y avoit, *pour en jouir par ledit preneur, tant que ledit bail aura cours*, ou *pendant ledit tems.*

Lorsqu'il y a *la somme de payable à lui ou au porteur, &c.* il se doit entendre, *payable à lui ou au porteur des Présentes*, c'est-à-dire, *dans la grosse.*

Dans les baux à ferme, on met ordinairement la contrainte par corps. Ce qui se met dans la minute, après *Obligeant, &c. même corps & biens, Renonçant, &c.* Mais dans la grosse on met: *Obligeant même son corps à tenir prison fermée dudit & par-tout ailleurs où il appartiendra, tant & si long-tems qu'il plaira à Justice, attendu qu'il s'agit de fermage de la campagne.* Sur quoi il faut remarquer, qu'il est du devoir du Notaire d'avertir les Parties de la clause de la contrainte par corps, & de ne la point omettre, que quand le bailleur en veut bien dispenser le preneur.

Dans un Contrat de constitution de rente, ou dans un bail à loyer, on met: *& continuer, &c.* cela veut dire, *& ainsi continuer de terme en terme par chacun an aux quatre quartiers ordinaires & accoutumez.*

Ces mots, *A fournir & faire valoir lesdits de rente*

bons, *&c.* c'est-à-dire, *bien payables par chacun an ausdits quatre quartiers*, *comme dit est.*

Ce mot, *Nonobstant*, *&c.* veut dire, *Nonobstant toutes choses à ce contraires.*

Transportant, *&c.* signifie, *Transportant en outre par ledit vendeur audit acquéreur tous droits de proprieté, noms, raisons & actions, & autres généralement quelconques, qu'il avoit & pourroit avoir sur ladite maison.*

Dessaisissant réciproquement, *&c.* se met dans les baux à rente, Contrats d'échange, & veut dire, *de laquelle maison ledit Pierre s'est dessaisi au profit dudit acquéreur, sesdits hoirs & ayans cause; lequel acquéreur s'est pareillement dessaisi de tous sesdits biens meubles & immeubles présens & à venir, jusqu'à concurrence de ladite rente, tant en principal qu'arrérages, frais & loyaux-coûts.*

Lorsque ce mot, *Dessaisissant*, *&c.* se rencontre dans un Contrat de vente, il n'est point réciproque, & se doit entendre, *de laquelle maison ledit Pierre s'est dessaisi au profit dudit acquéreur, sesdits hoirs & ayans cause; voulant qu'ils en soient saisis & mis en possession par qui & ainsi qu'il appartiendra, constituant à cette fin son Procureur irrévocable le porteur des Présentes, auquel il en donne tout pouvoir nécessaire.*

Nota. Que dans les donations, la clause, *Dessaisissant*, ne doit point être mise par *&c.* mais tout au long, même dans la minute, parce qu'une des conditions de la donation est la tradition de la chose donnée, ainsi que j'ai expliqué ci-dessus dans le premier volume, en traitant des donations.

Ces mots, *Voulant*, *&c. Procureur le porteur*, *&c.* signifient, *Voulant lesdites Parties respectivement, que chacune d'elles en droit soi, en soient saisies & mises en possession par qui il appartiendra, constituant à cette fin leur Procureur irrévocable le porteur des Présentes, lui donnant tout pouvoir nécessaire.*

Dans les constitutions de rente, ces mots, *Dessaisissant*, *&c. Voulant*, *&c. Procureur le porteur*, *&c. Donnant pouvoir*, *&c.* veulent dire, *& moyennant ce que dessus, ledit Constituant s'est dessaisi de tous ses biens meubles & immeubles présens & à venir, jusqu'à concurrence de ladite rente en principal & arrérages, frais & loyaux-coûts, au profit dudit acquereur, ses hoirs & ayans cause, voulant qu'il en soit saisi par qui & ainsi qu'il appartiendra, constituant à cette fin son Procureur irrévocable le porteur des Présentes, auquel il en donne tout pouvoir nécessaire.*

Car ainsi, *&c.* veut dire, *Car ainsi a été convenu entre lesdites Parties.*

Promettant, &c. Obligeant, &c. ou *Obligeant chacun en droit ſoi.* Cette clauſe eſt réciproque, & ſe doit entendre, *Promettant leſdites Parties executer & entretenir le contenu en ces Préſentes, ſans y contrevenir, ſous l'obligation & hypotéque de tous & chacuns leurs biens meubles & immeubles préſens & à venir, qu'elles ont chacun en droit ſoi, ſoumis à la Juſtice & Juriſdiction dudit Châtelet de Paris, & de toutes autres où ils ſeront trouvez.*

Dans les Contrats de conſtitution, ces mots, *Promettant, &c. Obligeant, &c.* ne ſont pas réciproques, & ſe doivent entendre : *Promet en outre ledit Pierre Conſtituant, rendre & payer tous dépens, dommages & interêts qui ſeroient faits faute de payement & continuation de ladite rente, ſous l'obligation & hypotéque de tous ſes biens meubles & immeubles préſens & à venir, qu'il a pour ce ſoumis à la Juſtice de ladite Prevôté de Paris, & de toutes autres où ils ſeront trouvez.*

Renonçant, &c. ſignifie, *Renonçant à toutes choſes contraires à ces Préſentes.* C'eſt pourquoi ce mot, *Renonçant*, ne ſe doit point mettre dans les procurations, parce qu'on ſe doit toujours réſerver la faculté de révoquer le Procureur, toutes fois & quantes qu'on le juge à propos ; ſans quoi on ne le pourroit faire, ainſi que j'ai dit ci-devant, en traitant des Procurations.

Toutes ces clauſes qui ſe mettent par *&c.* viennent de la ſeconde ſorte de ſtipuler chez les Romains, qu'on appelloit *verbis*, qui étoit une conception de paroles, par laquelle celui qui eſt interrogé, promet de faire ou de payer ce dont on l'a interrogé : cela étoit fréquent à Rome, & fermoit tous les traitez ; car après avoir convenu, ils réduiſoient ſous certaines formules la concluſion de leurs conventions : le créancier interrogeoit le débiteur s'il ne lui promettoit pas de faire ou payer ce qui étoit convenu, & ſa réponſe rendoit l'obligation parfaite ; & comme les demandes & réponſes faiſoient l'obligation, les deux parties s'appelloient *ſtipulator & promiſſor* ; d'où nos termes, *promettant, &c. obligeant, &c.* ſont venus en uſage.

Quand il y a un autre Acte à tranſcrire enſuite d'une groſſe, pour qu'il ſoit dans la même forme, on met :

Plus, *ou*, Comme auſſi ſalut, ſçavoir faiſons, que pardevant leſdits Notaires ſouſſignez, ſont comparus, *ou*, que le jour d mil ſept cens ledit Thomas S.

Et aux endroits néceſſaires obſerver le ſtile ci-deſſus.

Dans quelle forme se doivent faire les expéditions d'Actes imparfaits.

C'est un principe certain, que pour délivrer expédition ou grosse d'un Acte, il faut absolument qu'il soit parfait ; ainsi quand un Acte est demeuré imparfait, par le défaut de quelques signatures ou paraphes, ou pour quelques omissions de dates ou autres, le Notaire qui l'a fait n'en peut point délivrer de copie, à moins que ce ne soit en vertu d'une Ordonnance du Juge rendue à la requête d'une des Parties : & alors le Notaire en délivre une expédition en l'état qu'il est, après avoir joint l'original de l'Ordonnance à la minute de l'Acte ; & il transcrit cette Ordonnance au pied de la copie de l'Acte qu'il délivre.

Des secondes Grosses.

Quand la premiere grosse d'un Contrat obligatoire est perdue, égarée, ou si défectueuse par quelques accidens imprévûs, qu'elle ne peut servir, il n'est permis aux Notaires d'en délivrer une seconde grosse, ainsi qu'il est dit page 100, Tome I, qu'en vertu d'une Requête présentée par le créancier au Juge, & de lui répondue. En conséquence de cette Ordonnance, on fait sommer le débiteur au même domicile élû par l'Acte, de comparoir tel jour & heure en l'Etude de tel Notaire, qui est le dépositaire de la minute, pour être présent à la délivrance de la seconde grosse, si bon lui semble.

Dans cette grosse que l'on délivre donc en présence ou absence du débiteur, il faut faire mention que c'est une seconde grosse ; que la premiere est adhirée ou informe par défectuosité ; & qu'en vertu de l'Ordonnance de M. le Lieutenant Civil du tel jour, étant à la suite de la Requête à lui présentée à cet effet, signifiée au Notaire le tel jour, il en a été par lui expédié une seconde grosse.

Il faut aussi que le Notaire pour sa sureté annexe à sa minute la Requête & Ordonnance de Monsieur le Lieutenant Civil, la sommation faite au débiteur de comparoir, avec les autres piéces ce concernant, s'il y en a.

Il est sous-entendu que le style de cette seconde grosse est différent en quelque chose : au commencement on met de même qu'aux autres : *A tous ceux, &c.* le nom du premier Officier de la Justice ; mais à la fin on met : *En témoin de ce, nous, à la relation deſdits Notaires, avons fait mettre le ſcel de à ces Préſentes, qui ont été miſes en forme exécutoire pour la ſeconde fois par leſdits Notaires, de l'Ordonnance de étant enſuite de la Requête à lui préſentée à cet effet; l'original de laquelle eſt demeuré joint à la minute des Préſentes, qui furent faites & paſſées à Paris le & ont ſigné la minute des Préſentes, demeurée audit Notaire, qui a délivré cette préſente groſſe cejourd'hui tel jour.*

A la fin de cette ſeconde groſſe, il faut tranſcrire la Requête préſentée à Monſieur le Lieutenant Civil, avec ſon Ordonnance; après quoi les Notaires la ſignent.

Il faut remarquer en paſſant, que cette ſeconde groſſe n'a hypotéque ſur les biens du débiteur, que du jour de ſa délivrance, & non de la date de l'acte obligatoire; c'eſt au créancier à ſupporter la faute de ſa négligence, d'avoir laiſſé perdre ſa premiere groſſe, qui étoit le titre de ſon obligation.

L'Ordonnance de 1539 l'a ainſi ſtatué, pour ôter moyen aux débiteurs de faire revivre d'anciennes dettes acquittées, & dont les groſſes auroient été rendues; & par ce moyen priver les créanciers poſtérieurs de ce qui leur ſeroit dû.

Il y a cependant des Parlemens où cette Ordonnance n'eſt pas en cela obſervée, ſur le fondement que la condition du créancier qui a fait mettre en groſſe une obligation, ne doit pas être pire que s'il ſe fût contenté d'une expédition en papier; auquel cas il ne perdroit point ſon hypotéque, quoiqu'il eût perdu cette expédition.

De dire qu'il eſt à préſumer que la groſſe a été rendue quand on a remburſé, il ſe peut faire auſſi qu'une groſſe ait été perdue ſans qu'il y ait eu de rembourſement; & c'eſt l'affaire du débiteur pour ſa ſureté, de décharger la minute de l'obligation, lorſqu'il fait le rembourſement.

Quoi qu'il en ſoit, on ſuit très-exactement au Parlement de Paris ce qui eſt en cela preſcrit par l'Ordonnance de 1539; ainſi les Créanciers qui ont fait expédier en groſſes les obligations qui ſont paſſées à leur profit, doivent les garder avec beaucoup de ſoin, afin de ne pas tomber dans l'inconvénient dans lequel ils ſe trouveroient, s'ils avoient perdu leur premiere groſſe, & qu'il leur en fallût lever une ſeconde, qui ne leur donneroit hypotéque que du jour qu'elle ſeroit expédiée dans la forme preſcrite.

Pour revenir à ce que doit obſerver le créancier pour lever cette ſeconde groſſe, lorſqu'après l'exploit donné au débiteur, pour

pour se trouver à la délivrance d'une seconde grosse, ce débiteur manque à se rendre, ou faire trouver quelque personne pour lui à l'assignation, les Notaires ne laissent pas de la délivrer; & si le créancier le requiert, on peut lui donner Acte de sa comparution, & défaut contre le débiteur, suivant la formule suivante.

Acte de comparution pour l'expédition d'une seconde Grosse.

AUjourd'hui *telle* heure de relevée, est comparu pardevant les Notaires à Paris soussignez, en l'Etude de l'un d'eux, Pierre demeurant nommé en l'Obligation ci-après datée & énoncée; lequel a dit qu'il fait la présente comparution pour satisfaire à la sommation faite à sa requête par exploit de Huissier au au Sieur de se trouver cejourd'hui, lieu & heure, & être présent à la délivrance d'une seconde grosse d'une Obligation par lui passée au profit dudit Sieur devant l'un des Notaires soussignez, & son Confrere, le de la somme de dont la grosse se trouve adhirée, & a signé. (*Et au dessous, en laissant du blanc pour signer la Partie & Notaires, il faut mettre*) Et après avoir attendu ledit depuis ladite heure de jusqu'à celle de sans que ledit Sieur soit comparu ni personne pour lui, ledit Comparant a requis ledit Notaire, de lui délivrer présentement la seconde grosse de ladite Obligation, suivant & conformément à l'Ordonnance de Monsieur le Lieutenant Civil, en date du jointe à la minute de ladite Obligation; & pour satisfaire à ladite Ordonnance, lui a été à l'instant délivré ladite seconde grosse par lesdits Notaires soussignez, en l'Etude dudit l'un d'iceux, l'an le jour & a ledit créancier signé.

De l'expédition d'un Acte obligatoire passé par un Notaire décédé, ou qui n'est plus en charge.

Quand à Paris un Notaire est décédé, absent, ou n'est plus Notaire, & que celui qui a sa Pratique, délivre en forme exécutoire quelque Acte fait par son prédécesseur, il faut qu'il le fasse signer par le Garde des Decrets & Immatricules (*Ita est*) du Châtelet, lequel met à la fin de l'Acte:

En témoin de ce, après que par l'inspection de la minute desdites Présentes, signée desdits & représentée par N. Notaire à Paris, comme successeur & subrogé aux Office & Pratique dudit M^e ci-devant Notaire, il nous est apparu les choses susdites avoir été ainsi faites & passées pardevant lesdits & en leurs Etudes l'an le jour de à midi, & avoir lesdites Parties signé avec lesdits Notaires ladite minute, nous avons par ledit N. fait sceller ces Présentes, qui ont été signées par lui, Me Conseiller du Roi,

Garde des Decrets & Immatricules (*Ita est*) audit Châtelet, d'autant qu'à cejourd'hui ledit Me n'est plus Notaire; ce fait, ladite minute a été remise audit Me Notaire.

NOTA. 1. Qu'il faut que ce soit le Notaire en second qui scelle l'expédition de l'Acte, lequel a signé la minute, & non pas celui qui a la minute, comme successeur de celui à qui elle étoit demeurée, parce que ce successeur n'est censé que la représenter; pourquoi il signe au milieu, le Garde des decrets à droite, & le Notaire en second à gauche.

2. Qu'il faut mettre en marge, *scellé ledit jour* & mettre la date du jour que l'on délivre l'Acte, & non pas la date du jour qu'il a été passé.

Si la minute étoit représentée par une veuve ou héritiers d'un Notaire, ou par sa femme, son Clerc, ou autre personne, en cas d'absence, il faut que le Garde-scel en fasse mention, & déclare à qui la minute a été rendue.

Il y a des Provinces dans lesquelles, après la mort des Notaires, les minutes se portent à un Notaire public, pour y être conservées, & en être délivré des expéditions à ceux qui en pourront avoir besoin par ceux qui sont commis à la garde des minutes. On y observe les mêmes formalitez, & on ne délivre point de seconde grosse, que de l'ordonnance du Juge; & au bas de l'expédition que le Garde minutes délivre, il fait mention de ceux qui ont signé la minute, & de la cotte sous laquelle elle est déposée dans son Greffe. Dans ces Provinces, celui qui succéde à la Charge d'un Notaire, ne succéde pas à sa Pratique, & ne garde point les minutes de son prédécesseur.

Suivant le Tarif arrêté au Conseil le 25 Février 1748, en exécution de l'Edit du même mois, les papiers & parchemins timbrez à l'usage des Contrats & Actes des Notaires ont été fixez;

SÇAVOIR,

Pour les Notaires de Paris.

LE papier timbré à deux sols & 7 sols 6 deniers la feuille,	13 f.
Le parchemin timbré à 13 f. 4 den. & 20 f. la feuille,	2 l. 5 f.
Celui appellé quarré timbré à 8 f. & 12 f.	1 l. 7 f.
Les quittances de Comptables ou de Parties prenantes timbrées à 6 f. 8 d. & 1 f. 8 den.	10 f.
Et les quittances de Villes timbrées à 2 f.	3 f.

Pour les Notaires des Provinces.

La feuille de papier timbré à 2 f. 8 den.	4 f.
Celle timbrée à 2 f.	3 f.
Celle timbrée à 1 f. 4 d.	2 f.
La demi-feuille à 10 d.	1 f. 3 d.
Le quarré timbré à 8 d.	1 f.
La feuille de parchemin timbré à 1 l. 7 f.	2 l.
Celle timbrée à 1 liv.	1 l. 10 f.
Celle timbrée à 13 f. 4 d.	1 l.
Le quarré timbré à 8 f.	12 f.
En ce compris les quatre fols pour livre.	

NOTA. *Suivant la Déclaration du Roi du 5 Décembre 1730, les Actes & Contrats dont la date est antérieure au premier Janvier 1724, sont dispensez d'être expédiez sur du papier & parchemin timbré de la premiere classe ci-dessus.*

Décision du Conseil, au sujet du Papier timbré dont les Notaires de Paris doivent se servir pour faire des copies collationnées ou extraits.

SUIVANT une décision du Conseil du 9 Avril 1748, les Notaires de Paris sont obligez de se servir du papier de leur formule particuliere ordonnée par la Déclaration du Roi du 5 Décembre 1730, pour faire des copies collationnées ou extraits, tant des Actes qu'ils ont passez, de ceux passez par leurs Confreres, que de tous les Actes sans exception, & de telle nature qu'ils soient passez par les Notaires des Provinces, ensemble des Sentences, Arrêts, Actes de tutelle, curatelle, Lettres de Chancellerie, Billets & généralement de toutes les piéces, dont ils feront des copies collationnées ou extraits, dont la date sera postérieure au premier Janvier 1724, à l'exception seulement des Contrats de constitution de rentes sur l'Hôtel de Ville, quittances desdites rentes, & les autres quittances à la décharge de Sa Majesté; & ce sous les peines portées par ladite Déclaration de 1730, & par celle du 7 Décembre 1723.

CHAPITRE II.

Du Controlle des Actes des Notaires.

POUR sçavoir ce qui doit être observé pour le controlle des Actes des Notaires, il faut suivre ponctuellement ce qui est prescrit par l'Edit de l'établissement du controlle du mois de Mars 1693, & par les Tarifs qui en ont été arrêtez au Conseil. Mais comme les contestations qui sont survenues à ce sujet ont donné lieu à plusieurs Déclarations du Roi & Arrêts du Conseil, nous avons cru devoir rapporter en cet endroit tout ce qui nous a paru absolument nécessaire pour éclaircir cette matiere ; & à l'égard de quantité d'Arrêts du Conseil & de quelques Déclarations qui ne sont pas si essentielles, nous en donnons un extrait qui instruit suffisamment de leurs décisions.

Il faut observer qu'il y a eu plusieurs Tarifs arrêtez au Conseil des Finances pour les droits de controlle des Actes & Contrats qui se passent dans toute l'étendue du Royaume par les Notaires & Tabellions, tant Royaux, Apostoliques, que Seigneuriaux, Greffiers & autres qui ont pouvoir d'instrumenter. Et pour le controlle des Actes sous signature privée, nous avons celui du 9 Juin 1693, qui est à la fin de l'Edit de l'établissement du controlle; celui du 20 Avril 1694, à la suite de la Déclaration du même jour ; celui du 14 Juillet 1699, à la fin de la Déclaration du même jour; celui du 24 Août 1706, étant ensuite de l'Edit du même mois; celui du 20 Mars 1708, à la fin d'une Déclaration du même mois; & enfin celui du 14 Septembre, qui est ensuite de la Déclaration du même jour. Comme c'est le dernier de tous les Tarifs qui ont été faits sur cette matiere, & qu'il a rectifié, augmenté, corrigé & interpreté plusieurs articles des précédens, il est le seul qui soit suivi; c'est pourquoi les autres n'étant plus en usage, je me suis contenté de le rapporter ici, suivant l'ordre de sa date, comme j'ai fait tout le reste que j'ai rapporté dans ce chapitre, ou dont j'ai donné l'extrait.

Edit du mois de Mars 1693, portant établissement du Controlle des Actes des Notaires dans toute l'étendue du Royaume.

LOUIS, par la grace de Dieu, Roi de France & de Navarre: A tous présens & à venir, Salut. Il est important pour le repos des familles, que les Contrats & Titres qui établissent la propriété de leurs biens, ne puissent recevoir d'atteinte dans la suite des tems, par des doutes ou des contestations, ou par des suppositions & des antidates; & l'on ne sçauroit les rendre autentiques, qu'en se servant des moyens capables de s'assurer entierement de la fidélité des personnes qui les passent. Entre tous ceux qui ont été recherchez & prescrits, il ne s'en est point trouvé de si certain & si facile que la création du controlle des Titres, ordonnée par Edit du Roi Henri III. du mois de Juin 1581, lequel n'ayant eu son exécution que dans notre Province de Normandie, en conséquence d'un autre Edit de Henri le Grand du mois de Juin 1606, cet établissement y a été trouvé si utile, qu'il y a toujours été depuis consideré comme un des principaux usages de cette Province. Et comme il y a plusieurs Actes que l'usage y a dispensez du controlle, quoique ledit controlle n'ait d'autre effet que d'assurer la priorité d'hypotéque, sans être nécessaire pour la translation de priorité, exécution & validité des Actes ; Nous avons résolu d'y assujettir indistinctement & nécessairement toutes sortes d'Actes qui seront passez à l'avenir, sans quoi ils ne pourront avoir aucun effet ; & d'établir aussi le même ordre dans le reste de notre Royaume. A ces causes, & autres à ce Nous mouvans, & de notre certaine science, pleine puissance & autorité Royale, Nous avons par le présent Edit perpétuel & irrévocable, dit & déclaré, disons & déclarons, voulons & Nous plaît, qu'à commencer au premier jour de Mai prochain, tous les Actes qui seront reçus & passez par nos Conseillers Notaires au Châtelet de Paris, & en la Ville de Lyon, & par les autres Notaires & Tabellions Royaux, Notaires Apostoliques, ceux des Seigneurs, tant Réguliers que Séculiers, & Greffiers des Arbitrages desdites Villes & lieux dans toute l'étendue de notre Royaume, Pays, Terres & Seigneuries de notre obéissance, soient registrez dans le Bureau le plus proche du lieu où l'Acte sera passé, à la diligence des Notaires qui les auront reçus, quinze jours au plus tard aprés la date d'iceux ; & pour cet effet, Voulons & Nous plaît, qu'il soit incessamment établi Bureaux dans toutes les Villes de notre Royaume où il y a Parlement, Chambre des Comptes, Cour des Aydes, & autres Chambres & Cours Superieures, Bureaux des Finances, Présidiaux, Bailliages, Chancelleries, Sénéchaussées, Prevôtez, Vigueries, Mairies, Elections, Grenier à Sel, & autres Siéges & Jurisdictions Royales ; comme aussi en celles des Duchez-Pairies, & autres Justices ressortissant nuement en nos Cours, & par tout ailleurs où besoin sera ; en chacun desquels Bureaux il y aura un Controlleur établi par Nous, ou par celui que nous choisirons à cet effet, ou plus grand nombre s'il est nécessaire, lequel prêtera serment pardevant le premier Juge du lieu de son établissement, & tiendra un Registre cotté & paraphé en chaque feuillet par ledit Juge, à la premiere requisition qui lui en sera faite, auquel sera payé pour chacun Registre de cinquante feuillets & au-dessous, quinze sols ; de cent feuillets, trente sols ; & pour les autres, à quelque nombre qu'ils puissent monter, quarante sols : sur lesquels Registres tous les Actes seront enregistrez par extrait, contenant seulement le nom des Parties contractantes, la qualité de l'Acte, la date, le nom & la demeure du Notaire qui l'aura reçu, le nombre des feuillets desdits Actes, qui seront paraphez par premier & dernier par ledit Controlleur ; desquels enregistremens ou controlles, mention sera faite par les Notaires sur les grosses & expéditions qui seront par eux délivrées. N'entendons néanmoins empêcher les Notaires de délivrer les Actes aux Parties, sans en garder des minutes, lorsqu'ils en seront requis, pourvû toutefois qu'ils les ayent auparavant fait controller & enregistrer. Voulons que lesdits enregistremens ou controlles qui seront mis sur lesdits Actes par lesdits Controlleurs, soient signez d'eux, & qu'ils y fassent mention de la page de leurs Registres, & du numero de l'article où lesdits Actes auront été enregistrez ; & lorsqu'ils auront plusieurs Registres, ils feront aussi mention du volume. Faisons très-expresses inhibitions & défenses ausdits Notaires & Tabellions, & autres ci-dessus nommez, de recevoir ou passer aucuns Actes de quelque nature, titre & qualité qu'ils puissent être, sans les faire enregistrer & controller dans ledit tems de quinzaine, à peine de deux cens livres d'amende pour chacune contravention contre le Notaire, & de pareille amende contre la Partie qui s'en servira ; & à toutes nos Cours & Juges, & à ceux des Seigneurs, d'y avoir égard, & à tous Huissiers & Sergens de les mettre à exécution, sous pareilles peines contre lesdits Huissiers & Sergens, lesquelles ne pourront être réputées comminatoires, remises ni moderées, sous quelque prétexte que ce soit. Déclarons que les Particuliers ne pourront en vertu des Actes non controllez, acquérir aucun privilége, hypotéque, propriété, décharge, ni aucun autre droit, action, exception, ni exemption, dérogeant à cet effet à toutes Coutumes, Ordonnances, Edits, Déclarations, Arrêts, Réglemens & Usages à ce contraires, sans préjudicier aux formalitez des insinuations, publications & enregistremens, appropriances, main-assises, nantissemens, saisines, & autres requises par nos Ordonnances, & par les différentes Coutumes des Provinces de notre Royaume, ausquelles nous n'entendons qu'il soit rien innové, & que nous ne voulons toutefois être observée, qu'après que l'enregistrement sera fait desdits Actes aux Controlles qui seront établis en exécution du présent Edit. Exceptons néanmoins de la rigueur desdits enregistremens, tous les testamens & donations pour cause de mort, qui demeureront déposez, soit entre les mains des Notaires, ou en celles des Particuliers, qu'il sera loisible aux Parties de retirer quand bon leur semblera ; desquels les Notaires ne pourront délivrer aucunes expéditions après le décès des Testateurs, qu'ils n'ayent auparavant fait controller la minute en la maniere ci-dessus. Et en cas que lesdites minutes ne leur ayent pas été remises après le décès desdits Testateurs, lesdits testamens ne pourront avoir aucune exécution qu'ils n'ayent été controllez, comme dit est. Exceptons pareillement les contre-lettres qui seront passées sur toutes sortes d'Actes, lesquelles en aucun cas ne seront sujettes au controlle. Faisons défenses, sous mêmes peines, & de plus grandes si le cas y échoit, ausdits Controlleurs, de laisser aucuns blancs sur leurs Registres, d'en donner communication, ni de délivrer aucuns extraits, que le tout n'ait été auparavant ordonné en Justice. Voulons que ceux qui seront commis à l'exercice desdits Offices, jouissent de tous les priviléges & exemptions dont jouissent les autres Commis pour la régie de nos Fermes. Défendons aux Maires & Echevins des Villes, & à tous autres, de les troubler dans lesdits priviléges & exemptions. Voulons aussi & Nous plaît, qu'il soit payé pour le controlle desdits Actes, les droits portez par le Tarif d'iceux, que Nous en avons fait arrêter en notre Conseil, & attacher sous le contre-scel de notre présent Edit. Faisons défenses ausdits Controlleurs d'exiger plus grands droits, à peine de concussion & restitution du quadruple. Et d'autant que la création desdits controlles portée par le présent Edit, doit avoir lieu & s'exercer en la Province de Normandie, comme partout ailleurs, suivant les dispositions ci-dessus, nonobstant l'établissement qui a été ci-devant fait des Controlleurs des titres, que nous avons par le présent éteints & supprimez: Ordonnons que les Engagistes d'iceux seront tenus de rapporter leurs titres, contrats & quittances de Finance, &c.

SI DONNONS EN MANDEMENT, &c. Donné à Versailles au mois de Mars, l'an de grace mil six cent quatre-vingt-treize, & de notre Regne le cinquantiéme. Signé LOUIS, &c. *Registré à Paris en Parlement le* 10 *Avril* 1693.

Il y a eu une infinité de contestations au sujet du controlle des Actes des Notaires & de leur enregistrement, sur lesquelles contestations sont intervenues diverses Déclarations du Roi, plusieurs Tarifs des droits arrêtez au Conseil des Finances.

Je les rapporte en cet endroit rangez par ordre de date le plus succintement qu'il m'a été possible, ensorte que le Lecteur puisse être instruit de tout ce qui concerne le controlle des Actes des Notaires.

Arrêt du Conseil du 9 Juin 1693.

LE Roi en son Conseil, a ordonné & ordonne que tous les Actes & Contrats qui seront reçus & passez par les Notaires ou Tabellions, seront controllez à leur diligence dans les tems & conformément audit Edit, ès Bureaux établis dans les lieux de leurs demeures; & s'il n'y en a point, dans ceux des lieux les plus prochains, sans qu'en aucun cas lesdits Actes, Contrats, ou autres expéditions, puissent être controllez; sçavoir, dans les Pays d'Election hors de l'étendue d'icelle, & ès autres Pays où il n'y en a point, dans les Vigueries, Châtellenies, Prevôtez ou Barre Royale de la résidence desdits Notaires ou Tabellions, à peine de nullité desdits Actes & de deux cens livres d'amende. Ordonne en outre Sa Majesté que les Actes, Contrats, ou autres expéditions qui seront reçues ès Villes & lieux où lesdits Controlles des Actes ne seront pas établis, ne pourront être reçus à faire foi en Justice, établir aucune action, privilége ni hypotéque dans l'étendue du Royaume, Terres & Seigneuries de l'obéissance de Sa Majesté, s'ils ont été passez depuis le premier Mai 1693, qu'ils n'ayent été controllez dans les plus prochains Bureaux, conformément audit Edit. Enjoint Sa Majesté, &c. Fait au Conseil d'Etat du Roi, tenu à Paris le 9 Juin 1693. Signé DUJARDIN.

Arrêt du Conseil du 21 Juillet 1693, qui régle les droits du controlle pour les reconnoissances des Actes sous seings privez.

LE Roi en son Conseil, a ordonné & ordonne que son Edit du mois de Mars 1693, & le Tarif arrêté en exécution d'icelui, seront exécutez selon leur forme & teneur; & en conséquence, fait Sa Majesté défenses à tous Notaires & Tabellions d'écrire ou de signer aucuns Actes & Contrats en qualité de témoins, lorsque lesdits Actes seront passez sous seing-privé par les Parties, à peine de deux cens livres d'amende pour chacune contravention. Ordonne Sa Majesté, conformément à son Edit du mois de Mai 1686, concernant les fonctions des Notaires de Normandie, que les reconnoissances volontaires des Contrats, Obligations, Cessions, Transports, Echanges, Constitutions de rentes, Lots, Partages, Contrats de mariage, & de tous autres Actes sous signature privée, ne seront faites que pardevant Notaires; & à l'égard des reconnoissances forcées qui seront poursuivies en Justice, fait Sa Majesté très-expresses inhibitions & défenses à tous Juges, pardevant lesquels les Parties seront assignées pour la reconnoissance desdits Actes, d'en ordonner le dépôt à leurs Greffes; aux Greffiers, Clercs, Commis desdits Greffes, de les recevoir & garder pour minute, ni d'en délivrer des grosses & expéditions; & à tous Huissiers & Sergens de les mettre à exécution, à peine contre chacun desdits Juges, Greffiers & Huissiers, de deux cens livres d'amende pour chacune contravention, & de nullité des grosses & expéditions desdits Actes, même des Sentences qui en ordonneront le dépôt pour minutes ausdits Greffiers. Défend Sa Majesté ausdits Juges de colloquer les Particuliers dans les ordres de deniers qui seront à distribuer en vertu des grosses qui pourroient être ci-après délivrées par lesdits Greffiers, à peine de pareille amende. Et en cas que le dépôt des Actes dont la reconnoissance sera poursuivie en Justice, soit jugé nécessaire ou requis par les Parties, ou que lesdites Parties demandent qu'il leur en soit délivré des expéditions, les Juges seront tenus d'en ordonner le dépôt ès mains d'un des Notaires ou Tabellions du lieu de leur Jurisdiction, ou de la demeure des Parties, qui leur en délivrera les expéditions dont elles auront besoin; & seront lesdits Actes controllez, conformément audit Edit du mois de Mars dernier. Enjoint Sa Majesté aux Notaires & Tabellions des Provinces de Languedoc, Provence, Normandie & Généralité de Lyon, Tours & autres, où l'usage étoit avant ledit Edit du mois de Mars dernier, de tenir des Registres sommaires des Contrats & Actes par eux reçus, de continuer de tenir lesdits Registres, & d'y enregistrer tous les Contrats & Actes qu'ils recevront, & de les faire controller, & en payer les droits de controlle, à peine de deux cens livres d'amende pour chacune contravention contre lesdits Notaires & Tabellions. Ordonne Sa Majesté que les droits de controlle des Actes faits sous signature privée, & qui seront reconnus pardevant Notaires ou Tabellions, seront payez pour ladite reconnoissance, comme s'ils avoient été originairement passez pardevant Notaire ou Tabellion. Fait aussi Sa Majesté défenses à toutes personnes de recevoir aucuns Actes ou Contrats qui doivent être reçus & passez par les Notaires ou Tabellions, à peine de nullité desdits Actes & de cent livres d'amende.

ARREST DU CONSEIL du 15 Septembre 1693, qui condamne plusieurs Notaires en chacun deux cens livres d'amende, pour n'avoir apporté leurs Actes au controlle que quelques jours après la quinzaine.

ARREST DU CONSEIL du 20 Avril 1694, portant que les Jugemens ou Arrêts qui seront rendus, ne pourront porter ni acquérir

aucun

aucun privilége, hypotéque, propriété, décharge ni aucun autre droit, exception ni exemption dans les Pays régis par les Coutumes qui requierent les nantissemens ou ensaisinemens, s'ils ne sont fondez ou rendus sur des Contrats ou Actes passez pardevant Notaire ou Tabellion, bien & dûement controllez.

DECLARATION DU ROI, donnée à Versailles le premier Avril 1694, registrée en Parlement le 27 Mai suivant.

ARREST DU CONSEIL du 20 Juillet 1694, qui ordonne que les Testamens, Codiciles, ou Actes d'institution d'héritiers, seront controllez.

ARREST DU CONSEIL du 24 Août 1694. LE ROI EN SON CONSEIL, a ordonné & ordonne que tous les inventaires & partages de meubles & immeubles qui seront faits après le décès des Particuliers par les Notaires Royaux ou autres, ou par les Greffiers des Jurisdictions qui ont ou prétendent avoir la qualité de Tabellions, seront controllez dans la quinzaine du jour de la clôture ou derniere vacation d'iceux, dans les Bureaux des lieux où ledit inventaire aura été fait; & s'il n'y en a point, dans le Bureau le plus prochain: Faisant Sa Majesté défenses à tous Notaires, Greffiers ou Tabellions, de délivrer aucuns extraits ou expéditions, aux Juges d'ordonner la vente des meubles, ni faire autres Actes en exécution desdits inventaires ou partages, à tous Huissiers ou Sergens de procéder à aucune vente, ni de faire aucuns Actes pour l'exécution desdits inventaires, qu'ils n'ayent été controllez, à peine de nullité & de trois cens livres d'amende contre chacun des contrevenans, &c.

ARREST DU CONSEIL du 11 Janvier 1695, confirmatif du précédent.

ARREST DU CONSEIL du 21 Juin 1695, qui ordonne, conformément à l'Arrêt du 22 Mars 1695, que les Notaires & Tabellions seront obligez de tenir des répertoires ou inventaires de tous les Actes qu'ils passeront, soit qu'ils les délivrent en minute, ou qu'ils les gardent pour en délivrer des grosses; dans lesquels répertoires ils feront mention des noms des Parties contractantes, les qualitez des Actes, les dates d'iceux, les noms des Controlleurs & des Bureaux où ils les auront fait controller, & les sommes qu'ils auront payées pour ledit controlle, desquels Actes ils seront pareillement tenus de fournir au Commis du controlle des états d'eux certifiez, le tout à peine de cent livres d'amende pour chacune contravention.

ARREST DU CONSEIL du 12 Juillet 1695, portant Réglement pour le controlle des Actes Ecclésiastiques. LE ROI EN SON CONSEIL, a ordonné que les Lettres d'ordre, dimissoires, attestations, exeats, visats, approbations, dispenses, provisions, institutions, entérinemens, fulminations, érections de Bénéfices, unions, permissions &

autres Actes Ecclésiastiques qui ont accoutumé d'être signez par les Sieurs Archevêques & Evêques, seront exempts du droit de controlle; & à l'égard des nominations, résignations, permutations, procurations, prises de possession, & autres concernant les Bénéfices qui ont accoutumé d'être passez, & qui seront reçus par les Notaires Royaux ou Apostoliques, Sa Majesté ordonne qu'ils seront controllez, & les droits dûs pour le controlle payez, sur les peines portées, &c.

ARREST DU CONSEIL du 26 Mars 1697, portant réglement pour les Actes qui renferment plusieurs dispositions. ORDONNE SA MAJESTÉ que pour tous les Contrats qui renfermeront plusieurs Actes différens, il sera payé à la diligence des Notaires un seul droit sur le pied de l'Acte qui doit produire le plus fort droit.

ARREST DU CONSEIL du 28 Octobre 1698, portant réglement pour le controlle des Contrats de mariage, collation de copies de piéces, titres sacerdotaux ou cléricaux, & autres Actes passez par les Notaires Apostoliques. SA MAJESTÉ a ordonné & ordonne que les Edits, Déclarations, Tarifs & Arrêts concernant les droits de controlle des Contrats & Actes des Notaires & Tabellions Royaux, Apostoliques, Seigneuriaux, Magistrats, Gens de Loi, seront exécutez selon leur forme & teneur, & que conformément à iceux, le Receveur du droit de controlle jouira desdits droits : Qu'il sera payé double droit de controlle pour les Contrats de mariage, dans lesquels il n'y aura que le bien de l'un des conjoints évalué, à la charge que ledit droit ne pourra excéder la somme de vingt livres, fixée par l'Article XII de la Déclaration de Sa Majesté du 20 Avril 1694; ce qui ne pourra toutefois avoir lieu lorsque celui des deux conjoints, dont le bien ne sera pas évalué, aura déclaré par le Contrat qu'il n'en a aucuns; auquel cas il ne sera payé qu'un seul droit de controlle sur le pied de la valeur du bien évalué, conformément audit Article; & en cas de fausse déclaration de la part de l'un des conjoints, ils seront contraints solidairement au payement de deux cens livres d'amende, & au payement de la somme de quarante livres pour le droit de controlle. Ordonne aussi Sa Majesté que les Actes de collation de copies de piéces, Sentences, Jugemens, Arrêts, Appointemens, & autres Actes judiciaires & extrajudiciaires, de quelque nature & qualité qu'ils soient, sans exception, qui seront délivrez par des Notaires ou Tabellions, soit qu'ils ayent été rendus ou passez avant ou depuis l'Edit du mois de Mars 1693, seront controllez, & que le droit de controlle en sera payé conformément à l'Article XIV de ladite Déclaration du 20 Avril 1694. Fait Sa Majesté défenses à tous ses Juges & autres qu'il appartiendra, d'admettre aucuns priviléges, hypotéques, nantissemens, ensaisinemens, ou prise de possession sur des immeubles, si lesdits priviléges ne sont fondez sur des Contrats ou Actes passez ou reconnus pardevant Notaires, & controllez. Enjoint Sa Majesté aux Greffiers des Jurisdictions, d'insérer dans les minutes & expéditions des Sentences, Jugemens & Arrêts, les Actes sur lesquels ils auront été rendus, les dates desdits Actes, les noms & demeures des Notaires & Tabellions qui les auront passez, le nom du

Controlleur qui les aura controllez, & les jours qu'ils auront été controllez, à peine d'interdiction contre lesdits Greffiers, & de cent livres d'amende contre les Juges & Greffiers qui signeront lesdits Actes, Sentences ou Jugemens, & contre chacune des Parties qui s'en serviront. Enjoint pareillement Sa Majesté aux Greffiers des Arbitrages, Syndics & Directeurs des créanciers, de faire mention dans les minutes des Jugemens, Sentences arbitrales, Contrats & autres Actes qu'ils passeront, des compromis sur lesquels ils auront été rendus lorsqu'ils auront été passez pardevant Notaires. Leur fait aussi défenses, à peine d'interdiction, d'expédier lesdites Sentences, Jugemens & autres Actes, & aux Parties de s'en servir, à peine de nullité de toute la procédure & de deux cens livres d'amende, qu'après que lesdits compromis auront été controllez, s'ils ont été passez pardevant Notaires. Ordonne en outre Sa Majesté, que le droit de controlle des titres sacerdotaux ou cléricaux sera pris sur le pied de l'Article III de ladite Déclaration du 20 Avril 1694, concernant les donations, de quelque nature que puissent être les biens ou héritages exprimez dans lesdits titres sacerdotaux, & à quelque titre qu'ils soient donnez: Veut & entend Sa Majesté, que l'Edit de création des Offices de Notaires Royaux & Apostoliques du mois de Décembre 1691, soit exécuté, & que conformément à l'Article V d'icelui, les Actes ou procurations des Graduez pour requérir Bénéfice, les notifications desdits Actes ou procurations, & tous autres Actes sans exception qui peuvent servir à obtenir ou posséder Bénéfices, soient passez pardevant lesdits Notaires Royaux & Apostoliques, ou pardevant ceux qui font les fonctions desdits Offices, soit en conséquence d'unions ou autrement, lesquels Actes seront controllez, à peine de nullité, & le droit de controlle payé sur le pied de l'Article XX de ladite Déclaration du 20 Avril 1694, de tous lesquels Actes ils seront tenus de conserver des minutes, à peine d'interdiction & de deux cens livres d'amende. Veut & ordonne Sa Majesté, que l'Article IV de sa Déclaration du mois de Mars 1696 soit exécuté; en conséquence, que tous les Actes qui y sont énoncez, & généralement tous ceux qui ont accoutumé d'être signez par les Sieurs Archevêques, Evêques, même par leurs Vicaires Généraux & Officiaux, sans le ministere des Notaires Royaux ou Apostoliques, soient déchargez & exempts dudit controlle. Fait Sa Majesté défenses à tous Huissiers, Sergens & autres, de s'immiscer à passer ou faire aucuns desdits Actes, sous les mêmes peines de nullité, d'interdiction & d'amende; & ordonne que conformément à l'Arrêt du Conseil du 25 Janvier 1697, les Notaires & Tabellions Royaux & Seigneuriaux, Magistrats, Gens de Loi, Greffiers des Justices Royales & Seigneuriales & des Communautez, & autres qui ont droit de passer des Contrats & Actes, seront tenus de signer en même tems que les Parties les Actes qu'ils recevront, de les faire controller dans la quinzaine, conformément ausdits Edits & Déclarations, d'en payer les droits, & d'en tenir des répertoires & fournir copie d'iceux audit Châtelet, conformément à la Déclaration de Sa Majesté du 19 Mars 1696, à peine d'interdiction & de deux cens livres d'amende contre chacun contrevenant: Et pour faciliter les moyens de découvrir les fraudes qui y pourroient être faites, Sa Majesté permet aux Receveurs du droit de controlle de visiter en présence des Officiers, qui seront à cet effet nommez par les Sieurs Intendans & Commissaires départis, ou d'autres Officiers, lorsqu'ils en seront requis, tant les minutes des Contrats, Testamens & autres Actes, que les répertoires & registres que les Notaires, Tabellions, Greffiers & autres sont obligez de tenir, pour être dressé des procès-verbaux des contraventions qui pourront avoir été faites ausdits Edits, Déclarations & Arrêts, & les peines & amendes desdites contraventions poursuivies pardevant lesdits Sieurs Commissaires départis, & par eux jugées conformément ausdits Edits, Déclarations & Arrêts. Seront lesdits Contrats & Actes controllez, & les droits payez dans ledit tems de quinzaine, à la diligence desdits Notaires, Tabellions, Greffiers & autres, sous les peines de nullité, d'interdiction & des amendes portées tant par lesdits Edits, Déclarations & Arrêts rendus en conséquence, que par le présent Arrêt. Fait pareillement Sa Majesté défenses ausdits Notaires, Tabellions Royaux & Seigneuriaux, Notaires Apostoliques, Greffiers des Justices Royales, Seigneuriales, & à ceux des Communautez & des Arbitrages, & tous autres qui ont droit ou sont en possession de passer des Contrats & Actes, & aux Parties de faire controller lesdits Contrats & Actes dans d'autres Bureaux que ceux des lieux où ils seront passez; ou s'il n'y en a point, au plus proche. Ordonne pareillement Sa Majesté, que les Actes sujets à signification ou notification, qui seront reçus par les Notaires Royaux, seront controllez, & les droits de controlle payez avant que lesdits Actes puissent être signifiez ou notifiez par des Notaires ou Sergens, à peine de nullité & de deux cens livres d'amende, & que lesdits Actes soient controllez au controlle des Exploits après la signification ou notification. Défend aussi Sa Majesté à toutes sortes de personnes de mettre à exécution dans les Provinces où le controlle est établi, aucuns Contrats & Actes passez ou reconnus pardevant Notaires dans les Provinces, Pays ou lieux dans lesquels ledit controlle n'a pas lieu au profit de Sa Majesté, soit par privilége, exemption, ou que les droits ayent été rachetez ou remboursez, que préalablement lesdits Actes ou Contrats n'ayent été controllez au plus prochain Bureau du lieu où lesdits Actes se mettront à exécution; le tout sous même peine que dessus, & de nullité de tout ce qui pourroit être fait en conséquence desdits Contrats ou Actes, lesquelles amendes seront applicables au profit des Receveurs, & payées en vertu du présent Arrêt, conformément à son bail, à l'exception néanmoins de ceux qui seront passez par les Notaires de la Ville de Paris, qui seront exécutez par-tout le Royaume sans être controllez: Enjoint Sa Majesté ausdits Sieurs Intendans & Commissaires, &c.

ARREST DU CONSEIL du 16 Décembre 1698, portant réglement pour les droits de controlle des Contrats de mariage & donations. SA MAJESTÉ a ordonné & ordonne, conformément aux Edits, Déclarations & Arrêts, que tous les Contrats de mariage, de quelque qualité qu'ils soient, les quittances de dot & décharges données en exécution d'iceux, seront passées pardevant Notaires, à peine de privation des priviléges & hypotéques, & que les droits de controlle desdits Contrats feront payez, fçavoir par les Artifans, fimples Laboureurs, Manœuvriers & gens fans aveu, titre, qualité ni Office, qui déclareront par les Contrats de mariage qu'ils n'ont aucun bien en fonds, ni autres effets au-deffus de la valeur de cent livres, dix fols feulement, defquelles déclarations les Notaires feront tenus de faire mention dans lefdits Contrats; & en cas de fauffe déclaration, ceux qui les auront faites feront condamnez & contraints folidairement en deux cens livres d'amende: Ordonne SA MAJESTÉ, que les Contrats de mariage, par lefquels les contractans fe prendront avec leurs droits, fans aucune défignation des fommes, il fera payé fix livres pour droit de controlle; & pour ceux dans lefquels il fera ftipulé cinq cens livres & au-deffous, dix fols; ceux depuis cinq cens livres jufqu'à mille livres, vingt fols; depuis mille livres jufqu'à cinq mille, quarante fols; depuis cinq mille livres jufqu'à dix mille livres, trois livres; & depuis dix mille livres jufqu'à vingt-fept mille livres, il fera payé à raifon de vingt fols pour mille livres outre lefdits droits fixez jufqu'à dix mille livres, enforte qu'il fera payé vingt livres pour lefdites vingt-fept mille livres, fans qu'il puiffe être payé plus grands droits, à quelque fomme que le Contrat puiffe monter; & fi les biens de l'un des contractans font fixez & déclarez, & que ceux de l'autre ne le foient pas, Sa Majefté ordonne que ceux qui ne font pas déclarez feront fixez, & le droit de controlle payé fur le même pied de la fixation des biens de l'autre. Ordonne en outre Sa Majefté, que fi par aucun defdits Contrats de mariage, il eft fait des donations par des freres, fœurs, oncles, coufins ou autres perfonnes, que le droit de controlle fera payé pour un droit feulement, au plus fort fur le pied des fommes, ou biens fixez par lefdits Contrats, tant pour dot que donation, fans néanmoins qu'il puiffe être pris deux droits, ni que par les donations qui feront faites par avancement d'hoirie ou autrement, par les pere & mere à leurs enfans par lefdits Contrats de mariage, il puiffe être pris ni exigé aucun droit, ni de plus grands que ceux ci-deffus fixez, qui en ce cas ne pourront être pris fur le pied des donations, mais fur celui des Contrats. Enjoint Sa Majefté, &c.

ARREST DU CONSEIL du 13 *Janvier* 1699, portant que tous les Inventaires & Partages faits par les Juges, Greffiers, Notaires, & autres ayant droit ou prétendant avoir droit de les faire, feront controllez.

ARREST DU CONSEIL du 7 *Mars* 1702, qui ordonne que les extraits des Teftamens contenant des fondations & legs pieux en faveur des Pauvres & Hôpitaux, qui feront délivrez par les Notaires qui les auront reçus, ou autres perfonnes publiques, aux Procureurs Généraux du Roi dans les Cours de Parlement du Royaume, ou à leurs Subftituts, feront controllez *gratis*, à condition néanmoins que lefdits extraits ne contiendront que ce qui concerne lefdites fondations & legs pieux.

ARREST DU CONSEIL du 12 *Juin* 1703. LE ROI a ordonné & ordonne que la Déclaration du 14 Juillet 1699 fera exécutée felon fa forme & teneur; & en l'interprétant en tant que befoin feroit,

Ordonne que lorsque dans les Contrats de mariage le bien de l'un des conjoints ne sera évalué, désigné, ni estimé, ou que l'une des Parties sera prise avec ses droits, le droit de controlle desdits Contrats sera doublé sur le pied du bien qui sera estimé, à la charge toutefois que ledit droit ne pourra excéder la somme de vingt livres, à laquelle monte le plus fort des droits fixez par ladite Déclaration ; ce qui ne pourra toutefois avoir lieu lorsque celui des deux conjoints, dont le bien ne sera pas évalué, aura déclaré par le Contrat qu'il n'en a aucuns, auquel cas il ne sera payé qu'un seul droit de controlle sur le pied de la valeur du bien évalué ; & en cas de fausse déclaration de la part de l'un des conjoints, ils seront condamnez solidairement en deux cens livres d'amende, & en la somme de quarante livres pour le droit de controlle. Fait Sa Majesté défenses, &c.

ARREST DU CONSEIL du 13 Mai 1704, qui ordonne que les Notaires & Greffiers feront controller à leur diligence les Contrats & Actes qu'ils recevront. Le Roi en son Conseil, a ordonné & ordonne que les Notaires, Tabellions, Greffiers & autres, seront tenus de faire controller à leur diligence les Contrats & Actes qu'ils recevront, & d'en payer les droits aux Receveurs, auparavant que de les pouvoir délivrer aux Parties. Fait Sa Majesté expresses défenses ausdits Notaires & autres, de charger les Parties par lesdits Contrats & Actes, de les faire controller, à peine de deux cens livres d'amende contre chacun contrevenant, ni les faire controller dans d'autres Bureaux que ceux des lieux où ils sont passez ; ou s'il n'y en a point, au plus proche, sous la même peine.

ARREST DU CONSEIL du 5 Mars 1705, qui ordonne aux Notaires de représenter leurs minutes à la premiere requisition des Fermiers du controlle, & de leurs Commis, à peine de cent livres d'amende.

EDIT DU ROI, donné à Fontainebleau au mois d'Octobre 1705, registré en Parlement en Vacations le vingt-quatre desdits mois & an. A ces causes à ce Nous mouvans, de notre certaine science, &c. Voulons & Nous plaît, qu'à l'avenir tous les Actes qui seront passez sous signatures privées, à l'exception des Lettres de change & Billets à ordre & au porteur des Marchands, Négocians & Gens d'affaires, soient controllez avant qu'on en puisse faire aucune demande en Justice, & les droits pour ledit controlle, suivant la qualité des Actes, payez, & à proportion des sommes y contenues, comme s'ils étoient originairement passez pardevant Notaires, conformément au Tarif des Arrêtez pour les droits des controlles des Actes des Notaires, à peine de nullité desdits Actes, & de trois cens livres d'amende pour chacune contravention, tant contre les Parties qui s'en seront servi, que contre les Notaires, Huissiers, Sergens, qui auroient fait des Exploits ou autres Actes en conséquence : Faisons défenses à nos Juges & à ceux des Seigneurs particuliers, de prononcer aucuns Jugemens portant reconnoissance, ni de condamnation sur des Actes sous signature privée, qu'il ne leur soit apparu du controlle & du payement des droits, à peine de nullité des Jugemens & de trois cens livres d'amende contre lesdits Juges, de pareille amende contre les Procureurs qui auront occupé dans les Instances, & contre les Notaires qui auront fait des Actes, & contre les Huissiers & Sergens qui mettront les Jugemens à exécution; lesquelles demeureront encourues en vertu du présent Edit, sans qu'il soit besoin d'autre Jugement ni condamnation, sans pouvoir être modérées ni sursises par nos Juges, à peine d'en être responsables en leur propre & privé nom. Voulons que dans les Jugemens portant reconnoissance ou condamnation qui interviendront sur des Actes sous signature privée, il soit fait mention du controlle desdits Actes, ainsi qu'il se pratique pour le controlle des Exploits, à peine contre les Greffiers de pareille amende de trois cens livres pour chacune contravention : Faisons pareillement défenses aux Notaires & Tabellions des Seigneurs Hauts-Justiciers de notre Royaume, de passer à l'avenir aucuns Actes entre d'autres personnes que les Justiciables de la Justice dans laquelle ils sont établis, & pour les biens situez dans le ressort d'icelle, à peine de nullité des Actes & de trois cens livres d'amende contre lesdits Notaires pour chacune contravention, & de pareille amende de trois cens livres contre chacune des Parties contractantes; lesquelles demeureront encourues en vertu du présent Edit, sans qu'il soit besoin d'autre Jugement ni condamnation. *Si donnons en mandement, &c.*

Edit du Roi, donné à Marly au mois d'Août 1706, portant suppression de tous les droits établis pour le scel des Contrats & Actes des Notaires, & rétablissement des droits de controlle des Contrats & Actes des Notaires dans l'étendue de la Généralité de Tours, Province de Dauphiné & Ville de Toul, suivant le Tarif arrêté au Conseil le 24 Août 1706, avec le Tarif desdits droits.

LOUIS, par la grace de Dieu, Roi de France & de Navarre: A tous présens & à venir, Salut. Nous avons par notre Edit du mois de Novembre 1696 créé entr'autres choses des Offices de Garde-scels des Contrats & Actes des Notaires, ausquels Nous aurions attribué des droits portez par les Tarifs qui en ont été arrêtez en notre Conseil, que Nous avons ensuite réunis à nos Fermes, pour être perçus avec le controlle desdits Contrats & Actes des Notaires. Depuis Nous avons été informez que la perception de ces droits de petits scels des Contrats & Actes des Notaires, bien qu'elle ne soit que d'une médiocre conséquence, fatigue extrémement les Parties contractantes, par l'obligation où ils se trouvent de porter leurs Actes dans différens Bureaux pour y être controllez & scellez: c'est pourquoi Nous avons estimé devoir y remédier, & Nous avons cru ne le pouvoir mieux faire qu'en supprimant entierement les droits qui se payent pour le scel des Contrats & Actes desdits Notaires. Et comme Nous avons aussi été informez que l'affranchissement que Nous avions accordé à nos Provinces & Généralitez de Tours & Dauphiné, & à la Ville de Toul, desdits droits de controlle, porte un préjudice considérable aux Notaires des Provinces voisines, par la liberté que les Habitans d'icelles ont d'aller passer leurs Actes dans lesdites Généralitez & Provinces de

Tours & Dauphiné, & dans ladite Ville de Toul, pour éviter le payement desdits droits de controlle, & souvent pour ôter à leurs familles la connoissance des dispositions qu'ils font, qui peuvent être contraires aux Loix & Coutumes desdites Provinces, ce qui d'une part donne souvent occasion à différens procès & contestations ruineuses à nos Sujets, & de l'autre fait un tort considérable à la perception des droits de controlle desdits Contrats & Actes dans les Pays limitrophes de nosdites Généralitez de Tours, Province de Dauphiné, & Ville de Toul, Nous avons jugé à propos d'y rétablir ledit controlle, pour en rendre l'établissement & la perception uniforme dans tout notre Royaume, & de réformer en même tems le Tarif des droits ci-devant reglez pour ledit controlle, pour le rendre plus intelligible, & lever plusieurs difficultez que l'explication de quelques articles dudit Tarif ont fait naître. A ces causes & autres à ce Nous mouvans, de notre certaine science, pleine puissance & autorité royale, Nous avons par notre présent Edit perpétuel & irrévocable, éteint & supprimé, éteignons & supprimons tous les droits qui se sont perçus jusqu'à présent pour le scel des Contrats & Actes des Notaires dans toute l'étendue de notre Royaume, Pays, Terres & Seigneuries de notre obéissance. Faisons défenses de percevoir lesdits droits, qui ne pourront à l'avenir être rétablis pour quelque cause & sous quelque prétexte que ce puisse être; & du même pouvoir & autorité que dessus, Nous avons rétabli & rétablissons les droits de controlle des Contrats & Actes de tous les Notaires & Tabellions Royaux, Notaires Apostoliques, & Notaires & Tabellions des Seigneurs dans l'étendue de nos Généralitez de Tours, Province de Dauphiné & Ville de Toul: Voulons qu'ils y soient perçus à l'avenir, à commencer du premier Octobre prochain, de même que dans toutes les autres Provinces & Généralitez de notre Royaume; & afin de faciliter au Public & à notre Fermier desdits droits le payement & la perception d'iceux, Nous voulons & entendons qu'ils soient à l'avenir, à commencer du premier Octobre prochain, payez suivant & conformément au nouveau Tarif desdits droits que Nous en avons fait arrêter en notre Conseil, & attaché sous le contre-scel de notre présent Edit, sans qu'aucuns des Notaires & Tabellions Royaux, Notaires Apostoliques, Notaires & Tabellions des Seigneurs, Amands, ou autres qui passent & reçoivent des Actes comme Notaires, puissent se dispenser du controlle de leurs Actes dans les tems prescrits par nos précédens Edits & Déclarations, & sous les peines y portées, lesquels Nous avons confirmez par notredit Edit. Voulons que l'abonnement du controlle des Notaires de la Ville de Lyon, soit & demeure éteint & supprimé, à commencer du premier Octobre prochain, & les Notaires tenus de faire controller leurs Contrats & Actes dans les tems & sous les peines portées par les Edits, Déclarations, Arrêts & Reglemens, & suivant le nouveau Tarif arrêté en notre Conseil, de même que tous les autres Notaires du Royaume. N'entendons rien changer ni innover par notre présent Edit, à nos Edits, Déclarations, Arrêts & Réglemens, par lesquels Nous avons ordonné la perception des droits de petit scel des Actes judiciaires, que Nous voulons & entendons être exécutez selon leur forme & teneur, en ce qui ne sera point contraire à la suppression portée par notredit Edit. Si donnons en mandement à nos amez &

féaux

féaux Conseillers, les Gens tenans notre Cour de Parlement, Chambre des Comptes & Cour des Aydes à Paris, que notre présent Edit ils ayent à faire lire, publier & registrer, même en tems de Vacations, & le contenu en icelui suivre, garder & observer selon sa forme & teneur, cessant & faisant cesser tous troubles & empêchemens qui pourroient être mis ou donnez, nonobstant tous Edits, Déclarations, Arrêts, Réglemens & autres choses à ce contraires, ausquels Nous avons dérogé & dérogeons par le présent Edit, aux copies duquel collationnées par l'un de nos amez & féaux Conseillers-Secretaires, Voulons que foi soit ajoutée comme à l'original: Car tel est notre plaisir; & afin que ce soit chose ferme & stable à toujours, Nous y avons fait mettre notre scel. Donné à Marly au mois d'Août, l'an de grace 1706, & de notre Regne le 64. Signé LOUIS; *Et plus bas*, Par le Roi, *Phelypeaux*. *Visa*, *Phelypeaux*. Vû au Conseil, *Chamillart*. Et scellé du grand Sceau de cire verte, en lacs de soie rouge & verte.

Registrées; oui & ce requerant le Procureur Général du Roi, pour être exécutées selon leur forme & teneur; & copies collationnées envoyées aux Bailliages & Sénéchaussées du Ressort, pour y être lûes, publiées & registrées. Enjoint aux Substituts du Procureur Général du Roi d'y tenir la main, & d'en certifier la Cour dans un mois, suivant l'Arrêt de ce jour. A Paris en Parlement en Vacations le 18 *Septembre* 1706. Signé DUTILLET.

Nouveau Tarif des droits que le Roi en son Conseil veut & ordonne être payez à l'avenir, à commencer au premier Octobre prochain, pour le controlle des Contrats & autres Actes qui se passent pardevant Notaires tant Royaux que Seigneuriaux, & autres qui ont droit d'instrumenter comme Notaires, en exécution de l'Edit du présent mois.

ARTICLE PREMIER.

ADJUDICATION de biens en direction, où les sommes & valeur des biens sont désignées.

Jusqu'à 100 livres, quinze sols, ci	15 s.
De 100 à 200 liv. une livre dix sols, ci	1 l. 10 s.
De 200 à 400 liv. une livre quinze sols, ci	1 l. 15 s.
De 400 à 500 liv. deux livres, ci	2 l.
De 500 à 1000 liv. trois livres dix sols, ci	3 l. 10 s.
De 1000 à 1500 liv. quatre livres dix sols, ci	4 l. 10 s.
De 1500 à 2000 liv. cinq livres, ci	5 l.
De 2000 à 2500 liv. six livres, ci	6 l.
De 2500 à 3000 liv. sept livres, ci	7 l.
De 3000 à 4000 liv. huit livres, ci	8 l.
De 4000 à 5000 liv. neuf livres, ci	9 l.
De 5000 à 6000 liv. dix livres, ci	10 l.

De 6000 à 7000 liv. onze livres, ci 11 l.
De 7000 à 8000 liv. douze livres, ci 12 l.
De 8000 liv. & au-dessus, dix-sept livres, ci 17 l.

II. Adjudication de biens en direction, lorsque le prix ne sera pas désigné ni estimé, dix-sept livres, ci 17 l.

III. Achat où les sommes seront désignées, les droits seront payez à proportion des sommes & sur le même pied qu'au premier article & suivans ci-après.

IV. Achat où les sommes ne seront pas désignées, dix-sept livres, ci 17 l.

V. Abandonnement ou cession volontaire de biens au profit de créanciers, huit livres, ci 8 l.

VI. Attestations, seize sols, ci 16 s.

VII. Aveu & dénombrement pour raison d'une Terre, Fief ou Seigneurie ayant haute, moyenne & basse Justice, six livres, ci 6 l.

VIII. Ayant droit de basse Justice seulement, trois livres, ci 3 l.

IX. A cause d'un bordelage, closerie, métairie ou autres lieux composez, ayant simple droit de Fief, ou seulement tenu à foi & hommage sans Justice, une livre, ci 1 l.

X. A cause d'une ou deux piéces de terres hommagées ou nobles, onze sols, ci 11 s.

XI. Acte d'acceptation d'un Bénéfice ou Dignité Ecclésiastique, cinq livres, ci 5 l.

XII. Acte de Vêture, Noviciat & Profession dans les Monasteres, excepté les Mendians, trois livres dix sols, ci 3 l. 10 s.

XIII. Acte de refus d'ouvrir les portes pour prendre possession en matiere bénéficiale, une livre, ci 1 l.

XIV. Baux d'héritages à rente fonciere & perpétuelle, où les sommes seront désignées, ou les revenus évaluez, les droits seront payez à proportion & sur le même pied que ci-dessus article premier, à raison du capital au denier vingt de ladite rente.

XV. Baux d'héritages à rente fonciere & perpétuelle, où les sommes ne seront pas désignées, sera payé dix-sept livres, ci 17 l.

XVI. Baux à loyer ou titre de Ferme & tous autres jusqu'à neuf années seulement, sera payé pour les droits sur le pied d'une année du loyer, sans avoir égard aux charges & redevances des biens; sçavoir,

Jusqu'à 50 liv. de ferme ou loyer, quinze sols, ci 15 s.
De 50 à 100 liv. une livre, ci 1 l.
De 100 à 300 liv. une livre quinze sols, ci 1 l. 15 s.
De 300 à 500 liv. trois livres, ci 3 l.
De 500 à 600 liv. trois livres dix sols, ci 3 l. 10 s.
De 600 à 800 liv. quatre livres, ci 4 l.
De 800 à 1000 liv. quatre livres dix sols, ci 4 l. 10 s.
De 1000 à 1500 liv. cinq livres, ci 5 l.
De 1500 à 2000 liv. six livres, ci 6 l.
De 2000 à 3000 liv. sept livres, ci 7 l.
De 3000 à 4000 liv. dix livres, ci 10 l.
De 4000 liv. & au-dessus, douze livres, ci 12 l.

XVII. Les mêmes droits seront payez pour les sous-baux, transports, cessions, rétrocessions & subrogations desdits baux, quand ce sera par Acte particulier.

XVIII. Baux amphitéotiques, à vie & autres au-dessus de neuf ans, sera payé le double des droits ci-dessus, à proportion du prix annuel desdits Baux.

XIX. Les mêmes droits seront payez pour les sous-baux, transports, cessions, rétrocessions & subrogations desdits baux, quand ce sera par Acte particulier.

XX. Baux à moitié ou par tiers, ou ceux faits moyennant certaines espéces, les droits seront payez sur le pied du dernier bail, ou de l'estimation qui en sera faite à l'amiable entre les Parties.

XXI. Baux à chetels de bestiaux à croît ou décroît, les droits seront payez comme ci-dessus, suivant l'estimation qui en sera faite par le bail ou par Experts dont les Parties conviendront.

XXII. Brevets d'apprentissage ès Villes où il y a Parlement & autres Cours supérieures, une livre, ci 1 l.

XXIII. Brevets d'apprentissage pour les autres lieux, onze sols, ci 11 s.

XXIV. Baux des revenus des biens dépendans des Bénéfices d'Eglises, Commenderies, Hôpitaux, Universitez, Colléges, Fabriques, Confréries & autres Gens de main-morte & Communautez séculieres & régulieres, seront passez pardevant Notaires, & controllez, à peine de nullité & de deux cens livres d'amende, & sera payé sur le pied des baux à loyer ou titre de ferme, ainsi qu'ils sont ci-dessus réglez.

XXV. Baux ou adjudications de biens & revenus communs & patrimoniaux & d'Octrois des Villes & Communautez séculieres & régulieres, lesquels se font par les Magistrats & autres Officiers des Villes par délibérations, ou qui seront reçus par les Secretaires & Greffiers desdites Villes ou autrement, seront controllez dans la quinzaine, & les droits payez sur le même pied qu'à l'article précédent.

XXVI. Les mêmes droits seront payez pour les sous-baux, transports, cessions, rétrocessions & subrogations desdits baux, quand ce sera par Acte particulier.

XXVII. Constitutions de rente en argent ou en espéces, où les sommes seront désignées & évaluées, les droits seront payez sur le pied du capital & à proportion, suivant qu'ils sont réglez par le premier article du présent Tarif.

XXVIII. Constitutions de rente en argent ou en espéces, où les sommes ne seront désignées ni évaluées, dix-sept livres, ci 17 l.

XXIX. Cautionnement pur & simple par Acte particulier pour quelque cause que ce soit, excepté les deux cas ci-après, deux livres, ci 2 l.

XXX. Cautionnement pour un domestique, onze sols, ci 11 s.

XXXI. Cautionnement pur & simple par Acte particulier pour des Officiers en titre ou pour des Commis qui ont maniement de deniers, cinq livres, ci 5 l.

XXXII. A l'égard des cautionnemens qui seront faits par les mêmes Contrats, Obligations & autres Actes, de quelque nature qu'ils puissent être, pour raiſon deſquels ils ſeront faits, les droits en ſeront payez comme pour les Contrats.

XXXIII. Conſtitutions de penſions où les ſommes ſeront déſignées, les droits ſeront payez à proportion.

Sçavoir,

Juſqu'à 100 liv. quinze ſols, ci	15 ſ.
De 100 à 200 liv. une livre dix ſols, ci	1 l. 10 ſ.
De 200 à 300 liv. une livre quinze ſols, ci	1 l. 15 ſ.
De 300 à 400 liv. deux livres, ci	2 l.
De 400 à 500 liv. trois livres dix ſols, ci	3 l. 10 ſ.
De 500 à 1000 liv. quatre livres, ci	4 l.
De 1000 à 1500 liv. cinq livres, ci	5 l.
De 1500 à 2000 liv. ſix livres, ci	6 l.
De 2000 à 3000 liv. ſept livres, ci	7 l.
De 3000 à 4000 liv. huit livres, ci	8 l.
De 4000 à 5000 liv. dix livres, ci	10 l.
De 5000 liv. & au-deſſus, vingt-deux livres, ci	22 l.

XXXIV. Conſtitution de titre clérical ou ſacerdotal faite par l'Aſpirant à l'Etat Eccléſiaſtique ſur ſes biens propres.

Juſqu'à 50 liv. une livre, ci	1 l.
De 50 à 100 liv. deux livres, ci	2 l.

De 100 liv. & au-deſſus, les droits ſeront payez en augmentant à raiſon de vingt ſols par chaque cinquante livres juſqu'à vingt-deux livres, que le droit le plus fort demeure fixé, ci 22 l.

XXXV. Certificats, onze ſols, ci 11 ſ.

XXXVI. Collations accordées par les exécuteurs d'Indult du Parlement, celles données par les Chanceliers des Egliſes & Univerſitez à ceux qui ſont nommez par Sa Majeſté, & généralement toutes les ſommations, oppoſitions, interpellations que les Parties déſireront faire pour la conſervation de leurs droits aux Patrons, aux Eliſans, aux Collateurs & Collatrices du Royaume, procès-verbaux de Bénédictions d'Abbez & d'Abbeſſes, ceſſions & donations ſous le bon plaiſir du Roi, d'Indult des Officiers du Parlement de Paris, ceſſions & échanges de Patronages d'Egliſes, cinq livres, ci 5 l.

XXXVII. Concordats pour raiſon d'Archevêchez, Evêchez, Abbayes & autres Dignitez & Bénéfices, ſur procès mûs & à mouvoir pour raiſon du poſſeſſoire deſdits Bénéfices, payement, réduction & extinction de penſion créée & à créer en Cour de Rome, cinq livres, ci 5 l.

XXXVIII. Commiſſion d'Archidiacre pour deſſervir une Cure, une livre dix ſols, ci 1 l. 10 ſ.

XXXIX. Compromis & expédition de Sentence arbitrale entre perſonnes eccléſiaſtiques, & pour raiſon des droits appartenans à leurs Egliſes, deux livres, ci 2 l.

XL. Compromis entre Particuliers, & pour quelque cauſe que ce puiſſe être, deux livres, ci 2 l.

XLI. Comptes & précomptes entre Particuliers, non de Finances, ni

Marchands, pour quelque cause que ce soit, quatre livres dix sols, ci 4 l. 10 s.

XLII. Contrats de mariage de 100 liv. & au-dessous, quinze sols, ci 15 s.
De 100 à 200 liv. une livre dix sols, ci 1 l. 10 s.
De 200 à 300 liv. deux livres, ci 2 l.
De 300 à 500 liv. deux livres quinze sols, ci 2 l. 15 s.
De 500 à 1000 liv. trois livres, ci 3 l.
De 1000 à 1500 liv. trois livres dix sols, ci 3 l. 10 s.
De 1500 à 2000 liv. quatre livres, ci 4 l.
De 2000 à 3000 liv. cinq livres, ci 5 l.
De 3000 à 4000 liv. six livres, ci 6 l.
De 4000 à 5000 liv. sept livres, ci 7 l.
De 5000 à 6000 liv. huit livres, ci 8 l.
De 6000 à 10000 liv. douze livres, ci 12 l.
De 10000 liv. & au-dessus, vingt-deux livres, ci 22 l.

XLIII. Contrats de mariage entre Artisans, simples Laboureurs, Manœuvriers & gens sans titre, qui déclareront par leurs Contrats n'avoir aucuns biens en fonds, ni autres effets au-dessus de la valeur de cent livres, une livre, ci 1 l.

XLIV. Contrats de mariage où il n'y aura aucune somme désignée ni estimation, & où les Parties se prendront avec leurs droits, douze livres, ci 12 l.

XLV. Les Contrats de mariage dans lesquels le bien de l'un des conjoints ne sera évalué, désigné ni estimé, ou que l'une des Parties se sera prise avec ses droits, le droit de controlle desdits Contrats sera doublé sur le pied du bien qui y sera estimé, lequel droit ne pourra excéder vingt-quatre livres, ci 24 l.

XLVI. Déguerpissement, exponse ou abandonnement d'héritages où les sommes seront désignées, les droits seront payez à proportion & sur le même pied qu'au premier article du présent Tarif.

XLVII. Déguerpissement, exponse ou abandonnement d'héritages où les sommes ne seront pas désignées, dix-sept livres, ci 17 l.

XLVIII. Dépôt ou consignation où les sommes seront désignées, les droits seront payez à proportion & sur le même pied qu'au premier article du présent Tarif.

XLIX. Dépôt ou consignation où les sommes ne seront pas désignées, dix-sept livres, ci 17 l.

L. Déclaration pure & simple au profit de quelqu'un par Acte particulier, pour quelque cause que ce puisse être, une livre six sols, ci 1 l. 6 s.

LI. A l'égard des déclarations qui seront faites par les mêmes Contrats, Obligations & autres Actes, il sera payé les mêmes droits que pour les Contrats.

LII. Donations entre-vifs par toutes sortes d'Actes de quelque nature & pour quelque cause que ce puisse être, dont les sommes en principal y seront désignées ou par estimation, les droits seront payez à proportion & suivant qu'ils sont reglez à l'Article XXXIV. du présent Tarif.

LIII. Donations mutuelles ou autres à titre universel, dont l'estimation & évaluation ne sera faite par les Parties, sera payé pour les droits:

Par les personnes de condition ecclésiastique ou laïque, notables habitans des Villes, leurs femmes, veuves & enfans, douze livres, ci 12 l.

Par les Artisans des Villes & de la Campagne, Laboureurs, leurs femmes & enfans, cinq livres, ci 5 l.

Et par les simples Journaliers, leurs femmes & enfans, une livre dix sols, ci 1 l. 10 s.

LIV. Déclaration pure & simple qui n'a rapport à aucun Contrat, Obligation ou autres, seize sols, ci 16 s.

LV. Désistement, une livre, ci 1 l.

LVI. Dissolution ou résolution de Traitez, Sous-traitez, Sociétez & Comptes entre gens de Finance, douze livres, ci 12 l.

Entre Marchands, huit livres, ci 8 l.

LVII. Déclaration de choses en censive, lorsqu'il n'y aura que dix articles & au-dessous, dix sols, ci 10 s.

Et pour celles au-dessus de dix articles, une livre, ci 1 l.

LVIII. Engagemens ou pignoratifs où les sommes seront désignées, les droits seront payez à proportion & sur le même pied qu'ils sont reglez au premier article du présent Tarif.

LIX. Engagemens ou pignoratifs où les sommes ne seront pas désignées, dix-sept livres, ci 17 l.

LX. Echanges où les sommes seront désignées, les droits seront payez à proportion des sommes & sur le pied qu'ils sont reglez par le premier article du présent Tarif.

LXI. Echanges où les sommes ne seront pas designées, dix-sept livres, ci 17 l.

LXII. Fondations où les sommes seront désignées, les droits seront payez à proportion & sur le pied qu'ils sont reglez par l'Article XXXIV du présent Tarif.

LXIII. Foi & hommage, les droits seront payez de même qu'aux aveux & dénombremens ci-devant reglez Articles VII, VIII, IX & X.

LXIV. Inventaires de meubles & papiers faits devant Notaires, Greffiers ou autres, où les effets mobiliers seront estimez, les droits seront payez à proportion des sommes sur le pied qu'ils sont reglez par l'Article premier du présent Tarif.

LXV. Inventaire où les effets ne seront pas estimez, dix-sept livres, ci 17 l.

LXVI. Inventaire où il ne se trouvera que des papiers, de quelque nature qu'ils soient, sera payé :

Pour Gentilshommes, Gens d'affaires, Marchands & Bourgeois, huit livres, ci 8 l.

Pour Artisans, deux livres, ci 2 l.

LXVII. Indemnité pure & simple par Acte particulier, pour quelque cause que ce puisse être, les droits en seront payez de vingt-six sols, ci 1 l. 6 s.

LXVIII. A l'égard des indemnitez qui seront stipulées par les mêmes Contrats, Obligations & autres Actes, de quelque nature qu'ils puissent être, les droits seront payez comme pour les Contrats.

LXIX. Informations d'âge, de vie & mœurs des personnes nommées aux Archevêchez & Evêchez, cinq livres, ci 5 l.

LXX. Lettres d'intronisation en matiere bénéficiale, une livre dix sols, ci 1 l. 10 s.

LXXI. Marchez où les sommes seront désignées, les droits seront payez à proportion & sur le pied qu'ils sont reglez par l'Article premier du présent Tarif.

LXXII. Marchez où les sommes ne seront pas désignées, dix-sept livres, ci 17 l.

LXXIII. Marchez pour la Marine & assurance à la grosse avanture, ne sera payé que moitié desdits droits.

LXXIV. Obligations où les sommes seront désignées, les droits seront payez à proportion & sur le pied qu'ils sont réglez par le premier Article du présent Tarif.

LXXV. Obligations où les sommes ne seront pas désignées, dix-sept livres, ci 17 l.

LXXVI. Offres suivies de payement & portant quittance par le même Acte, les droits seront payez à proportion & sur le même pied qu'ils sont réglez par l'Article premier du présent Tarif.

LXXVII. Obligations pour prêt de Sel dans les Greniers de Sa Majesté, de cinquante livres & au-dessous.

Pour chaque y dénommé, un sol, ci 1 s.

De cent livres & au-dessous, deux sols, ci 2 s.

Et pour celles au-dessus, à proportion.

LXXVIII. Oppositions aux Inventaires ou autres Adjudications volontaires inferées dans iceux, sera payé autant de onze sols qu'il y aura d'oppositions, ci 11 s.

LXXIX. Opposition à prise de possession en matiere bénéficiale, onze sols, ci 11 s.

LXXX. Pensions ou rentes viageres, sera payé,

Jusqu'à 50 liv. une livre, ci 1 l.

De 50 à 100 liv. une livre dix sols, ci 1 l. 10 s.

De 100 liv. & au-dessus, les droits se payeront en augmentant à raison d'une livre par chaque 50 liv. jusqu'à vingt-deux livres, à quoi le plus fort droit demeure fixé, ci 22 l.

LXXXI. Présentation ou nomination à Bénéfice, cinq livres, ci 5 l.

LXXXII. Permutation, cinq livres, ci 5 l.

LXXXIII. Prise de possession de Bénéfice, cinq livres, ci 5 l.

LXXXIV. Procuration pour se démettre de quelque Bénéfice, Dignité sacerdotale, quatre livres, ci 4 l.

LXXXV. Procuration pour prendre possession de quelque Bénéfice ou Dignité d'Eglise, quatre livres, ci 4 l.

LXXXVI. Présentation de Patron Ecclésiastique ou Laïc, cinq livres, ci 5 l.

LXXXVII. Provisions données pour les Abbez, Abbesses & autres Bénéficiers, cinq livres, ci 5 l.

LXXXVIII. Provisions données & accordées pour les Collateurs Laïcs, cinq livres, ci 5 l.

LXXXIX. Procès-verbaux d'élection à une premiere Dignité d'Eglise Cathédrale, Collégiale ou Conventuelle, cinq livres, ci 5 l.

XC. Procuration pour résigner, céder ou rétrocéder un Bénéfice, une livre, ci 1 l.

XCI. Procurations pour consentir création ou extinction de pension, une livre, ci 1 l.

XCII. Publication, issue de Messe, des prises de possession, en cas de refus des Curez, seize sols, ci 16 s.

XCIII. Procuration pour compromettre en matiere bénéficiale, une livre, ci 1 l.

XCIV. Publication des prises de possession dans les assemblées d'Habitans, ou pour notification aux Patrons ou Collateurs ordinaires, onze sols, ci 11 s.

XCV. Procuration pour notifier les noms des Gradués en tems de Carême, onze sols, ci 11 s.

XCVI. Procuration pour requérir Bénéfice, onze sols, ci 11 s.

XCVII. Partages de meubles ou immeubles, lotissement de douaire, ou licitation entre copropriétaires, dont la valeur n'excédera pas cinq cens livres, trois livres, ci 3 l.

De 500 à 1000 liv. trois livres dix sols, ci 3 l. 10 s.

De 1000 à 10000 liv. cinq livres, ci 5 l.

De 10000 liv. & au-dessus, huit livres, ci 8 l.

Et si la valeur des biens partagez, lotis & licitez, n'est pas connue & évaluée, les droits seront payez sur le pied de huit livres, ci 8 l.

XCVIII. Partages de meubles & marchandises entre Particuliers, Marchands & autres, lesquels seront prisez & estimez, les droits seront payez à proportion des sommes, & suivant qu'ils sont reglez ci-dessus à l'Article XCVII.

XCIX. Pour ceux de cette nature dont la valeur ne sera pas connue ni évaluée, quatre livres, ci 4 l.

C. Procuration pour résigner un Office de Cour Supérieure, ou pour Offices de Finance, comme Receveurs Généraux des Finances & Receveurs des Tailles, quatre livres, ci 4 l.

CI. Procuration pour résigner un Office de Présidiaux, principaux Bailliages, & Justices ressortissantes nuement ès Cours Supérieures, deux livres, ci 2 l.

CII. Procuration pour résigner tous autres Offices de quelque nature qu'ils puissent être, une livre, ci 1 l.

CIII. Procuration qui portera résignation, cession, ou rétrocession de Bénéfice, ou qui sera conçue dans les termes qui pourront dispenser le Procureur fondé de ladite Procuration de passer d'autres Actes, pour parvenir par le Résignataire à l'obtention des provisions du Bénéfice résigné, permuté ou cédé, cinq livres, ci 5 l.

CIV. Protêts de Lettres de change ou Billets, protestations, empêchemens, notifications, ou autres Actes personnels qui se signifient ou notifient pour les matieres laïques, onze sols, ci 11 s.

CV. Quittances ensuite d'offres & toutes autres Quittances où les sommes seront désignées, les droits seront payez à proportion, & suivant qu'ils sont réglez par le premier Article du présent Tarif.

CVI. Quittances où les ſommes ne ſeront point déſignées, dix-ſept livres, ci 17 l.

CVII. Quittance finale d'une ſomme totale, dont les droits de controlle pour les ſommes payées à compte n'auront pas été acquittez, ſera payé pour les droits de la ſomme totale ſur le même pied de l'Article premier.

CVIII. Quittance finale d'une ſomme totale, dont les droits de controlle pour les ſommes payées à compte auroient été acquittez, ſera payé pour les droits de la ſomme reſtante à proportion ſur le pied qu'ils ſont réglez ci-deſſus, ſans néanmoins que le droit de controlle de telle quittance puiſſe excéder douze livres, ci 12 l.

CIX. Retrait lignager, féodal & conventionnel, où les ſommes ſeront déſignées, les droits ſeront payez à proportion & ſuivant qu'ils ſont réglez par l'Article premier du préſent Tarif.

CX. Retrait lignager, féodal & conventionnel, où les ſommes ne ſeront pas déſignées, dix-ſept livres, ci 17 l.

CXI. Rembourſement ou rachat du prix des Contrats ou rentes conſtituées ou foncieres, ſoit qu'elles ſoient pures & ſimples, ou qu'elles rappellent & faſſent mention de quittances données par les Parties ſous leurs ſignatures privées ou autrement, les droits ſeront payez comme pour les Contrats de conſtitution.

CXII. Rembourſement de pareille nature, où les ſommes ne ſeront pas déſignées, dix-ſept livres, ci 17 l.

CXIII. Renonciation à ſucceſſion, communauté & autres droits, ſeize ſols, ci 16 ſ.

CXIV. Réſiliement d'Actes, deux livres dix ſols, ci 2 l. 10 ſ.

CXV. Reconnoiſſance ou ratification volontaire d'Acte ſous ſignature privée, ſera payé ſuivant la qualité & la conſéquence de l'Acte reconnu ratifié.

CXVI. Réſignation de Bénéfice, cinq livres, ci 5 l.

CXVII. Réquiſition d'une confirmation en matiere bénéficiale, cinq livres, ci 5 l.

CXVIII. Révocation de procuration pour réſigner, céder ou rétrocéder un Bénéfice, ou conſentir création ou extinction de penſion, une livre, ci 1 l.

CXIX. Repréſentation en matiere bénéficiale, une livre, ci 1 l.

CXX. Réquiſition de Viſa, une livre, ci 1 l.

CXXI. Réquiſition de fulmination de Bulles, une livre, ci 1 l.

CXXII. Réquiſition d'être admis à prendre l'Habit, faire Noviciat & Profeſſion, une livre, ci 1 l.

CXXIII. Réquiſition pour ſatisfaire au decret d'une proviſion de Bénéfice régulier, une livre, ci 1 l.

CXXIV. Répudiation de proviſions, une livre, ci 1 l.

CXXV. Rétractation de révocation de Procureur en matiere bénéficiale, onze ſols, ci 11 ſ.

CXXVI. Réquiſition aux Curés de publier les priſes de poſſeſſion aux Prônes des Meſſes, onze ſols, ci 11 ſ.

CXXVII. Réſignation d'Office de Cour ſupérieure & de Finances, comme Receveurs généraux des Finances & des Tailles, quatre livres, ci 4 l.

CXXVIII. Résignation d'Offices des Présidiaux & principaux Bailliages & Justices ressortissantes nûement ès Cours supérieures, deux livres, ci 2 l.

CXXIX. Résignation de tout autre Office, une livre, ci 1 l.

CXXX. Signification de Lettres d'Indult, de joyeux avénement, & serment de fidélité, cinq livres, ci 5 l.

CXXXI. Signification extrajudiciaire de Bref & Rescrit Apostolique, Concordats sur procès mûs & à mouvoir pour raison du possessoire des Bénéfices, payement, réduction & extinction de pension créée & à créer en Cour de Rome, une livre, ci 1 l.

CXXXII. Signification de procuration pour compromettre, une livre, ci 1 l.

CXXXIII. Signification de rétractation de Procuration, une livre, ci 1 l.

CXXXIV. Signification de degré, d'attestation de tems d'études & de nomination de Graduez, une livre, ci 1 l.

CXXXV. Saisine ou prise de possession d'héritages & immeubles, dont la valeur n'excédera pas cinq cens livres, deux livres dix sols, ci 2 l. 10 s.

De 500 à 1500 liv. trois livres, ci 3 l.

De 1500 à 3000 liv. quatre livres, ci 4 l.

De 3000 à 6000 liv. six livres, ci 6 l.

De 6000 liv. & au-dessus, huit livres, ci 8 l.

Et si la valeur des biens n'est point connue & évaluée, les droits seront payez sur le pied de huit livres, ci 8 l.

CXXXVI. Sentence arbitrale jusqu'à 500 liv. trois livres, ci 3 l.

De 500 à 2000 liv. quatre livres, ci 4 l.

De 2000 liv. & au-dessus, ou qui ne pourra s'estimer, cinq livres, ci 5 l.

CXXXVII. Transaction, Accord, Attermoyement, Billets, Promesses, & autres Actes généralement sous seings-privez, de quelque nature qu'ils soient, payeront les droits suivant la nature des Actes mentionnez au présent Tarif, conformément à l'Edit du mois d'Octobre 1705; & où les sommes seront désignées, les droits seront payez à proportion & sur le pied qu'ils sont réglez par le premier Article du présent Tarif.

CXXXVIII. Transaction, Accord, Attermoyement où les sommes ne seront pas désignées, & autres Actes dans-lesquels les choses qui ont fait la matiere desdits Actes ne seront & ne pourront être estimées ni évaluées, quoique par lesdits Actes il y eût des dommages, interêts, frais & dépens liquidez à des sommes certaines, suivant l'Arrêt du Conseil, sera payé dix-sept livres, ci 17 l.

CXXXIX. Titre nouvel & reconnoissance d'hypotéque des rentes, les droits seront payez comme pour les Contrats constitutifs ou création desdites rentes.

CXL. Testamens, Codiciles ou Substitutions, & autres Actes portant donations, qui ne doivent avoir effet qu'après la mort des donateurs, payeront, sçavoir pour ceux faits par personnes de condition ecclésiastique ou laïque, notables Artisans des Villes, leurs femmes, veuves & enfans, huit livres, ci 8 l.

CXLI. Pour les autres Artisans des Villes & de la campagne, Laboureurs & autres, leurs femmes, veuves & enfans, deux livres dix sols, ci 2 l. 10 s.

CXLII. Traitez, Sous-traitez, Sociétez & Comptes entre Gens d'affaires, douze livres, ci 12 l.

CXLIII. Entre Marchands, huit livres, ci 8 l.

CXLIV. Ventes, transports, cessions ou subrogations de choses mobiliaires ou immobiliaires, les droits seront payez à proportion des sommes qui seront désignées, & sur le même pied qu'ils sont fixez au premier Article du présent Tarif.

CXLV. Ventes, transports, cessions ou subrogations de choses mobiliaires, où les sommes ne seront pas désignées, dix-sept livres, ci 17 l.

CXLVI. Ventes d'Offices ou de gages, ou droits incorporez ou non à quelque Office, sera payé :

Jusqu'à 100 liv. une livre, ci	1 l.
De 100 à 400 liv. deux livres cinq sols, ci	2 l. 5 s.
De 400 à 600 liv. trois livres, ci	3 l.
De 600 à 800 liv. trois livres dix sols, ci	3 l. 10 s.
De 800 à 1000 liv. quatre livres, ci	4 l.
De 1000 à 2000 liv. quatre livres dix sols, ci	4 l. 10 s.
De 2000 à 3000 liv. six livres dix sols, ci	6 l. 10 s.
De 3000 à 4000 liv. huit livres dix sols, ci	8 l. 10 s.
De 4000 à 5000 liv. dix livres dix sols, ci	10 l. 10 s.
De 5000 à 6000 liv. douze livres dix sols, ci	12 l. 10 s.
De 6000 à 7000 liv. quatorze livres dix sols, ci	14 l. 10 s.
De 7000 à 8000 liv. seize livres dix sols, ci	16 l. 10 s.
De 8000 à 9000 liv. dix-huit livres dix sols, ci	18 l. 10 s.
De 9000 à 10000 liv. vingt livres dix sols, ci	20 l. 10 s.
De 10000 à 11000 liv. vingt-deux livres dix sols, ci	22 l. 10 s.
De 11000 à 12000 liv. vingt-quatre livres dix sols, ci	24 l. 10 s.
De 12000 à 13000 liv. vingt-six livres dix sols, ci	26 l. 10 s.
De 13000 à 14000 liv. vingt-huit livres dix sols, ci	28 l. 10 s.
De 14000 liv. trente livres dix sols, ci	30 l. 10 s.
De 14000 liv. & au-dessus, trente-deux livres, ci	32 l.

FAIT & arrêté au Conseil Royal des Finances, tenu à Marly le 24e jour d'Août 1706. Collationné. Signé RANCHIN.

ARREST DU CONSEIL du 11 *Février* 1710, qui ordonne qu'il sera payé cinquante livres pour le droit de controlle des Transactions où les choses qui en font la matiere ne sont point estimées.

ARREST DU CONSEIL du même jour 11 *Février* 1710, qui ordonne que pour les droits de controlle & d'insinuation de Testament portant donation de meubles ou effets mobiliers qui ne seront point estimez, il sera payé cinquante livres pour le droit de controlle, & pareille somme de cinquante livres pour l'insinuation.

ARREST DU CONSEIL du 20 Mars 1713, qui ordonne qu'il sera payé pour le controlle de cession de rente, les mêmes droits qui sont payez pour la constitution des mêmes rentes.

Arrêt du Conseil d'Etat du Roi, du 26 Février 1718, qui regle les droits de controlle & d'insinuation des Testamens, Codiciles, Donations, & autres Actes qui ne doivent avoir effet qu'après la mort, suivant la qualité des Testateurs ou Donateurs.

Extrait des Registres du Conseil d'Etat.

LE Roi étant informé des difficultez qui se présentent actuellement en la Province de Languedoc, au sujet des droits de controlle & d'insinuation des Testamens, Codiciles, Donations, & autres Actes qui ne doivent avoir effet qu'après le décès des Testateurs ou Donateurs, dans lesquels tous les biens ne sont pas désignez ou évaluez; les Notaires & les redevables prétendant, par l'interprétation qu'ils donnent aux Articles 169 & 171 du Tarif arrêté au Conseil le vingt Mars 1708 pour le controlle, qu'ils doivent être admis à faire des déclarations & évaluations des biens des Successions, pour régler tant lesdits droits de controlle que ceux d'insinuation; le Sous-fermier desdits droits soutenant au contraire, que conformément à ces mêmes Articles du Tarif du controlle, il est toujours dû cinquante livres pour ceux des personnes dénommées dans l'Article 168, & vingt-cinq livres pour ceux des personnes comprises dans l'Article 170; & par toutes sortes de personnes indistinctement, cinquante livres pour l'insinuation des meubles & effets mobiliers, sans préjudice des droits des legs particuliers, des substitutions, s'il y en a, & du centiéme denier des immeubles; que le texte dudit Article 169 qui s'explique par ces mots, pour ceux dans lesquels le prix ou valeur des choses données ou léguées ne seront point désignez, ou qui ne pourront recevoir aucune estimation, établit incontestablement son droit, parce qu'il impose la nécessité de faire la désignation des choses par l'Acte même, & qu'il donne clairement à entendre que la plus grande partie des Testamens, particulierement ceux qui se font dans les Pays de Droit écrit, qui contiennent des institutions d'héritiers universels, tant au mobilier qu'à l'immobilier, ne peuvent jamais recevoir aucune estimation; qu'en effet les héritiers instituez qui sont obligez de faire controller les Testamens dans la quinzaine du jour du décès des Testateurs, ne peuvent pas connoître l'objet des successions, ni en faire des déclarations justes; que s'ils étoient admis à en faire des estimations vagues, elles seroient toujours frauduleuses, par la facilité qu'ils auroient à divertir ou receler les meubles & effets les plus considérables, tels que l'argent comptant, bijoux, vaisselle d'argent, Billets, Lettres de change & autres, Obligations & autres de différentes natures, & ils se rendroient par ce moyen Arbitres des droits, sans que le Fermier pût s'y opposer; que cette même question s'étant déja présentée en Normandie & en Provence, elle a été pleinement décidée au Conſeil par trois Arrêts, le premier du onze Février 1710, & les deux autres du treize Décembre 1712, qui portent préciſément que l'évaluation des biens doit être faite par le Teſtament même, & qu'elle ne peut l'être par aucuns Actes poſtérieurs, & qui condamnent les héritiers à payer les plus forts droits de controlle & d'inſinuation, nonobſtant les déclarations qu'ils avoient faites de la valeur des ſucceſſions à des ſommes certaines. Sur quoi Sa Majeſté ayant fait examiner les différens Mémoires qui ont été préſentez, tant par le Syndic des Etats & les Notaires de Languedoc, que par le Sous-Fermier des droits de controlle, petits ſceaux & inſinuations dans l'étendue de ladite Province, & les Edits, Déclarations, Tarifs, Arrêts & Réglemens rendus ſur la perception des droits; voulant traiter favorablement les héritiers teſtamentaires, faciliter au Sous-Fermier le recouvrement des droits qui lui ſont dûs, ou dont le payement a été ſuſpendu à cauſe des conteſtations qui ont été juſqu'à préſent formées, & prévenir toutes ſortes de difficultez à ce ſujet pour l'avenir, n'a pas trouvé de moyen plus convenable que de régler ces droits par rapport à la condition & qualité des Teſtateurs ou Donateurs. Vû auſſi l'avis du Sieur de Baſville, Conſeiller d'Etat ordinaire, Intendant de la Province de Languedoc: Oui le rapport. LE ROI EN SON CONSEIL, de l'avis de Monſieur le Duc d'Orléans Régent, a ordonné & ordonne, que pour les Teſtamens, Codiciles, Donations, & autres Actes qui ne doivent avoir effet qu'après le décès des Donateurs ou Teſtateurs, dans leſquels le prix ou valeur de tous les biens donnez ou léguez ne ſeront pas déſignez ni évaluez, les droits de controlle en ſeront payez ſuivant les qualitez des Donateurs ou Teſtateurs; ſçavoir,

Pour ceux des perſonnes conſtituées en Dignitez eccléſiaſtiques ou laïques, Gentilshommes qualifiez ou poſſédans des Terres de haute, moyenne ou baſſe Juſtice, Préſidens, Conſeillers, Avocats & Procureurs Généraux, Greffiers en chef des Parlemens & autres Cours ſupérieures, Officiers de Finances, Secretaires du Roi, Tréſoriers & autres pourvûs d'Emplois conſidérables, Fermiers, Sous-Fermiers & Traitans des Droits du Roi, Banquiers & Marchands en gros de toutes les Villes de la Province, premiers Officiers & Bourgeois vivans de leurs revenus, des Villes où il y a Cours ſupérieures, Préſidial ou Evêché, leurs veuves & enfans de l'un & l'autre ſexe, cinquante livres.

Pour ceux des ſimples Gentilshommes, des Officiers de Judicature des Préſidiaux, Bailliages, Sénéchauſſées, Vigueries & autres Juriſdictions Royales, premiers Officiers & Bourgeois vivans de leurs revenus, de toutes les autres Villes, Directeurs, Receveurs & principaux Commis des Fermes & Droits du Roi, trente livres.

Pour ceux des Officiers de Judicature des Duchez-Pairies, & autres Juriſdictions Seigneuriales reſſortiſſantes nûement aux Parlemens, Avocats, Notaires, Procureurs, Greffiers, & autres Officiers & Marchands en détail des Villes où il y a Cours ſupérieures, Préſidial, Bailliage, Sénéchauſſée & autres Juriſdictions Royales, vingt livres.

Pour ceux des Officiers de Judicature des autres Juriſdictions Seigneuriales, Procureurs, Notaires, Greffiers & autres Officiers des mêmes Juriſdictions, Marchands, Bourgeois des autres Villes, gros Laboureurs & Fermiers tenant Fermes considérables à prix d'argent, dix livres.

Pour ceux des Artisans, Manouvriers, Journaliers & autres personnes du commun des Villes, trois livres.

Et pour ceux des simples Manouvriers, Journaliers & autres personnes du commun de la campagne, trente sols.

A l'égard des Donateurs & Testateurs qui auront différentes qualitez, les droits seront payez sur le pied de celle qui devra le plus fort droit.

Veut Sa Majesté, que les droits d'insinuation qui seront dûs par les héritiers, à cause des meubles & effets mobiliers qui ne seront point évaluez, soient payez sur le même pied que ce qui est ci-dessus réglé pour le controlle; le tout sans préjudice des droits d'insinuation des legs particuliers & des substitutions, s'il y en a, & du centiéme denier des immeubles. Ordonne Sa Majesté, que les Notaires, Curez ou autres dépositaires des Testamens, Codiciles, Donations ou autres Actes dont les Testateurs ou Donateurs sont décédez, qui n'ont pas encore été controllez & insinuez, seront tenus dans un mois du jour de la publication du présent Arrêt, de les porter au Bureau du Fermier, pour y être controllez & insinuez, & les droits payez, sous les peines & amendes portées par les Réglemens. Enjoint Sa Majesté au Sieur de Basville, Conseiller d'Etat ordinaire, Intendant de la Province de Languedoc, de tenir la main à ce que le présent Arrêt soit exécuté nonobstant oppositions ou appellations quelconques, & dont si aucunes interviennent, Sa Majesté s'en est & à son Conseil réservé la connoissance, & icelle interdite à toutes ses Cours & autres Juges. Fait au Conseil d'Etat du Roi, Sa Majesté y étant, tenu à Paris le 27 Février 1718. Collationné. Signé PHELYPEAUX.

ARREST DU CONSEIL du 7 Février 1719, pour le controlle des Actes sous signature privée, par lequel Sa Majesté veut que tous Actes sous seing privé soient controllez avant que la demande en puisse être formée en Justice, dans tous les Siéges & Jurisdictions, même les Jurisdictions Consulaires, à l'exception des Lettres de change & Billets à ordre des Négocians & Gens d'affaires, & des Billets faits de Marchand à Marchand, causez pour fournitures de leur commerce réciproque.

ARREST DU CONSEIL du 21 Mars 1719, portant défenses aux Fermiers du controlle de controller aucuns Actes après la quinzaine du jour de leur date, à peine de nullité & de trois cens livres d'amende: Enjoint aux Notaires & autres de transcrire mot pour mot la relation ou acte du controlle mis sur les minutes des Actes, dans les expéditions ou extraits qu'ils en délivreront, & d'y faire mention du nom du Bureau, de celui du Commis, de la somme à lui payée, & de la date du controlle. Permission aux Parties de se pourvoir contre les Notaires pour leurs dommages & interêts résultans des Actes controllez après la quinzaine du jour de la nullité de leur date.

ARREST DU CONSEIL du 22 Mai 1722, qui ordonne que les Testamens & Codiciles olographes seront controllez & insinuez dans quinzaine du jour du procès-verbal de leur ouverture, lecture & publication.

Déclaration du Roi, donnée à Versailles le 29 Septembre 1722, registrée en Parlement le huit Octobre ensuivant, portant Réglement pour les droits de controlle des Actes des Notaires, avec le Tarif arrêté au Conseil le même jour.

LOUIS, par la grace de Dieu, &c. Il nous a été souvent représenté que les Tarifs du 20 Mars 1708, concernant le controlle des Actes & les Insinuations laïques, ont fixé à des sommes trop fortes les droits d'un grand nombre d'Actes qui sont les plus fréquens dans la société civile, & qui interessent le commerce, la navigation, la culture des terres & les personnes du commun : Nous aurions fort desiré de prendre sur nos propres fonds la diminution qu'il est nécessaire d'accorder sur les droits de tous ces différens Actes ; mais le desir que Nous avons d'acquitter régulierement les dettes de notre Etat, Nous obligeant de ménager nos revenus, Nous n'avons point trouvé d'autres moyens pour diminuer les droits de ces Actes, que de mettre sur les Actes les plus importans une légere augmentation de droits, qui étant proportionnée aux sommes pour lesquelles ces Actes seront passez, se trouvera aussi proportionnée aux facultez des Contractans ; de réunir à notre Ferme les droits de controlle, insinuations laïques & petit scel qui ont été aliénez ou abonnez ; de les rétablir dans les lieux où ils ont été supprimez, & d'en rendre la régie & la perception générale & uniforme dans toute l'étendue de notre Royaume, n'étant pas juste que quelques lieux demeurent affranchis de ces droits ausquels tous les autres sont sujets. Nous pouvons rétablir le controlle des Actes des Notaires avec d'autant plus de raison dans notre bonne Ville de Paris, que ce droit y ayant été créé comme dans les autres Villes & lieux du Royaume, par le feu Roi de glorieuse mémoire, notre très-honoré Seigneur & Bisayeul, les Notaires de ladite Ville n'en furent déchargez qu'au moyen d'un prêt qu'ils lui firent de la somme de neuf cens mille livres en rentes sur la Ville, dont ils ont reçu régulierement les arrérages, & dont Nous leur avons remboursé le capital. Et comme Nous avons lieu d'espérer que ces droits étant fixez par les nouveaux Tarifs que Nous en avons fait arrêter cejourd'hui en notre Conseil, avec plus de proportion qu'ils ne l'étoient par les anciens Tarifs, les Parties, les Notaires, Greffiers & autres personnes publiques ne s'exposeront pas à l'avenir aux peines de nullité & d'amende portées par les Edits, Déclarations & Réglemens. Nous voulons bien par grace spéciale, non-seulement les relever de celles qu'ils ont encourues, pourvû que la condamnation n'en ait point encore été prononcée, mais même leur accorder un délai convenable pour faire controller, insinuer & sceller les Actes & Jugemens qui ne l'ont pas été, & les valider du jour qu'ils auront été controllez, insinuez & scellez. A ces causes & autres, &c. Nous avons par ces Présentes signées de notre main, dit, déclaré & ordonné, disons, déclarons & ordonnons, voulons & Nous plaît :

I. Que les nouveaux Tarifs que Nous avons fait arrêter cejourd'hui en notre Conseil, attachez sous le contre-scel des Présentes, concernant les droits de controlle des Actes des Notaires & sous signatures privées, & les droits des Insinuations laïques, ainsi que l'ancien Tarif du 20 Mars 1708, concernant le petit scel des Sentences & Actes judiciaires, soient exécutez dans toute l'étendue de notre Royaume, Pays, Terres & Seigneuries de notre obéissance.

II. Révoquons à cet effet la Déclaration du 27 Avril 1694, concernant les Actes passez par nos Conseillers Notaires au Châtelet de notre bonne Ville de Paris, & les autres Edits, Déclarations & Arrêts portant suppression, aliénation ou abonnement des droits de controlle des Actes, Insinuations laïques & petit scel, précédemment rendus. Voulons qu'à commencer du premier Novembre prochain, tous les Contrats & Actes qui seront reçus & passez par nosdits Conseillers Notaires au Châtelet de Paris, par ceux de notre bonne Ville de Lyon, & par tous les autres Notaires & Tabellions, tant Royaux, Apostoliques, que Seigneuriaux, Greffiers, & autres personnes publiques qui ont droit de passer & recevoir des Actes sujets ausdits droits, ensemble tous les Jugemens & Actes judiciaires sujets au petit scel, soient controllez, insinuez & scellez dans les délais prescrits par les précédens Réglemens, & conformément à iceux, & les droits payez, sous les peines y portées, sans aucune distinction des lieux où lesdits droits n'ont point été ci-devant perçus, en la même forme & maniere qui se pratique dans les lieux où lesdits droits sont actuellement établis, sauf à rapporter en notre Conseil les titres en vertu desquels les suppressions, aliénations ou abonnemens ont été faits, pour être sur iceux, &c.

III. Permettons par grace spéciale à ceux qui n'ont point fait controller, insinuer & sceller dans les délais portez par les Réglemens, les Actes & Jugemens, dans les lieux qui y sont sujets, de les faire controller, insinuer & sceller dans le tems de trois mois, à compter du jour de la publication des Présentes, en payant les droits portez par les Tarifs de ce jour, pour le controlle & insinuation, & suivant le Tarif du 20 Mars 1708, pour le petit scel, pour avoir lesdits Actes & Jugemens, hypotéque, force & vertu, du jour seulement qu'ils seront controllez, insinuez & scellez. Déchargeons les Parties, les Notaires, Greffiers & autres qui sont tombez dans des contraventions à nos précédens Réglemens, des peines & amendes qu'ils ont encourues, pourvû qu'elles n'ayent point été prononcées, à la charge de satisfaire ausdits Réglemens, & de payer lesdits droits dans ledit tems, lesquels droits lesdits Notaires, Greffiers & autres personnes publiques seront tenus d'avancer, sauf leur recours contre les Parties qui les doivent; après lequel délai, & sans espoir d'aucun autre, Voulons que la nullité prononcée par nos Edits & Déclarations ait son entier effet, & que lesdits Notaires & autres demeurent responsables des dommages & interêts que les Parties pourront souffrir pour la nullité desdits Actes & Jugemens, & que les peines & amendes soient poursuivies & payées sans aucune remise ni modération.

IV. Faisons très-expresses inhibitions & défenses aux Commis à la perception desdits droits de controlle, insinuations laïques & petit scel, de donner communication de leurs registres, ni d'en délivrer aucuns extraits pour

pour quelque cause & sous quelque prétexte que ce puisse être, qu'en vertu d'Ordonnance de Justice, à peine de mille livres d'amende, de révocation, & d'être privez pour toujours de toutes sortes d'Emplois.

V. Voulons au surplus que tous les Edits, Déclarations & Réglemens, ci-devant rendus au sujet de la régie & perception desdits droits de controlle, insinuations laïques & petit scel, soient exécutez selon leur forme & teneur, en ce qu'ils ne sont point contraires à ces Présentes. SI DONNONS EN MANDEMENT, &c. Donné à Versailles le vingt-neuviéme jour de Septembre, l'an de grace mil sept cent vingt-deux.

Registrée en Parlement à Paris le 8 Octobre 1722.

TARIF des Droits que le Roi en son Conseil veut & ordonne être payez à l'avenir, à commencer du premier Novembre prochain, en exécution de l'Edit du mois de Mars 1693, & autres Edits, Déclarations, Arrêts & Réglemens rendus en conséquence, & notamment de la Déclaration de ce jour, pour le controlle des Actes & Contrats qui seront passez dans toute l'étendue du Royaume, Pays, Terres & Seigneuries de l'obéissance de Sa Majesté, par ses Conseillers Notaires au Châtelet de Paris & de la Ville de Lyon, & par tous les autres Notaires & Tabellions, tant Royaux, Apostoliques que Seigneuriaux, Greffiers, Gens de Loi & autres, qui ont droit d'instrumenter; & pour le controlle des Actes sous signatures privées.

ARTICLE PREMIER.

ACTES ECCLESIASTIQUES: les droits en seront payez; sçavoir, pour les nominations ou présentations à Bénéfices par Patrons ecclésiastiques ou laïcs, permutations, démissions, résignations, provisions données par les Abbez, Abbesses, Bénéficiers & autres Collateurs, collations accordées par ceux qui ont droit d'Indult, celles données par les Chanceliers des Eglises & Universitez, à ceux qui sont nommez par Sa Majesté, significations des Lettres d'Indult, de Joyeux avenement & serment de fidélité, informations d'âge, vie & moeurs des personnes nommées aux Archevêchez & Evêchez, procurations pour prendre possession de Bénéfice ou Dignité, celles pour se démettre, celles qui portent résignation ou rétrocession, ou qui seront conçues dans des termes qui pourront dispenser les Résignataires de passer d'autres Actes pardevant Notaires pour parvenir à l'obtention des provisions, prises de possession, oppositions & interpellations que les Parties désireront faire pour la conservation de leurs droits aux Patrons, aux Elisans, Collateurs & Collatrices, cessions sous le bon plaisir du Roi, d'Indult des Officiers du Parlement de Paris, cessions & échanges des Patronages d'Eglises, procès-verbaux de fulminations de Bulles, ou *Visa* de signature de Cour de Rome, ceux d'élection à une premiere Dignité d'Eglise Cathédrale, Collégiale ou

Conventuelle, ceux de Bénédictions d'Abbez ou d'Abbesses, réquisition de confirmation, & les Concordats au sujet des Archevêchez, Evêchez, Abbayes, Dignitez & autres Bénéfices sur procès mûs & à mouvoir pour raison du possessoire desdits Bénéfices, création, réduction & extension de pension créée & à créer en Cour de Rome, cinq livres. Les Commissions d'Archidiacre pour desservir une Cure, Compromis & expéditions des Sentences arbitrales, entre seuls Ecclésiastiques, pour raison des droits appartenans à leurs Eglises, & les Actes de vêture, noviciat ou profession dans les Monasteres, deux livres. Les Actes de vêture & de profession dans les Ordres des Mendians seront controllez *gratis*. Les nominations de Graduez, procuration pour compromettre, requérir, résigner, céder ou rétrocéder un Bénéfice, celle pour notifier les noms, titres & qualitez des Graduez, pour consentir création ou extinction de pension, révocations desdites procurations, rétractations, significations desdits Actes & des Brefs, Bulles, Signatures, Rescrits Apostoliques, des Concordats & attestations de tems d'étude, notifications de degrez & autres représentations, réquisitions de *Visa*, de fulmination de Bulles, d'admission à prendre l'habit, à faire noviciat & profession, celles pour satisfaire au decret d'une provision de Bénéfice régulier, & celles faites aux Curez pour publier aux Prônes des Messes les prises de possession, en cas de refus des Curez, Actes de refus d'ouvrir les portes pour prendre possession ou autrement, oppositions à prise de possession, Lettres d'intronisation, & les répudiations des provisions, une livre.

II. Abandonnement ou cession volontaire de biens par un débiteur à ses créanciers, cinq livres.

III. Acquisitions de meubles ou immeubles, soit par Contrats volontaires, adjudications en direction ou autrement, au-dessous de cinquante livres, cinq sols; de cinquante livres à cent livres, dix sols; de cent livres à deux cens livres, une livre; de deux cens livres & au-dessus jusqu'à dix mille livres, à raison de dix sols pour chaque cent livres; de dix mille livres, cinquante livres; & au-dessus de dix mille livres, à quelques sommes qu'elles puissent monter, à raison de vingt sols d'augmentation pour chaque mille livres.

IV. Acquisition de meubles ou immeubles, où toutes les sommes & autres choses qui en font le prix ne seront pas désignées ni évaluées, sera payé pour tenir lieu du plus fort droit, deux cens livres.

V. Attestations ou Certificats purs & simples, dix sols.

VI. Aveu & dénombrement d'un Fief ayant haute Justice, reçu par les Notaires, Greffiers des Seigneurs, ou autres qui en ont le droit, six livres; ayant droit de moyenne & basse Justice, quatre livres dix sols; ayant droit de basse Justice seulement, trois livres; pour le simple Fief sans Justice, deux livres; à cause d'une, deux ou trois piéces de terre hommagées ou nobles, dix sols. Les Actes mentionnez au présent article ne peuvent être fournis ni reçus sous signatures privées, qu'ils n'ayent été préalablement controllez.

VII. Actes & Contrats d'assurances, Obligations à la grosse aventure, & celles pour retour de voyage, qui seront reçus par les Notaires, Censaux, Courtiers, Agens de Change, Greffiers des Amirautez, ceux des

Jurisdictions Consulaires ou autres qui sont en usage de les recevoir, sera payé pour chacun desdits Actes, & par chacun des Assureurs donnant à la grosse, ou prenant à retour de voyage; sçavoir pour les assurances, sur le pied des sommes données pour la prime, & pour les Obligations à la grosse, ou pour retour de voyage, sur le pied des sommes principales, ou valeur des choses données, au-dessous de cent livres, cinq sols; de cent livres à deux cens livres, dix sols; de deux cens livres à quatre cens livres, quinze sols; de quatre cens livres à cinq cens livres, une livre; de cinq cens livres à mille livres, une livre dix sols; de mille livres à quinze cens livres, deux livres dix sols; de quinze cens livres à deux mille livres, trois livres; de deux mille livres à deux mille cinq cens livres, quatre livres; de deux mille cinq cens livres à trois mille livres, cinq livres; de trois mille livres à quatre mille livres, six livres; de quatre mille livres à cinq mille livres, sept livres; de cinq mille livres à six mille livres, huit livres; de six mille livres à sept mille livres, neuf livres; de sept mille livres à huit mille livres, dix livres; de huit mille livres & au-dessus, à quelques sommes qu'ils puissent monter, quinze livres.

VIII. Actes d'abandonnement pour fait d'assurance ou grosse aventure, quatre livres.

IX. Assurances & Obligations à la grosse aventure, ou pour retour de voyage, faites pour le compte de Sa Majesté par les Intendans & Commissaires pour les fournitures concernant la Marine, ne sera payé que la moitié des droits mentionnez à l'Article VII du présent Tarif.

X. Acte de respect ou réquisition faite par des enfans à leurs pere & mere, pour consentir à leur mariage, sera payé; sçavoir pour toutes sortes de personnes, à l'exception des Artisans & gens du commun, trois livres; & par les Artisans & gens du commun, une livre.

XI. Acceptation de communauté de biens ou succession dont les Actes sont reçus par les Notaires, Greffiers ou autres, une livre.

XII. Attermoyement ou accord entre un débiteur & ses créanciers, le droit en sera payé à proportion de toutes les sommes y contenues, jointes ensemble sur le pied réglé par les Articles III & IV du présent Tarif.

XIII. Autorisation d'un mari à sa femme pour passer des Actes & Contrats, ou pour ester en Justice, ensemble les Actes contenant déclaration de refus d'autorisation, les droits en seront payez suivant les qualitez des personnes, ainsi qu'il est réglé par l'Article X du présent Tarif.

XIV. Baux d'héritages à cens ou à rente fonciere, rachetable ou non rachetable, les droits seront payez sur le pied de l'Article III du présent Tarif, à raison du capital au denier vingt de la redevance, à quoi seront jointes les sommes données pour droits d'entrées, pot de vin, & autres choses faisant augmentation de prix, s'il y en a.

XV. Baux à loyer ou à titre de ferme, & tous autres, jusqu'à neuf années seulement, sera payé pour les droits sur le pied d'une année du loyer en argent, espéces ou autres choses qui seront évaluées; sçavoir pour ceux au-dessous de cinquante livres, cinq sols; de cinquante livres à cent livres, dix sols; de cent livres à cent cinquante livres, une livre;

de cent cinquante livres à deux cens livres, une livre dix ſols; de deux cens livres à deux cens cinquante livres, deux livres; de deux cens cinquante livres à trois cens livres, trois livres; de trois cens livres à quatre cens livres, quatre livres; de quatre cens livres & au-deſſus juſqu'à trois mille livres, à raiſon de vingt ſols pour chaque cent livres; de trois mille livres, trente livres; & au-deſſus de trois mille livres, à quelques ſommes qu'ils puiſſent monter, à raiſon de vingt ſols d'augmentation pour chaque mille livres.

XVI. Les mêmes droits ſeront payez pour les ſous-baux, tranſports, ceſſions, rétroceſſions & ſubrogations deſdits baux.

XVII. Baux à moitié ou par tiers, ou ceux faits moyennant certaines eſpéces, les droits ſeront payez ſur le pied de l'Article XV du préſent Tarif, & ſuivant l'eſtimation que les Parties ſeront tenues de faire dans leſdits baux, de la valeur, année commune, des choſes qui doivent être payées au bailleur, laquelle eſtimation ſe fera ſans fraude, à peine de deux cens livres d'amende, tant contre le bailleur que le preneur.

XVIII. Baux emphytéotiques, à vie, & autres au-deſſus de neuf années, & ceux à domaine congéable, ſera payé le double des droits réglez par l'Article XV du préſent Tarif, à proportion du prix annuel deſdits baux.

XIX. Baux à chetels de beſtiaux, à croît ou décroît, ou de pâturage, le droit en ſera payé ſur le pied du capital du prix des beſtiaux, dont l'eſtimation ſera faite dans l'Acte; ſçavoir pour ceux au-deſſous de vingt livres, deux ſols; de vingt livres à cinquante livres, quatre ſols; de cinquante livres à cent livres, huit ſols; de cent livres à deux cens livres, dix ſols; de deux cens livres à trois cens livres, quinze ſols; de trois cens livres à quatre cens livres, une livre; de quatre cens livres à ſix cens livres, une livre dix ſols; de ſix cens livres à mille livres, deux livres; de mille livres à quinze cens livres, trois livres; de quinze cens livres à deux mille livres, quatre livres; de deux mille livres à trois mille livres, ſix livres; de trois mille livres & au-deſſus, à quelques ſommes qu'ils puiſſent monter, dix livres.

XX. Baux ou adjudications des biens & revenus communs, patrimoniaux & d'octrois des Villes, Communautez & Paroiſſes, les droits ſeront payez à raiſon d'une année de revenu ſur le pied de l'Article XV du préſent Tarif.

XXI. Baux des Boucheries qui ſeront paſſez pardevant Notaires, par délibération des Communautez, ou reçus par les Greffiers ou Secretaires des Villes, Communautez ou Paroiſſes, ſoit qu'ils contiennent des prix fixes en faveur deſdites Villes, Communautez & Paroiſſes, ou qu'ils ne contiennent ſeulement que la fixation du prix de la vente des viandes, les droits ſeront payez; ſçavoir, pour ceux des Villes où il y a Cour ſupérieure, Préſidial ou Evêché, vingt livres; de celles où il y a Bailliage, Sénéchauſſée, Election, ou autre Juriſdiction Royale, dix livres; des autres Villes & Bourgs clos, ſix livres; de toutes les autres Communautez & Paroiſſes, trois livres.

XXII. Baux ou Traitez pour la levée des Tailles & autres impoſitions, tant ordinaires qu'extraordinaires, le droit en ſera payé ſuivant l'Article XV du présent Tarif, sur le pied montant de la remise accordée.

XXIII. Brevets d'apprentissages ès Villes où il y a Parlement ou autre Cour supérieure, une livre; pour ceux des autres Villes & lieux, dix sols.

XXIV. Cautionnemens portez par les mêmes Contrats & Actes, pour raison desquels ils seront faits, il n'en sera dû aucun droit; mais lorsqu'ils seront faits par Acte particulier, le droit en sera payé comme pour les Contrats, Obligations & Actes, pour raison desquels ils seront faits, conformément au présent Tarif. Cautionnement pur & simple, par Acte particulier qui n'aura aucun rapport à autres Actes ou Contrats, pour quelque cause que ce soit, excepté les deux cas ci-après, deux livres. Cautionnement pur & simple par Acte particulier, pour des Officiers en titre, Trésoriers ou Receveurs des Chapitres ou Communautez, ou pour Commis qui ont maniement de deniers, cinq livres. Cautionnement pour un domestique, cinq sols.

XXV. Cessions, transports & subrogations des choses mobiliaires ou immobiliaires, les droits en seront payez sur le pied réglé par les Articles III & IV du présent Tarif.

XXVI. Constitutions de rentes en argent ou espéces, les droits en seront payez sur le pied du capital, suivant l'Article III du présent Tarif.

XXVII. Constitutions de pensions ou rentes viageres pour dotation de Religieux ou Religieuses, les droits en seront payez sur le pied du capital de la rente au denier dix, suivant l'Article III du présent Tarif. Lorsque dans les constitutions de pensions pour dotation de Religieuses, il y aura des sommes payées en argent, le capital de la pension au denier dix y sera joint, & le droit payé pour le total.

XXVIII. Constitutions de pensions ou rentes viageres à prix d'argent, pour quelque cause que ce soit, le droit en sera payé sur le pied du capital de la rente au denier dix, suivant l'Article III du présent Tarif.

XXIX. Collation de piéces ou extraits, sera payé cinq sols; lorsque la collation ou extrait sera de plusieurs piéces, il sera payé cinq sols pour la premiere piéce, & moitié du droit pour chacune des autres. Les Actes pardevant Notaire, & ceux sous signatures privées, ne peuvent être extraits ou collationnez qu'ils n'ayent été préalablement controllez.

XXX. Compromis entre toutes personnes pour quelque cause que ce soit, deux livres.

XXXI. Comptes, Précomptes, Societez, Traitez & Sous-traitez dans lesquels les sommes seront certaines, le droit en sera payé comme par l'Article III du présent Tarif. Et lorsque les sommes ne seront pas certaines, le droit en sera payé; sçavoir, entre Gens d'affaires, douze livres; entre les Marchands, huit livres; entre Particuliers, pour quelque cause que ce soit, quatre livres dix sols.

XXXII. Contre-lettres d'un Contrat d'acquisition, constitution, obligation ou autre Acte, le droit sera payé comme pour le Contrat ou Acte, pour raison duquel elles seront faites, sur le pied réglé par le présent Tarif.

XXXIII. Contrats de mariage dans lesquels les sommes ou valeur des biens & effets provenans du côté de l'un & de l'autre des conjoints, seront évaluées, en y joignant les meubles & autres effets conſtituez ou donnez, les droits en ſeront payez ſur le pied de l'Article III du préſent Tarif.

XXXIV. Contrats de mariage dans leſquels le bien de l'un des conjoints ne ſera évalué, déſigné ni eſtimé, ou dans leſquels l'une des Parties ſera priſe avec ſes droits, le droit de controlle dû ſur le pied du bien de l'autre ſera doublé.

XXXV. Contrats de mariage dans leſquels les biens des conjoints ne ſeront déſignez ni eſtimez, ou qui ſe prendront réciproquement avec leurs droits, ſera payé; ſçavoir, pour ceux des perſonnes conſtituées en dignité, Gentilshommes qualifiez, ou ceux qui poſſedent des Terres ayant haute, moyenne ou baſſe Juſtice, ſoit Gentilshommes ou Roturiers, Préſidens, Conſeillers, Avocats ou Procureurs Généraux & Greffiers en chef de Parlemens & autres Cours ſupérieures, Officiers de Finance, Secretaires du Roi, Tréſoriers & autres pourvûs d'Emplois conſidérables, Fermiers, Sous-fermiers & Traitans des droits du Roi, Banquiers & Marchands en gros de toutes les Villes, premiers Officiers & Bourgeois vivans de leur revenu, des Villes où il y a Cour ſupérieure, Préſidial ou Evêché, cinquante livres. Pour ceux des ſimples Gentilshommes de toutes les Villes & Paroiſſes, Officiers de Judicature des Préſidiaux, Bailliages, Sénéchauſſées, Vigueries, Elections & autres Juriſdictions Royales, premiers Officiers & Bourgeois vivans de leur revenu, de toutes les autres Villes que celles mentionnées en l'article précédent, Directeurs, Receveurs & principaux Commis des Fermes & droits du Roi, trente livres. Pour ceux des Officiers de Judicature des Duchez-Pairies, & autres Juriſdictions Seigneuriales reſſortiſſantes nuement ès Parlemens, Avocats, Notaires, Procureurs, Greffiers & autres Officiers, Médecins, Chirurgiens, Apoticaires, Peintres, Sculpteurs, Orfévres, Marchands en détail, & autres notables Artiſans des Villes où il y a Cour ſupérieure, Préſidial, Bailliage, Sénéchauſſée, Election & autres Juriſdictions Royales, vingt livres. Pour ceux des Officiers de Judicature des autres Juriſdictions Seigneuriales, Procureurs, Notaires, Greffiers & autres Officiers des mêmes Juriſdictions, Médecins, Chirurgiens, Apoticaires, Marchands, Bourgeois des autres Villes, gros Laboureurs & Fermiers, dix livres. Pour ceux des Artiſans, Manouvriers, Journaliers & autres perſonnes du commun des Villes, trois livres. Et pour ceux des ſimples Manouvriers, Journaliers, & autres perſonnes du commun de la Campagne, une livre dix ſols.

XXXVI. Déguerpiſſement, exponſe ou abandonnement d'héritage pour être déchargé de la rente ou redevance dont il eſt chargé, le droit ſera payé ſur le pied du capital de la rente au denier vingt; ſçavoir, au-deſſous de cinquante livres, cinq ſols; de cinquante livres à cent livres, dix ſols; de cent livres à deux cens livres, quinze ſols; de deux cens livres à quatre cens livres, une livre; de quatre cens livres à ſix cens livres, une livre dix ſols; de ſix cens livres à mille livres, deux livres; de mille livres à quinze cens livres, trois livres; de quinze cens livres à deux mille livres, quatre livres; de deux mille livres à trois mille livres, ſix livres; de trois mille livres à quatre mille livres, ſept livres; de quatre mille livres à cinq mille livres, huit livres ; de cinq mille livres à ſix mille livres, dix livres ; de ſix mille livres & au-deſſus, à quelques ſommes qu'ils puiſſent monter, & pour ceux qui ne contiendront point d'évaluation, douze livres.

XXXVII. Dépôt ou conſignation, le droit en ſera payé à proportion des ſommes ou valeur des choſes dépoſées ou conſignées, ſur le pied reglé par les Articles III & IV du préſent Tarif.

XXXVIII. Dépôt d'Actes ſous ſignatures privées, de quelqu'eſpéce qu'ils ſoient, dix ſols. Leſdits Actes ſous ſignatures privées ne peuvent être dépoſez ou annexez aux minutes des Notaires, Greffiers & autres perſonnes qui les recevront en dépôt, qu'ils n'ayent été préalablement controllez, & les droits payez ſuivant la nature, dont mention doit être faite dans les Actes de dépôt.

XXXIX. Déclaration pour le tout ou partie du contenu d'un Contrat d'acquiſition, conſtitution, obligation ou autre Acte, lorſqu'elle ſera renfermée dans le même Contrat ou Acte, il n'en ſera dû aucun droit ; mais lorſqu'elle ſera faite par un Acte particulier, le droit en ſera payé comme pour le Contrat & Acte pour raiſon duquel elle ſera faite, & à proportion de la ſomme qui ſera contenue dans ladite déclaration, ſur le pied réglé par le préſent Tarif.

XL. Déclaration pure & ſimple, qui n'a rapport à aucun Contrat ou Acte, celle d'appel de Jugement des Juges inférieurs, ou pour quelqu'autre cauſe que ce puiſſe être, ſeize ſols.

XLI. Déclaration ou reconnoiſſance au Papier terrier des choſes tenues en cenſives, pour celles au-deſſous de dix articles, cinq ſols ; pour celles de dix articles & au-deſſus, dix ſols.

XLII. Déſiſtement pur & ſimple d'une demande faite tant en matiere civile que criminelle, ou d'un Acte d'appel par la Partie qui l'a rejetté ou relevé, ſans l'acceptation de l'autre, avant qu'il ait été prononcé aucun Jugement, & dans leſquels il n'y aura aucune ſomme déſignée, ni autres diſpoſitions que celles qui conviennent au déſiſtement pur & ſimple, une livre.

XLIII. Diſſolution ou réſolution de Traitez, Sous-traitez & Sociétez, pour quelque cauſe que ce ſoit, dix livres.

XLIV. Donations entre-vifs par toutes ſortes d'Actes, de quelque nature qu'ils ſoient, ſoit par démiſſion, abandonnement en avancement de droits ſucceſſifs, ou pour quelqu'autre cauſe que ce puiſſe être, ſoit de meubles ou immeubles donnez en propriété, les droits en ſeront payez ſur le pied réglé par les Articles III & IV du préſent Tarif.

XLV. Donations d'uſufruits, de penſions ou rentes viageres, les droits en ſeront payez ſur le pied de l'évaluation qui ſera faite du fonds du l'uſufruit, penſion ou rente, à raiſon du denier dix, ſuivant l'Article III du préſent Tarif ; & pour celles qui ne contiendront point d'évaluation, ſuivant l'Article IV.

XLVI. Dons mutuels entre maris & femmes, les droits ſeront payez ; ſçavoir, pour ceux des perſonnes conſtituées en dignité, Gentilshommes qualifiez, ceux qui poſſédent des Terres ayant haute, moyenne ou baſſe Juſtice, Officiers des Cours ſupérieures, Greffiers en chef deſdites Cours,

Officiers & Gens du Roi, des Présidiaux, Bailliages, Sénéchaussées, Elections & autres Jurisdictions Royales, Secretaires du Roi, Trésoriers de France, Receveurs Généraux des Finances, Receveurs des Tailles, & tous autres Officiers de Finances, Fermiers, Sous-Fermiers, & Traitans des droits du Roi, Directeurs, Receveurs & principaux Commis des Fermes, Banquiers & Négocians en gros, quinze livres. Pour ceux des simples Gentilshommes, Officiers de Judicature, autres que ceux dénommez en la classe ci-dessus, Avocats, Notaires, Procureurs, Greffiers, Huissiers, Médecins, Chirurgiens, Apoticaires, Bourgeois, Marchands en détail, & notables Artisans des Villes, dix livres. Pour tous autres Artisans des Villes, Laboureurs, Fermiers & Habitans de la Campagne, deux livres.

XLVII. Décharges de papiers donnez aux Procureurs par leurs Parties, qui ne contiendront point d'obligation, ni autre disposition que celle qui convient à une simple décharge, dix sols.

XLVIII. Echange, le droit sera payé à proportion de la valeur de ce qui sera donné en échange par l'une des deux Parties, suivant l'évaluation & estimation qui sera faite par les Contrats, sans fraude, sinon à l'amiable ou par Experts, sur le pied des Articles III & IV du présent Tarif.

XLIX. Engagemens, antichreses ou pignoratifs, le droit en sera payé sur le pied réglé par les Articles III & IV du présent Tarif.

L. Engagement de Matelots, Soldats & autres pour l'équipage des Navires armez, soit pour le négoce, ou pour la course, le cahier sera controllé dans la quinzaine, à compter du jour de la clôture d'icelui, qui sera fait au plus tard le jour du départ du bâtiment, & les droits payez à raison de cinq sols par Article, sans néanmoins que le droit puisse excéder quinze livres.

LI. Emancipations qui ne contiendront aucune donation, avancement de succession, ou autre disposition que celle nécessaire pour tirer les enfans hors de la puissance paternelle, sera payé; sçavoir, pour les enfans des personnes dénommées en la premiere classe de l'Article XLVI du présent Tarif, six livres. Pour ceux dénommez en la seconde classe, trois livres. Pour ceux dénommez en la troisiéme classe, une livre.

LII. Exhérédation, les mêmes droits seront payez que pour les émancipations, suivant la qualité des personnes dénommées dans les trois classes de l'Article XLVI du présent Tarif.

LIII. Fondations où les sommes en principal seront évaluées, les droits seront payez sur le pied de l'Article III du présent Tarif.

LIV. Foi & hommage, les droits seront payez sur le pied des classes reglées par l'Article VI du présent Tarif.

LV. Indemnité pour raison d'Obligations, Contrats ou Actes, il n'en sera dû aucun droit, lorsqu'elle sera renfermée dans le même Contrat, Obligation ou Acte; mais lorsque ce sera par Acte particulier, le droit en sera payé comme pour l'Obligation, Contrat ou Acte, sur le pied réglé par le présent Tarif. Indemnité pure & simple qui n'aura rapport à aucun Contrat ou Acte, pour quelque cause que ce soit, une livre dix sols.

LVI. Inventaires de meubles & papiers faits par les Notaires, Greffiers & autres qui ont droit de les faire, dans lesquels les meubles seront estimez, ainsi que tous les autres effets mobiliers, les droits seront payez conformément

conformément à l'Article III du présent Tarif. Et pour ceux qui ne contiendront point d'estimation ni évaluation, suivant l'Article IV.

LVII. Inventaire où il ne se trouvera que des papiers concernant la propriété des meubles, soit en terres, maisons, héritages, Contrats de constitution ou Traitez d'Offices, sera payé; sçavoir pour ceux des personnes constituées en Dignitez ecclésiastiques ou laïques, Gentilshommes qualifiez, ceux qui possédent des Terres ayant haute, moyenne & basse Justice, Officiers des Cours supérieures, Greffiers en chef desdites Cours, Officiers & Gens du Roi des Présidiaux, Bailliages, Sénéchaussées, Elections & autres Jurisdictions Royales, Secretaires du Roi, Trésoriers de France, Receveurs généraux des Finances, Receveurs des Tailles & tous autres Officiers de Finance, Fermiers, Sous-Fermiers & Traitans des Droits du Roi, Directeurs, Receveurs & principaux Commis des Fermes, Banquiers & Négocians en gros, douze livres. Pour ceux des simples Ecclésiastiques qui ne possédent aucun Bénéfice, simples Gentilshommes, Officiers de Judicature autres que ceux dénommez en la classe ci-dessus, Avocats, Notaires, Procureurs, Greffiers, Huissiers, Médecins, Chirurgiens, Apoticaires, Bourgeois, Marchands en détail, & notables Artisans des Villes, six livres. Pour tous autres Artisans des Villes, Laboureurs, Fermiers & Habitans de la campagne, deux livres.

LVIII. Inventaires qui contiendront des meubles ou effets mobiliers, & des papiers concernant la propriété des immeubles dans un même Acte, il n'en sera payé qu'un seul droit sur le pied le plus fort, soit des meubles & effets mobiliers, ou des papiers, suivant les Articles ci-dessus.

LIX. Lotissement de douaire, ou licitation entre copropriétaires, les droits en seront payez sur le pied réglé par les Articles III & IV du présent Tarif.

LX. Lettres de voiture, sera payé cinq sols pour chaque personne à qui l'envoi sera fait.

LXI. Marchez entre Particuliers pour quelque cause que ce soit, les droits en seront payez sur le pied réglé par les Articles III & IV du présent Tarif.

LXII. Marchez pour la Marine qui seront faits pour le compte de Sa Majesté par les Intendans & Commissaires, ne sera payé que moitié des droits réglez pour les autres marchez, suivant les Articles III & IV du présent Tarif.

LXIII. Main-levée ou consentement pur & simple, dix sols.

LXIV. Obligations où les sommes seront désignées, & celles où elles ne le seront pas, les droits en seront payez sur le pied réglé par les Articles III & IV du présent Tarif.

LXV. Offres suivies de payement, portant quittance par le même Acte, soit qu'elles soient reçues par les Notaires, Greffiers, Huissiers, ou autres personnes publiques, les droits en seront payez sur le pied de l'Art. III du présent Tarif.

LXVI. Offres pures & simples qui ne contiendront que refus de recevoir, ou protestation, sans aucune autre disposition, dix sols.

LXVII. Oppositions aux inventaires, ventes ou adjudications de meubles faites par Notaires, Greffiers ou autres qui en ont la faculté, soit qu'elles soient insérées dans les inventaires & ventes, ou qu'elles soient faites par Actes particuliers, sera payé, outre le droit dû pour lesdits inventaires & ventes, autant de droits de dix sols qu'il y aura d'oppositions.

LXVIII. Oppositions à la célébration des mariages & autres en matiere laïque, pour quelque cause que ce soit, dix sols.

LXIX. Partages de meubles ou immeubles, entre telles personnes que ce soit, faits pardevant Notaires, Greffiers & autres qui en ont la faculté, les droits seront payez sur le pied de la valeur des biens, suivant les Articles III & IV du présent Tarif.

LXX. Prise de possession d'héritages & immeubles, en conséquence de Contrats volontaires, qui auront été controllez, sera payé le quart des droits sur le pied du prix des Contrats, ainsi qu'il est réglé par les Articles III & IV du présent Tarif. Prise de possession d'héritages ou immeubles échus par succession, ou en vertu de Jugemens, ou autres Actes judiciaires non sujets au controlle, les droits en seront payez sur le pied de la valeur des immeubles, suivant & conformément aux Articles III & IV du présent Tarif.

LXXI. Procès-verbaux de nomination de Maire, Echevins, Capitouls, Consuls, Jurats, Procureurs, Syndics & autres Officiers, Receveurs & Administrateurs, Municipaux des Villes, Communautez & Paroisses, reçus par les Notaires, Greffiers, Secretaires des Hôtels des Villes, Communautez & autres, dix sols.

LXXII. Procès-verbaux de rapport d'Experts, ceux des arpentages, mesurages, prisages, vérifications, estimations de réparations & dégradations, & autres de pareille nature, qui seront reçus par les Notaires, Greffiers, Arpenteurs Royaux, Greffiers des Experts ou de l'Ecritoire, & autres qui en ont la faculté, dix sols.

LXXIII. Procurations pour résigner un Office de Cour supérieure, ou pour Office de Finances, comme Receveurs généraux des Finances, Receveurs des Tailles, & autres de pareille qualité, quatre livres. Pour les Offices des Présidiaux, Bailliages, & autres Justices ressortissantes nûement ès Cours supérieures, deux livres. Et pour tous autres Offices, de quelque nature qu'ils puissent être, une livre.

LXXIV. Procurations simples en matière laïque, pour plaider, transiger, consentir, requérir, agir, contracter, payer, recevoir, donner avis des parens, pouvoir de contraindre, & autres, pour quelque cause que ce puisse être, autres que celles ci-dessus exprimées, dix sols.

LXXV. Quittances pour quelque cause que ce soit, soit qu'elles soient pures & simples, ou qu'elles contiennent d'autres dispositions, le droit en sera payé sur le pied réglé par les Articles III & IV du présent Tarif.

LXXVI. Quittances pour reste d'une plus grande somme, le droit sera payé pour la quittance finale, comme si elle étoit pour le total, sur le pied ci-dessus, à moins qu'il ne soit justifié que les quittances du surplus auront été passées pardevant Notaires, & controllées, auquel cas il ne sera payé pour le controlle de ladite quittance finale, qu'à proportion de la somme y contenue.

LXXVII. Ratifications pures & simples d'Actes ou Contrats passez pardevant Notaires, qui ne contiendront point d'autres dispositions que celles contenues dans les Actes ou Contrats ratifiez, dix sols.

LXXVIII. Reconnoissances ou ratifications d'Actes sous signatures privées, qui auront préalablement été controllez, dont mention sera faite dans les ratifications ou reconnoissances, dix sols.

LXXIX. Remboursement du prix des Contrats ou rentes constituées ou foncieres, les droits en seront payez sur le pied des Articles III & IV du présent Tarif.

LXXX. Renonciations ou répudiations des successions, communautez & autres droits, dix sols.

LXXXI. Résiliement d'Actes, deux livres.

LXXXII. Retrait lignager, féodal ou conventionnel, les droits seront payez sur le pied des Articles III & IV du présent Tarif.

LXXXIII. Rétrocession des choses portées par toutes sortes d'Actes, pour quelque cause & matiere que ce soit, sera payé comme pour les Actes rétrocédez, sur le pied réglé par le présent Tarif.

LXXXIV. Rolles des Tailles, fouages & autres impositions de la Province de Bretagne, les droits en seront payez; sçavoir pour un rolle au-dessous de quatre cens livres, une livre; pour un de quatre cens livres jusqu'à mille livres, une livre dix sols; pour un depuis mille livres jusqu'à deux mille livres, deux livres; pour un depuis deux mille livres jusqu'à trois mille livres, trois livres; & pour un depuis trois mille livres & au-dessus, à quelque somme qu'il puisse monter, quatre livres.

LXXXV. Saisine, investiture, lecture & publication, ou prise de possession d'héritages & immeubles, le droit en sera payé ainsi qu'il est réglé par l'Article LXX du présent Tarif.

LXXXVI. Sentences arbitrales entre personnes laïques ou ecclésiastiques, pour interêts particuliers, les droits en seront payez sur le pied réglé par les Articles III & IV du présent Tarif.

LXXXVII. Societez, Traitez, Sous-traitez & Comptes entre Gens d'affaires, Marchands & autres Particuliers, soit pour le commerce sur terre ou sur mer, armement ou autrement, les droits en seront payez ainsi qu'il a été réglé par l'Article XXXI du présent Tarif.

LXXXVIII. Sommations, Protêts de Lettres de change ou Billets, protestations, empêchemens, notifications, ou autres Actes qui se signifient ou notifient en matieres laïques, pour quelque cause que ce soit, dix sols.

LXXXIX. Testamens, Codiciles, Donations à cause de mort, Substitutions & autres Actes portant donation, qui ne doivent avoir effet qu'après la mort des Testateurs ou Donateurs, soit que l'estimation, désignation ou évaluation des choses soit faite ou non par lesdits Actes, les droits en seront payez suivant la qualité des Testateurs ou Donateurs; sçavoir pour ceux des personnes constituées en Dignitez ecclésiastiques ou laïques, Gentilshommes qualifiez, ou ceux qui possédent des Terres ayant haute, moyenne ou basse Justice, soit Gentilshommes ou Roturiers, Présidens, Conseillers, Avocats ou Procureurs Généraux, & Greffiers en chef des Parlemens & autres Cours supérieures, Officiers de Finances, Secretaires du Roi, Trésoriers & autres pourvûs d'Emplois considérables,

Fermiers, Sous-fermiers & Traitans des Droits du Roi, Banquiers & Marchands en gros de toutes les Villes, premiers Officiers & Bourgeois vivans de leur revenu, des Villes où il y a Cour supérieure, Présidial ou Evêché, leurs veuves & enfans de l'un & de l'autre sexe, cinquante livres. Pour ceux des Chanoines, Curez & autres Ecclésiastiques pourvûs de Bénéfices, de toutes les Villes & Paroisses, simples Gentilshommes, Officiers de Judicature des Présidiaux, Bailliages, Sénéchaussées, Vigueries, Elections & autres Jurisdictions Royales, premiers Officiers & Bourgeois vivans de leur revenu, de toutes les autres Villes que celles mentionnées en l'Article précédent, Directeurs, Receveurs & principaux Commis des Fermes & Droits du Roi, trente livres. Pour ceux des Officiers de Judicature des Duchez-Pairies & autres Jurisdictions Seigneuriales ressortissantes nûement ès Parlemens, Avocats, Notaires, Procureurs, Greffiers & autres Officiers, Médecins, Chirurgiens, Apoticaires, Peintres, Sculpteurs, Orfévres, Marchands en détail, & autres notables Artisans des Villes où il y a Cour supérieure, Présidial, Bailliage, Sénéchaussée, Election & autres Jurisdictions Royales, vingt livres. Pour ceux des Ecclésiastiques qui ne sont pourvûs d'aucun Bénéfice, de toutes les Villes & Paroisses, Officiers de Judicature des autres Jurisdictions Seigneuriales, Procureurs, Notaires, Greffiers & autres Officiers des mêmes Jurisdictions, Médecins, Chirurgiens, Apoticaires, Marchands, Bourgeois des autres Villes, gros Laboureurs & Fermiers, dix livres. Pour ceux des Artisans, Manouvriers, Journaliers & autres personnes du commun des Villes, trois livres. Et pour ceux des simples Manouvriers, Journaliers & autres personnes du commun de la campagne, une livre dix sols.

XC. Titres cléricaux ou sacerdotaux par les peres & meres ou autres, au profit de l'Aspirant, portant constitution de rente ou donation de fonds, les droits en seront payez sur le pied du capital au denier vingt, suivant l'Article III du présent Tarif. Et lorsque les titres cléricaux contiendront seulement des rentes ou pensions viageres, les droits seront payez sur le pied du capital au denier dix.

XCI. Titre nouvel & reconnoissance d'hypothéque de rentes constituées ou foncieres, les droits seront payez comme pour les Contrats de constitution ou de création de rentes, sur le pied réglé par le présent Tarif.

XCII. Transactions ou accords en matiere civile, dans lesquels toutes les sommes, ensemble les dommages & interêts seront désignez, les droits en seront payez suivant l'Article III du présent Tarif. Et pour celles où les sommes ne seront pas désignées, les droits en seront payez suivant l'Article IV. Transactions ou accords en matiere criminelle, pour excès, injures ou autres cas, dans lesquels il n'y aura aucunes sommes désignées, sera payé trois livres.

XCIII. Ventes d'Offices, les droits en seront payez à proportion des sommes qui y sont désignées, suivant l'Article III du présent Tarif.

XCIV. Pour tous les Actes qui ne se trouveront point expressément compris dans le présent Tarif, les droits en seront payez sur le pied de ceux ausquels ils auront rapport.

XCV. Et à l'égard de ceux qui ne pourront recevoir d'application, ils seront réputez Actes simples, & les droits en seront payez sur le pied de dix sols.

XCVI. Pour les Contrats & Actes qui renfermeront différentes dispositions concernant les mêmes Parties, il ne sera payé qu'un droit qui sera pris sur le pied de l'Article le plus fort de ceux du présent Tarif, auquel lesdits Contrats & Actes pourront avoir rapport; mais lorsque lesdits Actes contiendront différentes dispositions pour différens faits & entre différentes Parties qui auront des interêts différens, il sera payé autant de droits de controlle, suivant le Tarif, qu'il y aura de différentes Parties principales ou intervenantes dans lesdits Actes, pour des interêts particuliers, chacun suivant la nature des dispositions qui les concerneront.

XCVII. Tous les Actes qui seront faits sous signatures privées, de quelque nature qu'ils soient, seront controllez, & les droits payez par rapport à leur nature sur le pied réglé par le présent Tarif, de même que s'ils étoient passez pardevant Notaires, avant qu'il puisse être fait aucune demande, signification, exploit ni acte en conséquence, ni produits en Justice, pour quelque cause que ce soit, à l'exception seulement des Lettres de change & Billets à ordre ou au porteur entre Gens d'affaires, Marchands & Négocians, & des Billets de Marchands à Marchands, causez pour fournir des marchandises de leur commerce réciproque, & des extraits des livres entre Marchands pour fourniture de marchandises concernant leur négoce seulement; le tout sous les peines & amendes portées par l'Edit du mois d'Octobre 1705.

XCVIII *& dernier.* Tous lesquels droits, ensemble les quatre sols pour livre, pendant le tems que la levée en doit être faite au profit de Sa Majesté, seront payez par toutes sortes de personnes exemptes & non exemptes, privilégiées & non privilégiées, sans aucune exception, pour quelque cause & sous quelque prétexte que ce soit ou puisse être, nonobstant tous Edits, Déclarations, Arrêts, Réglemens & usages à ce contraires, sans que les Fermiers desdits droits, leurs Commis & Préposez, puissent faire remise ou modération des droits en faveur de qui que ce soit, ni à eux-mêmes pour les Actes qui les concerneront, à peine de restitution du quadruple, & de deux cens livres d'amende pour chacun Acte dont lesd. droits n'auront pas été payez. Fait & arrêté au Conseil Royal des Finances, tenu à Versailles le vingt-neuviéme jour de Septembre mil sept cent vingt-deux. *Signé* LOUIS; *Et plus bas*, PHELYPEAUX. Registré à Paris en Parlement en Vacations, le 8 Octobre 1722.

ARREST DU CONSEIL du 13 *Octobre* 1722, qui ordonne qu'il sera payé cinquante livres de controlle & cinquante livres d'insinuation pour un Contrat de mariage, dans lequel une tante de la future épouse la reconnoît pour son héritiere, & promet de n'avantager aucun autre de ses héritiers à son préjudice.

ARREST DU CONSEIL du 6 *Février* 1723, portant qu'il ne

ſera perçu que dix ſols pour le droit de controlle pour chaque Codicile, outre les droits des Teſtamens.

ARREST DU CONSEIL du 2 *Mars* 1723. LE ROI EN SON CONSEIL, a ordonné qu'à l'avenir il ne ſera perçu pour le droit de controlle des Contrats de mariage qui ne contiendront donations de biens à venir ſans évaluation entre les perſonnes dénommées dans les quatre dernieres claſſes de l'Article XXXV du Tarif du 29 Septembre 1722, que le double des droits fixez pour le controlle des Contrats de mariage des perſonnes compriſes dans leſdites quatre claſſes, & pareil droit pour l'inſinuation, ſans que les Commis & Receveurs puiſſent prétendre le plus fort droit de 200 livres pour le controlle & 50 livres d'inſinuation pour raiſon deſdites donations, que lorſque les biens déſignez dans les Contrats de mariage excederont la ſomme de 20000 livres. Veut Sa Majeſté que leſdits Tarifs ſoient au ſurplus exécutez.

ARREST DU CONSEIL du 2 *Mars* 1723, qui ordonne que pour que les Procurations *ad reſignandum* deſdits Offices puiſſent être controllées, les Notaires & les Parties ſeront tenus de repréſenter aux Receveurs du controlle, les ventes & traitez deſdits Offices pour être controllez; & faute d'y ſatisfaire, les droits de controlle deſdites Procurations ſeront perçus ſur le pied de l'Article IV du Tarif du 29 Septembre 1722, outre & pardeſſus les droits dûs pour leſdites Procurations.

ARREST DU CONSEIL du 15 *Novembre* 1723. LE ROI EN SON CONSEIL, a ordonné & ordonne que ceux auxquels les propriétaires des Offices donneront leurs nominations uniquement pour la conſervation deſdits Offices, ſeront tenus de paſſer Déclarations pardevant Notaires, contenant qu'ils ne font que prêter leurs noms aux propriétaires deſdits Offices, ne prétendant rien à la propriété d'iceux, & n'entendant s'en faire pourvoir ni s'y faire recevoir: pour le controlle deſdites Déclarations il ne ſera payé que dix ſols, conformément à l'Article LXXXV du Tarif; & qu'en remettant aux Receveurs du controlle une expédition deſdites Déclarations, leſdits Actes de nomination ſeront bien & dûement controllez, en payant ſeulement le droit porté par l'Article LXXII dudit Tarif. Veut Sa Majeſté que ſi au préjudice deſdites Déclarations, ceux qui les auront paſſées ſe font pourvoir & recevoir auſdits Offices, ils ſoient condamnez au payement du quadruple des droits qu'ils auroient dû payer pour le traité deſdits Offices, ſur le pied du plus fort prix que les Offices de pareille nature auront été vendus depuis les trois années dernieres; & ſeront au ſurplus ledit Tarif du 29 Septembre 1722, & l'Arrêt du Conſeil du 2 Mars 1723, exécutez ſelon leur forme & teneur, &c.

Déclaration du Roi, donnée à Versailles le 7 Décembre 1723, registrée en Parlement le 22 desdits mois & an, qui supprime la formalité du controlle pour les Actes qui seront passez par les Notaires de la Ville de Paris.

LOUIS, par la grace de Dieu, Roi de France & de Navarre : A tous ceux qui ces présentes Lettres verront, Salut. Nous avions par notre Déclaration du 29 Septembre 1722 rétabli le droit du controlle des Actes des Notaires dans notre bonne Ville de Paris, pour y être perçu & levé conformément au Tarif attaché sous le contre-scel de ladite Déclaration ; mais étant informé de la difficulté qui se rencontre pour l'exacte observation de cette formalité dans le nombre infini d'Actes de différente nature qui se passent à Paris, & de l'inquiétude de plusieurs familles & Particuliers sur le secret des Actes dont ils ont interêt que l'on n'ait pas connoissance, & sçachant d'ailleurs que la formalité du controlle établi principalement pour empêcher les antidates, n'est pas nécessaire dans Paris comme dans d'autres Villes & lieux du Royaume, par l'attention que l'on y a toujours eue au choix des Sujets qui acquierent les Offices de Notaires, & par la régularité de leur conduite, & de la discipline qui s'observe dans cette Communauté, Nous avons bien voulu exempter les Actes des Notaires de Paris de la formalité du controlle, & commué le droit de controlle qui se levoit sur lesdits Actes en un droit sur le papier & le parchemin, sur lesquels les minutes & les grosses des Actes seront passées & expédiées ; & quoique Nous eussions pû tirer un produit plus considérable & plus proportionné à celui du controlle, en fixant le droit sur le papier & parchemin suivant la qualité & la nature de l'Acte, ainsi qu'il se pratique dans d'autres Etats voisins de notre Royaume, Nous avons néanmoins mieux aimé, en réduisant tous les Actes à deux classes, sacrifier en faveur du Public une partie du produit que Nous aurions retiré de ce droit, & éviter en même-tems l'embarras & les discussions dont un plus grand nombre de classes auroit pû être susceptible. A CES CAUSES, &c. Nous avons par ces Présentes, dit, déclaré & ordonné, disons, déclarons & ordonnons ce qui suit.

ARTICLE I. Nous avons éteint & supprimé, éteignons & supprimons par ces Présentes, à commencer du premier Janvier prochain, la formalité du controlle pour tous les Actes qui seront passez par les Notaires de notre bonne Ville de Paris.

II. Et en conséquence Nous avons commué & commuons, à commencer dudit jour, les droits de controlle qui devoient être perçus & levez sur lesdits Actes, en un autre droit, qui à l'avenir sera payé sur le papier & le parchemin sur lesquels seront faites & passées les minutes & expéditions desdits Actes.

III. Voulons à cet effet qu'il soit établi des formules particulieres pour les papiers & parchemins timbrez qui seront employez par les Notaires pour les brevets, minutes & expéditions des Actes qui seront par eux passez, laquelle formule sera imprimée sur lesdits papiers & parchemins à côté de la formule actuelle de notre Ferme, & contiendra le prix du papier & parchemin, & sa destination.

IV. Tous les Actes seront & demeureront divisez en deux classes : la premiere sera composée des Actes simples & qui se passent ordinairement sans minute ; sçavoir, les procurations, avis de parens, attestations ou certificats, autorisation d'un mari à sa femme, désaveu, répondant de domestiques, désistemens, consentemens, main-levées, élargissemens, décharges de piéces, papiers & meubles, cautionnemens, & généralement tous Actes simples qui n'ont rapport à aucun titre ou Acte, & ne contiennent aucune obligation respective, les apprentissages ou allouez, transports d'iceux, quittances de gages de Domestiques, arrérages de pensions ou rentes, quittances d'Ouvriers, Artisans, Journaliers, Manouvriers & autres personnes du commun, pour choses concernant leur état & métier, quittances de loyers & fermages, cautionnemens des Employez dans nos Fermes & Affaires, le tout à quelques sommes qu'ils puissent monter, les conventions, marchez, obligations qui n'excederont point la somme de trois cens livres, les Commissions d'Archidiacre pour desservir une Cure, les Actes de vêture, noviciat ou profession dans les Monasteres, les nominations de Graduez, procurations pour compromettre, requérir, résigner, céder ou rétrocéder un Bénéfice, celles pour notifier les noms, titres & qualitez de Graduez, consentir création ou extinction de pensions, révocations desdites procurations, retractations, significations desdits Actes & Brefs, Bulles, Signatures, Rescrits Apostoliques, des Concordats & attestations de tems d'étude, notifications de degrez & autre représentation, réquisition de *visa* de fulmination de Bulles, d'admission à prendre l'habit, à faire noviciat & profession, celles pour satisfaire au decret d'une provision de Bénéfice régulier, & celles faites aux Curez pour publier aux Prônes des Messes les prises de possession, les publications à l'issue des Messes des prises de possession, en cas de refus des Curez, Actes de refus d'ouvrir les portes pour prendre possession, ou autrement, oppositions à prises de possession, Lettres d'intronisation, & les répudiations des provisions : & la seconde classe sera composée de tous les autres Actes non compris dans ladite premiere classe.

V. Il sera fait une premiere sorte de formule pour les Actes de la premiere classe, intitulée *Actes de la premiere classe*, dont le droit de marque pour tenir lieu du droit de controlle sera de dix sols, outre le prix du papier timbré ; & si les Parties jugent à propos qu'il reste minute de quelques-uns desdits Actes, & qu'il leur en soit délivré des expéditions, lesdites expéditions ne pourront être faites que sur le papier de la même marque, ou sur des quarrez de parchemin, dont le droit de marque sera de vingt sols

VI. Les minutes des Actes de la seconde classe seront écrites sur un papier intitulé *Minute des Actes de la seconde classe*, dont le droit de marque sera de cinq sols la feuille ; & à l'égard des expéditions & grosses qui seront délivrées des Actes, la premiere feuille de celles qui seront faites en papier, sera écrite sur un papier intitulé *premiere feuille d'expéditions*, dont le droit de marque sera de deux livres dix sols ; & si l'expédition contient plus d'une feuille, les Notaires se serviront pour la deuxiéme &

& autres feuilles, à quelque quantité qu'elles puissent monter, d'un papier intitulé *deuxiéme feuille d'expéditions*, dont le droit de marque sera de dix sols la feuille.

VII. A l'égard des grosses expéditions en parchemin, que les Parties desireront leur être délivrées, les Notaires seront tenus d'y employer pour la premiere feuille de chaque expédition, une feuille de parchemin intitulée *premiere feuille d'expéditions*, dont le droit de marque sera de quatre livres; & si l'expédition contient plus d'une feuille, les Notaires y employeront pour la deuxiéme & autres feuilles desdites expéditions, à quelque quantité qu'elles puissent monter, un parchemin intitulé *seconde feuille d'expéditions*, dont le droit de marque sera de vingt sols la feuille.

VIII. Défendons ausdits Notaires au Châtelet de Paris, de se servir, à compter dudit jour premier Janvier prochain, d'autres papiers & parchemins que ceux de la nouvelle formule; leur enjoignons de les employer suivant la nature des Actes & conformément à la présente Déclaration, à peine de cinq cens livres d'amende pour chaque contravention, qui appartiendront aux Fermiers ou Régisseurs de nos droits; ce que Nous entendons pareillement & sous les mêmes peines, être observé par tous autres Officiers & personnes publiques qui prétendent avoir droit de faire des inventaires & partages dans la Ville & Fauxbourgs de Paris, & sans que la présente disposition puisse être tirée à conséquence contre lesdits Notaires sur les fonctions & droits de leurs Charges, ni préjudicier aux droits respectifs desdits Officiers.

IX. Les expéditions & grosses des Contrats & Actes dont la date sera antérieure audit jour premier Janvier 1724, seront faites & délivrées en papier ou parchemin, timbrez seulement du timbre ordinaire de nos Fermes.

X. Voulons pareillement que les quittances des rentes sur l'Hôtel de Ville ou sur les Tailles perpétuelles ou viageres, ainsi que les minutes, grosses & expéditions des Contrats, qui ne seroient point encore passées avant le premier Janvier 1724, soient passées & expédiées sur le timbre ordinaire de nos Fermes, & qu'il en soit usé de même pour les copies collationnées par les Notaires, des grosses & expéditions dont ils n'auront pas les minutes, sans que lesdites quittances, contrats & copies collationnées puissent être assujettis à ladite nouvelle formule, dont Nous les avons dispensez & dispensons: *Si donnons en mandement, &c.*

DECLARATION DU ROI du 14 *Mai* 1724, registrée en Parlement le 31 Mai suivant, qui exempte de controlle, insinuation & petit scel les Actes & Contrats de mariage pour les enfans mineurs de la Religion Prétendue Réformée, dans les cas énoncez dans ladite Déclaration.

ARREST DU CONSEIL du 11 *Juillet* 1724, qui condamne six Particuliers, chacun en deux cens livres d'amende, pour avoir fait dans un partage une fausse évaluation des biens immeubles de leurs pere & mere, qu'ils ont partagez.

ARREST DU CONSEIL du 19 Juin 1725, qui ordonne que les déclarations ou reconnoiſſances aux papiers terriers, paſſées par les Notaires ou autres Officiers chargez de la confection deſdits papiers terriers, ſeront controllées.

ARREST DU CONSEIL du 4 Décembre 1725, qui ordonne que les Teſtamens & Codiciles, même olographes, ſeront controllez dans quinzaine du jour de leur ouverture, lecture & publication, à peine de cinq cens livres d'amende, tant contre les héritiers, légataires univerſels & exécuteurs teſtamentaires, que contre les Notaires, Greffiers, Tabellions & autres dépoſitaires. Veut Sa Majeſté, que leſdits Teſtamens & Codiciles ne puiſſent avoir aucun effet en Juſtice, & que perſonne ne puiſſe s'en ſervir, que les Juges n'en puiſſent ordonner l'exécution, qu'il n'en puiſſe être délivré des copies ou extraits, à moins que leſdits Teſtamens & Codiciles n'ayent été préalablement controllez.

CHAPITRE III.

Du Sceau des Actes.

ON entend par le ſceau des Actes, celui qu'on nomme ſceau de Juſtice, ou petit ſceau, qui eſt un cachet qui ſert à ſceller les Contrats, Sentences & Mandemens expédiez ſous le nom des Juges, à l'effet de les mettre à exécution.

Cela s'eſt introduit pour en conſtater davantage la vérité; parce qu'on ne peut pas ſi facilement contrefaire les ſceaux que les ſignatures.

Ce ſceau des Actes eſt ou un ſcel royal, ou un ſcel ſeigneurial, appellé communément ſcel autentique non royal, ou un ſcel eccléſiaſtique, ou enfin un ſcel d'un Prince étranger.

Le ſcel royal eſt exécutoire par toute la France, quoique les Parties contractantes ne ſoient pas demeurantes dans le détroit de la Juſtice où le ſcel royal eſt établi.

A l'égard du ſcel autentique non royal, lorſque les Parties contractantes demeurent dans l'étendue du reſſort où le ſcel a lieu, il eſt exécutoire comme le ſcel royal: mais ſi les deux Parties ne ſont pas demeurantes dans le reſſort de la Juſtice, ſous le ſcel de laquelle le Contrat eſt paſſé, il n'eſt pas exécutoire, parce que les Notaires qui ont reçu de tels Contrats ſont incompétens; c'eſt pourquoi ils ne peuvent paſſer que pour une promeſſe ſous ſeing privé & non reconnue.

Il en est de même des Contrats passez hors le Royaume, & munis du scel d'un Prince étranger. Le scel ecclésiastique ne produit pas aussi d'autre effet.

Quand un titre est exécutoire, pour le mettre à exécution hors le ressort de la Justice, du scel de laquelle il est muni, il faut une commission du sceau, ou un *pareatis* du Juge ordinaire du lieu où l'on veut mettre le titre en exécution.

Il n'y a que le scel du Châtelet de Paris qui, par un privilége spécial, soit exécutoire par-tout le Royaume sans *pareatis* ni commission. Ce privilége ne lui a jamais été contesté; & de toute son ancienneté ce sceau a été attributif de Jurisdiction.

Par ce moyen, le Prevôt de Paris a toujours connu des suites du sceau, soit en vertu d'obligations pour les saisies, decrets & ordres, pour les Testamens, délivrances de legs ou partages, & autres questions qui peuvent survenir; soit même pour faire apposer le scellé par-tout le Royaume par droit de suite.

Enfin les Notaires du Châtelet de Paris peuvent recevoir des Actes par-tout le Royaume, & se transporter pour cet effet où bon leur semble.

Le petit sceau qui sert aux Contrats & Sentences est gardé dans chaque Jurisdiction par des Commis préposez pour cela, ou par des Officiers créez à cet effet, ausquels se payent des droits suivant le Tarif qui en a été arrêté, suivant la nature & la différence des Actes.

Il y a eu plusieurs Tarifs de ces droits de sceau de Contrats & de Sentences; mais comme il n'y a que le dernier qui soit en usage, nous ne rapporterons que celui-là; encore ce ne sera que par rapport à ce qui concerne les Actes des Notaires. Ainsi nous ne parlerons point des droits du sceau qui se payent pour sceller les Sentences.

Edit du mois de Novembre 1696, portant création d'un Conseiller-Garde-scel des Sentences & des Contrats dans toutes les Justices & Jurisdictions Royales.

LOUIS, par la grace de Dieu, &c. Comme la Justice qui s'exerce dans les Jurisdictions de notre Royaume, Pays, Terres & Seigneuries de notre obéissance, prend sa force entiere de notre autorité, les Rois nos Prédécesseurs ont cru qu'il étoit nécessaire, pour imprimer une marque autentique aux Sentences, Commissions, Mandemens & autres

Actes qui s'y expédient, d'y appoſer notre ſcel, comme auſſi aux Contrats & Actes qui ſe paſſent par les Notaires & Tabellions. C'eſt ce qui eſt ordonné par pluſieurs Ordonnances, & entr'autres par celle de 1319, & par les Edits & Déclarations des mois de Décembre 1557, Juin 1568, Février 1571 & 1595, Mars 1618, Mars 1619, Mai & Août 1620, Mai 1633, Mai & Décembre 1639, & Juin 1640, par aucuns deſquels Edits il a été créé des Offices de Gardes de notre ſcel en toutes nos Juriſdictions ordinaires & extraordinaires, pour ſceller les Sentences & Jugemens qui en ſeront émanez, & les Contrats & Actes des Notaires & Tabellions : leſquels Edits n'ayant été exécutez qu'en partie, les fonctions & droits qui ont été attribuez auſdits Officiers s'exercent & ſe perçoivent par tant de différentes perſonnes & avec tant d'inégalité, que l'avantage qu'on s'étoit propoſé de retirer dudit établiſſement eſt demeuré ſans effet dans pluſieurs deſdites Juriſdictions. A quoi deſirant remédier, en établiſſant l'uniformité dans leſdites fonctions & dans la perçeption des droits, & en donnant la garde de notre ſcel à des Officiers principaux, Nous avons réſolu de ſupprimer tous les Gardes-ſcel des Sentences, Jugemens & autres Actes, enſemble ceux des Contrats & Actes des Notaires & Tabellions dans nos Juriſdictions ordinaires & extraordinaires, ſoit qu'ils ayent été établis en conſéquence des Edits de leur création ou autrement, & de créer en leur place en titre d'Offices formez, des Conſeillers-Gardes-ſcel des Sentences & autres Actes de Juſtice, & des Contrats & Actes des Notaires & Tabellions dans toutes les Juriſdictions Royales de notre Royaume, Pays conquis, Terres & Seigneuries de notre obéiſſance, & de fixer les droits qu'ils doivent percevoir ; laquelle création, outre l'avantage que le Public en retirera, Nous procurera un ſecours conſidérable pour ſubvenir aux beſoins preſſans de notre Etat. A ces causes & autres à ce Nous mouvans, de notre certaine ſcience, pleine puiſſance & autorité royale, Nous avons éteint & ſupprimé, éteignons & ſupprimons par notre préſent Edit les Offices de Gardes-ſcel des Sentences, &c. enſemble les Offices de Gardes-ſcel des Contrats & Actes des Notaires & Tabellions, ſoit que leſdits Gardes-ſcel ayent été établis en conſéquence des Edits des mois de, &c. Et voulant pourvoir au rembourſement des propriétaires deſdits Offices ſupprimez, ordonnons, &c. Et par ce même préſent Edit perpétuel & irrévocable, Nous avons créé & érigé, créons & érigeons en titre d'Office, un notre Conſeiller-Garde-ſcel des Sentences & des Contrats dans toutes nos Juſtices & Juriſdictions Royales ; ſçavoir un notre Conſeiller-Garde-ſcel de la Prevôté & Vicomté de Paris ; un notre Conſeiller-Garde-ſcel dans chacun des Bailliages & Sénéchauſſées où il y a un Préſidial établi, & dans chacun des autres Bailliages, Sénéchauſſées, Vigueries, Prevôtez, Vicomtez & Châtellenies, & autres Juſtices Royales, quoique non exprimées par notre préſent Edit ; un notre Conſeiller-Garde-ſcel dans la Juriſdiction, &c. Voulons que tous leſdits Conſeillers-Gardes-ſcel créez par le préſent Edit, tant en notre Prevôté & Vicomté de Paris, Sénéchauſſées & Bailliages unis aux Préſidiaux, & en tous les autres Bailliages, Sénéchauſſées, Prevôtez, Vicomtez, Vigueries, Châtellenies & autres Juriſdictions Royales exprimées ou non par notre préſent Edit, ſcellent toutes les Sentences provisoires, interlocutoires, définitives, Défauts & Congez, &c. Et outre lesdites Sentences, Jugemens & Ordonnances, voulons que nosdits Conseillers-Gardes-scel de nos Justices ordinaires scellent à l'exclusion des Gardes-scel de nos Jurisdictions extraordinaires, tous les Contrats & Actes des Notaires & Tabellions, chacun dans l'étendue de son ressort: lesquels Actes Nous avons pareillement déclaré & déclarons sujets au petit scel, à l'exception des quittances; le tout aux droits que Nous leur avons attribuez par le Tarif que Nous en avons fait arrêter en notre Conseil, ci-attaché sous le contre-scel de notre Chancellerie. Et s'il y a plusieurs Jurisdictions Royales dans le même lieu, l'apposition du scel des Actes desdits Notaires & Tabellions Royaux appartiendra à notre Conseiller-Garde-scel de notre Jurisdiction supérieure. Voulons que nos Juges & Officiers qui voudront apposer les scellez dans les maisons ou sur des effets déposez dans les Greffes, soient tenus de se servir des Gardes-scel qui seront établis dans leurs Justices; & en cas d'absence, de ceux qui seront commis par nosdits Conseillers-Gardes-scel. Seront les sceaux dont nosdits Conseillers-Gardes-scel se serviront, tant pour les Actes judiciaires que pour ceux des Notaires, gravez de nos Armes, & autour d'iceux seront empreints le nom de la Jurisdiction & la date de l'année du présent Edit, & ils seront appliquez sur cire rouge. Défendons à tous Greffiers, Notaires & Tabellions de délivrer aucunes Sentences, Ordonnances, Contrats, Obligations & autres Actes sujets au petit scel, qu'ils n'ayent été scellez, à peine de nullité & de cent livres d'amende contre chacun des contrevenans pour chaque contravention. Défendons pareillement aux Parties de s'en aider, à tous Procureurs & autres de les produire dans les procès & instances, & à tous Huissiers ou Sergens de les signifier ni mettre à exécution, sous pareille peine, & aux Juges d'y avoir égard. Et à l'égard des Ordonnances & autres sujets au petit scel, dont il ne se délivre point d'expédition par les Greffiers, & qui s'exécutent sur la simple signature des Juges, défendons aux Parties de s'en servir, & à tous Huissiers & Sergens de les mettre à exécution qu'ils ne soient scellez, aussi sous les mêmes peines. Laissons néanmoins la liberté à nos Juges, Avocats & Procureurs, de pouvoir faire exécuter sans sceau les decrets de prise de corps. Et seront toutes les amendes applicables, &c. Voulons que tous lesdits Conseillers-Gardes-scel créez par notre présent Edit dans nos Justices & Jurisdictions jouissent de tous les honneurs, priviléges, franchises, &c. Ordonnons à tous nos Juges, Avocats & Procureurs pour Nous, Commissaires-Enquêteurs & Examinateurs, de faire exactement garder & observer le contenu en notre présent Edit. SI DONNONS EN MANDEMENT, &c. DONNÉ à Versailles au mois de Novembre mil six cent quatre-vingt-seize.

EDIT du mois d'Avril 1697, qui désunit & distrait l'Office de Garde-scel des Contrats & Actes des Notaires, de celui de Garde-scel des Sentences & Actes judiciaires pour la Ville & Prevôté de Paris seulement. Et par le même Edit a été créé & érigé vingt Notaires au Châtelet de Paris, avec pouvoir d'instrumenter comme les autres Notaires, & en outre de sceller les Actes qui se passeroient par tous les autres Notaires de Paris ; sur quoi la Communauté des Notaires de Paris traitera de vingt nouvelles Charges portant attribution du sceau ; & ainsi elle réunit à tous les Notaires de Paris, le sceau dont ils ont tous la jouissance, pour tous les Actes qu'ils passent.

DECLARATION DU ROI du 18 *Juin* 1697, qui désunit les Offices de Gardes-scel des Contrats & Actes des Notaires, de ceux de Gardes-scel des Sentences & Actes judiciaires pour tout le reste du Royaume ; sur quoi il faut remarquer que les Notaires des Villes & Provinces qui ont traité des Offices de Gardes-scels, ont le pouvoir d'apposer eux-mêmes le sceau aux Actes qu'ils passent ; mais que dans les lieux dans lesquels ils n'ont point traité, il faut envoyer sceller l'Acte par celui qui est pourvû de l'Office de Garde-scel, ou qui en jouit par Commission, auquel on paye les droits.

DECLARATION du 10 *Novembre* 1699, avec le nouveau Tarif qui a changé les sommes dûes pour le sceau.

LOUIS, par la grace de Dieu, &c. Par notre Edit du mois de Novembre 1696, Nous avons supprimé les anciens Offices de Gardes-scel, & créé d'autres nouveaux Offices desdits Gardes-scel dans toutes les Jurisdictions de notre Royaume, & par nos Déclarations des 18 Juin, 3 & 17 Septembre 1697, & 9 Mai 1698, pourvû aux difficultez qui étoient lors survenues, tant pour les fonctions desdits Offices, que pour la perception des droits à eux attribuez pour le scel des Sentences, Actes judiciaires, Contrats & Actes des Notaires, & autres : cependant Nous avons été informé qu'il survient encore journellement de nouvelles difficultez entre les Officiers, Greffiers, Avocats, Notaires & Procureurs de nosdites Jurisdictions, & Fermiers desdits droits du scel, notamment sur ce que lesdits Officiers prétendent que lesdits droits ne doivent être perçus que sur les Actes qui sont expressément dénommez dans le Tarif arrêté en notre Conseil, en exécution dudit Edit le 27 Novembre 1696, & que les Actes des présentations, affirmations de voyage, ceux de produits, les Decrets & Ordonnances mis au bas des Requêtes d'instruction, &c. devoient être déchargez du payement desdits droits, &c. Nous avons résolu d'y pourvoir, en supprimant aucuns desdits droits, & en fixant la maniere & perception de ceux qui doivent être levez. A CES CAUSES & autres à ce Nous mouvans, après avoir fait examiner en notre Conseil lesdits Edit, Tarif, Déclarations & Arrêts rendus en conséquence, Nous avons de notre certaine science, pleine puissance & autorité royale, par ces Présentes signées de notre main, dit & déclaré, disons, déclarons, voulons & Nous plaît, qu'à l'avenir, à commencer du premier jour de Janvier prochain, les Actes des présentations, ceux des affirmations de voyage, &c. seront & demeureront déchargez du droit de scel, &c. Voulons & ordonnons aussi que nos Edits & Déclarations des mois d'Avril 1664, Mai 1686, & 17 Septembre 1697, concernant la réduction & les fonctions des Notaires & Tabellions des Seigneurs & Jurisdictions subalternes, soient exécutez selon leur forme & teneur. Enjoignons à nos Procureurs Généraux, leurs Substituts, & à notredit Fermier, ses Procureurs & Commis, d'y tenir la main. Et quant aux Sentences, Jugemens, Exécutoires de dépens, & généralement tous Actes de Justice, & tous Contrats & Actes passez & reçus par les Notaires & Tabellions Royaux, Nous voulons & entendons qu'ils soient scellez, & les droits payez suivant & conformément au Tarif que Nous en avons fait arrêter cejourd'hui en notre Conseil, dont l'expedition est attachée à ces Présentes; le tout à peine de nullité & des amendes portées par notre Edit & Déclarations. Révoquons à cet effet le Tarif arrêté ledit jour 27 Novembre 1696. Et à l'égard des droits attribuez aux Offices de Gardes-scel des Tables de Marbre, Elections, &c. Voulons au surplus que lesdits Edit, Déclarations & Arrêts soient exécutez selon leur forme & teneur. SI DONNONS EN MANDEMENT, &c. DONNÉ à Marly le dixiéme Novembre 1699. Registré en Parlement le vingt-huitiéme du même mois.

NOUVEAU TARIF des droits que le Roi a ordonné être payez en exécution de l'Edit du mois de Novembre 1669, Déclarations des 3 & 17 Septembre 1697, 6 Mai 1698, & 10 Novembre 1699, rendues en conséquence, pour le scel des Sentences, Jugemens, &c. ensemble des Contrats & Actes passez par les Notaires & Tabellions Royaux, soit en papier ou parchemin, pour être tous les Contrats, Sentences, ou Actes scellez, conformément ausdits Edit & Déclarations, à peine de nullité & de cent livres d'amende.

POur les Contrats & Actes des Notaires, Gardenotes & Tabellions Royaux, sera payé; sçavoir,

Pour Contrats de constitution de rentes, obligations, partages, ventes d'immeubles ou Offices, Contrats de mariage, donations à vie ou à perpétuité, les inventaires, partages, résignations, permutations, résiliement d'Actes, transports de meubles ou immeubles, rentes, droits successifs, titres nouveaux & reconnoissances, baux à rentes ou à longues années, transactions, cessions, subrogations d'immeubles, ou constitutions de rentes par Contrats, quittances ou autrement, transports & marchez, Contrats pignoratifs, gracieux ou à faculté, Testamens ou Codiciles, dons mutuels, Actes de prise de possession de Bénéfices ou d'immeubles, clôtures de comptes, compromis, Sentences arbitrales, reconnoissances des Actes ci-dessus passez, abandonnement de biens, & généralement pour tous autres Contrats qui seront reçus & passez par les Notaires & Tabellions Royaux, sera payé pour le droit de scel les sommes qui ensuivent; sçavoir,

Pour les Contrats ou Actes, dont les principaux ne seront que de cent livres & au-dessous, dix sols, ci 10 s.

De ceux de cent livres jusqu'à cinq cens livres, vingt sols, ci 1 l.

Et de ceux de cinq cens livres, à quelques sommes qu'ils puissent monter, quarante sols, ci 2 l.

Pour les baux à loyer, sous-baux, à moitié ou autres, il sera payé pour ceux jusqu'à cent livres & au-dessous, dix sols, ci 10 s.

Pour ceux depuis cent livres jusqu'à cinq cens livres, vingt sols, ci 1 l.

Pour ceux de cinq cens livres & au-dessus, à quelques sommes qu'ils puissent monter, trente sols, ci 1 l. 10 s.

Pour les rétrocessions & subrogations de baux, il sera payé moitié de ceux ci-dessus.

Pour chacune procuration, ratifications pures & simples, même de celles des avis de parens, pour les tutelles, curatelles, & autres cas, six sols, ci 6 s.

Pour les renonciations, consentemens purs & simples, Actes d'acquiescement ou de désistement, Actes d'appel ou d'opposition, sommations ou consignations de dépôt, rapport d'Experts, ou autres, six sols, ci 6 s.

Pour procès-verbaux de ventes de meubles, faits par les Notaires, trente sols, ci 1 l. 10 s.

Obligations pour prêt de scel, six deniers; pour chacun des y dénommez, six deniers, ci 6 d.

Pour les déclarations fournies aux papiers terriers des Domaines du Roi, ou aux Seigneurs particuliers, il sera payé pour le scel d'une déclaration qui sera au-dessous de dix articles, cinq sols, ci 5 s.

Et pour celles au-dessus, à tel nombre qu'ils puissent être, dix sols, ci 10 s.

Les Obligations & Actes desquels il ne restera point de minutes, seront scellez sur les Brevets, & les droits payez, sans que les Notaires les puissent délivrer autrement, à peine de cent livres d'amende; & à l'égard des autres Contrats ou Actes dont il y aura minutes, les Notaires n'en pourront délivrer les expéditions qu'ils n'ayent été scellez & les droits payez.

Pour le droit de scel des Contrats & Actes de la qualité de ceux ci-dessus, reçus par les Notaires ou Tabellions avant l'Edit du mois de Novembre 1696, il ne sera payé que moitié des susdits droits.

Fait & arrêté au Conseil Royal des Finances, tenu à Marly le dixiéme jour de Novembre mil six cent quatre-vingt-dix-neuf.

ARREST DU CONSEIL du 20 Mars 1703, qui fait défenses à tous Notaires & Tabellions de délivrer aucuns Contrats & Actes, soit en grosses expéditions, par extrait ou en minute & brevet, même les Obligations pour le scel, qu'ils ne les ayent fait auparavant sceller; & aux Parties de s'en aider, aux Procureurs & autres de les produire, & à tous Huissiers & Sergens de les signifier ni mettre à exécution, à peine de cent livres d'amende.

ARREST DU CONSEIL du 21 Août 1703, qui ordonne que les extraits des Testamens, contenant des fondations & legs pieux en faveur des Pauvres & Hôpitaux, seront controllez sans frais; à la charge que lesdits extraits ne contiendront que ce qui concerne lesdites fondations & legs pieux.

Edit

Edit du Roi, donné à Versailles au mois de Novembre 1706, portant que les Contrats & Actes de tous les Notaires ou Tabellions Royaux seront scellez par les Notaires qui les auront passez, avant qu'ils puissent être mis à exécution.

LOUIS, par la grace de Dieu, Roi de France & de Navarre : A tous présens & à venir, Salut. Par notre Edit du mois de Novembre 1696, Nous avions créé des Offices de Gardes-scel pour sceller tous les Contrats & Actes des Notaires, & percevoir les droits qui leur étoient attribuez. Depuis Nous aurions réuni les droits de ces Officiers à nos Fermes, & les aurions fait percevoir à notre profit ; mais Nous avons jugé à propos d'éteindre la perception des droits de sceau des Contrats & Actes des Notaires, à commencer du premier Octobre dernier, par notre Edit du mois d'Août précédent, ensorte que lesdits Actes sont présentement déchargez des droits de sceau qu'ils payoient avant notredit Edit ; mais comme ils ont besoin d'être revêtus de notre sceau dans le cas où il convient les mettre à exécution, Nous avons estimé qu'il étoit à propos de pourvoir à la maniere dont lesdits Actes seront scellez ci-après, afin que nos Sujets ne souffrent aucun retardement dans l'exécution desdits Contrats & Actes ; ce que nous avons crû ne pouvoir faire d'une maniere plus convenable, qu'en accordant à tous les Notaires & Tabellions Royaux un sceau pour l'apposer sur les Actes qu'ils délivreront à l'avenir, lorsqu'il sera besoin de les mettre à exécution ; & Nous avons estimé qu'il étoit aussi nécessaire de pourvoir en même-tems au sceau des Actes passez avant le premier Octobre, afin que le défaut de sceau n'en puisse retarder l'exécution. A ces causes & autres à ce Nous mouvans, de notre certaine science, pleine puissance & autorité royale, Nous avons par le présent Edit perpétuel & irrévocable, dit, statué & ordonné, disons, statuons & ordonnons, voulons & Nous plaît, que les Contrats & Actes de tous les Notaires & Tabellions Royaux, soient à l'avenir scellez par les Notaires qui les auront passez avant qu'ils puissent être mis à exécution, & ce à commencer du premier Octobre de la présente année 1706 ; à l'effet de quoi Nous avons attribué & attribuons à chacun desdits Notaires & Tabellions Royaux dans toute l'étendue de notre Royaume, Pays, Terres & Seigneuries de notre obéissance, la faculté d'avoir un sceau de nos Armes pour l'apposer sur leurs Contrats & Actes lorsque besoin sera. Voulons que lesdits Contrats & Actes ayent, lorsqu'ils seront revêtus dudit sceau, pleine & entiere exécution, de même qu'ils l'ont eu ci-devant en vertu du sceau apposé par nos Fermiers & leurs Commis. Permettons ausdits Notaires & Tabellions de percevoir un sol pour l'apposition dudit sceau : Voulons que dans les Villes & lieux où Nous avons établi des Syndics des Notaires par notre Edit du mois de Mars 1706, les pourvus desdits Offices soient dépositaires desdits sceaux, pour les apposer sur tous les Actes & Contrats de tous les Notaires & Tabellions Royaux desdites Villes & lieux, en même tems qu'ils les signeront en second, & avant qu'ils puissent être mis à exécution ; & ils prendront à cet effet avec le titre de nos Conseillers-Syndics desdits Notaires, celui de Gardes & Dépositaires du sceau des Contrats & Actes desdits Notaires & Tabellions Royaux, & ils percevront à leur profit le sol ci-dessus attribué pour l'apposition dudit sceau, dont ils feront bourse commune dans les lieux où ils seront plusieurs établis. Faisons défenses de mettre ou faire mettre à exécution lesdits Contrats & Actes des Notaires & Tabellions Royaux, qu'ils n'ayent été préalablement revêtus du sceau de nos Armes, à peine de cent livres d'amende pour chacune contravention, payable par chacun des contrevenans, qui appartiendra moitié aux Syndics des Notaires, au préjudice desquels la contravention aura été commise, l'autre moitié à l'Hôpital des lieux. Permettons aux Notaires & Tabellions desdites Villes & lieux où les Syndics doivent être établis, d'acquérir lesdits Offices de Syndics & les droits y joints, auquel cas ils pourront avoir chacun un sceau de nos Armes pour sceller leurs Contrats & Actes, & ils percevront lesdits droits de sceau chacun pour les Contrats & Actes qu'ils auront passez. Ordonnons pareillement que toutes les Expéditions des Contrats & Actes des Notaires & Tabellions Royaux de notre Royaume, qui auront été passez auparavant le premier du mois d'Octobre dernier, soient scellez comme ils l'étoient avant notre Edit du mois d'Août précédent, aux Bureaux qui sont établis pour le sceau des Actes judiciaires, dans le ressort desquels lesdits Contrats & Actes auront été passez, en payant au Fermier de nosdits droits les mêmes & semblables droits que ceux qu'ils payoient avant ledit Edit du mois d'Août. SI DONNONS EN MANDEMENT à nos amez & féaux Conseillers, les Gens tenans notre Cour de Parlement, Chambre des Comptes & Cour des Aydes à Paris, que notre présent Edit ils ayent à faire lire, publier & registrer, & le contenu en icelui suivre, garder & observer selon sa forme & teneur, cessant & faisant cesser tous troubles & empêchemens qui pourroient être mis ou donnez, nonobstant tous Edits, Déclarations, Réglemens & autres choses à ce contraires, ausquels Nous avons dérogé & dérogeons par le présent Edit, aux copies duquel collationnées par l'un de nos amez & féaux Conseillers-Secretaires, voulons que foi soit ajoutée comme à l'original : car tel est notre plaisir ; & afin que ce soit chose ferme & stable à toujours, Nous y avons fait mettre notre scel. Donné à Versailles au mois de Novembre, l'an de grace mil sept cens six, & de notre Regne le soixante-quatriéme. *Signé* LOUIS; *Et plus bas*, Par le Roi, PHELYPEAUX. *Visa*, PHELYPEAUX. Vû au Conseil, CHAMILLARD. Et scellé du grand sceau de cire verte, en lacs de soie rouge & verte.

Registrées, oui & ce requérant le Procureur Général du Roi, pour être exécutées selon leur forme & teneur, & copies collationnées envoyées aux Bailliages & Sénéchaussées du Ressort, pour y être lûes, publiées & registrées. Enjoint aux Substituts du Procureur Général du Roi d'y tenir la main, & d'en certifier la Cour dans un mois suivant l'Arrêt de ce jour. A Paris en Parlement le 26 Novembre 1706. Signé DONGOIS.

NOUVELLE DECLARATION du 20 Mars 1708, avec un nouveau Tarif pour le droit de petits sceaux ; mais ce Tarif ne concerne que les sceaux des Sentences, Jugemens & autres Actes de Jurisdictions Royales, ensemble le sceau des rolles des Tailles, & ne parle en aucune maniere du sceau des Actes passez pardevant Notaires. Ainsi j'ai cru qu'il étoit inutile de rapporter cette Déclaration & ce Tarif, puisqu'elle est entierement hors de notre sujet, & qu'elle n'a rien changé au Tarif du dixiéme Novembre 1699 rapporté ci-devant.

DECLARATION DU ROI du 22 Septembre 1722, regiſtrée en Parlement le 8 Octobre ensuivant, qui bien loin de changer quelque chose au Tarif du 10 Novembre 1699, en ordonne positivement l'exécution & la continuation.

CHAPITRE IV.

Des Insinuations, des Donations & des Substitutions.

LES Donations & les Substitutions doivent être insinuées, à peine de nullité, pour les rendre publiques, & empêcher que les créanciers qui prêteroient leur argent de bonne foi, ne fussent frustrez de leur dû par des donations ou des substitutions clandestines dont ils n'auroient pû avoir de connoissance.

Pour ce qui regarde les donations qui doivent être nécessairement insinuées, voyez ce qui en est dit à la fin du premier Tome en parlant des donations. Nous allons faire ici le détail des Ordonnances qui ont été faites à ce sujet ; après quoi nous rapporterons les termes des principales.

Avant l'année 1539, on ne faisoit point insinuer dans le Pays coutumier les donations. Ce n'a été que par l'Ordonnance de 1539 qu'elles ont été assujetties à l'insinuation, à peine de nullité.

Comme cette Ordonnance étoit conçue en termes très-généraux, il fut rendu en 1549 une Déclaration, portant que sous le nom de donation seront comprises & sujettes à l'insinuation, les donations faites entre-vifs, quoique rémunératoires ou autrement causées, & non les donations faites pour cause de mort qui se peuvent révoquer par le donateur jusqu'à la mort.

L'Ordonnance de 1566 veut que toutes donations, de quelque maniere qu'elles soient faites entre-vifs, soient insinuées, à peine de nullité, tant en faveur du créancier que de l'héritier du donataire.

L'Edit de 1703 ordonne que toutes donations entre-vifs ou à cause de mort soient insinuées, excepté seulement les donations en ligne directe par Contrat de mariage. Mais par la Déclaration du 2 Août 1707, les donations à cause de mort, & les legs faits par testamens ou autres dispositions de derniere volonté par les peres & meres ou autres à leurs enfans, sont dispensées de l'insinuation.

Par une autre Déclaration du 20 Mars 1708, la disposition de la précédente est rappellée & confirmée pour la directe & pour toutes les autres donations en collatérale, soit entre-vifs, soit à cause de mort; même les donations entre-vifs faites par les peres & meres ou ayeuls à leurs enfans, autrement que par Contrat de mariage, furent déclarées sujettes à insinuation.

De ces Edits & Déclarations il résulte, I. Que les donations en directe par Contrat de mariage, & celles à cause de mort faites par peres & meres, sont dispensées de l'insinuation. II. Que toutes les donations, soit à cause de mort au autrement en collatérale, y sont assujetties; & par tous ces Edits on rappelle les nullitez prononcées par ceux de 1549 & 1566.

ORDONNANCE de François I, donnée à Villers-Coterets en 1539; qui porte aux Articles 132 & 133, que toutes donations seront inserées & enregistrées ès Cours & Jurisdictions ordinaires des Parties & des choses données; autrement seront réputées nulles, & ne commenceront à avoir leur effet que du jour de ladite insinuation, & ce, quant aux donations faites en présence des donataires, & par eux acceptées.

Quant à celles qui auroient été faites en l'absence des donataires, les Notaires stipulant pour eux, elles commenceront leur effet du tems qu'elles auront été acceptées par lesdits donataires en la présence des donateurs & des Notaires, & insinuées comme dessus; autrement elles seront réputées nulles, encore que par les Lettres & insinuation d'icelles il y eût clause de retention d'usufruit, ou constitution de précaire, dont ne s'ensuit aucun effet, sinon depuis que lesdites acceptations & insinuations auront été faites comme dessus.

ORDONNANCE de Charles IX, donnée à Moulins en 1566, qui porte en l'Article 57, que dorénavant toutes dispositions entre-vifs ou dernieres volontez contenant substitutions, seront pour le regard d'icelles substitutions publiées en Jugement à jour de plaidoirie, & enregistrées ès Greffes Royaux plus prochains des lieux des demeurances de ceux qui auront fait lesdites substitutions, & ce dans six mois, à compter, quant aux substitutions testamentaires, du jour du décès de ceux qui les auront faites, & pour le regard des autres, du jour qu'elles auront été passées; autrement seront nulles & n'auront aucun effet.

L'Article 58 de la même Ordonnance de Moulins, pour prévenir toutes occasions de fraude & de doute, ordonne que dorénavant toute donation faite entre-vifs, mutuelle, réciproque, onéreuse, en faveur de mariage & autres, de quelque maniere qu'elles soient faites entre-vifs, seront insinuées ès Greffes des Siéges ordinaires de l'assiette des choses données, & de la demeurance des Parties, dans quatre mois, à compter du jour de la date d'icelles donations pour le regard des biens & personnes, & dans six mois pour ceux qui seront hors de notre Royaume; autrement & à faute de ladite insinuation, seront & demeureront lesdites donations nulles & de nul effet & valeur, tant en faveur du créancier que de l'héritier du donnant: & si dans ledit tems ledit donnant ou donataire décédoit, pourra néanmoins ladite insinuation être faite dans ledit tems, à compter du jour dudit Contrat comme dessus, sans que cette présente Ordonnance fasse aucun préjudice aux donations ci-devant faites, & droits acquis à nos Sujets à cause d'icelles.

DECLARATION du 10 Juillet 1566, qui ordonne que les substitutions après la publication d'icelles en Jugement, seront enregistrées ès Greffes Royaux plus prochains des lieux où les choses sont assises, & des demeurances de ceux qui auront fait lesdites substitutions.

DECLARATION du 17 Novembre 1690, & enregistrée le 25 du même mois, qui ordonne que les substitutions pourront être publiées & registrées en tout tems; & lorsque la publication & l'enregistrement auront été faits dans les six mois du jour auquel les substitutions auront été faites, lesdites substitutions auront leur effet du jour de leur date, tant contre les créanciers que contre les tiers-acquéreurs des biens qui y sont compris; & si elles sont seulement publiées & registrées après les six mois, elles n'auront effet contre lesdits créanciers & tiers-acquéreurs, que du jour desdites publication & enregistrement.

La même Déclaration porte que les donations pourront être insinuées pendant la vie des donateurs, encore qu'il y ait plus de quatre mois qu'elles ayent été faites, & sans qu'il soit besoin d'aucun consentement du donateur, ni de Jugement qui l'ait ordonné; & lorsqu'elles ne seront insinuées qu'après les quatre mois, elles n'auront effet contre les acquéreurs des biens donnez, & contre les créanciers des donateurs, que du jour qu'elles auront été insinuées.

Déclaration du Roi, donnée à Versailles le 19 Juillet 1704, en interprétation de l'Edit du mois de Décembre 1703, portant création en titre d'Office formé héréditaire d'un Office de Conseiller du Roi Greffier des Insinuations laïques en chacune des Villes & lieux du Royaume, Pays, Terres & Seigneuries de l'obéïssance de Sa Majesté, où il y a Siége de Jurisdiction Royale & ordinaire.

Registrée en Parlement.

LOUIS, par la grace de Dieu, Roi de France & de Navarre: A tous ceux qui ces présentes Lettres verront, Salut. Par notre Edit du mois de Décembre 1703, Nous avons ordonné que tous les Contrats & Actes dont le Public a interêt d'avoir connoissance, seroient insinuez au Greffe des Insinuations laïques, que Nous avons ordonné être établi en chacune des Villes & lieux de notre Royaume, Pays, Terres & Seigneuries de notre obéïssance, où il y a Siége de Jurisdiction Royale & ordinaire; à l'effet de quoi Nous avons créé un Office de notre Conseiller-Greffier desdites Insinuations laïques en chacune desdites Villes & lieux, & prescrit la forme dans laquelle lesdites Insinuations seront faites, même fixé les droits qui doivent être payez pour lesdites Insinuations, tant par ledit Edit, que par le Tarif que Nous avons fait arrêter en notre Conseil en exécution d'icelui le 22 Décembre 1703. Mais comme les usages & la forme de l'insinuation établis par nos anciennes Ordonnances, n'étoient pas uniformes dans toutes les Provinces; que même la nécessité de donner au Public connoissance de tous les Actes où il pourroit avoir interêt, Nous a obligé d'assujettir à l'insinuation quantité d'Actes qui n'étoient point insinuez avant notredit Edit: Nous avons été informez que ne Nous étant pas suffisamment expliquez sur la forme desdites insinuations, il pourroit naître dans la suite différentes contestations que Nous avons jugé nécessaires de prévenir, en expliquant plus disertement nos intentions sur ce qui peut concerner l'exécution dudit Edit. A ces causes & autres à ce Nous mouvans, de notre certaine science, pleine puissance & autorité royale, Nous avons par ces présentes signées de notre main, dit & ordonné, disons & ordonnons, voulons & Nous plaît:

I. Que les séparations de corps & d'habitations soient sujettes à insinuation, comme celles de biens mentionnées en l'Article IV de notre Edit du mois de Décembre dernier.

II. Voulons pareillement que dans les Pays où le bénéfice d'inventaire a lieu, sans qu'il soit besoin d'impétrer nos Lettres, les héritiers soient tenus de faire insinuer l'Acte d'acceptation ou Jugement qui leur permettra de se dire & porter héritiers bénéficiaires; pour raison de quoi sera payé le même droit d'insinuation, que pour les Lettres de bénéfices d'inventaires.

III. Seront aussi insinuez les Actes par lesquels les peres & meres mettront leurs enfans hors de leur puissance, sans que les héritiers bénéficiaires ni les personnes émancipées puissent se mettre en possession, faire des baux,

& disposer des biens & revenus avant ladite insinuation, à peine de trois cens livres d'amende, & de la perte & application à notre profit de tous les fruits perçus au préjudice de la présente disposition, lesquelles peines ne pourront néanmoins être jugées encourues contre les mineurs ni contre les femmes en puissance de mari, mais seulement contre les tuteurs ou curateurs & les maris, par le fait ou négligence desquels la contravention aura été commise.

IV. Déclarons sujets à insinuation, conformément à l'Article VIII de notredit Edit, tous Arrêts, Jugemens, Sentences, portant sauf-conduit ou surséance générale, soit qu'ils soient accordez par Nous ou par les Officiers des Cours ou autres Jurisdictions de notre Royaume.

V. Défendons à tous Huissiers, Sergens & autres sur ce requis, de faire aucuns Actes & Exploits en conséquence, qu'après l'insinuation desdits Arrêts, Sentences & Jugemens, à peine de nullité, dommages & interêts des Parties, & de trois cens livres d'amende contre les contrevenans.

VI. Déclarons pareillement sujettes à insinuation les Lettres de réhabilitation de Noblesse, pour lesquelles sera payé mêmes droits que pour celles d'annoblissement; comme aussi les Lettres d'érection de Roture en Fief, pour lesquelles sera payé moitié des droits reglez audit Article VIII pour les érections de Marquisats, Comtez & autres Fiefs de dignité.

VII. Interprétant l'Article XVI de notredit Edit, en ce que le lieu où doit être faite l'insinuation des Actes & Lettres y énoncées, n'est pas suffisamment expliqué, voulons que les Lettres & Actes d'émancipation, celles de bénéfice d'âge & inventaire, soient insinuées au Greffe du lieu du domicile des Impétrans; & à l'égard des nominations de Curateurs, elles seront insinuées au Greffe du lieu de la Jurisdiction où les Sentences seront intervenues.

VIII. Voulons que conformément aux Articles XX & XXI de notre Edit du mois de Décembre 1703, toutes Lettres, Contrats, Jugemens, Sentences, Arrêts & autres Actes sujets à l'insinuation, ne puissent avoir aucun effet en Justice, ni autrement, en quelque sorte & maniere que ce soit, qu'après l'insinuation, à peine de nullité des Actes & Procédures faites avant l'insinuation, perte de fruits & revenus échus jusqu'au jour de l'insinuation, de trois cens livres d'amende contre les Parties, & les Procureurs qui auront occupé.

IX. Voulons pareillement qu'il soit fait mention dans les Jugemens qui interviendront sur les Actes sujets à insinuation, du lieu & de la date de l'insinuation, de même qu'il se pratique à l'égard du controlle des Exploits.

X. Enjoignons à tous Greffiers de faire mention de ladite insinuation dans le vû de leurs Sentences & Jugemens, à peine comme ci-dessus de trois cens livres d'amende pour chacune contravention, laquelle demeurera encourue en vertu des Présentes, deux mois après la publication d'icelles, sans qu'il soit besoin d'Arrêt ni Jugement qui l'ordonne.

XI. Faisons défenses aux exécuteurs testamentaires, héritiers ou légataires universels, d'acquérir aucuns legs que l'insinuation n'en ait été faite, & les droits payez, à peine d'en répondre en leurs propres & privez noms, même d'être contraints au payement du double desdits droits.

XII. Et pour que les Particuliers dénommez ès Contrats & Actes, Arrêts, Jugemens & Sentences, ne puissent ignorer ceux qui sont sujets à insinuation, voulons que tous Notaires, Greffiers & autres personnes publiques, soient tenus d'en faire mention dans lesdits Contrats, Actes, Arrêts, Jugemens & Sentences, à peine de répondre en leurs propres & privez noms du droit d'insinuation, & de pareille amende que dessus pour chacune contravention.

XIII. Voulons que conformément à la Déclaration du mois de Mai 1645, les Notaires & Tabellions du ressort de chacun desdits Greffes des Insinuations, soient tenus de délivrer de trois en trois mois à Simon Miger, chargé de la vente desdits Offices de Greffiers des Insinuations, ses Procureurs, Commis & Préposez, ou acquéreurs desdits Offices, un état par articles de tous les Actes qu'ils auront passez sujets à insinuation, à l'exception toutefois des Donations & Testamens pour cause de mort, qui ne seront délivrez qu'après le décès des Testateurs ou Donateurs. Et leur sera payé pour chacun article contenu ausdits états, sçavoir cinq sols aux Notaires de notre bonne Ville de Paris, & deux sols six deniers à ceux des autres Villes & lieux de notre Royaume, non compris le papier timbré.

XIV. Et afin de donner connoissance ausdits Greffiers de tous les legs faits par Testament ou Codicile, voulons qu'avant de procéder aux inventaires des biens & effets des Testateurs, leurs Testamens & Codiciles soient portez aux Greffes des Insinuations, pour en être tiré telles copies ou extraits que bon semblera ausdits Greffiers, lesquels y mettront leur vû *gratis*, dont sera fait mention dans l'intitulé desdits inventaires, sur peine de nullité, & d'être par les Notaires ou autres Officiers chargez de la confection desdits inventaires, garants & responsables du triple desdits droits d'insinuation, & des dommages & interêts des Parties.

XV. Faisons défenses à tous Huissiers & Sergens de faire pour l'exécution des Contrats, Actes, Arrêts & Jugemens sujets à insinuation, aucuns Exploits ni Actes, qu'il ne leur soit apparu de l'insinuation, à peine de nullité & de trois cens livres d'amende.

XVI. Et d'autant que les Fermiers de nos Domaines & les Seigneurs particuliers dans leurs Terres n'ont pas moins d'interêt de connoître quels sont les biens & héritages prétendus en franc-aleu, que ceux qui n'y sont pas, & qu'il est déja survenu plusieurs contestations au sujet du droit d'enregistrement des mutations de biens & héritages, que les possesseurs pour éviter le payement dudit droit ont soutenu être en franc-aleu; pour faire cesser toutes difficultez sur cela à l'avenir, voulons & entendons que les Contrats de vente, échange, Decret & autres Actes translatifs de propriété des biens en franc-aleu, franc-bourgage ou franche-bourgeoisie, ou qui par les Coutumes & usages des Pays, ne sont sujets à aucun droit aux mutations, soient insinuez & enregistrez, à compter du premier Janvier dernier, en la forme & maniere portée en l'Article XXIV & suivans de notredit Edit, pour lequel enregistrement sera payé à toutes mutations, même par les nouveaux possesseurs à titre successif en ligne collatérale, le centiéme denier porté par l'Article XXIV de notredit Edit, & moitié seulement dudit droit par les successeurs en ligne directe.

XVII.

XVII. Pour prévenir pareillement toutes conteſtations ſur l'exécution de l'Article XXV de notredit Edit concernant les biens immeubles qui adviennent par ſucceſſion, voulons & entendons que les nouveaux poſſeſſeurs à titre ſucceſſif de biens & héritages nobles ou roturiers, ſoient tenus d'en faire leurs déclarations auſdits Greffes dans les ſix mois du jour de l'ouverture deſdites ſucceſſions, & d'en payer les droits d'enregiſtrement ſur le pied porté par les Articles XXIV & XXV de notredit Edit.

XVIII. Voulons que tous nouveaux acquéreurs & poſſeſſeurs de biens immeubles, à quelque titre que ce ſoit, ſoient tenus de faire inſinuer & regiſtrer leurs titres de propriété, ou les déclarations qu'ils doivent faire, conformément à l'Article XXV de notredit Edit, dans les ſix mois portez par icelui; & après ledit tems paſſé, ſeront contraints au payement du triple deſdits droits, conformément à l'Article XXVI, & demeureront les fruits & revenus deſdits biens dûs & échus après ledit tems de ſix mois, & qui échéront juſqu'à l'inſinuation, acquis à notre profit, & perçus par les Receveurs généraux de nos Domaines, chacun dans leur Généralité, pour en être par eux compté à notre profit.

XIX. Ne ſeront les légataires des biens immeubles tenus de faire inſinuer leurs legs qu'au Greffe des Inſinuations des lieux où les biens léguez ſeront ſituez.

XX. Et en interprétant l'Article XXIV de notre Edit du mois de Décembre 1705, concernant les titres tranſlatifs de propriété des biens immeubles, voulons qu'à toutes mutations deſdits biens par Contrats de vente, échange, decrets, donations entre-vifs ou à cauſe de mort, legs, ſucceſſions collatérales ou autrement, en quelque maniere que ce ſoit, les nouveaux poſſeſſeurs ſoient tenus de payer le centiéme denier pour chacun deſdits biens, ſoit qu'ils ſoient mouvans ou tenus en cenſive d'un ou différens Seigneurs; & à l'égard des ſucceſſions en ligne directe, ne ſera payé que moitié des droits, conformément à l'Article XXV dudit Edit; le tout ſous les peines portées par l'Article XXVI dudit Edit.

XXI. Tous les Actes ſujets à inſinuation, en conſéquence de noſdits Edits des mois de Décembre 1703 & Mars 1704, & des Préſentes, ſeront inſinuez & enregiſtrez auſdits Greffes ſans miniſtere de Juges ni de Procureurs, & ſans que les Greffiers en chef de nos Cours & Siéges Royaux puiſſent s'y immiſcer, ni apporter aucun trouble auſdits Greffiers des Inſinuations, leſquels ſigneront ſeuls les Actes des Inſinuations.

XXII. Permettons audit Miger, chargé de la vente deſdits Offices de Greffiers des Inſinuations, ſes Procureurs ou Commis & autres ayant ſes droits, & aux pourvûs deſdits Offices, de commettre ſur leurs ſimples procurations à l'exercice d'iceux, pour la facilité du Public, dans le reſſort du Siége de leur établiſſement, un ou pluſieurs Commis, dont ils demeureront civilement reſponſables, leſquels auront ſerment en Juſtice, dérogeant à cet effet à l'Article XIX de notre Edit du mois de Décembre 1703, ſans néanmoins que leſdits Commis établis hors le chef-lieu puiſſent prétendre jouir d'aucuns priviléges.

XXIII. Et pour prévenir les conteſtations qui pourroient être faites auſdits Greffiers des Inſinuations, au ſujet des priviléges que Nous leur avons attribuez par notredit Edit du mois de Décembre dernier, ordonnons, en expliquant notredit Edit, que ceux qui seront établis dans les Villes où il y a Bailliages, Sénéchaussées, Présidiaux & autres Siéges ressortissans en nos Cours, jouissent de l'exemption de Taille, ustensile, logement de gens de guerre, collecte, tutelle, curatelle, nomination à icelles, & de toutes autres charges publiques, ainsi que les autres Officiers desdits Siéges; & à l'égard de ceux qui seront établis dans les Villes & lieux où il y a des Justices Royales subalternes, ils seront exempts de logement de gens de guerre, collecte, tutelle, curatelle, nomination à icelles, & autres charges publiques.

XXIV. Ne seront lesdits Greffiers augmentez à la Capitation pour raison de l'acquisition desdits Offices, ni sujets au service de la Milice, non plus que leurs enfans, & ne pourront être taxez sous prétexte de confirmation de l'hérédité, supplément de finance ou autrement, en quelque sorte & maniere que ce puisse être, dont Nous les avons dispensez & déchargez, dispensons & déchargeons dès-à-présent par ces Présentes.

XXV. Seront les gages attribuez ausdits Offices payez aux pourvûs d'iceux, & en attendant la vente, audit Miger, chargé de l'exécution de notredit Edit. Voulons que le payement en soit fait sur ses simples quittances, ou des porteurs de ses procurations, lesquelles seront passées & allouées dans la dépense des comptes de ceux qui en auront fait le payement par les Officiers de nos Chambres des Comptes sans difficulté, en rapportant copie collationnée des Présentes pour la premiere fois seulement.

SI DONNONS EN MANDEMENT à nos amez & féaux Conseillers, les Gens tenans notre Cour de Parlement, Chambre de nos Comptes & Cour des Aydes à Paris, que ces Présentes ils ayent à faire lire, publier & enregistrer, & le contenu en icelles garder & exécuter selon leur forme & teneur, nonobstant tous Edits, Déclarations, Arrêts & autres choses à ce contraires, ausquelles Nous avons dérogé & dérogeons par ces Présentes; aux copies desquelles collationnées par l'un de nos amez & féaux Conseillers-Secretaires, voulons que foi soit ajoutée comme à l'original: Car tel est notre plaisir. En témoin de quoi Nous avons fait mettre notre scel à cesdites Présentes. Donné à Versailles le 19e jour de Juillet 1704, & de notre Régne le 62. *Signé* LOUIS. *Et plus bas*, Par le Roi, PHELYPEAUX. Vû au Conseil, CHAMILLART. Et scellé.

Registrées, oui & ce requérant le Procureur Général du Roi, pour être exécutées selon leur forme & teneur. A Paris en Parlement le 19 Août 1704. Signé DONGOIS.

Registrées en la Chambre des Comptes, oui & ce requérant le Procureur Général du Roi, pour être exécutées selon leur forme & teneur, le Août 1704. Signé RICHER.

Registrées en la Cour des Aydes, oui & ce requérant le Procureur Général du Roi, pour être exécutées selon leur forme & teneur, suivant l'Arrêt de ce jour. A Paris le Août 1704. Signé ROBERT.

Collationné à l'Original par Nous Conseiller-Secretaire du Roi, Maison, Couronne de France & de ses Finances.

EDIT du Roi, du mois d'Octobre 1705, qui ordonne que les Notaires & Tabellions, tant Royaux que subalternes, les Greffiers & autres qui ont droit de passer des Actes, seront tenus de faire enregistrer & insinuer dans les Bureaux dans lesquels ils les feront controller, tous les Contrats de ventes, d'échanges, Baux à rentes foncieres, rachetables ou non rachetables, Baux emphytéotiques, ventes à faculté de réméré, antichrèses, & autres Actes translatifs de propriété, Arrêts, Jugemens, Sentences & autres Actes sujets à insinuation, dans la quinzaine du jour desdits Actes, & en même tems qu'ils les feront controller & sceller.

LOUIS, par la grace de Dieu, Roi de France & de Navarre : A tous présens & à venir, Salut. Nous aurions par notre Edit du mois de Décembre 1703, créé des Offices de Greffiers des Insinuations laïques dans l'étendue de notre Royaume, Pays, Terres & Seigneuries de notre obéissance, pour insinuer & registrer les Actes sujets à insinuation : Et par notre Déclaration du 19 Juillet 1704, Nous aurions expliqué la forme desdites insinuations, & réglé les difficultez qui s'étoient présentées dans l'exécution dudit Edit : Et par autre notre Edit du mois d'Octobre 1704, Nous avons supprimé le titre desdits Offices de Greffiers des Insinuations, & réuni les droits y attribuez à la Ferme générale des controlles des Actes des Notaires & petits scels ; de tous lesquels droits Nous avons fait un bail général à Maître Etienne Chaplet pour neuf années consécutives, à commencer la jouissance au premier Janvier dernier, & ordonné que les fonctions desdits Offices de Greffiers des Insinuations seroient faites par les Commis dudit Chaplet, qui en percevroient les droits conjointement avec ceux des controlles des Actes des Notaires & petits scels. Mais comme Nous ne pouvons tirer l'avantage que Nous nous étions proposé de l'union desdites Fermes, qu'en chargeant les Notaires, Tabellions, Greffiers & autres Particuliers qui passent les Actes sujets à insinuation, de les faire insinuer de même & ainsi qu'ils sont déja obligez de les faire controller & sceller, & dans les mêmes délais qui ont été fixez pour le controlle & sceau desdits Actes, ce qui d'un côté se trouvera beaucoup plus convenable à la commodité de nos Sujets, & de l'autre diminuera considérablement les frais de régie de ladite Ferme. A CES CAUSES & autres à ce Nous mouvans, de notre certaine science, pleine puissance & autorité royale, Nous avons par notre présent Edit perpétuel & irrévocable, dit, statué & ordonné, disons, statuons & ordonnons, voulons & Nous plaît :

ARTICLE I. Qu'à l'avenir, à commencer du premier Janvier prochain, les Notaires & Tabellions, tant Royaux que subalternes, les Greffiers des Cours & Jurisdictions Royales & Seigneuriales, & tous autres Particuliers qui ont droit de passer des Actes, soient tenus & obligez de faire enregistrer & insinuer dans les Bureaux dans lesquels ils les feront controller, tous les Contrats de ventes, d'échanges, baux à rentes foncieres, rachetables ou non rachetables, baux emphytéotiques, ventes à faculté de réméré, antichrèses & autres Actes translatifs de propriété, Arrêts, Jugemens, Sentences & autres Actes sujets à insinuation, dans la quinzaine du jour & date desdits Actes, & en même tems qu'ils les feront controller & sceller, leur faisant très-expresses inhibitions & défenses de les délivrer aux Parties qu'après qu'ils auront été insinuez & les droits payez, à peine de trois cens livres d'amende pour chacune contravention, laquelle demeurera encourue en vertu du présent Edit, sans pouvoir être modérée ni sursise par nos Juges à qui la connoissance desdites insinuations appartient, à peine d'en répondre en leurs propres & privez noms, à la réserve néanmoins des substitutions & donations entre-vifs, que Nous voulons être insinuées à la diligence des Parties, conformément à l'Article III de notredit Edit du mois de Décembre 1703, & à l'Article XI de notre Déclaration du 19 Juillet 1704, dans les délais & sur les peines y portées.

II. N'entendons pareillement rien innover pour ce qui regarde l'insinuation des Contrats de ventes, d'échanges, & autres Actes translatifs de propriété de biens immeubles situez hors l'étendue des Bureaux de la demeure des Notaires, Tabellions & Greffiers, lesquels, attendu la distance des lieux, seront insinuez à la diligence des Parties dans les Bureaux où les biens se trouveront situez, dans les trois mois à compter du jour & date d'iceux, au lieu de six mois portez par nos Edit & Déclaration des mois de Décembre 1703 & 19 Juillet 1704, sous les mêmes peines y portées, sans qu'elles puissent être réputées comminatoires, modérées ni sursises. Seront seulement à cet égard tenus les Notaires, Greffiers & autres qui passeront & expédieront lesdits Actes, Arrêts & Jugemens, d'y faire mention qu'ils sont sujets à l'insinuation, pour que les Parties n'en prétendent cause d'ignorance, & fournir des extraits audit Chaplet, ses Procureurs & Commis, tous les trois mois, sous les peines portées par ladite Déclaration du 19 Juillet 1704.

III. Voulons que toutes Lettres de répi, d'ennoblissement, réhabilitation de noblesse, de bénéfice d'âge, d'inventaire, d'émancipation, d'amortissement, légitimation, naturalité, érection de Terres en Marquisat, Comté, Baronnie, ou autres titres de dignité, concessions de Foires ou Marchez, assujettis à l'insinuation par notredit Edit & Déclaration, soient insinuez & les droits payez avant l'enregistrement & entérinement desdites Lettres, sur peine de nullité desdits enregistrement & entérinement, des procédures qui auront été faites pour y parvenir, & de trois cens livres d'amende contre les Procureurs qui auront occupé.

IV. Voulons pareillement que les donataires d'effets mobiliaires par un même Acte, ou légataires de pareils effets par un même article de Testament ou Codicile, payent chacun à proportion de la valeur de ce qui leur aura été donné ou légué, sur le pied du Tarif attaché sous le contre-scel de notredit Edit du mois de Décembre 1703.

V. Voulons en outre que tous les Actes qui par les Coutumes & Usages locaux sont sujets à l'insinuation, soient insinuez & registrez ausdits Bureaux, & les droits payez sur le pied de ceux dûs pour les Actes de pareille nature & qualité, quoiqu'ils n'ayent pas été dénommez par nosdits Edit & Déclaration.

VII. Déclarons nuls & de nul effet toutes Lettres, Arrêts, Sentences, Jugemens, Contrats & Actes qui n'auront pas été inſinuez dans les tems & en la forme preſcrite par notre préſent Edit. Faiſons défenſes à tous nos Juges & autres qu'il appartiendra d'y avoir aucun égard.

VII. Voulons en outre que toutes les peines & amendes qui ſeront payées pour les contraventions qui pourroient être faites au préſent Edit, appartiennent audit Chaplet, comme faiſant partie de ſon bail; & au ſurplus que nos Edits des mois de Décembre 1703 & Octobre 1704, enſemble notre Déclaration du 19 Juillet audit an 1704, ſoient exécutez ſelon leur forme & teneur, en ce qui ne ſera point contraire à notre préſent Edit. SI DONNONS EN MANDEMENT, &c. Donné à Fontainebleau au mois d'Octobre l'an de grace 1705.

Regiſtré en Parlement en Vacations le 24 Octobre 1705.

Arrêt du Conſeil d'Etat du Roi, du 27 Avril 1706, qui ordonne que les Actes & Contrats concernant les biens des Bourgeois de la Ville & Fauxbourgs de Paris, ſeront inſinuez, partie à la diligence des Notaires, & l'autre partie à la diligence deſdits Bourgeois de ladite Ville & Fauxbourgs de Paris.

Extrait des Regiſtres du Conſeil d'Etat.

LE Roi ayant par ſon Edit du mois d'Octobre 1705 ordonné, qu'à commencer au premier Janvier 1706, les Notaires & Tabellions, tant Royaux que ſubalternes, ſeroient tenus & obligez de faire inſinuer les Contrats & Actes qu'ils paſſeroient ſujets à l'inſinuation, dans les Bureaux où ils les font controller, dans la quinzaine du jour & date deſdits Contrats & Actes, avec défenſes de les délivrer aux Parties qu'après qu'ils auroient été inſinuez & les droits payez, à peine de trois cens livres d'amende pour chacune contravention, à la réſerve néanmoins des ſubſtitutions & donations entre-vifs qui doivent être inſinuées à la diligence des Parties, conformément à l'Article III de l'Edit du mois de Décembre 1703, & à l'Article XI de la Déclaration du 19 Juillet 1704. Et Sa Majeſté étant informée que les Notaires de la Ville de Paris ont prétendu être exceptez de cette regle générale, attendu que les Contrats & Actes qu'ils paſſent ne ſont point ſujets au controlle, & ſous ce prétexte ils refuſent de faire inſinuer les Actes qu'ils paſſent, & même d'en délivrer des extraits à Etienne Chaplet, Fermier général deſdits droits, quoique par Arrêt du Conſeil du 10 Mars 1705, il ait été ordonné que leſdits Notaires délivreront les extraits de leurs Actes tous les trois mois, ce qui eſt contraire auſdits Edit, Déclaration & Arrêts, & cauſeroit un préjudice conſidérable audit Chaplet par le manque de connoiſſance des Contrats & Actes qui ſe paſſent. Et voulant pourvoir à la ſureté du recouvrement deſdits droits d'inſinuation pour ladite Ville de Paris: Oui le rapport du Sieur Chamillart, Conſeiller ordinaire au Conſeil Royal, Controlleur général des Finances. Sa Majeſté en ſon Conſeil, a ordonné & ordonne que les Edits des mois de Décembre 1703, Octobre 1705, la Déclaration du 19 Juillet 1704, & l'Arrêt du 10 Mars 1705, seront exécutez selon leur forme & teneur ; en conséquence, que les Notaires de la Ville de Paris seront tenus de faire insinuer dans la quinzaine tous les Actes qu'ils passeront à l'avenir sujets à l'insinuation, à compter du jour & date d'iceux, pour les biens situez dans la Ville & Fauxbourgs de Paris, à l'exception des substitutions & donations entre-vifs qui seront insinuées à la diligence des Parties, conformément à l'Article III de l'Edit du mois de Décembre 1703, & à l'Article XI de la Déclaration du 19 Juillet 1704, & des Contrats de vente, d'échange & autres Actes translatifs de propriété de biens immeubles situez hors la Ville & Fauxbourgs de Paris, lesquels seront insinuez à la diligence des Parties dans les Bureaux où les biens se trouveront situez, conformément audit Edit. Ordonne en outre Sa Majesté, que suivant icelui, les Notaires au Châtelet & les Greffiers de toutes les Cours & Jurisdictions de la Ville de Paris, seront tenus de délivrer de trois en trois mois audit Chaplet, ses Procureurs & Commis, un état particulier certifié d'eux, chacun en ce qui le concerne, des Contrats, Sentences, Jugemens & autres Actes sujets à l'insinuation, à l'exception toutefois des Donations & Testamens qui ne seront délivrez qu'après le décès des Testateurs ou Donataires, en leur payant par ledit Chaplet pour chacun des Actes contenus ausdits états les droits reglez par l'Article XIII de la Déclaration du 19 Juillet 1704, sinon de fournir leur déclaration qu'ils n'en ont reçu aucuns ; le tout sous les peines portées par ladite Déclaration, & de cent livres d'amende pour chaque Contrat ou Jugement qu'ils auront recelez : Et sera le présent Arrêt exécuté nonobstant toutes oppositions & autres empêchemens quelconques, pour lesquels ne sera différé, & dont, si aucuns interviennent, Sa Majesté s'en est & à son Conseil réservé la connoissance, & icelle interdite à toutes ses Cours & à tous autres Juges. Fait au Conseil d'Etat du Roi, tenu à Versailles le 27e jour d'Avril 1706. Collationné. *Signé* DU JARDIN.

Collationné à l'Original par Nous Conseiller-Secretaire du Roi, Maison Couronne de France & de ses Finances.

EDIT *du mois de Juillet* 1707, *registré au Parlement de Besançon le* 2 *Août suivant*, qui ordonne que la publication & l'enregistrement des substitutions, & aussi l'insinuation des donations, auront lieu par toute la France, & notamment dans les endroits où cette formalité n'étoit pas en usage. Voici les termes :

Ordonnons que toutes substitutions, tant celles qui sont déja faites, que celles qui se feront à l'avenir, seront publiées en Jugement de plaidoirie, & enregistrées au Greffe de la Justice Royale du domicile du Testateur, & pareillement au Greffe de la Justice Royale, dans l'étendue de laquelle les biens donnez ou léguez sont situez, & ce dans les six mois ; sçavoir, à l'égard de celles qui seront faites à l'avenir, à compter du jour des Contrats, si elles sont contractuelles, ou de la mort du Testateur, si elles sont faites par Testament ; & à l'égard de celles qui sont déja faites, à compter du jour de la publication des Présentes.

Les substitutions qui auront été publiées & enregistrées dans les six mois en la forme portée par l'Article précédent, auront leur effet du jour du décès du Testateur, conformément audit Article, tant contre les créanciers, que contre les tiers-acquéreurs des biens qui y sont compris; & celles qui n'auront été publiées & registrées qu'après les six mois, n'auront effet à l'avenir contre lesdits créanciers & tiers-acquéreurs, que du jour desdites publication & enregistrement.

Ordonnons que toutes donations entre-vifs qui seront faites à l'avenir, soit mutuelles, réciproques, onéreuses, en faveur de mariage ou autrement, même celles au-dessous de la valeur de mille livres, seront insinuées au Greffe de nos Justices ordinaires, tant du lieu où les biens sont situez, que du domicile du Donateur, à peine de nullité, tant à l'égard des créanciers que des héritiers des donateurs.

Sera ladite insinuation faite dans les quatre mois du jour de la date des donations; & néanmoins elles pourront être insinuées pendant la vie des donateurs, encore qu'il y ait plus de quatre mois qu'elles ayent été faites, & sans qu'il soit besoin d'aucun consentement du donateur, ni de Jugement qui l'ait ordonné; & lorsqu'elles n'auront été insinuées qu'après les quatre mois, elles n'auront effet contre les acquéreurs des biens donnez & contre les créanciers des donateurs, que du jour de l'insinuation.

Les insinuations des donations ne pourront être faites que du vivant des donateurs; & néanmoins si les donateurs décédent dans les quatre mois du jour des donations, l'insinuation en pourra être faite dans le même tems de quatre mois, à compter du jour des Contrats. Voulons que les donations entre-vifs faites avant la publication des Présentes, & insinuées dans d'autres Justices, soient de nouveau insinuées au Greffe de nos Justices ordinaires, tant du lieu où les terres sont situées, que du domicile des donateurs, s'ils sont encore vivans, & ce dans quatre mois, à compter du jour de la publication des Présentes, auquel cas lesdites donations auront leur effet du jour de leur date; & si elles sont insinuées du vivant desdits donateurs, après lesdits quatre mois, elles n'auront effet que du jour de l'insinuation.

N'entendons par la disposition de l'Article précédent, donner atteinte aux donations insinuées avant la publication des Présentes, en d'autres Justices que celles ci-dessus marquées, si les donateurs sont décédez avant ladite insinuation.

N'entendons aussi comprendre dans la disposition des Articles précédens, les donations faites par les peres & meres & autres ascendans à leurs enfans en faveur & par Contrat de mariage, lesquelles ne seront sujettes à insinuation.

Déclaration du Roi, donnée à Versailles le 20 Mars 1708, qui ordonne la perception des droits d'Insinuations laïques sur le pied du Tarif ci-après.

LOUIS, par la grace de Dieu, Roi de France & de Navarre: A tous ceux qui ces présentes Lettres verront, Salut. Nous avons ordonné, &c. A ces causes & autres à ce Nous mouvans, de notre certaine science, pleine puissance & autorité royale, Nous avons par ces Présentes signées de notre main, dit, déclaré & ordonné, disons, déclarons & ordonnons, voulons & Nous plaît :

Article I. Qu'à l'avenir, à commencer du premier Juillet prochain, les droits d'insinuation de toutes Donations, Contrats, Arrêts, Sentences, Jugemens & autres Actes, soient perçus en conséquence & suivant le Tarif que Nous avons fait arrêter cejourd'hui en notre Conseil, & attaché sous le contre-scel des Présentes.

II. N'entendons que les donations faites par les peres & meres ou ayeuls à leurs enfans par Contrat de mariage, ou à cause de mort, soient sujettes à aucuns droits d'insinuation.

III. A l'égard de toutes les autres donations, soit entre-vifs ou à cause de mort, même les donations entre-vifs faites par les peres & meres ou ayeuls à leurs enfans (autres que par Contrat de mariage) tant de meubles que d'immeubles, en usufruit ou en propriété, celles par forme d'augment ou contre-augment, dons mobiles, engagemens, droits de retention, agencemens, gains de noces & de survie dans les Pays où ils sont en usage, tous dons mutuels, ensemble toutes autres donations de quelque nature qu'elles puissent être, soit qu'elles soient stipulées entre maris & femmes par Contrat de mariage, ou faites par donation à cause de mort ou Testament, & soit que lesdits Actes contiennent des institutions contractuelles, substitutions, fondations & dotations en faveur des Eglises, Couvens, Monasteres, Hôpitaux & Communautez, Nous voulons qu'elles soient insinuées & enregistrées dans les tems, & sous les peines portées par l'Article II de notre Edit du mois de Décembre 1703, & les droits payez; sçavoir, pour les donations de meubles & effets mobiliers, sur le pied reglé par le Tarif arrêté en notre Conseil cejourd'hui, à l'exception seulement des legs & donations qui seront faites en faveur des Eglises, Monasteres & Communautez, d'une somme mobiliaire une fois payée, que Nous dispensons dudit droit d'insinuation, pourvû que ladite somme n'excede pas trois cens livres; & pour les biens immeubles donnez en propriété par donation entre-vifs, lorsque les biens seront situez dans l'étendue de la Jurisdiction du domicile du donateur, sera seulement payé le droit de centiéme denier de la valeur desdits biens; & lorsque lesdits biens seront situez dans l'étendue d'autres Jurisdictions que celles du domicile du donateur, les droits seront payez; sçavoir, au Greffe du domicile du donateur, sur le pied porté par ledit Tarif, & au Greffe des autres Jurisdictions dans l'étendue desquelles lesdits biens seront situez, le droit de centiéme denier chacun pour ce qui les concernera.

IV. Voulons que pour les donations & legs de rentes, pensions viageres & d'usufruit, les droits d'insinuation soient payez sur le pied réglé par l'Article premier dudit Tarif, suivant l'évaluation qui sera faite du fonds de l'usufruit, à raison du denier dix.

V. Sera payé par chacun substitué, même en directe, trente livres pour droit de substitution, de même que Nous avons ci-devant ordonné pour chacun impétrant de Lettres de Chancellerie, & renonçant à successions & communautez.

VI. Pour faire cesser les abus qui se glissent dans la construction des Contrats

Contrats de ventes & titres translatifs de propriété, par les clauses que les Parties & les Notaires y inserent pour se soustraire du payement du centiéme denier, quoique Nous ayons suffisamment expliqué nos intentions par nosdits Edits & Déclarations; voulons & entendons, en interprétant en tant que de besoin l'Article XXIV de notredit Edit du mois de Décembre 1703, & l'Article XVI de notre Déclaration du 19 Juillet 1704, que tous Contrats de ventes, échanges, licitations entre héritiers, copropriétaires & coassociez, baux à rentes foncieres, rachetables & non rachetables, baux emphytéotiques, baux à domaines congéables, ventes à faculté de réméré ou de rachat, antichrèses, contrats pignoratifs, engagemens, démissions, abandonnemens, contrats de vente à vie, cessions de fonds avec fruits, transports, subrogations, résolutions volontaires de ventes, Arrêts, Jugemens, Sentences, & généralement tous Actes translatifs & rétrocessifs de propriété de biens immeubles tenus en fief ou en censive, soit de Nous ou des Seigneurs particuliers de notre Royaume, ensemble ceux tenus en franc-aleu, franc bourgage & franches bourgeoisies, rentes foncieres, les Contrats de vente de droits de Justices, & de tous autres droits seigneuriaux & honorifiques, conjointement ou séparément du corps des domaines ou fonds de terre, soient insinuez, & les droits de centiéme denier payez dans les tems & sous les peines portées par les Articles XXIV & XXV de notredit Edit du mois de Décembre 1703, & les Articles XVII, XVIII & XX de notredite Déclaration du 19 Juillet 1704, encore qu'aucuns desdits biens ne fussent pas sujets à lods & ventes & autres droits seigneuriaux.

VII. N'entendons néanmoins assujettir au droit de centiéme denier les Actes de retrait, soit féodal, lignager ou conventionnel, pourvû qu'ils soient faits, à l'égard du retrait féodal & lignager, dans les tems prescrits par les Coutumes & usages, & à l'égard du conventionnel, dans le délai porté par le Contrat, qui ne pourra excéder neuf années.

VIII. Voulons aussi, en interprétant l'Article VII de notredit Edit du mois de Décembre 1703, en ce qui concerne la cession & abandonnement de biens, qu'il soit exécuté sans y rien innover, pourvû toutefois que l'abandonnement soit fait par le débiteur à ses créanciers de ses biens, pour être vendus en direction, sinon les droits de centiéme denier seront payez comme pour les ventes pures & simples.

IX. En interprétant l'Article II de notredite Déclaration du 19 Juillet 1704, voulons que dans les Pays où le bénéfice d'inventaire a lieu, sans qu'il soit besoin d'impétrer nos Lettres de Chancellerie, les inventaires soient insinuez par extraits, & les droits payez comme pour les Lettres de bénéfice d'inventaire.

X. Et d'autant que nonobstant la disposition de l'Article XXV de notredit Edit du mois d'Octobre 1703, l'Article XVIII de notre Déclaration du 19 Juillet 1704, & l'Article premier de l'Edit du mois d'Octobre 1705, par lesquels Nous avons fixé le tems dans lequel Nous entendons que les nouveaux possesseurs de biens immeubles, à quelque titre que ce soit, soient tenus de faire enregistrer les titres de propriété desdits biens, ou les déclarations qu'ils doivent faire; néanmoins Nous sommes informez que lesdits acquéreurs & nouveaux possesseurs de biens immeubles, & les Notaires, Tabellions, Greffiers & autres qui passent ou expédient lesdits titres, mettent en usage toutes sortes de moyens pour se dispenser de payer les droits qu'ils doivent. Voulons que lesdits Notaires & Tabellions, tant Royaux que subalternes, les Greffiers des Cours & Jurisdictions Royales & Seigneuriales, & tous autres qui ont droit de passer des Actes, soient tenus & obligez de faire mention dans lesdits Actes, Contrats & Jugemens, qu'ils sont sujets à l'insinuation, même de les faire enregistrer & insinuer dans la quinzaine du jour de leur date, en même tems qu'ils les feront controller & sceller, sans qu'ils les puissent délivrer aux Parties qu'après qu'ils auront été insinuez & les droits payez, à l'exception toutefois des Notaires & Greffiers de notre bonne Ville de Paris, qui seront seulement tenus de faire mention de l'insinuation dans les Actes & Jugemens qu'ils délivreront, lorsqu'ils y seront sujets. Et lorsque les biens immeubles seront situez hors de l'étendue des Bureaux de la demeure des Notaires, Tabellions, Greffiers & autres qui passeront & expédieront lesdits Actes, Arrêts & Jugemens, ils seront seulement tenus d'y faire mention qu'ils sont sujets à l'insinuation, afin que les Parties n'en prétendent cause d'ignorance; & seront dans ce cas les nouveaux possesseurs desdits biens immeubles, soit que la possession nouvelle leur soit acquise par Contrats de ventes, adjudications, donations testamentaires ou autres titres, soit qu'elles leur soient échues par succession collatérale, & qu'ils soient héritiers purs & simples ou bénéficiaires, tenus, sçavoir les nouveaux possesseurs par Contrats ou titres d'acquisition, de les faire insinuer & payer les droits dans les trois mois du jour & date d'iceux: & à l'égard des nouveaux possesseurs à titre successif, de faire leurs déclarations & payer les droits dans les six mois du jour de l'ouverture de la succession, le tout sous les peines portées par lesdits Edits & Déclarations contre les Parties, & de trois cens livres d'amende contre les Notaires, Tabellions & Greffiers.

XI. Voulons conformément à l'Arrêt de notre Conseil du 20 Décembre 1707, que les Notaires & Greffiers de notre bonne Ville de Paris & ceux des autres Villes de notre Royaume, soient tenus de faire mention dans les Actes qu'ils feront pour la suite & exécution de ceux sujets à l'insinuation, de l'insinuation qui en aura été faite, de la date, du lieu, & du nom du Greffier qui aura insinué, sur peine d'être garants en leurs noms du payement des droits, & de trois cens livres d'amende pour chacune contravention.

XII. Et d'autant que par notre Déclaration du 6 Décembre dernier, Nous avons ordonné que les Actes passez hors l'étendue de notre Royaume ou dans les Provinces où les Insinuations laïques ne sont pas établies, ne pourront avoir aucune exécution, ni fonder aucune action en Justice, privilége ou hypotéque entre nos Sujets des Provinces où lesdites Insinuations sont établies, s'ils n'étoient insinuez dans le cas où l'insinuation est requise dans les Bureaux les plus prochains des lieux où l'on voudra s'en servir, & que depuis Nous avons été informez que cette disposition pourroit avoir une trop grande étendue à l'égard des Actes dont l'insinuation est néceſſaire à l'état & à la qualité des perſonnes ; voulons que les Actes perſonnels paſſez dans les Pays non ſujets aux droits d'inſinuation, & dont l'inſinuation eſt néceſſaire par rapport à l'état & à la qualité des perſonnes domiciliées dans leſdits Pays, ſoient ſeulement inſinuez dans les lieux où les inſinuations ſont établies au Greffe du Siége & Juriſdiction dans le reſſort duquel on en voudra faire uſage pour la premiere fois, & qu'après que leſdits Actes auront été une fois inſinuez, ils puiſſent avoir leur exécution dans toute l'étendue de notre Royaume.

XIII. Pour faciliter auſdits Officiers, Greffiers des Inſinuations créez par notre Edit du mois d'Octobre 1707, & à notre Fermier deſdits droits, la régie & perception d'iceux, voulons que tous les Notaires & Tabellions, tant Royaux que Seigneuriaux, Greffiers, Gens de Loi, Greffiers-Gardes-Conſervateurs des Regiſtres des Baptêmes, Mariages & Sépultures, & des Gens de main-morte & autres perſonnes publiques, ſoient tenus de donner communication auſdits Officiers & à notre Fermier, ſes Procureurs ou Commis, de leurs inventaires, répertoires & liaſſes, comme auſſi de leur délivrer tous les trois mois des extraits contenant les noms, demeures & qualitez des Parties, certifiez d'eux, chacun pour ce qui le concerne, des Contrats, Sentences, Jugemens & autres Actes ſujets à l'inſinuation (à l'exception toutefois des donations à cauſe de mort & Teſtamens, qui ne ſeront délivrez qu'après le décès des Teſtateurs ou Donateurs) en leur payant par leſdits Officiers, ou le Fermier de nos droits, ſes Procureurs & Commis, les droits réglez par l'Article XIII de notre Déclaration du 19 Juillet 1704, le tout à peine par leſdits Notaires, Greffiers, & autres qui auront fait refus de donner communication deſdits inventaires, répertoires, & de délivrer leſdits extraits, de deux cens livres d'amende pour chacune contravention, laquelle demeurera encourue contr'eux ſur le ſimple procès-verbal qui ſera dreſſé par leſdits Officiers & Commis, pourvû que le Commis ſe ſoit fait recevoir, & ait prêté le ſerment pardevant le Sieur Commiſſaire député pour l'exécution de nos ordres dans la Généralité où il ſera établi, ou ſes Subdéléguez, laquelle réception ſe fera ſans frais ; au payement de laquelle amende leſdits Notaires & Greffiers ſeront contraints par les voies accoutumées pour nos deniers & affaires, ſans qu'il leur en puiſſe être fait aucune remiſe ni modération.

XIV. Et afin que nos Officiers, Greffiers deſdites Inſinuations créez par notre Edit du mois d'Octobre 1707, ou les Commis qui ſeront par eux ou par le Fermier de noſdits droits, prépoſez à l'exercice & recette d'iceux, puiſſent faire leurs fonctions avec toute l'application & l'exactitude néceſſaire ; voulons qu'ils ne puiſſent être impoſez à la Taille, s'ils n'y ont été avant qu'ils ſoient pourvûs deſdits Offices ou Commiſſions, & s'ils y étoient impoſez, qu'ils ne puiſſent en aucune maniere être augmentez, ſinon en cas d'augmentation de biens ; comme auſſi qu'ils jouiſſent de l'exemption de logement de gens de guerre, collecte de taille & autres impoſitions, tutelle, curatelle, & des mêmes & ſemblables priviléges & exemptions dont jouiſſent les Commis de nos Fermes générales, ſans qu'ils puissent y être troublez par qui & pour quelque cause que ce soit ou puisse être.

XV. N'entendons néanmoins rien innover à ce qui est pratiqué jusqu'à présent dans notre Province de Bretagne, où les successeurs en ligne directe étoient dans l'usage de payer les droits aux mutations avant notre Edit du mois de Décembre 1703, lesquels seront payez ainsi qu'ils l'ont été jusqu'à présent, conformément à nos Edits des mois de Mars 1704, Août 1706, & notre Déclaration du 2 Août 1707.

XVI. Voulons au surplus que tous nos Edits, Déclarations, Arrêts & Réglemens rendus sur la perception desdits droits, soient exécutez selon leur forme & teneur, en ce qu'ils ne sont point contraires à ces Présentes. SI DONNONS EN MANDEMENT à nos amez & féaux Conseillers, les Gens tenant notre Cour de Parlement, Chambre des Comptes & Cour des Aydes à Paris, que ces Présentes ils ayent à faire lire, publier & registrer, & le contenu en icelles garder & exécuter selon leur forme & teneur, nonobstant tous Edits, Déclarations, Arrêts & autres choses à ce contraires, ausquels Nous avons dérogé & dérogeons par ces Présentes, aux copies desquelles collationnées par l'un de nos amez & féaux Conseillers-Secretaires, voulons que foi soit ajoutée comme à l'original: car tel est notre plaisir; en témoin de quoi Nous avons fait mettre notre scel à cesdites Présentes. Donné à Versailles le vingtiéme jour de Mars, l'an de grace mil sept cens huit, & de notre Regne le soixante-cinquiéme. *Signé* LOUIS; *Et plus bas*, Par le Roi, PHELYPEAUX. Vû au Conseil, DESMARETZ. Et scellé du grand sceau de cire jaune.

Registrées, oui & ce requérant le Procureur Général du Roi, pour être exécutées selon leur forme & teneur, & copies collationnées envoyées aux Bailliages & Sénéchaussées du Ressort, pour y être lües, publiées & registrées. Enjoint aux Substituts du Procureur Général du Roi d'y tenir la main, & d'en certifier la Cour dans un mois suivant l'Arrêt de ce jour. A Paris en Parlement le 15 Juin 1708. Signé DONGOIS.

Registrées en la Cour des Aydes, ensemble le Tarif attaché sous le contre-scel d'icelle, oui & ce requérant le Procureur Général du Roi, pour être exécutées selon leur forme & teneur, & ordonné copies collationnées d'icelles être incessamment envoyées ès Siéges des Elections du Ressort de ladite Cour, pour y être lües, publiées & registrées, l'Audience tenant: Enjoint aux Substituts dudit Procureur Général d'y tenir la main, & de certifier la Cour de leurs diligences au mois. A Paris, les Chambres assemblées, le 30 Juillet 1708. Signé OLIVIER.

TARIF des droits que le Roi en son Conseil veut & ordonne être payez à l'avenir, à commencer au premier Juillet prochain, en exécution des Edits des mois de Décembre 1703, Octobre 1705, Août 1706, Déclarations des 19 Juillet 1704, & Réglemens & Arrêts rendus en conséquence, & de la Déclaration de ce jour, pour l'insinuation & enregistrement des Titres mentionnez dans tous lesdits Edits, Déclarations & Arrêts, non compris les droits de centiéme denier pour les mutations des biens immeubles, qui seront payez conformément ausdits Edits & Déclarations.

POUR toutes donations, soit entre-vifs, à cause de mort ou autrement, (à l'exception de celles faites en ligne directe, par Contrat de mariage ou à cause de mort seulement) sera payé;

SÇAVOIR,

Pour celles au-dessous de cinquante livres, une livre, ci 1 l.
De cinquante livres à cent livres, deux livres, ci 2 l.
De cent livres à cinq cens livres, trois livres, ci 3 l.
De cinq cens livres à mille livres, six livres, ci 6 l.
De mille livres à deux mille livres, huit livres, ci 8 l.
De deux mille livres à quatre mille livres, dix livres, ci 10 l.
De quatre mille livres à six mille livres, vingt livres, ci 20 l.
De six mille livres à huit mille livres, vingt-huit livres, ci 28 l.
De huit mille livres à dix mille livres, trente-deux livres, ci 32 l.
De dix mille livres à douze mille livres, trente-six livres, ci 36 l.
De douze mille livres à quatorze mille livres, quarante livres, ci 40 l.
De quatorze mille livres à seize mille livres, quarante-quatre liv. ci 44 l.
Et de seize mille livres jusqu'à vingt-mille livres & au-dessus, à quelque somme qu'elles puissent monter, cinquante livres, ci. 50 l.
Pour les dons mutuels, trente livres, ci 30 l.
Et pour les Jugemens qui auront cassé lesdites donations & dons mutuels, moitié des sommes ci-dessus.
Pour chacune Lettre d'annoblissement, réhabilitation de Noblesse, légitimation, naturalité, érection de Roture en Fief, érection en Marquisat, Comté, Baronnie, ou autres titres de Dignitez, concessions de Justice, Foires ou Marchez, cent livres, ci 100 l.
Pour chacune Lettre d'amortissement ou Actes d'indemnité aux Seigneurs des biens de valeur de cinq cens liv. & au-dessous, dix livres, ci 10 l.
Pour ceux de valeur depuis cinq cens livres jusqu'à deux mille livres, vingt livres, ci 20 l.
Pour ceux depuis deux mille livres jusqu'à quatre mille livres, quarante livres, ci 40 l.
Pour ceux depuis quatre mille livres jusqu'à six mille livres, soixante livres, ci 60 l.

Pour ceux depuis six mille livres jusqu'à dix mille livres, quatre-vingt livres, ci 80 l.
Et pour ceux au-dessus de dix mille livres, cent livres, ci 100 l.
Pour toutes substitutions de biens sera payé par chacun des substituez, trente livres, ci 30 l.
Et pour les Jugemens qui les auront déclarez nulles, quinze livres, ci 15 l.
Pour chacun extrait de legs faits par Testament ou Codicile, sera payé par chacun des légataires même droit que ci-dessus pour les donations, chacun pour ce qui concerne leurs legs.
Pour les Actes d'exhérédations sera payé cinquante livres, ci 50 l.
Et pour les Jugemens qui les auront déclaré nulles, vingt-cinq livres, ci 25 l.
Pour toutes séparations de biens, de corps & d'habitation, ou exclusion de communauté entre maris & femmes, soit qu'elles soient stipulées par les Contrats de mariage, ou ordonnez en Justice, vingt-cinq livres, ci 25 l.
Pour les interdictions volontaires de contracter, soit qu'elles soient consenties par Actes ou Jugemens, pour quelque cause que ce soit, celles des prodigues, furieux, ou gens en démence, quinze livres, ci 15 l.
Et pour les Jugemens qui en auront fait main-levée, sept livres dix sols, ci 7 l. 10 s.
Pour chacune renonciation à une succession, sera payé par chacun des renonçans, trois livres, ci 3 l.
Pour chacune renonciation à communauté entre mari & femme, trois livres, ci 3 l.
Pour toutes Lettres de bénéfice d'âge ou d'inventaire, Actes d'émancipations, Actes par lesquels les peres & meres mettront leurs enfans hors de leur puissance, dix livres, ci 10 l.
Pour chacun des inventaires faits dans les Pays où le bénéfice d'inventaire a lieu, sans qu'il soit besoin d'impétrer les Lettres de Sa Majesté, sera payé par chacun des héritiers, dix livres, ci 10 l.
Pour chacune Sentence portant nomination de Curateurs, trois livres, ci 3 l.
Pour tous Contrats d'union & de direction de Créanciers, ceux d'attermoyement ou d'abandonnement de biens, dix livres, ci 10 l.
Pour chacune Lettre de répi ou Arrêt de surséance, vingt livres, ci 20 l.
Seront lesdits droits payez en chacun des Greffes où les Actes ci-dessus seront insinuez, conformément ausdits Edits & Déclarations.
Pour la recherche sur les Registres, sera payé dix sols par année.
Pour chaque extrait desdits enregistremens, dix sols, ci 10 s.
Et pour l'expédition en entier desdits Actes, sera payé par rolle de grosse même droit qui se paye pour les expéditions en papier au Greffe des Siéges Royaux près lesquels seront établis les Greffiers desdites Insinuations.

Tous lesquels droits seront payez par toutes sortes de personnes exemptes & non exemptes, privilégiées & non privilégiées, sans aucune exception, pour quelque cause & sous quelque prétexte que ce puisse être, nonobstant tous Edits, Déclarations, Arrêts, Réglemens & usages à ce contraires, & en outre les deux sols pour livre de tous lesdits droits que

Nous avons attribuez aux Officiers créez par nos Edits des mois de Février & Octobre 1707.

Fait & arrêté au Conseil Royal des Finances, tenu à Versailles le 20e jour de Mars 1708. Collationné. *Signé* GOUJON.

Registrées, oui & ce requérant le Procureur Général du Roi, suivant l'Arrêt de ce jour. A Paris en Parlement le 15 Juin 1708. Signé DONGOIS.

Registrées en la Cour des Aydes, oui & ce requérant le Procureur Général du Roi, le 30 Juillet 1708. Signé OLIVIER.

Collationné aux Originaux par Nous Conseiller-Secretaire du Roi, Maison, Couronne de France & de ses Finances.

DECLARATION du 18 Janvier 1712, registrée en Parlement le 6 Février suivant, qui marque le lieu où la publication & l'enregistrement doivent être faits, le tems dans lequel on les doit faire, & qui déclare les cas dans lesquels le défaut de publication & d'enregistrement des substitutions en cause la nullité.

Comme nous avons rapporté cette Déclaration du 18 Janvier 1712 toute entiere, page 259 de ce volume, nous y renvoyons le Lecteur.

Déclaration du Roi, donnée à Paris le 30 Novembre 1717, portant que les Insinuations qui ont été & seront faites dans les Bureaux établis en conséquence de la Déclaration du 19 Juillet 1704, seront aussi valables que si elles avoient été faites dans les Justices Royales.

LOUIS, par la grace de Dieu, Roi de France & de Navarre: A tous ceux qui ces présentes Lettres verront, Salut. Les Rois nos Prédécesseurs voulant procurer, autant qu'il est possible, la sureté des engagemens, ont ordonné par plusieurs Edits & Déclarations, qu'il y auroit des Registres dans les Justices Royales, pour y insinuer les Actes dont le Public auroit interêt d'avoir connoissance. Cette précaution qui ne regardoit d'abord que les donations entre-vifs, a été fort étendue dans la suite, & principalement par l'Edit du mois de Décembre 1703, par lequel plusieurs Actes se trouvent assujettis à l'insinuation, qui n'y étoient pas soumis auparavant; & pour en faciliter l'exécution, il a été permis par l'Article XXII de la Déclaration du 19 Juillet 1704, à ceux qui auroient acquis les Offices de Greffiers des Insinuations, de commettre à l'exercice d'iceux dans le ressort du Siége Présidial de leur établissement; & c'est en conséquence de cette Déclaration qu'il s'est établi sous notre autorité plusieurs Bureaux des Insinuations dans les Justices des Seigneurs particuliers. Mais ayant été informé que cet usage nouvellement introduit pourroit causer quelques abus ausquels il seroit nécessaire de remédier; que d'ailleurs plusieurs de nos Sujets ne connoissant pas assez clairement nos intentions, doutent de la validité des insinuations qui n'ont pas été faites dans les Justices Royales ; & que même par Arrêt de la cinquiéme Chambre des Enquêtes de notre Parlement de Paris, rendu entre Marguerite Nattey & Consorts d'une part, & Thomas Sandrier d'autre, le 22 Avril 1717, notredite Cour avant faire droit aux Parties, a ordonné qu'elles se retireroient pardevers Nous, pour obtenir Lettres de Déclaration de notre volonté, & sçavoir si les insinuations faites des donations dans les Bureaux établis en exécution de l'Article XXII de ladite Déclaration du 19 Juillet 1704, dans les lieux dépendans des Justices des Seigneurs particuliers, appellez arrondissemens, sont aussi valables que si lesdites insinuations avoient été faites dans les Greffes des Justices Royales, suivant l'Article LVIII de l'Ordonnance de Moulins. Nous avons jugé à propos d'expliquer notre intention à cet égard, de maniere qu'il n'y ait plus aucun doute, & d'employer en même tems les moyens nécessaires pour maintenir la sureté publique, jusqu'à ce que par l'extinction des droits que la nécessité des tems Nous a obligez d'établir, Nous puissions ramener les choses à l'ancien usage. A ces causes, de l'avis de notre très-cher & très-amé Oncle le Duc d'Orléans, Petit-fils de France, Régent, de notre très-cher & très-amé Cousin le Duc de Bourbon, de notre très-cher & très-amé Cousin le Prince de Conti, Princes de notre Sang, de notre très-cher & très-amé Oncle le Duc du Maine, de notre très-cher & très-amé Oncle le Comte de Toulouse, Princes légitimez, & autres Pairs, grands & notables Personnages de notre Royaume, & de notre certaine science, pleine puissance & autorité royale, Nous avons dit & déclaré, disons & déclarons par ces Présentes signées de notre main, voulons & Nous plaît :

ARTICLE I. Que toutes les insinuations qui ont été faites jusqu'à ce jour, & celles qui seront faites dans la suite aux Bureaux établis en conséquence de l'Article XXII de la Déclaration du 19 Juillet 1704, soient aussi valables que si elles avoient été faites dans les Justices Royales.

II. Enjoignons aux Commis qui sont établis pour recevoir les insinuations dans les Justices des Seigneurs particuliers, d'avoir des Registres paraphez par le Lieutenant Général, ou à son défaut par le premier ou plus ancien Officier du Siége Royal où lesdites Justices ressortissent ; & en cas qu'elles ressortissent nuement en nos Cours, par le Lieutenant Général, ou à son défaut par le premier ou plus ancien Officier du Siége Royal, auquel la connoissance des cas royaux appartient dans l'étendue desdites Justices, pour lequel paraphe il sera payé trois livres pour chaque Registre seulement, le tout à peine de cent livres d'amende contre lesdits Commis pour chaque contravention.

III. Ordonnons en outre que lesdits Registres des Insinuations faites dans lesdits Bureaux particuliers établis dans les Justices des Seigneurs, lesquels sont présentement clos & arrêtez, soient incessamment portez au Greffe du Bailliage ou de la Sénéchaussée Royale où lesdites Justices ressortissent ; & si elles ressortissent en nos Cours, au Greffe du Bailliage ou de la Sénéchaussée Royale à laquelle la connoissance des cas royaux appartient dans l'étendue desdites Justices, & ce à la diligence des Substituts

tuts de nos Procureurs Généraux ; à ce faire les Commis deſdits Bureaux particuliers & tous autres dépoſitaires contraints par toutes voies dûes & raiſonnables, même par corps ; quoi faiſant, ils en ſeront bien & valablement déchargez ; & ſera dreſſé procès-verbal par le Lieutenant Général, ou à ſon défaut, par le premier ou plus ancien Officier deſdits Bailliage ou Sénéchauſſée Royale, de l'état des Regiſtres, au bas duquel les prépoſez au Greffe des Inſinuations dudit Siége Royal s'en chargeront, pour en délivrer des expéditions aux Parties qui les requerront.

IV. Voulons pareillement qu'à l'avenir, & à commencer au dernier Décembre prochain, les Regiſtres des Inſinuations dans leſdits Bureaux particuliers ſoient clos & arrêtez à la fin de chaque année par les Commis dans leſdits Bureaux, pour être enſuite par eux portez au Greffe de la Juſtice Royale, & en être dreſſé procès verbal, conformément à ce qui eſt porté dans l'Article ci-deſſus. Si donnons en mandement à nos amez & féaux Conſeillers, les Gens tenans notre Cour de Parlement à Paris, que ces Préſentes ils ayent à faire lire, publier & regiſtrer, & le contenu en icelles exécuter ſelon leur forme & teneur : Car tel eſt notre plaiſir ; en témoin de quoi Nous avons fait mettre notre ſcel à ceſdites Préſentes. Donné à Paris le 30e jour de Novembre, l'an de grace 1717, & de notre Regne le 3e. *Signé* LOUIS ; *Et plus bas*, par le Roi, LE DUC D'ORLEANS Régent, préſent. PHELIPEAUX. Et ſcellée du grand ſceau de cire jaune.

Regiſtrées, oui & ce requérant le Procureur Général du Roi, pour être exécutées ſelon leur forme & teneur, & copies collationnées envoyées aux Bailliages & Sénéchauſſées du reſſort, pour y être lûes, publiées & regiſtrées : Enjoint aux Subſtituts du Procureur Général du Roi d'y tenir la main, & d'en certifier la Cour dans un mois, ſuivant l'Arrêt de ce jour. A Paris en Parlement le 22 Décembre 1717. Signé GILBERT.

Arrêt du Conſeil d'Etat du Roi, du 26 Février 1718, qui regle les droits de controlle & d'inſinuation des Teſtamens, Codiciles, Donations & autres Actes qui ne doivent avoir effet qu'après la mort, ſuivant la qualité des Teſtateurs ou Donateurs, dans la Province de Languedoc.

Extrait des Regiſtres du Conſeil d'Etat.

LE Roi étant informé des difficultez qui ſe préſentent actuellement en la Province de Languedoc, au ſujet des droits de controlle & d'inſinuation des Teſtamens, Codiciles, Donations, & autres Actes qui ne doivent avoir effet qu'après le décès des Teſtateurs ou Donateurs, dans leſquels tous les biens ne ſont pas déſignez ou évaluez ; les Notaires & les redevables prétendant, par l'interprétation qu'ils donnent aux Articles 169 & 171 du Tarif arrêté au Conſeil le vingt Mars 1708 pour le controlle, qu'ils doivent être admis à faire des déclarations & évaluations des biens des ſucceſſions, pour regler tant leſdits droits de controlle que ceux d'insinuation; le Sous-fermier desdits droits soutenant au contraire, que conformément à ces mêmes Articles du Tarif du controlle, il est toujours dû cinquante livres pour ceux des personnes dénommées dans l'Article 168, & vingt-cinq livres pour ceux des personnes comprises dans l'Article 170, & par toutes sortes de personnes indistinctement; cinquante livres pour l'insinuation des meubles & effets mobiliers, sans préjudice des droits, des legs particuliers, des substitutions, s'il y en a, & du centiéme denier des immeubles : que le texte dudit Article 169 qui s'explique par ces mots, *pour ceux dans lesquels le prix ou valeur des choses données ou léguées ne seront point désignées, ou qui ne pourront recevoir aucune estimation*, établit incontestablement son droit, parce qu'il impose la nécessité de faire la désignation des choses par l'Acte même, & qu'il donne clairement à entendre que la plus grande partie des Testamens, particulierement ceux qui se font dans les Pays de Droit écrit, qui contiennent des institutions d'héritiers universels, tant au mobilier qu'à l'immobilier, ne peuvent jamais recevoir aucune estimation : qu'en effet les héritiers instituez qui sont obligez de faire controller les Testamens dans la quinzaine du jour du décès des Testateurs, ne peuvent pas connoître l'objet des successions, ni en faire des déclarations justes : que s'ils étoient admis à en faire des estimations vagues, elles seroient toujours frauduleuses, par la facilité qu'ils auroient à divertir ou receler les meubles & effets les plus considérables, tels que l'argent comptant, bijoux, vaisselle d'argent, billets, lettres de change & autres, obligations & autres de différentes natures, & se rendroient par ce moyen arbitres des droits, sans que le Fermier pût s'y opposer : que cette même question s'étant déja présentée en Normandie & en Provence, elle a été pleinement décidée au Conseil par trois Arrêts, le premier du onze Février 1710, & les deux autres du treize Décembre 1712, qui portent précisément que l'évaluation des biens doit être faite par le Testament même, & qu'elle ne peut l'être par aucuns Actes postérieurs, & qui condamnent les héritiers à payer les plus forts droits de controlle & d'insinuation, nonobstant les déclarations qu'ils avoient faites de la valeur des successions à des sommes certaines. Sur quoi Sa Majesté ayant fait examiner les différens Mémoires qui ont été présentez, tant par le Syndic des Etats & les Notaires de Languedoc, que par le Sous-fermier des droits de controlle, petits sceaux & insinuations dans l'étendue de ladite Province, & les Edits, Déclarations, Tarifs, Arrêts & Réglemens rendus sur la perception des droits, voulant traiter favorablement les héritiers testamentaires, faciliter au Sous-fermier le recouvrement des droits qui lui sont dûs, ou dont le payement a été suspendu, à cause des contestations qui ont été jusqu'à présent formées, & prévenir toutes sortes de difficultez à ce sujet pour l'avenir, n'a pas trouvé de moyen plus convenable que de régler ces droits par rapport à la condition & qualité des Testateurs ou Donateurs. Vû aussi l'avis du Sieur de Basville, Conseiller d'Etat ordinaire, Intendant de la Province de Languedoc : Oui le rapport. Le Roi en son Conseil, de l'avis de M. le Duc d'Orleans Régent, a ordonné & ordonne que pour les Testamens, Codiciles, Donations, & autres Actes qui ne doivent avoir effet qu'après le décès des Donateurs ou Testateurs, dans lesquels le prix ou valeur de tous les biens donnez ou leguez ne seront pas désignez ni évaluez, les droits de controlle en seront payez suivant les qualitez des Donateurs ou Testateurs ; sçavoir,

Pour ceux des personnes constituées en Dignitez ecclésiastiques ou laïques, Gentilshommes qualifiez ou possédans des Terres de haute, moyenne ou basse Justice, Présidens, Conseillers, Avocats ou Procureurs Généraux, & Greffiers en chef des Parlemens & autres Cours supérieures, Officiers de Finances, Secretaires du Roi, Trésoriers & autres pourvûs d'Emplois considérables, Fermiers, Sous-fermiers & Traitans des droits du Roi, Banquiers & Marchands en gros de toutes les Villes de la Province, premiers Officiers & Bourgeois vivans de leurs revenus des Villes où il y a Cour supérieure, Présidial ou Evêché, leurs veuves & enfans de l'un & l'autre sexe, cinquante livres.

Pour ceux des simples Gentilshommes, des Officiers de Judicature des Présidiaux, Bailliages, Sénéchaussées, Vigueries & autres Jurisdictions Royales, premiers Officiers & Bourgeois vivans de leurs revenus de toutes les autres Villes, Directeurs, Receveurs & principaux Commis des Fermes & Droits du Roi, trente livres.

Pour ceux des Officiers de Judicature des Duchez-Pairies & autres Jurisdictions Seigneuriales ressortissantes nûement aux Parlemens, Avocats, Notaires, Procureurs, Greffiers & autres Officiers & Marchands en détail des Villes où il y a Cour supérieure, Présidial, Bailliage, Sénéchaussée & autres Jurisdictions Royales, vingt livres.

Pour ceux des Officiers de Judicature des autres Jurisdictions Seigneuriales, Procureurs, Notaires, Greffiers & autres Officiers des mêmes Jurisdictions, Marchands, Bourgeois des autres Villes, gros Laboureurs & Fermiers tenans Fermes considérables à prix d'argent, dix livres.

Pour ceux des Artisans, Manouvriers, Journaliers & autres personnes du commun des Villes, trois livres.

Et pour ceux des simples Manouvriers, Journaliers & autres personnes du commun de la campagne, trente sols.

A l'égard des Donateurs & Testateurs qui auront différentes qualitez, les droits seront payez sur le pied de celle qui devra le plus fort droit.

Veut Sa Majesté que les droits d'insinuation qui seront dûs par les héritiers, à cause des meubles & effets mobiliers qui ne seront point évaluez, soient payez sur le même pied qui est ci-dessus réglé pour le controlle ; le tout sans préjudice des droits d'insinuation des legs particuliers & des substitutions, s'il y en a, & du centiéme denier des immeubles. Ordonne Sa Majesté, que les Notaires, Curez ou autres dépositaires des Testamens, Codiciles, Donations ou autres Actes dont les Testateurs ou Donateurs sont décédez, qui n'ont pas encore été controllez & insinuez, seront tenus dans un mois du jour de la publication du présent Arrêt, de les porter au Bureau du Fermier, pour y être controllez & insinuez, & les droits payez, sous les peines & amendes portées par les Réglemens. Enjoint Sa Majesté au Sieur de Basville, Conseiller d'Etat ordinaire, Intendant de la Province de Languedoc, de tenir la main à ce que le présent Arrêt soit exécuté, nonobstant oppositions ou appellations quelconques, & dont, si aucunes interviennent, Sa Majesté s'en est & à son Conseil réservé la connoissance, & icelle interdite à toutes ses Cours & autres Juges. Fait au Conseil d'Etat du Roi, Sa Majesté y étant, tenu à Paris le 27 Février 1718. Collationné. *Signé* PHELYPEAUX.

Le Lecteur est averti qu'il y a une Ordonnance de Louis XV, du mois de Février 1731, qui fixe la Jurisprudence sur la nature, la forme, les charges ou les conditions des Donations; & une Déclaration du 17 du même mois, concernant les Insinuations.

Comme j'ai rapporté la teneur de l'une & de l'autre dans le premier Volume, livre 7, chapitre 9, il est inutile de les rapporter ici: nous remarquerons seulement que toute la Déclaration concerne les Insinuations, mais que l'Ordonnance parle de différentes choses regardant les Donations; c'est pourquoi nous allons indiquer les Articles qui parlent des Insinuations, afin que le Lecteur les puisse trouver, sans être obligé de lire toute l'Ordonnance.

Ces Articles sont le vingtiéme & les suivans, jusqu'au trente-trois inclusivement.

Déclaration du Roi, du 17 Janvier 1736, pour le Pays d'Artois, au sujet de l'insinuation des Donations.

Registrée en Parlement le 28 Février 1736.

LOUIS, &c. Salut. L'objet que Nous nous sommes proposez dans notre Ordonnance du mois de Février 1731, ayant été de fixer la Jurisprudence des différens Tribunaux de notre Royaume, sur plusieurs questions qui concernent la nature, la forme, les charges ou les conditions des Donations, Nous y avons établi par les Articles XIX, XX & suivans, les regles qui doivent être observées par rapport à la formalité des insinuations; & par l'Article XXXIII de la même Ordonnance, Nous avons déclaré que Nous n'entendions comprendre dans les Articles qui regardent cette matiere, les Pays qui sont du ressort de notre Cour de Parlement de Flandres, où la formalité des insinuations n'a jamais été en usage. Mais il nous a été représenté que notre Province d'Artois étoit dans le même cas, la formalité de l'insinuation n'y ayant jamais été observée, & que sur ce fondement le feu Roi notre très-honoré Seigneur & Bisayeul, par sa Déclaration du 15 Septembre 1704, enregistrée en notre Cour de Parlement à Paris le 24 Septembre suivant, auroit dispensé ladite Province de l'établissement des Offices de Greffiers des Insinuations, ordonnant en même tems qu'il en seroit usé dans ladite Province comme par le passé, à l'égard des Actes & Contrats qui sans cette Déclaration auroient été sujets à l'insinuation, suivant l'Edit du mois de Décembre 1703. Ainsi les raisons qui Nous ont portez à excepter les Pays du ressort du Parlement de Flandres de la disposition des Articles de notre Ordonnance du mois de Février 1731, qui concernent la formalité de l'insinuation, Nous engagent à expliquer de la même maniere nos intentions en faveur de l'ancien usage de notre Province d'Artois sur cette matiere. A CES CAUSES & autres à ce Nous mouvans, de l'avis de notre Conseil, & de notre certaine science, pleine puissance & autorité royale, Nous avons dit & déclaré, & par ces Présentes signées de notre main, disons & déclarons, que dans les Articles XIX & suivans de notredite Ordonnance du mois de Février 1731, jusqu'à l'Article XXXII, Nous n'avons pas entendu comprendre notredite Province d'Artois. Dérogeons ausdits Articles pour ce regard seulement, & en conséquence voulons qu'en ce qui concerne la formalité de l'insinuation, il en soit usé dans notredite Province ainsi que par le passé & avant notredite Ordonnance, laquelle sera au surplus exécutée selon sa forme & teneur. SI DONNONS, &c.

CHAPITRE V.

Des Insinuations laïques & du Centiéme Denier.

L'INSINUATION qui n'avoit été originairement établie que pour les donations & les substitutions, a été par l'Edit du mois de Décembre 1703 étendue à tous les Actes translatifs de propriété, & à plusieurs autres dénommez dans cet Edit, appellé communément l'Edit des Insinuations laïques.

Les Actes des Notaires sujets à insinuation doivent être insinuez par les Notaires qui les passent, à l'exception de ceux qui doivent être insinuez à la diligence des Parties; sçavoir, I. les substitutions & les donations entre-vifs.

II. Les Contrats translatifs de propriété de biens immeubles situez hors le ressort de la Jurisdiction où ils sont passez.

L'Article XXII de la Déclaration du 19 Juillet 1704, rendue en interprétation de l'Edit de 1703, enjoint à tous Notaires de faire mention dans les Contrats & Actes qu'ils passeront, qu'ils sont assujettis à être insinuez, quand ils devront l'être à la diligence des Parties.

Quelques Notaires ayant manqué d'y satisfaire, par Arrêt du Conseil du 23 Juin 1705, il a été ordonné que la Déclaration du 19 Juillet 1704 sera exécutée, & qu'en conséquence chacun desdits Notaires sera condamné en six cens livres d'amende, faute par eux d'avoir inséré dans les Contrats de vente d'immeubles la mention qu'ils sont sujets à insinuation.

Par un autre Arrêt du Conseil du 28 Juillet 1705, un Notaire de Châlons a été condamné en trois cens livres d'amende, pour avoir passé un Contrat de mariage portant donation, sans y avoir fait mention qu'il étoit sujet à insinuation.

Par autre Arrêt du Conseil du 14 Mai 1718, un Notaire de Tours a été condamné en trois cens livres d'amende, & à la garantie des droits de controlle & d'insinuation d'un testament, & du triple dudit droit d'insinuation, faute par lui d'avoir fait mention dudit testament, du controlle, & du vû d'icelui dans l'inventaire qui a suivi ledit testament.

Les Tuteurs & Curateurs sont garants du défaut d'insinuation de tous les Actes qui concernent leurs mineurs. Il en est de même des maris à l'égard de leurs femmes, comme il a été ordonné par un Arrêt du Conseil du 16 Septembre 1725.

Les testamens doivent être insinuez en entier à la diligence des héritiers ou légataires universels & exécuteurs testamentaires, lesquels seront tenus de payer les droits de toutes les différentes dispositions sujettes à insinuation, sauf à faire la répartition sur les légataires particuliers & substituez, comme il a été décidé par Arrêt du Conseil du 17 Août 1721. Les Notaires qui auront payé les droits de controlle & d'insinuation, seront pour raison de ce préférez à tous autres créanciers, ainsi qu'il a été décidé par Arrêt du Conseil du 21 Juin 1723.

Cet Arrêt ordonne que Lauverjon, Notaire à Paris, sera remboursé par préférence à tous créanciers, de la somme par lui payée pour les droits de controlle & d'insinuation d'un testament par lui reçu; & en conséquence, que l'Huissier-Priseur chargé des deniers provenans du prix de la vente des effets, sera contraint comme dépositaire, à payer ladite somme audit Lauverjon, moyennant quoi il en demeurera valablement déchargé envers tous saisissans, opposans & autres.

L'Edit des Insinuations laïques n'a aucune exécution dans la Province d'Artois, ainsi qu'il est ordonné par une Déclaration du Roi du 15 Septembre 1704, enregistrée au Parlement le 24 du même mois.

Par Arrêt du Conseil du 20 Mars 1720, les droits de controlle des Actes des Notaires & sous signatures privées, insinuations laïques, petits sceaux & centiéme denier, ont été supprimez dans la Ville & Généralité de Lyon, à la charge qu'il sera fait une imposition annuelle sur les Habitans de ladite Généralité, pour tenir lieu desdits droits.

Par l'Edit du mois d'Octobre 1705, il est ordonné que les Notaires, tant Royaux que subalternes, seroient obligez de faire insinuer les Contrats & Actes qu'ils passeroient, sujets à l'insinuation, dans les Bureaux où ils les feroient controller, dans la quinzaine du jour de la passation, avec défenses de les délivrer aux Parties qu'après qu'ils auront été insinuez, à peine d'amende, &c.

Les Notaires de Paris prétendirent être exceptez de cette regle générale, attendu que les Contrats & Actes qu'ils passent ont été exemptez du controlle. Sur quoi le 27 Avril 1706 est survenu Arrêt du Conseil, qui ordonne que les Edits des mois de Décembre 1703, Octobre 1705, la Déclaration du 19 Juillet 1704, & l'Arrêt du 10 Mars 1705, seront exécutez selon leur forme & teneur; en conséquence, que les Notaires de Paris seront tenus de faire insinuer dans la quinzaine tous les Actes qu'ils passeront à l'avenir, sujets à insinuation, à compter du jour d'iceux, pour les biens situez dans la Ville & Fauxbourgs de Paris, à l'exception des substitutions & donations entre-vifs, qui seront insinuées à la diligence des Parties, conformément à l'Article 3 de l'Edit du mois de Décembre 1703, & à l'Article 11 de la Déclaration du 19 Juillet 1704, & des Contrats de vente & d'échange, & autres Actes translatifs de propriété de biens immeubles situez hors ladite Ville & Fauxbourgs de Paris, lesquels seront insinuez à la diligence des Parties dans les Bureaux où les biens se trouveront situez, conformément audit Edit. Ordonne en outre, que suivant icelui, les Notaires au Châtelet de Paris, & les Greffiers de toutes les Cours & Jurisdictions de la Ville de Paris, seront tenus de délivrer de trois mois en trois mois un état particulier certifié d'eux, chacun en ce qui le concerne, des Contrats, Sentences, Jugemens & autres Actes sujets à l'insinuation, à l'exception toutefois des donations & testamens qui ne seront délivrez qu'après le décès des Testateurs ou Donateurs, en payant pour chacun des Actes contenus ausdits états, les droits réglez par l'Article 13 de la Déclaration du mois de Juillet 1704, sinon de fournir leur déclaration qu'ils n'en ont reçu aucuns, le tout sous les peines portées par ladite Déclaration.

Les Particuliers nouveaux acquéreurs de biens immeubles par Contrats & Actes qui doivent être insinuez à leur diligence, sont tenus de les faire insinuer dans six mois, & d'en payer le centiéme denier, à compter du jour de leur date ; & à faute de ce, ils sont condamnez à payer le triple dudit droit, comme il a été jugé par plusieurs Arrêts du Conseil.

Par Arrêt du Conseil du 21 Juin 1723, le Roi en son Conseil, a fait très-expresses inhibitions & défenses à tous Notaires, Greffiers & autres ayant droit d'instrumenter, de faire aucune rature, renvoi ni changement de quelque espéce que ce soit, dans les Actes qu'ils recevront, qu'ils ne soient approuvez par les Parties, à peine de nullité desdits Actes, de deux cens livres d'amende & d'interdiction contre lesdits Notaires, Greffiers ou autres, même d'être poursuivis extraordinairement comme pour crime de faux : Leur enjoint Sa Majesté très-expressément, conformément à sa Déclaration du 14 Juillet 1699, & sous les peines y portées, de faire parapher tous renvois & ratures par les Commis aux controlles & insinuations des Actes. Fait Sa Majesté défenses ausdits Commis de controller aucun des Actes où les ratures, changemens ou renvois ne seront pas approuvez, à peine de trois cens livres d'amende & de révocation.

Les Commis au controlle des Actes des Notaires perçoivent en même tems les droits d'Insinuations laïques, comme il est ordonné par un Arrêt du Conseil du 22 Juillet 1704.

Les Contrats d'aliénation des Domaines de Sa Majesté ne sont point sujets à être insinuez au Greffe des Insinuations laïques, comme il est porté par Arrêt du Conseil du 24 Janvier 1705.

Tous les Notaires sont obligez de tenir des répertoires des Actes sujets à insinuation, & de faire insinuer la minute de ceux dont l'insinuation ne doit point être faite par les Parties. C'est pourquoi par Arrêt du Conseil du 18 Juillet 1704, Jacques Pean, Notaire & Procureur en la Ville de Jargeau, a été condamné en huit cens livres d'amende ; sçavoir deux cens livres faute de n'avoir tenu des répertoires ; trois cens livres pour n'avoir pas fait insinuer plusieurs minutes ; & trois cens livres pour avoir occupé comme Procureur, & donné copie d'une renonciation non insinuée.

Les Notaires sont tenus de communiquer leurs registres, protocoles & minutes aux Receveurs & Commis du controlle & insinuations, pour vérifier si lesdites minutes ont été controllées & insinuées.

Ainsi

Ainsi par Arrêt du Conseil du 14 Mars 1719, trois Notaires ont été condamnez chacun en deux cens livres d'amende, pour avoir refusé ladite communication.

Depuis est intervenu un autre Arrêt du Conseil le 11 Juillet 1721, qui enjoint aux Notaires de Pontoise & autres, de communiquer leurs minutes, liasses & répertoires aux Receveurs & Commis du controlle & insinuations, à peine d'interdiction & de deux cens livres d'amende.

DU CENTIÉME DENIER.

CENTIÉME denier est un droit qui se paye au Roi, qui consiste dans la centiéme partie du prix de l'estimation des immeubles, & qui se paye par tous les nouveaux acquéreurs, à quelque titre que ce soit, en conséquence de l'Edit du mois de Décembre 1723, appellé communément l'Edit des Insinuations laïques.

On excepte ce qui vient par succession en ligne directe, ou par donation à cause de mort, legs faits par testamens & autres dispositions testamentaires par les peres, meres ou ayeuls en faveur de leurs enfans, & ce qui leur est par eux donné pour tenir lieu de titre clérical, qui ne doivent point de centiéme denier.

Il faut encore remarquer ici, que pour les acquisitions d'immeubles dont le prix & la valeur ne sont que de cent livres & au-dessous, il n'est point dû de centiéme denier; mais au lieu de ce droit on paye pour les droits d'insinuations laïques dix sols seulement, pour la translation de propriété de biens immeubles, soit par vente, échange, succession, donation ou autrement, lorsque leur valeur n'est que de cinquante livres & au-dessous; & pour ceux qui sont depuis cinquante livres jusqu'à cent livres, vingt sols, ainsi qu'il est porté par Arrêt du Conseil du 19 Février 1706.

Non-seulement les nouveaux acquéreurs d'immeubles par Actes de translation de propriété passez pardevant Notaires, payent le centiéme denier, mais aussi ceux qui en acquierent par Actes faits sous signatures privées.

Ainsi par Arrêt du 31 Décembre 1720, le Marquis de Praslin a été condamné à faire insinuer dans les Bureaux où sont situez les biens qu'il avoit acquis par vente sous signatures privées, & d'en payer le centiéme denier, ensemble le triple d'icelui.

Un Acte qui contiendroit la résiliation d'un Contrat de vente ou autre translatif de propriété, est aussi sujet à insinuation & au droit de centiéme denier, comme il a été ordonné par Arrêt du Conseil du 22 Juillet 1721, qui condamne le Sieur de la Vigerie à payer les droits d'insinuation & du centiéme denier d'une translation portant résiliation d'un Contrat de vente d'immeubles.

Tous acquéreurs de biens immeubles, soit par ventes, testamens, succession collatérale, & à quelque titre que ce soit, sont tenus de payer ce droit de centiéme denier, non-seulement pour raison de leur acquisition, mais encore tous les droits de centiéme denier dont lesdits biens se trouveront chargez, à cause des mutations arrivées avant leur titre de propriété ou de possession, par préférence à tous créanciers, sauf leur recours si le cas y échet. Ainsi jugé par Arrêt du Conseil du 25 Octobre 1724.

Le centiéme denier se doit payer dans six mois, à compter du jour du Contrat ou Acte translatif de propriété, faute de quoi l'Acquéreur peut être contraint de payer le triple dudit droit, comme nous avons dit ci-devant.

Après avoir donné ces éclaircissemens sur les insinuations laïques & le centiéme denier, nous allons rapporter l'Edit du mois de Décembre 1703 & plusieurs Déclarations données en interprétation de cet Edit, & un autre Edit de 1705, avec quelques Arrêts du Conseil rendus sur les contestations qui sont survenues au sujet des insinuations laïques & sur le centiéme denier. Nous rapporterons ces Arrêts par extrait seulement.

Je ne ferai mention que de ce qui concerne les Notaires & les Actes qu'ils passent. Le Lecteur qui voudra s'instruire de ce qui regarde les autres Officiers de Judicature par rapport aux insinuations laïques & au centiéme denier, peut consulter le Recueil des Réglemens & Arrêts du Conseil touchant cette matiere, imprimé à Paris chez Pierre Prault.

Il y a plusieurs Tarifs des droits d'insinuation des Actes, Contrats, Titres, Sentences, Jugemens & Lettres de Chancellerie qui y sont déclarez sujets; sçavoir celui du 22 Décembre 1703 à la fin de l'Edit du même mois, celui du 20 Mars 1708 à la fin de la Déclaration du même jour, & enfin celui qui est à la fin de la Déclaration du 29 Septembre 1722. Nous ne rapporterons à la fin de ce chapitre que ce dernier, qui a changé, augmenté, diminué plusieurs Articles des précédens, & qui est universellement observé.

EDIT DU ROI, donné à Fontainebleau au mois d'Octobre 1705, registré en Parlement le 24 desdits mois & an.

LOUIS, par la grace de Dieu, Roi de France & de Navarre : A tous présens & à venir, Salut, &c. A ces causes & autres à ce Nous mouvans, de notre certaine science, pleine puissance & autorité royale, Nous avons par notre présent Edit perpétuel & irrévocable, dit, statué & ordonné, disons, statuons & ordonnons, voulons & Nous plaît :

ARTICLE I. Qu'à l'avenir, à commencer du premier Janvier prochain, les Notaires & Tabellions, tant Royaux que subalternes, les Greffiers des Cours & Jurisdictions Royales & Seigneuriales, & autres Particuliers qui ont droit de passer des Actes, soient tenus & obligez de faire enregistrer & insinuer dans les Bureaux dans lesquels ils les feront controller, tous les Contrats de ventes, d'échanges, baux à rentes foncieres, rachetables ou non rachetables, baux emphytéotiques, ventes à faculté de réméré, antichrèses & autres Actes translatifs de propriété, Arrêts, Jugemens, Sentences & autres Actes sujets à insinuation, dans la quinzaine du jour & date desdits Actes, & en même tems qu'ils les feront controller & sceller, leur faisant très-expresses inhibitions & défenses de les délivrer aux Parties qu'après qu'ils auront été insinuez & les droits payez, à peine de trois cens livres d'amende pour chacune contravention, laquelle demeurera encourue en vertu du présent Edit, sans pouvoir être modérée ni sursise par nos Juges à qui la connoissance desdites insinuations appartient, à peine d'en répondre en leurs propres & privez noms, à la réserve néanmoins des substitutions & donations entre-vifs, que Nous voulons être insinuées à la diligence des Parties, conformément à l'Article III de notre Edit du mois de Décembre 1703, & l'Article XI de notre Déclaration du 19 Juillet 1704, dans les délais & sur les peines y portées.

II. N'entendons pareillement rien innover pour ce qui regarde l'insinuation des Contrats de ventes, d'échanges & autres titres translatifs de propriété de biens immeubles situez hors l'étendue des Bureaux de la demeure des Notaires, Tabellions & Greffiers ; lesquels, attendu la distance des lieux, seront insinuez à la diligence des Parties dans les Bureaux où les biens se trouveront situez, dans les trois mois, à compter du jour & date d'iceux, au lieu de six mois portez par nos Edit & Déclaration des mois de Décembre 1703, & 19 Juillet 1704, sous les mêmes peines y portées, sans qu'elles puissent être réputées comminatoires, modérées, ni sursises. Seront seulement à cet égard tenus les Notaires, Greffiers & autres qui passeront & expédieront lesdits Actes, Arrêts & Jugemens, d'y faire mention qu'ils sont sujets à l'insinuation, pour que les Parties n'en prétendent cause d'ignorance, & d'en fournir des extraits tous les trois mois, sous les peines portées par ladite Déclaration du 19 Juillet 1704.

III. Voulons que toutes Lettres de répi, d'annoblissement, réhabilitation de noblesse, de benéfice d'âge, d'inventaires, d'émancipations, d'amortissement, légitimations, naturalitez, érection de Terres en Marquisat, Comté, Baronnie, ou autres titres de Dignité, concessions de Foires ou Marchez assujetties à l'insinuation par nosdits Edit & Déclaration, soient insinuez, & les droits payez avant l'enregistrement & entérinement desdites Lettres, sur peine de nullité desdits enregistremens & entérinemens des procedures qui auront été faites pour y parvenir, & de trois cens livres d'amende contre les Procureurs qui auront occupé.

IV. Voulons pareillement que les donataires d'effets mobiliers par un même Acte, ou légataires de pareils effets par un même article de Testament ou Codicile, payent chacun à proportion de la valeur de ce qui leur aura été donné ou légué sur le pied du Tarif attaché sous le contre-scel de notredit Edit du mois de Décembre 1703.

V. Voulons en outre que tous les Actes qui par les Coutumes & Usages locaux sont sujets à l'insinuation, soient insinuez & registrez ausdits Bureaux, & les droits payez sur le pied de ceux dûs pour les Actes de pareille nature & qualité, quoiqu'ils n'ayent pas été dénommez par nosdits Edit & Déclaration.

VI. Déclarons nuls & de nul effet toutes Lettres, Arrêts, Sentences, Jugemens, Contrats & Actes qui n'auront pas été insinuez dans le tems & en la forme prescrite par notre présent Edit. Faisons défenses à tous nos Juges & autres qu'il appartiendra d'y avoir aucun égard.

VII. Voulons en outre que toutes les peines & amendes qui seront payées pour les contraventions qui pourroient être faites au présent Edit, appartiennent aux Receveurs de nos droits d'insinuation, comme faisant partie de leur bail; & au surplus, que nos Edits des mois de Décembre 1703 & Octobre 1705, ensemble notre Déclaration du 19 Juillet 1704, soient exécutez selon leur forme & teneur, en ce qui ne sera point contraire à notre présent Edit, &c.

Edit pour les Insinuations laïques & pour le droit de Centiéme denier, donné à Versailles au mois de Décembre 1703, registré à Paris en Parlement le 8 Février 1704.

LOUIS, par la grace de Dieu, Roi de France & de Navarre: A tous présens & à venir, Salut. Les Rois nos prédécesseurs ont ordonné par différens Edits & Déclarations, que tous Contrats de ventes, échanges, donations, cessions, transports, constitutions de rentes, garanties, contre-lettres, déclarations & autres obligations seroient insinuez, à peine de nullité, & ils ont à cet effet créé des Greffiers pour faire lesdites insinuations: Nous avons à leur exemple ordonné par notre Déclaration du mois de Mai 1645, que toutes donations, soit entre-vifs ou à cause de mort, en faveur de mariage ou autrement, seroient insinuées, le tout à peine de nullité. Les Offices furent établis dans la plûpart des lieux où l'insinuation s'observe aujourd'hui, particulierement dans l'étendue du ressort du Châtelet de notre bonne Ville de Paris & dans notre Province de Bretagne; mais comme il ne se trouva pas alors des Acquéreurs dans tous les lieux où ces Offices devoient être établis, les Greffiers des Justices ordinaires & autres Particuliers se sont ingérez à en faire les fonctions & à en percevoir les droits, sans Nous avoir pour ce payé aucune finance. A quoi voulant pourvoir, & employer en même tems les moyens qui Nous paroissent les moins à charge à nos Sujets, pour Nous procurer les secours qui Nous sont nécessaires: Nous avons résolu de supprimer lesdits Offices de Greffiers des Insinuations, & d'en établir de nouveaux, dont Nous étendrons les fonctions sur tous les Contrats & Actes dont le Public a interêt d'avoir connoissance. A CES CAUSES & autres à ce Nous mouvans, de notre certaine science, pleine puissance & autorité royale, &c.

ARTICLE I. Nous avons par le présent Edit perpétuel & irrévocable, éteint & supprimé, éteignons & supprimons tous les Greffes des Insinuations laïques, créez & établis dans l'étendue de notre Royaume par Nous ou par les Rois nos prédécesseurs, soit qu'ils soient exercez en vertu de nos Lettres de provision, ou sur matricules ou commissions, par ceux qui s'en prétendent propriétaires, ou par les Fermiers de nos Domaines.

II. Voulons qu'il soit incessamment procédé en notre Conseil à la liquidation de leur finance, & pourvû à leur remboursement; & des mêmes pouvoir & autorité que dessus, Nous avons créé & érigé, créons & érigeons en titre d'Office formé & héréditaire un Office de notre Conseiller-Greffier des Insinuations laïques en chacune des Villes & lieux de notre Royaume, Pays, Terres & Seigneuries de notre obéissance, où il y a Siége & Jurisdiction Royale & ordinaire, pour insinuer tous les Contrats & Actes sujets à insinuation, ainsi qu'il sera dit ci-après, sur des registres, lesquels seront paraphez dans les Bailliages & Sénéchaussées par les Lieutenans Généraux, & dans les Prevôtez & autres Justices Royales, par les premiers Juges, pour lequel paraphe leur sera payé trois livres pour chacun registre.

III. Voulons que toutes donations entre-vifs ou à cause de mort, soit de meubles ou immeubles, à l'exception de celles faites en ligne directe par Contrats de mariage, tous dons mutuels, ensemble toutes dispositions entre-vifs ou de derniere volonté, contenant des substitutions ou exhérédations, soient insinuées & enregistrées ès registres desdits Greffiers, dans le tems & sous les peines portées par l'Article CXXXII de l'Ordonnance de 1539, par les Articles LVII & LVIII de l'Ordonnance de Moulins, & par les Déclarations des 10 Juillet 1566 & 17 Novembre 1690.

IV. Seront en outre insinuez ès registres desdits Greffiers tous les Actes ci-après par extrait sommaire seulement; sçavoir tous les legs faits par Testamens ou Codiciles, dont les extraits seront insinuez à la diligence des exécuteurs testamentaires ou des héritiers, sauf à répéter sur les légataires en déduction de leurs legs, & au défaut desdits exécuteurs & héritiers, à la diligence des légataires, lesquels, non plus que les donataires à cause de mort, ne pourront obtenir la délivrance de leurs legs ou donations, que l'insinuation n'en ait été faite.

V. Comme aussi les clauses de Contrats de mariage contenant exclusion de communauté dans les Pays où elle a lieu, & les séparations de biens entre maris & femmes ordonnées en Justice.

VI. Toutes interdictions volontaires de contracter, & celles des prodigues, furieux & gens en démence, & les Sentences & Jugemens portant main-levée desdites interdictions.

VII. Toutes renonciations à successions ou communautez de biens entre maris & femmes, tous Arrêts ou Jugemens qui auront déclaré les exhérédations, donations, dons mutuels ou substitutions nulles, toutes Lettres de bénéfice d'âge ou d'inventaire, & Actes d'émancipation.

VIII. Tous Contrats d'union ou de direction de créanciers, ceux d'attermoyement, cession & abandonnement de biens, toutes Sentences ou Jugemens portant nomination de Curateurs aux successions vacantes, à substitutions, gens en démence & autres.

IX. Toutes Lettres de répi ou Arrêts de surséance, toutes les Lettres d'annoblissement & amortissemens, légitimation ou naturalité, érection de Terres en Marquisat, Comté, Baronnie ou autre titre de Dignité, concession de Justice, Foires ou Marchez.

X. Seront toutes donations d'immeubles, entre-vifs ou à cause de mort, dons mutuels & substitutions, ensemble les Jugemens qui les auront déclaré nulles, insinuées & enregistrées ès registres des Greffes des Insinuations, tant du lieu du domicile des Donateurs ou Testateurs, que de ceux où les immeubles seront situez, sans préjudice de la publication des substitutions prescrites par nos Ordonnances.

XI. Les donations d'effets mobiliers & legs faits par Testamens ou Codiciles, seront insinuez aux Greffes des Insinuations du domicile des Donateurs ou Testateurs au jour de leur décès.

XII. Et quant aux Actes d'exhérédations ou Jugemens qui les auront déclaré nulles, ils seront insinuez au Greffe du lieu où ceux qui auront fait lesdites exhérédations auront leur domicile au jour de la publication desdits Actes, en cas qu'ils les rendent publics durant leur vie, sinon au Greffe du lieu où ils auront leur domicile au jour de leur mort.

XIII. Les clauses des Contrats de mariage contenant exclusion de communauté dans les Pays où elle a lieu, & les séparations de biens entre maris & femmes, seront insinuées au Greffe des Insinuations du lieu où le mari aura son domicile dans le tems du Contrat de mariage ou de la séparation.

XIV. Les renonciations aux successions, au Greffe du lieu où les successions seront ouvertes; & celles à communautez de biens, au Greffe du lieu du domicile du mari.

XV. Les interdictions & les Jugemens qui en ordonneront main-levée, au Greffe du lieu où l'Interdit aura son domicile; les Contrats d'union ou de direction de créanciers, ceux d'attermoyemens, cession ou abandonnement de biens, au Greffe du lieu du domicile des débiteurs.

XVI. Les Actes d'émancipation, Lettres de bénéfice d'âge ou d'inventaire, les Sentences de nomination de Curateurs à successions vacantes, & autres ci-dessus, au Greffe du domicile des personnes mises en curatelle, ou des lieux où les biens sont situez.

XVII. Les Lettres d'annobliſſement, légitimation ou naturalité, les Lettres de répi ou Arrêts de ſurſéance, au Greffe du domicile de l'Impétrant.

XVIII. Les Lettres d'amortiſſement, celles d'érection en Fiefs, Comtez, Marquiſats ou Baronnies, conceſſion de Juſtice, Foires & Marchez, ſeront inſinuées aux Greffes des Inſinuations des lieux où les biens pour leſquels leſdites Lettres auront été obtenues ſeront ſituez.

XIX. Ne ſera établi dans la Ville où il y a Bailliage & Prevôté ou autre Juſtice Royale ordinaire, qu'un ſeul Greffe des Inſinuations, auquel tous les Contrats & Actes ci-deſſus ſeront inſinuez; & au cas que les Parties ou les Impétrans ſe trouvent domiciliez, ou que les biens ſe trouvent ſituez dans l'étendue des Juſtices appartenantes à des Seigneurs particuliers, l'inſinuation ſera faite aux Greffes qui ſeront établis dans les Bailliages, Sénéchauſſées & autres Juſtices Royales où reſſortiſſent leſdites Juſtices; & en cas qu'elles reſſortiſſent en nos Cours, aux Greffes des Inſinuations des Bailliages & autres Siéges Royaux à qui la connoiſſance des cas royaux appartiendra dans l'étendue deſdites Juſtices.

XX. Voulons que les Impétrans deſdites Lettres, & autres qui voudront ſe ſervir des Contrats & Actes ci-deſſus exprimez, ſoient tenus de les faire inſinuer, ainſi qu'il eſt ordonné par les Articles précédens, & que juſqu'à l'inſinuation leſdites Lettres, Contrats & Actes ne puiſſent avoir aucun effet en Juſtice ni autrement, en quelque ſorte & maniere que ce ſoit.

XXI. Faiſons très-expreſſes défenſes aux Officiers de nos Cours & Juſtices, de procéder à l'homologation & enregiſtrement d'iceux, ni d'y avoir aucun égard en Juſtice, qu'il ne leur ſoit apparu de l'inſinuation qui en aura été faite conformément au préſent Edit.

XXII. Seront payez pour leſdites inſinuations qui ſeront faites à l'avenir, à commencer du premier Janvier prochain, les droits qui ſeront reglez par le Tarif que Nous avons pour cet effet arrêté en notre Conſeil, & attaché ſous le contre-ſcel du préſent Edit.

XXIII. Voulons néanmoins que dans les cas où un même Acte ſe trouveroit contenir différentes diſpoſitions ſujettes à inſinuation, & concernant les mêmes perſonnes, il ne ſoit payé qu'un ſeul droit d'inſinuation ſur le pied le plus fort.

XXIV. Et attendu que rien n'eſt plus important pour la conſervation, tant de nos Domaines, que de ceux de tous les Seigneurs, ſoit eccléſiaſtiques ou laïcs de notre Royaume, que d'avoir une connoiſſance exacte de toutes les mutations qui arrivent dans l'étendue, tant de nos mouvances & cenſives, que celles deſdits Seigneurs, leſquelles doivent Nous produire ou à eux des droits ſeigneuriaux, dont Nous ſommes ſouvent privez auſſi-bien qu'eux, par le ſoin que prennent les nouveaux poſſeſſeurs d'en dérober la connoiſſance; Nous voulons qu'à l'avenir tous les Contrats de ventes, échanges, decrets & autres titres tranſlatifs de propriété de biens immeubles tenus en fief ou en cenſive, ſoit de Nous ou des Seigneurs particuliers de notre Royaume, ſoient pareillement inſinuez & enregiſtrez auſdits Greffes des Inſinuations des Bailliages ou autres Siéges Royaux, dans le reſſort deſquels leſdits biens ſeront ſituez, & ce dans ſix mois du jour & date desdits titres, pour lequel enregistrement sera payé ausdits Greffiers le centiéme denier du prix desdits biens, ou de la valeur d'iceux, en cas que le prix ne soit pas exprimé, suivant l'estimation qui en sera faite à l'amiable ou par personnes convenues ou nommées d'office, ensorte néanmoins que pour les biens dont le prix ou valeur excéderont dix mille livres, il ne puisse être payé plus de cent livres.

XXV. Voulons pareillement que les nouveaux possesseurs desdits biens immeubles à titre successif, soient tenus de faire leurs déclarations ausdits Greffes des Insinuations, des biens immeubles qui leur seront avenus par successions, & ce dans six mois du jour de l'ouverture desdites successions; ce que Nous n'entendons néanmoins avoir lieu dans le cas de succession en ligne directe, si ce n'est dans les Coutumes où il est dû quelques droits seigneuriaux lors des mutations en ligne directe, auquel cas néanmoins ne sera payé par lesdits Successeurs en ligne directe que moitié du droit de centiéme denier.

XXVI. Voulons que le tems fixé par les Coutumes pour le retrait féodal ou lignager, ne puisse courir, même après l'exhibition des Contrats & autres titres de propriété à l'égard du retrait féodal, ou après l'ensaisinement à l'égard du retrait lignager, que du jour de l'insinuation ou enregistrement; & que ceux desdits nouveaux possesseurs qui n'auront fait enregistrer leurs titres dans ce tems de six mois, soient tenus de payer ausdits Greffiers des Insinuations le triple dudit droit d'enregistrement; à quoi faire ils pourront être contraints à la diligence desdits Greffiers par saisie des revenus desdits biens.

XXVII. Faisons défenses à tous nos Juges de donner aucune mainlevée desdites saisies, qu'il ne leur soit apparu du payement desdits droits.

XXVIII. Permettons à tous Seigneurs, soit ecclésiastiques ou laïcs, d'acquérir, soit de Nous ou de ceux qui auront acquis lesdits Greffes des Insinuations, les Greffes des enregistremens des mutations desdits biens immeubles, chacun dans leurs Terres & Seigneuries, pour les réunir, si bon leur semble, au Greffe de leurs Justices, s'ils en ont; & au cas qu'ils n'ayent point de Justices, pour les faire exercer par telles personnes qu'ils jugeront à propos d'y commettre, lesquelles seront reçues sur leurs simples Commissions par les Officiers des Bailliages & Sénéchaussées dans le ressort desquels lesdites Terres & Seigneuries se trouveront situées, à la charge dans l'un & dans l'autre cas de tenir par ceux qui y seront commis, de bons & fideles registres paraphez comme ci-dessus par les Lieutenans Généraux desdits Bailliages & Sénéchaussées.

XXIX. Permettons néanmoins à tous Particuliers qui acquerront des biens immeubles dans l'étendue desdites Terres & Seigneuries, & en cas de refus par ceux qui seront commis ausdits Greffes d'enregistrer leurs titres après une simple sommation, de les faire enregistrer au Greffe des Insinuations du Bailliage ou autres Justices Royales dans le ressort desquelles lesdits biens seront situez.

XXX. Avons attribué & attribuons ausdits Greffiers des Insinuations cent mille livres de gages effectifs à distribuer entr'eux suivant les rolles qui seront arrêtez en notre Conseil, & en outre les droits ci-dessus réglez, & ceux portez par le Tarif ci-attaché; & voulons qu'ils jouissent de de tous & semblables priviléges dont jouissent les Officiers de nos Bailliages & Sénéchaussées, & autres Siéges Royaux, près desquels ils sont établis.

XXXI. Sera par Nous pourvû ausdits Offices sur les quittances du Trésorier des Revenus casuels de la finance, qui sera fixée par les rolles qui seront arrêtez en notre Conseil, & sur celles du Marc d'or. Permettons à ceux qui les acquerront d'emprunter les deniers nécessaires pour en payer la finance, & ordonnons que ceux qui les leur auront prêtez auront privilége spécial sur lesdits Offices, auquel effet mention en sera faite dans leurs quittances de finance.

SI DONNONS EN MANDEMENT, &c. Donné à Versailles au mois de Décembre, l'an de grace mil sept cens trois. Registré en Parlement le huitiéme Février mil sept cens quatre.

DECLARATION DU ROI, donnée à Versailles le 7 Juin 1704, registrée en Parlement le 15 desdits mois & an. SA MAJESTÉ a donné & cédé à Monsieur le Duc d'Orléans les Offices de Greffiers des Insinuations laïques, qui doivent être établis dans les Villes & lieux de son apanage & dans ses Terres patrimoniales.

ARREST DU CONSEIL du 17 Juin 1704, qui casse une Sentence rendue au Bailliage d'Orléans, contre la disposition de l'Edit des Insinuations du mois de Décembre 1703.

ARREST DU CONSEIL du 21 Juin 1704, qui ordonne que les contestations sur l'exécution de l'Edit des Insinuations laïques du mois de Décembre 1703, seront jugées sommairement par les Sieurs Intendans & Commissaires départis dans les Provinces & Généralitez du Royaume par Sa Majesté pour l'exécution de ses ordres, sauf l'appel au Conseil, & qui fait défenses aux Juges ordinaires & à tous autres d'en connoître.

DECLARATION DU ROI, *donnée à Versailles le 19 Juillet 1704, registrée à Paris en Parlement le 19 Août de la même année, en explication & interprétation de l'Edit du mois de Décembre 1703, concernant l'établissement des Insinuations laïques.*

LOUIS, par la grace de Dieu, Roi de France & de Navarre : A tous ceux qui ces présentes Lettres verront, Salut. Par notre Edit du mois de Décembre 1703, Nous avons ordonné que tous les Contrats & Actes dont le Public a interêt d'avoir connoissance, seroient insinuez au Greffe des Insinuations laïques, que Nous avons ordonné d'établir en chacune des Villes, &c. A CES CAUSES & autres à ce Nous mouvans, &c. Voulons & Nous plaît :

ARTICLE I. Que les séparations de corps & d'habitation soient sujettes à l'insinuation, comme celles de biens mentionnez en l'Article IV. de notre Edit du mois de Décembre dernier.

II. Voulons pareillement que dans les Pays où le bénéfice d'inventaire a lieu, sans qu'il soit besoin d'impétrer nos Lettres, les héritiers soient tenus de faire insinuer l'Acte d'acceptation ou Jugement qui leur permettra de se dire & porter héritiers bénéficiaires, pour raison de quoi sera payé le même droit d'insinuation que pour Lettres de bénéfice d'inventaire.

III. Seront aussi insinuez les Actes par lesquels les peres & meres mettront leurs enfans hors de leur puissance, sans que les héritiers bénéficiaires, ni les personnes émancipées, puissent se mettre en possession & faire des baux, & disposer des biens & revenus avant ladite insinuation, à peine de trois cens livres d'amende, & de la perte & application à notre profit de tous les fruits perçus au préjudice de la présente disposition, lesquelles peines ne pourront néanmoins être encourues contre les mineurs, ni contre les femmes en puissance de mari, mais seulement contre les Tuteurs & Curateurs, & les maris, par le fait ou négligence desquels la contravention aura été commise.

IV. Déclarons sujets à l'insinuation, conformément à l'Article VIII de notredit Edit, tous Arrêts, Jugemens, Sentences portant sauf-conduit ou surséance générale, soit qu'ils soient accordés par Nous ou par les Officiers des Cours & autres Jurisdictions de notre Royaume.

V. Défendons à tous Huissiers, Sergens & autres sur ce requis, de faire aucuns Actes & Exploits en conséquence, qu'après insinuation desdits Actes, Sentences & Jugemens, à peine de nullité, dommages & interêts des Parties, & de trois cens livres d'amende contre les contrevenans.

VI. Déclarons pareillement sujettes à insinuation les Lettres de réhabilitation de Noblesse, pour lesquelles sera payé mêmes droits que pour celles d'annoblissement, comme aussi aux Lettres d'érection de roture en Fief, pour lesquelles sera payé moitié des droits reglez audit Art. VIII pour les érections de Marquisats, Comtez & autres Fiefs de Dignitez.

VII. Interprétant l'Article XVI de notredit Edit, en ce que le lieu où doit être faite l'insinuation des Actes & Lettres y énoncez n'est pas suffisamment expliqué, voulons que les Lettres & Actes d'émancipation celles de bénéfice d'âge & d'inventaire, soient insinuées au Greffe du lieu des Impétrans; & à l'égard des nominations des Curateurs, elles seront insinuées au Greffe du lieu de la Jurisdiction où les Sentences seront intervenues.

VIII. Voulons que conformément aux Articles XX & XXI de notre Edit du mois de Décembre 1703, toutes Lettres, Contrats, Jugemens, Sentences, Arrêts & autres Actes sujets à insinuation, ne puissent avoir aucun effet en Justice ni autrement, en quelque sorte & maniere que ce soit, qu'après l'insinuation, à peine de nullité des Actes & procédures faites avant l'insinuation; perte de fruits & revenus échus comme ci-dessus, jusqu'au jour de l'insinuation, & de trois cens livres d'amende contre les Parties & les Procureurs qui auront occupé.

IX. Voulons pareillement qu'il soit fait mention dans les Jugemens qui interviendront sur les Actes sujets à insinuation, du lieu & de la date de l'insinuation, de même qu'il se pratique à l'égard du controlle des Exploits.

X. Enjoignons à tous Greffiers de faire mention de ladite insinuation dans le Vû de leurs Sentences & Jugemens, à peine, comme ci-dessus, de trois cens livres d'amende pour chacune contravention, laquelle demeurera encourue en vertu des Présentes, & deux mois après la publication d'icelles, sans qu'il soit besoin d'Arrêt ni de Jugement qui l'ordonne.

XI. Faisons défenses aux Exécuteurs testamentaires, héritiers ou légataires universels, d'acquitter aucun legs que l'insinuation n'en ait été faite, & les droits payez, à peine d'en répondre en leurs propres & privez noms, même d'être contraints au payement du double desdits droits.

XII. Et pour que les Particuliers dénommez ès Contrats & Actes, Arrêts, Jugemens & Sentences, ne puissent ignorer ceux qui sont sujets à insinuation, voulons que tous Notaires, Greffiers & autres personnes publiques soient tenus d'en faire mention dans lesdits Contrats, Actes, Arrêts, Jugemens & Sentences, à peine de répondre en leurs propres & privez noms du droit d'insinuation, & de pareille amende que dessus pour chacune contravention.

XIII. Voulons que conformément à la Déclaration du mois de Mai 1645, les Notaires & Tabellions du ressort de chacun desdits Greffes des Insinuations soient tenus de délivrer de trois mois en trois mois un état par article de tous les Actes qu'ils auront passez sujets à l'insinuation, à l'exception toutefois des Donations & Testamens pour cause de mort, qui ne seront délivrez qu'après le décès des Testateurs ou Donateurs, & leur sera payé pour chacun article contenu ausdits états; sçavoir cinq sols aux Notaires de notre bonne Ville de Paris, & deux sols six deniers à ceux des autres Villes & lieux de notre Royaume, non compris le papier timbré.

XIV. Et afin de donner connoissance ausdits Greffiers de tous les legs faits par Testamens ou Codiciles, voulons qu'avant de procéder aux inventaires des biens & effets des Testateurs, les Testamens & Codiciles soient portez aux Greffes des Insinuations, pour en être tiré telles copies ou extraits que bon semblera ausdits Greffiers, lesquels y mettront leur vû *gratis*, dont sera fait mention dans l'intitulé desdits inventaires, sur peine de nullité, & d'être par les Notaires ou autres Officiers chargez de la confection desdits inventaires, garants & responsables du triple desdits droits d'insinuation, & des dommages & interêts des Parties.

XV. Faisons défenses à tous Huissiers & Sergens de faire pour l'exécution des Contrats, Actes, Arrêts & Jugemens sujets à insinuation, aucuns Exploits ni Actes qu'il ne leur soit apparu de l'insinuation, à peine de nullité & de trois cens livres d'amende.

XVI. Et d'autant que les Fermiers de nos Domaines, & les Seigneurs particuliers dans leurs Terres, n'ont pas moins d'interêt de connoître quels sont les biens & héritages prétendus en franc-aleu, que ceux qui n'y sont pas, & qu'il est déja survenu plusieurs contestations au sujet du droit d'enregistrement des mutations de biens & héritages, que les possesseurs, pour éviter le payement dudit droit, ont soutenu être en franc-aleu; pour faire cesser toutes difficultez sur cela à l'avenir, voulons &

entendons, que les contrats, ventes, échanges, decrets & autres Actes translatifs de propriété de biens en franc-aleu, franc-bourgage ou franche-bourgeoisie, ou qui par les Coutumes & Usages des Pays, ne sont pas sujets à aucuns droits aux mutations, soient insinuez & enregistrez, à compter du premier Janvier dernier, en la forme & maniere portée par l'Article XXIV & suivans de notredit Edit, pour lequel enregistrement sera payé à toutes mutations, même par les nouveaux possesseurs à titre successif en ligne collatérale, le centiéme denier porté par l'Article XXIV de notredit Edit, & moitié seulement dudit droit par les successeurs en ligne directe.

XVII. Pour prévenir pareillement toutes contestations sur l'exécution de l'Article XXV de notredit Edit, concernant les biens immeubles qui adviennent par succession, voulons & entendons que les nouveaux possesseurs à titres successifs de biens & héritages nobles & roturiers soient tenus d'en faire leurs déclarations ausdits Greffes dans les six mois du jour de l'ouverture desdites successions, & d'en payer les droits d'enregistrement sur le pied porté par les Articles XXIV & XXV de notredit Edit.

XVIII. Voulons que tous nouveaux acquéreurs & possesseurs de biens immeubles, à quelque titre que ce soit, soient tenus de faire insinuer & registrer leurs titres de propriété, ou les déclarations qu'ils doivent faire conformément à l'Article XXV de notredit Edit, dans les six mois portez par icelui, & après ledit tems passé, seront contraints au payement du triple desdits droits, conformément à l'Article XXVI, & demeureront les fruits & revenus desdits biens dûs & échus après ledit tems de six mois, & qui échéront jusqu'à l'insinuation, acquis à notre profit, & perçus par les Receveurs généraux de nos Domaines, chacun dans leur Généralité, pour en être par eux compté à notre profit.

XIX. Ne seront les légataires de biens immeubles tenus de faire insinuer leurs legs qu'aux Greffes des Insinuations des lieux où les biens léguez seront situez.

XX. Et en interprétant l'Article XXIV de notre Edit du mois de Décembre 1703, concernant les titres translatifs de propriété de biens immeubles, voulons qu'à toutes mutations desdits biens par Contrats de vente, échanges, decrets, donations entre-vifs ou à cause de mort, legs, successions collatérales ou autrement, en quelque maniere que ce soit, les nouveaux possesseurs soient tenus de payer le centiéme denier pour chacun desdits biens, soit qu'ils soient mouvans ou tenus en censive d'un ou de différens Seigneurs; & à l'égard des successions en ligne directe, ne sera payé que moitié des droits, conformément à l'Article XXV dudit Edit; le tout sous les peines portées par l'Article XXVI dudit Edit.

XXI. Tous les Actes sujets à insinuation en conséquence de nosdits Edits des mois de Décembre 1703 & Mars 1704, & des Présentes, seront insinuez & enregistrez ausdits Greffes sans ministere de Juges ni de Procureurs, & sans que les Greffiers en chef de nos Cours & Siéges Royaux puissent s'y immiscer, ni apporter aucun trouble ausdits Greffiers des Insinuations, lesquels signeront seuls les Actes des Insinuations.

XXII. Permettons à celui par Nous chargé de la vente desdits Offices de Greffiers des Insinuations, ses Procureurs ou Commis, & autres ayant ses droits, & aux pourvûs desdits Offices, de commettre sur leurs simples procurations à l'exercice d'iceux, pour la facilité du Public, dans le ressort du Siége de leur établissement, un ou plusieurs Commis, dont ils demeureront civilement responsables, lesquels auront prêté serment en Justice, dérogeant à cet effet à l'Article XIX de notre Edit du mois de Décembre 1703, sans néanmoins que lesdits Commis établis hors le chef-lieu puissent prétendre jouir d'aucuns priviléges.

XXIII. Et pour prévenir les contestations qui pourroient être faites ausdits Greffiers des Insinuations au sujet des priviléges que Nous leur avons attribuez par notre Edit du mois de Décembre dernier; ordonnons, en expliquant notredit Edit, que ceux qui seront établis dans les Villes où il y a Bailliages, Sénéchaussées, Présidiaux & autres Siéges ressortissans en nos Cours, jouissent de l'exemption de Taille, &c.

XXIV. Ne seront lesdits Greffiers augmentez à la Capitation, &c.

XXV. Seront les gages attribuez ausdits Offices, payez, &c.

Si donnons en mandement, &c. Donné à Versailles le dix-neuviéme Juillet, l'an de grace mil sept cens quatre. Registré en Parlement le dix-neuviéme Août mil sept cens quatre.

ARREST DU CONSEIL du 13 Juillet 1706, qui ordonne que tous les nouveaux possesseurs de biens immeubles, soit à titre d'acquisition, succession, donation ou autrement, qui n'auront pas fait insinuer leurs titres dans le tems porté par le Réglement, seront tenus de payer les droits d'insinuation, ensemble le triple desdits droits.

EDIT DU ROI, donné à Marly au mois d'Août 1706, registré en Parlement en Vacations le 18 Septembre audit an, concernant les Insinuations laïques & le Centiéme denier.

LOUIS, par la grace de Dieu, Roi de France & de Navarre: A tous présens & à venir, Salut. Par notre Edit du mois de Décembre 1703, Nous avons créé des Offices de Greffiers des Insinuations laïques, pour enregistrer tous les Actes énoncez en icelui, & les Contrats de ventes, échanges, decrets & autres titres translatifs de propriété de biens immeubles, lesquels Nous aurions assujettis au payement du centiéme denier jusqu'à dix mille livres, & du deux-centiéme denier pour ceux desdits biens immeubles qui écheroient par succession en ligne directe. Nous avons ensuite supprimé lesdits Offices par notre Edit du mois d'Octobre 1704, & réuni à nos Fermes les droits y attribuez, pour être perçus conjointement avec ceux du controlle des Actes des Notaires. Mais comme depuis Nous avons été informez que la fixation que Nous avons faite du droit de centiéme denier jusqu'à dix mille livres donnoit lieu tous les jours à des contestations entre les Fermiers de nos droits & les Redevables, particulierement lorsqu'il se trouvoit différens corps de Terres & Seigneuries compris dans les Contrats de vente & autres titres translatifs de propriété qu'il convenoit faire insinuer, & que d'ailleurs les biens immeubles qui arrivent par succession en ligne directe, ne paroissent pas devoir être assujettis à l'insinuation ni au payement du deux-centiéme denier, rien n'étant plus juste que la succession naturelle des peres aux enfans, que la plupart des Loix & Coutumes de notre Royaume ont dispensez du payement d'aucunes sortes de droits, Nous avons cru devoir y remédier, & en établissant cette franchise en faveur des successeurs en ligne directe dans les Provinces où ils n'avoient point payé de droit avant notre Edit du mois de Décembre 1703, faire en même-tems cesser toutes les contestations que le payement du centiéme denier a fait naître jusqu'à présent. A ces causes & autres à ce Nous mouvans, de notre certaine science, pleine puissance & autorité royale, Nous avons par notre présent Edit, perpétuel & irrévocable, dit, statué & ordonné, disons, statuons & ordonnons, voulons & Nous plaît:

Article I. Qu'à l'avenir, & à commencer du premier Octobre prochain, les droits de centiéme denier ordonnez être payez par notre Edit du mois de Décembre 1703, soient payez à toutes mutations de biens immeubles qui arriveront, soit par vente, échange, donation, adjudication par decret, ou autres titres translatifs de propriété, soit par succession en ligne collatérale, sur le pied entier du prix porté par lesdits Contrats ou autres titres, ou de la valeur desdits immeubles, suivant l'estimation qui sera faite de gré à gré entre le Fermier de nosdits droits & les Propriétaires, si faire se peut, sinon sur l'estimation qui en sera faite par Experts qui seront convenus ou nommez d'office par nos Juges à qui la connoissance en sera ci-après attribuée, dérogeant à cet égard seulement à notre Edit du mois de Décembre 1703, Déclarations, Arrêts & Réglemens rendus en conséquence, lesquels Nous voulons au surplus être exécutez selon leur forme & teneur, & que lesdits droits de centiéme denier soient payez en entier, sous les peines portées par lesdits Edits, Déclarations, Arrêts & Réglemens, que Nous avons à cet effet confirmez & confirmons par notredit Edit.

II. Dispensons & déchargeons du payement des droits de deux-centiéme denier tous les biens immeubles qui échéront ci-après en ligne directe, si ce n'est dans le cas de donations & de legs des peres & meres ou ayeuls à leurs enfans, lesquels payeront seulement les droits d'insinuation desdites donations & legs suivant le Tarif attaché sous le contre-scel de notre Edit du mois de Décembre 1703. Faisons défenses à ceux qui seront ci-après Fermiers de nos droits, d'exiger aucune chose pour raison de ce, à peine de concussion; dérogeant pareillement à cet égard à notre Edit du mois de Décembre 1703, en ce qui n'est point contraire à notre présent Edit.

III. N'entendons néanmoins rien innover à ce qui s'est pratiqué jusqu'à présent à cet égard dans notre Province de Bretagne, où les successeurs en ligne directe étoient dans l'usage de payer des droits aux mutations avant notre Edit du mois de Décembre 1703, lesquels seront payez ainsi qu'ils l'ont été jusqu'à présent, & conformément à notre Edit du mois d'Avril 1704, lequel sera exécuté selon sa forme & teneur dans l'étendue de notredite Province.

Si donnons en mandement, &c. Donné à Marly au mois d'Août, l'an de grace 1706. Registré à Paris en Parlement en Vacations le premier Septembre 1706.

ARREST DU CONSEIL du 10 *Mai* 1707. SA MAJESTÉ EN SON CONSEIL, a déclaré & déclare n'avoir entendu comprendre dans l'exécution dudit Edit du mois de Décembre 1703, & des autres Edits & Déclarations concernant les Insinuations laïques, les constitutions des titres cléricaux, lesquels seront seulement insinuez comme par le passé au Greffe des Insinuations ecclésiastiques. Ordonne Sa Majesté que pour le controlle desdites constitutions de titres cléricaux, lorsque la constitution est faite par l'aspirant à l'état ecclésiastique sur ses biens propres, les droits de controlle seront payez conformément à l'Article XXXI du Tarif desdits droits arrêté au Conseil le 25 Août de l'année derniere 1706; & lorsque la constitution dudit titre sera faite par les peres & meres ou par autres au profit dudit aspirant à l'état ecclésiastique, les droits de controlle seront payez, si ladite constitution est à vie, conformément à l'Article XXXIII du Tarif, qui regle lesdits droits de controlle pour les constitutions de pensions viageres. Et si ladite constitution de titre clérical porte constitution de rente ou donation de fonds, les droits de controlle seront payez conformément à l'Article I dudit Tarif, par proportion au capital de la rente ou à la valeur du fonds qui aura été donné. Fait Sa Majesté défenses, &c.

DECLARATION DU ROI, donnée à Versailles le 2 *Août* 1707, *registrée à Paris en Parlement le* 23 *desdits mois & an*, qui dispense les donations à cause de mort, & legs faits par Testament ou autre disposition de derniere volonté par les peres & meres ou ayeuls à leurs enfans, de l'insinuation & du payement des droits pour raison de ce.

DECLARATION DU ROI, du 20 *Mars* 1708, *enregistrée en Parlement le* 15 *Juin de la même année, concernant les Insinuations laïques & le Centiéme denier.*

LOUIS, par la grace de Dieu, Roi de France & de Navarre: A tous ceux qui ces présentes Lettres verront, Salut. Nous avons ordonné par notre Edit du mois de Décembre 1703, que tous les Contrats & Actes, Sentences & Jugemens y énoncez, seroient insinuez aux Greffes des Insinuations laïques, que Nous avons ordonné être établis en chacune des Villes & lieux de notre Royaume, Pays, Terres & Seigneuries de notre obéissance où il y a Siége de Jurisdiction royale & ordinaire; à l'effet de quoi Nous avons créé un Office de notre Conseiller-Greffier desdites Insinuations laïques en chacune desdites Villes & lieux, & prescrit la forme dans laquelle lesdites insinuations seroient faites, même fixé les droits qui doivent être payez pour lesdites insinuations, tant par ledit Edit que par le Tarif que Nous avons fait arrêter en notre Conseil en exécution d'icelui le 22 Décembre 1703; & Nous avons par notre Déclaration du 19 Juillet 1704 expliqué la forme desdites insinuations, & réglé les difficultez qui s'étoient présentées jusqu'alors dans l'exécution dudit Edit. Nous avons ensuite par notre Edit du mois d'Octobre 1704 supprimé lesdits Offices, & réuni à nos Fermes les droits y attribuez, pour y être perçus conjointement avec ceux du controlle des Actes des Notaires. Et par autre notre Edit du mois d'Octobre 1705, réglé le tems & la maniere que Nous entendons être observez par les Notaires & Tabellions, tant royaux que subalternes, Greffiers des Cours & Jurisdictions royales & seigneuriales, & tous autres Particuliers qui ont droit de passer des Actes pour l'insinuation & enregistrement desdits Actes. Par autre notre Edit du mois d'Août 1706, Nous avons ordonné, qu'à commencer du premier Octobre de ladite année, les droits de centiéme denier seroient payez à toutes mutations de biens immeubles, soit par ventes, échanges, donations, adjudications par decret, ou autres titres translatifs de propriété, sur le pied du prix porté par lesdits Contrats & autres titres, ou sur le pied de la valeur desdits immeubles : Et nous avons dispensé & déchargé du payement desdits droits tous les biens immeubles qui écheroient en ligne directe, si ce n'étoit dans le cas des donations & des legs de peres & meres ou ayeuls à leurs enfans, lesquels payeroient seulement les droits d'insinuation desdites donations & legs, suivant le Tarif attaché sous le contre-scel de notre Edit du mois de Décembre 1703. Et par notre Déclaration du 2 Août 1707, Nous avons aussi dispensé de tous droits d'insinuation les donations à cause de mort, & legs faits par Testament ou autre disposition de derniere volonté par les peres & meres ou ayeuls à leurs enfans. Mais comme Nous avons été informez que nonobstant l'attention que Nous avons donnée pour faire comprendre dans lesdits Edits & Déclarations tous les Actes & Contrats qui sont sujets aux droits d'insinuation, & pour expliquer la maniere de les percevoir, il se rencontre encore plusieurs difficultez dans la perception desdits droits, ce qui cause souvent des contestations ; à quoi desirant pourvoir, pour faire cesser les difficultez qui ont été formées jusqu'à présent, & prévenir toutes celles qui pourroient naître par la suite, Nous avons estimé qu'il n'y avoit pas de meilleur moyen que celui de faire arrêter en notre Conseil un nouveau Tarif, sur lequel lesdits droits se percevront à l'avénir, & d'expliquer plus disertement nos intentions sur la qualité des différens Actes sujets ausdits droits, la maniere de les percevoir & la quotité, A CES CAUSES & autres à ce Nous mouvans, de notre certaine science, pleine puissance & autorité royale, Nous avons par ces Présentes signées de notre main, dit, déclaré & ordonné, disons, déclarons & ordonnons, voulons & Nous plaît :

ARTICLE I. Qu'à l'avenir, à commencer du premier Juillet prochain, les droits d'insinuation de toutes Donations, Contrats, Arrêts, Sentences, Jugemens & autres Actes, soient perçus en conséquence & suivant le Tarif que Nous avons fait arrêter cejourd'hui en notre Conseil, & attaché sous le contre-scel des Présentes.

II. N'entendons que les Donations faites par les peres & meres ou ayeuls à leurs enfans par Contrats de mariage ou à cause de mort, soient sujettes à aucuns droits d'insinuation.

III. A l'égard de toutes les autres Donations, soit entre-vifs ou à cause de mort, même les Donations entre-vifs faites par les peres & meres ou ayeuls à leurs enfans (autres que par Contrats de mariage) tant de meubles que d'immeubles, en usufruit ou en propriété, celles par forme

d'augment

d'augment ou contre-augment, dons mobiles, engagemens, droits de retention, agencemens, gains de noces & de ſurvie dans les Pays où ils ſont en uſage, tous dons mutuels, enſemble toutes autres Donations de quelque nature qu'elles puiſſent être, ſoit qu'elles ſoient ſtipulées entre maris & femmes par Contrat de mariage, ou faites par Donation à cauſe de mort ou Teſtament, & ſoit que leſdits Actes contiennent des inſtitutions contractuelles, ſubſtitutions, fondations & dotations en faveur des Egliſes, Couvens, Monaſteres, Hôpitaux & Communautez, Nous voulons qu'elles ſoient inſinuées & enregiſtrées dans les tems, & ſous les peines portées par l'Article II de notre Edit du mois de Décembre 1703, & les droits payez; ſçavoir, pour les donations de meubles & effets mobiliers, ſur le pied réglé par le Tarif arrêté en notre Conſeil cejourd'hui, à l'exception ſeulement des legs & donations qui ſeront faites en faveur des Egliſes, Monaſteres & Communautez, d'une ſomme mobiliaire une fois payée, que Nous diſpenſons dudit droit d'inſinuation, pourvû que ladite ſomme n'excede pas trois cens livres. Et pour les biens immeubles donnez en propriété par donation entre-vifs, lorſque les biens donnez ſeront ſituez dans l'étendue de la Juriſdiction du domicile du Donateur, ſera ſeulement payé le droit de centiéme denier de la valeur deſdits biens; & lorſque leſdits biens ſeront ſituez dans l'étendue d'autres Juriſdictions que celles du domicile du Donateur, les droits ſeront payez; ſçavoir, au Greffe du domicile du Donateur, ſur le pied porté par ledit Tarif, & au Greffe des autres Juriſdictions dans l'étendue deſquelles leſdits biens ſeront ſituez, le droit de centiéme denier chacun pour ce qui les concernera.

IV. Voulons que pour les donations & legs de rentes, penſions viageres & d'uſufruits, les droits d'inſinuation ſoient payez ſur le pied réglé par l'Article I dudit Tarif, ſuivant l'évaluation qui ſera faite du fonds de l'uſufruit à raiſon du denier dix.

V. Sera payé par chacun Subſtitué, même en directe, trente livres pour droit de ſubſtitution, de même que Nous avons ci-devant ordonné pour chacun Impétrant de Lettres de Chancellerie, & renonçant à ſucceſſions & communautez.

VI. Pour faire ceſſer les abus qui ſe gliſſent dans la conſtitution des Contrats de vente & tranſlatifs de propriété, par les clauſes que les Parties & les Notaires y inſerent pour ſe ſouſtraire du payement du droit de centiéme denier, quoique Nous ayons ſuffiſamment expliqué nos intentions par noſdits Edits & Déclarations; voulons & entendons, en interprétant en tant que de beſoin l'Article XXIV de notredit Edit du mois de Décembre 1703, & l'Article XVI de notre Déclaration du 9 Juillet 1704, que tous Contrats de vente, échange, licitations entre héritiers, copropriétaires & coaſſociez, baux à rentes foncieres, rachetables & non rachetables, baux emphitéotiques, baux à domaines congeables, ventes à faculté de réméré ou de rachat, antichrèſes, Contrats pignoratifs, engagemens, démiſſions, abandonnemens, Contrats de ventes à vie, ceſſions de fonds avec fruits, tranſports, ſubrogations, réſolutions volontaires de ventes, Arrêts, Jugemens, Sentences, & généralement tous Actes tranſlatifs & rétroceſſifs de propriété de biens immeubles tenus en Fief ou en Cenſive, ſoit de Nous ou des Seigneurs particuliers de notre Royaume, ensemble ceux tenus en franc-aleu, franc-bourgage & franche bourgeoisie, rentes foncieres, les Contrats de ventes, de droits de Justice, & de tous autres droits seigneuriaux & honorifiques, conjointement ou séparément du corps des domaines ou fonds de terre, soient insinuez, & les droits de centiéme denier payez dans le tems, & sous les peines portées par les Articles XXIV & XXV de notredit Edit du mois de Décembre 1703, & les Articles XVII, XVIII & XX de notre Déclaration du 19 Juillet 1704, encore qu'aucuns desdits biens ne fussent pas sujets à lods & ventes, & autres droits seigneuriaux.

VII. N'entendons néanmoins assujettir au droit de centiéme denier les Actes de retrait, soit féodal, lignager ou conventionnel, pourvû qu'ils soient faits, à l'égard du retrait féodal & lignager, dans le tems prescrit par les Coutumes & Usages; & à l'égard du conventionnel, dans le délai porté par le Contrat qui ne pourra excéder neuf années.

VIII. Voulons aussi, en interprétant l'Article VII de notre Edit du mois de Décembre 1703, en ce qui concerne la cession & abandonnement de biens, qu'il soit exécuté sans y rien innover, pourvû toutefois que l'abandonnement soit fait par le débiteur à ses créanciers de ses biens, pour être vendus en direction, sinon les droits de centiéme denier seront payez comme pour les ventes pures & simples.

IX. En interprétant l'Article II de notredite Déclaration du 19 Juillet 1704, voulons que dans les Pays où le bénéfice d'inventaire a lieu, sans qu'il soit besoin d'impétrer nos Lettres de Chancellerie, les inventaires soient insinuez par extrait, & le droit payé comme pour les Lettres de bénéfice d'inventaire.

X. Et d'autant que nonobstant la disposition des Articles XXV de notre Edit du mois de Décembre 1703, l'Article XVIII de notre Déclaration du 19 Juillet 1704, & l'Article premier de l'Edit du mois d'Octobre 1705, par lequel Nous avons fixé le tems dans lequel Nous n'entendons que les nouveaux possesseurs des biens immeubles à quelque titre que ce soit, soient tenus de faire enregistrer les titres de propriété desdits biens, ou les déclarations qu'ils doivent faire; néanmoins Nous sommes informez que lesdits acquéreurs & nouveaux possesseurs de biens immeubles, & les Notaires, Tabellions, Greffiers & autres qui passent ou expédient lesdits titres, mettent en usage toutes sortes de moyens pour se dispenser de payer les droits qu'ils doivent: Voulons que lesdits Notaires & Tabellions, tant royaux que subalternes, les Greffiers des Cours & Jurisdictions royales & seigneuriales, & tous autres qui ont droit de passer des Actes, soient tenus & obligez de faire mention dans lesdits Actes, Contrats & Jugemens, qu'ils sont sujets à l'insinuation, même de les faire enregistrer & insinuer dans la quinzaine du jour de leur date, en même tems qu'ils les feront controller & sceller, sans qu'ils les puissent délivrer aux Parties, qu'après qu'ils auront été insinuez, & les droits payez, à l'exception toutefois des Notaires & Greffiers de notre bonne Ville de Paris, qui seront seulement tenus de faire mention de l'insinuation dans les Actes & Jugemens qu'ils délivreront lorsqu'ils y seront sujets; & lorsque les biens immeubles seront situez hors de l'étendue des Bureaux de la demeure des Notaires, Tabellions, Greffiers & autres qui passeront & expédieront lesdits Actes, Arrêts & Jugemens, ils seront seulement tenus d'y faire mention qu'ils sont sujets à l'insinuation, afin que les Parties n'en prétendent cause d'ignorance; & seront dans ce cas les nouveaux possesseurs desdits biens immeubles, soit que la possession nouvelle leur soit acquise par Contrats de ventes, adjudications, donations testamentaires ou autres titres, soit qu'elle leur soit échue par succession collatérale, & qu'ils soient héritiers purs & simples ou bénéficiaires, tenus; sçavoir les nouveaux possesseurs par Contrats ou titres d'acquisition, de les faire insinuer, & payer les droits dans les trois mois du jour & date d'iceux; & à l'égard des nouveaux possesseurs à titre successif, de faire leurs déclarations, & payer les droits dans les six mois du jour de l'ouverture de la succession; le tout sous les peines portées par lesdits Edits & Déclarations contre les Parties, & de trois cens livres d'amende contre les Notaires, Tabellions & Greffiers.

XI. Voulons, conformément à l'Arrêt de notre Conseil du 20 Décembre 1707, que les Notaires & Greffiers de notre bonne Ville de Paris & ceux des autres Villes de notre Royaume, soient tenus de faire mention dans les Actes qu'ils feront pour la suite & exécution de ceux sujets à l'insinuation, de l'insinuation qui en aura été faite, de la date, du lieu & du nom du Greffier qui aura insinué, sur peine d'être garants en leurs noms du payement des droits, & de trois cens livres d'amende pour chacune contravention.

XII. Et d'autant que par notre Déclaration du 6 Décembre dernier, Nous avons ordonné que les Actes passez hors l'étendue de notre Royaume, ou dans les Provinces où les Insinuations laïques ne sont pas établies, ne pourront avoir aucune exécution, ni fonder aucune action en Justice, privilége ou hypotéque entre nos Sujets des Provinces où lesdites Insinuations sont établies, s'ils n'étoient insinuez dans le cas où l'insinuation est requise, dans les Bureaux les plus prochains des lieux où l'on voudra s'en servir, & que depuis Nous avons été informez que cette disposition pourroit avoir une trop grande étendue à l'égard des Actes dont l'insinuation est nécessaire à l'état & à la qualité des personnes; voulons que les Actes personnels passez dans les Pays non sujets aux droits d'insinuation, & dont l'insinuation est nécessaire par rapport à l'état & à la qualité des personnes domiciliées dans lesdits Pays, soient seulement insinuez dans les lieux où les Insinuations sont établies, au Greffe du Siége & Jurisdiction dans le ressort duquel on en voudra faire usage pour la premiere fois, & qu'après que lesdits Actes auront été une fois insinuez, ils puissent avoir leur exécution dans toute l'étendue de notre Royaume.

XIII. Pour faciliter ausdits Officiers, Greffiers des Insinuations, créez par notre Edit du mois d'Octobre 1707, & à notre Fermier desdits droits, la régie & la perception d'iceux, voulons que tous les Notaires & Tabellions, tant royaux que seigneuriaux, Greffiers, Gens de Loix, Greffiers-Gardes-Conservateurs des Registres des Baptêmes, Mariages & Sépultures, & des Gens de main-morte & autres personnes publiques, soient tenus de donner communication ausdits Officiers & à notre Fermier, ses Procureurs & Commis, de leurs inventaires, répertoires & liasses; comme aussi de leur délivrer tous les trois mois des extraits contenant les noms, demeures & qualitez des Parties, certifiez d'eux, chacun pour ce qui le concerne, des Contrats, Sentences, Jugemens & autres Actes sujets à l'insinuation, (à l'exception toutefois des donations à cause de mort & testamens qui ne seront délivrez qu'après le décès des Testateurs ou Donateurs) en leur payant par lesdits Officiers ou le Fermier de nos Droits, ses Procureurs & Commis, les droits réglez par l'Article XIII de notre Déclaration du 19 Juillet 1704; le tout à peine par lesdits Notaires, Greffiers & autres qui auront fait refus de donner communication desdits inventaires, répertoires, & de délivrer lesdits extraits, de deux cens livres d'amende pour chacune contravention, &c.

XIV. Et afin que nos Officiers Greffiers desdites Insinuations puissent faire leurs fonctions avec application & exactitude, voulons qu'ils ne puissent être imposez à la Taille, &c.

XV. N'entendons néanmoins rien innover à ce qui s'est pratiqué jusqu'à présent dans notre Province de Bretagne, où les successeurs en ligne directe étoient dans l'usage de payer les droits aux mutations avant notre Edit du mois de Décembre 1703, lesquels seront payez ainsi qu'ils l'ont été jusqu'à présent, conformément à nos Edits des mois de Mars 1704, Août 1706, & notre Déclaration du 2 Août 1707.

XVI. Voulons au surplus que tous nos Edits, Déclarations, Arrêts & Réglemens rendus sur la perception desdits droits, soient exécutez selon leur forme & teneur, en ce qu'ils ne sont point contraires à ces Présentes.

Si donnons en mandement, &c. Donne' à Versailles le vingtiéme jour de Mars, l'an de grace mil sept cens huit. Registré à Paris en Parlement le quinziéme Juin mil sept cens huit, & en la Cour des Aydes le trente Juillet mil sept cens huit.

ARREST DU CONSEIL du 26 Février 1718, qui ordonne que les droits de controlle & insinuation des Testamens, Codiciles, Donations & autres Actes qui ne doivent avoir effet qu'après la mort des Donateurs ou Testateurs, dans lesquels le prix ou valeur des biens donnez ou léguez ne seront pas désignez ni évaluez, les droits d'insinuation seront payez suivant les qualitez des Donateurs ou Testateurs; sçavoir:

Pour ceux des personnes constituées en Dignitez ecclésiastiques ou laïques, Gentilshommes qualifiez ou possédans des Terres de haute, moyenne ou basse Justice, Présidens, Conseillers, Avocats, Procureurs Généraux & Greffiers en chef des Parlemens & autres Cours supérieures, Officiers de Finance, Secretaires du Roi, Trésoriers & autres pourvûs d'Emplois considérables, Fermiers, Sous-fermiers & Traitans des Droits du Roi, Banquiers & Marchands en gros de toutes les Villes de la Province, premiers Officiers & Bourgeois vivans de leurs revenus des Villes où il y a Cours supérieures, Présidial ou Evêché, leurs veuves & enfans de l'un & de l'autre sexe, cinquante livres.

Pour ceux des simples Gentilshommes, des Officiers de Judicature des Présidiaux, Bailliages, Sénéchaussées, Vigueries & autres Jurisdictions

Royales, premiers Officiers & Bourgeois vivans de leurs revenus de toutes les autres Villes, Directeurs, Receveurs & principaux Commis des Fermes & Droits du Roi, trente livres.

Pour ceux des Officiers de Judicature des Duchez-Pairies & autres Jurisdictions Seigneuriales ressortissantes nûement aux Parlemens, Avocats, Notaires, Procureurs, Greffiers & autres Officiers & Marchands en détail des Villes où il y a Cours supérieures, Présidial, Bailliage, Sénéchaussée & autres Jurisdictions Royales, vingt livres.

Pour ceux des Officiers de Judicature des autres Jurisdictions Seigneuriales, Procureurs, Notaires, Greffiers & autres Officiers des mêmes Jurisdictions, Marchands, Bourgeois des autres Villes, gros Laboureurs & Fermiers tenant Ferme considérable à prix d'argent, dix livres.

Pour ceux des Artisans, Manouvriers, Journaliers & autres personnes du commun des Villes, trois livres.

Et pour ceux des simples Manouvriers, Journaliers & autres personnes du commun de la campagne, trente sols.

A l'égard des Donateurs & Testateurs qui auront différentes qualitez, les droits seront payez sur le pied de celle qui devra le plus fort droit.

Veut Sa Majesté que les droits d'insinuation qui seront dûs par les héritiers, à cause des meubles & effets mobiliers qui ne seront point évaluez, soient payez sur le même pied que ce qui est réglé pour le controlle, le tout sans préjudice des droits d'insinuation des legs particuliers & des substitutions, s'il y en a, & du centiéme denier des immeubles: Ordonne Sa Majesté que les Notaires, Curez ou autres dépositaires des Testamens, Codiciles, Donations, ou Actes dont les Testateurs ou Donateurs sont décédez, qui n'ont pas encore été controllez & insinuez, seront tenus dans un mois de la publication du présent Arrêt, de les porter au Bureau des Insinuations, pour y être controllez & insinuez, & les droits payez, sous les peines & amendes portées par les Réglemens. Enjoint Sa Majesté aux Sieurs Intendans, &c.

ARREST DU CONSEIL du 23 Décembre 1718. LE ROI EN SON CONSEIL, a ordonné que les Edits, Arrêts, Déclarations & Réglemens rendus sur la perception des droits de controlle des Actes des Notaires & sous signatures privées, petits sceaux & insinuations laïques, soient exécutez selon leur forme & teneur; & en conséquence, que les Notaires & autres personnes, &c. seront tenus de payer aux Receveurs, huitaine après la signification du présent Arrêt, les droits qui sont dûs pour raison des Actes qui ont été controllez, scellez ou insinuez, ou dont le controlle, sceau & insinuation a été suspendu par les contestations qu'il y a entr'eux sur le plus ou le moins, sans que sous prétexte desdites contestations ils puissent en différer le payement, sauf à eux à se pourvoir ensuite pour faire ordonner la restitution de ce qu'ils prétendront avoir payé au-delà de ce qui est porté par les Tarifs & Réglemens. Ordonne Sa Majesté à tous Notaires, Greffiers, ou autres, &c. de faire controller, sceller & insinuer à l'avenir les Actes qu'ils recevront, dans les délais prescrits par les Réglemens, & d'en payer comptant les droits sur le pied des quittances qui seront mises sur lesdits Actes, sans qu'ils puissent en différer le payement, sous prétexte des contestations qui pourroient survenir sur la quotité d'iceux, ni pour quelqu'autre cause que ce puisse être, sous les peines & amendes portées par les Réglemens pour le défaut de controlle, sceaux & insinuations, sauf à se pourvoir ensuite pour faire ordonner la restitution, s'il y a lieu. Fait Sa Majesté défenses aux Receveurs, Commis, &c. d'exiger, sous prétexte du présent Arrêt, d'autres & plus forts droits que ceux portez par les Réglemens, à peine de restitution du quadruple, laquelle peine, &c. Enjoint Sa Majesté aux Sieurs Intendans & Commissaires, &c.

ARREST DU CONSEIL du 14 *Mai* 1720, qui ordonne l'exécution de Réglemens concernant les Insinuations & centiéme denier; & en conséquence, que les ventes, cessions & subrogations, transports, abandonnemens, démissions & autres actes translatifs de propriété des rentes foncieres seront insinuez, & les droits payez dans les délais prescrits par lesdits Réglemens, à peine du triple droit.

ARREST DU CONSEIL du 7 *Septembre* 1720, qui déclare nuls plusieurs Contrats de mariage & autres Contrats & Actes non controllez & insinuez, & condamne un Notaire en deux mille quatre cens livres d'amende, pour plusieurs contraventions commises par ledit Notaire & autres.

ARREST DU CONSEIL du 30 *Septembre* 1721, qui ordonne l'insinuation des Lettres d'annoblissement, réhabilitation de noblesse, légitimation, naturalité, érections de Fiefs, Marquisats, Comtez, Baronnies ou autres Dignitez, concession de Justice, Foires ou Marchez & autres semblables, avec défenses aux Officiers des Cours supérieures & autres, d'ordonner ni de procéder à l'enregistrement ou homologation d'aucune desdites Lettres, qu'il ne leur soit apparu de l'insinuation d'icelles au Greffe des Insinuations; déclare nuls les enregistremens qui seront faits avant ladite insinuation, comme aussi toutes les procedures, Actes & Contrats qui pourront être faits en conséquence.

ARREST DU CONSEIL du 15 *Septembre* 1722. Le Roi en son Conseil, a ordonné & ordonne que les héritiers en ligne collatérale, Donataires, Légataires, Instituez, Substituez & autres nouveaux possesseurs de biens immeubles sujets aux droits de centiéme denier, seront tenus dans les délais prescrits par les Réglemens, de faire leur déclaration exacte signée d'eux, ou par Procureur spécial, sur le registre à ce destiné dans chacun Bureau le plus prochain de la situation des biens, de la consistance & valeur d'iceux, & de représenter les titres de propriété & les derniers baux à ferme qui auront été faits, pour être procédé à la liquidation du droit de centiéme denier, laquelle déclaration sera certifiée véritable, avec affirmation qu'il n'aura été omis en icelle aucuns biens sujets audit droit de centiéme denier, & que la valeur qui sera déclarée sera leur juste valeur. Veut Sa Majesté qu'en cas d'omiſſion ou de fauſſe déclaration, l'amende de trois cens livres, enſemble la peine des triples droits demeure encourue contre ceux qui les auront faites, ſans que leſdites peines puiſſent être modérées, &c. Permet Sa Majeſté aux Receveurs dudit droit de centiéme denier, ſes Commis & Prépoſez, de faire procéder, ſi bon leur ſemble, par Experts convenus ou nommez d'office, à l'eſtimation de la valeur des biens mentionnez dans les déclarations qui auront été faites, les frais deſquelles eſtimations ſeront ſupportez par les redevables, outre les peines & amendes portées par le préſent Arrêt, lorſque les biens ſe trouveront être de plus grande valeur qu'ils n'auront été déclarez. Et ſera le préſent Arrêt lû, publié & exécuté nonobſtant oppoſition, &c. Enjoint Sa Majeſté aux Sieurs Intendans & Commiſſaires départis dans les Provinces & Généralitez d'y tenir la main. Fait au Conſeil, &c.

TARIF des Droits que le Roi en ſon Conſeil veut & ordonne être payez à l'avenir, à commencer au premier Novembre prochain, en exécution de l'Edit du mois de Décembre 1703, Edits, Déclarations, Arrêts & Réglemens rendus en conſéquence, & notamment de la Déclaration de cejourd'hui 29 Septembre 1722, regiſtrée en Parlement le 8 Octobre de la même année, pour l'inſinuation & enregiſtrement des Contrats, Arrêts, Jugemens, Sentences, Lettres & autres Actes mentionnez auſdits Réglemens.

ART. I. POUR toutes donations entre-vifs, à cauſe de mort ou autrement, des meubles ou immeubles, à l'exception de celles faites en ligne directe par Contrat de mariage ou à cauſe de mort, & de celles entre-vifs ou à cauſe de mort, de ſommes mobiliaires qui n'excéderont pas trois cens livres en faveur des Egliſes, Chapelles, Couvens, Monaſteres, Hôpitaux & Communautez, pour œuvres pies, ſera payé; ſçavoir: Pour celles de cinquante livres & au-deſſous, dix ſols; de cinquante livres à cent livres, une livre; de cent livres & au-deſſus, à raiſon de vingt ſols pour chaque cent livres, ſans néanmoins que le droit puiſſe excéder cinquante livres. Et pour les donations ou legs qui ne contiendront point d'évaluation ou eſtimation des choſes données, ſera payé cinquante livres.

II. Teſtamens ou Codiciles en faveur de toutes perſonnes, autres que les deſcendans en ligne directe, dans leſquels le legs univerſel ou l'hérédité mobiliaire ne ſeront point évaluez, les droits en ſeront payez ſuivant la qualité des Teſtateurs ou Donateurs, ſans préjudice de l'inſinuation des legs particuliers, des ſubſtitutions, s'il y en a, & du centiéme denier des immeubles; ſçavoir: Pour ceux des perſonnes conſtituées en Dignitez eccléſiaſtiques ou laïques, Gentilshommes qualifiez ou poſſédans des Terres ayant haute, moyenne ou baſſe Juſtice, ſoit Gentilshommes ou Roturiers, Préſidens, Conſeillers, Avocats ou Procureurs Généraux & Greffiers en chef des Parlemens & autres Cours ſupérieures, Officiers de Finances, Secretaires du Roi, Trésoriers & autres pourvûs d'Emplois considérables, Fermiers, Sous-fermiers & Traitans des droits du Roi, Banquiers & Marchands en gros de toutes les Villes de la Province, premiers Officiers & Bourgeois vivans de leurs revenus des Villes où il y a Cour supérieure, Présidial ou Evêché, leurs veuves & enfans de l'un & l'autre sexe, cinquante livres. Pour ceux des Chanoines, Curez & autres Ecclésiastiques pourvûs de Bénéfices de toutes les Villes & Paroisses; simples Gentilshommes, Officiers de Judicature des Présidiaux, Bailliages, Sénéchaussées, Vigueries, Elections & autres Jurisdictions Royales, premiers Officiers & Bourgeois vivans de leurs revenus de toutes les autres Villes, Directeurs, Receveurs & principaux Commis des Fermes & Droits du Roi, trente livres. Pour ceux des Officiers de Judicature des Duchez-Pairies & autres Jurisdictions Seigneuriales ressortissantes nûement ès Parlemens, Avocats, Notaires, Procureurs, Greffiers & autres Officiers, Médecins, Chirurgiens, Apôticaires, Peintres, Sculpteurs, Orfévres, Marchands en détail & autres notables Artisans des Villes où il y a Cour supérieure, Présidial, Bailliage, Sénéchaussée, Election & autres Jurisdictions Royales, vingt livres. Pour ceux des Ecclésiastiques qui ne sont pourvûs d'aucun Bénéfice de toutes les Villes & Paroisses, Officiers de Judicature des autres Jurisdictions Seigneuriales, Procureurs, Notaires, Greffiers & autres Officiers des mêmes Jurisdictions, Médecins, Chirurgiens, Apoticaires, Marchands, Bourgeois des autres Villes, gros Laboureurs & Fermiers, dix livres. Pour ceux des Artisans, Manouvriers, Journaliers & autres personnes du commun des autres Villes, trois livres. Et pour ceux des simples Manouvriers, Journaliers & autres personnes du commun de la campagne, une livre dix sols.

III. Pour chacun des legs faits par Testamens, Codiciles ou Donations à cause de mort, sera payé par les héritiers, légataires universels ou exécuteurs testamentaires, les droits réglez par l'Article I du présent Tarif, & à proportion des sommes données à chacun légataire, desquels droits leur sera tenu compte par lesdits légataires lors du payement de leurs legs, chacun pour ce qui le concerne.

IV. Dons mutuels entre maris & femmes, les droits en seront payez suivant la qualité du mari; sçavoir: Pour ceux des personnes constituées en Dignitez, Gentilshommes qualifiez, ceux qui possédent des Terres ayant haute, moyenne ou basse Justice, Officiers des Cours supérieures, Greffiers en chef desdites Cours, Officiers & Gens du Roi des Présidiaux, Bailliages, Sénéchaussées, Elections & autres Jurisdictions Royales, Secretaires du Roi, Trésoriers de France, Receveurs généraux, Receveurs des Tailles & tous Officiers de Finances, Fermiers, Sous-fermiers & Traitans des Droits du Roi, Directeurs, Receveurs & principaux Commis des Fermes, Banquiers & Négocians en gros, cinquante livres. Pour ceux des simples Gentilshommes, Officiers de Judicature, autres que ceux dénommez en la classe ci-dessus, Avocats, Notaires, Procureurs, Greffiers, Huissiers, Médecins, Chirurgiens, Apoticaires, Bourgeois, Marchands en détail & notables Artisans des Villes, vingt livres. Pour tous autres Artisans des Villes, Laboureurs, Fermiers & Habitans de la campagne, cinq livres. Les mêmes droits seront payez pour les donations mutuelles

&

& réciproques entre maris & femmes ou autres Particuliers, qui ne contiendront point d'évaluation, suivant la qualité de la personne dénommée dans l'Acte qui produira le plus fort droit.

V. Substitutions de biens meubles ou immeubles, les droits seront payez par chacun Substitué, suivant la qualité des Substituans, sans néanmoins qu'il puisse être perçu plus de quatre droits, compris l'institution, en quelque nombre que soient les Substituez. Pour celles faites par les personnes ecclésiastiques ou laïques dénommées dans la premiere classe de l'Article II du présent Tarif, cinquante livres; par celles dénommées dans la deuxiéme, trente livres; par celles dénommées dans la troisiéme, vingt livres; par celles dénommées dans la quatriéme, dix livres; par celles dénommées dans les cinquiéme & sixiéme, cinq livres.

VI. Exhérédation, sera payé cinquante livres.

VII. Séparation de biens, de corps ou d'habitation, ou exclusion de communauté entre maris & femmes, soit qu'elles soient stipulées par Contrats de mariage & autres Actes, ou ordonnées en Justice, le droit en sera payé suivant la qualité du mari, & sur le pied réglé par l'Art. IV du présent Tarif.

VIII. Pour les interdictions de Contrats des prodigues, furieux, gens en démence, ou pour quelqu'autre cause que ce soit, volo ntaire ou donnée en Justice, quinze livres.

IX. Et pour les Actes & Jugemens qui auront cassé, annullé ou fait main-levée des Actes mentionnez aux Articles précédens, il ne sera payé que moitié des droits.

X. Pour chacune Lettre d'annoblissement, réhabilitation de noblesse, légitimation, naturalité, érection de roture en Fief, érection en Duchez, Marquisats, Comtez, Baronnies & autres titres de Dignitez, concessions de Justices, Foires ou Marchez, sera payé par chacun Impétrant, cent livres.

XI. Pour chacune quittance du droit d'annoblissement dû par les gens de main-morte, & pour chacune quittance du droit d'indemnité dû aux Seigneurs, pour les biens de valeur de cinq cens livres & au-dessous, dix livres; de cinq cens livres à deux mille livres, vingt livres; de deux mille livres à quatre mille livres, quarante livres; de quatre mille livres à six mille livres, soixante livres; de six mille livres à dix mille livres, quatre-vingt livres; de dix mille livres & au-dessus, cent livres. Lorsque la quittance d'amortissement aura été insinuée & le droit payé, les Lettres d'amortissement seront insinuées *gratis*.

XII. Renonciation à succession, le droit sera payé par chacun des Renonçans suivant la qualité des personnes décédées; sçavoir: Par les personnes dénommées dans la premiere classe de l'Article IV du présent Tarif, en y comprenant les Ecclésiastiques possédans Bénéfices ou Dignitez, six livres; par celles dénommées dans la deuxiéme, en y comprenant les simples Ecclésiastiques, trois livres; & par celles dénommées dans la troisiéme, une livre.

XIII. Renonciation à communauté entre mari & femme, le droit sera payé suivant la qualité du mari; sçavoir: Par les personnes dénommées dans la premiere classe de l'Article IV du présent Tarif, six livres;

par celles dénommées dans la deuxiéme, trois livres; & par celles dénommées dans la troisiéme, une livre.

XIV. Pour toutes Lettres de bénéfice d'âge, Lettres & Actes d'émancipations, Lettres de bénéfice d'inventaire, ou pour l'inventaire dans les Pays où le bénéfice d'inventaire a lieu, sans qu'il soit besoin d'obtenir des Lettres, Actes d'acceptation ou Jugemens qui permettront de se porter héritiers bénéficiaires, sera payé pour chacun des Impétrans, émancipez, acceptans ou héritiers, par rapport à la qualité de la personne de la succession de laquelle il s'agit; sçavoir : Par les personnes dénommées dans la premiere classe de l'Article IV du présent Tarif, en y comprenant les Ecclésiastiques possédans Bénéfices ou Dignitez, quinze livres; par celles dénommées dans la seconde, en y comprenant les simples Ecclésiastiques, six livres; & par celles dénommées dans la troisiéme, trois livres.

XV. Pour chacune nomination de Curateur aux successions vacantes, à substitutions, aux interdits, aux mineurs & autres, soit par Acte judiciaire & volontaire, pour quelque cause que ce soit, les droits en seront payez pour chaque succession & pour chacun des Interdits, mineurs & autres, compris dans un même Acte ou Sentence, par rapport à la qualité de la personne de la succession de laquelle il s'agit; sçavoir : Par ceux dénommez dans la premiere classe de l'Article IV du présent Tarif, en y comprenant les Ecclésiastiques possédans Bénéfices ou Dignitez, six livres; par ceux dénommez dans la deuxiéme, en y comprenant les simples Ecclésiastiques, trois livres; & par ceux dénommez dans la troisiéme, une livre.

XVI. Contrats d'union ou de direction de créanciers, ceux d'attermoyement ou abandonnement de biens, pourvû que l'abandonnement soit fait par le débiteur à ses créanciers pour être vendus en direction, sera payé dix livres. Et lorsque l'abandonnement ne sera pas fait par le débiteur à ses créanciers, pour être ses biens vendus en direction, le droit de centiéme denier en sera payé comme des ventes pures & simples.

XVII. Pour chacune Lettre de répi, Arrêts, Jugemens, Sentences portant surséance générale, soit qu'ils soient accordez par Sa Majesté, ou par les Cours & autres Jurisdictions, vingt livres.

XVIII. Pour la recherche sur les registres, lorsque les Juges auront permis d'en délivrer des extraits, ne sera payé que dix sols si on indique l'année dans laquelle l'insinuation aura été faite; mais lorsque les Commis seront obligez d'en faire la recherche sur plusieurs années, il sera payé dix sols pour chacune année, à compter du jour de la passation de l'Acte jusqu'à celui de l'insinuation seulement; & lorsqu'il ne sera délivré que de simples extraits, sera payé dix sols pour chacun desdits extraits; mais s'il est requis copie entiere de l'enregistrement des Actes, sera payé par rolle de grosse même droit qui se paye pour les expéditions en papier au Greffe des Siéges Royaux près desquels lesdites Insinuations seront établies.

XIX *& dernier*. Tous lesquels droits, ensemble les quatre sols pour livre pendant le tems que la levée en doit être faite au profit de Sa Majesté, seront payez par toutes sortes de personnes, exemptes, privilégiées

& non privilégiées, sans aucune exception, pour quelque cause & sous quelque prétexte que ce soit ou puisse être, nonobstant tous Edits, Déclarations, Arrêts, Réglemens & Usages à ce contraires, sans que les Fermiers desdits droits, leurs Commis & Préposez puissent faire remise ou modération des droits en faveur de qui que ce soit, ni à eux-mêmes, pour les Actes qui les concerneront, à peine de restitution du quadruple & de trois cens livres d'amende pour chacun Acte dont les droits n'auront pas été payez.

FAIT & arrêté au Conseil Royal des Finances, tenu à Versailles le vingt-neuviéme jour de Septembre mil sept cens vingt-deux.

Registré au Parlement de Paris le huit Octobre de la même année.

EDIT DU ROI, *portant suppression des Commissions de Notaires & Tabellions du Duché de Nemours, & création de six Notaires Royaux dans l'étendue dudit Duché.*

Donné à Versailles au mois d'Avril 1749.

LOUIS, par la grace de Dieu, Roi de France & de Navarre : A tous présens & à venir, Salut. Notre très-cher & très-amé Oncle le Duc d'Orléans Nous a représenté que le droit de Notaires dans le Duché de Nemours, qui fait partie de son apanage depuis l'année 1672, a toujours été compris dans le bail général des revenus dudit Duché, au moyen de quoi il n'est exercé que par des Praticiens ausquels le Fermier général souferme le droit de passer les Actes dans l'étendue d'une ou de plusieurs Paroisses. Mais les différens inconvéniens qui résultent d'un pareil usage ayant fait desirer à notredit Oncle qu'on y apportât un remede convenable, il Nous a proposé, nonobstant la diminution certaine que ses revenus en souffriront, de créer pour ledit Duché six Offices de Notaires Royaux, & de fixer leurs résidences dans les lieux les plus commodes pour les Habitans, ainsi que Nous l'avons fait dans toute l'étendue de notre Royaume. Nous avons reçu cette proposition d'autant plus favorablement, qu'elle ne tend qu'à réduire à un moindre nombre de bons Sujets ceux qui exercent les fonctions de Notaires dans l'étendue du Bailliage de Nemours, & à assurer la conservation des minutes des Actes, qui étoient en danger d'être perdues ou détournées à l'expiration de chaque bail. Nous ne pouvons donc qu'approuver un changement dans lequel notredit Oncle le Duc d'Orléans n'a en vûe que le bien public. A CES CAUSES & autres considérations à ce Nous mouvantes, de l'avis de notre Conseil, & de notre certaine science, pleine puissance & autorité royale, Nous avons par notre présent Edit perpétuel & irrévocable, dit, statué & ordonné, disons, statuons & ordonnons, voulons & Nous plaît ce qui suit.

ARTICLE I. Avons créé & érigé, créons & érigeons en titre d'Offices six Notaires Royaux au Bailliage de Nemours, pour faire les fonctions attribuées aux Offices de même nature, & pour résider ; sçavoir, deux dans la Ville de Nemours, Capitale du Duché, un dans la Ville de Châteaulandon, un dans le Bourg de Cheroy, un dans le Bourg de Landon, & un dans le Bourg d'Angerville.

II. En conséquence, & du consentement de notre très-cher & très-amé Oncle le Duc d'Orléans, avons éteint & supprimé, éteignons & supprimons tous les Notariats & Tabellionages actuellement exercez par de simples Praticiens, en vertu de sous-baux à eux faits par le Fermier général dudit Duché, lesquels sous-baux, ensemble la clause générale du bail, par laquelle le droit de Notariat est délaissé au Fermier, Nous avons déclaré & déclarons nuls & de nul effet, & ce à commencer dans deux mois, à compter du jour de la publication du présent Edit au Bailliage Royal de Nemours, sauf audit Fermier général à se retirer pardevers notredit Oncle, pour être pourvû à son indemnité, si aucune lui est dûe.

III. Ledit tems & espace de deux mois passé, faisons défenses ausdits Praticiens de faire & exercer aucunes fonctions de Notaires, Garde-notes & Tabellions, à peine de nullité, même de faux.

IV. Seront lesdits Praticiens tenus de remettre à l'expiration dudit délai de deux mois, au Greffe du Bailliage Royal de Nemours, la totalité des minutes des Actes reçus, tant par eux pendant leur exercice, que par leurs prédécesseurs, avec un bon & fidele inventaire ou répertoire d'icelles, sur lequel il en sera fait un récollement par le Sieur Lieutenant Général au Bailliage Royal de Nemours, en présence du Substitut de notre Procureur Général audit Siége, & seront lesdits inventaires & récollemens déposez au Greffe pour minutes, sauf à en être délivrée par le Greffier une expédition entiere à chacun desdits Praticiens ou Commis pour sa décharge.

V. La disposition de l'Article précédent sera observée nonobstant toutes clauses, si aucunes y a, inserées dans les sous-baux faits ausdits Praticiens, & sous prétexte desquelles ils pourroient se prétendre autorisez à ne se point désaisir de leurs minutes pendant un certain tems, après l'expiration de leurs sous-baux, à la charge néanmoins par les acquéreurs desdits six Offices créez par le présent Edit, chacun en droit soi, de payer & rembourser en deniers comptans, à l'instant de ladite remise, à chacun des Praticiens dont les minutes passeront en sa possession, le montant de ce qui se trouvera lui être légitimement dû pour les avances du controlle, papier timbré & autres, pour raison des Actes qui n'auroient pas encore été levez par les Parties, le tout suivant la liquidation & fixation qui en sera faite par ledit Lieutenant Général au Bailliage de Nemours.

VI. La finance de six Offices de Notaires Royaux créez par le présent Edit, sera & appartiendra en entier à notredit Oncle le Duc d'Orléans, qui en aura la pleine provision & institution, & qui en percevra le prêt & droit annuel sur le pied des évaluations qui en seront faites en la maniere accoutumée.

VII. Aussi-tôt après la réception de chacun desdits six Notaires Royaux au Bailliage Royal de Nemours, le Greffier dépositaire des minutes sera tenu de remettre, sçavoir à l'un des deux Notaires résidans en la Ville de Nemours, les minutes qui auront été déposées au Greffe par le Praticien qui a jusqu'à présent exercé les fonctions de Notaires, tant dans ladite Ville que dans les Paroisses de Saint Pierre-lès-Nemours, Dufay, d'Ormesson, de la Madeleine, de Bagneux, de Bouligny, d'Anserville, de Maisoncelle, de Chastenoy, de Fromonville, de Grez, de Creusy, de Nouville, de Nocuteau & de Biberon près l'Archant; & à l'autre des deux Notaires dont la résidence est pareillement dans ladite Ville de Nemours, les minutes qui auront été déposées par les Praticiens qui ont jusqu'à présent exercé les fonctions de Notaires dans les Paroisses de Rumont, de Fromont, de Guercheville, d'Ampouville, de Jacqueville, de Garantreville, d'Ichy, de Gironville, d'Obsonville, de Bocinvilliers, de Souppes, de Poligny, du Boullay, de Chaintreaux, de Paloy, de Reinauville, de Villemaréchal, d'Ucy & de Reclous; au Notaire qui doit résider à Châteaulandon, les minutes qui auront été déposées par les Praticiens qui ont exercé tant pour ladite Ville que dans les Paroisses de Préfontaine, de Courtampierre, de Neronville, de Girolles, de Gondreville la Franche, de Pannes & de Corquilleroy; au Notaire qui doit résider Cheroy, les minutes qui auront été déposées par les Praticiens qui ont exercé tant dans ledit Bourg, que dans les Paroisses de Jouy, du Bignon, de Chevannes, de Voulx & de Lixy; au Notaire qui doit résider à Landon, les minutes des Praticiens qui ont jusqu'à présent exercé les fonctions de Notaires, tant dans ledit Bourg que dans les Paroisses de Moulon, de Villemoutier, de Corbeilles, de Bourdeaux, de Mignerettes, de Chapelon & d'Egry; & au Notaire qui doit résider à Angerville, les minutes qui auront été déposées par les Praticiens qui ont jusqu'à présent exercé les fonctions de Notaires tant dans ledit Bourg que dans les Paroisses d'Orville, de Boullancourt, du Coudray-Maisoncelle, de Trezan, de Rouville & de Marchais-Bouligny, le tout avec une expédition des inventaires ou répertoires qui en auront été dressez en exécution de l'Article IV du présent Edit, & récollement préalablement fait desdites minutes; quoi faisant, le Greffier dépositaire demeurera bien & valablement quitte & déchargé.

VIII. Et attendu que depuis un grand nombre d'années le Sieur Archevêque de Sens, à cause de son Archevêché, a prétendu être en droit de percevoir la moitié du Notariat de Cheroy, comme aussi les Chanoines Réguliers de l'Abbaye de Saint Jean de Sens ont prétendu être en droit de percevoir la moitié du produit du Notariat de Voulx & Lixy, ordonnons que dans un mois, à compter du jour de l'enregistrement du présent Edit, ledit Sieur Archevêque & lesdits Chanoines Réguliers seront tenus de remettre ès mains du Sieur Controlleur général de nos Finances leurs Titres & Mémoires, pour sur leur examen, & après qu'il en aura été donné communication à notredit Oncle le Duc d'Orléans, être par Nous ordonné ce qu'il appartiendra, à l'égard de leur indemnité, si aucune leur est dûe, sans néanmoins que pour raison & sous prétexte desdites prétentions, l'exécution du présent Edit puisse être retardée. SI DONNONS EN MANDEMENT à nos amez & féaux Conseillers, les Gens tenans notre Cour de Parlement à Paris, & autres nos Officiers & Justiciers qu'il appartiendra, que ces Présentes ils ayent à faire registrer, lire, publier, & le contenu en icelles garder & observer selon sa forme & teneur: CAR tel est notre plaisir; & afin que ce soit chose ferme & stable à toujours, Nous avons fait mettre notre Scel à cesdites Présentes. DONNÉ à Versailles au mois d'Avril, l'an de grace mil sept cent quarante-neuf, & de notre Regne le trente-quatriéme. *Signé* LOUIS: *Et plus bas*, Par le Roi, PHELYPEAUX. *Visa*, DAGUESSEAU. Et scellé du grand Sceau de cire verte, en lacs de soie rouge & verte.

Registré, ouï & ce requérant le Procureur Général du Roi, pour être exécuté selon sa forme & teneur; & copie collationnée envoyée au Bailliage de Nemours, pour y être lû, publié & registré: Enjoint au Substitut du Procureur Général du Roi d'y tenir la main, & d'en certifier la Cour dans le mois, suivant l'Arrêt de ce jour. A Paris en Parlement le treize Juin mil sept cent quarante-neuf. Signé YSABEAU.

Etat des Actes & Contrats sujets aux droits d'insinuation, de centiéme denier, & des quatre sols pour livre en sus, dont Messieurs les Notaires de Paris sont tenus de fournir des extraits tous les six mois à la Ferme desdits droits, conformément aux Réglemens du Conseil.

Article Premier.

Abandonnement ou démission par pere & mere à leurs enfans, autre que par Contrat de mariage, ou à cause de mort.

II. Baux emphytéotiques.

III. Baux à rente fonciere.

IV. Baux au-dessus de neuf années.

V. Baux, ou Vente à vie, d'immeubles.

VI. Cessions & Abandonnemens d'immeubles & de Baux à rente, à vie, & autres au-dessus de neuf années, en faveur de toutes personnes.

VII. Contre-Lettres, lorsqu'elles ne sont pas dans les vingt-quatre heures du jour de la date des Actes translatifs de propriété d'immeubles.

VIII. Contrat de Profession en Religion, ou Dotation de Religieux ou Religieuses.

IX. Démission d'immeubles par les peres & meres à leurs enfans, moyennant pension viagere.

X. Donations entre-vifs, soit par peres & meres à leurs enfans en avancement d'hoirie, autres que par Contrat de mariage, soit par les enfans à leurs peres & meres, ou autres Particuliers, par quelques Actes que ce soit.

XI. Donations d'immeubles par Contrats de mariage en faveur des futurs, par autres que par leurs peres & meres.

XII. Donations de choses mobiliaires de valeur de mille livres & au-dessus, & de celles où la tradition est réelle, à quelques sommes que les choses mobiliaires puissent monter.

XIII. Echanges & Contre-échanges causez pour immeubles.

XIV. Extraits d'Inventaires en ligne collatérale, lorsqu'il y a des biens désignez, & des titres de propriété d'immeubles inventoriez.

XV. Licitations volontaires, soit entre Cohéritiers ou Copropriétaires.

XVI. Rétrocessions, soit de Ventes, Abandonnemens d'immeubles & de Baux à rente fonciere, emphytéotiques, à vie ou autres, au-dessus de neuf années, lesquelles Rétrocessions on appelle improprement Résilimens volontaires, & qui sont de vraies Rétrocessions.

XVII. Partages en collatérale & en directe, lorsqu'il y a soulte.

XVIII. Transports de droits successifs, lorsqu'il y aura des immeubles, & Transports de rentes foncieres, Transactions lorsqu'elles contiendront abandonnement d'immeubles rachetables ou non-rachetables.

XIX. Ventes de maisons, héritages, & autres immeubles.

XX. Ventes ou Adjudications volontaires par les Directeurs des Créanciers d'un Débiteur, au profit d'un ou plusieurs des Créanciers ou d'autres Particuliers.

XXI. Et généralement tous Actes translatifs & rétrocessifs de propriété ou d'usufruit de biens immeubles.

Pour les déductions à faire dans les comptes, liquidations & partages, observer que

Le premier dixiéme a commencé du premier Octobre 1710, & a fini le dernier Décembre 1717, & partant a duré sept ans trois mois.

Le cinquantiéme a commencé du premier Août 1725, & a fini au dernier Décembre 1727, & partant a duré deux ans cinq mois.

Le second dixiéme a commencé du premier Janvier 1734, & a fini le dernier Décembre 1736, & partant a duré trois ans.

Le troisiéme a commencé du premier Octobre 1741, & a fini le dernier Décembre 1749, & partant a duré huit ans trois mois.

Les deux sols pour livre y ont été ajoutez, à compter du premier Janvier 1747, & dureront jusques & compris le dernier Décembre 1756, c'est-à-dire dix ans, quoique le dixiéme soit supprimé.

Le vingtiéme actuellement subsistant, a commencé du premier Janvier 1750.

Le second vingtième a commencé du 1. octobre 1756

LIVRE DIX-SEPTIÉME.

Des Bénéfices & des Actes qui les concernent.

AVANT que d'expliquer comment se font les Actes concernant les Bénéfices, il est à propos de parler des Notaires Apostoliques, & de leurs fonctions. Ensuite nous donnerons au Lecteur quelque notion des Bénéfices, des qualitez requises pour les posseder, des manieres par lesquelles ils vaquent, & des autres principes généraux sur les matieres béneficiales. Après quoi nous donnerons des modéles des Actes qui se font en matiere béneficiale.

CHAPITRE PREMIER.

Des Notaires Apostoliques, ou de ceux qui peuvent passer des Actes en matiere béneficiale.

LES Notaires Ecclésiastiques ou Apostoliques étoient ci-devant des personnes nommées par les Evêques & Archevêques, pour passer les Actes concernant les Bénéfices, & pour exercer la fonction des Notaires en matiere béneficiale dans l'étendue du Diocèse de celui par lequel ils avoient été nommez.

Par l'Ordonnance d'Henri II de l'an 1530, article 2, il étoit défendu aux Notaires Ecclésiastiques d'exercer le Notariat que dans un seul Diocèse, sur peine de nullité.

Par l'Ordonnance de Charles VIII, article 21, il étoit défendu à tous Laïcs de faire passer ou recevoir leurs Contrats par les Notaires Apostoliques ou Episcopaux, en matiere temporelle ou profane, sur peine de nullité. Cette Ordonnance fut confirmée par celle de François I du 29 Août 1539, chap. 3, art. 6, qui condamne les contrevenans à dix livres d'amende.

La raison est que l'Evêque n'est pas Seigneur de son Diocèse, mais le Roi; ainsi les Notaires Apostoliques ne pouvoient recevoir aucuns Actes concernant les choses temporelles. *Voyez M. Louet, lettre N, sommaire 5, & les Chartres des Notaires, chapitre 12, page 737.*

On a prétendu distinguer les Testamens d'avec les autres Actes qui se font entre-vifs; de sorte que plusieurs avoient voulu que les Coutumes qui commettent indéfiniment & généralement les Notaires pour recevoir les Testamens, se devoient entendre tant des Notaires de Cour d'Eglise, que de ceux de Cour séculiere. Et même la question s'étant présentée en la Coutume de Chartres, qui ordonne que pour la validité d'un Testament il est requis qu'il soit fait pardevant deux Notaires, sur le fait d'un Testament qui avoit été reçu par deux Notaires Ecclésiastiques; la Cour par Arrêt du mois de Novembre 1520, rapporté par M. Louet, lettre N, chapitre 5, déclara le Testament bon & valable, ce qui étoit un abus; car les Testamens concernent les choses temporelles aussi-bien que les Contrats, & c'est cette considération qui a fait qu'on a depuis entendu les Ordonnances parlant généralement des Notaires séculiers, & c'est l'opinion de Me. Charles Dumoulin.

C'est pour cela que la Cour a depuis déclaré nuls les Testamens faits pardevant des Notaires de Cour Ecclésiastique.

M. Ricard en son Traité des Donations, partie 1, nombre 2377, rapporte deux Arrêts qui l'ont jugé ainsi: le premier a été donné au mois de Juin 1597, & l'autre au mois de Juin 1606. Voyez les Preuves des Libertez Gallicanes, tome 1, chapitre 7, nombre 45.

Toutefois à l'égard des Coutumes qui permettent aux Notaires Ecclésiastiques de recevoir des Testamens, plusieurs ont cru que dans ces Coutumes les Notaires Apostoliques pouvoient valablement y recevoir les Testamens, parce que telle disposition n'est point contraire ni aux bonnes mœurs, ni aux Ordonnances, n'y en ayant aucune qui défende absolument que les Testamens soient faits pardevant les Notaires Ecclésiastiques; & puisque les Curez les peuvent recevoir, les Notaires Ecclésiastiques peuvent aussi les recevoir dans les Coutumes qui le leur permettent: mais le contraire a été jugé par plusieurs Arrêts, comme nous avons remarqué ci-dessus en parlant des Testamens.

Par Edit du mois de Décembre 1691, le Roi en créant des Notaires Apostoliques dans tous les Diocèses de son Royaume, a reglé la Jurisprudence sur cette matiere : c'est pourquoi nous rapporterons cet Edit en son entier.

LOUIS, par la grace de Dieu, Roi de France & de Navarre : A tous présens & à venir, Salut. Le Roi Henri II ayant été informé par les remontrances du Clergé, des abus que les Notaires Apostoliques commettoient dans l'exercice de leurs Charges, & que le désordre provenoit de la trop grande facilité qu'il y avoit à s'en faire pourvoir, il ordonna par son Edit du mois de Septembre 1547 à nos Baillifs & Sénéchaux, d'en réduire le nombre à celui qui seroit estimé suffisant pour le service du Public ; & la réduction en ayant été faite, il voulut par son Edit du mois de Juin 1550, qu'ils fussent examinez & reçus par les Archevêques & Evêques, chacun dans leur Diocèse ; qu'ils fissent enregistrer leurs noms, surnoms & demeures, aux Greffes des Présidiaux de leur résidence, & ne pussent instrumenter qu'en un Diocèse. Ces Reglemens n'ayant pas été capables de contenir lesdits Notaires dans leur devoir, le feu Roi notre très-honoré Seigneur & Pere, fut obligé de leur défendre par son Edit du mois de Novembre 1637, à peine de faux, de délivrer aux Parties les minutes des procurations pour résigner, & des autres Actes qu'ils passoient en matiere bénéficiale : Nous leur avons réiteré les mêmes défenses par notre Déclaration du mois d'Octobre 1646. Mais nous sommes avertis que nonobstant ces défenses réiterées, ils se désaisissent encore des minutes des révocations de procurations pour résigner, & rendent par ce moyen les titres des Bénéfices tellement incertains entre le Résignant & le Résignataire, qu'ils ne peuvent vaquer par la mort de l'un ni de l'autre, & sont toujours conservez au plus vivant ; ce qui cause plusieurs procès, & fait préjudice aux droits des Patrons, Collateurs, Ordinaires & Expectans : à quoi desirant pourvoir, Nous nous sommes fait représenter nos anciennes Ordonnances sur le pouvoir des Notaires Apostoliques, & avons consideré que les Obligations & Contrats qu'ils recevoient ne portant point hypotéque, & n'étant point exécutoires sous le scel de la Jurisdiction Ecclésiastique, c'étoient des Actes imparfaits ; que nos Notaires, Huissiers, & ceux des Seigneurs expédiant la plupart des Actes de leur compétence concurremment avec eux, leur emploi n'étoit pas suffisant pour leur donner moyen de subsister, en faisant leur Charge avec honneur & conscience ; que n'étant point Officiers en titre, ils n'avoient point de successeurs obligez à conserver leurs minutes, & que pour remédier à ces inconvéniens & désordres, il n'y avoit point de meilleur moyen que de regler leurs fonctions avec celles de nos Notaires & Huissiers, & de les revêtir pour cela d'un Office en titre. A ces causes, & autres considérations à ce nous mouvans, de notre certaine science, pleine puissance & autorité royale, Nous avons par le présent Edit perpétuel & irrévocable, créé & érigé en titre d'Office formé & héréditaire, en chacun Archevêché & Evêché de notre Royaume, Terres & Pays de notre obéissance, des Offices de Notaires Royaux, pour être tenus & exercez par les Notaires Apostoliques, qui seront établis dans les Villes & lieux qu'il sera jugé nécessaire pour la commodité de nos Sujets, & dont le nombre sera fixé par les Etats qui feront arrêtez en notre Conseil, suivant les avis des Archevêques & Evêques, chacun dans leur Diocèse.

I. Ausquels Notaires Royaux & Apostoliques Nous avons attribué & attribuons par notre présent Edit, pouvoir & faculté de faire seuls, & privativement à tous nos autres Notaires & Tabellions, à ceux des Seigneurs, & à tous nos Huissiers & Sergens, les procurations pour résigner Bénéfices purement & simplement en faveur, avec réserve de pension pour cause d'union, d'érection, permutation, coadjutorerie avec future succession, ou en quelqu'autre façon que ce soit, entre les mains de notre Saint Pere le Pape, de son Légat, ou de l'Ordinaire; rétroceder lesdits Bénéfices; consentir création ou extinction de pension, les révocations desdites procurations, les significations d'icelles; les rétractations desdites révocations, les significations d'icelles; les procurations pour se démettre des Ministreries de l'Ordre de la Trinité, dit des Mathurins, des Commanderies des Ordres Militaires, ou autres séculiers ou réguliers, des Provisoreries, Principalitez, Chapelles, Bourses & Charges des Colléges & des Universitez, & généralement toutes les démissions d'Archevêchez, Evêchez, Abbayes, Prieurez Conventuels, Sociaux ou simples Dignitez, Personats, Offices, Administrations, Canonicats, Prébendes, Semiprébendes, Cures, Vicairies perpétuelles, Chapelles, Servitoreries, Marguilleries, Supérioritez, Prestimonies, & autres Charges Ecclésiastiques.

II. Passeront lesdits Notaires les procurations pour prendre possession, les prises de possession, les oppositions à icelles, les Actes de refus d'ouvrir les portes pour prendre possession de tous lesdits Bénéfices, Commanderies, Ministreries, Charges de Colléges & Supérioritez; & en cas que sur le refus fait en Cour de Rome, ou par l'Ordinaire, d'expédier Bulles, Provisions ou *Visa*, il soit permis par Arrêt, ou par Ordonnance de nos Juges, de prendre possession sur les lieux, ou en une Chapelle, à la charge de la réiterer: Voulons que l'Acte en soit aussi reçu par lesdits Notaires.

III. N'entendons toutefois empêcher que les Greffiers des Eglises Cathédrales, Collégiales & Conventuelles, qui ont coutume d'expédier des Actes de réception de ceux qui sont pourvûs de Bénéfices dépendans desdites Eglises, ne continuent de le faire, conformément à l'Article 13 de l'Edit du mois de Juin 1550, que Nous voulons être exécuté; & si les Chapitres refusent de mettre les Pourvûs desdits Bénéfices en possession, & lesdits Greffiers d'en bailler Actes, pourront les Pourvûs en faire dresser procès-verbal par l'un des Notaires Royaux & Apostoliques du Diocèse, en présence de deux témoins pour le moins, lequel procès-verbal sera de tel effet que celui qui leur auroit été délivré par le Greffier du Chapitre.

IV. Feront pareillement lesdits Notaires les publications des prises de possession dans l'Assemblée des Habitans & Marguilliers des Paroisses, où par notifications aux Patrons ou Collateurs ordinaires des Résignataires, & de leurs prises de possession, ou les réquisitions aux Curez de publier lesdites prises de possession au Prône de la Messe Paroissiale; & en cas de refus, ils en feront la publication à l'issue de ladite Messe, en présence des Habitans, dont ils feront tenus de nommer pour le moins quatre des principaux, & de les faire signer, s'ils sçavent signer, sinon feront mention de leur réponse, à peine de nullité de l'Acte.

V. Expédieront leſdits Notaires les préſentations des Patrons Eccléſiaſtiques & Laïcs, les repréſentations, les proviſions données par les Abbez, Abbeſſes & autres Béneficiers; celles accordées par les Collateurs Laïcs, les Commiſſions des Archidiacres pour deſſervir une Cure pendant le déport; les Lettres d'introniſation, les Procès-verbaux d'élection à une dignité, les Actes d'acceptation, les réquiſitions d'une confirmation, celles de *Viſa* ou de fulmination des Bulles; celles d'être admis à prendre l'habit, faire noviciat & profeſſion, pour ſatisfaire au decret d'une proviſion de Bénéfice régulier, les répudiations de proviſions, les ſignifications extrajudiciaires des Brefs & Reſcrits Apoſtoliques, celles de Lettres d'Indult de joyeux avénement, ſerment de fidélité; celles des degrez, atteſtation de tems d'étude & nomination des Graduez; les procurations pour notifier les noms & ſurnoms des Graduez en tems de Carême, les notifications, les procurations pour requerir Bénéfices, les réquiſitions, les collations accordées par les Exécuteurs de l'Indult du Parlement; celles données par les Chanceliers de l'Egliſe de Paris & de l'Univerſité, & ceux qui ſont par Nous nommez, pour jouir de nos Brevets de joyeux avénement & de ſerment de fidélité, & généralement toutes les ſommations, oppoſitions & interpellations que les Parties deſireront faire pour la conſervation de leurs droits aux Patrons, aux Eliſans, aux Collateurs & Collatrices de notre Royaume.

VI. Feront leſdits Notaires les informations de l'âge, vie & mœurs, & converſation catholique de ceux qui ſeront par Nous nommez à notre Saint Pere le Pape, aux Archevêchez & Evêchez, les procès-verbaux de bénédiction d'Abbez & d'Abbeſſes, de conſécration d'Egliſes, de bénédiction de Chapelles, de donations de Reliques; les ceſſions & donations, ſous notre bon plaiſir, d'Indult des Officiers de notre Parlement de Paris; les ceſſions & échanges de Patronages d'Egliſes, les Actes de vêture, noviciat & profeſſion dans les Monaſteres qui n'ont point coutume d'en tenir regiſtre; les Concordats ſur procès mûs & à mouvoir pour raiſon du poſſeſſoire des Bénéfices, payement, réduction & extinction de penſions créées ou à créer en Cour de Rome; rembourſement de frais; les Tranſactions entre les Curez primitifs & les Vicaires perpétuels, ſur la célébration de l'Office divin à certains jours de l'année, perception des oblations, honneurs & prérogatives; celles pour la rétribution & nomination des Prédicateurs pour l'Avent, le Carême, l'Octave & Fêtes; celles ſur les réfections, réparations, réédifications & entretenemens des Egliſes Cathédrales, Chœur & Cancel des Egliſes Paroiſſiales, fournitures d'Ornemens & Livres d'Egliſes; celles entre les Curez, Religieux & Religieuſes, ſur l'enterrement des Séculiers qui éliſent leur ſépulture dans un Monaſtère, les procurations pour compromettre, les compromis, & l'expédition des Sentences arbitrales entre perſonnes Eccléſiaſtiques, pour raiſon des droits appartenans à leurs Egliſes; les Contrats de partage entre les Abbez & Religieux de leurs Menſes Abbatiale & Conventuelle; les Tranſactions pour ſupplément de lots, augmentation de penſion, acquit des charges clauſtrales, de Sacriſtie, Hoſpitalité, gages de Médecin, Apoticaire & Chirurgien, aumônes, décimes ordinaires & extraordinaires, taxe pour le don gratuit, réparations & autres charges de Monaſteres; les

Transactions sur portion congrue, pensions de Vicaires, grosses novales, vertes & menues dixmes, ou exemptions d'icelles, & généralement toutes Transactions, Contrats & autres Actes qui seront passez entre personnes Ecclésiastiques, pour raison de la célébration des Offices divins, droits de visites, privilége d'exemption de la Jurisdiction ordinaire, exercice de Jurisdiction ecclésiastique, rangs & prééminences, conduite & discipline de l'Eglise, soit qu'il y ait procès au pétitoire dans les Officialitez, ou au possessoire devant nos Juges, ou par appel comme d'abus en nos Cours.

VII. Les Ordinaires n'adresseront plus leurs provisions aux Prêtres, pour mettre les Particuliers en possession des Bénéfices qu'ils auront conferé; Nous les admonestons, & néanmoins enjoignons d'en faire l'adresse aux Notaires Royaux & Apostoliques pour les exécuter. Défendons à tous nos autres Notaires, Tabellions, Huissiers & Sergens, de s'entremettre pour passer ou faire aucuns des Actes ci-dessus exprimez, à peine de nullité desdits Actes, d'interdiction pour six mois, de mille livres d'amende, de tous dépens, dommages & intérêts des Parties. Pourront néanmoins les Parties, au cas que les Notaires Royaux & Apostoliques refusent ou dilayent de faire les requisitions de provisions, institutions, *visa*, fulminations de Bulles & Rescrits, les faire faire par nos autres Notaires & Tabellions.

VIII. Pourront en outre lesdits Notaires faire concurremment avec nos autres Notaires & Tabellions, les titres sacerdotaux, les fondations de Bénéfices, de Monasteres, d'Obits, Prestimonies, Saluts, Processions, ou autre Service divin, les donations au profit des Communautez ecclésiastiques, séculieres ou régulieres, Fabriques, Confrairies & Hôpitaux, Baux à ferme, & Sous-baux des Biens ecclésiastiques; les Devis & Marchez des constructions nouvelles, réfections & réparations des Bâtimens appartenans à l'Eglise, les Quittances des Ouvriers, les Contrats de pension viagere promise à un Couvent lors de l'entrée d'une fille en Religion; les Testamens de Gens d'Eglise, & l'inventaire des meubles trouvez après le décès des Ecclésiastiques; & lorsque le Curé de la Paroisse du Testateur, ou son Vicaire, auront reçu un Testament, Nous leur enjoignons d'en déposer la minute huit jours après le décès du Testateur, dans l'Etude de l'un des Notaires Royaux & Apostoliques du Diocèse, pour la grosse en être expédiée par ledit Notaire.

IX. Et pour retrancher les suppressions d'Actes & autres abus qui procedent de la facilité des Notaires à délivrer aux Parties les minutes des Concordats en matiere bénéficiale, des procurations pour résigner en quelque façon, & pour quelque cause que ce soit, des révocations desdites procurations & significations d'icelles, des rétractations desdites révocations & significations d'icelles, des provisions, prises de possession, refus d'accepter, & autres Actes concernant le titre des Bénéfices; Nous défendons ausdits Notaires Royaux & Apostoliques de se dessaisir d'aucunes desdites minutes, nonobstant qu'ils en soient requis par l'une & l'autre des Parties: Leur enjoignons de les garder soigneusement, à peine d'interdiction, & de mille livres d'amende; & si aucune étoit délivrée, Nous en déclarons l'Acte nul, de nul effet & valeur. Faisons défenses aux Parties de s'en servir, tant au respect des tierces personnes, qu'au regard de ceux entre lesquels il a été fait.

X. Ne pourra dorénavant aucun Notaire Apostolique en exercer la fonction, s'il n'est revêtu de l'un des Offices de Notaires Royaux créez par le présent Edit. Défendons à tous ceux qui en ont prêté serment pardevant les Archevêques, Evêques ou leurs Officiaux, de plus instrumenter en ladite qualité, six semaines après la publication de notre présent Edit, à peine de faux, de nullité des Actes, & de cinq cens livres d'amende.

XI. Voulons que les Contrats de fondation & donation au profit des Eglises, Obligations, Transactions & autres Actes passez par lesdits Notaires Royaux & Apostoliques, portent hypotéque, pourvû qu'ils soient signez de deux desdits Notaires, ou de l'un d'eux, & de deux témoins, & revêtu des autres solemnitez requises par nos Ordonnances.

Et afin que lesdits Contrats soient à l'avenir exécutoires, sans permission de nos Juges, Nous avons uni & unissons ausdits Offices de Notaires Royaux & Apostoliques, la fonction de Garde de notre petit scel, & leur donnons pouvoir de sceller les Contrats par eux reçus, d'un Scel gravé de nos Armes, en placard de cire rouge.

XII. Seront tenus lesdits Notaires de faire bon & loyal Registre des Actes qui seront par eux reçus, & d'écrire à la marge, ou au pied de la minute de chaque procuration pour résigner, le tems auquel ils en auront délivré la grosse, combien de fois, & à quelles personnes.

XIII. Ne pourront lesdits Notaires exercer leurs fonctions qu'en un Diocèse, sur peine de faux & de nullité des Actes qui seront par eux passez hors le Diocèse auquel ils auront été reçus; & ne sera foi ajoutée aux instrumens par eux expédiez, s'il n'y est fait mention de leur qualité, demeure & Jurisdiction en laquelle leurs Provisions auront été enregistrées.

XIV. Seront les Notaires Royaux & Apostoliques reçus sans aucuns frais, après information de leur âge, vie, mœurs & Religion Catholique, par nos Baillifs & Sénéchaux, ou Juges Royaux, dans la Jurisdiction desquels ils seront établis; & après qu'ils auront prêté serment devant nos Juges, Nous leur enjoignons de présenter leurs Lettres de Notaire Apostolique aux Archevêques & Evêques, leurs Vicaires généraux & Officiaux, & de faire le serment entre leurs mains, de bien & fidellement faire leurs Charges, sans néanmoins qu'ils soient obligez de faire aucune nouvelle information de vie & mœurs, ni de subir aucun nouvel examen.

XV. N'entendons que les Archevêques, Evêques, leurs Vicaires généraux ou Officiaux, puissent en vertu de ce serment ni autrement, s'attribuer la connoissance de l'exécution des Actes qui seront passez par les Notaires Royaux & Apostoliques, ni prétendre autre Jurisdiction que celle qui leur appartient de droit, suivant nos Ordonnances.

XVI. Nous donnons pouvoir aux Notaires Royaux & Apostoliques de postuler dans les Officialitez & Cours ecclésiastiques. Défendons aux Procureurs de nos Bailliages & Sénéchaussées, & de nos autres Siéges, même à ceux des Jurisdictions des Seigneurs, de plus y occuper, plaider ni écrire, six semaines après la publication du présent Edit, à peine de faux, de nullité des procédures, mille livres d'amende, dépens, dommages & intérêts des Parties. Pourront néanmoins ceux qui exercent actuellement la Charge de Procureurs esdites Officialitez, en vertu des Provisions qu'ils ont ci-

devant

devant obtenues des Archevêques & Evêques, étant en possession d'en donner, continuer d'y en faire la fonction.

XVII. Voulons que les Notaires Apostoliques reçus avant ce présent Edit, soient préférez dans l'acquisition desdits Offices, & reçus sans nouvel examen. Seront toutefois obligez de prêter serment entre les mains de nos Juges, chacun dans son ressort, & de faire registrer leurs Provisions en leurs Greffes, pour lequel enregistrement les Greffiers ne pourront prendre que quarante sols.

XVIII. Et pour donner moyen ausdits Notaires de vivre honnêtement de leur Emploi, & de se maintenir en l'honneur & l'égalité requise en leurs Charges, Ordonnons que tant pour leurs minutes, grosses en parchemin, expéditions en papier, que pour leur droit de scel & cire, ils jouissent en qualité de Notaires Royaux & Apostoliques, pour leurs salaires & vacations hors leur Etude, dans la Ville & hors la Ville de leur résidence, des mêmes droits, profits, émolumens, honneurs & rangs qui se trouveront attribuez par les Réglemens aux Notaires Royaux, Gardes de nos petits scels des Bailliages & Siéges Royaux dans lesquels ils seront reçus & immatriculez; & en qualité de Procureurs des Officialitez, ils auront & prendront les mêmes droits & salaires qui seront perçus par les Procureurs des Bailliages ou Siéges Royaux, au ressort desquels l'Officialité dans laquelle ils postuleront sera située.

XIX. Et pour donner moyen aux Pourvûs desdits Offices de les exercer avec assiduité, Nous les avons déchargez & déchargeons de logement effectif des Gens de guerre, de la collecte des tailles, tutelle, curatelle, guet & garde, & de toutes autres charges publiques.

Si donnons en mandement, &c. Donné à Versailles au mois de Décembre, l'an de grace mil six cens quatre-vingt-onze, & de notre régne le quarante-neuviéme.

Registré en Parlement le 2 Janvier 1692.

Depuis par autre Edit donné à Versailles en Février 1693, registré le 13 dudit mois & an, les Charges de Notaires Royaux & Apostoliques pour le Diocèse de Paris, ont été réunies aux Notaires du Châtelet de Paris, qui ont par ce moyen droit de passer toutes sortes d'Actes, tant en matieres civiles que bénéficiales. Voici les termes de l'Edit.

Voulons & entendons qu'ils fassent toutes lesdites fonctions spécifiées en notre Edit du mois de Décembre 1691 sans exception, & que leur ministere y soit employé, sans que les Prélats, Abbez, Patrons, Collateurs, Bénéficiers, ni autres personnes puissent se servir d'autres en quelques cas & pour quelques causes que ce soit, déclarant dès-à-présent nuls & de nul effet tous Contrats, Actes, Lettres de collation, présentation & provision, & autres instrumens dépendans desdites fonctions, & concernant les matieres ecclésiastiques & bénéficiales, suivant ledit Edit du mois de Décembre 1691, qui n'auroient été faits & expédiez par lesdits Notaires du Châtelet; & défendons à toutes nos Cours & Juges d'y avoir égard, fors & excepté pour les résignations des Bénéfices seulement, lesquelles pourront être reçues par tous Notaires Royaux, chacun dans son district, dans les lieux situez à quatre lieues de Paris & au-delà, pour les personnes qui s'y trouveront domiciliées, comme auparavant notre Edit du mois de Décembre 1691.

Il est bon de remarquer que cet Edit ne concerne que les Notaires de Paris, ausquels le Roi a uni les Charges de Notaires Apostoliques créées pour le Diocèse de Paris; & que dans les Provinces dans lesquelles les Notaires n'ont point eu de pareil Edit d'Union, les Notaires Royaux & les Notaires Apostoliques sont différens, & passent chacun les Actes de leur compétence, suivant leurs Edits de création.

Il y a néanmoins quelques Provinces où les Notaires Royaux ont le droit de faire les fonctions des Notaires Apostoliques; ce qui leur a été accordé par des Arrêts du Conseil d'Etat, en considération des taxes qu'ils ont payées pour leur abonnement; au moyen de quoi l'Edit de création des Notaires Apostoliques est révoqué à leur égard.

CHAPITRE II.

Des observations que doivent faire les Notaires Apostoliques sur ce qui concerne leurs fonctions.

POUR ce qui est de l'idiome dans lequel doivent être conçus les Actes ecclésiastiques, nous observerons:

I°. Que tous ceux qui doivent aller en Cour de Rome ou à la Légation, peuvent être rédigez en Latin ou en François indistinctement. Il en est de même des Actes des Evêques & autres Prélats qui n'ont rapport qu'à des Ecclésiastiques: néanmoins les Evêques & leurs Grands Vicaires & Officiaux ont coutume de donner leurs attestations & autres Actes en Latin.

II° Que tous les Actes des Collateurs ou Patrons laïcs, ceux des Abbesses qui possedent le droit de patronage, doivent être conçus en François, aussi-bien que les Actes qui concernent les Religieuses.

III°. Que les Actes qui concernent les Communautez régulieres ou séculieres d'hommes, les Chapitres de Cathédrales ou Collégiales, doivent être faits dans la Langue dans laquelle leurs Registres sont conçus, & les Actes expédiez.

Après avoir exposé en quel idiome doivent être conçus les Actes ecclésiastiques, nous allons faire d'autres observations sur ce qui concerne ces mêmes Actes.

Il faut premierement que les Notaires Apostoliques évitent les abréviations difficiles & peu ordinaires, sur-tout celles qui tomberoient sur ce qui seroit essentiel dans l'Acte.

En second lieu, les Notaires Apostoliques, aussi-bien que les autres, ne doivent point laisser en blanc le nom des Parties & des témoins; ils peuvent seulement laisser en blanc le nom d'un Procureur que l'on commet, une date de quelque Acte peu essentiel à celui que l'on passe, & autres minuties qui n'influent en rien à la substance de leur Acte.

En troisiéme lieu, ils doivent mettre la date aux Actes qu'ils passent, & même il est bon qu'ils dénotent si c'est devant ou après midi, & ils n'en doivent point recevoir à heure indûe, comme d'onze heures au soir ou minuit, à moins que ce ne fût pour cause urgente, dont il faudroit faire mention dans l'Acte.

En quatriéme lieu, tous Notaires doivent faire mention dans les Actes qu'ils passent, de leurs qualitez, demeures & Jurisdictions où ils sont immatriculez.

En cinquiéme lieu, ils doivent bien prendre garde à la qualité & à l'état de ceux pour qui ils instrumentent, & ne point recevoir d'Acte de mineurs, s'ils ne sont autorisez de leur pere, tuteur ou curateur.

Ainsi un mineur qui a fait une résignation d'un Bénéfice, s'en peut relever en reclamant contre dans les trois ans; mais quand il a été assisté de son pere ou tuteur, il ne peut s'en plaindre.

En sixiéme lieu, il est du devoir de tout Notaire Apostolique ou autre, après qu'un Acte est achevé, de le relire mot à mot aux Parties; & après leur avoir demandé s'il a suivi leurs intentions, leur faire signer l'Acte, le faire aussi signer aux témoins, s'il instrumente seul & sans Adjoint, & ensuite signer en leur présence.

En septiéme lieu, les Notaires Apostoliques doivent n'admettre pour témoins que les gens idoines, domiciliez, & connus dans le lieu où se passent les Actes, & ils doivent même faire mention de leur domicile. De plus, il faut que les témoins ne soient ni parens, ni alliez, ni domestiques des Parties, dont il faut faire mention dans l'Acte. Il faut encore que les témoins ne soient ni enfans, ni Clercs & domestiques des Notaires. Enfin il est nécessaire que les témoins ayent été convoquez *ad hoc*, & que mention en soit faite dans l'Acte.

En huitiéme lieu, pour qu'une démission, résignation, cession, permutation d'un Bénéfice, ou autres Actes soient valables, sur-tout les résignations, il faut qu'ils soient passez par deux Notaires, ou bien par un seul en présence de deux témoins qui signent, ou qui déclarent qu'ils ne l'ont sçu ou ne l'ont pû, de ce interpellez suivant l'Ordonnance, comme il sera observé ci-après au Chapitre XIII. Mais dans les Actes d'importance, il me paroît qu'il seroit à propos de prendre des témoins qui sçussent signer.

Enfin les Notaires Apostoliques sont absolument obligez de garder des minutes des Actes qui suivent; sçavoir, des Concordats en matiere bénéficiale, des procurations pour résigner, des révocations desdites procurations, des rétractations desdites révocations ou procurations, & des significations d'icelles, des provisions & des prises de possession des Bénéfices, des Actes de refus, de ceux de nominations & présentations, des notifications & significations des grades, & enfin de tous les Actes qui concernent le titre des Bénéfices, comme Lettres de fondations, érections & autres semblables.

Nous allons finir ce Chapitre par une observation importante, qui est que tous les Actes qui se passent en matiere bénéficiale, doivent nécessairement être insinuez au Greffe des Insinuations ecclésiastiques dans le tems porté par le dernier Edit donné à ce sujet. Comme il est de rigueur, & qu'il prononce nullité des Actes contre les contrevenans, nous le rapporterons tout au long dans le Chapitre XXIV.

CHAPITRE III.

Des Bénéfices & de leurs divisions.

Bénéfice ecclésiastique est le droit de jouir de certains revenus de l'Eglise, accordé à un Clerc pendant sa vie, à cause du ministere ecclésiastique qu'il est obligé de faire dans l'Eglise.

Il y a plusieurs divisions des Bénéfices.

La premiere se fait en Bénéfices séculiers & réguliers. Les

séculiers sont ceux qui sont affectez aux Clercs séculiers, qui ne sont point engagez dans la vie monastique ou religieuse. Les réguliers sont ceux qui sont affectez aux Religieux, comme les Abbayes, les Prieurez conventuels & simples. Sur quoi il faut remarquer que quand ces sortes de Bénéfices sont attachez à un certain Monastere ou à une certaine Maison, ils ne peuvent être possedez par des Religieux qui sont d'un autre Ordre ou d'une autre Maison. Ainsi, par exemple, les Religieux de l'Ordre de saint Benoît ne peuvent point posseder les Bénéfices qui dépendent de l'Ordre de saint Augustin.

On connoît par la fondation si un Bénéfice est séculier ou régulier, par les mots qui y sont ordinairement inserez; sçavoir, qu'il sera possedé par des Séculiers ou par des Réguliers.

Mais dans le doute, le Bénéfice est réputé séculier, quand on ne peut pas justifier du contraire.

Les Bénéfices réguliers par la fondation peuvent devenir séculiers, quand ils ont été possedez par quarante ans par des Séculiers, comme Séculiers, & non en commende; & au contraire, les Bénéfices séculiers deviennent réguliers, quand ils ont été possedez par des Réguliers pendant le même espace de tems, en titre, & non pas en administration.

Quoique, suivant ce que nous venons de dire, pour pouvoir être pourvû d'un Bénéfice régulier, il faille être Religieux de l'Ordre dont il dépend, néanmoins un Séculier peut être pourvû en commende d'un Bénéfice régulier. Mais il n'y a que le Pape qui puisse donner des Provisions en commende, & dispenser de la régle *Regularia regularibus, secularia secularibus.*

La deuxiéme division des Bénéfices se fait en Bénéfices simples, qui n'ont ni administration, ni charge d'ames, & en Bénéfices qui ont administration ou charge d'ames annexée.

Entre les Bénéfices simples, il y en a qui sont à simple tonsure, qui n'obligent point à résidence ni à aucune fonction, comme les Chapelles qui n'obligent qu'à faire dire quelques Messes par an; & il y en a qui obligent à résidence, sçavoir les Prébendes ou Canonicats.

La troisiéme division se fait en Bénéfices compatibles, & en Bénéfices incompatibles.

Les Bénéfices compatibles sont ceux qui n'ont point charge d'ames, & qui ne requierent point résidence pour assister au Service divin; telles sont les Chapelles & les Prieurez simples. C'est pourquoi un Clerc peut sans dispense en posseder plusieurs en même tems, pourvû qu'ils ne soient point desservis dans la même Eglise.

Les Bénéfices incompatibles sont ceux qui ont charge d'ames annexée, comme les Cures, ou qui requierent résidence, comme les Canonicats; ce qui fait qu'un Ecclésiastique n'en peut posseder deux en même tems.

La quatriéme division se fait en Bénéfices électifs, collatifs, & ceux qui sont en patronage.

Les Bénéfices électifs sont ceux ausquels on pourvoit par élection; tels sont les Bénéfices qui dépendent d'un Ordre religieux, ou dans quelques endroits ceux qui dépendent d'un Chapitre d'une Eglise Cathédrale ou Collégiale.

Les Bénéfices collatifs sont ceux qui sont conferez par le Collateur à qui bon lui semble, en cas de vacance, pourvû que ce soit à des personnes qui ayent les capacitez requises.

Enfin les Bénéfices qui sont en patronage, sont ceux que les Collateurs ne peuvent conferer qu'à ceux qui leur sont présentez par le Patron, pourvû qu'ils ayent les qualitez requises.

Les Bénéfices électifs sont de deux sortes; les uns sont électifs-confirmatifs, les autres sont électifs-collatifs.

Les Bénéfices électifs-confirmatifs sont ceux qui se donnent à la vérité par élection des Chapitres, mais dont l'élection doit être ensuite confirmée par le Supérieur.

Les Bénéfices électifs-collatifs sont ceux qui se donnent par élection des Chapitres, sans qu'elle ait besoin d'être confirmée par le Supérieur, parce que le Chapitre confere en élisant; ce qui dépend des Concordats faits entre les Evêques & leurs Chapitres, ou de l'usage & de la possession.

La cinquiéme division se fait en Bénéfices consistoriaux & non consistoriaux.

Les Bénéfices consistoriaux sont les Archevêchez, Evêchez & Abbayes, qui étoient autrefois électifs, & qui ont cessé de l'être par le Concordat passé entre le Pape Leon X & François I en 1516.

Ainsi ces sortes de Bénéfices sont aujourd'hui conferez en France par le Pape sur la nomination du Roi.

On les appelle consistoriaux, parce qu'on n'en expédie point à Rome de Provisions, qu'elles n'ayent été proposées & résolues au Consistoire, c'est-à-dire dans l'Assemblée des Cardinaux où le Pape préside.

CHAPITRE IV.

Des Portions congrues.

PORTION congrue est une certaine pension que le Curé primitif ou le gros Décimateur doit à un Vicaire perpétuel, ou à un Curé qui dessert une Cure, au payement de laquelle pension les dixmes sont spécialement affectées. Suivant les anciens Canons, les dixmes appartenoient sans partage aux Curez des Eglises Paroissiales.

L'ignorance des Prêtres séculiers donna occasion aux Moines de saint Benoît, & aux Chanoines réguliers de saint Augustin, de s'emparer de la plupart des Cures. Ils y firent à la vérité eux-mêmes le Service dans les commencemens; mais s'étant depuis relâchez de leur premiere ferveur, ils firent desservir par des Prêtres séculiers révocables à volonté, à qui ils donnoient un revenu si modique, que plusieurs mouroient de faim; aussi travailloient-ils à la vigne du Seigneur, à proportion de la rétribution qui leur en revenoit, dans l'attente d'un meilleur sort.

Pour remédier à cet abus, le Concile de Latran tenu sous Alexandre III, ordonna qu'à l'avenir les Religieux qui possédoient des Cures unies à leur Mense conventuelle, les feroient desservir par un Religieux capable, ou par un Vicaire perpétuel, en leur assignant une portion congrue sur le revenu de ces Cures.

Les Chanoines réguliers de saint Augustin firent desservir ces Cures par leurs Religieux, & les Moines de saint Benoît établirent des Vicaires perpétuels dans la plupart des Cures unies à leur Mense pour les desservir.

Ainsi ils ont retenu le titre de Curez primitifs avec les dixmes & revenus de ces Cures, & n'ont donné à ces Vicaires perpétuels que des rétributions annuelles, dont la modicité faisoit que les Cures de la Campagne étoient abandonnées & désertes, ou que ceux qui les desservoient augmentoient le nombre des pauvres de leur Paroisse.

Cela a donné lieu à quantité de plaintes; ensorte qu'on fut contraint de fixer la portion congrue, que les Religieux ou les gros Décimateurs étoient obligez de donner à ceux qui desservoient les Cures.

Les portions congrues ont été d'abord reglées par l'Edit du Roi Charles IX du mois d'Avril 1571, article 9, à deux cens livres. Depuis elles ont été augmentées jusqu'à trois cens livres pour les Curez ou Vicaires perpétuels, & fixées à cent cinquante livres pour leurs Vicaires, par l'Article 13 de l'Ordonnance du mois de Janvier 1629.

Par Déclaration du Roi, donnée sur les remontrances du Clergé, du 17 Août 1632, vérifiée au Grand Conseil le 23 Mars 1633, il a été ordonné que la fixation des portions congrues à trois cens livres, par l'Ordonnance de 1629, auroit lieu seulement pour les Provinces qui sont au-deçà de la Loire; & qu'à l'égard des Diocèses de Bretagne & des Provinces qui sont au-delà de la riviere de Loire, les portions congrues demeureroient fixées à deux cens livres, comprenant dans lesdites portions congrues les menues dixmes, les fonds des Cures, les fondations des Obits, & autres revenus ordinaires; & à la charge aussi qu'ès lieux où de toute ancienneté il y a portion de dixmes ès revenus entre les Evêques, Chapitres, Abbez, Prieurs, & les Curez ou Vicaires perpétuels, les Curez seront tenus de se contenter de leur ancien partage.

Cette Déclaration ayant été publiée, les gros Décimateurs des Diocèses qui sont au-delà de la riviere de Loire croyant qu'ils ne devoient pas être de pire condition que ceux qui sont au-deçà de ladite riviere, ont obtenu un Arrêt au Conseil Privé du Roi le 30 Mai 1634, par lequel il a été ordonné que les portions congrues seroient réduites & moderées à deux cens livres pour les Cures qui sont au-deçà de la riviere de Loire, de même que pour celles qui sont au-delà de ladite riviere.

Ensuite il y a eu une Déclaration du Roi du 18 Décembre de la même année, vérifiée au Grand Conseil le 11 Janvier de l'année 1635, par laquelle en confirmant l'Arrêt du Conseil Privé, & interpretant l'Article 13 de l'Ordonnance de 1629, les portions congrues pour les Cures situées au-deçà de la riviere de Loire, sont réduites & moderées à la somme de deux cens livres par an, à l'égard de celles où il n'y a point de Vicaires, & à la somme de trois cens livres pour celles où les Curez ont besoin d'un Vicaire, sans comprendre dans les sommes de deux cens livres ou de trois cens livres les offrandes & droits casuels, ni les fondations des Obits, qui demeurent aux Curez & Vicaires perpétuels, & non les menues dixmes, les revenus des fonds & domaines des Curez, & autres revenus ordinaires qui sont précomptez sur les portions congrues.

Il

Il y a une autre Déclaration du 30 Mars 1666, portant que celle de l'année 1634 sera exécutée, & qu'en conséquence les Curez qui n'ont point de Vicaire, n'auront que deux cens livres de portion congrue, sans toutefois comprendre les offrandes, les droits casuels, le creux de l'Eglise, & les fondations des Obits : mais d'autant que cette Déclaration n'avoit été registrée qu'au Grand Conseil, elle n'étoit point observée au Parlement ; de sorte que si une cause en matiere de portion congrue étoit portée au Parlement, on adjugeoit trois cens livres de portion congrue ; & si elle étoit portée au Grand Conseil, on n'adjugeoit que deux cens livres.

L'expérience ayant fait voir que cette somme ne suffisoit pas pour fournir à l'entretien honnête d'un Curé, qui est dans l'obligation d'assister les Pauvres de sa Paroisse, le Roi par une autre Déclaration du 29 Janvier 1686, enregistrée au Parlement le 11 Février suivant, fixa la portion congrue des Curez dans toute l'étendue de son Royaume à trois cens livres, outre l'offrande des honoraires, droits casuels que l'on paye, tant pour les fondations que pour d'autres causes, ensemble les dixmes novales sur les terres qui seront défrichées depuis que les Curez ou Vicaires perpétuels auront fait l'option de la portion congrue, au lieu des revenus de leurs Cures ou Vicairies dont ils jouissoient auparavant, & à cent cinquante livres pour les Vicaires dans les Paroisses où les Evêques estimeront nécessaire d'en établir, lesdites sommes franches & exemptes de toutes charges, & payables par ceux à qui les dixmes ecclésiastiques appartiennent ; & si elles ne sont pas suffisantes, par ceux qui ont les dixmes inféodées, & dans les lieux où il y a plusieurs Décimateurs, ils y contribuent chacun à proportion de ce qu'ils possedent de dixmes.

Mais comme cette Déclaration ne regloit que par des clauses générales les droits des Curez, & les charges des Décimateurs, cela donna lieu à différentes contestations.

I°. Sur l'estimation du gros dont plusieurs Curez jouissoient avant l'année 1686.

II°. Sur les décimes & autres charges que les Curez & Vicaires perpétuels, qui avoient fait option de la portion congrue, devoient supporter.

III°. Sur les oblations & offrandes en cire ou en argent, & autres rétributions que les Curez primitifs étoient en droit de percevoir.

Enfin par une Déclaration du 30 Juin 1690, aussi enregistrée; l'alternative est proposée aux gros Décimateurs, ou de payer la portion congrue aux Curez & Vicaires perpétuels en leur continuant la jouissance des fonds, domaines & portions de dixmes qu'ils possedoient lors de la Déclaration du mois de Janvier 1686, en déduction de la somme de trois cens livres, suivant l'estimation à l'amiable qui en a été faite entre les gros Décimateurs & eux, suivant la commune valeur, ou par des Experts convenus & nommez d'office. Les gros Décimateurs qui retiennent les dixmes, sont tenus de leur payer le surplus ou supplément de ce qui manque à cette somme de trois cens livres, & de quartier en quartier, & par avance, sauf après l'estimation faite à déduire la somme à laquelle pourra par chacun an monter le revenu desdits fonds, domaines & portions de dixmes, pendant la jouissance qu'en auront continué les Curez, sur le supplément en argent que les gros Décimateurs auront à payer.

Outre cela, le Roi veut que les Curez jouissent de toutes les oblations & offrandes, tant en cire qu'en argent, & autres rétributions qui composent le casuel de l'Eglise, ensemble des fonds chargez d'Obits & fondations pour le Service, sans aucune diminution de leurs portions congrues; & cela nonobstant toutes transactions, abonnemens, possessions, Sentences & Arrêts ausquels le Roi défend à ses Juges d'avoir égard.

La Déclaration de 1686 veut que les dixmes inféodées ne contribuent au payement de la portion congrue que subsidiairement, & en cas d'insuffisance des autres fruits & dixmes.

Quand ces dixmes sont données à l'Eglise *cum onere feudi*, elles conservent toujours leur nature de dixmes inféodées; mais si elles passent à l'Eglise affranchie des charges des Fiefs, pour lors elles deviennent dixmes ecclésiastiques & ordinaires; ce qui a lieu en général, soit qu'elles retournent à la même Eglise, soit qu'elles soient acquises à une autre, contre la distinction de plusieurs Auteurs, qui en parlant de ce retour, disent ce qui doit être entendu lorsqu'elles reviennent à la même Eglise; car si elles retournoient à une autre, elles conserveroient toujours à cet égard leur qualité de dixmes inféodées & laïques. C'est ce qui fut jugé par un Arrêt du Parlement de Toulouse rendu le 26 Mai 1677 entre le Sieur de *Montgaillard* & les Prêtres de la Ville d'Aspres.

Le Clergé de France assemblé à Paris en 1710 se croyant

obligé de demander là-dessus un nouveau Réglement, le Roi par sa Déclaration du 30 Juillet de la même année, en interpretant celle du 29 Janvier 1686, remit à la prudence des Archevêques & Evêques, suivant l'exigence des cas, d'assigner aux Desservans une rétribution plus forte que celle de trois cens livres, à proportion de la qualité, de l'étendue de la Paroisse, & des revenus du Bénéfice; parce que la rétribution du Desservant ne doit pas comprendre tous les revenus de la Cure, & que l'on présume de la prudence & de la religion des Prélats, qu'ils en laisseront aux Curez interdits au moins la moitié pour leur subsistance.

Les anciens Arrêts renvoyoient la demande de cette portion congrue pardevant les Officiaux des lieux; aujourd'hui il n'y a que les Juges Royaux qui en connoissent en premiere instance, & les Parlemens en cause d'appel, quoique le Clergé de France ait demandé plusieurs fois dans ses Cahiers le rétablissement de l'ancienne Jurisprudence.

Par un Arrêt du Conseil d'Etat du Roi du 11 Août 1687, la Jurisdiction pour les portions congrues est attribuée au Grand Conseil. Cependant comme ces sortes d'Arrêts qui sont souvent rendus en réglement de Juges ne font loi que pour ceux entre qui ils ont été rendus, ils n'empêchent pas que les autres Juges n'en connoissent tous les jours, & c'est l'usage le plus constant.

Ce gros dû aux Curez par les gros Décimateurs, se paye différemment selon l'usage des lieux.

Par un Arrêt du Parlement de Paris du trente-un Décembre 1686, il a été ordonné que le gros dû au Curé d'Assy par les gros Décimateurs, seroit payé en bled froment, & que les gros Décimateurs seroient tenus à cet effet de séparer les gerbes, & de les faire battre à part.

Par autre Arrêt du 20 Mars 1710, rendu en faveur du Curé d'Arconcey en Bourgogne, il a été jugé que les Curez en possession de prendre par droit de suite ou de sequelle la moitié des dixmes des héritages des dixmages voisins qui sont labourez par leurs Paroissiens, doivent être maintenus en cette possession.

Autre du 12 Juin 1713, qui ordonne que le Dimanche ou Fête qui précedera la récolte, elle sera publiée & affichée, afin que la dixme y soit perçue.

Par un autre Arrêt du même Parlement du 14 Août 1715, il fut jugé pour le Curé de Damart près Lagny, contre le Chapitre de l'Eglise de Paris, que le gros en vin d'un Curé n'étoit pas réductible au produit de la dixme dans les années de stérilité; & qu'en cas que le gros fût dû en vin, le Curé n'étoit pas obligé de fournir les futailles, ni d'aller chercher son gros tant en bled qu'en vin, mais qu'on devoit le porter en sa maison presbytérale; il fut aussi jugé que la qualité du gros en grain se devoit regler par le produit du territoire, & non pas par des baux.

Quand les Curez jouissent d'ailleurs d'un revenu considerable en casuel, les Arrêts ont jugé qu'ils ne pouvoient exiger la portion congrue, & ils ont ordonné que pardevant l'Evêque & le Commissaire départi dans la Province, il seroit dressé procès-verbal des revenus dont jouissent lesdits Curez, tant en fonds qu'en casuels, pour ce procès-verbal fait & rapporté être fait droit aux Parties ainsi qu'il appartiendroit, & cependant défenses aux Curez de faire aucunes poursuites.

Il y a aussi des Eglises dont les Curez ou Vicaires perpétuels ne jouissent que d'une partie des offrandes & oblations, l'autre partie appartenant à des Chapitres, Communautez & autres Béneficiers.

Les Curez avoient prétendu toutes ces oblations, quoiqu'ils n'eussent pas fait option de la portion congrue, & qu'ils eussent des revenus considerables, tant en fonds que dans la partie des oblations qu'ils recevoient; mais leur prétention a été rejettée, parce que l'Ordonnance a voulu seulement procurer une subsistance raisonnable aux Curez qui ne l'avoient pas, sans faire aucun changement aux usages des Eglises dont les Curez jouissent de revenus considerables.

C'est la disposition d'un Arrêt du Grand Conseil du 11 Février 1687, qui a jugé que les Curez qui ont cinq cens livres de revenu de leurs Cures, tant en casuel qu'autrement, sont non-recevables à demander la portion congrue, & à prétendre dans leurs Eglises les oblations appartenantes aux Curez primitifs, ou autres qui en étoient en possession avant la Déclaration du Roi du 29 Janvier 1689.

Il a été jugé par Arrêt de la Grand'Chambre sur les conclusions de M. l'Avocat Général de Lamoignon le 22 Août 1719, que le défaut de dotation d'une somme certaine de trois cens livres n'étoit pas un moyen d'abus, quand la Cure étoit située dans une Ville considerable, parce qu'on regarde la charité des Fidéles comme un fonds inépuisable qui ne tarit jamais. Il s'agissoit de la Cure de Saint Pantaleon, démembrée de celle de

Saint Jean dans la Ville de Troyes, & à laquelle il n'y avoit que cent quatre livres de revenu fixe & assuré.

Indépendamment desdites Déclarations & Arrêts, tant du Conseil d'Etat que du Parlement, que nous avons rapportez ci-dessus, il y a deux Déclarations, l'une du 5 Octobre 1726, & l'autre du 15 Janvier 1731, qui reglent les droits des Curez dans la perception de leur gros contre les Gros Décimateurs, que nous avons jugé à propos de rapporter ici.

DECLARATION DU ROI, en faveur des Curez ou Vicaires perpétuels, donnée à Fontainebleau le 5 Octobre 1726.

LOUIS, par la grace de Dieu, Roi de France & de Navarre : A tous ceux qui ces Présentes Lettres verront, Salut. Le feu Roi notre très-honoré Seigneur & Bisayeul de glorieuse mémoire, ayant été informé qu'il s'étoit élevé plusieurs contestations au sujet des droits prétendus par les Curez primitifs, lesquelles étoient portées en différens Tribunaux, & qu'à cette occasion les Curez ou Vicaires perpétuels étoient troublez dans les fonctions de leur ministere, & détournez de l'assiduité qu'ils doivent au service de leurs Paroisses, donna le 30 Juin 1690 une Déclaration, par laquelle il fut entr'autres choses ordonné que les Curez ou Vicaires perpétuels jouiroient à l'avenir de toutes les oblations & offrandes, tant en argent qu'en cire, & des autres rétributions qui composent le casuel de leurs Eglises, ensemble des fonds chargez d'Obits & fondations pour le Service divin, sans aucune diminution de leurs portions congrues, & ce nonobstant toutes transactions, abonnemens & possessions, Sentences & Arrêts, ausquels il est fait défenses aux Cours & autres Juges d'avoir égard ; & que néanmoins les Curez primitifs pourront, s'ils ont titre ou possession valables, continuer de faire le Service divin aux quatre Fêtes solemnelles & le jour du Patron, ausquels jours seulement, lorsqu'ils feront actuellement le Service, & non autrement, ils pourroient percevoir la moitié des oblations & offrandes tant en argent qu'en cire, l'autre moitié demeurant au Curé ou Vicaire perpétuel. Mais il Nous a été représenté que plusieurs Communautez régulieres établies dans les Abbayes, Prieurez & autres Bénéfices, s'étant arrogés le titre & les fonctions de Curez primitifs, même à l'exclusion des Abbez, Prieurs & autres Titulaires & Commendataires desdits Bénéfices, donnent à ladite Déclaration de 1690 différentes interprétations contraires à l'esprit de cette Loi, & que non-seulement elles refusent le titre de Curez aux Vicaires perpétuels, quoique ce titre leur doive appartenir, comme étant seuls chargez du soin des ames, mais encore qu'elles prétendent sous divers prétextes pouvoir faire le Service divin dans lesdites Eglises toutes fois & quantes qu'il leur plaira ; & ce qui est encore plus extraordinaire, Nous sommes informez que lesdites Communautez exercent ou reclament souvent des droits, fonctions, prérogatives, honneurs & prééminences peu convenables à leur état, qui ne tendent qu'à les éloigner de leurs Cloîtres, & assujettir les Curez & les Prêtres séculiers à des servitudes qui les dégradent, au grand scandale des Fidéles ; & même à usurper des fonctions qui ne peuvent être légitimement exercées que sous l'autorité & avec la mission & approbation des Evêques ; & que pour couvrir ces entreprises, elles employent des transactions & abonnemens qu'elles ont sçu se pratiquer : A quoi desirant pourvoir, & donner de plus en plus au Clergé séculier de notre Royaume des marques de notre protection royale, Nous avons estimé nécessaire d'expliquer notre intention au sujet de l'exécution de ladite Déclaration, pour tout ce qui concerne tant les droits des Curez primitifs, que les portions congrues dûes aux Curez & Vicaires, soit perpétuels ou amovibles, afin qu'il ne reste plus aucune matiere de contestation à cet égard, & que le Clergé séculier ou régulier demeurant dans les bornes qui leur seront prescrites, ne soient plus occupez que de concourir également au Service de Dieu, & à l'édification des peuples, avec la subordination qui est dûe au caractere & à la dignité des Archevêques & Evêques. A CES CAUSES & autres à ce Nous mouvans, de notre certaine science, pleine puissance & autorité royale, en interprétant en tant que de besoin la susdite Déclaration du 30 Juin 1690, Nous avons dit & ordonné, & par ces Présentes signées de notre main, disons & ordonnons, voulons & Nous plaît.

I. Que la Déclaration du 30 Juin 1690, portant réglement sur ce qui concerne les Curez primitifs, & les Curez ou Vicaires perpétuels, soit exécutée selon sa forme & teneur, en tout ce à quoi il n'aura été dérogé par ces Présentes.

II. Que pour inspirer à nos peuples le respect & la juste confiance qu'ils doivent à leurs Pasteurs, les Vicaires perpétuels puissent en tous Actes & en toutes occasions prendre la qualité de Curez de leurs Paroisses, & qu'ils soient reconnus en cette qualité par tous les Fidéles confiez à leurs soins.

III. Que toutes fonctions, prééminences, droits honorifiques ou utiles prétendus par les Curez primitifs, de quelque nature qu'ils puissent être, soient à l'avenir & pour toujours réduits, comme Nous les réduisons par ces Présentes, à la seule faculté de faire le Service divin les quatre Fêtes solemnelles & le jour du Patron, s'ils ont titre & possession valables à cet effet, ainsi qu'il sera expliqué par l'Article suivant, sans qu'ils puissent lesdits jours prétendre administrer les Sacremens, ou prêcher sans une permission spéciale des Evêques. Pourront cependant lesdits jours seulement, & quand ils officieront, & non autrement, percevoir la moitié des oblations & offrandes, tant en argent qu'en cire, l'autre moitié demeurant ausdits Curez-Vicaires perpétuels, & ce nonobstant tous usages, abonnemens, transactions, Jugemens & autres titres à ce contraires, que Nous déclarons à cet effet nuls & de nul effet.

IV. Le titre & les droits de Curez primitifs ne pouvant être acquis légitimement qu'en vertu d'un titre spécial, ceux qui prétendent y être fondez, seront tenus en tout état de cause d'en représenter les titres, faute de quoi ils ne pourront être reçus à le prétendre au préjudice des Curez-Vicaires perpétuels, à qui la provision demeurera pendant le cours de la contestation ; & ne seront réputez valables à cet effet autres titres que les Bulles des Papes, Decrets des Archevêques ou Evêques, Lettres Patentes des Rois nos prédéceſſeurs, ou Actes d'une poſſeſſion juſtifiée avant cent ans & non interrompue, ſans avoir égard aux Tranſactions ou autres Actes, ni aux Sentences ou Arrêts qui pourroient avoir été rendus en faveur des Curez primitifs, ſi ce n'eſt que par leur autenticité & l'exécution qui s'en ſeroit enſuivie, ils euſſent acquis le degré d'autorité néceſſaire pour les mettre hors d'atteinte.

V. Les Abbez, Prieurs & autres Bénéficiers, ſoit titulaires ou commendataires, qui auront droit de Curez primitifs, pourront ſeuls, & à l'excluſion des Communautez établies dans leurs Abbayes, Prieurez & autres Bénéfices, prendre le titre de Curez primitifs, & en exercer les fonctions; ce qu'ils ne pourront faire qu'en perſonne, & ainſi qu'elles ont été reglées par l'Article 3 du préſent Réglement, ſans qu'en leur abſence, ni même pendant la vacance deſdites Abbayes, Prieurez & autres Bénéfices, leſdites fonctions puiſſent être remplies par leſdites Communautez, ni par autres que les Curez-Vicaires perpétuels; & à l'égard des Communautez qui n'ayant point d'Abbez ni Prieurs en titre ou commende, auront droit de Curez primitifs, les Supérieurs deſdites Communautez pourront ſeuls en faire les fonctions, conformément audit Article; & ſeront les uns & les autres tenus auſdits cas de faire avertir les Curez-Vicaires perpétuels la ſurveille de la Fête, & de ſe conformer aux rit & chant du Diocèſe; & dans toutes les Proceſſions, Cérémonies ou Aſſemblées publiques, de quelque nature qu'elles puiſſent être, ils ſeront tenus, ſuivant la Déclaration du 30 Juillet 1710, de ſe ſoumettre aux ordres & Mandemens des Archevêques, Evêques ou Grands-Vicaires du Diocèſe, nonobſtant tous uſages, poſſeſſions ou titres à ce contraires; le tout ſans qu'aucunes preſcriptions puiſſent être ci-après alleguées contre les Abbez, Prieurs & autres Bénéficiers qui auroient négligé de faire en perſonne les fonctions de Curez primitifs par quelque laps de tems que ce ſoit.

VI. Voulons qu'en ce qui concerne les portions congrues des Curez & Vicaires perpétuels, tant pour eux que pour leurs Vicaires amovibles, les Déclarations des 29 Janvier 1686 & 30 Juin 1690 ſoient exécutées; & en conſéquence ordonnons que lorſque les dixmes des Paroiſſes ne ſeront pas ſuffiſantes pour remplir leſdites portions congrues, ainſi qu'elles ont été reglées par leſdites Déclarations, les Curez primitifs n'en puiſſent être déchargez ſous prétexte de l'abandon qu'ils auroient ci-devant fait ou pourroient faire ci-après deſdites dixmes auſdits Curez-Vicaires perpétuels; mais ſoient tenus d'en fournir le ſupplément ſur les autres biens & revenus qu'ils poſſedent dans leſdites Paroiſſes, & qui ſeront de l'ancien patrimoine des Curez, ſi mieux ils n'aiment abandonner ledit titre & les droits de Curez primitifs dans leſdites Paroiſſes.

VII. N'entendons néanmoins déroger en aucune maniere aux droits, prééminences & uſages dans leſquels ſont les Egliſes Cathédrales ou Collégiales, leſquelles demeureront à l'égard de tout le contenu en la préſente Déclaration, dans les uſages ou la poſſeſſion où elles ſont, à l'exception néanmoins de ce qui eſt preſcrit par l'Article 6 concernant les portions congrues, auquel elles ſeront tenues de ſe conformer. SI DONNONS EN MANDEMENT, &c.

DECLARATION DU ROI, servant de Réglement général entre les Curez primitifs & les Curez-Vicaires perpétuels, donnée à Marly le 15 Janvier 1731.

LOUIS, par la grace de Dieu, Roi de France & de Navarre: A tous ceux qui ces Présentes Lettres verront, Salut. Nous avons été informez qu'à l'occasion du Réglement que Nous avons fait entre les Curez primitifs & les Curez-Vicaires perpétuels, par notre Déclaration du 5 Octobre 1726, il s'est formé de nouvelles difficultez entr'eux sur l'exercice de leurs fonctions, soit parce qu'on a donné à cette Loi des interprétations contraires à son véritable esprit, soit parce qu'on a cherché à l'étendre à des cas qu'elle n'a pas prévûs, & qui ne peuvent être décidez que par notre autorité: c'est pour faire cesser ces inconvéniens que Nous avons jugé à propos de réunir dans une seule Loi les dispositions de la Déclaration du 5 Octobre 1726, & celles des Loix précédentes, en y ajoutant tout ce qui pouvoit manquer à la perfection de ces Loix, pour assurer également les droits légitimes des Curez primitifs, & ceux des Curez-Vicaires perpétuels, sans donner atteinte aux usages & aux prérogatives de certaines Eglises principales, qui n'ayant rien de contraire au bon ordre, méritent d'être conservez par leur ancienneté. Nous travaillerons par-là autant pour l'avantage de l'Eglise, que pour celui de nos Sujets, en prévenant des contestations toujours onéreuses aux Parties intéressées, & qui détournant les Pasteurs du soin des ames confiées à leur ministere, sont encore plus contraires au bien public. A CES CAUSES & autres à ce Nous mouvans, de notre certaine science, pleine puissance & autorité royale, Nous avons dit, déclaré & ordonné, disons, déclarons & ordonnons, voulons & Nous plaît ce qui suit.

I. Les Vicaires perpétuels pourront prendre en tous Actes & en toutes occasions, le titre & qualité de Curez-Vicaires perpétuels de leurs Paroisses, en laquelle qualité ils seront reconnus, tant dans leurdite Paroisse que par-tout ailleurs.

II. Ne pourront prendre le titre de Curez primitifs, que ceux dont les droits seront établis, soit par les Titres canoniques, Actes ou Transactions valablement autorisez, Arrêts contradictoires, soit sur des Actes de possession centenaire. N'entendons exclure les moyens & voies de droit qui pourroient avoir lieu contre lesdits Actes & Arrêts, lesquels seront cependant exécutez, jusqu'à ce qu'il en ait été autrement ordonné, soit définitivement ou par provision, par les Juges qui en doivent connoître, suivant qu'il sera dit ci-après.

III. Les Abbez, Prieurs & autres pourvûs, soit en titre ou en commende du Bénéfice auquel la qualité de Curé primitif sera attachée, pourront seuls & à l'exclusion des Communautez établies dans leurs Abbayes, Prieurez ou autres Bénéfices, prendre ledit titre de Curez primitifs, & en exercer les fonctions, lesquelles ils ne pourront remplir qu'en personne, sans qu'en leur absence, ni même pendant la vacance desdites Abbayes, Prieurez ou autres Bénéfices, lesdites Communautez puissent faire lesdites fonctions, qui ne pourront être exercées dans ledit cas que par les Curez-Vicaires

Vicaires perpétuels ; & à l'égard des Communautez qui n'ayant point d'Abbez ni de Prieurs en titre ou en commende, auront les droits de Curez primitifs, soit par union de Bénéfices ou autrement, les Supérieurs desdites Communautez pourront seuls en faire les fonctions ; le tout nonobstant tous Actes, Jugemens & possession à ce contraires, & pareillement sans qu'aucune prescription puisse être alleguée contre les Abbez, Prieurs & autres Bénéficiers, ou contre les Supérieurs de Communautez qui auroient négligé ou qui négligeroient de faire lesdites fonctions de Curez primitifs, par quelque laps de tems que ce soit.

IV. Les Curez primitifs, s'ils ont titre ou possession valable, pourront continuer de faire le Service divin les quatre Fêtes solemnelles & le jour du Patron ; à l'effet de quoi ils seront tenus de faire avertir les Curez-Vicaires perpétuels la surveille de la Fête, & de se conformer au rit & chant du Diocèse, sans qu'ils puissent même ausdits jours administrer les Sacremens, ou prêcher sans une mission spéciale de l'Evêque ; & sera le contenu au présent Article exécuté, nonobstant tous titres, Jugemens ou usages à ce contraires.

V. Les droits utiles desdits Curez primitifs demeureront fixez, suivant la Déclaration du 30 Juin 1690, à la moitié des oblations & offrandes, tant en cire qu'en argent, l'autre moitié demeurant au Curé-Vicaire perpétuel, lesquels droits ils ne pourront percevoir que lorsqu'ils feront le Service divin en personne aux jours ci-dessus marquez, le tout à moins que lesdits droits n'ayent été autrement reglez en faveur des Curez primitifs, ou des Curez-Vicaires perpétuels, par des Titres canoniques, Actes ou Transactions valablement autorisez, Arrêts contradictoires ou Actes de possession centenaire.

VI. N'entendons donner atteinte aux usages des Villes & autres lieux où le Clergé & les Peuples ont accoutumé de s'assembler dans les Eglises des Abbayes, Prieurez ou autres Bénéfices, pour les *Te Deum* ou pour les Processions du Saint Sacrement, de la Fête de l'Assomption, ou de celle du Patron, & autres Processions générales qui se font suivant le rit du Diocèse, ou les Ordonnances des Evêques, lesquels usages seront entretenus comme par le passé.

VII. N'entendons pareillement rien innover sur l'usage où sont plusieurs Paroisses, d'assister le jour de la Fête du Patron ou autres Fêtes solemnelles à l'Office divin, dans les Eglises des Abbayes, Prieurez ou autres Bénéfices, ou d'y faire le Service qu'elles ont accoutumé d'y célébrer. Voulons qu'en cas de contestation sur le fait de l'usage & de la possession, par rapport aux dispositions du présent Article & du précédent, il y soit pourvû par les Juges ci-après marquez sur les Titres & Actes de possession des Parties, le tout sans préjudice aux Archevêques & Evêques de regler les difficultez qui pourroient naître dans le cas desdits Articles, au sujet des Offices ou Cérémonies ecclésiastiques ; & seront les Ordonnances par eux rendues sur ce sujet, exécutées par provision, nonobstant l'appel simple ou comme d'abus, & sans y préjudicier.

VIII. Voulons aussi que dans les lieux où la Paroisse est desservie à un Autel particulier de l'Eglise dont elle dépend, les Religieux ou Chanoines réguliers de l'Abbaye, Prieuré ou autres Bénéfices, puissent continuer de chanter seuls l'Office canonial dans le Chœur, & de disposer des bancs ou sépultures dans leursdites Eglises, s'ils sont en possession paisible & immémoriale de ces prérogatives.

IX. Les difficultez nées ou à naître sur les heures ausquelles la Messe Paroissiale, ou d'autres parties de l'Office divin doivent être célébrées à l'Autel, & lieux destinez à l'usage de la Paroisse, seront reglées par l'Evêque Diocésain, auquel seul appartiendra aussi de prescrire les jours & heures ausquels le S. Sacrement sera ou pourra être exposé audit Autel, même à celui des Religieux ou Chanoines réguliers de la même Eglise, & les Ordonnances par lui rendues sur le contenu au présent Article, seront exécutées par provision pendant l'appel simple ou comme d'abus, & sans y préjudicier, & ce nonobstant tous priviléges & exemptions, même sous prétexte de Jurisdiction quasi épiscopale prétendue par lesdites Abbayes, Prieurez & autres Bénéfices; lesdites exemptions & Jurisdictions ne devant avoir lieu en pareille matiere.

X. Les Curez primitifs ne pourront, sous quelque prétexte que ce puisse être, présider ou constituer aux Conférences ou Assemblées que les Curez-Vicaires perpétuels tiennent avec les Prêtres qui desservent leurs Paroisses, par rapport aux fonctions ou devoirs ausquels ils sont obligez, ou autres matieres semblables. Leur défendons pareillement de se trouver aux Assemblées des Curez-Vicaires perpétuels & Marguilliers, qui regardent la Fabrique ou l'administration des biens de l'Eglise Paroissiale, ni de s'attribuer la garde des Archives, des Titres de la Cure, ou le droit d'en conserver les clefs entre leurs mains, & ce nonobstant tous Actes, Sentences & Arrêts, ou usages à ce contraires.

XI. Les Abbayes, Prieurez ou Communautez ayant droit de Curez primitifs, ne pourront être déchargez du payement des portions congrues des Curez-Vicaires perpétuels, & de leurs Vicaires, sous prétexte de l'abandon qu'ils pourroient faire des dixmes à eux appartenantes, à moins qu'ils n'abandonnent aussi tous les biens & revenus qu'ils possedent dans lesdites Paroisses, & qui sont de l'ancien patrimoine des Curez, ensemble le titre & droits de Curez primitifs; le tout sans préjudice du recours que les Abbez ou Prieurs & les Religieux pourront exercer réciproquement en ce cas les uns contre les autres, selon que les biens abandonnez se trouveront être dans la Mense de l'Abbé ou Prieur, ou dans celle des Religieux.

XII. Les contestations qui concernent la qualité de Curez primitifs, & les droits qui en peuvent dépendre, ou les distinctions & prérogatives prétendues par certaines Eglises principales, comme aussi celles qui pourront naître au sujet des portions congrues, & en général toutes les demandes qui seront formées entre les Curez primitifs, les Curez-Vicaires perpétuels & les Gros Décimateurs, sur les droits par eux respectivement prétendus, seront portées en premiere instance devant nos Baillifs & Sénéchaux, & autres Juges des cas royaux, ressortissans nûement à nos Cours de Parlement, dans le territoire desquelles les Cures se trouveront situées, sans que l'appel des Sentences & Jugemens par eux rendus en cette matiere, puisse être relevé ailleurs qu'en nosdites Cours de Parlement, chacune dans son ressort, & ce nonobstant toutes évocations qui auront été accordées par le passé, ou qui pourroient l'être par la suite, à tous Ordres, Congrégations, Corps, Communautez ou Particuliers, Lettres Patentes ou Déclarations à ce contraires, ausquelles Nous avons dérogé & dérogeons par ces Présentes, notamment à celle du dernier Août 1687, portant que les appellations des Sentences rendues par les Baillifs & Sénéchaux au sujet des contestations formées sur le payement des portions congrues, seront relevées en notre Grand Conseil, lorsque les Ordres Religieux, les Communautez ou les Particuliers qui ont leurs évocations en ce Tribunal, se trouveront Parties dans lesdites contestations.

(*) XIII. Les Sentences & Jugemens qui seront rendus sur les contestations mentionnées dans l'Article précédent, soit en faveur des Curez primitifs, soit au profit des Curez-Vicaires perpétuels, seront exécutez par provision, nonobstant l'appel, & sans y préjudicier.

XIV. Voulons que notre présente Déclaration soit observée, tant pour ce qui regarde les Curez-Vicaires perpétuels des Villes que pour ceux de la Campagne, & qu'elle soit pareillement exécutée à l'égard de tous Ordres, Congrégations, Corps & Communautez séculieres ou régulieres, même à l'égard de l'Ordre de Malthe, de celui de Fontevraut & tous autres, & pour toutes les Abbayes, Prieurez & autres Bénéfices qui en dépendent, sans néanmoins que les Chapitres des Eglises Cathédrales ou Collégiales soient censez compris dans la présente disposition, en ce qui concerne les prééminences, honneurs & distinctions dont ils sont en possession, même celle de prêcher avec la permission de l'Evêque certains jours de l'année, desquelles prérogatives ils pourront continuer de jouir, ainsi qu'ils ont bien & dûement fait par le passé.

XV. Voulons au surplus que les Déclarations des 29 Janvier 1686, & celle du 30 Juin 1690, & l'Article premier de la Déclaration du 30 Juillet 1710, soient exécutées selon leur forme & teneur, en ce qui n'est point contraire à notre présente Déclaration. SI DONNONS EN MANDEMENT, &c.

(*) En 1739, s'étant élevé une contestation entre le Curé de Garennes près Poissy, Diocèse de Chartres, & la Dame de Massol, grosse Décimatrice, au sujet des dixmes de ladite Paroisse & de la portion congrue; l'affaire portée en premiere instance aux Requêtes du Palais, & par appel au Parlement. Par Arrêt du Conseil Privé du 21 Juin 1740, le Roi a renvoyé les Parties au Châtelet de Paris, conformément à cet Art. XII.

CHAPITRE V.

Des qualitez requises pour posseder des Bénéfices.

LES qualitez requises pour obtenir des Bénéfices ecclésiastiques, sont extrinseques ou intrinseques. Les qualitez extrinseques sont l'âge, & l'ordre. Les qualitez intrinseques sont la vertu, les bonnes mœurs, & la doctrine.

Quant à l'âge, premierement pour l'Episcopat il faut avoir

vingt-sept ans commencez, suivant l'Article II de l'Ordonnance de Blois. L'âge n'étoit point autrefois reglé pour le Cardinalat; le Concile de Basle ordonna qu'il falloit avoir trente ans accomplis pour y être élevé.

Pour posseder les Dignitez majeures après la Pontificale des Eglises Cathédrales, ou la premiere Dignité d'une Eglise Collégiale, ou une Cure, il faut avoir l'âge de vingt-cinq ans accomplis, & être Prêtre, à moins, à l'égard des autres Dignitez, qu'il ne soit autrement porté par le titre de la fondation, ou Statuts du Chapitre homologuez en Cour de Rome, & enregistrez au Parlement du ressort dont est le Chapitre; mais à l'égard du ressort du Parlement de Paris, suivant la Déclaration du Roi du 13 Janvier 1742, pour être pourvû d'une Cure ou autre Bénéfice à charge d'ames, il faut être constitué dans l'Ordre de Prêtrise, & avoir atteint l'âge de vingt-cinq ans accomplis.

Pour posseder un Canonicat d'une Eglise Cathédrale, il suffit d'avoir quatorze ans accomplis, & d'en avoir dix aussi accomplis pour en posseder un dans une Eglise Collégiale, pourvû que par le titre de la fondation il ne soit pas requis d'autre qualité que celle de Clerc, ou un âge plus avancé.

Pour posseder une Abbaye ou un Prieuré conventuel, soit en regle, soit en commende, il faut avoir vingt-trois ans commencez avant la date des Bulles en Cour de Rome, ou des Provisions soit du Pape, soit du Collateur.

Pour les Prieurez simples réguliers, il faut être Religieux profès pour en pouvoir être pourvû; & il n'y a que le Pape qui puisse les donner avec le Decret de se faire Religieux; auquel cas, si un Clerc séculier en est pourvû, il suffit qu'il soit en âge d'être Religieux profès dans l'année.

Pour les Prieurez simples séculiers & Chapelles simples, il suffit d'être tonsuré, & on peut l'être à sept ans.

A l'égard des Abbesses, Prieures & Supérieures des Monasteres de Filles, l'Edit de 1606, art. 4, requiert qu'elles ayent dix ans de profession, ou qu'elles ayent exercé un Office claustral pendant six ans; mais le Concile de Trente, qui est suivi à Rome, exige qu'elles ayent trente ans, & cinq années de profession.

Pour les Prieurez non conventuels en commende, le Grand Conseil tient qu'il suffit d'être tonsuré pour les posseder; mais le Parlement juge qu'il faut avoir quatorze ans.

Les Chapellenies, quoiqu'elles obligent à dire des Messes, ne sont que des Bénéfices simples. Ainsi ceux qui en sont pourvûs peuvent faire dire les Messes dont leur Bénéfice est chargé, à moins que par la fondation il ne soit requis expressément que les Titulaires soient Prêtres, & disent les Messes eux-mêmes.

Pour être pourvû d'un Bénéfice-Cure, il faut être constitué dans l'Ordre de Prêtrise, & avoir atteint l'âge de vingt-cinq ans accomplis.

Il en est de même des Dignitez qui ont charge d'ames, & des Abbayes & Prieurez conventuels, comme nous avons dit ci-dessus.

Pour être élevé à l'Episcopat, il faut être dans les Ordres sacrez, & par conséquent il faut être au moins Soudiacre.

Il y a des Bénéfices simples qui sont sacerdotaux par le titre de leur fondation; & alors il faut être Prêtre au tems de la collation, à peine de nullité des provisions.

Voici une observation à faire touchant les Bénéfices qui requierent que le Pourvû se fasse Prêtre dans l'an; sçavoir, celui qui en est pourvû, & qui ne s'est pas fait promouvoir à l'Ordre de Prêtrise dans ce tems, n'est pas privé de son Bénéfice *ipso jure*; il n'en peut être privé que par une Sentence précédée d'une monition juridiquement faite.

Les bonnes mœurs & la vertu sont absolument requises dans les Ecclésiastiques, & principalement dans ceux qui possedent des Bénéfices considerables qui les obligent à prêcher d'exemple; & même dans les premiers tems on avoit plus d'égard aux bonnes mœurs qu'à la doctrine.

Dans la suite, pour prévenir les inconvéniens que l'ignorance des Prélats & des Curez pourroit causer, on a jugé à propos d'exiger dans les Evêques, dans les Curez & dans ceux qui possedent des Dignitez qui ont charge d'ames, une science qui les mette en état de s'acquitter dignement de leur sacré Ministere.

Ainsi pour être élevé à l'Episcopat, il faut avoir le degré de Docteur ou de Licencié en Théologie ou en Droit Canon, comme il est porté par le Concordat; de plus, suivant la disposition du Concordat & des Ordonnances d'Orleans & de Blois, il doit y avoir une Prébende dans chaque Eglise Cathédrale ou Collégiale, affectée à un Docteur en Théologie; & les Cures des Villes murées ne doivent être données qu'à des Graduez.

Suivant l'Article 31 de l'Edit de 1606, nul ne peut être pourvû des Dignitez des Eglises Cathédrales, ni des premieres Dignitez des Eglises Collégiales, s'il n'est Gradué en la Faculté de Théologie ou de Droit Canon, à peine de nullité des provisions.

Enfin il est enjoint aux Collateurs ou Patrons ecclésiastiques de conférer aux Gens de Lettres, Graduez & nommez des Universitez, la troisiéme partie des Bénéfices, Dignitez, Personnats & Offices qui sont à leur collation, provision, nomination, présentation ou disposition, comme nous dirons plus au long ci-après en parlant des Graduez.

Outre les qualitez énoncées ci-dessus, il est requis pour pouvoir posseder en France des Bénéfices, d'être originaire François, & d'être né en légitime mariage.

Quant au premier point, tous les Etrangers sont exclus de posseder des Bénéfices en France, s'ils n'ont Lettres de naturalité, ou de dispense expresse du Roi à cette fin, & que ces Lettres n'ayent été vérifiées où il appartient, c'est-à dire au Parlement & à la Chambre des Comptes.

Pour ce qui est de l'autre Article, les Bâtards ne peuvent être ordonnez ni posseder des Bénéfices sans dispense. Sur quoi il faut remarquer que l'Evêque Diocésain accorde ces sortes de dispenses aux Bâtards, pour les Ordres mineurs, & pour les Bénéfices simples, & que le Pape est en possession de les donner pour les Ordres sacrez, & pour les Bénéfices qui ne sont pas Bénéfices simples.

CHAPITRE VI.

De la Collation des Bénéfices qui se fait par l'Ordinaire.

La collation d'un Bénéfice est la concession qui en est faite à une personne capable, par celui qui a le droit de le conférer. Elle est libre & indépendante, ou forcée & nécessaire.

La libre collation est celle qui procede du pur mouvement du Collateur, de sorte qu'il en gratifie qui bon lui semble.

Celle qui est forcée, est celle qui se fait sur la présentation du Patron.

On appelle encore collation forcée & nécessaire, celle qui se fait par l'Ordinaire sur la réquisition des Graduez, des Indultaires, des Brevetaires de joyeux avénement & de serment de fidelité.

Les Evêques sont par le droit commun Collateurs ordinaires de tous les Bénéfices de leurs Diocèses.

Mais le titre de Collateur ordinaire appartient à d'autres par privilége ou prescription. Ainsi nous voyons que la collation de plusieurs Bénéfices appartient à des Chapitres, à des Doyens, Archidiacres, ou autres Bénéficiers.

L'Ordinaire a six mois pour conferer les Bénéfices qui sont à sa collation; & ce terme ne court pas du jour de la vacance, mais du jour qu'elle est venue à sa connoissance.

Lorsque l'Ordinaire n'a pas conferé par négligence un Bénéfice vacant qui étoit à sa collation, les six mois écoulez, son droit est dévolu à son Supérieur immédiat.

L'Ordinaire peut conferer sur tous les genres de vacance, à la réserve de celle qui arrive par la résignation *in favorem*, que le Pape seul peut admettre.

Les genres de vacance sur lesquels les Ordinaires conferent le plus fréquemment, sont la mort, la démission pure & simple, & la permutation; car pour les causes qui peuvent donner lieu au dévolu, on se pourvoit à Rome, plutôt que pardevant le Collateur ordinaire.

CHAPITRE VII.

De la Présentation & du Droit de Patronage.

LA Présentation est le principal droit qu'un Patron a dans l'Eglise qu'il a bâtie, fondée ou dotée. C'est pourquoi le droit de Patronage est ordinairement défini le droit de présenter à un Bénéfice vacant.

On définit encore le droit de Patronage un droit honorifique, onéreux & utile, accordé à celui qui a, du consentement de l'Evêque Diocésain, bâti, fondé ou doté une Eglise, avec réserve expresse de ce droit.

Le droit de Patronage est honorifique, en ce qu'il donne la faculté de nommer ou de présenter au Bénéfice quand il vient à vaquer, & attribue de certains honneurs dans l'Eglise, comme la préséance au Chœur & à la Procession, le droit d'avoir un banc dans le Chœur ou dans un lieu distingué.

Le Patron a encore le pouvoir de faire mettre ses Armes dans l'Eglise.

Le droit de Patronage est onéreux, en ce qu'il charge le Patron de protéger & de défendre l'Eglise, & de veiller à la conservation de ses biens & de ses droits.

Enfin ce droit est utile, en ce qu'il donne au Patron la faculté d'obliger l'Eglise à l'assister, quand par malheur il est tombé dans l'indigence.

Le droit de Patronage se divise en ecclésiastique, laïc & mixte.

Le Patronage ecclésiastique est celui qui est accordé sur une Eglise bâtie, fondée ou dotée des biens d'une autre Eglise, & qui appartient à un Ecclésiastique, à cause du Bénéfice qu'il possede en titre.

Le Patronage laïc est celui qui appartient à un Ecclésiastique ou à un Laïc, à raison de son patrimoine. Ainsi cette distinction de Patronage laïc ou ecclésiastique ne provient pas de la qualité de celui à qui ce droit appartient, mais de la différente qualité des biens qui ont servi à fonder, bâtir ou doter l'Eglise qui est en Patronage.

Il s'ensuit de ce que nous venons de dire, qu'un Laïc est toujours Patron laïc; mais qu'un Clerc n'est pas toujours Patron ecclésiastique.

Le Patronage mixte est celui qui appartient à des Corps & Communautez mixtes, c'est-à-dire composées de Laïcs & d'Ecclésiastiques; ce qui fait que les biens des Communautez participent de ces deux natures de biens ecclésiastiques & laïcs.

Il y a plusieurs différences entre le Patronage ecclésiastique & le Patronage laïc; sur quoi il faut d'abord observer que le Patronage qui tient quelque chose des deux, reçoit tous les droits & tous les avantages de l'un & de l'autre.

La premiere différence est, que le Patron ecclésiastique a six mois pour présenter, & que le laïc n'en a que quatre.

La deuxiéme est, que le Patron laïc peut varier, c'est-à-dire présenter à l'Ordinaire différentes personnes successivement, pourvû qu'aucune n'ait été admise & instituée par l'Ordinaire; au lieu que le Patron ecclésiastique ne peut point varier, & remplir tout son droit par une premiere nomination notifiée au Collateur.

La troisiéme est, que le Pape peut prévenir le Patron ecclésiastique;

siastique ; mais il ne peut prévenir le Patron laïc, ni déroger en aucune maniere à son droit, non plus que le Collateur ordinaire : d'où il s'ensuit que ni le Pape ni l'Ordinaire ne peuvent admettre les résignations & permutations sans le consentement du Patron laïc.

Il y a plus ; c'est que les Bénéfices qui sont en Patronage laïc ne sont point sujets aux droits des Graduez, ni aux réserves & graces expectatives ; au lieu que les Bénéfices qui sont en Patronage ecclésiastique y sont sujets.

Il y a trois principaux moyens qui font acquerir le droit de Patronage.

Le premier est la construction d'une Eglise.

Le second est la donation, c'est-à-dire l'attribution de revenus suffisans pour la subsistance des Clercs, pour le luminaire, & autres choses nécessaires pour la célébration de l'Office & l'entretien de l'Eglise.

Le troisiéme est la fondation ou la donation du fonds sur lequel l'Eglise est construite ; mais la seule donation du fonds n'est pas suffisante pour acquerir le droit de Patronage, suivant les sentimens de quelques Auteurs, qui prétendent que quand on dit que le droit de Patronage s'acquiert par les trois causes susdites, cela s'entend quand elles concourent ensemble dans la même personne, ou que trois différens Particuliers y contribuent ; sçavoir, l'un à la donation du fonds, l'autre à la dotation, & l'autre enfin à la construction ; auquel cas tous les trois deviennent Patrons de l'Eglise.

Le Patronage laïc se transfere premierement *jure hæreditario* ; auquel cas tous les héritiers du défunt y succedent également, à l'exception de ceux qui succedent par représentation, lesquels ne doivent avoir tous ensemble dans ce droit que la part qu'y auroit eue celui qu'ils représentent.

Lorsque le droit de Patronage est annexé au principal manoir, il appartient à l'aîné, parce qu'alors le droit de Patronage est réel, & non pas personnel.

La vente est le deuxiéme moyen par lequel ce droit peut être transferé ; non pas qu'on en puisse faire un Contrat de vente, d'autant que ce droit est, pour ainsi dire, spirituel ; mais quand il est réel & inhérent à une Terre, il passe en la personne de celui qui achete cette Terre, comme en étant l'accessoire. Il passe même en la personne de celui qui a pris la ferme à longues années.

Quoique le droit de Patronage ne puisse point être vendu séparément, néanmoins il peut être donné gratuitement; & c'est le troisiéme moyen par lequel il peut être transferé.

Les Patrons ont droit de présenter aux Bénéfices vacans. Or cette présentation se peut faire ou par le Patron, ou par Procureur fondé de procuration spéciale; mais soit que le Patron présente lui-même, soit que la présentation se fasse par Procureur fondé de procuration spéciale, il faut pour que la présentation soit valable, que le Bénéfice soit vacant.

Les Patrons ont droit, comme nous avons dit, de présenter aux Bénéfices vacans, à moins qu'ils n'en soient empêchez par les Canons, comme sont ceux qui sont convaincus d'hérésie, ou qui pour quelqu'autre crime sont frappez de l'excommunication majeure, les furieux, & ceux qui sont en démence.

Les Patrons ne doivent présenter aux Bénéfices que ceux qui sont capables de les posseder, & d'en remplir les devoirs. Ainsi il faut que le Présenté soit Clerc; & de plus, quand par le titre de la fondation il est porté que le Titulaire du Bénéfice aura quelque Ordre ou quelque Degré, il faut que le Présenté ait l'Ordre ou le Degré au tems de la présentation.

La présentation doit être faite à l'Evêque, à qui de droit commun appartient la collation de tous les Bénéfices de son Diocèse, à moins que par la fondation il ne soit porté que la présentation sera faite à quelque Prélat inférieur.

La présentation canoniquement faite ne donne au Présenté que *jus ad rem*, & non pas *jus in re*. Le droit *in beneficio* ne lui est acquis que par l'institution de l'Evêque ou autre Prélat, à qui la présentation a dû être faite.

Et comme le Pape prévient les Patrons ecclésiastiques, le Présenté par de tels Patrons doit faire diligence pour obtenir de l'Evêque l'institution, en conséquence de sa présentation, ou en avoir le refus.

Pour ce qui est du Patron laïc, il ne peut être prévenu par le Pape pendant les quatre mois; mais dès le lendemain des quatre mois le Pape peut conferer par dévolution. C'est-là tout son pouvoir.

Le droit du Patron laïc est si fort, que le Pape ne peut donner de Provision d'un Bénéfice en Patronage laïc par dévolu, quand même la cause seroit une de celles qui font vaquer le Bénéfice de plein droit; de sorte que pour dépouiller le Titulaire indigne ou incapable, il faut faire déclarer le Bénéfice vacant, & donner les quatre mois au Patron laïc pour présenter.

Le droit de Patronage s'éteint I°. Par la renonciation qu'en fait le Patron en faveur de l'Eglise. Une renonciation même tacite suffit pour cela, comme si le Patron consent que l'Eglise devienne Conventuelle.

II°. Par la destruction totale de l'Eglise.

III°. Par la prescription.

IV°. Par l'extinction de la famille, à laquelle ce droit étoit spécialement réservé.

V°. Lorsque le Patron est homicide du Titulaire.

VI°. Lorsque le Patron devient Collateur du Bénéfice.

Nous allons donner ici des modéles de présentation faite par un Patron, tant ecclésiastique que laïc.

Présentation de Patron ecclésiastique pour une Cure.

A Monseigneur l'Illustrissime & Révérendissime Evêque de

La Cure ou Vicariat perpétuel de en votre Diocèse, étant présentement vacante par la mort de Messire dernier Titulaire & paisible possesseur d'icelle, dont (vacation arrivant) la nomination & présentation nous appartient à cause de notre Prieuré conventuel de Saint de Crespy en Valois, de l'Ordre de Saint en votre Diocèse ; & à vous, Monseigneur, la provision, l'institution & toute autre disposition, à cause de votre Dignité épiscopale, Nous soussigné Prieur Commendataire dudit Prieuré de Saint de Crespy en Valois, vous avons nommé & présenté Messire S. Gradué nommé, dûement qualifié & insinué sur ledit Prieuré de Saint de bonne vie & mœurs, capable de bien & dûement desservir ladite Cure ou Vicariat perpétuel, pour être pourvû d'icelle, vous suppliant & requerant à cet effet de lui en accorder toutes les provisions nécessaires, en gardant les formalitez requises & ordinaires, sans préjudice de notre droit & celui d'autrui. Fait & passé en présence & pardevant les Notaires soussignez, l'an, &c. Et avons signé avec lesdits Notaires ces Présentes & une Expédition d'icelles, sur laquelle Nous avons apposé le sceau de nos Armes.

On a déja observé que pour éviter la prévention en Cour de Rome, d'un Bénéfice auquel on auroit été nommé par un Patron ecclésiastique, il faut que la présentation ait touché l'oreille de l'Evêque, ou autre Collateur, avant la date prise à Rome par celui qui voudroit l'y impétrer ; & pour cela on fait une réquisition dans la forme suivante.

Réquisition en conséquence d'une Présentation faite par un Patron ecclésiastique pour une Cure.

EN la présence & compagnie des Conseillers du Roi Notaires à Paris, soussignez, M. G. Prêtre du Diocèse de Noyon, demeurant à Paris, nommé & présenté par M. l'Abbé de à la Cure ou Eglise Paroissiale de Diocèse de Sens, suivant les Lettres de nomination & présentation que ledit Sieur Abbé lui a fait expédier de sa personne à ladite Cure, pardevant les Notaires soussignez, le jour d'hier, comme vacante par la mort de dernier possesseur d'icelle, s'est transporté pardevant Illustrissime & Révérendissime Seigneur Monseigneur Archevêque de Sens, en son Hôtel à Paris, rue de où il est actuellement résident pour les affaires de son Diocèse, où étant & parlant à M. l'Abbé Secretaire dudit Seigneur Archevêque, trouvé en son appartement audit Hôtel, ledit G. auroit très-humblement supplié & requis ledit Seigneur Archevêque de vouloir bien, en conséquence des susdites Lettres de nomination & présentation qu'il a présentement montrées & exhibées audit Sieur Abbé, lui faire expédier ses Lettres d'institution, provision & autres sur ce nécessaires, en y observant les cérémonies & formalitez en pareil cas requises & accoutumées; à quoi ledit Sieur Abbé a fait réponse que ledit Seigneur Archevêque n'étoit point actuellement audit Hôtel, mais qu'il lui donneroit avis à son retour de la présente réquisition, de laquelle ledit G. a requis ausdits Notaires soussignez le présent Acte, duquel & desdites Lettres de nomination & de présentation a été laissé copie par lesdits Notaires audit Seigneur Archevêque de Sens, parlant comme dessus, l'an mil sept cens le jour de à midi, & ont signé.

Cette réquisition, quand bien même elle seroit nulle, pour n'avoir pas été faite au Palais Archiépiscopal, résidence & domicile présumé de l'Archevêque, ou bien en parlant à sa personne, lorsqu'elle est faite avant la prévention en Cour de Rome, lie les mains au Pape, de telle sorte que toute provision qu'il pourroit accorder après dudit Bénéfice, deviendroit inutile à celui qui l'auroit obtenue.

Présentation en Patronage laïc sur une Permutation.

FUt présente Dame F. veuve de Dame de la Terre & Seigneurie de & en cette qualité Patrone de la Chapelle ou Vicairie de Saint Paul, fondée & desservie en l'Eglise Collégiale de Saint Nicaise de la Ville de Diocèse de demeurant ladite Dame à laquelle sur la représentation à elle faite par M. B. Chapelain de la Chapelle de Saint André, fondée & desservie en l'Eglise Paroissiale de Saint Diocèse de d'un Acte cejourd'hui passé devant les Notaires soussignez, dont tel l'un d'eux a la minute, contenant permutation entre lui & M. A. de ladite Chapelle de Saint André contre celle de Saint Paul, dont ledit A.

étoit pourvû & jouissant, & dont vacance arrivant, le droit d'y nommer & présenter appartient à ladite Dame en sadite qualité de Patrone d'icelle : A par ces Présentes dit & déclaré, qu'étant bien & suffisamment instruite des bonnes vie, mœurs & capacité dudit B. elle le nomme & présente à Messieurs les vénérables Doyen, Chanoines & Chapitre de ladite Eglise Collégiale de Saint Nicaise, pour remplir & posseder ladite Chapelle ou Vicairie de Saint Paul, fondée & desservie, comme dit est, en leurdite Eglise, les priant & requerant de vouloir en accorder audit B. les Lettres d'institution, provision & autres sur ce nécessaires, en y observant les formalitez en pareil cas requises & accoutumées, dont Acte. Fait & passé à, &c.

Présentation sur une Démission.

FUt présent Messire Jean de Clermont de T. Abbé Commendataire de l'Abbaye de Verteuil, de l'Ordre de S. Augustin, au Diocèse de Bordeaux, étant de présent à Paris, logé rue S. Honoré, Paroisse de S. Roch, étant Patron de la Cure de S. Martin du Diocèse d'Acqs, & icelle étant vacante par la démission pure & simple de Messire Jean de V. paisible possesseur, par lui passée le 31 Mars dernier pardevant l'un des Notaires soussignez, a déclaré qu'il y nomme & présente à Monseigneur l'Evêque d'Acqs, Messire Simon G. Prêtre du Diocèse de Rouen, comme étant suffisant & capable de la bien & dûement posseder & desservir; suppliant ledit Seigneur Evêque de lui en accorder toutes les provisions requises & nécessaires, pour en vertu d'icelles pouvoir en prendre possession réelle, actuelle & corporelle, & en jouir avec tous les honneurs, prérogatives, fruits, revenus, circonstances & dépendances, ainsi qu'ont fait les derniers possesseurs d'icelle. Fait & passé, &c.

Pour ce qui est des Bénéfices qui vaquent dans le Diocèse de Paris en Patronage, soit laïc ou ecclésiastique, & dont l'institution appartient à l'Ordinaire, la présentation s'en fait à l'un de Messieurs les Archidiacres de Paris, de Josas ou de Brie, qui sont les trois Archidiaconez dont le Diocèse de Paris est composé, dans le département duquel le Bénéfice est situé, conformément au modéle qui suit.

Il y a encore quelques Diocèses, comme celui d'Orléans, où la présentation doit être faite à l'Archidiacre.

Présentation à l'Archidiacre.

A Vénérable homme M. Charles-Augustin P. Grand Archidiacre en l'Eglise de Paris; la Chapelle ou Chapellenie de S. sujette à résidence perpétuelle & personnelle, fondée & desservie en la Paroisse de de ce Diocèse, dont, dans le cas de vacance d'icelle, la nomination & présentation, ou le droit d'y nommer & présenter appartiennent à nous, comme Seigneurs de la Terre & Seigneurie de (*ou bien à cause de tel ou tel Bénéfice*) la représentation & intronisation à vous,

Monsieur, à cause de votre Grand Archidiaconé, l'institution, provision & toute autre expédition à Monseigneur l'Archevêque de Paris, pour raison & à cause de sa Dignité Archiépiscopale, étant actuellement libre & vacante par le décès de M. Prêtre, dernier possesseur d'icelle, nous soussignez, &c. vous avons nommé & présenté, comme par ces Présentes nous vous nommons & présentons M. Charles Prêtre du Diocèse de Sens, comme ayant toutes les capacitez requises pour remplir & posseder ladite Chapelle, vous priant & requerant de vouloir le représenter à mondit Seigneur Archevêque, & de lui accorder vos Lettres sur ce nécessaires, en y gardant ce qui s'observe en pareil cas, sauf néanmoins en toutes choses notre droit & celui d'autrui. Ce fut ainsi fait & passé à Paris en la demeure dudit Sieur, &c. en la présence & pardevant les Conseillers du Roi Notaires à Paris soussignez, l'an le jour de & a ledit Sieur signé avec lesdits Notaires ces Présentes, & leur expédition, à laquelle il a fait apposer le cachet de ses Armes.

En conséquence de l'Acte de présentation dont le modéle est ci-dessus, M. l'Archidiacre représente à M. l'Archevêque, qui sur le tout donne ses Provisions.

Les Lettres de représentation se font ordinairement en Latin par Messieurs les Archidiacres, lesquels se sont établis eux mêmes dans ce droit, quoique par l'Édit de création il soit attribué au Notaire Apostolique. Il faut que les représentations soient signées de l'Archidiacre, & contresignées par un Notaire Apostolique, auquel l'expédition de ces Lettres est attribuée.

Ces Lettres peuvent être rédigées en Langue Françoise, & l'on ne voit aucune nécessité de les mettre en Latin, non plus que l'expédition du déport, & les intronisations que l'on peut faire en François, pourvû que Messieurs les Archidiacres s'y trouvent disposez.

Voici une traduction de l'Acte de représentation que l'on pourroit suivre au cas qu'ils y consentissent. Quoi qu'il en soit, cette traduction découvrira l'idée de ces sortes de représentations à ceux qui n'ont pas de connoissance de la Langue Latine.

Acte de représentation par un Archidiacre.

A Illustrissime & Révérendissime Seigneur, Monseigneur (*noms & surnoms*) Archevêque de Paris, Messieurs vos Grands-Vicaires ou l'un d'eux, Charles-Augustin P. Prêtre Docteur en Théologie, Chanoine & Grand Archidiacre de l'Eglise Métropolitaine de Paris, avec tout honneur & révérence qui vous sont dûs, Salut. La Chapelle de S. sujette à résidence perpétuelle & personnelle, située dans l'étendue de la Paroisse de où elle a été fondée, & actuellement desservie dans votre Grand Archidiaconé, de laquelle, en cas de vacance, la nomination

& présentation, ou le droit de nommer & présenter appartient à Messeigneurs ses successeurs, Seigneurs de la Seigneurie de Nous, à cause de notre Grand Archidiaconé, la représentation & intronisation; & à vous, Monseigneur, à cause de votre Archevêché de Paris, la collation, provision, & telle autre disposition que de droit, étant à présent vacante par le décès de M. dernier paisible titulaire & possesseur de ladite Chapelle, Nous vous avons représenté & représentons par ces Présentes M. N. Prêtre du Diocèse de à Nous présenté par ledit Sieur, par Acte passé devant Notaire à le comme ayant d'ailleurs les capacitez requises, à l'effet d'obtenir, régir & gouverner ladite Chapelle, à la charge par lui de satisfaire à tous devoirs & offices d'icelle; vous priant & requerant de vouloir bien recevoir & admettre ledit M. N. & la représentation que nous vous faisons de sa personne; de lui donner & conférer ladite Chapelle de S. comme étant à présent vacante, ainsi que dit est, & de lui en accorder & faire expédier les Lettres à ce nécessaires. Faisons la même priere & requisition à Messieurs vos Grands-Vicaires, ou l'un d'eux, sauf le droit d'un chacun. DONNÉ à Paris sous notre seing & le sceau de notre Archidiaconé, en présence & pardevant les Notaires soussignez le, &c. Et a ledit Sieur Grand Archidiacre signé & apposé son sceau.

Quoique les cessions & échanges de Patronages de l'Eglise se fassent rarement, nous allons donner le modéle d'une cession qui pourra aussi servir à dresser l'échange quand le cas y échera. Il faut seulement observer que ces sortes d'Actes ne peuvent se faire que par des Patrons laïcs, parce que ce sont des démembremens que les Patrons ecclésiastiques ne peuvent ni ne doivent faire, si ce n'est du consentement de leurs Supérieurs, comme nous l'avons déja dit ci-dessus.

Cession de Patronage laïc.

AUjourd'hui est comparu, &c. M. Chevalier, Seigneur de demeurant Patron laïc de la Chapelle ou Chapellenie de S. Diocèse de lequel a par ces Présentes cedé, quitté & transferé à M. B. Chevalier, Seigneur de demeurant à ce présent & acceptant pour lui & ses ayans cause, le droit de Patronage laïc de ladite Chapelle ou Chapellenie de appartenant audit Cedant en sadite qualité de Seigneur propriétaire de ladite Terre & Seigneurie de ou autrement, & de même qu'il appartenoit à ses prédécesseurs, Seigneurs propriétaires d'icelle, pour par ledit B. & ses ayans cause avoir, tenir & posseder à l'avenir au lieu & place dudit Cedant ledit Patronage, & en faire & disposer comme il avisera & de chose à lui appartenante; & en conséquence nommer & présenter par lui & ses ayans cause telles personnes capables qu'il jugera à propos pour remplir & desservir ladite Chapelle, sans néanmoins qu'à cause de la présente cession ledit B. puisse avoir & prétendre aucun droit en ladite Terre & Seigneurie de ses appartenances &

dépendances, ledit Cedant n'entendant ceder & transferer par ces Présentes que ledit droit de Patronage purement & simplement, jurant & affirmant lesdites Parties qu'en ce que dessus, circonstances & dépendances, il n'est intervenu & n'interviendra aucun dol, fraude, simonie, ni autre paction illicite, dont Acte. Fait & passé à, &c.

CHAPITRE VIII.

De la Nomination du Roi aux grands Bénéfices, & du Droit de Régale.

LA nomination du Roi aux grands Bénéfices est le droit qu'il a de nommer aux Archevêchez, Evêchez & Abbayes de son Royaume (qui ne sont pas Chefs d'Ordre) & aux Prieurez conventuels qui étoient autrefois électifs, & dont la nomination appartient au Roi en vertu du Concordat fait entre Leon X & François I en l'année 1516.

Celui qui est nommé par le Roi doit avoir toutes les capacitez nécessaires au tems de la nomination. Cependant les dispenses d'âge pour les Abbayes s'accordent aisément à Rome. Mais en ce cas ce n'est pas par le Consistoire que les Bulles s'expédient, mais par la Chambre.

Sur la nomination du Roi en un Evêché, le dénommé doit obtenir du Pape des Bulles, suivant l'article 5 de l'Ordonnance de Blois, l'article 12 de l'Edit de Melun du mois de Mars 1580, l'article 1 de l'Edit de Décembre 1606, & par les Déclarations des 4 Juin 1619, 15 Décembre 1711, 4 Mars 1715, & 14 Octobre 1726; & en vertu desdites Bulles se faire sacrer & prendre possession. Mais avant d'entrer en jouissance, il faut qu'il prête au Roi le serment de fidélité, lequel ne se fait pas pour le Bénéfice comme tenu du Roi, mais pour les biens temporels qui en dépendent.

Il fait ensuite enregistrer son serment de fidélité en la Chambre des Comptes, & y obtient un Arrêt de main-levée des fruits, & jusqu'à ce tems la Régale demeure ouverte.

Pour ce qui regarde les fruits échus pendant la vacance, le Roi lui en donne ordinairement un brevet de don.

Ceux qui sont pourvûs d'un Evêché, ou autre Bénéfice étant en la nomination du Roi, ne peuvent s'en démettre qu'entre ses mains. Voici un modele d'une démission d'un Archevêché, ſur lequel on pourra dreſſer toutes ſortes de démiſſions qui ſe doivent faire entre les mains du Roi.

Démiſſion d'Archevêché.

FUt préſent Illuſtriſſime & Révérendiſſime Seigneur, Monſeigneur Conſeiller du Roi en tous ſes Conſeils, Archevêque de demeurant ordinairement en ſon Palais Archiépiſcopal de ladite Ville de lequel a fait & conſtitué ſon Procureur général & ſpécial M. auquel il a donné pouvoir de pour lui & en ſon nom, ſe démettre purement & ſimplement, ſous le bon plaiſir & entre les mains du Roi, de ſon Archevêché de & de ſes droits, appartenances & dépendances, pour y être nommé par Sa Majeſté telle autre perſonne capable qu'Elle jugera à propos; conſentir à l'expédition de toutes Lettres ſur ce néceſſaires, même jurer & affirmer qu'en ces Préſentes, circonſtances & dépendances, il n'eſt intervenu & n'interviendra aucun dol, fraude, ſimonie, ni autre paction illicite, & généralement promettant, obligeant, &c. Fait & paſſé, &c.

Quelquefois le Roi nomme à un Evêché ou Archevêché, ou à une Abbaye une perſonne pour être Coadjuteur d'un Evêque ou Archevêque ou Abbé vivant, avec le droit de lui ſuccéder après ſa mort.

Pour cela Sa Majeſté ayant nommé un Coadjuteur à l'Evêque ou Archevêque, de ſon conſentement, cet Evêque ou Archevêque, en conſéquence de cette nomination, donne une procuration pour faire recevoir en Cour de Rome ladite nomination, & obtenir par le nommé des Bulles, à l'effet d'être pourvû de la Coadjutorerie avec future ſucceſſion. Et dans le cas de Coadjutorerie, on fait en conſéquence des Bulles les mêmes formalitez que celles qui ſont requiſes pour poſſéder *ipſo facto* le Bénéfice: comme information de vie & mœurs, profeſſion de Foi & autres, néceſſaires pour parvenir à l'obtention des Bulles.

Les Bulles de Coadjutorerie donnent à l'Impétrant le droit de ſuccéder au Titulaire après ſa mort, ſans qu'il ait beſoin de nouvelles Bulles.

La raiſon eſt, que par les Bulles de Coadjutorerie, le Pape pourvoit dès-à-préſent, & ſuſpend en même tems l'effet de la proviſion juſqu'à la mort du Titulaire à qui elles donnent un Coadjuteur, à moins que ce Titulaire ne vînt dans la ſuite à ſe démettre de ſon vivant de l'Evêché ou du Bénéfice qui donne lieu à ladite Coadjutorerie.

Procuration pour consentir une Coadjutorerie d'Evêché, avec future succession.

FUt présent Illustrissime & Révérendissime Seigneur, Monseigneur N. Conseiller du Roi en tous ses Conseils, Evêque de demeurant ordinairement en son Palais Episcopal de ladite Ville de étant de présent à Paris pour les affaires de son Diocèse, logé à l'Hôtel de rue Paroisse lequel a fait & constitué son Procureur général & spécial M. auquel ledit Seigneur Constituant a donné pouvoir de pour lui & en son nom, comparoir en Cour de Rome pardevant notre saint Pere le Pape, & là consentir à la nomination qu'il auroit plû à Sa Majesté de faire de la personne de M. P. Prêtre du Diocèse de Docteur de Sorbonne, & Grand-Vicaire du Diocèse de pour Coadjuteur audit Constituant, avec future succession en sondit Evêché de supplier Sa Sainteté de donner & accorder ses Bulles & Lettres nécessaires de ladite Coadjutorerie & future succession audit Sieur P. jurer & affirmer qu'en ce que dessus il n'est intervenu ni interviendra, &c.

Pour ce qui est du droit de Régale, sans entrer dans la recherche de l'origine de ce droit, nous allons donner ici quelques principes sur cette matiere.

L'ouverture de la Régale vient de la vacance de l'Evêché ou Archevêché par mort, promotion au Cardinalat, démission ou résignation faite par l'Evêque ou Archevêque, ou par translation de leur personne en un autre Evêché ou Archevêché.

Comme au contraire la Régale est close par Lettres Patentes de main-levée de la Régale, que le Roi fait expédier au nouvel Evêque, & qui doivent être registrées en la Chambre des Comptes de Paris; & en outre il faut que ces Lettres Patentes de main-levée, avec l'Arrêt d'enregistrement, soient signifiées aux Officiers du Roi sur les lieux avant que la Régale puisse être close, comme il a été jugé par l'Arrêt du 15 Mars 1677.

Les Bénéfices vaquent en Régale quand ils ne sont remplis d'aucun Titulaire, ou quand ils ne sont point remplis de fait & de droit tout ensemble; de droit, par un bon titre; de fait, par la possession paisible; car s'il y a litige, le Bénéfice vaque en Régale.

Il faut remarquer que si le Titulaire n'avoit pris possession que par Procureur, le Bénéfice seroit réputé vacant de fait en Régale; parce qu'en matiere de Régale, pour empêcher la vacance, il faut que le Bénéfice soit rempli sans aucune fiction; de sorte qu'il ne suffit pas qu'il y ait un Titulaire légitime, mais il faut que le Titulaire soit en possession vraie, légitime & solemnelle, actuelle & effective.

Il est vrai qu'en matiere bénéficiale, lorsque deux Titulaires concourent ensemble, pourvûs ou par l'Ordinaire ou par le Pape, celui qui a pris possession par Procureur a acquis un droit suffisant pour se dire possesseur du Bénéfice; parce que quoique telle possession soit feinte, néanmoins cette fiction de droit a lieu, & elle produit le même effet que si elle étoit vraie, propre & actuelle.

Mais en matiere de Régale il faut, pour empêcher la vacance du Bénéfice, que la possession soit prise en personne par le Titulaire, parce que la Régale n'admet point de fiction.

Ainsi tous les Bénéfices dont la possession est prise seulement par Procureur, & non en personne, au tems de l'ouverture de la Régale, sont vacans de fait, & il faut derechef s'en faire pourvoir en Régale.

Autrefois on a prétendu que le Roi n'avoit le droit de Régale que sur quelques Archevêchez & Evêchez de son Royaume, & que plusieurs en étoient exempts: mais le Roi par une Déclaration du 10 Février 1673, vérifiée au Parlement le 18 Avril ensuivant, a déclaré que le droit de Régale lui appartient universellement dans tous les Archevêchez & Evêchez du Royaume, Terres & Pays de son obéissance, à l'exception seulement de ceux qui en sont exempts à titre onéreux; de sorte qu'il n'est plus permis à présent de révoquer en doute que tous les Evêchez & Archevêchez du Royaume ne soient sujets à la Régale.

Par une autre Déclaration du 28 Décembre 1749, en interprétation de celle ci-dessus, Sa Majesté a ordonné que ceux des Archevêques ou Evêques qui jouissent de l'exemption du droit de Régale, soient tenus dans deux mois du jour de la prestation du serment de fidélité, d'obtenir sur l'Acte qui en sera expédié, des Lettres Patentes, & de les présenter dans ledit délai à la Chambre des Comptes de Paris, pour être enregistrées. . . . . N'entendant néanmoins rien innover en ce qui concerne l'exemption des droits utiles de la Régale dont lesdits Archevêques ou Evêques sont en possession, & de laquelle le Roi veut qu'ils continuent de jouir, ainsi qu'ils ont bien & dûement fait par le passé.

Durant l'ouverture de la Régale, le Roi peut admettre les démissions, & même des résignations en faveur, quoique les Evêques, dont il exerce le droit, ne puissent pas exercer ces sortes de résignations.

La raison est, que par son autorité souveraine, il a en ce cas le même pouvoir que le Pape. Par la même raison, le Roi conférant en Régale, peut déroger au droit du Patron ecclésiastique.

Le droit de Régale s'étend dans toutes les Eglises Cathédrales, & consiste dans la collation des Bénéfices non Cures dépendans de la collation de l'Evêque, qui sont à conférer lorsqu'arrive & pendant que dure la vacance du Siége Episcopal, c'est-à-dire jusqu'à la clôture de la Régale, par la prestation du serment de fidélité du nouvel Evêque, & l'observation des autres formalitez introduites à ce sujet. Voyez la Loi donnée sur cette matiere dans l'Edit de 1682.

CHAPITRE IX.

De l'Indult du Parlement de Paris.

L'INDULT est une grace expectative accordée par les Papes à la Couronne de France en faveur des Officiers du Corps du Parlement de Paris, en vertu de laquelle ils ont droit une fois pendant l'exercice de leur Office de se présenter au Roi, ou de présenter en leur place quelque personne capable, à l'effet d'être ensuite nommé par le Roi à un Collateur, pour être en vertu de la concession du S. Siége & de la nomination du Roi, pourvû par le Collateur ou par l'Exécuteur, du premier Bénéfice de la qualité & valeur requises qui viendra à vaquer, étant à la disposition du Collateur chargé de la nomination du Roi.

Voici l'état des Officiers qui ont droit d'Indult : M. le Chancelier de France, M. le Garde des Sceaux, M. le Premier Président, les Présidens à Mortier, les Présidens des Enquêtes & des Requêtes du Palais, les Maîtres des Requêtes ordinaires de l'Hôtel du Roi, les Conseillers Laïcs & Clercs du Parlement, le Procureur général, & les trois Avocats généraux; le Greffier en chef, Civil, Criminel, & des Présentations; les quatre Notaires Secretaires de la Cour, le premier Huissier, & les Receveurs-Payeurs des gages de la Cour.

Ce droit n'est pas une concession directement émanée de l'autorité royale; c'est une expectative accordée par Eugene IV, & depuis renouvellée, confirmée & amplifiée par les Papes Paul III & Clement IX, sur les instances & à la recommandation des Rois Charles VII, François I, & Louis XIV.

Ainsi ce droit est royal, non-seulement à cause de l'acceptation qui en a été faite par nos Rois, & des soins qu'ils ont pris de le faire accorder par le S. Siége; mais encore parce que les Papes ont attaché l'exercice de ce droit à la nomination du Roi.

Un Collateur, pendant le cours de sa Prélature, & pour le même Bénéfice, ne peut être chargé de son chef que d'un seul Indult. A l'égard des Chapitres & Communautez, comme elles sont perpétuelles & qu'elles ne meurent point & ne changent point, on ne peut placer qu'un seul Indult pendant la vie du Roi.

Lorsque d'un même Collateur dépendent des Bénéfices séculiers & réguliers, les Indultaires peuvent nommer un Séculier & un Régulier; mais le Collateur ayant conferé un Bénéfice à l'un, il est déchargé envers l'autre.

Les Bénéfices qui sont en Patronage laïc, ou à la nomination, présentation ou collation du Roi, ne sont point sujets à l'Indult.

Ce droit étant comme spirituel, ne tombe point dans le commerce; on n'exprime pas même dans le Contrat de vente d'un Office l'Indult qui y est attaché, quoiqu'on fasse mention du droit de Patronage dans la vente de la Terre à laquelle il est annexé.

Le droit d'Indult, quoique réputé spirituel, ne peut être permuté ni résigné, parce que ce n'est pas un droit réel & effectif à un Bénéfice; il ne donne qu'une espérance incertaine & indéterminée d'obtenir le premier Bénéfice vacant.

L'Indult n'attribue ni privilége, ni dispense des capacitez, qualitez & conditions requises: ainsi celui qui requiert un Bénéfice en vertu d'un Indult, doit avoir les mêmes qualitez, & dans le même tems qu'un autre Clerc, à qui le Collateur confereroit librement & de son plein gré.

Le Pape n'a pas le droit de prévenir les Collateurs au préjudice des Indultaires, parce qu'il s'est dépouillé de tout droit de prévention, par la clause *liberè & licitè*, inserée dans les Bulles qui contiennent la concession de l'Indult du Parlement.

Lisez dans le Journal du Palais l'explication de ces mots *liberè & licitè* des Actes de Cour de Rome, aux Plaidoyers de l'Arrêt du 16 Mars 1673, page 229.

Il y a un Arrêt du Grand Conseil du 15 Septembre 1718, rendu en faveur du feu Sieur Abbé de Lionne, porteur d'Indult, & qui avoit conferé en Commende, avec la clause *liberè & licitè*. Par cet Arrêt le Conseil a maintenu le présenté dudit Abbé à une Cure.

L'Officier Indultaire peut user de son droit, & nommer durant tout le tems qu'il est revêtu de sa Charge; & son droit ne s'éteint que quand il l'a consommé, ou lorsque sans l'avoir exercé il est dépouillé de sa Charge, & en a perdu les droits & les priviléges.

La concession de l'Indult doit être gratuite. Son effet est, que le nommé par l'Officier Indultaire le représente, de maniere qu'il entre entierement dans tout le droit qu'avoit l'Officier; de sorte qu'on ne considere plus dans la suite les changemens qui peuvent arriver dans la personne de cet Officier; il suffit pour jouir de cette grace, que le nommé & substitué par l'Indultaire soit capable d'en jouir. D'où il s'ensuit que la nomination du Roi, quoique non signifiée au Collateur, ne devient pas caduque par le décès de l'Officier. Le seul effet qui résulte du défaut de signification, est que la Prélature reste toujours libre de l'Indult, tant qu'il n'est pas signifié.

Les nommez par les Indultaires n'ayant qu'un droit qui ne leur appartient pas directement, mais seulement par la concession qui leur en a été faite, doivent eux-mêmes exercer ce droit, & ils ne peuvent le transmettre à un autre.

Mais l'Officier par qui ils sont nommez peut faire tenir son Indult par représentation, par substitution ou par subrogation, quand celui qu'il a nommé l'abdique ou y renonce.

L'Officier Indultaire ne nomme point au Collateur celui par qui il veut faire tenir son Indult; il le présente au Roi, & Sa Majesté nomme au Collateur sur qui l'Officier veut placer son Indult, celui que cet Officier lui a présenté.

Cette nomination du Roi se fait par Lettres Patentes scellées du grand sceau. Elles sont adressées à l'Evêque & au Chapitre, *tam conjunctim quam divisim*, pour donner à l'Indult toute l'étendue qu'il peut avoir, ou bien à l'Abbé, Prieur & Monastere, tant conjointement que séparément, quand l'Indult est placé sur une Abbaye.

Il y a un Arrêt du Grand Conseil du 17 Août 1736, rendu en faveur du Sieur Barbier de la Serre, qui étoit Indultaire sur l'Evêché & Chapitre de Langres. Par cet Arrêt les Evêques & les Chapitres sont déclarez débiteurs solidaires des Expectatives royales, quelqu'ancien que soit le partage de leurs Menses & de leurs droits de collation.

Comme l'Indult donne droit sur tous les Bénéfices qui viendront à vaquer par mort ou autrement, à l'exception toutefois de ceux qui peuvent vaquer par démission ou résignation, il ne faut pas dans l'énoncé des Lettres de nomination du Roi se borner à la vacance par mort; autrement l'expression d'un genre de vacance sembleroit exclure tous les autres.

On doit aussi marquer dans l'énoncé, qu'on entend placer son Indult sur tous les Bénéfices qui sont à la collation, présentation, & toutes autres dispositions du Collateur, sans en excepter les Bénéfices-Cures qui sont sujettes à l'Indult, quoique celui qui s'en veut servir ne puisse pas être forcé de les accepter.

Il n'y a point de tems préfini pour que le Roi admette la présentation de l'Officier Indultaire; ainsi Sa Majesté la peut toujours admettre dans quelque tems que ce soit.

Le Roi est toujours le maître de placer l'Indult qu'on lui présente, sur un autre Collateur que celui qui lui est désigné par l'Officier Indultaire; néanmoins il ne le place pas ordinairement sur un autre.

Celui dont l'Indult est placé sur un Collateur, peut ne pas requerir les premiers Bénéfices qui viennent depuis à vaquer, & attendre qu'il s'en présente de plus avantageux, à moins que le Collateur ne lui offre un Bénéfice qui ait vaqué depuis que les Lettres de présentation lui ont été signifiées.

En effet, un Collateur est en droit d'offrir à celui dont l'Indult est placé sur lui, le Bénéfice vacant qu'il lui plaît, pourvû qu'il soit de la valeur requise, c'est-à-dire de six cens livres de revenu. Ainsi dans le cas de la vacance de deux Bénéfices, le Collateur n'est pas tenu de lui donner le meilleur; il lui est libre de lui donner celui qu'il lui plaît.

L'Indult commence à s'exercer par la présentation que l'Officier Indultaire fait au Roi. Elle se peut faire ou au Greffe, ou pardevant Notaires. Quand elle se fait au Greffe, l'Officier s'inscrit sur le Registre de l'Indult de la Cour, qui est entre les mains du Greffier en chef du Parlement. En voici les modéles.

Premiere présentation au Greffe pour Indult.

AUjourd'hui est comparu au Greffe de la Cour Messire lequel a présenté à Sa Majesté pour tenir son Indult, à cause de sadite Charge de M. dont il a requis acte, & a signé.

Deuxiéme présentation par subrogation.

AUjourd'hui est comparu au Greffe de la Cour Messire lequel a présenté à Sa Majesté pour tenir son Indult, à cause de sadite Charge de Maître au lieu de Maître ci-devant nommé, & dont la nomination n'a pas eu d'effet (ou a été révoquée) pour par ledit M. jouir par subrogation en vertu de ladite présentation de l'effet de la premiere nomination, dont il a requis acte, & a signé.

Nouvelle présentation au lieu d'une premiere qui a été révoquée ou inutile.

AUjourd'hui est comparu au Greffe de la Cour Messire lequel a présenté à Sa Majesté pour tenir son Indult, à cause de sadite Charge de Maître au lieu de Maître ci devant par lui présenté, dont la présentation a été sans effet (ou révoquée) dont il a requis acte, & a signé.

Si l'Officier se présente lui même pour tenir son Indult, il n'y a qu'à dire : *Lequel s'est presenté à Sa Majesté pour tenir lui-même son Indult*, & mettre le reste comme il est dans les modéles ci-dessus.

Lorsque l'Officier ne veut pas faire sa présentation par un Acte au Greffe sur le Registre de l'Indult de la Cour, il faut que l'Acte soit passé pardevant un Notaire Royal Apostolique & deux témoins, ou pardevant deux Notaires Royaux Apostoliques.

Premiere présentation pour Indult pardevant Notaires.

AUjourd'hui est comparu pardevant Messire D. Conseiller du Roi en sa Cour de Parlement, demeurant lequel sous le bon plaisir du Roi a par ces Présentes nommé à Sa Majesté M. F. Soudiacre du Diocèse de pour tenir son Indult, qui appartient audit D. à cause de son Office de Conseiller en la Cour de Parlement, sur telle Prélature qu'il plaira à Sa Majesté de choisir ; consentant à cet effet que toutes Lettres lui en soient expédiées, qu'il les fasse signifier aux personnes à qui elles ſeront adreſſées, & jouiſſe des Bénéfices qu'il pourra requerir en conſéquence, jurant & affirmant ledit D. qu'en ces Préſentes il n'eſt intervenu & n'interviendra aucun dol, fraude, ſimonie, ni autre paction illicite, dont Acte. Fait & paſſé à

Seconde préſentation par ſubrogation.

AUjourd'hui eſt comparu pardevant Notaires Royaux Apoſtoliques, demeurans à ſouſſignez, Meſſire lequel a par ces Préſentes préſenté par ſubrogation à Sa Majeſté Maître pour tenir ſon Indult, à cauſe de ſadite Charge de au lieu & place de M. ci-devant préſenté par ledit S. & dont la préſentation eſt ſans effet (ou révoquée) & en conſéquence jouir par ſubrogation en vertu de la préſentation & des Lettres Patentes de la nomination du Roi, qui ſeront accordées ſur la préſente préſentation, de l'effet de ladite premiere préſentation & des premieres Lettres Patentes de la nomination du Roi dûement ſignifiées, dont Acte, &c.

S'il n'y a pas eu de Lettres Patentes expédiées ſur la premiere préſentation, ou ſi elles n'ont pas été ſignifiées au Collateur, il eſt inutile de ſe ſervir de ce modéle de la nomination par ſubrogation, qui ne peut produire aucun effet. Il n'y a qu'à ſe ſervir du modéle qui ſuit pour une nouvelle nomination.

Nouvelle préſentation.

AUjourd'hui eſt comparu pardevant Notaires Royaux Apoſtoliques, demeurans à ſouſſignez, M. lequel a par ces Préſentes préſenté à Sa Majeſté M. pour tenir ſon Indult, à cauſe de ſadite Charge de au lieu de M. ci-devant préſenté, dont la préſentation a été ſans effet à cauſe de, &c. (ou a été révoquée) & en conſéquence jouir de l'effet des Lettres Patentes qui ſeront accordées ſur la préſente préſentation, dont Acte, &c.

Il eſt facile de dreſſer ſur ces modéles des Actes de préſentation, lorſque l'Officier voudra ſe préſenter lui-même pour tenir ſon Indult.

Quand le nommé ſouhaite de ne pouvoir être révoqué, & que l'Officier y conſent, on doit ajouter dans la préſentation la clauſe qui ſuit : *ſans que ledit Sieur nommé tenant ſon Indult puiſſe être révoqué.*

Et afin que cette clauſe ne bleſſe pas le droit que l'Officier Indultaire a de faire de ſecondes nominations par ſubrogation, il faut ajouter la clauſe ſuivante : *ſauf audit Sieur à faire une autre préſentation à cauſe de ſondit Indult, en cas que la préſentation n'ait pas ſon effet.*

Pour prévenir la surprise que les nommez ont souvent fait à Messieurs les Chanceliers Gardes des Sceaux, en cédant & remettant leurs droits à d'autres Clercs qui ont obtenu des Lettres de démission d'Indult en leur faveur, quoique le nommé d'un Officier ne puisse ni céder son droit, ni s'en démettre au profit d'un tiers au préjudice des Officiers Indultaires & des Collateurs, il est à propos d'ajouter cette clause aux présentations que les Officiers font : *sans que ledit Sieur nommé tenant ledit Indult puisse le céder ni s'en démettre au profit d'un autre, que dudit Sieur Officier dont il tient l'Indult.*

Nous ne rapporterons point ici des modéles d'Actes de nomination du Roi au Collateur, c'est-à-dire des Lettres Patentes qui s'expédient en conséquence de la présentation faite par l'Officier Indultaire.

Elles regardent la fonction des Secretaires du Roi de la grande Chancellerie de France. M. Cochet de saint Vallier en a rapporté plusieurs modéles dans son Traité de l'Indult. Ceux qui en auront besoin pourront y avoir recours, aussi-bien qu'aux notes qu'il a faites dessus. Passons à la notification ou signification desdites Lettres.

La signification des Lettres Patentes d'un Indult tenu par un Clerc nommé par un Officier, se faisoit autrefois au nom & à la réquisition tant de l'Officier même que de son nommé, avec la clause, *tant conjointement que divisement.*

Aujourd'hui lorsqu'un Officier a substitué un Clerc pour tenir son Indult, les Actes qui servent à l'exécution de l'Indult se font au nom du Clerc seul qui est nommé.

Formule d'Acte de signification d'Indult, faite au nom du Clerc nommé.

L'An mil sept cent le en la présence & compagnie des Conseillers du Roi Notaires à Paris soussignez, M. F. Soudiacre du Diocèse de Paris, y demeurant, ayant l'Indult de M. D. Conseiller du Roi en sa Cour de Parlement, & sur icelui obtenu les Lettres du Roi expédiées en Chancellerie le signées sur le repli par le Roi, *un tel*, & scellées du grand sceau de cire jaune, adressantes à MM. les Prevôt, Chanoines & Chapitre de Lille en Flandres, tant conjointement que divisément : A montré, notifié & dûement fait à sçavoir lesdites Lettres d'Indult à M. B. Prevôt de ladite Eglise Collégiale de Lille, & ausdits Chanoines du Chapitre, en parlant pour eux tous à la personne dudit B. trouvé en son Hôtel sis en cette Ville, rue à ce qu'ils n'en ignorent, & ayent à y satisfaire ; desquelles Lettres Patentes & du présent Acte de leur notification, leur a été laiſſé expédition par leſdits Notaires les jour, an, lieu & parlant que deſſus, & a ſigné.

Nota, que ſi l'Indultaire n'eſt pas préſent, comme la ſignification ſe peut très-bien faire ſans lui, il faut retrancher l'énonciation de ſa préſence, qui eſt fort inutile pour cet Acte.

Ce modéle ſeul peut ſuffire pour toutes les ſortes de ſignifications à faire, ſoit des premieres nominations, ou des nominations par ſubrogation, ou des nouvelles nominations, & ſur quelque ſorte de Collateur que l'Indult ſoit placé, ſoit que l'Officier tienne lui-même ſon Indult, ou qu'il le faſſe tenir par un Séculier ou par un Régulier.

L'Indultaire doit avoir ſoin de faire inſinuer dans le tems les Actes des ſignifications de ſes Lettres Patentes d'Indult au Greffe des Inſinuations eccléſiaſtiques du Diocèſe, où eſt le chef-lieu.

Réquiſition de Bénéfice en conſéquence de Lettres d'Indult.

L'An mil ſept cent le en la préſence & compagnie des Conſeillers du Roi Notaires à Paris ſouſſignez, M. F. Soudiacre du Diocèſe de Paris, y demeurant au Séminaire de ayant l'Indult de Meſſire D. Conſeiller du Roi en ſa Cour de Parlement, & ſur icelui obtenu les Lettres du Roi, expédiées en Chancellerie le ſignées ſur le repli par le Roi, P. & ſcellées du grand ſceau de cire jaune, ſur la Prevôté & Chapitre de l'Egliſe Collégiale de Lille en Flandres, le tout dûement inſinué & notifié, s'eſt tranſporté en l'Hôtel & pardevant M. B. Prevôt de ladite Egliſe, rue Paroiſſe S. où étant & parlant à ſa perſonne, ledit F. l'a très-humblement ſupplié & requis de lui vouloir accorder en ſadite qualité d'Indultaire ſur ladite Prevôté, le Prieuré de S. dépendant d'icelle Prevôté, comme vacant par la mort de dernier poſſeſſeur d'icelui, & de lui en faire expédier des proviſions en la forme ordinaire; à quoi ledit B. a fait réponſe que, &c. (*On mettra ici la réponſe: ſi elle ne contient rien de poſitif ſur l'expédition des proviſions, il faudra mettre ce qui ſuit.*) Laquelle réponſe ledit F. a pris pour refus, & en conſéquence a proteſté de ſe pourvoir pour raiſon de ce pardevers MM. les Exécuteurs dudit Indult & autres, ſuivant & ainſi qu'il appartiendra; dont & de quoi ledit F. a requis Acte aux Notaires ſouſſignez, qui lui ont octroyé le préſent, dont a été laiſſé expédition par leſdits Notaires audit B. les an, jour, lieu, & parlant que deſſus, ledit F. a ſigné, & ledit B. a refuſé de ſigner, de ce enquis.

Nous ne rapporterons point ici de modéle des collations qui ſe font en vertu d'Indult, d'autant plus qu'elles ſe dreſſent en Latin; mais nous avons cru devoir faire quelques obſervations importantes sur plusieurs clauses, ausquelles il faut faire attention.

Premierement, si c'est un Bénéfice régulier, qu'un nommé Séculier tenant Indult requiert en Commende, il n'y a qu'à ajouter ce terme, *en Commende d'Indult*, à ceux de *collation & provision.* Si c'est un Bénéfice vacant en Commende decretée, c'est-à-dire où le decret de retour en titre étoit exprimé, il n'y a qu'à ajouter à ces termes, *les Lettres de collation & provision en Commende d'Indult, à la charge du decret de retour en titre*, comme il est porté par les dernieres provisions du possesseur en Commende dudit Bénéfice.

En second lieu, si le Bénéfice vacant en Commende n'avoit été donné que cette fois en Commende, il faut ajouter à ces termes, (*les Lettres de collation & provision en Commende d'Indult, à la charge de retourner en titre après le décès, ou en cas de démission dudit nommé tenant Indult.*)

En troisiéme lieu, quand on ignore de quelle maniere le dernier Commendataire possedoit, si c'étoit en premiere Commende, ou si la Commende contenoit le decret de *retour en titre*, il faut dire, *à la charge du decret de retour en titre, au cas qu'il se trouve que ledit Bénéfice vacant n'eût été donné que cette fois en Commende, ou avec la clause de retour en titre.*

Si le Bénéfice vaque en régle, & est requis en Commende, il n'y a qu'à ajouter à la requisition, la condition de *retour en régle après l'Indultaire.* Après avoir ainsi fait la requisition, il faut que le Notaire Apostolique explique & dresse son procès-verbal de ce qui se passera, soit que le Prélat accorde la provision, soit qu'il la refuse expressément ou tacitement; & il faut regarder & prendre pour refus tout ce que le Prélat dira ou fera, dès qu'il n'offrira pas de donner la collation & les provisions requises en vertu d'Indult, & conformément à la requisition, comme s'il offre en régle, & que la requisition soit en Commende, *& vicissim.* Dès que le Collateur ou celui qui a droit de conférer, n'offrira pas de donner les provisions suivant la requisition de l'Indultaire, tout ce qu'il peut faire ou dire doit être regardé comme refus, & l'Indultaire est en droit d'aller aux Commissaires exécuteurs; l'impuissance même du Prélat de conférer tient lieu de refus.

En quatriéme lieu, si le Bénéfice vacant n'est pas à la collation du Prélat chargé d'Indult, mais à sa présentation, ensorte qu'il doive faire fonction de Patron ecclésiastique, l'Indultaire fera au Prélat la requisition de sa présentation au Collateur, & on peut suivre le même modéle qu'on vient de donner ; il n'y a proprement que les termes de *collation* & *provision*, au lieu desquels il faut substituer ceux de *présentation*, *&c.* Soit que l'Indultaire ait requis du Prélat comme Collateur ou comme Patron, il faut insinuer la requisitionr. Si le Prélat donne sa présentation au nommé, le nommé doit la faire insinuer ; si le Prélat refuse sa présentation, le refus est sujet à la loi de l'insinuation. Soit que le Prélat donne sa présentation, ou qu'il la refuse, le nommé doit s'adresser au Collateur pour être pourvû du Bénéfice vacant à la présentation du Prélat chargé d'Indult. La maniere de s'adresser au Collateur, est de lui faire une requisition telle qu'on vient d'expliquer ; on peut seulement ajouter, que *le Bénéfice requis est vacant à la présentation de chargé dudit Indult, lequel a accordé sa présentation audit Sieur pour satisfaire audit Indult, ou bien lequel a refusé sa présentation audit Sieur comme il paroît par l'Acte du*

Si le Collateur accorde les provisions conformes à la réquisition, il faut les faire insinuer. S'il fait refus, son refus est sujet à l'insinuation ; & sur le refus il faut aller à l'Exécuteur, comme nous dirons ci-après.

La réquisition se doit faire à l'Exécuteur de la même maniere qu'au Collateur : la seule chose qu'il y a à exprimer dans cette réquisition est, *que le Collateur a fait refus suivant l'Acte du* Cette réquisition est encore sujette à l'insinuation. On a déja dit que le défaut de collation, sur quelque raison qu'il puisse être fondé, vaut toujours refus, & donne droit à l'Indultaire d'aller à l'Exécuteur, & à l'Exécuteur de conférer. Ainsi lorsque les Patrons ou Collateurs ausquels sont adressées les Lettres d'Indult refusent de conférer les Bénéfices requis en vertu desdites Lettres, les Exécuteurs de l'Indult les conferent, & font mention du refus dans les provisions qu'ils délivrent.

Les provisions accordées par les Exécuteurs de l'Indult du Parlement se doivent faire par les Notaires Apostoliques : sur quoi il faut remarquer que ces Exécuteurs sont, par rapport aux Bulles d'Eugene IV & de Paul III, l'Archevêque de Paris, l'Abbé de S. Victor, le Chancelier de l'Eglise de Notre-Dame de Paris, l'Abbé de S. Denis avant la réunion de la Mense Abbatiale à la Maison de S. Cyr, l'Abbé de S. Germain, l'Archidiacre de Paris, le premier des trois Archidiacres de l'Archevêché, & les Vicaires de tous ces Exécuteurs.

Les Exécuteurs de l'ampliation de la Bulle de Clement IX, sont l'Abbé de S. Denis, à présent supprimé, l'Abbé de S. Germain, l'Archidiacre de Paris, qui est le premier des trois Archidiacres de l'Archevêché, & les Vicaires de ces Exécuteurs.

Il n'y a point de différence à faire entre la collation de l'Ordinaire & celle de l'Exécuteur, sinon que dans les provisions de l'Exécuteur il faut énoncer le refus qui a été fait par l'Ordinaire, ou l'Acte qui équivaut à un refus, à peu près en ces termes, par exemple: *Quem Canonicatum dictus Dominus Illustrissimus & Reverendissimus Episcopus renuit tibi conferre; licet debite ex tua parte requisitus*; (ou s'il s'agit d'un Bénéfice en Commende) *quem Prioratum dictus Reverendus Abbas debite ex parte tua requisitus tibi conferre in Commendam renuit, prout Actu publico coram Notariis Regiis Apostolicis confecto nobis exhibito patet, &c.*

S'il s'agit de conferer un Bénéfice régulier à un Régulier, ou un séculier à un Séculier, chaque Prélat exécuteur, & chacun de ses Vicaires à qui l'Indultaire s'adressera, peut le conferer comme auroit pû faire le Collateur ordinaire.

S'il s'agit d'un Bénéfice requis en Commende, soit qu'il vaque en Commende solite ou insolite & decretée, il faut inserer dans ces provisions de l'Exécuteur de la Clementine les mêmes clauses & conditions du decret que celles proposées pour les provisions du Collateur dans tous ces cas, parce qu'il n'y a de différence entre ces sortes de provisions, que l'expression du refus fait par l'Ordinaire.

Lorsque l'Indult ne sera rempli qu'en vertu des Bulles d'Eugene IV & de Paul III, & que les provisions seront données par un Exécuteur de la Pauline, il n'y aura qu'à énoncer les seuls noms de ces Souverains Pontifes, sans parler de celui de Clement IX, qui ne doit être employé que par les seuls Exécuteurs nommez par la Clementine.

Si l'Indult est rempli en Commende, comme il faut dans les huit mois obtenir une nouvelle Commende à Rome, confirmative de la premiere avec les mêmes decrets, & payer les droits de la Chancellerie Apostolique, l'Indultaire doit se servir du ministere d'un habile Banquier Expéditionnaire en Cour de Rome, pour avoir sa nouvelle Commende. Il feroit très-inutile de donner ici le modéle des nouvelles provisions de Cour de

Rome en Commende d'Indult, où il n'y a rien de particulier que l'énoncé de la collation en Commende d'Indult, & les decrets néceſſaires.

Comme il peut ſouvent arriver qu'on ignore les conditions du titre en vertu duquel un dernier Commendataire jouiſſoit, ſi le decret de retour en titre y étoit énoncé ou non, & ſi le Bénéfice étoit donné en premiere Commende ou non, il n'y a qu'à énoncer dans les proviſions de Commende d'Indult qui ſeront données par les Ordinaires, par les Exécuteurs, ou à Rome, qu'elles ſont données ſous la condition du decret de retour en titre, ſuppoſé que ce decret fût dans les dernieres proviſions, ou que ce fût une premiere Commende, &c.

Eâ lege, ut in titulum revertatur te cedente vel decedente, aut aliàs amittente, ſi ultimus poſſeſſor pro prima vice in Commendam obtinuit, vel cum decreto revertendi in titulum, quod ignoratur, &c.

Ceux qui ſont prépoſez pour dreſſer les Actes de proviſion ſous les Commiſſaires exécuteurs de l'ampliation de Clement IX, ne doivent pas ſe contenter de mettre le titre du Prélat en cette forme : *Commiſſarius & executor privilegii ſeu Indulti per ſanctiſſimum felicis recordationis Clementem Papam nonum, Regi Chriſtianiſſimo pro ſuis Cancellario, Præſidibus, Senatoribus ſupremæ Curiæ Pariſienſis, & aliis conceſſi inter alios deputatus.*

Comme leur droit s'étend auſſi à l'exécution des premieres Bulles d'Indult, il faut mettre : *Commiſſarius & executor privilegii ſeu Indulti per ſanctiſſimos Pontifices Eugenium quartum, Paulum tertium, Clementem nonum, Regibus Chriſtianiſſimis pro ſuis Cancellario, Præſidibus, Senatoribus in ſuprema Galliarum Curia, & aliis de corpore & gremio ejuſdem Curiæ perſonis exiſtentibus conceſſi inter alios deputatus.*

A l'égard des Exécuteurs de la Pauline, il faut les tirer de la même maniere, excepté qu'il faut n'énoncer que les noms des deux premiers Papes, Eugene IV & Paul III.

On fait une faute conſidérable dans les proviſions des Exécuteurs en Commende, lorſque le dernier Commendataire poſſedoit *ſub decreto & onere ædificia ejuſdem Beneficii reſtaurandi, ipſiuſque Beneficii cedente vel decedente aut aliàs amittente ad priſtinam tituli naturam reditus,* (ſi on énonce) *attento quod prædicta ædificia adhuc reparationibus indigent,* (& enſuite la collation ſe fait) *cum continuatione & onere ejuſdem decreti.*

Cette clauſe *attento* eſt inutile, parce que l'Indultaire ne peut jamais être chargé du decret qui concerne & qui exige la réparation des bâtimens du Bénéfice. Il n'y a que le seul decret de retour en titre qui doit être inséré dans la Commende d'Indult, lorsque le dernier possesseur en Commende possedoit *pro prima vice, vel cum decreto revertendi in titulum.*

Les collations des Exécuteurs & de Cour de Rome sont sujettes à insinuation.

Il paroîtra peut-être à quelques-uns bien dur & bien rigoureux qu'un Indultaire soit exposé à perdre son droit, faute d'avoir suivi à la lettre toutes les formalitez prescrites par les Edits des Insinuations ecclésiastiques, de création des Notaires Royaux Apostoliques. On croira si l'on veut que l'omission d'une simple formalité prescrite par ces Edits, n'anéantira pas un titre légitime; cependant l'Indultaire ne sçauroit être trop attentif ni trop exact à satisfaire à tout ce que ces Edits modernes semblent exiger, à peine de nullité.

Si le Collateur ou l'Exécuteur qui a un Indult actif particulier s'en sert en faveur de l'Indultaire du Parlement, il ne faut pas manquer de l'énoncer dans les provisions.

Au reste, quoique les provisions de l'Exécuteur de l'Indult se délivrent en Langue Latine, nous avons cru en devoir donner ici la traduction en François.

Provision de l'Exécuteur de l'Indult sur refus.

FRançois, Prêtre, &c. Abbé de l'Abbaye de S. Germain des Prez, Ordre de S. Benoît, & en cette qualité Juge, Commissaire & Exécuteur du Privilége & Indult Apostolique accordé par le Pape Paul III au Roi Très-Chrétien pour Messieurs ses Chancelier, Présidens, Maîtres des Requêtes de son Hôtel, & Conseillers du Parlement de Paris, & autres personnes désignées dans les Lettres dudit Indult, avec autre Collegue de l'Abbé de ladite Abbaye, sous la clause que plusieurs ou un seul sera commis ou député à notre bien amé M. F. Soudiacre du Diocèse de Paris, Salut en notre Seigneur. Le Prieuré simple & séculier de dépendant de la Prevôté de Lille en Flandres, dont en cas de vacance la collation, provision & toute autre disposition appartient à M. B. Prevôt de ladite Prevôté, étant présentement vacant par la mort de dernier possesseur d'icelui, à vous, quoiqu'absent, comme Catholique Orthodoxe, & ayant les capacitez requises, & ayant été nommé par le Roi en vertu dudit Indult Apostolique au lieu & place & sur la nomination de M. D. Conseiller au Parlement, au premier Bénéfice de la qualité & valeur exprimée en ses Lettres de nomination dépendant de ladite Prevôté de Lille, suivant qu'il nous a été exposé de votre part, bien & dûement insinuées, sur le refus toutefois dudit Sieur Prevôt de Lille, qu'il vous a fait ou à votre Procureur, porté en l'Acte passé devant les Notaires soussignez le qui nous a été exhibé de votre part; Nous Commissaire susdit, pas par l'autorité Apoſtolique dont nous agiſſons en cette partie, vous avons donné & conferé, donnons & conferons par ces Préſentes ledit Prieuré de avec tous ſes droits, appartenances & dépendances, dont Nous vous avons pourvû & pourvoyons. C'eſt pourquoi Nous mandons par la teneur deſdites Préſentes au premier Notaire ſur ce requis, de vous mettre, ou votre Procureur pour vous, en poſſeſſion corporelle, réelle & actuelle dudit Prieuré de & de ſes droits, appartenances & dépendances, en y obſervant les cérémonies & formalitez en pareil cas requiſes & accoutumées. Fait & donné à Paris & en notre Hôtel Abbatial, ſous le ſceau de nos Armes, en préſence & pardevant les Conſeillers du Roi, Notaires à Paris ſouſſignez, le jour de mil ſept cens & avons ſigné avec leſdits Notaires.

Le Lecteur qui voudra s'inſtruire à fond ſur cette matiere, n'a qu'à lire l'excellent Traité de l'Indult qu'a donné au Public M. le Préſident Cochet de Saint Vallier, d'où j'ai tiré une partie de ce Chapitre.

CHAPITRE X.

De la nomination du Roi pour ſon joyeux avénement à la Couronne, & pour le ſerment de fidelité des Archevêques & Evêques.

LA nomination du Roi pour ſon joyeux avénement à la Couronne, eſt un droit qu'ont les Rois de France d'adreſſer à leur avénement à la Couronne leurs prieres premieres aux Chapitres des Egliſes Cathédrales & Collégiales, en faveur des Eccléſiaſtiques capables, pour être par eux pourvûs du premier Canonicat qui viendra à vaquer par mort, après la ſignification faite au Chapitre, avec injonction d'y ſatisfaire, en déclarant nulles toutes diſpoſitions faites au préjudice des prieres du Roi.

Cette nomination du Roi pour ſon joyeux avénement à la Couronne, a lieu ſur les Egliſes Cathédrales, & ſur les Collégiales, dont les Prébendes ne ſont point à la collation de l'Evêque; les Dignitez des Cathédrales ſont auſſi exemptes de ce droit.

Mais pour avoir lieu ſur les Egliſes Collégiales, il faut que le Chapitre ſoit compoſé de dix Chanoines.

La nomination du Roi pour les ſermens de fidelité des Archevêques & Evêques, eſt un droit qu'ont les Rois de France de nommer aux Archevêchez & Evêchez de leur Royaume ; après que le serment de fidelité aura été par eux prêté, & qu'ils auront ainsi fait clore la Régale, une personne capable, à l'effet de remplir la premiere Prébende qui viendra à vaquer par mort à leur collation, & après la signification qui leur aura été faite du Brevet de nomination du Roi, avec injonction d'y satisfaire.

Les Lettres du joyeux avénement & de serment de fidelité s'expédient par Brevet de Sa Majesté, qui doivent être aussi notifiées à leur adresse à la requête des Brevetaires : pour raison de quoi il n'y a qu'à suivre la forme de notification de l'Indult qui est rapportée dans le Chapitre IX, laquelle est propre à tous les Actes de cette espéce.

Après que les Brevetaires de joyeux avénement & de serment de fidelité ont fait signifier leurs Lettres de nomination en bonne forme aux Evêques ou Collateurs, en cas d'affectation par eux de frustrer l'Expectant par des provisions données à son préjudice, dans les vacances qui sont arrivées depuis la notification des Lettres, l'Expectant peut les faire assigner au Grand Conseil, & obtenir un Jugement qui les condamne à leur conférer le premier Canonicat qui viendra à vaquer ; & faute de le faire, le même Arrêt les condamne à lui donner par chacun an le revenu d'une Prébende de leurs Eglises, en attendant qu'il en vaque une autre pour remplir l'expectative.

Il n'y a que les Bénéfices qui vaquent par mort qui soient sujets à ces droits de nomination ; ainsi les Prébendes qui vaquent par résignation, par démission, par permutation, par l'obtention d'un Bénéfice incompatible, n'y sont point sujettes, à moins qu'il ne s'y rencontre des fraudes qui annullent ces Actes, ou les rendent vicieux.

Les Lettres de joyeux avénement & de serment de fidelité, n'affectent que les Prébendes qui viennent à vaquer après la signification qui en a été faite à l'Evêque ou au Chapitre par les Brevetaires & Expectans.

Comme ces nominations & graces expectatives reçues en France sont extraordinaires, & ne se présument point d'elles-mêmes, elles doivent être notifiées aux Collateurs pour les obliger d'accorder la collation des Bénéfices vacans aux personnes nommées en vertu de leurs Lettres.

Les significations de ces Lettres, & les procurations pour requerir en conséquence des Bénéfices, doivent être insinuées au

Greffe du Diocèse dans lequel sont situées les Prélatures, Chapitres, Dignitez & autres Bénéfices des Patrons & Collateurs, à qui les Lettres sont adressées, & cela dans le mois de la date de chacune des significations, le tout à peine de nullité. C'est la disposition de l'Article 81 de l'Edit des Insinuations du mois de Décembre 1691.

Dans le concours d'un Indultaire & d'un Brevetaire, le premier est préféré, quoique sa requisition soit postérieure, pourvû toutefois qu'il ait dûement fait signifier son Indult au Collateur avant la vacance du Bénéfice.

CHAPITRE XI.

Des Graduez.

PAR Graduez, on entend quelquefois tous ceux qui ont obtenu des degrez dans une Université fameuse. Et c'est en ce sens qu'il faut entendre ce que porte l'Edit de 1606, que les Dignitez des Eglises Cathédrales ne pourront être possedées que par des Graduez en Théologie ou en Droit Canon.

Mais quand on restraint les Graduez à ceux qui ont droit de requerir des Bénéfices en vertu de leurs grades, on ne comprend sous ce terme que ceux qui après avoir étudié dans une Université fameuse, y ont obtenu des degrez en vertu du tems d'étude requis, & ont fait signifier leurs degrez & leurs Lettres de tems d'étude à des Patrons ou Collateurs, afin de pouvoir requerir les Bénéfices qui vaqueront dans les mois qui leur sont affectez.

Par degrez, on entend celui de Maître-ès-Arts, ceux de Bachelier, de Licencié ou Docteur dans les Facultez supérieures, qui sont la Théologie, le Droit & la Médecine.

Le droit des Graduez introduit pour récompenser le travail, & empêcher que les Bénéfices ne fussent conférez à des ignorans, est la légitime des Gens de Lettres dans le partage & la distribution des Bénéfices. Pour cet effet le Concile de Basle affecta aux Graduez le tiers des Bénéfices, & ordonna que chaque Collateur, après avoir conféré librement deux Bénéfices, donneroit le troisiéme à un Gradué, & garderoit successivement cette alternative des deux tiers au tiers.

Cela fut confirmé par la Pragmatique-Sanction faite à Bourges du tems du Roi Charles VII, avec néanmoins quelque différence.

Enfin par le Concordat fait entre Leon X & François I, le droit des Graduez fut confirmé pour tiers des Bénéfices, avec toutefois quelque changement pour l'ordre du partage; car au lieu que par la Pragmatique-Sanction c'étoit le Collateur qui faisoit la part aux Graduez en leur donnant de trois Bénéfices un, le Concordat leur affecta tous ceux qui viendroient à vaquer pendant quatre mois de l'année.

On distingue deux sortes de Graduez; sçavoir, les Graduez simples, & les Graduez nommez.

Les Graduez simples sont ceux qui n'ont que les Lettres de leurs degrez, avec le Certificat d'étude de l'Université dans laquelle ils ont étudié.

Les Graduez nommez sont ceux qui, outre ces Lettres & ce Certificat, ont des Lettres de nomination, par lesquelles l'Université dans laquelle ils ont étudié les nomme & les présente au Collateur, pour être pourvûs des Bénéfices qui viendront à vaquer dans les mois qui leur sont affectez.

Le Certificat de tems d'étude est une attestation contenue dans des Lettres Patentes signées du Greffier, scellées du sceau de l'Université, portant Certificat que celui à qui elles sont données, a étudié autant de tems qu'il est requis par le Concordat, pour acquerir le degré qu'il a obtenu; & il faut que dans ces Lettres le commencement & la fin des études soit précisément marqué.

Les Graduez ont droit de requerir les Bénéfices vacans par mort dans certains mois de l'année préfinis par le Concordat; sçavoir, les Graduez nommez, les Bénéfices qui vaquent aux mois de Janvier & Juillet, qui sont appellez mois de rigueur, parce que les Collateurs & Patrons sont tenus de conférer ou de nommer aux Bénéfices qui viennent à vaquer dans ces mois, les plus anciens Graduez, sans qu'ils puissent choisir, à l'exception des Cures ou autres Bénéfices à charge d'ames, dont les Patrons & Collateurs ont la liberté du choix, même dans les mois de Janvier & de Juillet, entre les Graduez dûement qualifiez, quoiqu'en concurrence avec des Graduez plus anciens ou plus privilégiez, suivant ce qui a lieu, dans les mois d'Avril & d'Octobre; de sorte qu'à présent les mois de Janvier & Juillet sont réputez mois de faveur entre lesdits Graduez nommez pour les Cures & autres Bénéfices à charge d'ames, suivant la Déclaration du Roi du 27 Avril 1745 imprimée à la fin de ce Volume.

Si plusieurs Graduez sont nommez d'une même année, celui qui sera le plus digne sera préféré ; de sorte que les Docteurs en Théologie sont préférez aux Docteurs en Droit Canon ; ceux-ci sont préférez à ceux du Droit Civil, qui vont avant les Docteurs en Médecine, & ainsi des Licenciez & Bacheliers, à l'exception des Bacheliers formez en Théologie, qui sont préférez aux Licenciez ès Droits Canon & Civil, ou qui ont étudié en Médecine.

Mais les Graduez qui ont régenté sept ans dans un Collége de l'Université de Paris, & les Principaux des Colléges célébres de la même Université, sont préférez à tous les autres Graduez nommez, excepté aux Docteurs en Théologie, qui auront obtenu ce degré dans le tems de la vacance du Bénéfice.

A l'égard des Graduez simples, ils ont droit de requerir les Bénéfices qui vaquent aux mois d'Avril & d'Octobre, qu'on appelle mois de faveur.

La raison est, que les Collateurs ou Patrons ne sont pas obligez de conférer ou de présenter aux Bénéfices qui viennent à vaquer pendant ces mois, le plus ancien Gradué, ou celui qui a un degré plus éminent ; mais ils peuvent en gratifier tel des Graduez, soit nommé, soit simple, que bon leur semble ; ensorte qu'ils peuvent préférer le dernier & le moins qualifié au plus ancien & plus qualifié, pourvû toutefois que celui qu'ils gratifient ait fait les insinuations & renovations de ses degrez, telles qu'elles sont requises.

De ce que nous venons de dire, il s'ensuit que les Graduez nommez peuvent non-seulement être pourvus des Bénéfices qui vaquent aux mois de Janvier & Juillet, qui sont les mois de rigueur, mais encore des Bénéfices qui vaquent aux mois d'Avril & d'Octobre, qui sont spécialement affectez aux Graduez simples, & qu'on appelle mois de faveur ; le tout pourvû qu'ils ayent dûement notifié leurs noms, surnoms, degrez & qualitez, insinué iceux & réiteré.

Les Graduez, tant simples que nommez, doivent, avant que de pouvoir requerir aucun Bénéfice en vertu de leurs degrez, signifier aux Collateurs, & leur donner copie de leurs Lettres de degrez, du Certificat du tems d'étude, & enfin de l'attestation de leur noblesse, s'ils veulent se servir du privilége qui y est attaché.

Les Graduez qui veulent placer leurs degrez sur plusieurs Collateurs, doivent faire cette signification, & donner cette copie à chacun d'eux, afin qu'ils n'en puissent prétendre cause d'ignorance.

Cette signification doit être faite en présence de deux témoins par un Notaire Apostolique qui en doit retenir minute, suivant l'article 5 de l'Edit du mois de Décembre mil six cens quatre-vingt-onze.

Il suffit d'avoir satisfait une fois à cette formalité; mais il faut faire insinuer cette signification & cette notification au Greffe du Diocèse dans lequel seront situées les Prélatures, Chapitres, Dignitez & autres Bénéfices des Patrons Collateurs ausquels ces Lettres seront adressées, & ce dans le mois de la date, à peine de nullité, suivant l'article 18 du même Edit.

De plus, les Graduez doivent chaque année dans le tems de Carême réitérer la notification de leur nom & surnom, par un Notaire Apostolique; sans quoi ils ne pourront en vertu de leurs degrez requerir des Bénéfices dans l'année qu'ils y auront manqué, à moins qu'il ne se trouvât point de Carême entre la premiere notification, la vacance du Bénéfice & leur requisition; auquel cas le Collateur seroit tenu de leur donner le Bénéfice par eux requis.

Les Graduez, soit simples ou nommez, ne peuvent requerir *in vim gradûs aut nominationis* que les Bénéfices vacans par mort, & non pas ceux qui vaquent par résignation ou permutation, à moins que la résignation ou permutation ne parût évidemment avoir été faite en fraude pour les frustrer de leurs droits.

Les Collateurs ne sont obligez de conférer aux Graduez les Bénéfices vacans dans leurs mois, que suivant leur condition & leur état, c'est-à dire les Bénéfices séculiers aux Séculiers, & les réguliers aux Réguliers.

Toutes sortes de Bénéfices collatifs sont sujets aux Graduez, à l'exception des Dignitez des Eglises Cathédrales; encore au Grand Conseil ne sont-elles pas affranchies du droit des Graduez.

Les Bénéfices en Patronage ecclésiastique sont sujets à leur droit; il n'y a que les Bénéfices en Patronage laïc qui en soient exempts.

Les Graduez doivent avoir toutes les capacitez requises avant la vacance du Bénéfice, c'est-à-dire avoir obtenu leurs Degrez, Certificats du tems d'étude, & aussi les Lettres de nomination de l'Université, & attestation de leur noblesse, quand ils veulent profiter des avantages qui y sont annexez, & avoir le tout notifié & laissé copie au Collateur avant la vacance du Bénéfice qu'ils veulent requerir.

Cependant s'il n'y avoit point d'autre Gradué en concurrence, le Gradué qui n'auroit fait la premiere notification qu'après la vacance du Bénéfice, pourroit le requerir valablement, & l'emporter sur l'Obituaire.

Les Graduez sont tenus de se présenter en personne aux Evêques & Archevêques pour prendre des provisions. Si les Evêques les refusent, ils doivent se pourvoir devant le Supérieur ecclésiastique, en gardant l'ordre des Jurisdictions.

Mais si le Gradué avoit été refusé par un Collateur qui n'eût point de Supérieur dans ce Royaume, il seroit obligé de se pourvoir en la Cour, où sur la Requête expositive du refus & de la qualité du Collateur qui l'auroit fait, la Cour commettroit le Chancelier de l'Université pour lui donner des provisions.

Le Gradué qui est déja pourvû d'un Bénéfice, n'en peut pas requerir en vertu de ses grades, quand il en posséde un en vertu de ses degrez, qui est de quatre cens livres de revenu, ou un de six cens livres obtenu autrement que par ses grades.

Il y a plus; c'est que si un Gradué ayant requis un Bénéfice capable de le remplir, le cedoit pour un autre Bénéfice moindre, ou pour une legere pension ou récompense, il seroit censé rempli. C'est pourquoi lorsqu'un Gradué a requis un Bénéfice, & qu'il lui est contesté, il est obligé de s'en faire évincer contradictoirement pour ne pas perdre son droit.

Les Graduez nommez doivent exprimer dans leurs Lettres de nomination tous les Bénéfices dont ils sont pourvûs, & leur juste valeur.

Ils doivent encore avoir soin de faire insérer dans les provisions qui leur sont accordées par le Collateur en vertu de leurs degrez dans les mois de rigueur, cette clause : *Tibi graduato nominato, debitè insinuato & qualificato, conferimus atque donamus, &c.* au lieu que les collations faites aux Graduez simples sont valables, *sine adjectione gradûs.* Il suffit que celui à qui le Collateur a conféré un Bénéfice vacant dans un mois de faveur, soit véritablement Gradué.

Les Graduez, tant simples que nommez, n'ont que six mois pour requerir les Bénéfices qui leur sont affectez, à compter du jour de la vacance; de sorte que si dans les six mois le Pape y a pourvû avant qu'un Gradué eût requis, la provision du Pape seroit bonne & valable, parce qu'il peut prévenir les Graduez de même que les Indultaires ; mais quand un Gradué a fait sa réquisition au Collateur ou au Patron, la prévention du Pape ne peut point avoir lieu à son préjudice.

Voyez ci-après les deux Déclarations du Roi des 2 Octobre 1743 & 27 Avril 1745, l'une qui régle la préférence entre différens Graduez prétendant droit au même Bénéfice, & l'autre la nomination aux Cures & Bénéfices à charge d'ames dans les mois qualifiez de rigueur.

Les Actes qui se font le plus ordinairement pour les Graduez, sont la notification des degrez, attestation de tems d'étude & de nomination des Graduez, l'Acte pour notifier les noms & surnoms des Graduez en tems de Carême, ou réitération des Graduez, la procuration pour faire signifier des grades, & la réquisition de Bénéfice en vertu des degrez & en qualité de Gradué. Nous allons donner des modéles de tous ces Actes.

Notifications des degrez, attestations de tems d'étude, & de nomination des Graduez.

En la présence & compagnie des Notaires soussignez, Messire Prêtre du Diocèse de Maître-ès-Arts en l'Université de Gradué nommé sur l'Abbaye de Diocèse de demeurant à a montré, notifié & dûement fait voir ses Lettres de tonsure en date du de Maître-ès-Arts du d'attestation de tems d'étude pendant cinq ans, & de nomination sur l'Abbaye de à lui accordées par l'Université de dûement signifiées & scellées, ensemble ses noms, surnoms & qualitez à Messire Abbé Commendataire de ladite Abbaye de demeurant à en parlant à & desdites Lettres de tonsure, Maître-ès-Arts, & tems d'étude de cinq ans, de nomination & du présent Acte de signification, lui a été baillé & laissé copie par les Notaires soussignez, à ce qu'il n'en prétende cause d'ignorance, à Paris en la demeure dudit & ait à nommer ou pourvoir ledit Sieur aux Bénéfices dépendans de ladite Abbaye, qui viendront à vaquer ès mois affectez aux Graduez, dont il a requis Acte. Fait & passé, &c.

Acte pour notifier les noms & surnoms des Graduez en tems de Carême, ou réitération des Grades.

En la présence & compagnie des Notaires soussignez, Messire Prêtre, Docteur en Théologie de la Faculté de Paris, Gradué nommé & dûement qualifié & insinué sur le Prieuré de & sur le Chapitre de l'Eglise Collégiale de demeurant à en continuant les précédentes significations, insinuations de degrez, & réitérant en ce présent

tems

tems de Carême, a montré, notifié, & dûement fait sçavoir ses noms, surnoms & qualitez à Messire Prieur Commendataire du Prieuré de parlant au Sieur son Valet de Chambre, trouvé en la chambre dudit Sieur & à Messieurs les vénérables Doyen, Chanoines & Chapitre de ladite Eglise Collégiale de assemblez & tenant leur Chapitre au lieu & en la maniere accoutumée, tant conjointement que divisément, en parlant pour eux tous à M. Greffier dudit Chapitre, trouvé à la porte d'icelui, dont & de ce que dessus ledit Sieur a requis le présent Acte de réitération, duquel a été laissé copie par lesdits Notaires ès lieux parlant comme dessus, l'an, &c.

Acte de notification des Grades, &c.

EN la présence & compagnie des Conseillers du Roi, Notaires, Garde-notes au Châtelet de Paris soussignez, Messire Nicolas G. Prêtre du Diocèse de Paris, Maître-ès-Arts en l'Université, Docteur en Théologie de la Faculté de Paris, Gradué nommé, dûement qualifié & insinué sur les Abbayes de Saint Pere en Vallée de Chartres, & de la Sainte Trinité de Tiron au Diocèse de Chartres, & sur l'Abbaye de S. Benoît sur Loire, Ordre de S. Benoît, Diocèse d'Orleans, demeurant à Paris rue Paroisse de en continuant ses précédentes significations de degrez réitérant en ce présent tems de Carême; a montré, notifié & insinué ses noms, surnoms & qualitez à M. Abbé Commendataire desdites Abbayes, parlant pour lui à M. son Vicaire général, trouvé en sa maison sise rue dont & de quoi ledit Sieur G. a requis Acte aux Notaires soussignez, qui lui ont octroyé le présent, duquel ils ont laissé la présente copie au lieu & parlant que dessus à mondit Sieur Abbé, à ce qu'il n'en ignore, l'an mil sept cens le Avril après midi, & a signé la minute des Présentes demeurée à Notaire.

Procuration pour signifier des Grades.

PArdevant, &c. fut présent Messire Louis du Diocèse de Gradué nommé sur l'Abbaye de Ordre de Diocèse de demeurant lequel a fait & constitué son Procureur général & spécial M. auquel il a donné pouvoir de pour lui & en son nom, montrer, notifier, & dûement faire à sçavoir ses noms, surnoms & qualitez, ensemble ses Lettres de tonsure, de Maître-ès-Arts, de tems d'étude pendant cinq ans, & les Lettres de nomination à lui accordées par l'Université aux révérends Abbé, Prieur & Religieux de ladite Abbaye, tant conjointement que divisément, en cas de vacance de Bénéfice dépendant de ladite Abbaye, ès mois affectez aux Graduez, le requerir, en prendre possession, faire insinuer & demander tous Actes nécessaires, & généralement promettant, obligeant. Fait & passé, &c.

Autre Procuration pour réitérer en tems de Carême.

PArdevant, &c. fut présent N. Prêtre du Diocèse de demeurant Gradué nommé, dûement qualifié & insinué sur l'Archevêché & Chapitre de l'Eglise Métropolitaine de lequel a fait & constitué son Procureur général & spécial M. auquel il a donné pouvoir de pour lui & en son nom en continuant ses précédentes significations & insinuations de degrez, réitérant en ce présent tems de Carême montrer, notifier & insinuer ses noms, surnoms & qualitez à Monseigneur l'Archevêque de & à Messieurs les vénérables Doyen, Chanoines & Chapitre de ladite Eglise Métropolitaine de tant conjointement que divisément, à ce qu'ils n'en ignorent; faire insinuer & demander tous Actes nécessaires, & généralement promettant, &c.

Sur ces modéles on peut passer toutes procurations pour faire notifier & réitérer les grades à la campagne, en se servant des mêmes formalitez & termes qui y sont énoncez.

On observera que les Actes de notification & nomination de grades peuvent être faits pour la premiere fois, en quelque tems de l'année que le Gradué nommé voudra; mais il faut réitérer tous les ans dans le Carême, à compter depuis le Mercredi des Cendres jusqu'au Samedi de Pâques inclusivement; faute de quoi le Gradué sera privé des Bénéfices qui viendront à vaquer pendant l'année dans laquelle il aura manqué de faire cette diligence.

Lorsque ces notifications se font au Chapitre de Notre-Dame de Paris, il faut que ce soit les jours qu'il s'assemble, ainsi des autres Chapitres.

Réquisition de Bénéfice en vertu de Grades.

EN la présence & compagnie des Conseillers du Roi, Notaires à Paris soussignez, R. P. M. N. Prêtre Religieux de l'Ordre de saint Benoît, Congrégation de Cluny, demeurant Gradué nommé, dûement qualifié & insinué sur l'Abbaye de susdit Ordre de saint Benoît, Diocèse de s'est transporté en l'Hôtel & pardevant Messire Abbé Commendataire de ladite Abbaye de demeurant à Paris rue où étant, parlant à son Secretaire, trouvé en son appartement, ledit R. P. l'a très-humblement supplié & requis de lui donner & conférer en sadite qualité de Gradué nommé sur ladite Abbaye, le Prieuré de susdit Ordre de saint Benoît, Diocèse de comme ayant vaqué dans le mois de Juillet dernier affecté aux Graduez par la mort de R. P. B. dernier possesseur dudit Prieuré, & de lui en faire expédier ses Lettres sur ce nécessaires; lequel Sieur a fait réponse que ledit Sieur Abbé n'étoit point quant à présent chez lui, & qu'il lui donneroit avis de la présente réquisition, même lui remettroit l'expédition qui lui en a été laissée par lesdits Notaires soussignez, dont & de quoi ledit R. P. M. N. a requis le présent Acte à lui octroyé & persisté en sadite réquisition. Ce fut ainsi fait & passé, &c.

CHAPITRE XII.

De la Vacance des Bénéfices.

LES Bénéfices peuvent vaquer ou de droit seulement, ou de fait seulement, ou de droit & de fait.

Un Bénéfice vaque de droit seulement, quand il est possedé sans un juste titre, ou que celui qui le possedoit à juste titre le retient, quoiqu'il soit devenu incapable de le posseder; comme s'il a commis quelque crime qui fait vaquer *ipso jure* les Bénéfices dont le coupable est pourvû, ou s'il a contracté mariage en face d'Eglise, & qu'il ne s'y rencontre aucune nullité.

Un Bénéfice vaque de fait seulement, lorsqu'un Clerc qui en a valablement obtenu des provisions n'en a pas pris possession.

Un Bénéfice vaque de droit & de fait, lorsqu'aucun Ecclésiastique n'a le titre ni la possession du Bénéfice vacant. Et c'est ce genre de vacance qui mérite proprement le nom de vacance; car les autres ne sont appellées de ce nom qu'improprement.

Cette vacance de droit & de fait arrive de deux manieres, *nempè per cessum aut decessum*; par résignation ou par mort.

Quand elle arrive par mort, il faut que la mort du Titulaire soit arrivée avant qu'on puisse courir son Bénéfice à Rome, ou l'obtenir du Collateur ordinaire.

Ainsi entre la mort du Titulaire & la date de la nouvelle provision, il faut qu'il se soit écoulé autant de tems qu'il en faut pour porter la nouvelle de cette mort du lieu où le défunt est décédé, en celui où la collation est accordée.

C'est la disposition de la régle de la Chancellerie, *de diversimili notitia*, qui est observée en France, afin de réprimer l'avarice & l'ambition des Ecclésiastiques, qui par une course ambitieuse veulent obtenir prématurément des Bénéfices.

Pour ce qui est de la résignation, c'est une abdication libre & volontaire du droit qu'on a à quelque chose.

Il y en a de deux sortes en fait de Bénéfices; les unes sont expresses, les autres tacites, qui se présument d'un fait de la part du Titulaire, que les Loix ecclésiastiques prennent pour un consentement exprès; comme quand un Bénéficier contracte un mariage valable, ou embrasse la profession des armes.

Lorsqu'il a possedé deux Bénéfices incompatibles pendant plus d'un an, il est censé après l'an avoir abdiqué le premier, dont il étoit pourvû lors de l'acceptation du second.

La résignation expresse se fait ou purement ou simplement, ou sous condition & en faveur de quelqu'un, ou pour cause de permutation, ou à la charge de pension, ou sans pension. Comme ces sortes de résignations se réglent par différens principes, nous en allons traiter dans des Chapitres différens.

CHAPITRE XIII.

Des Démissions ou Résignations pures & simples.

LA résignation pure & simple, appellée communément démission, est celle par laquelle le pourvû d'un Bénéfice s'en démet purement & simplement entre les mains d'un Collateur, qui peut en conséquence le conférer à la personne qu'il lui plaît, pourvû qu'elle ait les capacitez requises pour les posseder.

Cette démission fait vaquer le Bénéfice, tant pour le titre que pour la possession; de sorte que depuis que cette résignation est faite & admise, celui qui l'a faite ne peut rien prétendre au Bénéfice; & celui qui en est par après pourvû par le Collateur, n'en a pas le droit par celui qui s'en est démis, mais il le tient uniquement du Collateur, comme si le Bénéfice avoit vaqué par mort. De ce principe, il s'ensuit que si celui à qui l'Ordinaire le conféroit, n'en acceptoit point les provisions, l'Ordinaire le pourroit conférer à un autre, quoique celui qui s'en seroit démis fût vivant, parce qu'au moyen de la démission pure & simple le Bénéfice est réputé vaquer par mort.

Il ne faut pas néanmoins conclure de-là, que la régle des vingt jours ait lieu dans les démissions pures & simples admises par l'Ordinaire, d'autant plus que les abus qui ont donné lieu à cette régle cessent à l'égard des provisions accordées par l'Ordinaire sur démission.

De ce que nous venons de dire, il résulte que le but de la démission est de remettre la chose au pouvoir de celui ou ceux dont elle est émanée, pour en disposer de nouveau par nomination, présentation, collation, &c. en faire ce qu'il jugera à propos; au lieu que le but de la résignation est de ne se dépouiller de la chose que pour la transmettre en la personne en faveur de qui la résignation est faite.

Les démissions se font entre les mains des Collateurs ordinaires, & ne peuvent être valablement faites entre les mains des Patrons, soit laïcs, soit ecclésiastiques.

La raison est que quoique le Patron ait droit de présenter au Bénéfice, cependant le présenté doit recevoir du Collateur le titre, parce qu'il n'appartient qu'au Collateur de délier le Titulaire du lien qui l'attache à son Eglise, & que le Titulaire reçoit plutôt le droit du Collateur qui donne l'institution, que du Patron qui ne fait que lui nommer un sujet pour le recevoir.

Ainsi quand le Bénéfice dont on se démet est à la nomination de quelque Patron ecclésiastique ou laïc, la démission s'en fait toujours entre les mains de celui qui a droit d'en donner l'institution ou provision; & l'on met après ces termes, *pour y être pourvû par ledit telle autre personne capable*; ceux-ci, *qui lui sera nommée & présentée par N. Patron & Présentateur dudit Bénéfice*, comme il est énoncé dans la quatrième Formule de ce Chapitre.

On peut aussi se démettre ès mains du Pape, qui aussi-tôt la démission a coutume de donner le Bénéfice à celui qui le demande, pourvû que ce ne soit point un Bénéfice en Commende.

Il y a un Arrêt du Grand Conseil du 23 Septembre 1733, qui juge qu'un Prieur-Curé, Chanoine régulier de la Congrégation de France, ne peut résigner la Cure dont il est pourvû sans le consentement du Supérieur général.

Déclaration du Roi du 30 Août 1735, concernant le droit de pourvoir aux Bénéfices pendant la vacance des Abbayes ou des Prieurez réguliers dont ils dépendent.

Arrêt du Grand Conseil du 3 Août 1739, rendu en conformité de celui du 23 Décembre 1733 ci-dessus.

Autre du 28 Mars 1743, qui nonobstant le concours de l'autorité ecclésiastique & séculiere, déclare abusive une translation *de pari ad parem*, sous prétexte de posseder des Bénéfices, &c.

Démission de Bénéfice.

FUt présent M. Z. C. (*mettre ici la qualité du Bénéfice qui donne lieu à la démission, & la demeure du Bénéficier*,) lequel a fait & constitué son Procureur général & spécial M. auquel il a donné pouvoir de pour

i.

lui & en son nom se démettre purement & simplement entre les mains de de sa Commenderie, Office, Dignité de *ou tel autre Bénéfice*, pour y être pourvû par ledit telle autre personne capable qu'il ugera à propos, consentir à l'expédition de toutes Lettres sur ce nécessaires, même jurer & affirmer qu'en ce que dessus il n'est intervenu aucun dol, fraude, simonie, ni autre paction vicieuse & illicite, & généralement promettant, obligeant. Fait & passé, &c.

Autre démission entre les mains du Collateur.

FUt présent M. Prêtre Curé de l'Eglise Paroissiale de Diocèse de lequel a fait & constitué son Procureur général & spécial M. auquel il a donné pouvoir de pour lui & en son nom se démettre purement & simplement entre les mains de Monseigneur l'Evêque de de sadite Cure ou Eglise Paroissiale de & de ses droits, appartenances & dépendances, pour y être pourvû par sa Grandeur telle autre personne capable qu'il avisera, consentir à l'expédition de toutes Lettres sur ce nécessaires, même jurer & affirmer, &c.

Démission pure & simple d'un Bénéfice à la nomination du Roi.

FUt présent M. A. Chapelain de la Chapelle de fondée & desservie dans la Paroisse de Diocèse de demeurant à lequel a fait & constitué son Procureur général & spécial M. auquel ledit constituant a donné pouvoir de pour lui & en son nom, sous le bon plaisir & de l'agrément de Sa Majesté, se démettre purement & simplement de ladite Chapelle de entre les mains de Monseigneur l'Evêque de pour y être par lui pourvû de telle autre personne capable qu'il plaira à Sa Majesté de lui nommer, consentir à l'expédition de toutes Lettres sur ce nécessaires, même jurer & affirmer, &c.

Autre démission d'un Bénéfice à la collation du Roi.

FUt présent M. N. Prêtre, Docteur de Sorbonne, Chanoine de la Sainte Chapelle royale de Vincennes, y demeurant. étant ce jour en cette Ville, lequel a fait & constitué son Procureur général & spécial M. auquel il a donné pouvoir de pour lui & en son nom se démettre entre les mains du Roi de sondit Canonicat de la Sainte Chapelle royale de Vincennes, & de ses droits & appartenances, pour y être pourvû par Sa Majesté telle autre personne capable qu'il lui plaira, consentir à l'expédition de toutes Lettres sur ce nécessaires, même jurer & affirmer, &c.

Nota. Les Bénéfices à la nomination ou collation du Roi ne se résignent point en Cour de Rome; mais lorsque celui qui en est pourvû veut se choisir un successeur, il joint à sa démission, qui se fait conformément aux modéles ci-dessus, un Placet à Sa Majesté, à ce qu'il lui plaise le nommer ou pourvoir.

Démission d'un Bénéfice en Patronage.

FUt présent M. Clerc du Diocèse de Paris, Chapelain de la Chapelle ou Chapellenie de fondée & desservie en l'Eglise Paroissiale de Diocèse de demeurant à lequel a fait & constitué son Procureur général & spécial M. auquel il a donné pouvoir de pour lui & en son nom se démettre purement & simplement de sadite Chapelle ou Chapellenie de entre les mains de Monseigneur l'Evêque de pour y être par lui pourvû telle autre personne capable qui lui sera nommée & présentée par Patron & Présentateur de ladite Chapelle, consentir à l'expédition de toutes les Lettres sur ce nécessaires, même jurer, &c.

On fait quelquefois des démissions de Commenderies des Ordres militaires, des Provisoreries, Principalitez, Bourses & Charges de Colléges, des Universitez, Ministreries, Servitoreries, Supérioritez & autres Charges semblables; mais il est inutile d'en proposer des modéles, parce que ces Actes sont fort simples, & ne dépendent quasi d'aucunes formalitez, outre que la pratique en est peu fréquente, & qu'ils se font différemment, suivant le différent stile des Maisons où ils se passent.

Voici néanmoins un modéle de démission d'une Ministrerie de l'Ordre de la Sainte Trinité, qui donnera une idée générale de la maniere dont on peut dresser ces sortes d'Actes.

Démission d'une Ministrerie de l'Ordre de la Sainte Trinité.

FUt présent R. P. N. Prêtre, Docteur en Théologie, Ministre du Couvent de Saint Mathurin de cette Ville de Paris, de l'Ordre de la Sainte Trinité & Rédemption des Captifs, y demeurant, lequel s'est par ces Présentes volontairement démis de la Ministrerie dudit Couvent de Saint Mathurin de Paris dont il étoit pourvû, & ce entre les mains des Religieux, Couvent & Chapitre d'icelui, consentant que lesdits Religieux, Couvent & Chapitre procedent en la forme ordinaire à l'élection de tel autre Ministre qu'ils jugeront à propos, dont Acte. Fait & passé, &c.

Quoique ces sortes d'Actes ne se fassent pas pardevant Notaires, on peut néanmoins pour leur donner une forme autentique, appeller des Notaires, les faire dresser en la maniere ordinaire, sans rien changer de la teneur; il n'y a qu'à les conclure à la fin par ces termes: *Ce fut fait & passé à Paris en présence & pardevant les Notaires à Paris soussignez, en la maison de le jour de mil sept cens & a signé avec lesdits Notaires.*

Démission d'un Prieur ou d'un Abbé des Pays étrangers.

FUt présent Dom P. Abbé régulier de l'Abbaye de S. Ordre de Diocèse de Treves, lequel a constitué pour son Procureur M. auquel il a donné pouvoir pour lui & en son nom de remettre sadite Abbaye entre les mains de notre saint Pere le Pape, ou autre qu'il appartiendra, pour y être pourvû de telle personne capable qu'il lui plaira, consentir & accorder que toutes Bulles & Provisions requises & nécessaires en soient délivrées & expédiées, jurer & affirmer en l'ame & conscience dudit Sieur Constituant, ainsi qu'il a fait, qu'il n'est intervenu ni n'interviendra ès Présentes aucun dol, fraude, simonie, ni paction illicite. Fait & passé, &c.

Il est à remarquer que si l'Acte de démission est avec réserve de pension; après le mot *lui plaira*, il faut qu'il y ait, *à la réserve néanmoins de ducats d'or de la chambre de pension annuelle & viagere à prendre sur les fruits certains de ladite Abbaye, payable de six mois en six mois, à compter des jour & date du présent Acte.*

Au surplus le présent Acte ne peut point avoir lieu pour les Abbayes qui sont dans l'étendue du Royaume de France, parce qu'au moyen du Concordat la nomination en appartient au Roi; ainsi ceux qui en sont pourvûs ne peuvent point s'en démettre que du consentement de Sa Majesté.

CHAPITRE XIV.

Des Résignations in favorem.

LA résignation *in favorem* est celle qui se fait en faveur de quelqu'un, & sous condition que celui qui est dénommé sera pourvû du Bénéfice résigné: elle est réprouvée comme simoniaque; ainsi il n'y a que le Pape qui la puisse recevoir.

Il n'est pas au pouvoir du Pape de conférer le Bénéfice à un autre qu'à celui qui est nommé dans la procuration, attendu la condition qui y est apposée; de sorte que le Résignant demeure toujours en possession de son Bénéfice, jusqu'à ce que celui en faveur de qui la résignation a été faite, l'ait acceptée par une prise de possession solemnelle & juridique; & même si le Résignataire laissoit passer trois ans sans prendre possession, la résignation seroit nulle & de nul effet; de sorte que le Résignant

signant demeureroit toujours Titulaire & possesseur de son Bénéfice, sans avoir besoin de nouvelles provisions.

Néanmoins s'il survenoit ouverture en Régale après la résignation admise à Rome, le Bénéfice vaqueroit en Régale; parce qu'aussi tôt la résignation admise, on juge au Parlement que le Résignant n'a plus de droit au Bénéfice.

Par la régle de Chancellerie Romaine reçue en France, appellée *de infirmis*, quand un Bénéficier étant malade résigne son Bénéfice, sa résignation n'est pas valable, à moins qu'il n'ait survécu vingt jours après qu'elle a été admise en Cour de Rome; autrement s'il décede avant ce tems, la résignation est nulle, & le Bénéfice vaque par la mort du Résignant, de même que s'il ne l'avoit pas résigné: mais il faut observer que le Pape déroge toujours à cette régle dans les provisions qu'il donne.

La multiplicité des fraudes & des abus qui s'étoient glissez dans les résignations *in favorem*, obligea le Roi par sa Déclaration du 14 Février 1737, registrée au Parlement le 13 Mars suivant, d'assimiler ces sortes de résignations aux formalitez requises par l'Ordonnance de Sa Majesté du mois d'Août 1735 concernant les Testamens, & en conséquence de regler la forme dans laquelle les procurations pour résigner les Bénéfices seroient faites.

Suit le modéle d'une Procuration en conformité de ladite Déclaration.

PArdevant les Conseillers du Roi Notaires au Châtelet de Paris soussignez, fut présent Messire Joseph-François R. Prêtre demeurant ledit Sieur R. étant en santé, allant & vaquant à ses affaires, suivant qu'il est apparu ausdits Notaires, s'étant rendu en l'Etude de l'un d'eux, où son Confrere est venu, y ayant été mandé à l'effet des Présentes; lequel Sieur R. a déclaré que son intention est de se démettre de la Chapelle de érigée en l'Eglise de dans la Ville de (ou *Curé*, ou *Prieuré*, ou *Canonicat qu'il faut désigner*) dont il est pourvû; en conséquence ledit Sieur R. a fait & constitué pour ses Procureurs généraux & spéciaux M. & N. ausquels il donne pouvoir de pour lui & en son nom résigner & remettre ès mains de notre S. Pere le Pape, Monseigneur son Vice-Chancelier, ou autres ayant à ce pouvoir, ladite Chapelle de pour & en faveur du Sieur Etienne L. Clerc tonsuré du Diocèse de & non d'autre; consentant que toutes provisions lui en soient expediées, scellées & délivrées: jurant & affirmant ledit Sieur R. qu'en ces Présentes n'est intervenu ni n'interviendra aucune simonie ni autre convention illicite & contraire aux dispositions canoniques; promettant, &c. obligeant, &c. Fait & passé à Paris en l'Etude dudit Notaire, le mil sept cens cinquante sur les heures du matin *ou* de relevée;

& a signé, après que ces Présentes ont été lûes audit Sieur R. par l'un desdits Notaires, l'autre présent, ainsi qu'il est dit en ladite minute desdites Présentes, qui ont été aussi signées dudit R. laquelle minute est demeurée audit Notaire.

Résignation d'un Bénéfice en Patronage laïc.

FUt présent M. B. Prêtre Chapelain de la Chapelle de Notre-Dame de fondée & desservie dans l'étendue de la Paroisse de Diocèse de demeurant à lequel a fait & constitué son Procureur M. auquel ledit Sieur Constituant a donné pouvoir de pour lui & en son nom, sous le bon plaisir & consentement de M. Patron laïc de ladite Chapelle, & non autrement, résigner, ceder & remettre entre les mains de notre S. Pere le Pape, Monseigneur son Vice-Chancelier, ou autres ayant à ce pouvoir, ladite Chapelle de avec ses droits, appartenances & dépendances, pour & en faveur toutefois de M. Prêtre du Diocèse de & non d'autre, consentir à l'expedition de toutes Lettres sur ce nécessaires, même jurer & affirmer, &c.

Nota. Il est bon de remarquer que les Bénéfices en Patronage laïc ne se peuvent résigner en Cour de Rome qu'avec le consentement exprès & par écrit du Patron, *secus* de ceux qui sont en Patronage ecclésiastique, qui se résignent *spreto Patrono*, c'est-à-dire sans qu'il soit besoin du consentement du Patron.

Résignation en faveur d'un Particulier qui a droit à un Bénéfice.

FUt présent M. Chanoine de l'Eglise de y résidant, étant de présent à Paris, logé, &c. pourvû en Cour de Rome de la Prevôté de l'Eglise Abbatiale & séculiere de Diocèse de comme vacante par la mort de R. dernier possesseur de ladite Prevôté, suivant la signature apostolique de provision qui lui en a été expediée en ladite Cour de Rome le dûement controllée, vérifiée & en bonne forme; lequel a fait & constitué son Procureur général & spécial N. auquel il a donné pouvoir de pour lui & en son nom résigner, ceder & remettre entre les mains de notre S. Pere le Pape, Monseigneur son Vice-Chancelier, ou autres ayant à ce pouvoir, ladite Prevôté de ou quoique ce soit le droit que ledit Constituant y peut avoir à prétendre, appartenances & dépendances d'icelle, pour & en faveur toutefois de O. Clerc du Diocèse de aussi pourvû en Cour de Rome sur le même genre de vacance de sa susdite Prevôté, & non d'autre, sans toutefois que ladite résignation puisse donner aucune atteinte au droit dudit M. en ladite Prevôté, mais au contraire accumuler audit M. droit sur droit, consentir à l'expedition de toutes Lettres sur ce nécessaires, même jurer & affirmer qu'en ce que dessus, circonstances & dépendances, il n'est intervenu & n'interviendra dol, fraude, simonie ni autre paction vicieuse & illicite, &c.

Il arrive quelquefois que celui qui a fait une résignation la révoque. Cet Acte se fait en la maniere qui suit.

Révocation de Procuration ad resignandum.

AUjourd'hui est comparu pardevant les Notaires, &c. M. L. Prieur du Prieuré de Diocèse de demeurant à lequel a déclaré révoquer, comme de fait il révoque par ces Présentes, la procuration par lui donnée, passée pardevant & son Confrere, Notaires à Paris, le à l'effet de résigner entre les mains de notre S. Pere le Pape sondit Prieuré de en faveur de M. N. & en conséquence veut & entend que ladite procuration soit & demeure nulle, comme non faite & avenue; son intention étant de demeurer toujours possesseur dudit Prieuré, & faire insinuer & notifier ces Présentes où & à qui il appartiendra, ledit Comparant a fait & constitué son Procureur le porteur, lui en donnant pouvoir. Fait & passé, &c.

Rétractation de Révocation.

AUjourd'hui est comparu pardevant M. P. Prieur du Prieuré de Diocèse de demeurant à lequel a déclaré rétracter, comme par ces Présentes il rétracte la révocation par lui faite pardevant Notaires le ensemble l'insinuation & notification qui en a été faite à sa requête de la procuration *ad resignandum* qu'il a précédemment passée de sondit Prieuré de entre les mains de notre S. Pere le Pape en faveur de M. R. pardevant lesdits Notaires le consentant que ladite révocation soit de nul effet; qu'au contraire en vertu de ladite résignation, ledit R. poursuive en Cour de Rome l'expedition en sa faveur des provisions dudit Prieuré, ainsi & de la même maniere que si ledit P. n'eût révoqué ladite procuration *ad resignandum*, & pour faire insinuer & notifier ces Présentes où & à qui il appartiendra, même jurer & affirmer qu'en icelles, leurs circonstances & dépendances, il n'est intervenu & n'interviendra aucun dol, fraude, simonie ni autre paction illicite, ledit P. a fait & constitué son Procureur le porteur, lui en donnant pouvoir, & d'en requerir tous Actes nécessaires, promettant, &c. Fait & passé, &c.

Il faut remarquer que quoiqu'il y ait un Arrêt du Conseil du mois de Juin 1676 qui décharge du controlle les Actes en matiere bénéficiale sujets à être insinuez, néanmoins pour éviter autant qu'on le peut d'être recherché sous prétexte de contravention, il sera plus à propos de ne point employer ce terme de *signifier*, & d'y substituer ceux dont on s'est servi dans le modéle qui suit. Ainsi on mettra au pied des minutes de la révocation ou de la rétractation :

L'Acte ci-dessus a été par nous Notaires soussignez, notifié à montré, & d'icelui laissé une expedition en bonne forme audit S. M. en son domicile sis parlant à à ce qu'il n'en ignore; ce requerant ledit S. L. cejourd'hui, & a signé avec lesdits Notaires.

Il arrive quelquefois que celui en faveur de qui une résignation est faite & admise en Cour de Rome, est obligé d'en faire un Acte de répudiation avant que les trois années de la résignation soient écoulées, sans quoi le Résignant après les trois ans écoulez, sans Acte de répudiation, ne pourroit plus résigner son Bénéfice en faveur du Résignataire.

Acte de répudiation d'une Résignation.

AUjourd'hui est comparu, &c. lequel sur ce qu'il a eu avis que M. a résigné en Cour de Rome en sa faveur le Prieuré de avec ses appartenances & dépendances, laquelle résignation a été admise, ledit Sieur Comparant a déclaré par ces Présentes qu'il ne veut & n'entend point accepter ladite résignation, nonobstant l'admission d'icelle; à laquelle, ensemble à toutes provisions, si aucunes ont été expediées en conséquence, il renonce & les répudie; & pour faire signifier ces Présentes à qui il appartiendra, ledit Comparant a fait & constitué son Procureur le porteur, &c. Fait & passé, &c.

Il faut remarquer que cet Acte doit être signifié & notifié par des Notaires Apostoliques, & controllé, & de plus qu'il ne peut point avoir lieu lorsque la résignation a été acceptée par le Résignataire.

Quand celui qui a été pourvû d'un Bénéfice sur la résignation du Titulaire, & que ce dernier pourvû le veut résigner à celui de qui il le tient, il passe une procuration pour rétroceder son Bénéfice. Cette procuration se dresse en la maniere qui suit.

Procuration pour rétroceder un Bénéfice.

FUt présent M. A. Prêtre, Docteur de Sorbonne, demeurant à lequel a fait & constitué son Procureur général & spécial M. auquel il donne pouvoir de pour lui & en son nom comparoir en Cour de Rome pardevant notre S. Pere le Pape, Monseigneur son Vice-Chancelier, ou autre ayant à ce pouvoir, & consentir pour ledit Constituant à la rétrocession pure & simple en faveur de M. B. d'un Canonicat & Prébende dont ledit Constituant auroit été pourvû en ladite Cour de Rome sur la résignation dudit B. qui par icelle se seroit réservé sur les fruits & revenus dudit Canonicat, une pension viagere de la nature & payable aux termes, & suivant qu'il est exprimé en l'Acte de résignation passé devant Notaires à le pour par ledit B. continuer de jouir desdits Canonicat & Prébende, & de ses droits, appartenances & dépendances, aussi & de la même maniere qu'il auroit pû faire avant ladite résignation, bien entendu que ledit A. sera & demeurera déchargé du payement de ladite pension, tant pour le passé que pour l'avenir, consentir à l'expedition de toutes Lettres sur ce nécessaires, même jurer & affirmer, &c.

CHAPITRE XV.

Des Permutations de Bénéfice.

LA permutation de Bénéfice est un Acte passé entre deux Bénéficiers, par lequel ils permutent leurs Bénéfices, & s'en font une mutuelle résignation.

Cet Acte se fait par une procuration *ad resignandum*, qui contient les noms & surnoms des Copermutans. Il doit être suivi de la collation de l'Ordinaire, & si les Bénéfices permutez sont à la collation de différens Evêques ou autres Collateurs, chacun doit conférer le Bénéfice qui dépend de lui, à moins qu'on n'allât au Pape en qualité d'Ordinaire des Ordinaires.

Pour qu'une permutation de Bénéfice soit valable, il faut premierement que la permutation soit faite d'un Bénéfice avec un autre Bénéfice, & non avec autre chose.

En second lieu, que chacun des Copermutans ait au Bénéfice qu'il permute un droit certain & incontestable.

Et pour plus de sureté, il faut stipuler que les Bénéfices sont permutez comme de Bénéfice pacifique à pacifique.

Suivant ce que nous avons dit ci-dessus, lorsqu'une permutation est pure & simple, sans réserve de pension, elle se peut faire entre les mains de l'Ordinaire, par qui elle peut être admise, sans consulter les Patrons ecclésiastiques, quoiqu'elle n'ait pour objet que l'utilité & l'interêt des Particuliers qui permutent.

S'il arrivoit que l'Ordinaire en refusât l'admission, il faudroit en ce cas se pourvoir pardevant le Pape, comme Ordinaire des Ordinaires, pour en requerir l'admission.

On traite quelquefois la permutation par des démissions pures & simples faites entre les mains de l'Ordinaire, lequel en conséquence confere, si bon lui semble, les Bénéfices à ceux qui lui ont marqué que leur intention étoit de faire une permutation.

Mais outre que les démissions ne sont pas fort canoniques,

il est toujours plus sûr de faire une véritable permutation que de prendre la voie de démission pure & simple ; parce qu'en cas de refus d'admettre par l'Ordinaire les deux Copermutans, & de conferer à chacun d'eux le Bénéfice de l'autre, chaque Copermutant demeure conservé dans son Bénéfice, d'autant qu'une permutation n'est réputée accomplie que par les provisions qui sont expédiées en conséquence au profit des Copermutans du vivant de l'un & de l'autre.

Il n'en est pas de même d'une démission pure & simple ; celui qui s'est démis est entierement dépossedé sitôt qu'elle est admise, & l'Ordinaire pourroit en admettre une & refuser l'autre.

Autrefois celui des deux Permutans qui survivoit à l'autre, qui n'avoit point pris possession, ou qui mouroit sans avoir de provision, demeuroit en possession des deux Bénéfices ; sçavoir, de celui du défunt en vertu de sa nouvelle provision, & de l'ancien, parce qu'il n'en avoit pas été dépossedé ; ce que l'on appelloit jouir de sa bonne fortune : mais cet abus & quantité d'autres ont été abolis par l'Edit du Controlle, & par la Déclaration du mois d'Octobre 1646.

Au reste, pour ce qui est des permutations qui contiennent réserve de pension, il n'y a que le Pape qui les puisse admettre & autoriser la pension.

Procuration pour permuter un Bénéfice contre un autre.

PArdevant les Notaires à Paris soussignez, fut présent M. A. Curé de l'Eglise Paroissiale de Diocèse de demeurant lequel a fait & constitué son Procureur général & spécial M. C. auquel il a donné pouvoir de pour lui & en son nom résigner, soit entre les mains de notre Saint Pere le Pape, ou de Monseigneur l'Evêque de sadite Cure ou Eglise Paroissiale de avec ses droits appartenances & dépendances, pour & en faveur de M. D. Prêtre, Chapelain de la Chapelle ou Chapellenie de S. fondée & desservie en l'Eglise Collégiale de susdit Diocèse de pour cause néanmoins de vraie & canonique permutation avec ledit Sieur M. D. pour sadite Chapelle ou Chapellenie de S. appartenances & dépendances d'icelle, & non autrement, passer Acte de ladite permutation, substituer Procureur aux fins d'icelle, avec clause qu'elle sera faite de Bénéfice paisible à Bénéfice paisible, ni chargé l'un l'autre d'aucune pension, consentir à l'expédition de toutes Lettres sur ce nécessaires, même jurer & affirmer qu'en ladite permutation il n'est intervenu & n'interviendra aucun dol, fraude, ni autres pactions vicieuses & illicites, & généralement promettant, &c.

Permutation en vertu de la Procuration ci-dessus.

FUt présent M. C. Soudiacre du Diocèse de Paris, y demeurant rue au nom & comme Procureur de M. A. Curé de l'Eglise Paroissiale de Diocèse de fondé de sa procuration spéciale, à l'effet des Présentes passées devant & son Confrere, Notaires à Paris, le dont le brevet original représenté par ledit M. C. est demeuré ci-joint pour y avoir recours; (*si la procuration se trouve passée devant d'autres Notaires que de Paris, on ajoutera après ces mots* demeuré ci-joint) après avoir été dudit Sieur M. C. certifié véritable, & paraphé en présence des Notaires soussignez, d'une part; & M. D. Prêtre, Chapelain de la Chapelle ou Chapellenie de S. fondée & desservie en l'Eglise Collégiale de Diocèse de demeurant ordinairement audit étant de présent à Paris, logé rue d'autre part; lesquels ont fait, constitué & substitué pour leurs Procureurs généraux & spéciaux M. & N. ausquels & à chacun d'eux lesdits C. audit nom & D. ont donné pouvoir de pour & au nom desdits A. & D. résigner, ceder & remettre entre les mains de notre Saint Pere le Pape, Monseigneur son Vice-Chancelier, ou autres ayant à ce pouvoir; sçavoir, de la part dudit A. sa Cure ou Eglise Paroissiale de en faveur dudit D. & de la part d'icelui Sieur D. sadite Chapelle ou Chapellenie de le tout avec leurs droits, appartenances & dépendances, & ce pour cause de vraie & canonique permutation entre lesdits A. & D. & de Bénéfice paisible à Bénéfice aussi paisible, ni chargez l'un & l'autre d'aucune pension, consentir respectivement à l'expédition de toutes Lettres sur ce nécessaires, même jurer & affirmer qu'en ce que dessus, circonstances & dépendances, il n'est intervenu & n'interviendra, &c.

Autre Procuration pour permuter un Bénéfice avec réserve.

PArdevant, &c. fut présent M. Jean Dumont, Docteur de Sorbonne, Chanoine & Aumônier de l'Eglise Cathédrale de demeurant à lequel a fait & constitué son Procureur général & spécial M. auquel il donne pouvoir de pour lui & en son nom permuter avec telle personne, pour tel Bénéfice, & aux charges, clauses & conditions que ledit Procureur avisera, sondit Canonicat dont il est Titulaire en ladite Cathédrale de sans y comprendre l'Aumônerie du Chapitre de ladite Eglise, que ledit Sieur Constituant entend se réserver, le tout néanmoins sans aucune fraude, simonie ni paction vicieuse & illicite, aux fins de ladite permutation, passer toute procuration *ad resignandum* dudit Canonicat en faveur de celui avec qui sera faite ladite permutation, & signer à cet effet tout Acte, & consentir à l'expédition de toutes Lettres sur ce nécessaires, élire s'il est besoin domicile, & généralement promettant, &c. obligeant, &c. Fait & passé, &c.

Permutation entre les mains des Collateurs.

FUrent présens M. A. Prêtre du Diocèse de Prevôt de l'Eglise Collégiale de Diocèse de Chapelain de la Chapelle ou Vicairie de S. fondée & desservie en l'Eglise aussi Collégiale de dudit Diocèse de demeurant d'une part; & M. G. Prêtre du Diocèse de Vicaire prébendé sous le titre de S. de l'Eglise Cathédrale de Chapelain de la Chapelle S. Nicolas, fondée & desservie en l'Eglise de S. en ladite Ville de y demeurant, étant de présent à Paris, logé rue d'autre part; lesquels ont fait & constitué leurs Procureurs généraux & spéciaux M. & N. ausquels & à chacun d'eux lesdits Sieurs Constituans ont donné pouvoir de pour eux & en leurs noms résigner, ceder & remettre; sçavoir, de la part dudit S. A. ladite Prevôté de entre les mains de Sa Majesté, à cause de la Régale encore ouverte dans l'Evêché de & ladite Chapelle, du consentement de Madame Patrone laïque d'icelle, entre les mains de Messieurs les Doyen, Chanoines & Chapitre de & de la part dudit G. la Vicairie de S. & la Prébende d'icelle entre les mains de Monseigneur le Comte de Grand Custode de l'Eglise de & ladite Chapelle de S. Nicolas en celles de Monseigneur le Comte de Prevôt de ladite Eglise de ou autre qu'il appartiendra, pour desdits Bénéfices être lesdits Constituans respectivement pourvûs; sçavoir, ledit G. par Sa Majesté, de ladite Prevôté de & de ladite Chapelle de par lesdits Sieurs du Chapitre de sur la présentation qui leur en sera faite par ladite Dame de de la personne dudit G. & ledit A. par lesdits Seigneurs & Comte de desdites Vicairie & Prébende d'icelui de & de ladite Chapelle de le tout avec leurs droits, appartenances & dépendances, pour cause toutefois de vraies & canoniques permutations entr'eux de Bénéfices paisibles à Bénéfices aussi paisibles, ni chargez les uns & les autres d'aucunes pensions, consentir à l'expédition de toutes Lettres sur ce nécessaires, même jurer & affirmer qu'en ce que dessus il n'est intervenu & n'interviendra aucun dol, fraude & simonie, ni autre paction illicite, & généralement promettant, &c. obligeant, &c. Fait & passé, &c.

Permutation en Cour de Rome avec réserve de pension.

FUrent présens M. L. Clerc du Diocèse de Paris, y demeurant rue Paroisse S. au nom & comme Procureur de noble & vénérable Pierre *un tel*, Protonotaire du S. Siége Apostolique, Licencié ès Droits, & Prieur Commendataire du Prieuré de Ordre de Diocèse de fondé de sa procuration, portant pouvoir de substituer aux fins ci-après, passée devant Notaires Apostoliques du Diocèse de résidans à présens témoins, le dont l'original dûement controllé & légalisé, & de la résignation dudit L. est demeuré ci-joint, après avoir été de lui certifié véritable, & paraphé en présence des Notaires soussignez, d'une part; & M. Alexandre, Prêtre, Curé de l'Eglise Paroissiale de Diocèse

Diocèse de demeurant ordinairement en sa Maison curiale dudit étant de présent à Paris, logé d'autre part; lesquels ont fait, constitué & substitué pour leurs Procureurs généraux & spéciaux M. & N. ausquels & à chacun d'eux ils ont donné pouvoir, de pour & aux noms desdits Sieurs Pierre & Alexandre, résigner, ceder & remettre entre les mains de notre Saint Pere le Pape, Monseigneur son Vice-Chancelier, ou autres ayant à ce pouvoir; sçavoir, de la part dudit Sr Pierre, sondit Prieuré de & de la Commende d'icelui, avec ses droits, appartenances & dépendances, en faveur dudit Sieur Alexandre; & de la part d'icelui Sieur Alexandre, sadite Cure ou Eglise Paroissiale de aussi avec ses droits, appartenances & dépendances, en faveur dudit Sr Pierre, & ce pour cause de vraie & canonique permutation entr'eux de Bénéfice paisible à Bénéfice aussi paisible, ni chargez l'un & l'autre d'aucune pension, si ce n'est celle de trois cens liv. dont ledit L. audit nom fait réserve audit Sr Pierre, pour lui être payée sa vie durant par ledit Sr Alexandre & ses successeurs audit Prieuré par chacun an, en deux termes & payemens égaux de six en six mois, dont le premier échera & se payera six mois après que ledit Sr Alexandre sera pourvû dudit Prieuré, & ensuite ainsi continuer jusqu'au décès dudit Sr Pierre, du jour duquel ladite rente sera & demeurera éteinte & amortie, & ledit Sr Alexandre ou ses successeurs audit Prieuré, déchargez du payement de ladite pension, laquelle néanmoins sera payable tant qu'elle aura cours, audit Sr Pierre en sa demeure, ou au porteur, franchement & quittement de toutes charges ordinaires & extraordinaires, imposées ou à imposer, par quelque autorité & sous quelque prétexte que ce soit, & non d'autre, ni autrement consentir respectivement à l'expédition de toutes Lettres sur ce nécessaires, même jurer & affirmer qu'en ce que dessus il n'est intervenu & n'interviendra aucun dol, fraude, simonie ni autre paction illicite, & généralement promettant, obligeant. Fait & passé, &c.

CHAPITRE XVI.

Du Titre Sacerdotal.

COMME ce sont les termes qui expriment nos pensées, ils doivent être clairs, & exprimer nettement la volonté des Parties qui contractent; car on juge de leurs intentions par la signification des termes que les Actes contiennent. Ainsi une rente créée par un pere au profit d'un Monastere dans lequel sa fille auroit fait profession, ayant été par lui qualifiée annuelle & perpétuelle, ne peut pas être réputée viagere, & ne doit pas demeurer éteinte par la mort de la Religieuse, comme il a été jugé par Arrêt du 26 Décembre 1652, rapporté par Soefve, tome 1, centurie 3, chapitre 99.

Les arrérages des pensions viageres, quoique dûs depuis plusieurs années, se réduisent à dix années seulement, ensorte qu'on n'en peut pas demander davantage; comme il a été jugé par Arrêt du 7 Septembre 1657, rapporté par M. Henrys, tome 2, livre 4, question 70.

Le titre clerical ou sacerdotal est ordinairement une espéce de rente viagere que l'on constitue à un Clerc, pour pouvoir être admis aux Ordres sacrez.

Je dis que c'est ordinairement une espéce de rente viagere, mais il faut que cela soit exprimé dans l'Acte; car autrement cette rente seroit en pleine propriété: ainsi jugé par Arrêt du 19 Décembre 1619 du Parlement de Paris; & par un autre rendu au même Parlement le 3 Avril, il a été jugé que le titre clerical emporte donation de la propriété, si le pere ne l'a expressément réservé, & que tel don n'est pas compris en la prohibition de la Coutume du Maine d'avantager un de ses enfans plus que l'autre. Voyez les Additions à la Bibliothéque de Bouchel, *verbo*, *Titre sacerdotal.* Voyez les Arrêts de Tournet, lettre T, nombre 7; Bardet, tome 1, livre 3, chapitre 41; & du Fresne, livre 2, chapitre 4.

Aujourd'hui le titre doit être au moins de cent cinquante livres de rente pour Paris, & est différent suivant les lieux & les Diocèses; & il en faut un nécessairement pour être promû aux Ordres sacrez, ou il faut avoir un Bénéfice.

Par l'Ordonnance d'Orleans, articles 12 & 13, il est défendu aux Prélats de promouvoir aucun Clerc à l'Ordre de Prêtrise, s'il n'a bien temporel ou Bénéfice pour se nourrir. Cette Ordonnance déclare ce revenu inaliénable, & non sujet à aucune obligation & hypotéque créée depuis la promotion du Prêtre pendant sa vie. Voyez M. le Prêtre, centurie 3, chapitre 3; du Fresne, livre 4, chapitre 25; & M. le Maître, chapitre 23 des Criées.

Cependant si les héritages affectez au titre sacerdotal étoient vendus & decretez, sans opposition de celui au profit de qui ce titre auroit été constitué, ils en seroient déchargez, sauf son recours contre le Vendeur: ainsi jugé par Arrêt du Parlement de Bretagne du 8 Janvier 1609, rapporté par Bellordeau, partie 2 de ses Controverses, chapitre 22.

Pour sureté du titre clerical, il doit intervenir trois témoins, lesquels affirment que les choses affectées & hypotéquées appartiennent au Constituant, & ce sous l'hypotéque de leurs biens ; enforte que faute de payement, ils peuvent être contraints au payement de la somme stipulée.

Ce titre étant expédié, il faut le faire publier au Prône, afin que l'on en ait connoissance.

Il y a plusieurs choses particulieres qui concernent le titre clerical.

I. Qu'une donation faite par un pere à son fils pour lui tenir lieu de titre sacerdotal, n'est point sujette à insinuation, attendu la faveur de cette donation. Voyez Brodeau sur M. Louet, lettre D, sommaire 56 ; M. le Prêtre, centurie 3, chapitre 3 ; du Fresne, livre 4, chapitre 25 ; Soefve, tome 1, centurie 1, chapitre 82 ; Ricard, des Donations entre-vifs, partie 1, chapitre 4, section 3, glose 1, nombre 1140.

II. Le titre sacerdotal constitué par un pere ou une mere à son fils, par forme de pension seulement, & non pas en propriété, n'est pas imputable sur la légitime de ce fils. Maynard, livre 7, chapitre 83.

III. La donation faite à un Ecclésiastique pour lui servir de titre sacerdotal, ne peut être révoquée par la survenance des enfans. Du Fresne, livre 4, chapitre 7.

IV. Une rente donnée & assignée pour servir de titre clerical à celui qui prétend être admis à l'Ordre de Prêtrise, est comme fonciere pendant la vie de celui à qui elle a été donnée ; enforte que l'héritage venant à être decreté, il ne peut être contraint d'en recevoir le rachat ; mais l'Adjudicataire est obligé de la continuer jusqu'à la concurrence du prix de son enchere, & pour telle somme que l'Ecclésiastique pourra être colloqué à l'ordre de l'héritage vendu. Bibliothéque Canonique, tome 2, page 645.

V. Le titre sacerdotal est tellement favorable, qu'on ne peut refuser de le payer, quand même celui qui l'auroit créé auroit donné à l'Ecclésiastique un Bénéfice de plus grande valeur. Définitions du Droit Canonique, *verbo*, *Titres*.

VI. Une donation & assignat d'un titre clerical fait par un pere à son bâtard, est valable. Berault, sur la Coutume de Normandie, Titre des Donations, article 434 ; & Jovet, *verbo*, *Titre*, nombre 6.

Titre clerical fait par un Particulier à un autre.

FUt présent Maître A. B. Bourgeois de Paris, y demeurant, &c. lequel pour donner des marques de la singuliere considération qu'il a pour Maître C. D. Clerc tonsuré du Diocèse de Paris, lui faciliter l'exécution du saint desir qu'il a de se faire promouvoir aux Ordres sacrez, a constitué par ces Présentes, & promis garantir de tous empêchemens audit C. D. à ce présent & acceptant, cent cinquante livres de pension viagere, pour lui servir de titre sacerdotal, que ledit Sieur A. B. a promis & s'est obligé de lui payer par chacun an, en deux termes & payemens égaux, de six mois en six mois en cette Ville, ou au porteur, &c. dont les premiers six mois de payement commenceront d'avoir cours du jour qu'il aura pris l'Ordre du Soudiaconat, & ensuite continuer annuellement de six mois en six mois, jusqu'à ce que ledit Sieur C. D. ait été pourvû & jouisse paisiblement d'un Bénéfice suffisant pour remplir sondit titre, & non pas plus avant; & pour ce ledit Sieur A. B. a obligé, affecté & hypotéqué spécialement une maison sise à Paris rue, &c. occupée par *un tel*, qui en rend cinq cens livres de loyer par an, pour desdits cent cinquante livres de pension en faire & disposer par ledit Sieur C. D. à sa volonté. Cette donation ainsi faite pour les causes susdites, & à la charge que dès aussi-tôt que ledit Sieur C. D. aura été pourvû, & sera paisible possesseur d'un Bénéfice suffisant, pour sur icelui assigner sondit titre, ledit Sieur A. B. sera & demeurera bien & valablement quitte & déchargé desdits cent cinquante livres de pension viagere, & des arrérages qui lors s'en trouveront dûs & échus, sans qu'à l'avenir il en puisse être inquieté ni recherché.

A ce faire sont intervenus Maîtres demeurans à Paris, &c. lesquels ont volontairement certifié que la maison ci-dessus obligée appartient audit Sieur A. B. qu'elle est franche & quitte de toutes dettes & hypotéques, & qu'elle est plus que suffisante pour payer & acquitter annuellement lesdits cent cinquante livres de pension, dont Acte. Et pour faire insinuer ces Présentes par-tout où besoin sera, les Parties ont constitué leur Procureur le porteur, &c. Promettant, &c. obligeant, &c.

Titre clerical constitué par un pere à son fils.

FUt présent Vincent, &c. lequel pour seconder la bonne intention que Mathurin son fils a de parvenir aux Ordres sacrez, & lui donner moyen de vivre honnêtement en la Profession ecclésiastique, lui assigne dès maintenant à toujours, & promet garantir de tous troubles & empêchemens quelconques audit Mathurin son fils, à ce présent & acceptant, deux cens cinquante livres de pension viagere, que son pere promet & s'oblige de lui payer par chacun an en cette Ville, ou au porteur, &c. aux quatre quartiers également, dont le premier échera, &c. & ainsi continuer de quartier en quartier, la vie durant dudit Mathurin seulement, à quoi ledit Vincent a obligé spécialement une maison sise, &c. audit Vincent appartenante, & généralement tous ses autres biens meubles & immeubles, &c. Cette donation & constitution de pension faite sans préjudice audit Mathurin à ses droits de préciput & d'aînesse, & autres droits successifs venant à la succession de sondit pere, en rapportant ladite rente. Car ainsi, &c. A ce faire étoient présens, &c.

Titre clerical fait par un pere & une mere à leur fils.

FUrent présens Maître Louis & Demoiselle Marie sa femme, qu'il autorise à l'effet des Présentes, demeurans à Paris; lesquels voyant que Maître Pierre leur fils, Licencié demeurant a par la miséricorde de Dieu pris la vocation ecclésiastique, étant sur le point de prendre les Ordres, & desirant de leur part concourir aux graces que Dieu lui fait, ils lui ont créé, constitué, & promettent solidairement, sans division, &c. garantir & faire valoir audit Pierre leur fils, à ce présent & acceptant, trois cens livres de rente, pour lui tenir lieu de titre sacerdotal, que lesdits Sieur & Demoiselle Louis promettent solidairement, comme dessus, payer par chacun an, de six mois en six mois en cette Ville, ou au porteur, &c. dont les premiers six mois commenceront à courir du jour que ledit Pierre aura pris l'Ordre de Diaconat, & ainsi continuer jusqu'à ce que ledit Sieur leur fils soit pourvû & jouisse d'un Bénéfice pour remplir sondit titre; à quoi ils obligent solidairement, comme dit est, spécialement *tels immeubles*, qu'ils déclarent francs & quittes de toutes dettes & hypotéques généralement quelconques.

Et ledit jour sont comparus devant les Notaires à Paris soussignez Louis & Jean lesquels certifient à tous qu'il appartiendra, que la maison obligée & hypotéquée par le Contrat ci-dessus par lesdits Sieur & Demoiselle Louis pour sureté de la rente y mentionnée, leur appartient, & est franche & quitte de toutes dettes & hypotéques; de quoi ils ont demandé Acte ausdits Notaires soussignez, à eux octroyé pour leur servir, &c.

Nota. Quand un pere & une mere ont conjointement constitué à leur fils un titre clerical, tant pour les droits paternels que maternels, ils en doivent payer chacun la moitié. Albert, lettre D, article 8.

Pension viagere par une veuve à sa fille, dans la vûe qu'elle fera profession en Religion.

FUt présente Dame Marguerite veuve de Thomas demeurante laquelle pour la bonne amitié qu'elle porte à Demoiselle Marie Thomas leur fille, Novice au Couvent des Dames Religieuses de où elle est sur le point de faire profession; & desirant ladite Dame Thomas qu'elle ne soit point à charge audit Couvent, elle lui a par ces Présentes créé & constitué deux cens livres de rente viagere, qu'elle promet & s'oblige de payer de six en six mois, à compter de ce jour, ès mains de la Mere Supérieure dudit Couvent, dont les premiers six mois écheront de cejourd'hui en six mois, & ainsi continuer la vie durant de ladite Demoiselle Thomas, au jour du décès de laquelle ladite rente sera éteinte; au payement de ladite rente viagere ladite veuve Thomas oblige spécialement *telle chose*, & généralement tous ses biens meubles & immeubles, présens & à venir, sans que l'une desdites obligations, &c. & avec condition expresse qu'il ne pourra être formé aucune opposition aux ventes & aliénations des autres biens de ladite Dame Thomas pour raison de ladite rente, en quelque sorte & maniere que ce soit & puisse être. Promettant, &c.

Pension faite par le pere d'une fille qui fait profession.

FUrent présentes dévotes Meres, &c. toutes Religieuses Professes du Couvent de, &c. assemblées à la grille principale de leur Parloir, au son de la cloche, en la maniere accoutumée, pour traiter & délibérer de leurs affaires, faisant & représentant la plus saine partie de leur Monastere, d'une part; & Daniel Bruneau, pere de Sœur Louise Bruneau, demeurant d'autre part; lesquelles Parties, sur ce que ladite Sœur Bruneau ayant fait son année de probation, auroit requis & prié par plusieurs fois lesdites Dames Religieuses de vouloir bien l'admettre & la recevoir à profession; icelles Dames voyant le zéle de ladite Sœur & sa persévérance, ont bien voulu consentir de la recevoir, comme elles font à ladite profession, dans ce jour; & afin qu'elle ne soit point à charge audit Monastere, & pour subvenir à ses nourritures & entretiens, ledit Sieur son pere a par ces Présentes volontairement constitué ausdites Dames Religieuses, au profit de leurdit Monastere, quatre cens livres de rente & pension viagere par an, le premier quartier du payement échéant au & ainsi continuer de quartier en quartier annuellement ladite vie durant de ladite Sœur Bruneau, au jour du décès de laquelle ladite rente sera éteinte. Et outre, ledit Sieur Bruneau par ces mêmes Présentes a constitué, comme dessus, trois cens livres de pension viagere à ladite Sœur Louise Bruneau, payable ausdits quatre quartiers, comme dessus, pour les entretiens de ladite Sœur, & pour subvenir aux mêmes besoins qu'elle pourroit avoir; lesquelles deux sommes seront payées sous la permission & quittance de ladite Dame Prieure dudit Monastere, sans néanmoins que lesdites trois cens livres puissent être employées à aucun autre effet, attendu leur destination, se contentant lesdites Dames Religieuses de la susdite pension de quatre cens livres pour ledit Monastere; lesdites pensions à prendre sur tous & chacuns les biens, &c. & spécialement sur la Terre & Seigneurie de une obligation ne dérogeant à l'autre, &c. Car ainsi, &c. & pour l'exécution des Présentes, &c.

CHAPITRE XVII.

Modéles de Procurations.

Procuration d'une Assemblée provinciale d'Ecclésiastiques du premier & du second ordre qui députent à l'Assemblée générale du Clergé de France, conformément à ce qui a été prescrit par l'Assemblée de 1700.

FURENT présens Illustrissimes & Révérendissimes Seigneurs, Messires (*mettre ici les noms & qualitez des Evêques Suffragans de l'Archevêché de la Province pour le premier ordre, & des Abbez du second ordre,*) étant lesdits Seigneurs & Sieurs Comparans de présent en cette Ville de Paris comme Députez; sçavoir, lesdits, &c. du premier ordre, & les autres du second ordre pour l'Assemblée provinciale de la Métropole de Paris, tenue cejourd'hui dans le Palais Archiépiscopal, y présidant Illustrissime & Révérendissime Seigneur, Monseigneur Charles Archevêque de Paris, & à laquelle ont assisté lesdits Seigneurs & Sieurs Comparans ès qualitez ci-dessus, tous lesdits Seigneurs & Sieurs Comparans composant ladite Assemblée provinciale, lesquels, suivant & conformément au résultat de ladite Assemblée étant au bas du Procès-verbal d'icelle de cejourd'hui, ont fait & constitué leurs Procureurs généraux & spéciaux mondit Seigneur l'Archevêque de Paris, & Messire Daniel-Joseph D. Prêtre, &c. nommez & élûs par ladite Assemblée provinciale pour Députez du premier & du second ordre de ladite Province à l'Assemblée générale du Clergé de France, qui se doit tenir suivant la permission de Sa Majesté en cette Ville de Paris le des présens mois & an, ausquels Seigneur & Sieur Procureurs constituez, lesdits Seigneurs & Sieurs Comparans ont par ces Présentes donné plein pouvoir de pour & au nom de ladite Province assister en ladite Assemblée générale comme Députez de ladite Province, y faire, dire, gérer & administrer tout ce qu'ils aviseront bon être, conjointement ou séparément, l'un en l'absence de l'autre, pour le bien spirituel & temporel & avantage du Clergé en général, & celui de ladite Province; promettant lesdits Seigneurs & Sieurs Comparans, tant en leurs propres & privez noms, que stipulant pour le Clergé des Diocèses de ladite Province, desquels ils sont Députez, avoir pour agréable tout ce que lesdits Seigneur & Sieur Procureurs constituez pourront faire à ladite Assemblée générale, & les acquitter, garantir & indemniser de l'événement de tout ce qu'ils feront, diront & consentiront en icelle, pour & au nom de ladite Province, & généralement, &c. promettant, &c. obligeant, chacun en droit soi, &c. renonçant, &c. Fait & passé à Paris dans le Palais Archiépiscopal, l'an mil le jour d a midi, & ont signé.

Procuration pour la Régie d'un Bénéfice.

PArdevant, &c. fut présent Evêque de demeurant lequel a par ces Présentes fait & constitué son Procureur général & spécial auquel mondit Seigneur Constituant donne pouvoir de pour lui & en son nom assister à la reconnoissance & levée des scellez apposez sur les effets demeurez après le décès de M. l'Abbé M. ci-devant Prieur du Prieuré & Baronnie de Montier, situé au Perche, Diocèse de Chartres, dépendant de l'Abbaye de Saint Omer, uni audit Evêché; se mettre en possession de tous les biens dudit Prieuré & Baronnie; faire faire le Procès-verbal des réparations à faire dans les bâtimens & lieux dépendans dudit Prieuré dont la succession dudit Sr Abbé M. est tenue; à ce sujet observer les formes requises, nommer & convenir d'Experts, veiller à ce que lesdites réparations soient faites; proceder à la réception d'icelles, & faire ensorte que le tout lui soit remis en bon & dû état; se faire remettre & délivrer par toutes personnes qu'il appartiendra les titres & papiers concernant les biens desdits Prieuré & Baronnie; ensemble les reconnoissances, aveux, dénombremens, papiers de recette des cens, baux & autres piéces aussi concernant les biens desdits Prieuré & Baronnie de Montier & dépendances desdites remises; donner toutes quittances & décharges; faire tous dires, réquisitions, protestations & réserves que ledit Procureur avisera bon être, si besoin est; plaider, opposer, appeller, élire domicile, constituer Procureurs, les révoquer, en constituer d'autres, saisir & arrêter mobiliairement & immobiliairement; donner main-levée & consentement, & généralement promettant, &c. obligeant, &c. Fait & passé, &c.

Procuration générale pour une régie d'Abbaye.

FUt présent C. Abbé de, &c. lequel a fait & constitué son Procureur général & spécial Maître Paul, auquel il donne pouvoir de pour lui faire la régie, perception & recouvrement de tous les fruits, fermages, loyers de maisons & héritages, arrérages de cens, surcens, droits seigneuriaux, féodaux, saisines, amendes, & tous autres droits tels qu'ils puissent être généralement quelconques de ladite Abbaye de, &c. échûs depuis le premier Janvier dernier, & qui écheront à l'avenir; du reçu donner quittances & décharges valables, faire tous ensaisinemens; au refus de payement, faire faire tous commandemens & exécutions, saisies & arrêts, saisies réelles & féodales, emprisonnemens & poursuites, contraintes & diligences de Justice requises & nécessaires, donner main-levée, consentir élargissemens; faire & passer tous baux à ferme, loyers & nouveaux cens & rentes des terres, fermes, moulins, héritages, bois, maisons, & autres biens & domaines dépendans de ladite Abbaye à telles personnes, pour les tems & aux meilleurs prix, charges, clauses & conditions que ledit Sieur Paul pourra trouver pour le bien & avantage du Sieur Abbé; faire faire les coupes des bois dépendans de ladite Abbaye, quand ils seront en coupe dans les tems & saisons convenables, en observant les Ordonnances du Roi; proceder à la vente desdits bois en coupe, en la maniere

niere accoutumée, à telles personnes & pour les meilleurs prix & conditions que ledit Sieur Paul trouvera, en laissant le nombre de baliveaux ordinaires; recevoir lesdits prix, en donner quittance; à cet effet passer tous marchez pardevant Notaires; à défaut de payement, faire toutes poursuites & diligences nécessaires; faire faire les grosses & menues réparations qu'il conviendra pour l'entretien des terres, fermes, moulins & bâtimens de ladite Abbaye, même des Eglises & Chapelles dont ledit Sieur Abbé peut être tenu à cause de ladite Abbaye; passer pour raison de ce tous marchez aux prix qui seront arrêtez avec les Ouvriers; payer lesdits prix à l'échéance des termes qui seront convenus, en retirer quittances; poursuivre tous les procès, différends & contestations nécessaires & qui pourront naître à l'avenir pour raison des biens, terres & domaines de ladite Abbaye, en tels Parlemens, au Grand Conseil & autres Jurisdictions, contre qui & pour quelque cause que ce soit & puisse être, tant en demandant que défendant, jusqu'à définition; charger tous Procureurs, Avocats & autres personnes publiques, leur donner les pouvoirs nécessaires; signer toutes écritures, plaider, opposer, appeller & élire domicile; substituer Procureurs, les révoquer, en constituer d'autres en leur lieu & place, si besoin est; traiter, transiger & composer avec les personnes interessées, à telles sommes, charges, clauses, conditions & autres stipulations qui seront avisées par ledit Sieur Paul, le tout pour l'avantage & conservation des droits de ladite Abbaye; compromettre esdits procès & contestations; à cet effet nommer & convenir d'Arbitres & amiables Compositeurs, en la maniere ordinaire; promettre d'acquiescer aux Sentences arbitrales qui seront rendues, sous les peines qui seront convenues; passer tous Compromis, Transactions, Obligations & autres Actes qu'il conviendra; recevoir les sommes de deniers, en donner quittances; faire passer au profit dudit Sieur Abbé toutes déclarations & papiers terriers des Seigneuries dépendantes de ladite Abbaye, même toute foi & hommage, aveux & dénombremens par les personnes qui auront des terres, biens & héritages relevans des terres & biens de ladite Abbaye; faire payer les droits pour ce dûs, en donner quittances; à défaut par lesdits Particuliers détenteurs de passer lesdites déclarations, aveux & dénombremens, les poursuivre & les y faire condamner, & généralement faire par ledit Sieur Paul, pour raison de ce que dessus, tout ce qu'il appartiendra pour le bien & utilité dudit Sieur Abbé, qui promet d'avoir le tout pour agréable, & le ratifier quand besoin sera, sans que le défaut de ladite ratification empêche l'exécution de tout ce qui aura été fait par ledit Sieur Paul. Obligeant, &c. Fait & passé, &c.

CHAPITRE XVIII.

Des Donations faites à l'Eglise.

Observations sur les Donations faites à l'Eglise.

L'Acceptation est requise aux donations faites à l'Eglise, Hôpitaux & autres lieux pieux : c'est pourquoi l'Eglise ne sçauroit être relevée du défaut d'acceptation.

Les donations faites à l'Eglise pour être employées en fondations, peuvent être révoquées par le Donateur, jusqu'à ce que la fondation ait été spiritualisée, fulminée, decretée & homologuée par le Pape, l'Evêque ou le Seigneur, suivant la qualité, parce que c'est ce qui en fait l'acceptation.

Les Religieux étant réputez morts au monde, & par conséquent incapables des effets civils, ne peuvent disposer de leurs biens, mais peuvent recevoir des pensions modiques.

Les Confesseurs & Directeurs de consciences sont incapables de recevoir dons & legs faits pendant la maladie dont le Donateur est décédé.

Donation par une Dame au profit d'un Couvent, d'une somme à prendre sur ses biens après son décès.

FUrent présentes haute & puissante Dame Denise   veuve de haut & puissant Seigneur Messire de No, demeurante   d'une part; & les révérendes Meres Anne de Saint   Prieure du Couvent du Calvaire du Marais du Temple, Françoise   Sous-Prieure, &   toutes représentant leur Communauté, assemblées au son de la cloche, au-devant de leur grand Parloir, en la maniere accoutumée, d'autre part : disant les Parties; sçavoir, ladite Dame de No, qu'elle auroit communiqué ausdites Dames Prieure & Religieuses le dessein qu'elle a de travailler à son salut avec application, & à cet effet de se retirer de tems en tems pendant sa vie dans leur Monastere pour profiter des bons exemples desdites Dames, avoir part à leurs prieres, & vaquer aux bonnes œuvres & exercices de pieté; elle les auroit priées de lui vouloir accorder l'entrée dans leurdit Couvent, & un appartement convenable pour s'y retirer de tems en tems avec une Fille de Chambre pour la servir lorsqu'elle y coucheroit seulement. Et après avoir par lesdites Dames Prieure & Religieuses mis lesdites propositions en délibération en leur Chapitre, où elles se sont assemblées pour cet effet, elles auroient toutes d'une voix agréé lesdites propositions de ladite Dame de No, comme il est porté en l'Acte capitulaire du   dont une copie signée desdites Dames, &

paraphée desdites Religieuses, de ladite Dame de No, & desdits Notaires soussignez, est demeurée annexée à la présente minute pour y avoir recours : en conséquence de quoi sont lesdites Parties convenues & demeurées d'accord de ce qui ensuit ; c'est à sçavoir, qu'à compter de ce jourd'hui lesdites Dames Prieure, Sous-Prieure & Religieuses, tant pour elles que pour leurs successeures audit Couvent, accordent par ces Présentes à ladite Dame de No, ce acceptante, l'entrée dans l'enclos de leur Monastere du Couvent du Calvaire du Marais du Temple à Paris, toutes fois & quantes qu'il lui plaira, sa vie durant, pour y séjourner & coucher, y amener avec elle une Fille de chambre lorsqu'elle y couchera, pour la servir : à l'effet de quoi lesdites Dames lui cedent la jouissance d'un appartement situé dans l'enclos dudit Monastere, composé de dans lequel appartement ladite Dame de No pourra y mettre tels meubles, & le faire ajuster à ses frais & dépens, ainsi qu'elle jugera à propos. Et en considération de ce que dessus, & pour l'affection qu'icelle Dame de No porte ausdites Dames Religieuses, & desirant en donner des marques certaines, lad. Dame de No a par ces Présentes fait donation entre-vifs & irrévocable, en la meilleure maniere que donation puisse avoir lieu, audit Monastere, ce acceptant par lesdites Dames Prieure, Sous-Prieure & Religieuses dudit Couvent, la somme de huit mille livres de rente, à prendre sur tous les biens qui se trouveront appartenir à ladite Dame de Nau au jour de son décès. Comme aussi ladite Dame de No fait donation audit Monastere de tous les meubles qui se trouveront audit jour de son décès dans ledit appartement, à quelque somme qu'ils puissent monter, sans aucune exception ni réserve ; laquelle somme ladite Dame de No s'oblige de payer par chacun an, à compter de cedit jour, dont la premiere année de payement échera d'hui en un an, & ainsi continuer jusqu'audit jour de son décès, au payement de laquelle somme de huit mille livres de rente ladite Dame de No oblige tous & chacuns ses biens meubles & immeubles présens & à venir, & spécialement cette donation faite pour les causes susdites ; & outre à la charge par lesdites Dames Prieure, Sous-Prieure & Religieuses, ainsi qu'elles le promettent pour elles & leurs successeures audit Couvent, de faire dire & célébrer en leur Monastere par chacun an à perpétuité, pour le repos de l'ame de ladite Dame de No, un Service complet à pareil jour de son décès, le premier desquels sera dit le jour de son décès, & sera ainsi continué par chacun an à perpétuité ; pour faire lequel Service elles seront tenues fournir de toutes les choses nécessaires. Et pour faire insinuer, &c. Car ainsi, &c.

Donation faite pour fondation d'un Couvent.

FUt présent Messire Pierre Grouille, Prêtre Chanoine en la Ville de, &c. étant maintenant en cette Ville de Paris, logé, &c. sain de corps & d'esprit, & comme tel vaquant à ses affaires, ainsi qu'il est apparu aux Notaires soussignez, pour être venu en l'Etude de l'un d'eux, faire & passer ce qui ensuit : C'est à sçavoir, que ledit Pierre Grouille considerant la briéveté de cette vie, reconnoissant aussi qu'il n'y a rien de plus juste & de plus raisonnable, que de rendre à Dieu les biens

& facultez qu'il a plu à sa divine Majesté lui départir de ce monde, & qu'il ne le peut mieux faire qu'en les remettant ès mains de ceux qui se soumettent particulierement à son service, pour être employez, vouez & dédiez à son honneur, auroit depuis long-tems conçu une sincere intention & bienveillance envers les Religieux de l'Ordre de Saint, &c. établis dans la Ville de, &c. lieu de sa naissance, aux prieres desquels désirant être continué à toujours, & aussi de faire prier Dieu pour les ames de ses défunts pere & mere, ayeuls & ayeules, &c. pour la bonne vie & mœurs desdits Religieux, & encore pour certaine cause ou considération & particulier motif qu'il n'entend déclarer à personne, venant de son propre mouvement, sans aucune force, induction ou contrainte; a volontairement reconnu & confessé avoir donné & aumôné irrévocablement à toujours & par donation entre-vifs, & en la meilleure forme que faire se peut & qu'il desire être pour la validité des Présentes, ausdits Religieux de l'Ordre de Saint, &c. & particulierement à ceux de la Province de, &c. Frere Claude Boullard, Provincial & Chef dudit Ordre en ladite Province, à ce présent & acceptant pour eux, un clos assis au Village de, &c. Item, la maison joignante ledit clos, consistant, &c. pour en tel lieu & endroit dudit clos qui semblera plus utile & commode ausdits Religieux, bâtir & édifier un Couvent de leur Ordre, avec ses dépendances & commoditez; en icelui résider, & faire le Service divin & exercice de leur Religion ordinaire & accoutumé en leurs autres Couvens. Pour la fondation, dotation & entretenement duquel Couvent ledit Sieur Donateur donne en la forme susdite ausdits Religieux, ce acceptant comme dessus, la métairie de la Bossiere, consistant en, &c. Item, quinze cens livres de rente, &c. tout ce que dessus donné appartenant audit Sieur Donateur, sçavoir lesdites rentes de son acquisition, suivant les Contrats de constitution d'icelles; & lesdits héritages, tant de son propre, &c. pour de toutes lesdites choses ci-dessus données jouir par lesdits Religieux, du jour & date des Présentes, en tous droits, propriété, fruits & revenus, & en faire comme de chose à eux appartenante; ce faisant, ledit Sieur Donateur s'est dès-à-présent dessaisi & dévêtu desdits héritages & rentes, pour & au profit desdits Religieux Donataires, & consent qu'ils en soient & demeurent saisis & mis en bonne possession & saisine, par qui & ainsi qu'il appartiendra, en vertu des Présentes, & pour ce faire, requerir & consentir, ledit Sieur Donateur a fait & constitué son Procureur le porteur des Présentes, auquel il a donné & donne pouvoir de ce faire partout où sera requis & nécessaire; & outre, par ces Présentes, ledit Sieur Donateur pour commencer à bâtir ledit Couvent, a accordé ausdits Religieux la somme de deux mille livres, qu'il a présentement baillée & payée devant lesdits Notaires soussignez, en louis d'or, d'argent & autre monnoie entre les mains dudit Frere Claude Boullard, dont il s'est contenté, & en a quitté & quitte ledit Sieur Donateur, auquel il promet audit nom d'employer lesdites deux mille livres ausdits bâtimens & édifices dudit Couvent & dudit emploi, fournir de ladite somme quittances dans un an prochain audit Sieur Donateur; auquel Frere Claude Boullard, audit nom, ledit Sieur Donateur a aussi présentement délivré les Grosses originales desdits Contrats de constitution, &c. En faveur & contemplation de laquelle donation & fondation ledit Boullard, Provincial, pour le Corps desdits Religieux, a promis & promet aussi audit Sieur Donateur de dire & faire dire, chanter & célebrer, &c. Et pour faire cesdites Présentes insinuer au Greffe, &c.

Observation sur les deux précédens modéles.

Par Edit du mois d'Août 1749, enregistré au Parlement le 2 Septembre, Sa Majesté a renouvellé les défenses de faire aucun établissement de Chapitres, Colléges, Séminaires, Maisons ou Communautez Religieuses, même sous prétexte d'Hospices, Congrégations, Confréries, Hôpitaux ou autres Corps & Communautez, soit Ecclésiastiques Séculiers ou Réguliers, soit Laïques, de quelque qualité qu'elles soient, ni pareillement aucune nouvelle érection de Chapelles ou autres Titres de Bénéfices, si ce n'est en vertu de Lettres Patentes; & défendu de faire à l'avenir aucune disposition par acte de derniere volonté pour fonder de nouveaux établissemens de la qualité ci-dessus. N'entend comprendre les fondations particulieres qui n'auront pour objet que la célébration de Messes ou Obits, la subsistance d'Etudians, ou de pauvres Ecclésiastiques ou Séculiers, des Mariages de pauvres Filles, Ecoles de Charité, soulagement de Prisonniers, ou Incendiez, ou autres œuvres pieuses. . . . . Défend à tous les Gens de main-morte d'acquerir, recevoir ni posséder à l'avenir aucuns fonds de terres, maisons, droits réels, rentes foncieres ou non-rachetables, même des rentes constituées sur des Particuliers, sans avoir obtenu Lettres Patentes, soit par vente, adjudication, échange, cession ou transport, ou donation, même en payement de ce qui leur seroit dû. Permet seulement d'acquerir des rentes sur le Roi, le Clergé, les Diocèses, les Pays d'Etats, & les Villes & Communautez. Enfin défend aux Notaires & Tabellions de passer aucun Contrat de vente, échange, donation, cession ou transport des biens ci-dessus prohibez, sans qu'il leur apparoisse de Lettres Patentes, à peine de nullité, d'interdiction, & d'amende.

CHAPITRE XIX.

Des réserves de pensions sur les Bénéfices, de leur rachat & de leur extinction.

PENSION en matiere bénéficiale, est une concession faite à un Ecclésiastique par l'autorité du Pape, pour cause légitime, d'une partie des fruits & revenus d'un Bénéfice, ou d'une certaine somme à prendre dessus.

Elle doit être constituée pour la vie de celui en faveur de qui elle est créée ; & si elle étoit restrainte & bornée à quelques années, elle seroit nulle, parce que la raison de la pension alimentaire cessant, on considereroit pour lors cette pension comme une chose qui seroit donnée pour le Bénéfice, ce qui seroit une véritable simonie.

Quoiqu'il soit naturel que celui qui a la charge d'un Bénéfice en ait tous les revenus, cependant l'usage des pensions sur les Bénéfices s'est introduit, & a été toleré pour plusieurs causes.

La premiere est le bien de la paix pour terminer un procès entre les Parties, comme quand deux Particuliers plaident pour un même Bénéfice, & qu'appréhendant l'événement du procès, l'un d'eux résigne à l'autre le droit qu'il peut avoir dans le Bénéfice, à la charge d'une pension constituée par l'autre sur les fruits & revenus.

Mais pour constituer une semblable pension, la crainte d'un procès qu'un Titulaire d'un Bénéfice appréhenderoit ne seroit pas une cause valable ; il faut même que le procès ait été intenté, sans que celui qui a formé la contestation ait eu en vûe de se faire créer une pension sur le Bénéfice.

La deuxiéme est la résignation, quand un Ecclésiastique résignant son Bénéfice, retient & se réserve une pension dessus pour sa nourriture & sa subsistance.

La troisiéme est la permutation, lorsque l'un des Bénéfices est d'un plus grand revenu que l'autre. Pour rendre la condition des permutations égale, celui qui se dépouille du meilleur Bénéfice peut se réserver une pension dessus.

Les pensions constituées sur un Bénéfice-Cure, & sur les Canonicats & autres Bénéfices qui requierent résidence, ne doivent être que du tiers du revenu.

Mais sur les Prieurez simples & réguliers, ou en Commende, & sur les autres Bénéfices non sujets à résidence, la pension peut être de la moitié des revenus; le Pape les admet, & les maximes de ce Royaume les autorisent.

Quand les pensions constituées sur des Bénéfices qui requierent résidence excedent le tiers, l'usage des Jurisdictions n'est pas cependant de les déclarer nulles pour le tout, nonobstant la disposition de l'art. 18 de l'Edit du Controlle, qui n'est pas observé à cet égard; ainsi ces pensions sont seulement réduites au tiers du revenu du Bénéfice.

Un Bénéfice peut être chargé d'une double pension viagere, pourvû que les deux ensemble n'excedent pas le tiers du revenu. Mais on ne peut pas réserver une seconde pension sur un Bénéfice, sans faire dans la supplique expresse mention de la premiere: la raison est que le Pape n'est pas présumé vouloir charger un même Bénéfice de deux pensions.

Néanmoins il arrive qu'un Bénéfice chargé d'une pension du tiers ou de la moitié du revenu, est résigné, à la charge d'une autre pension; mais ce ne peut être qu'à condition qu'elle n'aura lieu que lorsque la premiere pension sera éteinte.

Autrefois toutes sortes de Bénéfices pouvoient être chargez de pensions en faveur des Résignans, sans les avoir desservis, & il suffisoit d'en avoir le titre; aujourd'hui il n'y a que les Prieurez & autres Bénéfices simples qui soient restez dans ce cas: pour les Cures, les Canonicats & autres Bénéfices requerant résidence, le Roi Louis le Grand, de glorieuse mémoire, par l'Edit du mois de Juin 1671, & par la Déclaration du mois de Juillet de la même année, a établi une Loi certaine sur ce sujet, qui défend qu'aucune pension soit constituée sur ces Bénéfices qui requierent résidence, que lorsque les Résignans les auront desservis.

Premierement, l'Edit du mois de Juin 1671 défend de résigner les Cures ou les Prébendes ordinaires dans les Eglises Cathédrales ou Collégiales avec réserve de pension, qu'après les avoir desservies pendant l'espace de quinze années, si ce n'est pour cause de maladie ou d'infirmité perpetuelle, connue & approuvée de l'Ordinaire; & de plus à condition que les pensions ne pourront exceder le tiers du revenu du Bénéfice.

Il est même enjoint par cet Edit que les pensions ne pourront aller au tiers, qu'à la charge qu'il restera, la pension payée & acquittée, la somme de trois cens livres aux Titulaires, non compris le caſuel ou le creux pour les Cures, & les diſtributions manuelles pour les Prébendes : d'où il s'enſuit que les Prébendes qui ne conſiſtent qu'en des diſtributions, ne peuvent point être chargées de penſion, parce que ce ſont ſeulement des droits de préſence qui ne ſont pas mis au nombre des fruits.

En ſecond lieu, par la Déclaration du 9 Juillet de la même année, la diſpoſition de cet Edit a été étendue à toutes les Dignitez, Perſonats, Semi-Prébendes, Vicairies, & à tous les autres Bénéfices des Egliſes Cathédrales ou Collégiales qui requierent réſidence, de quelque qualité qu'ils ſoient.

En exécution de cet Edit & de cette Déclaration, le Parlement de Paris & le Grand Conſeil ont jugé, que les diſtributions qui ſe payent de tems en tems par quartier & par table, tiennent lieu de fruits pour régler la penſion ; il n'y a que les ſeules diſtributions qui ſe payent de la main à la main chaque jour qui demeurent franches au Titulaire, & exemptes de penſion.

Pour créer valablement une penſion ſur un Bénéfice qui eſt en patronage laïc, il faut en France que le Patron y conſente ; & ainſi on ne peut créer de penſion ſur les Bénéfices qui ſont à la nomination du Roi, ou qui ſont de fondation & dotation royale, ſans le conſentement & la permiſſion du Roi, dont il doit apparoir, à peine de nullité.

Mais ſi le Réſignant requiert que l'acceptation & le conſentement du Réſignataire paſſent en Cour de Rome, il faut alors que le tout ſoit fait par la procuration de réſignation, & non par une procuration poſtérieure à l'envoi de la réſignation.

Suivant les priviléges de l'Egliſe Gallicane, le Pape eſt un Collateur forcé, & par conſéquent qui ne peut refuſer les proviſions qu'on lui demande, ſoit par mort, ſoit par réſignation.

Par la même raiſon, il ne peut pas non plus refuſer de créer les penſions réſervées par les Réſignans ; enſorte qu'en cas de refus, l'Expéditionnaire en donne un certificat, en conſéquence duquel le Réſignataire ſe pourvoit au Parlement par appel comme d'abus du refus, & y obtient un Arrêt de renvoi devant l'Evêque Diocéſain du lieu du Bénéfice, qui en conſéquence en fait expédier des proviſions, à la charge de la penſion réſervée.

Les

Les pensions ecclésiastiques s'éteignent premierement par la mort du Pensionnaire, de même que l'usufruit s'éteint par la mort de l'Usufruitier : mais elle doit être payée aux héritiers du Pensionnaire à raison du tems de la derniere année qu'il a vécu, & les années se comptent à cet égard du jour de la prise de possession du Titulaire qui en est chargé.

En second lieu, par l'irrégularité, & par tout ce qui fait vaquer les Bénéfices de plein droit : ainsi le crime d'hérésie rendant irrégulier, fait éteindre la pension. Le mariage ou la profession monastique la fait aussi éteindre.

En troisiéme lieu, par le rachat de la pension, qui se fait en payant cinq années, & même jusqu'à sept ; mais il faut que ce rachat soit autorisé par le Pape, en prenant en Cour de Rome une signature d'extinction de la pension.

Procuration ad resignandum, *avec réserve de pension.*

FUt présent Prieur Commendataire du Prieuré de Notre-Dame de Ordre de S. Benoît, Diocèse de demeurant à Paris rue Paroisse S. lequel a fait & constitué son Procureur général & spécial Maître auquel il a donné pouvoir de pour lui & en son nom résigner, céder & remettre entre les mains de Notre S. Pere le Pape, Monseigneur son Vice-Chancelier, ou autre ayant à ce pouvoir, ledit Prieuré de Notre-Dame de avec la Commende d'icelui, ensemble ses droits, appartenances & dépendances, pour & en faveur toutefois de M. & non d'autre, & sous la réserve néanmoins que fait ledit Constituant de trois cens livres de rente & pension viagere sa vie durant, à lui payable par chacun an sur les fruits & revenus dudit Prieuré, & ce de trois en trois mois, à compter du jour que ledit M. sera pourvû & en possession dudit Prieuré, laquelle pension sera exempte de toute charge ordinaire & extraordinaire, imposée ou à imposer, sous quelque prétexte & par quelque autorité que ce soit ; consentir à l'expédition de toutes Lettres sur ce nécessaires ; même jurer & affirmer qu'en ce que dessus il n'est intervenu & n'interviendra aucun dol, fraude & simonie, ni autre paction illicite ; & généralement promettant, &c. obligeant, &c. Fait & passé, &c.

Après avoir donné ce modéle de procuration *ad resignandum*, avec réserve de pension, nous allons donner le modéle d'une résignation acceptée par le Résignataire, avec consentement de sa part que la pension réservée par le Résignant soit créée en Cour de Rome.

Procuration pour résigner avec réserve de pension, acceptée par le Résignataire.

Furent présens M. B. Prêtre du Diocèse de Prieur Commendataire du Prieuré de Ordre de S. Diocèse de demeurant d'une part, & M. D. Clerc tonsuré du Diocèse de demeurant à d'autre part; lesquels ont respectivement fait & constitué leurs Procureurs généraux & spéciaux MM. ausquels & à chacun d'eux lesdits Sieurs Constituans ont donné pouvoir de pour eux & en leurs noms; sçavoir de la part dudit B. résigner, céder & remettre entre les mains de Notre S. Pere le Pape, Monseigneur son Vice-Chancelier, ou autre ayant à ce pouvoir, son Prieuré de & la Commende d'icelui, avec ses droits, appartenances & dépendances, en faveur dudit D. sous la réserve que fait toutefois ledit B. de six cens livres de rente & pension viagere par chacun an, à lui payable sa vie durant, en sa demeure à Paris, ou au porteur, de six en six mois, à compter du jour que ledit D. sera pourvû dudit Bénéfice, ladite pension exempte de toutes charges ordinaires & extraordinaires, imposées ou à imposer, par quelque autorité & sous quelque prétexte que ce soit, & non d'autre, ni autrement; & de la part dudit D. consentir à la création de ladite pension de six cens livres, & s'obliger au payement d'icelle par chacun an esdits termes, la vie durant dudit B. ainsi que dit est, consentant à l'expédition de toutes Lettres sur ce nécessaires, jurer & affirmer, &c.

A l'occasion des pensions sur les Bénéfices, outre les Actes ci-dessus, il s'en fait encore d'autres, comme pour extinction ou rachat, dont nous allons donner des formules.

Extinction de pension.

Fut présent M. E. Prieur Commendataire du Prieuré de Ordre de Diocèse de & à présent Chanoine de demeurant lequel par considération pour M. F. Prêtre du Diocèse de à présent pourvû & en possession dudit Prieuré, sur la résignation que ledit Comparant en a faite en sa faveur en Cour de Rome, a par ces Présentes volontairement consenti que les cinq cens livres de rente & pension viagere qu'il s'est réservée sur les fruits & revenus dudit Prieuré par l'Acte de ladite résignation, & dont la création a été consentie en sa faveur en ladite Cour de Rome, soit & demeure éteinte & amortie au profit dudit F. sans que par la suite ledit E. lui en puisse demander aucune chose, pour quelque cause & sous tel prétexte que ce soit : quant aux arrérages qui en sont échus depuis la création de ladite pension jusqu'à ce jour, ledit E. déclare en faire remise audit F. qu'il en quitte & décharge, & de toutes choses quelconques, pour raison de ladite pension, tant pour le passé que pour l'avenir; & pour, s'il est besoin, réiterer ces Présentes, tant en ladite Cour de Rome que par-tout ailleurs que beſoin ſera, ledit E. a conſtitué ſon Procureur général & ſpécial M. auquel il en a donné tout pouvoir, & d'en requerir tous Actes néceſſaires, même jurer & affirmer, &c.

Quand l'extinction ou remiſe de penſion ſe fait gratuitement, il n'eſt pas néceſſaire d'envoyer à Rome; cela dépend de la volonté des Parties.

Mais lorſqu'elle ſe fait moyennant de l'argent, il faut que l'autorité du Pape intervienne; autrement ce ſeroit ſimonie, d'autant que la penſion ſe doit payer des fruits du Bénéfice, & non pas des biens de patrimoine. Or il eſt certain que par le moyen du rachat, qui eſt une anticipation des termes non échus, ſi le Penſionnaire vient à décéder, on ne préſume pas que les deniers payez puiſſent procéder du temporel du Bénéfice, mais bien du patrimoine du débiteur; ce qui feroit la ſimonie, ſi l'autorité du Pape n'y intervenoit.

Sous ces conditions, on peut racheter une penſion, en payant d'avance au Penſionnaire juſqu'à ſept années de ſa penſion.

Procuration pour conſentir l'extinction d'une penſion, en conſéquence du rachat d'icelle.

FUt préſent M. G. Prêtre du Diocèſe de demeurant à ancien Prieur Commendataire du Prieuré de lequel a fait & conſtitué ſon Procureur général & ſpécial M. auquel il a donné pouvoir de pour lui & en ſon nom conſentir en Cour de Rome l'extinction & amortiſſement de la penſion de cinq cens livres par chacun an, créée en ſa faveur en Cour de Rome, lors de la réſignation par lui faite dudit Prieuré en faveur de à condition néanmoins par ledit Sieur débiteur de ladite penſion, à ce préſent & acceptant, demeurant de payer audit Sieur Conſtituant, comme il s'y oblige par ces Préſentes, en ſa demeure à ou au porteur des Préſentes, auſſi-tôt l'homologation en Cour de Rome de la préſente extinction de penſion, la ſomme de trois mille cinq cens livres pour ſept années de ladite penſion; en conſéquence de quoi ledit & ſes ſucceſſeurs audit Prieuré en demeureront bien & valablement quittes & déchargez; donnant les Parties reſpectivement pouvoir audit Sieur Procureur de jurer & affirmer qu'en la préſente extinction de penſion il n'eſt intervenu & n'interviendra aucun dol, & rien de ſimoniaque, &c.

CHAPITRE XX.

Des Résignations pour cause d'union ou d'érection.

OUTRE la Résignation que nous venons d'expliquer dans les Chapitres précédens, il y en a une autre espéce particuliere, qui sont les Résignations qui se font pour cause d'union ou d'érection.

Comme ces sortes de résignations tendent à l'utilité de l'Eglise, elles se peuvent faire non-seulement en Cour de Rome, mais aussi pardevant les Ordinaires, qui peuvent en cas d'union, admettre les résignations en faveur, créer des pensions, même réserver tous les fruits à celui qui résigne pour cause d'union.

C'est le seul cas auquel le Collateur a ce pouvoir; dans tous les autres cas, il ne peut rien de ce que nous venons d'avancer, parce qu'il autoriseroit la simonie & les pactions illicites, au lieu que dans le cas de l'union on ne trouve que la faveur du droit commun & le bien de l'Eglise.

Résignation faite entre les mains du Pape, pour cause d'union.

FUrent présens tous Religieux vocaux & Capitulans de l'Abbaye de Ordre de Saint Benoît, Diocèse de assemblez au son de la cloche, & tenant le Chapitre au lieu & en la maniere accoutumée, pour traiter & déliberer de leurs affaires; lesquels ont dit que la Mense Abbatiale de leurdit Monastere étant distincte & séparée de la Conventuelle, & d'ailleurs actuellement vacante par la mort de M. dernier possesseur de ladite Abbaye; & ayant plû au Roi par ses Lettres Patentes de fondation de la Maison & Communauté de en date du registrées où besoin a été, de destiner les revenus de ladite Mense Abbatiale à partie de ladite dotation de la Maison & Communauté de ils auroient adheré aux intentions de Sa Majesté, & en conséquence ont fait & constitué leurs Procureurs généraux & spéciaux MM. ausquels & à chacun d'eux lesdits Constituans ont donné pouvoir de pour & au nom de leur Communauté comparoir en Cour de Rome pardevant Notre Saint Pere le Pape, & là dire & déclarer pour lesdits Constituans qu'ils consentent à la suppression perpétuelle du titre d'Abbé, & à l'union des biens & revenus de ladite Mense Abbatiale au profit de ladite Maison & Communauté de à la charge néanmoins, sous le bon plaisir du Roi, que conformément ausdites Lettres

Patentes de fondation de ladite Maison & Communauté, il sera fait mention dans les Bulles qui seront expédiées de ladite union, qu'il n'y est préjudicié à ladite Mense conventuelle, & des autres revenus dont jouissent actuellement lesdits Religieux, sans que le nombre, ni le Service divin, & les fondations de leur Eglise en puissent être aucunement diminuez; requerir Acte aux clauses & conditions ci-dessus de leur déclaration, consentir à l'expédition des Bulles, & généralement faire pour raison de ce que dessus tout ce qui sera nécessaire, promettant, &c. obligeant, &c.

Résignation faite entre les mains de l'Ordinaire, pour cause d'union.

FUt présent M. B. Chanoine Prébendé de l'Eglise Collégiale de Diocèse de demeurant à lequel en conséquence de l'Acte d'autorisation de M. Avocat en Parlement son pere, passé pardevant Notaire à présens témoins, le à l'effet de passer ces Présentes, dont l'original dûement controllé est demeuré ci-joint, après avoir été dudit Sieur B. certifié véritable, & paraphé en présence des Notaires soussignez; lequel pour satisfaire de sa part au Decret d'union fait par Monseigneur l'Evêque de des Canonicat & Prébende de ladite Eglise Collégiale de dont est actuellement pourvû & jouissant ledit Sieur B. au profit du Séminaire de ladite Ville de confirmé par Lettres Patentes de Sa Majesté, registrées où besoin a été, a fait & constitué son Procureur général & spécial M. auquel il a donné pouvoir de pour lui & en son nom, résigner, céder & remettre entre les mains de mondit Seigneur l'Evêque de sesdits Canonicat & Prébende de avec ses droits, appartenances & dépendances, pour & en faveur dudit Séminaire, & y être & demeurer perpétuellement unis, sous la réserve toutefois que fait ledit Sieur B. d'une pension annuelle & viagere de par chacun an, à lui payable sa vie durant, de trois en trois mois, à compter du jour que ladite union aura lieu, par les Supérieurs dudit Séminaire, au profit duquel elle sera éteinte & amortie, à compter du jour du décès dudit Sieur B. laquelle pension sera exempte de toutes charges ordinaires & extraordinaires, imposées ou à imposer, sous quelque prétexte & par quelque autorité que ce soit, consentir à l'expédition de toutes Lettres sur ce nécessaires, & généralement promettant, &c.

Procuration afin de consentir une érection.

FUt présent M. Chanoine Prébendé de l'Eglise Cathédrale de demeurant lequel a fait & constitué son Procureur général & spécial M. auquel il donne pouvoir de pour lui & en son nom comparoître en Cour de Rome pardevant notre Saint Pere le Pape, & là dire & déclarer pour ledit sieur Constituant qu'il consent que lesdits Canonicat & Prébende qu'il possede actuellement en ladite Eglise, soient par autorité Apostolique érigez à perpétuité en titre de Pénitencerie en la même Eglise, où elle est exercée par ledit Constituant; ensorte que ses successeurs Pénitenciers de ladite Eglise puissent obtenir & posseder pleinement & absolument lesdits Canonicat & Prébende en vertu de ladite érection, ausquels sera par ledit Sieur Procureur prêté tous consentemens nécessaires, jurer & affirmer qu'en ce que dessus, circonstances & dépendances, il n'est intervenu & n'interviendra aucun dol, fraude, simonie, ni autre paction vicieuse & illicite, & généralement, &c.

Sur ce modéle d'érection, on en peut faire pour d'autres Dignitez.

CHAPITRE XXI.

Des Provisions de Benéfices.

PROVISION signifie la Patente ou le titre en vertu duquel un Ecclésiastique peut se mettre en possession d'un Bénéfice, à l'effet de jouir des droits, prérogatives & revenus qui y sont annexez.

On obtient des provisions ou du Collateur ordinaire, ou du Pape. En cas de vacance par mort, par démission pure & simple, ou de permutation, l'Ordinaire a droit de donner des provisions : mais on ne peut obtenir qu'en Cour de Rome la provision d'un Bénéfice pour cause de résignation *in favorem*, comme nous l'avons dit ailleurs.

On appelle Collateur ordinaire ceux à qui la collation des Bénéfices appartient de droit commun, à cause de leur Dignité Episcopale, qui les charge de la sollicitude pastorale dans l'étendue de leur Diocèse.

Ce terme de Collateur ordinaire pris dans une signification étendue, se donne néanmoins à tous ceux qui ont droit par privilége ou par prescription de conférer des Bénéfices, comme sont les Chapitres, les Doyens, & autres Prélats inférieurs.

Il y a même des Bénéfices qui par le titre de leur fondation sont à la collation de Laïcs, ausquels on donne aussi le nom de Collateurs ordinaires.

Ainsi, outre que le Roi a la pleine collation de plusieurs Bénéfices, il y a en France quelques Seigneurs qui ont des Bénéfices à leur collation.

Les provisions qui se donnent par l'Ordinaire doivent porter en tête le nom & les qualitez du Collateur, le nom & les qualitez de celui en faveur de qui elles sont expédiées.

Il faut aussi spécifier s'il est présent ou non : il faut encore exprimer le nom & la qualité du Bénéfice, & le nom du dernier Titulaire paisible possesseur ; le genre de vacance du Bénéfice, le Diocèse où il est situé ; le nom du Procureur, quand le Bénéfice est vacant par résignation ou permutation ; & quand il est en patronage, il faut exprimer le nom du Patron sur la présentation de qui les Provisions sont données.

Il faut de plus qu'elles portent mandement à un Prêtre ou à un Notaire de mettre le pourvû en possession, & qu'elles marquent la date & le lieu de leur passation, & même l'heure d'avant ou d'après midi.

Les provisions ainsi expédiées doivent être signées du Collateur & de deux témoins qui étoient présens à l'Acte, & qui ont dû être dénommez ; & il faut que ces témoins ne soient parens ni domestiques du Collateur.

Quand les provisions sont données par un autre que par un Evêque, il faut qu'elles soient reçues par un Notaire Royal Apostolique : mais une condition nécessaire pour la validité de toutes sortes de provisions, c'est qu'elles soient enregistrées au Greffe des Insinuations Ecclésiastiques du Diocèse où elles sont passées, ou de celui où le Bénéfice est situé. Voyez l'article 14 de l'Edit de 1691.

Provision d'un Collateur.

FUt présent Messire A. Abbé Commendataire de l'Abbaye de Ordre de Saint Benoît, Diocèse de demeurant à lequel à cause de son Abbaye étant Collateur du Prieuré simple & régulier de du même Ordre, & du Diocèse de ledit Prieuré étant vacant par la mort de D. P. dernier Titulaire & paisible possesseur, a déclaré par ces Présentes qu'il le donne à D. Religieux Profez du même Ordre, absent, icelui étant de bonne vie & mœurs, suffisant & capable de bien & dûement le posseder & le desservir : c'est pourquoi il l'en revet & l'institue pour en jouir aux honneurs, privileges, droits, fruits, revenus, circonstances & dépendances, ainsi qu'en ont joui ou dû jouir les derniers possesseurs dudit Prieuré, en observant toutes les solemnitez requises & accoutumées en tel cas, sauf son droit; & ledit Sieur Abbé mande au premier Notaire Royal Apostolique trouvé sur les lieux, de mettre ledit D. ou son Procureur en possession & jouissance réelle, corporelle & actuelle dudit Prieuré, & du contenu ci-dessus. Fait & passé, &c.

Provision d'une Collatrice.

FUt présente Sœur M. Abbesse de l'Abbaye de de l'Ordre de Saint Diocèse de à cause de son Abbaye, étant Collatrice de plein droit du Prieuré simple de du même Ordre & Diocèse, lequel vacant par la mort de Sœur V. derniere paisible Titulaire, a déclaré par ces Présentes qu'elle le donne & confere à Sœur N. Religieuse Professe du même Ordre, & du Prieuré de au Diocèse de absente, icelle étant de bonne vie & mœurs, suffisante & capable de le pouvoir posseder, régir & gouverner: c'est pourquoi elle l'en revet & l'institue pour en jouir aux honneurs, priviléges, droits, fruits, revenus, circonstances & dépendances, ainsi qu'en ont joui ou dû jouir les dernieres paisibles Titulaires dudit Prieuré, en observant les formalitez requises & accoutumées en tel cas, sauf son droit; & ladite Dame Abbesse mande au premier Notaire Royal Apostolique de mettre ladite Sœur N. ou son Procureur en possession réelle & actuelle dudit Prieuré, & du contenu ci-dessus. Fait & passé au Parloir de ladite Abbaye, &c.

Provisions données par un Collateur laïc.

NIcolas de Seigneur de au premier Notaire Royal; ou autre ayant à ce pouvoir, Salut. Sur le bon & louable rapport qui nous a été fait de la personne de M. P. Clerc tonsuré du Diocèse de de ses sens, bonnes mœurs & capacité, pour ces causes nous avons donné & conferé, donnons & conferons par ces Présentes signées de notre main, la Chapelle de à présent vacante par le décès de M. D. dernier & paisible possesseur d'icelle, de laquelle la collation, provision & toute autre disposition nous appartient de plein droit, pour par ledit Sieur M. P. en jouir & user à l'avenir en tous droits, revenus & émolumens quelconques. Fait & passé à en la présence & pardevant les Notaires soussignez, le en présence de & de témoins à ce requis & appellez; & a ledit Sieur de signé avec lesdits Notaires & témoins, & apposé le cachet de ses armes.

Autre Provision donnée par un Laïc.

FUt présent M. Seigneur de Diocèse de étant de présent à Paris, logé rue de Paroisse de lequel comme étant Collateur de plein droit des Bénéfices de l'Eglise Collégiale de & un Canonicat étant vacant par la mort de M. C. paisible possesseur, a déclaré qu'il le donne & confere à M. D. Prêtre du Diocèse de absent, & icelui étant de bonne vie & mœurs, suffisant & capable de le bien & dûement posseder & desservir: c'est pourquoi il l'en revet & l'institue pour en jouir aux honneurs, priviléges, droits, fruits, revenus, circonstances & dépendances, ainsi qu'en a joui ou dû jouir ledit Sieur C. & ses prédécesseurs, en observant toutes les solemnitez requises & accoutumées en tel cas, sauf son droit; & ledit Seigneur de

prie

prie le Chapitre d'admettre & recevoir ledit Sieur D. ou son Procureur en possession réelle, actuelle & corporelle dudit Canonicat, & du contenu ci-dessus. Fait & passé, &c.

Provision de l'Ordinaire, sur le refus d'un Patron Ecclésiastique de donner sa présentation à un Gradué qui l'en a requis.

LOuis-Antoine, par la misericorde divine, &c. A notre bien amé M. F. Prêtre du Diocèse de Salut en Notre Seigneur. La Cure ou l'Eglise Paroissiale de du Diocèse de Paris, laquelle en cas de vacance la présentation & nomination, ou le droit de présenter & nommer appartient à M. l'Abbé du Monastere de Ordre de Saint Benoît, du Diocèse de & à nous la collation, provision & toute autre disposition, étant à présent vacante par le décès de M. G. dernier Curé & paisible possesseur d'icelle, arrivé dans le présent mois d'Avril, affectée aux Graduez simples; à vous M. R. en cette qualité de simple Gradué dûement qualifié & insinué, & d'ailleurs ayant les capacitez requises: Nous vous avons donné & conferé, donnons & conferons par ces Présentes ladite Cure ou Eglise Paroissiale de avec tous ses droits & appartenances quelconques, à la charge de résidence actuelle & personnelle, & non autrement, sur le refus toutefois dudit Sieur Abbé de qui n'a pas voulu vous accorder ses Lettres de présentation, ainsi qu'il nous est apparu par l'Acte qui en a été fait par Notaires à Paris le En conséquence nous mandons à M. l'Archidiacre de en notre Eglise de ou son Vicaire, qu'en vertu des Présentes, vous ou votre Procureur, pour vous & en votre nom, soyez incessamment mis en possession corporelle, réelle & actuelle de ladite Cure ou Eglise Paroissiale de ainsi qu'il est d'usage, en observant les solemnitez ordinaires, sauf le droit de chacun. Donné à Paris en notre Palais Archiépiscopal, sous le sceau de notre Cour, l'an, &c.

CHAPITRE XXII.

Des Provisions qui s'obtiennent en Cour de Rome.

LE Pape étant *Ordinarius Ordinariorum*, peut conferer tous les Bénéfices vacans, *sive jure ordinario, aut jure concursus, præventionisve, aut jure devolutionis*.

Ainsi le Pape peut conferer tous les Bénéfices vacans dépendans des Ordinaires & des Patrons ecclésiastiques, en concourant avec eux, ou les prévenant, quoique les Bénéfices soient électifs-collatifs, ou électifs-confirmatifs; sur quoi il faut remarquer que le concours du Pape avec l'Ordinaire n'est point admis en France, & que quand un Bénéfice est en concours de date, on l'adjuge parmi nous à celui qui en est pourvû par l'Ordinaire, quoique suivant le droit & la regle du concours, il dût être adjugé à celui qui en auroit été mis le premier en possession.

Le Pape *jure devolutionis* peut conferer les Bénéfices vacans qui dépendent des Patrons laïcs, s'ils laissent passer le tems à eux accordé, ou si dans le même tems ceux que les Patrons laïcs y ont présenté n'ont pas sur leur présentation obtenu des provisions de l'Ordinaire, ou un Acte de refus.

Il n'y a que le Pape qui puisse conferer sur une résignation *in favorem*, ni admettre une résignation ou permutation avec réserve de pension, comme nous l'avons déja dit ci-dessus.

Pour les causes qui peuvent donner lieu au dévolut, on a coutume de se pourvoir à Rome plutôt que pardevant les Ordinaires, qui ne sont point astreints ni obligez de conferer le Bénéfice vacant par dévolut au donneur d'avis, quoiqu'ils en ayent le pouvoir, parce que quelques-uns s'imaginent que les causes de dévolut supposent quelquefois la nullité du titre du possesseur; ce qui fait que le Bénéfice étant réputé vacant de droit depuis long-tems, le pouvoir de conferer est dévolu à Rome, & est censé ne plus appartenir aux Ordinaires. Ce sont les termes de l'Auteur du Traité des Matieres bénéficiales, donné au Public en 1721.

La Chancellerie Romaine n'expédie les provisions des Bénéfices qu'en deux manieres.

La premiere par Bulles, pour les Bénéfices Consistoriaux, & autres qui ne s'expédient que par Bulles, qui sont les Archevêchez, Evêchez & Abbayes d'Hommes & de Moniales, Prieurez Conventuels & premieres Dignitez des Eglises Cathédrales & Collégiales, lesquelles Bulles sont en parchemin avec un sceau de plomb.

La seconde est par simple signature en papier, sans sceau; ce qui est un grand privilége pour la France, attendu que les autres Pays sont obligez de tout faire expédier par Bulles & à gros frais.

Pour les Bénéfices de cette derniere maniere par signature, il y en a de trois sortes: la premiere est appellée *in forma gratiosa*, la seconde, *in forma dignum novissima*, & la derniere, *in forma dignum antiqua*.

La signature *in forma gratiosa* est celle qu'on obtient en Cour de Rome, sur l'attestation de vie & de mœurs de celui qui, ſans être obligé de prendre de *Viſa*, y requiert le Bénéfice, en vertu de laquelle il s'en peut faire mettre en poſſeſſion par le premier Notaire Apoſtolique ; & c'eſt ſur la fin de cette ſignature qu'on la reconnoît, parce qu'il y a ces mots, *teſtimonio Ordinarii ſui, de vita, moribus, idoneitate commendatur in forma gratioſa*.

La ſignature *in forma dignum noviſſima*, s'explique pour les Bénéfices ſimples & Canonicats des Egliſes Collégiales, leſquels ſont réſignés, permutez ou cédez ; & c'eſt ſur la fin de cette ſignature qu'on la reconnoît, parce qu'il y a ces mots, *in forma dignum noviſſima*.

La ſignature *in forma dignum antiqua*, s'expedie pour les Cures, Dignitez, Canonicats des Egliſes Cathédrales, comme auſſi pour tous les dévoluts, nouvelles proviſions *per obitum* de toutes ſortes de Bénéfices ; & c'eſt ſur la fin de cette ſignature qu'on la reconnoît, y ayant ces mots, *in forma dignum antiqua*.

En conſéquence deſdites ſignatures *in forma dignum noviſſima* ou *antiqua*, que l'on appelle en forme commiſſoire, & auſſi des Bulles en forme commiſſoire, on ne peut prendre poſſeſſion d'un Bénéfice qu'auparavant l'on n'ait obtenu *Viſa* de l'Ordinaire auquel elles ſont adreſſées ; autrement on ſeroit intrus, & le Bénéfice ſeroit ſujet à dévolut, ſuivant l'article 12 de l'Ordonnance de Blois.

De ce que nous venons de dire, il s'enſuit que quand le Pape pourvoit en forme gracieuſe, c'eſt lui-même qui pourvoit véritablement, comme Sa Sainteté ayant été dûement inſtruite des mérites & capacitez de celui à qui il confere, par une atteſtation de ſon Evêque, de ſes bonnes vie, mœurs & capacitez.

Au contraire, lorſque le Pape pourvoit *in forma dignum*, ce n'eſt pas tant lui qui pourvoit que l'Ordinaire ; mais ſon intention étant de conferer le Bénéfice à une perſonne capable, & qui ait les qualitez preſcrites par le droit, il mande à l'Ordinaire d'y pourvoir, & par cette commiſſion il remet le ſoin & la diſcretion au Commiſſaire d'examiner l'Orateur ou Impétrant, à l'effet de lui accorder ſon *Viſa*, qui eſt à véritablement parler, une proviſion que donne l'Ordinaire en conſéquence de la commiſſion du Pape.

On entend par ce *Viſa*, des Lettres d'attache de l'Evêque ou de ſon Grand Vicaire, par leſquelles, en exécution des proviſions en Cour de Rome, il confere à l'Impétrant le

Bénéfice qui y est mentionné, après l'avoir examiné & trouvé capable.

Par l'usage & la pratique du Royaume, le *committatur in forma dignum antiqua* n'est pas différent du *committatur in forma dignum novissima :* ils sont également considerez, & leur effet se réduit seulement au pouvoir que l'Ordinaire a de prendre connoissance de la capacité des pourvûs ; ce n'est qu'un style des Officiers de la Daterie, auquel on n'a pas d'égard. Ces Officiers suivent dans les provisions expédiées sous ces deux formes, les clauses qui y doivent être, suivant ce qui est prescrit par la Bulle de Pie V, *cogit nos necessitas.*

La forme *dignum* n'a été introduite que pour fermer la porte de l'Eglise aux personnages ignorans, ou d'ailleurs indignes: c'est pourquoi le Pape, quand il n'est pas informé des mœurs & capacitez de l'Impétrant, ne donne jamais de provisions que sous la condition *si orator idoneus repertus fuerit*, & c'est pour parvenir à cette connoissance qu'il en commet tout l'examen à l'Ordinaire des lieux où le Bénéfice est situé, ou à son Grand Vicaire.

Par l'article 12 de l'Ordonnance de Blois, & l'article 14 de l'Edit de Melun, il est défendu aux pourvûs de Bénéfices en Cour de Rome de s'immiscer en la jouissance des fruits des Bénéfices, sans avoir obtenu le *Visa* de l'Ordinaire ; ce qui s'entend des provisions qu'on appelle *forma dignum.* Cela s'observe tellement à la rigueur, qu'on regarderoit comme intrus celui qui y auroit dérogé, parce que ces Ordonnances portent la peine de nullité.

Pour ce qui est de la forme gracieuse qui exempte du *Visa*, le Roi Louis XIV ayant voulu en exempter les Bénéficiers à charge d'ames, a fait à ce sujet une Déclaration le 9 Juillet 1646, qui a été enregistrée au Parlement le 28 Juin 1647. Cette Déclaration porte, qu'à l'avenir aucun Impétrant de provisions en forme gracieuse de Bénéfices, ayant charge d'ames, ne pourra en prendre possession qu'après avoir informé de ses vie, mœurs, capacité & Religion Catholique, & subi l'examen pardevant l'Evêque Diocésain du lieu où sera situé le Bénéfice à lui conferé ; & défenses à tous Notaires & autres personnes d'en donner Acte, sur peine de nullité d'icelui, & à tous Juges d'y avoir égard.

Cette disposition a été confirmée & renouvellée par l'art. 3 de l'Edit de 1695 sur la Jurisdiction Ecclésiastique.

Ce même article 3 fait défenses aux Sujets du Roi de se pourvoir ailleurs pour ce sujet ; & aux Juges en jugeant le possessoire des Bénéfices, d'avoir égard aux titres & capacitez desdits pourvûs, qui ne seroient pas conformes à cette Ordonnance.

CHAPITRE XXIII.

De la prise de possession des Bénéfices.

LA prise de possession d'un Bénéfice est un Acte par lequel celui qui a obtenu des provisions d'un Bénéfice, est mis en possession dudit Bénéfice, à l'effet de jouir des droits, prérogatives & revenus qui y sont annexez.

Il ne suffit donc pas pour jouir d'un Bénéfice d'en être pourvû & d'en avoir le titre, il faut encore en prendre possession ; autrement le Bénéfice étant vacant, un autre pourroit s'en faire pourvoir ; ou bien un autre qui en auroit déja pris possession, & l'ayant possedé par an & jour, pourroit intenter la complainte, étant troublé par celui qui auroit gardé des provisions sans en prendre possession ; ou s'il avoit eu une possession paisible de trois ans, il seroit confirmé par sa possession triennale, en vertu de la régle *de pacificis possessoribus.*

Celui qui est pourvû d'un Bénéfice n'est pas obligé d'en prendre possession lui-même en personne ; il la peut prendre par Procureur fondé de procuration spéciale.

Il faut néanmoins excepter le cas auquel les provisions sont en Régale, auquel il doit prendre possession lui-même.

De plus, si le Bénéfice est de la collation de l'Evêque, il ne faut pas se contenter d'en prendre possession par Procureur, il faut la prendre ou la réiterer en personne ; sans quoi, le décès de l'Evêque arrivant, le Bénéfice tomberoit en Régale.

Le pourvû d'un Bénéfice peut en prendre possession en vertu de toutes sortes de provisions, si elles sont données par le Collateur ordinaire : mais si elles sont obtenues en Cour de Rome, il faut obtenir auparavant le *Visa* de l'Evêque Diocésain, suivant la distinction que nous avons donnée dans le Chapitre précédent.

Autrefois c'étoit l'Archevêque ou l'Evêque qui conferoit ;

qui mettoit en possession, ou l'Archidiacre, ou le Doyen de l'Eglise, ou un Député du Pape, quand le Pape conferoit; mais à présent on se fait mettre en possession par le premier Notaire Apostolique.

Pour cet effet il faut se transporter au lieu où le Bénéfice est desservi, assisté d'un Notaire Apostolique & de deux témoins, où étant, il faut observer plusieurs formalitez, comme de sonner les cloches, prier Dieu dans l'Eglise ou Chapelle, baiser l'Autel, prendre la séance appartenante au Bénéficier, & autres que les Notaires font observer; lesquelles étant observées, le Notaire en dresse un Acte signé de deux témoins, qu'il expédie & délivre à celui qui a pris la possession.

Lorsque c'est une Chanoinie ou Prébende, il faut se présenter au Chapitre lorsqu'il est assemblé, & demander par une Requête d'être reçu & installé: que si le Chapitre entérine la Requête, celui qui se présente est reçu sur le champ, & installé tant dans l'Eglise que dans le Chapitre, dont est dressé Acte par un Notaire, signé de deux témoins, ou par deux Notaires: que si le Chapitre refuse d'accorder la possession & installation, il faut prendre Acte du refus, & se faire mettre en possession par un Notaire, accompagné de deux témoins, ou d'un autre Notaire.

Lorsqu'un autre a déja pris possession, c'est une juste cause de refuser par un Chapitre de la donner à celui qui la demande.

Celui qui est pourvû d'un Bénéfice, doit en prendre possession dans trois ans, s'il est pourvû par mort, suivant l'article 14 de la Déclaration de l'an 1646 sur l'Edit du Controlle; & dans l'an, si c'est par dévolut, suivant l'article 15.

Celui qui a obtenu un Bénéfice sur une résignation *in favorem*, a le même tems de trois ans pour prendre possession, pourvû que le Résignant soit vivant.

Après les trois ans, les provisions sont nulles & caduques, & on n'en peut plus obtenir d'autres après les trois ans écoulez; le Résignant ne peut plus même faire une nouvelle résignation en faveur du Résignataire qui a laissé écouler les trois ans sans prendre de possession, à moins qu'il n'ait fait un Acte de répudiation avant l'échéance de trois ans, comme nous avons dit ci-dessus au Chapitre 15.

Mais si le Résignant meurt après les six mois, à compter de la date des provisions, sans avoir été dépossedé par le

Résignataire, le Bénéfice est vacant par mort, suivant la régle *de publicandis*, de même que s'il n'avoit point résigné : c'est pour cette raison qu'on dit qu'un Résignataire est tenu de prendre possession dans six mois, pour éviter la perte du Bénéfice, qui arriveroit en vertu de cette régle, si le Résignant décédoit après les six mois, & avant la prise de possession du Résignataire.

Procuration pour prendre possession d'un Canonicat.

PArdevant les Notaires à Paris soussignez, fut présent M. Pierre-Maurice V. Clerc du Diocèse de Turin, demeurant à Paris au Collége de Louis le Grand, Paroisse S. Benoît, pourvû par M. Jean A. Chanoine de l'Eglise Cathédrale de S. Maurice de Mirepoix, comme étant en tour de semaine, d'un Canonicat & Prébende en la même Eglise, comme vacant par la mort de M. Jean-Gabriel de la T. dernier possesseur d'icelui, suivant les Lettres de provisions qui lui en ont été accordées par ledit Sieur A. en date du dûement signées & scellées ; lequel a fait & constitué son Procureur général & spécial M. auquel il a donné pouvoir de pour lui & en son nom, en vertu de ses Lettres de provisions à lui accordées par ledit Sieur A. de ses Canonicat & Prébende, en prendre possession corporelle, réelle & actuelle, de leurs droits, appartenances & dépendances, en y observant les formalitez en pareil cas requises & accoutumées ; en cas d'opposition à la prise de possession, faire tous dires & protestations qu'il conviendra, faire insinuer & requerir tous Actes nécessaires ; & généralement promettant, &c. obligeant, &c. Fait & passé, &c.

Autre pour prendre possession d'une Chapelle.

PArdevant, &c. fut présent N. Prêtre du Diocèse de Paris, y demeurant, pourvû par son Eminence Monseigneur le Cardinal de N. Archevêque de Paris, sur la nomination & présentation de & la représentation de M. l'Abbé P. Grand Archidiacre de Paris, de la Chapelle ou Chapellenie de fondée & desservie en l'Eglise Paroissiale de Diocèse de Paris, comme vacante par démission pure & simple de M. dernier possesseur de ladite Chapelle, suivant les Lettres de provisions qui lui ont été accordées par sadite Eminence le dûement signées & scellées, lequel a fait & constitué son Procureur général & spécial M. auquel il a donné pouvoir de pour lui & en son nom, en vertu des susdites Lettres de provisions, prendre possession corporelle, réelle & actuelle de ladite Chapelle ou Chapellenie de & de ses droits, appartenances & dépendances, en y observant les cérémonies & formalitez en pareil cas requises & accoutumées ; en cas d'opposition, &c.

Autre pour prendre possession d'un Bénéfice, & en affermer les revenus.

PArdevant, &c. fut présent M. Ambroise D. Chanoine de l'Eglise Cathédrale de Châlons en Champagne, pourvû en Commende sur la nomination du Roi de l'Abbaye de Ordre de S. Benoît, Diocèse de comme vacante par la mort de M. dernier possesseur de ladite Abbaye, suivant les Bulles de provisions qui lui en ont été accordées par notre Saint Pere le Pape en date du dûement scellées, vérifiées & en bonne forme; lequel a fait & constitué son Procureur général & spécial M. auquel il a donné pouvoir de pour lui & en son nom, en vertu desdites Bulles de provisions, prendre la possession corporelle, réelle & actuelle de ladite Abbaye de & de ses droits, appartenances & dépendances, en y observant les cérémonies & formalitez en tel cas requises & accoutumées, faire insinuer & demander tous Actes nécessaires, comme aussi louer & affermer les revenus temporels de ladite Abbaye à une ou plusieurs personnes, pour tel tems, prix, charges, clauses & conditions que ledit Procureur avisera, en passer & signer les baux en la forme & ainsi qu'il appartiendra, recevoir les loyers & fermages qui en échéront ès termes & ainsi qu'il aura été stipulé par lesdits baux, en donner quittances; faute de payement, faire contre les Fermiers refusans toutes poursuites, contraintes & diligences nécessaires, saisir, arrêter, exécuter, saisir réellement, & s'il est besoin, plaider, opposer, appeller, élire domicile, constituer Procureur en cause, les révoquer, en substituer d'autres, donner main-levées, prêter consentement; & généralement promettant, &c. obligeant, &c. Fait & passé, &c.

Sur les trois modéles ci-dessus, on peut faire toutes sortes de procurations pour prendre possession de tels Bénéfices que ce soit, en désignant le genre de Bénéfice, de provisions & vacance d'icelui.

Prise de possession.

L'An mil sept cens le jour de en la présence de moi Notaire à & des témoins ci-après nommez, M. R. Prêtre du Diocèse de pourvû en Cour de Rome de la Cure ou Eglise Paroissiale de S. Diocèse de sur la résignation qu'en a faite en sa faveur M. Prêtre, dernier possesseur d'icelle, suivant la signature Apostolique de provision qui lui en a été accordée par notre Saint Pere le Pape le dûement signée & vérifiée, sur laquelle Monseigneur l'Evêque de a fait expédier & délivrer audit R. ses Lettres de *Visa* en date du contenues au mandement d'intronisation de M. l'Abbé Grand Archidiacre de le tout dûement scellé & en bonne forme, en vertu tant de ladite signature de provision, que desdites Lettres de *Visa* & mandement d'intronisation, a été mis par M. Prêtre Vicaire de l'Eglise Paroissiale de y demeurant, & actuellement audit lieu de pour ce présent, en la possession corporelle,

corporelle, réelle & actuelle de la Cure ou Eglise Paroissiale de & de ses droits, appartenances & dépendances, par la libre entrée en ladite Eglise, revêtu de l'Etole, prise d'Eau-benite, Prieres à Dieu faites devant le Maître-Autel, toucher du Pupitre, des Fonts Baptismaux, de la Chaire à prêcher, son des Cloches, séance en la place affectée au Curé de ladite Eglise, exhibition & lecture desdites signatures de provision, Lettres de *Visa* & mandement d'intronisation à l'instant rendues audit Sieur R. & par les autres cérémonies & formalitez en tel cas requises & accoutumées ; à laquelle prise de possession lûe & publiée à haute voix, par moidit Notaire, présens lesdits témoins, personne ne s'est opposé, dont Acte requis & octroyé en ladite Eglise lesdits jour & an, en présence de témoins à ce requis & appellez, & de plusieurs autres personnes qui se sont trouvées en ladite Eglise, & qui ont signé.

Nota, que la publication n'est pas nécessaire en tout Acte de prise de possession, mais seulement lorsque la possession est prise après les six mois de la date des provisions de Cour de Rome, ou après le mois de la provision de l'Ordinaire, conformément à l'article 12 de l'Edit des Insinuations de 1691; auquel cas la publication doit être faite au Prône par le Curé de la Paroisse où est situé le Bénéfice, & doit être signée au moins par quatre des principaux habitans.

Si lors de la prise de possession il survient des oppositions à la prise de possession, il en faut faire mention, sous protestations qu'elles ne pourront nuire ni préjudicier à la prise de possession.

Après la prise de possession, il faut insinuer les provisions, le *Visa* & l'Acte de possession au Greffe des Insinuations Ecclésiastiques du Diocèse dans le mois, à compter du jour de la prise de possession.

Et en cas, comme il vient d'être dit, que la possession soit prise après les six mois de la date des provisions de Cour de Rome par résignation, ou après le mois des provisions de l'Ordinaire par démission ou permutation, il faut que l'insinuation des provisions, du *Visa*, de la prise de possession & de l'Acte de publication d'icelle, soit faite deux jours avant la mort du Résignant ou Permutant, le jour de l'insinuation & celui de la mort du Résignant non compris; sans quoi le Bénéfice seroit vacant par mort.

En cas que par le refus d'ouvrir les portes on ne puisse prendre possession dans l'Eglise, on fait un procès-verbal du refus, & on prend possession à la porte de l'Eglise; & on fait mention que la publication a été faite dans le lieu même où le procès-verbal s'est fait.

Prise de possession à la porte d'une Eglise, sur le refus d'ouvrir les portes.

L'An mil sept cens le jour du mois de M. pourvû par son Eminence Monseigneur le Cardinal de N. Archevêque de Paris, de la Cure de Diocèse de Paris, comme vacante par la mort de M. dernier possesseur d'icelle, suivant les Lettres de provisions qui lui en ont été accordées par son Eminence le contenu au Mandement d'intronisation de M. l'Abbé P. Chanoine & Grand Archidiacre en l'Eglise de Paris, du le tout dûement signé, scellé & en bonne forme, s'est transporté avec les Conseillers du Roi Notaires au Châtelet de Paris soussignez, (*ou avec M. Notaire à*) & M. Prêtre Curé de l'Eglise Paroissiale de Diocèse de Paris; où étant, & ayant trouvé les portes de ladite Eglise de closes & fermées, se seroient transportez en la maison de Laboureur audit lieu, qu'on leur auroit dit être Marguillier comptable de ladite Eglise, & chargé des clefs d'icelle, à l'effet de faire faire l'ouverture des portes de ladite Eglise, pour en vertu des susdites Lettres de provisions prendre par ledit Sieur M. possession corporelle, réelle & actuelle de ladite Cure ou Eglise Paroissiale de & des droits, appartenances & dépendances: sur quoi seroit survenu P. qui se seroit dit être le fils dudit Marguillier, qui auroit dit que sondit pere n'étoit pas à présent audit lieu, qu'il étoit parti ce matin pour & avoit enfermé les clefs de ladite Eglise dans sa chambre, dont ledit P. n'avoit pas la clef, & qu'ainsi il ne pouvoit quant à présent satisfaire à ladite réquisition; laquelle réponse ledit M. a pris pour refus formel, & protesté qu'elle ne pourroit lui nuire ni préjudicier, & qu'en conséquence il alloit prendre ladite possession à la porte de ladite Eglise, & effectivement lesdits accompagnez desdits Notaires s'étant retirez de chez ledit sont revenus à la porte de ladite Eglise qu'ils ont toujours trouvée close & fermée, & là ledit Sr M. a été mis par ledit *tel* en la possession corporelle, réelle & actuelle de ladite Cure ou Eglise Paroissiale de & de ses droits, appartenances & dépendances, par le toucher des portes de ladite Eglise, lecture & exhibition desdites Lettres de provision & d'intronisation, à l'instant remises audit & autres cérémonies qui se peuvent pratiquer en pareil cas, à laquelle prise de possession lûe & publiée à haute & intelligible voix par l'un desdits Notaires, l'autre présent, *ou* par ledit Notaire, présens les témoins ci-après, personne ne s'est opposé, dont & de quoi ledit M. a requis le présent Acte à lui octroyé, & qui fut fait & passé à la principale porte de ladite Eglise lesdits jour & an, heure de en présence de témoins pour ce requis & appellez, qui ont signé avec lesdites Parties & Notaires soussignez, (*si quelqu'un des témoins ne sçavoit signer, on mettroit*) à l'exception de qui ont déclaré ne ſçavoir écrire ni ſigner, de ce enquis ſuivant l'Ordonnance.

Quand on prévoit ne pouvoir trouver ſur les lieux de témoins qui veuillent atteſter l'Acte de priſe de poſſeſſion & la notification d'icelle, il eſt de la prudence d'en amener de dehors, & en ce cas le nombre de quatre ne ſeroit pas néceſſaire; bien plus, c'eſt que quand cette priſe de poſſeſſion ſe fait par deux Notaires, on n'a pas beſoin de témoins.

En cas de tumulte ou de maladie contagieuſe qui empêchât d'approcher de l'Egliſe dont on voudroit prendre poſſeſſion, il faudroit prendre une Ordonnance du Juge Royal le plus prochain du lieu, qui ordonnât que la priſe de poſſeſſion ſera faite en la plus prochaine Egliſe, & du tout ſera fait mention dans l'Acte de priſe de poſſeſſion, à la minute duquel il ſera bon d'annexer ladite Ordonnance.

Il arrive quelquefois que celui qui n'a pas encore obtenu des proviſions en Cour de Rome, a interêt d'intervenir au plutôt dans un procès ſur le poſſeſſoire du Bénéfice qu'il a requis, ou de former ſa demande en complainte; & alors, ſur le certificat de l'Expéditionnaire de l'envoi qu'il a fait, & de la grace accordée à l'arrivée du Courier, ſuivant le privilege des François, on préſente Requête au Juge Royal dans la Juſtice duquel il eſt ſitué, afin d'obtenir de lui permiſſion d'en prendre poſſeſſion.

Si le Bénéfice eſt à la nomination du Roi, c'eſt au Grand Conſeil qu'il faut s'adreſſer pour obtenir Arrêt portant permiſſion de prendre poſſeſſion du Bénéfice. Enfin ſi le Certificat porte que le Pape a fait refus d'accorder le Bénéfice, il faut préſenter une Requête au Parlement dans le reſſort duquel eſt le Bénéfice, pour y être reçu appellant comme d'abus du refus.

Mais il faut remarquer I°. que lorſque le pourvû d'un Bénéfice en prend ainſi poſſeſſion pour conſerver ſon droit, ſans avoir en main les proviſions de Rome ni aucun *Viſa* de l'Ordinaire ſur le ſimple certificat du Banquier qui en a fait l'envoi, cette poſſeſſion n'eſt réputée que civile, & ne donne aucun droit ſur le temporel du Bénéfice, ni ſur le ſpirituel.

II°. Qu'il n'eſt pas néceſſaire qu'une poſſeſſion civile ſoit priſe dans l'Egliſe du Bénéfice; elle ſe peut prendre dans toute autre Egliſe ou Chapelle déſignée par le Juge.

Il s'enſuit de ce que deſſus, qu'il faut après avoir obtenu

des provisions en la forme requise, réiterer l'Acte de prise de possession, le civil n'étant que pour la conservation des droits de l'Impétrant.

Il y a d'autres possessions qui donnent la jouissance des fruits, sans avoir ni Bulles, ni provisions, lorsqu'elles sont prises en conséquence d'Arrêt du Parlement ou du Grand Conseil; sur les refus de Cour de Rome de donner des Bulles ou des signatures de provision, & ce tant que durent les refus. Mais ces possessions ne donnent aucun droit au spirituel, ni à la collation des Bénéfices dépendans de ceux dont les provisions sont refusées.

La prise de possession civile se fait par un Acte à peu près semblable à la prise de possession ordinaire, en expliquant les circonstances. Nous n'en donnerons point ici de modéle; il sera fort aisé d'en dresser l'Acte, en suivant ceux que nous avons rapportez ci-dessus. Nous nous contenterons de donner ici la formule d'une procuration à l'effet de prendre possession en conséquence d'un Jugement.

Procuration pour prendre possession d'un Bénéfice en conséquence d'un Arrêt du Conseil.

FUt présent Messire ayant droit à l'Abbaye de Ordre de étant de présent à Paris, logé rue Paroisse lequel a constitué son Procureur M. auquel il a donné pouvoir de pour lui & en son nom, suivant qu'il lui est permis par l'Arrêt du Grand Conseil en date du signé le N. pour la conservation de ses droits, en attendant l'obtention de ses Bulles, prendre possession de ladite Abbaye, & des droits, appartenances & dépendances, en gardant les cérémonies accoutumées, sauf à la réiterer quand il appartiendra, faire les diligences & Actes que besoin sera pour l'accomplissement de ladite possession & la conservation des droits dudit Sieur Constituant, & généralement, &c. promettant, &c. Fait & passé en la maison où est demeurant ledit Sieur Constituant sus-déclarée, l'an le

CHAPITRE XXIV.

Des Concordats.

ON appelle Concordat toute convention qui se fait en matiere bénéficiale sur quelque résignation ou permutation, & généralement sur toutes les matieres bénéficiales, contentieuses ou obligatoires.

Les Canons admettent les accords faits à l'amiable pour terminer un procès sur un Bénéfice, pourvû qu'ils soient gratuits, sans l'intervention ou promesse d'aucune chose, si ce n'est le remboursement des frais, qu'on peut liquider à une somme certaine.

On peut aussi partager ou même accorder la jouissance des fruits échus à l'un des Contendans, qui par le même Acte peut céder ses droits à l'autre, à la charge en outre d'une pension.

Mais telle convention que contienne le Concordat, il faut le faire homologuer en Cour de Rome pour le rendre valable.

Les Concordats sur procès mûs & à mouvoir pour raison du possessoire des Bénéfices, doivent être traitez dans la forme ordinaire des Transactions & autres Actes qui se font en matiere civile, dont la diversité aussi-bien que le nombre peuvent être infinis. Cependant, pour ébaucher une idée de la forme ordinaire des Concordats qui se font en matiere bénéficiale, nous en allons donner quelques formules, sur lesquelles on pourra aisément se guider dans toutes les autres affaires de semblable espéce.

Concordat sur le possessoire d'un Bénéfice, avec réserve de pension.

FUrent présens Maître O. P. Clerc tonsuré du Diocèse de Etudiant au Collége de en l'Université de y résidant, pourvû en Commende du Prieuré de Ordre de Diocèse de sur la résignation qu'en a faite en sa faveur M. dernier possesseur d'icelui, suivant la signature de provisions qui lui en a été expédiée en Cour de Rome le dûement vérifiée & en bonne forme, ledit Sieur O. P. assisté de son pere, demeurant à à ce présent, d'une part; & Me Z. R. Diacre du Diocèse de demeurant aussi pourvû en Commende du susdit Prieuré, comme vacant par la mort dudit suivant la signature de provisions qu'il en a pareillement obtenue en ladite Cour de Rome le aussi dûement vérifiée & en bonne forme, d'autre part; lesquels pour faire cesser & terminer à l'amiable le litige actuellement pendant entr'eux au Grand Conseil sur le possessoire dudit Prieuré, ont fait & passé entr'eux le Concordat, qui sous le bon plaisir de Notre Saint Pere le Pape aura son effet; c'est à sçavoir que ledit Z. R. a par ces Présentes fait & constitué son Procureur général & spécial M. auquel il donne pouvoir de pour lui & en son nom résigner & remettre entre les mains de Notre Saint Pere le Pape, Monseigneur son Vice-Chancelier, ou autres ayant à ce pouvoir, ledit Prieuré de & la Commende d'icelui, avec tout & tel droit qu'il y peut avoir & prétendre, en faveur dudit O. P. & ce sans préjudice au droit qui lui est déja acquis audit Prieuré, mais accumulant droit sur droit, sous la réserve néanmoins de quinze cens livres de rente & pension viagere sa vie durant, payable par chacun an par ledit O. P. fils, & ses successeurs audit Prieuré, à tel titre que ce soit, audit Z. R. en cette Ville de Paris, en deux termes & payemens égaux de six en six mois, dont le premier terme de payement échéra pour ensuite ainsi continuer d'année en année & de terme en terme ladite vie durant, & jusqu'au décès dudit Z. R. laquelle pension sera exempte de toutes charges ordinaires & extraordinaires, imposées ou à imposer, sous tel prétexte & par quelque autorité que ce soit ou puisse être: ce qui a présentement été accepté par ledit Sieur O. P. lequel assisté, comme dessus, dudit Sieur son pere, a fait & constitué le même Procureur, à l'effet de consentir en son nom en Cour de Rome l'homologation du présent Concordat, à la création de ladite pension de quinze cens livres payable audit Z. R. sa vie durant, aux termes, clauses & conditions susdites, & à l'obtention en Cour de Rome des signatures, tant de la nouvelle provision qui y sera expédiée dudit Prieuré en faveur dudit O. P. fils, que la création de ladite pension, des frais desquels, ensemble de ceux faits au Grand Conseil & ailleurs, pour raison & dans le cours dudit litige, ledit O. P. fils sera tenu sans aucune répétition contre ledit Z. R. & même de l'en acquitter envers & contre tous, à peine & par les mêmes voies, à quoi, ainsi qu'au payement de la pension de quinze cens livres par chacun an la vie durant dudit Z. R. ès termes, lieu, clauses & conditions susdites, ledit pere s'est obligé conjointement & solidairement avec ledit O. P. son fils, sans division, discussion ni fidéjussion, à quoi il renonce, & y a en son particulier affecté, obligé & hypotéqué tous & un chacun ses biens meubles & immeubles, présens & à venir, donnant les Parties respectivement pouvoir audit Sieur Procureur de jurer & affirmer au nom desdits Sieurs Constituans, qu'en ce que dessus, circonstances & dépendances, il n'est intervenu & n'interviendra aucun dol, fraude, simonie, ni autre paction vicieuse & illicite, & de consentir à l'expédition de toutes Lettres sur ce nécessaires. Car ainsi & pour l'exécution des Présentes, lesdits O. P. & Sieur son pere ont élû domicile solidaire & irrévocable en la demeure susdite dudit Sieur pere, auquel lieu nonobstant, &c. promettant, &c. obligeant solidairement, &c. renonçant, &c. Fait & passé, &c.

Concordat portant réduction d'une pension créée sur un Bénéfice.

FUrent présens M. Jacques ci-devant Prieur-Curé de l'Eglise de S. Paul de Diocèse de demeurant d'une part; & M. Pierre à présent Prieur-Curé de ladite Eglise, demeurant au Presbytere d'icelle, étant de présent à Paris, logé rue d'autre part: disant les Parties; sçavoir ledit Jacques qu'il auroit ci-devant résigné ledit Prieuré-Cure de en faveur de M. Claude à la charge & sous la réserve de six cens livres de pension viagere sa vie durant, à prendre sur les fruits & revenus dudit Bénéfice; laquelle pension auroit été bien & dûement créée & homologuée en Cour de Rome par Lettres valables & autentiques, & icelle payée & continuée audit Jacques, tant par ledit Claude, que par ledit Pierre son Résignataire, pendant dix années & jusqu'au jour de Pâques dernier que ledit payement a cessé: ce qui auroit donné lieu audit Jacques de faire arrêter les fruits & revenus dudit Bénéfice, à laquelle saisie ledit Pierre s'étant opposé, ledit Jacques lui auroit communiqué & fourni copie de ses Lettres & signatures de création de ladite pension, & titre nouvel d'icelle à lui passé par lesdits Claude & Pierre, & conclu à ce que ledit Pierre fût tenu & condamné de lui payer & continuer ladite pension, si mieux il n'aimoit lui rendre & rétrocéder ledit Bénéfice, à quoi par ledit Pierre auroit été dit qu'il étoit pourvû & Titulaire dudit Bénéfice de bonne-foi, pour cause de permutation faite entre lui & ledit Claude avec le Doyenné de Que par l'Acte de ladite permutation & la provision expédiée en conséquence, ledit Prieuré-Cure n'étoit chargé d'aucune pension, & qu'il en étoit pourvû en Cour de Rome purement & simplement, & par conséquent ne devoit rien de ladite pension. Que ledit Jacques ne faisoit aucun service à l'Eglise, qu'ainsi il n'étoit pas raisonnable qu'il profitât des biens d'icelle; que c'étoit une espéce de simonie; qu'en tout cas ledit Jacques devoit avoir son recours, si bon lui sembloit, contre son Résignataire, & non contre lui. Sur quoi auroit été répliqué par ledit Jacques, que ledit Pierre pourvû par résignation dudit Claude, est tenu de ses faits & promesses, comme tenant de lui le Bénéfice; que quand même il auroit été pourvû *per obitum*, il en seroit tenu sur les fruits du Prieuré, Bénéfice simple non sujet à charge d'ame, & qui est séparable d'avec la Cure; qu'il ne seroit pas juste que la fraude le privât de ses alimens; que ledit Pierre a tort de se servir du terme de simonie; que les pensions sont de Constitution canonique, confirmée par les Ordonnances & les Arrêts des Cours Souveraines, afin qu'un Bénéficier qui a long-tems desservi un Bénéfice, comme est ledit Jacques, qui a desservi ledit Prieuré-Cure pendant vingt années, & qui ne peut plus vaquer au Ministere Ecclésiastique, à cause de son grand âge, ait moyen de se nourrir & entretenir honnêtement le reste de ses jours, & ne soit pas réduit aux dernieres extrémitez; qu'il n'est tenu de s'adresser à son Résignataire, mais directement aux fruits de son Bénéfice. Sur laquelle contestation seroit intervenu Arrêt du Grand Conseil, qui auroit condamné ledit Pierre à payer & continuer ladite pension de six cens livres audit Jacques sa vie durant, si tant ledit Pierre eft Titulaire dudit Bénéfice : à l'exécution duquel Arrêt ledit Pierre se feroit opposé, & pour moyen d'opposition alléguoit qu'en tout cas ladite pension étoit tellement excessive, qu'à peine restoit-il sa portion congrue, pourquoi il en requeroit la réduction au tiers du revenu suivant les regles; qu'il étoit nécessaire & important pour l'honneur de l'Eglise, qu'un Prêtre & un Curé eût moyen de vivre honnêtement ; requeroit aussi qu'il lui fût délivré commission pour assigner ledit Claude son Résignataire dudit Doyenné, à fin de recours & de répétition de ladite pension sur icelui ; soutenu par ledit Jacques que lesdits Prieuré & Cure unie valoient dix-huit cens livres de revenu. Or desirant les Parties finir & terminer à l'amiable ledit Procès, elles ont par l'avis & conseil de leurs amis communs, fait & passé le Concordat qui suit : c'est à sçavoir que ledit Jacques a volontairement remis, moderé & réduit lesdites six cens livres de pension à celle de quatre cens livres par chacun an; que ledit Pierre ce acceptant promet & s'oblige de bailler & payer audit Jacques sa vie durant, si tant ledit Pierre est possesseur dudit Bénéfice, & ce aux termes de Noël & Pâques de chacune année, dont le premier qui a commencé à courir de Pâques dernier, échéra à Noël prochain, & le second à Pâques ensuivant, & ensuite ainsi continuer jusqu'au jour du décès dudit Jacques, duquel jour de son décès ladite pension demeurera éteinte & amortie; au payement desquelles quatre cens livres de pension viagere, les fruits & revenus dudit Prieuré-Cure de Saint P. sont & demeureront par préférence & privilége chargez, affectez & hypotéquez, & outre ledit Jacques y affecte & hypotéque tous ses biens présens & à venir, sans que l'une desdites suretez & obligations déroge à l'autre, & ne pourra ledit Pierre aucunement disposer dudit Bénéfice, soit par résignation, permutation ou autrement, qu'à la charge de ladite pension viagere, sauf à lui Pierre à répéter & avoir son recours pour les arrérages de ladite pension échus & à écheoir contre ledit Claude & ses biens, & spécialement sur les fruits & revenus dudit Doyenné, & autrement se pourvoir pour raison de ce ainsi qu'il avisera; auquel effet ledit Jacques l'a déchargé à sa réquisition, & en tant que de besoin mis & subrogé en ses droits, noms, raisons & actions, sans toutefois aucune garantie, restitutions de deniers ni recours quelconques, en quelque sorte & maniere que ce soit, & sans que la présente subrogation puisse aucunement être tirée à conséquence par ledit Pierre contre ledit Jacques, ni donner aucune atteinte à ces Présentes, au moyen desquelles les Parties se mettent hors de Cour & de procès, sans aucuns dépens, dommages & interêts. Car ainsi, &c. & pour l'exécution des Présentes, ledit Pierre a élu domicile en cette Ville de Paris, en la maison de sise rue Paroisse Saint auquel lieu nonobstant, &c. promettant, &c. obligeant, chacun en droit soi, renonçant, &c. Fait & passé, &c.

Concordat contenant cession pure & simple.

FUt présent M. G. Prieur du Prieuré simple de Diocèse de demeurant à lequel a déclaré par ces Présentes qu'il se désiste du procès qu'il a aux Requêtes du Palais avec M. J. pour ledit Prieuré, reconnoissant

reconnoissant le droit dudit J. être meilleur que le sien, & pour cet effet a constitué son Procureur général & spécial M. auquel il a donné pouvoir de pour lui & en son nom consentir telle Sentence, Arrêts & autres Jugemens qu'il appartiendra & que ledit J. le jugera à propos, & en tant que besoin est ou seroit, ledit Sieur Constituant a donné pouvoir & puissance audit Sieur son Procureur de pour lui & en son nom céder & remettre entre les mains de notre Saint Pere le Pape tout & tel droit qu'il a & peut avoir audit Prieuré, pour & en faveur dudit J. & non d'autre, ni autrement consentir & accorder que toutes signatures en Cour de Rome lui soient expédiées & délivrées, jurer & affirmer en l'ame dudit Constituant, qu'ès Présentes il n'est intervenu ni n'interviendra aucun dol, fraude, simonie, ni pacte illicite. Fait & passé, &c.

Il faut remarquer qu'une cession de droits sur un Bénéfice se peut aussi faire à une personne qui n'a aucun droit sur le Bénéfice, & sur la cession le Cessionnaire peut en obtenir des Provisions de Cour de Rome, & en conséquence intervenir au lieu & place de son Cédant.

La cession se peut aussi faire, s'il y a lieu, avec réserve de pension, même à la charge que le Cessionnaire se chargera d'acquitter le Cédant des frais & déboursez légitimement faits par son Procureur pour le soutien de ses droits audit Bénéfice, pourvû néanmoins que le Cédant n'ait pas été remboursé par la jouissance des fruits & revenus du Bénéfice. *Il faut énoncer le tout en l'Acte, à peine de simonie.*

Autre Concordat contenant cession, avec réserve de pension & remboursement de frais.

Furent présens M. Louis Clerc du Diocèse d'Evreux, demeurant à d'une part, & M. Jacques Clerc du Diocèse de demeurant à d'autre part: disant que voyant que pour l'un ou l'autre, pouvoir être paisible possesseur du Prieuré en Commende de S. Diocèse de dont l'un & l'autre sont canoniquement pourvûs, & pour raison de quoi il faudroit qu'ils essuyassent de grands procès qui pourroient aller à la ruine de l'un ou de l'autre, même de tous deux, ils sont convenus de leurs amis pour les régler; lesquels ayant vû & examiné les piéces & titres en vertu desquels l'un & l'autre établissent leurs droits, pour terminer leurs différends & procès, ils sont demeurez d'accord de ce qui suit; sçavoir que l'un & l'autre ont constitué pour leur Procureur général & spécial M. auquel ils donnent pouvoir, sçavoir le Sieur Louis à l'effet de résigner & céder tous & tels droits qu'il peut avoir audit Prieuré entre les mains de notre Saint Pere le Pape, en faveur & non d'autre que dudit Sieur Jacques, avec tous les fruits, revenus & émolumens d'icelui, sans en rien excepter ni réserver, à la charge par ledit Sieur Jacques de payer audit Sieur Louis la somme de trois cens livres, à laquelle les frais & dépens ont été taxez par leurs amis, & de plus, de payer la somme de six cens livres de pension annuelle & viagere à prendre sur les fruits & revenus dudit Prieuré, exempte de toutes charges généralement quelconques, & payables de six mois en six mois, le premier payement dans six mois du jour des Présentes; & aussi l'un & l'autre ont constitué leurdit Procureur à l'effet de requerir & consentir en Cour de Rome l'homologation du présent Acte, & que toutes signatures & expéditions requises & nécessaires leur en soient délivrées & expédiées, jurer & affirmer en leurs ames & consciences, comme ils ont fait, qu'il n'est intervenu ni n'interviendra aucun dol, fraude, simonie ni autre paction illicite. Fait & passé à en l'Etude de l'un des Notaires soussignez, le mil & ont signé.

Il nous reste à remarquer que le Pape n'a aucun pouvoir en France sur le temporel des Bénéfices, mais seulement sur le spirituel, pour lequel on a recours à lui comme au Supérieur, afin d'autoriser les Concordats qui se font en matiere bénéficiale : mais quelque autorité que donne à ces sortes d'Actes l'homologation qui s'en fait en Cour de Rome, il y a des cas où les Bénéficiers peuvent faire casser ceux qui ont été passez par leurs prédécesseurs, quoiqu'ils ayent été homologuez en Cour de Rome: ce qui arrive quand ils voyent qu'ils ont été lesez notablement. Par exemple, lorsqu'un Abbé s'est accommodé secrettement avec ses Moines, ses successeurs sont en droit de faire rompre un tel Concordat, s'ils se trouvent lesez considérablement par icelui.

CHAPITRE XXV.

Des Conventions particulieres.

Convention pour desservir une Cure in divinis.

FUt présent Maître Claude, &c. Prêtre & Curé de, &c. lequel reconnoît avoir volontairement établi pendant quatre ans consécutifs, qui commenceront, &c. Maître Jacques, &c. Prêtre, &c. à ce présent & acceptant, pour desservir pour lui & en son nom, comme Vicaire de ladite Cure *in divinis*, administrer les Sacremens aux Paroissiens, tant en santé qu'en maladie, toutes fois & quantes qu'il en sera requis, assister à tout le Service de l'Eglise, Obits & autres fonctions nécessaires & accoutumées, ausquelles ledit Sieur Constituant est obligé, à cause de sadite Cure, dans laquelle il remplira ses devoirs bien & dûement, de maniere qu'il n'en reçoive aucune plainte ni mécontentement : moyennant quoi ledit Sieur Jacques aura tous les profits, &c. & tout ce qui lui sera donné & payé pour ses assistances, en qualité de Vicaire, aux Convois, Enterremens & autres cérémonies qui ont coutume d'être faites en ladite Eglise, &c. à la charge que ledit Vicaire ne pourra rien prétendre aux droits curiaux, tant pour Mariages, Baptêmes, Mortuaires, publications de Bans, Monitoires, qu'autres qui ont aussi coutume d'être faits & donnez au Curé de ladite Eglise; desquels droits ledit Sieur Vicaire promet & s'oblige rendre bon & fidele compte audit Sieur Curé toutes fois & quantes qu'il en sera requis. Et pour l'exécution des Présentes & dépendances, les Parties ont élû leurs domiciles irrévocables, &c.

Convention entre deux Prêtres, pour raison des services de l'une des Parties.

FUrent présens Maître Nicolas Varenne, Prêtre, Clerc & Receveur de la Fabrique de l'Eglise de, &c. demeurant, &c. d'une part; Maître Nicolas Mornac, aussi Prêtre du Diocèse de Paris, y demeurant, &c. d'autre part; lesquels sont convenus de ce qui suit : c'est à sçavoir, que ledit Sieur Varenne a pris ledit Sieur Mornac pour son Clerc & pour Garde du Trésor de ladite Eglise de en l'absence dudit Sieur Varenne, pour autant de tems qu'il plaira audit Sieur Varenne, envers lequel ledit Sieur Mornac promet & s'oblige de faire toutes les fonctions requises & nécessaires de Clerc en ladite Eglise de & à cet effet de se rendre à chaque heure du jour qui lui sera marquée par ledit Sieur Varenne en ladite Eglise pour y faire son emploi, de maniere que ledit Sieur Varenne n'en reçoive aucune plainte : s'obligeant ledit Sieur Mornac seulement à la garde de tout ce qui lui sera confié par ledit Sieur Varenne dépendant dudit Trésor, à commencer du premier Avril prochain, pour représenter & rendre le tout fidélement; moyennant quoi ledit Sieur Varenne promet & s'oblige payer audit Sieur Mornac pour ses appointemens par chacun an la somme de payable, &c. dont les trois premiers mois échéront, &c. & ainsi continuer, &c. A ce faire est intervenu Madeleine, &c. demeurante, &c. laquelle s'est constituée caution pour ledit Mornac son fils envers ledit Sieur Varenne, pour la représentation des choses qui seront mises en sa garde, dont sera fait Inventaire & état triple, & d'eux arrêté ledit jour premier Avril prochain; à quoi ladite Dame, &c. s'oblige avec ledit Sieur Mornac solidairement l'un pour l'autre, sans division ni discussion, à quoi ils renoncent, hypotéquant sous ladite solidité tous & chacun leurs biens meubles & immeubles, présens & à venir. Et pour l'exécution des Présentes, &c.

Convention pour l'exercice d'une Charge de Principal de Collége.

FUt présent Maître Jacques, &c. Grand-Maître & Principal du Collége de, &c. fondé en l'Université de Paris, lequel a volontairement accordé par ces Présentes à Maître Nicolas, &c. à ce présent & acceptant, la Charge de Principal dudit Collége, pour l'exercer pendant trois ans consécutifs, à compter du jour de S. Remy prochain, faire instruire & enseigner les enfans ès Classes dudit Collége par Régens & Professeurs habiles & de bonnes mœurs, ainsi qu'il a toujours été observé jusqu'à présent, à la charge néanmoins que ledit Sieur Nicolas ne pourra choisir ni instituer des Régens pour professer dans ledit Collége, sans en avoir auparavant l'avis & l'agrément dudit Sieur Jacques, qui permet au surplus audit Sieur Nicolas de faire pour ledit exercice toutes les charges & fonctions nécessaires, faire assister les Ecoliers aux Services ordinaires qui se disent & célebrent en la Chapelle dudit Collége, faire faire les déclamations, disputes & autres exercices pour leur instruction, & en acquitter & décharger ledit Sieur Jacques, nourrir & entretenir la paix & concorde entre les Régens & les Boursiers dudit Collége. Et pour faire ledit exercice, ledit Sieur Jacques a par ces Présentes délaissé pour ledit tems audit Sieur Nicolas, ce acceptant, les chambres & lieux qui ensuivent; sçavoir, &c. se réservant ledit Sieur Jacques dans ledit Collége, premierement une chambre, &c. à la charge par ledit Sieur Nicolas d'en jouir pendant ledit tems, & d'entretenir lesdits lieux à lui ci-dessus délaissez, de menues réparations locatives & nécessaires, & les rendre en fin d'icelui en bon état & de même qu'on les lui donnera aux us & coutumes de Paris; ne pourra ledit Sieur Nicolas céder ni transferer la présente concession à autres personnes, que du consentement exprès & par écrit dudit Sieur Jacques, sans qu'il puisse changer ni démolir aucune chose esdits lieux sans le consentement dudit Sieur Jacques. Pourra ledit Sieur Nicolas se démettre dudit exercice & le quitter toutes & quantes fois qu'il voudra, en avertissant par lui ledit Sieur Jacques six mois auparavant, afin qu'il puisse pourvoir audit exercice. Et au cas que ledit Sieur Jacques résigne sadite Charge avant l'expiration desdites trois années, il sera tenu faire approuver & confirmer ces Présentes par celui en faveur duquel il fera ladite résignation pour le tems qui restera à expirer desdites trois années. Car ainsi, &c.

Convention entre le Curé d'une Paroisse & les Marguilliers, touchant l'emploi d'une somme de mille livres, mise entre les mains du Curé pour œuvres pies.

FUrent présens Messire François V. Prêtre, Docteur en Théologie de la Maison & Société de Sorbonne, Curé de l'Eglise Paroissiale de d'une part; & les Sieurs Marchands Bourgeois de Paris, Marguilliers de présent en Charge de l'Œuvre & Fabrique de ladite Eglise, d'autre part: Disant lesdites Parties, que par les anciens Statuts & Réglemens du Diocèse de Paris il est porté qu'il y aura une lampe toujours allumée jour & nuit devant le Tabernacle où repose le Saint Sacrement; qu'en exécution de cette Constitution il y a eu anciennement une lampe établie dans la Chapelle de la Communion de ladite Eglise; & qu'une personne de piété, qui n'a pas voulu être connue ni nommée, voyant que l'entretien de ladite lampe étoit négligé & presque aboli, est venue trouver ledit Sieur Curé, & lui a fait sçavoir que si on vouloit rétablir & entretenir ladite lampe allumée jour & nuit, elle donneroit une somme de mille livres pour être utilement employée au profit de ladite Œuvre & Fabrique, afin que le revenu annuel provenant de l'emploi de ladite somme soit affecté & destiné à l'entretien de ladite lampe, souhaitant & demandant que ledit Sieur Curé & ses successeurs veillent audit entretien, à ce qu'il ne s'y fasse aucun changement, diminution ni interruption, & dont elle charge leurs consciences: laquelle offre ayant été proposée par ledit Sieur Curé à Messieurs les Marguilliers, anciens Marguilliers & Paroissiens de ladite Eglise, en l'Assemblée générale tenue le onziéme Juillet dernier, & acceptée comme utile & avantageuse à ladite Eglise, suivant la délibération dudit jour inscrite au Livre à ce destiné, la même personne est venue trouver ledit Sieur Curé, auquel elle a délivré ladite somme de mille livres, dont ledit Sieur Curé voulant vuider ses mains, lesdites Parties esdits noms ont accordé ce qui suit; c'est à sçavoir, que lesdits Sieurs Marguilliers promettent & s'obligent, tant pour eux que pour leurs successeurs en leurs Charges, de rétablir la lampe qui a été anciennement établie en la Chapelle de la Communion de ladite Eglise devant le Tabernacle où repose le Saint Sacrement de l'Eucharistie, pour y brûler jour & nuit à perpétuité, à commencer de cejourd'hui, & pour l'entretien de ladite lampe fournir d'huile & autres choses nécessaires aux frais & dépens de ladite Œuvre & Fabrique, outre & sans préjudice d'une autre lampe qui continuera d'éclairer jour & nuit dans le Chœur, au-devant du Saint Sacrement qui est dans la Suspension au Grand Autel du Chœur de ladite Eglise: moyennant l'entretien desquelles deux lampes, tant de jour que de nuit, ladite Œuvre & Fabrique ne sera plus obligée d'en faire brûler une autre dans la Chapelle de la Communion, ainsi qu'elle a fait jusqu'à présent à certains jours de Fêtes, comme elle en étoit auparavant chargée par une ancienne fondation dont l'exécution se trouve confuse avec celle de la présente; ce qui a été accepté & consenti par ledit Sieur Curé, qui a présentement remis & délivré, présens les Notaires soussignez, ladite somme de mille livres ausdits Sieurs Marguilliers, qui s'en sont tenus pour contens & en ont quitté ledit Sieur Curé & tous autres. Et afin que ladite somme de mille livres ne soit point inutile à ladite Œuvre & Fabrique, & qu'elle lui puisse produire un revenu certain & assuré pour l'entretien de ladite lampe rétablie, lesdits Sieurs Marguilliers ont promis porter ladite somme de mille livres avec autres deniers au Trésor Royal de Sa Majesté, pour en acquérir au profit de ladite Œuvre & Fabrique une rente assignée sur les Aydes & Gabelles, payable en l'Hôtel de cette Ville; laquelle rente sera & demeurera spécialement & par privilége affectée & hypotéquée à l'entretien de ladite lampe rétablie; des arrérages de laquelle rente sera pris cinquante livres par chacun an par préférence, pour être employées en achat d'huile & autres choses nécessaires pour l'entretien perpétuel de ladite lampe: & pour établir lesdits priviléges, lesdits Sieurs Marguilliers feront déclaration dans la quittance qu'ils retireront de Monsieur le Garde du Trésor Royal des deniers qu'ils lui fourniront pour le principal de ladite rente, que lesdites mille livres présentement baillées par ledit Sieur Curé y seront entrées, dont sera expédié Contrat de constitution de ladite rente au profit de ladite Œuvre & Fabrique, par Messieurs les Prevôt des Marchands & Echevins de cette Ville, duquel, ensemble de ladite quittance de finance, sera fourni copie collationnée audit Sieur Curé par lesdits Sieurs

Marguilliers, inceſſamment & au plus tard dans un mois prochain pour tout délai, & même afin de perpétuer la mémoire de ce que deſſus, leſdits Sieurs Marguilliers en feront mention inceſſamment ſur le Martyrologe de ladite Egliſe. Car ainſi a été convenu, &c.

CHAPITRE XXVI.

Contenant des formules de pluſieurs Actes qui concernent les matieres bénéficiales qui nont pas été placées dans les précédens Chapitres.

IL y a pluſieurs Actes en matiere bénéficiale qui doivent être ſignez par les Evêques & Archevêques, & qui s'expédient par leurs Secretaires, comme les Lettres de Grand-Vicaire, les Lettres d'Ordres, les Dimiſſoires, Atteſtations, Exeats, Approbations, Diſpenſes, Proviſions, Inſtitutions, *Viſa*, Entérinemens, Fulminations, Erections de Bénéfices, Unions, Permiſſions & autres.

Comme ces Actes s'expedient ſans le miniſtere des Notaires, je n'en rapporterai point ici les modéles, on les trouvera tous dans le Notaire Apoſtolique. Je me contenterai de rapporter les formules des plus importans Actes, qui étant ou pouvant être de la fonction des Notaires Apoſtoliques, ne ſont point rapportez dans les Chapitres précedens.

Nous allons donner en premier lieu une formule d'une Commiſſion de l'Archidiacre pour deſſervir une Cure pendant le déport, c'eſt-à-dire pendant la vacance, ſoit par mort, ſoit par la négligence du pourvû de ſe faire promouvoir aux Ordres, ou à cauſe du litige entre des contendans.

Commiſſion de l'Archidiacre pour deſſervir une Cure pendant le déport.

CLaude, &c. Prêtre, Grand-Archidiacre de à notre bien amé Maître François Prêtre du Diocèſe de Salut en notre Seigneur. Il nous appartient de droit & par un uſage confirmé qui a été approuvé & obſervé juſqu'à préſent, de pourvoir aux Egliſes Paroiſſiales & autres Bénéfices Eccléſiaſtiques étant dans l'étendue de notre Archidiaconé, vacans par quelque moyen que ce ſoit, qui peuvent être en litige, & dont il n'y a point de poſſeſſeur paiſible, d'y commettre un ou pluſieurs Vicaires, & de prendre & jouir des revenus juſqu'à ce qu'il nous ait apparu d'un paisible possesseur : & comme il est venu à notre connoissance que l'Eglise Paroissiale de de notre Archidiaconé, manque à présent de possesseur paisible, & qu'elle est en litige entre Maître A. & Maître C. & peut-être quelques autres Contendans, étant dûement informez de vos bonnes mœurs, capacitez, suffisances & fidélité, désirant pourvoir efficacement à ladite Eglise, afin d'empêcher les Contendans de proceder par voies de fait, & que le culte divin ne soit pas interrompu ou diminué, ce qui porteroit un grand scandale à la Sainte Eglise, nous vous avons commis & établi pour & en notre nom desservir incessamment & avec soin ladite Eglise Paroissiale de *in divinis*, administrer les Sacremens aux Paroissiens, & remplir les autres devoirs d'un véritable Pasteur, même de prendre & recevoir tous les fruits, revenus & autres émolumens de quelque nature que ce soit, provenans de ladite Eglise & qui en dépendent, dont nous consentons que vous soyez honnêtement satisfait, jusqu'à Mandement de notre part. Mandons à tous & chacun qui ont & peuvent prétendre droit à ladite Eglise Paroissiale, & à tous autres qui nous sont soumis, que tout ce que dessus observé, ils ayent à vous obéir & entendre. Fait & passé en présence & pardevant les Notaires soussignez.

La Commission précédente s'expedie ordinairement en Latin ; mais nous avons jugé à propos d'en donner ici un modéle traduit en notre Langue, pour faire connoître à ceux qui ne sçavent pas le Latin, ce que cet Acte doit contenir. Voici pareillement la traduction des Lettres d'Intronisation ou Lettres d'Installation, qui sont données par l'Archidiacre sur le *Visa* ou collation de l'Ordinaire qui lui en a fait l'adresse.

Lettres d'Intronisation de l'Archidiacre.

JAcques Prêtre, Docteur ès Droits, Chanoine de l'Eglise de Archidiacre de sçavoir faisons, que nous avons reçu les Lettres de collation & provision de la Cure & Eglise Paroissiale de Diocèse de de notre Archidiaconé, accordées à M. B. Prêtre du Diocèse de le signées & scellées, & à Nous adressées, dont la teneur ensuit. (*Il faut ici transcrire lesdites Lettres de collation & provision, & mettre ce qui suit.*) Après la réception desquelles Lettres de collation & provision, nous avons ledit M. B. comparant en personne, mis, mettons & intronisons par la tradition des Présentes, en la quasi-possession de ladite Cure de en conséquence nous mandons par ces Présentes au premier Prêtre & Notaire sur ce requis, de mettre & établir ledit Sieur B. en possession corporelle & actuelle de ladite Cure ou Eglise Paroissiale de & de ses droits & appartenances quelconques, en observant les formalitez ordinaires, sauf le droit d'un chacun. Sous notre seing & le sceau de notre Archidiaconé, en la présence & pardevant les Notaires à Paris soussignez le, &c.

On procede par la voie d'élection pour remplir des Dignitez dans les Chapitres ou Communautez ; & en cela il faut suivre la forme qui est observée dans le Chapitre où elle se fait : on n'en peut donner de modéles qui soient généralement conformes à l'usage pratiqué dans toutes les Communautez séculieres ou régulieres. Ces Actes se font pour la plupart en Langue Latine ; dans quelques endroits ils se font en notre Langue. Mais il n'y peut avoir aucune difficulté de les faire en François ou en Latin, selon que les Parties le désireront. Comme entre ces Actes on a vû particulierement ceux qui concernent l'Ordre de la Trinité, dit des Mathurins, qui sont en Langue Latine, on en a fait une traduction Françoise, aussi-bien que de quelques autres Actes qui en sont une suite, soit pour s'en servir, si le cas y échet, ou pour donner au moins une idée générale de la maniere dont on peut les dresser pour d'autres Monasteres.

Acte d'élection d'un Ministre des Mathurins.

L'An mil sept cens, &c. le jour de heures du matin ; les Notaires soussignez se sont transportez au Chapitre du Couvent de Saint Mathurin de cette Ville, de l'Ordre de la Sainte Trinité & Rédemption des Captifs, où étant, se seroient trouvez le R. P. O. Président élû dudit Chapitre par tous les autres Capitulans soussignez, & les Révérends Peres Q. R. S. &c. tous Religieux Profez & Prêtres dudit Ordre de la Sainte Trinité, assemblez en leurdit Chapitre au son de la cloche en la maniere accoutumée, & là ledit R. P. O. auroit exposé que ledit Chapitre auroit été convoqué aux fins de proceder à l'élection d'un nouveau Ministre & Recteur dudit Couvent de S. Mathurin de cette Ville, au lieu de R. P. N. dernier Ministre & Recteur d'icelui, qui est décedé ; sur quoi après s'être par tous lesdits Révérends Peres Capitulans mis à genoux devant le Crucifix, & chanté le *Veni Creator* pour demander les lumieres & assistance du Saint-Esprit sur ladite élection, ils ont procedé ainsi qu'il ensuit. C'est à sçavoir, que suivant les différentes voix données pour ladite élection, ledit R. P. O. a eu voix, (*& suivre jusqu'à la consommation des voix de tous les Peres dont le Chapitre est composé*) ainsi qu'il a été de la connoissance certaine de tous lesdits Peres Capitulans, qui en conviennent ; en conséquence de quoi ledit R. P. O. s'étant trouvé avoir le plus grand nombre de voix, a été élû en ladite place de Ministre dudit Couvent de S. Mathurin de cette Ville : ce fait, les autres Peres Capitulans ont approuvé, ratifié & confirmé ladite élection ; après quoi ledit R. P. O. élû Ministre, a prêté le serment en tel cas requis & accoutumé entre les mains dudit R. P. P. comme plus ancien des autres Peres Capitulans dudit Chapitre, dont & de quoi lesdits Notaires soussignez ont fait & octroyé le présent Acte, qui fut fait & passé à Paris dans ledit Chapitre, lesdits jour & an que dessus, & ont tous signé avec lesdits Notaires, &c.

Prise

Prise de possession d'un Ministre des Mathurins.

L'An mil sept cens le en la présence des Conseillers du Roi Notaires à Paris soussignez, Révérend Pere O. élû en la Ministrerie du Couvent de Saint Mathurin de cette Ville, Ordre de la Sainte Trinité & Rédemption des Captifs, comme vacante par la mort du R. P. N. Prêtre, Religieux & dernier Ministre dudit Couvent, suivant l'Acte de ladite élection reçu par l'un des Notaires soussignez & son Confrere le de ce mois, a été en vertu dudit Acte d'élection, dûement signé & scellé & en bonne forme, mis & installé par le R. P. P. Prêtre, Religieux & le plus ancien de ceux dudit Couvent, en la possession corporelle, réelle & actuelle de ladite Ministrerie par la libre entrée en l'Eglise dudit Couvent, prise d'Eau-benite, Prieres faites devant le Très-Saint Sacrement, avec aspersion d'Eau benite par ledit R. P. O. revêtu de l'Etole, séance par lui prise dans le lieu propre & affecté au Ministre & Recteur de ladite Maison, son des cloches, exhibition & lecture dudit Acte d'élection, chant du *Te Deum*, & autres solemnitez en tel cas requises & accoutumées; à laquelle prise de possession, lûe & publiée à haute & intelligible voix, personne ne s'est opposé, dont & de quoi ledit R. P. O. a requis le présent Acte à lui octroyé par lesdits Notaires soussignez en ladite Eglise lesdits jour & an, & ont signé.

Entre les Dignitez ou Bénéfices dont on vient de parler, il y en a qui sont conferez par la seule élection, sans qu'il soit besoin d'aucune autre formalité; d'autres qui requierent une confirmation: tels sont les Bénéfices réguliers soumis à la Jurisdiction des Superieurs réguliers, dont la confirmation appartient aux Abbez Titulaires des Abbayes ou Généraux d'Ordre: à l'égard des Dignitez séculieres, on en doit obtenir la confirmation des Archevêques & Evêques; & pour la réquisition on se servira du modéle qui suit.

Modéle de réquisition d'une confirmation.

EN la présence & compagnie des Notaires à Paris soussignez, le heure de M. s'est transporté en l'Hôtel de sis où étant & parlant au Sieur trouvé en personne, il lui a montré & exhibé le Procès-verbal de l'élection qui a été canoniquement faite de sa personne à la Dignité de Prevôt de l'Eglise Collégiale de S. reçu pardevant les Notaires à le laquelle il a acceptée, suppliant & requerant ledit Sieur de vouloir bien en accorder ses Lettres de confirmation nécessaires, lequel Sieur parlant que dessus a fait réponse, &c.

Les Procès-verbaux de Bénédictions d'Abbez & d'Abbesses;

ceux de Consécration de Reliques, ceux de Bénédictions de Chapelles, sont attribuez aux Notaires Apostoliques par l'Article VI de l'Edit de création du mois de Décembre 1691.

La validité de ces sortes d'Actes dépend toujours de l'expression des faits & des circonstances, & de l'observation des solemnitez qui sont essentiellement prescrites par les Canons sur le fait de ces Bénédictions & Consécrations.

Il en faut faire mention dans les Procès-verbaux, qui sont ordinairement rédigez en Latin : mais on peut les rendre en Langue Françoise, de même que plusieurs des précédens.

Il n'y a qu'à suivre ceux qui ont été précédemment faits pour le même sujet en pareil cas ; cependant voici la traduction d'un Procès-verbal de Bénédiction d'Abbé, que l'on donne pour servir de modéle dans l'occasion.

Procès-verbal de Bénédiction d'Abbé.

AU Nom de Notre-Seigneur. Ainsi soit-il. Soit notoire à tous qu'il appartiendra, que l'année le en la présence des Notaires soussignez, Illustrissime & Révérendissime Pere en Dieu Messire par la Miséricorde Divine & du Saint Siége Apostolique Archevêque de célébrant pontificalement le Saint Sacrifice de la Messe en l'Eglise de l'Abbaye Royale de en vertu de la Commission & Mandement de Notre Saint Pere le Pape suivant ses Bulles données à Rome le & de son Pontificat le signées sur le repli scellées en plomb avec lacs de soie, suivant l'usage de Cour de Rome, & de la permission d'Illustrissime Messire Abbé Commendataire de ladite Abbaye, ou de R. son Vicaire général par lui accordée audit Seigneur Archevêque, ayant pour Assistans RR. PP. G. H. Abbé de & J. L. Abbé de a fait la cérémonie de bénir, conformément à la teneur desdites Bulles, Mandement & Commission, & de ladite permission, Révérend & discrete personne A. B. Religieux Profez de l'Ordre de Abbé de Diocèse de assisté des Révérends Peres M. N. O. P. qui l'ont présenté à cet effet audit Seigneur Archevêque de lequel a dispensé audit Révérend Pere le don & la faveur de la Bénédiction Abbatiale, en la forme & suivant l'usage de la Sainte Eglise Romaine, par la coopération de la grace du Saint-Esprit, après avoir par ledit Révérend Pere prêté entre les mains dudit Seigneur Archevêque, qui a de lui reçu les sermens accoutumez ; à laquelle Bénédiction Abbatiale, prestation & réception de serment, ont assisté les Religieux de ladite Abbaye, dont & de ce que dessus ledit Révérend Pere A. B. a demandé qu'il lui soit fait & délivré un ou plusieurs Actes ou instrumens autentiques. Ce fut fait & passé en ladite Abbaye, les jour & an que dessus, ès présences de qui ont signé avec lesdits susnommez & lesdits Notaires.

Nous ne dirons rien ici des donations de Reliques, quoiqu'elles soient du Ressort des Notaires Apostoliques, parce que la forme qui s'y observe n'est point différente de celle que l'on garde dans les donations en matiere civile. Il faut seulement spécifier la qualité des Reliques & les noms des Saints & Saintes qui en font le titre.

La fulmination des Bulles se doit faire par les Notaires Apostoliques : on en dresse un Procès-verbal, le plus souvent en Latin ; mais il se peut faire en François, conformément à la Formule qui suit.

Réquisition d'un Visa *en fulmination de Bulles.*

EN la présence & compagnie des Notaires à Paris soussignez, M. pourvû en Cour de Rome en Commende de l'Abbaye ou Monastere de Ordre de S. Diocèse de par Bulles de Notre Saint Pere le Pape, données à sur la résignation de Messire dernier paisible possesseur, s'est transporté en l'Hôtel de Messire sis rue où étant, & parlant audit Sieur trouvé en personne, il lui a montré & exhibé lesdites Bulles par lui obtenues dudit Prieuré, & autres piéces, & l'a très-humblement supplié & requis de lui accorder des Lettres de *Visa*, de fulmination & enterinement nécessaires sur lesdites Bulles en Commende dudit Prieuré, pour en conséquence prendre par lui possession réelle & actuelle d'icelui & dépendances, & en jouir conformément ausdites Bulles. Lequel Sieur parlant que dessus, a fait réponse & dit, &c.

Procès-verbal de fulmination de Bulles.

JAcques Prêtre, Docteur, &c. Commissaire de Notre Saint Pere le Pape à présent séant, avec autres nos Collégues en cette partie. A tous ceux qui ces présentes Lettres verront, & principalement aux vénérables Prieur & Religieux du Couvent & Monastere de Notre-Dame de Ordre de Diocèse de Salut en Notre Seigneur. Sçavoir faisons que nous avons reçu avec la révérence & l'honneur que nous devons, les Bulles ou Lettres Apostoliques de provisions en Commende dudit Monastere de Notre-Dame de accordées à M. L. données à Rome à Sainte Marie Majeure, l'an de l'Incarnation du Seigneur mil sept cens aux Ides de Janvier, le du Pontificat de Sa Sainteté, signées sur le repli scellées en plomb avec lacs de corde, suivant l'usage de la Chancellerie Romaine : après l'exhibition desquelles Bulles, présentation d'icelles & réception que nous en avons faites, nous avons été instamment requis par ledit Sieur L. Impétrant, de proceder à l'exécution & fulmination d'icelles, & de le mettre ou faire mettre en possession corporelle, réelle & actuelle dudit Monastere de Notre-Dame de & de ses droits & appartenances quelconques, adhérant à laquelle supplication comme juste & raisonnable; vû par nous lesdites Bulles & celles du serment de fidélité qui y sont incluses, après que ledit Sieur L. présent en personne, s'étant mis à genoux, & ayant la main droite sur les Saints Evangiles, a fait & proferé à haute voix, de mot à mot, ledit serment de fidélité en la forme portée par la Bulle, nous avons par la concession de nos présentes Lettres, exhibition, tradition & restitution desdites Bulles, mis & établi ledit Sieur L. Impétrant, en possession corporelle, réelle & actuelle dudit Monastere, & de ses droits & appartenances quelconques, tout illégitime Détenteur en étant exclus, comme nous l'en excluons & déclarons exclus par ces Présentes. Et d'autant que nous ne pouvons quant à présent Nous transporter audit Monastere pour exécuter plus avant lesdites Bulles, par la même autorité Apostolique que nous procedons en cette partie, nous mandons à tous Notaires Apostoliques qu'en vertu desdites Bulles de provision & du présent Procès-verbal de fulmination, ils mettent ledit Sieur L. en possession corporelle, réelle & actuelle dudit Monastere de & de ses droits & appartenances quelconques, en observant les formalitez en tel cas introduites, & fasse rendre audit Sieur L. en qualité d'Abbé dudit Monastere de par les Religieux & Couvent d'icelui l'obéissance dûe & convenable, & par les Vassaux & autres Sujets les droits & devoirs dont ils sont tenus, en éloignant par ladite autorité Apostolique tous ceux qui pourroient s'y opposer, nonobstant toutes appellations & sauf le droit de chacun: en foi de quoi nous avons signé ces Présentes, & à icelles fait apposer le sceau de notre Office en la présence & pardevant les Notaires soussignez le &c.

Les Notaires Apostoliques doivent faire les significations extraordinaires des Brefs & Rescrits Apostoliques, qui portent dans l'usage ordinaire le titre d'Indult, terme qui dans sa propre signification veut dire grace.

La signification de ces Actes se fait en requerant les fins & conclusions du Bref, avec protestation sur le refus qu'il ne pourra nuire ni préjudicier: on connoîtra par le modéle qui suit la forme qu'on a coutume d'observer dans ces sortes d'Actes.

Réquisition à l'effet de mettre à exécution un Bref qui transfere un Religieux de son Monastere dans un autre.

En la présence & compagnie des Notaires à Paris soussignez, A. B. Religieux Convers Profez du Tiers-Ordre de Saint François, Impétrant d'un Indult Apostolique, à l'effet d'être transferé du Couvent de en celui de l'Abbaye de la Trappe, Ordre de Cîteaux de l'étroite Observance, Diocèse de Séez, dûement signé & vérifié suivant l'Ordonnance, s'est transporté pardevant M. l'Official de en l'Hôtel où il est demeurant, sis rue de où étant, ledit A. B. lui a très-humblement remontré que ledit Indult lui ayant été adressé, & en conséquence ayant bien voulu accepter la commission y portée de l'interroger & de faire entendre les témoins pour la vérification des faits y exposez, ensorte qu'il a pleinement satisfait à tout ce qui est ordonné, ayant même requis ses Supérieurs de permettre & agréer sa translation, sans qu'ils y ayent apporté aucun obstacle, il vient le supplier après plusieurs prieres verbales, & en tant que besoin seroit, le requerir avec tout le respect possible, & attendu même qu'il est obligé de se servir dudit Indult dans le tems de prescrit par icelui, de vouloir bien lui délivrer sa Sentence d'entérinement dudit Indult en la forme requise & ordinaire, afin de pouvoir jouir de la grace qui lui a été accordée par Sa Sainteté. Lequel Sieur Official a fait réponse, qu'en justifiant par ledit Frere A. B. du consentement du Sieur Abbé de la Trappe pour le recevoir, & qu'il a satisfait à ce que peuvent raisonnablement desirer ses Supérieurs, il fera ce qu'il appartiendra par droit & raison. A quoi ledit Frere A. B. a dit qu'il a satisfait à ce qui est requis, attendu qu'à l'égard du consentement du Sr Abbé de la Trappe, il est porté par le Bref qu'il en a justifié auparavant, & pour ce qui est de celui de ses Supérieurs, qu'il a fait ses soumissions requises par son Bref, qui porte expressément qu'il suffit pour lui de demander ledit consentement & non de l'obtenir; c'est pourquoi il protéste d'exécuter ledit Indult. Dont & de quoi a été fait & dressé Acte par lesdits Notaires en l'Hôtel de mondit Sieur l'Official subdélégué, &c.

Les réquisitions d'être admis à prendre l'Habit, faire Noviciat & Profession, pour satisfaire au Decret d'une provision de Bénéfice régulier, & toute autre réquisition, se peuvent aisément faire sur le modéle de la réquisition précedente, en prenant les fins & conclusions du Bref ou Decret dont on demande l'exécution.

L'article VI de l'Edit de création des Notaires Apostoliques leur donne le droit de faire des informations de l'âge, vie, mœurs & conversation catholique des nommez par le Roi à notre Saint Pere le Pape, aux Archevêchez, Evêchez & Abbayes. Outre ces informations, il y a encore la Profession de Foi, appellée *Forma juramenti*, qui se fait par ceux qui sont nommez, entre les mains de M. le Nonce du Pape; mais comme ces informations & le Procès-verbal de l'état de l'Evêché sont faits pardevant lui, ils doivent être nécessairement rédigez en Langue Latine, parce qu'ils doivent être envoyez à Rome : d'ailleurs la forme en est précise, & pour ainsi dire consacrée. Enfin ces Actes se trouvent tous imprimez, où il n'y a que les noms & les dates à remplir : ce sont toujours les mêmes sans aucun changement; c'est pourquoi je n'en rapporterai aucun ici.

CHAPITRE XXVII.

Suite d'Actes de Gens de main-morte.

EN travaillant à cette nouvelle édition, je me suis apperçu que dans la précédente il étoit répandu dans les matieres laïques plusieurs formules d'Actes qui se font par des Gens de main-morte Ecclésiastiques, ce qui m'a fait penser de faire un Chapitre de ces sortes de formules à la fin des matieres bénéficiales, comme y étant analogues.

Concession d'un Banc d'Eglise.

FUrent présens tous Marguilliers de l'Œuvre & Fabrique de la Paroisse de lesquels reconnoissent avoir par ces Présentes concedé & accordé pour toujours, & promettent pour & au nom de ladite Fabrique, tant pour eux que pour leurs successeurs, garantir & faire jouir au Sieur Jean Maximilien, à ce présent & acceptant, acquereur pour lui, ses hoirs, &c. la jouissance d'un Banc dans ladite Paroisse, situé pour par ledit Maximilien, sa vie durant, &c. y aller toutes fois & quantes aux heures & jours qu'ils désireront, avec leurs familles & autres personnes que bon leur semblera ; à l'effet de quoi lui sera mis ès mains incessamment la clef d'icelui. Cette concession faite moyennant la somme de . que lesdits Marguilliers confessent avoir reçue dudit Maximilien, dont, &c. quittant, &c. Ce fait en la présence de Curé de ladite Paroisse, qui a eu ladite concession pour agréable, & consent qu'elle sorte son entier effet. Promettant, &c.

Autre concession d'un Banc d'Eglise.

FUrent présens tous Marguilliers de l'Œuvre & Fabrique de lesquels en considération de ce que B. Sieur de a beaucoup témoigné de zéle pour ladite Fabrique, notamment dans une derniere affaire d'importance, ils ont par ces Présentes volontairement concedé & accordé à toujours, & promettent garantir & faire jouir au nom de ladite Fabrique, tant pour eux que pour leurs successeurs Marguilliers en icelle, la jouissance à perpétuité audit S[r] B, à ce présent & acceptant, acquereur pour lui, ses hoirs & ayans cause, d'un Banc dans ladite Eglise, situé, &c. Cette concession faite moyennant les susdites considérations, & outre moyennant la somme de quatre cens livres, que ledit Sieur B. a maintenant comptée, payée & délivrée, &c. dont lesdits Sieurs Marguilliers se contentent & l'en quittent. Ce fait en la présence de Mre Curé de ladite Eglise, qui a eu la présente concession pour agréable, & consent qu'elle sorte son effet, &c.

La concession ci-dessus est extraordinaire, en ce que les concessions des Bancs dans les Paroisses ne sont pour l'ordinaire que pour la vie de ceux ausquels les Bancs sont accordez, ou pour eux & leurs enfans, & non pour eux, leurs hoirs & ayans cause ; parce qu'ainsi ce seroit une aliénation à perpétuité, en quoi l'Eglise souffriroit quelque préjudice.

On met quelquefois la clause, que la concession n'est que tant que ceux ausquels elle est faite demeureront sur la Paroisse, & qu'elle demeurera nulle & sans effet dès qu'ils en sortiront : lorsque l'avantage qu'ils font à l'Eglise est considerable, on leur donne à vie en quelques lieux qu'ils soient demeurans.

On peut encore ajouter cette clause : *A la charge que les preneurs ne pourront rien innover au Banc concedé, sans le consentement & la permission des Marguilliers, & que les preneurs seront tenus souffrir les ouvertures des fosses & sépultures qui se feront sous icelui, toutes fois & quantes qu'il en sera besoin.*

Quelquefois on accorde droit de sépulture sous le Banc, & la Fabrique s'oblige de n'y faire enterrer que ceux de la famille.

Toutes ces clauses sont licites & arbitraires, & dépendent de la volonté des Parties contractantes.

Election de Marguilliers.

AUjourd'hui, &c. issue de Vêpres, en l'assemblée de Messieurs les Curé, Marguilliers & Paroissiens de Saint tenue en la Salle du Bureau de l'Œuvre, où étoient Monsieur Curé, & Messieurs Marguilliers en charge, & Messieurs les anciens Marguilliers, Monsieur ayant remontré que son tems étant expiré, il étoit nécessaire d'élire une autre personne à sa place, il a été prié par la Compagnie d'agréer d'être continué encore pour deux ans, ce qu'il a accepté : ensuite a été représenté par lesdits Sieurs Marguilliers en charge, qu'il étoit nécessaire de faire élection d'une personne de la Paroisse pour être Marguillier Comptable au lieu & place dudit Sieur dont le tems est aussi expiré ; chacun ayant donné sa voix séparément, a été nommé & élû le Sieur à ce présent & acceptant, pour par lui exercer ladite Charge jusqu'au jour, &c. dont a été par les Notaires soussignez délivré le présent Acte à la réquisition desdits Sieurs Curé & Marguilliers, au Bureau de ladite Œuvre ; & ont signé.

Nota Qu'il doit être fait mention si celui qui a été élû accepte ou non, & mettre les raisons de son refus, s'il refuse.

Les élections de Commissaires des Pauvres & autres Charges de Paroisse, de Ville & de Communauté, se font de la même maniere.

Autorisation donnée par un pere à son fils, à l'effet de lui passer procuration pour accepter pour lui une pension viagere, au lieu des fruits & revenus d'un Canonicat, & en conséquence de l'union faite d'icelui Canonicat par l'Evêque au profit d'un Séminaire.

AUjourd'hui est comparu devant les Notaires à Paris soussignez, N. de Masure, demeurant lequel autorise par ces Présentes M. T. de Masure son fils, demeurant en la Ville de Soissons, à l'effet de lui passer procuration pour traiter avec le Supérieur de de ladite Ville, ou autre qu'il appartiendra, & faire choix d'une pension viagere pour ledit Sieur son fils, au lieu des fruits & revenus de la Prébende & Canonicat du Monastere de Notre-Dame de Soissons, pour lui être ladite pension payée sa vie durant, & déclarer par ledit Sieur de Masure fils, dans la procuration qu'il passera audit Sieur son pere, qu'il abandonne audit Séminaire les fruits & revenus de sondit Canonicat, le tout en exécutant le decret d'union fait par Monseigneur l'Evêque de Soissons des Curats & Canonicats dudit Monastere au profit d'icelui, Lettres Patentes confirmatives de ladite union, & Arrêt d'enregistrement rendu en conséquence : comme aussi d'inserer dans ladite procuration pouvoir audit Sieur de Masure Comparant, de passer tous Contrats & Actes nécessaires, & promettre avoir le tout pour agréable, & le ratifier lorsqu'il sera majeur, de même comme ledit Sieur Comparant approuve & ratifie dès-à-présent par ces Présentes tout le contenu de ladite procuration, qui lui sera donnée par ledit Sieur son fils. Promettant, &c.

Protestation contre des Vœux.

AUjourd'hui est comparu pardevant les Notaires soussignez, Messire P. de présent logé rue Paroisse lequel a dit que Monsieur son pere & Madame sa mere ont fait à son égard ce qui se pratique aujourd'hui dans plusieurs familles de considération, où les parens, par prédilection pour quelques-uns de leurs enfans, & dans la vûe de leur procurer un établissement plus considérable, sacrifient les autres à leur ambition, & les destinent dès l'enfance à un état conforme à leurs vûes, mais qui le plus souvent se trouve fort éloigné de l'inclination de leurs enfans : que pour lui il a été destiné pour l'Ordre de Malte, où on l'a fait recevoir dès le berceau : que dans ces premiers tems, où il n'étoit point encore capable de raisonner sur le parti qu'on lui faisoit prendre, ni de connoître s'il y étoit propre, il avoit tâché de répondre aux souhaits de ses parens : qu'à cet effet il avoit été faire ses Caravanes, & qu'il osoit se flatter qu'il y avoit rempli ses devoirs en tout ce que la profession exigeoit de lui ; mais qu'il avoit dès-lors connu par expérience que l'air & l'agitation l'agitation de la mer alteroient considérablement sa santé : qu'il en avoit écrit à ses parens, qui y avoient eu si peu d'égard, qu'ils l'avoient obligé d'aller servir sur les Vaisseaux comme Garde-Marine : qu'en cette qualité il a fait le voyage de Constantinople en l'année sur le Vaisseau *le Bizarre*, avec Monsieur qui s'en alloit en Ambassade à qu'il y arriva si attenué des fatigues qu'il avoit souffert, & d'une maladie qui l'avoit réduit à l'extrémité, que quand il fut question de revenir, les Médecins l'assurerent qu'il mettoit sa vie en danger s'il retournoit en France par mer, ensorte qu'il fut obligé de revenir par terre : que depuis son retour, lesdits Sieur & Dame ses pere & mere l'avoient fort pressé de retourner à Malte pour y faire ses voeux, mais qu'il s'en étoit toujours défendu, tant sur le mauvais état de sa santé qui ne lui permettoit pas de tenir la mer, que parce qu'il ne se sentoit aucune vocation pour embrasser ledit état : que lesdits Sieur & Dame ses pere & mere, piquez de son refus, avoient redoublé leurs persécutions, & l'avoient même outragé en sa personne, de sorte qu'il avoit été obligé de se bannir de la maison paternelle, & de préferer une vie languissante & miserable dans une auberge, aux rigueurs & aux chagrins ausquels il étoit exposé dans le milieu de sa famille : que depuis sa retraite il avoit plusieurs fois tenté d'entrer dans les Mousquetaires, mais qu'il avoit trouvé les chemins fermez par les précautions que sesdits pere & mere avoient prises de prévenir contre lui les Commandans ; de maniere que se voyant sans aucune ressource & dénué de toutes choses, il est réduit dans la fâcheuse nécessité, ou de faire des Voeux contraires à son inclination, ou de vivre avec l'indignation & la haine de sa famille, & d'être exposé à de continuelles persécutions dont il a lieu de craindre les suites, d'autant plus que les Sieur & Dame ses pere & mere lui auroient fait dire par que s'il n'obéissoit, ils prendroient contre lui des résolutions dont il auroit tout sujet de se repentir : que par un rafinement de précaution, & pour sauver devant les hommes la honte d'une action aussi odieuse qu'est celle de contraindre un homme de son âge à faire des Voeux malgré lui, ils lui avoient fait dire que non-seulement ils vouloient qu'il leur obéît, mais même que cela se fît en apparence de son consentement & sans aucune violence de leur part : qu'à cet effet ils ont exigé de lui qu'il publiât dans sa famille, & sur-tout en présence de qu'il étoit enfin déterminé à faire ses Voeux, & qu'après s'être bien consulté il ne voyoit point de meilleur parti à prendre ; que même quand il seroit arrivé à Malte, il eût à tenir une conduite qui obligeât le Maître des Novices à écrire audit que lui Sieur Comparant marquoit tout le zéle & tout l'empressement imaginable pour être admis à faire ses Voeux.

A ces causes, attendu la violence qui lui a été faite, il proteste de nullité contre les Lettres de supplication qu'il sera obligé d'écrire à ce sujet, tant ausdits Sieur & Dame ses pere & mere, qu'ausdits ensemble de celles qui seront écrites par le Maître des Novices, même de se faire relever par les voies canoniques en tems & lieu contre des Voeux qu'il ne fait que pour se mettre à couvert des persécutions de ses parens, ou pour en prévenir les suites ; & en outre proteste de tout ce qu'il peut & doit protester à ce sujet, dont & de quoi il a requis le présent Acte à lui octroyé.

Quittance de passage dans l'Ordre de S. Jean de Jerusalem.

EN présence, &c. Nicolas Chevalier de l'Ordre de Saint Jean de Jerusalem, & Commandeur de Receveur général du commun Trésor dudit Ordre au Grand-Prieuré de France, demeurant a reconnu & confessé avoir reçu de Messire Gabriel de Bry, fils de haut & puissant Seigneur Messire F. de Bry & de Dame Marie par les mains de Maître Simon, &c. demeurant à ce présent, qui lui a payé, compté, nombré & réellement délivré en louis d'argent, &c. présens les Notaires soussignez, la somme de cinq mille quatre-vingt-huit livres treize sols quatre deniers, sçavoir quatre mille neuf cens seize livres treize sols quatre deniers pour la valeur de trois cens trente-trois louis d'or, & un tiers de louis d'or sur le pied courant, dûs au commun Trésor dudit Ordre par ledit Sieur Gabriel de Bry, pour son droit de passage, dispense d'âge & droit de minorité, pour être reçu Chevalier dudit Ordre dans la véritable Langue & Prieuré de France, au desir du Bref de Sa Sainteté, donné à Rome le enregistré à la Chevalerie à Malte le portant un an de terme pour le payement dudit passage, prorogé pour une autre année par le Decret de Son Eminence Monseigneur le Grand-Maître dudit Ordre dudit jour, enregistré pareillement le même jour en la Chancellerie de Malte, & cent soixante-dix livres pour le droit de la vénérable Langue Françoise; de laquelle somme de cinq mille quatre-vingt-huit livres treize sols quatre deniers ledit Nicolas se tient content, &c.

Des Fondations.

La Fondation est une donation d'une somme, maison ou héritage qui se fait à une Eglise, à la charge de quelque priere annuelle, selon l'intention du Fondateur. Elle est quelquefois comprise dans les Testamens; quelquefois aussi on en passe un Acte séparé.

Lorsqu'elle est faite par donation, elle est sujette à insinuation comme les autres donations, à peine de nullité, ainsi qu'il a été dit ci-dessus; elle se peut faire suivant les formules suivantes.

Le Roi par la Déclaration du mois de Juin 1671, vérifiée au Parlement le 26 dudit mois, a ordonné qu'il ne fût fait aucun établissement de Religieux & Congrégations dans les Monasteres non-réformez, ni être fait en iceux Monasteres aucunes unions des Ordres desdits Religieux & Congrégations, sans l'expresse permission & Lettres de Sa Majesté, à peine de nullité.

Par Edit du mois d'Août 1749, enregistré au Parlement le 2 Septembre, le Roi a renouvellé les défenses de faire aucun établissement de Chapitres, Colléges, Séminaires, Maisons ou Communautez Religieuses, même sous prétexte d'Hospices, Congrégations, Confréries, Hôpitaux ou autres Corps & Communautez, soit ecclésiastiques séculieres ou régulieres, soit laïques, de quelque qualité qu'elles soient, ni pareillement aucune nouvelle érection de Chapelles ou autres Titres de Bénéfices, si ce n'est en vertu de Lettres Patentes. A défendu de faire à l'avenir aucune disposition par Acte de derniere volonté pour fonder de nouveaux établissemens de la qualité ci-dessus : n'entend comprendre les fondations particulieres qui n'auront pour objet que la célébration de Messes, ou Obits, la subsistance d'Etudians, ou de pauvres Ecclésiastiques ou Séculiers, des Mariages de pauvres Filles, Ecoles de Charité, soulagement de Prisonniers ou Incendiez, ou autres œuvres pieuses. . . .

Défend à tous les Gens de main-morte d'acquerir, recevoir ni posseder à l'avenir aucuns fonds de terres, maisons, droits réels, rentes foncieres ou non-rachetables, même des rentes constituées sur des Particuliers, sans avoir obtenu Lettres Patentes, soit par vente, adjudication, échange, cession ou transport & donation, même en payement de ce qui leur seroit dû. Permis seulement d'acquerir des rentes sur le Roi, le Clergé, les Diocèses, les Pays d'Etats, & les Villes & Communautez. Enfin défend aux Notaires & Tabellions de passer aucun Contrat de vente, échange, donation, cession ou transport des biens ci-dessus prohibez, sans qu'il leur apparoisse de Lettres Patentes, à peine de nullité, d'interdiction & d'amende.

Fondation de Saluts & Messes faite par un Particulier avec le Curé de la Paroisse, ayant pouvoir des Marguilliers.

FUrent présens Jeanne Coulin, veuve du Sieur Gilles Gautru, demeurante d'une part; & Messire Armand Devin, Prêtre Curé de la Paroisse de Saint tant en son nom en ladite qualité, que comme fondé du pouvoir des Marguilliers & Habitans de ladite Paroisse, porté par leur écrit du controllé à le dudit mois, & demeuré ci-annexé, après avoir été certifié véritable dudit Sieur Gautru en présence des Notaires soussignez; par lesquels Marguilliers & Habitans leditSieur Curé promet en outre faire ratifier lesdites Présentes, & en fournir Acte en bonne forme à ladite Gautru dans quinze jours d'hui au plus tard, à peine, &c. demeurant ledit Sieur Curé d'autre part.

Disant les Parties, que ladite Demoiselle veuve Gautru désirant avoir part aux prieres qui se disent en l'Eglise de ladite Paroisse de elle auroit proposé ausdits Sieurs Curé, Marguilliers & Habitans d'icelle, de fonder en ladite Eglise dix Saluts du Saint Sacrement, un Répons de la Vierge, un de Saint Jean-Baptiste, un *Libera* & un *De profundis* avec l'Oraison, pour être lesdits Saluts célébrez les premiers Dimanches des mois de Février & Mars; & cinq Messes basses par chacune année, l'une le jour de S. Claude, pour le repos des ames des pere & mere de ladite veuve Gautru; une le jour de S. Etienne, pour le repos de l'ame de premier mari de ladite veuve Gautru; une le douze de Février, & une le premier Septembre, toutes trois pour le repos de l'ame dudit défunt Sieur Gautru; lesquels Saluts & Messes seroient annoncez aux Prônes des Dimanches, & sonnez en la maniere accoutumée: & à la fin de chacune desdites Messes, le Prêtre Célébrant seroit tenu de dire un *De profundis* avec l'Oraison, aux intentions susdites; & à cet effet seroit fourni par l'Oeuvre & Fabrique de ladite Eglise, pain, vin, luminaire, ornemens & autres choses nécessaires; pour laquelle fondation elle auroit offert à ladite Oeuvre & Fabrique une rente de vingt-cinq livres, de la maniere ci-après stipulée, laquelle proposition ayant été agréée, les Parties sont convenues de ce qui suit.

C'est à sçavoir, que ladite Demoiselle veuve Gautru a par ces Présentes fondé dans ladite Eglise de à perpetuité lesdits dix Saluts du Saint Sacrement avec exposition, & cinq Messes basses, suivant qu'ils sont ci-dessus exprimez, pour être dits & célébrez en ladite Eglise aux jours & intentions susdites, à commencer ladite célébration; sçavoir, desdits Saluts, Dimanche prochain, & desdites Messes, le jour de Saint Etienne prochain, lesquels dix Saluts & Messes seront annoncez & sonnez comme il est ci-devant exprimé: & pour raison du tout, sera comme dit est, fourni par ladite Oeuvre & Fabrique d'ornemens, pain, vin, luminaire & autres choses nécessaires, à quoi ledit Sieur Curé audit nom s'est obligé de satisfaire. Et pour raison de la présente fondation, ladite Demoiselle veuve Gautru a créé & constitué, assis & assigné, & promis garantir, fournir & faire valoir en principal & arrérages à ladite Oeuvre & Fabrique acceptante par ledit sieur Curé esdits noms, vingt-cinq livres de rente, qu'elle promet & s'oblige de bailler & payer à ladite Oeuvre & Fabrique de ou au porteur par chacun an, en un seul payement, dont le premier échéra dans un an d'hui prochain, & ainsi continuer à l'avoir & prendre généralement sur tous les biens meubles & immeubles présens & à venir de ladite Demoiselle veuve Gautru, qui les en a chargé, obligé, affecté & hypotequé pour la garantir, fournir & faire valoir bonne & bien payable, sans diminution, nonobstant toutes choses à ce contraires, pour d'icelle rente jouir, faire & disposer par ladite Oeuvre & Fabrique comme de chose lui appartenante, jusqu'à la valeur & concurrence de laquelle dite rente en principal & arrérages, ladite Demoiselle veuve Gautru s'est dessaisie au profit de ladite Oeuvre & Fabrique de tous sesdits biens meubles &

immeubles présens & à venir. Et désirant ladite Demoiselle veuve Gautru que ladite fondation soit soutenue à perpétuité, elle déclare, veut & entend que le rachat n'en puisse être fait qu'en fournissant par les Marguilliers de ladite Oeuvre & Fabrique un fonds d'héritage situé dans l'étendue de ladite Paroisse de ou ès environs, qui produise un revenu annuel de vingt-cinq livres, lequel fonds demeurera à toujours chargé de l'exécution de ladite fondation, moyennant quoi ladite veuve Gautru ou ses héritiers demeureront entierement déchargez de ladite rente, en acquittant par eux les droits & frais qu'il pourra convenir à ce sujet: de laquelle présente fondation il sera fait mention dans l'Obituaire de ladite Eglise. Sera loisible à ladite Demoiselle veuve Gautru de faire poser en ladite Eglise une pierre où sera inscrite sommairement la présente fondation. Car ainsi, &c. & pour l'exécution des Présentes, &c.

Convention sur ladite Fondation.

Et le est comparue pardevant, &c. ladite Demoiselle veuve Gautru, laquelle en expliquant plus particulierement ses intentions sur la fondation qu'elle a faite par le Contrat écrit des autres parts, au sujet des dix Saluts faisant partie de ladite fondation, a déclaré que son intention est que le défunt Sieur Gautru son mari ait part comme elle aux mérites des prieres qui se diront dans la célébration desdits Saluts, suivant qu'elles sont expliquées audit Contrat; & que pendant la vie de ladite Demoiselle Comparante, le *Libera* & le *De profundis* avec l'Oraison qui doivent se dire à la fin desdits Saluts, soient pour le repos de l'ame dudit Sieur Gautru; & après le décès de ladite Demoiselle, lesdits *Libera* & *De profundis* avec l'Oraison seront pour le repos des ames desdits Sieur & Demoiselle Gautru, sans par icelle Demoiselle au surplus rien changer audit Contrat de fondation; ce qui a été accepté par ledit Sieur Devin esdits noms à ce présent. Fait & passé, &c.

Fondation d'une Messe basse faite par une Veuve, acceptée par plusieurs Religieux fondez de pouvoir des autres Religieux de leur Couvent.

FUrent présens G. D. veuve de J. Fromont, demeurante d'une part; & les R. P. D. Gardien du Couvent des Religieux Pénitens de l'Ordre de Saint François établis à Paris, & Jean Discret, tant en leurs noms, que comme fondez de pouvoir de la plus grande partie des autres Religieux dudit Couvent, par Acte passé pardevant le l'Original duquel est demeuré annexé à ces Présentes, d'autre part.

Disant ladite Dame Fromont, que ledit défunt sieur son époux & elle, par une dévotion singuliere qu'ils avoient, & qu'elle a encore, ont fait dire & célébrer par lesdits Religieux, tous les Dimanches & Fêtes de l'année, des Messes dans la Chapelle de & désirant ladite Dame faire une fondation pour continuer à faire dire & célébrer lesdites Messes en ladite Chapelle pour le repos de l'ame de son mari & elle, auroit offert aufdits Peres auparavant, de donner à leur Couvent la fomme de deux mille cinq cens livres une fois payée, qui feroit portée au Tréfor Royal, pour acquerir une rente au denier vingt fur les Aydes & Gabelles au profit dudit Couvent, dont les deniers, en cas de rembourfement, feront employez en acquifition d'héritages ou rentes, pour fureté de ladite fondation; ce que lefdits RR. PP. Comparans auroient communiqué aux autres Religieux de leurdit Couvent, lefquels auroient tous unanimement accepté les offres de ladite veuve Fromont, & loué fa bonne dévotion; au moyen de quoi les Parties font convenues de ce qui fuit. C'eft à fçavoir, que moyennant ladite fomme de deux mille cinq cens livres, que ladite veuve Fromont a préfentement, du confentement des RR. PP. Comparans efdits noms, comptée & réellement délivrée ès mains de l'un des Notaires foufiignez, en louis d'argent, &c. pour être par lui potrée au Tréfor Royal, & en acquerir une rente au denier vingt fur les Aydes & Gabelles au profit dudit Couvent, à la charge de ladite fondation, de laquelle fomme ils fe contentent. Promettent lefdits RR. PP. Comparans efdits noms, pour eux & leurs fucceffeurs audit Couvent, de faire dire & célébrer en leurdit Couvent à perpétuité lefdites Meffes tous les Dimanches & Fêtes de l'année en ladite Chapelle de pour le repos de l'ame du défunt Sieur Fromont & de ladite Dame fa veuve, & de fournir pain, vin, luminaire, ornemens & autres chofes néceffaires. Et pour plus grande fureté de la préfente fondation, fera fait mention dans la quittance de finance & Contrat de conftitution, que les deniers proviendront d'icelle : copie duquel Contrat fera fournie à ladite veuve Fromont inceffamment. Car ainfi, &c.

Fondation d'une Meſſe baſſe en une Paroiſſe, acceptée par les & Curé Marguilliers d'icelle.

FUrent préfens tous Marguilliers de l'Oeuvre & Fabrique de la Paroiffe de S. N. D. C. affiftez de Curé d'icelle Paroiffe, d'une part; & Dame veuve de J. B. tant en fon nom, que comme tutrice de leurs enfans mineurs, demeurante d'autre part.

Difant ladite Dame que ledit défunt fon mari ayant été inhumé dans le Chœur de ladite Paroiffe, du confentement dudit fieur Curé, elle défiroit y fonder une Meffe baffe de *Requiem*, pour le repos de l'ame dudit défunt Sieur de la tous les Lundis de chacune femaine à perpetuité, de faire mettre fur fa fépulture une Tombe, & qu'il fût mis & appofé une Epitaphe à un pilier le plus proche de ladite fépulture, dans laquelle il feroit fait mention de ladite fondation, & que pour tout elle défireroit donner à ladite Oeuvre & Fabrique une fomme de mille livres une fois payée, & de payer les frais néceffaires pour lefdites Tombe & Epitaphe, & les mettre en place; ce qu'elle auroit communiqué aufdits Sieurs Curé & Marguilliers, lefquels en ayant conferé enfemble, font convenus & demeurez d'accord de ce qui enfuit : C'eft à fçavoir, que moyennant ladite fomme de mille livres, que ladite Dame a préfentement payée, comptée & réellement délivrée en louis d'argent, &c. ès mains dudit Sieur Marguillier comptable, qui d'elle confeffe l'avoir reçue, dont, &c. quittant, &c. En conſéquence de quoi leſdits Sieurs Marguilliers, tant pour eux que pour leurs ſucceſſeurs eſdites Charges, promettent & s'obligent de faire dire & célébrer en ladite Egliſe & Paroiſſe de S. N. D. C. une Meſſe tous les Lundis de chacune ſemaine, à commencer du Lundi prochain à perpétuité, & de fournir pain, vin, luminaire, ornemens & autres choſes néceſſaires, & permettent à ladite Dame de faire mettre & poſer leſdites Tombe & Epitaphe, ainſi qu'il eſt ci-devant dit, à ſes frais & diligences. Et pour perpetuer la mémoire de ladite fondation, il en ſera fait mention ſur le Martyrologe de ladite Egliſe. Car ainſi, &c.

Fondation faite par un Particulier, héritier de ſon frere, qui l'auroit chargé de la faire.

FUrent préſens R. P. Louis Gardien du Couvent de & Leon Procureur d'icelui, fondez de Procuration des autres Religieux dudit Couvent, paſſée pardevant Notaires audit dont l'original paraphé d'eux, & à leur requiſition des Notaires ſouſſignez, eſt demeuré ci-annexé, d'une part; & le Sieur Pierre B. demeurant héritier de Joſſe B. ſon frere, d'autre part.

Diſant ledit Sieur B. que ledit défunt Joſſe B. l'auroit verbalement prié de donner la ſomme de cinq cens livres, pour fonder à perpétuité une Meſſe tous les Dimanches, à commencer le Dimanche de Quaſimodo prochain, juſqu'au jour de la Touſſaints de chacune année, & une le jour des Morts, à chacune deſquelles ſeroit tinté trente coups de la cloche de l'Egliſe ou Couvent où elles ſeroient dites & célébrées à du matin: Pourquoi ceux qui accepteroient ladite fondation fourniroient d'ornemens, pain, vin, luminaire & autres choſes néceſſaires, dont ſeroit paſſé Contrat; par laquelle fondation ledit B. a préſentement & à la vûe, &c. payé, &c. auſdits R. P. Gardien & Procureur, qui de lui ont reçu ladite ſomme de cinq cens livres, dont ils ſe contentent & le quittent, moyennant laquelle s'obligent eſdits noms pour eux & leurs ſucceſſeurs audit Couvent, de faire dire & célebrer en leur Egliſe les ſuſdites Meſſes ès jours & heure ci-devant marquées, & en fin d'icelles un *De profundis*, & de fournir d'ornemens, pain, vin, luminaire & autres choſes néceſſaires. Promettant auſſi eſdits noms d'employer ladite ſomme de cinq cens livres au payement des droits d'amortiſſement dûs au Roi par leurdit Couvent, & d'en faire mention dans les quittances qu'ils retireront, dont ils fourniront inceſſamment copie audit Sieur B. auquel ils promettent de faire mettre une pierre dans la Nef de ladite Egliſe, ſur laquelle ſera fait mention de la préſente fondation. Car ainſi, &c.

Fondation de deux Meſſes baſſes en une Paroiſſe.

FUrent préſens, &c. Marguilliers de l'Oeuvre & Fabrique de, &c. d'une part; & le Sieur Jean Rouſſeau, &c. d'autre part: leſquels ont dit que ledit Rouſſeau ayant dévotion de fonder en ladite Egliſe deux Meſſes baſſes de *Requiem*, pour y être dites à perpétuité, l'une le, &c.

l'autre, &c. en fin desquelles Messes seroient dits par le Prêtre Célébrant le Pseaume *De profundis*, & l'Oraison *Deus*, *qui nos patrem & matrem*, & *Fidelium*, avec aspersion d'Eau-benite en la maniere accoutumée, ledit Rousseau auroit fait sçavoir sa volonté ausdits Sieurs Marguilliers, & à eux offert la somme de neuf cent cinquante livres une fois payée, à la charge de fournir par eux pain, vin, luminaire, ornemens & choses convenables à la célébration desdites Messes; ce qu'ayant proposé en l'Assemblée convoquée par lesdits Sieurs Marguilliers, des Sieurs Curé & anciens Marguilliers & Paroissiens de ladite Eglise, en la Salle Presbyterale d'icelle, le ladite fondation auroit été acceptée, & convenu qu'il en seroit passé le présent Contrat par résultat de ladite Assemblée, inscrit au Livre des délibérations de ladite Fabrique, en conséquence duquel ledit Sieur Rousseau a présentement payé, &c. présens lesdits Notaires soussignez, la somme de neuf cent cinquante livres ausdits Sieurs Marguilliers, ès mains dudit Sieur chargé de la recette de ladite Fabrique de la présente année, dont quittant; moyennant lequel payement lesdits Sieurs Marguilliers, tant pour eux que pour leurs successeurs en ladite Charge, seront tenus de faire célébrer à perpétuité en ladite Eglise lesdites deux Messes basses de *Requiem* ès jours & à l'intention que dit est, à commencer la premiere, &c. & ainsi continuer par chacun an à chacun desdits jours consécutivement à ladite heure, faire dire par le Célébrant à la fin de chacune d'icelles ledit Pseaume *De profundis*, & l'Oraison *Deus*, *qui nos patrem & matrem*, & *Fidelium*, avec aspersion d'eau-benite, & fournir pain, vin, luminaire, ornemens & choses convenables, & de faire inscrire la présente fondation au Livre du Martyrologe de ladite Eglise. Car ainsi, &c.

Accord fait en conséquence d'une Fondation comprise dans un Testament.

FUt présent Maître Nicolas, &c. Avocat en Parlement, &c. au nom & comme Exécuteur du Testament & ordonnance de derniere volonté de défunt, &c. lequel s'est adressé à vénérable & discrette personne Maître Jean, &c. Docteur en Théologie, Curé de l'Eglise, &c. & aux Sieurs, &c. à présent Marguilliers de l'Oeuvre & Fabrique de ladite Eglise, ausquels il a proposé que ledit défunt par son Testament, reçu par, &c. Notaires, le jour a ordonné qu'il soit fondé en ladite Eglise à perpétuité par chacune année le 29 Juin, Fête de Saint Pierre, Patron dudit défunt, une Messe haute à Diacre & Soudiacre, avec les Prieres & Oraisons accoutumées pour les Trépassez, suivant l'article dudit Testament, dont la teneur ensuit. *Il faut mettre en cet endroit l'article du Testament où il est fait mention du legs.*

Lequel Testament ledit Sieur Nicolas a communiqué ausdits Sieurs Curé & Marguilliers, & leur en auroit fourni copie, pour raison de quoi ils auroient fait assembler les anciens Marguilliers & Paroissiens de ladite Eglise, & après en avoir conferé plusieurs fois, ils ont résolu & déliberé d'accepter ladite fondation selon l'article dudit Testament, ainsi qu'il ensuit. C'est à sçavoir, que lesdits Sieurs Curé & Marguilliers se chargent par ces Presentes, & promettent, tant pour eux que pour leurs successeurs, de de faire dire, chanter, &c. & pour ce fournir, &c. Pour laquelle fondation & pour l'entretenement d'icelle ledit Sieur Testateur a constitué & assigné ausdits Sieurs Curé & Marguilliers de ladite Eglise la somme de livres de rente annuelle & perpetuelle, à prendre spécialement sur une maison sise à Paris, &c. louée, &c. à recevoir par les mains des Locataires d'icelle, qui en seront chargez par leurs baux par chacun an, à commencer le payement, &c. le tout conformément audit Testament; à laquelle rente de ledit Maître Nicolas, suivant la charge & le pouvoir qu'il en a des héritiers dudit défunt, y a obligé, affecté & hypotéqué tous les biens du Testateur, & spécialement ladite maison appartenante à sa succession, sans qu'une obligation déroge à l'autre. Sera ladite fondation écrite au Martyrologe de ladite Eglise, & feront lesdits Sieurs héritiers, si bon leur semble, mettre une Epitaphe qui contiendra par extrait ladite fondation, en tel endroit de l'Eglise qu'ils aviseront. Car ainsi, &c. Fait & passé, &c.

Autre Acte de fondation.

FUrent présens tous Chanoines de l'Eglise assemblez en leur Chapitre au son de la cloche en la maniere accoutumée, pour déliberer de leurs affaires, représentant la plus grande & saine partie desdits Sieurs du Chapitre, d'une part; & au nom & comme Exécuteurs du Testament & ordonnance de derniere volonté de défunt Monsieur reçu par Notaire, le d'autre part. Disant lesdits Sieurs Exécuteurs que ledit défunt ayant par sondit Testament prié lesdits Sieurs Doyen, Chanoines & Chapitre de vouloir agréer la fondation de à son intention, moyennant la somme de qui leur seroit payée, ils se seroient adressez ausdits Sieurs du Chapitre, ausquels ils auroient fait connoître l'intention dudit défunt, les priant de l'avoir agréable en considération de sa piété & de ce qu'il a toujours beaucoup révéré & honoré la leur, ce qui ayant été par eux accepté, sont convenus de ce qui suit.

C'est à sçavoir que ledit l'un desdits Sieurs Exécuteurs testamentaires dudit défunt Sieur a payé ausdits Sieurs du Chapitre, en louis d'or, &c. ladite somme de & laquelle, de l'ordre desdits Sieurs du Chapitre, a été reçue par Receveur dudit Chapitre, qui s'en est chargé pour en faire emploi comme il va être dit, dont lesdits Sieurs du Chapitre se contentent, & en quittent la succession dudit défunt & ledit Sieur Exécuteur de son Testament & tous autres; moyennant quoi lesdits Sieurs Doyen, Chanoines & Chapitre promettent & s'obligent pour eux & leurs successeurs, de faire dire en ladite Eglise, par chacun an, *ou autres termes*, à perpétuité, par eux & leurs Bénéficiers & successeurs, pour le repos de l'ame dudit défunt à pareil jour de son enterrement, ainsi qu'il a désiré par sondit Testament, à commencer à semblable jour de l'année prochaine, & ainsi continuer annuellement à toujours, à la charge de fournir par lesdits Sieurs du Chapitre, d'ornemens, luminaire, & autres choses nécessaires pour la célébration de *telle chose*, même faire sonner à *tel* jour & heure par an. Pour perpetuer la mémoire de la présente fondation, ils promettent de la faire inscrire au Martyrologe de ladite Eglise; & pour plus grande sureté d'icelle, employer ladite somme de en acquisition d'héritages ou autre emploi, au profit dudit Chapitre, le plutôt que faire se pourra; promettant justifier l'Acte dudit emploi aussi-tôt qu'il sera fait, à peine, &c. s'obligeant lesdits Sieurs du Chapitre pour eux & leurs successeurs. Fait & passé, &c.

Fondation d'un Obit annuel & perpetuel en l'Eglise de Paris.

FUrent présens Messires Jean-Baptiste de Contes, Doyen; Antoine de Vertamont, Archidiacre de Josas; Etienne Barré, Jacques Fournier, Fiacre Riviere, Jean le Maître, Robert Hincelin, Pierre Fournier, Nicolas Parfait, Charles de Gamaches, Paul Chevalier, Claude Joly, Jean de Bragelonne, Jacques Gaudin, Jean Dreux, Claude Belot, Nicolas Ladvocat & Antoine de la Porte; tous Chanoines de l'Eglise de Paris, capitulairement assemblez en leur Chapitre au son de la cloche, en la maniere accoutumée, pour déliberer de leurs affaires, représentans la plus grande & saine partie des Chanoines de ladite Eglise, d'une part: Et Messire Michel le Masse, Conseiller du Roi en son Conseil d'Etat, Chantre & Chanoine de ladite Eglise de Paris, Prieur des Roches de Longront, d'autre part: Disant, sçavoir ledit Sieur des Roches, que désirant laisser après lui quelques marques publiques de la gratitude qu'il conservera éternellement pour tant de bienfaits qu'il a reçus de feu Monseigneur l'Eminentissime Cardinal Duc de Richelieu, & pour la confiance très-particuliere dont il en a été honoré pendant trente-six ans de service consécutifs, a supplié très-humblement lesdits Sieurs Doyen, Chanoines & Chapitre, d'agréer que ce soit dans leur Eglise, la premiere & la plus célebre du Royaume, où il fasse paroître les marques de son ressentiment, lesquelles, quoique très-petites en comparaison des obligations infinies qu'il a à un si bon Maître, feront au moins connoître à la postérité, que ce n'est pas manquer d'affection, mais la disproportion si grande d'un simple Ecclésiastique à un des plus grands Cardinaux qui y ayent été de nos jours, qui l'empêche de lui rendre les plus grandes preuves de sa reconnoissance. Pour cet effet, a supplié très-humblement lesdits Sieurs du Chapitre, de permettre qu'il fonde dans leur Eglise une Messe d'Obit perpetuel en Musique pour l'ame dudit défunt Seigneur Duc; à la fin de laquelle Messe le *Libera* sera chanté à la maniere accoutumée aux Obits, avec un *De profundis* aussi en Musique; à la Collecte qui se dira à ladite Messe, à la fin du *De profundis*, les mots *Cardinalis Pontificis* seront ajoutez; désirant ledit Sieur des Roches, que les ornemens qui ont été donnez à ladite Eglise par Madame la Duchesse d'Aiguillon, Niéce dudit feu Seigneur Cardinal, soient tendus au Service, avec le Tapis à l'Aigle & à la Banqueutte; comme aussi la Tapisserie de l'Histoire de la Vierge, avec les Armes dudit Seigneur Cardinal, & celles dudit Sieur des Roches au bas, lorsqu'elle sera achevée; ce que ledit Sieur des Roches espere faire dans peu d'années, si Dieu lui fait la grace de prolonger ses jours. Lequel Service sera célébré par chacun an le quatre Décembre, jour du décès dudit feu Seigneur

Cardinal Duc, à l'heure de huit à neuf heures du matin; dont le premier sera célébré le quatre Décembre prochain; & ainsi continuer à perpétuité à pareil jour ou autre prochain, en cas d'empêchement, à l'intention & pour le repos de l'ame dudit feu Seigneur Cardinal Duc. Et sera ledit Service sonné par la grosse cloche de ladite Eglise, appellée *Marie*, que l'on bourdonnera dès les six heures du matin, & pendant la célébration dudit Obit; durant lequel sera aussi dit & célébré une Messe basse dans la Chapelle que ledit Sieur des Roches a pris soin de faire accommoder vis-à-vis la porte du Chœur & du côté du Cloître: & pour le luminaire sera fourni seize cierges du poids ordinaire, sçavoir douze derriere l'Autel & quatre dessus, ainsi qu'aux Obits de feu Monseigneur le Cardinal de Gondy; & sera fait distribution à chacun Service par lesdits Sieurs du Chapitre de six vingt livres, tant pour ledit Obit que pour le *Libera*: & pour ce faire, ledit Sieur des Roches a offert ausdits Sieurs du Chapitre, leur payer comptant la somme de trois mille livres: ce qui ayant été mis en délibération par lesdits Sieurs du Chapitre, & après avoir conferé entr'eux, ont accepté l'offre, & en conséquence a été accordé ce qui ensuit: c'est à sçavoir que ledit Sieur des Roches a présentement payé ausdits Sieurs du Chapitre, présens les Notaires, en, &c. ladite somme de trois mille livres, laquelle de leur ordonnance a été à l'instant délivrée ès mains de Maître Louis des Moulins leur Receveur à ce présent, dont lesdits Sieurs du Chapitre se tiennent contens, & en quittent ledit Sieur des Roches. Et moyennant ladite somme, lesdits Sieurs du Chapitre promettent & se chargent pour eux & leurs successeurs, de faire dire, chanter & célébrer en ladite Eglise par chacun an à perpétuité ledit Obit, ainsi que dessus, & ladite Messe basse au quatre Décembre, dont le premier sera célébré le quatre Décembre prochain; & pour ce, fournir les ornemens, luminaire, sonnerie, tapis, tapisseries, après qu'elles leur auront été fournies par ledit Sieur des Roches & choses ci-devant déclarées, & faire la distribution ainsi qu'il est énoncé ci-dessus; & lesdits Sieurs du Chapitre feront donner avis du jour que se fera ledit Obit à Madame la Princesse & à ladite Dame Duchesse d'Aiguillon, si elles sont à Paris. De plus, pour perpétuelle mémoire de la présente fondation, la feront transcrire au Martyrologe de ladite Eglise. Et outre ledit Sieur des Roches, pour la dépense dudit premier Service qui se doit célébrer le quatre Décembre prochain, a payé ausdits Sieurs du Chapitre, ès mains dudit Sieur des Moulins leur Receveur, la somme de cent cinquante livres, dont ils se tiennent contens & l'en quittent, sans préjudice des rentes que lesdits Sieurs du Chapitre doivent & ont constituées audit Sieur des Roches. Promettant, &c. obligeant, &c. renonçant, &c. Fait & passé audit Chapitre, tenu à jour ordinaire ce Vendredi avant midi quatorze Octobre l'an mil six cens cinquante: & ont lesdits Sieurs Doyen & Joly signé la minute des Présentes pour tous lesdits Sieurs du Chapitre, suivant l'Arrêt de la Cour du Parlement du trente, & conclusion capitulaire dudit Chapitre du dix Avril suivant, le tout de l'année mil cinq cens soixante-dix-neuf: comme aussi lesdits Sieurs des Roches & des Moulins ont signé ladite minute, demeurée en la possession de Parque, l'un des Notaires soussignez.

De la Vente des Biens d'Eglise.

Les ventes des biens des Eglises requierent quelques solemnitez, sans lesquelles elles sont nulles ; & quoique les solemnitez ayent été gardées, les aliénations peuvent être cassées, premierement s'il y a vilité de prix, parce que l'Eglise use du privilége des mineurs.

2°. L'autorité & le consentement du Supérieur ou du Patron sont nécessaires ; ainsi il faut l'autorité de l'Evêque, ou de l'Abbé ou Prieur, requis par le Chapitre assemblé pour cet effet au son de la cloche.

3°. Il faut faire des publications & apposer affiches, contenant une énonciation des biens dont on propose l'aliénation.

De ce que nous venons de dire, il s'ensuit que les Religieux ne peuvent aliéner leurs biens sans le consentement de l'Abbé, ni l'Abbé sans celui des Religieux, ni les Commandeurs des Chevaliers de Saint Jean de Jerusalem aliéner des biens de leurs Commanderies sans le consentement du Chapitre de l'Ordre, lequel se tient à Paris pour la France, & l'autorité & approbation du Grand-Maître & Chef de l'Ordre.

Au cas que l'aliénation eût été faite sans l'autorité du Supérieur immédiat, le successeur ne seroit pas obligé de maintenir les Contrats & Accords qui auroient été faits, lesquels ne produisent qu'une pure action personnelle au profit de l'Acquereur contre les héritiers du Vendeur. Et même quoique les biens de l'Eglise se prescrivent par l'espace de quarante ans, néanmoins cette prescription ne commence point à courir du vivant du Prélat ou Supérieur qui a aliéné sans les solemnitez requises ; elle ne commence qu'après sa mort, & depuis qu'il y a eu un autre successeur.

Pareillement, quand une Fabrique vend un immeuble, il faut le consentement du Curé, des Marguilliers & anciens Marguilliers, & celui de l'Evêque, & faire publier l'aliénation au Prône de la Paroisse.

Il faut bien spécifier dans le Contrat toutes les formalitez qui ont été observées, & quelle est la destination des deniers & l'emploi de la vente.

Contrat de vente de biens d'Eglise.

FUrent présens vénérables & religieuses personnes, &c. tous Religieux Profez du Couvent de dûement assemblez dans leur Chapitre au son de la cloche en la maniere accoutumée, pour traiter des affaires dudit Couvent, faisant & représentant la plus grande & saine partie des Religieux d'icelui, d'une part; & Sieur Jean G. Marchand Bourgeois de Paris, d'autre part. Disant lesdits Religieux que leurdit Couvent étant chargé de plusieurs rentes, dettes & hypotéques créées ci-devant, tant pour le rétablissement de leur Eglise, que pour les Bâtimens & réparations qu'ils ont été obligez de faire dans les maisons appartenantes audit Couvent, situées l'une, &c. & que pour lesdites dettes ils étoient fort poursuivis par leurs Créanciers; & se trouvant dans l'impuissance d'acquitter lesdites dettes, sans aliéner partie de leurs biens temporels, ils auroient présenté Requête au Révérend Pere Général de leur Ordre, tendante à ce qu'il leur fût permis de vendre & aliéner une partie de leur temporel jusqu'à la somme de quinze mille livres: Et ledit Révérend Pere Général ayant vû, consideré & examiné ladite Requête, il leur auroit accordé d'aliéner de leurs biens à présent, jusqu'à la somme de douze mille livres, à la charge que les deniers provenus des aliénations seroient entierement employez au rachat des rentes & des dettes qui leur seront les plus onéreuses, le tout par l'avis de leur Pere Visiteur de, &c. ainsi qu'il est dûement apparu ausdits Notaires par ladite permission en date du, &c. étant au bas de ladite Requête, laquelle est demeurée jointe à ces Présentes, en vertu de laquelle permission lesdits Religieux auroient déja fait quelques aliénations jusqu'à la somme de cinq mille livres, qu'ils auroient employée en l'acquit de quelques dettes se montant à pareille somme. Et pour parvenir à l'acquit des autres dettes, & en vertu de ladite Requête & Permission, ils auroient entr'autres biens fait publier & exposer en vente une Ferme appartenante audit Couvent, sise, &c. consistant, &c. Et quoiqu'il se soit présenté plusieurs personnes pour l'acquerir, néanmoins il n'y en auroit aucun qui en ait tant offert, ni fait la condition dudit Couvent meilleure que ledit Sieur G. auquel ils auroient déliberé de lui en passer un Contrat de vente, & sur ce pris l'avis de leurdit Pere Visiteur & dudit Révérend Pere Prieur; ont lesdites Parties de bonne foi passé & accordé volontairement les ventes, cessions, promesses & conventions qui suivent: c'est à sçavoir, que lesdits Religieux, pour l'utilité de leur Couvent, & pour acquitter partie de leur dettes, en vertu & suivant ladite permission dudit Révérend Pere Général de leur Ordre, auquel d'abondant, & au Chapitre général qui se tiendra le premier, ils ont promis faire homologuer le présent Contrat, ont reconnu avoir vendu, cédé & transporté par ces Présentes, dès-à-présent & à toujours, & promettent garantir de tous troubles, évictions, dettes, hypotéques & autres empêchemens quelconques, audit Sieur G. ce acceptant pour lui, ses hoirs ou ayans-cause, ladite Ferme, avec les lieux & terres qui en dépendent, mentionnez ci-dessus, étant en la Censive de Seigneur, &c. & chargée de vingt deniers de Cens par chacun arpent pour toutes & sans autres charges, franche & quitte ladite Ferme & Terre des arrérages dudit Cens de tout le passé jusqu'à présent, pour en jouir, &c. à commencer ladite jouissance, &c. cette vente faite à la charge dudit Cens & des Droits Seigneuriaux pour l'avenir seulement, & outre moyennant la somme de sept mille trois cens livres, que lesdits Sieurs Religieux ont reçue dudit Sieur G. qui la leur a payée, &c. dont ils se contentent; & moyennant ladite somme, lesdits Religieux ont cédé audit Sieur G. tous droits de propriété, fonds, saisine, possession, noms, raisons & actions qu'ils avoient en ladite Ferme & Terre, de laquelle ils se sont entierement démis & dévêtus pour & au profit dudit Sr Acquereur, ses hoirs & ayans-cause, voulant qu'il en jouisse de la même maniere qu'ils en ont joui jusqu'à présent: laquelle somme de sept mille trois cens livres lesdits Religieux promettent employer d'hui en un mois au rachat d'une rente de trois cens livres qu'ils doivent à Philippe *un tel*, & dudit rachat en fournir dans ledit tems une copie dûement collationnée audit Sieur G. lequel ils consentent dès-à-présent comme pour lors, être subrogé en l'hypotéque & droits dudit *un tel*, pour sa plus grande sureté. Et en outre lesdits Religieux ont promis fournir audit Sieur G. tous les Titres qu'ils ont en leur possession concernant la propriété de ladite Terre, dont ledit Acquereur se chargera par Inventaire, pour en aider lesdits Religieux en cas de recours de garantie. Et les trois cens livres restantes, lesdits Sieurs Religieux ont promis de les employer en l'acquit d'autres dettes, dont ils fourniront quittances valables audit Sieur G. d'hui en deux mois. Car ainsi, &c. Promettant, &c.

Il faut transcrire tout au long la Requête & Permission ensuite de l'expédition, en mettant en tête, c'est-à-dire avant de commencer: *Suit la teneur desdites Requête & Permission.*

Constitution de rente viagere à fonds perdu sur un Hôpital.

FUt présent Claude, lequel voulant s'assurer une rente certaine pour subvenir à sa nourriture & entretenement le reste de ses jours, auroit cherché tous les moyens les plus convenables à cet effet, & n'en ayant point trouvé de meilleur que celui de mettre ses deniers à quelque Hôpital, il auroit choisi l'Hôpital du Saint-Esprit de Paris: pour cet effet, s'étant adressé à Messieurs les Directeurs & Administrateurs d'icelui, il leur avoit déclaré son intention, & le désir qu'il avoit de faire du bien audit Hôpital, & leur fournir la somme de dix mille livres en deniers comptans, à la charge de lui payer huit cens livres de rente & pension viagere par chacun an aux quatre quartiers accoutumez, qu'elle demeureroit éteinte au profit dudit Hôpital du jour du décès dudit Claude, moyennant quoi le jour de son décès seroit dit & chanté en l'Eglise dudit Hôpital, les Vêpres des Morts, Vigiles, Recommandaces; & le jour de son Enterrement seroit dit, chanté & célébré une Messe haute de *Requiem*, avec le *Dies iræ*, &c. le tout aux frais & dépens dudit Hôpital.

Laquelle proposition lesdits Sieurs Directeurs & Administrateurs auroient trouvée juste & avantageuse audit Hôpital, & l'auroient acceptée ; & pour cet effet auroient accordé & consenti le présent Contrat. A ces causes, ledit Claude a présentement payé, &c. présens les Notaires soussignez, en louis d'or, &c. ausdits Sieurs Administrateurs dudit Hôpital à ce présens, lesquels audit nom ont reçu ladite somme de dix mille livres, dont, &c. quittant, &c. Et ont constitué & promettent pour & au nom dudit Hôpital garantir audit Claude, ce acceptant, huit cens livres de rente & pension viagere & annuelle, sans aucune diminution, que lesdits Sieurs audit nom promettent payer audit Claude sur ses simples quittances, ou au Porteur d'icelles & des Présentes à Paris, aux quatre quartiers de l'an accoutumez, également en la maison dudit Claude ; le premier quartier échéant, &c. & ont lesdits Sieurs audit nom, pour sureté de ladite rente viagere, affecté & hypotéqué spécialement deux grandes maisons appartenantes audit Hôpital, sises & généralement tous les biens & revenus présens & à venir dudit Hôpital, sans qu'une obligation déroge à l'autre ; laquelle rente & pension viagere sera & demeurera éteinte au profit dudit Hôpital, du jour du décès dudit Claude, sans que ses héritiers ni autres personnes y puissent rien prétendre, d'autant que ledit Claude en fait don irrévocable entre-vifs audit Hôpital, ce acceptant par lesdits Sieurs Administrateurs, pour en faire & disposer par ledit Hôpital comme bon lui semblera, à la charge toutefois que ledit Hôpital sera tenu, & ainsi le promettent lesdits Sieurs Administrateurs, de faire dire & chanter, &c. à la charge aussi que s'il y avoit faute de payement de ladite rente & pension viagere à chacun desdits quartiers, il sera loisible audit Claude de disposer de ladite somme de dix mille livres envers qui bon lui semblera, nonobstant la présente donation, laquelle en ce cas demeurera nulle & révoquée. Car ainsi, &c. & pour, si besoin est, faire insinuer cesdites Présentes au Greffe des Insinuations du Châtelet de Paris, lesdites Parties audit nom constituent leur Procureur général & spécial le Porteur, &c.

Il n'est pas permis de constituer des rentes viageres sur des Communautez Ecclésiastiques, régulieres ou séculieres, à l'exception de l'Hôtel-Dieu de Paris, du grand Hôpital de Paris, & de la Maison des Incurables, ainsi qu'il est porté par l'Edit du mois d'Août 1661, vérifié en Parlement le deuxiéme Septembre suivant.

Constitution passée par une Communauté Religieuse, à l'effet d'employer l'argent à payer ses dettes.

Furent présens tous Religieux Profez du Couvent des Grands Augustins, représentant la plus grande partie des Religieux dudit Couvent, assemblez au son de la cloche en leur Chapitre en la maniere accoutumée : lesquels ont dit, que pour faciliter l'emprunt qu'ils sont obligez de faire de sommes considérables pour acquitter plusieurs dettes dont la Maison est chargée envers différens Particuliers, pour éviter les poursuites rigoureuses dont ils étoient menacez, auroient, pour la sureté de ceux qui prêteront leurs deniers, présenté Requête à Nosseigneurs de la Cour de Parlement, & sur icelle obtenu Arrêt le par lequel il leur est permis d'emprunter à constitution de rentes la somme de vingt-cinq mille livres, qui sera mise ès mains du Sieur P. pour employer au payement des dettes les plus urgentes dudit Couvent, & que le payement sera fait en la présence de ceux qui prêteront leurs deniers, qui en retireront quittances jusqu'à concurrence de l'emprunt, & que ledit emploi ne soit fait que par l'Ordonnance du Sieur Rapporteur, & de Messieurs suivant lequel Arrêt & en exécution d'icelui, lesdits Religieux reconnoissent avoir créé & constitué, & promettent pour & au nom dudit Couvent, garantir, &c. à Louis D. absent, ce acceptant par Jean comme fondé de sa procuration spéciale à l'effet des Présentes, passée devant *un tel* & son Confrere, Notaires, le dont il y a minute, à ce présent acquereur pour ledit D. ses hoirs, &c. trois cens livres de rente, que lesdits Religieux Comparans promettent pour eux & leurs successeurs audit Couvent de faire bailler & payer, &c.

Cette constitution faite moyennant la somme de six mille livres, que ledit Jean pour ledit D. a, au désir dudit Arrêt, présentement baillée, comptée & réellement délivrée en présence des Notaires soussignez, en louis d'argent audit P. qui de lui confesse l'avoir reçue, pour icelle être, avec ce qu'il recevra jusqu'à concurrence desdites vingt-cinq mille livres, employée au payement des dettes desdits RR. PP. Augustins les plus urgentes, contenues en l'état qui en a été fait par lesdits Religieux & Officiers dudit Couvent le lequel état a été desdits Sieurs Créanciers paraphé, & copie a été mise ès mains dudit Sieur P. par lesdits Religieux, à l'effet des payemens qui seront faits en la présence de ceux qui prêteront leurs deniers, comme il est porté par ledit Arrêt; de laquelle somme ainsi payée par ledit Jean pour ledit D. lesdits Religieux se tiennent contens, en quittent ledit D. au profit duquel ils se sont dessaisis de tous lesdits biens appartenans audit Couvent jusqu'à la concurrence de ladite rente, voulant, &c. Procureur le Porteur, &c. donnant pouvoir, &c. & demeurera ladite rente rachetable, &c.

Observations sur les Baux de Biens des Gens d'Eglise.

Les biens d'Eglise peuvent être donnez à loyer & à ferme, de même que les biens des Particuliers, mais avec cette différence, que les Particuliers peuvent donner leurs biens à loyer ou à ferme pour tel espace de temps qu'il leur plaît, sans que les Baux soient réductibles à un certain tems, la Loi n'ayant prescrit aucun terme certain pour cet effet : mais les biens d'Eglise ne peuvent être donnez pour plus de neuf années, parce que les Bénéficiers ne sont qu'Usufruitiers, & que les

Baux

Baux qui excédent neuf années, sont une espéce d'aliénation.

Par l'Ordonnance du 7 Septembre 1568, le Bénéficier n'est pas obligé d'entretenir le Bail qui a été fait par son Prédécesseur, par quelque genre de vacance que le Bénéfice ait vaqué. Brodeau, sur Monsieur Louet, lettre S, sommaire 11. Néanmoins on ne suit pas l'Ordonnance à la rigueur, & l'on juge que le pourvû par résignation ou permutation est tenu d'entretenir le Bail qui a été fait par son Résignant ou son Copermutant.

Lorsqu'un Bail est fait par un Abbé régulier, du consentement des Religieux, le Bail subsiste après son décès, & il ne peut être cassé : mais s'il a été fait par l'Abbé seul, après son décès son successeur & les Religieux conjointement le peuvent faire casser, & faire un Bail à un autre.

Quant au Bail fait par un Abbé Commendataire, son successeur n'est pas tenu de l'entretenir, les successeurs aux Bénéfices n'étant pas tenus d'entretenir les Baux faits par leurs prédécesseurs, excepté les successeurs par résignation ou permutation, lesquels y sont obligez comme représentans en ce cas leurs Résignans ou Copermutans.

Toutefois les biens d'Eglise peuvent être donnez à ferme à longues années, soit par Bail emphytéotique ou autrement, en y observant les formalitez requises, après une enquête faite *super commodo vel incommodo*, comme nous avons dit ci-dessus à l'article de la vente des biens d'Eglise.

Il y a un Arrêt du Grand Conseil du 21 Août 1734, qui a jugé qu'un tiers Détempteur, même de bonne foi, d'un héritage aliéné du Domaine de l'Eglise à titre d'Emphytéose, ne peut prescrire contre le titre, & qui ordonne la réversion de l'héritage au Domaine de l'Eglise, nonobstant la prescription alléguée depuis plus de 80 ans, depuis l'expiration du Bail emphytéotique.

Les Baux faits par une Douairiere & autres Usufruitiers, finissent avec le droit de l'Usufruitier, quoique le tems porté par le Bail ne soit pas encore expiré ; & dans ce cas le Fermier ne peut demander aucuns dommages & interêts aux héritiers du défunt Usufruitier, pourvû que le défunt ait exprimé dans le Bail sa qualité d'Usufruitier. La raison est, que le Fermier ayant eu connoissance de la qualité de celui avec qui il a contracté, il ne peut pas dire avoir été trompé, & il a dû prévoir que l'usufruit pourroit finir avant la fin de son Bail.

Il faut observer que tous ces Administrateurs & Usufruitiers ne peuvent pas faire des Baux par anticipation de tems, c'est-à-dire avant que les Baux précédens soient prêts à expirer. Voyez Louet & Brodeau, Lettre B, Sommaire 5. De sorte que si le Bail d'une maison étoit fait ou renouvellé plus de six mois avant l'expiration du premier, le mineur devenu majeur, & la femme après la mort de son mari, ne seroient pas obligez de l'entretenir. La raison est, qu'il y a présomption de fraude dans les Baux faits par anticipation, d'autant qu'il n'est pas possible de sçavoir précisément quelle sera la valeur des choses dans le tems que le Bail commencera.

Ce que nous avons dit, qu'un Bail est réputé fait par anticipation & sujet à cassation, lorsqu'il est fait ou renouvellé plus de six mois avant l'expiration du premier, ne se doit entendre que des maisons; car pour ce qui est des Terres & Fermes de Campagne, le Bail en peut être valablement fait par anticipation d'un an & demi ou deux ans, parce que le Fermier est obligé de faire ses préparatifs & ses labours avant que d'entrer en jouissance.

Les Baux des biens d'Eglise faits par anticipation, peuvent être cassez, de même que les Baux faits par anticipation des biens des mineurs, d'autant que ceux qui ont des biens d'Eglise à des conditions avantageuses font renouveller leurs Baux le plutôt qu'ils peuvent, & souvent avant que le dernier Bail soit à la moitié du tems convenu, en donnant des Pots de vin à ceux qui ont l'administration de tels biens; ce qui pourroit causer un très-grand préjudice à l'Eglise: c'est pourquoi ces sortes de Baux sont fort aisément cassez.

Charondas en ses Réponses du Droit François, liv. 6, rép. 23; Papon en son Recueil d'Arrêts, liv. 1, tit. 3, nomb. 5 & 6; Chenu dans ses Questions notables, cent. 2, quest. 69.

Néanmoins si le Bail fait par anticipation étoit avantageux à l'Eglise & au successeur, il ne pourroit pas être cassé: on l'a vû juger ainsi. La raison est, que le motif de la prohibition cessant, la prohibition doit cesser; ainsi le Bail se trouvant avantageux à l'Eglise, on n'y peut pas donner atteinte, quoiqu'il soit fait par anticipation. En effet, cette prohibition n'est fondée que sur l'utilité de l'Eglise, & pour empêcher qu'elle ne soit lésée par la fraude de ses Administrateurs, lesquels, par le moyen des Pots de vin qu'ils exigent à leur profit, louent à vil prix les biens dont ils ont l'administration.

Celui qui est pourvû d'un Bénéfice par résignation ou par

permutation, doit entretenir les Baux des héritages du Bénéfice fait par son prédécesseur, parce qu'il est comme héritier & tenant les droits de son Résignant ou Copermutant; ainsi il est tenu de ses faits & promesses: mais au contraire, celui qui est pourvû par mort, n'en est pas tenu, parce qu'il tient son droit du Collateur.

Le successeur par mort ne peut pas néanmoins dès le jour de sa prise de possession chasser le Fermier de sa Ferme, & prendre tous les fruits pendans par les racines, en remboursant les frais des semences & labours; il doit lui laisser achever l'année commencée, & recueillir les fruits.

Le Bail emphytéotique est plus en usage pour les domaines & biens d'Eglise que pour autres; sur quoi il faut remarquer qu'il faut y observer les formalitez requises pour la vente & engagement des biens d'Eglise, parce que c'est une espéce d'aliénation.

Bail à rente non rachetable d'une Bannalité, par un Prevôt Ecclésiastique.

FUt présent Messire Abraham, &c. Chanoine de l'Eglise de, &c. Prevôté de, &c. en *telle* Eglise; disant qu'à cause de ladite Prevôté lui appartient plusieurs droits de Châtellenie, haute, moyenne & basse Justice, entr'autres la Châtellenie de & à cause d'icelle par la Coutume de le droit de Bannalité, qui est que les Sujets de ladite Châtellenie sont tenus de faire moudre leurs bleds & grains au Moulin, soit à eau ou à vent, appartenant audit Sieur Prevôt de, &c. en ladite Châtellenie, moyennant que ledit Moulin soit au dedans de la Banlieue: Et parce que ledit Sieur Abraham ni ses prédécesseurs n'ont eu par le passé & n'ont à présent Moulin à eau ni à vent, tellement que ladite Bannalité ne lui est d'aucun revenu, ledit Sieur Abraham desirant faire son profit & celui de ses successeurs en ladite Charge de Prevôt, garder & conserver lesdits droits pour le soulagement de sesdits Sujets, auroit jugé à propos de bailler à perpétuité ledit droit de Bannalité, à la charge de quelque redevance, & de faire bâtir & construire un ou plusieurs Moulins à eau ou à vent aux endroits les plus commodes au dedans de la Banlieue de ladite Châtellenie; ce qu'ayant ledit Sieur Abraham fait publier par trois Dimanches consécutifs aux Prônes des Eglises Paroissiales de ladite Châtellenie & aux autres Eglises les plus prochaines, à cause des grands frais qu'il convient faire pour le bâtiment d'un ou deux Moulins à eau ou à vent, dont le revenu ne seroit pas suffisant pour en payer l'interêt, il ne se seroit trouvé personne qui eût voulu faire la condition meilleure dudit Sieur Prevôt & de sesdits successeurs, que le Sieur Jules de la M. lequel auroit offert de prendre ladite Bannalité à perpétuité, à la charge de faire bâtir un ou deux Moulins, si besoin étoit : ce qu'ayant ledit Sieur Prevôt communiqué à son Conseil, de l'avis duquel, porté par le résultat d'un *tel* jour, &c. demeuré annexé à ces Présentes, après avoir été dudit Sieur Prevost paraphé, & à sa réquisition des Notaires soussignez, ledit Sieur Prevôt, pour accroître le revenu de ladite Prevôté, a par ces Présentes reconnu avoir baillé & délaissé dès maintenant & à toujours, à titre de cens, rente annuelle & perpetuelle, ledit cens portant lods & ventes, défauts, saisines & amendes, quand le cas y échéra selon la Coutume de   & promet audit nom de Prevôt garantir de tous troubles, évictions, aliénations & autres empêchemens généralement quelconques audit Sieur de la M.   demeurant à, &c. à ce présent & acceptant pour lui, ses hoirs & ayans-cause, tous les droits de Bannalité, &c. & autres droits & privileges, que ledit Sieur Bailleur & sesdits successeurs, comme Seigneurs Châtelains, ont droit de jouir & user sur leursdits Sujets, selon la Coutume du Pays & Duché de, &c. Ce Bail fait à la charge & moyennant douze deniers de cens portant lods & ventes, défauts, saisines & amendes, quand le cas y échéra, & douze livres de rente fonciere & seigneuriale, annuelle & perpetuelle non rachetable, lesquels cens & rente de la nature & condition susdites ledit Sieur de la M.   promet payer & continuer audit Sieur Prevôt, à son Procureur, Receveur, ou au Porteur, &c. par chacun an en sa Maison Seigneuriale dudit lieu de   au jour de S. Remy, à peine d'amende pour ledit cens, la premiere année de payement échéant au jour de Saint Remy prochain, & ainsi continuer annuellement à pareil jour, à avoir & prendre lesdits cens & rente sur ledit droit de Bannalité, comme aussi sur les Moulins à eau ou à vent que ledit Preneur promet de faire bâtir, construire & édifier à ses dépens dans deux ans prochains ; lesquels Moulins demeureront spécialement chargez, affectez, obligez & hypotéquez au payement & continuation desdits cens & rente, & généralement sur tous les biens meubles & immeubles présens & à venir dudit Sieur Preneur, sesdits hoirs & ayans-cause ; qu'il en a aussi dès-à-présent chargez, affectez, obligez & hypotéquez, à fournir & faire valoir lesdits douze deniers de cens & douze livres de rente fonciere bonne & bien payable par chacun an audit jour de Saint Remy à toujours, une obligation ne dérogeant à l'autre : & pour plus grande sureté audit Sieur Preneur du contenu en ces Présentes, ledit Sieur Bailleur promet de faire ratifier & homologuer le présent Contrat par Messieurs les Doyen, Chanoines & Chapitre dudit lieu de   capitulairement assemblez en leur Chapitre, & en justifier audit Sieur Preneur dans trois mois de ce jour. Car ainsi, &c. Et pour l'exécution, &c.

Bail à rente portant fondation d'une Messe.

FUt présent H. Rayb, demeurant   natif du lieu de   Diocèse de   lequel ayant toujours de l'inclination pour le lieu de sa naissance, & principalement pour l'Eglise & Paroisse dudit   désirant faire du bien à ladite Eglise, par une fondation de Messe & Prieres ; ce qu'ayant communiqué à M.   il auroit loué l'intention dudit Sieur Rayb. A l'effet de laquelle fondation il a par ces Préſentes baillé & délaiſſé à titre de rente perpétuelle, ſans aucune garantie que de ſes faits & promeſſes, à ladite Egliſe & Paroiſſe dudit ce acceptant par ledit Sieur M. tous & chacuns les bâtimens, biens & héritages qui reſtent, appartenans audit Sieur Rayb, ſis audit lieu de & ès environs, à lui échus par le partage des biens de défunts ſes freres, des ſucceſſions de défunts les Sieur & Demoiſelle ſes pere & mere, paſſé devant le ainſi que leſdits biens & héritages ſe trouvent exiſtans aujourd'hui, ſans aucune exception ni réſerve par lui, & ſans autre garantie que de ſes faits & promeſſes; pour deſdits biens & héritages jouir par ladite Egliſe, & en diſpoſer de l'avis de Monſeigneur l'Evêque de pour le bien d'icelle. Ce Bail fait à la charge des droits & redevances que leſdits bâtimens & héritages peuvent devoir, pour l'avenir ſeulement; & outre à condition d'exécuter par les Sieurs Marguilliers préſens & à venir la fondation que ledit Sieur Rayb fait en ladite Egliſe, de faire dire & célébrer à perpétuité tous les ans, le jour de une Meſſe baſſe de *Requiem*, & un *De profundis* à la fin d'icelle, le tout pour le repos de ſon ame & de celles de ſa famille, à commencer au jour de incontinent après ſon décès, & juſqu'audit jour de faire dire & célébrer une Meſſe baſſe du Saint-Eſprit à ſon intention ledit jour de à chacune année, & de fournir pour leſdites Meſſes pain, vin, luminaire, ornemens & autres choſes néceſſaires, ſans que ſes enfans & héritiers ſoient tenus d'aucune choſe; & encore à la charge des arrérages qui pourroient être dûs deſdites charges & redevances dont ladite Egliſe demeurera chargée, ſauf ſon recours contre ceux qui ont joui deſdits bâtimens, biens & héritages, & non contre ledit Sieur Rayb, qui en demeure déchargé purement & ſimplement, ſans toutes leſquelles charges, clauſes & conditions, ledit Sieur Rayb n'auroit paſſé ces Préſentes, qu'il fait en outre & par-deſſus leſdites charges, clauſes & conditions, moyennant de rente perpétuelle par chacun an, pour ſubvenir à payer les charges de ladite fondation, à l'exécution de laquelle fondation leſdits biens & héritages demeurent par privilége affectez, &c. Car ainſi, &c.

Les Marguilliers ne peuvent accepter aucunes fondations ſans appeller les Curez, & avoir ſur ce leur avis. *Ordonnance de Blois, art.* 53. Ce qui eſt confirmé par la nouvelle Ordonnance de 1731, art. 8. Et en cas de différens avis ſur l'acceptation, ſe retirer devant l'Official. Arrêt du Parlement du 10 Janvier 1683.

On ne peut contraindre les Eccléſiaſtiques à recevoir les rembourſemens des rentes foncieres, ni de celles qui ſont pour cauſe de fondations : à l'égard des rentes conſtituées à prix d'argent, le Débiteur ne peut les rembourſer valablement qu'en appellant le Patron ou le Collateur du Bénéfice, afin que le principal du rachat ſoit employé à l'augmentation du revenu du Bénéfice, & non au profit particulier du Titulaire.

Rentes pour fondations faites en une Eglise sont imprescriptibles. Arrêt de la premiere Chambre de la Cour des Aydes, du 31 Mars 1689.

La rente obituaire est si favorable, qu'elle est imprescriptible, non-seulement pour l'action personnelle contre les héritiers, mais pour l'hypotécaire, même contre leurs acquereurs & possesseurs des biens, sans que l'Eglise soit obligée de discuter les héritiers préalablement. Ainsi jugé au Parlement de Toulouse.

Fondation d'une pension annuelle pour faire prier Dieu pour les Morts, ne se prescrit point, soit qu'elle soit assignée sur quelque Terre ou non: elle s'étend sur tous les biens du Fondateur subsidiairement, sans s'arrêter à l'assignat démonstratif ou limitatif. Arrêts des 28 Juin 1630 & 7 Juillet 1633. Dolive, livre 1, chapitre 6.

Quand le don à l'Eglise est pour une fois payé, la prescription a lieu. Arrêt du Parlement de Toulouse du 5 Septembre 1649.

Le laps de tems de plus de cent ans ne fait pas que le tiers possesseur puisse prescrire la rente établie sur le fonds, avec la liberté de l'en pouvoir libérer en la transférant sur un autre fonds: ainsi jugé en 1665. Voyez Catelan, livre 1, chapitre 7.

Jugé au Parlement de Toulouse, que le possesseur d'une partie des biens du Fondateur devoit payer les anciens arrérages de la rente obituaire depuis vingt-neuf ans, sans que l'Obituaire fût obligé de faire nulle discussion, sauf au possesseur de cette partie des biens son recours contre les autres possesseurs: en quoi la rente obituaire est plus favorablement traitée que la fonciere, les arrérages de cette derniere rente dûe par indivis ne pouvant être demandez par indivis, mais seulement contre chacun des Tenanciers à proportion de ce qu'ils possedent des biens sujets à la rente. Cependant par Arrêt du même Parlement du 30 Mars 1673, le tiers possesseur fut seulement condamné au payement des arrérages de la rente depuis l'introduction de l'Instance. Voyez comme dessus.

Arrêt du Parlement de Provence du 26 Novembre 1686, qui ordonne qu'une fondation de Messe pouvoit être révoquée, & qu'elle étoit nulle par défaut d'insinuation & d'homologation.

Le Service fondé dans une Eglise ne peut être transferé à une autre. Jugé le 7 Mars 1663.

Si la rente pour *Obit* & fondation est par assignat limitatif sur certains fonds, elle est fonciere & non rachetable; mais si elle est seulement par assignat démonstratif, c'est-à-dire à prendre en général sur tous les biens du Donateur ou Testateur, elle est rachetable. Ainsi jugé par Arrêt du 3 Juillet 1730.

Bail à loyer d'une Maison fait par des Marguilliers, avec quelques clauses particulieres.

FUrent présens, &c. tous Marguilliers de l'Oeuvre & Fabrique de la Paroisse Saint G. à lesquels ont donné à loyer & prix d'argent pour huit années entieres & consécutives, qui commenceront au jour de de l'année prochaine & promettent esdits noms, tant pour eux que pour leurs successeurs esdites Charges, faire jouir à B. & G. M. freres, demeurans en la maison ci-après déclarée, à ce présent, Preneurs pour eux, durant ledit tems, une maison appartenante à ladite Oeuvre & Fabrique, sise où pend pour Enseigne ainsi qu'elle se poursuit & comporte, sans aucune exception ni réserve, plus ample déclaration, de laquelle lesdits Preneurs n'ont souhaité être faite, disant la bien sçavoir & connoître, pour y être demeurans, & s'en contenter, pour en jouir durant ledit tems. Ce Bail fait moyennant la somme de quatre cens cinquante livres de loyer par chacune desdites huit années, que lesdits Preneurs promettent & s'obligent solidairement, sans division, &c. de bailler & payer ausdits Sieurs Marguilliers ou à leurs successeurs, ès mains de celui qui fera la recette & dépense de ladite Oeuvre, aux quatre quartiers de l'an accoutumez également, dont le premier échéra & ainsi continuer, &c.

A été convenu que si lesdits Preneurs étoient en demeure de payer ledit loyer par chacun desdits termes, ledit présent Bail demeurera résolu, si bon semble ausdits Sieurs Bailleurs ou leurs successeurs, qui pourront faire nouveau Bail à telles autres personnes que bon leur semblera, de ladite maison; quoi faisant, lesdits Preneurs seront tenus de vuider ladite maison, payer les loyers qui seront lors dûs, & de satisfaire aux charges, clauses & conditions du présent Bail, sans prétendre aucune diminution d'icelui, sçavoir de garnir ladite maison de biens meubles pour sureté dudit loyer, l'entretenir de toutes menues réparations locatives, souffrir faire les grosses s'il en convient faire, payer la taxe des Pauvres, & autres charges de Ville & de Police, ne céder leur droit du présent Bail à personne sans le consentement desdits Sieurs Bailleurs, qui tiendront lesdits Sieurs Preneurs clos & couverts aux Us & Coutume, lesquels Sieurs Preneurs fourniront ausdits Sieurs Bailleurs la grosse du présent Bail à leurs frais: comme aussi lesdits Preneurs seront tenus de laisser ausdits Sieurs Marguilliers ou à leurs successeurs la jouissance de la premiere chambre de ladite maiſon lorſqu'il ſe fera quelques magnificences, Entrées, Pompe funébre pendant leſdites huit années: s'obligeant en outre leſdits Preneurs de payer ſolidairement le premier Janvier un écu de reconnoiſſance envers ladite Oeuvre par chacun an durant le préſent Bail. Car ainſi, &c. promettant, &c. obligeant, &c. chacun en droit ſoi, &c. leſdits Sieurs Bailleurs eſdits noms, & leſdits Preneurs ſolidairement comme deſſus; renonçant, &c. Fait & paſſé, &c.

Bail à loyer d'une Maiſon appartenante à un Hôpital, avec quelques clauſes qui ne ſont guéres d'uſage que pour Gens de main-morte.

PArdevant les Conſeillers du Roi Notaires à Paris ſouſſignez, furent préſens Meſſieurs les Maîtres, Gouverneurs & Adminiſtrateurs de l'Hôtel-Dieu de repréſentez par leſquels ont par ces Préſentes donné à loyer & prix d'argent pour années entieres & conſécutives, à commencer du & promettent audit nom faire jouir A ce Bail fait moyennant la ſomme de par chacune deſdites dont pour le loyer, & pour tenir lieu de l'interêt du rachat qui a été fait à Sa Majeſté de la taxe des boues & lanternes, le tout que l d Preneur promet & s'oblige bailler & payer auſdits Sieurs Adminiſtrateurs entre les mains & ſous les quittances du Sieur Receveur dudit Hôtel-Dieu en ſon Bureau à ou au Porteur, &c. aux quatre termes de l'an accoutumez également, dont le premier payement échéra & ſe fera au & ainſi continuer tant que le préſent Bail aura cours, lequel eſt fait en outre aux charges, clauſes & conditions ſuivantes, que l dit Preneur promet & s'oblige exécuter & accomplir, ſans pour ce pouvoir prétendre aucune diminution dudit loyer, dépens, dommages & interêts; ſçavoir de garnir l dit de biens meubles & marchandiſes exploitables à appartenans & ſuffiſans pour ſureté & ſortiſſans nature dudit loyer, l entretenir & rendre en fin dudit tems en bon état de toutes menues réparations locatives & néceſſaires, ſouffrir faire les groſſes s'il en convient faire aucunes, faire curer le puits & dégorger le tuyau de la foſſe d'aiſances, & ceux de la deſcente des plombs quand il en ſera beſoin, payer & acquitter toutes les charges de Ville & Police impoſées ou à impoſer, & du tout acquitter les Sieurs Adminiſtrateurs. Ser tenu l dit Preneur de rendre les vitres nettes de la main de l'Ouvrier, ſans plomb, fêlures ni boudines, & ne pour mettre dans l aucunes Blanchiſſeuſes ni gens de marteau, comme auſſi ne pour faire de Jardin dans l cour ſur les fenêtres & autres endroits d à peine de tous dépens, dommages & interêts, & de réſolution du préſent Bail.

Eſt convenu que ſi-tôt & incontinent après que l d Preneur ſer entré en jouiſſance d il ſera fait d un état double entre les Parties, conformément auquel l dit Preneur ſer tenu de l rendre à l'expiration du préſent Bail; & ſi néanmoins pendant le cours d'icelui l dit Preneur f faire quelques cloiſons, améliorations, ameliorations, & autres accommodemens, soit qu'ils soient à pattes ou à coulisses, ou tenans à fer ou à plâtre, ser tenu de les y laisser en sortant au profit dudit Hôtel-Dieu, sans en pouvoir prétendre aucune récompense. Est encore convenu que faute par l dit Preneur de payer exactement les loyers du présent Bail à l'échéance de chacun des termes ci-dessus marquez; & en cas qu'il s'en trouve dûs deux termes, le présent Bail sera & demeurera nul & résolu pour le tems qui s'en trouvera lors à expirer, & cependant en sa force & vertu pour les loyers qui en seront dûs, & charges à exécuter, le tout si bon semble ausdits Sieurs Administrateurs, ausquels il sera permis audit cas de relouer ladite maison à qui ils jugeront à propos, sans être tenus d'observer aucune formalité de Justice, sinon un simple commandement de payer, sans que cette clause puisse être réputée comminatoire, mais de rigueur, étant une condition expresse des Présentes, sans laquelle elles n'eussent eu lieu. Ne pourr l dit Preneur céder droit du présent Bail à qui que ce soit, duquel fournir incessamment la grosse à frais ausdits Sieurs Administrateurs, par lesquels l ser tenu clos & couvert e En faveur du présent Bail l dit Preneur o présentement payé ausdits Sieurs Administrateurs ès mains de M. à ce présent, qui reconnoît avoir reçu d la somme de par forme d'aumône pour une fois seulement, pour aider à acheter des lits pour coucher les pauvres Malades dudit Hôtel-Dieu, dont quittant, &c. Car ainsi, &c. Et pour l'exécution des Présentes, l dit Preneur o élû domicile auquel lieu, &c. nonobstant, &c. promettant, &c. obligeant, &c. renonçant, &c. Fait & passé à Paris le l'an mil sept cens a midi; & ont signé.

Autre Bail de Maison & Marais par un Hôpital, avec des clauses plus étendues que dans le précédent.

PArdevant les Conseillers du Roi Notaires au Châtelet de Paris soussignez, furent présens Messieurs les Maîtres, Gouverneurs & Administrateurs de l'Hôtel-Dieu de représentez par *tels & tels*; lesquels ont par ces Présentes baillé & délaissé à titre de loyer & prix d'argent, du jour & fête de Saint Remy dernier, pour neuf années entieres & consécutives, & promis pendant ledit tems faire jouir à Elisabeth M. veuve de Charles A. Jardinier, & à Charles-Gabriel A. & Charles A. ses fils, tous deux Jardiniers, demeurans avec ladite veuve A. leur mere dans la maison ci-après déclarée, à ce présens & acceptans, Preneurs pour eux audit titre ledit tems durant, une maison sise au Fauxbourg & Paroisse S. faisant face sur la rue des consistant en un corps de logis faisant face sur ladite rue en dix toises de longueur ou environ, ayant un étage à rez-de-chaussée, avec un étage en galetas au-dessus, lequel corps de logis le Bureau se réserve la faculté de supprimer lorsqu'il le jugera à propos, en diminuant le loyer de livres par année dudit Bail, à compter du jour que ledit corps de logis sera supprimé, sans que lesdits Preneurs puissent prétendre d'autres dédommagemens, & sans être obligés d'y faire autres réparations que celles de la couverture tant qu'il subsistera & jusqu'à ce qu'il ait été supprimé, le donnant en l'état qu'il est, attendu sa caducité; porte chartiere à côté dudit corps de logis, cour ensuite, autre petite cour au bout du susdit corps de logis, autres corps de logis faisant face d'un côté sur les cours susdites, & par derriere sur un petit Jardin clos de murs, lequel est compris au présent Bail, avec un puits qui est commun entre la grande cour & le jardin susdit; dernier corps de logis composé de deux parties aboutissantes l'une à l'autre, desquelles la plus élevée, qui est au droit de la petite cour susdite, a deux étages quarrez au-dessus de celui du rez-de-chaussée, pointe de grenier au-dessus, dans lequel est pratiqué un donjon qui s'éleve au-dessus dudit comble, & forme une charge qui fatigue les murs, pourquoi il est nécessaire de supprimer ledit donjon, & refaire le comble continuant celui qui est à côté; sous ladite partie de bâtiment est un berceau de cave: l'autre partie dudit corps de logis est élevée d'un étage quarré & d'un étage en galetas au-dessus de celui du rez-de-chaussée, sous lequel est un étage de caves, dont une partie voutée, l'autre à cellier: dans le fond du terrein est un marais contenant deux arpens de terre en marais derriere ladite maison, trois puits dans ledit marais, le tout appartenant audit Hôtel-Dieu & en l'état que sont les bâtimens, que lesdits Preneurs ont dit bien sçavoir, pour y être demeurans, pour par eux en jouir comme dit est, dont ils sont contens. Ce Bail fait moyennant le prix & somme de livres de loyer pour & par chacune desdites neuf années, que lesdits Preneurs promettent & s'obligent solidairement l'un pour l'autre, un d'eux seul pour le tout, sous les renonciations déduites, bailler & payer ausdits Sieurs Administrateurs, ès mains & sous les quittances dudit Receveur général charitable dudit Hôtel-Dieu, en son Bureau à ou au Porteur, aux quatre termes de l'an accoutumez également, dont le premier payement échéra & se payera au jour & Fête de Noël prochain, & ainsi continuer de terme en terme pendant le cours du présent bail, qui est fait en outre aux charges, clauses & condition suivantes, que lesdits Preneurs promettent & s'obligent solidairement l'un pour l'autre, un d'eux seul pour le tout, sous les renonciations de droit, exécuter & accomplir, sans pour ce pouvoir prétendre aucune diminution dudit loyer, dépens, dommages & interêts: C'est à sçavoir de garnir lesdits bâtimens, lieux & marais de biens meubles, ustensiles, légumes, herbages & outils exploitables suffisans pour sûreté & fortissans nature dudit loyer, les entretenir & rendre en fin dudit tems en bon état de menues réparations, souffrir faire les grosses si lesdits Sieurs Administrateurs jugent à propos d'en faire, tenir les marais & jardins en bon état de culture, occuper lesdits lieux en personne, faire curer les puits & dégorger le tuyau de la fosse d'aisance, le tout à leurs dépens; payer la taxe des Pauvres, & acquitter toutes les autres charges de Ville & de Police, même les boues & lanternes s'il en arrivoit, rendre les vitres nettes de la main de l'Ouvrier, sans plomb, fêlures ni boudines. Si lesdits Preneurs font faire en ladite maison quelques cloisons, améliorations & autres accommodemens, soit qu'ils soient à pattes ou à coulisses, ou tenans à fer ou à plâtre, ils seront tenus de les y laisser en sortant desdits lieux, ſans en pouvoir prétendre, ſi bon ſemble auſdits Sieurs Adminiſtrateurs, aucune récompenſe. Eſt convenu que faute par leſdits Preneurs de payer exactement les loyers du préſent Bail à l'échéance des termes ci-deſſus marquez, & en cas qu'il s'en trouve dûs deux termes, le préſent Bail ſera & demeurera nul & réſolu pour le tems qui s'en trouvera lors à expirer, & cependant en ſa force & vertu, pour les loyers qui en ſeront dûs & charges à exécuter, le tout ſi bon ſemble auſdits Sieurs Adminiſtrateurs, auxquels il ſera permis audit cas de faire autre Bail des choſes ci-deſſus louées à qui ils jugeront à propos, ſans être tenus d'obſerver aucune formalité de Juſtice, ſinon un ſimple commandement de payer, ſans que cette clauſe puiſſe être réputée comminatoire, mais de rigueur, étant une condition expreſſe des Préſentes, ſans leſquelles elles n'euſſent eu lieu. Comme auſſi eſt convenu que ſi-tôt & incontinent après que leſdits Preneurs ſeront entrez en jouiſſance de ladite maiſon, il ſera fait d'icelle un état double entre les Parties, conformément auquel leſdits Preneurs ſeront tenus de rendre leſdits lieux ſus-louez à l'expiration du préſent Bail, à l'exception du corps de logis faiſant face ſur la rue des qu'ils ſeront diſpenſez de rendre conformément audit état s'il venoit à être ſupprimé. Ne pourront leſdits Preneurs céder leur droit de préſent Bail à qui que ce ſoit, ſans le conſentement deſdits Sieurs Adminiſtrateurs, auſquels ils fourniront la groſſe des Préſentes à leurs frais inceſſamment, & de leur part leſdits Sieurs Adminiſtrateurs les feront tenir clos & couverts eſdits lieux. En faveur du préſent Bail leſdits Preneurs ont préſentement payé auſdits Sieurs Adminiſtrateurs, ès mains de M. Jean-Armand Receveur général charitable dudit Hôtel-Dieu, demeurant à Paris rue Paroiſſe S. pour ce préſent, qui reconnoît avoir reçu d'eux la ſomme de livres par forme d'aumône pour une fois ſeulement, pour aider à acheter des lits pour coucher les pauvres Malades dudit Hôtel-Dieu, dont quittant. Attendu que par le Bail fait des lieux ſus-louez par leſdits Sieurs Adminiſtrateurs dudit Hôtel-Dieu audit défunt & à ladite Comparante ſa veuve, devant qui en a la minute & ſon Confrere, Notaires à Paris, le quatorze Mai mil ſept cens ledit défunt & ſadite veuve ſe ſont obligez de payer auſdits Sieurs Adminiſtrateurs la ſomme de livres qu'ils ont depuis payées pour ce qui revenoit audit Hôtel-Dieu dans la priſée des légumes étant ſur ledit marais lorſqu'ils ſont entrez en jouiſſance deſdits lieux, leſdits Sieurs Adminiſtrateurs promettent & s'obligent de faire prendre pour pareille ſomme de livres deſdits légumes, en cas qu'il s'en trouve juſqu'à concurrence de ladite ſomme, par le ſucceſſeur deſdits Preneurs, & du ſurplus, s'il y en a, leſdits Preneurs s'en accommoderont avec ledit ſucceſſeur, ſi bon leur ſemble, ſinon leur ſera permis d'enlever le ſurplus deſdits légumes & marchandiſes pendant trois mois après l'expiration du préſent Bail, en payant les loyers à proportion dudit ſurplus : ſans préjudice auſdits Sieurs Adminiſtrateurs audit nom de l'exécution du précédent Bail deſdits lieux fait pour neuf années faites & accomplies au jour de Saint Remy dernier à ladite veuve A. & audit Charles-Gabriel A. ſon fils, paſſé devant Mᵉ & ſon Confrere, Notaires à Paris, le lequel Bail demeure en ſa force & vertu pour les loyers qui en sont dûs, & charges, clauses & conditions à exécuter d'icelui : s'obligent lesdits Preneurs, au cas que lesdits A. freres susnommez vinssent à se marier pendant le cours du présent Bail, de le faire ratifier par les personnes qu'ils épouseront ; ce faisant, les faire obliger solidairement avec eux, tant au payement des loyers, qu'à l'entretien & exécution des autres charges, clauses & conditions dudit présent Bail, & de ladite ratification fournir Acte en bonne forme ausdits Sieurs Administrateurs quinzaine après la célébration dudit mariage, à peine de résolution dudit Bail, & de tous dépens, dommages & interêts. Fait & passé, &c.

Autre Bail à ferme de Biens de Campagne par un Hôpital, avec des clauses qui ne sont guéres en usage que pour du Bien de Gens de main-morte.

PArdevant les Conseillers du Roi Notaires au Châtelet de Paris soussignez, furent présens Messieurs les Maîtres, Gouverneurs & Administrateurs de l'Hôtel-Dieu de & de l'Hôpital Sainte Anne situé au Fauxbourg représentez par Messieurs *tels & tels ;* lesquels au moyen du désistement consenti devant Maître & son Confrere, Notaires à Paris, le dix-huit Septembre dernier, du Bail qu'ils avoient fait au Sieur G. & sa femme des terres dépendantes dudit Hôpital Sainte Anne, ont par ces Présentes donné à titre de ferme, loyer & prix d'argent pour neuf années consécutives, qui commenceront au jour & Fête de Saint Martin d'Hiver prochain, & promettent audit nom faire jouir pendant ledit tems à Jeanne D. veuve de Louis-René N. Laboureur, demeurante à Paris, Cloître S. Paroisse S. à ce présente & acceptante Preneure, & retenant pour elle audit titre pendant ledit tems, les bâtimens & terres ci-après déclarez dépendans dudit Hôpital Sainte Anne ; sçavoir deux chambres au rez-de-chaussée dudit Hôpital & en entrant à main droite, l'une à cheminée, l'autre sans cheminée. Plus, dans ledit pavillon en entrant à main gauche un fournil & une chambre à cheminée, un petit bouge, & une cave où l'on descend par une ouverture dans ledit bouge, usage de la premiere cour au-devant du pavillon susdit, deux étables & deux grandes écuries qui sont dans ladite cour à gauche en entrant, avec les greniers au-dessus, trois toits à porcs & un poulailler dans ladite cour; le jardin qui est derriere lesdites écuries le long de la seconde cour à gauche qui conduit aux salles de la seconde cour, d'où il est séparé par une haie vive, deux salles basses qui sont entre ladite seconde cour, le jardin où est le berceau de fer, & le clos dans lequel est un puits, lesquelles deux salles servent à serrer les récoltes. Plus, huit arpens soixante-quinze perches de terres labourables en deux piéces qui forment deux clos se joignans l'un l'autre. Plus un petit clos contenant quarante perches, nommé vulgairement le Cimetiere, planté en arbres fruitiers, qui est au bout des deux enclos ci-dessus. Lesquels bâtimens, cour, jardin & clos font partie de l'emplacement dudit Hôpital Sainte Anne, qui contient en total quatorze arpens quatre-vingt-onze perches, huit primes trois secondes, suivant qu'il est porté par l'article premier du Procès-verbal d'arpentage ci-après énoncé, se réservant lesdits Sieurs Administrateurs le surplus des bâtimens, caves, cours & jardins qui font aussi partie desdits quatorze arpens quatre-vingt-onze perches huit primes trois secondes. Plus, sont compris au présent Bail soixante-seize arpens cinquante-sept perches cinq primes huit secondes de terres labourables en plusieurs piéces, ainsi que le tout se poursuit & comporte & qu'il est mentionné & désigné par le Procès-verbal de mesurage & arpentage qui en a été fait par le Sieur Arpenteur ordinaire du Roi, daté au commencement du ledit mesurage contenant en total la quantité de quatre-vingt-onze arpens soixante-huit perches huit primes deux secondes, de laquelle quantité lesdits Sieurs Administrateurs se sont réservé l'excédent, comme dit est ci-dessus, se réservant en outre une piéce de terre de dix-neuf perches quatre primes une seconde, plantée en ormes, qui compose l'article trente-trois & dernier dudit mesurage, copie duquel lesdits Sieurs Administrateurs ont présentement remise à ladite Preneure, ainsi qu'elle le reconnoît, dont elle est contente, disant le tout bien sçavoir & connoître pour l'avoir vû & visité, pour par elle jouir des choses sus-baillées audit titre de ferme pendant lesdites neuf années. Ce Bail fait moyennant la somme de livres de ferme & loyer par chacune desdites neuf années, que ladite Preneure promet & s'oblige, même par corps, bailler & payer aufdits Sieurs Administrateurs ès mains & sur les quittances du Sieur Receveur dudit Hôtel-Dieu ci-après nommé à l'Hôpital Sainte Anne, en son Bureau à Paris ou au Porteur, au jour & Fête de Saint Martin d'Hiver de chacune année, dont la premiere échéra & se payera au jour & Fête de Saint Martin d'Hiver de l'année prochaine mil sept cent & ainsi continuer jusqu'en fin du présent Bail, qui est fait en outre aux charges, clauses & conditions suivantes, que ladite Preneure promet & s'oblige entretenir, exécuter & accomplir, sans pour ce prétendre aucune diminution desdits fermages, dépens, dommages & interêts ; sçavoir de garnir lesdits lieux & bâtimens de meubles, bestiaux, équipages, & autres meubles & effets exploitables à elle appartenans, pour sureté & fortissans nature desdits loyers & fermages ; lesquels meubles, bestiaux, équipages, & autres meubles & effets demeureront affectez & hypotéquez par privilége au payement desdits fermages, d'entretenir lesdits lieux & bâtimens de toutes menues réparations locatives & nécessaires à y faire durant le présent Bail, & en fin d'icelui les rendre & délaisser en bon état d'icelles, souffrir faire les grosses s'il en convient faire aucunes. Sera tenue ladite Preneure de faire à ses frais & sans répétitions toutes les voitures nécessaires, tant pour la conduite de tous les matériaux qui seront employez aux réparations & aux rétablissemens des lieux ci-dessus affermez & des nouveaux bâtimens qui pourroient être construits, que pour l'enlevement & transport des gravois & immondices provenans desdites réparations, reconstructions & nouveaux bâtimens ; comme aussi de souffrir faire les fouilles nécessaires sur les terres ci-dessus affermées, soit dans les enclos, soit au-dehors, pour les réparations & l'entretien des tuyaux servans à conduire les eaux de & de dans les différens endroits dépendans dudit Hôpital, sans pouvoir prétendre par elle aucune indemnité ni dommages & interêts pour raiſon deſdites fouilles. S'oblige en outre ladite Preneure d'entretenir & rendre en bon état en fin du préſent Bail les foſſés qui bordent les piéces de terres aboutiſſant ſur le grand chemin de enſorte que pour raiſon deſdits foſſés leſdits Sieurs Adminiſtrateurs ne ſoient inquiétez, à peine par ladite Preneure d'être garante & reſponſable de tous événemens & de toutes pertes, dommages & interêts. De labourer, fumer, cultiver & enſemencer leſdites terres par ſolles & ſaiſons convenables, ſuivant l'uſage des lieux, ſans les deſſoler ni deſſaiſonner, convertir les feures en fiens, & en fumer leſdites terres près & loin: comme auſſi de labourer, fumer & cultiver tous les jardins, & notamment les deux jardins qui ſont dans l'enceinte de l'emplacement dudit Hôpital, que leſdits Sieurs Adminiſtrateurs ſe réſervent expreſſément par ces Préſentes, l'un deſquels deux jardins eſt à main droite en entrant par la premiere cour & fermé par une grille de fer, & l'autre dans lequel eſt un berceau de fer, ſitué le long des ſalles dudit Hôpital; & à défaut par ladite Preneure d'entretenir leſdits deux jardins, leſdits Sieurs Adminiſtrateurs pourront le faire faire aux frais de ladite Preneure, qui ſera tenue, ainſi qu'elle s'y oblige, d'envoyer audit Hôtel-Dieu tous les fruits que leſdits deux jardins produiront. Sera tenue ladite Preneure & s'oblige d'employer à fumer tant leſdits jardins & clos que les autres terres ci-deſſus affermées, tous les fumiers que produiront ſes chevaux & ſes beſtiaux qui ſeront dans ladite Ferme, ſans pouvoir par elle vendre leſdits fumiers & les employer à d'autres uſages. Plus, elle ſera tenue & s'oblige de cultiver, labourer, fumer & entretenir de toutes façons néceſſaires quatorze cens cinquante-neuf pieds d'arbres fruitiers qui ſont dans leſdits jardins & enclos; ſçavoir dans le clos où eſt le regard quinze arbres de haute tige en plein vent & cent ſix en eſpaliers; dans le clos où eſt le puits cent douze en eſpaliers; dans le clos appellé le Cimetiere quatre-vingt-un en eſpaliers, cent douze en buiſſons & quarante groſeillers; dans les cours dix-neuf noyers & douze figuiers; dans le jardin de ladite Preneure, qui eſt derriere les écuries, quarante-une hautes tiges en plein vent, douze en eſpaliers, cent dix-huit en buiſſons, ſoixante-cinq groſeillers, & un noyer; dans le jardin à main droite en entrant, fermé par une grille de fer, quatre hautes tiges en plein vent, quatre-vingt-huit en eſpaliers, ſoixante en buiſſons, trente-cinq groſeillers & cinquante tilleuls; & dans celui qui eſt le long des ſalles, cinquante-ſept hautes tiges en plein vent, trente en eſpaliers, & quatre cens deux groſeillers. Comme auſſi ſera tenue ladite Preneure de planter par augmentation dans leſdits deux jardins réſervez par leſdits Sieurs Bailleurs, dix pieds d'arbres fruitiers tous les ans, tels que les places le requerront, de cultiver & entretenir tous les ſeps de vignes étant dans leſdits jardins, & les rendre, ainſi que tous leſdits arbres plantez & à planter, ſains & vifs à la fin dudit Bail: de payer les cens, rentes, charges & redevances foncieres & ſeigneuriales, ſi aucunes ſont dûes pour les choſes affermées, & en fournir les quittances en fin de chacune année. Et en cas que leſdits Sieurs Adminiſtrateurs ayent beſoin pour la commodité dudit Hôpital Sainte Anne & dudit Hôtel-Dieu de quelques piéces deſdites terres ou de portion d'icelles, ils les pourront prendre, en dédommageant ladite Preneurs dee labours, semences & accommodemens, si aucuns étoient lors dûs, déduisant les fermages à proportion de ce qui restera à expirer du présent Bail. Comme aussi pourront lesdits Sieurs Administrateurs pendant le cours du présent Bail, & quand bon leur semblera, rentrer au jour de Saint Martin d'Hiver de chacune année dans la jouissance de ce que dessus baillé à ferme, en avertissant néanmoins ladite Preneure une année auparavant, au moyen duquel avertissement, qui sera fait ledit jour de Saint Martin ou le lendemain, le présent Bail demeurera nul & résolu pour ce qui restera à expirer d'icelui, du jour de l'échéance de ladite année d'avertissement, & néanmoins en sa force & vertu, tant pour le payement des fermages qui en seront lors dûs & échus & à échoir jusqu'à l'expiration de ladite année d'avertissement, que pour l'exécution des autres clauses dudit Bail, & sera tenue ladite Preneure de sortir desdits lieux & d'en abandonner la jouissance ausdits Sieurs Administrateurs, sans pouvoir par elle pour raison de ce prétendre ni demander aucuns dommages & interets. Sera tenue ladite Preneure de faire faire à ses frais dans la septiéme année du présent Bail, en présence de celui qui sera préposé par lesdits Sieurs Administrateurs & par le Juré-Arpenteur qui sera nommé & choisi par le Bureau, le mesurage & arpentage par plans figurez & par nouveaux tenans & aboutissans, conformément à celui dudit jour huit Octobre mil sept cens & desdits nouveaux Procès-verbal & plans figurez, délivrer ausdits Sieurs Administrateurs une expédition aussi à ses frais. Ne pourra ladite Preneure céder ni transporter à personne quelconque son droit du présent Bail, ni même échanger aucunes desdites terres avec d'autres Laboureurs pour raison de labourage, duquel Bail ladite Preneure fournira incessamment la grosse à ses frais ausdits Sieurs Administrateurs, qui s'obligent de la faire tenir close & couverte en ladite Ferme. Comme aussi elle ne pourra demander & prétendre diminution dudit fermage, ni aucuns dépens, dommages & interêts pour les cas de peste, gelée, grêle, famine, & autres cas imprévûs. A été convenu & accordé que faute de payement des fermages du présent Bail, à l'échéance des termes ci-dessus marquez, & en cas qu'il s'en trouve dû plus de deux, il demeurera nul & résolu, si bon semble ausdits Sieurs Administrateurs, qui pourront faire autre Bail des autres choses présentement affermées à telles autres personnes qu'ils aviseront bon être, sans être tenus d'observer aucune formalité de Justice, sinon un simple commandement de payer, sans que cette clause puisse être réputée comminatoire, mais de rigueur, étant une condition expresse des Présentes, sans laquelle elles n'eussent eu lieu, & sans que ladite Preneure en puisse prétendre aucuns dommages & interêts, & cependant le présent Bail demeurera en sa force & vertu pour raison des fermages qui en seront dûs & charges à exécuter. Est stipulé que par le décès de ladite Preneure le présent Bail demeurera résolu une année après son décès, laquelle année ne commencera à courir que du jour de l'expiration de l'année dans laquelle ledit décès sera arrivé. En cas qu'elle vînt à se marier, elle sera tenue & promet de faire obliger son mari conjointement & solidairement avec elle au présent Bail & à l'entiere exécution d'icelui quinzaine au plus tard après ledit mariage. En faveur du présent Bail, ladite Preneure a présentement payé auſdits Sieurs Adminiſtrateurs, ès mains de Maître Jean-Armand L. ancien Juge-Conſul, Bourgeois de Paris, Receveur général charitable dudit Hôtel-Dieu, demeurant à Paris rue Paroiſſe Saint à ce préſent, qui reconnoît avoir reçu d'elle la ſomme de livres pour une fois ſeulement, pour aider à acheter des lits pour coucher les pauvres Malades dudit Hôtel-Dieu. Et pour plus de ſureté de l'exécution du préſent Bail, ladite veuve Preneure a préſentement payé auſdits Sieurs Adminiſtrateurs, entre les mains dudit Sr L. ainſi qu'il le reconnoît, la ſomme de livres pour une année d'avance du préſent Bail, à imputer ſur la derniere année d'icelui, dont d'autant quittant; ſans préjudice auſdits Sieurs Adminiſtrateurs de la ſomme de livres dûe audit Hôtel-Dieu par ladite veuve N. en vertu de l'Acte paſſé devant l'un des Notaires ſouſſignez & ſon Confrere, le trois Octobre préſent mois, comme ayant acquis deſdits Sieur G. & ſa femme, ci-devant Fermiers deſdites terres, tous les ſeigles, orges, pailles & luſernes étant dans les ſalles & autres endroits dudit Hôpital Sainte Anne, qui avoient été ſaiſis à la requête deſdits Sieurs Adminiſtrateurs ſur leſdits G. & ſa femme, laquelle ſomme elle s'oblige d'abondant & par corps de payer auſdits Sieurs Adminiſtrateurs, de la maniere & dans les termes portez audit Acte, auquel leſdits Sieurs Adminiſtrateurs n'entendent aucunement déroger. Car ainſi a été convenu entre leſdites Parties; & pour l'exécution des Préſentes, ladite veuve N. Preneure a élû ſon domicile à Paris en ſadite demeure ci-devant déſignée, auſquels lieux nonobſtant, promettant, obligeant corps & biens, attendu qu'il s'agit de fermages, renonçant, &c. Fait & paſſé à l'égard deſdits Sieurs Adminiſtrateurs de l'Hôtel-Dieu, en leur Bureau ſis à & de ladite veuve N. Preneure auſſi audit Bureau, l'an mil ſept cens le jour de a midi; & ont ſigné.

Averti la Preneure de faire enregiſtrer le préſent Bail au Greffe des Domaines des Gens de main-morte.

Nota. Les Acquiſitions, Ventes, Baux à loyer, à ferme, à vie, à emphytéote & autres titres des Gens de main-morte, ſont ſujets à l'enregiſtrement & controlle au Greffe des Domaines deſdits Gens de main-morte, créez par Edits des mois de Décembre 1691 & Octobre 1703.

Suivant l'Article 15 dudit Edit de 1691, & l'Arrêt du Conſeil du 18 Mars 1692, il eſt enjoint aux Notaires & Tabellions qui paſſent des Contrats pour les Gens de main-morte, de déclarer à la fin deſdits Contrats aux Parties, qu'ils ſont ſujets audit enregiſtrement, à peine de 300 livres d'amende.

Et ſuivant la Déclaration du Roi du 6 Mai 1704, leſdits Officiers ſont tenus de communiquer toutes fois & quantes auſdits Greffiers & Controlleurs leurs minutes deſdits Contrats ſans déplacer, en leur payant un ſol pour chacun extrait, non compris le papier.

Bail de Dîmes.

FUt préſent Maître Jacques, &c. au nom & comme Procureur de Meſſire Jean, &c. Prieur de, &c. fondé de procuration, &c. lequel audit nom reconnoît & confeſſe avoir fait Bail à ferme & moiſſon de grains, du jour de S. Martin prochain juſques & pour ſix ans enſuivans, finis & accomplis, & promet faire jouir ledit tems durant à Claude, &c. Laboureur, demeurant à étant de préſent en cette Ville de à ce préſent & acceptant, Preneur pendant ledit tems, les dîmes de grains, vins, novales, & autres que ledit Sieur Jean, &c. a droit de prendre & percevoir par chacun an ſur les héritages de la Paroiſſe de, &c. à cauſe de ſondit Prieuré de, &c. ſans en rien réſerver ni excepter, pour en jouir par ledit Preneur, en faire la récolte & perception à ſon profit pendant ledit tems, ainſi qu'ont fait ou dû faire les précédens Fermiers; diſant ledit Preneur connoître la conſiſtance deſdites dîmes, dont il eſt content. Ce Bail fait moyennant la quantité de, &c. muids de bled métail, provenant deſdites dîmes, bon, loyal & marchand, même de, &c. à deux ſols par ſeptier près du meilleur qui ſe vendra au Marché dudit lieu, que ledit Preneur promet & s'oblige fournir & livrer, franchement & quittement audit Sieur Bailleur en ſa maiſon, &c. au jour de S. Martin d'Hiver, dont la premiere année de payement échera le jour de S. Martin prochain, & ainſi continuer annuellement audit jour, pendant ledit tems, avec ſix chapons gras par chacun an, qu'il fournira audit Sieur Bailleur, en ſadite maiſon, audit jour de S. Martin d'Hiver. Ne pourra ledit Preneur céder ni tranſporter, &c. A été convenu entre les Parties, que ledit Preneur ſera tenu de fournir dans trois ans prochains une déclaration des confins & limites deſdites terres & héritages ſur leſquels ſe perçoivent leſdites dîmes de grains & vins, le plus éxactement que faire ſe pourra, laquelle déclaration ſera en bonne forme, certifiée par les anciens du lieu pardevant Notaires.

Bail du revenu temporel d'une Commanderie.

FUt préſent Religieux, Seigneur, Frere Charles Sevin de Baudeville, Chevalier de l'Ordre de Saint Jean de Jeruſalem, Commandeur de Boncourt, demeurant lequel reconnoît avoir fait Bail à ferme & prix d'argent, du premier jour de juſques & pour neuf années & neuf dépouilles entieres & conſécutives, promet faire jouir pendant ledit tems à Sieur Jean Bru, Receveur de ladite Commanderie, demeurant ordinairement audit Boncourt, & de préſent à Paris, logé rue à ce préſent & acceptant, Preneur pour lui ledit tems durant, la ferme du revenu général de ladite Commanderie de Boncourt & Servicourt, circonſtances & dépendances d'icelle; de la conſiſtance duquel revenu ledit Preneur eſt content, diſant le bien ſçavoir & connoître, pour en jouir actuellement, ſans par ledit Sieur Bailleur en réſerver aucune choſe, ſinon les aubaines, confiſcations & droits de desherence, main-morte, dépouilles, cottes mortes des Freres, & de pourvoir aux Offices & Bénéfices qui vaqueront pendant le cours du préſent Bail; pour de ladite ferme jouir par ledit Sieur Preneur pendant ledit tems. Ce Bail fait aux charges ci-après ; sçavoir que ledit Seigneur Commandeur se réserve pendant ledit tems pour son logement, lorsqu'il ira en ladite Commanderie, le corps de logis en la Maison seigneuriale dudit Boncourt, consistant en cuisine, salle, trois chambres hautes, une écurie pour ses chevaux, & un grenier pour mettre ses équipages, dont il jouira pendant le tems qu'il sera sur les lieux ; & en son absence ledit Sieur Preneur jouira de ladite Maison seigneuriale, à l'exception desdites trois chambres hautes qui demeureront toujours conservées audit Sieur Bailleur.

Sera tenu ledit Sieur Preneur d'entretenir & rendre en bon état de toutes menues réparations locatives & nécessaires les Maisons seigneuriales dudit Boncourt & Servicourt, & leurs dépendances, ainsi qu'elles lui ont été baillées, à l'exception des lieux réservez par ledit Sieur Bailleur ; pourquoi sera dressé Procès-verbal de l'état desdites maisons, aux frais & dépens dudit Preneur, lorsqu'il entrera en jouissance d'icelles.

Plus, de faire dire & célébrer le Service Divin dans les Eglises & Chapelles de ladite Commanderie & dépendances, ainsi qu'il s'est toujours pratiqué, & à cet effet fournir & entretenir les lampes & luminaires desdites Eglises & Chapelles.

Plus, de faire exercer la Justice, tant civile que criminelle, ordinaire & extraordinaire, dans les lieux dépendans de ladite Commanderie, & de poursuivre à ses frais les Procès civils & criminels, jusqu'à Sentence diffinitive inclusivement, desquels frais il se fera rembourser sur les biens des Condamnez, en cas qu'il y en ait.

Plus, ledit Sieur Preneur veillera à ce qu'il ne se fasse aucun décret d'héritages sujets à rentes en grains, deniers ou autres droits appartenans à ladite Commanderie, en quelque Jurisdiction que ce soit, sans en donner avis audit Sieur Commandeur, & formera ses oppositions audit décret pour la conservation desdits droits, autrement en demeurera garant.

Est convenu qu'en cas de décès dudit Sieur Commandeur avant l'expiration du présent Bail, ledit Sieur Preneur sera tenu de l'exécuter & entretenir aux mêmes charges, clauses & conditions ci-dessus pendant les années de décès & de vacance, pourvû qu'elles se trouvent comprises dans le cours d'icelui.

Plus, sera tenu ledit Sieur Commandeur d'exploiter les coupes ordinaires des bois taillis de ladite Commanderie, conformément à l'Ordonnance & à l'usage des lieux, sans qu'il puisse anticiper, ni couper aucuns chênes ni autres grands arbres dans l'étendue des ventes, sans le consentement dudit Sieur Commandeur, ou de gens ayant de lui charge, à peine, &c. En outre ledit Sieur Preneur laissera dans chacun arpent le nombre des baliveaux convenables, suivant l'Ordonnance qu'il sera tenu d'observer pour l'exploitation desdits bois taillis, desquels bois la délivrance lui sera faite par chacun an dans les mois d'Octobre & Novembre par les Officiers dudit Seigneur Commandeur, & dont sera fait récolement, le tout aux frais dudit Preneur, en fin de chaque année ; & en cas que par ledit récolement il se trouve plus ou moins de bois exploité que la coupe ordinaire, il en sera tenu compte sur le prix que les autres auront été vendus ; & en coupant lesdits bois, ledit Preneur sera tenu de se servir des Officiers ordinaires.

Ne pourra ledit Sieur Preneur abattre & prendre aucuns arbres dans le Jardin & autres dépendances de ladite Commanderie, sans l'ordre dudit Sieur Commandeur : pourra néanmoins prendre à son profit les arbres qui se trouveront morts, à la charge par ledit Preneur d'en remettre d'autres vifs & de même qualité aux endroits où il en manquera.

Plus, sera tenu ledit Sieur Preneur de souffrir abattre les chênes dans l'étendue des bois taillis de ladite Commanderie, pour les réparations des Châteaux & Bâtimens d'iceux, sans pouvoir prétendre aucuns dédommagemens & intérêts contre ledit Sieur Commandeur. Sera loisible audit Sieur Preneur d'entretenir ou résoudre les sous-baux faits des revenus de ladite Commanderie ; & en cas de résolution desdits sous-baux, il sera tenu de rembourser les labours & semences des terres qui se trouveront emblavées, suivant qu'il sera convenu entre ledit Sieur Preneur & lesdits Sous-Fermiers, & d'acquitter ledit Sieur Commandeur des dommages & intérêts qui pourroient être prétendus contre lui par lesdits Sous-Fermiers. Et d'autant que par les Baux faits des fermes dépendantes de ladite Commanderie, les Fermiers sont obligez aux grosses & menues réparations desdites fermes, en leur fournissant les bois nécessaires, ledit Preneur sera tenu des mêmes charges ausquelles les Fermiers particuliers sont obligez : & s'il fait des Baux nouveaux, il sera tenu d'inserer dans iceux les mêmes charges & conditions concernant lesdites fermes.

Jouira ledit Sieur Preneur des terres vagues & de tous les biens usurpez & possedez sans titre, dépendans & faisant partie des revenus de ladite Commanderie, sans néanmoins que ledit Sieur Commandeur soit tenu de l'en faire jouir : à l'effet de leur jouissance & réunion, pourra ledit Sieur Preneur intenter tout Procès à ses risques, périls & fortunes, pour réunir lesdites terres au domaine de ladite Commanderie.

A été convenu que si ledit Sieur Commandeur fait rétablir & réédifier le moulin à vent qui étoit audit Servicourt, ledit Preneur n'en pourra demander la jouissance ; mais sera tenu ledit Commandeur de lui tenir compte sur le prix du présent bail, du prix auquel le moulin à eau dudit Servicourt se trouvera affermé lors de ladite réédification, ou sur le pied du dernier bail qui aura été fait ; moyennant quoi la jouissance dudit moulin à eau appartiendra audit Sieur Commandeur.

Sera tenu ledit Sieur Preneur de faire cultiver & ensemencer les terres labourables dépendantes de ladite Commanderie par soles & saisons convenables, convertir les feures en fumiers, pour en amender lesdites terres près & loin sans en pouvoir divertir ailleurs ; tenir les prez nets & en bonne nature de fauche ; & le tout rendre en bon état en fin du présent bail.

Plus, sera tenu ledit Sieur Preneur de faire dresser un papier cueilleret de la recette des droits féodaux & seigneuriaux & autres qu'il fera, contenant les noms des redevables & les tenans & aboutissans des terres & héritages, autant duquel cueilleret certifié par ledit Preneur, il fournira audit Seigneur Commandeur en fin des trois premieres années, & un autre pareil en fin du présent bail.

Fournira aussi en fin du présent bail les sous-baux qu'il aura faits, & tous les titres & papiers concernant le revenu de ladite Commanderie, dont sera dressé bref inventaire avec un état certifié par ledit Preneur de la connoissance & nature dudit revenu.

Fournira en outre ledit Sieur Preneur audit Sieur Commandeur par chacun an les quittances pardevant Notaires, des Ouvriers qui auront fait les réparations tant grosses que menues aux fermes & lieux de ladite Commanderie pendant le cours du présent Bail, pour justifier des amortissemens d'icelle.

Ne pourra ledit Sieur Preneur céder ni transporter son droit du présent Bail à personne quelconque, sans le consentement exprès & par écrit dudit Sieur Commandeur, auquel il fournira la grosse des Présentes incessamment, aux frais & dépens d'icelui Sieur Preneur.

Et arrivant qu'il y eût quelques empêchemens pour labourer & ensemencer les terres dépendantes de quelqu'une desdites fermes en ladite Commanderie, soit par force majeure, ou bien que la récolte n'en pût être faite par incursion ou autrement, pendant le cours dudit présent Bail, ledit Preneur en ce cas ne sera tenu de payer le prix dudit présent Bail, qu'à proportion de ce qu'il aura touché & reçu des Sous-Fermiers.

Et outre est le présent Bail fait moyennant le prix & somme de dix-huit mille quatre cens livres de ferme, pour & par chacune desdites neuf années, que ledit Sieur Preneur promet & s'oblige payer audit Sieur Commandeur en son Hôtel à Paris, ou au Porteur, quitte de toutes charges, ports & voitures, en trois payemens égaux, ès jours de Noël, Pâques & Saint Jean-Baptiste, dont le premier terme de payement échéra & se fera au jour & Fête de Noël de l'année le deuxiéme au jour de Pâques de l'année le troisiéme au jour de Saint Jean-Baptiste ensuivant, & ainsi continuer annuellement pendant le cours du présent Bail : Et à l'égard des charges dont ladite Commanderie est tenue, anciennes & nouvelles, elles seront payées par ledit Sieur Preneur, sur & en déduction dudit prix, suivant l'état annexé à ces Présentes; desquelles charges ledit Sieur Preneur rapportera quittance en bonne forme par chacune desdites neuf années audit Sieur Commandeur; reconnoissant ledit Sieur Preneur qu'à l'effet de la régie de ladite Ferme, ledit Sieur Commandeur lui a présentement passé pardevant les Notaires soussignez, & mis ès mains sa procuration, le nom du Procureur en blanc, dont il n'est point resté de minute; de l'événement de laquelle & de tout ce qui sera fait en conséquence, ledit Sieur Preneur promet acquitter, garantir & indemniser ledit Sieur Commandeur. Sera encore tenu ledit Sieur Preneur, ainsi qu'il promet & s'oblige, de nourrir les chevaux dudit Sieur Commandeur, lorsqu'il sera dans sa Commanderie pendant un voyage de quinze jours, & ce par chacune desdites neuf années.

Promettant ledit Sieur Preneur, pour plus de sûreté du payement du prix, & exécution des charges, clauses & conditions du présent Bail, de donner caution audit Sieur Commandeur, de lui acceptée, dans trois mois au plus tard, à peine de résolution du présent Bail, si bon lui semble, & de tous dépens, &c. Car ainsi, &c. Et pour l'exécution, &c.

Bail du temporel d'une Cure.

FUt présent Maître Jean, &c. Prêtre, Curé de l'Eglise Paroissiale de S. Pierre de, &c. lequel reconnoît avoir fait Bail à loyer & prix d'argent, du jour & Fête de Saint Martin d'Hiver prochain, jusques & pour neuf années entieres & consécutives, & promet durant ledit tems garantir & faire jouir à Maître Joseph, &c. aussi Prêtre, à ce présent & acceptant, Preneur & retenant pour lui, pendant ledit tems, tout le revenu temporel de ladite Cure de Saint Pierre, avec le logis & maison presbyterale sise près ladite Eglise, auquel lieu ledit Preneur est demeurant, sans aucune réserve, disant ledit Sieur Preneur bien connoître & sçavoir à quoi se peut monter & consister ledit revenu temporel, dont il est content, encore qu'il n'en soit ici fait une particuliere description, pour par lui en jouir en tous fruits, profits, revenus & émolumens quelconques durant ledit tems, tout ainsi que ledit Sieur Curé & ses prédécesseurs Curez de ladite Paroisse en ont joui ou dû jouir. Ce Bail fait à la charge par ledit Sieur Joseph Preneur, de faire dire, chanter & célébrer le Service Divin accoutumé être chanté & célébré en ladite Eglise, faire faire la Prédication tous les Dimanches de l'année & jours de Fêtes, pendant les Avents deux fois la semaine, & le Carême les jours de Dimanches, Mercredis & Vendredis par un Prêtre, Religieux ou personne capable, en telle sorte que ledit Sieur Bailleur n'en reçoive aucune plainte ni mécontentement des Paroissiens dudit lieu. Plus, de payer par ledit Sieur Preneur les cens & droits seigneuriaux que les terres & héritages dépendans de ladite Cure peuvent devoir par chacun an, durant le tems du présent Bail, aux Seigneurs dont ils sont mouvans, même d'entretenir ladite maison & lieu presbytéral de toutes menues réparations, & à la fin dudit tems la rendre & délaisser en bon état audit Sieur Bailleur, & lui fournir les quittances desdits cens & droits seigneuriaux, le tout sans diminution du prix ci-après déclaré, & outre moyennant le prix & somme de mille livres de pension & loyer pour & par chacune desdites neuf années, que ledit Sieur Preneur s'oblige de payer audit Sieur Jean, &c. ou au Porteur, &c. par chacune desdites neuf années, en deux termes & payemens égaux de six en six mois, dont le premier échera au jour de Saint Jean-Baptiste de l'année prochaine   le second au jour de Noël ensuivant, & ainsi continuer annuellement à chacun desdits termes jusqu'en fin dudit tems. Ne pourra ledit Sieur Preneur céder ni transporter son droit des Présentes à personne quelconque, sans le consentement exprès & par écrit dudit Sieur Bailleur, auquel & à sa premiere réquisition ledit Sieur Preneur, fournira à ses dépens la grosse des Présentes en forme exécutoire. Car ainsi, &c. promettant, &c. obligeant, &c. chacun en droit soi, &c. renonçant, &c. Fait & passé, &c.

Bail d'un Prieuré à longues années.

FUt présent Dom Jean Dollé, Religieux de l'Abbaye de   Prieur du Prieuré de   demeurant, &c. lequel, attendu qu'il est besoin de faire faire plusieurs grosses réparations, tant en l'Eglise & Chapelles dudit Prieuré, qu'au corps de logis prioral du Fermier, aux écuries, étables & clôtures d'icelui, lesquelles il est impossible audit Sieur Prieur de faire faire à présent, attendu qu'il y a peu de tems qu'il jouit dudit Prieuré, qui est de peu de valeur, espérant néanmoins avec le tems faire faire icelles; & pour commencer à y parvenir, se seroit ledit Sieur Dollé résolu faire Bail de tout le revenu temporel dudit Prieuré pour le tems de vingt-sept ans, à la charge de par le Preneur, au lieu du pot-de-vin qu'il fourniroit en faisant ledit Bail, employer à faire faire les réparations les plus urgentes & les plus nécessaires qui se trouveront à faire audit Prieuré, à quelque somme qu'elles puissent monter, sans aucune diminution du prix dudit Bail, à condition de ne pouvoir déposséder ledit Preneur, soit par lui ou ses successeurs, pendant ledit tems de vingt-sept ans, sinon en remboursant ledit Preneur des sommes qui auront été par lui employées esdites réparations, dont il rapportera les quittances des Ouvriers: Sur laquelle résolution ledit Sieur Prieur ayant déja fait publier au Prône de la Paroisse ledit Bail être à faire aux conditions ci-dessus, ainsi qu'il appert par le Certificat de Prêtre Curé du en date du, &c. ausquelles publications s'étant présenté plusieurs Particuliers pour prendre ledit Bail, auroient été faites plusieurs offres, & entr'autres par le Preneur ci-après nommé, qui auroit offert prendre ledit Bail du revenu dudit Prieuré pour ledit tems de vingt-sept ans, à condition de faire toutes les réparations grosses & menues qui seront nécessaires à faire audit Prieuré, & les entretenir pendant ledit tems selon le rapport qui en a été fait par Maître Maçon, demeurant à daté du Et en conséquence ledit Sieur Prieur, après qu'il n'a trouvé autre personne qui ait fait la condition dudit Prieuré meilleure que le Preneur ci-après nommé, reconnoît avoir fait Bail à ferme pour ledit tems de vingt-sept ans & vingt-sept dépouilles consécutives finies & accomplies, à commencer du jour de & promet garantir & faire jouir ledit tems durant à Guillaume Mazurai, Bourgeois de Paris, demeurant, &c. à ce présent & acceptant, Preneur & retenant pour lui audit titre ledit tems durant, tout ce qui dépend dudit Prieuré de consistant en une maison, cour, grange, étable, puits, jardins, lieux pourpris, avec soixante-douze arpens de terres labourables ou environ, assis au terroir dudit en deux piéces ès environs, étant proches & à l'entour dudit Prieuré. Item, la quantité de soixante arpens de terre en quatre piéces, sis au terroir de que tient à présent Antoine, &c. & généralement tout ce qui dépend d'icelui, sans en rien réserver par ledit Sieur Prieur: de la déclaration & situation desquelles dépendances ledit Preneur se tient content, & qu'il a dit bien connoître pour s'être transporté sur les lieux; de laquelle maison ledit Sieur Bailleur audit nom se réserve une chambre vulgairement appellée la chambre du Prieur, & autres lieux que les Sieurs Prieurs ont accoutumé de réserver pour leur commodité, lorsqu'il ira & viendra audit Prieuré; & encore à la charge que ledit Preneur sera tenu de laisser jouir François & Antoine à présent Fermiers desdites Terres, pour le tems qui reste à expirer de leurs Baux, auquel Preneur ce faisant, appartient la redevance que lesdits Fermiers sont tenus payer par chacun an à cet effet, pour de ladite

Ferme & Terre jouir par ledit Preneur pendant vingt-sept années en tous fruits, profits & revenus quelconques, tout ainsi qu'en ont joui & jouissent encore lesdits Fermiers. Ce Bail fait tant aux charges susdites, qu'à celles ci-après déclarées, & outre moyennant la somme de cinq cens livres par chacun an, que ledit Preneur promet payer audit Sieur Prieur & ses successeurs Prieurs, ou au Porteur des Présentes, au jour & Fête de Saint Martin d'Hiver, dont la premiere année de payement échéra au jour de Saint Martin d'Hiver mil sept cent & ainsi continuer pendant lesdites vingt-sept années; par chacune desquelles, outre ladite redevance, sans diminution d'icelle, ledit Preneur sera tenu de faire dire & célébrer en la Chapelle dudit Prieuré par chaque semaine de l'année une basse Messe, en payer l'honoraire & fournir tout ce qui sera nécessaire, tant au Prêtre que luminaire, & de recevoir par ledit Preneur ledit Sieur Prieur avec huit personnes la veille, le jour & le lendemain de la Fête de Saint Laurent, & les traiter selon leur qualité, même fournir foin & avoine pour leurs chevaux, le tout à ses frais, pourvû que ledit Sieur Prieur y aille en personne & non autrement. Sera pareillement tenu ledit Preneur bien & dûement fumer, cultiver & amender lesdites terres par soles & saisons convenables, sans les dessoler ni dessaisonner, convertir les feures en fiens, & enfumer lesdites terres près & loin, & en fin dudit tems les rendre & délaisser en bon état de labour, même par mesure & déclaration nouvelle, tenans & aboutissans, ainsi qu'elles lui auront été baillées, & de rendre ledit Prieuré & maison en la fin desdites vingt-sept années bien & dûement réparez, tant de grosses que de menues réparations, comme dit est; sinon s'il arrivoit pendant ledit tems, ce qu'à Dieu ne plaise, quelque destruction extraordinaire par accident, orage, ou par guerre, ledit Preneur sera tenu rétablir ce qui aura été ruiné & endommagé par lesdits accidens. Ne pourra ledit Preneur céder ni transporter son droit du présent Bail à personne, sans le consentement exprès & par écrit dudit Sieur Bailleur, auquel ledit Preneur fournira à ses dépens la grosse des Présentes incessamment.

Intervention de Caution du précédent Bail.

A ce faire étoit présent Antoine de Marc, Ecuyer, Sieur de demeurant, &c. lequel s'est volontairement rendu & constitué caution du prix, charges, clauses & redevances énoncées au présent Bail, pendant lesdites vingt-sept années, dont il s'oblige & fait son propre fait & dette pour ledit Preneur, & ce solidairement l'un pour l'autre, un d'eux seul pour le tout, sans division, discussion ni fidéjussion, à quoi ils renoncent: Car ainsi le tout a été convenu entre lesdites Parties. Et pour l'exécution des Présentes, *élection de domicile, &c.*

Bail à vie par les Administrateurs d'un Hôpital.

FUrent présens tous Administrateurs de l'Hôpital de lesquels en ladite qualité reconnoissant qu'il seroit utile pour le bien dudit Hôpital de laisser la maison ci-après énoncée, à titre de Bail à vie à quelques personnes de piété qui se présenteroient, ils l'auroient fait proposer ; & entre les offres qui leur en ont été faites, celle de Madame de R. ci-après nommée, étant la plus avantageuse pour les Pauvres, ils ont par ces Présentes baillé & délaissé à titre de Bail à vie, & promis esdits noms faire jouir, même garantir de tous troubles & empêchemens généralement quelconques, à Dame de R. demeurante à ce présente & acceptante, Preneure & retenant pour elle sa vie durant une maison située ainsi que le tout se poursuit & comporte & étend de toutes parts de fond en comble, sans en rien retenir ni réserver, tenant d'un côté à pour en jouir par ladite Dame de R. ou ceux qui se trouveront en ses droits seulement pendant la vie de ladite Dame, à commencer du auquel tems lesdits Sieurs Administrateurs feront rendre les lieux libres & en bon état de toutes réparations & rétablissemens. Lesdits Sieurs Bailleurs entretiendront ladite maison & dépendances de toutes réparations, sans aucune exception, si ce n'est de menues réparations locatives, que ladite Dame fera faire ; & si lesdits Sieurs Administrateurs manquoient à faire faire les réparations qui les regarderont, huitaine après que ladite Dame leur en aura donné avis par écrit, ladite Dame pourra les faire faire, sans avoir besoin de faire aucune procedure, & sera remboursée de sa dépense par lesdits Sieurs Administrateurs audit nom, suivant le Mémoire qu'elle en donnera, dont elle sera crue de bonne foi.

Ladite Dame, ou ceux qui seront en ses droits, pourront faire faire en ladite maison & dépendances tels changemens, ajustemens & augmentations qu'ils jugeront à propos, à condition qu'ils resteront en place à ladite maison. Si pendant la vie de ladite Dame il arrivoit quelques taxes sur les maisons du soit pour lods & ventes, ou qu'il fût fait quelqu'autre demande dont ladite maison fût l'occasion, pour quelque cause que ce soit ou puisse être, lesdits Sieurs Administrateurs en acquitteront ladite Dame, qui ne sera tenue que des simples taxes & charges de Ville dont les maisons peuvent être tenues à l'occasion du nettoyement ; toutes les autres taxes & demandes regarderont lesdits Sieurs Administrateurs audit nom.

Lesdits Sieurs Administrateurs ne rentreront en jouissance de ladite maison que trois mois après le décès de ladite Dame.

Afin de conserver à ladite maison ses vûes & ses agrémens, il ne pourra être fait sur tout le domaine dudit Hôpital aucun bâtiment, ni planté d'arbres qui puissent ôter l'air & la vûe que lesdits lieux ont à présent.

Lesdits Sieurs Administrateurs renoncent à pouvoir, pendant la vie de ladite Dame, vendre ladite maison : le cas arrivant, il sera libre à ladite Dame de conserver sa vie durant la jouissance, ou de recevoir le remboursement de ce qu'elle aura payé, dont les interêts demeureront compensez en ce cas avec les jouissances.

Pourra ladite Dame transporter son droit du présent Contrat, en tout ou partie, sans avoir le consentement desdits Sieurs Administrateurs.

En considération de ladite jouissance & de l'exécution desdites conditions, conformément au présent Contrat, & par rapport aux vûes de piété de ladite Dame, elle a bien voulu accorder audit Hôpital la somme de dix mille

mille livres, pour lui appartenir en propriété, quand même il arriveroit que ladite Dame décéderoit peu de jours après qu'elle seroit entrée en ladite maison, ou qu'elle décéderoit sans y être entrée, pourvû que ce fût un mois après ladite jouissance qu'on l'eût rendue vuide & habitable, & qu'il n'eût dépendu que de ladite Dame d'y être entrée, ou l'expiration dudit mois, ladite somme ou ce qu'elle aura payé lui sera rendu, en payant par ceux qui la représenteront les loyers pendant six mois, à compter du jour qu'elle aura dû y entrer, sur le pied de cinq cens livres par an; en déduction de laquelle somme de dix mille livres lesdits Sieurs Administrateurs confessent avoir reçu de ladite Dame en louis d'argent & monnoie ayant cours, la somme de dont lui sera fait raison des interêts, à compter de cejourd'hui jusqu'au jour qu'elle doit entrer en jouissance, & desquels interêts diminution lui sera faite sur ce qu'elle doit de reste desdites dix mille livres, lequel restant ladite Dame promet payer trois mois après qu'elle sera entrée en jouissance, & que lesdits Sieurs Administrateurs de leur part auront satisfait au présent Contrat: Et a été ladite somme de ci-dessus payée, présentement mise ès mains de Receveur dudit Hôpital, à ce présent, &c. *Le reste comme aux Actes ci-dessus.*

Les Baux à emphytéose faits par l'Eglise, ne sont point purgez par le decret fait sur le Preneur, faute d'opposition par les Titulaires ou Administrateurs, comme il a été jugé par Arrêt du premier Décembre 1664, cité par Gouget, des Criées, Partie 2, page 536, parce que le Bail emphytéotique ne transfere point au Preneur la propriété de l'héritage.

CHAPITRE XXVIII.

Des Insinuations des Actes concernant les Bénéfices.

LES Insinuations des Actes en matiere bénéficiale, le motif de leur établissement, & la forme dans laquelle elles doivent être faites étant très-clairement prescrits par l'Edit du mois de Décembre 1691, nous avons cru le devoir rapporter en son entier.

LOUIS, par la grace de Dieu, Roi de France & de Navarre: A tous présens & à venir, SALUT. Les fraudes & les abus qui se commettent dans les Actes concernant l'état des personnes Ecclésiastiques & les titres des Bénéfices, étant d'une dangereuse conséquence dans la police de l'Eglise, les Rois nos Prédécesseurs ont cru être obligez de s'appliquer sérieusement à en rechercher la cause pour y apporter ensuite le remede convenable; & ayant trouvé que le désordre provenoit principalement de la facilité qu'il y avoit d'antidater plusieurs expéditions bénéficiales ; de la clandestinité des résignations qui demeuroient secretes jusqu'à l'extrémité de la vie des Résignans, du peu de soin que les Abbez Commendataires, les Patrons & Collateurs particuliers avoient de tenir des Registres des présentations & collations qu'ils expédioient, & de ce qu'après leur mort les minutes de leurs présentations & collations étoient le plus souvent perdues ; en sorte que quand leurs successeurs en avoient besoin, pour justifier qu'ils étoient en possession d'un Patronage, ils ne pouvoient les trouver. Le Roi Henri II auroit, sur les remontrances de plusieurs bons & notables Archevêques, Evêques & autres Prélats du Clergé de France, fait publier en 1553 son Edit portant création d'un ou de plusieurs Greffes des Insinuations ecclésiastiques en chaque Diocèse du Royaume, & permis aux Archevêques & Evêques d'en nommer par provision les Greffiers, jusqu'à ce qu'autrement en eût été ordonné ; mais l'exécution de son Edit ayant été négligée, les plaintes des malversations qui se commettoient dans les Actes concernant les matieres bénéficiales auroient continué : Et le Roi Henri IV notre Ayeul de glorieuse mémoire, jugeant qu'il n'y avoit point de meilleur moyen pour les faire cesser, que de pourvoir définitivement à l'établissement de ces Greffes, les auroit érigez par son Edit de 1595 en Offices royaux, séculiers & domaniaux ; & après les avoir établis, le Clergé auroit obtenu en l'année 1615 du Roi Louis XIII notre très-honoré Seigneur & Pere, la permission de rembourser ceux qui les avoient acquis de la finance par eux payée, & qui étoit actuellement en nos coffres, à la charge de commettre des personnes laïques & capables pour les exercer ; en exécution de laquelle permission plusieurs Propriétaires desdits Greffes ayant été remboursez, les domestiques de quelques Ordinaires auroient été commis pour faire la fonction des Greffiers des Insinuations, & ayant donné lieu à des plaintes contre leur conduite, ledit Seigneur Roi leur auroit enjoint par l'Ordonnance de 1629 de se démettre desdits Greffes, & auroit créé par son Edit de 1637, dans les Villes principales du Royaume, des Controlleurs de Procurations pour résigner, & des autres Actes concernant les Bénéfices ; mais s'étant rencontré plusieurs inconvéniens pour l'exécution de ce dernier Edit, Nous aurions permis par notre Déclaration de 1646 aux Syndics du Clergé de rembourser lesdits Controlleurs, & ordonné moyennant le remboursement que leurs Charges seroient faites par les Greffiers des Insinuations des Diocèses, chacun dans son ressort : Et comme Nous sommes informez que notredite Déclaration est diversement interpretée & exécutée dans nos Cours de Parlement & par notre Grand Conseil, les uns voulant suivre ce qui est porté par l'Article 13 de notredite Déclaration, & les autres l'Article 19 de l'Edit du Controlle ; les uns jugeant que les Procurations pour résigner & autres Actes nuls pour défaut d'insinuation, que quand ils sont suspects de fraude ou de faux, & les autres ayant fait des Réglemens pour obliger d'insinuer les significations des Indultaires & des Graduez, & les Procurations pour résigner avant l'envoi en Cour de Rome, à peine de nullité : ce qui rend l'insinuation de la plupart des Actes arbitraires, les Bénéfices litigieux, & fait que l'événement des complaintes au fond ne dépend le plus souvent que du titre d'un Réglement des Juges ; à quoi il est nécessaire de pourvoir, & de faire sur ce une Loi générale qui établisse une Jurisprudence uniforme, tant pour régler les Actes qu'il est nécessaire d'insinuer, que pour déterminer le tems dans lequel ils doivent être insinuez. A CES CAUSES & autres à ce Nous mouvans, de notre certaine science, pleine puissance & autorité royale, Nous avons par le présent Edit perpétuel & irrévocable, éteint & supprimé, éteignons & supprimons les Offices de Greffiers des Insinuations ecclésiastiques créez par les Edits des mois de Mars 1553 & Juin 1595, & avons par le présent Edit créé, érigé & établi, créons, érigeons & établissons en titre d'Office formé héréditaire, domanial, royal & séculier, des Greffiers des Insinuations ecclésiastiques dans chaque Diocèse de notre Royaume, Pays, Terres & Seigneuries de notre obéissance, dont le nombre sera fixé par les rolles qui seront arrêtez en notre Conseil.

I. Voulons qu'en attendant la vente desdits Offices de Greffiers des Insinuations, il y soit par Nous commis à l'exercice ; à l'effet de quoi seront toutes commissions expédiées en notre grande Chancellerie.

II. Ceux qui sont à présent pourvûs ou jouissans desdits Offices, représenteront en notre Conseil les Contrats de la premiere vente qui en a été faite, leurs provisions, quittances de finance, leurs contrats particuliers d'acquisition, & autres titres de proprieté en vertu desquels ils exercent, pour être remboursez sur le fonds qui sera à cet effet destiné.

III. Voulons que lesdits anciens Greffiers & tous autres ayant en leur possession les anciens Registres des Insinuations ecclésiastiques, qu'eux & leurs auteurs ont tenus jusqu'à présent, soient contraints de les remettre entre les mains des nouveaux Titulaires après leur réception, ou de ceux qui seront par Nous commis, huitaine après le commandement fait à leurs personnes ou à leurs domiciles, sous peine de perte de leur finance, inventaire préalablement fait desdits Registres par le Lieutenant Général du Bailliage au ressort duquel le Greffe sera établi ; & seront tenus les nouveaux Titulaires, ou ceux par Nous commis, de se charger desdits Registres au pied de l'inventaire.

IV. Ceux qui leveront lesdits Offices, seront tenus de prendre des provisions, qui leur seront expédiées sur les quittances du Trésorier de nos revenus casuels, & ils seront ensuite reçus sans frais pardevant nos Baillifs & Sénéchaux du lieu de leur résidence, après avoir toutefois fait information de leurs vie & mœurs.

V. Nul ne pourra être pourvû desdits Offices, ni commis à l'exercice d'iceux, s'il n'est Laïc, âgé de vingt-cinq ans, non parent de Banquier au degré de pere, fils, oncle, neveu ou frere, non Officier & Domestique d'aucun Ecclésiastique. Seront lesdits Greffiers assidus ès Villes & lieux de leur résidence, pour expédier promptement les Parties & sans retardement ; auquel effet pourront avoir près d'eux un ou plusieurs Commis pour exercer leurs charges en leur absence, maladie ou empêchement légitime ; lesquels Commis prêteront serment pardevant le Juge Royal de leur résidence, & feront toutes expéditions & enregistremens nécessaires ; & en cas de refus ou dilaiment d'insinuer, permettons aux Parties de sommer lesdits Greffiers ou leurs Commis, en présence d'un

Notaire Royal & Apostolique & de deux témoins, d'enregistrer les Actes qui leur seront présentez ; & s'ils n'y satisfont, ladite sommation & acte qu'on voudra faire insinuer seront montrez au Lieutenant général, ou en son absence au Substitut de notre Procureur général en ladite Sénéchaussée ou Bailliage de la Ville où fait sa résidence ledit Greffier ; où il n'y auroit point de Sénéchaussée ou Bailliage, au Juge royal en chef du lieu, & en son absence au Substitut de notre Procureur général, par l'un desquels l'Acte de sommation & refus sera signé, & lui en sera laissé copie ; moyennant quoi, voulons que lesdits Actes soient de pareille force que s'ils avoient été insinuez, sans néanmoins que les Parties en puissent abuser, supposant des refus ou des retardemens.

VI. Ne pourront lesdits Greffiers & Commis avoir qu'un seul Registre en même tems, ni enregistrer aucune expédition en un nouveau Registre que le précédent ne soit entierement rempli, à peine de punition corporelle contre lesdits Greffiers & Commis, & de privation de leurs Charges ; & seront obligez de représenter leurs Registres aux Archevêques & Evêques de leur résidence, à nos Procureurs généraux & à leurs Substituts, lorsqu'ils en seront par eux requis, pour voir s'ils y ont gardé la forme prescrite par notre présent Edit, sans néanmoins que sous ce prétexte ils puissent être dessaisis de leursdits Registres.

VII. Ne pourront aussi lesdits Greffiers ni leurs Commis instrumenter comme Notaires Royaux & Apostoliques en aucun Acte sujet à insinuation dans leurs Registres, à peine de nullité de l'Acte : leur défendons de laisser aucun blanc entre les enregistremens, à peine d'être procedé contre le Greffier comme faussaire, & de quinze cens livres d'amende, dommages & interêts des Parties.

VIII. Voulons que les Registres des Greffiers des Insinuations contiennent au moins trois cens feuillets, & que chaque page soit reglée de lignes droites, tant en haut qu'en bas & aux côtez ; & auparavant que d'écrire & enregistrer aucune expédition en icelui, ils soient tenus de le présenter à l'Archevêque ou Evêque Diocésain, & au Lieutenant général de la Sénéchaussée ou Bailliage du lieu, lesquels feront coter de nombre continu tous les feuillets dudit Registre, parapheront & feront parapher chacun d'iceux par leurs Greffiers, & signeront avec eux l'Acte qui en sera écrit à la fin du dernier feuillet, contenant le nombre des feuillets d'icelui, le jour qu'il aura par eux été paraphé, & le quantiéme qu'est ledit Registre ; le tout à peine contre lesdits Greffiers de faux, de trois mille livres d'amende, dépens, dommages & interêts des Parties.

IX. Les Edits faits par les Rois nos Prédécesseurs sur l'insinuation des Actes concernant l'état des personnes Ecclésiastiques & les titres des Bénéfices, seront à l'avenir inviolablement observez en ce qui n'est point dérogé par notre présent Edit ; & en les renouvellant en tant que besoin seroit, & y ajoutant, ordonnons que les Lettres de Tonsure, celles des quatre Mineurs, de Soudiaconat, de Diaconat & de Prêtrise, ensemble les dimissoires, seront insinuez dans le mois au Greffe du Diocèse de l'Evêque qui aura conferé les Ordres, les Indults pour être promû aux Ordres avant l'âge ou hors les Quatre-Tems, les dispenses sur le défaut de naissance pour prendre les Ordres, les signatures d'absolution *à mala promotione*, celles d'absolution d'apostasie avec dispense pour les Ordres, les dispenses sur les irrégularitez avec réhabilitation aux Ordres, les protestations pour réclamer contre les Ordres de Soudiacre & de Diacre, les Brefs déclaratoires de nullité de la promotion de l'Ordre de Soudiacre ou de Diacre ; les Sentences de fulmination desdites Dispenses & Brefs, seront insinuées dans le mois de la fulmination pour celles qui sont en forme commissoire, & dans le mois de la promotion aux Ordres pour celles qui sont en forme gracieuse ; sinon & en cas de défaut d'insinuation, ne pourront les Parties s'en servir devant nos Juges dans les complaintes bénéficiales ni autres instances concernant leur état. Faisons défenses à nos Juges d'y avoir égard.

X. Toutes Procurations pour résigner purement & simplement en faveur pour cause de permutation de Coadjutorerie, avec future succession, ou en quelqu'autre façon que ce soit, même pour unions entre les mains de notre Saint Pere le Pape, de son Légat ou de l'Ordinaire ; consentir création ou extinction de pensions, les révocations desdites procurations, les significations d'icelles, les Provisions en Cour de Rome, de la Légation ou de l'Ordinaire, expédiées sur lesdites résignations, les réquisitions & refus de *Visa*, les Actes de fulminations, les *Visa*, les Procurations pour prendre possession, les prises de possession, les publications d'icelles, les Actes de répudiation ou refus d'accepter une résignation, seront insinuez dans le tems ci-après déclaré.

XI. Toutes Procurations pour résigner en faveur ou permuter, seront insinuées auparavant d'être envoyées en Cour de Rome, ès Greffes des Diocèses dans lesquels les Notaires les auront reçues ; & si elles avoient été passées hors les Diocèses où les Bénéfices résignez sont situez, les pourvûs desdits Bénéfices sur icelles seront en outre tenus de les faire registrer dans le Greffe des Insinuations du Diocèse, au dedans duquel les Bénéfices seront assis, dans trois mois après l'expédition de leurs provisions, le tout à peine de nullité.

XII. Si les Résignataires ou Permutans pourvûs par le Pape ont differé leur prise de possession plus de six mois, & les pourvûs par démission ou permutation en la Légation ou par l'Ordinaire plus d'un mois, ils seront tenus de prendre ladite possession & icelle faire publier & insinuer conjointement avec la provision, au plus tard deux jours auparavant le décès du Résignant ou Copermutant, sans que le jour de la prise de possession, publication & insinuation d'icelles, & celui de la mort du Résignant soient compris dans ledit tems de deux jours, & à faute d'avoir pris ladite possession, & icelles fait publier & insinuer deux jours vacans avant ledit décès : Voulons lesdits Bénéfices être déclarez, comme par ce présent Edit Nous les déclarons vacans par la mort du Résignant.

XIII. Déclarons les Provisions des Collateurs ordinaires par démission ou permutation, nulles & de nul effet & valeur, au cas que par icelles les Indultaires, Graduez, Brevetaires de joyeux avenement & de serment de fidélité, soient privez de leurs graces expectatives, ou les Patrons de leurs droits de présentations, si les procurations pour faire les démissions & permutations, ensemble les provisions expédiées sur icelles par les Ordinaires, n'ont été insinuées deux jours francs avant le décès du Résignant ou Permutant, le jour de l'insinuation & celui du décès non compris ; ce que nous voulons être exactement gardé par nos Juges sans y contrevenir, à peine de nullité de leurs Jugemens.

XIV. Les présentations des Patrons Ecclésiastiques & Laïcs, les représentations, les provisions des Bénéfices séculiers & réguliers en titre ou commende par les Collateurs ordinaires, les nouvelles Commendes obtenues à Rome, les Mandemens des Archidiacres pour mettre en possession, les Collations laïques, les Provisions de Cour de Rome par mort ou dévolu, les requisitions de *Visa*, les *Visa*, les Actes de refus, les Certificats de Banquiers que la grace est accordée par le Pape, les Ordonnances des Juges, les Sentences & Arrêts portant permissions de prendre possession civile, les prises de possession, les attestations des Ordinaires pour obtenir des Bénéfices en forme gracieuse, les Procurations pour prendre possession, les prises de possession & autres expéditions, seront insinuez dans le mois de leur date au Greffe du Diocèse où les Bénéfices sont situez ; & si lesdites expéditions ont été datées d'un lieu hors le Diocèse, & ne peuvent pas commodément y être insinuées dans ce délai, les Parties seront tenues pour en assurer la date de les faire insinuer dans le mois au Greffe du Diocèse où elles auront été faites ; & seront en outre obligées de les faire insinuer deux mois après au Greffe du Diocèse où les Bénéfices sont situez : Comme aussi voulons que les Provisions des Ordinaires qui contiennent la collation de deux ou plusieurs Bénéfices assis en divers Diocèses, soient enregistrées en l'un & l'autre desdits Diocèses ; sçavoir celles de l'Ordinaire dans le mois de leurs dates au Greffe de l'un desdits Diocèses, & le mois suivant dans le Greffe de l'autre ; & celles de Cour de Rome ou de la Légation au Greffe pareillement de chacun desdits Diocèses, un mois après la prise de possession de chacun desdits Bénéfices, le tout à peine de nullité.

XV. Seront pareillement sujettes à insinuation dans le mois, à peine de nullité, les provisions de Bénéfices accordées par les Ordinaires sur notre nomination, les prises de possession desdits Bénéfices & de ceux étant à notre collation à titre de Régale, ou à cause de la fondation des Eglises, nonobstant l'article 16 de notre Déclaration du mois d'Octobre 1646, que nous avons révoqué pour ce regard seulement.

XVI. Les Bulles de Cour de Rome, contenant provisions d'Archevêchez, d'Evêchez, d'Abbayes, de Prieurez conventuels, des premieres Dignitez des Eglises Cathédrales & Collégiales, ou d'autres Bénéfices situez ès pays prétendus d'Obédience en forme commissoire ou gracieuse, celles des Coadjutoreries, toutes les dispenses pour obtenir Bénéfices, celles pour en retenir d'incompatibles & autres, les fulminations desdites Bulles & Dispenses, les Actes de prises de possession, les signatures de Cour de Rome, & Bulles expédiées en la Légation d'Avignon par mort ou dévolu, & généralement tous autres Actes faits en exécution desdites Bulles & Signatures, seront insinuez dans le mois après la prise de possession, à peine de nullité.

XVII. Les homologations de Concordats en Cour de Rome ou à la Légation, les Bulles & Signatures contenant la création & l'extinction d'une pension, & les procurations pour y prêter consentement, seront insinuées aux Greffes des Diocèses où les Bénéfices chargez de pension sont situez, & ce dans trois mois, à compter du jour que les Banquiers Expéditionnaires auront reçu lesdites expéditions; & à cette fin seront tenus lesdits Banquiers d'écrire au dos desdites expéditions le jour qu'ils les auront reçues.

XVIII. Les Lettres de degrez, les Certificats de tems d'étude, les nominations par les Universitez, les significations desdites Lettres, les procurations pour notifier les noms & surnoms des Graduez en tems de Carême, les notifications, les significations des Lettres d'Indult accordées aux Officiers de notre Parlement de Paris, celles des Lettres de joyeux avenement & de serment de fidélité, les procurations pour requerir Bénéfices, seront insinuées au Greffe du Diocèse dans lequel seront situées les Prélatures, Chapitres, Dignitez & autres Bénéfices de Patrons & Collateurs ausquels lesdites Lettres seront adressées; & en sera ladite insinuation faite dans le mois de la date de chacune desdites significations: Seront pareillement insinuées dans le mois de leur date, les réquisitions de Bénéfices faites par lesdits Expectans, les présentations & collations qui leur seront données, les Actes de refus, les Provisions concedées par les Exécuteurs desdites graces expectatives, les Actes de prise de possession, & les decrets d'érection, de suppression & union de Bénéfices, le tout à peine de nullité.

XIX. Et d'autant qu'il paroît souvent devant nos Juges des réclamations contre les Professions religieuses suspectes d'antidates, voulons que les Actes de réclamation dans les cinq années contre la Profession religieuse, ensemble les dispenses de la publication d'un ou deux bans de mariage, soient insinuez dans le mois de leur date, à peine de nullité; & seront pareillement insinuez les Actes de Vêture, de Noviciat & Profession, les Indults de translation d'un Ordre à un autre, les Brefs déclaratoires de nullité d'une Profession religieuse, les Sentences sur lesdits Brefs, les Dispenses de mariage, & les Sentences de fulmination; autrement les Parties ne pourront s'en servir devant nos Juges, & seront tenus les Greffiers d'insinuer sans frais les Actes concernant la Profession des Religieux & Religieuses des Ordres Mandians.

XX. Enjoignons à tous Pourvûs de Bénéfices qui n'ont pas acquis la possession annale paisible, de faire insinuer dans le mois, à compter du jour de la publication de notre présent Edit, les Titres & les Actes en vertu desquels ils sont entrez en possession de leurs Bénéfices; sinon & en cas qu'ils y soient troublez, faisons défenses à nos Juges d'avoir égard ausdits Titres & Actes.

XXI. Les Vicariats pour présenter & conférer Bénéfices, même les Procurations baillées par les Chanoines absens, pour nommer aux Bénéfices qui vaqueront en leur tour, ou les conférer, ne pourront sortir aucun effet, ni aucunes nominations, présentations ou collations être faites en vertu d'iceux, jusqu'à ce qu'ils ayent été registrez au Greffe du Diocèse où est assis le Chef-lieu des Prélatures, Chapitres & Dignitez desquelles dépendent les Bénéfices; & seront sujettes à semblables insinuations, les révocations desdits Vicariats, les provisions d'Official, celles de Vice-

Gérent, de Promoteur, de Substitut de Promoteur, de Greffier des Officialitez ou Chapitres, & les Actes de remerciement faits par les Prélats ou Chapitres ausdits Officiers, pour en pourvoir d'autres en leur place.

XXII. Enjoignons à nos Cours de Parlement, à notre Grand Conseil, & à tous nos autres Juges, de tenir la main à l'exécution de notre présent Edit; leur défendons d'avoir égard aux Actes ci-dessus exprimez, qui n'auront été insinuez; & si aucun Jugement ou Arrêt étoit donné au contraire, Nous l'avons dès-à-présent déclaré nul, & de nul effet & valeur.

XXIII. Et pour engager les Particuliers qui se feront pourvoir desdits Offices, à exercer leurs Charges avec assiduité & sans distraction, voulons qu'outre les droits que nous leur permettons de prendre, suivant le Tarif arrêté en notre Conseil, ils jouissent encore de quatre cens livres de gages, de trois quartiers desquels le fonds sera laissé dans l'état de nos Domaines de chaque Généralité, pour leur être payez par nos Fermiers; & afin qu'ils vaquent avec liberté à leurs fonctions, nous leur accordons pareillement l'exemption de logement effectif de gens de guerre, de la collecte des Tailles, guet & garde, tutelle, curatelle & autres charges publiques.

Si donnons en mandement, &c. Donné à Versailles au mois de Décembre 1691.

Tarif des Droits que le Roi veut être payez pour les Insinuations Ecclésiastiques.

I. Pour l'insinuation des Bulles d'Archevêché ou Evêché, & la prise de possession, trente livres, ci 30 livres.

II. Pour l'insinuation des Bulles des Abbayes, fulmination & prise de possession, vingt livres, ci 20 liv.

III. Pour l'insinuation des Bulles des Prieurez conventuels de nomination royale, fulmination & prise de possession, dix-huit livres, ci 18 liv.

IV. Pour l'insinuation des Bulles des premieres Dignitez des Eglises Cathédrales & Prieurez conventuels collatifs, fulmination de Bulles, prise de possession, quinze livres, ci 15 liv.

V. Et s'il n'y a qu'une collation de l'Ordinaire, & une prise de possession, douze livres, ci 12 liv.

VI. Pour les Bulles des premieres Dignitez des Eglises Collégiales, fulmination & prise de possession, neuf livres, ci 9 liv.

VII. Et s'il n'y a qu'une collation de l'Ordinaire, & une prise de possession, six livres, ci 6 liv.

VIII. Pour les signatures des Dignitez, Personats & Offices des Eglises Cathédrales, *Visa*, & prise de possession, huit livres, ci 8 liv.

IX. Et s'il n'y a qu'une collation de l'Ordinaire, & prise de possession, sept livres, ci 7 liv.

X. Pour les signatures des Dignitez, Personats & Offices des Eglises Collégiales, *Visa*, & prise de possession, sept livres, ci 7 liv.

XI. S'il n'y a qu'une collation de l'Ordinaire, & prise de possession, six livres, ci 6 liv.

XII. Pour les signatures des Prébendes des Eglises Métropolitaines & Cathédrales, *Visa*, & prise de possession & publication, six livres, ci 6 liv.

XIII.

XIII. Et s'il n'y a qu'une collation de l'Ordinaire, & prise de possession, cinq livres, ci 5 liv.

XIV. Pour les signatures des Prébendes des Eglises Collégiales, *Visa*, prise de possession & publication, cinq livres, ci 5 liv.

XV. S'il n'y a qu'une collation de l'Ordinaire, & une prise de possession, quatre livres, ci 4 liv.

XVI. Pour les prises de possession des premieres Dignitez des Eglises Cathédrales, en vertu des provisions en Régale, huit livres, ci 8 liv.

XVII. Prises de possession de Dignitez, Personats & Offices des Eglises Cathédrales, en vertu des provisions en Régale, quatre livres, ci 4 liv.

XVIII. Prises de possession des Prébendes des Eglises Cathédrales & Collégiales, en vertu des provisions en Régale, trois livres, ci 3 liv.

XIX. Prises de possession des premieres Dignitez des Eglises de fondation royale, quatre livres, ci 4 liv.

XX. Prises de possession des Dignitez, Personats & Offices des Eglises de fondation & collation royale, trois livres dix sols, ci 3 liv. 10 s.

XXI. Prises de possession des Prébendes dans les Chapitres de fondation & collation royale, deux livres, ci 2 liv.

XXII. Signatures en forme commissoire ou gracieuse, *Visa*, prise de possession des Semi-Prébendes, Chapellenies, Chapelles, & autres Bénéfices du bas Choeur des Eglises Cathédrales & Collégiales, quatre livres, ci 4 liv.

XXIII. Et s'il n'y a qu'une collation de l'Ordinaire, & une prise de possession, trois livres, ci 3 liv.

XXIV. Signatures de Prieurez simples en titre ou en commende, en forme commissoire ou gracieuse, *Visa*, & prise de possession & publication, huit livres, ci 8 liv.

XXV. Et s'il n'y a qu'une collation de l'Ordinaire, & une prise de possession, six livres, ci 6 liv.

XXVI. Signature en forme commissoire ou gracieuse, *Visa*, & prise de possession d'Offices claustraux, trois livres, ci 3 liv.

XXVII. Et s'il n'y a qu'une collation de l'Ordinaire, une prise de possession, deux livres, ci 2 liv.

XXVIII. Signature de nouvelle commende, trois livres, ci 3 liv.

XXIX. Signature de Prieuré-Cure en titre ou en commende, Curez, Vicaires perpétuels, Chapellenie ou Chapelle, *Visa*, prise de possession & publication, cinq livres, ci 5 liv.

XXX. Et s'il n'y a qu'une collation de l'Ordinaire, & une prise de possession, quatre livres, ci 4 liv.

XXXI. Présentations, représentations, mandemens, intronisation, réquisition de provisions ou *Visa*, avec refus ou sans refus, attestation de vie & moeurs, pour faire expédier en forme gracieuse, procuration pour prendre possession, sera payé pour chacun desdits Actes, dix sols, ci 10 s.

XXXII. Les concordats & homologation d'iceux, à Rome ou à la Légation, trois livres, ci 3 liv.

XXXIII. Procurations pour résigner en faveur purement & simplement, pour cause de permutation, ou en quelqu'autre façon & maniere que ce soit, une livre dix sols, ci 1 liv. 10 s.

XXXIV. Révocation de procuration pour résigner, & signification d'icelle, une livre dix sols, ci 1 liv. 10 s.

XXXV. Rétractation de révocation de procuration pour résigner, & signification d'icelle, une livre dix sols, ci 1 liv. 10 s.

XXXVI. Répudiation d'une résignation ou autre provision, une livre, ci 1 liv.

XXXVII. Création de pension sur les Archevêchez, Evêchez, Abbayes, Prieurez conventuels de nomination royale, huit livres, ci 8 liv.

XXXVIII. Création de pension sur autres Bénéfices, quatre livres, ci 4 liv.

XXXIX. Procuration pour consentir la réduction ou extinction d'une pension, une livre, ci 1 liv.

XL. Signature d'extinction de pension sur un Bénéfice de nomination royale, six livres, ci 6 liv.

XLI. Signature d'extinction de pension sur autre Bénéfice, trois livres, ci 3 liv.

XLII. Signification des Lettres d'indult, de joyeux avénement & de serment de fidélité, procuration pour requérir Bénéfices, réquisitions, sera payé pour chacun desdits Actes une livre, ci 1 liv.

XLIII. Lettres de degrez, certificats de tems d'étude, nominations par les Universitez, significations desdites Lettres, procurations pour notifier le nom & surnom d'un Gradué en tems de Carême, Acte de notification, procuration pour requerir Bénéfice, réquisitions, sera payé pour chacun desdits Actes une livre, ci 1 liv.

XLIV. Chaque Lettre d'ordre, dix sols, ci 10 s.

XLV. Dimissoire pour prendre les Ordres, dix sols, ci 10 s.

XLVI. Indult pour être promû aux Ordres hors les Quatre-Têms, une livre dix sols, ci 1 liv. 10 s.

XLVII. Indult pour être promû aux Ordres avant l'âge, & autres dispenses de Rome ou de la Légation sur la promotion ou réhabilitation aux Ordres, ou absolution *à mala promotione*, sera payé pour chacun desdits Indults & dispenses quatre livres, ci 4 liv.

XLVIII. Protestation contre la promotion à l'Ordre de Soudiacre & Diacre, une livre, ci 1 liv.

XLIX. Bref déclaratoire de nullité de la promotion à l'Ordre de Soudiacre ou Diacre, & Sentence de fulmination, quatre livres, ci 4 liv.

L. Les Decrets d'érection, suppression & union de Bénéfices, douze livres, ci 12 liv.

LI. Dispense d'âge sans provision pour tenir des Abbayes, Prieurez conventuels, ou autres Bénéfices, douze livres, ci 12 liv.

LII. Dispense sans provision sur le défaut de naissance, pour tenir Bénéfices, six livres, ci 6 liv.

LIII. Bref de dispense sur bigamie *ad Ordines & Beneficia*, douze livres, ci 12 liv.

LIV. Dispense sur irrégularité jugée, & Sentence de fulmination, quatre livres, ci 4 liv.

LV. Dispense pour Séculier & Religieux sur incompatibilité de Bénéfices, six livres, ci 6 liv.

LVI. Certificat de Banquier, que la grace est accordée, Sentence ou Arrêt, portant permission de prendre possession, prise de possession, deux livres, ci 2 liv.

LVII. Actes de Vêture, Noviciat & Profession dans les Monasteres non Mandians, une livre dix sols, ci 1 liv. 10 s.

LVIII. Indult de translation d'un Ordre à un autre pour y tenir Bénéfice, six livres, ci 6 liv.

LIX. Acte de réclamation d'un Religieux contre sa Profession, une livre, ci 1 liv.

LX. Bref déclaratoire de nullité d'une Profession religieuse, & Sentence de fulmination, quatre livres, ci 4 liv.

LXI. Dispense de mariage entre pauvres, & Sentence de fulmination, seront registrées gratuitement.

LXII. Dispense de mariage entre riches, sans cause ou avec cause, & Sentence de fulmination, douze livres, ci 12 liv.

LXIII. Dispense d'un ou deux bans de Mariage, trois livres, ci 3 l.

LXIV. Lettres de Vicariat pour présenter & conferer Bénéfice dépendant d'une Dignité, cinq livres, ci 5 liv.

LXV. Procuration d'un Chanoine absent pour nommer aux Bénéfices vacans en son tour, une livre, ci 1 liv.

LXVI. Provisions d'Official ou Vicegérent, cinq livres, ci 5 liv.

LXVII. Provision de Promoteur, de Substitut de Promoteur, & de Greffier d'Officialité, sera payé pour chacune trois livres, ci 3 liv.

LXVIII. Acte de révocation des Lettres d'un Vicaire général, ou de remerciement fait par les Prélats ou Chapitres à un Official, Vicegérent, Promoteur, Substitut de Promoteur & Greffier d'Officialité, sera payé pour chacun une livre, ci 1 liv.

LXIX. Fondation à perpétuité d'un Bénéfice, quatre livres, ci 4 liv.

LXX. Fondation de Prestimonie, Saluts, Processions & Obits, deux livres, ci 2 liv.

Seront payez pour les Bulles & Signatures de la Légation, les mêmes droits que ceux qui sont taxez pour les Bulles, Brefs & Signatures expédiées à Rome. Fait Sa Majesté défenses aux Greffiers des Insinuations Ecclésiastiques & à leurs Commis d'exiger ni recevoir, sous quelque prétexte que ce puisse être, plus grande somme que celle contenue au présent Tarif, encore qu'elle leur fût volontairement offerte, à peine de concussion.

FAIT au Conseil Royal des Finances à Versailles, le onziéme jour de Décembre mil six cens quatre-vingt-onze.

Le 16 Février 1692 fut donnée à Versailles une Déclaration du Roi, registrée en Parlement le 8 du même mois, en interprétation de l'Edit de création des Greffiers des Insinuations ecclésiastiques ; mais comme cette Déclaration ne regarde que l'insinuation des dispenses de bans de mariage, & nullement les Actes passez pardevant Notaires Apostoliques, je n'ai pas jugé à propos de la rapporter ici.

Par Edit donné à Fontainebleau au mois d'Octobre 1703, regiſtré en Parlement le 23 Novembre enſuivant, ont été créez des Controlleurs des Greffiers des Inſinuations Eccléſiaſtiques, auſquels il eſt attribué de controller tous les Actes ſujets à inſinuation énoncez dans l'Edit du mois de Décembre 1691, dans le Tarif arrêté au Conſeil le 11 du même mois, & dans la Déclaration du 16 Février 1692, & ce quinzaine après leur date, à peine de nullité deſdits Actes & de trois cens livres d'amende, applicables, &c. avec défenſes aux Greffiers des Inſinuations de délivrer leſdits Actes, & aux Parties de s'en ſervir, qu'ils n'ayent été controllez par leſdits Controlleurs; & pour ledit droit de controlle a été attribué auſdits Controlleurs des Greffiers des Inſinuations eccléſiaſtiques moitié des droits attribuez auſdits Greffiers, tant par l'Edit du mois de Décembre 1691, que par le Tarif arrêté au Conſeil le 11 du même mois, & par la Déclaration du 16 Février 1692, payable par les Parties qui ſont tenues du payement des droits attribuez auſdits Greffiers.

Cet Edit au reſte ne fait que confirmer l'Edit des Inſinuations eccléſiaſtiques, le Tarif du mois de Décembre 1691, & la Déclaration du mois de Février 1692, ſans y rien innover ni retrancher, & n'ajoute aux droits y énoncez, & qui ſont rapportez tout au long ci-deſſus page 822, que le droit de controlle.

Dans le même tems que le Roi créa les Greffiers des Inſinuations eccléſiaſtiques & leurs Controlleurs, il créa auſſi des Greffiers des Enregiſtremens des domaines des Gens de main-morte, Eccléſiaſtiques & Laïcs, & leurs Controlleurs, dans tous les Diocèſes du Royaume, auſquels Greffes doivent être enregiſtrez & controllez dans la quinzaine les Contrats de vente, échanges, acquiſitions & autres aliénations, Baux à rentes & à cens, à ferme, à loyer, à vie & emphytéotiques, fondations, donations, adjudications...... Plus, doivent les Gens de main-morte fournir une déclaration de 10 en 10 ans, de leurs biens & revenus qu'ils afferment ou font valoir par leurs mains.

Par l'article 15 de l'Edit du mois de Décembre 1691, & Arrêt du Conſeil du 18 Mars 1692, il eſt enjoint aux Notaires qui paſſent des Contrats & Actes pour les Gens de main-morte, de déclarer à la fin d'iceux, qu'ils ſont ſujets à l'enregiſtrement & controlle auſdits Greffes, à peine de trois cens livres d'amende contre leſdits Notaires.

Par Arrêt du Conseil du 13 Décembre 1695, Déclarations des 19 Mars 1696, 14 Juillet 1699 & 20 Mars 1708, Arrêts du Conseil des 4 Avril 1719, 10 Avril 1725, 27 Juillet & 16 Décembre 1727, il est défendu aux Gens de main-morte de passer des Baux sous seings-privez, à peine de deux cens livres d'amende, & aux Greffiers de les enregistrer sous pareilles peines, à l'exception seulement des adjudications des biens des Communautez laïques, faites par les Commissaires du Conseil.

Peu de tems après la création de ces Officiers, les Diocèses en firent le rachat, & le Roi leur permit de les faire régir & exercer par eux-mêmes, ou par personnes par eux commises; il y a même des Diocèses qui ne font plus valoir ces Greffes & Controlles, ayant rejetté ce qu'ils pouvoient produire en décimes & subventions sur leurs contribuables.

Mais comme il y en a d'autres qui ont laissé subsister ces Greffes, & qui les font régir à leur profit, on va donner le Tarif des droits desdits enregistrement & controlle, tiré des Edits & Arrêts.

Pour l'enregistrement & controlle de chaque Contrat ou Extrait de Testament, contenant donation d'immeubles, dotation d'un Bénéfice, fondation à perpétuité de quelque Service Divin, moyennant un fonds ou une rente, vingt sols à raison de chaque rolle du Contrat ou Testament que le Greffier aura transcrit, & dix sols pour le controlle, ci 1 liv. 10 s. — Art. 16 de l'Edit de Décembre 1691, & art. 15 de l'Edit d'Octobre 1703.

Et à l'égard des Contrats d'aliénation *, Engagemens, Transactions, Sentences, Arrêts, &c. quinze sols par chaque rolle pour le Greffier & le Controlleur, ci 15 s.

Pour le droit d'enregistrement & controlle des Baux à ferme, à loyer, emphytéotiques, &c.

SÇAVOIR,

Pour chaque Bail de vingt livres, & au-dessus, 1 liv. 2 s. 6 d. — Art. 15 de l'Edit de 1703, & Mars 1708.

A l'exception des Baux à rentes foncieres & de Bail d'héritages, dont le droit se prend sur le pied de quinze sols le rolle, comme il est marqué ci-dessus. — Edits de 1691 & de 1708.

Comme aussi à l'exception des Baux des biens appartenans aux Fabriques des Paroisses & aux Colléges, de pareils vingt livres & au-dessous, lesquels Baux sont seulement sujets à l'enregistrement & au controlle, sans payer aucun droit.

Pour chaque Bail depuis vingt livres jusqu'à cent livres, 2 liv. 5 s.
De cent livres à trois cens livres, 3 liv. 7 s. 6 d.
De trois cens livres à six cens livres, 4 liv. 10 s.

Art. 17 de l'Edit de 1691, & art. 15 de ceux de 1703 & 1708.

* Dans les Contrats d'aliénation sont compris les Baux à rentes foncieres & de bail d'héritages.

De six cens livres à mille livres, 6 liv.

Art. 17 de l'Edit de 1691, & art. 15 de l'Edit de 1703.

Et au-dessus de mille livres, deux deniers pour livre du prix d'une année, tant pour l'enregistrement que pour le controlle, le tout payable par les Fermiers & Preneurs, à l'exception des Baux des biens situez hors du Diocèse du Chef-lieu des Bénéficiers, qui seront enregistrez & controllez à la diligence desdits Bénéficiers, sauf leur recours contre leurs Fermiers, conformément à la Déclaration du Roi du 6 Mai 1704, & Arrêt du Parlement du 17 Décembre 1706, confirmatif des Sentences de la Chambre du Domaine des 6 Septembre & 17 Décembre 1704, 11 Mars, premier & 22 Avril 1705.

Pour les droits d'enregistrement & controlle des déclarations qui se fournissent tous les dix ans ausdits Greffes par les Bénéficiers, Curez, Communautez, &c.

SÇAVOIR,

Art. 17 de l'Edit de 1691, Déclaration du 6 Mai 1704, & Lettres Patentes du 19. Octob. 1717.

Pour celles au-dessous de vingt livres, 1 liv. 10 s.
Depuis vingt livres jusqu'à cent livres, 3 liv.
De cent livres à trois cens livres, 4 liv. 10 s.
De trois cens livres à six cens livres, 6 liv.
De six cens livres à mille livres, 8 liv.
Et au-dessus de mille livres, deux deniers pour livre.

Articles 6 & 7 de l'Edit de 1691.

Pour le droit de recherche de chaque Acte, 5 s.

Et pour l'Expédition extraite sur le Registre de chaque Acte, pareil droit que celui qui a été payé pour l'enregistrement & le controlle de l'Acte.

Arrêt du Conseil du 18 Mars 1692.

S'il y a des charges, outre le prix principal, comme il arrive souvent dans les Baux des biens de campagne, ou que les fermages se payent en nature sans argent, le Greffier en fait l'évaluation ou estimation sur le pied courant : si elle n'est pas faite, il additionne ce à quoi le tout monte, & prend le droit suivant le Tarif ci-devant sur le total.

A l'égard des Baux à vie, à longues années & emphytéotiques, l'enregistrement & le controlle sont à peu près de même. Il y a seulement à observer pour la perception du droit,

1°. Quant aux Baux à vie, que le droit se paye tous les neuf ans tant que le Preneur vit, ou tout d'un coup autant de droits que l'on présume qu'il vivra de fois neuf ans.

2°. Quant aux Baux à longues années, tout d'un coup autant de droits qu'il y a de fois neuf ans dans le Bail, ou à chaque neuf années commencées, & de même pour les Baux emphytéotiques.

Autres Edits, Déclarations du Roi, & Arrêts de son Conseil, concernant les matieres ecclésiastiques & bénéficiales.

Arrêt du Conseil d'Etat du Roi du 12 Juillet 1695, portant Réglement & dénomination des Actes ecclésiastiques qui sont sujets au controlle, ainsi que des autres Actes passez par les Notaires du Royaume.

Extrait des Registres du Conseil d'Etat.

SUr la Requête présentée au Roi en son Conseil par Maître Augustin Bonnel, Fermier général des droits de controlle des Actes des Notaires & Tabellions, contenant qu'encore que tous les Actes, de quelque qualité qu'ils soient, qui sont passez par les Notaires & Tabellions, même par les Notaires Apostoliques, doivent être controllez, à peine de nullité, & les droits payez au Suppliant ou à ses Procureurs & Commis, conformément audit Edit & à l'Article vingtiéme de la Déclaration de Sa Majesté, rendue en interprétation d'icelui le 10 Avril 1694. Néanmoins que les Sieurs Evêque & Syndic du Clergé du Diocèse de Langres ayant représenté au Conseil qu'ils avoient acquis les Charges de Greffiers Ecclésiastiques dudit Diocèse, créez par Edit du mois de Décembre 1691, & tous les Ecclésiastiques & Bénéficiers faisant insinuer leurs Actes sur les Regiftres des Insinuations dudit Diocèse, ils devoient être exceptez dudit controlle; Sa Majesté auroit par Arrêt de son Conseil du 14 Janvier 1695, fait défenses au Suppliant & à ses Procureurs & Commis de contraindre les Ecclésiastiques & Bénéficiers dudit Diocèse de faire controller les Actes ecclésiastiques & bénéficiers, à peine de cinq cens livres d'amende, & de tous dépens, dommages & intérêts: ce qui obligeoit le Suppliant de représenter à Sa Majesté, qu'encore que l'exception portée par ledit Arrêt ne se puisse entendre ni avoir lieu que pour les Actes qui ont accoutumé d'être signez par ledit Sieur Evêque, & expédiez par le Greffier des Insinuations, les Ecclésiastiques du Diocèse de Langres, & presque tous les autres du Royaume, prétendoient que tous les Actes sujets aux insinuations ecclésiastiques, doivent être déchargez dudit controlle; ce qui troubloit le Suppliant, & portoit un notable préjudice aux droits dudit controlle: pourquoi le Suppliant requeroit qu'il plût à Sa Majesté y pourvoir. Vû ladite Requête, ledit Arrêt du Conseil du 4 Janvier dernier, l'Edit du mois de Décembre 1691, & autres piéces énoncées audit Arrêt; autre Edit du mois de Mars 1693, portant établissement dudit droit de controlle; le Tarif arrêté en conséquence; la Déclaration de Sa Majesté rendue en interprétation dudit Edit du mois de Mars 1693, ledit jour vingtiéme Avril 1694, & autres piéces jointes à ladite Requête. OUI le rapport du

Sieur Phelypeaux de Pontchartrain, Conseiller ordinaire au Conseil Royal, Controlleur Général des Finances. LE ROI EN SON CONSEIL, interprétant l'Arrêt dudit jour quatriéme Janvier dernier, a ordonné & ordonne que les Lettres d'Ordres, Dimissoires, Attestations, Exeats, Approbations, Dispenses, Provisions, Institutions, *Visa*, Enterinemens, Fulminations, Erections de Bénéfices, Unions, Permissions, & autres Actes ecclésiastiques qui ont accoutumé d'être signez par les Sieurs Archevêques & Evêques, sans ministere de Notaires, seront exempts dudit droit de controlle. Et à l'égard des Nominations, Résignations, Permutations, Procurations, prises de possession, & autres Actes concernant les Bénéficiers qui ont accoutumé d'être passez, & qui seront reçus par les Notaires Royaux ou Apostoliques, Sa Majesté ordonne qu'ils seront controllez par ledit Bonnel, ses Procureurs ou Commis, & les droits à lui dûs, payez conformément à l'Article vingtiéme de la Déclaration dudit jour 20 Avril 1694, sur les peines portées par les Edits, Déclarations & Arrêts rendus en conséquence. Enjoint Sa Majesté aux Commissaires par Elle départis dans les Provinces & Généralitez d'y tenir la main. Et sera le présent Arrêt exécuté nonobstant oppositions, appellations ou empêchemens quelconques, & sans préjudice d'icelle. Fait au Conseil d'État du Roi, tenu à Versailles le douziéme jour de Juillet 1695. Collationné. *Signé* RANCHIN.

Arrêt du Conseil d'Etat du 5 Août 1698, portant que tous les Actes que les Notaires, Tabellions & autres passeront pour les Ecclésiastiques, tant concernant les matieres bénéficiales, que la disposition de leurs revenus, même ceux concernant leurs affaires particulieres, quoique contractées avec des Laïcs, seront controllez dans les tems portez par les Edits & Arrêts rendus en conséquence.

LE Roi ayant par Arrêt de son Conseil du 20 Août dernier ordonné que les Offices de Controlleurs des Actes de Notaires, créez par Edit du mois de Mars 1696, ensemble les droits de Priviléges y attribuez, demeureront éteints & supprimez pour toujours dans l'étendue de la Généralité de Tours, en faveur des Habitans de ladite Généralité, en payant à Maître Etienne Chaplet, chargé par Sa Majesté du recouvrement de la Finance qui doit provenir desdites Charges & droits y attribuez, la somme de 600000 livres en principal, sur les quittances du Trésorier des revenus casuels, & les deux sols pour livre sur celles dudit Chaplet, dans les tems & ainsi qu'il est plus au long contenu audit Arrêt, de laquelle somme les Ecclésiastiques de ladite Généralité en doivent porter celle de 60000 livres & les deux sols pour livre, avec faculté à eux accordée d'accepter ladite suppression, en payant ladite somme, ou pour en être déchargez, consentir que lesdits Offices subsistent à leur égard, & les droits sur eux perçus; à l'effet de quoi, que les Actes qu'ils passeront demeureront assujettis pour toujours au controlle, ce qu'ils seront tenus d'opter un mois après la signification dudit Arrêt. Vû les significations faites dudit Arrêt aux Syndics

Syndics du Clergé des trois Diocèses de ladite Généralité, les réponses qu'ils ont faites signifiées audit Chaplet les 28 Septembre & 30 Octobre 1697, par lesquelles ils consentent que lesdites Charges de Controlleurs subsistent à leur égard, & que les droits y attribuez continuent d'être perçus pour tous les Actes qu'ils passeront, conformément ausdites Déclarations, Tarifs & Arrêts : Et d'autant que par ledit Arrêt du 20 Août 1697, la maniere de l'expédition des quittances & des charges nécessaires aux redevables n'y a pas été assez expliquée, ce qui pourroit faire quelque difficulté par la suite, s'il n'y étoit pourvû. Oui le rapport du Sieur Phelypeaux de Pontchartrain, Conseiller ordinaire au Conseil Royal, Controlleur Général des Finances. Sa Majesté en son Conseil, ayant égard à l'option faite par les Syndics du Clergé, a déchargé & décharge tous les Bénéficiers & Ecclésiastiques des trois Diocèses de Tours, Angers, & le Mans, résidans actuellement dans l'étendue de la Généralité de Tours, du payement de ladite somme de 60000 livres & les deux sols pour livre, portée par ledit Arrêt du 20 Août 1697 ; & en conséquence permet audit Chaplet de vendre lesdits Offices de Controlleurs des Actes que les Notaires, Tabellions & autres passeront pour les Ecclésiastiques, le nombre desquels Offices de Controlleurs a été fixé à quarante dans l'étendue de ladite Généralité ; sçavoir, deux en l'Election de Tours, deux en celle d'Amboise, deux en celle de Loches, deux en celle de Chinon, un en celle de Richelieu, un en celle de Loudun, six en celle d'Angers, trois en celle de Saumur, trois en celle de la Fléche, deux en celle de Baugé, deux en celle de Château-Gontier, un en celle de Montreuil-Bellay, sept en celle du Mans, deux en celle de Laval, deux en celle du Château-du-Loir, deux en celle de Mayenne ; & que l'exercice en sera fait dans les Bureaux que ledit Chaplet a ci-devant établis, ou autres qu'il pourra établir en tels lieux de chacune Election qu'il jugera à propos ; & qu'en attendant la vente desdits Offices, ledit Chaplet pourra faire faire ledit exercice par les personnes qu'il y commettra, & percevoir à son profit les droits y attribuez. Veut & ordonne Sa Majesté, que tous les Actes que les Notaires, Tabellions & autres passeront pour les Ecclésiastiques, tant concernant les matieres bénéficiales, que la disposition de leurs revenus, même ceux concernant leurs affaires particulieres, quoique contractez avec des Laïcs, soient controllez dans les tems portez par les Edits des mois de Mars 1693 & 1696, Arrêts & Réglemens rendus en conséquence, à peine de nullité desdits Actes, & de 200 livres d'amende pour chacune contravention contre les Notaires qui les auront reçus, & chacune des Parties qui s'en voudront servir, lesquelles amendes ne pourront être remises, moderées ni réputées comminatoires, pour quelque cause que ce soit, & seront payez en vertu du présent Arrêt, sans qu'il en soit besoin d'autre, moitié au Dénonciateur, & l'autre moitié audit Chaplet. Faisant Sa Majesté défenses à tous Juges d'avoir égard à aucuns Actes sous seing privé desdits Ecclésiastiques & Bénéficiers, ni prononcer aucuns Jugemens de condamnation sur iceux, à peine de nullité, & de demeurer responsables en leurs noms privez de tous événemens, dépens, dommages & interêts. Ordonne en outre Sa Majesté, que des Rolles arrêtez par le Sieur de Miromenil, sur les Nobles exempts & privilégiez, il en sera envoyé des extraits aux Curez des Paroiſſes, pour être par eux publiez & valoir de ſignification ; & que les quittances qui ont été ou ſeront expédiées par le Tréſorier des revenus caſuels, tant pour la ſomme de 25000 livres d'une part, à laquelle les Nobles exempts & privilégiez de ladite Généralité ont été fixez par ledit Arrêt, que des 15000 livres d'autre, pour les Villes franches, enſemble celles de Chaplet, pour les deux ſols pour livre deſdites ſommes, ſeront dépoſées aux Greffes de la principale Ville de chacune Election, & celle de 400000 livres & deux ſols pour livre, expédiées pour les Taillables aux Greffes des Elections ; duquel dépôt les Greffiers, chacun en droit ſoi, ſeront tenus de donner ſans frais au pied des copies deſdites quittances, leurs reconnoiſſances au porteur d'icelles, pour en être enſuite par leſdits Greffiers fourni auſſi ſans frais des extraits à chacun des Nobles exempts & privilégiez qui auront contribué au payement des ſommes contenues auſdites quittances, avec ſon certificat au pied, contenant la ſomme que chacun d'eux y aura contribué, & un extrait à chacune Paroiſſe, pour ce que les Taillables de ladite Paroiſſe y auront contribué, ſuivant les rolles & départemens arrêtez par ledit Sieur de Miromenil, Commiſſaire départi en ladite Généralité de Tours. Enjoint Sa Majeſté audit Sieur de Miromenil de tenir la main à l'exécution du préſent Arrêt, lequel ſera publié & exécuté nonobſtant oppoſitions, appellations, & autres voies quelconques, pour leſquelles ne ſera differé ; & s'il en intervient, Sa Majeſté s'en eſt réſervé à ſoi & à ſon Conſeil toute connoiſſance, & icelle interdite & défendue à toutes ſes autres Cours & Juges. FAIT au Conſeil du Roi, tenu à Verſailles le 5e jour d'Août 1698. Collationné, *Signé* RANCHIN.

Arrêt du Conſeil d'Etat du Roi, du 28 Octobre 1698, portant Réglement pour le controlle des Contrats de mariage, collation de copies de piéces, Titres ſacerdotaux ou clericaux, & autres Actes paſſés par les Notaires Apoſtoliques, & pour l'exécution de pluſieurs Articles deſdits Tarifs, Déclarations & Arrêts rendus au ſujet du controlle des Actes des Notaires, dont l'exécution eſt ordonnée ſous les peines & amendes portées par ledit Arrêt.

Extrait des Regiſtres du Conſeil d'Etat.

SUr ce qui a été repréſenté au Roi en ſon Conſeil, que Sa Majeſté ayant par les Arrêts de ſon Conſeil des 11 Février & 6 Mai dernier, ordonné que M. Etienne Chaplet jouira des droits du controlle des Contrats & Actes des Notaires & Tabellions Royaux, Apoſtoliques, Seigneuriaux & des Magiſtrats, Gens de loi des Villes & lieux dépendans des Généralitez, Provinces & Pays exprimez dans celui du 11 Février, ſuivant & conformément aux Edits, Tarifs, Déclarations, Arrêts & Réglemens rendus en conſéquence, pour la levée & perception deſdits droits de controlle, & qu'ils ſeront exécutez au profit dudit Chaplet, comme s'ils avoient été rendus ſous ſon nom : Et Sa Majeſté ayant été informée que leſdits Notaires, Tabellions & autres qui ont pouvoir de faire des Contrats & Actes, font de continuelles contraventions auſdits Edits, Déclarations & Arrêts, & forment journellement des conteſtations ſous différens prétextes, pour diminuer & anéantir leſdits droits de controlle, en expliquant leſdits Tarifs & Réglemens d'une maniere contraire aux intentions de Sa Majeſté, notamment ſur les Contrats de mariage, collations de piéces, & par l'affectation que la plupart deſdits Notaires font de ne pas ſigner les Contrats & Actes qu'ils paſſent auſſi-tôt qu'ils ſont ſignez par les Parties, & de tenir des repertoires de tous les Actes qu'ils paſſent, ainſi qu'il leur eſt ordonné de faire, tant par la Déclaration de Sa Majeſté du 19 Mars 1696, que par les Ordonnances précédentes, & que d'autres entreprennent d'aller paſſer des Contrats dans des Provinces ou lieux affranchis ou redimez du controlle, prétendant par ces voies en fruſtrer les droits, & que même il y a eu pluſieurs deſdits Notaires & Tabellions prévenus & convaincus d'avoir reçu les droits de controlle des Parties contractantes, mis ſur les expéditions que les Actes auroient été controllez ſans qu'ils l'euſſent été, & retenu leſdits droits à leur profit, & fraudé leſdits droits en une infinité d'autres cas; ce qui empêchoit ledit Chaplet de joüir des droits de ladite Ferme, & le mettoit hors d'état de la ſoutenir. A quoi voulant pourvoir: OUI le rapport du Sieur Phelypeaux de Pontchartrain, Conſeiller ordinaire au Conſeil Royal, Controlleur Général des Finances. SA MAJESTÉ EN SON CONSEIL, a ordonné & ordonne que les Edits, Déclarations, Tarifs & Arrêts concernant les droits de controlle des Contrats & Actes des Notaires & Tabellions Royaux, Apoſtoliques, Seigneuriaux, Magiſtrats & Gens de loi, ſeront exécutez ſelon leur forme & teneur, & que conformément à iceux & auſdits Arrêts des 11 Février & 6 Mai dernier, ledit Chaplet jouira deſdits droits de controlle, & qu'il ſera payé double droit de controlle pour les Contrats de mariage dans leſquels il n'y aura que le bien de l'un des conjoints évalué, à la charge que ledit droit ne pourra excéder la ſomme de vingt livres fixée par l'article 12 de la Déclaration de Sa Majeſté du 20 Avril 1694; ce qui ne pourra toutefois avoir lieu lorſque celui des deux conjoints dont le bien ne ſera pas évalué, aura déclaré par le Contrat qu'il n'en a aucuns, auquel cas il ne ſera payé qu'un ſeul droit de controlle ſur le pied de la valeur du bien évalué, conformément audit article; & en cas de fauſſe déclaration de la part de l'un des conjoints, ils ſeront contraints ſolidairement au payement de 200 livres d'amende reglée par leſdits Edits, Déclarations & Arrêts, & au payement de la ſomme de 40 livres pour le droit de controlle: ordonne auſſi Sa Majeſté que les Actes de collation de copies de piéces, Sentences, Jugemens, Arrêts, Appointemens & autres Actes judiciaires & extrajudiciaires, de quelque nature & qualité qu'ils ſoient ſans exception, qui ſeront délivrez par des Notaires ou Tabellions, ſoit qu'ils ayent été rendus ou paſſez avant ou depuis l'Edit du mois de Mars 1693, ſeront controllez, & que le droit de controlle en ſera payé conformément à l'Article XIV de ladite Déclaration de 20 Avril 1694. Fait Sa Majeſté défenſes à tous ſes Juges & autres qu'il appartiendra, d'admettre aucuns priviléges, hypotéques, nantiſſemens, enſaiſinemens ou priſes de poſſeſſion ſur des immeubles, ſi leſdits priviléges ne ſont fondez ſur des Contrats ou Actes paſſez ou reconnus pardevant Notaires & controllez. Enjoint Sa Majeſté aux

Greffiers des Jurifdictions, d'inferer dans les minutes & expéditions des Sentences, Jugemens & Arrêts, les Actes fur lefquels ils auront été rendus, les dates defdits Actes, les noms & réfidences des Notaires & Tabellions qui les auront paffez, le nom du Controlleur qui les aura controllez, & les jours qu'ils auront été controllez, à peine d'interdiction contre lefdits Greffiers, & de 200 livres d'amende contre les Juges & Greffiers qui figneront lefdits Actes, Sentences ou Jugemens, & contre chacune des Parties qui s'en ferviront: Enjoint pareillement Sa Majefté aux Greffiers des Arbitrages, Syndics & Directeurs des Créanciers, de faire mention dans les minutes des Jugemens, Sentences arbitrales, Contrats & autres Actes qu'ils pafferont, des compromis fur lefquels ils auront été rendus lorfqu'ils auront été paffez pardevant Notaires: leur fait auffi défenfes, à peine d'interdiction, d'expédier lefdites Sentences, Jugemens & autres Actes, & aux Parties de s'en fervir, à peine de nullité de toute la procédure, & de 200 livres d'amende, qu'après que lefdits compromis auront été controllez, s'ils ont été paffez pardevant Notaires: Ordonne en outre Sa Majefté, que le droit de controlle des titres facerdotaux ou clericaux, fera pris fur le pied de l'Article trois de ladite Déclaration du 20 Avril 1694, concernant les donations, de quelque nature que puiffent être les biens ou héritages exprimez dans lefdits titres facerdotaux, & à quelque titre qu'ils foient donnez: Veut & entend Sa Majefté que l'Edit de création des Offices de Notaires Royaux & Apoftoliques du mois de Décembre 1691 foit exécuté, & que conformément à l'Article V d'icelui, les Actes ou procurations des Graduez pour requerir Bénéfices, les notifications defdits Actes ou procurations, & tous autres Actes fans exception qui peuvent fervir à obtenir ou pofféder Bénéfices, foient paffez pardevant lefdits Notaires Royaux & Apoftoliques, ou pardevant ceux qui font les fonctions defdits Offices, foit en conféquence d'union ou autrement, lefquels Actes feront controllez à peine de nullité, & le droit de controlle payé fur le pied de l'Article 20 de ladite Déclaration du 20 Avril 1694, de tous lefquels Actes ils feront tenus de conferver des minutes, à peine d'interdiction & de deux cens livres d'amende. Veut & ordonne Sa Majefté que l'Article 4 de fa Déclaration du mois de Mars 1696 foit exécuté; en conféquence que tous les Actes qui y font énoncez, généralement tous ceux qui ont accoutumé d'être fignez par les Sieurs Archevêques, Evêques, même par leurs Vicaires Généraux & Officiaux, fans le miniftere des Notaires Royaux ou Apoftoliques, foient déchargez & exempts dudit controlle. Fait Sa Majefté défenfes à tous Huiffiers, Sergens & autres de s'immifcer à paffer ou faire aucuns defdits Actes, fous les mêmes peines de nullité, d'interdiction & d'amende; & ordonne que conformément à l'Arrêt du Confeil du 15 Janvier 1697, les Notaires & Tabellions Royaux & Seigneuriaux, Magiftrats, Gens de Loi, Greffiers des Juftices Royales & Seigneuriales, & des Communautez & autres qui ont droit de paffer des Contrats & Actes, feront tenus de figner en même tems que les Parties les Actes qu'ils recevront, de les faire controller dans la quinzaine, conformément aufdits Edits & Déclarations, d'en payer les droits, & d'en tenir des répertoires & fournir copie d'iceux audit Chaplet, conformément à la Déclaration de Sa Majefté du 19 Mars 1696, à peine d'interdiction & de deux cens livres d'amende contre chacun contrevenant : & pour faciliter les moyens de découvrir les fraudes qui pourroient être faites, Sa Majesté permet audit Chaplet, ses Procureurs ou Commis, de visiter en présence des Officiers qui seront à cet effet nommez par les Sieurs Intendans & Commissaires départis, ou d'autres Officiers, lorsqu'ils en seront requis par ledit Chaplet, ses Procureurs ou Commis, tant les minutes des Contrats, Testamens & autres Actes, que les Répertoires & Registres que les Notaires, Tabellions, Greffiers & autres sont obligez de tenir, pour être dressé des Procès-verbaux des contraventions qui pourront avoir été faites ausdits Edits, Déclarations & Arrêts, & les peines & amendes desdites contraventions poursuivies pardevant lesdits Sieurs Commissaires départis, & par eux jugées conformément ausdits Edits, Déclarations & Arrêts. Seront lesdits Contrats & Actes controllez, & les droits payez dans ledit tems de quinzaine à la diligence desdits Notaires, Tabellions, Greffiers & autres, sous les peines de nullité, d'interdiction, & des amendes portées tant par lesdits Edits, Déclarations & Arrêts rendus en conséquence, que par le présent Arrêt. Fait particulierement Sa Majesté défenses ausdits Notaires & Tabellions Royaux & Seigneuriaux, Notaires Apostoliques, Greffiers des Justices Royales & Seigneuriales, & à ceux des Communautez & des Arbitrages, & tous autres qui ont droit ou sont en possession de passer des Contrats & Actes, & aux Parties de faire controller lesdits Contrats & Actes dans d'autres Bureaux que ceux des lieux où ils seront passez, ou s'il n'y en a point, au plus proche. Ordonne pareillement Sa Majesté que les Actes sujets à signification ou notification qui seront reçus par les Notaires Royaux seront controllez, & les droits de controlle payez avant que lesdits Actes puissent être signifiez par des Notaires ou Sergens, à peine de nullité & de deux cens livres d'amende, & que lesdits Actes soient controllez au controlle des Exploits après la signification ou notification. Défend aussi Sa Majesté à toutes sortes de personnes de mettre à exécution dans les Provinces où le controlle est établi, aucuns Contrats & Actes passez ou reconnus pardevant Notaires dans des Provinces, Pays ou lieux esquels ledit controlle n'a pas lieu au profit de Sa Majesté, soit par privilége, exemption, ou que les droits ayent été rachetez ou remboursez, que préalablement lesdits Actes ou Contrats n'ayent été controllez au plus prochain Bureau du lieu où lesdits Actes se mettront à exécution, le tout sous même peine que dessus, & de nullité de tout ce qui pourroit être fait en conséquence desdits Contrats ou Actes, lesquelles amendes seront applicables au profit dudit Chaplet, & à lui payées en vertu du présent Arrêt conformément à son Bail, à l'exception néanmoins de ceux qui seront passez par les Notaires de la Ville de Paris, qui seront exécutez dans tout le Royaume sans être controllez : enjoint Sa Majesté ausdits Sieurs Intendans & Commissaires départis pour l'exécution de ses ordres, de tenir la main à l'exécution du présent Arrêt, sans souffrir qu'il y soit contrevenu en quelque sorte & maniere que ce soit, lequel, ensemble ce qui sera par eux ordonné en conséquence, seront exécutez nonobstant oppositions, appellations & autres empêchemens quelconques, & pour lesquels ne sera differé, & dont, si aucuns interviennent, Sa Majesté s'en est réservé la connoissance, & icelle interdite à toutes ses Cours & Juges. Fait au Conseil d'Etat du Roi, tenu à Fontainebleau le vingt-huitiéme jour d'Octobre mil six cens quatre-vingt-dix-huit. Collationné. *Signé* Delaistre.

Arrêt du Conseil d'Etat du Roi, du 10 Mai 1707, par lequel Sa Majesté déclare n'avoir entendu comprendre dans l'exécution de l'Edit du mois de Décembre 1703, & des autres Edits & Déclarations concernant les Insinuations laïques, les constitutions de titres cléricaux, lesquels seront seulement insinuez comme par le passé aux Greffes des Insinuations ecclésiastiques.

Extrait des Registres du Conseil d'Etat.

Le Roi s'étant fait représenter en son Conseil l'Edit du mois de Décembre 1703, par lequel Sa Majesté auroit ordonné l'établissement des Greffes des Insinuations laïques, pour insinuer & enregistrer tous les Contrats & Actes y mentionnez, les Edits & Déclarations concernant lesdites Insinuations, le Tarif arrêté au Conseil le 24 Août 1706, portant nouveau Tarif des droits qui doivent être payez en exécution de l'Edit du mois d'Août, pour le controlle des Contrats & Actes qui se passent pardevant les Notaires tant Royaux que Seigneuriaux; les Mémoires présentez & remontrances faites par les Syndics du Clergé de plusieurs Diocèses, qui ont représenté que le Fermier des droits attribuez pour lesdites insinuations laïques, prétend assujettir à l'insinuation laïque & au payement des droits qui y sont attribuez, les constitutions des titres cléricaux des Ecclésiastiques, quoiqu'ils soient sujets à être insinuez aux Greffes des Insinuations ecclésiastiques, conformément aux Edits de création des Offices de Greffiers desdites Insinuations ecclésiastiques, ausquels il n'a point été dérogé à cet égard par ledit Edit du mois de Décembre 1703, ni par les autres Edits & Déclarations donnez sur le fait desdites insinuations laïques; & quoiqu'il ne soit fait aucune mention desdits Actes dans le Tarif des droits d'insinuations laïques, & que d'ailleurs le même Fermier, qui l'est aussi des droits de controlle des Actes des Notaires, se fait payer pour le controlle des Actes portant constitution desdits titres cléricaux, des droits au-delà de ce qui est prescrit par les Tarifs arrêtez au Conseil. A quoi Sa Majesté voulant pourvoir: Oui le rapport du Sieur Fleuriau d'Armenonville, Conseiller ordinaire au Conseil Royal, Directeur des Finances, Sa Majesté en son Conseil, a déclaré & déclare n'avoir entendu comprendre dans l'exécution dudit Edit du mois de Décembre 1703, & des autres Edits & Déclarations concernant les insinuations laïques, les constitutions de titres cléricaux, lesquels seront seulement insinuez comme par le passé aux Greffes des Insinuations ecclésiastiques. Ordonne Sa Majesté que pour le controlle desdites constitutions de titres cléricaux, lorsque la constitution est faite par l'Aspirant à l'état ecclésiastique sur ses biens propres; les droits de controlle seront payez conformément à l'Article XXXIV du Tarif desdits droits arrêté au Conseil le 24 Août de l'année derniere 1706 ; & lorsque la constitution dudit titre sera faite par les peres & meres ou par autres au profit dudit Aspirant à l'état ecclésiastique, les droits de controlle seront payez, si ladite constitution est à vie, conformément à l'Article XXXIII du Tarif qui regle lesdits droits de controlle pour les constitutions de pension viagere ; & si ladite constitution de titre clérical porte constitution de rente ou donation de fonds, les droits de controlle seront payez conformément à l'Article premier dudit Tarif, par proportion au capital de la rente ou à la valeur du fonds qui aura été donné. Fait Sa Majesté défenses à Etienne Chaplet, Fermier général des Insinuations laïques & droits de controlle des Actes des Notaires, & ses Sous-fermiers, leurs Commis & Préposés, de faire aucunes poursuites contre les Ecclésiastiques pour l'insinuation des constitutions de leurs titres cléricaux, & de percevoir pour les droits de controlle desdites constitutions de titres cléricaux, autres & plus grands droits que ceux réglez par le présent Arrêt, à peine de concussion. Enjoint aux Sieurs Intendans & Commissaires départis dans les Provinces, de tenir la main à son exécution, nonobstant oppositions ou autres empêchemens, dont, si aucuns interviennent, Sa Majesté s'est réservé la connoissance & à son Conseil, & icelle interdite à toutes ses Cours & autres Juges. Fait au Conseil d'Etat du Roi, tenu à Marly le 10 Mai 1707. Collationné. *Signé* DUJARDIN, pour le Roi, avec paraphe.

Déclaration du Roi, qui oblige les Bénéficiers à la nomination du Roi, d'obtenir des Bulles dans neuf mois.

Donnée à Fontainebleau le 14 Octobre 1726.

LOUIS, par la grace de Dieu, Roi de France & de Navarre: A tous ceux qui ces présentes Lettres verront, SALUT. Par l'Article V de l'Ordonnance de Blois du mois de Mai 1579, renouvellée par l'Article XII de l'Edit de Melun du mois de Mars 1580, par l'Article premier de l'Edit du mois de Décembre 1606, & par les Déclarations du 4 Juin 1619, du 15 Décembre 1711, & du 4 Mars 1715, ceux que Nous nommons aux Bénéfices vacans qui sont à notre nomination, sont obligez d'obtenir des Bulles ou Provisions de Cour de Rome dans les neuf mois du jour & date de nos Brevets ou Lettres de nomination, ou de justifier de diligences valables & suffisantes par eux faites pour en obtenir dans ledit tems, à peine de demeurer déchus de leur droit. Nous avons néanmoins été informez que plusieurs de ceux que Nous avons nommez aux Abbayes & autres Bénéfices qui sont à notre nomination, ont non-seulement négligé d'obtenir des Bulles ou Provisions dans les tems marquez par ces Ordonnances, mais même laissé écouler plusieurs années sans faire aucunes diligences pour les obtenir ; que d'autres s'étant adressez à Nous ou à notre Grand Conseil, ont obtenu des Arrêts en vertu desquels ils se maintiennent en jouissance desdits Bénéfices, quoique ces Arrêts ne leur ayent été accordez qu'à la charge de continuer leurs diligences en Cour de Rome pour obtenir des Bulles ou Provisions ; à quoi voulant pourvoir. A CES CAUSES & autres à ce Nous mouvans, de notre certaine science, pleine puissance &

autorité royale, Nous avons par ces Préſentes ſignées de notre main, dit, déclaré & ordonné, diſons, déclarons & ordonnons, voulons & Nous plaît, que conformément à l'Article de l'Ordonnance de Blois, & aux Edits & Déclarations donnez en conſéquence, ceux qui ont été nommez aux Bénéfices qui ſont à notre nomination, pour leſquels il eſt néceſſaire d'obtenir des Bulles ou Proviſions de Cour de Rome, & qui n'en ont point encore obtenu, ſoient tenus d'en obtenir dans neuf mois au plus tard du jour de notre préſente Déclaration, & d'en juſtifier dans ledit tems à notre Procureur Général en notre Grand Conſeil, faute de quoi ils ne pourront continuer de jouir des fruits & revenus deſdits Bénéfices en vertu deſdits Arrêts, que Nous avons révoqué & révoquons après ledit tems paſſé. Déclarons vacans de droit & de fait les Bénéfices de ceux que Nous avons nommez qui n'auront point obtenu de Bulles ou Proviſions de ladite Cour de Rome après le délai ci-deſſus expiré, ſans qu'il ſoit beſoin d'autre déclaration de notre volonté, pour diſpoſer deſdits Bénéfices, que de nos Brevets ou Lettres de nomination que Nous ferons expédier à ceux que nous en voudrons gratifier : Ordonnons que les fruits deſdits Bénéfices qui écheront après le terme ci-deſſus preſcrit pour en obtenir des Bulles ou Proviſions, ſeront régis & mis en Economat, de même & ainſi que ceux des autres Bénéfices vacans par mort ou démiſſion des Titulaires, conformément aux Arrêts de notre Conſeil des 31 Juillet & 26 Novembre 1677, ſervant de Réglement pour les Economats : Voulons au ſurplus que leſdites Déclarations des 15 Décembre 1711 & 4 Mars 1715 ſoient exécutées ſelon leur forme & teneur. SI DONNONS EN MANDEMENT à nos amez & féaux Conſeillers les Gens tenans notre Grand Conſeil, que ces Préſentes ils ayent à faire lire, publier & enregiſtrer, & icelles exécuter ſelon leur forme & teneur : CAR tel eſt notre plaiſir. DONNÉ à Fontainebleau le quatorze Octobre 1726, & de notre Régne le douziéme. *Signé* LOUIS ; *Et plus bas*, par le Roi, PHELYPEAUX. Et ſcellée du grand ſceau de cire jaune.

Lûe, publiée en l'Audience du Grand Conſeil du Roi, oui & ce requerant le Procureur Général du Roi, & enregiſtrée ès Regiſtres d'icelui, pour y être gardée, obſervée & exécutée ſelon ſa forme & teneur, & copie collationnée d'icelle envoyée aux Bailliages, Sénéchauſſées & Siéges Préſidiaux du Royaume, pour y être pareillement lûe à l'Audience & enregiſtrée ès Regiſtres deſdits Siéges, & y être exécutée, gardée & obſervée ſelon ſa forme & teneur : Enjoint aux Subſtituts du Procureur Général du Roi deſdits Siéges, chacun à leur égard, d'y tenir la main, & d'en certifier le Conſeil dans un mois, ſuivant l'Arrêt dudit Conſeil. A Paris, de cejourd'hui 14 *Novembre* 1726. Signé VERDUC.

Arrêt du Conseil d'Etat du Roi, du 16 Décembre 1727, portant Réglement pour le controlle des Baux des revenus des Communautez séculieres & régulieres, & autres Gens de main-morte.

Extrait des Regîstres du Conseil d'Etat.

VEU au Conseil d'Etat du Roi les Mémoires respectivement présentez par les Agens généraux du Clergé & les Sous-fermiers des droits de controlle des Actes des Notaires, au sujet de l'Arrêt du 27 Juillet dernier, par lequel il est entr'autres choses ordonné que tous Gens de main-morte seront tenus de représenter les Baux de tous leurs revenus passez pardevant Notaires depuis l'année 1700, & à faute de ce, de payer les droits de controlle des Baux faits par écrit sous signature privée, tacite reconduction ou verbalement, sur le pied du Tarif de 1722, comme s'ils avoient été passez pardevant Notaires; & Sa Majesté voulant traiter favorablement lesdits Gens de main-morte, & interpréter ledit Arrêt du 27 Juillet dernier: OUI le rapport du Sieur le Pelletier, Conseiller d'Etat ordinaire & au Conseil Royal, Controlleur général des Finances. LE ROI EN SON CONSEIL, en interprétant en tant que de besoin l'Arrêt du 27 Juillet 1727, a ordonné & ordonne:

ARTICLE PREMIER.

Que conformément aux Déclarations des mois de Mars 1696, Juillet 1699, 20 Mars 1708, & Arrêts rendus en conséquence, il sera passé pardevant Notaires des Baux de tous les revenus des biens dépendans de tous les Bénéfices, de ceux des Eglises, Commanderies, Hôpitaux, Universitez, Facultez, Colléges, Fabriques, Confrairies, ainsi que de ceux des Villes & de toutes les Communautez séculieres & régulieres & autres Gens de main-morte, sans aucuns excepter, aux peines portées par la Déclaration du 20 Mars 1708, lesquelles ne pourront à l'avenir être réduites ni moderées sous quelque prétexte que ce soit.

II. Décharge néanmoins Sa Majesté, par grace & du consentement des Fermiers, lesdits Gens de main-morte & les Preneurs desdits Baux, des amendes encourues pour le passé; à la charge de passer pardevant Notaires dans trois mois, à compter du premier Janvier prochain, si fait n'a été, les Baux des biens & revenus dont ils ont donné la jouissance par écrit sous signature privée, tacite reconduction, ou convention verbale.

III. Ordonne Sa Majesté que dans le délai ci-dessus tous lesdits Gens de main-morte, à l'exception seulement des Communautez Religieuses de Filles, des Fabriques & des Curez à portion congrue, seront tenus de représenter aux Fermiers, outre le Bail qu'ils passeront dans le délai accordé par le présent Arrêt, les deux précédens Baux de tous leurs revenus passez pardevant Notaires, ou de payer les droits de controlle de deux Baux pour ceux passez précédemment par écrit sous signature privée, tacite reconduction, ou convention verbale ; & à cet effet seront tenus de faire leurs déclarations de la maniere dont ces mêmes biens ont été exploitez ; moyennant quoi Sa Majesté les a déchargé & décharge de la représentation des Baux antérieurs ordonnée par l'Arrêt du 27 Juillet dernier : & en cas de fausses déclarations, ils seront condamnez en l'amende de deux cens livres pour chaque contravention.

IV. Ordonne Sa Majesté que les Gens de main-morte qui ont passé pardevant Notaires les Baux de tous leurs biens & revenus, dont la jouissance subsiste actuellement, ne seront tenus chacun à leur égard, de représenter que le Bail précédent, ou de payer les droits de controlle dudit Bail, s'il se trouve avoir été fait sous signature privée, par tacite reconduction, ou convention verbale : voulant Sa Majesté que ledit Bail courant passé pardevant Notaires, ait son exécution pour le tems qui en reste à expirer, sans que les Gens de main-morte soient tenus d'en passer un nouveau en exécution de l'Article II du présent Arrêt, qu'à l'expiration du Bail courant.

V. A l'égard des Bénéficiers qui ne sont Titulaires que depuis le premier Janvier 1725, ordonne Sa Majesté qu'ils seront tenus de se conformer pour l'avenir à l'Article II du présent Arrêt, & en outre de payer un seul droit de controlle pour raison des Baux qu'ils ont passez sous signatures privées, par tacite reconduction, ou autrement.

VI. Veut Sa Majesté que lorsque lesdits Gens de main-morte auront passé pardevant Notaires des Baux particuliers de tous leurs revenus, ils puissent, si bon leur semble, passer sous signature privée un Bail général, & que lorsqu'ils auront passé le Bail général pardevant Notaires, il soit permis au Preneur de passer les Baux particuliers sous signature privée, sans néanmoins que les Bailleurs ni les Preneurs puissent se servir desdits Baux sous signature privée, ni faire aucuns Actes ou Exploits en conséquence, qu'ils n'ayent été préalablement controllez, conformément aux Réglemens & sous les peines y portées.

VII. Et à défaut par lesdits Gens de main-morte de satisfaire aux dispositions du présent Arrêt, & dans le délai y porté, ils seront déchus des remises des droits & amendes ci-dessus accordées ; & pourront les Fermiers dans ce cas les faire contraindre au payement des droits & amendes encourues & portées par les Réglemens. FAIT au Conseil d'Etat du Roi, tenu à Versailles le seiziéme jour de Décembre mil sept cens vingt-sept. *Signé* DELAISTRE.

Arrêt du Conseil d'Etat du Roi, du 30 Mars 1728, qui accorde un nouveau délai de trois mois aux Bénéficiers & Communautez Ecclésiastiques, pour la passation des Baux pardevant Notaires, de leurs biens & revenus.

Extrait des Registres du Conseil d'Etat.

LE Roi s'étant fait représenter en son Conseil l'Arrêt du 16 Décembre 1727, par lequel Sa Majesté a ordonné que les Bénéficiers & Communautez ecclésiastiques seroient tenus de passer dans trois mois pour tout délai, à compter du premier Janvier 1728, des Baux pardevant Notaires de tous les biens & revenus dont ils ont donné la jouissance par écrits sous signature privée, tacite reconduction, ou conventions verbales : & Sa Majesté étant informée que le délai fixé par ledit Arrêt, qui doit expirer à la fin du présent mois, n'a pas été suffisant pour mettre lesdits Bénéficiers & Communautez en état de passer lesdits nouveaux Baux, attendu qu'ils doivent être précédez par des affiches & publications qui ne peuvent être faites que dans les mois d'Avril & Mai ; que d'ailleurs il est d'usage que lesdits Baux, même sans affiches & publications, ne soient faits que dans le mois de Juin ; à quoi voulant pourvoir : OUI le rapport du Sieur le Pelletier, Conseiller d'Etat ordinaire & au Conseil Royal, Controlleur général des Finances. LE ROI EN SON CONSEIL, a prorogé & proroge jusqu'au dernier Juin prochain inclusivement le délai accordé par ledit Arrêt du 16 Décembre 1727 aux Bénéficiers & Communautez ecclésiastiques, pour passer des Baux pardevant Notaires de leurs biens & revenus, & faire controller les Baux précédemment faits par écrits sous signature privée, tacite reconduction, ou conventions verbales ; passé lequel délai & sans espérance d'aucun autre, veut Sa Majesté que ledit Arrêt du 16 Décembre dernier soit exécuté suivant sa forme & teneur. FAIT au Conseil d'Etat du Roi, tenu à Versailles le trentiéme jour de Mars mil sept cens vingt-huit. *Signé* GOUJON.

Arrêt du Conseil d'Etat du Roi, du 27 Avril 1728, concernant l'insinuation des Quittances des droits d'amortissement.

Extrait des Registres du Conseil d'Etat.

VEU par le Roi en son Conseil la Requête présentée en icelui par les Sieurs Agens généraux du Clergé, tendante à ce qu'il plût à Sa Majesté, en réformant l'article 11 du Tarif des insinuations du 29 Septembre 1722, ordonner que cet article sera divisé en 22 sections au lieu de 6 dont il est composé, & que les droits d'insinuation des quittances d'amortissement ne seront payez que pour celles expédiées & pour droits d'amortissement acquittez depuis le 29 Septembre 1722, & non pour celles expédiées depuis ledit jour pour droits d'amortissement payez sur des récepissez antérieurs à cette époque ; ladite Requête contenant que la premiere section de l'article 11 du Tarif, en fixant à dix livres le droit des quittances d'amortissement des biens dont la valeur est de cinq cens livres, & ne statuant rien pour celles au-dessous de cette somme, il arrive qu'il est autant payé de droit pour la quittance d'amortissement d'un bien de cinquante livres que pour celle d'un bien de cinq cens livres, & que dans les autres sections du même article la proportion n'est pas mieux gardée ; ensorte que pour y remédier il seroit nécessaire de diviser tout l'article en un nombre suffisant de sections, pour rendre l'objet des droits moins onéreux au Clergé, principalement aux Curez & aux Fabriques de la campagne, dont les modiques fondations se trouvent souvent absorbées par le payement des droits : qu'à l'égard de celles de ces quittances qui ont été expédiées depuis 1722, & dont la valeur aura été fournie en récepissez du Fermier ou de ses Commis, antérieurs à l'époque du 29 Septembre de ladite année, elles ne peuvent être assujetties au droit d'insinuation sans donner un effet rétroactif à une Loi pénale & pécuniaire, & qui ne peut jamais avoir lieu. Vû pareillement la réponse des Sous-fermiers, contenant qu'encore que l'exécution entiere des Réglemens ait fait l'objet sur lequel ils ont dû compter en prenant leurs Fermes, cependant ils croyent que pour traiter avec proportion les fondations médiocres, on peut subdiviser la premiere section de l'article 11 du Tarif du 27 Septembre 1722 pour les insinuations, en dix autres sections ; en sorte qu'au lieu que les droits des quittances d'amortissement & de celles d'indemnitez y sont fixez à dix livres pour les biens de cinq cens livres & au-dessous indistinctement, il ne soit payé à l'avenir, lorsque les biens seront de cinquante livres & au-dessous, que dix sols, ci 10 s.

De 50 livres à 100 livres,	1 liv.
De 100 liv. à 150 liv.	1 liv. 10 s.
De 150 liv. à 200 liv.	2 liv.
De 200 liv. à 250 liv.	2 liv. 10 s.
De 250 liv. à 300 liv.	3 liv.
De 300 liv. à 350 liv.	3 liv. 10 s.
De 350 liv. à 400 liv.	5 liv.
De 400 liv. à 450 liv.	7 liv.
De 450 liv. à 500 liv.	10 liv.

Ce qui fera une modération considerable & balancée sur la modicité des fondations. A l'égard du plan proposé par les Sieurs Agens du Clergé par rapport aux autres sections dudit article, il ne peut être écouté sans jetter les Fermiers dans une perte assez considérable, & les mettre dans le cas d'une indemnité proportionnée ; que pour faire connoître le peu de fondement de la demande du Clergé en exemption du droit d'insinuation des quittances expédiées depuis le Tarif de 1722, en conversion de simples récepissez qui leur ont été délivrez avant cette époque, il suffit d'observer que les simples récepissez sont des piéces informes qui n'operent point la décharge des redevables du droit d'amortissement, qui sont obligez absolument de prendre des quittances, lesquelles ne sont valables qu'autant qu'elles sont revêtues des formalitez prescrites lors de leur expédition ; que par rapport à la nécessité de retirer ces quittances, elle ne souffre aucun doute depuis l'Arrêt du 4 Septembre 1696, qui l'ordonne expreſſément, en aſſujettiſſant les Gens de main-morte à rapporter les récepiſſez, au lieu deſquels leſdites quittances leur doivent être expédiées, & qu'il eſt ſans difficulté qu'étant expédiées depuis le Tarif du 29 Septembre 1722, elles doivent néceſſairement être inſinuées pour être valables, attendu que ce Tarif les y aſſujettit en termes exprès. A quoi Sa Majeſté voulant pourvoir : OUI le rapport du Sieur le Pelletier, Conſeiller d'Etat ordinaire & au Conſeil Royal, Controlleur général des Finances. LE ROI EN SON CONSEIL, a ordonné & ordonne, du conſentement des Fermiers, que les droits fixez par la premiere ſection de l'article II du Tarif des inſinuations du 29 Septembre 1722 ſeront payez à l'avenir ; ſçavoir pour les quittances du droit d'amortiſſement & pour celles d'indemnité des biens de valeur de cinquante livres & au-deſſous, dix ſols, ci 10 ſ.

De 50 livres à 100 livres,	1 liv.
De 100 liv. à 150 liv.	1 liv. 10 ſ.
De 150 liv. à 200 liv.	2 liv.
De 200 liv. à 250 liv.	2 liv. 10 ſ.
De 250 liv. à 300 liv.	3 liv.
De 300 liv. à 350 liv.	3 liv. 10 ſ.
De 350 liv. à 400 liv.	5 liv.
De 400 liv. à 450 liv.	7 liv.
De 450 liv. à 500 liv.	10 liv.

Qu'au ſurplus les autres ſections dudit article ſeront exécutées ſelon leur forme & teneur : ordonne Sa Majeſté que les quittances d'amortiſſement expédiées depuis le premier Novembre 1722, & celles qui le ſeront à l'avenir, même en converſion des récepiſſez qui ont été délivrez aux Gens de main-morte avant ledit jour premier Novembre 1722, ſeront inſinuées ſur le pied ci-deſſus reglé, ſans que ſous aucun prétexte ils puiſſent s'en diſpenſer ; au payement deſquels droits ils ſeront pourſuivis ſur les contraintes du Fermier ou de ſes Procureurs. Enjoint aux Sieurs Intendans & Commiſſaires départis dans les Provinces & Généralitez du Royaume, de tenir la main à l'exécution du préſent Arrêt, nonobſtant toutes oppoſitions ou autres empêchemens, pour leſquels ne ſera differé, dont, ſi aucuns interviennent, Sa Majeſté s'eſt réſervée la connoiſſance, & icelle interdite à toutes ſes Cours & autres Juges. FAIT au Conſeil d'Etat du Roi, tenu à Verſailles le vingt-ſeptiéme jour d'Avril mil ſept cens vingt-huit. Collationné. *Signé* DE VOUGNY.

Déclaration du Roi, portant Réglement pour ceux qui obtiendront à l'avenir des Degrez dans les Univerſitez du Royaume.

Donnée à Verſailles le 6 Décembre 1736.

LOUIS, par la grace de Dieu, Roi de France & de Navarre : A tous ceux qui ces préſentes Lettres verront, SALUT. Nous avons été informez qu'il y a pluſieurs Univerſitez de notre Royaume où il s'eſt gliſſé des abus conſiderables ſur le temps ou ſur la maniere d'y conferer des Degrez, & Nous avons déja commencé de Nous faire rendre compte des differens uſages de ces Univerſitez, afin de pouvoir apporter avec plus de connoiſſance les remedes convenables au relâchement qui s'y eſt introduit. Nous avons appris en même tems que ſous prétexte des défauts, qui par une ſuite de ces abus, ſe trouvent dans les Degrez de pluſieurs Titulaires de Bénéfices, il y avoit un grand nombre de Dévolutaires, qui cherchant moins à réformer les abus qu'à en profiter pour ſe rendre maîtres des Dignitez, Cures ou autres Bénéfices qu'ils déſirent d'obtenir, avoient intenté des Procès ſur ce ſujet, ou étoient ſur le point de le faire : c'eſt ce qui Nous a donné lieu de conſiderer, que s'il eſt très-important de rétablir un meilleur ordre dans pluſieurs Univerſitez de notre Royaume, il ne l'étoit pas moins d'avoir quelque indulgence pour le paſſé en faveur des anciens poſſeſſeurs qui avoient cru devoir être en ſureté ſur la foi d'un uſage qu'ils avoient trouvé établi ; & le bien même de l'Egliſe Nous a paru demander que les Dignitez & les Cures les plus conſiderables demeuraſſent entre les mains de ceux qui les rempliſſent depuis long-tems avec édification, plutôt que de paſſer entre les mains de Dévolutaires avides, qui n'avoient ſouvent ni les diſpoſitions, ni les talens néceſſaires pour en exercer dignement les fonctions, & dont le plus grand mérite étoit d'avoir pris la précaution d'obtenir des Degrez dans une forme plus réguliere que ceux qu'ils vouloient dépoſſeder : mais comme dans les differens Tribunaux où leurs demandes ſeroient portées, ils ne manqueroient pas de ſoutenir qu'elles ſont fondées ſur les diſpoſitions du Concordat, ſur les Ordonnances de notre Royaume, ſur les Statuts ou Réglemens particuliers de chaque Univerſité, & de prétendre même que la poſſeſſion paiſible & triennale ne couvre point le vice des Degrez mal obtenus, nos Juges pourroient ſe croire obligez de ſuivre en faveur des Dévolutaires les regles de la plus exacte Juſtice, juſqu'à ce qu'il y eût été pourvû par notre autorité, à laquelle le pouvoir de faire grace & d'uſer d'indulgence pour le paſſé eſt entierement réſervé. Nous avons donc cru, que comme il s'agit d'un de ces cas où l'erreur commune forme une eſpéce de droit, il étoit digne de notre équité de la regarder au moins comme une excuſe qui pouvoit Nous engager à prendre un juſte milieu entre une rigueur dont les ſuites ſeroient contraires au bien de pluſieurs Egliſes, & une condeſcendance exceſſive qui tendroit à autoriſer des abus en faveur de leur nombre & de leur ancienneté. C'eſt dans cette vûe qu'en renouvellant pour l'avenir l'obligation indiſpenſable de ſuivre des regles dont on n'auroit jamais dû s'écarter, Nous voulons bien fermer les yeux ſur le paſſé à l'égard de ceux qui auront acquis la poſſeſſion paiſible & triennale ; & Nous nous portons d'autant plus volontiers à entrer dans ce tempérament, que Nous conſerverons par là dans la poſſeſſion des premieres Dignitez & des Cures les plus importantes, des Sujets qui ont ſuppléé par l'exercice de leur miniſtere & par l'expérience qu'ils y ont acquiſe, à ce qui pourroit leur manquer du côté de la régularité de leurs Degrez. A ces causes & autres à ce Nous mouvans, de l'avis de notre Conſeil, & de notre certaine ſcience, pleine puiſſance & autorité royale, voulons & Nous plaît, que tous ceux qui obtiendront à l'avenir des Degrez dans les Univerſitez de notre Royaume, soient tenus de se conformer exactement, soit en ce qui concerne le tems d'étude, ou en ce qui regarde les Examens & Actes probatoires nécessaires pour obtenir le Titre de Maître-ès-Arts, ou les Degrez de Bachelier & de Licencié, ou du Doctorat, aux régles établies par le Concordat, par les Ordonnances du Royaume, Statuts & Réglemens particuliers de chaque Université, le tout à peine de nullité des Titres ou Degrez qui leur seroient accordez contre lesdites régles, & en outre de déchéance des Dignitez, Cures & autres Bénéfices qu'ils obtiendroient en vertu ou sur le fondement desdits Titres ou Degrez, laquelle peine de déchéance aura pareillement lieu à l'égard de ceux qui seroient pourvûs après la publication de notre présente Déclaration, & qui prétendroient n'y être pas compris, sous prétexte que leurs Titres & Degrez y sont anterieurs : Voulons néanmoins, pour grandes & justes considérations, & sans tirer à conséquence pour ce qui regarde l'avenir, que ceux qui se trouveront avoir acquis la triennale & paisible possession des Dignitez, Cures ou autres Bénéfices dont ils sont pourvûs, avant que d'y être troublez par des Dévolutaires & autres Impétrans, & ausquels on ne pourra opposer d'autres défauts ou incapacitez que celles qui résultent de la nullité ou de l'irrégularité des Titres ou Degrez par eux obtenus avant notre présente Déclaration, soient maintenus & gardez dans la possession de leursdits Bénéfices, imposant silence par ces Présentes à tous Dévolutaires ou autres qui voudroient les inquiéter sous prétexte de ladite nullité ou irrégularité ; & sera la présente Déclaration executée, même en faveur de ceux qui n'auroient achevé d'acquerir la possession paisible & triennale qu'après la publication des Présentes, lorsqu'elle se trouvera accomplie avant la demande formée contre eux par aucun desdits Dévolutaires ou autres. SI DONNONS EN MANDEMENT à nos amez & féaux Conseillers les Gens tenans notre Cour de Parlement à Paris, que ces Présentes ils ayent à faire enregistrer, & le contenu en icelles garder & observer selon leur forme & teneur : CAR tel est notre plaisir ; en témoin de quoi Nous avons fait mettre notre Scel à cesdites Présentes. DONNÉ à Versailles le 6 Décembre l'an de grace 1736, & de notre Régne le vingt-deuxiéme. *Signé* LOUIS. *Et plus bas*, par le Roi, PHELYPEAUX. Et scellée du grand Sceau de cire jaune.

Registrée, oui & ce requerant le Procureur Général du Roi, pour être executée selon sa forme & teneur ; & copies collationnées envoyées aux Bailliages & Sénéchaussées du Ressort, pour y être lûe, publiée & registrée : Enjoint aux Substituts du Procureur Général du Roi d'y tenir la main, & d'en certifier la Cour dans le mois, suivant l'Arrêt de ce jour. A Paris en Parlement le vingt-deuxiéme Décembre mil sept cent trente-six. Signé YSABEAU.

Déclaration du Roi, donnée à Versailles le 14 Février 1737, qui régle la forme en laquelle les Procurations pour résigner des Bénéfices doivent être faites.

LOUIS, par la grace de Dieu, Roi de France & de Navarre : A tous ceux qui ces présentes Lettres verront, SALUT. La multiplication des fraudes & des abus qui s'étoient glissez dans les Résignations en faveur, depuis que l'ufage en avoit été introduit dans notre Royaume, obligea le Roi Henri II à y apporter les remedes convenables par fon Edit du mois de Juin 1550. Ce fut dans cette vûe qu'il ordonna entr'autres chofes, que les Procurations pour réfigner les Bénéfices ne pourroient être reçues par un Notaire feul, & fans la préfence de deux témoins connus & domiciliez, qui ne fuffent ni domeftiques, ni parens ou alliez jufqu'au degré de coufin germain inclufivement, foit du Réfignant ou du Réfignataire. Le feu Roi notre très-honoré Seigneur & Bifayeul a renouvellé & même étendu les difpofitions d'une Loi fi néceffaire, par fa Déclaration du mois d'Octobre 1646, & par fon Edit du mois de Décembre 1691; mais il manquoit encore quelque chofe à la perfection de ces Loix, puifqu'en prefcrivant des régles pour les Procurations qui font reçues par un Notaire avec des témoins, elles n'avoient rien déterminé par rapport aux Procurations qui font paffées pardevant deux Notaires, où il n'eft pas d'ufage d'appeller deux témoins; & ayant réfolu de fuppléer à cette omiffion, Nous avons confideré que les réfignations fe faifant le plus fouvent dans la penfée de la mort, & étant expofées aux mêmes furprifes que les difpofitions de derniere volonté, on ne pouvoit y pourvoir d'une maniere plus fûre, qu'en rendant la forme des Procurations pour réfigner des Bénéfices prefque femblable à celle que Nous avons autorifée par notre Ordonnance du mois d'Août 1735, pour les Actes à caufe de mort, qui font reçus par des Notaires. Nous obligerons par là ceux qui recevront les Procurations pour réfigner, à y apporter la même attention, pour connoître l'état du Réfignant, & lui faire expliquer fa volonté en leur préfence, que lorfqu'il s'agit de s'affurer de l'état d'un Teftateur, & de lui entendre prononcer fes difpofitions. Et comme il arrive fouvent que les démiffions pures & fimples font une efpéce de réfignation fecrette en faveur de celui qui en eft l'objet, & que les permutations de Bénéfices qui renferment toujours une réfignation réciproque, font auffi fufceptibles de différens genres de fraude qu'il eft important d'empêcher, Nous avons jugé à propos d'affujettir les unes & les autres à l'obfervation des régles que Nous établirons par notre préfente Déclaration. A CES CAUSES & autres à ce Nous mouvans, de l'avis de notre Confeil, & de notre certaine fcience, pleine puiffance & autorité royale, Nous avons dit, déclaré & ordonné, & par ces Préfentes fignées de notre main, difons, déclarons & ordonnons, voulons & Nous plaît ce qui fuit.

ARTICLE PREMIER.

Les Procurations pour réfigner des Bénéfices ne pourront être faites que par des Actes paffez en préfence de deux Notaires, ou en préfence d'un Notaire avec deux témoins au moins, de la qualité qui fera ci-après marquée; & il fera fait mention dans lefdits Actes de l'état de fanté ou de maladie dans lequel fera le Réfignant, le tout à peine de nullité.

II. Lefdits Notaires ou l'un d'eux écriront l'Acte de Procuration, fuivant la déclaration que le Réfignant leur fera de fes intentions, & lui en feront enfuite la lecture, de laquelle il fera fait une mention expreffe; après quoi l'Acte fera figné tant par le Réfignant que par les deux Notaires, ou ou par un Notaire & les témoins ; & en cas que le Résignant déclare qu'il ne peut signer, il en sera fait aussi mention, le tout à peine de nullité.

III. Ne pourront être pris pour assister ausdits Actes que des témoins connus & domiciliez, qui soient âgez au moins de vingt ans accomplis, & qui ne soient ni parens ou alliez du Résignant ou du Résignataire, jusqu'au degré de cousin germain inclusivement, ni serviteurs ou domestiques de l'un ou de l'autre : Voulons en outre, conformément aux Articles XL, XLI, XLII & XLIV de notre Ordonnance concernant les Testamens, qu'il ne puisse être admis dans lesdits Actes que des témoins qui sçachent & puissent signer, & qui soient mâles, régnicoles & capables d'effets civils, sans que les Réguliers, Novices ou Profès de quelque Ordre que ce soit, ni les Clercs, Serviteurs ou Domestiques du Notaire qui recevra la Procuration, puissent être pris pour témoins, le tout à peine de nullité.

IV. Voulons, conformément à l'Article XLVIII de notredite Ordonnance, que ceux desdits Notaires ou témoins qui auront signé lesdites Procurations, sans avoir vû le Résignant, & l'avoir entendu prononcer & expliquer ses intentions, soient poursuivis extraordinairement à la requête de nos Procureurs, comme pour crime de faux.

V. Il restera minute desdites Procurations, à peine de nullité.

VI. La disposition des quatre Articles précédens aura lieu pareillement pour les Procurations & Actes qui se font à l'effet de permuter des Bénéfices, & pour les Actes de démission pure & simple.

VII. N'entendons au surplus rien innover par ces Présentes, sur les régles, conditions & formalitez établies par ledit Edit de 1550, & autres Ordonnances, Edits & Déclarations postérieures ; toutes lesquelles Loix continueront d'être exécutées selon leur forme & teneur. SI DONNONS EN MANDEMENT à nos amez & féaux Conseillers les Gens tenans notre Cour de Parlement à Paris, Grand Conseil, Baillifs, Sénéchaux, & tous autres nos Officiers & Justiciers qu'il appartiendra, que ces Présentes ils gardent, observent & entretiennent, fassent garder, observer & entretenir ; & pour les rendre notoires à nos Sujets, les fassent lire, publier & registrer. Car tel est notre plaisir : En témoin de quoi Nous y avons fait mettre notre Scel. DONNÉ à Versailles le quatorziéme jour de Février 1737, & de notre Régne le 22. *Signé* LOUIS ; *Et plus bas*, Par le Roi, PHELYPEAUX. Et scellée du grand Sceau de cire jaune.

Registrée, oui, ce requerant le Procureur Général du Roi, pour être exécutée selon sa forme & teneur ; & copies collationnées envoyées aux Bailliages & Sénéchaussées du Ressort, pour y être lûes, publiées & registrées : Enjoint aux Substituts du Procureur Général du Roi d'y tenir la main, & d'en certifier la Cour dans un mois, suivant l'Arrêt de ce jour. A Paris en Parlement le 13 Mars 1737. Signé DUFRANC.

Déclaration du Roi, donnée à Versailles le 6 Juin 1739, concernant les Procurations pour résigner.

LOUIS, par la grace de Dieu, Roi de France & de Navarre: A nos amez & féaux les Gens tenans notre Cour de Parlement à Paris, Salut. Par notre Déclaration du 14 Février 1737, Nous aurions, en confirmant la disposition de l'Edit du mois de Décembre 1691, ainsi que celles de l'Article III de l'Edit du mois de Juin 1550, & de l'Article IX de la Déclaration de 1646, reglé la forme en laquelle les Procurations pour résigner devoient être faites, soit qu'elles fussent passées par deux Notaires, ou par un Notaire & en présence de deux témoins. Cette Déclaration ayant été enregistrée en notre Cour de Parlement le 13 Mars 1737, & envoyée conformément à l'Arrêt d'enregistrement à tous les Bailliages & Sénéchaussées du Ressort dudit Parlement, Nous avons été informez des difficultez qui pouvoient naître au Conseil Provincial d'Artois pour l'exécution de cette Déclaration, sur ce que l'Edit de 1550 & la Déclaration de 1646 n'y ont point été envoyez; & Nous avons cru que pour prévenir ces difficultez, il étoit nécessaire de faire enregistrer audit Conseil les Articles de ces Ordonnances qui peuvent avoir rapport à notredite Déclaration. A CES CAUSES & autres à ce Nous mouvans, de l'avis de notre Conseil, & de notre certaine science, pleine puissance & autorité royale, Nous avons par ces Présentes signées de notre main, dit, déclaré & ordonné, disons, déclarons & ordonnons, voulons & Nous plaît, que l'Article III de l'Edit du mois de Juin 1550, & l'Article IX de la Déclaration du mois d'Octobre 1646, soient exactement observez dans le Ressort de notre Conseil Provincial d'Artois. A cet effet vous mandons de les y envoyer pour y être lûs, publiez & registrez. Si vous mandons que ces Présentes vous ayez à faire enregistrer, & le contenu en icelles exécuter & observer selon leur forme & teneur: Car tel est notre plaisir; en témoin de quoi Nous avons fait mettre notre Scel à cesdites Présentes. DONNÉ à Versailles le sixiéme jour de Juin l'an de grace mil sept cens trente-neuf, & de notre Régne le vingt-quatre. *Signé* LOUIS; *Et plus bas*, par le Roi, PHELYPEAUX. Et scellée du grand Sceau de cire jaune.

Registrée, oui, ce requerant le Procureur Général du Roi, pour être exécutée selon sa forme & teneur; & copies collationnées d'icelle, ensemble de l'Article III de l'Edit du mois de Juin 1550, & de l'Article IX de la Déclaration du mois d'Octobre 1646, envoyées au Conseil Provincial d'Artois, pour y être lûes, publiées & registrées: Enjoint au Substitut du Procureur Général du Roi d'y tenir la main, & d'en certifier la Cour dans un mois, suivant l'Arrêt de ce jour. A Paris en Parlement le 8 *Juillet* 1739. Signé DUFRANC.

Extrait des Regiſtres des Ordonnances Royaux, regiſtrées en Parlement. Article III de l'Edit du mois de Juin 1550, regiſtré le 24 Juillet 1550.

ORdonnons que foi ne ſera ajoutée aux inſtrumens reçus par leſdits Notaires, (ores qu'ils auroient obſervé le contenu aux articles précédens,) ſi dans les inſtrumens par eux reçus, n'eſt fait aucune mention de la qualité deſdits Notaires, du lieu où ils auront été enregiſtrez, & de leur demeurance; & n'auront les Juges égard aux inſtrumens de Procurations pour réſigner Bénéfices, ſi leſdits Notaires n'appellent deux témoins pour le moins, gens domiciliez & connus ès lieux où ils recevront leſdites Procurations, & non parens ni domeſtiques; c'eſt à ſçavoir, pere, ayeul & aſcendant, frere, oncle ou couſin germain des Réſignans ou Réſignataires, & que les Procurations, Scedes & minutes d'icelles, ſoient ſignées par le Réſignant en préſence deſdits deux témoins, & leſquels témoins ſeront tenus, ſur peine de nullité de ladite Procuration, ſigner la Scede & note d'icelle, au cas que le Réſignant fût en telle diſpoſition qu'il ne la pût ſigner, dont les Notaires ſeront tenus de faire mention, & de la raiſon & cauſe pour laquelle ledit Réſignant ne l'aura pû ſigner. Collationné, LANGELE.

Extrait des Regiſtres des Ordonnances Royaux, regiſtrées au Parlement. Article IX de la Déclaration du mois d'Octobre 1646, regiſtrée au Parlement le 2 Août 1649.

DEclarons pareillement nulles les Procurations pour réſigner ou permuter Bénéfices, les révocations deſdites Procurations & les rétractations d'icelles, & toutes Procurations pour créer & étendre penſion, ſi elles n'ont été paſſées par Notaires Royaux ou Apoſtoliques, en préſence de deux témoins pour le moins, connus, domiciliez, & non domeſtiques, parens ni alliez dans le degré de couſin germain du Réſignant ou du Réſignataire, & s'ils ne ſignent à la minute, s'ils ſçavent ſigner, dont les Notaires feront expreſſe mention: ordonnons auſſi qu'aux préſentations & collocations des Patrons & Collateurs ordinaires, aſſiſteront deux témoins de la qualité ſuſdite, non parens, alliez audit degré, ni domeſtiques du Réſignant ni du Patron ou Collateur, leſquels ſigneront la minute, ainſi que dit eſt, à peine de nullité. Collationné, LANGELE.

Déclaration du Roi, concernant les Cures ou autres Bénéfices à charge d'Ames.

Donnée à Verſailles le 13 Janvier 1742.

LOUIS, par la grace de Dieu, Roi de France & de Navarre: A tous ceux qui ces Préſentes Lettres verront, SALUT. Les Archevêques, Evêques & autres Députez à l'Aſſemblée du Clergé, tenue à Paris par nos ordres en l'année 1740, Nous ont fait représenter, que quoique suivant les SS. Canons les Cures & Bénéfices qui ont la charge des ames ne doivent être conferez qu'à des Ecclésiastiques d'une capacité reconnue, qui ayent au moins atteint l'âge de vingt-cinq ans, & qui soient en état de remplir dignement les fonctions de leur Ministere, une Jurisprudence observée dans plusieurs de nos Cours semble avoir établi que pour être pourvû d'un Bénéfice de cette qualité, il suffit d'avoir l'âge nécessaire pour pouvoir être promû au Sacerdoce dans l'année, à compter du jour des provisions. Qu'on a même porté encore plus loin une si grande facilité, & qu'il y a des Tribunaux où l'on a jugé que le terme d'une année devoit s'entendre d'une année de possession paisible; que d'ailleurs dans les Provinces où le droit de déport est en usage, on a cherché dans ce droit un nouveau prétexte pour proroger encore le même délai, en supposant qu'il ne devoit commencer à courir que du jour auquel le déport auroit cessé; qu'enfin, par une suite du même principe, il avoit aussi été jugé que l'année accordée à ceux qui sont pourvûs d'une Cure & d'un autre Bénéfice incompatible pour faire leur option ne devoit être comptée pareillement que du jour de l'expiration de l'année du déport; & que les maximes qui s'établissoient insensiblement sur ces matieres paroissant difficiles à concilier avec les regles d'une exacte discipline, lesdits Archevêques, Evêques & autres Députez de la derniere Assemblée du Clergé de France Nous supplioient très-humblement d'y pourvoir par notre autorité. Les motifs de ces représentations Nous ont paru dignes de ceux qui Nous les ont faites : Nous ne sentons pas moins que les Ministres de l'Eglise combien il est important de ne confier les Cures ou autres Bénéfices à charge d'ames qu'à des Ecclésiastiques, qui étant au moins parvenus à la pleine majorité, soient déja élevez à la dignité du Sacerdoce; & Nous ne sçaurions faire un meilleur usage de notre pouvoir, qu'en l'employant à prévenir l'abus que plusieurs Patrons font de leur droit, en présentant aux Evêques, ou à d'autres Collateurs, de jeunes Clercs âgez seulement de vingt-deux ou vingt-trois ans, dont la vocation à l'état ecclésiastique n'est pas encore bien connue ou suffisamment affermie; ce qui Nous a paru mériter d'autant plus notre attention, qu'il arrive souvent que ceux qui ont été pourvûs à cet âge, trouvent le moyen de se faire susciter collusoirement un procès pour ne pas paroître possesseurs paisibles, afin de se conserver plus long-tems dans la jouissance d'un Bénéfice, sans être obligez de prendre un engagement irrévocable par leur promotion aux Ordres sacrez. Quand même Nous ne considérerions que le grand inconvénient de laisser les Eglises Paroissiales long-tems vacantes & entre les mains d'un Desservant passager, au lieu d'être conduites par des Titulaires perpétuels qui en soient les véritables Pasteurs, Nous nous porterions très-volontiers à avoir égard aux voeux du Clergé de France, en établissant par une Loi précise des regles fixes & inviolables, qui soient également observées dans tous les Tribunaux de notre Royaume, sur l'âge & la qualité nécessaires pour posséder une Cure ou un autre Bénéfice chargé du soin des ames; comme aussi sur le tems dans lequel ceux qui sont pourvûs d'un pareil Bénéfice & d'un autre Bénéfice incompatible, seront tenus de faire leur option dans les Provinces où le droit de déport est établi. A CES CAUSES & autres considérations à ce Nous mouvans, de l'avis de notre Conseil, & de notre certaine science, pleine puissance & autorité royale, Nous avons par ces Présentes signées de notre main, dit, déclaré & ordonné, disons, déclarons & ordonnons, voulons & Nous plaît, que nul Ecclésiastique ne puisse être pourvû dorénavant d'une Cure ou autre Bénéfice à charge d'ames, soit sur la présentation des Patrons, soit en vertu de ses Degrez, soit à quelque autre titre & par quelque Collateur que ce soit, s'il n'est actuellement constitué dans l'Ordre de Prêtrise, & s'il n'a atteint l'âge de vingt-cinq ans accomplis; faute de quoi, voulons que sans avoir égard aux Provisions obtenues, qui seront regardées comme nulles & de nul effet, soit en Jugement ou autrement, ladite Cure ou ledit Bénéfice soient censez vacans & impétrables, & qu'en conséquence il y soit pourvû librement & de plein droit d'un Sujet capable, par ceux à qui la collation ou l'institution en appartiennent: Ordonnons en outre que dans les Provinces où le droit de déport est établi, ceux qui se trouveront pourvûs de deux Cures, ou d'une Cure ou d'un autre Bénéfice incompatible, soient tenus de faire leur option entre lesdits Bénéfices dans l'année, à compter du jour de leur prise de possession du dernier desdits Bénéfices dont ils auront été pourvûs, sans que ladite année puisse être censée n'avoir couru que du jour de l'expiration de l'année du déport; & faute par eux d'avoir satisfait à la présente disposition, le premier desdits deux Bénéfices sera réputé avoir vaqué de plein droit par l'obtention du second, & comme tel conferé par ceux qui ont droit d'y pourvoir. SI DONNONS EN MANDEMENT à nos amez & féaux Conseillers les Gens tenant notre Cour de Parlement à Paris, Baillifs, Sénéchaux, & tous autres nos Officiers qu'il appartiendra, que ces Présentes ils gardent, observent & entretiennent, fassent garder, observer & entretenir, & pour les rendre notoires à nos Sujets, les fassent lire, publier & registrer: CAR tel est notre plaisir; en témoin de quoi Nous avons fait mettre notre scel à cesdites Présentes. DONNÉ à Versailles le treiziéme jour de Janvier l'an de grace mil sept cens quarante-deux, & de notre Régne le 27e. *Signé* LOUIS; *Et plus bas*, par le Roi, PHELYPEAUX. Et scellée du grand Sceau de cire jaune.

Registrée, oui & ce requerant le Procureur Général du Roi, pour être exécutée selon sa forme & teneur; & copies collationnées d'icelle envoyées aux Bailliages & Sénéchaussées du ressort, pour y être lûes, publiées & registrées: Enjoint aux Substituts du Procureur Général du Roi d'y tenir la main, & d'en certifier la Cour dans un mois, suivant l'Arrêt de ce jour. A Paris en Parlement le 26 Janvier 1742. Signé YSABEAU.

Déclaration du Roi, qui regle la préférence entre différens Graduez prétendant droit au même Bénéfice.

Donnée à Fontainebleau le 2 Octobre 1743.

Registrée en Parlement.

LOUIS, par la grace de Dieu, Roi de France & de Navarre : A tous ceux qui ces présentes Lettres verront, SALUT. Quoique dans le concours de plusieurs Graduez nommez sur le même Bénéfice, le droit commun eût donné la préférence au plus ancien, on crut néanmoins dans le tems du Concordat passé entre le Pape Leon X & le Roi François I, qu'il étoit juste d'avoir quelque égard à la différence des Facultez, & à la supériorité des degrez entre les Concurrens dont la nomination seroit de la même année. Ce fut par le même motif, & pour mettre entre les Graduez une distinction favorable à ceux qui se seroient le plus consacrez au service du Public, que lors de la réformation des Statuts de notre chere Fille l'Université de Paris, il fut jugé à propos de donner un avantage à ceux des Graduez qui non contens de s'instruire eux-mêmes, se seroient appliquez à l'instruction des autres, en exerçant la fonction de Professeur dans un College célébre pendant sept années de suite, sans interruption & sans fraude. Mais en leur accordant la préférence sur les autres Graduez, quoique nommez avant eux, on crut devoir excepter les Docteurs en Théologie de cette regle nouvelle : & si dans un des articles qui furent ajoutez en l'année 1700 aux Statuts de l'Université, on étendit le privilége des Professeurs aux Principaux des Colléges célébres, qui les auroient gouvernez avec réputation pendant sept années consécutives, ce ne fut qu'avec la même exception qui avoit déja été faite en faveur des Docteurs en Théologie. Ceux qui l'enseignent dans les Ecoles publiques, ayant paru au Roi notre très-honoré Seigneur & Bisayeul, mériter encore une attention plus distinguée, il ordonna par ses Lettres Patentes du mois de Janvier 1676, que dans le concours entre les Professeurs en Théologie & les Professeurs aux Arts, le plus ancien par la priorité de sa nomination seroit toujours préféré ; & à l'égard des Docteurs en Théologie qui avoient été exceptez du privilége des Professeurs & des Principaux septenaires, ces Lettres Patentes conservent à la vérité la même exception, mais avec cette limitation, qu'ils ne pourroient néanmoins empêcher l'effet de la préférence accordée aux Professeurs & aux Principaux, à moins qu'ils ne fussent les plus anciens des Contendans qui avoient droit au Bénéfice. Ces dispositions, que la Déclaration du 26 Janvier 1680 appliqua aux Professeurs en Droit civil & canonique, ont fait naître une question qui a paru former une espéce de problême presque insoluble en matiere de Jurisprudence : De trois concurrens qui aspirent au même Bénéfice, l'un est un simple Maître-ès-Arts, mais le plus ancien dans l'ordre de la nomination ; le second est un Docteur en Théologie, & le plus ancien après le Maître-ès-Arts ; le troisiéme est un Professeur septenaire ; & chacun de ces Graduez commence par attaquer directement un de ses adversaires avec les armes qui lui sont propres; & se croyant sûr de le vaincre, il emprunte ensuite le droit du même adversaire pour combattre par lui le dernier de ses concurrens. Ainsi le simple Maître-ès-Arts devant avoir la préférence sur le Docteur en Théologie, comme plus ancien que lui en nomination, fait ensuite valoir le droit de ce Docteur comme plus ancien que le Professeur septenaire, pour écarter ce dernier Gradué. Par un semblable raisonnement, le Docteur en Théologie soutient que comme il l'emporte sur le Professeur septenaire par la prérogative de son ancienneté, il doit aussi l'emporter sur le Maître-ès-Arts, qui quoique plus ancien que le Professeur septenaire, est toujours obligé de céder à ce Professeur. Enfin le Professeur septenaire, moins ancien Gradué que le Docteur en Théologie, lui oppose d'abord la disposition des Lettres Patentes de 1676, qui réduit les Docteurs en Théologie à ne pouvoir faire usage de l'exception établie en leur faveur, que lorsqu'ils ont l'avantage de l'ancienneté sur tous les Contendans; & après avoir éloigné ainsi ce Compétiteur, il croit n'avoir plus qu'une victoire facile à remporter sur le Maître-ès-Arts, par la préférence que les Statuts de l'Université lui assurent, même sur les Graduez les plus anciens. C'est ainsi que par un cercle de raisonnemens, où la condition de chacun des Concurrens paroît devenir la meilleure à son tour, la balance de la Justice est demeurée souvent suspendue entre des droits également apparens; ou si elle a paru pancher dans un tems du côté des Docteurs en Théologie, & depuis du côté des Professeurs septenaires, la diversité des Jugemens n'a fait qu'augmenter le doute & l'incertitude dans cette matiere. Ce n'est donc pas sans raison que le Public attend depuis long-tems de notre autorité la résolution d'une question si problématique: mais au lieu d'en chercher le dénouement dans les raisons presque également spécieuses, que la subtilité des Jurisconsultes a imaginées pour soutenir les trois partis contraires qu'on peut y prendre, Nous avons cru devoir les envisager avec des vûes supérieures & conformes au véritable esprit des Loix, en regardant la différente nature des Bénéfices qu'il s'agit de remplir, comme un objet encore plus digne de notre attention, que les différens titres de préférence que chacun des Contendans croit pouvoir opposer à ses adversaires. C'est dans cet esprit que Nous avons cru devoir faire une distinction importante entre les Bénéfices qui sont chargez du soin des ames, & ceux qui ne le sont pas: & comme la connoissance de la Théologie est plus nécessaire pour exercer dignement les fonctions attachées aux uns, que pour posséder les autres, la qualité de Docteur en Théologie Nous a paru devoir l'emporter à l'égard des premiers, sur la faveur que méritent les Professeurs & les Principaux de Colléges. Nous les dédommagerons d'ailleurs de cette préférence, par celle que Nous leur donnerons sur les Docteurs, & même sur les Professeurs en Théologie, par rapport aux Bénéfices qui ne sont pas à charge d'ames; & ce sera ainsi que par une juste compensation d'avantages réciproques, selon la différente nature des Bénéfices, Nous aurons la satisfaction de pouvoir esperer qu'ils seront tous dignement remplis: Nous confirmerons au surplus les regles générales qui sont établies dans cette matiere, en conservant la préférence attachée à l'ancienneté de la nomination, soit dans le concours de plusieurs Graduez, qui n'auront ni la qualité de Docteur en Théologie, ni celle de Professeur ou de Principal septenaire, soit lorsqu'il s'agira de Contendans qui auront également l'une ou l'autre qualité. A CES CAUSES & autres considérations à ce Nous mouvans, de l'avis de notre Conseil, & de notre certaine science, pleine puissance & autorité royale, Nous avons par ces Présentes signées de notre main, dit, déclaré & ordonné, disons, déclarons & ordonnons, voulons & Nous plaît, que l'article 54 de la réformation des Statuts de notre chere Fille l'Université de Paris, faite en l'année 1598, & l'article 17 de l'addition faite aux mêmes Statuts en l'année 1600, comme aussi les Lettres Patentes du mois de Janvier 1676, & la Déclaration du 26 Janvier 1680, soient observez; & voulant faire cesser les doutes & les difficultez qui se sont élevez sur leur exécution, avons ordonné & ordonnons ce qui suit.

Article Premier.

Lorsqu'un Bénéfice à charge d'ames aura été requis par plusieurs Graduez, ceux qui auront depuis sept années accomplies la qualité de Docteur ou Professeur en Théologie, seront préferez à tous autres Graduez, quoique plus anciens qu'eux, même à ceux qui seroient Professeurs aux Arts, ou Principaux de Colléges, ou Professeurs en Droit civil & canonique depuis sept années.

I I.

A l'égard des Bénéfices qui ne sont point à charge d'ames, les Professeurs ou Principaux de Colléges célébres & de plein exercice, comme aussi les Professeurs en Droit civil & canonique, qui auront exercé ces fonctions pendant sept années consécutives, sans interruption & sans fraude, auront la préférence sur tous autres Graduez, quoique plus anciens qu'eux, même sur ceux qui sont depuis sept ans Docteurs ou Professeurs en Théologie.

I I I.

En cas qu'un Bénéfice à charge d'ames n'ait été requis par aucun Docteur ou Professeur en Théologie de la qualité marquée par l'article premier, & que le concours n'ait lieu qu'entre d'autres Graduez, les Professeurs aux Arts ou en Droit civil & canonique, & les Principaux de Colléges, lorsque les uns ou les autres auront sept années d'exercice, continueront d'être préferez aux Graduez, même plus anciens qu'eux.

I V.

Voulons réciproquement que lorsqu'il s'agira d'un Bénéfice qui ne sera point à charge d'ames, & qui n'aura été requis par aucun des Graduez ayant le privilége porté par l'article second, la préférence continue d'être donnée aux Professeurs septenaires en Théologie sur les autres Graduez, à l'exception néanmoins du cas où il se trouveroit un Docteur en Théologie qui seroit le plus ancien en nomination de tous les Contendans, auquel cas il sera préferé ausdits Professeurs en Théologie.

V.

Dans tous les cas où les priviléges portez par les articles précédens, doivent

doivent avoir lieu en faveur des Graduez ayant les qualitez marquées par lesdits articles, le plus ancien en nomination entre ceux qui auront le même privilége, relativement à la nature du Bénéfice contentieux, sera toujours préferé aux autres, & la même regle sera observée entre les Graduez qui n'auront point de privilége.

V I.

Ordonnons que la présente Déclaration sera exécutée, à compter du jour de sa publication, même par rapport aux Bénéfices qui auroient vaqué avant ledit jour, lorsqu'il n'y aura point eu de demande formée en Justice à ce sujet; & à l'égard des demandes qui auroient été formées avant ladite publication, voulons qu'elles soient jugées selon les Loix & la Jurisprudence qui étoit observée avant ces Présentes.

V I I.

Voulons au surplus que les dispositions des Ordonnances, Edits, Déclarations & Réglemens concernant le tems d'étude, & les autres formalitez nécessaires pour obtenir des degrez, & notamment notre Déclaration du 6 Décembre 1736, soient exécutez selon leur forme & teneur, sous les peines y contenues. SI DONNONS EN MANDEMENT à nos amez & féaux Conseillers les Gens tenans notre Cour de Parlement à Paris, & autres nos Justiciers qu'il appartiendra, que ces Présentes ils ayent à faire registrer, lire & publier, & le contenu en icelles garder & observer de point en point selon leur forme & teneur: CAR tel est notre plaisir. Et afin que ce soit chose ferme & stable à toujours, Nous avons fait mettre notre scel à cesdites Présentes. DONNÉ à Fontainebleau le deuxiéme jour du mois d'Octobre, l'an de grace mil sept cens quarante-trois, & de notre Regne le vingt-neuviéme. *Signé* LOUIS. *Et plus bas*, par le Roi, PHELYPEAUX. Et scellée du grand sceau de cire jaune.

Registrée, oui & ce requerant le Procureur Général du Roi, pour être exécutée selon sa forme & teneur; & copies collationnées envoyées dans les Bailliages & Sénéchaussées du Ressort, pour y être lûe, publiée & registrée: Enjoint aux Substituts du Procureur Général du Roi d'y tenir la main, & d'en certifier la Cour dans un mois, suivant l'Arrêt de ce jour. A Paris en Parlement, le vingt-huitiéme jour du mois de Novembre mil sept cens quarante-trois. Signé DUFRANC.

Déclaration du Roi, concernant la nomination aux Cures & Benéfices à charge d'ames dans les mois qualifiez de rigueur.

Donnée à Versailles le 27 Avril 1745.

LOUIS, par la grace de Dieu, Roi de France & de Navarre: A tous ceux qui ces présentes Lettres verront, Salut. L'attention que l'on avoit eue dans le Concordat à distinguer les Graduez qui auroient obtenu des degrez dans la Faculté de Théologie, en ordonnant que dans le cas de la concurrence ils seroient préferez à ceux qui auroient acquis des titres ou des qualitez ſemblables dans les autres Facultez, a donné lieu de croire dans la ſuite qu'il étoit encore plus important de diſtinguer auſſi les différens genres de Bénéfices qui peuvent être requis par les Graduez, & ce fut ce qui porta le Roi Henri le Grand à avoir égard aux repréſentations d'une Aſſemblée célébre du Clergé de France, lorſque par l'article premier de ſon Edit du mois de Décembre 1606, il excepta les Dignitez des Egliſes Cathédrales de l'expectative des Graduez; & que par le dernier article du même Edit, il ordonna que nul ne pourroit à l'avenir être pourvû des Dignitez des Egliſes Cathédrales, ni des premieres Dignitez des Egliſes Collégiales, s'il n'étoit Gradué en la Faculté de Théologie ou de Droit Canonique. Ce fut à cet exemple que les deux dernieres Aſſemblées du Clergé de France, qui ont été tenues en l'année 1735 & en l'année 1740, Nous firent repréſenter que les Cures ou autres Bénéfices qui ſont chargez du ſoin des ames, méritoient au moins autant d'attention que les Dignitez des Egliſes Cathédrales, rien n'étant plus naturel pour le bien de la Religion que de remettre les Egliſes Paroiſſiales entre les mains de Sujets capables par leurs talens & par la ſageſſe de leur conduite d'annoncer utilement aux Peuples la parole de Dieu, & de s'acquitter dignement de l'adminiſtration des Sacremens. Que cependant le Clergé de notre Royaume ne portoit pas ſes vûes juſqu'à Nous propoſer de décharger entierement les Cures de l'expectative des Graduez, comme les Dignitez des Egliſes Cathédrales en avoient été exemptées en 1606, & qu'il ſe réduiſoit à demander que lorſqu'il s'agiroit de remplir les Bénéfices de cette nature, les Collateurs euſſent au moins le choix entre les Graduez nommez, même dans les mois de Janvier & de Juillet, qui ſont appellez mois de rigueur, ainſi & de la même maniere que dans les autres mois de l'année, auſquels par cette raiſon on a donné le nom de mois de faveur. Les Archevêques, Evêques & autres Députez de l'Aſſemblée du Clergé qui ſe tient actuellement par notre permiſſion, ont renouvellé les mêmes inſtances; & après Nous avoir rendu leurs actions de graces ſur le premier pas que Nous avons fait en faveur des Etudes eccléſiaſtiques, en ordonnant par notre Déclaration du 2 Octobre 1743 que dans la collation des Bénéfices à charge d'ames, les Docteurs & les Profeſſeurs en Théologie ſeroient préferez à tous les autres Graduez, quoique plus anciens ou plus privilégiez, ils Nous ont ſupplié de vouloir bien ajouter ce qui paroiſſoit manquer encore à cet ouvrage de notre piété, en donnant plus d'étendue aux droits des Collateurs dans le choix des Miniſtres deſtinez à exercer les fonctions les plus importantes dans l'Egliſe après celles des premiers Paſteurs; à quoi ils ont ajouté que ſi l'on a cru pouvoir faire ceder la prérogative de l'ancienneté des degrez, quoique fondée ſur la lettre du Concordat, au mérite des ſervices rendus pendant le cours de ſept années par les Profeſſeurs ou par les Principaux des Colléges, on ne ſçauroit douter qu'il ne ſoit encore plus favorable de préferer à l'interêt particulier du Gradué le plus ancien ou le plus privilégié, le grand avantage que l'Egliſe peut retirer de la liberté du choix accordée aux Collateurs entre les Graduez nommez qui aſpirent à être chargez du ſoin des ames. Des repréſentations ſi conformes à l'eſprit de l'Egliſe, ſi convenables même au bien commun des Fidéles de notre Royaume, qui ſont tous intéreſſez à avoir de bons Paſteurs,

Nous ont paru mériter d'autant plus d'attention, que la loi qui Nous est demandée par le Clergé ne sera qu'une espéce de retour au Droit commun, & à l'observation des véritables régles canoniques ; elle n'aura même rien d'incompatible avec la protection que Nous avons toujours donnée, & que Nous continuerons de donner aux privileges des Universitez établies dans nos Etats ; le choix des Collateurs en devenant plus libre, ne demeurera pas moins renfermé dans le nombre des Graduez qui auront été nommez sur eux ; ce sera toujours en vertu de ses degrez que celui qui méritera la préférence obtiendra le titre de la Cure vacante ; & bien loin de craindre que la liberté du choix ne mette quelque obstacle au progrès des Etudes, Nous sommes persuadez qu'elle ne pourra servir qu'à exciter une plus grande émulation entre les Graduez, pour se rendre dignes, par leur application à la science de leur état, par la régularité & l'édification de leurs moeurs, d'être choisis par préférence, comme les plus capables de conduire saintement le Troupeau qui sera confié à leurs soins. Ainsi, en remplissant les vœux de trois Assemblées du Clergé de France, Nous aurons la satisfaction de concilier autant qu'il est possible les usages présens avec la pureté de l'ancienne discipline, & de donner par-là une nouvelle preuve non-seulement de notre amour pour la Religion, mais de notre affection paternelle pour nos Sujets. A CES CAUSES & autres considérations à ce Nous mouvans, de l'avis de notre Conseil, & de notre certaine science, pleine puissance & autorité royale, Nous avons par ces Présentes signées de notre main, dit, déclaré & ordonné, disons, déclarons & ordonnons, voulons & Nous plaît, que lorsqu'il s'agira de pourvoir aux Cures & autres Bénéfices à charge d'ames, les Patrons qui ont la présentation à ces Bénéfices, & les Collateurs à qui la disposition en appartient, ayent, même dans les mois de Janvier & de Juillet, qui sont appellez les mois de rigueur, la liberté du choix entre les Graduez dûement qualifiez qui auront obtenu des Lettres de nomination sur lesdits Collateurs, & qui les auront fait insinuer dans le tems & dans les formes ordinaires, & de préférer celui d'entre les Graduez qu'ils jugeront le plus digne par les qualitez personnelles, par ses talens & par sa bonne conduite, de remplir lesdites Cures ou autres Bénéfices à charge d'ames, encore qu'il se trouve en concurrence avec des Graduez plus anciens ou plus privilégiez, le tout suivant ce qui a lieu dans les mois d'Avril & d'Octobre; ensorte que dorénavant les mois de Janvier & de Juillet soient réputez mois de faveur entre lesdits Graduez nommez, à l'égard des Cures ou des autres Bénéfices ausquels le soin des ames est attaché, & sans que lesdits Patrons & Collateurs soient obligez dans lesdits mois d'avoir aucun égard aux réquisitions des Graduez simples, quoiqu'ils leur eussent fait notifier leurs Lettres de degrez & leur Certificat de leur tems d'Etude. Voulons que la disposition des Présentes soit inviolablement observée à l'avenir dans notre Royaume, à compter du jour de la publication qui en aura été faite ; à l'effet de quoi Nous avons dérogé & dérogeons en tant que besoin à toutes les Loix, Ordonnances, Réglemens & Priviléges à ce contraires. SI DONNONS EN MANDEMENT à nos amez & féaux Conseillers les Gens tenans notre Cour de Parlement à Paris, & autres nos Officiers & Justiciers qu'il appartiendra, que ces Présentes ils ayent à faire registrer, lire & publier, & le contenu en icelles garder & observer selon sa forme & teneur: CAR tel est notre plaisir; & afin que ce soit chose ferme & stable à toujours, Nous avons fait mettre notre scel à cesdites Présentes. DONNÉ à Versailles le vingt-septiéme jour du mois d'Avril, l'an de grace mil sept cent quarante-cinq, & de notre Régne le trentiéme. *Signé* LOUIS; *Et plus bas*, Par le Roi, PHELYPEAUX. Et scellée du grand Sceau de cire jaune.

Registrée, oui & ce requerant le Procureur Général du Roi, pour être exécutée selon sa forme & teneur; & copies collationnées envoyées dans les Bailliages & Sénéchaussées du Ressort, pour y être lûe, publiée & registrée: Enjoint aux Substituts du Procureur Général du Roi d'y tenir la main, & d'en certifier la Cour dans le mois, suivant l'Arrêt de ce jour. A Paris en Parlement le six Mai mil sept cent quarante-cinq. Signé YSABEAU.

Déclaration du Roi, portant que les Archevêques & Evêques du Royaume, exempts à titre onéreux du droit de Régale, seront tenus dans deux mois du jour de leur serment de fidélité au Roi, d'obtenir sur l'acte qui en sera expédié, des Lettres Patentes adressées à la Chambre des Comptes de Paris, & de les y faire registrer dans le même délai.

Donnée à Versailles le 28 Décembre 1749.

Registrée en la Chambre des Comptes.

LOUIS, par la grace de Dieu, Roi de France & de Navarre: A tous ceux qui ces présentes Lettres verront, Salut. Le feu Roi notre très-honoré Seigneur & Bisayeul, en confirmant par sa Déclaration du 10 Février 1673 l'universalité du droit de Régale, qui nous appartient sur les Archevêchez & Evêchez dans toute l'étendue de notre Royaume, Terres & Pays de notre obéissance, voulut en conséquence que dans deux mois du jour du serment de fidélité que les Archevêques & Evêques doivent Nous prêter, ils fussent tenus d'obtenir nos Lettres Patentes de main-levée, & de les faire enregistrer en notre Chambre des Comptes de Paris. Mais nous apprenons qu'on a voulu donner un effet trop étendu à l'exception portée par la même Déclaration en faveur des Archevêchez ou Evêchez qui étoient exempts à titre onéreux du droit de Régale, sous prétexte que le feu Roi ne s'étoit pas expliqué sur les formes qui seroient observées à l'égard du serment de fidélité, que ceux qui sont pourvûs de ces Archevêchez ou Evêchez, ne nous doivent pas moins que les autres Archevêques ou Evêques de notre Royaume. Quelques-uns des Prélats qui sont dans le cas de l'exception portée par cette Déclaration, ont négligé de faire adresser à notre Chambre des Comptes de Paris les Lettres Patentes qu'ils obtiennent sur l'acte de prestation de leur serment de fidélité, & ils se sont contentez de les faire adresser & enregistrer à la Chambre des Comptes de la Province où leur Siége est établi. Ils auroient dû cependant considerer que ce serment est un devoir qui nous est rendu comme Roi, comme Fondateur & Patron, comme Gardien & Protecteur, comme fouverain Seigneur dominant, qualitez éminemment réunies & indivisibles en notre perfonne: d'où il étoit aifé de conclure qu'il convenoit à l'importance & à la qualité d'un devoir de cette nature, que les actes qui en affuroient la preuve fuffent revêtus de la même folemnité que ceux qui nous étoient rendus à l'égard des Archevêchez & Evêchez fujets à toutes les fuites du droit de Régale, & enregiftrées dans le même Tribunal, c'eft-à-dire en notre Chambre des Comptes de Paris. Non-feulement elle eft la premiere & la principale de toutes les Cours de la même qualité, mais c'eft à elle que doivent être adreffées par préférence aux autres toutes les Lettres Patentes qui concernent les droits attachez directement à notre Couronne, & qui nous appartiennent en qualité de Roi, tels que la réception du ferment de fidélité qui nous eft dû par tous les Prélats des Pays foumis à notre obéiffance, foit que les droits utiles de la Régale ayent lieu dans leurs Archevêchez ou Evêchez, foit qu'ils en foient difpenfez, & obligez feulement à nous prêter ce ferment. Et comme il eft important, & pour le bien de notre fervice, & pour le maintien de l'ordre public, qu'il n'y ait aucune différence fur ce point entre les Prélats de notre Royaume, & qu'il ne refte plus de doute fur la forme dont un ferment qu'ils nous prêtent tous également doit être revêtu, nous avons jugé à propos d'expliquer nos intentions fur ce fujet, & de fuppléer par là à ce qui peut manquer à la difpofition de la Déclaration donnée par le feu Roi le 10 Février 1673. A CES CAUSES, de l'avis de notre Confeil, & de notre certaine fcience, pleine puiffance & autorité royale, Nous avons dit & ordonné, difons & ordonnons, voulons & nous plaît, que ceux des Archevêques ou Evêques de notre Royaume, Terres & Pays de notre obéiffance, qui jouiffent de l'exemption du droit de Régale, en quelque partie de nos Etats que leurs Siéges fe trouvent fituez, foient tenus dans deux mois, à compter du jour de la preftation du ferment de fidélité, faite entre nos mains fuivant l'ufage ordinaire, d'obtenir fur l'acte qui en fera expédié, nos Lettres Patentes adreffées à notre Chambre des Comptes de Paris, & de les préfenter dans ledit délai à notredite Chambre, pour y être enregiftrées; faute de quoi, & lefdits délais expirez, il fera fait par notre Procureur général en ladite Chambre toutes diligences requifes pour les obliger à y fatisfaire, même s'il y échet par faifie de leur temporel. N'entendons néanmoins rien innover par ces Préfentes, en ce qui concerne l'exemption des droits utiles de la Régale, dont lefdits Archevêques ou Evêques font en poffeffion, & de laquelle nous voulons qu'ils continuent de jouir, ainfi qu'ils ont bien & dûement fait par le paffé. SI DONNONS EN MANDEMENT à nos amez & féaux Confeillers les Gens tenans notre Chambre des Comptes à Paris, que ces Préfentes ils ayent à faire lire, publier & regiftrer, & le contenu en icelles garder, obferver & exécuter, & faire garder, obferver & exécuter felon leur forme & teneur, nonobftant toutes chofes qui pourroient être à ce contraires: Car tel eft notre plaifir; en témoin de quoi Nous avons fait mettre notre Scel à cefdites Préfentes. DONNÉ à Verfailles le vingt-huitiéme jour de Décembre, l'an de grace mil fept cens quarante-neuf, & de notre Régne le trentecinquiéme. *Signé* LOUIS; *Et plus bas*, par le Roi, M. P. DE VOYER D'ARGENSON.

Registrées en la Chambre des Comptes, oui & ce requerant le Procureur général du Roi, pour être exécutées selon leur forme & teneur, les Bureaux assemblez, le vingt-neuf Janvier mil sept cens cinquante. Signé DUCORNET. *Pro Rege.*

Fin des Matieres Bénéficiales contenues en ce second Tome.

TABLE CHRONOLOGIQUE

Des Edits, Déclarations & Arrêts répandus dans le dix-septiéme & dernier Livre, concernant les Notaires.

MATIERE BENEFICIALE.

Fin de la Table des Edits, Déclarations & Arrêts concernant les Matieres Bénéficiales.

TABLE ALPHABETIQUE

Des Formules d'Actes contenus dans le dix-septiéme Livre de ce second Volume.

MATIERE ECCLESIASTIQUE ET BENEFICIALE.

A.

B.

C.

Fin de la Table des Actes en Matiere Ecclésiastique & Béneficiale.

DEVISME

LA SCIENCE PARFAITE DES NOTAIRES

2

www.ingramcontent.com/pod-product-compliance
Lightning Source LLC
LaVergne TN
LVHW020958300926
849160LV00007B/187